D1750650

WÖRTERBUCH BERUFS- UND WIRTSCHAFTSPÄDAGOGIK

WÖRTERBUCH BERUFS- UND WIRTSCHAFTSPÄDAGOGIK

herausgegeben von
Franz-Josef Kaiser
Günter Pätzold

2., überarbeitete und erweiterte Auflage

JULIUS KLINKHARDT
BAD HEILBRUNN • 2006

Foto auf der Umschlagseite 1: Dirk Krüll, Düsseldorf.

Die Deutsche Bibliothek – Cip-Einheitsaufnahme

Ein Titelsatz für diese Publikation ist bei
Der Deutschen Bibliothek
erhältlich.

2006.6.I. © by Julius Klinkhardt.
Das Werk ist einschließlich aller seiner Teile urheberrechtlich geschützt.
Jede Verwertung außerhalb der engen Grenzen des Urheberrechtsgesetzes
ist ohne Zustimmung des Verlages unzulässig und strafbar. Das gilt insbesondere für
Vervielfältigungen, Übersetzungen, Mikroverfilmungen und die Einspeicherung und
Verarbeitung in elektronischen Systemen.
Druck und Bindung: Friedrich Pustet, Regensburg
Printed in Germany 2006
Gedruckt auf chlorfrei gebleichtem alterungsbeständigem Papier
ISBN 3-7815-1413-7

Inhaltsverzeichnis

Vorwort der Herausgeber zur 1. Auflage 6

Vorwort der Herausgeber zur 2. Auflage 8

Stichworte (A - Z) 9

Abkürzungsverzeichnis 505

Stichwortverzeichnis 509

Personenregister 523

Autorenspiegel 525

Vorwort der Herausgeber zur 1. Auflage

Die Berufs- und Wirtschaftspädagogik als erziehungswissenschaftliche Disziplin erforscht und reflektiert die pädagogische Dimension im Bildungs- und Beschäftigungssystem auf der Grundlage verschiedener Theorien mit Hilfe spezifischer Methoden. Sie erfaßt als Aufgabenbereiche die Grundfragen und Probleme, die Kategorien, Gegenstände und Arbeitsbereiche der beruflichen Aus- und Weiterbildung, sie analysiert Institutionen der beruflichen Aus- und Weiterbildung, sie klärt pädagogische Aspekte der Ausbildungsberufe, Fragen der Didaktik und Methodik des beruflichen Lehrens und Lernens in Schule und Betrieb sowie der Professionalisierung der Lehrenden an allen Lernorten.

Das Wörterbuch Berufs- und Wirtschaftspädagogik zeigt die Vielfalt berufs- und wirtschaftspädagogischer Ansätze auf, repräsentiert den aktuellen Erkenntnisstand dieser Disziplin, stellt komplizierte und kontroverse Sachverhalte geordnet dar und schließt die Diskussion für den Leser auf. Es soll damit als umfassende Informationsquelle auf allen genannten Gebieten sowohl Praktikern in Schule, Betrieb und Politik als auch Wissenschaftlern und Studierenden dienen. Ausgewiesene Fachleute aus mehreren wissenschaftlichen Disziplinen und aus Praxisbereichen konnten für die Mitarbeit gewonnen werden, so daß zugleich eine Theorie-, Empirie- und Praxisorientierung gesichert ist. Es

– führt über die ausgewählten Stichwörter in den jeweiligen Sachstand ein, bietet Begriffsdefinitionen, Erklärungen und Theorien, macht mit den Gegenwartsproblemen vertraut, ohne die historische Dimension zu vernachlässigen,

– legt Wert auf Verständlichkeit und Prägnanz und

– gibt für jedes Stichwort ausgewählte Literaturhinweise.

Die Stichwörter sind alphabetisch geordnet. Ihnen folgen am Ende des Bandes ein Abkürzungsverzeichnis sowie ein Sach- und Personenregister, so daß Zusammenhänge systematisch erschlossen werden können. Das vorliegende Wörterbuch mit seinen 289 Stichwörtern erhebt nicht den Anspruch auf Vollständigkeit.

Der besondere Dank gilt den 157 Autorinnen und Autoren für die sehr gute Zusammenarbeit, die bewirkt hat, daß ein wichtiger Band zur Orientierung im Arbeitsfeld Berufs- und Wirtschaftspädagogik entstanden ist. Unser Dank gilt dem Klinkhardt Verlag für die verlegerische Betreuung. Ohne unsere Mitarbeiterinnen und Mitarbeiter an den beiden Lehrstühlen in Dortmund und Paderborn hätten wir dieses umfangreiche Wörterbuch nicht in der Form herausgeben können. Insbesondere waren dies Anne Busian, Eva Kirchner, Manuela Maas, Markus Pauer, Inge Rohr, Rudolf Schröder, Tanja Schubert, Sabine Schweers, Heino Thiele. Ihnen allen gilt unser Dank für die geleistete Arbeit.

Wir hoffen, daß mit diesem Wörterbuch eine angemessene Auswahl an Wörtern zur Verfügung gestellt ist, die zur konstruktiven Weiterarbeit an berufs- und wirtschaftspädagogischen Inhalten befähigt und motiviert.

Für Anregungen, Ergänzungen, Hinweise und Verbesserungen in der Sache wären wir dankbar.

Dortmund	Günter Pätzold	
Paderborn	Franz-Josef Kaiser	Weihnachten 1998

Vorwort der Herausgeber zur 2. Auflage

Sieben Jahre nach dem Erscheinen des Wörterbuchs Berufs- und Wirtschaftspädagogik ist eine Neuauflage erforderlich geworden. Für die zweite Auflage wurden von den Autorinnen und Autoren alle Stichwörter durchgesehen und, sofern als notwendig erachtet, überarbeitet und mit der neueren Literatur versehen. Die meisten Autoren haben grundlegende Überarbeitungen und Neukonzeptionen, andere nur leichte Veränderungen vorgenommen. Zeitlose Artikel erscheinen unverändert. Darüber hinaus wurden insgesamt 23 neue Stichwörter wie Bachelor-Master-Studiengänge, Berufliche Fachdidaktiken, Bildungsnetzwerke, Bildungsstandards, Electronic Commerce, Externes Ausbildungsmanagement, Interkulturelle Kompetenz, Portfolio, Regionale Berufsbildungszentren, Zertifizierung usw. aufgenommen.

Auch dieses Mal gilt der besondere Dank den 166 Autorinnen und Autoren für die sehr gute Zusammenarbeit, die bewirkt hat, dass dieser wichtige Band zur Orientierung im Arbeitsfeld Berufs- und Wirtschaftspädagogik den aktuellen Entwicklungs- und Diskussionsstand widerspiegelt. Unser Dank gilt dem Klinkhardt Verlag für die verlegerische Betreuung. Ohne unsere Mitarbeiterinnen und Mitarbeiter hätten wir dieses umfangreiche Wörterbuch nicht in der Form herausgeben können. An der Universität Paderborn wurden das Personenregister und Teile des Stichwortverzeichnisses aktualisiert. Für die Unterstützung ist Olga Dimitriva und Oxana Esterlein zu danken. Der Lehrstuhl für Berufspädagogik der Universität Dortmund war Ansprechpartner für die Autorinnen und Autoren und Koordinator aller Tätigkeiten. Zudem wurden an der Universität Dortmund die Querverweise in den Text eingefügt, neue und überarbeitete Artikel korrigiert und die abschließenden redaktionellen Arbeiten übernommen. Für das Mitwirken danken wir Anika Fritsche, Deborah Goerke und Markus Schalker.

Wir hoffen, dass mit der Überarbeitung des Wörterbuchs eine adäquate Auswahl an Wörtern zur Verfügung gestellt ist, die die aktuellen Entwicklungen berücksichtigt und zur konstruktiven Weiterarbeit an berufs- und wirtschaftspädagogischen Inhalten befähigt und motiviert.

Für Anregungen, Ergänzungen, Hinweise und Verbesserungen in der Sache wären wir dankbar.

Dortmund	Günter Pätzold	
Paderborn	Franz-Josef Kaiser	Ostern 2006

Abschlussprüfung

Die Berufsausbildung in anerkannten →Ausbildungsberufen endet mit der *Abschlussprüfung* (§ 37 BBiG). Die Durchführung der Prüfungen obliegt der zuständigen Stelle, die hierfür Prüfungsausschüsse errichtet (§ 39 BBiG). In ihnen wirken – ehrenamtlich tätige – Beauftragte der Arbeitgeber und der Arbeitnehmer sowie Lehrkräfte berufsbildender Schulen mit (§ 40 BBiG). Mit der Bekanntgabe des Bestehens der Abschlussprüfung, an der teilzunehmen der Auszubildende vertragsrechtlich verpflichtet ist, endet das →Berufsausbildungsverhältnis vor Ablauf der vertraglichen Ausbildungszeit. Besteht der Auszubildende die Abschlussprüfung nicht, so verlängert sich das Berufsausbildungsverhältnis auf sein Verlangen bis zur nächstmöglichen Wiederholungsprüfung, höchstens um ein Jahr (§ 21 BBiG). Neben Auszubildenden können zur Abschlussprüfung u. a. auch Bewerber zugelassen werden, die über eine langjährige praktische Tätigkeit in dem →Beruf verfügen (§ 45 BBiG), sowie Absolventen bestimmter Bildungsgänge einer berufsbildenden Schule (§ 43 Abs. 2 BBiG). Gegenstand und Gliederung der Prüfung sind in der jeweiligen →Ausbildungsordnung festgelegt; auch der für die Berufsausbildung wesentliche Lehrstoff der Berufsschule ist in die Prüfung einzubeziehen. Ziel der Abschlussprüfung ist es festzustellen, ob der Prüfling die berufliche Handlungsfähigkeit erworben hat. Er soll in der Prüfung nachweisen, dass er die erforderlichen beruflichen Fertigkeiten beherrscht und die notwendigen beruflichen Kenntnisse und Fähigkeiten besitzt, nach der Ausbildung eine verantwortungsvolle Berufstätigkeit aufzunehmen. Ihrem Wesen nach ist die Abschlussprüfung deshalb keine „Lernerfolgskontrolle", sondern eine Berufseingangsprüfung. Dem entspricht ihre Ausgestaltung als punktuelle Prüfung, bei der für das Ergebnis nur die in der Prüfung selbst erbrachten Leistungen zählen. Diese Regelung ist nicht unumstritten. Von Schulseite wird schon seit längerem die Anrechnung von Berufsschulleistungen gefordert. Nach Auffassung der Wirtschaft würde dies den Charakter und Stellenwert der Prüfung in unvertretbarer Weise verändern. Die Bedeutung der Abschlussprüfung wird hier in der lernortunabhängigen externen Beurteilung durch eine unparteiische Institution gesehen, die kriterienorientiert das Vorliegen einer erforderlichen Mindestqualifikation feststellt und von daher Aussagekraft für den Arbeitsmarkt und das Beschäftigungssystem besitzt. Eine überregionale Vergleichbarkeit wird durch zunehmend eingesetzte überregional erstellte Prüfungsaufgaben erreicht. Dabei werden die Aufgabenstellungen verstärkt konkret auf berufliche Handlungssituationen abgestellt und die Fächergliederung durch integrierte Ansätze (Technischer Zeichner) oder Einbeziehung betrieblicher Vorgänge in Form von →Projektarbeiten (z. B. IT-Berufe) oder betrieblichen Aufträgen (z. B. Metall- und Elektroberufe) abgelöst. Dem steht allerdings ein kritisch betrachteter erhöhter Durchführungsaufwand gegenüber.

Als neue Durchführungsform lässt das →Berufsbildungsgesetz von 2005 die „Gestreckte Abschlussprüfung" mit zwei zeitlich auseinander fallenden Teilen zu. Teil 1 findet dabei – an Stelle der →Zwischenprüfung – etwa zur Mitte der Ausbildung statt und erstreckt sich auf bis dahin zu vermittelnde Inhalte. Die Leistungen gehen mit einem festgelegten Anteil in das Gesamtergebnis der Prüfung ein. Teil 2 findet wie üblich am Ende der Ausbildung statt. Die im ersten Teil der Abschlussprüfung geprüften Fertigkeiten, Fähigkeiten und Kenntnisse werden nur insoweit in den zweiten Teil einbezogen, als es für die nach § 38 BBiG zutreffende Feststellung der beruflichen Handlungsfähigkeit erforderlich ist. Dies erlaubt es insbesondere, am Beginn der Ausbildung vermittelte Grundfertigkeiten ausbildungsnah und bereits deutlich vor dem Ausbildungsende abschließend zu prüfen. Damit wird nicht zuletzt auch

eine meist kostenaufwändige Wiederholung allein aus Prüfungszwecken vermieden. Ob in einem →Ausbildungsberuf eine gestreckte Abschlussprüfung durchgeführt wird, regelt die Ausbildungsordnung.
Literatur: Blume, F./Hensgen, A./Kloft, C./Maidle, U.: Erfassung von Handlungskompetenz in den Prüfungen der Industrie- und Handelskammern, Bielefeld 1995 – Reymers, M./Stöhr, A.: Das Modell „Gestreckte Abschlussprüfung" wird evaluiert. In: Berufsbildung in Wissenschaft und Praxis, 33 (2004), 1, S. 25 – Schmidt, J.: Prüfungsmethoden in der beruflichen Aus- und Weiterbildung, Bonn 2005

Claus-Dieter Weibert

Abstimmung von Ausbildungsordnungen und Rahmenlehrplänen

Die Duale Berufsausbildung in der Bundesrepublik Deutschland ist von den gesellschaftspolitischen Rahmenbedingungen insgesamt und von dem besonderen Bedingungsgefüge im Überlappungsbereich von Wirtschafts-, Sozial- und Bildungspolitik geprägt. Sie steht im Schnittpunkt unterschiedlicher, z.T. konkurrierender Interessen, zu deren Vermittlung wichtige Einrichtungen beitragen, so z.B. die Ständige Konferenz der Kultusminister der Länder in der Bundesrepublik Deutschland (KMK), die Bund-Länder-Kommission für Bildungsplanung und Forschungsförderung (BLK) und der Hauptausschuss des Bundesinstituts für Berufsbildung. Konstruktive organisatorische Verbindungen und curriculare Vernetzungen zwischen den →Lernorten bzw. den Arbeits- und Lernprozessen werden u.a. deshalb notwendig, weil das →Duale System verschiedene Dimensionen individueller Entwicklungsmöglichkeiten enthält und Berufsbildungsaufgaben zu bewältigen sind, die das Potential eines einzelnen Lernortes übersteigen. Die Trennung und Abgrenzung der Arbeits- und Lernprozesse dokumentieren sich in der Einbindung der →Auszubildenden in spezifische Umweltsysteme, wobei die jeweiligen Interessen und verfolgten Zwecke der Beteiligten nicht kongruent sind.

Weil der Bund für den betrieblichen Teil und die Länder für den berufsschulischen Teil der Berufsausbildung im Dualen System zuständig sind, ist für ein sinnvolles „Gesamtprogramm" der beruflichen Bildung (im jeweiligen →Ausbildungsberuf) mit Blick auf die Optimierung der Bildungsprozesse an allen Lernorten eine sachlich-inhaltliche Abstimmung der jeweils für Betrieb und →Berufsschule spezifisch entwickelten beruflichen Bildungspläne unverzichtbar. Dabei sind Rahmenbedingungen zu gewährleisten, damit eine didaktisch geleitete Zusammenarbeit „vor Ort" zwischen Betrieb, Berufsschule und überbetrieblicher Ausbildungsstätte bei der Planung, Durchführung und Evaluation der Berufsausbildung gelingt.

„Abstimmung" als zentraler Begriff für die Zusammenarbeit im Bereich der beruflichen Bildung zwischen dem Bund, den Ländern und den Organisationen der Arbeitgeber und der Arbeitnehmer bezieht sich vor allem auf die inhaltliche, zeitliche und organisatorische Abstimmung von →Ausbildungsordnungen und Rahmenlehrplänen, die auch als „essentielle intentionale didaktische Steuerungsinstrumente" (Nikolay 1993, S. 14) definiert werden. Das Abstimmungsverfahren betrifft nicht nur das Verhältnis zwischen Bund und Ländern, sondern setzt auch die Abstimmung zwischen den Kultusministern (-senatoren) der Länder voraus. Dies geschieht im Rahmen eines Unterausschusses der KMK. Rahmenlehrpläne der KMK müssen in den Bundesländern „ratifiziert" werden.

Vor 1945 befasste sich das von der gewerblichen Wirtschaft getragene staatliche „Reichsinstitut für Berufsausbildung in Handel und Gewerbe" mit Fragen der Abstimmung, wobei die Erarbeitung von „Ordnungsmitteln für die Berufsausbildung" lange Zeit in den Händen der von der Wirtschaft installierten Organisationen lag, so vor allem des 1908 gegründeten „Deutschen Ausschusses für technisches Schulwesen" (DATSCH). Ab 1951 ging diese Arbeit auf die „Arbeitsstelle für Berufserziehung des

DIHT" und ab 1953 auf die vom DIHT, BDI und BDA gemeinsam getragene „Arbeitsstelle für Betriebliche Berufsausbildung" (ABB) über. Die Beteiligung der Arbeitnehmer, repräsentiert durch die Gewerkschaften, entwickelte sich zunächst durch ihre Mitwirkung in den Selbstverwaltungsgremien der Wirtschaft, ab 1970 verstärkt in den Ausschüssen im Berufsbildungsbereich. Mit der Verabschiedung des →Berufsbildungsgesetzes (BBiG) im Jahre 1969 erhielt der Staat die alleinige Befugnis zum Erlass von Ausbildungsordnungen. Im Anschluss an das BBiG wurde mit dem „Gemeinsamen Ergebnisprotokoll betreffend das Verfahren bei der Abstimmung von Ausbildungsordnungen und Rahmenlehrplänen im Bereich der beruflichen Bildung zwischen der Bundesregierung mit den Kultusministern (-senatoren) der Länder vom 30. Mai 1972" u.a. ein Koordinierungsausschuss gebildet, dem Beauftragte der zuständigen Bundesministerien und fachlich zuständige Entscheidungsträger der Länder (Kultusminister) angehören und dem folgende Aufgaben zugewiesen sind:
– Grundsätze für die Abstimmung der Ausbildungsordnungen und Rahmenlehrpläne zu vereinbaren,
– Absprachen darüber zu treffen, welche Ausbildungsordnungen und Rahmenlehrpläne für die Neuordnung vorbereitet werden sollen und welche Ausschüsse (Sachverständige) hierfür benötigt werden,
– während des Abstimmungsverfahrens für die erforderliche Rückkopplung zu den jeweils verantwortlichen Stellen und Gremien zu sorgen,
– eine letzte Abstimmung der Ausbildungsordnungen und der Rahmenlehrpläne vorzunehmen, bevor sie den zuständigen Stellen mit der Empfehlung vorgelegt werden, sie zu erlassen.

Der Koordinierungsausschuss hat am 8. August 1974 das „Verfahren für die Abstimmung von Ausbildungsordnungen und Rahmenlehrplänen nach dem gemeinsamen Ergebnisprotokoll vom 30. Mai 1972" beschlossen. Seither wird jeder neuen Ausbildungsordnung der entsprechende Rahmenlehrplan der KMK für den jeweiligen Beruf beigefügt. Dabei geht das Abstimmungsverfahren nicht von einer gemeinsamen Entwicklung des Ausbildungsrahmenplanes und des Rahmenlehrplanes aus. Dieses Vorgehen war zwischen Bund und Ländern von Anfang an umstritten. Es war im Vorfeld die Frage diskutiert worden, ob ein Gesamtcurriculum erstellt („gemeinsame Erarbeitung") oder getrennte Pläne entwickelt und sie dann aufeinander abgestimmt werden sollten. Für die Entscheidung zugunsten der letztgenannten Alternative, also gegen ein gemeinsames berufliches Curriculum, wurden hauptsächlich rechtliche Gründe vorgebracht (vgl. Nikolay 1993, S. 184 ff.). Das Verfahren „läßt darauf schließen, daß bei der Entwicklung und Abstimmung der betrieblichen bzw. schulischen „Ordnungsmittel" von einer ausgewogenen gegenseitigen Beeinflussung kaum gesprochen werden kann. Vielmehr dominiert klar der Einfluß der für die Ausbildungsordnungen verantwortlichen Seite" (Lepper 1983, S. 160). Im Zuge der Reformbemühungen in der beruflichen Bildung gab es immer wieder Bemühungen zur Verbesserung des Abstimmungsverfahrens, die insbesondere eine Integration der Verfahrensabläufe und Entscheidungsprozesse auf Bundes- und Länderseite sowie die Entwicklung eines beruflichen Gesamtcurriculums anstrebten. Alle Versuche scheiterten bisher. Die Novellierung des BBiG im Jahr 2005 hat diesbezüglich lediglich kleinere Veränderungen gebracht. So findet sich im neuen § 2 Abs. 2 BBiG die →Lernortkooperation ausdrücklich verankert. In § 4 Abs. 5 BBiG wird das jeweils zuständige Fachministerium verpflichtet, die Länder frühzeitig über Neuordnungskonzepte zu informieren und sie in die Abstimmung einzubeziehen. Der Deutsche Bundestag hat zudem einen von den Fraktionen SPD, CDU/CSU und von BÜNDNIS 90/

DIE GRÜNEN anlässlich der Verabschiedung des Berufsbildungsreformgesetzes (BerBiRefG) gemeinsam eingebrachten Entschließungsantrag zugestimmt und darin Bundesregierung und Länder aufgefordert, ihre Zusammenarbeit bei der Modernisierung der Berufsausbildung noch weiter zu verbessern (Deutscher Bundestag 2005). Dazu sollten sie, so der Beschluss, „mit diesem Ziel das Gemeinsame Ergebnisprotokoll von 1972 den aktuellen Erfordernissen einer fortlaufenden und raschen Modernisierung der dualen Berufsausbildung anpassen" (Deutscher Bundestag, S. 24). Die Abstimmung auf der Basis des Gemeinsamen Ergebnisprotokolls wird heute als pragmatische Lösung angesehen. Bezogen auf zukünftige Herausforderungen der beruflichen Bildung wird eine neue Qualität der Bund-Länder-Kooperation durch eine Änderung des Gemeinsamen Ergebnisprotokolls erwartet, von der entscheidende Impulse für die Weiterentwicklung des Dualen Systems ausgehen könnten. Zur Verstärkung der Kooperation werden u.a. gemeinsame Sitzungen der Sachverständigen der Sozialpartner, die die Ausbildungsordnungen und die Ausbildungsrahmenpläne erstellen, und der Sachverständigen der Länder, die die Rahmenlehrpläne erarbeiten, bereits von Beginn des Verfahrens an als zwingende Voraussetzung gefordert. Auch sollten die Sozialpartner an den Sitzungen des Koordinierungsausschusses von Bund und Ländern beteiligt werden (vgl. Bundesverband 4/98).

Literatur: Benner, H./Püttmann, F.: 20 Jahre Gemeinsames Ergebnisprotokoll. Eine kritische Darstellung des Verfahrens zur Abstimmung von Ausbildungsordnungen und Rahmenlehrplänen für die Berufsausbildung in anerkannten Ausbildungsberufen aus Bundes- und Ländersicht. Bonn 1992 – Bundesinstitut für Berufsbildung (Hg.): Wie entstehen Ausbildungsberufe? Leitfaden zur Erarbeitung von Ausbildungsordnungen mit Glossar. Bonn 2003 – Bundesverband der Lehrer an Wirtschaftsschulen e.V. (Hg.): DAG und VLW fordern Kooperation und Abstimmung der Lernorte im dualen System der Berufsausbildung auf allen Ebenen. Karlsruhe 4/98 – Deutscher Bundestag, 15. Wahlperiode, Drucksache 15/4752 vom 26.01.2005: Beschlussempfehlung und Bericht des Ausschusses Bildung, Forschung und Technikfolgenabschätzung zum Berufsbildungsreformgesetz. – Euler, D./Twardy, M.: Duales System oder Systemdualität – Überlegungen zu einer Intensivierung der Lernortkooperation. In: Twardy, M.: Duales System zwischen Tradition und Innovation. Köln 1991, S. 197-221 – Golisch, B.: Ausbildungsordnungen als berufspädagogisches Konstrukt. Frankfurt a.M. 1997 – Herkner, V.: Deutscher Ausschuß für Technisches Schulwesen. Untersuchungen unter besonderer Berücksichtigung metalltechnischer Berufe. Hamburg 2003 – Kell, A.: Organisation, Recht und Finanzierung der Berufsbildung. In: Arnold, R./Lipsmeier, A. (Hg.): Handbuch der Berufsbildung. Opladen 1995, S. 369-397 – Lepper, M.-L.: Struktur und Perspektiven des dualen Systems beruflicher Bildung in der Bundesrepublik Deutschland. Frankfurt a.M. 1983 – Nikolay, H.: Aufgabenverteilung in der Berufsausbildung. Inhaltliche Abstimmung der fachlichen Lerninhalte im Dualen System. Berlin 1993 – Pätzold, G. (Hg.): Zur Geschichte des Berufsbildungsgesetzes 1875-1981. Köln/Wien 1982 – Pätzold, G. (Hg.): Die betriebliche Berufsbildung 1945-1990. 2 Halbbände. Köln/Wien 1991 – Pätzold, G.: Rechtliche Rahmenbedingungen der dualen Berufsbildung und Bedarf an Lernortkooperation. In: Pätzold, G./Walden, G. (Hg.): Lernortkooperation – Stand und Perspektiven. Berichte zur beruflichen Bildung. Heft 225. Hg. vom Bundesinstitut für Berufsbildung. Bielefeld 1999, S. 85-112

Günter Pätzold

Allgemeine und berufliche Bildung

Das Begriffspaar „allgemeine und berufliche Bildung" deutet darauf hin, dass beide Bildungsbereiche als zueinander in einem besonderen, erläuterungsbedürftigen Verhältnis stehend zu betrachten sind. Wenig problematisch ist beider Verhältnis, soweit die der Berufsausbildung vorgelagerte schulische Allgemeinbildung gemeint ist: Der Unterricht bis zum Ende der Sekundarstufe I dient der Allgemeinbildung und zugleich der Vermittlung grundlegender Qualifikationen für die sich unmittelbar anschließende „nicht-" oder „subakademische" Berufsausbildung. Für diejenigen, die das

Abitur machen wollen, ist die „Mittlere Reife" Voraussetzung für den Besuch der gymnasialen Oberstufe. Der endet im Erfolgsfalle mit der Aushändigung des „Reifezeugnisses".

Nach dreizehnjährigem Schulbesuch oder zehnjährigem Schulbesuch plus dreijähriger Lehre, also im Alter von durchschnittlich knapp zwanzig Jahren, sind die Absolventen eines Bildungsgangs auf der Sekundarstufe II entweder im Besitz eines Facharbeiter- oder Fachangestelltenbriefs oder aber einer – in der Regel uneingeschränkten, „allgemeinen" – Hochschulzugangsberechtigung. Das sich in den meisten Fällen anschließende Studium dient zwar ebenfalls der Vorbereitung auf einen →Beruf und ist insofern also auch „berufliche Bildung", kann hier jedoch vernachlässigt werden, da es mit diesem Terminus nicht assoziiert wird.

Die Verwendungsmöglichkeiten der jeweiligen Abschlüsse machen deutlich, dass es sich bei der allgemeinen und der beruflichen Bildung nicht einfach um zwei Bildungsgänge im Sekundarbereich II handelt, deren Anbieter sich in freier Konkurrenz um die „Gunst" der Absolventen von Bildungsgängen im Sekundarbereich I bemühen. Der Gesellenbrief eröffnet tariflich definierte und entgoltene Tätigkeiten und darüber hinaus, nach einer vorgeschriebenen Mindestdauer der Berufsausübung, die Möglichkeit, sich zum Meister oder Techniker fortzubilden. Eine Fortsetzung der Berufskarriere ohne Studium ist, von seltenen Ausnahmen abgesehen, nicht möglich. Der Inhaber eines schulischen „Reifezeugnisses" hingegen hat grundsätzlich die Wahl zwischen einem reputationsträchtigen Universitäts- oder Hochschulstudium und einer Berufsausbildung. Diese darf in Erwartung eines überdurchschnittlichen Lerntempos gemäß § 29 (2) BBiG verkürzt werden und kann sowohl im Dienste einer Erhöhung der Chancen am Arbeitsmarkt stehen als auch einer Intensivierung des Theorie-Praxis-Bezugs (Doppelqualifikation).

Die kontinuierliche Anhebung des Bildungsniveaus und die durch sie hervorgerufene Vervielfachung der Abiturientenquote in den vergangenen dreißig Jahren (Bildungsexpansion) hat zwar die säuberliche Trennung zwischen den sozialen Schichten verwischt; dennoch ist festzustellen, dass sich in den unterschiedlichen Aufstiegschancen von Haupt- und Realschulabsolventen mit Lehre auf der einen und von Absolventen des Gymnasiums auf der anderen Seite die gesellschaftliche Unterscheidung zwischen „Gebildeten" und „Banausen" im antiken Griechenland immer noch widerspiegelt. Wenn im 19. Jahrhundert Wilhelm von Humboldt erneut die systematische Trennung von Menschenbildung und beruflicher Ertüchtigung betrieb, so gerade nicht aus Dünkel, sondern als Reaktion auf die aufklärerische Ineinssetzung beider, die der Verkürzung des Leitgedankens der gesellschaftlichen Nützlichkeit zu zynischer Bornierung und Ausbeutung Vorschub geleistet hatte. Doch konnte er damit nicht verhindern, dass das aufstrebende Bürgertum die der allgemeinen Humanisierung zugedachte zweckungebundene klassische Bildung monopolisierte und die Berufsvorbereitung immer stärker von ökonomischen Gesichtspunkten bestimmt wurde.

Doch weder die pädagogische Vernachlässigung der beruflichen Bildung noch ihre Indienstnahme für staatspolitische Zwecke (und ihre de facto-Aufwertung) nach den Vorstellungen Georg Kerschensteiners noch ihre Überhöhung, wie sie in der berühmten Formel zum Ausdruck kam, „die Wahrheit der Allgemeinbildung" bestehe „in besonderer und beruflicher Bildung" (Blankertz 1963, S. 121), hat das Verhältnis von beruflicher und allgemeiner Bildung grundsätzlich verändert. Gegenüber den Versuchen, bildungstheoretisch legitimiert durch das Gemeinsame Dritte „Wissenschaftlichkeit", berufliche und allgemeine Bildungsgänge im Sekundarbereich II durchgängig organisatorisch und curricular zu verzahnen, blieben beide resistent (vgl. dazu zuletzt KMK 1998).

Als noch ungesichert ist die Bedeutung des →Hochschulzugangs Berufserfahrener ohne Abitur anzusehen, der seit den elf Thesen des →Deutschen Industrie- und Handelstages „für eine größere Durchlässigkeit der Bildungsebenen" (DIHT 1990) über die Hochschulgesetze der Länder bundesweit abgesichert wurde. Einerseits bauen diese Regelungen auf ungenügend abgesicherten Annahmen über die unstrukturierte Selbstqualifizierung der „virtuellen Übergänger" in die Hochschule (Harney/Keiner 1997) auf, und ihre Initiatoren vernachlässigen darüber sträflich die planvolle Hinführung zur Studierfähigkeit. Andererseits aber geben sie Bemühungen um die Etablierung eines „eigenständigen und gleichwertigen Berufsbildungssystems" (Dybowski u.a. 1994) Nahrung, mit dem die berufliche Bildung nachhaltig aufgewertet und erstmals eine Perspektive alternativ zum gymnasialen („allgemeinen") Bildungsweg eröffnet würde.

Einer besseren Verzahnung beider Bildungsbereiche sollen auch die so genannten „dualen" Studienangebote insbesondere an →Fachhochschulen dienen (Mucke 2003). Hier werden Studium und betriebliche Berufsausbildung bzw. berufliche Praxis organisatorisch und inhaltlich, wenn auch unterschiedlich intensiv, aufeinander bezogen. Die Zeiten der beruflichen Qualifizierung und die dabei erworbenen Qualifikationen und →Kompetenzen werden dabei als integraler Bestandteil des jeweiligen Studienangebotes weitgehend anerkannt.

Ein weiterer konkreter Schritt, die Durchlässigkeit zwischen allgemeiner und beruflicher Bildung zu befördern, wird die Einführung eines qualitativen Leistungspunktsystems über die Bildungsbereiche hinweg sein (Mucke/Grunwald 2005). Mit dessen Hilfe können bereits erworbene Qualifikationen und Kompetenzen auf sich anschließende Bildungsangebote – sowohl im beruflichen als auch im hochschulischen Bildungsbereich – angerechnet werden. Ein wichtiger Meilenstein dazu ist die gemeinsame Empfehlung des Bundesministeriums für Bildung und Forschung, der Konferenz der Kultusminister der Länder und der Hochschulrektorenkonferenz an die Hochschulen zur Vergabe von Leistungspunkten in der beruflichen Fortbildung und Anrechnung auf ein Hochschulstudium vom 26.09.2003. Danach sind die Hochschulen aufgerufen, Leistungspunkte, die für gleichwertige Studien- und Prüfungsleistungen in der beruflichen Bildung vergeben wurden, in einer Höhe anzurechnen, die den Leistungsanforderungen des jeweiligen Studienganges entspricht.

Über erziehungswissenschaftliche Theorien und bildungspolitische Maßnahmen zur Legitimierung, Förderung und (förmliche) Anerkennung der Gleichwertigkeit beruflicher und allgemeiner Bildung hinaus gibt es affine gesellschaftliche Phänomene, die unabhängig von den Fachdiskursen dennoch eine Relevanz haben und deshalb beachtet werden sollten.

Die allseits beliebten TV-Quiz-Shows zum Beispiel erfassen gleichermaßen Akademiker und Nichtakademiker und tragen dadurch zur Konvergenz traditionell separater Bildungssphären bei. Jeder weiß und erfährt immer wieder aufs Neue: „Wissen ist Macht." Oder eben auch: „Wissen bringt Geld."

So dürfte es kein Zufall sein, dass Bücher wie das von Diedrich Schwanitz („Bildung. Alles, was man wissen muss") weit über die Fachkreise hinaus auf allgemeines Interesse stoßen und Wirkung entfalten. Auf diese Weise gewinnt das abstrakte Reden von der „Wissensgesellschaft" an Anschaulichkeit und trägt dazu bei, überkommene Vorstellungen von „Bildung" und dem technisch und ökonomisch Gebotenen der Jetztzeit zu verschmelzen.

Literatur: Blankertz, H.: Berufsbildung und Utilitarismus. Düsseldorf 1963 – Bremer, R./Heidegger, G./Schenk, B./Tenfelde, W./Uhe, E.: Alternativen zum Abitur. Frankfurt am Main 1993 – Dehnbostel, P.: Grundbildung zwischen Schule und Beruf. Stuttgart 1988 – Deutscher Industrie- und Handelstag (DIHT): Hochschulzugang für Absolventen des Dualen Systems.

11 Thesen für eine größere Durchlässigkeit der Bildungsebenen. In: Bundesinstitut für Berufsbildung (BIBB): Gleichwertigkeit beruflicher und allgemeiner Bildung. Hochschulzugang für Berufserfahrene – Stellungnahmen und Vorschläge. Berlin/Bonn 1996, S. 157-159 – Dybowski, G./Pütz, H./Sauter, E./ Schmidt, H.: Ein Weg aus der Sackgasse – Plädoyer für ein eigenständiges und gleichwertiges Berufsbildungssystem. In: Berufsbildung in Wissenschaft und Praxis 23 (1994), 6, S. 3-13 – Harney, K./Keiner, E.: Individualisierung als neue Form der Bildungspolitik. Eine Analyse am Beispiel des Hochschulzugangs Berufstätiger. In: Mucke, K./Schwiedrzik, B. (Hg.): Studieren ohne Abitur. Berufserfahrung – ein „Schrittmacher" für Hochschulen und Universitäten. Bielefeld 1997, S. 57-70 – Mucke, K.: Duale Studiengänge an Fachhochschulen. Eine Übersicht. Bielefeld 2003 – Mucke, K./Grunwald, St.: Hochschulkompatible Leistungspunkte in der beruflichen Bildung. Grundsteinlegung in der IT-Weiterbildung. Berichte zur beruflichen Bildung 272. Bielefeld 2005 – Schwanitz, D.: Bildung. Alles, was man wissen muss. Frankfurt a.M. 1999 – Ständige Konferenz der Kultusminister (KMK): Vereinbarung über den Erwerb der Fachhochschulreife in beruflichen Bildungsgängen. Beschluss vom 5. Juni 1998

Bernd Schwiedrzik

Anschaulichkeit

Mit den Bemühungen um eine möglichst anschauliche Gestaltung des Ökonomieunterrichts soll vermieden werden, dass lebens- und berufspraxisfremdes, stark theorielastiges und im Kern unverstandenes Wissen im Unterricht angehäuft wird. Ziel anschaulichen Ökonomieunterrichts ist es, das Sachwissen und theoretische Kenntnisse im Kontext der durch die menschlichen Sinne zugänglichen und gegenständlichen Welt zu vermitteln. Die Möglichkeiten, diese Intention im Rahmen konventioneller Anschauungsmittel umzusetzen, sind vielfältig. Bereits zu Beginn der 60er Jahre fasste Eberhard Wälde (1964, S. 77) die wichtigsten Möglichkeiten in der dargestellten Systematik zusammen.

So sinnhaft und notwendig die jeweiligen Möglichkeiten, A. im Unterricht zu bewirken, sind, so bleiben sie doch im partiellen Zugriff verhaftet. Das Problem wird deutlich, wenn man dem die noch immer gültigen Anforderungen an Unterricht des großen europäischen Bildungsreformers Johannes Amos Comenius (1633) gegenüberstellt. „Alles soll wo immer möglich den Sinnen vorgeführt werden, was sichtbar, dem Gesicht, was hörbar, dem Gehör, was riechbar, dem Geruch, was schmeckbar, dem Geschmack, was fühlbar, dem Tastsinn. Und wenn etwas durch verschiedene Sinne aufgenommen werden kann, soll es den verschiedenen Sinnen zugleich vorgesetzt werden" (Comenius i. d. Übersetzung von Flitner 1954, S. 135).

→Lernen ist auch im Ökonomieunterricht dann besonders effektiv, wenn Schüler daran mit möglichst vielen Sinnen beteiligt sind und ganzheitliche Lernerfahrungen machen können. Eine besonders erfolgversprechende Möglichkeit hierzu kann in handlungstheoretisch begründeten Formen der Unterrichtsgestaltung gesehen werden. Deren vorrangiges Ziel ist es, den Schülern auf einer konkreten Handlungsebene den Einblick in sozio-ökonomische Zusammenhänge zu vermitteln (Stein/Weitz 1992; Weitz 1995).

Literatur: Aebli, H.: Denken: das Ordnen des Tuns. Band I. Kognitive Aspekte der Handlungstheorie. Stuttgart 1980 – Comenius, J.A.: Große Didaktik. Übersetzt von: Flitner, A. Düsseldorf München 1954 – Stein, H./Weitz, B.O.: Lernen in Zusammenhängen. Bad Homburg v.d.H. 1992 – Wälde, W.: Die Anschauung im Unterricht der kaufmännischen Schulen. Darmstadt ²1964 – Weitz, B.O.: Anschaulichkeit als wesentliche Grundlage der Wirtschaftspädagogik. In: Erziehungswissenschaft und Beruf 43 (1995), 2, S. 136-147 – Weitz, B.O.: Ökonomische Theorie und Praxis (Teil 1). In: arbeiten + lernen. Wirtschaft 6 (1996), 24, S. 7-13 – Weitz, B.O.: Ökonomische Theorie und Praxis (Teil 2). In: arbeiten + lernen. Wirtschaft 6 (1996), 25, S. 4-8

Bernd Otto Weitz

	Die Veranschaulichung kann erfolgen durch:	
abnehmende Sachnähe	I. Die Wirklichkeit	1. Die Wirklichkeit 2. aufgesuchte Wirklichkeit 3. hereingeholte Wirklichkeit 4. nachgeahmte Wirklichkeit
	II. Die Wiedergabe	1. Modell 2. Film 3. Abbildung
	III. Das Schema	1. vereinfachtes Schema 2. sinnbildliches Schema
	IV. Die schriftliche Darstellung	1. Schriftskizze 2. Tafelanschrieb
	V. Das gesprochene Wort	1. Schilderung 2. Beispiel 3. Analogie

Abb.: Systematik der Anschauungsmittel

Arbeit

Das Wort: Das Wort A. stammt aus dem gotischen, mittelhochdeutschen, altsächsischen, niederländischen, dänischen Raum. Die alten Stammformen sind arebeit, arbed, arbedi, arbedee. Der darin enthaltene Wortstamm ar, rab oder bab bedeutet ursprünglich Ackerbau. Ackerbau war schwere A. und wurde nach Möglichkeit auf die unterste soziale Schicht delegiert. So entstand aus dem Wort z.B. rabeta, der Frondienst, und rab, der Knecht. Begriffe, die dann allgemein auf Mühsal und auf Leibeigene übertragen wurden. Der Wortstamm findet sich z.B. auch in dem englischen Wort labour (= Arbeit). Auch in anderen Kulturen gibt es die Koppelung von A. und Mühsal, Knechtsein, Not und Leiden.

Nach der etymologischen Bedeutung umfasst A. im ursprünglichen Sinne also den Menschen als Subjekt und den Boden als Objekt. Dazwischen geschaltet ist die Tätigkeit des Menschen, um den Boden für sich nutzbar zu machen. Nutzbarmachen heißt auch, zielgerichtet zu arbeiten.

Der Begriff: Die Bedeutung von A. in unserem Kulturkreis ist eng mit der Entwicklung des Christentums und der Theologischen Diskussion über A. verbunden. A. ist nach dem Alten Testament auch Schöpfungsauftrag an den Menschen. Nur wenn er arbeitet, wird er zu einem von Gott anerkannten Wesen. A. ist also eine Existenzgrundlage des Menschen vor Gott. Das Tätigsein erhält so eine moralische und ethische Auflading, die aus dem Alten Testament abgeleitet wird. Hinzu kommt, dass auch im Neuen Testament Jesus und die Apostel einen Beruf haben, d.h. arbeiten.

Im Hoch- und Spätmittelalter verwischte sich die Bipolarität von Beten und Arbeiten. Beten wurde auch als A. angesehen. Somit bleibt auch nicht aus, dass die A. in ihrem Ansehen von der rein körperlichen, schweren Handarbeit bis hin zur rein geistigen A., z.B. Beten, graduell unterschieden wurde. Menschen wurden nach ihrer irdischen Tätigkeit standesgemäß eingeschätzt. Mit den aufkommenden →Berufen als manifestierte Arbeitsteilung hatte dann jeder seine von Gott gegebene A. Die rechte Verrichtung dieser A. sicherte auch ein Ansehen vor Gott. Diese theologische Bedeutung wurde von Luther besonders hervorgehoben. Jeder Mensch ist zu einer bestimmten A. berufen.

Diese Berufung hat er gewissenhaft zu erfüllen. Der Begriff A. enthält also die bestimmenden Elemente Mensch, Natur und Gott: der Mensch, der sich in Gottes Auftrag die Natur verfügbar machen will, dazu körperliche und geistige Kräfte einsetzt, Werkzeuge erfindet und sich seinem Schöpfer Gott gegenüber verantworten muss.

Aktuelle Diskussion: Obwohl die christlichen Religionen bis in die Neuzeit an diesem umfassenden Arbeitsbegriff festhalten und ihn in den gesellschaftlichen Veränderungen weiter entwickeln, lässt sich mit der gesellschaftlichen Säkularisierung und ökonomischen Betrachtung von A., z.B. als Produktionsfaktor, auch eine Säkularisierung des Begriffes feststellen. Die inhaltliche Bindung des Begriffes A. an Gott wird aufgegeben und damit auch die ethische und moralische Aufladung des Begriffes. A. bezeichnet nur noch das Tätigsein des Menschen. Diese Entleerung und Verkürzung kann man am Beispiel der Diskussion um das „Recht auf Arbeit" deutlich machen.

Welche A. ist hier eigentlich gemeint: die Hausarbeit, die ehrenamtliche Tätigkeit, die Erwerbsarbeit, die Schülerarbeit usw.? Das Recht auf A. zielt auf die Erwerbsarbeit. Und in der Tat lässt sich beobachten, dass in unserer heutigen Gesellschaft die Begriffe Erwerbsarbeit und A. synonym gebraucht werden. Spricht man von Arbeitslosen, so meint man Erwerbslose. Wird der Begriff aber so verkürzt, arbeitet der größte Teil der Gesellschaft nicht: Hausfrauen und Hausmänner, Schüler, Studenten, Rentner u.a. Diese absurde Vorstellung und die Tatsache, dass der Gegenstand, an dem A. sich auswirkt, die Natur oder besser die zerstörte Natur, immer stärker in den Blick gerät, führt auch zu einer Neubesinnung auf das, was A. ist. Diese Neubesinnung lässt sich z.B. in den neuen Programmen der politischen Parteien nachweisen. Wichtig ist, dass A. mehr ist als Erwerbsarbeit und dass die A. Verantwortung z.B. für die Natur mit einschließt, sei sie nun humanistisch, christlich oder materialistisch begründet.

A. kann daher als die körperliche und geistige Auseinandersetzung des Menschen mit der Natur, mit den materiellen und geistigen Werkzeugen dazu und mit den produzierten materiellen und geistigen Gütern verstanden werden. Der Arbeitsprozess verhilft ihm zur Entfaltung seiner Persönlichkeit.

Der Mensch arbeitet auch in seiner Freizeit, sofern er sich mit der Natur oder seinen geschaffenen Gütern auseinandersetzt. Erwerbstätigkeit ist nur ein, aber in der gesellschaftlichen Anerkennung besonders wichtiges Feld von A. Daher trifft den Menschen unserer Gesellschaft Erwerbslosigkeit in besonderem Maße, weil ihm implizit die gesellschaftliche Anerkennung entzogen wird.

Literatur: Ammen, A.: Arbeit – Existenzsicherung und Lebenswert. In: May, H.: Handbuch zur ökonomischen Bildung. München/Wien 1992, S. 143-158 – Bienert, W./Bress, L./Kernig, C.P.: Arbeit. In: Kernig, C.P. (Hg.): Sowjetsystem und demokratische Gesellschaft. Freiburg/Basel/Wien 1966, S. 246-271 – Guggenberger, B.: Wenn uns die Arbeit ausgeht. Die aktuelle Diskussion um Arbeitszeitverkürzung. Einkommen und die Grenzen des Sozialstaates. München/Wien 1988

Alfred Ammen

Arbeitsbezogenes Lernen

A. L. bezeichnet schulische und berufliche Lernprozesse, die Inhalte und Strukturen von →Arbeit zum Gegenstand haben. Der Begriff ist semantisch weit gefasst und enthält zahlreiche Unterbegriffe. Für die berufliche Aus- und Weiterbildung sind u.a. Lernen am Arbeitsplatz, Lernen in der Arbeit, arbeitsplatznahes Lernen und neuerdings →dezentrales Lernen zu nennen. A. L. bezieht sich zum einen auf einen örtlich und aufgabenspezifisch eingegrenzten Bereich; zum anderen ist darunter ein didaktisch-methodischer Begriff zu verstehen, der →Lernen und Arbeiten verbindet. Unter dem Aspekt des Verhältnisses von →Lernort und Arbeitsort hat sich folgende Differenzierung a. L. als sinnvoll erwiesen:
– arbeitsgebundenes Lernen,

– arbeitsverbundenes Lernen,
– arbeitsorientiertes Lernen.
Arbeitsgebundenes Lernen ist dadurch gekennzeichnet, dass Lernort und Arbeitsort identisch sind. Das Lernen ist an den Arbeitsplatz oder den Arbeitsprozess gebunden. Beispiele: →Gruppenlernen im Arbeitsprozess und betriebliche →Lerninseln. Beim arbeitsverbundenen Lernen sind Lernort und realer Arbeitsplatz getrennt, gleichwohl besteht zwischen ihnen eine direkte räumliche und arbeitsorganisatorische Verbindung, wie z.B. in →Qualitätszirkeln, →Lernstatt und Technikzentren. Arbeitsorientiertes Lernen findet in zentralen Lernorten statt, so in der →Berufsschule und in Bildungszentren, in denen Auftragsarbeiten in möglichst authentischen Arbeitsstrukturen durchgeführt werden. Beispiele: Lernfabriken und Produktionsinseln in Lehrwerkstätten. Generell sind keine allgemein legitimierten und anerkannten didaktischen Konzepte für a. L. in der Berufsbildung ausgewiesen, auch wenn eine Reihe von Ansätzen hierzu bestehen. Der Herausbildung entsprechender didaktischer Konzepte unter Einbeziehung veränderter Lern-Arbeitssituationen in neuen Arbeits- und Organisationskonzepten ist in der Berufsbildung verstärkt Aufmerksamkeit zu widmen.

Literatur: Dehnbostel, P./Holz, H./Novak, H. (Hg.): Lernen für die Zukunft durch verstärktes Lernen am Arbeitsplatz – Dezentrale Aus- und Weiterbildungskonzepte in der Praxis. Berlin 1992 – Franke, G./ Kleinschmitt, M.: Der Lernort Arbeitsplatz. Eine Untersuchung der arbeitsplatzgebundenen Ausbildung in ausgewählten elektrotechnischen Berufen der Industrie und des Handwerks. Berlin 1987

Peter Dehnbostel

Arbeitsförderungsgesetz (AFG)/ Sozialgesetzbuch III (SGB III)/ Hartz-Gesetze

Die Konjunkturkrise von 1966/67, die als erste Nachkriegskrise in der Bundesrepublik Deutschland die Arbeitslosenzahlen „dramatisch" (ca. 1 Million) anschnellen ließ, hat die Entstehung und Verabschiedung des Arbeitsförderungsgesetzes (AFG) im Jahre 1969 wesentlich beeinflusst. Die Grundphilosophie des AFG folgte dem keynesianistischen Leitgedanken, im Rahmen staatlicher Globalsteuerung der Arbeitsmarktpolitik als Teil der Sozial- und Wirtschaftspolitik eine größere und aktivere Bedeutung zuzumessen und dies durch entsprechend im Gesetz hierfür verankerte Förderungsinstrumente für mehr gestaltende Einflussmöglichkeiten sicherzustellen. Die generelle Zielorientierung des Gesetzes war auf die Perspektive der Vollbeschäftigung ausgerichtet, wobei nicht nur die Vermeidung von →Arbeitslosigkeit und die Sicherstellung eines hohen Beschäftigungsstandes angestrebt war, sondern auch unterwertige Beschäftigung verhindert werden sollte. Man beabsichtigte dies durch den Einsatz unterschiedlicher Instrumente und Maßnahmen wie z. B. der „Information und Beratung" (z.B. →Berufsberatung) und der Förderung der beruflichen Bildung (z.B. Anpassungs- und Aufstiegsfortbildung/→berufliche Umschulung) zu realisieren. Als Finanzierungsbasis der Maßnahmen dienten die Beiträge zur Arbeitslosenversicherung, die von den Arbeitgebern und Beschäftigten gemeinsam erbracht werden (Versicherungsprinzip).

Seit In-Kraft-Treten des AFG im Jahre 1969 sind im Verlauf der Jahre durch Gesetzesnovellierungen wie auch durch Änderungen in der Geschäftspolitik der Bundesanstalt für →Arbeit (BA) erhebliche Einschnitte und Veränderungen bei der Förderung vorgenommen worden, die nicht nur die Zielausrichtung des AFG betrafen, sondern auch das finanzielle Leistungsspektrum.

Zu den Kernelementen des AFG zählte die Förderung der beruflichen Weiterbildung. Zu Beginn der Förderung im Jahre 1969 stand die Förderung des beruflichen Aufstiegs im Vordergrund (die Aufstiegsfortbildung wurde 1994 aus dem AFG ausgegliedert und durch das →Aufstiegsfortbildungsförderungsgesetz AFBG im Jahre 1996 neu geregelt). Doch bereits Mitte der 70er Jahre mussten angesichts der Massenarbeitslosigkeit die Beitragsmittel zur Weiterbildungsförderung um Haushaltsmittel aufgestockt werden, um die Finanzierung für steigende Teilnehmerzahlen an der beruflichen Qualifizierung abzudecken. Mit der Zunahme von Arbeitslosen unter den geförderten Weiterbildungsteilnehmern wurde sukzessiv auf eine reaktive bzw. nachsorgende Förderungspolitik umgeschwenkt.

In den Folgejahren etablierte sich eine Finanzierungskulisse, die sich unter den jeweils vorherrschenden fiskalischen Haushaltsbedingungen vollzog und die unter dem Stichwort eines prozyklischen „stop and go" in den Diskurs um die Förderung der beruflichen Weiterbildung eingegangen ist. Die „Reform der Arbeitsmarktpolitik", bewegte sich in 70er und 80er Jahren in einem Wechselspiel zwischen rigidem Sparkurs einerseits und expansiver Mittelzuweisung andererseits. Hiervon waren nicht nur grundsätzliche Anspruchsgrundlagen auf die Teilnahme und die finanzielle Absicherung während der Teilnahme betroffen, sondern es wurden Zugangsbarrieren temporär geöffnet oder verschlossen. Die öffentlich finanzierte berufliche Qualifizierung unterlag damit weitgehend dem Diktat des aktuell fiskalisch Möglichen, eine auf Längerfristigkeit bzw. Nachhaltigkeit angelegte Förderpolitik blieb nicht einmal in Konturen zu erkennen. Die große Stunde der öffentlichen Weiterbildungsförderung nach dem AFG schlug Anfang der 90er Jahre, als es galt, die neuen Bundesländer in die alte Bundesrepublik zu integrieren. Der massive Einsatz von Mitteln der Arbeitsförderung und speziell der beruflichen Qualifizierung sollte die Strukturen des Beschäftigungssystems der DDR – für das ein 20-jähriger Rückstand gegenüber dem der alten Bundesrepublik diagnostiziert wurde – mittels einer breit angelegten Qualifizierungsoffensive modernisieren helfen. Gewollt war dabei auch der Effekt, dass durch die massive Einbeziehung von Teilnehmern in beruflichen Qualifizierungsmaßnahmen, der zusammenbrechende Arbeitsmarkt kurzfristig entlastet wurde. Die Expansion der beruflichen Weiterbildung führte schnell zu massiver Kritik und zwar nicht nur bezüglich der Quantitäten, sondern vor allem hinsichtlich der Qualität der Maßnahmen. Die Ernüchterung über die begrenzten Reichweiten der beruflichen Weiterbildungsförderung beim „Aufbau Ost" führte in der Folgezeit zu einer beschleunigten Entwicklung in den gesetzlich-förderrechtlichen Bestimmungen. Dem AFG folgte zum 1.1.1998 das Arbeitsförderungsreformgesetz (AFRG), welches in das Sozialgesetzbuch als Teil III integriert wurde. Mit dem Job-AQTIV-Gesetz (2002) wurden wesentliche Teile des SGB III erneut modifiziert. Als wesentliches Merkmal lässt sich festhalten, dass das Instrument der beruflichen Weiterbildungsförderung gegenüber dem Primat der unmittelbaren Vermittlung (ohne Qualifizierung) in eine Beschäftigung an Bedeutung verloren hat.

Mit dem In-Kraft-Treten der „Gesetze über moderne Dienstleistungen am Arbeitsmarkt" zwischen dem 1. 1. 2003 und dem 1. 1. 2005 (Hartz I bis IV) und den damit verbundenen Änderungen im SGB II und SGB III, haben sich die Förderungsbedingungen erneut verändert. Übergeordnete Markierungspunkte der Hartz-Gesetze liegen a) im Umbau der Bundesanstalt für Arbeit zu einem modernen Dienstleistungsunternehmen (Arbeitsagentur), b) in der Veränderung des Leistungsrechtes, c) der Förderung atypischer und selbstständiger Beschäftigung und d) der Reform der Instrumente aktiver Arbeitsmarktpolitik.

Zusammenfassend kann man feststellen, dass der Verlauf der Entwicklung der Arbeitsförderung und damit auch die Förderung der beruflichen Weiterbildung unterschiedliche Entwicklungsphasen durchlaufen hat (vgl. Faulstich/Gnahs/Sauter), in denen es immer wieder zu Leistungsreduzierungen kam, versicherungsfremde Leistungen mitfinanziert werden mussten und es keine Kontinuität der finanziellen Förderung gab. Unterscheiden lassen sich folgende Entwicklungsstadien:
– Präventive Phase in den Jahren von 1969 bis 1975
– Kurative Phase in den Jahren 1976 bis 1989
– Sozialpolitische/sozialintegrative Phase in den Jahren 1990 bis 1997
– Arbeitsmarktpolitische Phase in den Jahren 1998 bis 2002
– Vermittlungsunterstützende Phase seit 2002.

Für die berufliche Weiterbildungsförderung ab dem Jahr 2003 gilt gegenüber dem langjährig praktizierten Förderungsmuster eine grundlegende Neuorientierung.
Dies wird auch durch die gewählte Formulierung der „Neuausrichtung der Weiterbildung" (§§ 77-86; 6. Abschnitt: „Förderung der beruflichen Weiterbildung") herausgestellt. Grundlegend verändert insofern, als ein neues Verfahren der Steuerung und Finanzierung für die Weiterbildung etabliert wurde. Gegenüber dem durch das Arbeitsförderungsreformgesetz (AFRG) schon im Jahre 1998 eingeleiteten Perspektivenwechsel, der das Prinzip des „Förderns und Forderns" beim Leistungsrecht betont, besteht zwar durchaus eine Kontinuität zu Hartz, mit den Hartz-Gesetzen wird diese nur konsequenter und radikaler fortgesetzt. Insofern ist mit den Hartz-Reformen ein Paradigmawechsel in der Arbeitsmarktpolitik vollzogen worden, der einen Wandel in der arbeits- und sozialrechtlichen Zielarchitektur markiert. Es sind drei Leitbotschaften, die diesen Wechsel charakterisieren.

– Das Prinzip „Fordern und Fördern" betont den Übergang von der aktiven zur aktivierenden Arbeitsmarktpolitik. Dahinter steht die Annahme, dass der traditionelle Sozialstaat mit seinen passiven Alimentierungsleistungen als Mitverursacher der hohen Arbeitslosigkeit angesehen wird. Die Stärkung der individuellen Eigenverantwortung und →Flexibilität ist daher als die Voraussetzung für einen besseren arbeitsmarktlichen Erfolg anzusehen. In der Konsequenz wird mangelnde Mitwirkung negativ sanktioniert, was zur Reduktion von Leistungs- und Schutzrechten durch das Zurückfahren der sozialen Verantwortung des Staates führt.
– Das Ziel der Arbeitsmarktförderung, eine sozial gesicherte und regulierte Beschäftigung anzustreben, wird aufgegeben. Ich-AGs als neue Formen der „Scheinselbständigkeit" und „Mini- und Midi-Jobs" als Formen nicht Existenz sichernder Beschäftigung signalisieren die Akzeptanz zur Etablierung eines Niedriglohnsektors. Mit der eingeleiteten Deregulierung ist der Abschied vom (regulierten) Normalarbeitsverhältnis zu Gunsten stärkerer Marktgängigkeit der Arbeitskraft vorbereitet.
– Der Vorrang der beschleunigten Vermittlung in den ersten Arbeitsmarkt soll eine höhere Wirksamkeit des Mitteleinsatzes sicherstellen. Verdeckt wird damit aber die reale Situation der Arbeitslosen mit ihren erheblichen Vermittlungsproblemen aufgrund integrationshemmender Merkmale (Alter, Qualifikationen, Gesundheit, etc.). Die sozialpolitische Orientierung, wie sie sich z.B. in einer differenzierten Zielgruppenorientierung niederschlägt und mit einer entsprechenden Instrumentierung ausgerüstet sein müsste, gerät aus dem Blickfeld. Damit wächst die Gefahr der Konzentration der Förderungsbemühungen auf unproblematische Vermittlungsfälle mit Creaming-Eigenschaften. Unterhalb dieses Segments wächst das Risiko der Verfestigung des Arbeitslosenbestandes

und es steht zu befürchten, dass sich dessen Reintegrationschancen weiter verschlechtern werden. Als Auswirkung dieser Leitbotschaften können für die Neuorientierung der beruflichen Weiterbildungsförderung folgende Punkte angesehen werden:
– Die Ausgabe von Bildungsgutscheinen als Steuerungsinstrument durch die Arbeitsagentur an den in Frage kommenden Personenkreis. Der Bildungsgutschein ist räumlich begrenzt, legt die Bildungsziele und die Maßnahmedauer fest und hat eine Gültigkeit von drei Monaten. Der Bildungsgutscheinbesitzer sucht mit dem Bildungsgutschein einen geeigneten Bildungsträger, der nach Beendigung der Bildungsmaßnahme die Kosten, die durch einen Förderhöchstbetrag definiert sind, mit der Arbeitsagentur abrechnet. Beabsichtigt ist, die Bildungsangebote zu modularisieren, um kürzere Maßnahmezeiten durchzusetzen. Bildungsgutscheine sollen die Nachfrageorientierung stärken und den Wettbewerb unter den konkurrierenden Bildungsträgern fördern.
– Bildungsmaßnahmen werden in Zukunft durch die Arbeitsagentur unterstützt, wenn die Maßnahme selbst wie auch der Bildungsträger von einer unabhängigen Stelle zugelassen worden sind. Die zulassende Stelle wiederum muss sich ebenfalls einem Akkreditierungsverfahren unterziehen. Bildungsträger und Arbeitsagentur treten hierdurch in Zukunft nicht mehr unmittelbar in eine bilaterale Beziehung. Eine weitere Förderungsvoraussetzung besteht darin, dass eine prognostizierte Vermittlungsquote von 70 Prozent der Teilnehmer erreicht werden muss.

– Die Kosten der Maßnahme müssen sich an Durchschnittskostensätzen auf Ebene der Landesarbeitsagenturen bzw. an bundesweiten Ansätzen orientieren. Dadurch können regionalspezifische Besonderheiten keine Berücksichtigung in der Preisgestaltung mehr finden. Besondere Leistungen, wie z. B. eine sozialpädagogische Betreuung, können nicht mehr außerhalb dieser Kostensätze in Ansatz gebracht werden.

Flankierend zu diesen Bestimmungen hat die Bundesagentur für Arbeit in ihren geschäftspolitischen Vorgaben bereits frühzeitig im Vollzug der Hartz-Gesetze festgelegt, die finanziellen Aufwendungen für Bildungsmaßnahmen zu kürzen. Dies hat unmittelbare Auswirkungen auf die Bestandsteilnehmerzahlen an beruflichen Bildungsmaßnahmen verursacht.

Bestand und Eintritte in Maßnahmen

Jahr	Bestand Jahresdurchschnitt	Veränderung in % zum Jahr 2001	Eintritte im Jahr gesamt	Eintritte pro Monat im Jahresdurchschnitt	Veränderung in % zum Jahr 2001
2001	352.400		442.000	36.800	
2002	339.900	- 4,5%	454.700	37.900	+ 2,9
2003	259.900	- 26,2%	254.700	21.200	- 42,4
2004	184.400	- 47,6%	185.000	15.400	- 58,1
April 2005	113.000	- 68,0%	Jan. – April 24.900	6.200	- 83,1

Befanden sich im April 2002 noch ca. 350 Tsd. Personen in beruflichen Bildungsmaßnahmen, so ist deren Zahl in den Jahren 2003, 2004 und 2005 bereits kontinuierlich zurückgegangen. Im April 2005 betrug die Teilnehmerbestandszahl lediglich nur noch 113 Tsd. Personen, was eine negative Veränderung von 83 Prozent gegenüber dem Basisjahr 2001 ausmacht.

Nach den Hartz-Gesetzen erhält die Förderung der beruflichen Weiterbildung nur dann noch eine Legitimation, wenn der kurzfristige Erfolg einer Vermittlung in den ersten Arbeitsmarkt absehbar ist. Damit verknüpft ist das Ziel, die Maßnahmen nach Modulen zu strukturieren und mit einer kurzen Laufzeit zu versehen. Längerfristige Maßnahmen wie z.B. die abschlussbezogene →berufliche Umschulung (der Begriff taucht im SGB III nicht mehr auf) fallen aus dem Förderungsspektrum weitgehend heraus. Andere Zielsetzungen, die z. B. bildungs- und sozialpolitische Aufgaben betreffen, sind ebenfalls aus dem Blickfeld geraten. Damit wird ein Großteil der Arbeitslosen von der öffentlichen Förderung und Verantwortung abgekoppelt. Die rigorose Ausgrenzung bestimmter Personengruppen von der Weiterbildungsförderung widerspricht daher deutlich dem Postulat des lebenslangen Lernens, das auf der staatlichen bildungspolitischen Agenda einen hohen förderungspolitischen Stellenwert einnimmt. Das Zurückfahren der Teilnehmerzahlen hat zudem auch Auswirkungen auf die Landschaft der Weiterbildungsträger. Beobachtbar ist hier ein erheblicher Einbruch der Trägerstrukturen in den regionalen Weiterbildungslandschaften, was generell zur Ausdünnung des Bildungsangebots und zum Verlust von Qualität und Professionalität führt.

Literatur: Arbeitskreis AFG-Reform (Hg.): Memorandum für ein neues Arbeitsförderungsgesetz. Düsseldorf 1994 – Dobischat, R.: Förderung der beruflichen Weiterbildung – Konsequenzen aus der „Hartz-Reform". In: WSI-Mitteilungen, Heft 4, 2004, S. 199-205 – Dobischat, R.: Berufliche Weiterbildung im Arbeitsförderungsgesetz. In: Arnold, R./Dobischat, R./Ott, B. (Hg.): Weiterungen der Berufspädagogik. Stuttgart 1997, S. 67-84 – Faulstich, P./Gnahs, D./Sauter, E.: Systemqualität in der beruflichen Weiterbildung. Fragestellungen, Konsequenzen und Alternativen nach Hartz. Bonn 2004 – Kühnlein, G.: Bildungsgutscheine in der SGB III-geförderten beruflichen Weiterbildung. In: Faulstich, P./Bayer, M. (Hg.), a. a. O., S. 117-127 – Sauter, E.: AFG- und SGB III-finanzierte Weiterbildung. In: Faulstich, P./Bayer, M. (Hg.): Lerngelder. Für öffentliche Verantwortung in der Weiterbildung. Hamburg 2005, S. 106-115 – Seifert, H. (Hg.): Was bringen die Hartz-Gesetze. In: Aus Politik und Zeitgeschichte. Beilage zur Wochenzeitung Das Parlament, 16, 2005, S. 17-24 – Seifert, H. (Hg.): Reform der Arbeitsmarktpolitik. Köln 1995

Rolf Dobischat

Arbeitslehre

Die grundlegenden didaktischen Konzeptionen zur A. gehen von der Voraussetzung aus, dass →Arbeit und →Beruf ein wesentlicher und substantieller Bestandteil des Menschenlebens sind. Mensch sein bedeutet in der Regel immer zugleich auch beruflich arbeitender Mensch sein. Unter dieser Perspektive kann jede Erziehung, die dem Menschen echte Lebenshilfe geben will, sich nicht abgeschlossen von dem Arbeits- und Berufsleben vollziehen. Eine entscheidende Rolle für den Beginn einer breiten pädagogischen und öffentlichen Diskussion, die Schule dem Leben – insbesondere dem Arbeits- und Wirtschaftsleben – anzunähern, hat der Deutsche Ausschuss für das Erziehungs- und Bildungswesen mit seinen „Empfehlungen zum Aufbau der Hauptschule" (1964) gespielt. Nach den Vorstellungen des Deutschen Ausschusses sollte durch die Einführung der A. die Hauptschule zur Eingangsstufe des beruflichen Bildungswesens werden und gleichzeitig der Versuch unternommen werden, die scharfe Trennung von Tun und Denken, von Arbeit und Bildung, von beruflicher und allgemeiner Bildung aufzuheben. Der Schüler soll frühzeitig auf die Arbeits- und Wirtschaftswelt vorbereitet und mit den „Grundzügen des Arbeitens in der modernen

Arbeitslehre

Produktion und Dienstleistungen" vertraut gemacht werden, ohne dass damit die gesamte Erziehung in eine utilitaristische Bildung einmündet.

In der didaktischen Diskussion, die unmittelbar nach der Veröffentlichung des Gutachtens zur Hauptschule (1969) einsetzte, lassen sich trotz gewisser Überschneidungen zwei grundverschiedene Positionen hervorheben:

Erstens: das „berufspädagogische Modell", das vornehmlich von den Vertretern der Berufs- und Wirtschaftspädagogik entwickelt wurde und sich zunächst weitgehend an den Grundlehrgängen der Berufsbildung orientierte. Nach der Vorstellung der Berufspädagogen sollten nacheinander zumindest Grundkurse in Holzarbeit, Metallarbeit, Elektrotechnik oder auch zusätzliche Kurse im kaufmännisch-verwaltenden Bereich durchgeführt werden. Ergänzt werden sollten diese Grundkurse durch technisch-praktische Werkstattkunde, Berufskunde und →Berufsberatung. In der Weiterentwicklung dieses Ansatzes rückten vornehmlich die ökonomischen und politischen Bezüge der Arbeit und Technik in den Mittelpunkt der Betrachtung. Die von den Vertretern der →Wirtschaftspädagogik bzw. →Wirtschaftsdidaktik immer stärker hervorgehobene Bedeutung einer fundamentalen sozio-ökonomischen Grundbildung sollte die A. unter die umfassende Aufgabe stellen, die Schüler angemessen auf ihre späteren Rollen als Konsumenten, Berufstätige und Wirtschaftsbürger vorzubereiten.

Zweitens: das „werkpädagogische Modell", das sich vornehmlich aus einer Neubestimmung der Werkerziehung (Technikunterricht) entwickelt hat, die seither den Werkunterricht am Ziel einer technischen Bildung orientiert. Durch die Erziehung zum technischen Denken, Erfinden und Nacherfinden stellt diese Richtung die technische Grundbildung in das Zentrum ihrer Bemühungen.

Eine Didaktik der technischen Bildung, die die ökonomischen und politischen Dimensionen der Technik und des Handelns in der Arbeits- und Wirtschaftswelt deutlich machen will, ist auf die Kooperation mit anderen Fächern angewiesen. Arbeitslehrekonzeptionen, die auf der Basis dieses Ansatzes entwickelt wurden, führen daher in der Regel zu einem Verbundsystem mehrerer selbstständiger Fächer, die unter dem Oberbegriff A. (z.B. Wirtschaftslehre, Techniklehre und Haushaltslehre in Nordrhein-Westfalen) zusammengefasst werden.

Eine Analyse der Richtlinien und Lehrpläne hat ergeben, dass die A. inzwischen Eingang in die Klassen 7-9 (10) der Hauptschule aller Bundesländer gefunden hat (Kaiser 1979).

Wenngleich die A. bisher kaum in die Realschule und das Gymnasium vorgedrungen ist, so bedeutet das keineswegs, dass an diesen Schulen die Fächer Wirtschaftslehre, Haushaltslehre/Textilarbeit und Techniklehre nicht doch vertreten sein können. In Bayern beispielsweise ist das Fach Wirtschafts- und Rechtslehre in den Klassen 8-10 sowohl an der Realschule als auch am Gymnasium vertreten, und in Rheinland-Pfalz ist seit 1977 das Wahlpflichtfach „Wirtschafts- und Sozialkunde" in den Klassen 9 und 10 mit je 4 Wochenstunden eingeführt. Im Gegensatz zur Hauptschule steht der Wirtschaftslehreunterricht an Realschulen und Gymnasien jedoch relativ unabhängig von anderen Fächern als allgemeine ökonomische Bildung mit juristischem Einschlag. Niedersachsen hat 1978 das Fach Arbeit/Wirtschaft in den Fächerkanon der Klassen 9 und 10 der Realschule aufgenommen.

Während die Entwicklung des Lernbereiches A. in den einzelnen Bundesländern im Hinblick auf die zeitliche Abfolge, die Auswahl der Lerninhalte, die Organisationsstruktur, das Stundendeputat und den Grad der Verbindlichkeit der Richtlinien und Lehrplanentwürfe disparat verlaufen ist, weisen die allgemeinen Zielsetzungen der A., die in den Lehrplänen und Richtlinien auffindbar sind, viele Gemeinsamkeiten auf.

Literatur: Bundesminister für Bildung und Wissenschaft (Hg.): Arbeitslehre – Gutachten. Schriftenreihe Bildungsplanung 32. Bonn 1979 – Dauenhauer, E.: Arbeitslehre. Münchweiler 1997 – Groth, G.: Arbeitslehre. Kronberg/T. 1977 – Hendricks, W.: Arbeitslehre in der Bundesrepublik Deutschland. Ravensburg 1975 – Kaiser, F.-J.: Arbeitslehre – Materialien zu einer didaktischen Theorie der vorberuflichen Bildung. Bad Heilbrunn [3] 1974 – Kaiser, F.-J.: Aktualisierte Darstellung der Grundkonzeptionen zur Arbeitslehre im Sekundarbereich I mit Synopse aller Lehrpläne nach vergleichbaren Kriterien. In: Bundesminister für Bildung und Wissenschaft (Hg.): Arbeitslehre – Gutachten, a.a.O., S. 80-99 – Kaiser, F.-J./Kielich, H. (Hg.): Theorie und Praxis der Arbeitslehre. Bad Heilbrunn 1971

Franz-Josef Kaiser

Arbeitslosigkeit

Arbeitslosigkeit ist Ergebnis eines Ungleichgewichts am Arbeitsmarkt, bei dem die von Individuen angebotenen Arbeitsleistungen die Nachfrage der Unternehmen nach Art und Menge übersteigen. Arbeitslosigkeit kann auf friktionelle, saisonale, konjunkturelle, strukturelle und wachstumsdefizitäre Ursachen zurückgeführt werden. In der Bundesrepublik Deutschland ist die A. – wie in den meisten Industrieländern – bereits seit den siebziger Jahren stark angestiegen und zu einer Dauererscheinung auf dem Arbeitsmarkt geworden. Betrug die Arbeitslosenquote (hier berechnet als Zahl der Arbeitslosen in Prozent der abhängigen Erwerbspersonen) 1970 noch 0,7 %, war sie 1985 bereits auf 9,3 % angestiegen. Im Februar 2005 betrug nach Angaben der Bundesagentur für →Arbeit die Arbeitslosenquote 12,6 % bei 5,2 Millionen Arbeitslosen. Dabei ist zu berücksichtigen, dass neben den bei den Arbeitsagenturen offiziell registrierten Arbeitslosen auch andere Personen eine Arbeitsstelle suchen, die sich nicht in einem Arbeitsverhältnis befinden (stille Reserve).

Das Risiko, arbeitslos zu werden, ist über die Gesamtbevölkerung nicht gleichmäßig verteilt. Vielmehr gibt es besondere Problemgruppen des Arbeitsmarktes, die von Arbeitslosigkeit häufiger betroffen sind. Hierzu zählen insbesondere ältere Menschen, Personen mit gesundheitlichen Beeinträchtigungen sowie solche mit geringen beruflichen Qualifikationen. Besonders schwierig stellt sich die Situation so genannter Langzeitarbeitsloser dar, dies sind solche Personen, die bereits ein Jahr und länger arbeitslos sind. Dies trifft auf rund jeden zweiten Arbeitslosen zu. Für die Berufs- und Wirtschaftspädagogik wird A. relevant, weil viele Arbeitslose in berufliche Weiterbildungsmaßnahmen eintreten, um ihre Chancen auf dem Arbeitsmarkt zu verbessern. Der von der Bundesagentur für Arbeit im Rahmen des Sozialgesetzbuches (SGB III) geförderten Teilnahme an beruflichen Fortbildungs- und Umschulungsmaßnahmen kommt hier eine große Bedeutung zu. Die durchschnittliche Zahl der Weiterbildungsteilnehmer lag im Jahr 2003 bei 250.000. Für die Dauer der Maßnahme werden die Teilnehmer nicht als Arbeitslose registriert. Während unstrittig ist, dass Arbeitslose durch den Erwerb zusätzlicher Qualifikationen ihre Chancen auf dem Arbeitsmarkt verbessern können, wird kontrovers darüber diskutiert, ob die Höhe der gesamtwirtschaftlichen Arbeitslosigkeit durch die Förderung von Fortbildung und Umschulung deutlich reduziert werden kann.

Literatur: Bundesagentur für Arbeit: Amtliche Nachrichten der Bundesanstalt für Arbeit, monatliche Hefte – Engelen-Käfer, U./Kühl, J./Peschel, P./Ullmann, H.: Beschäftigungspolitik. Köln 1995 – Epping, R./Klein, R./Reutter, G.: Langzeitarbeitslosigkeit und berufliche Weiterbildung. Didaktisch-methodische Orientierungen. Deutsches Institut für Erwachsenenbildung (Hg.). Bielefeld 2001 – Icking, M.: Arbeit – Arbeitslosigkeit – Erwachsenenbildung. Zur Kritik der Arbeitslosenbildung aus erziehungswissenschaftlicher Sicht. Frankfurt/M. usw. 1990

Günter Walden

Arbeitsmarkt- und Berufsforschung

Begriff/institutionelle Herleitung: Seit den sechziger Jahren wird in den meisten Industrieländern in eigenen wissenschaftlichen Einrichtungen, die mit den arbeitsmarktpolitischen Exekutiven eng verzahnt sind, ABF betrieben. Auf internationaler Ebene erfolgt diese maßgeblich im Rahmen der OECD und dem der ILO angeschlossenen Genfer International Institute for Labour Studies. Als beispielhaft bezeichnet die OECD (1974) die deutsche Lösung, das Institut für Arbeitsmarkt- und Berufsforschung (IAB) der Bundesanstalt für Arbeit in Nürnberg (seit 1967), der die ABF per Gesetz (AFG 1969, §§ 3 u.6 sowie AFRG 1997, §§ 280 u. 282) als Aufgabe übertragen wurde. ABF betreibt mit wissenschaftlichen Methoden die Analyse von „Lage und Entwicklung der Beschäftigung und des Arbeitsmarktes im allgemeinen und nach Berufen, Wirtschaftszweigen und Regionen sowie die Wirkungen der aktiven Arbeitsförderung" (§ 280 AFRG). Sie stützt sich dabei auf eine Reihe von wissenschaftlichen Disziplinen und Forschungsrichtungen: Analytische Statistik, Volks-, Betriebswirtschaftslehre, Ingenieurwissenschaften, Soziologie, Psychologie, (Berufs-)Pädagogik und Medizin. ABF wird auch an Hochschulen und anderen Instituten außerhalb des universitären Bereichs wie z.B. dem →Bundesinstitut für Berufsbildung in Berlin/Bonn betrieben.

Geschichte/Problemstellungen: In der Zeit des wirtschaftlichen Aufschwungs seit Beginn der fünfziger Jahre, die zu einer Vollbeschäftigung von 1959 bis 1973 führte, standen Fragen des Arbeitsmarktausgleichs (u.a. Werbung von Ausländern und Frauen für eine Beschäftigung) und der Bildungspolitik (Bildungsexpansion, Qualifizierung für den wachstumsnotwendigen Strukturwandel) im Zentrum der Forschung. Mit dem schweren Beschäftigungseinbruch Mitte der siebziger Jahre trat an die Stelle hoher Nachfrage nach Arbeitskräften hohe →Arbeitslosigkeit. Die Forschung wandte sich der Entstehung, Strukturierung und Möglichkeiten der Bekämpfung der Arbeitslosigkeit zu. Der zweite Beschäftigungseinbruch Anfang der achtziger Jahre akzentuierte den Wandel der Problemlagen in Richtung Langzeitarbeitslosigkeit und Strukturalisierungsprozesse, die die andauernde Unterbeschäftigung auslöst.

Zwischen 1985 und 1995 nahm die Zahl der Erwerbstätigen zwar um drei Millionen zu, die Zahl der Arbeitslosen stieg jedoch ebenfalls um 300.000 auf zweieinhalb Millionen (altes Bundesgebiet) an, weil gleichzeitig das Erwerbspersonenpotential stark anstieg. Neben der Analyse des Arbeitsangebots und der für die Arbeitsnachfrage maßgeblichen Makrokonstellationen nimmt die ABF nun mittels betriebsbezogener Forschung verstärkt den Zusammenhang zwischen Unternehmen und Arbeitsmarkt und damit die Mikroebene der Arbeitsnachfrage in den Blick. Die Diskussionen über Verrechtlichung, Regulierung und Deregulierung der Arbeitsbeziehungen (geringfügige Beschäftigung, Scheinselbstständigkeit, Telearbeit etc.) legen nahe, deren Wirkungen auf die Ausgleichsprozesse am Arbeitsmarkt und die soziale Sicherheit sowie den Zusammenhang zwischen beiden zu untersuchen. Der internationale Arbeitsmarktzusammenhang tritt mit der Vollendung des europäischen Binnenmarktes zunehmend in den Blickpunkt von Hoffnungen, aber auch Befürchtungen.

Zur Beschreibung von Arbeitsmarktvorgängen werden markttheoretische (klassische versus strukturelle Komponenten, Lohn-, Such-, Mismatch-, Hysterese-Theorie), verhandlungstheoretische (Nachfrage- und Angebotsmonopol der Tarifparteien, Humankapital-, Insider-Outsider-Theorie) und institutionalistische (mangelhafte Mobilität zwischen Teilarbeitsmärkten, Segmentationstheorie) Modelle verwandt.

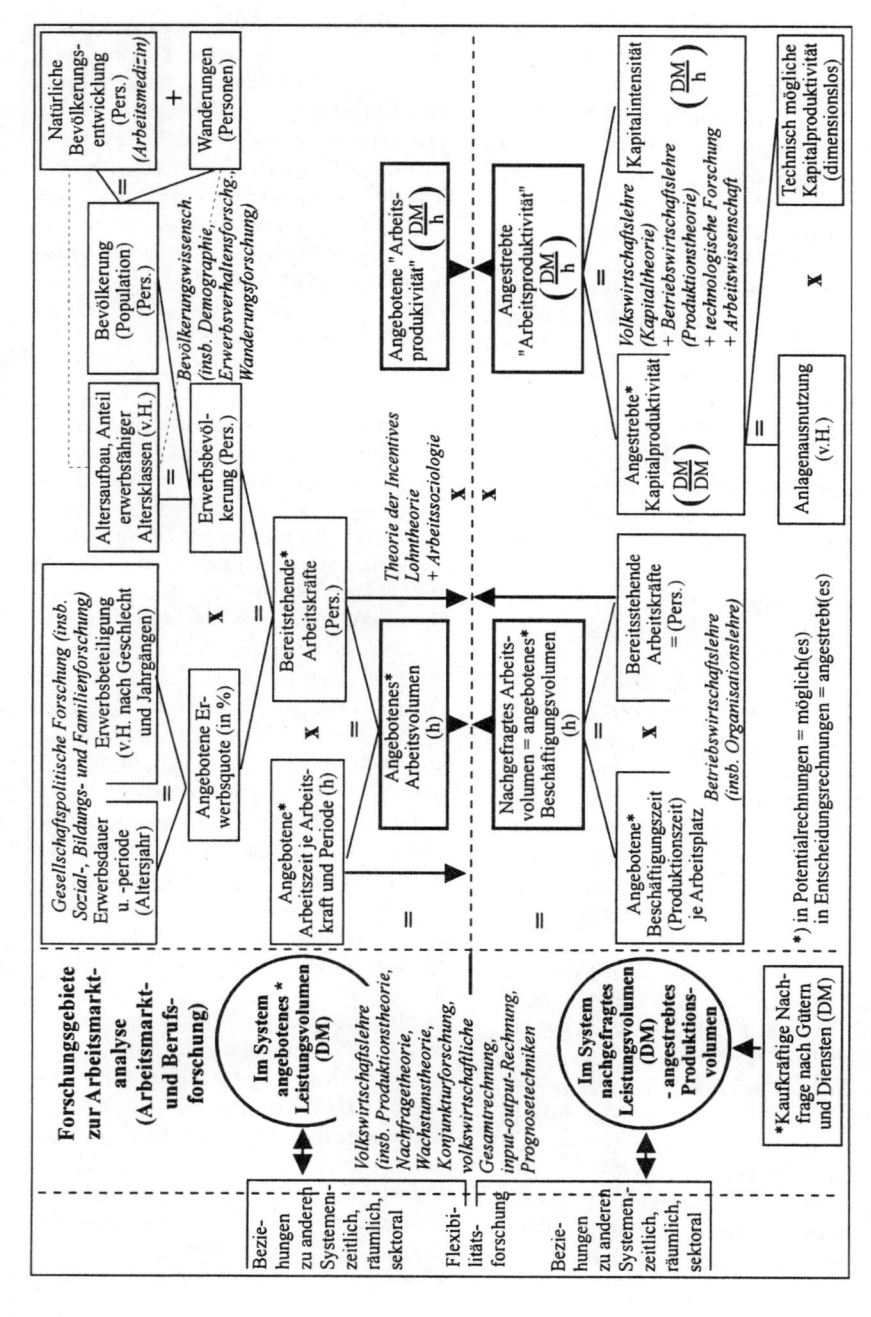

Abb.: Das Forschungsfeld der Arbeitsmarkt- und Berufsforschung

Das Forschungsfeld: Die wesentlichen quantifizierbaren Bestimmungsgrößen des angebotenen und nachgefragten Arbeitsvolumens sowie der Stellenwert verschiedener Wissenschaftsdisziplinen und Forschungszweige für die Untersuchung von Arbeitsmarktstrukturen und -entwicklungen werden in der Übersicht (vgl. vorherige Seite), die als Gleichungssystem aufgebaut ist, dargestellt. Qualitative Komponenten (physische, psychische, soziale und politische), die ebenfalls für Arbeitsangebot, -nachfrage und -leistung bedeutsam sind, können nur angedeutet, aber nicht in das Gleichungssystem integriert werden.

Stimmen Angebot und Nachfrage an einer Stelle des Gleichungssystems nicht überein, werden erste und für die jeweilige Konfliktstelle typische Reaktionen ausgelöst. Bei generellem Ungleichgewicht zwischen Leistungsangebot und -nachfrage reagiert der Markt mit Preisänderungen. Stimmen angebotene und nachgefragte Arbeitszeiten nicht überein, führt dieses zu Kurzarbeit oder Überstunden oder auch zu einer Flexibilisierung von Arbeitszeit (wöchentliche, jährliche, Lebensarbeitszeit) bzw. Betriebszeit (produktions-, absatz-, saisonabhängig etc.). Stimmt die Zahl der angebotenen Arbeitsplätze nicht mit der Zahl der bereitstehenden Arbeitskräfte überein, kann sich dieses auf verschiedene „Beschäftigungskonten" auswirken. Die Zahl der Arbeitslosen, die Ausländerbeschäftigung oder die stillen Reserven ändern sich, oder die Ungleichgewichte werden durch Variationen der Bildungsdauer, der Übergänge in den Ruhestand usw. (politische Lösungen) beeinflusst. Das heißt – und dieses ist für das Verständnis des Arbeitsmarktgeschehens von zentraler Bedeutung –, eine Diskrepanz kann über das System fluktuieren und wird nicht immer an der Stelle des Ursprungs evident, und ein Ausgleich kann auch durch Korrektur von Ausgangsgrößen bei anderen Komponenten des Gleichungssystems erfolgen. Einen besonderen Hinweis verdient der Stellenwert der Flexibilitätsforschung, die die Ausgleichsfaktoren bei Diskrepanzen auf verschiedenen Teilarbeitsmärkten (ausbildungs- bzw. berufsspezifische, regionale, sektorale, betriebliche etc.) untersucht.

Die unterschiedlichen Unvollkommenheiten sind Ausgangspunkte für Aktivitäten der Arbeitsmarkt- und Beschäftigungspolitik.

Literatur: Berthold, N./Fehn, R.: Neuere Entwicklungen in der Arbeitsmarkttheorie. In: Wirtschaftswissenschaftliches Studium 24 (1995), 3, S. 110-117 – Blien, U.: Unternehmensverhalten und Arbeitsmarktstruktur – Eine Systematik und Kritik wichtiger Beiträge zur Arbeitsmarkttheorie. BeitrAB 103. Nürnberg 1986 – Franz, W.: Arbeitsmarktökonomik. Berlin 1996 – Heise, A.: Wachstum ohne Beschäftigung – Langzeitarbeitslosigkeit eine Folge der „Eurosklerose"? In: WSI-Mitteilungen 48 (1995), 12, S. 760-768 – Mertens, D.: Der Arbeitsmarkt als System von Angebot und Nachfrage. In: Mitteilungen aus der Arbeitsmarkt- und Berufsforschung 6 (1973), 3, S. 229 f.

Hans-Joachim Schade

Arbeitspädagogik

A. als eine der Berufs- und Wirtschaftspädagogik eng verwandte erziehungswissenschaftliche Disziplin richtet ihr Interesse auf den Zusammenhang von Arbeiten und Lernen. Sie untersucht Voraussetzungen, Prozesse und Ergebnisse des „Arbeitenlernens", der arbeitsbezogenen Qualifizierung des menschlichen Arbeitsvermögens und optimiert die Qualifikationsvermittlung durch erprobte →Lehr-Lern-Arrangements. A. in Deutschland ist untrennbar mit dem Namen Johannes Riedel (1889-1971) verbunden, dem es darum ging, eine „Anthropologie der Arbeit" zu entwickeln, in der Arbeitsleistung als Lebensäußerung des Arbeitenden gedeutet und der Zusammenhang zwischen Leistungsvermögen und Persönlichkeit des Arbeitenden erhellt wird. In der betrieblichen Praxis war A. immer in die mehr oder weniger engen Grenzen der Arbeitsorganisation eingebunden und beschäftigte sich vorwiegend mit dem Anlernen vormals Ungelernter für verhältnismäßig einfache Arbeitstätigkeiten. Riedels „ganzheitliche"

A. war demgegenüber ein idealistisches Konzept, das die Bedingungen des Arbeitens, die realen Arbeits-Verhältnisse zu wenig berücksichtigte und deren Veränderungsmöglichkeiten zu wenig reflektierte. Die neuerliche Renaissance der A., die sich unter der Flagge „Arbeitsorientierte Bildung" ankündigt, hebt diesen (Mit)Gestaltungsaspekt hervor. „Arbeitsorientierte Bildung" versteht sich als umfassende, ganzheitliche Bildung, die insofern als Erweiterung der überkommenen A. betrachtet werden kann.

Literatur: Bunk, G. P.: Einführung in die Arbeits-, Berufs- und Wirtschaftspädagogik. Heidelberg 1982 – Dedering, H. (Hg.): Handbuch zur arbeitsorientierten Bildung. München 1996 – Kipp, M.: Arbeitspädagogik in Deutschland: Johannes Riedel. Hannover 1978 – Riedel, J.: Einführung in die Arbeitspädagogik. Braunschweig 1967 – Schelten, A.: Grundlagen der Arbeitspädagogik. Stuttgart 1987

Martin Kipp

Assessment Center

Unter einem AC wird ein Verfahren verstanden, bei dem mehrere Beobachter mehrere Bewerber auf ihre Eignung für eine bestimmte Position testen oder bei dem festgestellt werden soll, welche Potentiale Mitarbeiter eines Unternehmens für ihre weitere berufliche Entwicklung mitbringen. Die max. Teilnehmerzahl an einem AC beträgt 12 Personen. Die Teilnehmer absolvieren verschiedene Übungen und werden dabei von 4 bis 6 Beobachtern und 1 bis 2 Moderatoren begleitet. Zum Schluss werden dann die verschiedenen Beobachtungen zusammengetragen und von der Beobachterkonferenz zu einer einheitlichen Aussage über die Eignung oder die Potentiale zusammengefügt.

Kriterium für die Auswahl der Übungen sind die Anforderungen der jeweiligen Position. Heute wird versucht, möglichst wirklichkeitsnahe Situationen in den Übungen zu simulieren, manchmal werden sogar ganze Arbeitsprozesse durchgespielt und beobachtet.

Das AC hat eine lange Geschichte: Es geht zurück auf ein Auswahlverfahren für Offiziere, das schon im siebzehnten Jahrhundert eingesetzt worden sein soll. Die Militärs haben dieses Verfahren dann auch Anfang des 20. Jahrhunderts aufgegriffen und so weiterentwickelt, dass es für das Wirtschaftsleben interessant wurde. In den 60er Jahren gelang dann der Durchbruch im Wirtschaftsleben, als große Konzerne wie IBM dieses Verfahren für die Bewerberauswahl einsetzten. Heute gehört das AC trotz des hohen Aufwands und der hohen Kosten zu den Standardverfahren in der Personalauswahl und -entwicklung vieler Unternehmen.

Auch wenn es relativ große subjektive Komponenten enthält, gilt das AC heute als das prognosesicherste Instrument in der Personalauswahl. Der Arbeitskreis Assessment-Center e.V. hat neun Gütekriterien für ACs aufgestellt, die die Maßstäbe für qualitativ hohe AC beschreiben. Die wichtigsten sind: die Anforderungsbezogenheit, die Mehrfachbeurteilung, die Verhaltensorientierung und die Einbettung des Verfahrens in die Personalentwicklungs-Strategie eines Unternehmens.

Literatur: Arbeitskreis Assessment Center (Hg.): Das Assessment Center in der betrieblichen Praxis: Erfahrungen und Perspektiven. Hamburg ²1995 – Beitz, H./ Loch, A.: Assessment-Center. Niedernhausen ³1996 – Obermann, C.: Assessment Center. Entwicklung – Durchführung – Trends. Wiesbaden 1992

Holger Beitz

Assistentenausbildung

In der Bundesrepublik Deutschland kann eine Berufsausbildung im Rahmen des →Dualen Systems oder auch in der Form der sog. A. erfolgen. Die Ausbildung zur Assistentin/zu Assistenten ist eine Berufsausbildung nach Landesrecht. Für die inhaltliche Ausgestaltung sind neben den jeweiligen landesspezifischen Regelungen auch jene zu berücksichtigen, die in den Kultusministerkonferenzbeschlüssen gefasst worden sind. Schülerinnen und Schüler, die eine A. absolvieren möchten, müssen als Ein-

gangsvoraussetzung mindestens die Fachoberschulreife vorweisen.
Die →Ausbildungsdauer beträgt in der Regel 2 Jahre, sie kann auf 3 Jahre verlängert werden, wenn gleichzeitig ein weiterer, sog. allgemein bildender Abschluss, wie die →Fachhochschulreife, angestrebt wird.
Der Unterricht der Bildungsgänge, die zu einem der Assistentenberufe führen, gliedert sich in den berufsübergreifenden und den beruflichen Lernbereich. Insgesamt müssen 2560 Unterrichtsstunden erteilt werden, das entspricht einer Wochenstundenzahl von 32. Dabei wird jede achte Unterrichtsstunde für den berufsübergreifenden Bereich verwendet. Die restlichen Stunden stehen dem beruflichen Lernbereich zur Verfügung und werden je nach beruflicher Ausrichtung unterschiedlich aufgeteilt. Bei den Bildungsgängen mit dem Ziel des Technischen Assistenten/der Technischen Assistentin werden diese Unterrichtsstunden für die folgenden Unterrichtsfächer verwendet: Angewandte Mathematik (80), Technische Mechanik/Maschinenelemente (120), Elektrotechnik/Elektronik (80), Automatisierungstechnik/Mess- und Regelungstechnik (760), Computertechnik und Systemanalyse (320) und Programmiersprachen (480 Unterrichtsstunden). Für den Bildungsgang „Kaufmännischer Assistent" mit dem Schwerpunkt Fremdsprachen sind im allgemeinen Lernbereich die Unterrichtsfächer Deutsch, Politik/ Sozialkunde/Gemeinschaftskunde, Sport und Religionslehre vorgesehen; der berufliche Lernbereich besteht aus den Unterrichtsfächern Betriebswirtschaft und Volkswirtschaft (320), Rechnungswesen und Wirtschaftsmathematik (160), Datenverarbeitung (80), 1. und 2. Fremdsprache (880), Maschinenschreiben und Kurzschrift (400) und Sekretariat (160).
Die Stundentafeln können sowohl bei den Technischen als auch bei den Kaufmännischen Assistenten von Schwerpunkt zu Schwerpunkt variieren. Bei den Technischen Assistenten werden derzeit rund 20 Schwerpunkte und Stundentafeln unterschieden; jeder dieser Schwerpunkte stellt einen anerkannten →Beruf dar.
Bei dem Kaufmännischen Assistenten werden neben dem Schwerpunkt Fremdsprachen z. B. die Schwerpunkte Datenverarbeitung, Sekretariat und Fremdsprachensekretariat unterschieden.
Die Absolventinnen und Absolventen der Assistentenbildungsgänge erwerben im Rahmen der Ausbildung berufliche Qualifikationen, die es ihnen ermöglichen, den Anforderungen des jeweiligen Berufes mit den für das Tätigkeitsfeld typischen Anforderungen zu entsprechen. Der Nachweis für dieses Qualifikationsziel muss durch Prüfungsleistungen erbracht werden, diese können schriftliche, gegebenenfalls praktische und mündliche Leistungen sein. Die Prüfungsleistungen werden bewertet. Das Gesamtergebnis lautet „bestanden" oder „nicht bestanden". Die erfolgreichen Absolventinnen bzw. Absolventen haben das Recht erworben, die Berufsbezeichnung „Staatlich geprüfte technische Assistentin/ Staatlich geprüfter technischer Assistent" mit dem jeweiligen Schwerpunkt zu führen. Gleiches gilt für die Kaufmännischen Assistenten/ Assistentinnen.
Aus beschäftigungs- und bildungspolitischer Sicht sollten Assistentenbildungsgänge immer dann angeboten werden, wenn diese Bildungsgänge berufliche Qualifizierungsmaßnahmen darstellen, die das Duale System nicht anbietet oder kurzfristig nicht anbieten kann und davon auszugehen ist, dass die erfolgreichen Absolventinnen und Absolventen realistische Berufschancen haben. Bedingt durch die Diskussionen über die Effizienz und Probleme des Dualen Systems, die Ausbildungsmüdigkeit der Betriebe, den Kostendruck, dem sich auch die ausbildenden Betriebe stellen müssen, und die zunehmenden Finanzprobleme der öffentlichen Hand hat die Diskussion über Assistentenbildungsgänge eine neue Qualität erhalten. Die Bundesländer wollen z. T. das An-

gebot von Assistentenbildungsgängen einschränken, um Finanzmittel einzusparen; die ausbildende Wirtschaft andererseits möchte sich der Verpflichtung zur Ausbildung zumindest teilweise aus Kostengründen entziehen. Eine endgültige Entscheidung, wie zukünftig Berufsausbildung praktiziert werden soll, steht derzeit noch aus; die Integrationsbestrebungen innerhalb Europas werden diesen Prozess zusätzlich beeinflussen.

In der jüngsten Vergangenheit hat sich im Rahmen der A. eine für die betroffenen Schülerinnen und Schüler begrüßenswerte Neuerung herauskristallisiert. Diese Neuerung besteht darin, unter bestimmten Voraussetzungen sog. Doppelqualifikationen erwerben zu können (→doppeltqualifizierende Bildungsgänge). Damit können →Auszubildende, die in einem →Berufsausbildungsverhältnis nach Berufsbildungsgesetz stehen, also eine Berufsausbildung im Rahmen des Dualen Systems absolvieren, mit bestimmter Eingangsvoraussetzung parallel zu ihrem Berufsausbildungsverhältnis durch zusätzlichen Unterricht in der →Berufsschule eine →Zusatzqualifikation erwerben. Die Bildung solcher zusätzlichen Bildungsgänge muss überprüft werden an den Maximen, wie zukünftig Berufsbildung umgesetzt werden soll. In diesem Zusammenhang sollte auch die wenig glückliche Bezeichnung des Assistenten erneut überdacht werden.

Literatur: Blankertz, H. (Hg.): Lernen und Kompetenzentwicklung in der Sekundarstufe II. Abschlußbericht der wissenschaftlichen Begleitung Kollegschule NW. 1986 – Rahmenvereinbarung über die Ausbildung und Prüfung zum technischen Assistenten/zur technischen Assistentin an Berufsfachschulen. Beschluß der Kultusministerkonferenz vom 22.05.1981 bzw. vom 30.10.1986 in der Fassung vom 21./22.05.1992 verabschiedet in der 297. Sitzung des Schulausschusses

Jochen Bödeker

Aufstiegsfortbildungsförderungsgesetz (AFBG)

Das AFBG wurde im Jahr 1996 verabschiedet, nachdem der Bereich der beruflichen Aufstiegsfortbildung im Jahre 1994 aus der beitragsfinanzierten Förderung des →AFG herausgenommen wurde. Das Gesetz regelt die vom Bund und den Ländern gemeinsam getragene finanzielle Förderung derjenigen, die nach einer beruflichen Ausbildung und einer entsprechenden Berufspraxis sich auf öffentlich-rechtliche oder staatliche Abschlüsse wie z.B. den Meister, den Techniker oder den Fachwirt vorbereiten wollen. Mit dem AFBG wurde ein bildungspolitischer Akzent in Richtung auf einen Rechtsanspruch auf staatliche (steuerfinanzierte) Förderung gesetzt, was durchaus als Signal (Meister-BAFÖG) für die Gleichwertigkeit allgemeiner und beruflicher Bildung zu werten ist. Mit dem Gesetz zur Änderung des AFBG zum 1.1.2002 wurden die förderrechtlichen Bestimmungen erheblich erweitert. So wurde der Kreis der Förderungsberechtigten deutlich vergrößert, die finanziellen Förderkonditionen (Unterhaltsgeld, Lehrgangskosten) verbessert, eine Familienkomponente eingeführt (Berücksichtigung von Kindern), die Anreize zur Existenzgründung erhöht (z.B. Reduktion der Darlehnssumme), der Zugang von in Deutschland lebenden ausländischen Fachkräften erleichtert und das Beantragungs- und Bewilligungsverfahren (über die Kreditanstalt für Wiederaufbau KfW) vereinfacht. Durch das zum 1.1.2004 wirksam gewordene Haushaltsbegleitgesetz zum Subventionsabbau werden bestimmte Leistungen stufenweise jedoch wieder zurückgenommen.

Im Jahre 2002 haben der Bund und die Länder ca. 134 Mill. Euro für das AFBG verausgabt, wobei der Bund 78 Prozent der Mittel übernahm. Im Jahre 2002 wurden ca. 88 Tsd. Personen in Voll- und Teilzeitmaßnahmen gefördert. 80 Prozent der geförderten Personen waren unter 35 Jahre alt. Ein Viertel aller Geförderten waren Frauen. Mit 56 Prozent lagen die Abschlüsse im Handwerk (Meister) an erster Stelle.

Analog zu den Regelungen und Förderungsbedingungen des AFBG hat die von der Bundesregierung eingesetzte Expertenkommission Finanzierung Lebenslangen Lernens in ihren Handlungsempfehlungen als Zielsetzung die Umsetzung eines steuerfinanzierten Bildungsförderungsgesetzes (BifG) vorgeschlagen, in welches das AFBG integriert ist.

Literatur: Bundesministerium für Wirtschaft und Arbeit (Hg.): Das neue Aufstiegsfortbildungsförderungsgesetz (AFBG). Bonn 2003 – Bundesminister für Bildung und Forschung (Hg.): Berufsbildungsbericht 2005, S. 183 ff. – Drexel, I.: Arbeitnehmervertretung vor neuen Differenzierungen des Bildungssystems. Praxisnahe Bildungsgänge zwischen Dualem System und Hochschule – Entwicklungen, Probleme, Strategien. Frankfurt a.M. 1999 – Expertenkommission Finanzierung Lebenslangen Lernens (Hg.): Finanzierung Lebenslangen Lernens – der Weg in die Zukunft. Schlussbericht. Bielefeld. 2004 – Sauter, E.: Aufstiegsweiterbildung im Umbruch. Neue Impulse und Konturen für die berufliche Weiterbildung. In: Dobischat, R./ Husemann, R. (Hg.): Berufliche Bildung in der Region. Zur Neubewertung einer bildungspolitischen Gestaltungsdimension. Berlin 1997, S. 121-138

Rolf Dobischat

Aus- und Fortbildung für Führungskräfte

Unter Führung kann das Denken und Handeln in offenen Systemen und das Begleiten und Gestalten von Prozessen im Sinne einer Reflexion, Orientierung und Regelung verstanden werden. Führung bzw. Leadership richtet sich damit in ihrem Entwicklungs- und Veränderungsanspruch an Personen und Systeme. Idealtypisches Ziel der Führungskräftefortbildung ist es letztlich, dass sie selbst überflüssig wird. Die Aus- und Fortbildung von Führungskräften als Teil einer zukunftsorientierten Personalentwicklung erschließt Potentiale und schafft Bedingungen, unter denen sich Menschen und Organisationen eigenständig entwickeln können (→Personalarbeit und Personalentwicklung).

In einem derartigen Verständnis von Führungskräfteförderung werden Führungskräfte in ihrer täglichen Praxis begleitet und beraten. Orientierungspunkt sind die strategischen Vorgaben der Unternehmensleitung, der sich daraus ableitende aktuelle und künftige Qualifizierungs- und Sensibilisierungsbedarf der Unternehmensbereiche und die individuellen Ziele der Adressaten.

Wesentliche Kennzeichen der Arbeit mit Führungskräften sind

1. die enge Verzahnung von Lern- und Arbeitsfeld (Trainingslernen, →Projektarbeit, Sonderaufgaben, Vertretungsfunktionen zur Stärkung der methodischen, sozialen und persönlichen Kompetenz),
2. ein breites Angebot an Werkzeugen für die Führungsarbeit (Theorien der Führung, Grundlagen der Moderation, Motivationskonzepte, →Kommunikation, Gespräch als Führungsinstrument, Zeit- und Zielmanagement, Delegation, Vortragstechnik etc.),
3. eine sinnvolle Vielfalt der eingesetzten Methoden wie Information, Organisationsdiagnosen, Beratung und →Coaching, Feedback und Feedforward, fachliche Qualifizierung und Verhaltenstraining, Teamentwicklung, Bereichsentwicklung, Prozessberatung und -begleitung,
4. innovative Projekte zu Führung, um das Tun (und Unterlassen) zu reflektieren, neue Wege aufzuzeigen, Kultur und Persönlichkeit neu zu beleuchten und künftige Entwicklungen zu diskutieren,
5. Freiräume für Neugier, Kreativität, Mut zu visionärem Denken und Phantasie und
6. der regelmäßige Informations- und Erfahrungsaustausch mit den Unternehmensbereichen, mit anderen Unternehmen sowie mit progressiven Universitäten und verschiedenen gesellschaftlichen Institutionen, um Lernen und Entwicklung gemeinsam zu fördern.

Literatur: Bangert, M./Götz, K.: „Macht" – „Führung" – „Sinn" – macht Führung Sinn?! Zum Verhältnis von Unternehmenskultur und Marktstrategie. Vierteljahresschrift für wissenschaftliche Pädagogik (1996), 72, S. 362-376 – Götz, K.: Management und Weiterbildung. Führen und Lernen in Organisationen. In: Arnold, R. (Hg.): Grundlagen der Berufs- und Erwachsenenbildung. Band 9. Hohengehren 1997 – Götz, K.: Kunden- und unternehmensorientierte Führung und Führungskräfteförderung in der Mercedes-Benz AG. München/Mering 1998 – Götz, K.: Betriebliche Weiterbildungsinstitution im Wandel. Führungskräfteförderung und Beratung in der Mercedes-Benz AG. In: Arbeitsgemeinschaft betriebliche Weiterbildungsforschung e.V. (Hg.): Veränderte Anforderungen an berufliche Weiterbildungseinrichtungen in Transformationsprozessen. Berlin 1997, S. 96-121

Klaus Götz

Aus- und Weiterbildung der Berufsausbilder

Bis Ende der 60er Jahre war die Aus- und Weiterbildung der →Ausbilder weitgehend ihrer persönlichen Initiative überlassen. Eine pädagogische Qualifizierung durch Berufserfahrung stand im Vordergrund. Angebote zur Vorbereitung auf die Ausbildertätigkeit existierten nur in größeren Betrieben oder in Bildungseinrichtungen der Arbeitgeber bzw. der Gewerkschaften. Eine generelle rechtliche Regelung gab es bis 1969 nicht. Mit dem →Berufsbildungsgesetz (BBiG), der →Ausbilder-Eignungsverordnung (AEVO) und der Empfehlung des Bundesausschusses für Berufsbildung für einen Rahmenstoffplan zur Ausbildung von Ausbildern (RSTP) war ein wichtiger professionspolitischer Impuls verbunden, der zur Institutionalisierung und zu einer relativen Einheitlichkeit der berufs- und arbeitspädagogischen Ausbilderqualifizierung führte. Die Entscheidung über ihre organisatorische Gestaltung, das Zeitquantum und das Verhältnis von Wissenschaftlichkeit und Berufsbezug wurde sowohl öffentlichen als auch privaten Trägern überlassen. Die Lehrgänge zur Ausbilderqualifizierung entwickelten sich als eine Wirklichkeit mit verschiedenen Ausprägungen und vielen subjektiven Deutungen und Wirkungen, deren „curriculare Schwachstellen" bald – obwohl systematische Wirkungsanalysen fehlten – in die Diskussion gerieten. Die Realität der Ausbildertätigkeit blieb zunächst ebenso weitgehend ausgeblendet, wie die →Ausbilder zu wenig in die Lage versetzt wurden, ihre Position, ihre Berufsrolle sowie ihre beruflichen Erfahrungen zu reflektieren. Die Lehrgänge waren zu sehr an Kenntniserwerb, sozial-technologischer Qualifizierung und einer an Faktenwissen ausgerichteten Kenntnisprüfung orientiert.

Die Berufs- und Betriebspädagogik war bei der Entwicklung didaktischer Konzepte gefordert; zumindest erwartete man von ihr innovative Anregungen zur Weiterentwicklung einer „Ausbilder-Didaktik", zumal Referenten aus dem Hochschulbereich Ausbilder qualifizierten und Modellversuche zur Ausbilderqualifizierung wissenschaftlich begleitet wurden. Inhaltlicher Schwerpunkt dieser frühen staatlich geförderten Projekte war es, insbesondere Lehrgänge zur praxisnahen Ausbilder-Ausbildung zu entwickeln und damit die durch die AEVO und den RSTP gesetzten Vorgaben inhaltlich auszufüllen. In den 80er Jahren kamen zahlreiche Modellprojekte für den zunehmenden Weiterbildungsbedarf der Ausbilder hinzu. Dabei sind die fachlich von den didaktisch-methodisch orientierten Weiterbildungsaktivitäten und den diese beiden Ansätzen verbindenden Maßnahmen zu unterscheiden. Die Modellversuche konzentrierten sich zunächst überwiegend auf hauptberufliche Ausbilder aus Großbetrieben. Später wurden nebenberufliche Ausbilder aus mittleren und kleineren Ausbildungsbetrieben einbezogen. Die Modellversuchsreihen haben auf die Ausbilderqualifizierung innovativ gewirkt.

Mit Hinweis auf technologische und organisatorische Innovationen in der Produktion, das veränderte Bildungsverhalten und das Arbeitsverständnis der Auszubildenden wurde in den

80er Jahren ein neues Qualifikationsprofil für die berufliche Erstausbildung (Neuordnung) favorisiert. Berufliches Wissen sollte anwendungsbezogen bzw. handlungsorientiert vermittelt und Praxiserfahrung theoriegeleitet aufgearbeitet werden. Begriffe wie →Schlüsselqualifikationen und →Handlungsorientierung bestimmten die Diskussion, was nicht ohne Konsequenzen für die Konzepte zur Qualifizierung der betrieblichen Ausbilder blieb. Die Aus- und Weiterbildung der Ausbilder sollte entsprechend tätigkeitsorientiert, anwendungsbezogen, adressatengerecht und branchenbezogen gestaltet werden. Dabei wurde erneut deutlich, dass für den gewerblich-technischen Bereich entwickelte Ausbildungsmodelle nicht ohne weiteres auf den kaufmännischen Bereich zu übertragen sind.

1979 wurde ein Ausbilderförderungszentrum (AFZ) in Essen gegründet. Schwerpunkte der Arbeit des AFZ lagen auf dem Gebiet der berufspädagogischen, der didaktisch-methodischen und sozialpsychologischen Qualifizierung der Ausbilder. Das →Bundesinstitut für Berufsbildung (BIBB) führte nach Auflösung des AFZ diese Arbeit fort mit dem Ziel, Innovationen in der beruflichen Bildung aufzugreifen, darauf bezogen Modellversuche (auch mit Konzentration auf eine kontinuierliche Selbstqualifizierung der Ausbilder) durchzuführen und mit Blick auf eine kreative Personal- und Organisationsentwicklung Seminarkonzepte für die pädagogische Qualifizierung der Ausbilder zu entwickeln und zu erproben. Das Ausbilderhandeln wurde in seinem ökologischen Kontext betrachtet, komplexe Praxisprobleme wurden zum Gegenstand. Dazu zählen u.a. die →Lernortkooperation, die →berufliche Umweltbildung, das Erschließen von Lernpotentialen im Prozess der Arbeit und der vorbeugende Gesundheitsschutz. Der Wandel der Ausbildertätigkeit und Fragen der professionellen Identität der Ausbilder wurden thematisiert, damit zugleich Aspekte der Entwicklungspsychologie, der Sozialisationstheorie und der →Arbeitsmarkt- und Berufsforschung in die Weiterbildung aufgenommen. Im Hinblick auf die Qualifizierung der nebenberuflichen Ausbilder in der Industrie unterscheidet das BIBB vier Typen von Qualifizierungskonzepten. Es sind dies die AEVO-orientierten, die arbeitsplatzbezogenen, die integrativen und andere didaktisch-methodische Konzepte. Mit Ausnahme der AEVO-orientierten Ansätze geht es in Verbindung mit der jeweiligen Ausbildungsphilosophie des betreffenden Ausbildungsbetriebes vor allem um die Vermittlung von arbeitsplatzbezogenen Schlüsselqualifikationen und um ein handlungsorientiertes Ausbilden. Um Ausbilder für Organisationsentwicklungsprozesse zu gewinnen, wurden Qualifizierungsmaßnahmen entwickelt, in denen durch ihre pädagogisch-didaktische, ihre methodische und organisatorisch-inhaltliche Ausrichtung die Beratungs- und Prozesskompetenz besondere Bedeutung erhielten. Unternehmen, Kammern, Gewerkschaften und Bildungswerke haben aufgrund neuer Anforderungen ebenfalls Qualifizierungsangebote für Ausbilder entwickelt, die richtungsweisend waren, wie z.B. die „Teamorientierte Berufsausbildung", die „Vermittlung von Methodenkompetenz", die „Planungsmethoden zur Förderung berufsübergreifender Fähigkeiten". Des Weiteren wurden Konzepte zur pädagogischen Weiterbildung von Ausbildern auch in Form von Modellversuchen in Zusammenarbeit von Betrieben und Universitäten erarbeitet, so z.B. die situationsorientierte Aus- und Weiterbildung von Ausbildern. Weitere Angebote beziehen z.B. kreative Aufgaben zur Förderung der →Motivation und Selbstständigkeit ein und nehmen kooperative und selbst gesteuerte Anteile auf, je nach betrieblicher Situation auf unterschiedliche Ziele und Inhalte ausgerichtet. Solche Aktivitäten sind jedoch nicht repräsentativ für die Gesamtheit der Qualifizierungsmaßnahmen. Für die Mehrzahl der Maßnahmen werden mit geringem Aufwand an Zeit und finanziellen Mitteln lediglich die funktionalen Mindestanforderungen der AEVO erfüllt.

Außerdem ist zu berücksichtigen, dass am Arbeitsplatz ausbildende Fachkräfte, die nicht als verantwortliche Ausbilder der zuständigen Stelle gemeldet werden und deren Zahl weitaus größer als die der verantwortlichen Ausbilder ist, keine pädagogischen oder andere ausbilderspezifischen Kenntnisse nachweisen müssen (vgl. Bausch 1997, S. 16).

Literatur: Bausch, T.: Die Ausbilder im dualen System der Berufsausbildung. Bielefeld 1997 – Henecka, H.P./ Unseld, G. (Hg.): Das ABBA-Seminar. Ein branchenübergreifendes Qualifizierungskonzept für Ausbildungsbeauftragte und Fachkräfte mit ähnlichen Funktionen. Weinheim 1995 – Krämer-Stürzel, A.: Handlungsorientierte Ausbilderqualifizierung. Ein integriertes Konzept. Baltmannsweiler 1998 – Müller, K.R.: Von der Fachsystematik zur Subjektorientierung – Bildungskonzepte zur berufspädagogischen Grund- und Fortbildung des betrieblichen Ausbildungspersonals. In: Dehnbostel, P./Pätzold, G. (Hg.): Innovationen und Tendenzen der betrieblichen Berufsbildung. Beiheft 18 der Zeitschrift für Berufs- und Wirtschaftspädagogik. Stuttgart 2004, S. 63-75 – Paulini, H.: Qualifizierung von nebenberuflichen Ausbildern. Berichte und Ergebnisse aus Modellversuchen. Heft 28. Hg. vom Bundesinstitut für Berufsbildung. Berlin/Bonn 1992 – Pätzold, G.: Modellversuche zur Ausbildung der Ausbilder – Ein Instrument zur Weiterentwicklung beruflicher Ausbildungspraxis. In: Zeitschrift für Pädagogik 26 (1980), 6, S. 839-862 – Schwetz, U.: Selbstgesteuerte Weiterbildung von Ausbildern. Pfaffenweiler 1997 – Selka, R.: Ausbilderweiterbildung durch das Bundesinstitut für Berufsbildung. In: Berufsbildung (CEDEFOP) 1/1991, S. 38-41 – Weilnböck-Buck, I.: Zukunftsorientierte Anforderung an eine arbeitspädagogische Weiterbildung von Ausbildern/innen in der Industrie. Theoriebildung und Konzeptionen. In: Berufsbildung in Wissenschaft und Praxis 20 (1991), 1, S. 20-26 – Wittwer, W.: Ansprüche an die Aus- und Weiterbildung von betrieblichen Bildungspersonal – wie fließen die didaktischen Innovationen in die Ausbilderqualifizierung ein? In: Euler, D./Sloane, P.F.E. (Hg.): Duales System im Umbruch. Eine Bestandsaufnahme der Modernisierungsdebatte. Pfaffenweiler 1997, S. 377-402

Günter Pätzold

Ausbilder

Der Begriff A. hat sich aus der Betriebspraxis heraus entwickelt. Aufgrund der komplexen betrieblichen Ausbildungswirklichkeit gibt es keine eindeutige Definition. Das →Berufsbildungsgesetz (BBiG) von 1969 verwendet den Begriff A. – ohne ihn ausdrücklich zu bestimmen – erstmals als juristischen Terminus (in den §§ 6, 8, 20, 33). Im novellierten Berufsbildungsgesetz von 2005 werden die im BBiG von 1969 verstreuten Vorschriften zur Eignung von Ausbildungsstätten und Ausbildungspersonal in einem neuen Abschnitt zusammengefasst und in einem einheitlichen Ordnungssystem gegliedert (§§ 27-33). Hinzugefügt wurde, dass nach § 28 Abs. 3 unter der Voraussetzung eines Ausbilders bei der Berufsausbildung mitwirken kann, wer selbst nicht Ausbilder oder Ausbilderin ist, aber abweichend von der geforderten fachlichen Eignung die für die Vermittlung von Ausbildungsinhalten erforderlichen beruflichen Fertigkeiten, Kenntnisse und Fähigkeiten besitzt und persönlich geeignet ist. Der juristische Begriff A. meint auch nach der Novellierung des BBiG die Person, die Verantwortung für die sachgerechte Durchführung der Berufsausbildung trägt. Ihr kann außerdem die Verantwortung für Fortbildung und Umschulung der Mitarbeiter übertragen werden. Gemäß BBiG dürfen nur persönlich und fachlich Geeignete ausbilden. Die persönliche Eignung wird auch im novellierten BBiG weiterhin negativ definiert (§ 29) und orientiert sich somit vollständig an der alten Regelung. Danach ist persönlich nicht zur Ausbildung geeignet, wer Kinder und Jugendliche – aufgrund eines gesetzlichen oder richterlichen Verbotes – nicht beschäftigen darf (siehe §§ 25 und 27 JArbSchG) oder wer wiederholt oder schwer gegen das BBiG oder seine Folgebestimmungen verstoßen hat.

Die Regelungen zur fachlichen Eignung wurden neu konzipiert und in § 30 BBiG n.F. zusammengefasst. Die fachliche Eignung besitzt nur, wer die erforderlichen beruflichen, sowie berufs- und arbeitspädagogischen Fertigkeiten, Kenntnisse und Fähigkeiten besitzt. Dafür gibt es nach § 30 Abs.2 Nr. l-3 n.F. drei Alternativmöglichkeiten des Nachweises mit zwei gemeinsamen Voraussetzungen: Der Nachweis der fachlichen Eignung muss in einer dem àAusbildungsberuf entsprechenden Fachrichtung erbracht worden sein und das Ausbildungspersonal muss eine angemessene Zeit im Ausbildungsberuf praktisch tätig gewesen sein.

Oft ist der A. derjenige, der für sämtliche Berufsbildungsmaßnahmen im Betrieb zuständig ist. In der Praxis wird daher der Begriff A. in einem umfassenderen Sinne verwendet. Jeder sechste deutsche Erwerbstätige ist im Rahmen seiner beruflichen Tätigkeit an Ausbildungsaufgaben beteiligt, hochgerechnet sind das 3,5 bis 4 Millionen Personen. Frauen werden seltener mit Ausbildungsaufgaben betraut. Von den Betrieben sind zurzeit bei den zuständigen Stellen ca. 770.000 verantwortliche A. gemeldet. Rund 90 Prozent davon üben ihre Funktion nebenberuflich aus, ca. 10 Prozent hauptberuflich.

Infolge der durch den Wandel der Arbeitsbereiche notwendig gewordenen neuen Ausbildungsformen haben sich die Tätigkeitsprofile betrieblicher A. weiter ausdifferenziert. Es handelt sich bei den A. um einen heterogenen Kreis, zu dem Betriebsinhaber ebenso gehören wie Führungspersonen und Fachkräfte an den Arbeitsplätzen. Von einem einheitlich geregelten beruflichen Werdegang des A. kann nicht gesprochen werden. Dennoch hat jeder A. i.d.R. zunächst einen Ausbildungsberuf erlernt und ausgeübt. Abgesehen von den „Ausbildungsaufgaben", die von Facharbeitern, kaufmännischen Angestellten und Handwerksgesellen zu ihren betrieblichen Leistungsaufgaben zusätzlich und „nebenbei" erfüllt werden, reicht das Spektrum der aus den Leistungsprozessen weitgehend ausgegliederten Ausbildungsfunktion vom A., der nur für Teile eines Ausbildungsabschnitts verantwortlich ist, bis zum Ausbildungsleiter, der mit seinem Team die gesamte Aus- und Weiterbildung des Betriebes organisiert und evaluiert.

Vor allem der in industriellen Großbetrieben feststellbare hohe Grad an Institutionalisierung beruflicher Aus- und Weiterbildungsprozesse mit der Etablierung variantenreicher Bildungskonzepte hat eine Professionalisierung der Ausbildungstätigkeit bewirkt und „Ausbildertypen" mit sehr unterschiedlichen Aufgabenzuweisungen und den damit verbundenen Mentalitäten hervorgebracht. Entsprechende Funktionsbilder sind immer wieder diskutiert worden, ohne dass sich bisher eine staatliche Initiative auf die Anerkennung eines „Berufsbildes" gerichtet hätte. Mit dem in der Vergangenheit oftmals zutreffenden Bild vom Facharbeiter, der, wenn seine Produktivität nachließ, in die Ausbildung wechselte, hat die heutige Realität in den Ausbildungsbetrieben allerdings kaum noch zu tun.

Am Beispiel der betrieblichen Ausbildungstätigkeit zeigt sich, wie aus einem ursprünglich diffusen, aus dem Facharbeiterberuf hervorgegangenen Tätigkeitsprofil, das nicht sehr hoch bewertet wurde, sich allmählich eine anerkannte Berufsgruppe entwickelt hat, die nach Erlass des BBiG eine eigene Berufsorganisation (neben den Gewerkschaften den →Bundesverband Deutscher Berufsausbilder – BDBA) gründete.

Betriebliche Ausbildungstätigkeit beansprucht die ganze Persönlichkeit, sie setzt Fachlichkeit, eine didaktisch-methodische „Flexibilität" sowie kommunikative und kooperative Kompetenzen voraus, zumal zunehmend in Betrieben mit Konzepten zur Selbststeuerung von Lernprozessen mehr Selbständigkeit, mehr Teamfähigkeit und auch mehr Bereitschaft zum Weiterlernen nach Abschluss der Erstausbildung erwartet wird. Dass erst eine breite berufliche Grundbildung die Förderung solcher Ziele ermöglicht, ist unbestritten. In welchem Maße jedoch in den einzelnen Betrieben diese Ziele erreicht werden, hängt zudem von den jeweiligen betrieblichen Interessen, der Struktur und Kultur des betrieblichen Ausbildungssystems und damit der Gesamtorganisation ab. Das praktisch-pädagogische Handeln der A. – auch wenn es nicht ausdrücklich Gegenstand ihres Arbeitsvertrags ist – unterliegt zahlreichen öffentlich- und privat-rechtlichen Regelungen. Ein davon abweichendes Verhalten kann zu nicht unerheblichen Sanktionen führen. A. sind stets in ihrer Doppelfunktion als Erzieher und Betriebsangehörige gefordert und stehen potentiell in einem Konflikt zwischen Betriebsinteressen, den eigenen Interessen und den Interessen der Auszubildenden.

Bisher haben A. nur ein bescheidenes Maß an professioneller Autonomie entwickeln können. Die Gestaltung der Ausbildungstätigkeit ist nicht unwesentlich von außerpädagogischen Interessen mitgeprägt. Insofern ist ein Weg der „Berufsentwicklung" für die Ausbildungstätigkeit notwendig, der aufnimmt, dass die traditionelle Blickrichtung für die Professionalisierung der Ausbildertätigkeit erweitert werden muss auf die inner- wie außerbetrieblichen Zusammenhänge beruflicher Lehr- und Lernprozesse. Den Ausbildern ist es zu ermöglichen, in ihrer Ausbildungspraxis auftretende Probleme reflektiert anzugehen (→Aus- und Weiterbildung der Berufsausbilder).

Literatur: Arnold, R.: Pädagogische Professionalisierung betrieblicher Bildungsarbeit. Frankfurt a.M. u.a. 1983 – Ebner, H.G./Lauck, G.: Das Ausbildungspersonal im Urteil der Auszubildenden. In: Berufsbildung, Heft 52/1998, S. 24-30 – Pätzold, G.: Auslese und Qualifikation. Institutionalisierte Berufsausbildung in westdeutschen Großbetrieben. Hannover 1977 – Pätzold, G./Drees, G.: Betriebliche Realität und pädagogische Notwendigkeit. Tätigkeitsstrukturen und Berufsbewusstsein von Ausbildungspersonal im Metallbereich. Köln/Wien 1989 – Pätzold, G. (Hg.): Professionalisierung des betrieblichen Bildungspersonals 1752-1996. Quellen und Dokumente zur Geschichte der Berufsbildung in Deutschland. Reihe C. Band 6/1 und Band 6/2. Köln/Weimar/Wien 1997 – Paulini, H.: Qualifizierung von nebenberuflichen Ausbildern. Informationen und Ergebnisse aus Modellvorhaben.
Berlin/Bonn 1991 – Schlösser, M./Drewes, C./Osthues, E.W.: Vom Lehrgesellen zum Betriebspädagogen. Frankfurt a.M./New York 1989 – Schmidt-Hackenberg, B./Neubert, R./Neumann, K.-H./Steinborn, H.C.: Ausbildende Fachkräfte – die unbekannten Mitarbeiter. Berichte zur beruflichen Bildung. Heft 224. Hg. vom Bundesinstitut für Berufsbildung. Bielefeld 1999 – Steinborn, H.-C./ Weinböck-Buck, I.: Ausbilder in der Industrie. Veränderte Rahmenbedingungen, neue Ziele, neue Ansprüche. Berlin/Bonn 1992

Günter Pätzold

Ausbilder-Eignungsverordnung

Ausbilder sollen nach dem →Berufsbildungsgesetz (BBiG) von 1969 persönlich und fachlich geeignet sein. Ein Teil der fachlichen Eignung ist der Besitz der erforderlichen berufs- und arbeitspädagogischen Kenntnisse. Ohne nähere Klärung, wer →Ausbilder ist, wurde auf der Grundlage des § 21 BBiG erstmals in der Ausbilder-Eignungsverordnung (AEVO) für die gewerbliche Wirtschaft vom 20.4.1972 die rechtliche Grundlage des Nachweises für den Erwerb berufs- und arbeitspädagogischer Kenntnisse im Rahmen einer Prüfung vor einem Prüfungsausschuss der zuständigen Stelle geschaffen. Noch in den siebziger Jahren sind Verordnungen für weitere Wirtschaftsbereiche erlassen worden. Im Handwerk wurde die Meisterprüfungsordnung an die Anforderungen der AEVO 1972 inhaltlich angepasst. Seit 1978 ist die AEVO Bestandteil der Industriemeisterprüfung. In Verbindung mit § 20 BBiG wurden in der AEVO Inhalt, Umfang und Form des Nachweises der entsprechenden Kenntnisse in folgenden Sachgebieten festgelegt: „Grundfragen der Berufsbildung", „Planung und Durchführung der Ausbildung", „Der Jugendliche in der Ausbildung" und „Rechtsgrundlagen". In den Empfehlungen für einen Rahmenstoffplan zur Ausbildung der Ausbilder (RSTP) vom 28./29. 3.1972 hat der Bundesausschuss für Berufsbildung die vier Sachgebiete inhaltlich konkretisiert und zeitlich in einem Verhältnis von 1:5:3:1 gewichtet.

Als Mindeststundenzahl für den Gesamtlehrgang wurden 120, als anzustrebender zeitlicher Umfang 200 Stunden genannt. In der Praxis ist eine starke Orientierung am RSTP feststellbar. Es blieb jedoch unklar, warum gerade diese Sachgebiete ausgewählt wurden und warum die Seminare mit diesem zeitlichen Umfang und mit diesem Gewichtungsschlüssel durchgeführt werden sollten. Auch wurde das Regelungsniveau der AEVO kritisiert, das die je besondere von Ausbildern und Auszubildenden erfahrene Problemsubstanz betrieblicher Ausbildungssituationen verfehlt (vgl. Koenen 1980, S. 869). Mit der AEVO und dem RSTP wurde zwar die Form des Eignungsnachweises, nicht jedoch die Form der Ausbildung der Ausbilder geregelt. Dennoch war damit ein wichtiger professionspolitischer Impuls verbunden, der nicht nur zur Institutionalisierung und einer relativen Einheitlichkeit der berufs- und arbeitspädagogischen Ausbilderqualifizierung führte, sondern auch einen Prozess beförderte, der den besonderen bildungs- und personalpolitischen Stellenwert der betrieblichen Ausbilder dokumentiert und zu einer Ausweitung der Ausbilderforschung führte (→Aus- und Weiterbildung der Berufsausbilder).

Mit der Änderung der Ausbilder-Eignungsverordnung (§ 7 AEVO) im Jahre 1996 kann die zuständige Stelle verantwortliche Ausbilder dann vom Ablegen der Ausbilder-Eignungsprüfung befreien, „wenn eine ordnungsgemäße Ausbildung sichergestellt ist" (Bmb+f 2000, S. 115; § 6 Abs. 3 AEVO vom 16.2.1999 und sechste Verordnung zur Änderung der AEVO vom 14.03.1996). Das Berufsbildungsgesetz, das auch in der Fassung von 2005 eine persönliche und fachliche Eignung fordert, gilt aber weiterhin. Die zuständigen Stellen können weiterhin Prüfungen abnehmen und auf Prüfungen vorbereiten. Nach der Verordnung zur Änderung der AEVO vom 28. Mai 2003 (vgl. BGBl, Teil I, 2003, S. 783) sind Ausbilder für Ausbildungsverhältnisse, die in der Zeit vom 1. April 2003 bis 31. Juli 2008 bestehen oder begründet werden, von der Pflicht zum Nachweis von Kenntnissen nach der AEVO befreit. Diese Regelung soll es insbesondere kleineren und innovativen Betrieben ermöglichen, Ausbildungsplätze bereitzustellen und damit auch dem Ausbildungsplatzmangel entgegenzuwirken. Mit Blick auf die Qualität der Berufsausbildung ist die zu beobachtende Zahl der Befreiungen von der AEVO allerdings kritisch zu beurteilen.

Die „Ausbildung der Ausbilder" nach der AEVO stellt für die Unternehmen i.d.R. die Basis für die Rekrutierung und Auswahl der Ausbilder sowie für ihre Weiterbildung dar, obwohl die AEVO und der RSTP keine weiterführenden Aussagen oder Empfehlungen zur Weiterbildung der Ausbilder enthalten. Nicht alle Unternehmen sind in der Lage, berufsspezifische Bildungsmaßnahmen für ihre Ausbilder anzubieten, sie sind deshalb darauf angewiesen, dass die Ausbildung der Ausbilder anwendungsbezogen angelegt ist.

Die inhaltlichen Vorgaben der AEVO sind, insbesondere was den Nutzen für die betriebliche Praxis betrifft, bis in die jüngste Zeit umstritten. Mangelnder Situationsbezug, geringe →Handlungsorientierung und fehlende reflexive Qualitäten verhindern vielfach die Begründung und Realisierung eines berufspädagogischen Handelns im Betrieb. Auch haben Entwicklungen in Arbeitsorganisation und Technik, der Wertewandel, Veränderungen in der Altersstruktur und Vorbildung der Auszubildenden sowie Einflüsse der Berufs- und Betriebspädagogik die Berufs- und Arbeitssituationen von Ausbilderinnen und Ausbildern verändert und den Druck zur Modernisierung der AEVO verstärkt.

Anfang der 90er Jahre wurden Empfehlungen für eine Modernisierung des RSTP vom Hauptausschuss des BIBB vorgelegt, die dann jedoch insbesondere mit Blick auf ihre Umsetzung kritisiert wurden und zugleich ein Überdenken der starren Anlehnung an die AEVO von 1972 provozierten. Es wurde u.a. moniert, dass außer einer Straffung der Inhalte und einer Modernisierung der Begriffe sich nichts geändert habe. Mit der Orientierung an dem berufspädagogischen Ziel der →beruflichen Handlungskompetenz und situations- und handlungsorientierten didaktischen Konzepten wurden die Arbeiten vom BIBB in Zusammenarbeit mit den Sozialpartnern und erfahrenen Bildungseinrichtungen fortgesetzt und zum Abschluss gebracht. Am 11. März 1998 hat der Hauptausschuss des BIBB ein neues Lehrgangs- und Prüfungskonzept zur „Ausbildung der Ausbilder" beschlossen. Es setzt neue Standards in der Ausbilderqualifizierung und stellt damit Weichen für die Durchführung einer zukunftsorientierten betrieblichen Berufsbildung.

Das neue Konzept, der „Neue Rahmenstoffplan für die Ausbildung der Ausbilder", will die Handlungskompetenz der Ausbilder fördern. Es verzichtet auf nach Stoffgebieten gegliederte Lernangebote und will die Ausbilder in praxisnahen Lehrgängen mit berufstypischen Aufgaben- und Problemstellungen auf ihre zukünftige Tätigkeit vorbereiten. Durchgängiges Lehr-Lernprinzip ist die Bearbeitung berufsrelevanter Aufgabenstellungen. Über die fachliche Eignung hinaus sollen Ausbilder den Erwerb berufs- und arbeitspädagogischer Qualifikationen als Fähigkeit zum selbstständigen Planen, Durchführen und Kontrollieren in den folgenden Handlungsfeldern nachweisen: „Allgemeine Grundlagen legen", „Ausbildung planen", „Auszubildende einstellen", „Am Arbeitsplatz ausbilden", „Lernen fördern", „Gruppen anleiten", „Die Ausbildung beenden". Statt Vermittlung isolierten Faktenwissens werden Inhalte wie Rechtsgrundlagen, Methodenauswahl und -einsatz mit pädagogischen Reflexionen bzw. übergreifenden Fragestellungen aufgabenintegriert angeboten. Sie werden in jedem der sieben Lehrgangsbausteine behandelt, jedoch nicht als geschlossene Lehrgangseinheiten, sondern stets mit Bezug auf eine jeweilige Aufgabenstellung fächerübergreifend angeboten. Die Lehrgangsdauer soll 120 Stunden betragen. Lehrgang und Prüfung sollen denselben Grundsätzen folgen. Die Neuorientierung „von der Wissensvermittlung zur Handlungsfähigkeit" wurde mit der Novellierung der AEVO vom 16. Februar 1999 zentral für die „Ausbildung der Ausbilder" (BGBl, Teil I, 1999, S. 157-158). Inhaltlich sind statt der bisher vier Themenbereiche nun sieben Handlungsfelder als Prüfungskomplexe benannt. In der Prüfung werden, neben dem schriftlichen Teil mit fallbezogenen Aufgaben aus mehreren Handlungsfeldern, ein praktischer Teil mit der Präsentation oder praktischen Durchführung einer Ausbildungseinheit und einem Prüfungsgespräch verlangt.

Literatur: Bmb+f – Bundesministerium für Bildung und Forschung (Hg.): Berufsbildungsbericht. Bonn 2000 – Bundesinstitut für Berufsbildung (Hg.): Handlungsorientierte Ausbildung der Ausbilder. Neue Empfehlungen und Rechtsverordnungen. Mit Rahmenstoffplan, Ausbildereignungsverordnung, Musterprüfungsordnung. Bielefeld 1998 – Bundesministerium für Bildung, Wissenschaft, Forschung und Technologie (Hg.): Berufsbildungsbericht 2005. Bonn 2005 – Ilse, F.: Lernmotivation, Lernerwartung und Bildungsbedarf von Ausbildern/innen. Der Adressatenbezug des neuen Rahmenstoffplans. In: Zeitschrift für Berufs- und Wirtschaftspädagogik 90 (1994), 4, S. 376-388 – Koenen, E.: Die staatlich verordnete Ausbildereignung. Sachliche und politische Grenzen eines Reformversuchs. In: Zeitschrift für Pädagogik 26 (1980), 6, S. 863-876 – Müller, K.R.: Von der Fachsystematik zur Subjektorientierung – Bildungskonzepte zur berufspädagogischen Grund- und Fortbildung des betrieblichen Ausbildungspersonals. In: Dehnbostel, P./Pätzold, G. (Hg.): Innovationen und Tendenzen der betrieblichen Berufsbildung. Beiheft 18 der Zeitschrift für Berufs- und Wirtschaftspädagogik. Stuttgart 2004, S. 63-75 – Pätzold, G. (Hg.): Professionalisierung des betrieblichen Bildungspersonals 1752-1996. Quellen und Dokumente zur Geschichte der Berufsbildung in Deutschland. Reihe C. Band 6/1 und Band 6/2. Köln/Weimar/Wien 1997 – Pätzold, G.: Betriebliche Ausbildungstätigkeit auf dem Weg von einer tayloristischen zu einer wissensstrukturierten Praxis. In: Bös, G./Ness, H.: Ausbilder in Europa. Bielefeld 2000, S. 71-87 – Paffenholz, H.: Der neue Rahmenstoffplan für die Ausbildung der Ausbilder. Aufbruch zu neuen Ufern? In: Zeitschrift für Berufs- und Wirtschaftspädagogik 90 (1994), 4, S. 361-375

Günter Pätzold

Ausbildung von Lehrern an beruflichen Schulen, II. Phase

Der Begriff Berufsschullehrerausbildung umfasst eine berufsbezogene Ausbildung der Lehrer/-innen für das berufsbildende Schulwesen. Durch die Bindung an das jeweilige Schulsystem ergeben sich Besonderheiten (z.B. Stufenlehrerausbildung), die das allgemeine Begriffsverständnis der Sache nach überlagern.

Die II. Phase der Berufsschullehrerausbildung, auch Vorbereitungsdienst oder Referendariat genannt, geht von Organisationsstrukturen aus, die sich historisch entwickelt haben. Die Berufsschullehrerausbildung erfolgt nicht nur in den Ländern unterschiedlich, es ist auch eine differenzierte Entwicklung für die kaufmännischen, gewerblichen und haus- und landwirtschaftlichen Schulen zu konstatieren.

Nach 1920 wird die zweiphasige Lehrerausbildung mit Hochschulstudium und anschließendem Vorbereitungsdienst (II. Phase) eingeführt. Als Konsequenz der zunehmenden Akademisierung der Berufsschullehrerausbildung, die in der Rahmenvereinbarung über die Ausbildung und Prüfung für ein Lehramt der Sekundarstufe II (berufliche Fächer) oder für die beruflichen Schulen (Beschluß der Kultusministerkonferenz vom 12.05.1995) zum Ausdruck kommt, heißt es: „Die Ausbildung gliedert sich in zwei Phasen:
1. Studium und fachpraktische Tätigkeit,
2. Vorbereitungsdienst.

Die beiden Ausbildungsphasen sollen im Hinblick auf Erziehung und Unterricht eng aufeinander bezogen und auf das berufliche Schulwesen ausgerichtet werden." Die „Aufgabe des (vierundzwanzigmonatigen) Vorbereitungsdienstes ist die auf der wissenschaftlichen Ausbildung basierende schulpraktische Ausbildung. Dabei sind aktuelle Veränderungen in der Schülerpopulation und in den beruflichen Anforderungen angemessen zu berücksichtigen. Die Ausbildung soll auch den Problemen mit lern- und verhaltensauffälligen Schülerinnen und Schülern in der Unterrichts- und Erziehungsarbeit Rechnung tragen. Zur Ausbildung im Vorbereitungsdienst gehört in begrenztem Umfang selbständiger Unterricht."

Die zweiphasig organisierte Berufsschullehrerausbildung ist nicht unumstritten; die „staatsgetragene zweite Phase in der vorherrschenden Institutionalisierungsform des Referendariats als rechtspolitische Notwendigkeit" (Weber 1992, S. 211) hat zur Folge, dass in aller Regel der Studierende zum Beamten auf Widerruf ernannt wird und somit in die schul- und beamtenrechtlichen Organisationsstrukturen eingebunden wird. Diese zweite Phase besteht aus einer (meist) zweijährigen schulbezogenen Berufseinführung, die im Studienseminar und in Ausbildungsschulen stattfindet.

Das gegenwärtige (Selbst-)Verständnis des Lehrers als Fachmann für Erziehung und Unterricht entspricht der Aufgabenbeschreibung des Deutschen Bildungsrates (1970): Unterrichten, Erziehen, Beurteilen, Beraten und Innovieren.

Die Wandlungsprozesse für die geänderten Anforderungen an die betriebliche Ausbildung haben für die →Ausbildung von Lehrerinnen und Lehrern an berufsbildenden Schulen insofern Konsequenzen, als die bisher überwiegend isoliert unterrichteten Lerngegenstände fächerverbindend, vernetzt und in ihren jeweils relevanten gesellschaftlichen Kontext eingebettet werden sollen (→Lehrer an berufsbildenden Schulen).

Lehrerausbildung im Lernfeld dualer Bildung muss die Kristallisationspunkte Schule und Ausbildungsbetrieb hinreichend berücksichtigen. Abstimmung, Koordination, Zusammenarbeit, Unterstützung und Kompensation beschreiben verschiedene Möglichkeiten des Zusammenwirkens der Partner im →Dualen System. Damit versteht sich →Lernortkoopera-

tion als ein wichtiges eigenständiges Prinzip, das im Rahmen der Lehrerausbildung verdeutlicht werden muss.
Die in den „Hamburger Thesen zur Revision der Lehrerbildung" von 1993 beschriebene Notwendigkeit einer veränderten Lehrerbildung kommt in der von allen Beteiligten mitverantworteten und gestalteten Ausbildungskonzeption eines Studienseminars zum Ausdruck. Im Seminar muss – wenn die (berufsschul-)unterrichtlichen Veränderungen gewollt sind – eine integrative Ausbildungspraxis mit dem Ziel der Professionalisierung realisiert werden, und zwar als dauernder Prozess der Vergewisserung und Entwicklung des Bewährten auf der einen Seite und vielfältiger Innovationen auf der anderen Seite. Wenn es darum geht, subjektorientiertes, interaktives und kollegiales Lernen als ganzheitlichen Prozess zu initiieren und zu üben, um solche „Lern-Erfahrungen" in die Ausbildungsschulen und in die eigene Unterrichtspraxis transferieren zu können, dann muss das herkömmliche Ausbildungsinstrumentarium entsprechend erweitert werden. „Für die Professionalität der (zukünftigen) Lehrer ist die Trias von Fachkompetenz, Sozialkompetenz und Selbstkompetenz grundlegend. Alle drei Kompetenzen werden integriert durch eine fachdidaktische Kompetenz." Es ist erforderlich, „das Übergewicht der fachorientierten Ausbildung zu mildern, die Ausbildung insgesamt stärker an der späteren Unterrichtspraxis zu orientieren, die fachdidaktische Ausbildung wesentlich zu intensivieren... Die Fähigkeit zur produktiven Ermöglichung und Gestaltung selbstgesteuerter Lernprozesse kann nur entstehen, wenn die (zukünftigen) Lehrer selbst Gelegenheit haben, während ihrer Ausbildung selbstgesteuert zu lernen". Es wird in Zukunft darauf ankommen, „daß wir sehr viel stärker die Lernsituationen in der Lehrerbildung selbst bereits als Erfahrungs- und Handlungssituationen eines selbstgesteuerten Lernens gestalten" (Arnold 1994). Die zu entwickelnde „Schlüsselqualifikation der Lernfähigkeit des Lehrers" besteht darin, auf je neue berufsspezifische Situationen sensibel, flexibel und pädagogisch angemessen reagieren zu können. Eine so angelegte Ausbildungspraxis der II. Phase kann dem gesellschaftlichen Anspruch gerecht werden, dass das System der Lehrerbildung „Kernelement eines auf Qualitätssicherung und Qualitätsverbesserung ausgerichteten Schulwesens" (Denkschrift der Bildungskommission NW 1995, S. 306) ist.

Literatur: Arnold, R.: Berufsbildung. Baltmannsweiler 1994 – Bildungskommission NW: Zukunft der Bildung – Schule der Zukunft. Denkschrift der Kommission „Zukunft der Bildung – Schule der Zukunft" beim Ministerpräsidenten des Landes Nordrhein-Westfalen. Neuwied 1995 – Bonz, B./ Czycholl, R. (Hg.): Zweiphasige Lehrerbildung für berufliche Schulen. Neusäß 1995 – Priesemann, G.: Lehrerbildung. In: Petersen, J./ Reinert, G.-B. (Hg.): Pädagogische Positionen. Donauwörth 1990, S. 42-53 – Schaube, W.: Unterwegs zu einer handlungsorientierten Lehrerausbildung. In: Schaube, W. (Hg.): Handlungsorientierung für Praktiker. Darmstadt 1995, S. 51-59 – Weber, G.: Lehrerbildung für das höhere Lehramt an gewerblichen Schulen – erste und zweite Phase. In: Bonz, B./Sommer, K.-H./ Weber, G. (Hg.): Lehrer für berufliche Schulen. Lehrermangel und Lehrerausbildung. Esslingen 1992, S. 201-225

Werner Schaube

Ausbildung von Lehrern an beruflichen Schulen, I. Phase

Die Ausbildung der Lehrer an beruflichen Schulen wird im Rahmen der sog. Kulturhoheit der Länder wahrgenommen. Nach der „Rahmenvereinbarung über die Ausbildung und Prüfung für das Lehramt mit Schwerpunkt Sekundarstufe II – Lehrbefähigung für Fachrichtungen des beruflichen Schulwesens – Beschluss der Kultusministerkonferenz vom 05.10.1973" gliedert sich die Ausbildung zum Lehrer/zur Lehrerin an beruflichen Schulen in zwei Phasen, in das wissenschaftliche Studium mit fachpraktischer Ausbildung (1. Phase) und in den sich anschließenden Vorbereitungsdienst (2. Phase). Bezüglich der 1. Phase der Ausbildung kann festgehalten werden: Die Lehrerausbildung für berufliche Schulen war bis 1960 überwiegend an Berufspädagogischen Instituten eingerichtet (vergleichbar mit Pädagogischen Akademien); danach an Technischen Hochschulen und Universitäten. An einzelnen Universitäten bestehen außer Lehramtsstudiengängen auch Diplomstudiengänge für → „Wirtschaftspädagogik", deren Abschlüsse unter bestimmten Bedingungen als Erste Staatsprüfungen anerkannt werden. An einigen Universitäten kann auch der akademische Grad Diplom-Berufspädagoge/in, Diplom-Gewerbelehrer/in erworben werden. An der Universität Dortmund ist zudem ein Diplomstudiengang mit dem Abschluss Diplom-Ingenieur Berufsbildung – Elektrotechnik als Modellversuch mit der Anerkennung als Erste Staatsprüfung eingerichtet.

An vielen Standorten wird das fachwissenschaftliche Studium der Lehrer an beruflichen Schulen aus „Bruchstücken" der jeweils korrespondierenden Diplom-Studiengänge für Ingenieure bzw. Wirtschaftswissenschaftler „zusammengestückelt". Die Didaktiken der beruflichen Fachrichtungen werden nicht selten in Lehre und Forschung vernachlässigt, obwohl sie als Teilgebiete des Hauptstudiums und der Ersten Staatsprüfung in den Prüfungsordnungen ausgewiesen sind. Es stellt sich die Frage nach der hochschuldidaktischen Konzeption der Studiengänge „Berufliche Fachrichtungen". Als ein Kernproblem stellt sich die Frage: Wie kann das fachwissenschaftliche und fachdidaktische Studium der angehenden Lehrer an beruflichen Schulen so gestaltet werden, dass es die Aufgaben und Probleme aus der beruflichen Realität von Fachkräften aufnimmt und zu deren Lösung beiträgt? Den rechtlichen Rahmen für die aktuelle Lehrerbildung bilden die KMK-Rahmenvereinbarung über die Ausbildung und Prüfung für ein Lehramt der Sekundarstufe II (berufliche Fächer) oder für die beruflichen Schulen vom 12. Mai 1995 und die Lehrerausbildungsgesetze der Bundesländer.

Die Auseinandersetzung um die Gestaltung der Berufsschullehrerausbildung hatte mit der KMK-Rahmenvereinbarung 1973 einen ersten formalen Abschluss gefunden. Dieser bildungspolitische Konsens auf der Ebene der KMK wurde bei der Umsetzung in den einzelnen Bundesländern von länderspezifisch-bildungspolitischen Zielvorstellungen und Programmen beeinflusst, so dass für die Berufsschullehrerausbildung unterschiedliche Lösungen in Deutschland realisiert wurden (vgl. Schmeer 1998).

Cum grano salis ließen sich drei Formen der Lehrerausbildung in den einzelnen Bundesländern unterscheiden. Die erste Form repräsentiert die berufliche Fachrichtung Wirtschaftswissenschaften. Eine wissenschaftliche Ausbildung auf Universitätsebene war im Bereich der Wirtschaft für Lehrer schon seit langem unbestrittener Standard; die Zuordnung der beruflichen Fachrichtung Wirtschaftswissenschaften zu einer wissenschaftlichen Disziplin stellte sich dadurch gar nicht erst als Problem.

Die zweite Form der Neugestaltung der Berufsschullehrerausbildung war – und das galt wiederum für alle Bundesländer – bestimmt durch die Zuordnung beruflicher Fachrichtungen zu etablierten wissenschaftlichen Disziplinen, die ohne weitere Problematisierung oder Auseinandersetzung zu korrespondierenden Bezugsdisziplinen bestimmt wurden. Dieses Muster einer Berufschullehrerausbildung wurde für die gewerblich-technischen Fachrichtungen Bautechnik, Elektrotechnik und Maschinentechnik verwirklicht, die in den Fachwissenschaften Bauingenieurwesen, Elektrotechnik und Maschinenbau ihre Bezugsdisziplin fanden. Zu einem dritten Muster der Berufsschullehrerausbildung ließen sich jene beruflichen Fachrichtungen der KMK-Rahmenvereinbarung zusammenfassen, für die im Spektrum universitärer Fachwissenschaften keine korrespondierenden Bezugsdisziplinen ausgemacht werden konnten. Diese Situation ergab sich für die gewerblichen Fachrichtungen Biotechnik, Ernährung, Gestaltungstechnik und Gesundheit; auch die Fachrichtung Holztechnik lässt sich hier anführen. Die Akademisierung der Berufsschullehrerausbildung wurde mit diesen Fachrichtungen vor Ausbildungsprobleme gestellt, die bis heute nur bedingt als gelöst angesehen werden können.

Besondere Schwierigkeiten bei der Einrichtung von Studiengängen für diese beruflichen Fachrichtungen ergeben sich für die Studiengestaltung, wenn in der Zuordnung einer Fachrichtung zu einer oder mehreren an den Universitäten vorhandenen Wissenschaften das gültige Muster für eine universitäre Berufsschullehrerausbildung gesehen wird, entsprechende Fachwissenschaften aber nicht ohne weiteres auszumachen sind.

1999 beschlossen die Bildungsminister der Europäischen Union in Bologna, die Studiengänge an den Hochschulen nach dem angelsächsischen, international anerkannten Bachelor-Master-Modell zu strukturieren. Dies hat zur Folge, dass sich die Lehrerausbildung im Rahmen der universitären Ausbildung in einem Umstrukturierungsprozess befindet, der letztlich in einem →Bachelor-Master-Studium münden wird. Für die Übergangsphase wurden unterschiedliche Modellvarianten entwickelt. Bei der Entwicklung von Bachelor- und Master-Studiengängen sind insbesondere das Hochschulrahmengesetz und die einschlägigen Beschlüsse der KMK zu berücksichtigen. Vor dem Hintergrund der aktuellen Entwicklung ist der Entwicklungsprozess noch unklar, allerdings lassen sich einige Eckpunkte ausmachen: Die Bachelor- und Masterabschlüsse sind eigenständige berufsqualifizierende Hochschulabschlüsse, die Regelstudienzeiten betragen für Bachelor-Studiengänge mindestens drei, höchstens vier Jahre, für Master-Studiengänge mindestens ein Jahr und höchstens zwei Jahre. In den Forderungen der Bologna-Erklärung gehören auch die Implementation eines Kreditpunktesystems (ECTS) zum Transfer und zur Akkumulation von Studienleistungen sowie eine Modularisierung der Studiengänge. Die Lehramtsstudiengänge sind zunächst nicht direkt von der Umstellung betroffen. Von daher wird ihr Einführung in den einzelnen Bundesländern auch unterschiedlich behandelt. In Nordrhein-Westfalen erfolgt eine Erprobung in Form von Modellversuchen (vgl. Geerkens/Pätzold/Busian 2005).

Literatur: Bader, R./Pätzold, G. (Hg.): Lehrerbildung im Spannungsfeld von Wissenschaft und Beruf. Bochum 1995 – Bundesverband der Lehrer an Wirtschaftsschulen (Hg.): Lehrerbildung der Wirtschaftspädagogen. Heft 41 der Sonderschriftenreihe des VLW. Wolfenbüttel 1998 – Bader, R./Jenewein, K.: Professionalisierung für Berufsbildung sichern und erweitern. In: Die berufsbildende Schule 56 (2004) 1, S. 9-16 – Geerkens, L./Pätzold, G./Busian, A.: Die Reform der Lehrerausbildung – Qualitätssteigerung oder Rückschritt. In: Der berufliche Bildungsweg, Heft 9/2005 – Habel, W./ Hantke, F./Jost, W.: Lehrer für das berufliche Schulwesen. Essen 1986 – Nickolaus, R.: Gewerbelehrerausbildung im Spannungsfeld des Theorie-Praxis-Problems und unter dem Anspruch divergierender Interessen. Esslingen 1996 – Pätzold, G.: Zur Notwendigkeit der Verschränkung erziehungswissenschaftlicher Theorie und pädagogischer Praxis in der Ausbildung für Lehrer berufsbildender, insbesondere gewerblicher Schulen. In: Zeitschrift für Berufs- und Wirtschaftspädagogik 91 (1995), 5, S. 458-474 – Schmeer, E. (Hg.): Berufliche Fachrichtungen und Lehrerbildung für berufliche Schulen. Bochum 1998

Franz-Josef Kaiser/Günter Pätzold

Ausbildungsberater/Ausbildungsberatung

Wichtige Aufgabe der zuständigen Stellen für Berufsbildung ist es, die Durchführung der Berufsausbildung, der Berufsausbildungsvorbereitung und der Umschulung zu überwachen und sie durch Beratung der beteiligten Personen zu fördern (§ 76 BBiG). Zu diesem Zweck haben sie besondere *Berater* (in Weiterverwendung des Begriffs aus dem →Berufsbildungsgesetz von 1969 Ausbildungsberater genannt) zu bestellen, die zentrale Ansprechpartner der Ausbildungsbeteiligten sind. Die Ausbildungsberater sind in der Regel bei den zuständigen Stellen angestellt und nehmen ihre Aufgaben hauptberuflich oder – zusammen mit anderen Aufgaben, etwa im Prüfungswesen – nebenberuflich wahr. Daneben ist, z. B. für spezielle Berufe, auch eine ehrenamtliche Tätigkeit denkbar. Die Ausbildungsberater sind in ihrer Tätigkeit der sie bestellenden zuständigen Stelle verantwortlich; über ihre Arbeit ist der Berufsbildungsausschuss zu unterrichten (§ 79 Abs. 3 BBiG). Für die Qualifikation der Ausbildungsberater gibt es keine Vorgaben, jedoch sollten sie über berufs- und arbeitspädagogische Kenntnisse sowie Berufserfahrung in dem von ihnen betreuten Bereich verfügen. Für die Tätigkeit der Ausbildungsberater hat der seinerzeitige Bundesausschuss für Berufsbildung 1973 Grundsätze beschlossen, die – ohne verbindliche Rechtskraft zu besitzen – in der Regel Anwendung finden. Dabei lassen sich die überwachenden und beratenden Tätigkeiten, zu denen die Mitwirkung bei der Zusammenarbeit der zuständigen Stelle mit betrieblichen und außerbetrieblichen Stellen hinzukommt, in der Praxis kaum trennen. Die Überwachung bezieht sich vor allem auf die Ordnungsmäßigkeit der Berufsbildung in dafür geeigneten Bildungsstätten; sie wird durch die Pflicht der Ausbildenden, Umschulenden und Anbieter von Maßnahmen der →Berufsausbildungsvorbereitung unterstützt, notwendige Auskünfte zu erteilen, Unterlagen vorzulegen sowie die Besichtigung der Ausbildungsstätten zu gestatten. Bei festgestellten Mängeln oder Beanstandungen wirkt der Ausbildungsberater auf Abhilfe hin und bringt zugleich seine Unterstützung ein. Die Beratungsfunktion gilt nach ausdrücklicher Vorgabe des BBiG sowohl dem Ausbildenden bzw. seinen Ausbildern als auch dem Auszubildenden. Sie beschränkt sich nicht auf ausbildungsfachliche und -rechtliche Fragen, sondern schließt Hilfestellung bei der Bewältigung von Ausbildungskonflikten und Streitigkeiten ein. Die Überwa-chungs- und Beratungsfunktion wird vor allem durch Besuche der Ausbildungsstätten, regelmäßige Sprechstunden bzw. Sprechtage, Einzel- und Gruppenberatung sowie Informationsveranstaltungen wahrgenommen.

Claus-Dieter Weibert

Ausbildungsberuf

Staatlich anerkannte A. sind rechtlich fixierte Ausbildungsgänge mit Prüfungsanforderungen. Sie sind Konstrukte, die sich einerseits an den Tätigkeits- und Funktionsbereichen von Wirtschaft und Verwaltung und andererseits an berufspädagogischen und berufsbildungspolitischen Vorgaben orientieren. A. sind also keine reine Abbildungen der im Beschäftigungssystem vorkommenden Berufstätigkeiten, sondern Qualifikationsbündel, die zu einer einzelbetriebsunabhängigen → beruflichen Handlungskompetenz mit vielfältigen Beschäftigungsoptionen auf Facharbeiter-/Fachangestelltenniveau befähigen. A. sind die Basis für die berufliche Fortbildung (um →berufliche Handlungskompetenz zu erhalten, anzupassen oder zu erweitern und beruflich aufzusteigen) und leisten einen wesentlichen Beitrag zur Persönlichkeitsentwicklung und sozialen Integration. Auf dem Arbeitsmarkt stellen sie als Qualifikationsstandards verlässliche Orientierungsgrößen hinsichtlich der angebotenen und nachgefragten Qualifikationen dar.

Historisch gesehen sind die anerkannten A. aus den zum Beginn des 20. Jahrhunderts vom Deutschen Ausschuß für Technisches Schulwesen (DATSCH) konzipierten Lehr- und Anlernberufen hervorgegangen (Benner 1977). Der Begriff „staatlich anerkannter Ausbildungsberuf" wurde mit dem →Berufsbildungsgesetz (BBiG) vom 14.08.1969 als Rechtsbegriff eingeführt und durch das Berufsbildungsreformgesetz (BerBiRefG) seinem Ziel und Inhalt nach näher bestimmt, ohne dass damit eindeutige Kriterien gegeben wären, die eine zweifelsfreie Entscheidung zuließen, ob ein bestimmtes Qualifikationsbündel vom zu-

ständigen Bundesminister als Ausbildungsberuf anerkannt werden sollte oder nicht. Das BerBiRefG novelliert das BBiG und die →Handwerksordnung (HwO) in weiten Teilen. Grundsätzlich stehen nun in diesen Gesetzen die drei Begriffe „staatlich anerkannter Ausbildungsberuf", „Berufsausbildung" und →„Ausbildungsordnung" in einer engen begrifflichen Beziehung.
Staatlich anerkannte A.
– sind die Grundlage für eine geordnete und einheitliche Berufsausbildung (§ 4 Abs. 1 BBiG/ § 25 Abs. 1 HwO),
– werden durch Rechtsverordnungen staatlich anerkannt und durch Ausbildungsordnungen sachlich-inhaltlich geregelt, wobei im Handwerk für ein Gewerbe mehrere A. anerkannt werden können (§ 4 Abs. 1 BBiG/ § 25 Abs. 1 HwO),
– vermitteln die für die Ausübung einer qualifizierten beruflichen Tätigkeit in einer sich wandelnden Arbeitswelt notwendigen beruflichen Fertigkeiten, Kenntnisse und Fähigkeiten (berufliche Handlungsfähigkeit) in einem geordneten Ausbildungsgang (§ 1 Abs. 3 BBiG),
– ermöglichen darüber hinaus den Erwerb der erforderlichen Berufserfahrungen (§ 1 Abs. 3 BBiG).
Für einen anerkannten A. darf nur nach der Ausbildungsordnung ausgebildet werden (§ 4 Abs. 2 BBiG/ § 25 Abs. 2 HwO).
In anderen als anerkannten A. dürfen Jugendliche unter 18 Jahren nicht ausgebildet werden (§ 4 Abs. 3 BBiG/ § 25 Abs. 3 HwO).
Zur Entwicklung und Erprobung neuer Ausbildungsberufe sowie Ausbildungs- und Prüfungsformen können durch Rechtsverordnung Ausnahmen von den zwei zuletzt genannten Regelungen sowie von den gesetzlichen Vorgaben zur Ausbildungsordnung (§ 5 BBiG/§ 26 HwO) und zur Abschluss- und Zwischenprüfung (§§ 37 und 48 BBiG/§§ 31 und 39 HwO) zugelassen werden (§ 6 BBiG/§ 27 HwO).

Der Besuch eines →Bildungsganges berufsbildender Schulen oder die Berufsausbildung einer sonstigen Einrichtung kann durch Rechtsverordnung der Länder ganz oder teilweise auf die Ausbildungszeit angerechnet werden. (§ 7 BBiG/§ 27a HwO).
Die Regelausbildungsdauer der anerkannten A. kann unter bestimmten Bedingungen individuell abgekürzt oder verlängert werden, wenn ein vorzeitiges bzw. verzögertes Erreichen des Ausbildungszieles zu erwarten ist (§ 8 BBiG/§ 27b HwO).
Auf der Basis des BBiG hat im Jahre 1974 der damalige Bundesausschuss für Berufsbildung Kriterien für die Anerkennung der A. bzw. deren Aufhebung herausgegeben. Es handelt sich dabei um Merkmale, die die A. näher charakterisieren.
Bedeutsam für die Kennzeichnung der staatlich anerkannten A. sind ferner die Ordnungsprinzipien, die – ohne expressis verbis definiert zu sein – das Wesen der anerkannten A. bestimmen. Hierzu gehören:
– das Subsidiaritätsprinzip (Betriebe und Verwaltungen führen die Berufsausbildung selbstverantwortlich nach staatlichen Vorgaben durch),
– das Konsensprinzip (die Eckdaten der anerkannten A. werden vom Verordnungsgeber im Einvernehmen mit den an der beruflichen Bildung Beteiligten festgelegt),
– das Prinzip der Konzentration der A. (die Qualifizierung des Fachkräftepotentials erfolgt in einer relativ kleinen Anzahl von A.),
– das Prinzip des offenen Zugangs (für staatlich anerkannte A. sind offiziell keine Zugangsvoraussetzungen festgelegt),
– das Prinzip der formalen Gleichwertigkeit der anerkannten A. (unbeschadet der fachlich-inhaltlichen Unterschiede der A. gilt die Abschlussqualifikation der A. als gleichwertig),
– das Prinzip der Verknüpfung von Lernen und Arbeiten (die einheitlich geordnete Berufsausbildung hat zur beruflichen Handlungs-

fähigkeit zu führen, die es ermöglicht, qualifizierte berufliche Tätigkeiten selbstständig planen, durchführen und kontrollieren zu können),
– das Prinzip der tarif- und sozialrechtlichen Einbindung der A. (mit dem Ausbildungsberufsabschluss sind tarif- und sozialrechtsbezogene Berechtigungen verbunden).

Die gesetzlichen Vorgaben, Kriterien und Prinzipien gelten grundsätzlich für alle anerkannten A. und sind insofern konstitutiv für ein System der anerkannten Ausbildungsberufe. Um das System der anerkannten A. nicht erstarren zu lassen und Raum für Innovationen in der Berufsausbildung zu eröffnen, sieht § 6 BBiG/ 27 HwO die oben beschriebenen Ausnahmen vom Ausschließlichkeitsgrundsatz der A. (§4 Abs. 2 u. 3 BBiG/§ 25 Abs. 2 u. 3 HwO) und von den gesetzlichen Vorgaben zu Ausbildungsordnungen sowie zu Abschluss- und Zwischenprüfungen (§§ 5, 37 u. 48 BBiG/§ 26, 31 u. 39 HwO) vor.

Die jeweils geltenden staatlich anerkannten A. sind in dem vom →Bundesinstitut für Berufsbildung nach § 90 Abs. 3 Nr. 3 BBiG zu führenden und zu veröffentlichenden „Verzeichnis der anerkannten Ausbildungsberufe" aufgelistet. Danach gibt es z.Z. (Stand: Verzeichnis der anerkannten A. vom 14.06.2004) 346 anerkannte A., in denen knapp zwei Drittel eines Altersjahrganges eine berufliche Erstausbildung erfahren. In diesem Verzeichnis sind auch die 32 z.Z. bestehenden Ausbildungsberufe bzw. -formen in Erprobung aufgeführt.

Die anerkannten A. werden nach einem zwischen den an der beruflichen Bildung Beteiligten (Bund, Länder, Arbeitgeber und Gewerkschaften) vereinbarten, vierstufigen Verfahren vom Bundesinstitut für Berufsbildung in Zusammenarbeit mit Sachverständigen der Ausbildungspraxis entwickelt und mit den Rahmenlehrplänen der Länder (→Abstimmung von Ausbildungsordnungen und Rahmenlehrplänen) abgestimmt. Dem zuständigen Fachministerium ist es in § 4 Abs. 5 BBiG/§ 25 Abs. 5 HwO aufgegeben, die Länder frühzeitig über Neuordnungskonzepte zu informieren und sie in die Abstimmung einzubeziehen.

Weil die Berufsausbildung die für die Ausübung einer qualifizierten beruflichen Tätigkeit in einer sich wandelnden Arbeitswelt die notwendigen beruflichen Fertigkeiten, Kenntnisse und Fähigkeiten (berufliche Handlungsfähigkeit) zu vermitteln hat, müssen auch die A. den sich ändernden sozioökonomischen Bedingungen angepasst werden. Hierfür haben sich drei Typen der Neugestaltung von A. herausgebildet, und zwar Innovation von A. durch
– strukturelle und inhaltliche Anpassung bestehender A. durch Integration neuer Berufsinhalte und Berücksichtigung neuer oder veränderter beruflicher Handlungsfelder,
– konzeptionelle Neugestaltung mehrerer bestehender A. unter Beachtung der Anforderungen der sich wandelnden Arbeitswelt und der sich daraus ergebenden Qualifikationserfordernisse (z.B. Novellierung der industriellen Metallberufe),
– Schaffung neuer A. für Bereiche der sich wandelnden Arbeitswelt, in denen zuvor keine A. existierten (z.B. Systeminformatiker/-in).

Die gesetzlich aufgetragene Aktualisierung der Berufsausbildung sollte systematisch und nicht durch fallweise Aktionen realisiert werden. Dies könnte im Rahmen eines offiziell zu installierenden Beobachtungs- und Früherkennungssystems verwirklicht werden, an dem neben der →Berufsbildungspolitik die Planungs- und Durchführungspraxis aller Ausbildungsbereiche und die Forschung angemessen beteiligt sind.

Literatur: Benner, H.: Der Ausbildungsberuf als berufspädagogisches und bildungsökonomisches Problem. Schriften zur Berufsbildungsforschung. Bd. 44. Hannover 1977 – Benner, H./Püttmann, F.: 20 Jahre Gemeinsames Ergebnisprotokoll. Hg.: Bundesminister für Bildung und Wissenschaft. Bonn 1992 – Bundesausschuss für Berufsbildung (Hg.): Empfehlung betr. Kriterien und Verfahren für die Anerkennung und Aufhebung von Ausbildungsberufen vom 25.10.1974. In: Wirtschaft und Berufs-Erziehung 27 (1975), 1, S. 23 –

Bundesinstitut für Berufsbildung. Der Generalsekretär (Hg.): Verzeichnis der anerkannten Ausbildungsberufe. Bonn/Bielefeld 2004 – Bundesministerium für Bildung und Forschung (Hg.): Die Reform der beruflichen Bildung. Bonn/Berlin 2005

Hermann Benner

Ausbildungsdauer

Als A. wird die für staatlich anerkannte →Ausbildungsberufe in der jeweiligen →Ausbildungsordnung festgelegte Regelausbildungszeit bezeichnet. Nach § 5 Abs. 1 Nr. 2 BBiG/§ 26 Abs. 1 Nr. 2 HwO soll die A. nicht mehr als drei und nicht weniger als zwei Jahre betragen. Sollvorschriften in Gesetzen sind prinzipiell verbindlich, sie erlauben allerdings in begründeten Ausnahmefällen eine Abweichung. Die Ordnungspraxis der anerkannten Ausbildungsberufe weicht von dieser gesetzlichen Vorgabe eher nach oben als nach unten ab. So sehen bei den z.Z. 346 anerkannten Ausbildungsberufen rund 16,4 % eine 3,5-jährige, 73 % eine 3-jährige, 10 % eine 2-jährige und nur 0,6 % eine unter 2-jährige A. vor. Bei den Letztgenannten handelt es sich um fortgeltende Regelungen aus der Zeit vor Erlass des BBiG. (Stand: Verzeichnis der anerkannten Ausbildungsberufe vom 14.06.2004)

Der Besuch eines Bildungsganges berufsbildender Schulen oder die Berufsausbildung in einer sonstigen Einrichtung kann nach den in § 7 BBiG/§ 27a HwO festgelegten Bedingungen (Erlass einer Rechtsverordnung durch die Landesregierungen) ganz oder teilweise auf die Ausbildungszeit angerechnet werden. Eine derartige Anrechnung bedarf jedoch zukünftig des gemeinsamen Antrags von Auszubildenden und Ausbildenden.

Die individuelle Abkürzung und Verlängerung der A. ist in den § 8 BBiG/27b HwO geregelt. Danach hat die zuständige Stelle auf gemeinsamen Antrag der Auszubildenden und Ausbildenden die Ausbildungszeit zu kürzen, wenn zu erwarten ist, dass das Ausbildungsziel in der gekürzten Zeit erreicht wird. Bei berechtigtem Interesse kann sich der Antrag auch auf die Verkürzung der täglichen oder wöchentlichen Ausbildungszeit beziehen (Teilzeitberufsausbildung). Die Verlängerung der A. ist auf Ausnahmefälle beschränkt. Sie kann nur auf Antrag von Auszubildenden erfolgen, wenn die Verlängerung erforderlich ist, um das Ausbildungsziel zu erreichen. Für die Entscheidung über die Verkürzung und Verlängerung der Ausbildungszeit kann der Hauptausschuss des →Bundesinstituts für Berufsbildung Richtlinien erlassen (§ 8 Abs. 3 BBiG/§ 27b Abs. 3 HwO).

Die A. kann auch durch den Termin und das Ergebnis der →Abschlussprüfung beeinflusst werden, denn bestehen Auszubildende vor Ablauf der Ausbildungszeit die Abschlussprüfung, so endet das →Berufsausbildungsverhältnis mit Bekanntgabe des Ergebnisses durch den Prüfungsausschuss und umgekehrt verlängert sich auf Verlangen der Auszubildenden bei Nichtbestehen der Prüfung das Ausbildungsverhältnis bis zur nächsten Wiederholungsprüfung um maximal ein Jahr (§ 21 BBiG).

Schließlich kann eine Verkürzung der A. auch noch durch vorzeitige Zulassung zur Abschlussprüfung nach § 45 Abs. 1 BBiG/37 Abs. 1 HwO eintreten, wenn die Leistungen der Auszubildenden dies rechtfertigen. Hierzu ist jedoch eine vorherige Anhörung der Ausbildenden und der Berufsschule erforderlich.

Der Zusammenhang von A. und Qualifikationsniveau eines Ausbildungsganges veranlasst mitunter die an der Ordnung der Berufsausbildung Beteiligten, im Hinblick auf die mit dem Ausbildungsabschluss verbundenen tarif- und sozialrechtsbezogenen Berechtigungen bei der Konzipierung von Ausbildungsberufen für eine längere, mindestens jedoch 3-jährige A. zu plädieren. Die A. gilt deshalb als ein bildungspolitischer Eckwert, der vor Beginn des Erarbeitungs- und Abstimmungsverfahrens einer Ausbildungsordnung im Einvernehmen mit den Beteiligten festzulegen ist.

Auch wenn eine wechselseitige Beziehung zwischen Qualifikationsniveau, Art, Umfang und Tiefe der Ausbildung auf der einen Seite und der Länge der A. auf der anderen Seite besteht, ist die Festlegung von Ausbildungszeiten nicht allein eine pädagogisch-didaktische, sondern auch eine bildungs- und gesellschaftspolitische Frage. Welche Gesamtausbildungsdauer ist unter Berücksichtigung der verschiedensten Faktoren (z.B. Vollschulpflicht, Volljährigkeit, Wehrpflicht, Aus- und Weiterbildungserfordernis, Lebensarbeitszeit, demografische Entwicklung) gesellschaftlich überhaupt vertretbar? Dies ist auch im Hinblick auf den internationalen Wettbewerb der Ausgebildeten zu bedenken.

Literatur: Bundesausschuss für Berufsbildung (Hg.): Empfehlungen betr. „Kriterien zur Abkürzung und Verlängerung der Ausbildungszeit" vom 25.10.1974. In: Berufsbildung in Wissenschaft und Praxis 3 (1974), 5, S. 29f. – Bundesinstitut für Berufsbildung. Der Generalsekretär (Hg.): Verzeichnis der anerkannten Ausbildungsberufe. Bonn/Bielefeld 2004 – Bundesministerium für Bildung und Forschung (Hg.): Die Reform der beruflichen Bildung. Bonn/Berlin 2005

Hermann Benner

Ausbildungsfinanzierung/Ausbildungsplatzabgabe

An der Finanzierung der beruflichen Ausbildung im Rahmen des →Dualen Systems sind die Betriebe, die Länder, der Bund, die Kammern sowie die Kommunen beteiligt. Während die Länder bzw. die öffentlichen Gebietskörperschaften für die Finanzierung der Berufsschule zuständig sind (Föderalismus, Kulturhoheit der Länder), gilt für den Part der betrieblich-praktischen Ausbildung der Grundsatz der einzelbetrieblichen Finanzierung. Die in vielen Berufen übliche →überbetriebliche Ausbildung wird durch Zuschüsse von Bund, Ländern sowie durch eine Kammerumlage oder – wie beispielsweise in der Baubranche – durch eine Fondfinanzierung auf Basis eines Tarifvertrages finanziert. Die Herausbildung dieses Mischfinanzierungssystems kann auf eine Tradition verweisen, die bis in die Formierungsphase des „Dualen Systems" und damit bis an das Ende des 19. Jahrhunderts zurückreicht.

Die Frage nach den Kosten der berufspraktischen Ausbildung im Betrieb und deren Ermittlung spielt in der wissenschaftlichen Debatte seit langer Zeit eine herausragende Rolle, wenngleich die Ergebnisse aus den vorgelegten empirischen Untersuchungen berufsbildungspolitisch nicht immer unumstritten waren. Bereits im Jahre 1974 legte die Sachverständigenkommission „Kosten und Finanzierung der beruflichen Bildung" ein Gutachten vor, das bis heute hinsichtlich seines methodischen Ansatzes und des seinerzeit entwickelten Erhebungsinstrumentariums nach wie vor Relevanz besitzt. Letztmalig wurden durch das →Bundesinstitut für Berufsbildung (BIBB) im Jahre 2000 die Kosten für die betriebliche Ausbildung erhoben. Nach den Ergebnissen betrugen die Bruttokosten (Vollkostenrechnung) pro Auszubildenden und Jahr 16.435 EUR. Unter Abzug der von den Auszubildenden erbrachten produktiven Leistungen von 7.730 EUR errechnete sich eine Nettokostenbelastung von 8.705 EUR. Hochgerechnet haben damit die Bruttokosten für alle Auszubildenden in Deutschland 27,7 Mrd. EUR im Jahr 2000 betragen. Berücksichtigt werden muss dabei, dass die Kosten nach Ausbildungsberuf und Betriebsgröße deutlich variieren. Für die Bewertung des Nutzens spielen aber nicht nur die produktiven Erträge des Auszubildenden während der Ausbildung eine Rolle, denn Nutzen kann auch durch die Kostenvorteile einer Ausbildung gegenüber einer externen Rekrutierung von Fachkräften entstehen. Dieser Frage sind die Forscher des BIBB ebenfalls nachgegangen, wobei sie feststellen konnten, dass die Kosten der Ausbildung die Rekrutierungskosten für externe Fachkräfte um durchschnittlich 5.800 EUR unterschreitet, so dass es für die Betriebe in der Regel sinnvoll ist, eine eigene

Ausbildung der externen Einstellung von Fachkräften über den Arbeitsmarkt vorzuziehen.

Die einzelbetriebliche Finanzierung und damit das marktgesteuerte Angebot an Ausbildungsplätzen als systemkonstituierendes Merkmal des Dualen Systems führt wie bereits in der Vergangenheit so auch aktuell zu erheblichen Versorgungsdefiziten mit Ausbildungsplätzen. Damit gerät die Finanzierungsfrage bzw. das strukturelle Systemdefizit der Marktsteuerung von Ausbildungsplätzen immer wieder ins Blickfeld der berufsbildungspolitischen Diskussion und avanciert zum Konfliktfeld zwischen den berufsbildungspolitischen Akteuren. Schon im Zusammenhang mit der Verabschiedung des →Berufsbildungsgesetzes (BBiG) im Jahre 1969 spielte die Finanzierung eine relevante Rolle, traf sie doch im Kern die Systemfrage nach der Machtverteilung in der beruflichen Ausbildung. Durch das BBiG im Jahre 1969 und aktuell durch seine Novellierung, die zum 1.4.2005 wirksam geworden ist, bleibt der Status-quo der Machtverteilung rechtlich fixiert, denn die Finanzierungsfrage als Sphäre des privatwirtschaftlichen Entscheidungskalkül ist weiterhin unangetastet. In seiner Urteilsbegründung (10.12.1980) zur „Unvereinbarkeit des Gesetzes zur Förderung des Angebots an Ausbildungsplätzen in der Berufsbildung vom 7.9.1976 mit Artikel 84 Abs. 1 des Grundgesetzes" hat das Bundesverfassungsgericht darauf verwiesen, „wenn der Staat in Anerkennung dieser Aufgabenteilung den Arbeitgebern die praxisbezogene Berufsausbildung der Jugendlichen überlässt, so muss er erwarten, dass die gesellschaftliche Gruppe der Arbeitgeber diese Aufgabe nach Maßgabe ihrer objektiven Möglichkeiten und damit so erfüllt, dass grundsätzlich alle ausbildungswilligen Jugendlichen die Chance erhalten, einen Ausbildungsplatz zu bekommen." Bekanntlich kommt die Wirtschaft schon seit Jahren ihren Ausbildungsverpflichtungen nicht mehr ausreichend nach, so dass der Staat durch die Finanzierung „entlastender Maßnahmen" einspringen muss, wobei diese entlastenden Maßnahmen im Bereich der außerbetrieblichen Ausbildung durch die Wirtschaft selbst mehr oder minder disqualifiziert und nicht akzeptiert werden.

Angesichts der immer wieder auftretenden prekären Versorgungslage am Ausbildungsstellenmarkt, die sich dadurch ausdrückt, dass nur noch ca. 23 Prozent der fast 2,1 Mio. Betriebe (2004) ausbilden, ist bereits frühzeitig in der berufsbildungspolitischen Diskussion die Frage nach anderen Steuerungs- und Finanzierungsmechanismen aufgeworfen worden. Prominentes Konzept hierfür ist die Forderung nach einer Ausbildungsplatzabgabe. Darunter versteht man eine finanzielle Sonderabgabe, die von den Betrieben, die entweder nicht oder nicht genügend ausbilden, an den Staat oder an eine besondere Stelle abgeführt werden muss (Fondsystem). Die eingenommenen Mittel sollen sodann zur Subventionierung (Umlage) von Ausbildungsplätzen bei ausbildungsbereiten Betrieben eingesetzt werden. Im Jahre 1997 hatten SPD, Bündnis 90/Die Grünen und die PDS jeweils Gesetzesinitiativen zur Neuordnung der Berufsausbildungsfinanzierung (Umlagefinanzierungsgesetz) ergriffen, die jedoch nicht zum Tragen kamen. Im Jahre 2004 haben die Fraktionen von SPD und Bündnis 90/Die Grünen mit Unterstützung der Gewerkschaften erneut einen Vorstoß zur Regelung der Ausbildungsfinanzierung unternommen und einen Gesetzesentwurf „zur Sicherung und Förderung des Fachkräftenachwuchses und der Berufsausbildungschancen der jungen Generation (Berufsausbildungssicherungsgesetz – BerASichG) mit den Stimmen der Regierungskoalition im Bundestag verabschiedet. In Folge massiver Proteste seitens der Arbeitgeberverbände, der Oppositionsparteien und einiger Bundesländer, die die beschlossene Ausbildungsabgabe u. a. als kontraproduktiv für die Schaffung von Ausbildungsplätzen bezeichneten und das Verfahren der Verwaltung als zu bürokratisch und aufwendig einstuften, wurde das Gesetz durch die Regierungskoalition zurückgezogen und durch einen nationalen Ausbildungspakt zwischen Bund, Ländern, Gemeinden, Arbeitgebern und Gewerkschaften abgelöst. Die Ergebnisse des Ausbildungspaktes zeigen jedoch, dass die in ihn gesetzten Hoffnungen zur Lösung der Ausbildungskrise nicht erfüllt wurden.

Literatur: Baethge, M.: Berufsbildungspolitik in den siebziger Jahren. Eine Lektion in ökonomischer Macht und politischer Ohnmacht. In: Lipsmeier, A. (Hg.): Berufsbildungspolitik in den 70er Jahren. Stuttgart 1983, S. 145-157 – Kell, A.: Finanzierungsdebatte – Theoretische Grundlagen und politische Positionierung. In: Euler, D./Sloane, P.F.E. (Hg.): Duales System in Umbruch, Pfaffenweiler, S. 91-194 – Walden, G.: Kosten und Nutzen der betrieblichen Berufsausbildung. In: Rauner, F. (Hg.): Handbuch Berufsbildungsforschung. Bielefeld 2005, S. 261-270

Rolf Dobischat

Ausbildungsordnung

Eine AO i.S.d. §§ 4 u. 5 BBiG/25 u. 26 HwO ist eine Rechtsverordnung, die die →betriebliche Berufsausbildung in einem anerkannten →Ausbildungsberuf sachlich-inhaltlich regelt. Geschichtlich betrachtet sind die sog. →Berufsordnungsmittel, die vor Erlass des BBiG die Berufsausbildung in den Lehr- und Anlernberufen regelten, die unmittelbaren Vorläufer der AO.

AO werden als Grundlage für eine geordnete und einheitliche Berufsausbildung vom zuständigen Fachministerium (zumeist das Bundesministerium für Wirtschaft und Arbeit) im Einvernehmen mit dem Bundesministerium für Bildung und Forschung als Rechtsverordnung erlassen und im Bundesgesetzblatt veröffentlicht. Sie binden als materielle Gesetze die an der beruflichen Bildung unmittelbar Beteiligten (Ausbildende, → Ausbilder, → Auszubildende, zuständige Stellen). Die Vermittlung der in einer AO als Mindestanforderung festgelegten Fertigkeiten, Kenntnisse und Fähigkeiten, d.h. die in der AO definierte berufliche Handlungsfähigkeit ist von den Ausbildenden sicherzustellen.

Die Begriffe AO, anerkannter Ausbildungsberuf und Berufsausbildung sind insofern aufeinander bezogen, als eine AO das Qualifikationsbündel festlegt, das den Ausbildungsberuf charakterisiert und das während der Berufausbildung zu vermitteln ist.

§ 5 BBiG/26 HwO führt in Abs. 1 die Sachverhalte auf, die in einer AO verbindlich festzulegen sind und in Abs. 2 diejenigen, die in einer AO vorgesehen werden können.

1. Zu den zwingend in einer AO festzulegenden Inhalten gehören:
– die Bezeichnung des Ausbildungsberufs, der anerkannt wird,
– die →Ausbildungsdauer; sie soll nicht mehr als drei und nicht weniger als zwei Jahre betragen,
– die beruflichen Fertigkeiten, Kenntnisse und Fähigkeiten, die mindestens Gegenstand der Berufsausbildung sind (Ausbildungsberufsbild; begrifflich nicht identisch mit → Berufsbild),
– eine Anleitung zur sachlichen und zeitlichen Gliederung der Vermittlung der beruflichen Fertigkeiten, Kenntnisse und Fähigkeiten (Ausbildungsrahmenplan),
– die Prüfungsanforderungen.

2. Die AO kann ferner vorsehen, dass
– die Berufsausbildung in sachlich und zeitlich besonders gegliederten, aufeinander aufbauenden Stufen erfolgt, wobei nach den einzelnen Stufen ein berufsqualifizierender Abschluss vorgesehen sein soll und die Fortsetzung der Berufsausbildung in weiteren Stufen ermöglicht wird (Stufenausbildung),
– die →Abschlussprüfung in zwei auseinander fallenden Teilen durchgeführt wird,
– bei der Aufhebung einer AO die Ausbildung auch nach dem neugeregelten Ausbildungsberuf unter Anrechnung der bereits zurückgelegten Ausbildungszeit fortgesetzt werden kann, wenn die Vertragsparteien dies vereinbaren,
– die bei einer anderen einschlägigen Berufsausbildung erworbenen beruflichen Fertig-

keiten, Kenntnisse und Fähigkeiten auf die in der AO geregelten Ausbildung angerechnet werden können,
– über die im Ausbildungsberufsbild beschriebenen beruflichen Fertigkeiten, Kenntnisse und Fähigkeiten hinaus zusätzliche berufliche Qualifikationen vermittelt werden können, die die berufliche Handlungsfähigkeit ergänzen oder erweitern. Diese Zusatzqualifikationen gehören nicht zu den Mindestinhalten des Ausbildungsberufsbildes,
– Teile der Berufsausbildung in geeigneten Einrichtungen außerhalb der Ausbildungsstätte durchgeführt werden, wenn und soweit es die Berufsausbildung erfordert (überbetriebliche Berufsausbildung),
– Auszubildende einen schriftlichen Ausbildungsnachweis zu führen haben.

Im Rahmen der Ordnungsverfahren ist stets zu prüfen, ob Regelungen zur Stufenausbildung, zur gestreckten Abschlussprüfung und zur Anrechnung von zuvor erworbenen beruflichen Qualifikationen auf die Berufsausbildung sinnvoll und möglich sind.

Neben diesen inhaltlichen Regelungen der Berufsausbildung beinhalten AO auch gesetzestechnische Angaben, wie z.B. Aussagen über die Rechtsgrundlage, den Geltungsbereich, das Inkrafttreten der Rechtsverordnung.

Ihrer Konzeption nach sind bisher AO für
– Monoberufe ohne Spezialisierung (inhaltlich homogen strukturierter Ausbildungsgänge),
– Monoberufe mit Spezialisierungen in Form von Schwerpunkten oder Fachrichtungen (inhaltlich differenzierte Ausbildungsgänge) und
– Ausbildungsberufe in Stufenausbildungen (inhaltlich differenzierte, aufeinander aufbauende Ausbildungsgänge mit Abschlussprüfungen auf unterschiedlichem Qualifikationsniveau nach § 5 Abs. 2 Nr. 1 BerBiRefG/ § 26 Abs. 2 Nr. 1).

Mit der Novellierung des BBiG und der HwO durch das Berufsbildungsreformgesetz (BerBiRefG) wurden die Gestaltungsmöglichkeiten für AO wesentlich erweitert, so dass zukünftig vielfältigere Konzeptionsformen von AO zu erwarten sind.

Der gemeinsame Bildungsauftrag von Betrieb und →Berufsschule erfordert bei der verfassungsbedingt unterschiedlichen Ordnungskompetenz die Abstimmung der vom Bund zu erlassenden AO mit den Rahmenlehrplänen der Länder, was durch eine Bund-Länder-Vereinbarung (→Abstimmung von Ausbildungsordnungen und Rahmenlehrplänen) sicher gestellt ist.

Literatur: Benner, H.: Ausbildungsberuf. In: Lenzen, D. (Hg.): Pädagogische Grundbegriffe. Reinbek bei Hamburg 1989, S. 101-108 – Benner, H.: Ordnung der staatlich anerkannten Ausbildungsberufe. Bielefeld ²1996 – Benner, H.: Entwicklung anerkannter Ausbildungsberufe – Fortschreibung überkommener Regelungen oder Definition zukunftsbezogener Ausbildungsgänge? In: Euler, D./Sloane, P.: Duales System im Umbruch – Eine Bestandsaufnahme der Modernisierungsdebatte. Pfaffenweiler 1997, S. 53-59 – Benner, H./Püttmann, F.: 20 Jahre Gemeinsames Ergebnisprotokoll. Hg.: Bundesministerium für Bildung und Wissenschaft. Bonn 1992 – Bundesministerium für Bildung und Forschung (Hg.): Die Reform der beruflichen Bildung. Bonn/Berlin 2005

Hermann Benner

Ausbildungsverbünde

A. sind der Zusammenschluss von Betrieben und/oder Bildungseinrichtungen mit dem Ziel, Jugendlichen eine berufliche Ausbildung im →Dualen System zu ermöglichen. Durch den organisatorischen Zusammenschluss soll Betrieben – die bisher nicht oder nicht mehr ausbilden – der Einstieg bzw. Wiedereinstieg in die Rolle des Ausbildungsbetriebes ermöglicht werden.

Die Bedeutung von A. hat in den letzten Jahren, insbesondere wegen der angespannten Situation auf dem Ausbildungsstellenmarkt und aufgrund technologischer Veränderungen in den Betrieben, in Deutschland zugenommen. Dort, wo nicht genügend Ausbildungsplätze in Einzelfirmen zur Verfügung gestellt werden können, könnten durch den Zusammenschluss mehrerer Einrichtungen zusätzliche Ausbildungsplätze bereitgestellt werden. Das ist beispielsweise dann möglich, wenn eine Maschinenfabrik aufgrund neuer Produktionsverfahren die Fertigungstiefe so geändert hat, dass eine vollständige und ordnungsgemäße Berufsausbildung zum Beispiel als Industriemechaniker in der gesamten Breite des Berufsbildes nicht mehr vermittelt werden kann. In einem Verbund mehrerer Betriebe und/oder überbetrieblicher Bildungseinrichtungen könnten die in der Maschinenfabrik nicht zu erwerbenden Ausbildungsinhalte mit Hilfe des Zusammenschlusses vermittelt werden.

Das gleiche gilt für kaufmännische Berufe und insbesondere neue →Berufsbilder. A. könnten so zum Beispiel den Übergang vom überholten →Berufsbild des Datenverarbeitungskaufmanns zu den neuen Berufsbildern der IT-Berufe (Informations- und Telekommunikationstechnik-Berufe) schaffen. Im Verbund könnten auch kleine Betriebe eine fachlich gesicherte Ausbildung anbieten.

Insgesamt ist die quantitative Bedeutung von A. in Industrie und Handel gemessen an der Gesamtzahl der Ausbildungsverhältnisse gering. Die qualitative Bedeutung von A. ist jedoch wegen ihrer Signalwirkung hoch. Wenn Großunternehmen ihre Ausbildungswerkstätten für eine betriebliche Ausbildung zur Verfügung stellen, erwirtschaften sie nicht nur einen Deckungsbeitrag zum Betriebsergebnis, sie erhöhen auch die Attraktivität der beruflichen Ausbildung.

A. im Handwerk haben eine andere Tradition als in der Industrie. Die →überbetriebliche Ausbildung in den Handwerksberufen kann als eine langjährig bewährte Form von Ausbildung im Verbund angesehen werden. Da die Mehrzahl der Handwerksbetriebe aufgrund der Firmenstruktur nicht in der Lage ist, alle Bestandteile der handwerklichen Berufsbilder in der Praxis zu vermitteln, findet in den meisten Berufen eine mehrmonatige geordnete praxisnahe Ausbildung in überbetrieblichen Bildungszentren – zumeist Handwerksbildungszentren – statt.

Mit zunehmenden Schwierigkeiten, den Ausbildungsstellenmarkt auszugleichen, werden neue Modelle für A. entwickelt. In Schleswig-Holstein haben sich beispielsweise Verbände, Kammern und Bildungseinrichtungen zusammengeschlossen, um unversorgte Bewerber im Rahmen eines „Ausbildungsvereins – Ausbilden im Verbund e.V." in ein Ausbildungsverhältnis zu bringen. In einem anderen Modell tritt eine Bildungseinrichtung als „Leitbetrieb" auf, um insbesondere benachteiligten Jugendlichen in der Kombination von betrieblichen, überbetrieblichen und schulischen Qualifizierungselementen eine abgeschlossene Berufsausbildung zu ermöglichen.

Literatur: Bundesminister für Bildung, Wissenschaft, Forschung und Technologie/Bundesminister für Wirtschaft (Hg.): Ausbilden im Verbund. Tips und Anregungen für kleine und mittlere Betriebe – mit zahlreichen Praxisbeispielen. Bielefeld 1997

Richard Merk

Ausländische Jugendliche

Gegenwärtig leben etwa 7 Millionen Ausländer in Deutschland. Für einen Großteil dieser Menschen ist die Bundesrepublik zur „zweiten Heimat" geworden. Viele Kinder dieser Gruppe sind in Deutschland zur Welt gekommen. Immerhin wurden zwischen 1975 und 1990 rund 1,6 Millionen Kinder mit mindestens einem ausländischen Elternteil geboren. A. J. betreffen das deutsche Bildungssystem folglich in seiner gesamten Bandbreite. Obwohl nicht davon ausgegangen werden darf, dass a. J. a priori besondere Probleme für das deutsche Bildungssystem mit sich bringen, gibt es doch eine Reihe von Sozialisationsbedingungen, die sich in der schulischen Arbeit mit und für a. J. negativ auswirken können.

1. Sprachschwierigkeiten: Wer die Sprache des Landes, in dem er einen Schul- oder Berufsabschluss anstrebt, nicht ausreichend be-

herrscht, wird beinahe zwangsläufig die jeweiligen Bildungs- bzw. Ausbildungsangebote nur unzureichend für sich nutzen können. Verantwortlich für eine begrenzte Sprachkompetenz sind u.a. begrenzte Erfahrungsräume im gesellschaftlichen und privaten Bereich.
2. Spezifische soziale und kulturelle Prägung: Abweichungen in der sozialen und kulturellen Prägung können in der Schule zu Akzeptanzproblemen führen. Dieses ist insbesondere dort der Fall, wo a. J. in ghettoisierten Lebensbedingungen leben. Diese Bedingungen haben nicht selten zur Folge, dass eine Überbetonung von Werten aus dem Herkunftsland (der Eltern!) stattfindet, z.B. die Betonung einer vermeintlichen Vorrangstellung des Mannes.
3. Unentschiedenheit der Verbleibesituation: Obwohl eine Rückkehr vieler ausländischer Eltern in ihr Herkunftsland nach langer Verweildauer in der Bundesrepublik unwahrscheinlich ist, klammern sich doch viele an diesen Wunsch. Diese Unentschiedenheit kann bei den Kindern dazu führen, dass keine ausreichende Konzentration der Kräfte auf die jeweiligen Bildungsangebote erfolgt.

Literatur: Weitz, B.O.: Sprache und Berufswahl als zentrale Probleme türkischer Schüler in der beruflichen Grundbildung. Ein Beitrag zur Integration türkischer Jugendlicher. Königstein/Ts. 1986 – Weitz, B.O.: Hintergründe zur beruflichen Orientierung türkischer Jugendlicher – Eine Hilfestellung für den berufswahlvorbereitenden Unterricht. In: Erziehungswissenschaft und Beruf 37 (1989), 1, S. 17-25 – Yakut, A./Reich, H.H./Neumann, U./Boss-Nünning, U.: Zwischen Elternhaus und Arbeitsamt. Türkische Jugendliche suchen einen Beruf. Berlin 1986

Bernd Otto Weitz

Ausschüsse für Berufsbildung

Ausschüsse für Berufsbildung, auf Bundes-, Landes- und regionaler Ebene, bestehend aus Vertretern der Arbeitgeber- und Arbeitnehmerorganisationen sowie staatlicher Institutionen, sind wesentlicher Bestandteil unseres Systems der Aus-, Fortbildung und Umschulung, deren Konzeption und Durchführung sich auf Konsens gründet.

Das →Berufsbildungsgesetz (BBiG) führte 1969 institutionalisiertes Zusammenwirken der Sozialpartner mit Vertretern staatlicher Einrichtungen in traditionell entwickelte und gefestigte Berufsbildungsstrukturen ein. Bis dahin von Arbeitgebern und ihren Kammerorganisationen allein wahrgenommene Zuständigkeiten wurden entsprechend verändert definiert und festgelegt.

Gemäß der verfassungsrechtlichen Aufgabenteilung zwischen Bund und Ländern beraten paritätisch zusammengesetzte Gremien die jeweiligen Regierungen. Die Landesausschüsse für Berufsbildung wirken im Interesse einer einheitlichen Berufsbildung auf eine effektive →Lernortkooperation hin und nehmen Einfluss auf Konzepte zur Förderung von benachteiligten Jugendlichen oder schulischer Zusatzqualifikationen.

Die Mitwirkung der an der Berufsbildung beteiligten Gruppen im Bereich der Zuständigkeit des Bundes ist nunmehr ebenfalls durch das am 1. April neu in Kraft getretene Berufsbildungsgesetz geregelt. Der Hauptausschuss (HA) des →Bundesinstituts für Berufsbildung (BIBB) berät die Bundesregierung in grundsätzlichen Fragen und entscheidet über das Forschungs- und Arbeitsprogramm sowie den jährlichen Haushaltsplan des BIBB.

Bei den für Planung, Beratung, Durchführung und Kontrolle betrieblicher Aus- und Fortbildung sowie Umschulung zuständigen Kammern bestehen Berufsbildungsausschüsse, die in allen wichtigen Angelegenheiten zu unterrichten und anzuhören sind und Prüfungsordnungen für Aus- und Fortbildung sowie Sonderregelungen für die Ausbildung Behinderter beschließen können. Lehrer gehören diesen Ausschüssen zwar in gleicher Zahl wie Arbeitgeber und Arbeitnehmer, jedoch weitgehend nur mit beratender Stimme an. Sie sind jedoch stimmberechtigt bei Beschlüssen zu Angelegenheiten der →Berufsausbildungsvorbereitung und Berufsausbildung soweit sich diese unmittelbar auf die Organisation der schulischen Berufsbildung auswirken.

Unser korporativ verfasstes Berufsbildungssystem wird im Bund komplettiert vom Ausschuss für Fragen behinderter Menschen beim BIBB sowie den Kammerprüfungsausschüssen. Für sie gilt keine volle Parität.

Literatur: Bundesministerium für Bildung- und Forschung (BMBF) (Hg.): Die Reform der beruflichen Bildung, Berufsbildungsgesetz 2005

Folkmar Kath

Außerbetriebliche Ausbildung

Außerbetriebliche Ausbildung bezeichnet eine Form beruflicher Qualifizierung von Jugendlichen, die aufgrund von Lernbeeinträchtigung so benachteiligt sind, dass sie keinen betrieblichen Ausbildungsplatz finden. Sie erfolgt auf der Grundlage eines von der zuständigen Stelle eingetragenen Ausbildungsverhältnisses, mit reduzierter tarifvertraglicher Vergütung, wobei eine öffentlich-rechtliche oder gemeinnützige Organisation als Vertragspartner des Auszubildenden an die Stelle eines Betriebes tritt, in deren Werkstatteinrichtungen der praktische Teil der Ausbildung durchgeführt wird. Die dadurch entstehenden Kosten werden öffentlich finanziert. Außerbetriebliche Ausbildungsverhältnisse sollen jederzeit in betriebliche überführt werden können; zumindest sollen betriebliche Lernphasen in den Ausbildungsprozess integriert werden.

Außerbetriebliche Ausbildung dient darüber hinaus der Politik als wichtiges Mittel zur Lösung quantitativer Probleme auf dem Ausbildungsstellenmarkt. Das war bei der schwierigen Ausbildungsversorgung der geburtenstarken Jahrgänge Anfang der 80er Jahre ebenso der Fall wie im Zuge der deutschen Vereinigung in den neuen Ländern, wo demographische Entwicklung und wirtschaftlicher Umstrukturierungsprozess zu einem permanenten betrieblichen Ausbildungsplatzdefizit führen.

In den alten Bundesländern wurde seinerzeit ein Benachteiligtenprogramm aufgelegt, dessen wesentliche Elemente später ins →Arbeitsförderungsgesetz (AFG), heute Sozialgesetzbuch (SGB) III, übernommen wurden. Es begründet im Rahmen verfügbarer Haushaltsmittel und bei Vorliegen entsprechender Voraussetzungen einen Anspruch auf Ausbildung. Im Osten Deutschlands hat die außerbetriebliche Ausbildung ein die Entwicklung eines leistungsfähigen →Dualen Systems gefährdendes Ausmaß angenommen, das möglichst umgehend auf seine ursprüngliche Zielsetzung zurückgeführt werden muss. Andernfalls könnten sich die Betriebe von der Pflicht entbunden fühlen, in ausreichendem Umfang Ausbildungsplätze anzubieten.

Literatur: Autsch, B.: Berufsausbildung in den neuen Bundesländern aus der Sicht der über- und außerbetrieblichen Berufsbildungsstätten. In: Bundesinstitut für Berufsbildung (Hg.): Berufsausbildung im Übergang: Ausbildungsgestaltung in den neuen Bundesländern. Berlin/Bonn 1993 – Heidemann, W.: Außerbetriebliche Qualifizierungszentren – Ein Beitrag zur strukturpolitischen Erneuerung der Montanregionen. In: Gewerkschaftliche Bildungspolitik. 1989, Heft 3 – Röder, H./Walter, H.-J.: Lernortkombination unter Berücksichtigung außerbetrieblicher Bildungszentren. In: Bundesinstitut für Berufsbildung (Hg.): Neue Lernorte und Lernortkombinationen. Bielefeld 1996

Folkmar Kath

Auszubildender

Mit Inkrafttreten des →Berufsbildungsgesetzes (BBiG) 1969 löste der Begriff A. in den industriellen und kaufmännischen Berufen den traditionellen – und in der DDR bis 1989 üblichen – Terminus „Lehrling" ab, während er in der →Handwerksordnung (HwO) beibehalten wurde (fakultativ: A.). Beide Begriffe werden nebeneinander und synonym gebraucht.

Bezog sich Lehrling im Mittelalter zunächst generell auf jeden Lernenden, so wurde in der Folge der Begriff in der ständischen Berufserziehung im Handwerk vor allem mit dem spezifischen Erziehungs- und Ausbildungsverhält-

nis von Jugendlichen unter der wohlwollenden „Obhut und im Haus des Lehrherrn" in Zusammenhang gebracht.
Semantisch spiegelt das Diminutivum (Suffix „-ling") das spezifische Abhängigkeitsverhältnis des Jugendlichen vom Handwerksmeister treffend wider. Mit dem Begriff A. entstand ein umständliches sprachliches Konstrukt, das konnotativ nach wie vor auf die Objektstellung des Lernenden verweist und das auch durch das gängige Kürzel „Azubi" nichts von seinem verwaltungssprachlich-unpersönlichen Duktus verliert.

A. sind Personen, denen im Rahmen eines Ausbildungsverhältnisses auf der Basis eines mit einem Ausbildungsbetrieb geschlossenen Berufsausbildungsvertrages die Fertigkeiten und Kenntnisse – zeitlich und sachlich gegliedert und inhaltlich durch Ausbildungsrahmenpläne verbindlich vorgegeben – vermittelt werden sollen, die zum Erreichen des Ausbildungszieles (→Abschlussprüfung) und für die Ausübung einer qualifizierten Tätigkeit in einem anerkannten →Ausbildungsberuf erforderlich sind. A. sollen nicht nur fachlich ausgebildet, sondern auch charakterlich gefördert werden, und ihnen dürfen nur Verrichtungen übertragen werden, die ausdrücklich dem Ausbildungszweck dienen (vgl. § 6 BBiG). A. sind berufsschulpflichtig bzw. berechtigt (→Berufsschulpflicht, →Berufsschulberechtigung).

Aufgrund längerer schulischer Vorbildungszeiten handelt es sich bei A. heute nicht mehr um Jugendliche, sondern um junge Erwachsene. Die zunehmende Zahl von A. mit mittleren und höheren allgemeinen Schulabschlüssen hat in dualen Ausbildungsgängen dabei je nach Ausbildungsberuf auch zu einem z.T. extrem heterogenen Bild bei der Zusammensetzung der einstmals vornehmlich aus Hauptschulabgängern rekrutierten Auszubildendengruppen geführt, was sich auf die Lehrenden und Lernenden und auf die Gestaltung der Lehr-/Lernprozesse nicht selten als Problem auswirkt.

A. im →Dualen System erfüllen eine Doppelrolle. Sie sind Lernende im Betrieb, ggf. zusätzlich in der →überbetrieblichen Ausbildung, und zugleich Berufsschüler. Ihnen werden über die zu erbringenden Lernleistungen in Theorie und Praxis hinaus auch Koordinations- und Integrationsleistungen aufgrund der unterschiedlichen Lehr-/Lernbedingungen und -voraussetzungen an den jeweiligen →Lernorten abverlangt.

Die mit den neugeordneten Ausbildungsberufen gesetzten Anforderungen an die Lernenden sind nicht nur hinsichtlich erweiterter fachlicher Qualifikationsprofile zu bewerten, sondern auch vor dem Hintergrund zu thematisieren, dass der Übergang von der Ausbildung in den →Beruf in zunehmendem Maße mit Unsicherheiten – bis hin zur →Arbeitslosigkeit – verbunden ist und vor allem dispositionelle Leistungen wie →Flexibilität, Anpassungsfähigkeit und hohe und permanente Weiterbildungsbereitschaft an Bedeutung gewinnen, um zum einen dem Obsolenztempo in der Erstausbildung erworbener Fähigkeiten, Fertigkeiten und Kenntnisse zu begegnen. Zum anderen entsprechen Arbeitsplätze in den wenigsten Fällen den durch Ausbildung entwickelten Potentialen und erfordern vom A. erhöhte Frustrationstoleranz, identitätsstabilisierende und motivationale Fähigkeiten.

Literatur: Baethge, M. u.a.: Jugend: Arbeit und Identität. Lebensperspektiven und Interessenorientierungen von Jugendlichen. Opladen 1988 – Bundesregierung: Berufsbildungsgesetz (BBiG) vom 14. August 1969 (BGBl. I S. 1112, zuletzt geändert durch das Berufsbildungsförderungsgesetz vom 23. Dezember 1981 (BGBl. I, S. 1692). Bonn 1981 – Pätzold, G.: Quellen und Dokumente zur Geschichte des Berufsbildungsgesetzes 1875-1981. Köln 1982 – Pätzold, G.: Auszubildender. In: Lenzen, D. (Hg.): Enzyklopädie Erziehungswissenschaft. Band 9.2. Sekundarstufe II – Jugendbildung zwischen Schule und Beruf. Stuttgart 1983, S. 83-86 – Stratmann, Kw./Schlösser, M.: Das Duale System der Berufsbildung. Eine historische Analyse seiner Reformdebatten. Frankfurt a.M. 1990

Heino Thiele

Bachelor-Master Studiengänge

Seit Ende der 1990er Jahre ist das öffentliche Interesse an der Reform der Lehrerbildung für berufsbildende Schulen aufgrund technischer, kultureller, sozialer und wirtschaftlicher Entwicklungen, auch angestoßen durch den „Bologna-Prozess" gestiegen. In den Bundesländern werden auf der Grundlage von kritischen Analysen, Empfehlungen und – steuerungspolitisch induziert – neue Weichen für eine adäquate Lehrerbildung gestellt (vgl. z.B. Terhart 2000).

Eine organisatorisch-curriculare Reforminitiative, die in mehreren Bundesländern ergriffen wird, ist die Erprobung gestufter (konsekutiver) Studiengänge nach dem Bachelor-Master-Modell (vgl. Sloane 2004). So laufen beispielsweise in Nordrhein-Westfalen seit dem Wintersemester 2003/2004 an den Universitäten Bochum und Bielefeld sowie ab dem Wintersemester 2005/2006 an den Universitäten Dortmund und Münster (dort in Kooperation mit der Fachhochschule) Modellversuche zur konsekutiven Lehrerbildung (vgl. MSJK 2003), wobei in Dortmund und Münster auch das Lehramt an →Berufskollegs in den Modellversuch einbezogen wird. Neben Nordrhein-Westfalen gibt es Bachelor-Master-Rahmenvorgaben für das Lehramt auch in Berlin, Bremen, Niedersachsen, Rheinland-Pfalz und Schleswig-Holstein; insgesamt sind derzeit in 11 der 16 Bundesländer Umstellungsaktivitäten auszumachen (Stand März 2004, vgl. Thierack 2004), wobei die Implementierungsstrategien in den Bundesländern unterschiedlich akzentuiert sind (z.B. Ausschreibung von Modellprojekten, radikale „top-down"-gesteuerte Systemwechsel, „bottom-up"-Initiativen einzelner Hochschulen).

1999 erließ die Kultusministerkonferenz Strukturvorgaben (gültig in der Fassung vom 10.10.2003, vgl. KMK 2003), in denen Studienstruktur und Studiendauer (Bachelor: 3-4 Jahre, Master: 1-2 Jahre), Zugangsvoraussetzungen und Übergänge, Studiengangsprofile, die Unterscheidung von konsekutiven, nicht-konsekutiven und weiterbildenden Masterstudiengängen sowie die Abschlüsse und ihre Bezeichnungen geregelt sind. Darüber hinaus wurde festgelegt, dass jeder neu eingerichtete gestufte Studiengang zu modularisieren und mit einem Leistungspunktsystem zu versehen ist. Um Module zu bilden, werden Stoffgebiete zu thematisch und zeitlich abgerundeten Einheiten zusammengefasst; sie können unterschiedliche Lehr- und Lernformen (z.B. Seminare, Übungen, Selbstlernphasen, Praktika) enthalten und werden in der Regel nach ein bis zwei Semestern mit einer Prüfung abgeschlossen, auf deren Grundlage die Credits für das Modul vergeben werden (vgl. Seipp/ Ruschin 2004, S. 22-26). Modulbeschreibungen sollen verlässlich und für alle Beteiligten transparent die Kompetenzziele und Inhalte, mögliche Lehr- und Prüfungsformen sowie den Arbeitsaufwand für ein Modul regeln (vgl. KMK 2004a, S. 2f).

Die Übertragbarkeit der KMK-Eckpunkte auf Lehramtsstudiengänge wird derzeit in einer von der KMK einberufenen Expertengruppe, die mit Schul- und Hochschulvertretern besetzt ist, beraten. Die Dauer der beiden Studienphasen in lehramtsbezogenen konsekutiven Bachelor-Master-Modellen ist derzeit an die Strukturvorgaben der KMK angelehnt. Die Eckpunkte in Nordrhein-Westfalen sehen beispielsweise einen 3jährigen Bachelorstudiengang für alle Lehramtsaspiranten vor, auf den im Lehramt für Berufskollegs (in anderen Ländern: Lehramt an berufsbildenden Schulen) ein zweijähriger Masterstudiengang folgt. Ein wichtiger Grundsatz aller bisher entwickelten Modelle ist, dass der Zugang zum Vorbereitungsdienst und die entsprechende Laufbahn im Lehramt an berufsbildenden Schulen den Abschluss auf Masterniveau voraussetzt, also mit dem Bachelor-Abschluss allein kein Zugang zum Lehramt möglich ist (vgl. z.B. Sektion BWP der DGfE 2004; Bader/Jenewein 2004).

Zwei Realisierungsalternativen an den Hochschulen können unterschieden werden: Bei einer integrativen Anlage des Studiums sind bereits erziehungswissenschaftliche und fachdidaktische Anteile im Bachelorstudiengang vorgesehen. In einer sequenzierten Struktur ist der Bachelor-Studiengang fachwissenschaftlich fokussiert und im Extremfall noch gar nicht auf die Perspektive „Lehrerbildung" bezogen, erst die Master-Studien sind vermittlungswissenschaftlich ausgerichtet und beinhalten in der Regel neben vertiefenden Fachstudien in erster Linie erziehungswissenschaftliche, berufs- und wirtschaftspädagogische und fachdidaktische Inhalte. Als Variante hierzu denkbar sind weiterbildende Masterstudiengänge für Personen, die nach einem wissenschaftlichen Studium und einer beruflichen Tätigkeit ein berufs- und wirtschaftspädagogisch akzentuiertes Studium aufnehmen wollen (vgl. Sektion BWP der DGfE 2004, S. 179).

Streng sequenzierte Studiengänge sind umstritten, da damit die bereits heute nicht gelingende Integration fachwissenschaftlicher, fachdidaktischer und erziehungswissenschaftlicher Studien durch die Aufteilung auf verschiedene Phasen manifestiert wird und eine Deprofessionalisierung der Lehrerausbildung droht (vgl. Schützenmeister 2004). Die Sektion Berufs- und Wirtschaftspädagogik der DGfE empfiehlt, im Bachelor-Studiengang erste berufs- und wirtschaftspädagogische Studienanteile vorzusehen und die Fachdidaktik darauf aufbauend im Master-Studiengang anzubieten (vgl. Sektion BWP der DGfE 2004).

Mit der Einführung konsekutiver Studiengänge ist eine tiefgreifende strukturelle Veränderung der Studienstruktur und -organisation verbunden, die der Tradition der berufs- und wirtschaftspädagogischen Diplom- und Lehramtsstudiengänge nicht entspricht und deren Qualität sich erst noch beweisen muss. Möglicherweise gerät mit der Perspektive einer vagen Polyvalenz, die übrigens für Kandidaten des traditionellen Lehramtsstudiums für berufliche Schulen gegeben war, die Förderung der pädagogischen Professionalität aus dem Blick (vgl. Tramm 2001). Eine neue Perspektive bietet sich aber beispielsweise dann, wenn nach einem Fachhochschulstudium oder nach einem fachlich orientierten Bachelor-Abschluss durch ein aufbauendes lehramtsbezogenes Master-Studium („Master of Education") ein qualifizierter Zugang in das Lehramt an berufsbildenden Schulen erlangt werden kann.

Die in vielen Bachelor-Konzepten über die erziehungswissenschaftlichen lehramtsbezogenen Pflichtanteile hinaus angebotenen vermittlungs- oder bildungswissenschaftlichen Studienanteile können als „Plus" zum bisherigen Lehramtsstudium gesehen werden (vgl. Terhart 2004). Außerdem wird mit der Konzentration auf Erziehungswissenschaft, Berufs- und Wirtschaftspädagogik sowie Fachdidaktik im Master-Studiengang die Hoffnung auf einen Niveaugewinn verknüpft. So wird aktuell beispielsweise an der Universität Dortmund ein so genanntes Theorie-Praxis-Modul implementiert und zukünftig in der Master-Phase der Lehrerbildung erprobt, das durch die konsequente Verschränkung von universitären Lehrveranstaltungen und schulischen sowie außerschulischen Praxisphasen eine stärkere Integration von Theorie und Praxis realisiert und im Sinne des forschenden Lernens einen Beitrag zur Anbahnung reflexiver pädagogischer Professionalität leisten soll. Ein zentrales Charakteristikum ist außerdem die konsequente Verzahnung von erziehungswissenschaftlichen, berufs- und wirtschaftspädagogischen sowie fachdidaktischen Fragestellungen.

Um zu vermeiden, dass es mit den Bachelor-/Master-Strukturen in der Lehrerbildung lediglich zu einem Auswechseln von Etiketten oder sogar zu einer Tendenz zur Deprofessionalisierung kommt, können Standards für die Lehrerbildung der KMK (vgl. KMK 2004b) oder erarbeitete Basiscurricula (vgl. Sektion BWP der DGfE 2003) beitragen. In vielen Konzepten bleibt noch unbestimmt, ob die Chance wahrgenommen wird, Angebote auszuweisen oder zu profilieren, die Professionalität und Polyvalenz im geforderten Sinne unterstützen.

Ob die angesprochene internationale Vergleichbarkeit tatsächlich in absehbarer Zeit realisiert werden kann, ist eher fraglich, da aktuell eine große Anzahl konkurrierender Modelle allein in Deutschland erprobt wird und international nach wie vor „Inkomparabilitäten und Intransparenz" in der Lehrerbildung zu verzeichnen sind (vgl. Sloane 2004, S. 361f). Darüber hinaus sehen Skeptiker die Gefahr, dass auch Absolventen von Bachelor-Studiengängen direkt in den Schuldienst gelangen könnten und so eine „Etablierung hierarchisierter Lehramtsstudiengänge mit der Segmentierung der Lehrbefähigung" (Nickolaus 2001) droht. Schließlich wird, da auch →Fachhochschulen die Möglichkeit haben, auf Master-Niveau auszubilden, eine Gefahr des Einstiegs in den Ausstieg *universitärer* Lehrerbildung gesehen.

Zu den Herausforderungen und offenen Fragen, deren Beantwortung sich erst noch erweisen muss, zählen die Diskussion um das Verhältnis von Fachhochschulen zu Universitäten, Fragen von Status und Besoldung und die Frage, ob dauerhaft im Lehramtsbereich ein eigener Bachelor-Studiengang aufrecht erhalten wird oder im Zuge der Umstellung aller Diplom-Studiengänge eine Vermischung erfolgt. Zu fragen ist auch, ob nun tatsächlich aus einer zweiphasigen Lehrerausbildung (Studium – Referendariat) eine dreiphasige Lehrerausbildung (Bachelor – Master – Referendariat) wird oder ob Elemente aus dem Masterstudium und dem Vorbereitungsdienst ineinander greifen und miteinander verzahnt werden sollten.

Literatur: Bader, R./Jenewein, K.: Professionalisierung für Berufsbildung sichern und erweitern. In: Die berufsbildende Schule 56 (2004), Heft 1, S. 9-16 – KMK: Ländergemeinsame Strukturvorgaben gemäß § 9 Abs. 2 HRG für die Akkreditierung von Bachelor- und Masterstudiengängen. Beschluss der Kultusministerkonferenz vom 10.10.2003. Online im Internet: http://www.kmk.org/hschule/strukvorgaben.pdf – KMK (2004a): Rahmenvorgaben für die Einführung von Leistungspunktsystemen und die Modularisierung von Studiengängen Beschluss der Kultusministerkonferenz vom 15.09.2000 i. d. F. vom 22.10.2004. Online im Internet: http://www.kmk.org/doc/beschl/leistungspunktsysteme.pdf – KMK (2004b): Standards für die Lehrerbildung: Bildungswissenschaften. Beschluss der Kultusministerkonferenz vom 16.12.2004. Online im Internet: http://www.kmk.org/doc/beschl/standards_lehrerbildung.pdf – Lipsmeier, A.: Wider den „kleinen" Berufsschullehrer: Innovierung und Stabilisierung der Gewerbelehrerausbildung an der Universität Karlsruhe. In: Die berufsbildende Schule 56 (2004), 6, S. 131-133 – MSJK – Ministerium für Schule, Jugend und Kinder des Landes Nordrhein-Westfalen: Verordnung zur Durchführung des Modellversuchs „Gestufte Studiengänge in der Lehrerbildung" (VO – B/M) vom 27. März 2003. Online im Internet: http://sgv.im.nrw.de/gv/frei/2003/Ausg15/AGV15-2.pdf – Nickolaus, R.: Kontroversen in der Diskussion und Gestaltungsvorschläge. In: bwp@ Ausgabe Nr. 1, November 2001, online im Internet: http://www.bwpat.de/ausgabe1/txt/nickolaus.htm – Schützenmeister, J.: Reformansätze zur Einführung gestufter Lehramtsstudiengänge in der Bundesrepublik Deutschland in historischer Perspektive. In: Habel, W./Wildt, J. (Hg.): Gestufte Studiengänge – Brennpunkte der Lehrerbildungsreform. Bad Heilbrunn/Obb. 2004 – Sektion Berufs- und Wirtschaftspädagogik der Deutschen Gesellschaft für Erziehungswissenschaft: Stellungnahme zur Einrichtung gestufter Studiengangsmodelle als Ersatz für die existierenden berufs- und wirtschaftspädagogischen Diplom- und Studiengänge für das Lehramt an berufsbildenden Schulen. Beschluss der Mitgliederversammlung in Zürich am 22. März 2004. In: Die berufsbildende Schule 56 (2004), Heft 7-8, S. 178-179 – Sektion Berufs- und Wirtschaftspädagogik der Deutschen Gesellschaft für Erziehungswissenschaft: Basiscurriculum für das universitäre Studienfach Berufs- und Wirtschaftspädagogik (Beschluss der Mitgliederversammlung in Oldenburg am 25. März 2003). Online im Internet: http://www.bwp-dgfe.de/sektion/Basiscurriculum_BWP_040202.pdf – Seipp, B./Ruschin, S.: Neuordnung der Lehrerbildung an den Hochschulen Nordrhein-Westfalens. Kompetenzen und Standards, Modularisierung, Kreditierung und Evaluation. Dortmunder Beiträge zur Pädagogik, Band 36,

Bochum 2004 – Sloane, P.F.E.: Lehrerausbildung für das berufsbildende Schulwesen. In: Blömeke, S./Reinhold, P./Tulodziecki, G./Wildt, J.: Handbuch Lehrerbildung. Bad Heilbrunn/Hannover 2004 – Terhart, E. (Hg.): Perspektiven der Lehrerbildung in Deutschland. Abschlussbericht der von der Kultusministerkonferenz eingesetzten Kommission. Weinheim/Basel 2000 – Terhart, E.: Gestufte Lehrerbildung. Stand, Probleme, Perspektiven. Online im Internet: http://www.ruhr-uni-bochum.de/zfl/ [Stand: 09.06.2004] – Thierack, A.: Lehramtsspezifische BA-MA-Studienkonzepte – offene Fragen für die Erziehungswissenschaften im Lehramt. Online im Internet: http://www.uni-hannover.de/bama-lehr/download.htm (Stand: März 2004) – Tramm, T.: Polyvalenz oder Professionalisierung – die Quadratur des Kreises? In: bwp@ Ausgabe Nr. 1, November 2001. Online im Internet: http://www.ibw.uni-hamburg.de/bwpat/ausgabe1/Tramm_bwpat1.pdf

Anne Busian/Günter Pätzold

Bankakademie

Die Bankakademie e.V. wurde in Frankfurt a. M. im Jahr 1958 gegründet und wird seit 1966 von Verbänden des deutschen Kreditgewerbes getragen. Während sich Sitz und Geschäftsstelle in Frankfurt a. M. befinden, erfolgt die Durchführung von Bildungsmaßnahmen an etwa 100 dezentralen Studienorten in der Bundesrepublik.

Kernstück des Bildungsangebots sind berufsbegleitende Studiengänge in einem dreistufigen Bildungskonzept: Dieses Konzept ermöglicht es, nach vier Semestern die Prüfung zum/zur „Bankfachwirt/in (IHK)", nach weiteren zwei Semestern die Prüfung zum/zur „Bankbetriebswirt/in (Bankakademie)" und schließlich nach weiteren zwei Semestern im so genannten Management-Studium die Prüfung zum/zur diplomierten Bankbetriebswirt/in (Bankakademie)" abzulegen. Voraussetzung für die Zulassung zum Bankfachwirt-Studium, das seit 2002 auch als Online-Studium angeboten wird, ist eine abgeschlossene Berufsausbildung als Bankkaufmann/-frau oder eine mindestens vierjährige Berufspraxis im Kreditgewerbe oder alternativ eine andere kaufmännische Berufsausbildung mit einem Jahr Berufspraxis im Kreditgewerbe.

Neben den Langzeitstudiengängen bietet die Bankakademie eine große Zahl an Fachseminaren und Zertifikatskursen an und trägt das Ausbildungsmanagement der Postbank.

1991 wurde in Frankfurt die Hochschule für Bankwirtschaft (HfB) als private Fachhochschule der B. gegründet. Die HfB hat als eine der ersten Hochschulen Deutschlands im Jahr 2000 ihre Studienangebote durchgängig auf Bachelor- und Master-Studiengänge umgestellt: Angeboten werden zwei international orientierte Bachelor-Programme, die incl. eines Auslandssemesters sieben Semester umfassen und mit dem Bachelor of Business Administration (BBA) oder Bachelor of Computer Science in Banking & Finance (BCS) abschließen. Seit 2003 bietet die Bankakademie gemeinsam mit der Hochschule für Bankwirtschaft (HfB) ein berufsbegleitendes akademisches Studium an, das neben dem Besuch der weiter oben dargestellten berufsbegleitenden Studiengänge der Bankakademie ein paralleles Fernstudium an der HfB mit dem Abschluss „Bachelor of Finance and Management (BFM)" ermöglicht.

Im Anschluss können zwei HfB-Master-Programme (Master of Banking und Master of Finance) besucht werden, die bilingual (deutsch/englisch) oder in ausschließlich englischer Sprache angeboten werden. Weitere Master-Programme sind in Vorbereitung.

Anschrift: Bankakademie e.V. / Hochschule für Bankwirtschaft (HfB), Sonnemannstraße 9-11, 60314 Frankfurt a.M.

Literatur: Liefeith, H.: Entwicklung der Berufsbildung im privaten Bankgewerbe seit dem 19. Jahrhundert. In: Ashauer, G./Liefeith, H./Weiser, K.: Berufsbildung in der deutschen Kreditwirtschaft. Mainz 1983, S. 19-155, hier: S. 110 ff. – Im Internet: http://www.bankakademie.de und http://www.hfb.de

Anne Busian

Befähigungsnachweis

Der B. wird im Handwerk weitgehend mit der (bestandenen) Meisterprüfung gleichgesetzt. Die Meisterprüfung umfasst neben den berufsspezifischen fachtheoretischen und fachpraktischen Teilen I und II die berufsübergreifenden Teile III (Wirtschaft und Recht) und IV (Berufs- und Arbeitspädagogik). Mit dem B. verbunden ist der Rechtsanspruch
1. auf Eintragung in die Handwerksrolle und damit die Berechtigung zur selbstständigen Ausübung des Handwerks, in dem die Meisterprüfung abgelegt worden ist;
2. zur Führung des Meistertitels in Verbindung mit dem jeweiligen Handwerk;
3. die Berechtigung zum Einstellen und Ausbilden von →Auszubildenden.

Bezogen auf diese Ansprüche wird unterschieden zwischen dem sog. Großen Befähigungsnachweis, der alle vier Prüfungsteile umfasst, und dem Kleinen Befähigungsnachweis, der sich auf die Berechtigung zum Einstellen und Ausbilden von Auszubildenden begrenzt und durch Bestehen von Teil IV der Meisterprüfung erworben werden kann.

Historisch gesehen kann die Einführung des B. zum einen als Einschränkung der zum Ende des 19. Jahrhunderts im Norddeutschen Bund geltenden Gewerbefreiheit gesehen werden, zum anderen als ein Versuch, die fachliche, ökonomische und pädagogische Qualität im Handwerk zu sichern. So wurde 1908 der Kleine Befähigungsnachweis und 1935 der Große Befähigungsnachweis eingeführt.

Mit der Einführung des Europäischen Binnenmarkts und mit den in diesem Zusammenhang sich vollziehenden ordnungspolitischen Diskussionen wurden erneut Zweifel an der Regulierungsnotwendigkeit der über den B. erfassten Kompetenzbereiche ausgedrückt. In der jüngsten Novelle der →Handwerksordnung (2003) wurden zwar Einschränkungen vorgenommen, im Grundsatz wurde der B. jedoch beibehalten.

Literatur: Jongebloed, H.-C.: Der „Große Befähigungsnachweis" und das Deregulierungsproblem – einige Überlegungen aus pädagogisch-didaktischer Perspektive. In: Kölner Zeitschrift für Wirtschaft und Pädagogik 5 (1990), 8, S. 55-104

Dieter Euler

Begabtenförderung in der Berufsbildung

Begabtenförderung wird in Gymnasien und Hochschulen wie auch im Bereich von Kunst und Sport seit langem praktiziert. Für die Berufsbildung ist sie ein Novum. In berufs- und wirtschaftspädagogischen Werken wird der Begriff „Begabung" bzw. „berufliche Begabung" meist nicht explizit thematisiert. Der terminologische Zugang wird vor allem durch die in der psychologischen Begabungsforschung vorherrschende Vielzahl heterogener Begabungsbegriffe erschwert. Die Übereinstimmung scheint sich darin zu erschöpfen, dass Begabung im komplizierten Zusammenspiel von Anlage und Umwelt gesehen wird. Sehr heterogen sind dagegen die Faktoren, die zur Klärung des Begabungsbegriffs zugrunde gelegt werden. Besondere Relevanz haben die Faktoren Intelligenz und/oder Kreativität. Dass derartige Ansätze zu kurz greifen, zeigt sich am Beispiel des Leistungssportlers, dem hiernach Begabung abgesprochen werden müsste.

Differenzierte Begabungsmodelle von Gagné und Heller (Heller 2000) legen dagegen neben intellektuellen und kreativen Fähigkeiten soziale →Kompetenz, Psychomotorik u.a. als Begabungsfaktoren zugrunde, die Leistungen nicht nur auf dem Gebiet der Kunst, des Sports und der Wissenschaft, sondern in gleicher Weise in Bereichen wie Handel, Technik, Handwerk, Sprachen und →Kommunikation einschließen, und zwar unterstützt durch intrapersonale (→Motivation u.a.) und extrapersonale Katalysatoren (Umwelt). Zentrale Bedeutung haben nach Gagné zudem erlernte Fertigkeiten, Kenntnisse und Erfahrungen (Expertise) auf einem bestimmten Gebiet.

Diese Begabungsmodelle liefern insofern nicht nur einen Erklärungsrahmen für berufliche Begabung, sondern sie verdeutlichen, dass Begabung stets Spezialbegabung für bestimmte Leistungen ist (Trost 1991). Welche Leistungen Anerkennung finden, wird von gesellschaftlichen Normen und Wertvorstellungen bestimmt. Dass Begabung im beruflichen Lernen und Handeln bislang kaum beachtet wurde, ist daher wohl eher soziokulturell bedingt und kaum pädagogisch-psychologisch begründbar.

Das 1991 von der Bundesregierung realisierte Programm „Begabtenförderung berufliche Bildung" geht mit Recht davon aus, dass besondere Begabung sich in der Berufspraxis zwar anders zeigt als im wissenschaftlichen oder künstlerischen Bereich, dass sie deswegen aber nicht weniger Anerkennung und Förderung verdient. Bildungspolitisch soll das Programm zur Gleichwertigkeit von allgemeiner und beruflicher Bildung beitragen und die Attraktivität der dualen Berufsausbildung als Alternative zum Hochschulstudium steigern (→Berufsbildungsbericht 1996). Forderungen nach neuen Wegen der organisierten Förderung von beruflich Begabten lassen sich historisch bis zu Beginn des 20. Jahrhunderts zurückverfolgen. So enthält der 1916 von P. Petersen herausgegebene Bericht „Der Aufstieg der Begabten" Leitgedanken, die mit der o.g. Programmatik durchaus korrespondieren. Abgesehen von der bereits in den fünfziger Jahren eingerichteten Begabtenförderung im Handwerk bedurfte es eines Zeitraums von 75 Jahren, um die Idee der beruflichen Begabtenförderung zu verwirklichen.

Mit ca. 12.000 Stipendiaten hat das Förderprogramm inzwischen seine Sollstärke erreicht. Die Geförderten, die aus ca. 180 Ausbildungsberufen kommen, rekrutieren sich überwiegend aus den Bereichen Industrie und Handel (58 %) und Handwerk (33 %). Die Durchführung des Programms und die Auswahl der Stipendiaten obliegt den zuständigen Stellen (Kammern). Gefördert werden grundsätzlich Berufstätige (jünger als 25 Jahre), die ihre Berufsausbildung besonders erfolgreich abgeschlossen haben (Note 1,9 oder besser). Über drei Jahre können Fördermittel in Höhe von ca. 1500 Euro jährlich beantragt werden. Unterstützt werden nicht nur berufliche, sondern auch berufsübergreifende, politische und allgemeine Themen. Besonders nachgefragt werden fremdsprachliche, technisch-handwerkliche, kaufmännische und informationstechnologische Themen.

Eine 1994 durchgeführte Effizienzanalyse ergab eine sehr positive Einschätzung des Programms hinsichtlich Lernerfolg und Nutzen für die berufliche Karriere der Teilnehmer (Manstetten 1996; 2000). Langfristig wird sich jedoch zeigen, ob das Beschäftigungssystem den Stipendiaten entsprechende Einkommens- und Aufstiegsmöglichkeiten bietet. Zu kritisieren ist, dass es bislang kein Pendant in der beruflichen Erstausbildung gibt.

Das →Berufsbildungsgesetz enthält keine Regelungen, die sich auf entsprechende Fördermaßnahmen beziehen. Allenfalls könnte die vorgesehene Verkürzung der Ausbildungszeit bzw. auch die vorzeitige Zulassung zur →Abschlussprüfung in dieser Hinsicht gedeutet werden. Während jedoch die Ausbildungsverkürzung den vorher erworbenen allgemeinen Bildungsabschluss, nicht aber die berufliche Begabung und Leistungsfähigkeit zum Kriterium macht, wird die vorzeitige Zulassung, die nur aufgrund entsprechender Leistungen gerechtfertigt ist, kaum praktiziert.

In der →Berufsschule werden verschiedene Formen äußerer →Differenzierung wie Spezialklassen, Zusatzunterricht und doppeltqualifizierende Maßnahmen (→doppeltqualifizierende Bildungsgänge) angeboten. Dabei werden entweder zuvor erworbene allgemeine Bildungsabschlüsse oder allgemein bildende Inhalte oder der Erwerb von Studienberechtigungen als Kriterien zugrunde gelegt. Keineswegs wird also nach beruflicher Begabung und

Leistung differenziert. Vielmehr ist festzustellen, dass eine anspruchsvollere berufliche Erstausbildung zunehmend unter Beteiligung der Hochschulen etabliert wird.

Betriebliche wie auch schulische Fördermaßnahmen, wie sie in der Erstausbildung vereinzelt festzustellen sind, beschränken sich allenfalls auf die Prämierungen besonderer Leistungen. Insofern zeigt sich, dass im Gegensatz zur beruflichen Weiterbildung in der beruflichen Erstausbildung bislang kaum von einer systematischen Begabtenförderung gesprochen werden kann (→Förderung besonders befähigter Jugendlicher in der betrieblichen Ausbildung).

Literatur: Heller, K.A./Mönks, F.J./Sternberg, R.F. (Eds.): International Handbook of Giftedness and Talent. Oxford 2000 – Manstetten, R. (Hg.): Begabtenförderung in der beruflichen Bildung. Göttingen 1996 – Manstetten, R.: Promotion of the Gifted in Vocational Training. In: Heller, K.A./Mönks, F.J./Sternberg, R.J./Subotnik, R.F. (Eds.): International Handbook of Giftedness an Talent. Oxford 2000, S. 439-446 – Petersen, P. (Hg.): Der Aufstieg der Begabten. Leipzig 1916 – Trost, G.: Begabung und Bildung. In: Kreklau, C./Siegers, J. (Hg.): Handbuch der Aus- und Weiterbildung. Loseblattwerk. Köln 1991, S. 1-6

Rudolf Manstetten

Beratung in der Berufsbildung

Beratung in der Berufsbildung ist keineswegs ein einheitliches System. Vielmehr sind darunter verschiedene Beratungsangebote zu verstehen, die in jeweils spezifischer Weise der Förderung der Berufsbildung durch individuelle Einzelfallhilfe dienen. Im Einzelnen handelt es sich um folgende Einrichtungen: →Berufsberatung, Ausbildungsberatung (→Ausbildungsberater) und Beratung an (allgemeinen und beruflichen) Schulen. Nur selten werden diese Institutionen als Teil des (Berufs-)Bildungssystems ausgewiesen, obwohl sie in der →vorberuflichen, betrieblichen und schulischen Bildung (berufs-)pädagogisch bedeutsame Bildungsfunktionen erfüllen.

Die einzelnen Beratungsangebote fallen in die Zuständigkeit sehr unterschiedlicher Institutionen:
– Berufsberatung obliegt den Agenturen für Arbeit,
– Ausbildungsberatung wird von den Kammern angeboten und
– Beratung an Schulen wird primär von Beratungslehrern wahrgenommen.

Unterschiedlich sind auch die für diese Einrichtungen jeweils geltenden Rechtsgrundlagen:
– Die Berufsberatung wird durch das Dritte Buch des Sozialgesetzbuchs (§§ 29-34 SGB III) geregelt.
– Für die Ausbildungsberatung gilt das →Berufsbildungsgesetz (§ 25).
– Die Beratung an Schulen basiert auf den →Schulgesetzen der Länder.

Entsprechend heterogen ist die Qualifikation der in diesen Institutionen tätigen Berater. Während Beratungslehrer eine universitäre Lehrerausbildung mit einer zusätzlichen Qualifikation als Beratungslehrer absolviert haben, werden Berufsberater für den nicht-akademischen Bereich an der Fachhochschule für öffentliche Verwaltung ausgebildet. Ausbildungsberater sind dagegen Praktiker (z.B. Handwerksmeister) mit z.T. nur mehrwöchiger seminaristischer Zusatzausbildung. Ergänzend wird Beratung in der Berufsbildung von Psychologen (Psychologischer Dienst der Berufsberatung, schulpsychologische Beratung), von Sozialpädagogen (im Rahmen ausbildungsbegleitender Hilfen) wie auch von Weiterbildungsberatern wahrgenommen.

Trotz der Heterogenität der Zuständigkeiten und Rechtsgrundlagen der Beratung in der Berufsbildung wie auch der Qualifikation der Berater lassen sich durchaus Übereinstimmungen in der Aufgabenstellung der genannten Beratungsangebote feststellen. Kern der Berufsberatung, Ausbildungsberatung und der Beratung an Schulen ist die individuelle Einzelberatung, die z.T. durch Gruppenberatung ersetzt oder ergänzt wird. Weitere Gemeinsamkeiten liegen in der Information von Ratsuchenden und in der Kooperation mit anderen Personen und Institutionen. Darüber hinaus haben die genannten Beratungseinrichtungen aber auch spezifische Aufgaben zu erfüllen, die z.T. über die eigentliche Beratungsfunktion hinausgehen. So gehört zur Berufsberatung die Vermittlung von Lehrstellen. Beratungslehrern obliegt die schulische Systemberatung. Ausbildungsberater haben neben ihrer eigentlichen Beratung zugleich die Überwachung und Kontrolle der Ausbildungsbetriebe wahrzunehmen. Hinzu kommt, dass Ausbildungsberater wie auch Berufsberater zunehmend bildungspolitische Aufgaben erfüllen müssen, um im Hinblick auf die besondere Situation fehlender Lehrstellen zur Förderung der beruflichen Bildung beizutragen.

Kern der Beratung in der Berufsbildung ist jedoch die Förderung von Ratsuchenden durch individuelle Einzelberatung, die sich stets in Gesprächsform vollzieht. Insofern hat die Frage nach der angemessenen Methode der Gesprächsführung besondere Bedeutung. Auf der Grundlage verschiedener psychologischer Erklärungsansätze und Theorien (Nicht-direktive Gesprächspsychotherapie, Trait-Factor-Theorie, Verhaltenstherapie und Tiefenpsychologie) kommen heute unterschiedliche Theorieelemente in der Beratung zur Anwendung. Für die Methode der Gesprächsführung in der Beratung hat vor allem die nicht-direktive Gesprächspsychotherapie besondere Bedeutung erlangt, um zu gewährleisten, dass Ratsuchende ihre persönlichen Probleme frei zum Ausdruck bringen und relevante Lösungsmöglichkeiten und Zielentscheidungen selbst finden können. Der Berater hat dabei allenfalls eine helfende, keineswegs aber steuernde Funktion.

Die Beratungspraxis zeigt dagegen, dass die Umsetzung der nicht-direktiven Konzeption maßgeblich davon abhängt, inwieweit Berater über diese Gesprächskompetenz verfügen. Für die Beratung in der Berufsbildung ist diese Voraussetzung nicht durchgängig gegeben, so dass vielfach direktive Gesprächspraktiken vorherrschen. So belegen empirische Untersuchungen ein hohes Maß an Dominanz und Lenkung seitens der Berater. Es kann somit nicht davon ausgegangen werden, dass die erforderliche Gesprächsführungskompetenz durchgängig gewährleistet ist. Möglicherweise liegt hierin auch eine entscheidende Ursache dafür, dass häufig mangelnde Effizienz der Beratung beklagt wird.

Literatur: Albers-Wodsak, G.: Der Ausbildungsberater im Handwerk. Köln 1975 – Grewe, N./Wichterich, H.: Beratung an der Schule. Kissing 1994 – Manstetten, R.: Pädagogische Beratung. Darmstadt 1987 – Manstetten, R.: Aufgabenschwerpunkte und Methoden der Beratung in der beruflichen Bildung. In: berufsbildung. Zeitschrift für Theorie und Praxis in Schule und Betrieb 47 (1993), 20, S. 5-8

Rudolf Manstetten

Beruf

In institutioneller Hinsicht stellen die Formen der beruflichen und der schulischen Bildung heute die Reproduktion des gesellschaftlichen Arbeitsvermögens von einer Generation zur anderen sicher. Bildungsgeschichtlich stellen die Institutionen der beruflichen und der schulischen Bildung jedoch nicht die einzigen Reproduktionsformen des Arbeitsvermögens dar. Unterscheidbar sind:

– die betriebliche Form, die zunächst für die Industrie des vorigen Jahrhunderts die dominante Form („learning by doing") war,
– die Form des ordensgemeinschaftlichen und diakonischen Dienstes, in der die haupt- und ehrenamtlichen Traditionen der Pflege und der Sozialarbeit beheimatet waren,
– die Form der schulischen/hochschulischen Laufbahn, die für den Staats- und Militärdienst sowie für die akademischen Professionen typisch war,
– die Form der hausgemeinschaftlichen, aus dem familialen Arbeits- und Pflichtzusammenhang erwachsenden Unterordnung, die

vor allem in der Landwirtschaft, im Gaststättengewerbe, im Einzelhandel, aber auch in den diversen für die Familienorganisation des Adels wie auch des wohlhabenden Bürgertums charakteristischen Dienststellungen als Hausmädchen, Köchin, Zugehfrau etc. anzutreffen war und die auch die in der Zeit der Aufklärung aufkommende Vorstellung vom natürlichen B. der Frau bestimmte (vgl. Mayer 1996),
– die Form der korporativ bewachten →Arbeit, die den Betrieb (Werkstatt/Kontor) in eine übergeordnete, deshalb berufliche Praxis der Gewerbezulassung, der Marktkontrolle sowie der Ausbildung von Gesellen, Meistern und Kaufleuten einschloss.

In einem allgemeinen auch in der Alltagssprache verbreiteten Sinne werden diese Reproduktionsformen insgesamt schlicht als Berufe oder Berufstätigkeiten bezeichnet. Wissenschaftlich muss man jedoch zwischen der Institutionen- und der Bedeutungsgeschichte des B. trennen.

Bedeutungsgeschichtlich entstammt der B. der Lutherischen Bibelübersetzung, die ihn noch als Ruf Gottes zur Dienstbereitschaft in der Gesellschaft und zur christlichen Lebensführung verstand (vgl. Stratmann 1967). Die Säkularisierung und Verbreitung des Berufsbegriffs im Sinne seiner allgemeinen Anwendung auf die Erwerbsarbeit fand im Wesentlichen im 19. Jahrhundert statt. Noch in der ersten Hälfte des 19. Jahrhunderts war der Begriff des „Professionisten" zur Bezeichnung von Handwerkern verbreiteter als der Berufsbegriff (vgl. Conze 1972). Mit der Entstehung eines auf die →Selbstverwaltung der Wirtschaft, vor allem auf Kammern und Innungen, gestützten Berufsbildungssystems, dessen Ausdifferenzierung Ende des 19. Jahrhunderts begann (vgl. Stratmann 1991), und nicht zuletzt auch mit der Verbreitung der Pflichtberufsschule setzte sich der Berufsbegriff durch (vgl. Harney 1991). Er erhielt eine auf die Bezeichnung von →Ausbildungsberufen gerichtete institutionelle Bedeutungsdimension, die ihm bis heute zukommt (Benner 1982). In diesem eingeschränkten Sinne lässt sich der B. dann als spezifische institutionelle Form der Reproduktion des gesellschaftlichen Arbeitsvermögens bestimmen (Streeck 1987) und von anderen Reproduktionsformen (s.o.) unterscheiden.

Untergründig enthält jedoch auch die zweckrationale Bedeutung, die der Berufsbegriff damit auf sich gezogen hat, noch Spuren seiner religiösen Herkunft, die von der Idealisierung des „Rufs" geprägt sind. Die Verwendung des Berufsbegriffs zur Abgrenzung vom Job, zur Bezeichnung von Berufseignung und Berufswahl etc. stellen säkularisierte Ableitungen des aus der Begriffsgeschichte stammenden idealisierenden Bedeutungsgehalts dar. Aufgrund dessen bezeichnet der Berufsbegriff immer noch eine Programmatik der Verallgemeinerung erwerbsbezogener Bildungsprozesse, die ihn vom Qualifikationsbegriff unterscheidet (vgl. Gonon 1992). In diesem charakteristischen, Idealisierung und Zweckrationalität vermischenden Sinne ist der B. an die spezifische Begriffs- und Institutionengeschichte von Arbeit und Bildung in Deutschland gebunden. Das macht es schwierig, ihn in die Kontexte übernationaler Einigungsprozesse hinein zu übersetzen.

Literatur: Benner, H.: Ordnung der staatlich anerkannten Ausbildungsberufe. Hg. vom Bundesinstitut für Berufsbildung. Berichte zur beruflichen Bildung. Heft 48. Berlin 1982 – Conze, W.: Beruf. In: Brunner, O./Koselleck, R./Conze, W.: Handwörterbuch der geschichtlichen Grundbegriffe. Bd. I. Stuttgart 1972, S. 490-507 – Harney, K.: Fortbildungsschulen. In: Berg, C. (Hg.): Handbuch der deutschen Bildungsgeschichte. Band IV. 1870-1918: Von der Reichsgründung bis zum Ende des Ersten Weltkrieges. München 1991, S. 380-389 – Mayer, C.: Zur Kategorie „Beruf" in der Bildungsgeschichte von Frau im 18. und 19. Jahrhundert. In: Glumpler, E./Kleinau, E.: Pädagogische Berufe für Frauen – gestern und heute. Bd. 1. Bad Heilbrunn 1996, S. 12-35 – Stratmann, Kw.: Die Krise der Berufserziehung im 18. Jahrhundert als Ursprungsfeld pädagogischen Denkens. Ratingen 1967 – Stratmann, Kw.: Betriebliche Berufsbildung. In: Berg, C. (Hg.):

Handbuch der deutschen Bildungsgeschichte. Band IV. 1870-1918. Von der Reichsgründung bis zum Ende des Ersten Weltkrieges. München 1991, S. 371-380 – Streeck, W. u.a.: Steuerung und Regulierung der beruflichen Bildung. Berlin 1987

Klaus Harney

Berufliche Bildung von Benachteiligten

Der Ende der 1970er Jahre eingeführte Benachteiligtenbegriff hat sich in der berufspädagogischen Diskussion fest etabliert und insbesondere im Hinblick auf die mit ihm erfassten Zielgruppen ausdifferenziert. Er sollte zuvor verwendete Begriffe wie Ungelernte, Jungarbeiter und Problem- oder Randgruppen ablösen. Begrifflich sollten die Benachteiligungen und nicht die Gruppen bzw. der Rand zum Bezugspunkt von Problembeschreibungen und -analysen sowie der Förderung werden. Vorurteile, Stigmatisierungen, Diskriminierungen, die Tätigkeit von Instanzen sozialer Kontrolle und Hilfe sowie die Unschärfe und Begrenzung des Erklärungswertes des Randgruppenbegriffs sollten mit der Begriffswahl Benachteiligte vermieden und zu dem auf gesellschaftliche Bedingungen von Benachteiligung aufmerksam gemacht werden.

Doch auch der Benachteiligtenbegriff ist unscharf, deskriptiv und relational. Er kann das gemeinte Gegenstandsfeld nur umrißhaft und vorläufig erfassen. Direkt oder indirekt trägt er zur negativen Etikettierung, Stigmatisierung, Ausgrenzung und zur Etablierung von Sondermaßnahmen oder Einrichtungen bei. Auch jede helfend gemeinte Intervention kann etikettierende, stigmatisierende und ausgrenzende Wirkung haben. Jugendliche mit besonderem Förderbedarf oder Jugendliche mit erschwerten Startchancen sind Versuche, den Benachteiligtenbegriff abzulösen. Doch auch diese Begrifflichkeiten lösen das Problem nicht. Hinzu kommt, dass zwar zwischen persönlichen, sozialen und strukturellen Faktoren von Benachteiligung unterschieden wird, besonders in Deutschland werden jedoch häufig strukturelle mit individuellen und sozialen Benachteiligungen vermischt. Dadurch bleibt unklar, ob die (berufliche) Integration wegen individueller, sozialer oder struktureller Problemlagen nicht gelingt. Zudem werden allzu leicht gesellschaftliche Problemlagen in individuelle Defizite umgemünzt. Ergebnisse aus Förderprojekten zeigen, wie fragwürdig solche Zuschreibungen sind und welche Förderpotentiale sie verdecken.

Besonders unter den Bedingungen der Ausbildungskrise wurden von der damaligen Bundesanstalt für Arbeit und den Schulen Maßnahmen der Berufsvorbereitung und -ausbildung eingerichtet, durch die die Benachteiligten beruflich und gesellschaftlich integriert werden sollten. Hierzu gehörten u.a. Förder- und Motivationslehrgänge, ausbildungsbegleitende Hilfen, →außerbetriebliche Ausbildungen und Übergangshilfen. Vollzeitschulformen wie das →Berufsvorbereitungsjahr, besondere Maßnahmen zur Beschulung von Jugendlichen mit Migrationshintergrund wurden als Angebote im Berufsbildungssystem etabliert. Heute gelten auch das →Berufsgrundbildungsjahr und die →Berufsfachschulen als berufliche Schulformen, die faktisch Auffangbecken für Benachteiligte Jugendliche sind. Eine Vielzahl von Konzepten und Modellen der pädagogischen Förderung für spezielle Zielgruppen und Problemlagen wurde entwickelt und erprobt, in deren Zentrum die Persönlichkeitsförderung steht. Unterscheiden lassen sich berufs-, sozial- und sonderpädagogische Förderkonzepte, die in sich wiederum je nach theoretischem Standort, Trägerphilosophie und spezifischen Problemlagen sehr differenziert, teilweise auch miteinander verknüpft sind. Besondere Bedeutung erlangte das Konzept der sozialpädagogisch-orientierten Berufsausbildung.

Anfang der 1990er Jahre hatte sich ein eigenes System der Benachteiligtenförderung mit einem Netz von Maßnahmen, Förderansätzen,

Institutionen, Arbeitsgemeinschaften, Verbänden, eigenen Publikationsorganen und Forschungsschwerpunkten herausgebildet. Vor dem Hintergrund neuer beruflicher und gesellschaftlicher Herausforderungen verlor dieses jedoch zunehmend an Wirksamkeit. Strukturelle, gesetzliche und pädagogische Neuausrichtungen waren Reaktionen zum Umbau des Systems. Hierzu gehörten insbesondere die Verankerung des Benachteiligtenprogramms im →Arbeitsförderungsgesetz (AFG), später im Sozialgesetzbuch (SGB III), das neue →Berufsbildungsgesetz, neue Qualitätsentwicklungskonzepte und die pädagogischen Ansätze. Insbesondere die „Hartz-Gesetze" bedeuten eine Neuausrichtung der Benachteiligtenförderung. Ihnen liegt das Credo der aktivierenden Arbeitsmarkt- und Sozialpolitik zugrunde. Diese geht davon aus, dass zuviel staatliche Planung, Fürsorge und Alimentierung den effektiven Einsatz von Fördermitteln verhindern, weil dadurch die Eigenaktivität und Eigenleistung der Betroffenen behindert statt gefördert werde. Deren wichtigste strategische Ausrichtung ist das Prinzip *„Fördern und Fordern"*. Jeder Betroffene soll ein individuell abgestimmtes Angebot erhalten. Erwartet und eingefordert wird dafür die aktive Mitwirkung, einschließlich entsprechender Sanktionen. Fallberater sollen intensiv beraten und persönliche Hilfe anbieten. Die Klienten sollen als Individuen behandelt werden, nicht als Fälle.

Ein Kurswechsel wurde Anfang 2000 auch durch die Entwicklungsinitiative „Neue Förderstruktur" für Jugendliche mit besonderem Förderbedarf eingeleitet. An die Stelle der *Maßnahmenorientierung* soll die *Personenorientierung* treten. Individuelle Qualifizierungsverläufe sollen durch die neue Förderstruktur mit zielgruppenübergreifenden, binnendifferenzierenden und kooperativen Qualifizierungsangeboten ermöglicht werden.

Ziel ist die konsequente Flexibilisierung und Individualisierung der Förderung einschließlich unterschiedlich ausgedehnter Förderzeiten. Eckpunkte sind: a) Kompetenzfeststellung und individuelle Qualifizierungsplanung, b) Flexible Einstiege und Übergänge, c) Kontinuierliche Bildungsbegleitung, d) Grundqualifizierung und Medienkompetenz, e) Betriebsnahe Qualifizierungskonzepte, f) Qualifizierungsbausteine und →Zertifizierung und g) Kooperative, vernetzte regionale Qualifizierungsangebote. Eingang fanden diese Elemente in das von der Bundesagentur für Arbeit im Januar 2004 unterzeichnete neue *Fachkonzept*. Darin wurde eine arbeitsplatzbezogene Einarbeitung als neues Element aufgenommen, die Kooperation mit Schulen höher gewichtet, die Höchstdauer der Förderung begrenzt und insbesondere das Ziel „Vermittlung in Arbeit" gegenüber der „Vermittlung in Ausbildung" gestärkt – Beschäftigungsfähigkeit statt Ausbildungsfähigkeit.

Aktuell werden in dem vom BMBF und dem europäischen Sozialfond geförderten Programm „Kompetenzen fördern – Berufliche Qualifizierung für Zielgruppen mit besonderem Förderbedarf" (Laufzeit 2001 bis 2006) in 137 Einzelvorhaben entsprechende Konzepte entwickelt, erprobt und in das „Regelsystem" eingeführt. Besondere Schwerpunkte bzw. Entwicklungsplattformen in diesem Programm sind: a) Erschließung des Lernorts Betrieb durch Dualisierung der Berufsvorbereitung und Redualisierung der Berufsausbildung, die Erweiterung des Berufsspektrums und modulare Konzepte (Qualifizierungsbausteine), b) Prävention durch Kompetenzentwicklung beim Übergang Schule – Berufsbildung mittels Kompetenzfeststellung und →Portfolios, individuelle Förderung, produktionsorientierte Lernkonzepte, Praktika und Netzwerke, c) individuelle Förderplanung und neue sozialpädagogische Förderansätze und d) institutionelle Netzbildung unterstützt durch neue Förderstrukturen.

Die Kompetenzfeststellung dient sowohl der Berufswege- und Integrationsplanung als auch der individuellen Förderung. Als Diagnoseinstrumente dienen neben herkömmlichen vor allem Potentialanalysen und →Assessment Center. Diese stehen sowohl im Kontext der individuellen Ausrichtung der Förderstrukturen als auch kompetenzorientierter pädagogischer Förderkonzepte. Kompetenzen zu fördern bedeutet, im Gegensatz zur Defizitorientierung bzw. kompensatorischen Erziehung, an den Stärken und nicht an den Schwächen anzusetzen. Diagnostische Kompetenz im Sinne der kontrollierten Beobachtung, der Interpretation, Reflexion und Kommunikation der Diagnoseergebnisse und deren Umsetzung in Förderstrukturen und Fördermodule wird für das pädagogische Personal immanenter Bestandteil der Berufsrolle. Diagnostizierte Kompetenzen, vor allem auch Sozial- und Selbstkompetenzen, sollen durch gezielte Förderkonzepte bzw. -module entwickelt werden.

Ihre Begrenzung erfahren diese neuen Ansätze durch die Entwicklungen im Ausbildungs- und Arbeitsmarkt. Fehlende Ausbildungs- und Arbeitsplätze stellen die integrierende und Chancen fördernde Wirkung dieser Ansätze infrage. „A job, a better job, a career" ist unter gegenwärtigen und zu erwartenden Bedingungen für die große Mehrheit eine Illusion und als Aktivierungsweg nicht Erfolg versprechend. Zwar gilt auch der Slogan der 1980er Jahre „Jede Ausbildung ist besser als keine Ausbildung" nicht mehr, unstrittig ist jedoch, dass für die sich wandelnden und steigenden Anforderungen ausgeprägte Kompetenzen benötigt werden. Zugleich ist mit der (einseitigen) Ausrichtung auf Beschäftigungsfähigkeit infrage gestellt, dass die Menschen, die aktiviert werden sollen, die ihren Bedürfnissen und Erfordernissen entsprechenden Optionen wählen können. Die in den 1990er Jahren sehr kontrovers diskutierte Ausgestaltung als berufs- vs. lebensweltorientierte Förderung erfährt hier eine neue, einseitige Zuspitzung. Erste Analysen zeigen, dass sich die Chancen von arbeitsmarkt- und bildungsfernen Gruppen, die auf Persönlichkeitsförderung, Beratung und spezifische Qualifizierung angewiesen sind, verschlechtern.

Widersprüchlich ist auch die Rolle und Wirkung der Fallmanager. Sie sollen teacher, preacher, friend and cop in Einem sein. Zwar verstärkt sich durch sie einerseits die individuelle Betreuung, aber andererseits auch die soziale Kontrolle bezogen auf das Verhalten, die äußere Erscheinung und das Einüben der Bereitschaft beständiger Aktivität. Die alte Logik der Philanthropen „Erweise Dich gehorsam. Und Du wirst unterstützt" erscheint hier in neuem Gewand. Das Konzept Fordern und Fördern tendiert auch in der Pädagogik dazu Disziplinierungsmaßnahmen zu verschärfen.

Nicht zuletzt verläuft auch der Umbau des Benachteiligtensystems widersprüchlich. Qualifizierungsbausteine, die Flexibilisierung durch flexible Einstiege und Übergänge sowie die Netzwerkbildung verweisen in Verbindung mit den Potenzialen der individuellen Förderung auf Strukturen, mittels derer die Integration verbessert werden kann. Restriktiv wirken jedoch auch hier fehlende Ressourcen, die einseitige Aktivierung und Rückzugsstrategien. Stolpersteine und besonders hohe Hürden stellen die mangelnde Anschlussfähigkeit und Verbindung der Benachteiligtenförderung mit dem immer noch zu unflexiblen Berufsbildungssystem dar.

Literatur: berufsbildung 58 Jg./H. 82, 2003 und 59. Jg. /H. 93/6 2004 – Biermann, H./Bonz, B./Rützel, J. (Hg.): Beiträge zur Didaktik der Berufsbildung Benachteiligter. bzp Bd. 19, Stuttgart 1999 – Bojanowski, A./Eckert, M./Stach, M (Hg.): Berufliche Bildung Benachteiligter vor neuen Herausforderungen: Umbau der Förderlandschaft – innovative Netze – neue Aktionsformen. 13. Hochschultag 2004, Bd. 13, Bielefeld 2004 – Rützel, J.: Pädagogische Anforderungen an die Benachteiligtenförderung. In: Arbeitsstab des Forum Bildung (Hg.) Qualifizierung für alle! Fachtagung am 27. und 28. September 2000 in Bonn, 2000, S. 44-68 – Rützel, J.: Randgruppen in der beruflichen Bildung. In: Arnold, R./Lipsmeier, A. (Hg.): Handbuch der Berufsbildung, 1995, S. 109-122

Josef Rützel

Berufliche Erwachsenenbildung

Unter diesen Begriff fallen Veranstaltungen und Lernarrangements, die sich an Erwachsene richten und die aufgrund ihrer Anlage berufsbezogen sind. Darüber hinaus kennzeichnet organisierte b. E., dass die Teilnehmenden bereits eine berufliche Grundbildung und/oder berufspraktische Vorerfahrungen besitzen. Berufspädagogisch betrachtet kommt in der wachsenden Bedeutung der b. E. zum Ausdruck, dass die Berufsbildung immer mehr als ein das ganze Arbeitsleben begleitender Prozess ausgelegt werden muss. Eine alters- und phasenspezifische Einengung der beruflichen Bildung auf die Jugend reicht nicht mehr aus. Mit b. E. konkurriert terminologisch „berufliche Weiterbildung". Erstere ist die ältere Bezeichnung mit Nähe zur geisteswissenschaftlichen Pädagogik. So steht hier der Erwachsene als Bildungssubjekt im Mittelpunkt, wobei der Nützlichkeitsaspekt (Berufs- und Lebenshilfe) gegenüber dem neuhumanistischen Ansatz von allgemeiner Menschenbildung prioritär ist. „Berufliche Weiterbildung" hingegen stellt auf den Menschen als Qualifikationsträger unter dem funktionalen Aspekt arbeitsorganisatorisch-technologischer Passung ab. Neben bildungsökonomischen Bezügen kommt die reformerische Tradition des Deutschen Bildungsrats von 1970 zum Tragen, wobei die berufliche Fortbildung und Umschulung eingeschlossen wird.

In verfassungsrechtlicher Hinsicht ist die b. E. Bundesangelegenheit (→Arbeitsförderungsgesetz bzw. Sozialgesetzgebung, →Berufsbildungsgesetz). Gleichwohl enthalten die meisten Weiterbildungsgesetze der Länder auch Regelungen, die die begrenzte Förderung von Angeboten in der b. E. zulassen.

Literatur: Brödel, R.: Bildungserfahrungen von Industriearbeitern. Frankfurt/New York 1979 – Dikau, J.: Wirtschaft und Erwachsenenbildung. Weinheim 1968 – Knoll, J. H.: Lebenslanges Lernen. Hamburg 1974 – Lipsmeier, A.: Berufliche Weiterbildung. Frankfurt a.M. 1991 – Pätzold, G.: Vermittlung von Fachkompetenz in der Berufsbildung. In: Arnold, R./Lipsmeier, A. (Hg.): Handbuch der Berufsbildung. Opladen 1995, S. 157-170

Rainer Brödel

Berufliche Fachdidaktiken

Berufliche Fachdidaktiken werden verstanden als die Aktivitäten in Wissenschaft und Praxis, welche die Zusammenhänge und Differenzen zwischen universitären Disziplinen und schulischen Lernfeldern bzw. Lerngebieten theoretisch fundiert herausarbeiten, zwischen beiden vermitteln, dabei vor allem Befunde der Berufs- und Wirtschaftspädagogik und der pädagogischen Psychologie integrieren, auf die Aufgaben beruflichen Unterrichts und die Lernbedingungen von Schülerinnen und Schülern berufsbildender Schulen beziehen und Entscheidungshilfen bereitstellen. Bisher haben sie sich als empirisch forschende Disziplin nur in Ansätzen entwickeln können. Es ist bis heute nicht gelungen, sie als eigenständige Wissenschaftsbereiche mit präzisen Aufgaben, Methoden und profilbildenden Standards in der Forschung zu profilieren (vgl. Schanz 1998). Darstellungen von Konzepten, Ausformungen und Entwicklungen und einige empirische Daten zur gegenwärtigen Situation und zu einigen Reformbestrebungen beruflicher Fachdidaktiken an Universitäten in Deutschland liegen – wenn auch nur für einige Berufsfelder – vor.

Etablierte Fachdidaktiken können sich in der Regel auf eine universitäre Fachdisziplin beziehen. Demgegenüber müssen einige berufliche Fachdidaktiken weiterhin ihren besonderen Gegenstand – in Ermangelung fachwissenschaftlicher Vorleistungen – als konsistenten Sachzusammenhang erst einmal konstruieren, um ihn dann didaktisch in einen Unterrichtsgegenstand transformieren zu können. Favorisiert man zudem ‚Fächerintegration' als Gestaltungsprinzip beruflicher Ausbildungscurricula, dann lässt sich hieraus kaum die Notwendigkeit einer Theorieentwicklung beruflicher Fachdidaktiken i.e.S. begründen, vielmehr entsteht ein Bedarf an berufsfelddidaktischen bzw. bereichsdidaktischen Theorien. Die klassische Rolle der beruflichen Fachdidaktiken wird zunehmend in Frage gestellt, wenn sie sich zu sehr an der Logik eines Schulfaches oder einer wissenschaftlichen Disziplin und weniger an der Person des Lernenden und an beruflichen Handlungsfeldern orientieren.

Die beruflichen Fachdidaktiken verdanken ihre Existenz insbesondere den institutionalisierten Erfordernissen der universitären Lehrerbildung für berufliche Schulen. Im Zuge der Bildungsreform und der Reform der Lehrerbildung ab den 60er-Jahren des 20. Jahrhunderts konnte die Surrogatfunktion der Fachdidaktik – Ersatz für ein wissenschaftliches Fachstudium – überwunden werden. Seither nehmen die beruflichen Fachdidaktiken eine zentrale Rolle ein, sie sollen eine ‚Brückenfunktion' zwischen den fachwissenschaftlichen und den erziehungswissenschaftlichen Studienanteilen erfüllen und zur Effektivität bzw. Wirksamkeit der Lehr- und Lernprozesse beitragen. Allerdings sind die Profile der beruflichen Fachdidaktiken an den Standorten der Lehrerbildung für berufsbildende Schulen in Deutschland unterschiedlich ausgeprägt.

Mit der Institutionalisierung des universitären Studiums für das Lehramt an berufsbildenden Schulen wurde der Begriff „berufliche Fachrichtung" geprägt. Es wuchs nicht nur der Bedarf an didaktischen Reflexionen, sondern auch der Anspruch auf wissenschaftlich abgesicherte Theorien für die Analyse und Gestaltung des berufsschulischen Unterrichts. Berufliche Fachdidaktiken müssen sich seither der fachdidaktischen Diskussion im Horizont der erreichten Standards im Bereich der Erziehungswissenschaft und der Allgemeinen Didaktik öffnen, nicht zuletzt auch, um sie davor zu bewahren, berufliche Bildungsarbeit überwiegend funktional und zweckrational zu betrachten. Bei der Beantwortung der Frage, was unter einer beruflichen Fachrichtung zu verstehen sei, wurde weitgehend die Systematik der 13 Berufsfelder übernommen, die im Zuge der Einrichtung des Berufsgrundbildungsjahres aufgestellt worden waren, und ordnete diesen Berufsfeldern eine entsprechende berufliche Fachrichtung und dann auch Fachdidaktik zu. Insofern wurden die beruflichen Fachdidaktiken als Berufsfelddidaktiken angelegt.

Auf der inhaltlichen Ebene stellen sich für fachdidaktische Vorhaben grundsätzlich zwei Problembereiche. Zum einen stellt sich die Frage nach der Besonderheit des fachlichen Gegenstands unter Gewährleistung wissenschaftlicher Erkenntnisse und im Kontext beruflich organisierter Arbeit bzw. konkreter Geschäfts- und Arbeitsprozesse in einzelnen Berufen bzw. Berufsfeldern, zum anderen die Frage nach dem didaktischen Konzept zur Transformation der fachlichen Gegenstände in einen Lehr-Lern-Gegenstand. Für fachdidaktische Erörterungen sind damit Aussagesysteme relevant, die von der konkreten Planung, Analyse und Gestaltung von Unterricht über Fragen von Strukturmomenten von Unterricht bis zur wissenschaftstheoretischen Reflexion und ihre Verortung innerhalb der wissenschaftlichen Disziplinen reichen.

Geht man davon aus, und dafür sprechen Analysen spezifischer Merkmale beruflicher Arbeit in einzelnen Berufsfeldern, dass es Gemeinsamkeiten der Berufsarbeit gibt, dann ist von Bereichsdidaktiken zu sprechen, die sich auf generalisierbare Aspekte von Berufsarbeit beziehen können (vgl. Kuhlmeier 2003). Mit dem Grad der Generalisierbarkeit steigt jedoch der Grad der Abstraktheit der Inhalte, Berufsausbildung findet jedoch immer konkret und im Besonderen statt. Von daher bedürfen alle Aussagen einer Bereichsdidaktik der einzelberuflichen Konkretisierung, aber auch der Klärung, wie berufspädagogisch-didaktisch begründete Ziele und die Orientierung an der beruflichen Facharbeit systematisch aufeinander bezogen werden können. Diese Aufgabe kann eine Bereichsdidaktik nur exemplarisch erfüllen, was allerdings eine wissenschaftstheoretische Grundlegung beruflicher Bereichsdidaktiken erfordert. Darauf bezogen steht die Diskussion um eine berufliche Bereichsdidaktik erst am Anfang ihrer Entwicklung.

Literatur: Achtenhagen, F.: Theorie der Fachdidaktik. In: Twellmann, W. (Hg.): Handbuch Schule und Unterricht. Band 5.1. Düsseldorf 1981, S. 275-294 – Bonz, B. (Hg.): Didaktik der beruflichen Bildung. Baltmannsweiler 2001 – Bonz, B.: Fachdidaktische Probleme der Berufsbildung. In: Schanz, H. (Hg.): Berufs- und wirtschaftspädagogische Grundprobleme. Baltmannsweiler 2001, S. 90-107 – Bonz, B./Ott, B. (Hg.): Allgemeine Technikdidaktik – Theorieansätze und Praxisbezüge. Baltmannsweiler 2003 – Kuhlmeier, W.: Berufliche Fachdidaktiken zwischen Anspruch und Realität. Situationsanalyse und Perspektiven einer konzeptionellen Weiterentwicklung am Beispiel der Bereichsdidaktik Bau-, Holz- und Gestaltungstechnik. Baltmannsweiler 2003 – Lipsmeier, A./Pätzold, G. (Hg.): Lernfeldorientierung in Theorie und Praxis. Beiheft 15 zur Zeitschrift für Berufs- und Wirtschaftspädagogik. Stuttgart 2000 – Pahl, J.-P./Schütte, F. (Hg.): Berufliche Fachdidaktik im Wandel. Beiträge zur Standortbestimmung der Fachdidaktik Bautechnik. Seelze 2000 – Pätzold, G. (Hg.): Berufsschuldidaktik in Geschichte und Gegenwart. Richtlinien. Konzeptionen. Reformen. 2. Auflage Bochum 1994 – Pätzold, G.: Neue Zeiten brauchen die Fachdidaktiken. In: Thedorff, A. (Hg.): Schon so spät? Zeit. Lehren. Lernen. Stuttgart 2004, S. 228-246 – Riedl, A.: Didaktik der beruflichen Bildung. Stuttgart 2004 – Schanz, H.: Lehre und Forschung der beruflichen Fachdidaktiken an deutschen Universitäten. In: Bonz, B./Ott, B. (Hg.): Fachdidaktik des beruflichen Lernens. Stuttgart 1998, S. 31-59 – Schütte, F.: Fachdidaktik zwischen Berufsfelddidaktik und Unterrichtsforschung. Anmerkungen zur Neuorientierung der Fachdidaktik beruflichen Lernens am Beispiel der Fachdidaktik Metall- und Maschinentechnik. In: Zeitschrift für Berufs- und Wirtschaftspädagogik 97 (2001) 1, S. 84-97

Günter Pätzold

Berufliche Fachrichtung Sozialpädagogik

Im Kontext sich immer noch weiter ausdifferenzierender sozialpädagogischer Arbeitsfelder haben sich seit Ende der 60er bis Mitte der 70er Jahre formal eigenständige, unterschiedliche Ausbildungsprofile für sozialpädagogische →Berufsfelder an →Berufsfachschulen, an Fachschulen bzw. Fachakademien, an →Fachhochschulen und Universitäten herausgebildet, in denen Fachkräfte auf Tätigkeiten im Sozial- und Gesundheitswesen vorbereitet werden (Rauschenbach u.a. 1995). Diese insgesamt unübersichtlichen Ausbildungsgänge auf unterschiedlichem Niveau entwickelten sich konzeptionell und bildungsplanerisch unabgestimmt.

Der grundständige, universitäre Lehramtsstudiengang berufliche Fachrichtung Sozialpädagogik Sekundarstufe II qualifiziert nicht für eine unmittelbare Tätigkeit in sozialpädagogischen Handlungsfeldern, sondern für eine Lehrtätigkeit in Zweigen des berufsbildenden Schulwesens, die auf sozialpädagogische Berufe vorbereiten. Ausgebildete Lehrer und Lehrerinnen können nach Abschluss des Studiums, verbunden mit einer insgesamt 12monatigen fachpraktischen Ausbildung und dem Referendariat vor allem in folgenden Bildungsgängen der Sekundarstufe II unterrichten: Fachoberschule für Sozial- und Gesundheitswesen; Fachschule für Sozialpädagogik, Berufsfachschule für Sozial- und Gesundheitswesen – Fachrichtung Kinderpflege. Sie unterrichten – am Beispiel der Fachschule für Sozialpädagogik in Nordrhein-Westfalen – außer in ihrem zweiten Fach die folgenden Fächer: Erziehungswissenschaft, Didaktik und Methodik der sozialpädagogischen Praxis, Medien- und Spielerziehung, Recht/Verwaltung.

Im Anschluss an einen KMK – Beschluss von 1973 wurden entsprechende Studiengänge in Bamberg (1978), Bremen (1972), Chemnitz/Dresden (1996), Dortmund (1982) und Lüneburg (1996) eingerichtet. In Tübingen werden seit 1986 Lehrer und Lehrerinnen im Rahmen einer Ergänzung zum Diplomstudiengang Erziehungswissenschaft ausgebildet.

Seit nahezu 40 Jahren ist die gegenwärtige Erzieherinnenausbildung in Deutschland vor allem im internationalen Vergleich in der Kritik. Seit dem Beschluss nun von Bologna (1999) bis zum Jahre 2010 in Europa für alle Hochschulen verbindliche Rahmenrichtlinien festzulegen, entwickeln immer mehr Fachhochschulen bildungspolitisch und inhaltlich völlig unkoordiniert Studiengänge im Bereich der Pädagogik der Frühen Kindheit mit dem Abschluss Bachelor mit einer Durchschnittsdauer von 6 Semestern. Im Frühjahr 2005 ließen sich bereits 13 Studienorte mit diesem Abschluss benennen, 17 weitere sind in der Planung. In der Regel bauen die Studiengänge auf der bisherigen Erzieherinnenausbildung auf (Hoffmann 2005). Die Verlagerung der Erzieherinnenausbildung an die Fachhochschulen wird auch Konsequenzen für Lehramtsstudiengänge der beruflichen Fachrichtung an den Universitäten haben müssen. Sinnvoll wären Studiengänge im Bereich der Pädagogik der Frühen Kindheit mit dem Master-Abschluss und/oder Promotion (graduate), um entsprechend fachkompetentes Personal für die Fachhochschulen zu qualifizieren.

Literatur: Hoffmann, H.: Traditionsbrüche in der Erzieherinnenausbildung. Die Folgen von Bologna. In: Betrifft Kinder, H. 4, Weimar 2005, S. 29-40 – Hoffmann, H./Höltershinken, D.: Die Ausbildung der Ausbilder – Zum Studium der beruflichen Fachrichtung Sozialpädagogik. In: Rauschenbach, T./Vogel, P. (Hg.): Erziehungswissenschaft: Lehre und Studium. Opladen, 2002, S. 91-101. – Höltershinken, D.: Zur Situation der beruflichen Fachrichtung Sozialpädagogik. Konkretisiert am Beispiel des Landes Nordrhein-Westfalen. In: Bader, R./Pätzold, G. (Hg.): Lehrerbildung im Spannungsfeld von Wissenschaft und Beruf. Bochum 1995, S. 197-224 – Höltershinken D. (Hg.): Lehrerbildung im Umbruch. Analysen und Vorschläge zur Neugestaltung. Bochum 1999. Rauschenbach, T./Beher, K./Knauer, D.: Die Erzieherin. Ausbildung und Arbeitsmarkt. Weinheim/München 1995.

Dieter Höltershinken

Berufliche Fachrichtungen, gewerblich-technische

B. F. kennzeichnen diejenigen Fachrichtungen im Studium an Universitäten und Technischen Hochschulen, die für das Lehramt an beruflichen Schulen gewählt werden können. In einer beruflichen Fachrichtung wird jeweils eine Gruppe von Berufen zusammengefasst, die gemeinsame Merkmale aufweisen wie z.B. die Bau- oder die Elektroberufe.

Eher historisch ist der Begriffsteil „gewerblich" zu verstehen, der auf heute veraltete Begriffe wie „Baugewerbe", „Metallgewerbe" aber auch „Gewerbeschule" und →„Gewerbelehrer" zurückgeht, und damit in etwa den Güter produzierenden vom kaufmännischen Bereich unterscheidet.

Auf übergreifende Gemeinsamkeiten der beruflichen Fachrichtungen verweist auch der Begriffsteil „technisch". Er ist heute in Fachrichtungsbezeichnungen wie Elektrotechnik, Bautechnik oder Textiltechnik wiederzufinden. Ursprünglich stellte das Fach „Technisches Zeichnen" das Integrationsfach zwischen den verschiedenen Berufsgruppen in der „Gewerblich-technischen Berufsschule" dar und war auch wesentliches Element der Gewerbelehrerausbildung. Sinnstiftende Gemeinsamkeiten (Prinzipien, Kategorien oder Methoden) sind heute eher auf abstrakter Ebene in der Systemtheorie der Technik, der Ethik der Technik und in ihrem Umweltbezug zu finden (Lipsmeier 1995).

Von den beruflichen Fachrichtungen sind die →Berufsfelder zu unterscheiden. Diese fassen Berufe auf der Ebene der beruflichen Erstausbildung (Facharbeiter) zusammen und sind seit 1972 durch die Berufsgrundbildungsjahr-Anrechnungsverordnung für die gewerbliche Wirtschaft geregelt. Die beruflichen Fachrichtungen für die →Ausbildung von Lehrern des beruflichen Schulwesens sind 1973 durch eine Rahmenvereinbarung der Kultusministerkonferenz eingeführt worden. Diese 1995 aktualisierte Verordnung definiert: „Die Fach-

richtungen des beruflichen Schulwesens orientieren sich grundsätzlich an Berufsfeldern." In einer Anlage werden dort die „Beruflichen Fachrichtungen in der Lehrerausbildung" aufgeführt:
1. Wirtschaft und Verwaltung
2. Metalltechnik
3. Elektrotechnik
4. Bautechnik
5. Holztechnik
6. Textiltechnik und Bekleidung
7. Chemie, Physik, Biologie (Verfahrenstechnik)
8. Drucktechnik
9. Farbtechnik und Raumgestaltung
10. Gestaltungstechnik
11. Körperpflege
12. Gesundheit
13. Ernährung und Hauswirtschaft
14. Agrarwirtschaft
15. Sozialpädagogik
16. Pflege

Eine klare Abgrenzung zwischen den gewerblich-technischen und anderen beruflichen Fachrichtungen existiert heute nicht mehr. Eindeutig getrennt ist an den meisten Hochschulen nur die Lehrerausbildung für die kaufmännischen Berufe in der Fachrichtung Wirtschaft und Verwaltung (→Diplom-Handelslehrer), während für die Bereiche Agrarwirtschaft, Gesundheit, Ernährung und Hauswirtschaft oder Gesundheit, Sozialpädagogik und Pflege häufig parallel mit gewerblich-technischen Fachrichtungen ausgebildet wird.

Das Studienangebot für gewerblich-technische Fachrichtungen an den Hochschulen richtet sich dabei weniger nach der o.a. Systematik von beruflichen Fachrichtungen als nach den an den Hochschulen vorhandenen Fachdisziplinen sowie zusätzlich nach institutionsgeschichtlichen und regionalen Besonderheiten. Die Bezeichnungen der zu studierenden beruflichen Fachrichtungen an den Hochschulen weichen z.T. von den Vorgaben der Rahmenvereinbarung ab. Auch werden gewerblich-technische Fachrichtungen nicht nur an Technischen Hochschulen bzw. Universitäten angeboten.

Die immer wieder beklagten Missstände in der Ausbildung der Lehrer für berufliche Schulen verweisen wissenschaftstheoretisch auf ungelöste Probleme in Zusammenhang mit ihrer Akademisierung seit Beginn der 60er Jahre. Das Studium der beruflichen Fachrichtungen vollzieht sich weitgehend in Anbindung an das Fachstudium der jeweils an den Hochschulen vorhandenen Wissenschaftsdisziplinen, den sog. „korrespondierenden Fachwissenschaften". Lehramtsstudierende absolvieren dabei häufig große Teile des Ingenieurstudiums. Wenn sich aber berufliche Fachrichtungen auf das Curriculum der Lehrerausbildung für diesen Fächerbereich beziehen sollen, so kann dafür nur bedingt die Wissenschaftssystematik bisheriger technischer Disziplinen zu Grunde gelegt werden (Heidegger 1991, Rauner 1993). Vielmehr muss es z.B. auch darum gehen, die Bedingungen der Facharbeit in der beruflichen Praxis zu untersuchen und festzustellen, welche Qualifikationen und →Kompetenzen von den betreffenden Auszubildenden dafür erworben werden müssen. Der Veränderung und Weiterentwicklung von Arbeitsplätzen entsprechen neue Anforderungen an die Handlungs- und Gestaltungsfähigkeit der Facharbeiter.

Mit ihren Handreichungen für den berufsbezogenen Unterricht in der Berufsschule (KMK 2000) ist durch die Kultusministerkonferenz das Lernfeldkonzept mit einer starken Orientierung an beruflichen Aufgabenstellungen und Handlungsabläufen etabliert worden. Damit wurde nach Rauner eine „arbeitsorientierte Wende" hin zu einer stärkeren Berücksichtigung des Arbeitsprozesswissens vollzogen, die in der Folge eine angemessene Qualifikationsforschung erfordert (Rauner 2004).

Im universitären Lehramtscurriculum fehlen dementsprechende Studienangebote jedoch noch weitgehend. Der konsequenteste Weg zur Lösung der Problematik berufsfeldorientierter

Lerngebiete ist die Einrichtung der beruflichen Fachrichtungen als universitäre Studienfächer. Entsprechende auch mit „Berufs(feld)wissenschaft" bezeichnete Ansätze (Pahl 1998) sind im Anschluss an das sog. Norddeutsche Gutachten (Gerds/Heidegger/Rauner 1998) intensiv diskutiert (vgl. Kipp 1999, Tramm 2001 und Nickolaus 2001) und für verschiedene Berufsfelder weiterentwickelt worden (vgl. Pahl/Rauner 1998, Kuhlmeier/Uhe 1998, Herkner/Vermehr 2004). Ihre mögliche Bedeutung für die Lehrerbildung bei der Einführung von Bachelor- und Masterstudiengängen hat Spöttl (2004) thematisiert.

Literatur: Gerds, P./Heidegger, G./Rauner, F.: Berufsfelder von Auszubildenden und Bedarfe in den Fachrichtungen der Berufsschullehrerinnen und -lehrer zu Beginn des nächsten Jahrtausends in Norddeutschland. Gutachten im Auftrag der Länder Bremen, Hamburg, Mecklenburg-Vorpommern, Niedersachsen und Schleswig-Holstein. Bremen 1998 – Heidegger, G. u.a. (Hg.): Berufsbilder 2000 – Soziale Gestaltung von Arbeit, Technik und Bildung. Köln 1991, S. 68-73 – Kipp, M.: Norddeutsche Berufsbildungsdebatte über die Reform der Berufsschullehrerausbildung eröffnet. In: Zeitschrift für Berufs- und Wirtschaftspädagogik, 95. Band, 1999, H. 4, 607-611 – KMK – Sekretariat der Ständigen Konferenz der Kultusminister der Länder in der Bundesrepublik Deutschland (Hg.): Rahmenvereinbarung über die Ausbildung und Prüfung für Lehrämter für die Sekundarstufe II (berufliche Fächer) oder für die beruflichen Schulen (Lehramtstyp 5) Bonn 1995 (=Beschluß der Kultusministerkonferenz vom 12.05.1995) – KMK – Sekretariat der Ständigen Konferenz der Kultusminister der Länder in der Bundesrepublik Deutschland (Hg.): Handreichungen für die Erarbeitung von Rahmenlehrplänen der Kultusministerkonferenz für den berufsbezogenen Unterricht in der Berufsschule und ihre Abstimmung mit Ausbildungsordnungen des Bundes für anerkannte Ausbildungsberufe. Bonn. Stand: 15.09.2000 – Kuhlmeier, W./Uhe, E. (1998): Fachdidaktik Bau-, Holz- und Gestaltungstechnik. In: Bonz, B./Ott, B. (Hg.): Fachdidaktik des beruflichen Lernens. Stuttgart 1998, S. 103-132 – Lipsmeier, A.: Didaktik gewerblich-technischer Berufsausbildung (Technikdidaktik). In: Arnold, R./Lipsmeier, A. (Hg.): Handbuch der Berufsbildung. Opladen 1995, S. 230-244 – Nickolaus, R.: Kontroversen in der Diskussion und Gestaltungsvorschläge. In: bwp@ –Berufs- und Wirtschaftspädagogik online – 2001, Ausgabe 1 (http://www.bwpat.de/ausgabe1/Nickolaus_bwpat1.shtml). – Pahl, J.-P.: Berufsfelddidaktik zwischen Berufsfeldwissenschaft und Allgemeiner Didaktik. In: Bonz, B./Ott, B. (Hg.): Fachdidaktik des beruflichen Lernens. Stuttgart, S. 60-87 – Pahl, J.-P./Rauner, F. (Hg.): Betrifft: Berufsfeldwissenschaften. Beiträge zur Forschung und Lehre in den gewerblich-technischen Fachrichtungen, Bremen 1998 – Rauner, F.: Zur Begründung und Struktur gewerblich-technischer Fachrichtungen als universitäre Fächer. In: Bannwitz, A./Rauner, F. (Hg.): Wissenschaft und Beruf. Bremen 1993, S. 10-37 – Rauner, F.: Qualifikationsforschung und Curriculum – ein aufzuklärender Zusammenhang. In: Rauner, F. (Hg.): Qualifikationsforschung und Curriculum, Bielefeld 2004, S. 9-43 – Spöttl, G.: Berufs(feld)wissenschaft in der Lehrerbildung im Lichte von BA- und MA-Modellen. In: Herkner, V./Vermehr, B. (Hg.): Berufsfeldwissenschaft – Berufsfelddidaktik – Lehrerbildung. Bremen 2004, S. 211-221 – Tramm, T.: Polyvalenz oder Professionalisierung – die Quadratur des Kreises? In: bwp@ –Berufs- und Wirtschaftspädagogik online – 2001, Ausgabe 1 (http://www.bwpat.de/ausgabe1/Tramm_bwp@1.shtml).

Helmut Mehnert/ Ernst Uhe

Berufliche Handlungskompetenz

Ziel einer modernen beruflichen Bildung ist die Entwicklung einer b. H. Dementsprechend soll der Mensch über ein Handlungsrepertoire verfügen, das ihn befähigt, die zunehmende Komplexität und Unbestimmtheit seiner beruflichen Umwelt zu begreifen und durch ziel- und selbstbewusstes, flexibles, rationales, kritisch-reflektiertes und verantwortliches Handeln zu gestalten. Der Begriff b. H. wird unterschiedlich definiert, wobei er stets verschiedene Kompetenzbereiche impliziert und akzentuiert auch mit der Überlegung, dass berufliche Bildung sowohl auf die Berufs- und Arbeitswelt vorbereiten als auch für das private und öffentliche Leben befähigen soll.

B. H. geht von einer ganzheitlichen Sichtweise menschlicher Arbeits- und Lerntätigkeit innerhalb eines sozialen Kontextes aus, für die sowohl Positionen der kognitiv ausgerichteten psychologischen Handlungsregulationstheorie als auch Ansätze bedeutsam sind, die die motivationalen, volitionalen, sozialen und emotionalen Aspekte menschlichen Handelns thematisieren. Die b. H. ist mit der Anzahl und der Qualität der dem Menschen zur Verfügung stehenden subjektiv ausgeformten Handlungsschemata verwoben – allerdings nicht im Sinne von Kenntnissen, Fähigkeiten und Fertigkeiten, die erforderlich sind, um eine vorgegebene Aufgabe bearbeiten zu können. In diesem Fall sollte von Qualifikationen gesprochen werden. Der Kompetenzbegriff umschließt demgegenüber die erworbenen handlungswirksamen Qualifikationen und nimmt mit der Perspektive der Selbstreflektion und der Reflexion gesellschaftlicher Strukturen und Prozesse die Tradition des Bildungsbegriffs auf. →Kompetenz meint sowohl die Befähigung zur Bearbeitung als auch die Zuständigkeit für die Erledigung bestimmter Aufgaben.

Der Kompetenzbegriff versucht Aspekte beruflicher Qualifikation und Persönlichkeitsentwicklung zu verknüpfen. Anders als der Qualifikationsbegriff, der die zur Ausübung einer konkreten Tätigkeit unmittelbar erforderlichen Fähigkeiten, Fertigkeiten und Kenntnisse beschreibt, werden Kompetenzen als „Dispositionen des selbstorganisierten Handelns einer Person" gefasst, die „nicht direkt prüfbar, sondern nur aus der Realisierung der Dispositionen erschließbar und evaluierbar" sind (Erpenbeck/von Rosenstiel 2003, S. Xf.). In der Expertise zur Entwicklung nationaler Bildungsstandards wird Kompetenz ebenfalls als Disposition verstanden, „die Personen befähigt, bestimmte Arten von Problemen erfolgreich zu lösen, also konkrete Anforderungssituationen eines bestimmten Typs zu bewältigen (vgl. Klieme u.a. 2003, S. 72). Es sollte dann von Kompetenz gesprochen werden, wenn vorhandene Fähigkeiten und Fertigkeiten genutzt werden, auf vorhandenes Wissen zurückgegriffen bzw. Neues erworben werden kann, zentrale Zusammenhänge im domänenspezifischen Bereich verstanden werden, angemessene Handlungsentscheidungen getroffen werden, bei der Durchführung der Handlungen auf verfügbare Fertigkeiten und Fähigkeiten zurückgegriffen wird, dieses mit einem Gewinnen von Erfahrungen verbunden ist und aufgrund entsprechender handlungsbegleitender Kognitionen genügend →Motivation zu angemessenem Handeln gegeben ist (vgl. Klieme u.a. 2003, S. 74f.; Jung 2005).

Pragmatisch kann b. H. in Kompetenzbereiche unterteilt werden, beispielsweise in Fachkompetenz, Methodenkompetenz, Sozialkompetenz und Personalkompetenz.

Abb.: Dimensionen beruflicher Handlungskompetenz

Unter Fachkompetenz werden berufsspezifische Kenntnisse und Fertigkeiten subsumiert. Methodenkompetenz meint situations- und fächerübergreifende, flexibel einsetzbare kognitive Fähigkeiten auch zur Aneignung neuer Kenntnisse und Fähigkeiten. Sozialkompetenz umfasst Fähigkeiten, z.B. in Teams unterschiedlicher sozialer Struktur kommunikativ und kooperativ zusammenzuarbeiten. Personalkompetenz impliziert Dispositionen eines Menschen, die eigene Persönlichkeit sowie das eigene Wissen, das Können und die Fähigkeiten immer wieder zu reflektieren, zu hinterfragen und ggf. zu verändern. Mit der b. H. wird die Förderung der Persönlichkeitsentwicklung vor allem dann favorisiert, wenn mit der Personal- und Sozialkompetenz die Human- und Lernkompetenz akzentuiert werden, wie z.B. in den Richtlinien und Lehrplänen der neugeordneten Berufe in NW (vgl. Kultusministerium 1991). Diese Überlegungen haben ihren Ursprung in dem pädagogisch-anthropologischen Ansatz von Heinrich Roth (1971). Seine Ausdifferenzierung erfolgte unter Aspekten der Selbstkompetenz, der Sachkompetenz, der Methodenkompetenz und der Sozialkompetenz. Auch wenn solche Komponenten bedeutsam sind, ersetzen sie nicht eine fachliche Fundierung. Fachbezogene Kompetenzen stellen sogar „eine intensive Grundlage für fächerübergreifende Kompetenzen dar" (Klieme u.a. 2003, S. 75).

Die Aufteilung in vier Kompetenzbereiche ist insofern künstlich, als bei der Bewältigung einer konkreten Aufgabe die einzelnen Kompetenzbereiche sich wechselseitig bedingen und in unterschiedlicher Intensität beansprucht und miteinander verflochten werden. Alle vier Aspekte konstituieren die b. H. Ihre Aneignung ist Ziel individuellen und kooperativen Lernens in Umgebungen, die realistische Probleme und authentische Situationen enthalten und in denen Lernenden multiple Kontexte und Perspektiven angeboten werden. Kompetenzen sind nicht per se zu entwickeln, sondern sie realisieren sich in konkreten Handlungsanforderungen in einem situativen Kontext selbstregulativ. Dabei kommt es auf die Berücksichtigung des Wissens mit den unterscheidbaren Wissensarten an (vgl. Achtenhagen 2004).

Literatur: Achtenhagen, F.: Prüfung von Leistungsindikatoren für die Berufsbildung sowie zur Ausdifferenzierung beruflicher Kompetenzprofile nach Wissensarten. In: Baethge, M. u.a. (Hg.): Expertisen zu den konzeptionellen Grundlagen für einen Nationalen Bildungsbericht – Berufliche Bildung und Weiterbildung/Lebenslanges Lernen. Bonn/Berlin 2004, S. 11-34 – Bader, R.: Entwicklung beruflicher Handlungskompetenz in der Berufsschule. Zum Begriff „berufliche Handlungskompetenz" und zur didaktischen Strukturierung handlungsorientierten Unterrichts. Ausarbeitung im Auftrag des Landesinstituts für Schule und Weiterbildung Nordrhein-Westfalen zur Unterstützung der Lehrplanentwicklung in den Berufsfeldern Elektrotechnik und Metalltechnik. o.O. o.J. (1990) – Erpenbeck, J./von Rosenstiel, L. (Hg.): Handbuch Kompetenzentwicklung. Erkennen, verstehen und bewerten von Kompetenzen in der betrieblichen, pädagogischen und psychologischen Praxis. Stuttgart 2003 – Heeg, F.J./Münch, J.: Handbuch Personal- und Organisationsentwicklung. Stuttgart/Dresden 1993 – Jung, E.: Die Bedeutung des berufspädagogischen Kompetenzmodells für die aktuelle Kompetenzdiskussion und Gestaltung von Curricula zur arbeitsorientierten Bildung. In: Unterricht – Arbeit + Technik 7 (2005) 26, S. 53-56 – Kultusministerium des Landes Nordrhein-Westfalen (Hg.): Richtlinien und Lehrpläne für die Berufsschule. Grundbildung industrieller und handwerklicher Elektroberufe. Frechen 1991 – Klieme, E. u.a.: Zur Entwicklung nationaler Bildungsstandards. Eine Expertise. BMBF-Bildungsreform. Band 1. Bonn 2003. (online verfügbar unter: http://www.bmbf.de/pub/zur_entwicklung_nationaler_bildungsstandards.pdf) – Reetz, L.: Wissen und Handeln – Zur Bedeutung konstruktivistischer Lernbedingungen in der kaufmännischen Berufsbildung. In: Beck, K. u.a. (Hg.): Berufserziehung im Umbruch. Weinheim 1996, S. 173-188 – Roth, H.: Pädagogische Anthropologie. Band II. Entwicklung und Erziehung. Hannover u.a. 1971 – Sembill, D.: Problemlösefähigkeit, Handlungskompetenz und Emotionale Befindlichkeit. Zielgrößen Forschenden Lernens. Göttingen 1992 – Sonntag, Kh.: Lernen im Unternehmen. Effiziente Organisation durch Lernkultur. München 1996

Günter Pätzold

Berufliche Mobilität

Begriff: Unter Mobilität werden in den Sozialwissenschaften räumlich-regionale und/ oder positional-soziale Bewegungsvorgänge von Individuen, Personengruppen, sozialen Schichten oder Klassen einer Gesellschaft verstanden. B. M. als die dominante strukturierende Größe der sozialen Mobilität bezeichnet die Positionswechsel zwischen den verschiedenen im Bildungs- und Beschäftigungssystem definierten Berufs- bzw. Erwerbsrollen.

Geschichte/Herleitung: So wie die industrielle Massenfabrikation die Landwirtschaft aus dem Zentrum der Volkswirtschaften verdrängte und zur Bildung einer Industriearbeiterschaft und einer neuen Mittelschicht qualifizierter Angestellter führte, schickt sich heute die Informations- und Kommunikationstechnik an, die klassischen Produktionsbranchen in ihrer Schlüsselstellung abzulösen und die Dienstleistungsbranchen zu verändern. Aufgrund des Strukturwandels infolge technischer Innovationen, betriebsorganisatorischer und ordnungspolitisch-ideologischer Neuorientierungen wurden bereits und werden noch Millionen Arbeitsplätze abgebaut. Die Hoffnung besteht, dass so wie bisher ebenso viele neue Arbeitsplätze geschaffen werden, wenn auch nicht an gleicher Stelle und von der gleichen Art. Zur Anpassung an die damit einhergehenden strukturellen Diskrepanzen am Arbeitsmarkt wird von den Arbeitskräften in zunehmendem Maße berufliche und regionale Mobilität erwartet.

Forschungsansätze: In den Sozialwissenschaften ist die b. M. sowohl theoretisch als auch empirisch – mit Ausnahme der vertikalen Mobilität innerhalb der Soziologie – noch wenig erforscht. Dies liegt weniger an einem Mangel an Daten, sondern eher daran, dass in dem Berufsbegriff gesellschaftliche, bildungs-, arbeitsplatz- und personenbezogene Merkmale verflochten sind.

Für eine notwendige empirische Präzisierung der b. M. ist es erforderlich, das Konstrukt →Beruf in dem überaus komplexen Sozialsystem zu verankern und Regeln zu definieren, nach denen Berufe allgemein verständlich und eindeutig beschrieben und voneinander abgegrenzt werden können. Bei vergröberter Betrachtung lassen sich im deutschsprachigen Raum nach heutigem Verständnis drei Dimensionen bzw. Funktionen des Berufes unterscheiden:

1. Beruf als gesellschaftlich vorgegebenes, planvoll konstruiertes Muster der Vorbereitung auf die Übernahme von Berufsrollen und als Bildungsauftrag und Erziehungsziel (Bildungsfunktion).
2. Beruf im Sinne einer ausgeübten Tätigkeit als Leistung einer Person, die durch Spezifizierung und typische Kombination gegenüber anderen Leistungen abgegrenzt ist und der kontinuierlichen Versorgung dient (erwerbswirtschaftliche Funktion).
3. Beruf
   a) als Medium der Vergesellschaftung der Individuen und Ort in einem (gedachten) sozialen Raum, der Distanzen und Niveau- und Statusunterschiede bestimmt und
   b) als Interaktionsfeld, das mehr oder weniger Chancen für Autonomie und Selbstverwirklichung eröffnet (soziale Funktion).

Untersuchungen zur beruflichen Mobilität klassifizieren diese nach verschiedenen Aspekten, die in der Abbildung auf der folgenden Seite dargestellt werden.

Viele Untersuchungen legen die These nahe, dass die Berufswege je nach sozialer Herkunft in starkem Maße strukturell vorgeformt sind. Noch immer prägt in vielen Fällen die soziale Herkunft die Entscheidung für die Art der Schulbildung, mit der in der Regel zugleich eine Vorentscheidung getroffen ist über die Art der Berufsausbildung und damit wiederum tendenziell über den Zugang zu bestimmten Berufstätigkeiten. Die Zusammenhänge zwischen den Subsystemen sind zwar nicht determiniert und Revisionen an allen Stationen des Zuweisungsprozesses möglich, sie bilden jedoch eher die Ausnahme.

Es gibt nur wenige Versuche, b. M. als Abfolge ausgeübter Berufe zu beschreiben. In einem stark nach Berufen segmentierten Arbeitsmarkt mit je eigenen Opportunitätsstrukturen wäre dies jedoch erkenntnisfördernd. Der weitaus größere Teil der Erhebungen stützt sich

Untersuchungen zur beruflichen Mobilität klassifizieren diese nach:			
dem Grad der Verwirklichung	realisiert		– Mit welchen personenbezogenen Merkmalen wurden welche Ausbildungen/Tätigkeiten erreicht?
	latent		– Zwischen welchen Ausbildungen/Tätigkeiten gibt es aus Sicht der Arbeitskräfte eine Wechselbereitschaft und -fähigkeit?
	potentiell		– In welchem Maße sind Ausbildungen/Tätigkeiten von den Inhalten und Anforderungen her deckungsfähig?
der Ebene	horizontal		– Mobilität zwischen niveaugleichen Arbeitsplätzen
	vertikal		– Mobilität zwischen niveauungleichen Arbeitsplätzen
der Richtung	einseitig		– Mobilität erfolgt nur in eine Richtung
	beidseitig		– Mobilität erfolgt in beide Richtungen
dem Grad der Freiwilligkeit	freiwillig		– Mobilität erfolgt freiwillig
	unfreiwillig		– Mobilität wird erzwungen
der Funktionalität	funktional		– Hohe Verwertbarkeit von Kenntnissen und Fähigkeiten
	dysfunktional		– Geringe Verwertbarkeit von Kenntnissen und Fähigkeiten
der Generativität	intragenerativ		– Mobilität innerhalb der individuellen Bildungs- und Erwerbsbiographie
	intergenerativ		– Mobilität der Kinder gegenüber ihren Eltern
dem Inhalt	sozial		– Wechsel hinsichtlich des sozialen Status
	tätigkeitsbezogen		– Wechsel der Berufstätigkeit
	ausbildungs-bezogen		– Wechsel der Berufsausbildung
	regional		– Wechsel des Arbeitsortes
	sektoral		– Wechsel des Wirtschaftszweiges
	betrieblich		– Wechsel des Betriebes

Abb.: Klassifizierung der Untersuchungen zur beruflichen Mobilität

auf die Merkmale Berufsprestige, Einkommen oder die Stellung im Beruf, die einen geringeren Grad an Differenziertheit aufweisen, als die Berufsstruktur entwickelter Gesellschaften.

Die eingesetzten Methoden und empirischen Grundlagen umfassen Retrospektivverfahren, Panelerhebungen und Auswertungen amtlicher Statistiken. Retrospektivverfahren können neben den Daten zur aktuellen Situation nur Ereignisse im Berufsverlauf erheben, die so bedeutsam waren, dass sich die Befragten daran erinnern. Sie müssen sich dabei auf die Erhebung von Fakten beschränken, da Einstellungen, Meinungen und Bewertungen in der Regel nicht retrospektiv erfragt werden können. Bei Paneluntersuchungen werden dagegen bei derselben Population wiederholt Erhebungen durchgeführt, wobei jeweils die aktuelle Situation erfasst wird. Bestimmte Daten stehen damit aber erst nach längerer Zeit zur Verfügung. Von den amtlichen Statistiken eignet sich für Untersuchungen zur b. M. insbesondere die

1 %-Stichprobe aus der Historikdatei des Institutes für →Arbeitsmarkt- und Berufsforschung. Diese basiert auf den Versichertenkonten, die bei der Bundesanstalt für Arbeit für jeden sozialversicherungspflichtig Beschäftigten geführt werden. Die IAB-Stichprobe umfasst ca. 200.000 Personen pro Jahr und reicht bis 1975 zurück. Sie besitzt Panelcharakter und eignet sich speziell für Längsschnittauswertungen. Aufgrund der Fallzahlen erreicht sie ein hohes Maß an Repräsentativität für alle sozialversicherungspflichtig Beschäftigten über die Zeit.

Literatur: Beck, U./Brater, M.: Problemstellungen und Ansatzpunkte einer subjektbezogenen Theorie der Berufe. In: Dies (Hg.): Die soziale Konstitution von Berufen. Bd. 1. Frankfurt a.M. 1977, S. 5-62 – Blossfeld, H.-P.: Kohortendifferenzierung und Karriereprozeß. Frankfurt/New York 1989 – Frieling, E.: Verfahren und Nutzen der Klassifikation von Berufen. Stuttgart 1980 – Kaiser, M.: Berufliche Flexibilität. In: Mertens, D. (Hg.): Konzepte der Arbeitsmarkt- und Berufsforschung. Eine Forschungsinventur des IAB. BeitrAB Bd. 70. Nürnberg 1988, S. 513-560 – Sengenberger, W.: Struktur und Funktionsweise von Arbeitsmärkten. Frankfurt a.M. 1987 – Velling, J./Bender, S.: Berufliche Mobilität zur Anpassung struktureller Diskrepanzen am Arbeitsmarkt. In: Mitteilungen aus der Arbeitsmarkt- und Berufsforschung 27 (1994), 3, S. 212-231

Hans-Joachim Schade

Berufliche Sozialisation

B. S. ist erstens *Sozialisation*: Entwicklung, Veränderung oder Verfestigung der Persönlichkeit in Auseinandersetzung mit ihrer sozialen und sozial gestalteten Umwelt. Sie betrifft zunächst die „Oberfläche" der Persönlichkeit, d.h. spezielle Kenntnisse, Fertigkeiten und sonstige Qualifikationen, z.B. das Vermögen, zu kochen oder Auto zu fahren. Langfristig aber formt sie auch die psychische Tiefenstruktur, d.h. fundamentale Fähigkeiten und Orientierungen, Wahrnehmungs-, Deutungs-, Denk- und Handlungsmuster sowie Antriebskräfte und Reaktionsweisen, z.B. die logisch-mathematische Intelligenz, die soziomoralische Motivation und die Gefühlsstruktur. Sie vollzieht sich in Prozessen der Wechselwirkung, nicht der einseitigen Prägung der Person (durch äußere Einflüsse oder durch bloße Anpassung an diese). Das heißt: Sozialisationsprozesse stellen immer auch Einwirkungen oder Rückwirkungen der Individuen auf ihre soziale Umwelt dar. Schon der scheinbar machtlose Säugling verändert das Leben seiner Eltern radikal – zumal wenn es sich um deren erstes Kind handelt – und beeinflusst oft auch die Entwicklung ihrer „Charaktere". Schließlich: Sozialisierend wirken Menschen nicht nur unmittelbar aufeinander ein, sondern auch vermittelt durch die Erzeugnisse ihrer gesellschaftlichen Tätigkeit, wie sie sich unter anderem in der Gestalt ihrer Wohnungen, Siedlungen, ja ganzer Landschaften niederschlägt. „Sozialisation" im engeren Sinne nennen wir aber nur die direkten „Interaktionen" zwischen Menschen, soweit sie sich nachhaltig auf die Beteiligten auswirken, zumal dann, wenn auch diese Effekte (wie bestimmte kommunikative Kompetenzen) unmittelbar sozial bedeutsam sind und wenn sie nicht aus erklärten pädagogischen Absichten resultieren, sondern eher als Nebenprodukte anders motivierter Prozesse „anfallen".

B. S. ist zweitens *berufliche* Sozialisation: Sozialisation für und durch berufliche Tätigkeiten. Von →Berufen ist im Allgemeinen dann die Rede, wenn die betreffenden Tätigkeiten sich durch einen gewissen Spezialisierungsgrad, ein gehobenes Anspruchsniveau und das Versprechen langfristiger Erwerbschancen auszeichnen. Wer einen Beruf ausüben will, muss nicht nur eine hierauf gerichtete Ausbildung durchlaufen, sondern vorher – im Elternhaus und in der sog. allgemein bildenden Schule – schon bestimmte, unter anderem schicht- und geschlechtsspezifische Voraussetzungen erwerben und hinterher am Arbeitsplatz, oft auch noch in zusätzlichen Kursen, weiterlernen. All diese Lern- und Verlernprozesse sind mehr oder minder sozial bedingt und sozial folgenreich; aus ihnen resultieren nicht nur berufstypische Eigenarten von Personen, sie formen auch den ganzen Menschen und beeinflussen selbst sein privates und politisches Denken, Handeln und Verhalten. Das gilt gerade auch für die „heimlichen Lehrpläne" vieler Betriebe, wie sie unter anderem aus deren Maßstäben und Maßnahmen der Personalauslese erschlossen werden können, deren Berücksichtigung die „Geister" und „Gemüter" der Betroffenen auf die Dauer oft stärker prägt, als offizielle Ausbildungs- und Bildungsprogramme das vermögen. Ob am Arbeitsplatz eher Kooperation oder Konkurrenz, Fürsorglichkeit oder Durchsetzungsfähigkeit, korrektes oder gerissenes Verhalten honoriert wird, ist am Ende oft auch vom Auftreten der betreffenden Personen außerhalb der Arbeitssphäre abzulesen. Zwar wird die Bedeutung beruflicher →Arbeit angesichts ihrer derzeitigen Verknappung wieder einmal bestritten; doch weisen die demoralisierenden Wirkungen anhaltender →Arbeitslosigkeit darauf hin, dass die beruflich organisierte Erwerbstätigkeit zumindest hierzulande nach wie vor nicht nur als Quelle gesellschaftlichen Reichtums und individuellen Wohlstands, sondern auch als Medium sozialer Integration und persönlicher Entfaltung fungiert.

Literatur: Baethge, M. u.a.: Jugend: Arbeit und Identität. Lebensperspektiven und Interessenorientierungen von Jugendlichen. Opladen 1988 – Heinz, W. R.: Arbeit, Beruf und Lebenslauf. Eine Einführung in die berufliche Sozialisation. Weinheim/München 1995 – Hoff, E.-H./Lempert, W./ Lappe, L.: Persönlichkeitsentwicklung in Facharbeiterbiographien. Bern 1991 – Lempert, W.: Berufliche Sozialisation. Eine Einführung. Baltmannsweiler 1998.

Wolfgang Lempert

Berufliche Umschulung

Eine berufliche Umschulung soll den Wechsel von einem zuvor erlernten →Beruf in eine andere geeignete berufliche Tätigkeit ermöglichen (§ 1 Abs. 5 BBiG). Bei einer beruflichen Umschulung handelt es sich daher in der Regel um die Absolvierung einer zweiten Berufsausbildung. Nach § 58 BBiG kann das Bundesministerium für Bildung und Wissenschaft oder nach § 59 die zuständige Stelle (z. B. die Kammer) Umschulungsordnungen erlassen. Die Ordnungen und die Prüfungen müssen den besonderen Erfordernissen der beruflichen Erwachsenenbildung Rechnung tragen (Inhalt, Art, Ziel und Dauer). Umschulungsmaßnahmen lehnen sich in ihrer inhaltlichen und organisatorischen Struktur weitgehend an die Rahmenvorgaben der beruflichen Erstausbildung an (vgl. § 60 BBiG), da die Entwicklung spezifischer (Erwachsener gerechter) Umschulungsberufe, die nach der Regelung des BBiG möglich sind (z. B. § 58), bislang nur in einem sehr geringen quantitativen Umfang existieren.

Die berufliche Umschulung ist häufig Form der beruflichen Rehabilitation. Erwachsene, die auf Grund einer eingetretenen Behinderung oder Krankheit ihren Beruf nicht mehr ausüben können, sollen mit Hilfe der Umschulung weiter erwerbstätig bleiben. Der zu erlernende Umschulungsberuf soll dabei dem nicht mehr auszuübenden Erstausbildungsberuf möglichst gleichwertig sein und eine Reintegration in den Arbeitsmarkt sicherstellen. Berufliche Rehabilitanden werden zumeist in überbetrieblichen →Berufsförderungswerken (BFW) mit einer Dauer von bis zu zwei Jahren umgeschult, wobei auch betriebliche Umschulungen durchaus möglich sind. Die berufliche Umschulung gehört zum berufsfördernden Leistungsrecht in der gesetzlichen Renten- und Unfallversicherung (Sozialversicherung). Berufsfördernde Leistungen zur Rehabilitation von Behinderten sind auch im SGB III vorgesehen (vgl. §§ 98 ff.).

Die berufliche Umschulung mit einem anerkannten beruflichen Abschluss gehörte neben der beruflichen Anpassungs- und Aufstiegsfortbildung zu den Kerninstrumenten der beruflichen Weiterbildungsförderung nach dem Arbeitsförderungsgesetz aus dem Jahr 1969. Aufgabe der Umschulung sollte es sein, den Strukturwandel im Rahmen einer aktiven und vorausschauenden Arbeitsmarktpolitik flankierend zu begleiten. Im Verlauf der Entwicklungsgeschichte des AFG für den Zeitraum von 1969 bis ca. 2000 nahmen jährlich ca. ein Fünftel der geförderten Personen (vornehmlich Arbeitslose ohne Berufsabschluss) an Maßnahmen der beruflichen Umschulung teil. Einen besonders hohen Stellenwert in der Förderungspolitik erreichte die berufliche Umschulung im Zuge der deutschen Wiedervereinigung Anfang der 90er Jahre. Auf Grund der langen Laufzeiten (in der Regel bis zu zwei Jahren), der hohen Kosten (Maßnahmekosten und Unterhaltsgeld für die Teilnehmer) und der (vermuteten) geringen Effizienz der Umschulung hinsichtlich des dauerhaften Wiedereingliederungserfolgs der Teilnehmer in den Arbeitsmarkt, stand die Umschulung immer wieder in der öffentlichen Kritik.

Durch die Umsetzung der Vorschläge der Hartz-Kommission und durch entsprechende gesetzliche Neureglungen im Sozialgesetzbuch III (SGB III), in das das Arbeitsförderungsgesetz integriert wurde, ist auf den Begriff der beruflichen Umschulung als eine spezifische Maßnahmeform beruflicher Qualifizierung explizit verzichtet worden. Zwar heißt es noch in § 77 Abs. 1, dass eine Förderung dann möglich ist, wenn nach einer →Arbeitslosigkeit ein Beitrag zur Wiedereingliederung geleistet wird, drohende Arbeitslosigkeit abzuwenden oder ein fehlender Berufsabschluss nachzuholen ist, im Grundsatz wird aber bei der Förderung (Übernahme der Weiterbildungskosten) nunmehr auf den Oberbegriff der beruflichen Weiterbildung abgestellt und die Förderung dann in Aussicht gestellt, wenn bestimmte Voraussetzungen erfüllt werden. Im Zusammenhang mit der neuen Förderphilosophie (siehe Stichwort Arbeitsförderungsgesetz) in der beruflichen Weiterbildung, die ja auf kurzfristige Effekte einer schnellen Vermittlung in den Arbeitsmarkt setzt, wird die Bedeutung der beruflichen Umschulung als Förderinstrument deutlich abnehmen. So ist erkennbar, dass die Arbeitsagenturen vornehmlich kostengünstigere Maßnahmen fördern (und dies auf quantitativ erheblich niedrigem Niveau), die eine kurze Dauer haben, einen stärkeren Betriebsbezug aufweisen und durch Modulstrukturen aufgebaut sind (kein geschlossenes Konzept, das zu einem Berufsabschluss führt).

Aus dem Förderungsspektrum bei den Weiterbildungsträgern von beruflichen Umschulungsmaßnahmen wurden durch die Hartz-Gesetze auch die sozialpädagogischen Begleitmaßnahmen zur Umschulung herausgenommen. Gerade diese aber waren es, die nach Untersuchungsergebnissen des Bundesinstituts für Berufsbildung (BIBB) zum erfolgreichen Abschluss der Maßnahmen insbesondere beim Adressatenkreis der bildungs- und arbeitsmarktpolitisch benachteiligten Langzeitarbeitslosen beitrugen. Ältere Studien des Instituts für →Arbeitsmarkt- und Berufsforschung (IAB) belegen zudem, dass der erfolgreiche Abschluss einer beruflichen Umschulung die Wiedereingliederungschancen am Arbeitsmarkt deutlich verbessert. Diese Befunde werden durch neue international vergleichende Analysen des IAB erneut bestätigt (vgl. IAB 2005). Mit dem Zurückdrängen der Förderung längerfristiger beruflicher Umschulungsmaßnahmen mit einem anerkannten Berufsabschluss nach dem SGB III haben sich die Zugangschancen von Geringqualifizierten (ohne Berufsabschluss) zur beruflichen Weiterbildung und damit letztlich zum Arbeitsmarkt erheblich verschlechtert. Dies ist umso bedenklicher, belegen alle Untersuchungen zur qualifikationsspezifischen Arbeitslosigkeit nachdrücklich, dass Personen ohne Berufsabschluss immer schlechtere Chancen haben, einen Arbeitsplatz zu finden.

Literatur: Brüning, G./Kuwan, H.: Benachteiligte und Bildungsferne – Empfehlungen für die Weiterbildung. Bielefeld 2002 – Dobischat, R./Lipsmeier, A. (Hg.): Berufliche Umschulung. Stuttgart 1992 – Epping, R./Klein, R./Reutter, G.: Langzeitarbeitslosigkeit und berufliche Weiterbildung. Bielefeld 2001 – Klähn, M./Dinter, I.: Umschulung von Langzeitarbeitslosen.

Berlin/Bonn 1992 – Konle-Seidl, R.: Lessons learned. Internationale Evaluierungsergebnisse zu Wirkungen aktiver und aktivierender Arbeitsmarktpolitik. IAB-Forschungsbericht, Nr. 9, 2005 – Paape, B.W.: Grundlagen der Umschulung. Eine Form beruflicher Weiterbildung. Frankfurt/Main 1998 – Reinberg, A./Hummel, M.: Höhere Bildung schützt auch in der Krise vor Arbeitslosigkeit. IAB-Kurzbericht, Nr. 9, Juni 2005

Rolf Dobischat

Berufliche Umweltbildung

Erste Anstöße zur Entstehung und Entwicklung b. U. in der Bundesrepublik Deutschland gingen vom Umweltprogramm der Bundesregierung 1971 aus, in dem darauf hingewiesen wird, dass sowohl in der berufsschulischen wie der betrieblichen Ausbildung auf ein umweltbewusstes Verhalten der Auszubildenden hinzuwirken sei (vgl. Sailer 1994, S. 44 ff.). Nicht zuletzt gaben die UNESCO-Konferenzen in Tiflis und die „Münchener Empfehlungen" wichtige Anstöße zu ersten Begründungen beruflicher Umweltbildung. Im Unterschied zu den „Münchner Empfehlungen" hatte der KMK-Beschluss von 1980 verbindlichen Charakter für die beruflichen Schulen; allerdings fehlen differenzierte Aussagen zu den einzelnen Schulformen. In seinem Arbeitsprogramm fordert der Bundesminister für Bildung und Wissenschaft 1987 alle an der beruflichen Bildung beteiligten Personen und Institutionen nachdrücklich auf, zur Wirksamkeit des beruflichen Umweltschutzes beizutragen (vgl. BMBW 1991, S. 8).

Erste umfangreiche Aktivitäten zur b. U. fanden im gewerblich-technischen Bereich statt. Der Ausbildungsberuf „Ver- und Entsorger/Ver- und Entsorgerin" wurde 1984 eingeführt. Das →Bundesinstitut für Berufsbildung (BIBB) begann 1984, die Berufsbildposition „Arbeitssicherheit, Unfallverhütung, Umweltschutz und rationale Energieverwendung" in die →Ausbildungsordnungen aufzunehmen und verschiedene Modellversuche zum Umweltschutz durchzuführen. Umweltschutzrelevante Ausbildungsinhalte wurden erstmals bei den neugeordneten industriellen Metall- und Elektroberufen (August 1987) und im Metall- und Elektrohandwerk (bis August 1989) verbindlich aufgenommen (vgl. Pätzold/Thiele 1991, S. 12 ff.). Allerdings verbleiben umweltschutzrelevante Lernziele und -inhalte ausschließlich auf die berufliche Situation bezogen und beinhalten überwiegend den Bereich der Umweltschutztechnik.

Der Hauptausschuss des BIBB verabschiedete erst am 4./5. Februar 1988 (ergänzt am 1. Februar 1991) eine Empfehlung zur Einbeziehung von Fragen des Umweltschutzes in die berufliche Bildung (vgl. Empfehlungen 1988, Ergänzende Empfehlungen 1991), die als wegweisend für die Neuordnung und Überarbeitung der Aus- und Fortbildungsordnung angesehen werden kann (vgl. Fingerle 1993, S. 43).

Von den bislang entwickelten theoretischen Ansätzen zur b. U. haben bisher sog. „integrierte Ansätze" die größte Resonanz gefunden. Integrierte Ansätze gehen von dem Grundgedanken aus, dass die Umweltbildung nicht ein zusätzliches Lernfeld beruflicher Bildung sein soll (vgl. z.B. Kaiser/Siggemeier/Brettschneider/Flottmann 1995; Pätzold/ Drees 1995).

Kenntnisse und Fertigkeiten zum Schutz der Umwelt sollen danach nicht isoliert betrachtet, sondern gemeinsam mit beruflichen Kenntnissen und Fertigkeiten vermittelt werden. Dieses bedeutet, dass Umweltschutz kein additives Prinzip, sondern integraler Bestandteil des gesamten Berufsbildungsbereiches werden muss. Insgesamt wird – von einem anthropozentrischen Umweltverständnis ausgehend – angestrebt, umweltspezifische Fachkenntnisse für die unmittelbare Berufstätigkeit zu vermitteln und die Bereitschaft und Fähigkeit zum verantwortungsbewussten und umweltbewussten beruflichen Handeln zu fördern.

B. U. intendiert die Entwicklung umweltbewusster Urteils- und Handlungskompetenz, d.h. die Bereitschaft und Fähigkeit, im Sinne des Vorsorge- und Vermeidungsprinzips die komplexen Wirkungsbereiche und Entstehungszusammenhänge von Umweltproblemen zu erfassen, Möglichkeiten der Konfliktbewältigung zwischen „Ökonomie und Ökologie" zu entwickeln sowie aktiv und sachkundig an ihrer Verwirklichung im privaten, öffentlichen und beruflichen Bereich mitzuwirken.

Wenn es um eine am Aufklärungsgedanken orientierte berufliche Umwelt im Medium des →Berufes geht, dann müssen sich Konzepte einer b. U. auf Wissen über Strukturen, Kulturen und typische Prozesse beruflicher Handlungsfelder beziehen, wobei es immer wichtiger wird, sich zugleich auf Ergebnisse aus der Handlungsforschung, der Organisationspsychologie, der Risikosoziologie, der Umweltökonomie und der Politikwissenschaften zu beziehen und ihre Relevanz für Konzepte von b. U. zu prüfen.

Hierbei ist zu berücksichtigen, dass das Leitbild umweltverträglichen Handelns von Beruf zu Beruf unterschiedlich geprägt ist und sich den jeweiligen berufsspezifischen Bedingungen anpassen muss. Formen und Methoden der Umweltbildung müssen den spezifischen Berufen und Ausbildungssituationen entsprechen.

Das anzustrebende Bildungsziel wird mit dem Begriff „Umweltkompetenz" definiert. Umweltkompetenz wird somit verstanden als ein Element der beruflichen und gesellschaftlichen Handlungskompetenz. „Sie wird in ihrer schwerpunktmäßig betrachteten beruflichen Dimension beschrieben durch die Spezifizierung der sie bildenden Teilkompetenzen (Fach-, Human- und Sozialkompetenz, Methoden- und Lernkompetenz) für die Umweltthematik" (Pätzold/Drees 1993, S. 12).

B. U. ist immer in einen kulturellen Kontext eingebunden: Hierauf weist insbesondere de Haan (1994) hin. Umweltbildung wird dementsprechend als eine spezifische historische Form des Denkens angesehen, bei der herauszuarbeiten ist, dass innerhalb einer jeweiligen gesellschaftlichen Gruppe (Sozietät) eine Verständigung auf den „richtigen" Umgang mit der Natur erfolgt ist.

B. U. wird sich immer fragen müssen, ob das, was gesellschaftlich fragmentiert wurde, das Ganze, seine Rationalität und Emotionalität, im pädagogischen Prozess wieder hergestellt werden kann. Zudem ist Skepsis und Behutsamkeit angebracht, wenn b. U. als pädagogisch – in welcher Form auch immer – „machbar" angesehen wird. Es sind stets die außerpädagogischen Faktoren mitzubedenken, insbesondere, auf das →Duale System der Berufsausbildung bezogen, die dominante Rolle des Betriebes. Insofern ist mit der beruflichen Umweltbildung immer die Frage nach den möglichen und wünschenswerten Perspektiven umweltverträglicheren Berufshandelns zu thematisieren und über die Alternativen der Gestaltung von Bildung, Beruf, Betrieb und Umwelt nachzudenken.

Literatur: Drees, G./Pätzold, G.: Umweltbildung in Berufsschule und Betrieb. Möglichkeiten – Grenzen – Perspektiven. Frankfurt a.M. 1997 – Hedtke, R. (Hg.): Ökologische Kompetenz im Beruf. Umweltbildung für Lehrende. Bielefeld 1997 – Kaiser, F.-J./Siggemeier, M./Brettschneider, V./Flottmann, H./Schröder, R.: Umweltbildung an kaufmännischen Schulen. Bad Heilbrunn 1995 – Kaiser, F.-J./Siggemeier, M./Brettschneider, V./Flottmann, H. (Hg.): Grundlagen der beruflichen Umweltbildung in Schule und Betrieb. Bad Heilbrunn 1995 – Bundesinstitut für Bildung und Wissenschaft (Hg.): Zukunftsaufgabe Umweltbildung. Stand und Perspektiven der Umweltbildung in der Bundesrepublik Deutschland. Bonn ³1991 – Bundesinstitut für Berufsbildung (Hg.): Umweltschutz in der beruflichen Bildung. Arbeitsunterlagen und Materialien aus dem BIBB. Berlin/Bonn 1988 – Fingerle, K.: Umwelt und Berufsbildung. In: Gesellschaft für berufliche Umweltbildung (Hg.): Erziehung oder Aufklärung? Hattingen 1993, S. 43 ff. – De Haan, G.: Umweltbildung im kulturellen Kontext. Erweiterte Vortragsfassung für die Arbeitsgruppe „Umweltbildung im kulturellen Kontext" auf dem DGfE-Kongreß 1994 in Dortmund. Berlin 1994 – Pätzold, G./Thiele, H.: Umweltschutz als Gegenstand beruflicher Bildung – Anspruch und Wirklichkeit. In: Akademie für Jugend und Beruf (Hg.): Hattinger Materialien zur beruflichen Umweltbildung. Tagungsreader. Hattingen 1991, S. 11-18 – Pätzold, G./Drees, G.: Grundlagen des

Modellversuchs „Entwicklung und Erprobung ganzheitlicher Lernansätze in der Umweltbildung in Kooperation zwischen Berufsschule und Betrieb" (BUBILE). In: Kaiser, F.-J./Siggemeier, M./Brettschneider, V./Flottmann, H. (Hg.): Grundlagen beruflicher Umweltbildung in Schule und Betrieb. Bad Heilbrunn 1995, S. 141-165 – Sailer, J.: Problembereiche beruflicher Umweltpädagogik. Stuttgarter Beiträge zur Berufs- und Wirtschaftspädagogik. Bd. 17. Esslingen 1994

Franz-Josef Kaiser/Günter Pätzold

Beruflicher Bildungsweg

Der Begriff b.B. kennzeichnet eine zum gymnasial-akademischen Bildungsweg gleichwertige Alternative. In der Regel wird dieser bisher nur ansatzweise realisierte Bildungsweg zu Beginn der Sekundarstufe II einsetzen, eine berufliche Ausbildung und die Hochschulzugangsberechtigung sowie eine anschließende Studien einbeziehende Weiterbildung mit einem Abschluss im tertiären Bereich umfassen. In der Sekundarstufe I wird die Entscheidung für diesen Bildungsweg vorbereitet und getroffen. Ein Beginn in der Sekundarstufe I im Rahmen eines realschulischen, gesamtschulischen oder realgymnasialen Schultyps wäre auch denkbar. Der allgemeine Fall des Erwerbs von Berufs- und Studienqualifikation in der Sekundarstufe II ist dabei perspektivisch im Rahmen einer zur gymnasialen Oberstufe gleichberechtigten beruflichen Oberstufe zu sehen („Zwei-Säulen-Modell").

Die Idee des b.B. wird bereits seit den 1920er verfolgt. Sie wurde von Georg Kerschensteiner und in den 50er und 60er Jahren vor allem von Heinrich Abel vertreten, der im „Durchstoß zur Hochschulreife" den Kern dieses Konzepts sah. Von Abel und vom Deutschen Ausschuss für das Erziehungs- und Bildungswesen wurde der b.B. didaktisch und organisatorisch als ein Vier-Stufen-Konzept aufgebaut: der Grundstufe mit der Vorbereitung auf die Ausbildung; der Mittelstufe, die bis zur →Fachschulreife führt; der beruflichen Weiterbildung mit Techniker- und Fachschulen; der Oberstufe, die über Ingenieurschulen und andere Einrichtungen bis zu wissenschaftlichen Hochschulen führt. Dieser Weg sollte für Jugendliche von Hauptschulen, aber auch von Realschulen und von der Mittelstufe der Gymnasien offen stehen. Er wurde als eine zu entwickelnde Alternative zum gymnasial-akademischen Bildungsweg verstanden und grenzte sich dabei vom →zweiten Bildungsweg ab. Beruflicher und zweiter Bildungsweg wurden und werden vereinzelt synonym verwandt, obwohl der ebenfalls seit der Weimarer Republik bestehende zweite Bildungsweg in seiner Hauptform durch die Aneignung gymnasialer Lerninhalte nach und neben der Berufsausübung bestimmt ist.

In bildungstheoretischer Hinsicht lag dem Konzept des b.B. in den 60er Jahren ein verändertes Arbeits- und Berufsverständnis zugrunde, das die Position der klassischen →Berufsbildungstheorie nicht mehr teilte. Von der hergebrachten bildungstheoretischen Überschätzung des Berufsgedankens und seiner Ideologisierung wurde abgerückt. Stattdessen orientierte sich der b.B. didaktisch an beruflichen Qualifikationen, Berufserfahrungen und Berufswissen. Der Berufsbezug wurde von vornherein als Ausgangspunkt für weiterführende Bildungsinhalte aufgefasst. Organisatorisch wurde der b.B. mit der Umwandlung der höheren Fachschulen in →Fachhochschulen, der Einrichtung der →Fachoberschule und anderer höherer berufsbildender Schulen nicht obsolet, da diese Schulen z.T. gymnasial ausgerichtet waren und nach wie vor kein durchgehender b.B. bestand.

Seit Beginn der 90er Jahre hat die Idee des b.B. bzw. vergleichbarer beruflicher Entwicklungswege an Attraktivität gewonnen. So wird vom Bundesministerium für Bildung und Wissenschaft gefordert, dem „allgemeinbildenden Bildungsweg einen gleichwertigen berufsbildenden Weg mit Optionen bis zur Hochschulreife zur Seite" zu stellen (BMBW 1993, S. 6). Spitzenverbände der Wirtschaft schlagen vor, den Hochschulzugang über eine qualifizierte Berufsausbildung zu ermöglichen. Von leitenden Mitgliedern des Bundesinstituts für Berufsbildung wird für ein „eigenständiges und gleichwertiges Berufsbildungssystem" plädiert, in dem vorrangig über die berufliche Weiterbildung betriebliche Karrierewege und Studienoptionen ermöglicht werden sollen (→Hochschulzugang Berufserfahrener ohne Abitur).

Die erfolgreiche Durchsetzung des b.B. setzt voraus, dass die einzelnen Bildungsabschnitte transparent sind und zu regulierten Abschlüssen und Berechtigungen führen, und zwar in Zeiträumen, die mit denen des gymnasial-akademischen Bildungsweges vergleichbar sind. Entscheidend ist dabei, dass in Verbindung mit der beruflichen Erstausbildung auch eine Studienqualifikation erworben wird. Erfolgt der Erwerb einer Studienberechtigung nicht in doppeltqualifizierenden oder integrierten Bildungsgängen, sondern über zeitlich langwierige und zudem unsichere Optionen im Anschluss an die Ausbildung, dann ist vorauszusehen, dass der Trend zu studienqualifizierenden Bildungsgängen anhalten und die Attraktivität der dualen Ausbildung für Schüler mit guten Leistungen in der Sekundarstufe I weiter nachlassen wird. Die berufliche Erstausbildung als integrierter Teil eines b.B. würde hingegen wieder für Absolventen der Sekundarstufe I attraktiv, die ihren Interessen und Fähigkeiten entsprechend einen praxis- und berufsqualifizierenden Bildungsgang wählen würden, da sie nicht mehr zugleich auf eine Studienoption und weiterführende Entwicklungswege verzichten müssten.

Für den Weiterbildungsbereich als Teil des beruflichen Bildungsweges kommt dem Ausbau der abschlussbezogenen Aufstiegsfortbildung sowie den vom Wissenschaftsrat (1996) empfohlenen →dualen Studiengängen eine zentrale Bedeutung zu, weil hier das Berufsprinzip als Medium allgemeiner Bildung anstelle einer rein akademischen Bildung fortgeführt wird.

Für die →Berufsbildungsforschung besteht die Aufgabe, den Beitrag →beruflicher Handlungskompetenz zum Erwerb der Studierfähigkeit zu analysieren. Untersuchungen zur Lernhaltigkeit von Ausbildungs- und Berufserfahrungen sowie zu den Vorteilen einer systematischen Verbindung von Lernen und Arbeiten im Hinblick auf die Studierfähigkeit liegen bisher nicht vor. Genereller geht es darum, die Vorteile des Kompetenzerwerbs zwischen Praxis und Theorie bzw. zwischen den Lernorten Betrieb und (Hoch-) Schule zu untersuchen und für den beruflichen Bildungsweg vom Beginn der dualen Berufsausbildung in der Sekundarstufe II bis zu differenzierten Abschlüssen im tertiären Bereich didaktisch und lernorganisatorisch nutzbar und anrechenbar zu machen. Ein grundlegend neuer Ansatz zur Realisierung des b.B. besteht im Konzept des IT-Weiterbildungssystems: Ausgehend von den IT-Ausbildungsgängen in der Sekundarstufe II werden im Rahmen der IT-Fortbildungsverordnung vom Mai 2002 Berufsabschlüsse als Spezialisten und Professionals erlangt, die äquivalent zu Bachelor- und Masterstudiengängen bzw. Teil davon gesetzt werden.

Literatur: Abel, H.: Berufserziehung und beruflicher Bildungsweg (hg. v. K. Stratmann). Braunschweig 1968 – BMBW (Bundesminister für Bildung und Wissenschaft): Berufsbildungsbericht 1993, Bonn 1993 – Dehnbostel, P.: Differenzierung beruflicher Bildungsgänge – Attraktivitätssteigerung und Weiterentwicklung des dualen Systems? In: Euler, D./Sloane, P.F.E. (Hg.): Duales System im Umbruch. Eine Bestandsaufnahme der Modernisierungsdebatte. Pfaffenweiler 1997, S. 161-181 ff. – Dehnbostel, P.: Das IT-Weiterbildungssystem im historischen Konzept des beruflichen Bildungsweges. In: Dehnbostel, P. u.a.: Perspektiven moderner Berufsbildung. Bertelsmann 2003, S. 253-267 – Dybowsky, G./Pütz, H./Sauter, E./Schmidt, H.: Ein Weg aus der Sackgasse – Plädoyer für ein eigenständiges und gleichwertiges Berufsbildungssystem. In: Berufsbildung in Wissenschaft und Praxis 23 (1994), 6, S. 3 ff. – Wissenschaftsrat: Empfehlungen zur weiteren Differenzierung des Tertiären Bereichs durch duale Fachhochschul-Studiengänge. Manuskriptdruck, Berlin 1996

Peter Dehnbostel

Beruflicher Unterricht

B. U. ist durch Bezüge von Unterricht auf den Bereich der Berufsbildung und auf Berufe bzw. eine Berufstätigkeit gekennzeichnet.

Kennzeichen von Unterricht: Unterricht unterscheidet sich allgemein von anderen Kommunikationsprozessen durch die qualitativen Merkmale der Intentionalität, Planmäßigkeit, Institutionalität und Professionalität. Neben Lehrenden und Lernenden charakterisieren den Unterricht vier Entscheidungsfelder: Ziele (Intentionen), Inhalte (Themen), Methoden und Medien. Diese Entscheidungsbereiche werden auch als Anregungsvariablen bezeichnet, da sie – neben den beiden Bedingungsfeldern (individuelle anthropogene Voraussetzungen und gemeinsame, auch sozial-kulturelle Voraussetzungen, auf Seiten der Lernenden) – im Wesentlichen die Lernumgebung (Lernsituation) bestimmen und insofern →Lernen veranlassen. Diese Kennzeichnung von Unterricht gilt analog für die → Unterweisung, die sich vor allem durch eine andere Gewichtung bei den Intentionen (Schwerpunkt bei berufsmotorischen →Lernzielen) von Unterricht abhebt.

Unterricht im Bereich der Berufsbildung oder mit Berufsbezug: Berufsbildung umfasst nach der Definition des →Berufsbildungsgesetzes die Berufsausbildung sowie berufliche Fortbildung und →berufliche Umschulung. Über diese Bereiche hinaus sind auch Lehr-Lern-Prozesse in vorberuflichen Lernphasen mit einem auf berufliche Tätigkeit bezogenen Unterricht in allgemeinen Schulen als „beruflich" zu betrachten.

B. U. unterscheidet sich von anderem Unterricht durch seinen Berufsbezug vor allem bei Zielen und Inhalten. Die berufsbezogenen Themen sind legitimiert durch →Beruf und →Arbeit als Lebensbereich, durch die Berufstätigkeit allgemein, berufliche Handlungsfelder oder durch einzelne →Ausbildungsberufe, →Berufsfelder und Branchen. Auch die diesbezüglichen Hintergrundwissenschaften rechtfertigen Inhalte und Ziele, die in der Fachdidaktik oder der besonderen Didaktik beruflicher Fachrichtungen sowie der Fachmethodik untersucht und dargestellt werden. Als maßgebliche Grundsätze der →Curriculumentwicklung für b. U. wurden neben dem →Persönlichkeitsprinzip auch das Situationsprinzip, das die Qualifikationsanforderungen am Arbeitsplatz einschließt, und das Wissenschaftsprinzip herausgestellt.

Zur Entwicklung des b. U.: B. U. kann als →Fachunterricht in traditioneller Weise fachlich ausgewiesen sein. Allerdings wird zunehmend gefordert, ihn fächerübergreifend zu gestalten (→fächerübergreifender Unterricht, →Projektunterricht) und an →Lernfeldern zu orientieren. Handlungsorientierte Methoden sind dann angemessen. (→Handlungsorientierung) Berufliche Inhalte und Ziele führten im Bereich der Methoden und Medien zu besonderer Ausprägung des Unterrichts, wobei b. U. häufig nur die Strukturen des allgemeinen Unterrichts adaptiert oder modifiziert hat. Spezifisch berufsbezogene methodische Formen entwickelten sich vor allem für berufsmotorisches Lernen und in der →beruflichen Erwachsenenbildung bzw. der betrieblichen Bildungsarbeit.

Historische Beispiele für b. U., der sich von traditionellen Methoden (Frontalunterricht, Unterrichtsgespräch, Gruppenunterricht, Alleinarbeit) unterscheidet, sind die Arbeitsschule, wie sie Kerschensteiner entwickelte, und die Frankfurter Methodik. Im Zusammenhang mit der curricularen Orientierung an Handlungsfeldern (Lernfeldkonzeption) rücken zunehmend handlungsorientierte Methoden bzw. selbstorganisiertes Lernen für b. U. in den Vordergrund (Projekte, mehrdimensionale →Lehr-Lern-Arrangements, →Simulation, Planspiel, Rollenspiel, →Fallstudie, Leittextmethode u. a.) sowie Methoden des →e-Learning.

Neben traditionellen →Medien mit beruflicher Ausprägung, die als Lehrmittel oder als Lernmittel (Arbeitsmittel) verwendet werden (z.b. berufsbezogene Schnittmodelle, Filme, Videos, Bilder, Zeichnungen, → Leittexte etc.) prägt zunehmend der Einsatz von Computern als Arbeitsmittel und als Möglichkeit zur Informationsbeschaffung (Internet) oder zur →Kommunikation, insbesondere aber als ein Medium, das neue didaktische Möglichkeiten eröffnet (fiktive Lern- oder Arbeitssituationen, Simulationen, →Multimedia usw.), die Weiterentwicklung des b. U.

Literatur: Bonz, B.: Methoden der Berufsbildung – ein Lehrbuch. Stuttgart 1999 – Bonz, B. (Hg.): Didaktik der beruflichen Bildung (Berufsbildung konkret Bd. 2), Baltmannsweiler 2001 mit den Beiträgen von Bonz, B.: Methoden in der schulischen Berufsbildung, S. 90-114; Pätzold, G.: Methoden betrieblicher Bildungsarbeit, S.115-134; Schelten, A.: Berufsmotorisches Lernen in der Berufsbildung, S. 135-151 – Euler, D.: Computer und Multimedia in der Berufsbildung, S. 152-168 – Kaiser, F.-J./Kaminski, H.: Methodik des Ökonomie-Unterrichts. Bad Heilbrunn ³1999 – Bader, R./Müller, M. (Hg.): Unterricht nach dem Lernfeldkonzept. Bielefeld 2004 – Pätzold, G. u. a.: Lehr-Lern-Methoden in der beruflichen Bildung. Oldenburg 2003

Bernhard Bonz

Berufliches Gymnasium

Fachgymnasien/BG sind – Beschluss der KMK vom 8.12.1975 über Bezeichnungen zur Gliederung des beruflichen Schulwesens – Gymnasien in Aufbauform, die aufbauend auf einem Realschulabschluss oder einem gleichwertig anerkannten Abschluss mit einem beruflichen Schwerpunkt zur Hochschulreife führen. Sie können durch das Angebot in beruflichen Schwerpunkten – gegebenenfalls in Verbindung mit Zusatzpraktika – einen Teil der Berufsausbildung vermitteln oder den Abschluss in einem anerkannten →Beruf ermöglichen. Die Bezeichnung BG, in Schulgesetzgebung und Publikationen der KMK seit Anfang der 70er Jahre benutzt, verdeutlicht das damalige intensive bildungspolitische und pädagogische Bestreben nach Integration allgemeiner und beruflicher Bildung in der Sekundarstufe II und nach doppeltqualifizierenden Abschlüssen (Abitur und berufliche Qualifikation, →doppeltqualifizierende Bildungsgänge). Diesem Ziel dienten auch Modellversuche der vergangenen Jahrzehnte. Heute umfasst das BG, das traditionsreiche Vorläufer vor allem als Wirtschaftsoberschule hatte, – basierend auf der Vereinbarung zur Neugestaltung der gymnasialen Oberstufe in der Sekundarstufe II vom 7.7.1972 – mit länderspezifischen Unterschieden die Fachrichtungen Wirtschaft, Technik, Ernährung und Hauswirtschaft, Agrarwirtschaft, Sozialpädagogik, Biotechnik sowie Technik/Textiltechnik und Technik/Gestaltungstechnik. Baden-Württemberg, an der Spitze der beruflichen Abiturienten, verfügt über eine ganze Palette, auch über →Wirtschaftsgymnasien in 6jähriger Aufbauform. Das BG wird besonders von Realschülern frequentiert sowie von Absolventen von →Berufsfachschulen (diese beiden Gruppen müssen bestimmte Notenerfordernisse erfüllen) und Schülern des allgemein bildenden Gymnasiums mit Versetzungszeugnis nach Klasse 11 bzw. bei Einführung des 12jährigen Abiturs im Anschluss an die Klassenstufe 9. Ihnen eröffnet das BG den direkten Weg zur Hochschulreife, wobei, von Ausnahmen abgesehen, keine Qualifizierung und Zertifizierung für einen nichtakademischen Beruf erfolgt. Das Etikett „beruflich" weist nur aus, dass das BG i.d.R. personell, sachlich und verwaltungsmäßig dem Gesamtsystem der beruflichen Schulen zugehört. Gegenwärtig (2003) stammen in Baden-Württemberg ca. 30 % der Abiturienten aus dem BG. Diese Quote ist im bundesrepublikanischen Schnitt (ca. 10 %) relativ hoch, jedoch im Vergleich z.B. zu Österreich, wo schon in der Vergangenheit eine Quote von über 50 % der Maturanden an beruflichen höheren Schulen vorhanden war, relativ gering.

Literatur: Fingerle, K.: Gymnasium, berufliches. In: Blankertz, H. u.a. (Hg.): Enzyklopädie Erziehungswissenschaft. Bd. 9: Sekundarstufe II – Jugendbildung zwischen Schule und Beruf. Teil 2. Stuttgart 1983, S. 288-291 – Grüner, G.: Berufliches Gymnasium (Einleitung zum gleichnamigen Themenheft). In: Die Deutsche Berufs- und Fachschule 71 (1975), 9, S. 641 ff. – Köller, O./Watermann, R./Trautwein, U./Lüdtke, O. (Hg.): Wege zur Hochschulreife in Baden-Württemberg, Opladen 2003 – Sekretariat der Ständigen Konferenz der Kultusminister der Länder in der Bundesrepublik Deutschland (Hg.): Weiterentwicklung der Prinzipien der gymnasialen Oberstufe und des Abiturs. Abschlußbericht der von der Kultusministerkonferenz eingesetzten Expertenkommission. Bonn 1995 – Sommer, K.-H.: Berufsbildendes Schulwesen. In: Roth, L. (Hg.): Handlexikon zur Didaktik der Schulfächer. München 1980, S. 89-96 – Weber, G.: Das Technische Gymnasium mit Schwerpunkt Elektrotechnik: ein Modellversuch zur Doppelqualifizierung. Darmstadt 1985

Karl-Heinz Sommer

Berufliches Lernen und Lerntheorie

Lernen als Prozess und Ergebnis menschlicher Entwicklung, Lernen als Grundlage und Voraussetzung des „Erkennens und Realisierens eigener, genuiner Lebensinteressen" (Holzkamp 1993) oder auch Lernen als eine „Form der Realisierung meiner Selbständigkeit" (Holzkamp 1993) gewinnt aus berufspädagogischer Perspektive seine Bedeutung durch den Umstand, dass es einen der zentralen Bezugspunkte für pädagogisches Handeln darstellt. Lehrer, →Ausbilder, Dozenten, Trainer oder Teamer, die in der Praxis der beruflichen Bildung handeln, wollen ihre Schüler, Auszubildenden oder Erwachsenen – entsprechend der Eckpunkte des Kontinuums der gegenwärtig historisch durchgesetzten Rollenverständnisse des Lehrens – entweder dazu bringen, das zu lernen, was diese, aus welchen „guten Gründen" auch immer, lernen müssen (Lernen „steuern"; Geißler 1995), oder sie wollen Lernen „ermöglichen", indem sie „Lernwelten modellieren" (Arnold/Schüßler 2003). Diese verschiedenen Ansprüche erscheinen dann als eingelöst, wenn sich der Lernende den Lehrinhalt dauerhaft, d.h. über die spezielle Lehr-/Lernsituation hinaus aneignet. Das Gelernte als sich im Lernprozess dauerhaft entwickeltes Potential (beruflichen) Handelns realisiert sich dann einerseits im alltäglichen beruflichen Handeln, andererseits stellt es die Grundlage für folgendes, darauf aufbauendes Lernen dar. Berufliches Lernen wird so zum Ausdruck von über die Lernsituation i.e.S. hinausreichender Dauerhaftigkeit und Erweiterung bzw. Vermehrung beruflichen Handlungsvermögens.

Ganz gleich, wie das pädagogische Handeln des Lehrsubjekts begründet wird, es erfordert das Verstehen des Lernens im Sinne theoretisch begründeter Einsichten in das Lernhandeln der Subjekte, will es sich mit den Lernsubjekten über Interaktion vermitteln (und damit Wirkung entfalten). Damit ist die Verbindung von beruflichem Lernen als einer Form menschlicher Entäußerung und dem (wissenschaftlichen) Begreifen-Wollen dieser Entäußerung, in seinen Ergebnissen in sog. Lerntheorien gefasst, hergestellt.

Lerntheorien sind wissenschaftliche Konstrukte, d.h. Ergebnisse der Gegenstands- und Methodenentscheidungen von Wissenschaftlern (der Lerntheoretiker). Diese Konstrukte wollen z.B. erklären,

– welche Bedingungen bzw. welche Ursachen (z.B. das didaktische Handeln von Berufspädagogen) das Lernen in Gang setzen, also bewirken und welche Lernoperationen im Lernsubjekt ablaufen;

– oder über welche internen Diskurse (Selbstverständigungsdiskurse) Menschen ihr Lernen/Nichtlernen mit Bezug zu welchen gesellschaftlichen Möglichkeitsräumen, welchen lebenspraktischen Bedeutungszusammenhängen und welchen biographischen Kontexten wie begründen und welche Dimensionen oder Verlaufsformen des Zugangs zur Bedeutungsstruktur des Lerngegenstandes der Lernende sucht.

Setzt man die verschiedenen Lerntheorien zueinander in Beziehung, wird deutlich, dass sie eine Fülle unterschiedlichster (sich auch widersprechender, sich auch gegenseitig ausschließender) sachlicher und methodischer Vorannahmen (Prämissen) enthalten. In ihren jeweiligen Erkenntnissen über das Lernen eröffnen sie deshalb dem Berufspädagogen eine Vielzahl unterschiedlichster, sich auch widersprechender bzw. miteinander konkurrierender berufsbildnerischer Handlungsmöglichkeiten, um Lernen zu „steuern" oder „Lernwelten zu modellieren". Der Berufspädagoge ist deshalb aufgefordert, sich mit Blick auf sein Handlungsfeld und sein Bildungsverständnis reflexiv auf diese Lerntheorien zu beziehen und zu prüfen, welche dieser Theorien bzw. welche ihrer Einzelerkenntnisse er für das Verstehen und Gestalten seines eigenes Lernens, dem Lernen der Lernsubjekte sowie seinem pädagogischen Handeln zur „Steuerung" bzw. „Ermöglichung" dieses Lernens heranzieht. Der Prozess dieser Vergewisserungen ist die Fähigkeit, sein berufspädagogisches Handeln lerntheoretisch zu begründen. Das Ergebnis dieser Vergewisserungen wiederum ist für die vom pädagogischen Handeln Betroffenen (Schüler, Auszubildende, Erwachsene) nicht belanglos - ihr Schicksal als Lernsubjekte hängt davon ab.

Lerntheorien konstituieren durch ihre theoretischen Prämissen verschiedene Subjektmodelle:

– Der Lernende als durch den Entzug der Verfügungsermächtigung über die Lernsituation durch Stimuli zum Lernen Zwingbare (Behavioristische S-R-Lerntheorie und ihre kognitiven Erweiterungen).

– Der Lernende als informationsspeicherndes und -verarbeitendes System, dessen Problemlösungs-, Wissenkumulierungs- und Wissensbehaltens- bzw. -erinnerungsfähigkeiten durch geeignete pädagogische Maßnahmen unterstützt werden können (Kognitivistische Lerntheorie).

– Der Lernende als sein Lernhandeln regulatorisch steuerndes Subjekt (Handlungsregulationstheorie als Grundlage für die Analyse von Lernprozessen).

– Der Lernende als sich selbst steuernder, selbstorganisierender Konstrukteur von (emergierendem) Wissen und von Weltbedeutungen (Konstruktivistische Lerntheorie).

– Der Lernende als sein Lernen mit Bezug zu elementaren Lebensinteressen bzw. situativen Handlungsproblematiken begründendes und sein Lernen selbst initiierendes und verantwortendes Subjekt (Subjektwissenschaftliche Lerntheorie).

Zwei Beispiele für den Zusammenhang von lernbedeutsamem pädagogischem Handeln und Lerntheorie:

1. Beispiel: Das Interesse von Berufspädagogen an der Herstellung von erwünschtem beruflichem Verhalten, z.B. sorgfältiger Umgang mit Maschinen bzw. der Eliminierung unerwünschter beruflicher Verhaltensweisen, z.B. offene oder versteckte Widerständigkeit gegenüber den Anweisungen der Vorgesetzten wird von verschiedenen Lerntheorien bedient, insbesondere jenen, die auf dem Ansatz der behavioristischen Stimulus-Response Psychologie und ihrer kognitiven Erweiterungen gründen. Lernen wird hier als Folge klassischer und instrumenteller Konditionierung modelliert. Lernen wird in diesem Sinne als Änderung eines Organismus (Response) als Resultat einer Erfahrung verstanden. Diese Erfahrung arrangiert der Pädagoge, der Lernende macht sie als Folge des Pädagogenhandelns (Stimulus). Im berufspädagogischen Kontext erscheinen die Stimuli im Gewande von materiellen und sozialen Verstärkern (z.B. Geld, Freundlichkeit, Lob, Beurteilungen, Noten) bzw. als Maßnahmen zur Extinktion (Löschen) von unerwünschtem Verhalten (z.B. Ignorieren, Strafen). Verstärker gelten als notwendige Bedingungen bzw. als die eigentlichen Ursachen für das Zustandekommen von den von den Lehrenden definierten und gewünschten Lerneffekten.

Berufspädagogen, welche die Erkenntnisse dieser Lerntheorien ihrem Handeln zugrunde legen und Lernen stimulieren (Pädagogen sagen dazu: die Lernenden „motivieren"), sind gezwungen, in gleicher Weise wie die Versuchsleiter der Lernexperimente, die diese Lerntheorien hervorgebracht haben, zu handeln. Sie müssen den Lernenden manipulativ oder über Machtstrukturen die Verfügung über die (Lern-)Situation entwinden (z.B. durch (Berufs-)Schulpflicht oder durch den Zwang zur beruflichen Weiterbildung/Umschulung); darauf beruht die offensichtliche Wirkung der vom Pädagogen eingesetzten Steuerungsmittel (Wirkung z.B. in dem Sinne, als Weiterbildungsteilnehmer Prüfungen erfolgreich bestehen). Das pädagogische Handeln dient, wird es auf der Basis dieser Lerntheorie begründet, im Kern der Herstellung von Zwangslagen für die Lernenden. Deshalb begründen diese „Lerntheorien" nur, welche Rahmenbedingungen die Lehrenden schaffen können (müssen), um Lernen zu erzwingen, um also das Lehrhandeln zur Ursache für das Lernen zu machen. Diese Theorien erhellen jedoch nicht die Perspektive des Lernsubjektes auf die vom Pädagogen arrangierten Lehrlagen. Diese „Lerntheorien" sind deshalb im Kern „Lehrtheorien". Ein vertieftes Verstehen des Lernens als sinnhaftem und sinnstiftendem, autonomem Handeln des Menschen wird von diesen Lerntheorien nicht entwickelt und dem Berufspädagogen angeboten. Das Lernsubjekt und damit menschliches Lernen bleiben im Kern unverstanden, weil der theoretische Fokus auf das Lernen vom Lehrsubjekt und nicht vom Lernsubjekt her gelegt wird.

2. Beispiel: Pädagogen in der beruflichen Aus- und Weiterbildung erleben ständig, dass die von ihnen ausgedachten und vorbereiteten Lehrarrangements von einzelnen/vielen/allen Schülern, Auszubildenden oder Weiterbildungsteilnehmern verworfen werden, dass diese sich den vom →Berufsbild/Lehrplan/Betrieb gesetzten und vom Berufspädagogen vertretenen Lernanforderungen (partiell) entziehen, dass sie Lernen nur vortäuschen, dass sie innerlich aussteigen oder dass sie, wenn es ihnen nicht zum Schaden gereicht, auch äußerlich aussteigen, indem sie z.B. Kurse abbrechen. Sie erfahren oft schmerzlich, dass berufliches Lehren nicht automatisch berufliches Lernen induziert, dass sich der lineare Schluss vom geglückten Lehren auf das geglückte Lernen als Kurzschluss erweist. Nicht selten versuchen Pädagogen in solchen für sie schwierigen, weil identitätsgefährdenden Situationen, die Lernenden mit allen möglichen (lerntheoretisch begründeten) Mitteln oder Tricks zu „motivieren", indem sie z.B. auf die im ersten Beispiel angedeuteten negativen und/oder positiven Verstärker zurückgreifen. Aber nicht selten erleben Berufspädagogen, die sich solcher Steuerungstechniken bedienen, dass sie in ein offenes oder verdecktes Machtspiel geraten, das zwar vieles bewirkt, nur nicht das intendierte Lernen. Berufspädagogen, die sich diesen Erfahrungen des gescheiterten Handelns stellen, können zum Verstehen ihrer eigenen Befindlichkeit sowie der zunächst unerklärlichen Konfliktdynamik und dem mangelhaften Erfolg ihrer „motivierenden" Maßnahmen auf die subjektwissenschaftliche Lerntheorie (Holzkamp 1993) zurückgreifen, um ihr Verstehen von menschlichem Lernen zu erweitern und ihr berufspädagogisches Handeln lerntheoretisch neu zu begründen. Sie können z.B. verstehen lernen, ..

– .. dass Lehren zwar (im Rahmen schulischer oder betrieblicher Macht- und Herrschaftsstrukturen) gegen den Willen und die Akzeptanz des Gegenüber inszeniert, Lernen nicht aber gegen dessen Widerstand in Gang gesetzt, also induziert werden kann;
– .. dass die Menschen mit Bezug zu ihren elementaren Lebensinteressen, die sie auch in beruflich gerahmten Lehrsituationen als Frage nach dem Sinn, nach der Bedeutung des Lehrens und Lernens für ihr berufliches Handeln einbringen, ihr Lernen begründen.

Je nach Begründung dient das Lernen entweder der Abwehr von Bedrohungen, die sich aus dem Nichtlernen ergeben (z.B. Prüfungsversagen, das die beruflichen Chancen schmälert) oder der Erweiterung der Verfügung über die materielle und/oder soziale Welt mit der damit verbundenen Erhöhung der Lebensqualität (z.B. kompetentes Beherrschen eines beruflichen Funktionszusammenhanges, das persönliche Befriedigung und soziale Anerkennung verschafft);
– .. dass sich die Sinnfrage für das Lernen im Kontext beruflichen Handelns für die Lernsubjekte in besonderer Weise mit Bezug zu irritierenden bzw. problematischen Erfahrungen in beruflichen Handlungssituationen (ex post gerichtete Diskrepanzerfahrungen) oder in Erwartung von Handlungsproblematiken, die sich aus künftigen Veränderungen der beruflichen Situation ergeben (ex ante gerichtete Diskrepanzerwartungen) klärt, dass sich also Lernschleifen als antizipierte Hoffnungen, aus erfahrenen oder erwarteten schwierigen Handlungssituationen durch Lernen herauszufinden, in besonderer Weise begründen;
– .. dass Lernende, entwindet man ihnen strukturell und konzeptionell die Verfügung über den Begründungsdiskurs und die Lernbedingungen, ihre Gegenstrategien inszenieren (z.B. Widerstand, Verweigerung, Vortäuschen, flaches Lernen).

Berufspädagogen können in Auseinandersetzung mit dieser Lerntheorie verstehen lernen, dass jedes Lehren eines empathisch getönten Verstehens bedarf, das sich in die Begründungsschleifen des Lernenden hineinversetzt und aus dieser Perspektive heraus das Lehrarrangement betrachtet und auf seine Begründungsfähigkeit aus der Sicht der Lernenden überprüft. Sie werden erkennen, dass sie sich im Interesse ihres „erfolgreicheren" Lehrens mit ihren Lernenden in einen ständigen Begründungsdiskurs für das Lehren begeben müssen, wobei sich dieser Diskurs von der im Kontext beruflichen Lernens üblichen Machtökonomie frei halten muss. Berufspädagogen können sich entlang dieser lerntheoretischen Erkenntnisse aufgefordert und auch ermutigt sehen, sich mit den Lernenden über die eigenen Lehrkonzepte bzw. die von den Lernenden beanspruchten Lernbegründungen zu verständigen (statt ihre Konzepte den Lernenden gegenüber machtvoll durchzusetzen) und gemeinsam nach Wegen der Vermittlung zwischen Lehrlogik und Lernerlogik zu suchen. Verständigung als pädagogische Handlungsform wird aus der Sicht dieser Lerntheorie zur elementaren Bedingung für begründbares Lehren und begründetes Lernen. Auf diese Weise vermitteln sich Bildungstheorie (Lehrlogik) und Lerntheorie (Lernlogik) und begründen sich wechselseitig.

Literatur: Arnold, R./Schüßler, I.: Ermöglichungsdidaktik. Hohengehren 2003 – Brödel, R./Kreimeyer (Hg.): Lebensbegleitendes Lernen als Kompetenzentwicklung. Bielefeld 2004 – Dulisch, F.: Lernen als Form menschlichen Handelns. Bergisch Gladbach 1986 – Faulstich, P./Ludwig, J. (Hg.): Expansives Lernen. Hohengehren 2004 – Geißler, Kh.A.: Lernprozesse steuern. Weinheim 1995 – Ludwig, J.: Lernende verstehen. Bielefeld 2000 – Holzkamp, K.: Lernen. Subjektwissenschaftliche Grundlegung. Frankfurt/New York 1993 – Siebert, H.: Lernen als Konstruktion von Lebenswelten. Frankfurt 1994

Kurt R. Müller

Berufliches Schulwesen in der Bundesrepublik Deutschland

Das berufliche Schulwesen ist ein wichtiger Teil des Deutschen Bildungssystems (vgl. die Übersicht in BMBF 2004, S. 10), das sich historisch in Anpassung an Veränderungen in der Gesellschaft und durch bildungspolitische Gestaltung vorrangig durch den Staat entwickelt hat. Seit der Ausgliederung von Lernprozessen aus den familiären bzw. gesellschaftlichen Arbeits- und Lebensprozessen und deren schulischer Organisation (Verschulung; vgl. Kell 1993), ist das Bildungswesen weiter institutionalisiert und differenziert worden. Ob diese Entwicklung zu einem deutschen Bildungssystem und ob das berufliche Schulwesen im Kontext der beruflichen Aus- und Weiterbildung sich zu einem System entwickelt hat, ist umstritten (vgl. Fingerle/Kell 1990). Zumindest von außen betrachtet erscheint Vielen das berufliche Schulwesen eher als „organisiertes Chaos" (Luchtenberg 1952, S. 317) oder als „Organisationssumpf" (Grüner 1984, S. 47), obwohl es sich auch als anpassungsfähiges „offenes System" charakterisieren lässt (Grüner 1983, S. 132).

Zunächst können einige (System-)Merkmale benannt werden, die die Strukturen des beruflichen Schulwesens und die Funktionen der einzelnen beruflichen Schulen erkennbar und verstehbar machen.

1. Seit der bildungstheoretischen Entgegensetzung von „Allgemeinbildung" und „Berufsbildung" durch den Neuhumanismus Anfang des 19. Jahrhunderts ist das berufliche Schulwesen vom allgemeinen Schulwesen in den Zielen, Inhalten und Berechtigungen weitgehend getrennt worden (vgl. Blankertz 1969; Kell 1982a). Diese Spannungen wirken im beruflichen Schulwesen fort, z.B. in den sog. „allgemeinbildenden" Fächern der beruflichen Schulen (vgl. Kutscha 1982). Zur Überwindung dieser Spannungen sind in Modellversuchen →„doppeltqualifizierende Bildungsgänge" (vgl. Dauenhauer/Kell 1990) erprobt und ist zur Reform des Sekundarbereichs II in Nordrhein-Westfalen die →Kollegschule als Modellversuch durchgeführt worden. Die Kollegschulen sind durch ein „Berufskolleggesetz" zum neuen beruflichen Schulwesen (→Berufskolleg) in diesem Bundesland geworden (vgl. Kell u.a. 1989; Landtag NW 1997; Kell 2000).

2. Seit den Vertikalisierungen im allgemeinen Schulwesen im 19. Jahrhundert als Reaktion auf soziale Schichtungen (Volksschule für die Arbeiterschicht; Realschule für die Bürgerschicht; Gymnasium für die Führungsschicht) hat sich auch das berufliche Schulwesen in niedere, mittlere und höhere berufliche Schulen hierarchisiert (z.B. Handelsschule; Höhere Handelsschule; Höhere Handelsschule bzw. Höhere Berufsfachschule mit Gymnasialer Oberstufe bzw. Wirtschafts-, Fach oder →Berufs-Gymnasium) (vgl. Kell 1982a; 1993).

3. Seit der beruflichen Organisation der →Arbeit im Kapitalismus folgt die Struktur des beruflichen Schulwesens nicht nur der vertikal-hierarchischen Dimension des →Berufs, sondern auch der horizontal-inhaltlichen Dimension durch eine Differenzierung in aggregierte Berufsbereiche (z.B. Bergbau-, Landwirtschafts-, Kaufmännische, Gewerblich-Technische, Allgemein-Gewerbliche, Hauswirtschaftliche, Sozialpflegerische Schulen) bzw. in →Berufsfeldern (nach den Berufsgrundbildungsjahr-Anrechnungs-Verordnungen (BGJ-AVO): I: Wirtschaft und Verwaltung; II: Metalltechnik; III: Bautechnik; IV: Holztechnik; V: Textiltechnik und Bekleidung; VI: Chemie, Physik und Biologie; VIII: Drucktechnik; IX: Farbtechnik und Raumgestaltung; X: Gesundheit; XI: Körperpflege; XII: Ernährung und Hauswirtschaft; XIII: Agrarwirtschaft (vgl. Kell 1982b).

4. Das berufliche Schulwesen ist nicht nur Teil des gesamten Schulwesens, sondern auch Teil einer gestuften Berufsbildung: die →vorberufliche Bildung in den Allgemeinen Schulen des Sekundarbereichs I und in den beruflichen Schulen des Sekundarbereichs II; berufliche Erstausbildung (nichtakademische Berufsausbildung im Sekundarbereich II und akademische Berufsausbildung im Tertiärbereich) und berufliche Weiterbildung (→berufliche Erwachsenenbildung im Quartärbereich; vgl. Kell 1995). Die Hochschulen gelten aus historischen und rechtlichen Gründen nicht als berufliche Schulen (nach Art. 7, 75 und 91a GG und den Schul- bzw. Hochschulgesetzen der Länder).

Die Stufung und die Definitionen der beruflichen Schulen gehen auf erste Beschlüsse der Reichsschulkonferenz zurück (1920), die durch die rechtliche Verankerung einer Berufsschulpflicht (Art. 145 WRV) im Kontext der Bemühungen um ein Reichsschulpflichtgesetz für notwendig erachtet wurde (vgl. Kell 1988). Seitdem werden Schulen, die der Berufsvorbereitung dienen, als →Berufsfachschulen, diejenigen, die zur beruflichen Erstausbildung (im →Dualen System) gehören, als →Berufsschulen und diejenigen, in denen beruflich weitergebildet wird, als Fachschulen bezeichnet.
In Fortschreibungen dieser ersten Definitionen gelten zur Zeit die durch die KMK (1975) vereinbarten Bezeichnungen und Beschreibungen: Berufsschule (Teilzeit-Berufsschule als Ergänzung der betrieblichen Berufsausbildung und Kern des beruflichen Schulwesens); Berufsfachschule (BFS; Sammelbezeichnung für eine Vielzahl berufsvorbereitender und berufsqualifizierender Bildungsgänge); →Berufsaufbauschule (BAS; als Teil eines →Zweiten Bildungsweges); →Fachoberschule (FOS; zum Erwerb einer →Fachhochschulreife als berufsbezogene Hochschulberechtigung); Fachschule (FS; für die berufliche Weiterbildung beruflich Ausgebildeter).
Im Anhang zu diesem Beschluss wird auf folgende, in einigen Ländern verwendete Bezeichnungen für berufliche Schulen hingewiesen: →Berufsoberschule (BOS; berufliche Weiterbildung in Verbindung mit dem Erwerb einer – fachgebundenen – Hochschulreife); Fachakademie (FA; gehobene berufliche Weiterbildung – in einigen Bundesländern Nachfolgerin der Höheren Fachschulen, die 1969/1970 zu →Fachhochschulen „aufgestiegen" sind); Berufskolleg (BK; gehobene vollzeit-schulische Berufsausbildung, zum Teil mit Erwerb der Fachhochschulreife); →Berufsakademie (BA; Einrichtungen des Tertiären Bildungsbereichs außerhalb der Hochschule).

Die Bedeutung des beruflichen Schulwesens ist u.a. am Schulbesuch zu erkennen. Da berufliche Schulen überwiegend Schulen des Sekundarbereichs II sind, lässt sich an der Verteilung der 17jährigen Jugendlichen (ein für diesen Bereich typischer Altersjahrgang) deren jeweiliger Stellenwert einschätzen (vgl. BMBF 2004, S. 32f.): Von den 916.538 (100 %) der 17jährigen Jugendlichen befanden sich 2002
– außerhalb von Schulen (ohne Schulnachweis) 6,9 %,
– in Sonderschulen 1,5 %,
– in Schulen des Sekundarbereichs I 13,9 %,
– in der Gymnasialen Oberstufe 24,3 %,
– in der Berufsschule (einschließlich BAS, BVJ, BGJ) 34,4 %,
– in Berufsfachschulen 12,5 %,
– in Fachgymnasien (einschließlich FOS, BOS, KS, FA, BA) 5,8 %,
– in Fachschulen (einschließlich in Schulen des Gesundheitswesens) 0,8 %.
Die berufliche Weiterbildung in den Fachschulen ist bei den 17jährigen erwartungsgemäß nur schwach; der größte Anteil dieser Jugendlichen besucht Schulen des Gesundheitswesens, die zwar als Fachschulen bezeichnet werden, aber überwiegend der schulisch organisierten Berufsausbildung bzw. der Berufsvorbereitung zuzurechnen sind. Bei den 20jährigen ist der Fachschulanteil auf 2,9 % gestiegen; er schwankt bei den folgenden Altersjahrgängen bis zu den 29jährigen zwischen 1,9 und 7,3 %. Der Anteil der 17jährigen, die sich im beruflichen Schulwesen 2002 befanden, ist mit 53,7 % größer als im allgemeinen Schulwesen.
Durch die Novellierung des →Berufsbildungsgesetzes (BBiG vom 23.03.2005, BABL I S. 931) ist das berufliche Schulwesen (berufs-)bildungspolitisch aufgewertet worden. Nach § 2 (Lernorte der Berufsbildung) kann die (schulische) Berufsbildung in berufsbildenden Schulen durchgeführt werden und sollen sie in der (regionalen) →Lernortkooperation mitwirken. Die Landesregierungen können für ihre berufsbezogenen Bildungsgänge durch Rechts-

verordnungen bestimmen, dass deren Bereich ganz oder teilweise auf die Ausbildungszeit angerechnet wird (§ 7). Prüfungszeugnisse können gleichgestellt (§ 50) und Prüfungsbestandteile können bei Fortbildungsprüfungen angerechnet werden (§ 56).

Literatur: Blankertz, H.: Bildung im Zeitalter der großen Industrie. Hannover 1969 – Bundesministerium für Bildung und Forschung (BMBF): Grund- und Strukturdaten 2003/2004. Bonn 2004 – Bundesregierung: Lage und Entwicklung des berufsbildenden Schulwesens. BT-Drucksache 10/5652. Bonn 1986 – Dauenhauer, E./Kell, A.: Modellversuche zur Doppelqualifikation/Integration. BLK-Materialien zur Bildungsplanung. Heft 21. Bonn 1990 – Fingerle, K./ Kell, A.: Berufsbildung als System? In: Harney, K./ Pätzold, G. (Hg.): Arbeit und Ausbildung, Wissenschaft und Politik. Frankfurt a.M. 1990, S. 305-330 – Grüner, G.: Berufliche Schulen als Lernort. In: Verbände der Lehrer an beruflichen Schulen in Nordrhein-Westfalen (Hg.): Berufliche Sozialisation in der Auseinandersetzung mit verschiedenen Lernorten. Krefeld 1983, S. 122-133 – Grüner, G.: Die Berufsschule im ausgehenden 20. Jahrhundert. Bielefeld 1984 – Kell, A.: Berechtigungswesen zwischen Bildungs- und Beschäftigungssystem. In: Blankertz, H./Derbolav, J. Kell, A./Kutscha, G. (Hg.): Sekundarstufe II – Jugendbildung zwischen Schule und Beruf. Enzyklopädie Erziehungswissenschaft, Bd. 9.1. Stuttgart 1982a, S. 289-320 – Kell, A.: Berufsgrundbildung als Teil der Berufsausbildung. In: Schanz, H. (Hg.): Berufspädagogische Grundprobleme. Stuttgart 1982b, S. 98-132 – Kell, A.: Das berufliche Schulwesen. In: Pädagogik 40 (1988), 7/8, S. 75-80 – Kell, A.: Geschichte der beruflichen Weiterbildung. Fernuniversität Hagen. Studienbrief. Kurseinheiten 1 und 2. Hagen 1993 – Kell, A.: Organisation, Recht und Finanzierung der Berufsbildung. In: Arnold, R./Lipsmeier, A. (Hg.): Handbuch der Berufsbildung. Opladen 1995, S. 369-397 – Kell, A.: Berufskolleg in Nordrhein-Westfalen. In: Metzger, Ch./Seitz, H./Eberle, F. (Hg.): Impulse für die Wirtschaftspädagogik. Zürich 2000, S. 53-70 – Kell, A./Fingerle, K./ Kutscha, G./Lipsmeier, A./ Stratmann, Kw.: Berufsqualifizierung und Studienvorbereitung in der Kollegschule. Soest 1989 – Kutscha, G.: „Allgemeinbildender" Unterricht in der Berufsschule – Verwaltete Krise. In: Zeitschrift für Pädagogik 28 (1982), 1, S. 55-72 – Landtag Nordrhein-Westfalen: Gesetz zur Änderung des Schulverwaltungsgesetzes (Berufskolleggesetz) vom 05.05.1997 – Luchtenberg, P.: Die Berufsschule im geistigen Ringen der Gegenwart. In: Die berufsbildende Schule 4 (1952), 7/8, S. 309 ff.

Adolf Kell

Berufs- und Wirtschaftspädagogik der DDR

Berufs- und Wirtschaftspädagogik waren in der DDR Disziplinen im System der marxistischen pädagogischen Wissenschaften, die hinsichtlich ihrer jeweils spezifischen Gegenstands-, Forschungs- und Lehrbereiche sowie deren Institutionalisierung zwar relativ klare Abgrenzungen aufwiesen, deren Verhältnis zueinander allerdings auch durch „fließende Grenzen" charakterisiert wurde.

Zentraler Gegenstand der →Berufspädagogik war der berufspädagogische Prozess. Er umfasste die Bildung und Erziehung im gesamten berufsbildenden Bereich und schloss damit die Prozesse sowohl der Aus- als auch der Weiterbildung ein.

Die Berufspädagogik erforschte Wesen, Gesetzmäßigkeiten sowie Entwicklungstendenzen und -perspektiven des berufspädagogischen Prozesses. „Auf dieser Grundlage arbeitet sie die Theorie und Methodik seiner Führung und Gestaltung aus. Sie erarbeitet seine Ziele, analysiert die Bedingungen, entwickelt und vervollkommnet den Inhalt, die Organisationsformen, Methoden und Verfahren" (Rudolph/Feierabend et al. 1987, S. 53).

Teildisziplinen der Berufspädagogik der DDR waren die Allgemeine Berufspädagogik, die Erziehungstheorie der Berufsbildung, die Didaktik des →beruflichen Unterrichts, die Lehrplantheorie der sozialistischen Berufsbildung, die Grundlagen der Leitung der Berufsbildung, die Vergleichende Berufspädagogik, die →Berufsberatung, die Ökonomie der Berufsbildung, die Geschichte der Berufspädagogik und die Methodiken der Unterrichtsfächer und Lehrgänge (die Unterrichtsmethodiken der Berufsausbildung wurden manchmal auch als Fachmethodiken oder spezielle Methodi-

ken, seltener als Fachdidaktiken bezeichnet).
Allgemeine methodologische Grundlage der DDR-Berufspädagogik war die Philosophie und Erkenntnislehre des dialektischen und historischen Materialismus. Die Berufspädagogik wurde darüber hinaus stark beeinflusst durch die marxistische Gesellschafts-, Reproduktions- und Persönlichkeitstheorie.
Die Genese einer marxistisch begründeten Berufspädagogik war an die Herausbildung des Sozialismus als Gesellschaftssystem gebunden. Während sich die Berufspädagogik der DDR mit den Arbeiten Sprangers, Fischers, Kerschensteiners und Litts als den „Begründern der deutschen idealistischen Berufspädagogik" (Rudolph/Feierabend et al. 1987, S. 47) nur sehr oberflächlich und fragmentarisch auseinandersetzte, waren die Erkenntnisse von Marx und Engels zu dem Verhältnis von Erziehung und Produktion, zur Rolle der Tätigkeit für die Entwicklung des Individuums und der Gesellschaft sowie die Arbeiten Krupskajas und Makarenkos zu Fragen der Arbeitsschulen und Arbeitserziehung für die Theoriebildung von essentieller Bedeutung. Gegenüber jeweils aktuellen „bürgerlichen Positionen" in der Berufspädagogik erfolgte die Auseinandersetzung in allen Teildisziplinen polemisch und überwiegend mit dem Ziel der Abgrenzung (Rudolph/Feierabend et al. 1987, S. 50).
Die Aufgaben der Berufspädagogik der DDR bestanden (1) in der wissenschaftlichen Analyse der Gesetzmäßigkeiten des berufspädagogischen Prozesses mit dem Ziel, „ein für Forschung, Lehre und Praxis gleichermaßen nützliches theoretisches Modell (Abbild) zu entwickeln" (Rudolph/Feierabend et al. 1987, S. 53) und (2) in der Erarbeitung theoretisch begründeter Handlungsorientierungen für die Gestaltung des berufspädagogischen Prozesses und der Erforschung der Wege ihrer praktischen Umsetzung in der Prozessgestaltung.
Die Realisierung dieser Aufgaben erforderte die fortschreitende Konkretisierung der allgemeinen berufspädagogischen Zusammenhänge, Kategorien und Begriffe. Die Wirtschaftspädagogik der DDR war im Wesentlichen und in erster Linie eine spezifische Konkretionsform der Berufspädagogik. Sie wurde in der einschlägigen DDR-Literatur auch als berufspädagogische Teildisziplin ausgewiesen, „deren Gegenstand die Bildungs- und Erziehungsprozesse der Berufsausbildung der Lehrlinge und der beruflichen Aus- und Weiterbildung der Facharbeiter und Meister innerhalb der kaufmännisch-ökonomischen Berufsgruppen sowie die Methodik der Aus- und Weiterbildung von Berufspädagogen für den ökonomischen Bereich sind" (Achtel/Achtsnick et al. 1978, S. 253).
Die Wirtschaftspädagogik der DDR befand sich im Prozess der Ausformung zu einer eigenständigen (stark integrativ geprägten) wissenschaftlichen Disziplin. Einzige Stätte ihrer Forschung und Lehre war die Humboldt-Universität zu Berlin. Im Zentrum der wirtschaftspädagogischen Forschung und Lehre dieser Einrichtung stand die Unterrichtsmethodik ökonomischer Lehrgegenstände, deren Gegenstandsbereich durch die Prozesse der Bildung und Erziehung im ökonomischen Fachunterricht bestimmt war.
Das disziplinprägende und disziplinkonstituierende Merkmal dieser zentralen wirtschaftspädagogischen Teildisziplin war Inhaltlichkeit (Drechsel et al. 1985, S. 55). Sie ergab sich aus der Bezugswissenschaft (marxistische Wirtschaftswissenschaften) und aus der im →Berufsfeld Wirtschaft und Verwaltung vom ökonomischen Facharbeiter (als Berufsträger) zu leistenden Arbeit (kaufmännisch-verwaltende Tätigkeiten).
Analog zu den Aufgaben der Berufspädagogik hatte auch die Unterrichtsmethodik ökonomischer Lehrgegenstände einen Beitrag zur Entwicklung und Vervollkommnung theoretischer Modelle (des eigenen, aber vor allem auch des Modells der Didaktik des beruflichen Unterrichts) zu leisten und darüber hinaus Handlungsorientierungen und Handreichungen für

die Lehrkräfte des ökonomischen Fachunterrichts zu erarbeiten (im letzteren Falle diente sie damit der unmittelbaren Unterstützung der Unterrichtspraxis an den berufsbildenden Einrichtungen).
Der materialistischen Auffassung von der gesetzmäßigen Determiniertheit des Unterrichtsprozesses folgend, war die Forschung der Unterrichtsmethodik ökonomischer Lehrgegenstände auf die Aufdeckung allgemeiner und notwendiger Zusammenhänge (Gesetzmäßigkeiten) in dem von ihr abzubildenden Objektbereich (ökonomischer Fachunterricht) gerichtet. Ausgehend von einem System methodikrelevanter Merkmale (Schink/Squarra 1982) als dem Resultat einer Analyse der spezifischen Gegenstände unterrichtlicher Aneignungstätigkeit aus didaktisch-methodischer Sicht wurden Invarianzen (Klauser/Squarra 1986) erforscht. Sie markierten das relativ Stabile im unterrichtsbezogenen Handeln der Wirtschaftslehrer und wurden als eine Erkenntnisvorstufe gesetzmäßiger Zusammenhänge ausgewiesen. Aus dem Konstrukt der Invarianzen bzw. invarianten Zusammenhänge leiteten sich Prinzipien für die Gestaltung des ökonomischen Fachunterrichts ab (Schink/Squarra 1982; Matthäus 1987), die letztendlich eine präskriptive Funktion erfüllten und damit explizit den normativen Charakter des gesamten Theoriemodells spiegelten.
Die primär auf den Schwerpunkt „Unterrichtsmethodik ökonomischer Lehrgegenstände" gerichtete wirtschaftspädagogische Forschung der DDR wies damit eine außerordentlich starke (fach)didaktische Orientierung auf. Andere Teildisziplinen der →Wirtschaftspädagogik, wie z.B. die Geschichte der Wirtschaftspädagogik oder Vergleichende Wirtschaftspädagogik waren in Forschung und Lehre von eher marginaler Bedeutung. D.h., im Vergleich zur einschlägigen Forschung und Lehre in den alten Bundesländern führte diese „Verkürzung" der Forschungsperspektive in der DDR zum Umgang mit einem „engeren Begriff" von Wirtschaftspädagogik.

Literatur: Achtel, K./Achtsnick, D. et al.: Lexikon der Wirtschaft. Band Berufsbildung. Berlin 1978 – Drechsel, K./Lohse, H. et al.: Theorie und Methodologie der Wissenschaftsdisziplin Unterrichtsmethodik. In: Forschung der sozialistischen Berufsbildung 19 (1985), 2, S. 52 ff. – Klauser, F./Squarra, D.: Zur Erforschung invarianter Zusammenhänge im Objektbereich der Unterrichtsmethodik ökonomischer Lehrgegenstände. In: Forschung der sozialistischen Berufsbildung 20 (1986), 2, S. 69 ff. – Matthäus, S.: Fachübergreifende Koordinierung ökonomischer Lehrgegenstände im berufstheoretischen Fachunterricht des Grundberufs Wirtschaftskaufmann. In: Forschung der sozialistischen Berufsbildung 21 (1987), 5, S. 199-203 – Rudolph, W./Feierabend, G. et al.: Berufspädagogik. Berlin 1987 – Schink, A./Squarra, D.: Methodik des ökonomischen Fachunterrichts. Berlin 1982

Dieter Squarra

Berufsakademien

Berufsakademien (BA) sind Einrichtungen des tertiären Bildungssektors, die theoretisch anspruchsvolle berufsqualifizierende Ausbildungsgänge für Abiturienten anbieten. In ihnen wirken Ausbildungsbetriebe und hochschulähnliche Studienakademien in Ausrichtung am Modell der „dualen" Berufsausbildung zusammen. Während die „anerkannten Ausbildungsberufe" (BBiG) Leistungsmuster überwiegend ausführenden Charakters auf Facharbeiter- und Sachbearbeiterniveau zur Qualifizierungsvorgabe haben, verfolgte die BA das Ziel, für gehobene dispositiv-operative Funktionen Nachwuchskräfte heranzubilden. In den nach Fachrichtungen ausdifferenzierten Ausbildungsbereichen Wirtschaft, Technik und Sozialwesen werden die Grade Diplom-Betriebswirt (BA), Diplom-Ingenieur (BA) und Diplom-Sozialpädagoge (BA) nach dreijährigem Studium und bestandener Prüfung vergeben. Laut KMK-Beschluss 1995 wurden die von BA vergebenen Diplom-Abschlüsse unter bestimmten Bedingungen (im Sinne der Gleichstellung mit Fachhochschuldiplomen) bundeseinheitlich „anerkannt".

Der Anstoß für die Errichtung von BA ging zu Beginn der siebziger Jahre von Stuttgarter Großbetrieben aus. Sie fürchteten, der von einer expansiven Bildungspolitik verursachte Sog zum Gymnasium lenke die vorhandenen „Begabungsreserven" von dem über mittlere Abschlüsse führenden herkömmlichen Zugangsweg zu dispositiv-operativen Funktionen ab. Die mit der Realisierung des „Stuttgarter Modells" 1972 getroffene Entscheidung für eine wissenschaftsorientierte und zugleich praxisnahe Abiturientenausbildung fiel überdies in eine Zeit schwindenden Vertrauens der Wirtschaft in die Qualität eines von der Austragung politischer Konflikte mitbestimmten Hochschulstudiums. Nach erfolgreichem Start des zunächst auf den kaufmännischen Bereich beschränkten Qualifizierungskonzepts wurde es 1974 vom Lande Baden-Württemberg übernommen und um die Ausbildungsbereiche Technik und Sozialwesen erweitert. Das geschah trotz einer Empfehlung der Bildungskommission des Deutschen Bildungsrats (1973), mit der davon abgeraten worden war, „Maßnahmen zur Förderung von Ausbildungsgängen außerhalb der Hochschulen" zu ergreifen. Vielmehr sollten anwendungsbezogene berufsqualifizierende Studiengänge innerhalb einheitlicher, für den gesamten Hochschulbereich geltenden Strukturvorgaben organisiert werden.

Die BA blieb nach erfolgreicher Modellversuchsphase (BLK-Beschluss 1980) und der Überführung in eine Regeleinrichtung (1982) lange Jahre ein bildungspolitisches Unikat. Auf Initiative der Wirtschaft in einigen anderen Bundesländern eingeführte Sonderausbildungsgänge für Hochschulzugangsberechtigte erreichten in Anspruch und Ausformung nicht den Status der baden-württembergischen BA. Erst in den neunziger Jahren folgten zwei weitere Bundesländer, und zwar Sachsen 1991 und Berlin 1993. Die KMK hat die Orientierung am „Modell Baden-Württemberg" 1995 ausdrücklich zur Anerkennungsbedingung gemacht. In den seitdem hinzugekommenen Bundesländern (Niedersachsen, Thüringen, Schleswig-Holstein, Saarland, Hessen) ist die BA von nur geringer Bedeutung.

Im Stichjahr 2002 betrug die Zahl der Studierenden insgesamt 30.272, davon 20.327 in Baden-Württemberg und 4.397 in Sachsen. Ca. ein Sechstel der baden-württembergischen Abiturienten entschied sich für ein BA-Studium. Zwischen 1978 und 2004 wurden hier 72.268 Diplomprüfungen abgelegt. Bezogen auf die Zahl der Studienanfänger liegt die „Drop-out-Quote" bei gut 10%; der Anteil der nicht bestandenen Diplomprüfungen ist gering (2004: 3,6%). 2004 beteiligten sich in Baden-Württemberg 8.435 Betriebe an der BA. Die Lehre wird vornehmlich von hauptamtlichen Dozenten und Praktikern (ca. 50%) getragen, des Weiteren im Nebenamt von Fachhochschuldozenten, Universitätsdozenten und Lehrern an berufsbildenden Schulen. Bildungspolitisches Ziel ist es, den Anteil der auf hauptamtliche Dozenten entfallenden Vorlesungsstunden (Ende der 1990er Jahre: gut 20%) kontinuierlich zu erhöhen.

Abiturienten nennen als Hauptgrund für ihre BA-Entscheidung die Möglichkeit der Theorie-Praxis-Verbindung schon während des Studiums. Große Bedeutung haben auch die Kürze der Ausbildung und die mit ihr verbundene finanzielle Unabhängigkeit (Ausbildungsvergütung). Wie in einer Evaluationsuntersuchung ermittelt, integrieren sich BA-Absolventen rasch und dauerhaft in das Beschäftigungswesen. Im Vergleich zu FH- und Uni-Absolventen erfolgt die Ersteingliederung bei BA-Absolventen etwas zügiger, ein längerfristiger Arbeitsmarktvorteil besteht jedoch nicht. Die Befürchtung, die betriebsorientierte BA-Ausbildung könne zu schmal angelegt sein, wodurch ein Betriebswechsel erschwert und ein beruflicher Aufstieg verhindert würde, findet keine Bestätigung. BA-Absolventen sind zu 75% mit ihrer beruflichen Gesamtsituation zufrieden; der Anteil der Unzufriedenen liegt deutlich unter 10%. Das Engagement der Betriebe für die BA basiert insgesamt auf positiven Erfahrungen. Die BA-Absolventen seien hinsichtlich ihrer berufspraktischen und anwendungsbezogenen Kenntnisse den vergleichbaren Absolventengruppen überlegen.

Die KMK hat die „Anerkennung" der BA u.a. davon abhängig gemacht, „dass die Verantwortung für die Ausbildung insbesondere in der Frage der Kontrolle und Standardisierung der Qualität der Praxisausbildung der Studienakademie obliegt". Diese Auflage impliziert das Ende der gleichberechtigten Partnerschaft zwischen Betrieben und Akademien. Allein in der Verantwortung der Betriebe bleibt nach wie vor das Auswahlverfahren: Die Zulassung zur Berufsakademie und damit zugleich die Aufnahme in die Studienakademie ist an den Abschluss eines Ausbildungsvertrages gebunden. Wenn der Einfluss der Betriebe auf die Ausbildungsgestaltung in der bisher geübten Weise Bestand haben soll, müssten sich die paritätisch besetzten Gremien Kuratorium (es beschließt Empfehlungen von grundsätzlicher Bedeutung) und Fachkommissionen (sie sind zuständig für die Aufstellung von Studien- und Ausbildungsplänen) an ein inoffizielles Konsensprinzip binden.

Literatur: Bildungskommission des Deutschen Bildungsrates: Planung berufsqualifizierender Bildungsgänge im tertiären Bereich. Bonn 1973 – Deissinger, T.: Eine bildungspolitische Forderung im Spiegel der aktuellen Rechtslage: die überregionale Anerkennung der Berufsakademie Baden-Württemberg. In: Recht der Jugend und des Bildungswesens 43 (1995), S. 429-442 – Wissenschaftsrat: Stellungnahme zu den Berufsakademien in Baden-Württemberg. Schwerin 1994 – Zabeck, J./Weibel, B./Müller, W.: Die Berufsakademie Baden-Württemberg (Abschlußbericht). Mannheim 1978 – Zabeck, J./Zimmermann, M. (Hg.): Anspruch und Wirklichkeit der Berufsakademie Baden-Württemberg. Eine Evaluationsstudie. Weinheim 1995

Jürgen Zabeck

Berufsaufbauschule

Als Folge der Vertikalisierung der Berufsbildung in niedere, mittlere und höhere berufliche Aus- und Weiterbildung (→Berufliches Schulwesen in der Bundesrepublik Deutschland) ergibt sich das Problem, die bildungspolitischen Postulate der Chancengleichheit und der Durchlässigkeit durch Aufstiege in die jeweils nächsthöhere Schul- und Berufslaufbahn zu ermöglichen. Die Berufsaufbauschule (BAS) hat vor diesem Hintergrund die Funktion, den Aufstieg Jugendlicher aus der Volksschule (später Hauptschule) nach einer (niederen) Berufsausbildung zum Handwerksgesellen, Kaufmannsgehilfen, Industriefacharbeiter o.ä. ihre Berufsbildung über eine berufliche Weiterbildung in der mittleren Ausbildungs- und Berufslaufbahn fortsetzen zu können. Denn durch die Vertikalisierung der Berufsbildung ist zwischen der tradierten nicht-akademischen Berufslaufbahn Lehrling – Geselle – Meister und der (höheren) akademischen Laufbahn Abiturient – Student – Akademiker eine mittlere (Techniker-)Laufbahn entwickelt worden (vgl. Grüner 1967; Lundgreen 1975). Für den Zugang zu den (technischen) Mittelschulen, z.B. zu den zweijährigen höheren Maschinenbauschulen (zu den späteren Ingenieur- und anderen Höheren Fachschulen – HFS), ist seit 1890 ein mittlerer Schulabschluss grundsätzlich gefordert worden (Realschulabschluss; Mittlere Reife; Obersekundarreife; Einjähriges). Daraus hat sich für den Zugang zu den HFS als Zugangsvoraussetzung die →Fachschulreife (FSR) entwickelt (z.B. in Nordrhein-Westfalen seit 1949), zu deren Erwerb die BAS eingerichtet wurde.

Die weiteren Entwicklungen sind durch zahlreiche Vereinbarungen der Länder über die FSR, die BAS und die HFS beeinflusst worden, so von der „Rahmenvereinbarung über die Errichtung von Berufsaufbauschulen (Aufbaulehrgänge) im berufsbildenden Schulwesen" (KMK-Beschluss vom 24./25.09.1959) und von der „Vereinbarung über die Voraussetzungen für die Zulassung zu den öffentlichen Ingenieurschulen" (KMK-Beschluss vom 15./ 16.06.1961 i.d.F. vom 16.06.1962), die fortgeschrieben wurden.

Die BAS gliedert sich in die fünf Fachrichtungen: allgemein-gewerbliche, gewerblich-technische, kaufmännische, hauswirtschaftlich-pflegerische und sozialpädagogische sowie landwirtschaftliche Fachrichtung. Folgende Organisationsformen haben sich für die BAS entwickelt:
1. Teilzeitunterricht während bzw. nach einer Berufsausbildung im Dualen System (6 bis 7 Halbjahre);
2. Vollzeitunterricht nach abgeschlossener Berufsausbildung (meist 2 Halbjahre);
3. Verbindung von Teilzeitunterricht und Vollzeitunterricht (z.B. Teilzeitunterricht parallel zur Berufsausbildung und Vollzeitunterricht nach Abschluss der Berufsausbildung);
4. Sonderformen, z.B. →Fernunterricht.

Nach der „Rahmenordnung für die Prüfung der Fachschulreife an Berufsaufbauschulen" (KMK-Beschluss vom 24.11.1971) erstreckt sich die Prüfung auf die Fächer Deutsch, Fremdsprache, Gemeinschaftskunde/Geschichte/Geographie, Mathematik, Physik, Wirtschaftslehre und ein berufstheoretisches Fach.

Die BAS als Institution des sog. Zweiten (beruflichen) Bildungsweges (→Zweiter Bildungsweg, →Beruflicher Bildungsweg) und die FSR haben an Bedeutung verloren, weil durch die Umwandlung der HFS zu →Fachhochschulen (FH) und die Einführung der →Fachhochschulreife (FHR) als Zugangsvoraussetzung zu den FH seit 1969/70 eine neue mittlere/gehobene Ausbildungs- und Berufslaufbahn entstanden ist: vom allgemeinen Schulwesen (mit mittlerem Schulabschluss, z.B. Fachoberschulreife – FOR) über die →Fachoberschule (FOS) zur FH, für den die FSR nicht mehr funktional ist (kontinuierlicher Rückgang der Schülerzahlen von 1965 etwa 53.000 auf etwa 7.000 bis 2002; (BMBF 2004, S. 58).

Literatur: Bundesministerium für Bildung und Forschung (BMBF): Grund- und Strukturdaten 2003/ 2004. Bonn/Berlin 2004 – Conradsen, B.: Der Bildungsaufstieg der begabten Werktätigen als Kernstück einer sozialen Bildungsreform. In: Die berufsbildende Schule 3 (1951), 7/8, S. 289-303 – Georg, W.: Berufsaufbauschule. In: Blankertz, H./Derbolav, J./ Kell, A./ Kutscha, G. (Hg.): Sekundarstufe II – Jugendbildung zwischen Schule und Beruf. Enzyklopädie Erziehungswissenschaft. Bd. 9.2. Stuttgart 1983, S. 93-96 – Grüner, G.: Die Entwicklung der Höheren Technischen Fachschulen im deutschen Sprachgebiet. Braunschweig 1967 – KMK (Ständige Konferenz der Kultusminister der Länder): Empfehlungen für den Unterricht an den Berufsaufbauschulen. Beschluss vom 18.03.1970. Neuwied 1979 – Lundgreen, P.: Techniker in Preußen während der Früh-Industrialisierung. Berlin 1975

Adolf Kell

Berufsausbildung und berufliche Weiterbildung

Die Berufsausbildung und die berufliche Weiterbildung haben beide die Vermittlung von Kenntnissen, Fertigkeiten und Fähigkeiten zum Gegenstand, die auf die Ausübung einer beruflichen Tätigkeit gerichtet sind. Sie konstituieren gemeinsam den Begriff der Berufsbildung. In Deutschland sind – anders als in anderen Ländern – die beiden Formen der Berufsbildung in rechtlicher, organisatorischer und methodisch-didaktischer Hinsicht deutlich voneinander abgegrenzt. Die Berufsausbildung bereitet auf die erstmalige Ausübung eines Berufes vor und findet in unterschiedlichen Formen (schulisch, betrieblich, dual) statt. In Deutschland kommt der Berufsausbildung im Rahmen des dualen Systems (Betrieb und →Berufsschule) die wesentliche Bedeutung zu. Die Ausbildung erfolgt in anerkannten →Ausbildungsberufen, wobei der betriebliche Teil der Ausbildung im →Berufsbildungsgesetz von 1969 (BBiG) und der →Handwerksordnung geregelt ist. Für den schulischen Teil der Ausbildung im dualen System gelten Gesetze und Verordnungen der Länder. Die →Ausbildungsdauer liegt meist zwischen drei und dreieinhalb Jahren.

Während für die Berufsausbildung eine relativ starke rechtliche Normierung und Regulierung kennzeichnend ist, handelt es sich bei der Weiterbildung um einen sehr heterogenen Bereich, der nur zu einem geringen Teil rechtlich geregelt ist. Hier ist insbesondere der § 53 BBiG zu nennen, der Bestimmungen zur Erstellung von Fortbildungsordnungen enthält. Die Heterogenität des Weiterbildungsbereichs zeigt sich auch daran, dass eine Reihe konkurrierender Begriffsdefinitionen vorliegen. Im Allgemeinen baut die Weiterbildung aber auf einer vorangehenden Berufsausbildung oder Arbeitstätigkeit auf und vertieft oder erweitert bereits vorhandene Kenntnisse und Fertigkeiten (Fortbildung). Hiervon zu unterscheiden ist die →berufliche Umschulung, die als Teilbereich der Weiterbildung eine berufliche Umorientierung ermöglicht. Berufliche Weiterbildung wird von einer Vielzahl von Trägern durchgeführt. Neben Kammern, privaten Instituten, Fachschulen und Einrichtungen von Verbänden und Gewerkschaften sind hier vor allem die Betriebe zu nennen. Das Angebot beruflicher Weiterbildung reicht von Tagesseminaren bis zu mehrjährigen Lehrgängen. Während früher häufig nur organisierte Weiterbildungsformen betrachtet wurden, erhalten in jüngster Zeit auch nicht organisierte Weiterbildungsformen (z.B. Lernen am Arbeitsplatz) zunehmend Beachtung.

Will man die Beziehungen zwischen der beruflichen Ausbildung und der beruflichen Weiterbildung untersuchen, so ist für die Seite der Weiterbildung sehr genau nach unterschiedlichen Weiterbildungsformen zu unterscheiden. Ein Großteil der im Hinblick auf Maßnahmeziel und Abschlussprüfung durch unterschiedliche Stellen eindeutig geregelten Weiterbildung und hier insbesondere solche Maßnahmen, die zu einem beruflichen Aufstieg führen sollen, knüpfen an in der Berufsausbildung vermittelte Kenntnisse und Fertigkeiten an. Häufig handelt es sich dabei um Weiterbildungsmaßnahmen, die zur Ausübung eines neuen Berufes (Weiterbildungsberuf) befähigen sollen und für die Fortbildungsordnungen der zuständigen Stellen oder staatliche Regelungen vorliegen. Die von den Teilnehmern zu erbringenden Zugangsvoraussetzungen können sich je nach Maßnahmeziel, Durchführungsträger und prüfender Stelle allerdings deutlich voneinander unterscheiden. So gibt es Maßnahmen, für die als Voraussetzung der Abschluss einer einschlägigen Berufsausbildung gefordert wird und andere, für die nur – unspezifisch und ganz generell – eine abgeschlossene Berufsausbildung erforderlich ist. Zusätzlich werden häufiger mehr oder weniger lange Zeiten einer vorherigen Berufstätigkeit verlangt. In vielen Fällen kann der vorgesehene Abschluss einer Berufsausbildung auch durch eine entsprechend längere Berufstätigkeit ersetzt werden. Dies gilt allerdings nicht für die Fortbildung zum Handwerksmeister, für die der Gesellenbrief zwingend vorgeschrieben ist sowie für zweijährige Fachschulen. Neben diesen Weiterbildungsmaßnahmen, die mehr oder weniger deutlich auf eine vorhergehende Ausbildung oder eine bestimmte Berufstätigkeit bezogen sind, existieren auch Fortbildungsregelungen, für die keine entsprechenden Zugangsvoraussetzungen genannt werden.

Für den größten Teil der beruflichen Weiterbildung, der insbesondere dem Ziel der Anpassung an neue und sich verändernde Qualifikationsanforderungen dient, liegen keine eindeutigen Regelungen vor. Die Zugangsvoraussetzungen zur Teilnahme an entsprechenden Maßnahmen stellen in den allermeisten Fällen nicht verbindlich auf eine bestimmte vorausgegangene berufliche Ausbildung ab. Dieser Teil der Weiterbildung lässt sich hinsichtlich der Ausrichtung auf bestimmte Zielgruppen differenzieren. Zu unterscheiden sind spezifische Weiterbildungsangebote für einen Personenkreis, der über ähnliche qualifikatorische Voraussetzungen verfügt (z.B. Herstellerschulungen bei Einführung einer neuen Technik für die für die Bedienung vorgesehenen Facharbeiter), von eher unspezifischen Maßnahmen für einen heterogenen Personenkreis (z.B. Sprachkurse, Arbeiten im Team). Ein bedeutender Teil der beruflichen Weiterbildung weist keine eindeutige Kopplung mit der beruflichen Ausbildung auf. Je nach der tatsächlich ausgeübten Beschäftigung und den sich hieraus ergebenden Qualifikationsanforderungen können sich für den einzelnen sehr unterschiedliche Weiterbildungsbedarfe ergeben. Als immer wichtiger werdendes Ziel der Berufsausbildung wird in diesem Zusammenhang die Vermittlung der Fähigkeit zum lebenslangen Lernen angesehen. In jüngerer Zeit wird verstärkt (und kontrovers) über eine Neubestimmung des Verhältnisses von Berufsausbildung und -weiterbildung diskutiert. Hier sind insbesondere drei Diskussionslinien zu unterscheiden. Thematisiert wird so – vor allem bei der Erstellung neuer oder der Überarbeitung bestehender →Ausbildungsordnungen – eine Integration bisheriger Weiterbildungsinhalte in die Berufsausbildung und umgekehrt eine Verlagerung bisheriger Ausbildungsinhalte in die berufliche Weiterbildung. Unter dem Stichwort 'Verzahnung von Aus- und Weiterbildung' wird eine Debatte darüber geführt, wie generell Inhalte der Ausbildung besser mit Weiterbildungsmaßnahmen verknüpft werden können. Schließlich wird unter dem Aspekt 'Modularisierung der beruflichen Bildung' die bestehende Abgrenzung von Aus- und Weiterbildung grundsätzlich in Frage gestellt. So könnten Module aus unterschiedlichen Bereichen der Aus- und Weiterbildung geschaffen werden und zu neuen und individuell unterschiedlichen Qualifikationsprofilen zusammengefügt werden.

Literatur: Diepold, P. (Hg.): Berufliche Aus- und Weiterbildung, Institut für Arbeitsmarkt- und Berufsforschung der Bundesanstalt für Arbeit, BeitrAB 195, Nürnberg 1996 – Fischer, A./Hartmann, G.: In Bewegung. Dimensionen der Veränderung von Aus- und Weiterbildung. Festschrift für Joachim Dikau zum 65. Geburtstag, Hochschulverband. Arbeitskreis Universitäre Erwachsenenbildung (Hg.). Bielefeld 1994 – Lipsmeier, A.: Berufliche Weiterbildung. Theorieansätze, Strukturen, Qualifizierungsstrategien, Perspektiven. Frankfurt/M. 1991 – Schlußbericht der unabhängigen Expertenkommission Finanzierung Lebenslangen Lernens: Der Weg in die Zukunft, 28. Juli 2004 – Stratmann, K./Schlösser, M.: Das Duale System der Berufsausbildung. Eine historische Analyse seiner Reformdebatten. Gutachten für die Enquete-Kommission „Zukünftige Bildungspolitik – Bildung 2000" des Deutschen Bundestages, Frankfurt/M. 1990

Günter Walden

Berufsausbildung von Abiturienten

Für Abiturienten oder Studienberechtigte, die eine Berufsausbildung anstreben, gibt es die Möglichkeit zur Ausbildung in einem anerkannten *Ausbildungsberuf* oder zur Qualifizierung in einem so genannten Sonderausbildungsgang der Wirtschaft in Betrieb und →Berufsakademie.

Im Jahr 2003 sind rund 80.500 Studienberechtigte ein →*Berufsausbildungsverhältnis* eingegangen; dies waren 14,3 Prozent aller Ausbildungsanfänger. Im Jahr 1998 lag dieser Anteil noch bei 16,7 Prozent; dies entspricht einem Absoluten Rückgang um rund 21.500 Ausbildungsanfänger. Gleichzeitig ist die Studierneigung gestiegen.

Die Berufsausbildung von Abiturienten konzentriert sich noch mehr als die von Anderen Schulabsolventen auf einige wenige Berufe. Mehr als die Hälfte der Jungen Leute mit Abitur absolviert ihre Ausbildung in einem von nur zehn Ausbildungsberufen; diese sind fast ausschließlich dem kaufmännischen und dem Bürobereich zuzuordnen (Stand: das Jahr 2003). So beträgt der Anteilswert der Auszubildenden mit Studienberechtigung beim →Beruf Bankkaufmann/Bankkauffrau 55,2 Prozent (im Jahr 2000: 64,3 Prozent). Beim Beruf Versicherungskaufmann/ -frau liegt die Abiturientenquote bei 54,2 Prozent (im Jahr 2000: 59,6 Prozent). Bei diesen und einigen anderen

Berufen ist der Anteilswert der Abiturienten zurückgegangen. Dies lässt darauf schließen, dass in den letzten Jahren zunehmend auch Jugendliche mit anderen Schulabschlüssen in diesen Berufen ausgebildet werden. Unter den zehn am stärksten besetzten Ausbildungsberufen von Abiturienten gehört der Beruf Fachinformatiker/ -in nicht ausschließlich dem kaufmännischen, sondern auch dem technischen Ausbildungsbereich an; mit einer Abiturientenquote von 47,5 Prozent nimmt er einen mittleren Platz ein.

Die Studierneigung von Abiturienten ist zwar gestiegen; aber viele Studienberechtigte beginnen eine Berufsausbildung, die auch von Betrieben gefördert wird. Diese Ausgebildeten bleiben auch im Betrieb, wie frühere Befragungen ergeben haben, wenn sie sich gute Beschäftigungs- und Entwicklungsmöglichkeiten auf der Grundlage des erlernten Berufs versprechen.

Literatur: Bergmann, M./Selka, R. (Hg.): Berufsstart für Abiturienten – 39 coole Jobs – und wie man sie bekommt! Bielefeld 2003 – Bundesministerium für Bildung und Forschung (Hg.): Berufsbildungsbericht 2005. Bonn/Berlin 2005 – Institut der deutschen Wirtschaft Köln (Hg.): Berufsausbildung. Köln 2004

Reinhard Zedler

Berufsausbildungsverhältnis/ Berufsausbildungsvertrag

Das *Berufsausbildungsverhältnis* stellt das rechtliche Verhältnis zwischen dem einzelnen Ausbildenden und dem einzelnen Auszubildenden dar, das insbesondere die Ausbildungspflicht des Ausbildenden und die Lernpflicht des Auszubildenden betrifft. Es ist privatrechtlicher Natur und wird durch den Abschluss eines Berufsausbildungsvertrages begründet (§ 10 Abs. 1 BBiG). Das Berufsbildungsverhältnis beginnt mit dem vereinbarten Termin und endet mit dem Ablauf der Ausbildungszeit bzw. – im Fall einer vor Ablauf bestandenen →Abschlussprüfung – mit der Bekanntgabe des Ergebnisses durch den Prüfungsausschuss (§ 21 BBiG). Das Ausbildungsverhältnis kann auch durch Kündigung (§ 22 BBiG) oder in gegenseitigem Einvernehmen beendet werden. Berufsausbildungsverhältnisse sind Vertragsverhältnisse besonderer Art. Von Arbeitsverhältnissen unterscheiden sie sich durch den vorherrschenden Vertragsgegenstand (Ausbildungs- und Lernpflicht statt Arbeit und Vergütung) sowie dem der Ausbildung zusätzlich innewohnenden Erziehungsverhältnis. In der Pflicht zur charakterlichen Förderung und zum Schutz vor sittlichen und körperlichen Gefährdungen (§ 14 Abs. 1 BBiG) haben sich Teile sehr viel weitergehender Bestimmungen von Lehrverträgen früherer Zeiten erhalten. Wegen der besonderen Sachnähe sind die Rechtsvorschriften für das Berufsausbildungsverhältnis allerdings denen für das Arbeitsverhältnis angenähert. Überdies finden, soweit es mit dem Wesen und Zweck des Berufsausbildungsvertrages vereinbar ist, die für den Arbeitsvertrag geltenden Rechtsvorschriften (z. B. Arbeitsschutzgesetze) und Rechtsgrundsätze (z B. Gleichbehandlungsgebot) ergänzende Anwendung (§ 10 Abs. 2 BBiG).

Für den privatrechtlichen *Berufsausbildungsvertrag* gibt es keine Formvorschriften, jedoch ist sein wesentlicher Inhalt unverzüglich nach Vertragsabschluss, spätestens vor Beginn der Berufsausbildung, schriftlich niederzulegen (§ 11 Abs. 1 BBiG). Für die Niederschrift, für die in der Regel Musterverträge der zuständigen Stellen verwandt werden, sind Mindestinhalte vorgegeben. Bei grundsätzlich gegebener Vertragsfreiheit enthält das →Berufsbildungsgesetz für einzelne Vertragsbedingungen einengende Vorgaben. Berufsausbildungsverhältnisse in anerkannten Ausbildungsberufen sind zusammen mit dem wesentlichen Inhalt des Berufsausbildungsvertrages in ein von den zuständigen Stellen einzurichtendes Verzeichnis einzutragen. Mit der Eintragung werden die Übereinstimmung der Vertragsbedingungen mit den rechtlichen Vorgaben sowie das Vorliegen der Ausbildungsvoraussetzungen geprüft. Das Verzeichnis selbst dient in erster Linie als Grundlage für Beratung und Überwachung der Ausbildung durch die zuständige Stelle sowie die Organisation der Prüfungen. Die Eintragung des Berufsausbildungsverhältnisses in das Verzeichnis ist Voraussetzung für die Zulassung zur Abschlussprüfung (§ 43 Abs. 1 BBiG).

Literatur: Hurlebaus, H. D.: Rechtsratgeber Berufsbildung, Hg. vom Deutschen Industrie- und Handelskammertag, Berlin 2005

Claus-Dieter Weibert

Berufsausbildungsvorbereitung und Berufsbildungsförderungsgesetz

Mit dem Gesetz zur Reform der beruflichen Bildung (Berufsbildungsreformgesetz – BerBiRefG), einem Artikelgesetz, wurden vielfältige Regelungssachverhalte der beruflichen Bildung neu gefasst. Unter anderem wurde der Begriff B. als Rechtsbegriff im § 1 BBiG seinem Ziel nach definiert:

Danach dient die B. dem Ziel, durch die Vermittlung von Grundlagen für den Erwerb beruflicher Handlungsfähigkeit an eine Berufsausbildung in einem anerkannten →Ausbildungsberuf heranzuführen.

Um möglichst vielen jungen Menschen den Einstieg in das Beschäftigungssystem mit einer beruflichen Handlungsfähigkeit auf Fachkräfteniveau zu ermöglichen, war es erforderlich, besondere Chancen für solche Personengruppen zu eröffnen, die aufgrund persönlicher oder sozialer Gegebenheiten eine Berufsausbildung noch nicht absolvieren können. Eine spezielle Regelung für die schrittweise Heranführung an die Befähigung zur Ausbildung in einem anerkannten Ausbildungsberuf, war auch wegen des Ausschließlichkeitsgrundsatzes der Ausbildung in anerkannten Ausbildungsberufen (§ 4 Abs. 2 u. 3 BBiG/§ 25 Abs. 2 u. 3 HwO) erforderlich und aufgrund der Tatsache, dass die →Ausbildungsdauer eines Ausbildungsberufes eindeutig durch die →Ausbildungsordnung festgelegt ist.

Die §§ 68 u. 69 BBiG/§§ 42o u. 42p HwO kennzeichnen einerseits den Personenkreis, für den die Maßnahmen zur B. gedacht sind, und legen andererseits didaktisch-strukturelle Bedingungen fest für die Durchführung der B. Danach richtet sich die B. an lernbeeinträchtigte oder sozial benachteiligte Personen, deren Entwicklungsstand eine erfolgreiche Ausbildung in einem anerkannten Ausbildungsberuf noch nicht erwarten lässt. Die B. muss nach Inhalt, Art, Ziel und Dauer den besonderen Erfordernissen dieses Personenkreises entsprechen und durch umfassende sozialpädagogische Betreuung und Unterstützung begleitet werden. Zur curricularen Ausgestaltung dieser Maßnahmen heißt es: Die Vermittlung von Grundlagen für den Erwerb beruflicher Handlungsfähigkeit kann insbesondere durch inhaltlich und zeitlich abgegrenzte Lerneinheiten erfolgen, die aus den Inhalten anerkannter Ausbildungsberufe entwickelt werden (Qualifizierungsbausteine).

Über vermittelte Grundlagen für den Erwerb beruflicher Handlungsfähigkeit stellt der Anbieter der B. eine Bescheinigung aus.

Literatur: Berufsbildungsgesetz und Handwerksordnung in der konsolidierten Fassung nach Erlass des Berufsbildungsreformgesetzes – Berufsbildungsreformgesetz (BerBiRefG) vom 23.03.05 (BGBl. Nr. 20, S. 931 ff) – Bundesministerium für Bildung und Forschung (Hg.): Die Reform der beruflichen Bildung. Bonn/Berlin 2005.

Hermann Benner

Berufsausbildungsvorbereitung

Als neben Berufsausbildung, Umschulung und Fortbildung vierten Berufsbildungsbereich regelt das àBerufsbildungsgesetz seit 2003 auch die Berufsausbildungsvorbereitung. Sie dient dem Ziel, durch die Vermittlung von Grundlagen für den Erwerb beruflicher Handlungsfähigkeit an eine Berufsausbildung in einem anerkannten Ausbildungsberuf heranzuführen (§ 1 Abs. 2 BBiG). Zielgruppe sind dabei lernbeeinträchtigte oder sozial benachteiligte Personen, deren Entwicklungsstand eine erfolgreiche Ausbildung in einem anerkannten Ausbildungsberuf noch nicht erwarten lässt (§ 68 Abs. 1 BBiG). Als Weiterentwicklung →berufsvorbereitender Maßnahmen gehen die Regelungen zur Berufsausbildungsvorbereitung auf Vorschläge der Arbeitsgruppe Aus- und Weiterbildung im Bündnis für Arbeit, Ausbildung und Wettbewerbsfähigkeit von 1999 zurück. Danach sollten entsprechende Bildungsmaßnahmen inhaltlich und organisatorisch besser mit der Berufsausbildung verbunden, Inhalte der Berufsausbildung schon in der Ausbildungsvorbereitung vermittelt, die erworbenen Qualifikationen zertifiziert sowie betrieblichen Praktika ein größeres Gewicht gegeben werden.

Maßnahmen der Berufsausbildungsvorbereitung nach dem Berufsbildungsgesetz können von Betrieben, Schulen oder Bildungsträgern durchgeführt werden. Sie müssen nach Inhalt, Art, Ziel und Dauer den besonderen Erfordernissen der Zielgruppe entsprechen und durch umfassende sozialpädagogische Betreuung und Unterstützung begleitet werden. Die Vermittlung der Grundlagen für den Erwerb beruflicher Handlungsfähigkeit kann insbesondere durch inhaltlich und zeitlich abgegrenzte Lerneinheiten erfolgen, die aus den Inhalten anerkannter Ausbildungsberufe entwickelt werden (Qualifizierungsbausteine). Der Rückgriff auf das Konzept der Qualifizierungsbausteine soll Transparenz und Vergleichbarkeit fördern sowie die →Zertifizierung und ggf. Anerkennung der Lernleistungen erleichtern. So gibt § 69 Abs. 2 BBiG vor, dass der Anbieter der Berufsausbildungsvorbereitung eine Bescheinigung über die Vermittlung von Grundlagen für den Erwerb beruflicher Handlungsfähigkeit ausstellt. Die Berufausbildungsvorbereitungs-Bescheinigungsverordnung (BAVBVO) konkretisiert dazu die entsprechenden Qualifizierungsbausteine als inhaltlich und zeitlich abgegrenzte Lerneinheiten, die

(1) zur Ausübung einer Tätigkeit befähigen, die Teil einer Ausbildung in einem anerkannten Ausbildungsberuf ist,
(2) einen verbindlichen Bezug zu den inhaltlichen Vorgaben der jeweiligen →Ausbildungsordnung aufweisen,
(3) einen Vermittlungsumfang zwischen 140 und 420 Stunden umfassen und
(4) durch eine Leistungsfeststellung abgeschlossen werden.

Auf Antrag des Anbieters der Berufsausbildungsvorbereitung bestätigt die nach dem Berufsbildungsgesetz zuständige Stelle die Übereinstimmung der Konzepte mit den Vorgaben.

Literatur: Bündnis für Arbeit, Ausbildung und Wettbewerbsfähigkeit, Arbeitsgruppe Aus- und Weiterbildung, Anhang 9: Inhaltliche und organisatorische Verknüpfung von berufsvorbereitenden Bildungsmaßnahmen und anschließender Berufsausbildung, Beschluss vom 29.03.1999, S. 57 – Seyfried, B., Berufsausbildungsvorbereitung und Qualifizierungsbausteine, In: Berufsbildung in Wissenschaft und Praxis, Sonderausgabe „Jugendliche in Ausbildung bringen", 2003, S. 21 – Zielke, D., Berufsausbildungsvorbereitung. Ein neues Konzept für die Berufsvorbereitung lernbeeinträchtigter und sozial benachteiligter Jugendlicher, In: Berufsbildung in Wissenschaft und Praxis, 33 (2004), 4, S. 43

Claus Weibert

Berufsberatung

Die B. ist nach § 3 Sozialgesetzbuch (SGB) III eine öffentliche Dienstleistung der Arbeitsförderung. B. wird durch die Bundesagentur für Arbeit (BA) und deren Agenturen für Arbeit (AA) erbracht. Nach § 4 SGB II haben auch kommunale Träger Information, Beratung sowie umfassende Unterstützung für erwerbsfähige Hilfsbedürftige (früher Sozialhilfe- nun Arbeitslosengeld II-Empfänger) zu erbringen. Nach § 29 SGB III in Verbindung mit § 3 SGB I besteht als Teil der unmittelbaren staatlichen Daseinsvorsorge ein Rechtsanspruch auf B. für Jugendliche wie Erwachsene, die am Arbeitsleben teilnehmen oder teilnehmen wollen.

B. wird in § 30 SGB III als Erteilung von Auskunft und Rat 1.) zur Berufswahl, beruflichen Entwicklung und zum Berufswechsel, 2.) zur Lage und Entwicklung des Arbeitsmarktes und der Berufe, 3.) zu den Möglichkeiten der beruflichen Bildung, 4.) zur Ausbildungs- und Arbeitsplatzsuche und 5.) zu Leistungen der Arbeitsförderung inhaltlich beschrieben. Auskunft betrifft die informatorische Ebene und Rat die Unterstützung bei der Lösung beruflicher Probleme. Information und persönliche Entscheidungshilfe ergänzen sich hier gegenseitig. Art und Umfang der B. haben sich nach dem Beratungsbedarf des einzelnen Ratsuchenden und seinem beruflichen Anliegen zu richten. Es handelt sich hier um ein weites Verständnis von B. als gestufter Prozess von der Berufswahl über alle Stadien der schulischen und beruflichen Ausbildung und des Berufs- und Arbeitslebens. Es entspricht damit der Empfehlung Nr. 87 der Internationalen Arbeitsorganisation und der Entschließung der EU zur „Lebenslangen Beratung in Europa" (2004).

Neben der B. verpflichtet der Gesetzgeber die BA zur umfassenden Berufsorientierung, die auf die → Berufswahl vorbereitet und auf die B. hinführt. Zusätzlich haben die AA zur Realisierung getroffener Berufsentscheidungen Vermittlung in Ausbildung und →Arbeit anzubieten und Berufsaus- und -weiterbildung finanziell zu fördern. (www.berufsberatung.de).

Korrespondierend zu dem im Art. 12 des Grundgesetzes (GG) garantierten Recht auf freie Wahl des Berufs ist es Zielsetzung der B., Jugendliche und Erwachsene bei allen Übergängen im Bildungs-, Ausbildungs- und Beschäftigungssystem möglichst so umfassend zu unterstützen, dass sie ihre Berufsentscheidungen eigenverantwortlich wahrnehmen und erfolgreich umsetzen können. Freiwilligkeit der Inanspruchnahme der B., Vertrauensschutz, Transparenz und Ergebnisoffenheit sind für die Qualität der B. konstitutiv und Voraussetzung für die gesetzlich angestrebte Eigenverantwortung und Eigeninitiative der Ratsuchenden (Hilfe zur Selbsthilfe). Methoden und Verfahren der B. werden nach theoretischen Erklärungsansätzen beruflicher Entscheidungsprozesse (entwicklungs-, allokations-, entscheidungs- und interaktionstheoretisches Modell) strukturiert.

(1) *Berufliche Beratung:* Die berufliche Beratung im engeren Sinn als Hilfe bei der Lösung von Berufswahlproblemen, ist das Kernstück der B., bei der Neigung, Eignung und Leistungsfähigkeit der Ratsuchenden sowie die Beschäftigungsmöglichkeiten zu berücksichtigen sind. Sie wird überwiegend als Einzelberatung im Rahmen von non-direktiven Gesprächen angeboten. Dabei werden die berufswahlbezogenen Probleme analysiert und Lösungsvorschläge im Rahmen einer alternativen Berufswegplanung unter Mitwirkung des Ratsuchenden erarbeitet. Je nach Anliegen der Ratsuchenden ergeben sich Beratungsgespräche mit unterschiedlichen Inhalten und methodischen Schwerpunkten als Informations- oder Entscheidungsberatungen bzw. als Beratung zur Realisierung von getroffenen Berufsentscheidungen. Sie können sowohl telefonisch oder schriftlich, in Sprechstunden oder mit vereinbartem Termin in Schulen oder AA erfolgen. Auch Formen der Gruppenberatung unter Berücksichtigung gruppendynamischer Ansätze werden angeboten. Soweit zur Feststellung von Eignung und Vermittlungsfähigkeit erforderlich, sollen im Rahmen der B. die AA nach § 32 SGB III Ratsuchende mit deren Einverständnis durch ihre Fachdienste psychologisch und ärztlich untersuchen lassen.

(2) *Berufsorientierung:* Durch Berufsorientierung (§ 33 SGB III) haben die AA Jugendliche und Erwachsene umfassend auf die Berufswahl vorzubereiten und dabei über Fragen der Berufswahl, die Berufe, deren Anforderungen und Aussichten, über Wege und Förderung der beruflichen Bildung sowie über beruflich bedeutsame Entwicklungen in den Betrieben,

Verwaltungen und auf dem Arbeitsmarkt zu unterrichten. Dies geschieht durch berufs- und studienkundliche Informationsschriften, berufswahlvorbereitende Medienpakete, Selbstinformationsmöglichkeiten in Berufsinformationszentren BIZ (§ 41 SGB III) und im Internet. Berufsorientierungsmaßnahmen der Berufsberater in Schulen (oft im Rahmen der →Arbeitslehre bzw. eines Berufswahlunterrichts), Elternversammlungen, berufskundliche Ausstellungen, Vortragsveranstaltungen in Zusammenarbeit der Wirtschaft sowie die Mitwirkung an Erkundungen und Praktika in Betrieben sind ebenso Bestandteile der Berufsorientierung.

In jeder AA befindet sich ein BIZ mit einem Medienangebot zur Selbstnutzung mit Informationsmappen und bundesweiten Datenbanken zu allen betrieblichen, schulischen und akademischen Aus- und Weiterbildungsmöglichkeiten, audio-visuellen Medien sowie interaktiven Programmen per Computer bzw. Internet zur Eignungseinschätzung und zur Vermittlung von Ausbildungs- / Arbeitsstellen. Da die Schule im Rahmen der Hinführung zur Wirtschafts- und Arbeitswelt (Arbeitslehre) ebenfalls Berufswahlvorbereitung leistet und dieser Bereich in den Bundesländern curricular unterschiedlich strukturiert ist, ist die Abstimmung von Schule und AA bei der Berufsorientierung besonders wichtig. Die Rahmenregelung hierzu erfolgte 1971 durch die „Rahmenvereinbarung der KMK zur Zusammenarbeit von Schule und B.". Sie wurde 2004 neu gefasst. In den Ländern bestehen entsprechende Vereinbarungen. Berufsorientierung erfolgt in unterschiedlichen Formen auch durch Betriebe und Wirtschaft („Schule-Wirtschaft").

(3) *Vermittlung in Ausbildung und Arbeit:* Die AA haben Ausbildungs- und Arbeitsvermittlung (§ 35-§ 40 SGB III) anzubieten. Da hierbei Neigung, Eignung und Leistungsfähigkeit der Ausbildungs-, bzw. Arbeitsuchenden und die Anforderungen der Stellen zu berücksichtigen sind, ist für die Vermittlung auch B. erforderlich.

(4) *Förderung der Berufsaus- und -weiterbildung:* Durch die Gewährung von Berufsausbildungsbeihilfe (§§ 59-76 SGB III) und die Förderung der beruflichen Weiterbildung (§77-§87 SGB III) der AA soll eine angemessene berufliche Qualifizierung gefördert werden. Für nicht berufsreife oder Jugendliche ohne Ausbildungsplatz können →berufsvorbereitende Bildungsmaßnahmen eingerichtet werden. Für Lernbeeinträchtigte und sozial Benachteiligte wird gegebenenfalls eine Ausbildung in einer außerbetrieblichen Einrichtung gefördert. Ausbildungsbegleitende Hilfen werden für Jugendliche in Betrieben bei drohendem Ausbildungsabbruch angeboten (§§ 240-247 SGB III).

Im Rahmen der den AA obliegenden *Förderung der Teilhabe behinderter Menschen am Arbeitsleben* (*berufliche Rehabilitation* §§ 97 bis 115 SGB III) spielt B. als „Reha-Beratung" in den AA eine wichtige Rolle.

B. wird in den AA von an der Fachhochschule der BA in einem speziellen Beratungsstudiengang ausgebildeten Berufsberatern durchgeführt. Mehr und mehr richten Hochschulen Studiengänge mit Masterabschluss für Beratung und B. ein. Mit Inkrafttreten des SGB III 1998 ist das Alleinrecht der BA zur Wahrnehmung der B. weggefallen, ohne dass gesetzlich für andere Anbieter fachliche Qualitätsstandards, wie sie für die B. der BA gelten, eingeführt wurden. Lediglich bei Missbrauch kann die BA zum Schutze der Ratsuchenden nach § 288 a) SGB III einschreiten. Der Deutsche Verband für Bildungs- und Berufsberatung dvb hat daher zur Qualitätssicherung ein dvb-BerufsberatungsRegister (www.bbregister.de) eingeführt, in das nur Berufsberater eingetragen werden, die nationale und internationale Qualitätsnormen zu fachlicher Qualifikation und berufsethischem Verhalten erfüllen. B. wird auch von Kammern, Schulen und Trägern der beruflichen Bildung (→Beratung in der beruflichen Bildung), von Rehabilitationseinrichtungen, von Hochschulen (Career Services) sowie zunehmend auch von privaten Dienstleistern angeboten. Basierend auf umfangreichen Studien der OECD, der Weltbank und der EU empfiehlt der Rat der EU in seiner „Entschließung zur lebenslangen Beratung" (2004) die systematische Entwicklung von koordinierten nationalen Systemen der Bildungs- und Berufsberatung und Maßnahmen zur Sicherung der Qualität der B. und des Ratsuchendenschutzes durch →Evaluation. Die EU sieht B. als wichtiges bildungs- und sozialpolitisches Gut zur Förderung der individuellen Potentiale im Prozess des lebenslangen Lernens und zur Förderung der ökonomisch notwendigen Humanressourcen.

Die Internationale Vereinigung für Bildungs- und Berufsberatung AIOSP (www.aiosp.org) hat 1995 international anerkannte Ethische Standards für die B. verabschiedet sowie Rahmenvorstellungen zu erforderlichen Kompetenzen für die Wahrnehmung der B. in einer weltweiten Studie erarbeitet und 2003 bestätigt.

Literatur: Bahrenberg/Koch/Müller-Kohlenberg: Praxis der beruflichen Beratung, Stuttgart 2000 – Bahrenberg et al.: Richtig beraten, Anregungen, Techniken, Grundwerk individueller Beratung, Hg. Bundesanstalt für Arbeit, Nürnberg 2002 – Bußhoff, L.: Berufswahl – Theorien und ihre Bedeutung für die Praxis der Berufsberatung. Stuttgart 1989 – Dibbern, H./Kaiser, F.-J./ Kell, A.: Berufswahlunterricht in der vorberuflichen Bildung. Der didaktische Zusammenhang von Berufsberatung und Arbeitslehre. Bad Heilbrunn 1974 – Ertelt, B.J./Schulz, W.: Beratung in Bildung und Beruf, Leonberg 1997 – Jenschke, B. (Hg.): Beraten für Bildung, Beruf und Beschäftigung, Dokumentation der Internationalen Konferenz für Berufsberatung, Berlin 2000 – Jenschke, B.: Berufsberatung und Schule – Aufgaben und Möglichkeiten der Zusammenarbeit. Fernstudienlehrgang Arbeitslehre. Deutsches Institut für Fernstudien an der Universität Tübingen. Tübingen 1979 – Kledzik, U.-J./Jenschke, B.: Berufswahlunterricht als Teil der Arbeitslehre. Hannover 1979 – Meyer-Haupt, K.: Berufsberatung. Stuttgart 1995 – Nestmann, F. et al. (Hg.): Die Zukunft der Beratung, Tübingen 2002 – Nestmann, F. et al: Das Handbuch der Beratung, Band 1: Disziplinen und Zugänge, Band 2: Ansätze, Methoden und Felder, Tübingen 2004 – Nieder, R: Aufgaben und Methoden der Berufsorientierung, Stuttgart 1981 – Schiersmann, C./Remmle, H.: Beratungsfelder in der Weiterbildung, Baltmannsweiler 2004 – Sultana, R.: Strategien zur Bildungs- und Berufsberatung, Trends, Herausforderungen und Herangehensweise in Europa, CEDEFOP, Luxemburg 2004 – OECD: Bildungs- und Berufsberatung, Bessere Verzahnung mit der öffentlichen Politik, Paris 2004 – EU: Entschließung des Rates über den Ausbau der Politiken, Systeme und Praktiken auf dem Gebiet der lebenslangen Beratung in Europa, Dokument 9286/04, EDUC 109 SOC 234, Brüssel 2004

Bernhard Jenschke

Berufsbild

Ein B. beschreibt die für einen →Beruf typischen Inhalte und Sachverhalte (Qualifikationen, Tätigkeitsbereiche etc.).

Fasst man bei dieser Erläuterung den Berufsbegriff im Sinne seiner verfassungsrechtlichen Definition so weit, dass „als Beruf jede auf die Dauer berechnete und nicht nur vorübergehende, der Schaffung und Erhaltung einer Lebensgrundlage dienende Betätigung" (Scholz zu Art. 12 GG, Rdnr. 18) anzusehen ist, dann lassen sich prinzipiell zwei Arten von B. unterscheiden, nämlich autonome und rechtlich verfasste B. (Scholz zu Art. 12 GG, Rdnr. 270).

Während autonome B. auf der freiheitlichen Selbstverwirklichung der beteiligten Berufsangehörigen beruhen, die weitgehend autonom über den jeweiligen Berufsinhalt entscheiden, sind demgegenüber rechtlich verfasste B. ihrem Berufsinhalt nach durch Gesetze oder Rechtsverordnungen festgelegt.

Im Bereich der Berufs- und Wirtschaftspädagogik kommt den rechtlich verfassten B. eine besondere Bedeutung zu, denn sie beschreiben rechtlich verbindlich die spezifischen Inhalte und Bedingungen der als Aus- oder Weiterbildungsgänge definierten Berufe, die im weiteren Sinne die curriculare Basis für berufs- oder wirtschaftspädagogisches Handeln sind.

Bereits die in den 30er Jahren vom DATSCH entwickelten Ordnungsmittel der Berufsausbildung enthielten ein B., in dem die Dauer der „Lehrzeit", das „Arbeitsgebiet" und die „Fertigkeiten und Kenntnisse, die in der Lehrzeit zu vermitteln sind" aufgelistet waren. Nach 1945 wurden dann derartige B. durch Erlass des Bundeswirtschaftsministeriums anerkannt.

Die heute nach § 5 BBiG/HwO als Rechtsverordnungen erlassenen →Ausbildungsordnungen, die als Grundlage für eine geordnete und einheitliche Berufsausbildung dienen und grundsätzlich die alten Ordnungsmittel ablösten, sind beispielsweise ebenso rechtlich verfasste B. wie die nach § 45 HwO als Rechtsverordnungen erlassenen handwerklichen B., die Grundlage für ein geordnetes und einheitliches Meisterprüfungswesen sind.

Literatur: Benner, H./Schmidt, H.: Entwicklung neuer Ausbildungsberufe. In: Wittwer, W. (Hg.): Von der Meisterschaft zur Bildungswanderschaft. Bielefeld 1996, S. 179-197 – Kutscha, G.: „Entberuflichung" und „Neue Beruflichkeit" – Thesen und Aspekte zur Modernisierung der Berufsbildung und ihrer Theorie. In: Zeitschrift für Berufs- und Wirtschaftspädagogik 88 (1992), 7, S. 535-548 – Lamszus, H. (Hg.): Weiterbildung im Handwerk als Zukunftsaufgabe. Berlin 1990 – Molle, F.: Handbuch der Berufskunde. Köln 1968 – Scholz, R.: Kommentar zu Art. 12 GG. In: Maunz, T./ Dürig, G.: Kommentar zum Grundgesetz, 19. Lieferung 1981

Hermann Benner

Berufsbildung im internationalen Vergleich

Vorbemerkung: Die Erschließung des komplexen Gegenstandes Berufsbildung im internationalen Vergleich ist durch die für diesen Handbuchbeitrag auferlegte Beschränkung kaum zu realisieren. Denn „nicht (nur) die methodischen und methodologischen Schwierigkeiten, mit denen sich jede Art von internationaler oder interkultureller Vergleichsforschung auseinander zusetzen hat, sondern vor allem auch die problematische Verwendung des Vergleichs in der bildungs-, wirtschafts- und sozialpolitischen Auseinandersetzung" müssten ausführlich und grundsätzlich erörtert werden, um „eine gewisse Sensibilität für die Problematik des internationalen Vergleichs zu entwickeln" (Georg 1994, S. 3).

Außerdem sind Abgrenzungen zwischen Vertretern der Vergleichenden →Berufsbildungsforschung (VB) und der Vergleichenden Erziehungswissenschaft (VE) nicht zu übersehen. „Allein schon die unterschiedliche Terminologie gibt Belege für diese Diskrepanz" (Mitter 1995, S. 13). Nach wie vor mangelt es der VB auch an einer abgeschlossenen Standortbestimmung im Ensemble der (erziehungsrelevanten) Wissenschaften.

Begriff und Methodendilemma: Eine übereinstimmende Verwendung des Begriffs Vergleich gibt es – trotz erheblicher Bemühungen – bei den Vertretern der VB nicht. Allein schon der spezifische Bedeutungsinhalt der verwendeten Terminologie schließt eine bloße Übertragung auf andere soziale Systeme aus. Außerdem erfasst der Begriff Vergleich weder Inhalt noch Umfang des zu untersuchenden Gegenstandes und wird als Methode der Erkenntnisgewinnung vom gesamten Wissenschaftssystem beansprucht. Auch wenn die dogmatische Verengung auf die geisteswissenschaftlichen Methoden und empirischen Verfahrensweisen weitestgehend überwunden ist und ebenso unterschiedliche Vergleichsmethoden wie der internationale und interkulturelle, intrasystemare und intersystemare, explizite und implizite, qualitative und quantitative, relative und absolute Vergleich zur Anwendung kommen (Mitter 1976, 178 ff.), ist damit die methodentechnische Problematik nicht ohne weiteres gelöst. Die einzelnen methodischen Schritte werden unterschiedlich, zum Teil kontrovers beschrieben (Hilker 1962; Robinsohn 1970), so dass jedes denkbare Stufenschema Begrenzungen und Schwierigkeiten enthält. Deshalb wird vorgeschlagen, von der Fixierung auf einen

Bezugspunkt (tertium comparationes) abzusehen und von „Vergleichsziel" und „Vergleichsbasis" zu sprechen. Außerdem muss die Arbeitsweise „inter- bzw. multidisziplinär verstanden und angelegt" sein (Busch 1985, S. 842). Alles in allem ist die VB noch weit von einem unstrittigen Kernbestand ihrer theoretisch-methodologischen Definition entfernt.

Geschichte und Aufgabenbestimmung: Die VB kann nicht (wie die VE; Robinsohn 1970, S. 468 ff.) auf eine lange und kontinuierliche Entwicklung zurückblicken. Anfangs (60er/70er Jahre) befasst sie sich unter diesem oder anderen Namen, rein zahlenmäßig an Universitäten etabliert, durch wenige Professuren mit einem Schwerpunkt in der VB vertreten, mit der Beschreibung anderer Berufsbildungssysteme oder mit Global- bzw. Totalanalysen. Diese werden zusehends abgelöst von vergleichenden Studien, die die andersgearteten historischen, kulturellen, sozialen, politischen und ökonomischen Rahmenbedingungen in ihrer Wandelbarkeit und wechselseitigen Abhängigkeit berücksichtigen, um „eine möglichst verlässliche Grundlage für die Betrachtung der komplexen Probleme (zu) gewährleisten (und) Veränderungstendenzen sichtbar werden" zu lassen (Justin 1985, S. 943). Auf diese Weise werden u.a. gründliche Informationen und Einsichten über fremde Berufsbildungssysteme ausfindig gemacht, wird Verständnis für die nationale Eigenart anderer entwickelt und dadurch Annäherung und Verständigung bewirkt, werden der Systemcharakter aller Berufsbildung und -erziehung aufgezeigt, die tradierten Prinzipien und Strukturen in Frage gestellt, die Wechselbeziehungen zwischen Berufsbildungs- und Wirtschaftssystem differenzierter gesehen und Handlungsalternativen für die Berufsbildungspraxis und -politik bereitgestellt. Allerdings ist vom internationalen Vergleich kaum mit einer Aufklärung über die Vor- oder auch Nachteile des einen gegenüber dem anderen Berufsbildungssystem zu rechnen, und sind die Forschungsergebnisse nicht rezeptologisch zu verwerten.

Perspektiven: Die gegenwärtig zu beobachtenden weltweiten Internationalisierungs- und Globalisierungstendenzen erhöhen zwangsläufig die Nachfrage nach vergleichenden Untersuchungen zur Berufsbildung. Diesem notwendigen Erfordernis stehen aber die Vereinzelung der Berufsbildungsforscher mit ihren eingeschränkten Ressourcen und das „Abschmelzen" des gerade erreichten Institutionalisierungsstandes entgegen; kontinuierliche und langfristig anzulegende Vergleichsstudien sind nur noch gelegentlich zu verwirklichen. Außerdem führen die begrenzten Forschungsaktivitäten dazu, dass Präsenz und Gewicht der VB innerhalb der internationalen Comparative Education fast ohne Bedeutung sind.

Literatur: Busch, F.W.: Vergleichende Erziehungswissenschaft: eine Einführung in Gegenstand, Methoden und Entwicklungsprobleme. In: Twellmann, W. (Hg.): Handbuch Schule und Unterricht. Bd. 7.2. Düsseldorf 1985, S. 834-854 – Georg, W.: Berufsbildung im internationalen Vergleich. Erfordernisse und Probleme. In: Arbeitspapiere aus der Berufs- und Wirtschaftspädagogik. FernUniversität Hagen 2 (1994), S. 3-17 – Hilker, F.: Vergleichende Pädagogik. Eine Einführung in ihre Geschichte, Theorie und Praxis. München 1962 – Justin, J.J.: Das Bildungswesen in der Volksrepublik Polen. In: Twellmann, W. (Hg.): Handbuch Schule und Unterricht. Bd. 7.2. Düsseldorf 1985, S. 942-978 – Mitter, W.: Vergleichende Forschungsmethoden. In: Roth, L. (Hg.): Handlexikon zur Erziehungswissenschaft. München 1976, S. 178-181 – Mitter, W.: Vergleichende Berufsbildungsforschung und Vergleichende Erziehungswissenschaft. In: Lauterbach, U. (Hg.): Internationales Handbuch der Berufsbildung. Baden-Baden 1995, S. VGL 13-17 – Robinsohn, S.B.: Erziehungswissenschaft: Vergleichende Erziehungswissenschaft. In: Speck, J./Wehle, G. (Hg.): Handbuch pädagogischer Grundbegriffe. Bd. 1. München 1970, S. 456-492

Jürgen J. Justin

Berufsbildung in der Schweiz

1. Ausgangslage

Das berufliche Bildungswesen der Schweiz weist eine große Palette von verschiedenen Aus- und Weiterbildungsmöglichkeiten auf. Gemäß der stark föderalistischen Struktur der Schweiz sind alle Kompetenzen, die nicht ausdrücklich dem Bund übertragen sind, den Kantonen oder Gemeinden vorbehalten. Das Bildungswesen liegt zu einem wesentlichen Teil im Kompetenzbereich der Kantone (Volksschule, Gymnasien, Universitäten). Die Berufsbildung hingegen ist eine typische Aufgabe von Bund, Kantonen und Organisationen der Arbeitswelt. Vereinfacht gesagt ist der Bund zuständig für die strategische Steuerung und Entwicklung, die Kantone für die Umsetzung und Aufsicht, die Organisationen der Arbeitswelt für die Bereitstellung von Ausbildungsplätzen. In der Schweiz ist auf der Stufe der beruflichen Grundbildung das duale System vorherrschend, d.h. die Berufslehre im Betrieb mit gleichzeitigem Unterricht an der Berufsfachschule.

2. Geschichtliche Entwicklung

In Europa führte die französische Revolution sowie die erste industrielle Revolution in Verbindung mit den Gedanken des Liberalismus zu einer grundlegenden Veränderung der Gesellschafts- und Wirtschaftsordnung. Im Zuge dieser Entwicklung änderte sich auch in der Schweiz die Berufsbildung ganz wesentlich. Die straffen und teilweise erstarrten Regelungen, die aus dem Zunftwesen hervorgegangen waren, genügten nicht mehr und wurden mit der Einführung der Handels- und Gewerbefreiheit aufgehoben. Dies führte aber auch dazu, dass für die Berufsausbildung praktisch alle rechtlichen Regelungen außer den Bestimmungen der Polizeigesetze dahinfielen. Während mehr als einem halben Jahrhundert fehlte somit für die Berufsbildung in der Schweiz eine einheitliche Organisation und es kam zu Missständen. Ungefähr ab Mitte des 19. Jahrhunderts wurden Bestrebungen von einzelnen Industriebetrieben, Verbänden, Kantonen und Städten immer stärker, diesem Missstand Abhilfe zu schaffen, für eine zweckmäßige Berufsbildung einzutreten und sogar den Bund für eine Förderung der Berufsbildung zu gewinnen. Im Jahre 1908 erhielt der Bund durch einen Verfassungsartikel die Befugnis über die berufliche Ausbildung in Industrie, Gewerbe, Handel, Landwirtschaft und Hausdienst Vorschriften aufzustellen. Im Jahre 1930 wurde dann das erste Bundesgesetz über die berufliche Ausbildung erlassen, das den obligatorischen →beruflichen Unterricht und einheitliche, zentrale →Lehrabschlussprüfungen einführte. Im Verlaufe der Zeit fanden verschiedene Reformen und Gesetzesänderungen statt. Grundlegende Änderungen hat das neue →Berufsbildungsgesetz 2004 gebracht, nämlich eine Vereinheitlichung (z.B. die Integration der bisher kantonalen Berufsbereiche Gesundheit, Soziales und Kunst in die Bundeskompetenz), Anpassungen bei der Finanzierung durch leistungsorientierte Pauschalvergütungen des Bundes an die Kantone, differenziertere Wege der beruflichen Bildung mit erhöhter Durchlässigkeit usw.).

3. Heutige Situation

Berufliche Grundbildung: Rund zwei Drittel der Jugendlichen durchlaufen nach der obligatorischen Schule eine Berufsausbildung. Die dabei im Zentrum stehende Berufslehre umfasst die vorwiegend berufspraktische Ausbildung im Betrieb und in überbetrieblichen Kursen sowie den berufs- und allgemein bildenden Unterricht in der →Berufsfachschule. Sie dauert zwei (Abschluss: Attest), drei oder vier Jahre (Abschluss: Eidgenössisches Fähigkeitszeugnis). Reglementiert sind über 200 Lehrberufe, wobei die 20 meist gewählten Lehrberufe (z.B. Kaufmann/Kauffrau, Verkaufsberufe, Elektromonteur, Köchin, Polymechaniker, Coiffeur, Informatikerin usw.) bereits mehr als zwei Drittel der Lehrverhältnisse ausmachen. Neben der Lehre im Betrieb stehen den Jugendlichen Vollzeitschulen (z.B. Handelsmittelschulen bzw. Fachmittelschulen) und Lehrwerkstätten (z.B. Bekleidungsgestalterin, Möbelschreiner, Automatiker, Informatikerin, Elektroniker usw.) offen, wobei Letztere in der Westschweiz stärker verbreitet sind als in der Deutschschweiz.

Seit 1994 stellt die Berufsmaturität einen weiteren Ausbildungsweg dar, nämlich eine anspruchsvollere Berufslehre mit erweiterter Allgemeinbildung, die den prüfungsfreien Übertritt von der Berufsmittelschule in eine →Fachhochschule ermöglicht.

Höhere Berufsbildung (Nicht-Hochschulbereich): Nach Abschluss der beruflichen Grundbilung gehen viele junge Berufsleute ins Erwerbsleben, etwa ein Fünftel setzt die Ausbildung auf der Tertiärstufe fort. Wer sich für eine höhere Berufsbildung entscheidet, besucht eine Höhere Fachschule oder bereitet sich mehrere Jahre berufsbegleitend auf eine Höhere Fachprüfung (z.B. Meister, Treuhänder, Bankfach-Expertin) oder Berufsprüfung vor (z.B. Exportfachmann, Personalberaterin, Werkstattleiter, Agrokauffrau).

Hochschulbereich (Fachhochschulen): Die sieben Fachhochschulen (FH) in der Schweiz haben den Auftrag, den Nachwuchs an Kaderleuten für die Wirtschaft zu sichern, ein hohes Ausbildungsniveau und eine anwendungsorientierte Forschung und Entwicklung zu garantieren sowie international anerkannte Studienausweise und Diplome zu verleihen Mit ihrer Ausrichtung auf die wirtschaftliche Anwendung (Wissenstransfer) schließen die Fachhochschulen eine Lücke im bisherigen Angebot der schweizerischen Hochschulen.

Berufsorientierte Weiterbildung: Diese erfolgt funktional oder informell bei der Berufsarbeit, durch individuelle selbst gesteuerte Weiterbildungsanstrengungen sowie durch den Besuch von betrieblichen oder überbetrieblichen Weiterbildungsveranstaltungen, wofür ein vielfältiges Programm verschiedener, vorwiegend privater Anbieter besteht.

4. Perspektiven

Mit dem neuen Berufsbildungs- und Fachhochschulgesetz wurden vor kurzer Zeit grundlegende Veränderungen des Berufsbildungssystems eingeleitet, die es schrittweise umzusetzen und zu evaluieren gilt.

Dabei geht es etwa um folgende Entwicklungs- und Qualitätssicherungsmaßnahmen:

– Erfüllt das Berufsbildungssystem die quantitativen Anforderungen? (z.B. relativer Anteil der Abschlüsse im Bildungssystem, Lehrstellenangebot und -nachfrage, Vermeiden von →Jugendarbeitslosigkeit)
– Erfüllt das Berufsbildungssystem die qualitativen Anforderungen? (z.B. Evaluation der neuen kaufmännischen Grundbildung, Evaluation von Bachelor- Studiengängen der Fachhochschulen, Sicherstellen des Qualifikationsniveaus durch Vorgabe von →Bildungsstandards, Zertifizierung von Ausbildungsinstitutionen, Professionalisierung von Berufsbildungsverantwortlichen usw.)
– Erfüllt das Berufbildungssystem strukturelle Anforderungen? (z.B. Grad der Differenzierung, Grad der Durchlässigkeit, Gelingen der Integration der Gesundheits-, Sozial- und Kunstberufe in die Bundeskompetenz, Positionierung der Fachhochschulen, Einführung von Leistungspunktesystemen, Erhöhung der Anpassungsfähigkeit an neue Entwicklungen, Umsetzung der leistungsorientierte Finanzierung, usw.)
– Erfüllt das Berufsbildungssystem die gesellschaftlichen Ansprüche (z.B. Chancengleichheit für Frauen und Männer, Bewältigen der demographischen Entwicklungen und der Migrationsprobleme, Herausforderungen an das duale System in der Wissensgesellschaft)

Literatur: Bundesamt für Berufsbildung und Technologie [BBT]. (2005). Homepage. Gefunden am 15. März 2005 unter http./www.bbt.admin.ch/d/index. htm – Bundesamt für Berufsbildung und Technologie [BBT]. (2004). Berufsbildung in der Schweiz 2004. Fakten und Zahlen. Gefunden am 15. März 2005 unter http./www.bbt.admin.ch/berufsbi/publikat/d/ bbinfo_d.pdf – Schweizerische Fachstelle für

Informationstechnologien im Bildungswesen (2005). Der Schweizerische Bildungsserver. Berufsbildung. Gefunden am 15. März 2005 unter http://www.educa.ch/dyn/1818.htm – Deutschschweizerische Berufsbildungsämter-Konferenz [DBK]. (2005). Berufsbildung CH. Dokumentation Berufsbildung. Gefunden am 15. März 2005 unter http://www.dbk.ch/dbk/berufsbildung/dokubb.php – Schweizerische Konferenz der kantonalen Erziehungsdirektoren [EDK]. (2005). Das Schweizerische Bildungswesen. Gefunden am 15. März 2005 unter http://www.edk.ch/d/BildungswesenCH/framesets/mainBildungCH_d.html

Hans Seitz

Berufsbildung in Europa

Die berufliche Bildung in den Ländern Europas ist einerseits gekennzeichnet durch ihre Einbindung in die jeweils besonderen sozio-ökonomischen, rechtlich-organisatorischen und kulturellen Kontextbedingungen der einzelnen Nationalstaaten, andererseits durch gemeinsame Modernisierungsbemühungen mit dem Ziel, über einen europäischen Binnenmarkt hinaus auch einen einheitlichen europäischen Kultur- und Lebensraum zu schaffen. Diesem Ziel dient insbesondere die durch den „Maastrichter Vertrag" gegründete Europäische Union (EU), die als Vorstufe zur politischen Einigung Europas verstanden wird. Im Bereich der Bildungspolitik bestätigt der Vertrag den bestehenden Pluralismus der nationalen Bildungssysteme und schreibt der Europäischen Gemeinschaft (EG) eine subsidiäre und fördernde Rolle zu (Art. 36, Art. 126, Art. 127 EG-Vertrag).

Die bereits in den 1957 geschlossenen Verträgen zur Gründung der Europäischen Wirtschaftsgemeinschaft (EWG) verankerten Grundrechte wie die Freizügigkeit der Arbeitnehmer, das Niederlassungsrecht und die Dienstleistungsfreiheit (Art. 48 bis 66 EWG-Vertrag) betrafen implizit schon Fragen einer europäischen →Berufsbildungspolitik. Das Verbot der Diskriminierung aufgrund der Staatsangehörigkeit erforderte den Abbau nationalspezifischer Zugangsbeschränkungen und damit die Transparenz und gegenseitige Anerkennung formaler Qualifikationen. Die ursprüngliche Vorstellung von der Notwendigkeit und Möglichkeit einer Harmonisierung der europäischen Berufsbildungssysteme wurde seit Mitte der siebziger Jahre zugunsten des Leitmotivs „Einheit in der Vielfalt" aufgegeben. Seitdem konzentrierten sich die Bemühungen auf die gegenseitige Anerkennung von Ausbildungsabschlüssen für den Zugang zu „reglementierten" Berufen und auf die Herstellung von mehr Transparenz und Vergleichbarkeit durch die Dokumentation von „Entsprechungen der beruflichen Befähigungsnachweise" zwischen den Mitgliedsstaaten der EG. Mit den dazu erforderlichen Arbeiten wurde das 1975 eingerichtete Europäische Zentrum für die Förderung der Berufsbildung (→CEDEFOP = Centre européen pour le développement de la formation professionnelle) beauftragt, das die EG-Kommission und die übrigen EG-Gremien in Berufsbildungsfragen berät und die Umsetzung der EG-Maßnahmen zur Berufsbildung begleitet.

Das wichtigste Instrument der EG-Kommission zur Förderung und Einflussnahme auf die berufliche Aus- und Weiterbildung sind die seit Mitte der achtziger Jahre eingerichteten „Aktionsprogramme", die im Wesentlichen aus Mitteln des Europäischen Sozialfonds finanziert werden. Das 1995 aufgelegte Programm „Leonardo da Vinci" (1995-1999) dient der transnationalen Kooperation zur Entwicklung gemeinsamer Strategien bei der Weiterentwicklung europäischer Qualifikationsstrukturen und fördert Maßnahmen zur qualitativen Verbesserung der nationalen Berufsbildungssysteme, zur Entwicklung innovativer Konzepte und zur Stärkung der europäischen Dimension in der Berufsbildung. Inwieweit solche Aktionsprogramme und weitergehende berufsbildungspolitische Aktivitäten der EG-Organe mit dem Subsidiaritätsprinzip vereinbar sind oder die Eigenverantwortung der Mitgliedsstaaten für die Gestaltung der Strukturen und Inhalte der Berufsbildung langfristig aushöhlen, ist zwischen der EU und den Mitgliedsstaaten umstritten. Dieses Spannungsverhältnis besteht grundsätzlich seit Beginn der europäischen Einigungsbemühungen. Die Zielsetzungen der EU – wie die Schaffung eines gemeinsamen Arbeitsmarktes und die Entwicklung eines „Bildungsraums Europa" – lassen sich kaum ohne Einflussnahme auf jene Entscheidungsbereiche realisieren, die nach dem Vertragswerk ausdrücklich den Mitgliedsstaaten vorbehalten sind. Die Abwehr einer Dynamisierung des Subsidiaritätsprinzips und der damit verbundenen Beschränkung nationaler Kompetenzen im Zuge einer – von der Rechtsprechung des Europäischen Gerichtshofes gestützten – Europäisierung der Berufsbildung wird insbesondere auch mit der Befürchtung begründet, dass Berufsbildungspolitik zunehmend als nachgeordnetes Instrument europäischer Wirtschafts-, Arbeitsmarkt- und Sozialpolitik genutzt wird.

Im Zuge der Transformation der mittel- und osteuropäischen Staaten (MOES) ist Berufsbildung zu einer Gestaltungsaufgabe Gesamteuropas geworden. Mit umfangreichen Subventionsmaßnahmen unterstützt die EU Maßnahmen zur Verbesserung der Qualifikationsstrukturen und zum Auf- und Ausbau der Bildungs- und Berufsbildungssysteme in den MOES. Diesem Zweck dient vor allem die von der EU 1995 eingerichtete Europäische Stiftung für Berufsbildung mit Sitz in Turin, die den MOES fachliche Systemberatung anbietet und Kooperationen zwischen westeuropäischen und mittel- und osteuropäischen Unternehmen und Organisationen fördert.

Die Intensivierung der Austauschbeziehungen innerhalb Europas wird in absehbarer Zukunft sicherlich nicht zu einer Harmonisierung der vielfältigen Bildungs- und Berufsbildungssysteme führen, wohl aber zu deren wechselseitiger Annäherung. So etwa liefert die deutsche Facharbeiterausbildung das Referenzsystem für Initiativen zur Reform der in Europa dominanten schulischen Ausbildungssysteme. Und umgekehrt gehen von den Erfahrungen europäischer Nachbarländer Impulse zur Diskussion um neue modulare Konzepte der Verbindung von →Arbeit und →Lernen, der Verzahnung von Aus- und Weiterbildung und der Durchlässigkeit zwischen Berufsausbildung und Studium aus. Schon heute hat sich eine beträchtliche Eigendynamik auf dem Weg zu einer europäischen Gesellschaft entwickelt. Zur Begründung eines gemeinsamen europäischen Bewusstseins muss im Bildungswesen die Balance zwischen nationaler kultureller Tradition und europäischer Orientierung immer wieder neu gefunden werden.

Literatur: Hrbek, R. (Hg.): Europäische Bildungspolitik und die Anforderungen des Subsidiaritätsprinzips. Baden-Baden 1994 – Lipsmeier, A./ Münk, D.: Die Berufsausbildungspolitik der Gemeinschaft für die 90er Jahre. Hg. vom Bundesministerium für Bildung und Wissenschaft. Schriftenreihe Studien zu Bildung und Wissenschaft 114. Bonn 1994 – Münk, D.: Kein Grund zur Eu(ro)phorie. In: Zeitschrift für Berufs- und Wirtschaftspädagogik 91 (1995), 1, S. 28-45 – Ostendorf, A.: Betriebspädagogische Aspekte des europäischen Einigungsprozesses. Frankfurt a.M. u.a. 1995 – Piehl, E./Sellin, B.: Berufliche Aus- und Weiterbildung in Europa. In: Arnold, R./Lipsmeier, A. (Hg.): Handbuch der Berufsbildung. Opladen 1995, S. 441-454 – Weber, K.: Die Bildung im europäischen Gemeinschaftsrecht und die Kulturhoheit der deutschen Bundesländer. Baden-Baden 1993

Walter Georg

Berufsbildung in Österreich

Die Neuordnung des österreichischen Bildungswesens (und damit auch der voll- und teilzeitschulischen Einrichtungen zur beruflichen Qualifizierung) durch Beseitigung historisch bedingter Rechtsunsicherheiten erfolgte u.a. durch das 1962 verabschiedete Schulorganisationsgesetz (SchOG) und das 1969 beschlossene Berufsausbildungsgesetz (BAG). Seit Inkrafttreten derselben wurde das SchOG sehr häufig und das BAG eher selten novelliert. In Österreich besteht neunjährige Unterrichtspflicht, die durch Besuch einer vierjährigen Primarschule (z.B. Volksschule) und durch Besuch einer oder auch zweier Sekundarschulformen (z.B. unvollständiger Besuch der achtjährigen Allgemeinbildenden höheren Schule (AHS) bzw. Besuch der vierjährigen Hauptschule und der einjährigen Polytechnischen Schule bzw. eines Oberstufenrealgymnasiums bzw. einer berufsbildenden Schule) zu absolvieren ist. Die Schulformen der Sekundarstufe II, die von Vierzehn- bis Neunzehnjährigen besucht werden, sind Tagesschulen (Erster Bildungsweg - EB). Der EB setzt sich zusammen (a) aus vierjährigen gymnasialen Oberstufenformen (AHS) mit einfachqualifizierendem Abitur), (b) aus fünfjährigen berufsbildenden höheren Schulen (BHS) mit doppeltqualifizierendem Abitur (Allgemeinbildung und Fachbildung), (c) aus dreijährigen bzw. vierjährigen berufsbildenden (doppeltqualifizierenden und lehrberufsersetzenden) mittleren Schulen (BMS) ohne Abitur und (d) aus mehrjährigen Teilzeit-Berufsschulen, die (nur) von Lehrlingen ganzjährig (1 oder 2 Tage pro Woche), lehrgangsmäßig (rund 2 Monate im Internatsbetrieb pro Ausbildungsjahr), oder blockmäßig (mehrere mehrwöchige Lehrgänge pro Ausbildungsjahr) obligatorisch zu besuchen sind.

Neben dem EB existiert ein Zweiter (Regulärer oder Gestufter), ein Dritter und ein Vierter Bildungsweg.

(a) Regulärer Zweiter Bildungsweg (Achtsemestrige Abend-BHS für eine kaufmännische oder technische Ausbildung nach Wahl für berufstätige Fachkräfte; solche mit minimalen Aufnahmevoraussetzungen müssen vorher einen fachentsprechenden einjährigen Vorbereitungslehrgang erfolgreich besucht haben).

(b) Gestufter Zweiter Bildungsweg (Dreijährige Aufbaulehrgänge führen berufstätige Fachkräfte zum Abitur der entsprechenden BHS; manchmal ist hierfür auch der erfolgreiche Besuch der entsprechenden zweijährigen Werkmeisterschule oder des entsprechenden Vorbereitungslehrganges eine notwendige Voraussetzung).

(c) Dritter Bildungsweg (Die 1986 eingeführte Studienberechtigungsprüfung kann nach Vollendung des 22. Lebensjahrs bei Nachweis einer erfolgreichen beruflichen oder außerberuflichen Vorbildung nur für die angestrebte Studienrichtung abgelegt werden).

(d) Vierter Bildungsweg (Die 1997 eingeführte und aus 4 Teilprüfungen bestehende Berufsreifeprüfung verleiht berufstätigen Fachkräften generelle Studienberechtigung. Die 1. Teilprüfung kann nach vollendetem 17. Lebensjahr, die letzte Teilprüfung nach vollendetem 19. Lebensjahr abgelegt werden. Weiters ermöglicht der Besuch privater externistenprüfungsvorbereitender Abiturschulen meist AHS-Abbrechern eine allgemeine oder berufsbezogene Nachholmöglichkeit.

Die Ausbildungsmöglichkeiten lassen sich auf 7 hierarchisch geordneten Ausbildungsebenen darstellen:

1. Dualsystemähnliche Ausbildungsgänge u.a. für leistungsbeeinträchtigte Lerner.
2. Drei Dualsysteme – (a) das Gewerbliche Dualsystem umfasst rund 240 Einfachlehren, deren Dauer zwischen 2 und 4 Jahren variiert, und lässt massiv Doppellehren zu; (b) das Land- und forstwirtschaftliche Dualsystem setzt sich aus 14 dreijährigen Einfachlehren zusammen; (c) das Pflegepersonalausbildende Dualsystem besteht aus der dreijährigen Einfachlehre „Gesundheits- und Krankenpflege" sowie der Doppellehre „Kinder- und Jugendlichenpflege".
3. 172 BMS-Typen im EB mit Übertrittsmöglichkeiten in entsprechende BHS (häufig durch die Organisationseinheit BMS-BHS erleichtert!).
4. 198 BHS-Typen (technische (der HTL-Ing. gilt seit 1995 als internationales Berufsdiplom!), gewerbliche, kaufmännische, sozialpädagogische) im EB und 38 im Zweiten Bildungsweg).
5. Quasipostsekundäre Ausbildungsgänge (85 Typen viersemestriger Tages-Kollegs sowie 22 Typen sechssemestriger Abend-Kollegs

für Berufstätige vermitteln u.a. AHS-Abiturienten ein Fachabitur).
6. Postsekundäre Ausbildungsgänge (Unterschiedliche Typen sechsemestriger Akademien, z.B. zur Berufsschul- oder Pflichtschullehrerausbildung sowie zur Ausbildung gehobener Gesundheitsberufe, z.B. Logopäden, Physiotherapeuten, die alle gegenwärtig in tertiäre Ausbildungseinrichtungen (pädagogische Hochschulen oder Fachhochschulstudiengänge) umorganisiert werden.
7. Tertiäre Ausbildungseinrichtungen (Gemäß des Gesetzes zur Errichtung des Universitätszentrums für postgraduale Weiterbildung vom März 1994 wurde die nun in 6 Abteilungen geführte Donau-Universität Krems mit Wintersemester 1995/96 eröffnet. Neben den gegenwärtig 25 bestehenden Universitäten, die auch berufsbildende Universitätslehrgänge anbieten, wurden seit dem Wintersemester 1994/95 – infolge des Fachhochschulstudiengesetzes vom Mai 1993 – 141 Fachhochschulstudiengänge (Stand 2005, teilweise auch für Berufstätige) mit den Abschlüssen Dipl.-Ing. (FH) und Mag. (FH) eingerichtet).

Bezüglich Fachkräfteausbildung ist folgendes bemerkenswert:
1. Sowohl das Gewerbliche (1980: 194.089, 2004: 107.034 Lehrlinge) als auch das Land- und forstwirtschaftliche Dualsystem (1980: 7.422, 2003: 1.190 Lehrlinge) schrumpfen über die demografische Rückentwicklung hinaus durch zunehmenden Boykott potentieller Ausbildungsbetriebe.
2. Um weiterbildungswillige Fachkräfte, die eine Erstausbildung in einem Dualsystem abgeschlossen haben, mit nachgefragten und berufsverwertbaren Modulqualifikationen auszustatten, wurden seit 1991 vom Wirtschaftsförderungsinstitut sechssemestrige berufsbegleitende (private) Fachakademien mit 12 Fachrichtungen österreichweit eingerichtet, die 5 Jahre nach ihrer Gründung bereits 161 Lehrgänge aufwiesen. Deren rasante Entwicklung erklärt sich damit, dass durch sie das Gewerbliche Dualsystem noch durchlässiger wurde. Der Vollabschluss der Fachakademien (mit den Abschlüssen „Volkswirt" oder „Fachtechniker") inkludiert die entsprechende Berufsreifeprüfung.
3. Um ganzheitlicher Bildung sowie auch Arbeitgeberwünschen zu entsprechen, bieten zunehmend AHS-Oberstufen (z.B. Planseeschule in Reutte, Werkschulheim Felbertal, Oberstufenrealgymnasium Eisenerz) neben ihrer traditionellen Allgemeinbildung Einfachlehren in einem speziellen Ausbildungsverbund an.

Literatur: ABC 2004 der berufsbildenden Schulen. 33. Aufl., Bundesministerium für Bildung, Wissenschaft und Kultur (aktualisierte Daten dieser Broschüre finden sich im Internet: http://www.berufsbildendeschulen.at) – Engel, R.: Qualifizierungsentwicklung von Pflege-Lehrpersonen. Lang, Frankfurt/ M., 2002 – Klenner, B.: Der Vierte Bildungsweg – Externistenprüfung. Eine Untersuchung an Wiener Maturaschulen. Unpubl. Diplomarbeit (Erziehungswissenschaft), Wien, 2000. – Lehrlingsstatistik 2004 der Wirtschaftskammern Österreichs. – Mayr, F.: Freizeit- und Seniorenanimation. Lang, Frankfurt/ M., 2001. Mohl, E.: Anforderungsprofile in der Ausbildung von Maschinenbau-Ingenieuren (Pilotstudie), Lang, Frankfurt/ M., 1995. – Schellenbacher, J.: Das land- und forstwirtschaftliche Bildungswesen in Österreich. Lang, Frankfurt/ M., 1992. – Schwendenwein, W.: (Hg.): Facetten des österreichischen Ausbildungswesens. Lang, Frankfurt/ M., 1997. – Schwendenwein, W. & Prochazka, K.: Studienberechtigungsorientierte Bildungswege in Österreich. In: Zeitschrift für Wirtschaftspädagogik 88. (1992), 2, S. 109-128. Statistisches Jahrbuch 2005 der Statistik Austria (im Internet).

Werner Schwendenwein

Berufsbildung und Beschäftigungssystem

Der Ausdruck Berufsbildung ist im →Berufsbildungsgesetz (1969) und in dessen Novellierung durch das Berufsbildungsreformgesetz von 2005 normiert als Oberbegriff für die →Berufsausbildungsvorbereitung, die Berufsausbildung (im →dualen System), für die berufliche Fortbildung und die →berufliche Umschulung. Grundlegendes Merkmal ist die Verbindung zwischen den Referenzpunkten →Bildung und →Beruf. Sie verweist auf den Zusammenhang zwischen Bildungs- und Beschäftigungssystem als „Überschneidungsbereich" berufsbezogener Lehr- und Lernprozesse in betrieblich, überbetrieblich und schulisch organisierten →Lernorten. Die Kopplung zwischen Bildungs- und Beschäftigungssystem erfolgt maßgeblich über die statusdistribuierende Funktion des Berechtigungssystems, d.h. über die Vergabe von Abschlusszertifikaten als Zugangsvoraussetzungen zu weiterführenden Bildungs- und Beschäftigungskarrieren (z. B. Abschluss der Berufsausbildung und dessen Zertifizierung durch den Gesellen-, Facharbeiter- oder Kaufmannsgehilfenbrief, daran anschließend Facharbeiter- und Fachangestelltentätigkeit in Verbindung mit beruflicher Aufstiegsfortbildung zum →Meister, Techniker oder Fachwirt). Das berufliche Bildungssystem reproduziert und stabilisiert auf diese Weise die für das Beschäftigungssystem in Deutschland typische Form des beruflich strukturierten Beschäftigungssystems.

Der Begriff Beschäftigungssystem bezieht sich im weitesten Sinne auf die Gesamtheit gesellschaftlicher Institutionen, die sich funktional auf die Allokation, den Einsatz und die Entlohnung des Produktionsfaktors Arbeit spezialisiert haben. Unberücksichtigt bleiben nichtmonetarisierte Tätigkeiten, wie z. B. die nicht bezahlte Hausarbeit oder Eigenleistungen im Rahmen informeller Subsistenzwirtschaften. Das Beschäftigungssystem ist mithin spezialisiert auf „Erwerbsarbeit". Hinsichtlich seiner Struktur wird üblicherweise unterschieden zwischen sektoraler Beschäftigungssystemstruktur (Verteilung der Beschäftigten nach Wirtschaftsbereichen bzw. Wirtschaftszweigen) und regionaler Beschäftigungssystemstruktur (Differenzierung nach wirtschafts- und sozialräumlichen Merkmalen); weitere Gliederungsmerkmale beziehen sich insbesondere auf Geschlecht, Alter, selbstständige/unselbstständige Beschäftigung, qualifizierte/nicht qualifizierte Beschäftigung, Vollzeit-/Teilzeitbeschäftigung. Entsprechend ist die Segmentierung des Beschäftigungssystems nach mehr oder weniger stark voneinander abgegrenzten Teilarbeitsmärkten, z. B. für Hochqualifizierte und Einfachqualifizierte, Männer- und Frauenberufe, Vollzeit- und Teilzeitbeschäftigte oder für bestimmte Berufe/Berufsgruppen. Zwischen den Segmenten des Beschäftigungssystems bestehen vielfach keine Austauschbeziehungen, so dass hinsichtlich des Verhältnisses von Arbeitsplatzangebot und -nachfrage zwischen den einzelnen Teilarbeitsmärkten erhebliche Unterschiede existieren können. Von den segmentspezifischen Entwicklungen abgesehen, lässt sich beim strukturellen Wandel des Arbeitskräfteeinsatzes generell ein anhaltender Trend von der Industrie- zur Dienstleistungswirtschaft konstatieren, der sich auch in den Veränderungen der Berufsstruktur bei steigendem Niveau der Eingangsvoraussetzungen auf Seiten der →Auszubildenden (gemessen an den Schulabschlüssen) und der Leistungsanforderungen in der beruflichen Aus- und Weiterbildung widerspiegelt.

Unter funktionsanalytischen Aspekten betrachtet, sind die wechselseitigen Austauschbeziehungen zwischen Berufsbildung und Beschäftigungssystem von besonderer Bedeutung. Sie betreffen die Qualifikations-, Allokations-, Sozialisations- und Absorptionsfunktion:

Unter Aspekten der Qualifikationsfunktion geht es um die Produktivitätssteigerung des Arbeitskräfteeinsatzes durch Investition in Bildung. Die Theorie des Humankapitals hat diesen Ansatz in theoretischen und empirischen Arbeiten sehr differenziert weiterverfolgt, ausgehend von der Investitionshypothese, wonach Bildungsaktivitäten Investitionen sind, die einerseits Kosten verursachen und andererseits Erträge bzw. Nutzen abwerfen. Die Kosten-

Nutzen-Relation wird dabei als Erklärung sowohl für das individuelle Bildungsverhalten als auch für die Qualifikations- und Arbeitskräftenachfrage im Beschäftigungssystem interpretiert. Im Kontext der berufsbildungspolitischen Diskussion wird unter Bezugnahme auf die Humankapitaltheorie einerseits die Notwendigkeit des erhöhten Kapitaleinsatzes für Investitionen in berufliche Qualizierungsmaßnahmen als Voraussetzung für die gesamt- und einzelwirtschaftliche Leistungsfähigkeit im internationalen Wettbewerb gefordert, andererseits aber auch die Strategie verfolgt, die Kosten-Nutzen-Relation von Aus- und Weiterbildungsinvestionen durch Rationalisierung und Reorganisationsmaßnahmen mit der Folge der quantitativen Verknappung des Qualifikationsangebots bei gleichzeitiger Effizienzsteigerung der beruflichen Aus- und Weiterbildung im Hinblick auf den Qualifikationsbedarf des Beschäftigungssystems zu verbessern.

Die Beziehungen zwischen Berufsbildung und Beschäftigungssystem betreffen unter Allokationsaspekten die Problematik der quantitativen und qualitativen Abstimmung zwischen den mehr oder weniger stark segmentierten Teilbereichen des Berufsbildungs- und Beschäftigungssystems. Dabei steht nicht nur die Frage der möglichst effizienten, sondern auch der gerechten Verteilung knapper Aus- und Weiterbildungsressourcen zur Diskussion. Das Kernproblem liegt dabei in der Frage, wie sich die Eigentums- und Verfügungsrechte privater Investoren und die (internationale) Wettbewerbsfähigkeit der Unternehmen mit den Prinzipien von Chancengerechtigkeit und öffentlicher Verantwortung für die Qualifizierung der heranwachsenden Generation (Berufsausbildung) und der Erwerbspersonen einschließlich der Arbeitslosen (berufliche Weiterbildung) in Einklang bringen lassen. Gegen die Humankapitaltheorie wird von Vertretern der Segmentationstheorie geltend gemacht, dass die Austauschbeziehungen zwischen (Berufs-)Bildung und Beschäftigungssystem infolge der Segmentierung des Ausbildungsstellen- und →Arbeitsmarkts dauerhaft gestört sein. Der Zugang zu den mehr oder weniger privilegierten Aus- und Weiterbildungs- sowie zu den Arbeitsmöglichkeiten sei in starkem Maße abhängig von den bereits vorhandenen selektionsrelevanten Eigenschaften der arbeitssuchenden und zu qualifizierenden Personen (z. B. von Bildungsabschlüssen, Geschlecht, Wohnort, Staatsangehörigkeit).

Die Sozialisationsfunktion der Berufsbildung besteht insbesondere darin, das Beschäftigungssystem mit einem Erwerbspersonenpotential zu versorgen, das über die am Arbeitsplatz verlangten fachlichen Qualifikationen hinaus über habituelle Dispositionen verfügt, die mit den Rollen- und Wertestrukturen der betrieblichen Arbeitsverhältnisse konform sind. Während beispielsweise tayloristisch organisierte Fabrikregime vor allem Leistungs- und Loyalitätspotentiale wie Gehorsam und Bereitschaft zur Unterordnung in hierarchische Arbeitsbeziehungen voraussetzen, sind die neuen, tendenziell an selbstorganisierter und ganzheitlich strukturierter Arbeit orientierten Produktionskonzepte an Wertorientierungen gebunden, die die Entwicklung sozialer Handlungskompetenzen und individueller Verantwortungsfähigkeit unterstützen oder überhaupt erst ermöglichen. Berufsbildung und Beschäftigungssystem stehen als Sozialisationsinstanzen in wechselseitiger Beziehung: Die Sozialisationsleistungen der Berufsbildung beeinflussen Arbeitseinstellungen und -verhalten der Beschäftigten, wie umgekehrt die Bedingungen des Beschäftigungssystems als „heimlicher Lehrplan" in den Sozialisationsprozess der beruflichen Aus- und Weiterbildung einwirken.

Unter Gesichtspunkten der Absorptionsfunktion betrachtet, sind die Beziehungen zwischen Berufsbildung und Beschäftigungssystem auf das Ziel der Verwertung der in Ausbildungs- und Weiterbildungsprozessen vermittelten bzw. erworbenen Qualifikationen gerichtet. In dieser Hinsicht wies die berufliche Erstausbildung des dualen Systems mit der für sie typischen Verbindung von betrieblicher Berufspraxis und Berufsschulunterricht im Vergleich zu den vollzeitschulisch organisierten Formen der Berufsausbildung, wie sie beispielsweise in den romanischen Ländern Europas dominieren, in der Vergangenheit deutliche Stärken auf. Indikator dafür sind die im europäischen Vergleich weit unterdurchschnittlichen Quoten der →Jugendarbeitslosigkeit in Deutschland. Begünstigt wurde die Übernahme in das Beschäftigungssystem durch den Erwerb berufspraktischer und betriebsspezifischer Erfahrungen sowie durch die damit ersparten Kosten für die Einarbeitung nach Abschluss der Berufsausbildung und die risikoreiche Akquirierung von Fachkräften auf den externen Arbeitsmärkten. Für die Zukunft zeichnet sich ab, dass die Absorption der beruflichen Qualifikationspotentiale trotz dieser günstigen Voraussetzungen nicht mehr zureichend gesichert ist. Angesichts der beschleunigten Wissensproduktion und -distribution ist mit einem schnelleren Veralten der beruflichen Qualifikationen schon während der Ausbildungszeit zu rechnen, was erhöhte Einarbeitungs- und Weiterbildungskosten zur Folge hätte. Der damit einhergehende relative Bedeutungsverlust der beruflichen Erstausbildung zugunsten der Weiterbildung wird voraussichtlich dazu führen, dass die Ausbildungsbereitschaft der →Betriebe weiter abnimmt und die Integration der Jugendlichen in das Beschäftigungssystem nicht mehr auf dem bislang hohen Niveau gelingt.

→Qualifikation, →Sozialisation, Allokation und Absorption verweisen auf spezifische Leistungen des Bildungs- und Beschäftigungssystems in der modernen, funktional differenzierten Gesellschaft. Dabei stellt sich die Frage der Leistungsfähigkeit dieser Systeme nicht isoliert in Bezug auf einzelne Funktionen, sondern als ein grundsätzliches Problem der funktionalen Kopplung an den Schnittstellen zwischen Bildungs- und Beschäftigungssystem. Eine einfache Lösung dieses Problems ist nicht zu erwarten; denn Bildungssystem auf der einen und Beschäftigungssystem auf der anderen Seite kommunizieren unter Bedingungen funktionaler Differenzierung mit je eigenen Codes und Leitdifferenzen (gebildet/nicht gebildet, beschäftigungsfähig/nicht beschäftigungsfähig). Soll das Bildungssystem Qualifikationsleistungen erbringen, die vom Beschäftigungssystem absorbiert werden können oder das Beschäftigungssystem Allokationsleistungen in Aussicht stellen, für das vom Bildungssystem als gesellschaftlicher Sozialisationsinstanz kulturell formiertes Humankapital bereit gestellt wird, so muss sicher gestellt sein, dass die funktional verselbstständigten Systeme trotz ihrer Eigenlogiken als jeweilige Systemumwelt für das andere System anschlussfähig bleiben. Dieser Sachverhalt wird in der funktional-strukturellen →Theorie sozialer Systeme als Problem struktureller Kopplung diskutiert. Ein besonderer Fall hierfür ist das Berufsbildungssystem in Deutschland. Dessen strukturelle Kopplung mit dem Bildungssystem einerseits und dem Beschäftigungssystem andererseits vollzog sich seit Ende des 19. Jahrhunderts mit der „Konzentration" der industriellen Lehrlingsausbildung auf den Beruf und der Umwandlung der →Fortbildungsschule in einen berufsförmig gegliederten Teil des Bildungssystems. Die Vorteile dieses Systems erwiesen sich gegenüber dominant schulbasierten Ausbildungssystemen anderer Länder nicht nur unter Qualifikations- und Sozialisationsaspekten, sondern auch im Hinblick auf die Allokations- und Absorptionsfunktionen (Eingliederung und Einpassung in das Beschäftigungssystem) als vorteilhaft.

Dies ändert(e) sich unter dem Einfluss der als „Megatrends" bezeichneten Entwicklung zur Dienstleistungs- und Wissensgesellschaft sowie der imperialen Globalisierung und der Individualisierung als Prototyp postmoderner Lebensform. Beruflichkeit gerät in Widersprüche zu der neuen ökonomischen Dynamik (geschäftsprozessorientierte Flexibilität vs. berufsförmige Standardisierung). Damit büßt der Beruf seine Funktionalität als Form struktureller Kopplung zwar ein, jedoch wird das berufsbasierte Ausbildungssystem nicht gleich funktionsunfähig. In der Diskussion über den Wandel der berufsförmig organisierten Erwerbsarbeit und Ausbildung wird die anhaltend hohe →Arbeitslosigkeit als Hinweis auf die Krise des relativ starren, berufsförmig organisierten Beschäftigungssystems gewertet. Es wird argumentiert, dass sich der Charakter der Erwerbsarbeit ändere, indem das „Normalarbeitsverhältnis" und die „Normalerwerbsbiographie" erodierten, räumliche und zeitliche Entgrenzung durch neue Organisationsformen der →Arbeit sowie →Entberuflichung, das heißt durch Auflösung des Berufs als Organisationsprinzip für Ausbildung, Arbeitsvermögen, betriebliche Strukturen und Arbeitsabläufe vonstatten gingen. Insgesamt – so eine häufig vertretene These – schlagen sich diese Tendenzen in einer Auflösung der langfristigen Bindung an Berufe in der Ablösung des „verberuflichten Arbeitsnehmers" durch den „Arbeitskraftunternehmer" nieder. Dem gegenüber jedoch geben empirische Analysen deutliche Hinweise darauf, dass keine strukturell völlig andersartige Lage entstanden und die These vom „Ende des Berufs" völlig überzogen sei.

Entsprechend kontrovers verläuft die Diskussion über die Zukunftfähigkeit der berufsbasierten Ausbildung im dualen System. Die Gründe für die Diffusität der im wissenschaftlichen Diskurs angesprochenen Entwicklungen und Einschätzungen hängen nicht zuletzt damit zusammen, dass das Prinzip der Berufsförmigkeit nicht getrennt gesehen werden darf von den damit korrespondierenden Prinzipien des konsensualen Tripartismus staatlicher und sozialpartnerschaftlicher Akteure („Konsensprinzip") sowie der Verbindung von betrieblich organisierter praktischer Berufserfahrung mit schulmäßig organisiertem, theoriebasiertem Lernen („Dualitätsprinzip").

Das deutsche Ausbildungssystem verfügt über Ressourcen, die es erlauben, Funktionseinbußen bei der strukturellen Kopplung von Ausbildungs- und Beschäftigungssystem durch den Beruf mittels „funktionaler Substitute" zu kompensieren (z. B. durch Dynamisierung triparter →Abstimmungsprozesse bei der Ordnung von →Ausbildungsberufen und deren verstärkte Flexibilisierung; Lockerung des Berufsbezugs des Berufsschulunterrichts durch arbeits- und geschäftsprozessorientierte →Lernfelder).

Zur Rolle des Berufs bei der Abstimmung zwischen Bildungs- und Beschäftigungssystem liegen unterschiedliche Einschätzungen vor. Nicht von der berufsförmigen Arbeit gelte es Abstand zu nehmen, so die „vermittelnde Variante" der Diskussion um Entberuflichung und neue Beruflichkeit, sondern von der Annahme, den →Ausbildungsberuf ein ganzes Leben lang, womöglich in einem Betrieb, ausüben zu können.

Literatur: Baethge, M.: Beruf – Ende oder Transformation eines erfolgreichen Ausbildungskonzepts? In: Kurtz, Th. (Hg.): Aspekte des Berufs in der Moderne. Opladen 2001, S. 39-68 – Behringer, F.: Berufswechsel als eine Form diskontinuierlicher Erwerbsbiographien: Ursachen, Häufigkeit und Folgen. In: Behringer, F./Bolder, A./Klein, R./Reutter, G./Seiverth, A. (Hg.): Kontinuierliche Erwerbsbiographien. Hohengehren 2004, S. 71-93 – Kurtz, Th.: Die Berufsform der Gesellschaft. Weilerswist 2005 – Kutscha, G.: Das System der Berufsausbildung. In: Blankertz, H./Derbolav, J./Kell, A./Kutscha, G. (Hg.): Sekundarstufe II – Jugendbildung zwischen Schule und Beruf. Enzyklopädie Erziehungswissenschaft, Band 9.1. Stuttgart 1982, S. 203-226 – Kutscha, G.: ‚Entberuflichung' und ‚Neue Beruflichkeit' – Thesen und Aspekte zur Modernisierung der Berufsbildung und ihrer Theorie. In: Zeitschrift für Berufs- und Wirtschaftspädagogik 88(1992)7, S. 535-548 – Mertens, D./Parmentier, K.: Zwei Schwellen – acht Problembereiche. Grundzüge eines Diskussions- und Aktionsrahmens zu den Beziehungen zwischen Bildungs- und Beschäftigungssystem. In: Mertens, D.

(Hg.): *Konzepte der Arbeitsmarkt- und Berufsforschung. Nürnberg 1983, S. 357-396* – *Timmermann, D.: Die Abstimmung von Bildungs- und Beschäftigungssystem: ein Systematisierungsversuch.* In: *Bodenhöfer, H.-J. (Hg.): Bildung, Beruf, Arbeitsmarkt. Berlin 1988, S. 25-82* – *Voss, G./Pongratz, H.J.: Der Arbeitskraftunternehmer. Eine neue Grundform der Ware Arbeitskraft?* In: *Kölner Zeitschrift für Soziologie und Sozialpsychologie 48(1998)1, S. 131-158*

Günter Kutscha

Berufsbildungsberatung

Unter Berufsbildungsberatung wird im Allgemeinen die Beratung von Institutionen (insbesondere von Unternehmen) im Bereich der beruflichen Aus- und Weiterbildung verstanden. Neben dieser institutionenbezogenen Beratung existieren personenbezogene Beratungsformen. Die zur Kennzeichnung einzelner Beratungsformen in der Literatur verwendeten Begriffe werden dabei allerdings nicht einheitlich gebraucht. So wird der Begriff 'Berufsbildungsberatung' im Sinne einer →Berufsberatung teilweise auch personenbezogen verstanden, gleichzeitig spricht man von →Weiterbildungsberatung sowohl in personenbezogener als auch institutionenbezogener Form. Im Hinblick auf eine institutionenbezogene Beratung wird häufiger statt von 'Berufsbildungsberatung' auch von 'Qualifizierungsberatung' und von 'Bildungsmarketing' gesprochen, ohne dass eine einheitliche und eindeutige Abgrenzung dieser Begriffe vorhanden ist.

Im Bereich der Ausbildung ist die Ausbildungsberatung in das →Berufsbildungsgesetz von 1969 aufgenommen worden. So heißt es im §76 BBiG, dass die Zuständige Stelle die Durchführung der Berufsausbildung überwacht und die an der Berufsausbildung beteiligten Personen durch Beratung fördert. Zu diesem Zwecke sind Berater bzw. Beraterinnen zu bestellen. Diese →Ausbildungsberater, die auch für die →Berufsausbildungsvorbereitung und die →berufliche Umschulung zuständig sind, sind schwerpunktmäßig mit der Beratung bisher nicht ausbildender Betriebe, die die Ausbildungsberechtigung erwerben wollen, sowie der Lösung akuter Ausbildungsprobleme der bereits ausbildenden Betriebe beschäftigt. Aufgrund der schwierigen Ausbildungsplatzsituation sind Ausbildungsberater in jüngster Zeit verstärkt damit befasst, neue und zusätzliche Ausbildungsplätze bei den Betrieben zu werben. Hierbei werden sie von anderen Personengruppen der zuständigen Stellen und von anderen Institutionen unterstützt (Arbeitsämter).

Berufsbildungsberatung als Weiterbildungsberatung von Betrieben ist noch relativ neu und dürfte in der Praxis erst ansatzweise entwickelt sein. Allerdings wird ihr von Experten für die Zukunft eine deutlich steigende Bedeutung zuerkannt. Diese Beratung wendet sich vor allem an kleine und mittlere Betriebe, die häufig nicht über die Voraussetzungen verfügen, um die Weiterbildung der Mitarbeiter als Instrument der Personalentwicklung bedarfsgerecht zu gestalten. Als Beratungsinstanzen kommen hier vor allem die Träger und die Einrichtungen von Weiterbildungsmaßnahmen sowie Verbände und zuständige Stellen in Frage. Die Betriebe erhalten Informationen über den Weiterbildungsmarkt und werden bei der Ermittlung des Weiterbildungsbedarfs sowie der Planung geeigneter Maßnahmen unterstützt.

Literatur: Balli, C./Storm; U.: Weiterbildungs- und Qualifizierungsberatung, in: Berufsbildung in Wissenschaft und Praxis, Heft 5/1992, S. 17-23 – von Bardeleben, R.: Betriebe als Weiterbildungsnachfrager - Sicherung eines optimalen Angebots, in: von Bardeleben u.a. (Hg.): Weiterbildungsqualität. Konzepte, Instrumente, Kriterien, Bundesinstitut für Berufsbildung, Berichte zur beruflichen Bildung, Heft 188, Bielefeld 1995, S. 99-115 – Berufliche Fortbildungszentren der bayerischen Arbeitgeberverbände: Bildungsmarketing für kleine und mittlere Betriebe, Nürnberg 1993 – Huge, W.: Weiterbildungsberatung – externes Bildungsmanagement für Klein- und Mittelbetriebe, in: Berufsbildung in Wissenschaft und Praxis, Heft 3/1991, S. 32-37 – Meyer, K.: Weiterbildungsberatung: aktuelle

Aufgaben und Probleme. In Hessische Blätter für Volksbildung, Heft 3/1997, S. 224-233 – Weingärtner; M.: Betriebliche Weiterbildung und Weiterbildungsberatung in mittelständischen Unternehmen, Bergisch Gladbach und Köln 1995

Günter Walden

Berufsbildungsberichte

Die jährlich von der Bundesregierung herausgegebenen Berufsbildungsberichte gelten als „Hauptbuch" der gesetzlichen Berichterstattung über die berufliche Bildung in der Bundesrepublik Deutschland. Danach hat der zuständige Bundesminister (derzeit der Bundesminister für Bildung und Forschung) die Entwicklungen in der beruflichen Bildung ständig zu beobachten und bis zum 1. April eines jeden Jahres der Bundesregierung einen B. vorzulegen.

Der B. besteht aus zwei Teilen. Im politischen Teil I werden die Entwicklungstrends auf dem Ausbildungsstellenmarkt und die Vorausschätzung der Nachfrage nach Ausbildungsstellen für das jeweils neue Berichtsjahr dargelegt sowie Vorschläge und Maßnahmen zur Sicherung eines sektoral und regional ausgewogenen Angebots an Ausbildungsplätzen und zur strukturellen Weiterentwicklung der beruflichen Aus- und Weiterbildung angekündigt. Darüber hinaus enthält Teil II umfangreichere Informationen und vertiefende Ergebnisse aus der →Berufsbildungsforschung. Dieser Teil sowie der statistische Anhang werden überwiegend vom →Bundesinstitut für Berufsbildung (BIBB) gestaltet. Er umfasst folgende Schwerpunkte:

$$ANR = \frac{Ausbildungsplatzangebot}{Ausbildungsplatznachfrage} * 100$$

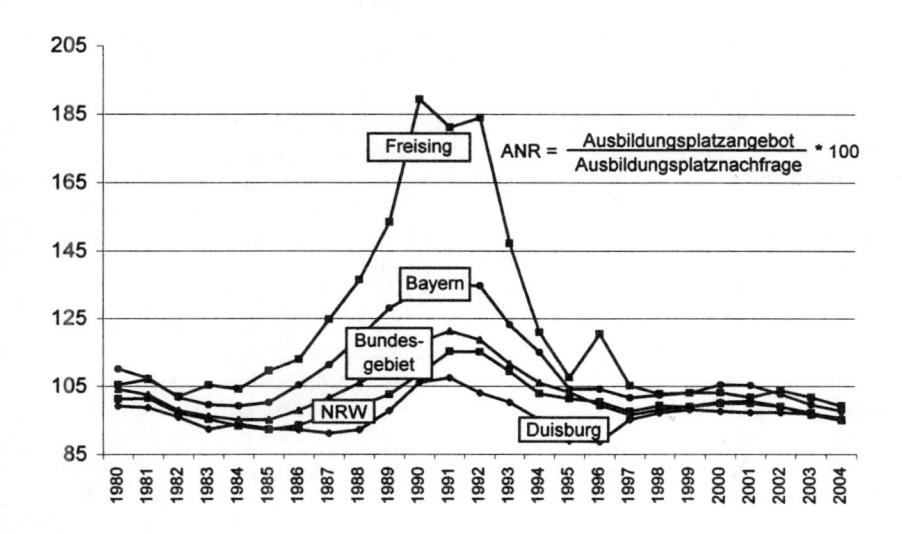

Abb.: Angebots-Nachfrage-Relation (ANR) für die Bundesrepublik Deutschland (ab 1993 einschließlich der neuen Länder), Nordrhein-Westfalen sowie für die Bezirke der Arbeitsämter bzw. -agenturen Duisburg und Freising von 1980-2004 (Quelle: Bundesminister für Bildung und Wissenschaft (heute Bundesminister für Bildung und Forschung) (Hg.): Berufsbildungsberichte 1980 ff.; eigene Berechnungen).

1. Ausbildungsplatznachfrage und Ausbildungsplatzangebot des abgeschlossenen Berichtsjahrs
2. Bestand und Struktur der Berufsbildung
3. Inhaltliche Gestaltung der Berufsausbildung
4. Berufsausbildung und Arbeitswelt
5. Berufliche Weiterbildung
6. Europäische und internationale Zusammenarbeit in der Berufsbildung

Auslöser des ersten B. im Jahre 1977 war die Verabschiedung des Ausbildungsplatzförderungsgesetzes (APlFG 1976). Dieses Gesetz sah die Möglichkeit einer Umlagefinanzierung vor. Die dazu erforderlichen Daten sollten in Form eines jährlichen B. zur Verfügung gestellt werden. Die Umlagefinanzierung war an die Bedingung geknüpft, dass das festgestellte Ausbildungsplatzangebot (neu abgeschlossene Ausbildungsverträge zuzüglich der bei der Bundesanstalt (heute Bundesagentur) für Arbeit gemeldeten und noch nicht besetzten Ausbildungsplätze) die insgesamt nachgefragten Ausbildungsstellen (Gesamtzahl der abgeschlossenen Ausbildungsverträge zuzüglich der noch nicht vermittelten Bewerber(innen)) um weniger als 12,5 % übersteige und sich keine Verbesserung der Lage abzeichne.

Nachdem das APlFG für verfassungswidrig erklärt (1980) und durch das Berufsbildungsförderungsgesetz von 1981 (BerBiFG) ersetzt worden war, entfielen zwar die gesetzlichen Regelungen bezüglich der Umlagefinanzierung, nicht aber die Bestimmungen zur Berufsbildungsplanung und →Berufsbildungsstatistik sowie zur Erstellung des B.

Durch das am 1. April 2005 in Kraft getretene Berufsbildungsreformgesetz sind das Berufsbildungsgesetz (BBiG) von 1969 und das BerBiFG von 1981 in einem gemeinsamen Gesetz konsolidiert worden. Ziele und Inhalte des B. sind seither im § 86 BBiG geregelt. Dieser Paragraph gehört zum Teil 4 des novellierten BBiG, der sich mit „Berufsbildungsforschung, Planung und Statistik" befasst. Inhaltlich entsprechen die Bestimmungen zum B. denen des früheren BerBiFG. Der B. basiert auf den Ergebnissen der Berufsbildungsforschung (§ 84 BBiG) und der Berufsbildungsstatistik (§§ 87, 88) und ist zugleich Grundlage für die Berufsbildungsplanung, deren Zweck insbesondere darin besteht, dass die Ausbildungsstätten nach Art, Zahl, Größe und Standort ein qualitativ und quantitativ ausreichendes Angebot an beruflichen Ausbildungsplätzen gewährleisten und dass sie unter Berücksichtigung der voraussehbaren Nachfrage und des langfristig zu erwartenden Bedarfs an Ausbildungsplätzen möglichst günstig genutzt werden (§ 85 Abs. 2 BBiG). Die jetzige Strukturierung des BBiG hebt damit den engen Zusammenhang des B. mit der Berufsbildungsforschung und der Berufsbildungsstatistik deutlicher hervor.

Im Vergleich zu anderen Ländern der EU und der OECD können dem B. und der ihm zugrunde liegenden Berufsbildungsforschung und -statistik ein vergleichsweise hohes Niveau zugesprochen werden. Der B. ist wissenschaftlich fundierter, differenzierter und von Jahr zu Jahr umfangreicher geworden. Umfasste der erste B. von 1977 knapp 80 Seiten, präsentierte sich der B. 2005 mit weit über 300 Seiten. Da der B. über den viertelparitätisch zusammengesetzten Hauptausschuss des BIBB (Bund, Länder, Arbeitgeberverbände, Gewerkschaften) in den berufsbildungspolitischen Diskussionszusammenhang (insbesondere hinsichtlich der Ausbildungsmarktsituation) eingebunden ist, findet er öffentliches Interesse, stößt damit aber auch auf Kritik.

Dies gilt zum Beispiel in Bezug auf die Ausbildungsplatzbilanz und die daraus abgeleitete Angebots-Nachfrage-Relation (ANR). Bei dieser Kennzahl handelt es sich um das Verhältnis von Ausbildungsplatzangebot und Ausbildungsplatznachfrage multipliziert mit 100. Gravierende Unterschiede in den Entwicklungen der regionalen Ausbildungsmärkte und deren Hintergründe werden durch die Ausbildungsplatzbilanz und die ANR nicht zutreffend indiziert (siehe Abbildung: Freising (Bayern) und Duisburg (NRW) konvergieren neuerdings bei völlig unterschiedlichen Rahmenbedingungen gegen ein vergleichbar niedriges Niveau der ANR). Die Ausbildungsplatzbilanz hat nur begrenzten Aussagewert: Sie erfasst hinsichtlich der Neuabschlüsse lediglich den Status quo zum Stichtag 30. September. Die Daten über die noch nicht vermittelten Bewerber(innen) und unbesetzten Ausbildungsplätze sind beeinflusst von den Einschaltquoten der Ausbildungsplatzanbieter und - nachfrager in den Bezirken der Agentur für Arbeit. Überdies werden Bewerber(innen), die zwar keinen Ausbildungsplatz gefunden haben, jedoch in Ersatzmaßnahmen „versorgt" sind, in der Ausbildungsplatzbilanz nicht erfasst. Ergänzend zum B. des Bundes wurden deshalb schon seit Anfang der 1980er Jahre regionale Berufsbildungsberichte auf Landesebene (z. B. Nordrhein-Westfalen) oder für kleinräumige Gebiete (z. B. für die Stadt Duisburg) entwickelt. Dabei ging es nicht nur um die Desaggregation der relativ wenig aussagefähigen Durchschnittsdaten des Bundesberichts, sondern auch um die Entwicklung neuer Erfassungs- und Auswertungskonzepte in Bezug auf Herkunft und Verbleib kompletter Alters- und Schulabgängerkohorten an den kritischen Schwellen des Übergangs in das Ausbildungs- und Beschäftigungssystem.

Neue Impulse für eine „ganzheitliche Betrachtung" der Berichterstattung gab der Deutsche Bundestag am 4. Juli 2002 mit der Aufforderung an die Bundesregierung, mit den Ländern eine Verständigung über die Erarbeitung eines nationalen Bildungsberichts und die mögliche Einrichtung eines nationalen Sachverständigenrates zur Berichterstattung und zur Begutachtung über die Entwicklung des Bildungswesens in Deutschland herbeizuführen (Drucksache 14/9269). Bei der Umsetzung dieses Vorhabens sind die Hauptakteure im bildungspolitischen Entscheidungsprozess, die Bundesregierung auf der einen Seite und die Länder – repräsentiert durch die Kultusministerkonferenz – auf der anderen, jedoch getrennt vorgegangen und haben Konzepte für eine Bildungsberichterstattung aus der Perspektive des Schulwesens (für die Länder) und der beruflichen Aus- und Weiterbildung (für den Bund) entwickeln lassen. Dieses Vorgehen deutet auf spezifische Schwierigkeiten hin, die mit einer „ganzheitlichen Sicht" der Bildungsberichterstattung verbunden sind. Das gilt allein schon für die begrenzte Domäne der beruflichen Bildung mit den Bereichen der →Berufsausbildungsvorbereitung, der Berufsausbildung und der beruflichen Weiterbildung. Bei einer „umfassenden und integrierten nationalen Bildungsberichterstattung", wie sie vom Deutschen Bundestag gefordert wird, müssten in diesem Fall bislang disparate Politikbereiche wie u. a. die der betrieblichen Aus- und Weiterbildung, der schulischen Berufsbildung, der Jugend(berufs)hilfe, der Arbeitsförderung u. a. einbezogen und aufeinander abgestimmt werden. Diesem Anliegen stehen insbesondere gesetzliche Zuständigkeiten der mit Berufsbildung befassten Institutionen entgegen, insbesondere soweit sie aus der Bundeszuständigkeit für die betriebliche Berufsausbildung und der Kulturhoheit der Länder (Föderalismus) resultieren; aber auch auf die gesetzliche Ressortierung gemäß BBiG, Arbeitsförderung (Sozialgesetzbuch (SGB) III), Jugendberufshilfe und Jugendsozialarbeit (SGB VIII) und berufliche Rehabilitation (SGB IX) zurückzuführen sind.

Literatur: Baethge, M./Buss, K.-P./Lanfer, C.: Konzeptionelle Grundlagen für einen Nationalen Bildungsbericht: Berufliche Bildung und Weiterbildung/Lebenslanges Lernen. Reihe Berufsbildungsreform Band 7, hg. vom Bundesministerium für Bildung und Forschung. Bonn-Berlin 2003 – Bundesminister für Bildung und Wissenschaft (Hg.): Berufsbildungsbericht 1977. Bonn 1977 – Bundesministerium für Bildung und Forschung (Hg.): Berufsbildungsbericht 2005. Bonn-Berlin 2005 – Fredebeul, F.-H./Bake, U./Krebs, H.: Berufsbildungsförderungsgesetz – Kommentar. Bielefeld 1982 – Krekel, E.: Berufsbildungsbericht. In: Rauner, F. (Hg.):

Handbuch Berufsbildungsforschung. Bielefeld 2005, S. 204-208 – Kutscha, G.: Regionalisierung der Berufsbildungsberichterstattung – Das Duisburger Experiment mit Blick auf ein Europa der Regionen. In: Stadt Duisburg – Der Oberstadtdirektor (Hg.): Berufsbildungsbericht '93 – 10 Jahre Berufsbildungsberichterstattung. Duisburg 1993, S. 9-11 – Kutscha, G.: Übergangsforschung – zu einem neuen Forschungsbereich. In: Beck, K./Kell, A. (Hg.): Bilanz der Bildungsforschung – Stand und Zukunftsperspektiven. Weinheim 1991, S. 113-155 – Kutscha, G.: Berufsvorbereitung und Förderung benachteiligter Jugendlicher. In: Bundesministerium für Bildung und Forschung (Hg.): Expertisen zu den konzeptionellen Grundlagen für einen Nationalen Bildungsbericht – Berufliche Bildung und Weiterbildung/Lebenslanges Lernen. Reihe: Bildungsreform Band 8. Bonn-Berlin 2004 – Stender, J.: Konzeptionelle Fundierung regionaler Berufsbildungsberichterstattung. In: Haubrich, K./Reubel, F. (Hg.): Berufsstart benachteiligter Jugendlicher in Europa – Konzepte zur beruflichen Integration im regionalen Kontext. München 1995, S. 307-322

Günter Kutscha

Berufsbildungsforschung

1. Forschungsaufgabe und Forschungsträger
Berufsbildungsforschung untersucht die Bedingungen, Abläufe und Folgen des Erwerbs fachlicher Qualifikationen sowie personaler und sozialer Einstellungen und Orientierungen, die für den Vollzug beruflicher organisierter Arbeitsprozesse bedeutsam erscheinen (Deutsche Forschungsgemeinschaft 1990, S. 1). Dabei wird meist nur auf subakademische Ausbildungsgänge, Weiterbildungsformen und die darauf aufbauenden Beschäftigungsverhältnisse Bezug genommen. (In der englischsprachigen Literatur werden entsprechend die Termini „vocational" oder „occupational" verwendet – im Gegensatz zu „professional", das als Adjektiv zumeist für akademische Ausbildungen Verwendung findet; siehe hierzu Achtenhagen & Grubb 2001). Der Hochschulsektor bleibt demzufolge (für gewöhnlich) ausgeklammert, es sei denn, es handele sich um die Qualifizierung von Lehrern für den berufsbildenden Bereich.

Ansätze der Berufsbildungsforschung finden sich in einer Vielzahl von akademischen Disziplinen sowie in verschiedenen Institutionen. Van Buer & Kell (1999, S. 59) haben für Deutschland 74 Universitäten mit 346 Instituten, Seminaren, Lehrstühlen etc. identifiziert, in denen potentiell Berufsbildungsforschung durchgeführt wird. Daneben wurden 130 außeruniversitäre Institutionen ermittelt, zu denen neben den 16 Landesinstituten der Kultusministerien u. a. auch das →Bundesinstitut für Berufsbildung oder das Institut für →Arbeitsmarkt- und Berufsforschung der Bundesanstalt für Arbeit gehören. Eine vergleichbare Vielfalt der Berufsbildungsforschung gibt es auch im Ausland, wobei eine besondere Schwierigkeit gegenüber der deutschen Situation darin gegeben ist, dass die zentralen Bezugsdisziplinen →Berufspädagogik und Wirtschaftspädagogik nur noch in Österreich und der Schweiz existieren, so dass Schwerpunktbildungen lediglich über die Forschungsthemen, nicht aber disziplinär auszumachen sind. Auf der europäischen Ebene ist vor allem dem →CEDEFOP in Thessaloniki die Aufgabe gestellt, entsprechende Forschungs- und Entwicklungsaktivitäten zu koordinieren (vgl. Descy & Tessaring 2001). Mit speziellen Aktionen wurde auch versucht, Forschung zu stimulieren. Hier wäre die EU-COST Action A11 zu erwähnen, in der sich Berufsbildungsforscher aus 18 europäischen Ländern vor allem auf die Thematik „Transferability, flexibility and mobility as targets of vocational education and training" konzentriert haben (als Abschlussbericht und Evaluation vgl. Achtenhagen, Coffield & Evaluationsteam 2003).

2. Forschungsfragen und Forschungsfelder
Alle Aktivitäten der Berufsbildungsforschung lassen sich zwei zentralen Fragen zuordnen: Wie kann der Arbeitskräftebedarf der Wirtschaft gesichert werden und wie lässt sich dabei auch die persönliche Entwicklung der Individuen in einem umfassenden Sinne (unter Ein-

schluss der Fähigkeit, sich auf dem Arbeitsmarkt, aber auch im privaten Leben zu behaupten) gewährleisten? – Die Interpretation dieses Zusammenhangs kann vielfältig gestaltet werden: von Aspekten der Ausbeutung bis hin zu dem Punkt, dass Individuen bei entsprechender Ausbildung selbst positiv und durchaus neuartig betriebliche Produktions- und Geschäftsprozesse beeinflussen können. In der DFG-Denkschrift wurde mit aller Vorsicht die These von einer „Koinzidenz ökonomischer und pädagogischer Vernunft" formuliert (1990, S. VII), die zunächst auf heftige Kritik stieß, aber gegenwärtig unter dem Aspekt der Kompetenzentwicklung als eine Grundlage empirischer Forschungsvorhaben herangezogen wird.

Diese These gewinnt eine besondere Bedeutung aufgrund der Tatsache, dass sowohl national als auch international Defizite bezüglich der Erforschung beruflicher Lernprozesse im Bereich der Erstausbildung und der Weiterbildung festzustellen sind. Dabei erlangt eine mittel- und langfristige Forschungsperspektive Bedeutung, weil die Entwicklung eines Individuums als lebenslanger Prozess zu sehen ist. Unter dieser Perspektive sind auch die vierzehn vordringlichen Forschungsaufgaben zu sehen, die in der Denkschrift der Deutschen Forschungsgemeinschaft aufgelistet sind (1990, S. 67 ff):

1. Zur Ordnung der Berufsbildung;
2. Zur Zielstruktur beruflicher Bildungsprozesse;
3. Zur Identifizierung und didaktischen Integration von Elementen beruflicher Lernprozesse;
4. Zur Organisation beruflicher Bildungsprozesse;
5. Zu pädagogischen Konsequenzen der veränderten Berufsstrukturen und der heterogenen Klientel beruflicher Bildung;
6. Zum Lernen in Arbeitsprozessen und seiner Verbindung mit pädagogisch organisiertem Lernen;
7. Zum Einfluss von Leistungs- und Verhaltenskontrollen;
8. Zu den sozialen Kontexten sowie den psychischen Voraussetzungen und Folgen beruflichen Lernens;
9. Zum Verhältnis von Feld- und Experimentalstudien;
10. Zur Anwendung von Ansätzen der Lehr-Lern-Forschung auf berufliche Bildungsprozesse;
11. Zur Notwendigkeit von Modellversuchen und Begleitforschung;
12. Zur Aktualität historischer Untersuchungen beruflicher Bildungsprozesse;
13. Zur Fruchtbarkeit internationaler Vergleiche;
14. Zur Notwendigkeit und Schwierigkeit interdisziplinärer Untersuchungen.

Die Autoren der Denkschrift betonen dabei ausdrücklich, dass diese Einteilung von Aufgaben der Berufsbildungsforschung nicht trennscharf sei, dass sie eher unterschiedliche Gesichtspunkte bezeichnet, unter denen das gesamte Forschungsfeld – oder zumindest große Bereiche davon – untersucht werden sollten (S. 68).

Wenn man sich fragt, was als das Neue und Weiterführende dieses Forschungskataloges anzusehen wäre, dann können zumindest vier Aspekte genannt werden: (1) Die Hervorhebung einer Prozess- und Systembetrachtung; (2) die integrierte Sicht von Aus- und Weiterbildung; (3) die Relativierung des Stellenwerts der vielen auf Organisationen und Institutionen hin ausgerichteten Arbeiten zugunsten eines curricularen, didaktisch-methodischen und medialen Zugriffs; (4) die Stützung und Intensivierung einer bis dahin randständigen empirisch akzentuierten Berufsbildungsforschung.

Van Buer & Kell (2000) haben eine Struktur zur „Berichterstattung über Berufsbildungsforschung" entwickelt, die im Wesentlichen von der DFG-Denkschrift ausgeht, sie jedoch theoretisch weiter entwickelt und konkretisiert (S. 50). Dabei benennen die Autoren – ausgehend vom Kernbereich der Berufs- und Wirtschaftspädagogik – zunächst disziplinäre Querverbindungen und bereichsbezogene Kooperationsfelder in der Berufsbildungsforschung (S. 51). So führen sie als weitere beteiligten Disziplinen Soziologie, Psychologie, Anthropologie/Humanwissenschaften, Arbeitswissenschaft, Wirtschaftswissenschaften, Rechtswissenschaft und Politikwissenschaft auf; als Bereiche, mit denen die Berufsbildungsforschung verflochten ist, werden erwähnt: Bildungsforschung, (Berufs-)Biographieforschung, Berufsforschung, Arbeitsmarktforschung, Hochschulforschung, Frauenforschung, Erwachsenenbildungsforschung, Jugendforschung. Für die thematische Verortung entsprechender Forschungsarbeiten haben sie eine Strukturmatrix entwickelt (S. 54), die auf der einen Seite einem Vorschlag Bronfenbrenners folgt: (1) Berufliches Lehren und Lernen (Mikrosystem); (2) Organisation und Institutionen (Mesosystem); (3) Gestaltung – Politik (Exosystem); (4) Reflexion – Theorie (Makrosystem). Die Gliederung der zweiten Dimension folgt im Wesentlichen der zeitlichen Erstreckung der Berufsbildung: (1) →Vorberufliche Bildung; (2) nicht akademische Berufsausbildung; (3) akademische Berufsausbildung; (4) berufliche Weiterbildung; (5) wissenschaftliche Weiterbildung.

Als weitere Versuche, den Bereich der Berufsbildungsforschung zu umschreiben, können Arnold & Tippelt (1992) sowie die neueren Handbücher von Arnold & Lipsmeier (1995) und von Kaiser & Pätzold (1999) genannt werden; die dort enthaltenen Stichwortsammlungen lassen sich als Operationalisierungen des Forschungsfeldes interpretieren. Der jährlich vom Bundesministerium für Bildung und Forschung herausgegebene „→Berufsbildungsbericht" demonstriert darüber hinaus, welche Themen politisch für aktuell gehalten werden. Eine Ergänzung im Hinblick auf den Bereich der Weiterbildung ist nötig – vor allem, wenn man die Verknüpfung von beruflichem und privatem Lernen betrachtet. Achtenhagen & Lempert (2000) haben nach Einholen von 33 Gutachten aus den verschiedensten Wissens- und Forschungsdomänen gezeigt, wie Forschung angelegt sein müsste, um ein erfolgreiches Lernen im Weiterbildungsbereich auch durch entsprechende Maßnahmen im Kindes- und Jugendalter zu ermöglichen. Hierher gehört zum Beispiel die explizite Förderung des Leistungsmotivs und der Metakognition. Die Gutachten und das entworfene Forschungsprogramm dienen dem Zweck, Forschungsfragen in diesen Bereichen zu präzisieren und Forschungsstandards zu heben bzw. erst einmal einzuführen.

3. Forschungsmethoden

Für die Berufsbildungsforschung ist ein Streit um die „angemessene" Art von Forschung typisch, da über so genannte BLK-Modellversuche große Summen ausgelobt werden, die vielfältig in Anspruch genommen werden, aber bis jetzt kaum zu erwähnenswerten Ergebnissen geführt haben (vgl. van Buer & Kell, 2000; Nickolaus, 2003; Beck, 2003; als ein typisches Beispiel sei auf Dauenhauer & Kell, 1990, verwiesen, die zeigen, dass 46 groß angelegte Modellversuche zur so genannten „Doppelqualifikation" – d. h. dem gleichzeitigen Erwerben allgemeiner und beruflicher Berechtigungen – keine Ergebnisse liefern konnten, mit deren Hilfe sich die Wirkungen der Modellversuche für die Regelschulen „einigermaßen verlässlich abschätzen" ließen (S. 137)). Da für sehr viele dieser Modellversuche eine Einhaltung von Forschungsmaßstäben kaum auszumachen ist, löst eine Forderung nach Einführung von DFG-Kriterien bei der Mittelvergabe sowohl bei den Empfängern als auch bei den Bewilligern der Mittel verärgerte Reaktionen hervor. Dabei wirken sich die fehlenden Standards mittel- und langfristig vor allem bei der Ausbildung des wissenschaftlichen Nachwuchses aus. Allerdings ist relativierend auszumachen, dass eine solche Kritik auch bezüglich der Forschungspolitik in der EU (vgl. den Bericht von Decsy & Tessaring, 2001) oder in den USA zu finden ist (vgl. Educational Researcher, 2003, Vol. 1; Shavelson & Towne 2002).

Vor diesem Hintergrund gewinnt eine Initiative des Bundesministeriums für Bildung und Wissenschaft an Bedeutung, als Reaktion auf die TIMSS- und PISA-Studien eine nationale Berichterstattung für den Bereich berufliche Bildung und Weiterbildung/Lebenslanges Lernen zu initiieren (Baethge, Buss & Lanfer, 2003). Dabei werden Forschungsaspekte zum Mikrobereich, d. h. den Lehr- und Lernprozessen, mit solchen zum Makrobereich, z. B. Arbeitsmarktforschung, zusammengeführt. Dabei kommt es auf eine Systemsicht auf die berufliche Bildung mit ihrer Vernetztheit und Dynamik an, die in der Berufsbildungsforschung entsprechend systematisch aufzugreifen ist.

4. Ausgewählte Forschungsergebnisse

Für den Mikrobereich sind vor allem Ergebnisse wichtig, die im Rahmen des DFG-Schwerpunktprogramms „Lehr-Lernprozesse in der kaufmännischen Erstausbildung" erzielt wurden (vgl. Beck & Krumm, 2001; Beck, 2003). Drei Befunde seien hervorgehoben: (a) Das Absinken von Motivationswerten während der Berufsausbildung – und dabei im schulischen Bereich stärker als im Betrieb (Lewalter, Wild & Krapp; Prenzel, Kramer & Drechsel; beide in: Beck & Krumm, 2001); (b) die Widerlegung zentraler Annahmen zur Entwicklung der moralischen Urteilskompetenz, wie sie weltweit vertreten werden: dass nämlich die moralische Entwicklung ausschließlich „nach oben" erfolge und moralische Urteile nicht bereichsspezifisch gebildet werden (Beck, Bienengräber, Mitulla & Parche-Kawik, in: Beck & Krumm, 2001). Beide Ergebnisse sind von größter Wichtigkeit für die Beurteilung der Persönlichkeitsentwicklung über die Lebensspanne. (c) Ein dritter Befund bezieht sich auf Möglichkeiten des „Mastery Learning", d. h. eines Vorwissensunterschiede ausgleichenden Lernens, das angesichts der Heterogenität der Jugendlichen in der beruflichen Ausbildung von entscheidender Bedeutung ist, wenn diese nicht Anfangsungleichheiten reproduzieren oder gar verstärken soll. So ließ sich zeigen, wie durch geeignete komplexe →Lehr-Lern-Arrangements 90% der Auszubildenden eine Lernleistung von 100% erreichen konnten (Achtenhagen, Bendorf, Getsch & Reinkensmeier, in: Beck & Krumm, 2001). Für den Makrobereich ist auf Studien zu verweisen, die auf die wechselseitige Abhängigkeit einer Ausbildung in Vollzeitschulen bzw. im dualen System abstellen (Krüger; in: Baethge, Buss & Lanfer, 2003). Konietzka & Lempert (1998) zeigen, welchen Stellenwert eine abgeschlossene Berufsausbildung für die individuelle Biographie besitzt – womit zurzeit die These vom Vorherrschen von beruflichen Patchwork-Lebensläufen keine allgemeine Gültigkeit beanspruchen kann.

5. Ausblick

Die großen nationalen Bildungsstudien der letzten Jahre haben deutlich gemacht, welcher Bedarf an qualitativ hochwertiger Bildungsforschung in Deutschland besteht. Von daher ist eine veränderte Sicht auf Forschungsstandards gerade im Bereich der Berufsbildung (unter Einschluss von Weiterbildung und lebenslangem Lernen) mit einer Veränderung der Mittelvergabe erforderlich. Wünschenswert wären die Fortführung bzw. Neueinrichtung von Forschungsschwerpunkten – in Analogie zu den DFG-Programmen.

Literatur: Achtenhagen, F./Coffield, F./Evaluationsteam: COST – Final Evaluation Report. In: Achtenhagen, F. (Hg.): Neue Wirtschaftspädagogische Forschungs- und Entwicklungsarbeiten. Göttingen 2003, S. 1-66 – Achtenhagen, F./Grubb, W. N.: Vocational and occupational education: Pedagogical complexity, institutional diversity. In: Richardson, V. (Ed.): Handbook of Research on Teaching. Fourth Edition. Washington, DC 2001, p. 604-639 – Achtenhagen./Lempert, W. (als Autoren und Herausgeber): Lebenslanges Lernen im Beruf – Seine Grundlegung im Kindes- und Jugendalter. 5 Bände. Opladen 2000 – Arnold R./Tippelt, R.: Forschungen in berufsbildenden

Institutionen – Trendbericht über den Zeitraum 1970 – 1990. In: Ingenkamp, K./Jäger, R. S./Petillon, H./ Wolf, B. (Hg.): Empirische Pädagogik 1970 – 1990, Band I. Weinheim 1992, S. 369-405 – Arnold, R./ Lipsmeier, A. (Hg.): Handbuch der Berufsbildung. Opladen 1995 – Baethge, M./Buss, K.-P./Lanfer, C.: Konzept für eine nationale Bildungsberichterstattung für den Bereich berufliche Bildung und Weiterbildung/ Lebenslanges Lernen. Göttingen 2003 – Beck, K.: Erkenntnis und Erfahrung im Verhältnis zu Steuerung und Gestaltung – Berufsbildungsforschung im Rahmen der DFG-Forschungsförderung und der BLK-Modellversuchsprogramme. Zeitschrift für Berufs- und Wirtschaftspädagogik (99), 2003, S. 222-231 – Beck, K./Krumm, V. (Hg.): Lehren und Lernen in der beruflichen Erstausbildung – Grundlagen einer modernen kaufmännischen Berufsqualifizierung. Opladen 2001 – Dauenhauer, E./Kell, A.: Modellversuche zur Doppelqualifikation/Integration. Materialien zur Bildungsplanung der BLK, Heft 21. Bonn 1990 – Descy, P./Tessaring, M. (Eds.): Training in Europe. Second report on vocational training research in Europe 2000: Background report. 3 Vols. Luxembourg 2001 – Deutsche Forschungsgemeinschaft: Berufsbildungsforschung an den Hochschulen der Bundesrepublik Deutschland. Denkschrift. Weinheim 1990 – Kaiser, F.-J./Pätzold, G. (Hg.): Wörterbuch Berufs- und Wirtschaftspädagogik. Bad Heilbrunn, Hamburg 1999 – Konietzka, D./Lempert, W.: Mythos und Realität der Krise der beruflichen Bildung. Der Stellenwert der Berufsausbildung in den Lebensverläufen verschiedener Geburtskohorten. Zeitschrift für Berufs- und Wirtschaftspädagogik (94), 1998, S. 321-339 – Nickolaus, R.: Berufsbildungsforschung in Modellversuchen – Befunde des Projekts „Innovations- und Transfereffekte von Modellversuchen in der beruflichen Bildung". Zeitschrift für Berufs- und Wirtschaftspädagogik (99), 2003, S. 222-231 – Shavelson, R. J./Towne, L. (Eds.): Scientific Research in Education. Washington 2002 – Van Buer, J./Kell, A.: Wesentliche Ergebnisse des Projektes „Berichterstattung über Berufsbildungsforschung" – Thematische, institutionelle und methodologische Analysen und Kritik. In: Kaiser, F.-J. (Hg.): Berufliche Bildung in Deutschland für das 21. Jahrhundert. Nürnberg 2000, S. 47-73

Frank Achtenhagen

Berufsbildungsgeschichte

Begriff: B. ist Gegenstand, Programm und Praxis der berufspädagogischen Historiographie. Unter dem Begriff B. versammeln sich zwar verschiedenste Untersuchungsbereiche, Methoden und Interpretationsrichtungen, aber diese Vielfalt geht in einem gemeinsamen Ziel auf: über die historisch-gesellschaftliche Realität von →Arbeit und →Beruf und die darauf bezogenen Sozialisations- und Qualifikationsprozesse bes. an den →Lernorten Betrieb und Schule aufzuklären. In diesem Sinne wird der →Berufs- und →Wirtschaftspädagogik Wissen bereitgestellt, das im Hinblick auf aktuelle und zukünftige ausbildungsrelevante Fragen eine Orientierungsfunktion besitzt. Als Begriff und Gegenstand deckt B. insofern mehr als ein antiquarisches Interesse ab; sie ist im Gegenteil der Schlüssel zu einer permanenten Auseinandersetzung mit traditionell vorgeprägten Bedingungen und andauernden Wandlungstendenzen der beruflichen Bildung. Die Kenntnis ausbildungsgeschichtlicher Zusammenhänge war und ist daher unverzichtbar, wenn sich auch die Ansätze und Strategien der im späten 19. Jahrhundert einsetzenden historischen →Berufsbildungsforschung mittlerweile stark verändert haben. So wurde B. vormals teils als eine Ideengeschichte des von Pädagogen verwendeten Berufsbegriff rezipiert (Müllges 1967), teils gleichgesetzt mit einer Geschichte der Institutionen, die primär auf den Lernort Schule (Thyssen 1954) und entsprechend selten auf den Lernort Betrieb fixiert war. Dieser – mit wenigen Ausnahmen – verengte Blickwinkel wird seit den 1970er Jahren zunehmend erweitert. Ausschlaggebend dafür war die im Gefolge des sog. Positivismusstreits in der deutschen Soziologie angebahnte Innovation des programmatischen und konzeptionellen Standards der berufspädagogisch-historischen Forschung. Je stärker in diesem Kontext die geisteswissenschaftliche Tradition der Disziplin zugunsten empirisch-analytischer Vorgehensweisen überwunden und je enger dabei das er-

Berufsbildungsgeschichte

kenntnisleitende Interesse mit kritisch-emanzipatorischen Ansprüchen verknüpft wurden, desto mehr ergaben sich ganz neue Fragen an die B. Der alte Forschungsstand wird seit neuerem durch einen Ansatz modifiziert oder überhaupt korrigiert, nach dem es den einschlägigen Arbeiten bei aller Differenz im Detail gemeinsam um die Rekonstruktion einer Sozialgeschichte der Berufsbildung und ihrer Theorien geht (Georg/Kunze 1981, Stratmann 1988, Berufspädagogisch-historischer Kongress 1987 ff.). In dieser Perspektive deckt B. als Schlüssel- und Sammelbegriff der historischen Berufsbildungsforschung ein sehr breites Spektrum von Themen, Methoden und Interpretationen ab. Dieses schlägt sich in einem ansteigenden Interesse nieder, z.B. die Situation von Frauen im Beruf, die Entwicklung weiblicher Lehrverhältnisse ebenso intensiv zu erforschen wie u.a. die Frage nach dem Zusammenhang zeitgenössischer sozial- und jugendpolitischer Initiativen und berufspädagogischen Zugriffen auf die Arbeiterjugend oder die Modernisierung der gewerblichen Lehrlingserziehung seit der Ständegesellschaft. Kurz: Der Begriff B. meint keine Sammlung musealer Fakten, sondern hat eine Dimension, die je länger, desto deutlicher zahlreiche Aspekte des wechsel- und widerspruchsvollen Verhältnisses von →Arbeit und Beruf, Gesellschaft, Betrieb und Schule, Sozialisation und Qualifikation umfasst.

Zur Geschichte der Berufsbildung: Die Geschichte der Berufsbildung ist untrennbar verbunden mit der Geschichte arbeitsteilig organisierter Gesellschaften. Unabhängig davon, dass der Begriff „Berufsarbeit" erstmals um 1700 auftauchte, hatte schon lange vorher die Notwendigkeit existiert, den nachwachsenden Generationen arbeitsbezogene Kenntnisse und Fertigkeiten zu vermitteln. Insofern hat die Lehrlingserziehung in der Familie die Entwicklung und Ausgestaltung der Berufsbildung angestoßen, die ihrerseits seit dem 13. Jahrhundert in der Organisationsform der Lehre verankert ist. Dass die Berufsbildung prinzipiell Sozialisations- und Qualifikationsaspekte miteinander verkoppelt, durchzieht ihre Geschichte wie ein roter Faden. Parallel dazu erstreckt sich durch die B. das Motiv, die Inhalte, Methoden und Ziele der Lehrlingserziehung an geänderte sozioökonomische und arbeitsweltliche Strukturen anzupassen. In diesem Kontext liefert das 19. Jahrhundert ein gutes Beispiel. Unter dem Druck gewerberechtlicher Reformen, einer wachsenden Auflösung der überlieferten Arbeits- und Wohneinheit, des fortschreitenden Industrialisierungsprozesses etc. verlor das traditionale Leitbild der handwerklichen Berufsausbildung sukzessive seine Legitimationsbasis. Handwerksideologische und kulturpessimistische Stimmen konnten dabei nicht davon ablenken, dass faktisch neue Qualifikations- und Sozialisationsbedarfe entstanden waren, die den alten methodisch-didaktischen und inhaltlichen Rahmen der Berufsbildung sprengten. Damit war ein Reformprozess angestoßen, in den nicht nur die Veränderung der betrieblichen Seite des Lehrlingswesens eingebettet war, sondern der die gesamte Ausbildungslandschaft verwandelte. So wurde z.B. immer klarer, dass das jahrhundertelang vorherrschende Prinzip einer i.d.R. ausschließlich betriebsgebundenen Ausbildung obsolet und dass die sog. Imitatio-Lehre (Vor- und Nachmachen) dysfunktional geworden waren. Vor diesem Hintergrund wurde der Ruf nach schulischer Begleitung der praktischen Lehre immer lauter. Zwar war das schulische Berufsbildungswesen stets auch politisch motiviert (Fach-, Fortbildungs- und Berufsschule als Ort staatsbürgerlicher Erziehung), aber darüber hinaus verwiesen die am Beginn des 19. Jahrhunderts angebahnte Ausdifferenzierung beruflicher Schultypen und die Institutionalisierung der Fach- und →Fortbildungsschule im letzten Drittel des vergangenen Jahrhunderts auf die schrittweise Durchsetzung öffentlicher Ansprüche an die Berufsbildung. Indessen dauerte es noch bis um die Jahrhundertwende, dass die Fortbildungs- als Berufsschule etabliert

(Reichsschulkonferenz von 1920) und dementsprechend didaktisch am Beruf orientiert war. Ist diese Entwicklung ein Bestandteil der zeitgenössischen Berufsbildungsreform, so lieferte zusätzlich die im späten Kaiserreich einsetzende Organisation der industrietypischen Berufsausbildung einen wichtigen Impuls für einen tief greifenden Wandel der beruflichen Bildung. Weit entfernt vom klassischen Muster der handwerklichen Meisterlehre entstand in der Fabrik ein Ausbildungsmodell, bei dem die Mitarbeit des Lehrlings in der Produktion zugunsten seiner systematischen Ausbildung in der →Lehrwerkstatt (manchmal ergänzt um werksschulischen Unterricht) zurückgestellt wurde und die Spezialisierung als Facharbeiter die Matrix abgab. Zusammenfassend ergibt sich, dass die B. im letzten Drittel des 19. Jahrhunderts eine Entwicklungsphase erreicht hat, die mit der Gründungsphase des →Dualen Systems zusammenfällt. Dass dieses Ausbildungsmodell nach dem Durchlaufen einer Konsolidierungsphase (1920-1970) und einer Aufbauphase (ab 1970) aktuell sehr kontrovers diskutiert wird („Krise" des Dualen Systems), ist ein hier nicht weiter zu vertiefendes Thema.

Literatur: Berufspädagogisch-historischer Kongress. Diverse Herausgeber. Berlin/Bonn 1987 ff. – Georg, W./ Kunze, A.: Sozialgeschichte der Berufserziehung. Eine Einführung. München 1981 – Müllges, U.: Bildung und Berufsbildung. Die theoretische Grundlegung des Berufserziehungsproblems durch Kerschensteiner, Spranger, Fischer und Litt. Ratingen 1967 – Stratmann, Kw.: Zur Sozialgeschichte der Berufsbildungstheorie. In: Zeitschrift für Berufs- und Wirtschaftspädagogik 84 (1988), 7, S. 579-598 – Thyssen, S.: Berufsschule in Idee und Gestaltung. Essen 1954

Manfred Wahle

Berufsbildungsgesetz

Mit dem *Berufsbildungsgesetz* (BBiG) wurde 1969 erstmals eine umfassende und bundeseinheitliche Grundlage für die betriebliche und außerbetriebliche Berufsbildung geschaffen. Bestrebungen für ein solches Gesetz gingen bereits auf das Jahr 1919 zurück, jedoch waren Notwendigkeit und Möglichkeit einer staatlichen Regelung der im Wesentlichen in →Selbstverwaltung der Wirtschaft entwickelten Berufsausbildung stets umstritten. Ziele des BBiG waren (und sind) v. a. die Verbesserung der Anpassungsfähigkeit des Berufsbildungssystems an technologischen und strukturellen Wandel und eine Stärkung der beruflichen und sozialen Chancen der Arbeitnehmer. Zugleich wurden die Zersplitterung im →Berufsbildungsrecht beendet und Lücken geschlossen. In seinem Schwerpunktbereich Berufsausbildung knüpfte das BBiG am dualen System an und übernahm wesentliche Ergebnisse der Ordnungsarbeit der wirtschaftlichen Selbstverwaltung, indem es vormaligen Kammerregelungen vielfach Gesetzes- oder Verordnungskraft verlieh. An wichtigen Veränderungen und Verbesserungen durch das BBiG sind zu nennen:

1. die Schaffung einheitlicher Strukturen für eine systematische und im Interesse der Mobilität breit angelegte betriebliche Berufsbildung,
2. die Anerkennung und inhaltliche Regelung von →Ausbildungsberufen durch als Rechtsverordnung ausgestaltete →Ausbildungsordnungen zur Absicherung eines Mindeststandards im Qualifikationsniveau,
3. die rechtliche Absicherung der Dualität der Ausbildung durch Festlegung von Koordinierungsmechanismen zwischen betrieblichem und schulischem Ausbildungsteil,
4. die Zusammenführung der an der Berufsausbildung beteiligten gesellschaftlichen Gruppen in paritätisch besetzten Gremien und die Mitwirkung der Sozialpartner bei der Fortentwicklung der Berufsausbildung,
5. die grundsätzliche Regelung der Rechte und Pflichten der Beteiligten am Ausbildungsvertrag,
6. die Einführung konkreter Eignungsanforderungen an Betriebe und →Ausbilder,

7. die erstmalige einheitliche Regelung auch wichtiger Bereiche der beruflichen Umschulung und Fortbildung, insbesondere der Prüfungen.

Nachdem in den 70er Jahren zunächst eine stärkere öffentliche Verantwortung und Kontrolle des Gesamtbereichs beruflicher Bildung diskutiert wurde, hat das neue Berufsbildungsgesetz von 2005 die Strukturen grundsätzlich bestätigt. Zur „mittel- und langfristigen Stabilisierung und Stärkung der beruflichen Bildung" (Gesetzesbegründung) sind kleinere Strukturanpassungen sowie Modernisierungen vorgenommen worden, die vor allem mehr Durchlässigkeit zwischen den Bildungswegen schaffen, die berufliche Bildung weiter internationalisieren, das Prüfungswesen modernisieren sowie durch Verschlankung von Gremien eine zügige und flexible Reaktion bei der Gestaltung von Ausbildungsregelungen ermöglichen sollen.

Das BBiG enthält sowohl öffentlich-rechtliche wie privatrechtliche Vorschriften. In seinem privatrechtlichen Teil regelt es die Rechtsbeziehungen zwischen den Parteien des Berufsausbildungsvertrages, im öffentlich-rechtlichen Teil die Ordnung der Berufsbildung sowie die Aufgaben der zuständigen Stellen und anderen Institutionen. Dabei liegt der Schwerpunkt der Regelungen im Bereich der Berufsausbildung. Daneben werden die Ausbildungsvorbereitung sowie Fortbildung und Umschulung geregelt. Nach Eingliederung des früheren Berufsbildungsförderungsgesetzes enthält das BBiG auch Regelungen zur Berufsbildungsforschung sowie Rechtsvorschriften über das →Bundesinstitut für Berufsbildung.

Literatur: Bader, H.: 25 Jahre Berufsbildungsgesetz – eine verpasste Chance? In: Die berufsbildende Schule 46 (1994), 9, S. 297 – Bundesministerium für Bildung und Forschung (Hg.), Die Reform der beruflichen Bildung – Chance und Verlässlichkeit durch Innovation und Qualität, Berlin 2005 – Pätzold, G.: Quellen und Dokumente zur Geschichte des Berufsbildungsgesetzes 1975 – 1981, Köln/Wien 1982 – Raddatz, R.: Berufsbildung im 20. Jahrhundert – eine Zeittafel, Bielefeld 2000

Claus-Dieter Weibert

Berufsbildungsnetzwerk

Auch wenn der Netzwerkbegriff in der sozialwissenschaftlichen Forschung eine längere Tradition hat, so findet sich der Begriff B. schwerpunktmäßig erst seit Ende der 90er Jahre auch in der pädagogischen Literatur. Er wurde rasch zu einem wichtigen Bestandteil der Diskussion um die Modernisierung der beruflichen Bildung. B. bezeichnet ein soziales System bestehend aus einer Menge von (regional wirkenden) Institutionen, die sich mit der Gestaltung und Förderung von (Berufs-)Bildung befassen, und den Verbindungen, die zwischen diesen verlaufen. Solche Institutionen können bspw. sein: Berufliche Schulen, Unternehmen als Träger der Aus- und Weiterbildung, überbetriebliche Bildungsstätten, Hochschulen, private Bildungsträger, Einrichtungen der Jugend- und Sozialhilfe sowie kommunale Behörden und Arbeitsagenturen. Bei den Verbindungen handelt es sich um Außenbeziehungen der Institutionen; sie sind in der jeweiligen Aufbau- und Ablauforganisation zunächst nicht vordefiniert und müssen bewusst aufgebaut und aufrechterhalten werden. Ihr Zustandekommen wird jedoch durch den gemeinsamen Kontext gefördert, nämlich dem Interesse an der beruflichen Bildung und der regionalen Nähe. Häufig wird daher auch von „regionalen B." gesprochen. Gegenstand der interinstitutionellen Beziehungen kann der Austausch von Ressourcen, wie etwa Fachwissen, Sachmittel oder Personal sein, sie können aber auch der sozialen Unterstützung oder dem Gewinn von Macht und Einfluss dienen. Sie können zeitlich begrenzt bestehen, z. B. für die kooperative Bewältigung einer befristeten Aufgabenstellung. Zeichnet sich eine langfristige gemeinsame Arbeitsperspektive ab, können sie aber auch einen längeren Zeitraum überdauern. Als spezifische Ausprägungen von B. können etwa Qualifizierungsnetzwerke, →Ausbildungsverbünde, Schulnetzwerke oder Lernortkooperationen im dualen System verstanden werden. B. zählen, wie auch Unternehmensnetzwerke, in der Regel zu den institutionellen Netzwerken. In einem erweiterten Verständnis können als Varianten davon auch personale Netzwerke, die sich aus Einzelpersonen und deren Beziehungsnetz zusammensetzen, sowie Kombinationen aus institutionellen und personalen Netzwerken verstanden werden.

Ausgangspunkt für die Aufnahme von Netzwerkkontakten sind – sowohl bei Institutionen als auch bei Personen – Aufwand-Nutzen-Überlegungen, d. h. die Akteure wägen ab zwischen den einzubringenden Ressourcen und dem zu erwartenden Nutzen. In Verbindung mit Prozessen der Vertrauensentwicklung können sich die daraus resultierenden Interaktionen stabilisieren und zu Wechselwirkungen führen, die messbare Beziehungen – Netzwerkstrukturen – hervorbringen. Dadurch, dass die Beziehungen dem Vertrauensprinzip folgen, wird es möglich, auf formale Regelungen, wie z. B. Verträge, weitgehend zu verzichten. Die Beteiligten bewahren ihre Eigenständigkeit und ihre Identität. Sie bleiben autonom und geben Entscheidungsbefugnisse nur in sehr begrenztem Umfang an das Netzwerk ab. Kein Netzwerkteilnehmer hat die Kontrolle über andere oder über das Netzwerk als Ganzes; Netzwerke sind unterorganisierte Systeme. Sie sind deshalb auch offen; d. h. Akteure mit netzwerkrelevanten Bezügen – so genannte Stakeholder – können hinzukommen, bisherige Mitglieder können sie verlassen, ohne dass eine formale Sanktionierung möglich ist. Netzwerkinteraktionen lassen sich unterteilen in starke und schwache Verbindungen. Starke Bindungen erstrecken sich meist über mehrere Austauschinhalte. Sie beruhen auf regelmäßigen gegenseitigen Kontakten, sind stabil über die Zeit und förderlich für die Entwicklung von Vertrauen, dem „Schmiermittel" von Netzwerken.

Der einzelne Akteur verfügt meist nur über eine geringe Anzahl von starken Verbindungen, da sie einen hohen Aufwand erfordern. Schwache Verbindungen sind eher punktuell und verknüpfen die Akteure nicht in demselben engen Maße wie starke. Mit Hilfe schwacher Bindungen ist es einem Akteur jedoch möglich, Kontakte zu sehr vielen Netzwerkmitgliedern zu pflegen. Sie sind deshalb besonders effektiv für die Verbreitung neuer Informationen. Netzwerke existieren neben den traditionellen Steuerungssystemen, Markt, Staat und hierarchisch aufgebauten Organisationen, es handelt sich um Kosysteme. Ihre Entstehung beruht oftmals auf dem Motiv, Defizite dieser Regulierungsmechanismen zu überwinden, z. B. die Unübersichtlichkeit des Marktes oder den Informationsverlust in Hierarchien. Da sie deren Leistungsfähigkeit in Frage stellen, haben Netzwerke auch subversiven Charakter.

B. bieten unter lehr-lerntheoretischen Gesichtspunkten Vorzüge (z. B. Verbindung von kasuistischem und systematischem Lernen), werden aber vor allem in institutioneller Hinsicht als Entwicklungsstrategie für berufliche Schulen diskutiert. So werden etwa B. für die Weiterentwicklung von Schulen in Richtung auf Kompetenzzentren als konstitutiv angesehen. In der →Berufsbildungsforschung wird dabei eine Vielzahl von Potenzialen diskutiert. Sie betreffen vor allem: Regionale Steuerung beruflicher Bildung, qualitative und quantitative Entwicklung von Bildungsangeboten sowie Unterrichts-, Organisations- und Personalentwicklung von beruflichen Schulen. In Verbindung mit Bildungsplanung geht es vor allem darum, eine effiziente Allokation regionaler Bildungsressourcen und -kapazitäten zu erreichen, d. h. Bildungsbedarfe zu erheben, vorhandene Kompetenzen zu ermitteln und zu bündeln, Zuständigkeiten abzuklären und regional abgestimmte Bildungspläne zu erstellen. Zu einer Erweiterung und Verbesserung des Bildungsangebotes können B. beitragen, indem sie die Lernortdualität erweitern durch Angebote anderer Bildungsträger, z. B. zum Erwerb von →Zusatzqualifikationen oder zur Förderung von Benachteiligten, und indem sie Ausbildungsverbünde anregen. Ist die Kooperation der unterschiedlichen Akteure zudem auf ein regionales Leitbild ausgerichtet, so kann ein B. auch zur Entstehung einer lernenden Region beitragen. Damit haben B. zugleich auch eine ökonomische Relevanz: Sie zielen nämlich auf eine höhere Wirtschaftlichkeit im Bildungssystem und auf Impulse für die Regionalentwicklung.

Wenngleich in einem B. a priori keiner der beteiligten Institutionen eine federführende Rolle zugeschrieben wird, so ist doch davon auszugehen, dass gerade beruflichen Schulen die Aufgabe zukommt, den Aufbau eines solchen Netzwerkes aktiv voranzutreiben. Typische Managementaufgaben sind dabei: Netzwerkmanagement (z. B.: Wer wird Mitglied, wie ist das Netzwerk zu gestalten?), Vertrauensmanagement (Förderung der Kooperationsbereitschaft), einzelinstitutionelle Entwicklung (Entwicklung einer intrainstitutionellen Kooperationskultur), Qualitätsmanagement (Definition von Standards und Regularien), IT-Management (geeignete IT-Infrastruktur und adäquate Nutzung) und Wissensmanagement (Austausch von Wissen). Damit berufliche Schulen einen adäquaten Beitrag in regionalen B. leisten oder sogar als Brückeninstitutionen eine zentrale Position im Netz einnehmen können, brauchen sie entsprechende rechtliche, organisatorische und personelle Bedingungen. Das Verhältnis von schulgesetzlich definierten Regelaufgaben und darüber hinaus gehenden Lehrangeboten muss ordnungspolitisch geklärt werden. Das Zusammenwirken von →Schulaufsicht und Einzelschule, einschließlich der Verantwortung für Budget und Personal, muss neu geregelt werden und auch neue Führungsstrukturen werden notwendig. Die Rolle des Schlüsselakteurs in einem B. erfordert aber auch eine entsprechende Personal- und Organisationsentwicklung für berufliche Schulen. Hierzu gehören Angebote der Aus- und Weiterbildung, mit dem Ziel, für das Management von Netzwerken notwendige Qualifikationen in der Lehrerschaft zu verankern. Letztlich braucht die Mitwirkung in einem B. eine Weiterentwicklung des Selbstverständnisses von beruflichen Schulen, von der Lehranstalt zum Bildungsdienstleister. Ob und inwieweit diese „Identitätsentwicklung" vollzogen wird, bleibt jedoch offen. Zu fragen ist auch, ob Schulen als Non-Profit-Organisationen, die infolge einer staatlichen Fürsorge- und Überlebensgarantie nicht in einem Bildungswettbewerb stehen, überhaupt netzwerkfähig sind. Vor diesem Hintergrund ist es auch wenig erstaunlich, dass nach einer neueren Untersuchung von Wilbers der Verbreitungsgrad von B. bislang eher noch gering ist.

Literatur: Faulstich, P./Zeuner, C.: Kompetenznetzwerke und Kooperationsverbünde in der Weiterbildung. In: Grundlagen der Weiterbildung, 3/2001, S. 100 - 106 – Pätzold, G./Stender, J. (Hg.) unter Mitarbeit von Busian, A.: Lernortkooperation und Bildungsnetzwerke, Bielefeld 2004 – Powell, W.: Weder Markt noch Hierarchie. In: Kenis, P./Schneider, V. (Hg): Organisation und Netzwerk. Institutionelle Steuerung in Wirtschaft und Politik. Frankfurt a. M. 1996, S. 213 - 273 – Sailmann G./Stender J.: Informationstechnologien und Wissensmanagement als Supportstrukturen der Lernortkooperation. In: Euler, D. (Hg.): Handbuch der Lernortkooperation, Band 1: theoretische Fundierungen. Bielefeld 2003, S. 271 - 288 – Sailmann, G.: Schulische Vernetzung – Slogan oder Schlüsselkonzept der Schulentwicklung. Stuttgart 2005 – Sydow, J.: Strategische Netzwerke. Evolution und Organisation. Wiesbaden 1992 – Wegge, M.: Qualifizierungsnetzwerk – Netze oder lose Fäden. Ansätze regionaler Organisation beruflicher Weiterbildung. Neue Informationstechnologien und Flexible Arbeitssysteme, Band 10. Opladen 1996 – Wilbers, K.: Soziale Netzwerke an berufsbildenden Schulen – Analyse, Potenziale, Gestaltungsansätze. Paderborn 2004

Gerald Sailmann/Jörg Stender

Berufsbildungspolitik

Begriffsklärung: Versteht man unter Politik die Gestaltung gesellschaftlichen Zusammenlebens, unter →Beruf eine erlernte Erwerbsarbeit und unter Bildung eine persönlichkeitsprägende Entfaltung sowie ein auf Wissen, Können und ethischen Haltungen basierendes Lebensstilpotential, dann kann die Politik beruflicher Aus- und Weiterbildungen aufgefasst werden als diejenige Gestaltungspraxis, die den Rahmen und die Bedingungen setzt, innerhalb derer ein auf Erwerbsarbeit bezogenes Lernen zur persönlichen und sozialen Lebenssicherung und zugleich zur Persönlichkeitswerdung ermöglicht wird.

Geschichte: B. als staatliche, gruppenspezifische und betriebliche Praxis ist so alt wie die Berufspolitik. Der ausdifferenzierten Berufswelt in der Antike (Altägypten, Altchina, Römisches Imperium u.a.) lagen ebenso politische Gestaltungskonzepte zugrunde wie derjenigen des deutschen Zunftwesens im ausgehenden Mittelalter oder im 19. Jahrhundert (Gewerbeordnung usw.). Sie fanden ihren rechtlichen Niederschlag in Gesetzen, Verordnungen u.ä. (Beispiel: →Berufsbildungsgesetz von 1969). B. als theoriekonzeptuelle Aufgabe hingegen wurde erst spät entwickelt (Georg Kerschensteiner u.a.).

Gestaltungsfelder: Die verbreitete Verengung der B. auf das →Duale System der betriebsgebundenen Erstausbildung ist nicht sachgerecht. Zu ihren Gestaltungsfeldern gehören alle Berufsbildungsformen in schulischen, betrieblichen, überbetrieblichen, hochschulischen und sonstigen Bereichen (multimediale Fernschulungen usw.). Jede formalisierte und erwerbsorientierte Lernform kann Gegenstand einer bildungspolitischen Regelung sein und findet in einem abgestimmten System der Berufsbildung ihren Bezugsort. Es ist eine der Hauptaufgaben der B., ein ausdifferenziertes System zur Ermöglichung und Abstimmung beruflicher Bildungen anzubieten, an dem sich Lernende, Lehrende, →Lernorte und Träger orientieren können.

Strukturprobleme: B. sieht sich mit spannungsreichen Sach- und Interessenfeldern konfrontiert, die es durch Sanktionsmechanismen in Gleichgewichtslagen zu bringen versucht. So können das Grundrecht der freien Berufswahl und (ein konjunkturell oder strukturell bedingtes) Defizit an Ausbildungsplätzen in einen Gegensatz geraten, der von einer vorausschauenden B. durch System- und Sanktionsentscheidungen entschärft werden kann. Weitere Antinomien erwachsen beispielsweise aus den sich zuwiderlaufenden Notwendigkeiten beruflicher Lernspezialisierungen und des Berufswechsels, aus den gestiegenen Lernanforderungen und den sich verringernden (durch Arbeitszeitverkürzungen) Ausbildungszeiten, aus den langen Inkubationszeiten des (vor allem akademischen) Berufslernens und den sich verkürzenden wirtschaftlich-technischen Fortschritten. Jeweils kann die B. die erwünschten Gleichgewichtslagen (Ausgleich von Mikro- und Makrointeressen und -entwicklungen) am effizientesten dadurch ansteuern, dass sie sich im Fundamentalen an ein kategoriales Rahmenwerk hält (mit Kategorien wie Systemverträglichkeit ihrer Maßnahmen, Förderung usw.) und im operativen Bereich (etwa bei den vielgestaltigen regionalen oder systeminternen Abstimmungserfordernissen) zu basisautonomer Flexibilität ermuntert.

Aktuelle Probleme: Nicht wenige Probleme (Missverhältnisse der Bildungsströme u.a.) werden von der B. dadurch mitverschuldet, dass ihr strategischer Horizont ordnungs- und organisationspolitisch zu gering ausgeprägt ist und ihr Gestaltungswille vor einer verbandsrobusten Interessenpolitik zurückweicht. So hat sie etwa in der Lernortpolitik der qualifikationsmindernden Tendenz zur Verschulung nicht früh und konsequent genug entgegengewirkt und erst in jüngerer Zeit dem notwendigen Arbeitsplatzbezug allen Berufslernens einen höheren Rang eingeräumt, ohne allerdings in der Qualifikations- und Curriculumpolitik auf die anhaltenden disparaten Entwicklungen (mit Blick auf das Beschäftigungssystem) nachhaltige Antworten gefunden zu haben. Bei ihrer quantitativen Steuerung bereiten die sinkenden Ausbildungsangebote der Unternehmen und die schwachen Abnehmermärkte für zahlreiche akademische Berufsabschlüsse gegenwärtig große Sorgen.

Perspektiven: Die qualitative und quantitative Steuerung des hochkomplexen und -dynamischen Systems der beruflichen Bildung wird in Zukunft ohne stärkere wissenschaftliche Instrumentierung, expertenneutrale Beratung und strategisch-kategoriale Professionalisierung noch stärker in einen Ohnmachtsstatus getrieben, als es im Ausgang des 20. Jh. schon der Fall ist. Effiziente Gestaltungsmöglichkeiten sind freilich nicht in einer Wiederbelebung gesamtstaatlicher Bildungsplanungen zu suchen, deren Untauglichkeit historisch-experimentell (auch unter demokratischen Verhältnissen) eindrucksvoll belegt ist. Obschon Berufsbildungsmärkte ausgeprägter als Sachgütermärkte interessenpolitisch bestimmt sind (von Persönlichkeits-, Verbands- und Staatsinteressen), erfordert ihr freiheits-, qualifikations- und versorgungssicherndes Funktionieren doch keine gesamtstaatliche oder verbandliche Regelungsdominanz, sondern vornehmlich eine sanktionsstarke Rahmenpolitik, welche die Basisakteure zu einem Zusammenwirken ermuntert. Dabei wird aufgrund der markteingebundenen einzelbetrieblichen Strukturerfahrung der Innovationsintelligenz an der Basis gegenüber dem bisher vorherrschenden Reformbegehren von oben ein höherer Stellenwert einzuräumen sein als bisher. Das gilt auch für länderübergreifende Spezialaufgaben (Qualifizierung zur Europafähigkeit usw.).

Literatur: Bundesministerium für Bildung und Wissenschaft (BMBW) (Hg.): Berufsbildungsberichte. Bonn jährlich – Bundesministerium für Bildung und Wissenschaft (BMBW) (Hg.): Berufsbildungspolitik und Gemeinschaft. Bonn 1993 – Dauenhauer, E.: Berufsbildungspolitik. Münchweiler ⁴1997 – Deutscher Industrie- und Handelstag (DIHT) (Hg.): Berufsbildung, Weiterbildung, Bildungspolitik. Bonn v.J.

Erich Dauenhauer

Berufsbildungsrecht

Das *Berufsbildungsrecht* umfasst die rechtlichen Regelungen für die betriebliche und außerschulische berufliche Bildung. Es ist nach Art. 74 Abs.1 Grundgesetz Gegenstand der konkurrierenden Gesetzgebung, jedoch weitestgehend bundesrechtlich ausgestaltet. In den – aus anderen Gründen gescheiterten – Beratungen der sog. Föderalismuskommission 2004 ist gegen die Auffassung der Bundesländer ein breites Interesse am Erhalt der Bundeszuständigkeit für das Berufsbildungsrecht deutlich geworden, um so Einheit und Transparenz von Vorgaben und Abschlüssen zu wahren. Nicht zum Berufsbildungsrecht im eigentlichen Sinn zählt die Regelung der schulischen Berufsbildung; sie unterliegt der Kulturhoheit der Länder und ist Gegenstand der jeweiligen Schulgesetzgebung. Das Berufsbildungsrecht hat sich als Spezialmaterie aus dem Handels- und Gewerberecht heraus entwickelt; Regelungen zum Lehrlingswesen waren früher Bestandteil der Gewerbeordnung bzw. des Handelsgesetzbuchs. Dabei handelte es sich im Wesentlichen um Mindestnormen, deren Ausgestaltung durch die Selbstverwaltungskörperschaften erfolgte. Erst 1969 wurde mit dem →Berufsbildungsgesetz eine umfassende bundeseinheitliche Regelung für die Berufsausbildung und teilweise auch für Fortbildung und Umschulung getroffen; seit 2003 enthält das Berufsbildungsgesetz auch Regelungen zur →Berufsausbildungsvorbereitung. Das Berufsbildungsgesetz und die weitgehend identischen Berufsbildungsvorschriften der →Handwerksordnung bilden den Kern des deutschen Berufsbildungsrechts, das durch zahlreiche Rechtsverordnungen (→Ausbilder-Eignungsverordnung, Anrechnungs-Verordnungen, →Ausbildungsordnungen, Fortbildungs- und Umschulungsprüfungsordnungen, Berufsausbildungsvorbereitungs-Bescheinigungsverordnung) näher ausgestaltet und durch statutarisches Recht der zuständigen Stellen ergänzt wird. Zum Berufsbildungsrecht im engeren Sinn zählt auch das Berufsbildungsförderungsgesetz, in dem die →Berufsbildungsstatistik und die Arbeit des Bundesinstituts für Berufsbildung geregelt sind. Wegen der engen Sachnähe zum Arbeits-, Sozial- und Wirtschaftsrecht finden sich berufsbildungsrechtlich wichtige Regelungen auch in anderen Rechtsquellen. Insbesondere gilt dies für das →Jugendarbeitsschutzgesetz sowie das Dritte Buch des Sozialgesetzbuchs (SGB III) mit dessen Teilziel „Förderung der beruflichen Bildung". Für die berufliche Bildung von Belang sind – ohne als Bestandteil des Berufsbildungsrechts gelten zu können – u. a. Regelungen des Arbeitszeitgesetzes, des Bundesurlaubsgesetzes, des Mutterschutzgesetzes, des Bundeserziehungsgeldgesetzes, des Betriebsverfassungsgesetzes sowie des Fernunterrichtsgesetzes.

Literatur: Herkert, J.: Kommentar zum Berufsbildungsgesetz, Grundwerk Regensburg 1992 – Hurlebaus, H. D.: Rechtsratgeber Berufsbildung, Hg. vom Deutschen Industrie- und Handelskammertag, Berlin 2005

Claus-Dieter Weibert

Berufsbildungsstatistik/Ausbildungsstatistik

Die Berufsbildungsstatistik/Ausbildungsstatistik umfasst die systematische Erfassung und Aufbereitung wichtiger Merkmale der Ausbildung im dualen System der Berufsbildung. Ausgeklammert werden hier also andere Ausbildungsbereiche wie Hoch- und Fachhochschulen, Berufsfachschulen in Vollzeitform sowie der Bereich der →Weiterbildung. Nachdem bereits in den 30er Jahren von den Kammern erste Statistiken über die Zahl der Lehrlinge und durchgeführte Prüfungen erstellt und nach und nach verbessert wurden, setzte in den 70er Jahren in der Bildungspolitik eine Diskussion über eine Verbesserung der Datenlage im Bereich der beruflichen Bildung ein. Mit dem Ausbildungsplatzförderungsgesetz von 1976 und dem dieses Gesetz ablösenden Berufsbildungsförderungsgesetz von 1981 (BerBiFG) wurde die Durchführung einer Bundesstatistik zur beruflichen Bildung gesetzlich geregelt. Die entsprechenden Bestimmungen wurden in das seit dem 1.4.2005 geltende neu geregelte →Berufsbildungsgesetz (BBiG) übernommen. Nach den § 87 und 88 BBiG wird diese Bundesstatistik „für Zwecke der Planung und Ordnung der Berufsbildung" vom Statistischen Bundesamt – mit Unterstützung des Bundesinstituts für Berufsbildung und der Bundesanstalt für Arbeit – durchgeführt. Auskunftspflichtig sind die nach dem Berufsbildungsgesetz zuständigen Stellen. Erfasst werden Angaben zu den Auszubildenden, den Ausbildern, den Prüfungsteilnehmern in der beruflichen Bildung – wozu auch Teilnehmer von Fortbildungsprüfungen vor den zuständigen Stellen zählen – und den →Ausbildungsberatern. Insbesondere werden folgende Merkmale erfasst:

– Auszubildende: →Ausbildungsberuf, Geschlecht, Staatsangehörigkeit, Ausbildungsjahr, vorzeitig gelöste Ausbildungsverhältnisse, neu abgeschlossene Ausbildungsverträge

– →Ausbilder: Geschlecht, fachliche und pädagogische Eignung

– Prüfungsteilnehmer: Geschlecht, Berufsrichtung, Abkürzung der Bildungsdauer, Art der Zulassung zur Prüfung, Wiederholungsprüfung, Prüfungserfolg, Bezeichnung des Abschlusses

– Ausbildungsberater: Alter nach Altersgruppen, Geschlecht, Vorbildung, Art der Beratertätigkeit, fachliche Zuständigkeit, durchgeführte Besuche von Ausbildungsstätten.

Die Erhebungsergebnisse werden in einer eigenen Fachserie des Statistischen Bundesamtes sowie auch in Fachserien der einzelnen Bundesländer der Öffentlichkeit zugänglich gemacht.

Ab 2004 gilt eine weitergehende Fassung des § 88 BBiG. Für die Auswertung sollen zukünftig von den zuständigen Stellen Individualdaten übermittelt werden. Außerdem sollen weitere Merkmale wie die Unterscheidung nach betrieblichen und außerbetrieblichen Ausbildungsverträgen sowie die berufliche Vorbildung erfasst werden.

Neben dieser Bundesstatistik regelt das BBiG in seinem § 86 mit dem →Berufsbildungsbericht einen weiteren wichtigen Teil der Berufsbildungsstatistik. Der Bericht wird jährlich vom zuständigen Bundesministerium erstellt und enthält insbesondere die Zahl der neu abgeschlossenen Ausbildungsverträge für das jeweilige Ausbildungsjahr. Hierzu werden vom →Bundesinstitut für Berufsbildung zum Stichtag 30. September Erhebungen bei den zuständigen Stellen durchgeführt. Die Angaben werden auf regionaler Grundlage (Arbeitsamtsbezirke) und differenziert nach den wichtigsten →Ausbildungsberufen ausgewiesen. Neben den neu abgeschlossenen Ausbildungsverträgen enthält der Bericht die Daten der Bundesanstalt für Arbeit zu den zum 30. September noch unbesetzten Ausbildungsplätzen sowie den noch nicht vermittelten Bewerbern. Die für die Abfassung des Berufsbildungsberichts relevanten Daten liegen relativ bald nach Beginn des neuen Ausbildungsjahres vor und sind deshalb die wichtigste Grundlage für aktuelle berufsbildungspolitische Diskussionen. Die Daten zu den neu abgeschlossenen Ausbildungsverträgen im Rahmen der Bundesstatistik werden dagegen erst zum Stichtag 31. Dezember erhoben und liegen in aufbereiteter Form erst im Laufe des jeweils kommenden Jahres vor. Die Daten der Bundesstatistik sind deshalb weniger zur Beurteilung der aktuellen Ausbildungsplatzsituation sondern für vertiefende Analysen von Bedeutung.

Die im Berufsbildungsgesetz geregelte Bundesstatistik sowie die Erhebungen zum 30. September im Rahmen des Berufsbildungsberichts liefern wichtige Daten zur Situation der beruflichen Bildung. Allerdings werden nicht alle für die Analyse von Berufsbildungsfragen relevanten Merkmale erfasst. Insbesondere gibt es keine Informationen zu den Ausbildungsstätten und den Kosten der Berufsausbildung. Zur Gewinnung entsprechender Daten werden deshalb Stichprobenuntersuchungen durchgeführt oder es wird auf andere vorliegende Statistiken zurückgegriffen, die nicht primär für Zwecke der Berufsbildung durchgeführt werden. Hier ist insbesondere auf die Beschäftigtenstatistik der Bundesanstalt für Arbeit sowie die Daten des Mikrozensus hinzuweisen. Die Beschäftigtenstatistik liefert Hinweise darauf, wie sich die Auszubildenden auf einzelne Wirtschaftszweige und Betriebsgrößenklassen verteilen; der Mikrozensus kann für Analysen zum familiären Hintergrund der Auszubildenden genutzt werden.

Die beschriebenen Möglichkeiten der Berufsbildungsstatistik stellen im Wesentlichen auf die berufliche Ausbildung nach dem BerBiFG ab. Wie bereits einleitend angesprochen, wird der Bereich der Weiterbildung hiervon nicht erfasst. Die nach den §§ 87 und 88 BBiG vom Statistischen Bundesamt erstellte Bundesstatistik enthält mit Daten zu Fortbildungsprüfungen der zuständigen Stellen zwar auch einige Angaben zur Weiterbildung, allerdings liegt für die Weiterbildung keine ähnlich umfassende und detaillierte Statistik wie für die berufliche Ausbildung vor. Vollständige statistische Daten über Teilnehmer, Umfang und Art der Weiterbildungsmaßnahmen gibt es bisher nur für wenige Einrichtungen. Bundesweite Trägerstatistiken existieren so für Kammern, Gewerkschaften und Volkshochschulen. Für die im Rahmen des →Arbeitsförderungsgesetzes geförderte berufliche Weiterbildung wird von der Bundesanstalt für Arbeit eine Statistik geführt. In allen Statistiken fehlt die betriebliche Weiterbildung, hierzu liegen ausschließlich Stichprobenuntersuchungen wie das 'Berichtssystem Weiterbildung' des Bundesministeriums für Bildung, Wissenschaft, Forschung und Technologie vor.

Berufsbildungsexperten gehen davon aus, dass die bisherige starre Trennung der Berufsbildung in Aus- und Weiterbildung in Zukunft an Bedeutung verlieren wird und Fragen der Verzahnung von Aus- und Weiterbildung wichtiger werden. Insofern ist die Entwicklung und Einführung einer bundesweiten Weiterbildungsstatistik von ausschlaggebender Bedeutung für die Weiterentwicklung auch der Ausbildungsstatistik. Hierbei ist ebenfalls zu berücksichtigen, dass über Berufsbildungsfragen auch mehr und mehr im europäischen Maßstab diskutiert wird. Aus- und Weiterbildung sind aber in vielen europäischen Ländern ganz anders abgegrenzt als in Deutschland. Die Berufsbildungsstatistik muss sich deshalb künftig um ein gemeinsames Konzept zur Erfassung von Aus- und Weiterbildungsaktivitäten bemühen.

Literatur: Bundesministerium für Bildung; Wissenschaft; Forschung und Technologie: Berufsbildungsbericht, jährliche Erscheinungsweise – Bundesministerium für Bildung; Wissenschaft; Forschung und Technologie: Grund- und Strukturdaten, jährliche Erscheinungsweise – Sauter, E.: Weiterbildungsstatistik. Ansätze, Defizite, Vorschläge, in: Recht der Jugend und des Bildungswesens, Heft 3/1990, S. 258-270 – Statistisches Bundesamt: Bildung und Kultur, Fachserie 11, Reihe 3, Berufliche Bildung, jährliche Hefte – Werner, R.: Entwicklung der Berufsbildungsstatistik, in: Recht der Jugend und des Bildungswesens, Heft 3/1990, S. 250-257

Günter Walden

Berufsbildungstheorie

Die in den ersten Jahrzehnten unseres Jahrhunderts entwickelte B. ist als besondere Variante des Bildungsverständnisses anzusehen, in dem sie die Bildungskraft und die gesellschaftliche Wertschätzung des →Berufs thematisierte. Sie trug dazu bei, dass sich die Berufsschule als Bildungsschule verstehen und damit die Rückkehr der Berufsausbildung aus rein ökonomischen in pädagogische Zuständigkeiten einleiten konnte. Die B. wurde zugleich für die sich entwickelnde akademische Disziplin der →Berufspädagogik zum beherrschenden Paradigma. Der durch die neuhumanistische Bildungstheorie geprägten Auffassung, dass allgemeine Menschenbildung nur durch zweckfreie Allgemeinbildung möglich sei, setzte die B. die These gegenüber, dass Persönlichkeitsbildung, Selbstverwirklichung und sittliche Reife nur zu erreichen seien mit dem Beruf und durch den Beruf. Damit wurde an eine Tradition des Berufsbegriffs mit den Merkmalen „Ganzheitlichkeit der Werkvollzüge", „lebenslange Ausübung", „länger dauernder persönlichkeitsfördernder Ausbildungs- und Erziehungsprozess" und „Verpflichtung auf die Gemeinschaft" angeknüpft (→Beruf). Zwischen den Individuen und den Berufen wurde eine anthropologisch und kulturpädagogisch hergeleitete Harmonie unterstellt. Insofern ging es der B. nicht um die Optimierung beruflicher Lehr-/Lernprozesse, sondern um die Frage der Einbindung des Subjekts in einen sinnstiftenden Ordnungszusammenhang. Real erwies sich das Konzept als Stütze restaurativer Mittelstandspolitik.

Die B. bezog sich auf die Anschauungslehre Pestalozzis sowie auf den amerikanischen Pragmatismus. Beide Ansätze gehen davon aus, dass konkretes Handeln sowohl der geistigen Vorstellungswelt als auch der Sittlichkeit als Bedingung der staatlichen Gemeinschaft zugrunde liegt. Sie diente vor allem der pädagogischen Legitimation der Berufsschule, gab ihr eine konsistente didaktische Basis, bot den Berufsschülern eine Orientierungshilfe und prägte das Selbstverständnis von Generationen von Berufsschullehrern. Sie trug aber gleichzeitig mit ihrem antiaufklärerischen Impetus und dem Fehlen eines konkreten Gesellschaftsbezuges zur Stabilisierung gesellschaftlicher Verhältnisse bei, indem sie die reale Entwicklung von →Arbeit und Beruf in der Industrie ausblendete, weil sie nicht ihren Grundannahmen entsprach. Sie verstellte den Blick auf die realen Verhältnisse industrieller Arbeit und Ausbildung und damit die Aufklärung über die Interessen, die diese Wirklichkeit bestimmten.

Zu den Vertretern der inzwischen „klassisch" genannten B. werden Georg Kerschensteiner (1854-1932), Eduard Spranger (1882-1963), Aloys Fischer (1880-1937) und Theodor Litt (1880-1962) gezählt. Kerschensteiner suchte den Gegensatz von Bildung und Ausbildung dadurch aufzuheben, dass er die Berufsbildung an die „Pforte zur Menschenbildung" stellte und den „Weg zum idealen Menschen" als den Weg „über den brauchbaren Menschen" erklärte. Er führte die Berufsausbildung und staatsbürgerliche Erziehung zusammen, ging dabei von einem handwerklich-ständischen Berufsbegriff aus, der auf die Verinnerlichung konservativer Wertvorstellungen gerichtet war. Kerschensteiner unterlegte der Berufsschule ein konzeptionelles Fundament, das vor allem Spranger theoretisch pointiert weiterentwickelte mit den neuhumanistischen Kategorien der Individualität, Universalität und Totalität einer Bildung durch den Beruf. Demgegenüber zeichnete sich der empirisch-soziologisch argumentierende Fischer durch zurückhaltende metaphysische Darstellungen aus, und Litt reflektierte die Differenz zwischen pädagogischer Theorie und industrieller Entwicklung.

Spranger versuchte, den Beruf als Bildungsmacht im Sinne der neuhumanistischen Bildungstheorie zu rehabilitieren, die sich gegen die Praxis der Preisgabe des Individuums an die ökonomischen Anforderungen der Ständegesellschaft wendete. Für Spranger kann Allgemeinbildung nur als formale Bildung der Grundkräfte des Subjekts gedacht werden, die an bestimmten, historisch begrenzten Kulturinhalten unter Beachtung psychologischer Entwicklungsgesetze zu erreichen ist. Die Legitimation der Berufstätigkeit als Bildungsgut erfolgt nicht über eine Analyse der emanzipatorischen Gehalte beruflich-betrieblichen Arbeitens, sondern unter Rekurs auf kulturpädagogische Traditionen und psychologische Entwicklungsgesetze, die ihren Niederschlag in einer Phasengliederung des Bildungsprozesses finden, auch „Dreistadienaufbau oder Dreistadiengesetz der menschlichen Bildung" genannt (Müllges 1967, S. 76). Danach gilt: „Der Weg zu der höheren Allgemeinbildung führt über den Beruf und nur über den Beruf" (Spranger 1923). Das Zentrum der ersten Phase, der grundlegenden Bildung, ist die heimatliche Welt. In dieser Phase bildet sich ein Interessenschwerpunkt heraus, der „innere Beruf" des Menschen, der Anknüpfungspunkt für die zweite Phase, die Berufsbildung, darstellt. Wenn der Mensch sein ureigenstes Bildungszentrum gefunden hat, kann er von hieraus in die Weite der Allgemeinbildung (dritte Phase) streben.

Bereits in den zwanziger Jahren wurde auf den Ideologiecharakter der Berufsbildungstheorie hingewiesen: „So haben wir durch eine merkwürdige Ironie der Entwicklung das Schauspiel, daß der Beruf als Bildungszentrum anerkannt wird und man durch ihn die Erziehung bestimmen will in dem Augenblick, wo er allgemein zum bloßen Erwerb zusammengeschrumpft, für weiteste Kreise nicht einmal die primitivste Funktion der Lebenssicherung erfüllt, geschweige daß er Lebensinhalt und Entwicklungsgrundlage bilden könnte" (Siemsen 1926, S. 163).

Trotz dieser Kritik vor allem von Seiten sozialistischer Pädagogen hat diese Form der Berufsbildungstheorie mehrere Jahrzehnte berufspädagogische Theoriebildung geprägt. Ständisch-handwerkliche Formen beruflichen Handelns sollten die Forderung der B. einlösen. So propagierte Spranger noch in den 50er Jahren den Gedanken der Reduktion auf die Urberufe des Landmannes, des Handwerkers und des Händlers als Antwort auf die Ausweitung von „reinen Erwerbsberufen" und →beruflicher Mobilität.

Die neueren Berufsbildungstheorien, die sich seit den 70er Jahren des 20. Jahrhunderts entwickelt haben, versuchen angesichts der rasanten Entwicklung der Wirtschaft und der Gesellschaft die immer größer werdenden Lücken zwischen Theorie und Realität zu schließen.

Verschiedene Theorieansätze stellen unterschiedliche Aspekte in den Mittelpunkt. So fragt die ‚Subjektorientierte Berufstheorie' nach den Begrenzungen des Subjekts durch die bestehenden →Berufsbilder und fordert eine stärkere Konzentrierung auf das Subjekt und deren Stärkung. Der ‚emanzipatorische Ansatz' geht davon aus, dass neben der fachlichen Bildung unbedingt auch eine politische Dimension beruflicher Lernprozesse stehen muss. Dabei soll die Berufsbildung aus ihrer Funktionalität befreit und in den Dienst des arbeitenden Menschen und die Verbesserung seiner Ausbildungs- und Arbeitsverhältnisse gestellt werden. Die Vertreter der ‚antizipatorischen Theorie' gehen von einem kontinuierlichen Fortschritt aus, der durch einen raschen gesellschaftlichen und technologischen Strukturwandel und einer damit verbundenen schnellen Veralterung des Wissens gekennzeichnet ist. Daher versucht diese Theorie, die möglichen Entwicklungen so gut es geht zu prognostizieren und in den Lernprozess einzubinden. Dem Einzelnen solle die Konfrontation mit den unbekannten Faktoren im späteren Berufsleben erleichtert werden. Grundlage für diese Theorie ist dabei der technologische Fortschrittsglaube und ein Optimismus in die Planbarkeit künftiger Qualifikationsanforderungen.

Schließlich werden in jüngster Zeit zur Überwindung des Antagonismus zwischen allgemeiner und beruflicher Bildung Aspekte der Berufsbildungstheorie in Verbindung mit einer realistischen Analyse der Berufswirklichkeit, einer kulturkritischen Gegenwartsanalyse und einer Diversifikation der Perspektiven einer konzeptionellen Einheit von Bildung und Beruf mit Bezug auf eine „kommunikativ lernende Vernunft" (Geißler 1998, S. 45) als diskussionswürdig angesehen, wobei Konzepte zum organisatorischen Lernen deshalb bedeutsam werden, weil sie die Perspektive individueller Bildungsprozesse mit organisationaler Kooperation und Kommunikation zusammenführen. Sie werden sich daran messen lassen müssen, ob sie Zwänge und Beeinträchtigungen menschlicher Entwicklungschancen zu erfassen und über deren Aufklärung einen Beitrag zur Abschaffung derselben zu leisten in der Lage sind.

Literatur: Arnold, R.: Ausgewählte Theorien zur beruflichen Bildung. Baltmannsweiler 1997 – Backes-Haase, A.: Berufsbildungstheorie – Entwicklung und Diskussionsstand. In: Schanz, H. (Hg.): Berufs- und wirtschaftspädagogische Grundprobleme. Berufsbildung konkret. Band 1. Baltmannsweiler 2001, S. 22-38 – Backes-Haase, A.: Orientierungsangebote für Berufs- und Wirtschaftspädagogen. Hamburg 2002 – Beck, U./Brater, M./Daheim, H.-J.: Subjektorientierte Berufstheorie. Beruf und Persönlichkeit. Die Bedeutung des Beruf für die Entwicklung und Lebenslauf des einzelnen in unserer Gesellschaft. In: Arnold, R.: Ausgewählte Theorien zur beruflichen Bildung. Baltmannsweiler 1997, S. 25-44 – Bunk, G.P.: Technologischer Wandel und antizipative Berufsbildung. In: Zeitschrift für Berufs- und Wirtschaftspädagogik 77 (1981) 4, S. 257-266 – Deißinger, Th.: Beruflichkeit als „organisierendes Prinzip" der deutschen Berufsausbildung. Markt Schwaben 1998 — Geißler, H.: Berufsbildungstheorie als Bildungstheorie der Arbeit und ihrer Organisation. In: Drees, G./Ilse, F. (Hg.): Arbeit und Lernen 2000. Band 2. Bildungstheorie und Bildungspolitik. Berufliche Bildung zwischen Aufklärungsanspruch und Verwertungsinteressen an der Schwelle zum dritten Jahrtausend. Bielefeld 1998, S. 29-49 – Lempert, W.: Moralische Sozialisation im Betrieb. In.: Arnold, R. (Hg.): Ausgewählte Theorien zur beruflichen Bildung. Baltmannsweiler 1997, S. 66-78 – Lempert, W.: Wirtschaftspädagogik heute, Dienstmagd oder Widerpart der Paradoxien und des Wachstums moderner Ökonomie? – Aktuelle Probleme einer Erziehung zur moralischen Selbstbestimmung und solidarischen Selbstbeschränkung in Wirtschaftsberufen. In: Fischer, A. (Hg.): Im Spiegel der Zeit. Sieben berufs- und wirtschaftspädagogische Protagonisten des zwanzigsten Jahrhunderts. Frankfurt a.M. 2003, S. 67-91 – Lipsmeier, A.: Die didaktische Struktur des beruflichen Bildungswesens. In: Blankertz, H./Derbolav, J./Kell, A./Kutscha, G. (Hg.): Enzyklopädie Erziehungswissenschaft. Band 9. Teil 1. Sekundarstufe II – Jugendbildung zwischen Schule und Beruf. Stuttgart 1982, S. 227-249 – Luers, R: Zum Begriff des Berufs in der Erziehungswissenschaft. Frankfurt a.M. 1988 – Müllges, U.: Bildung und Berufsbildung. Die theoretische

Grundlegung des Berufserziehungsproblems durch Kerschensteiner, Spranger, Fischer und Litt. Ratingen 1967 – Münch, J.: Berufswirklichkeit, Berufsausbildung und Berufsbildungstheorie. In: Die Deutsche Schule 59 (1967), 9, S. 529-538 – Ott, B.: Neuere bildungstheoretische Ansätze und Positionen in der Berufs- und Wirtschaftspädagogik. In: Arnold, R./Dobischat, R./Ott, B.: Weiterungen der Berufspädagogik. Von der Berufsbildungstheorie zur internationalen Berufsbildung. Festschrift für Antonius Lipsmeier zum 60. Geburtstag. Stuttgart 1997, S. 23-31 – Schönharting, W.: Kritik der Berufsbildungstheorie. Zur Systematik eines Wissenschaftszweiges. Weinheim/Basel 1979 – Siemsen, A.: Beruf und Erziehung. Berlin 1926 – Stratmann, Kw.: Zur Sozialgeschichte der Berufsbildungstheorie. In: Zeitschrift für Berufs- und Wirtschaftspädagogik 84 (1988), 7, S. 579-598 – Stratmann, Kw.: Berufs- und Wirtschaftspädagogik. In: Groothoff, H.-H. (Hg.): Die Handlungs- und Forschungsfelder der Pädagogik (Differentielle Pädagogik). Teil 2. Königstein/Ts. 1979, S. 285-337 – Stütz, G.: Berufspädagogik unter ideologiekritischem Aspekt. Frankfurt a.M. 1970 – Zabeck, J.: Berufserziehung im Zeichen der Globalisierung und des Shareholder Value. Paderborn 2004

Günter Pätzold

Berufsbildungswerk der Deutschen Versicherungswirtschaft (BWV) e.V.

Das 1949 als Selbsthilfeinrichtung der Assekuranz gegründete Berufsbildungswerk der Deutschen Versicherungswirtschaft (BWV) ist ein Berufsverband, getragen von den Mitgliedern des Gesamtverbandes der Deutschen Versicherungswirtschaft (GDV) und des Arbeitgeberverbandes (agv). Es betreut ein System aufeinander aufbauender Bildungsgänge (s. Abb. S. 111), gestützt durch ein enges Netz von Verbindungsstellen – zurzeit an 54 Orten in der Bundesrepublik Deutschland. Zweck und Aufgaben des BWV sind:
– Förderung der Berufsbildung im Versicherungswesen (Versicherungskaufmann/-kauffrau, Versicherungsfachwirt/-fachwirtin) und verwandter Gebiete im Rahmen der Bildungspolitik des GDV und des agv,
– Entwicklung von Nachwuchskräften durch Vermittlung gründlichen Fachwissens und gehobenen Allgemeinwissens im Studiengang zum Versicherungsbetriebswirt (DVA) über die vom BWV getragene →Deutsche Versicherungs-Akademie (DVA),
– Entwicklung und Herausgabe von Lehr-, Lern- und Informationsmitteln, um die Bildungsmaßnahmen nach möglichst einheitlichen Kriterien durchführen zu können,
– Unterstützung des GDV und des agv in bildungspolitischen Fragen,
– Information und Beratung aller mit der Aus- und Weiterbildung in der Versicherungswirtschaft befassten Institutionen und Personen,
– Zusammenarbeit mit Institutionen, die mit Bildungsfragen befasst sind,
– Verleihung der Qualifikationsbezeichnung „Versicherungsfachmann/-fachfrau BWV" mit Erarbeitung von Richtlinien und der Durchführung von Prüfungen in eigener Verantwortung.

Das BWV war bis zum 31. März 1989 ein Gemeinschaftsausschuss von GDV und agv, in dem die bildungspolitischen Interessen und Aufgaben beider Verbände zusammengefasst und in konkrete bildungspolitische Maßnahmen innerhalb der Versicherungswirtschaft umgesetzt wurden. Am 1. April 1989 wurde das BWV als Berufsverband in der Rechtsform eines eingetragenen Vereins gegründet.

Anschrift: Berufsbildungswerk der Deutschen Versicherungswirtschaft (BWV) e.V., Postfach 860248, 81629 München. Im Internet: http://www.lernpark-versicherungswirtschaft.de/ http://www.lernpark-versicherungswirtschaft.de/uber_die_organisationen_im_bildungsnetzwerk/bwv_verband/index.html?&&[res]=1280

Literatur: Berufsbildungswerk der Deutschen Versicherungswirtschaft (BWV) e.V.: Bildungsreport (Stand 1.8.1997). München 1998 – Bockshecker, W.: Versicherungsfachwirt: Die Perspektive für Insider. In: Versicherungskaufmann 41 (1994), 4, S. 36-39

Günter Pätzold

Berufsbezeichnung	Dauer in Jahren	Bildungsgang	Prüfungsinstanz	Zugangsvoraussetzungen	Bildungsziel
Versicherungsfachmann/-fachfrau (BWV)	1	Betriebliche Schulung mit beaufsichtigter praktischer Einarbeitung	BWV	Eine Ausbildung, die jedem offen steht	Funktionsbezogene Qualifizierung für Versicherungsvermittler, orientiert an der Bedarfssituation des Privatkunden
Versicherungskaufmann/-kauffrau	2,5 - 3	Duale Ausbildung an den Lernorten Schule und Betrieb	IHK	mindestens Hauptschulabschluss	Vermittlung umfassender theoretischer und praktischer Kenntnisse, Fertigkeiten und Kompetenzen für Innendienst und Vertrieb
Versicherungskaufmann/kauffrau (berufsbegleitend)	1 - 2	Vorbereitungslehrgang der Verbindungsstellen des BWV	IHK	6 Jahre Versicherungspraxis	Ergänzung der praktischen Erfahrungen durch Hintergrundwissen
Versicherungsfachwirt/-fachwirtin	2	nebenberufliches Studium bei Verbindungsstellen des BWV	IHK	Versicherungskaufmann und 2 Jahre Versicherungspraxis oder 6 Jahre Versicherungspraxis zum Prüfungszeitpunkt	Vertiefung praktischer Kenntnisse durch Detailkenntnisse auf wirtschaftlichem, rechtlichem und versicherungstechnischem Gebiet, Vermittlung von Methoden- und Sozialkompetenz
Versicherungsbetriebswirt/betriebswirtin (DVA)	2	vorwiegend Samstagsstudium mit ergänzenden Vollzeitseminaren	DVA im BWV	Versicherungsfachwirt mit Mindestdurchschnittsnote 3,5	Erweiterung und Vertiefung wirtschaftswissenschaftlicher und versicherungsspezifischer Kenntnisse und Förderung der beruflichen Handlungskompetenz als Voraussetzung für den Aufstieg in leitende Fach- und Führungspositionen

Abb.: Bildungswege in der Assekuranz

Berufsbildungswerke

8,4 Mio. Menschen sind behindert, ein gutes Zehntel der deutschen Bevölkerung. Aber nur 4.700 schwer behinderte Jugendliche werden in Betrieben ausgebildet, und das bei 1,1 Mio. Ausbildungsverhältnissen in der Privatwirtschaft! Wer einen der begehrten Ausbildungsplätze nicht bekommt, ist auf eine →außerbetriebliche Ausbildung angewiesen. Jugendliche mit einer Behinderung haben auf der Grundlage des Sozialgesetzbuchs III einen Anspruch auf ein derartiges Angebot. In ein B. gelangen sie indes nur, wenn sie der hier vorgehaltenen besonderen Ausbildungs-, Beratungs- und Unterstützungsangebote auch wirklich bedürfen. So verlangt es der „Nikolaus-Erlass" der Bundesagentur für Arbeit (BA) vom 6.12.97. Sie ist mit 96 % Anteil die fast alleinige Kostenträgerin aller etwa 15.000 Ausbildungsplätze, die in den 52 B. vorgehalten werden.

Die BA ist überhaupt der größte Rehabilitationsträger in der Bundesrepublik Deutschland. Der entsprechende Etatposten beläuft sich auf knapp 3 Mrd. EUR. Aus ihm werden auch 40 % der Leistungen der 28 →Berufsförderungswerke (zur beruflichen Rehabilitation behinderter Erwachsener), der 23 Krankenhäuser zur medizinisch-beruflichen Rehabilitation (insbesondere für Unfall-Schwerverletzte), der 13 Beruflichen Trainingszentren für psychisch kranke und behinderte Menschen und der rund 800 Werkstätten für (geistig, psychisch und schwerkörperlich) behinderte Menschen mit ihren rund 250.000 Plätzen finanziert. Sie alle sind Elemente eines dichten Netzwerks, das seine Entstehung einem im Jahre 1970 von der sozialliberalen Bundesregierung verabschiedeten Aktionsprogramm verdankt. Kernstück des Programms war ein Netzplan, in dem der Auf- und Ausbau der Einrichtungen bestimmt wurde. Dieses Aktionsprogramm wurde 1980 und vor allem 1990 im Zuge der Wiedervereinigung und der Übertragung des Netzwerks auf Ostdeutschland fortgeschrieben. Dort sind 8 B. neu entstanden, teils unter Nutzung alter Bausubstanz aus der DDR-Zeit. Einer neueren Erhebung zufolge sind die rund 5.000 Jugendlichen im ersten Ausbildungsjahr mit folgenden Behinderungsdiagnosen ins B. gekommen:

Ziel der Ausbildung im B. ist zunächst das erfolgreiche Bestehen der →Abschlussprüfung. Sie wird von der (auch für die Ausbildungen im Dualen System und im Gesundheitswesen) zuständigen Stelle, meist einer Industrie- und Handels- oder einer Handwerkskammer, abgenommen. Von den rund 180 Berufsangeboten sind allerdings inzwischen fast 60 % so genannte Sonderregelungen, die gemäß § 66 des →Berufsbildungsgesetzes und § 42m der Handwerksordnung für behinderte Jugendliche von den Berufsbildungsausschüssen der Kammern verabschiedet werden können. Dazu gehören beispielsweise der Automobilwäscher, der Gartenbaufachwerker und die Büro(fach)kraft.

Eigentliches Ziel der Ausbildung ist aber die Teilhabe am Arbeitsleben als Voraussetzung für die Teilhabe am gesellschaftlichen Leben. So sieht es das 2001 erlassene Sozialgesetzbuch IX vor, das als allgemeine Anspruchsgrundlage gilt. In § 35 sind Berufsbildungs- und Berufsförderungswerke ausdrücklich als Leistungserbringer für behinderte Menschen benannt worden. Die B. sind in einer Bundesarbeitsgemeinschaft zusammengeschlossen. Sie erhebt jährlich die Integrationsraten bei den Absolventen, die ein Jahr zuvor die Einrichtungen mit einem erfolgreichen Abschluss verlassen haben. Nach diesen Zahlen beläuft sich die Eingliederungsquote relativ stabil bei etwa 60% der Absolventen.

B. sind aber auch Stätten der Persönlichkeitsentwicklung. Überdurchschnittlich viele Teilnehmer kommen aus unvollständigen Familien (nahezu ein Viertel) oder sind im Heim aufgewachsen (fast jeder 20.). Sie treffen in einem B. nicht nur auf didaktisch besonders aufgeschlossene →Ausbilder, sondern werden auch

Diagnosegruppe	Anteil in %
Lernbehinderung	60,0
Erkrankungen innerer Organe	14,8
Erkrankungen des Nervensystems	17,1
Erkrankungen der Haut und Allergien	13,2
Krankheiten des Muskel-Skelett-Systems und des Bindegewebes	18,6
Krankheiten des Auges, des Ohres, des Sprechens	23,8
Psychiatrische und psychosomatische Erkrankungen/Störungen	35,5

(Die Summe von 183 % lässt auf einen hohen Anteil so genannter Mehrfachbehinderter schließen.)

von medizinischen, psychologischen und sozialpädagogischen Fachkräften beraten und unterstützt. Eine Reihe von B. fördert zudem durch sonderpädagogischen Zusatzunterricht. Die Teilnehmer besuchen neben der Ausbildung die Berufsschule. Sie ist meist dem B. direkt ein- oder angegliedert. Die Klassenfrequenz ist deutlich niedriger als in Regelberufsschulen. Auch die Ausbildungsgruppen weisen im Regelfall zwischen 8 und 10 Teilnehmer auf. Zwei Drittel der Jugendlichen wohnt während der Ausbildungszeit im Internat und wird dort von Erziehern und Sozialpädagogen betreut.

Fast alle B. bieten auch Vorbereitungsmaßnahmen an. Das Spektrum reicht von der vierwöchigen Arbeitserprobung über die dreimonatige Berufsfindung bis zur Berufsvorbereitenden Bildungsmaßnahme (BvB), die im Regelfall bei behinderten Jugendlichen bis zu 18 Monaten dauert. Sie beginnt mit einer dreiwöchigen Orientierungsphase, schließt zwei Praktika ein und verlangt nach einem halben Jahr eine Entscheidung über den weiteren Bildungsweg: Ausbildung, Aufnahme einer einfachen betrieblichen Tätigkeit oder Weiterführung im Berufsbildungsbereich der Werkstatt für behinderte Menschen. Die Maximalförderungsdauer BvB plus berufliche Bildung in der WfbM beträgt zwei Jahre. Etwa 2.500 Jugendliche besuchen eine BvB-Maßnahme in einem B..

Es gibt zwei Spezialeinrichtungen für blinde und sehbehinderte (Ravensburg, Chemnitz), drei für hör- und sprachbehinderte (Leipzig, Husum, Winnenden) und eines für schwerstkörperbehinderte Jugendliche (Neckargemünd).

Die meisten B. befinden sich in konfessioneller Trägerschaft, lediglich 14 sind „weltliche" Einrichtungen, meist in der Rechtsform einer gemeinnützigen GmbH. Die Regelgröße beläuft sich auf 250 Plätze; allerdings gibt es B., die deutlich darüber liegen und bis zu 600 Plätze führen. Es wird noch bis 2008 mit steigender Nachfrage infolge steigender Absolventenzahlen aus Förderschulen bei problematischer Aufnahmesituation auf dem allgemeinen Ausbildungsstellenmarkt gerechnet. Da die BA als Hauptträger ihren Rehabilitationshaushalt „eingefroren" hat, müssen die B. dennoch mit einem Abbau ihrer Kapazitäten in den nächsten Jahren rechnen.

Die didaktische Konzeption der B. als Spezialeinrichtungen für besonders schwer behinderte Jugendliche ist von mehreren Spannungsfeldern gekennzeichnet:

– Einerseits sind Sozialisationsschäden in einem besonderen Schonraum aufzuarbeiten, andererseits ist auf die Anforderungen der Arbeitswelt vorzubereiten.

– Einerseits stehen sonder- und sozialpädagogische Prinzipien im Vordergrund, andererseits werden die Einrichtungen an harten betriebswirtschaftlichen Kriterien gemessen.

– Einerseits nimmt der Anteil psychisch kranker und behinderter sowie stark lernbehinderter Jugendlicher mit besonderem Förderbedarf zu, anderseits stehen infolge deutlicher Mittelkürzungen weniger Fachkräfte für die entsprechenden Aufgaben zur Verfügung.
Zudem wird vom zuständigen Bundesministerium eine stärkere Betriebsorientierung gefordert. Die Jugendlichen sollen möglichst schon während ihrer Ausbildung weitreichend Bekanntschaft mit betrieblichen Ernstsituationen machen und einen Großteil ihrer praktischen Ausbildung in der Betriebspraxis absolvieren. Entsprechende „verzahnte" Modelle werden durch das zum 1.5.2004 in Kraft getretene „Gesetz zur Förderung der Arbeit und Ausbildung schwer behinderter Menschen" gestützt und derzeit mit Großbetrieben erprobt.
Die B. haben sich ohne Zweifel in den Jahren seit dem Aktionsprogramm 1970 bewährt; sie haben sich etabliert; sie sind unverzichtbar für einen beachtlichen Teil Jugendlicher, die ohne ihre Angebote keine Chance auf eine dauerhafte berufliche Integration besäßen. Gleichwohl müssen sie ihre Existenz durch ein intelligentes Zusammenspiel von pädagogischen Maximen und wirtschaftlicher Betriebsführung sichern.
Literatur: Bieker, R. (Hg.) 2005: Teilhabe am Arbeitsleben. Wege der beruflichen Integration von Menschen mit Behinderung. Stuttgart – Dreisbach, D. 1986: Berufsbildungswerke, Stuttgart; Fachzeitschrift „Berufliche Rehabilitation", herausgegeben von der BAG BBW, erscheint zweimonatlich im Lambertus-Verlag

Wolfgang Seyd

Berufsfachschule

Entsprechend der Kulturhoheit der Länder und der damit verbundenen Vielfalt der Bildungsgänge in der Bundesrepublik Deutschland ist der Begriff der B. nicht einheitlich. In den meisten Bundesländern werden unter diesem Begriff zwei sich charakteristisch unterscheidende Schulformen subsumiert.

Die Bildungsgänge in der zweijährigen B. werden z.B. in Nordrhein-Westfalen an den Schultypen für Technik, Wirtschaft und Verwaltung (Handelsschule), Ernährung und Hauswirtschaft, Sozial- und Gesundheitswesen und Agrarwirtschaft geführt. Sie vermitteln Schülerinnen und Schülern eine berufliche Grundbildung und die →Fachoberschulreife. Die einzelnen Bildungsgänge schließen mit einer staatlichen Prüfung ab. Der erfolgreiche Besuch der Berufsfachschule ist gemäß Berufsfachschul-Anrechnungs-Verordnung als erstes Jahr der Berufsausbildung anzurechnen.
Bildungsgänge der Höheren Berufsfachschule (HBFS) werden in ein- bis dreijähriger Form angeboten. In den einjährigen Bildungsgängen werden vornehmlich Grundkenntnisse für eine Berufstätigkeit im jeweiligen →Berufsfeld vermittelt. In Nordrhein-Westfalen gibt es zum Beispiel die einjährige HBFS für Abiturientinnen und Abiturienten im Bereich Wirtschaft und Verwaltung.
Demgegenüber weisen in den meisten Bundesländern die zweijährigen Bildungsgänge spezielle Ausbildungsschwerpunkte auf, die nicht nur in der Namensgebung differieren, sondern auch unterschiedliche Zielgruppen hinsichtlich der Eingangsvoraussetzungen ansprechen. Im Berufsfeld Wirtschaft und Verwaltung gibt es z.B. folgende Schwerpunkte: Betriebswirtschaft und Bürowirtschaft in Nordrhein-Westfalen, Rechnungswesen, Datenverarbeitung, Fremdsprachensekretariat und Sekretariat in Thüringen, Wirtschaftsinformatik (Voraussetzung allgemeine Hochschulreife) im Saarland.
Die dreijährigen Bildungsgänge bieten in der Regel zusätzliche Ausbildungsleistungen, in Nordrhein-Westfalen neben der →Fachhochschulreife auch einen Berufsabschluss nach Landesrecht, so z.B. im Schultyp Technik als staatlich geprüfter präparationstechnischer, elektrotechnischer, chemischer, physikalischer, informationstechnischer, biologischer oder bekleidungstechnischer Assistent.

Darüber hinaus gibt es in Nordrhein-Westfalen einen dreijährigen Bildungsgang, der zur allgemeinen Hochschulreife führt, die HBFS mit gymnasialer Oberstufe. Hier wird eine wissenschaftspropädeutische Ausbildung und gleichzeitig eine Einführung in das Berufsfeld „Wirtschaft und Verwaltung" intendiert. „Betriebswirtschaftslehre mit Rechnungswesen" muss als zweiter Leistungskurs gewählt werden, Volkswirtschaftslehre als Grundkurs. Zur allgemeinen Hochschulreife führende Ausbildungsgänge, bei denen die Schülerinnen und Schüler erst nach Klasse 11 zwischen der Fortsetzung der Ausbildung an der Höheren Berufsfachschule oder der gymnasialen Oberstufe wählen, werden u.a. in Bremen angeboten.

Detaillierte Informationen zum spezifischen Profil HBFS der jeweiligen Berufsbildenden Schulen einzelner Bundesländer sind in den Berufsbildungszentren der Arbeitsämter erhältlich und werden zunehmend im Internet bereitgestellt (http://www.dino-online. de).

Der in der zweiten Hälfte des 19. Jahrhunderts einsetzende Bedarf an kaufmännischen Angestellten führte zunächst vor allem zur Gründung von B. im Berufsfeld Wirtschaft und Verwaltung (Handelsschulen). Ihre Aufgabe war es, eine umfassende kaufmännische Grundbildung zu vermitteln. Bis weit über die Mitte unseres Jahrhunderts, zu Zeiten des dreigliedrigen Schulsystems ohne nennenswerte Durchlässigkeit, erlangten sie darüber hinaus große Bedeutung zur Vermittlung eines mittleren Bildungsabschlusses. Zurzeit werden fast in allen Bundesländern Reformmodelle diskutiert, um der veränderten bildungspolitischen Situation und den Schülerinnen und Schülern mit multikulturellen Bildungsvoraussetzungen gerecht zu werden.

Auch die HBFS im Berufsfeld Wirtschaft und Verwaltung (Höhere Handelsschule) hat eine über hundertjährige Tradition. „Im Jahre 1868 entstand in Hildesheim eine private Höhere Handelsschule. ... Im Bremer Handelsblatt von 1868 weist Arnold Lindwurm, Lehrer der Hildesheimer Schule, ausdrücklich darauf hin, dass die Höhere Handelsschule für ‚solche junge Männer bestimmt ist, die ein Jahr oder zwei an ein erstes Fachstudium denken.' ... Die Schule sollte unterhalb der Ebene der Universitäten eine kaufmännische Berufsausbildung ermöglichen. Als Unterrichtsfächer werden genannt: Handelsrecht, Kontorkunde, Kaufmännisches Rechnen, Handelsbetriebslehre, Staatswirtschaftslehre, Welthandelslehre, Handelskorrespondenz (deutsch, französisch, spanisch und holländisch). ... Um die Jahrhundertwende entstanden aus den genannten Gründen in Sachsen, Württemberg und Preußen die Höheren Handelsschulen in Trägerschaft der Kammern und Kommunen. Im Erlass des Preußischen Ministers für Handel und Gewerbe, dem die Schulen unterstellt waren, wurden 1916 bereits die Aufnahmebedingungen festgelegt, die auch heute noch für die Schule gelten. Die Höhere Handelsschule hat nach dem Erlass die ‚Aufgabe, jungen Leuten mit höherer Allgemeinbildung, die sich dem kaufmännischen Beruf oder einer ähnlichen Tätigkeit widmen wollen, hierfür eine zweckmäßige Fachbildung zu vermitteln und an ihrer Erziehung zu tüchtigen Staatsbürgern und Menschen mitzuwirken' ...

In der Nachkriegszeit wurde die Höhere Handelsschule verstärkt von Schülerinnen besucht, die bei der damaligen Situation auf dem Arbeits- und Ausbildungsstellenmarkt ihre Chancen auf dem Arbeitsmarkt verbessern wollten. Es zeigte sich, dass die Höhere Handelsschule eine wichtige Pufferfunktion zwischen dem Bildungssystem und dem Beschäftigungssystem hat. In konjunkturschwachen Phasen, in denen ein Bewerberüberschuss auf dem Ausbildungsstellenmarkt entsteht, steigt die Schülerzahl. So besuchten im Jahre 1985, dem Höhepunkt des Bewerberüberschusses, in Nordrhein-Westfalen über 40.000 Schüler die Höhere Handelsschule. 1994 sank die Schülerzahl auf rund 20.000. Da die Schere zwischen den gemeldeten Bewerbern und den gemeldeten Ausbildungsstellen sich seit 1995 wieder stärker öffnet, steigt auch die Zahl der Höheren Handelsschüler bzw. der Bewerber um einen vollschulischen Ausbildungsplatz in den nächsten Jahren ständig" (VLW 1997, S. 10).

In der Vergangenheit konnten die HBFS recht flexibel auf konjunkturelle und strukturelle Veränderungen der Gesamtwirtschaft und des regionalen Umfeldes reagieren. In Baden-Württemberg, Bremen und Nordrhein-Westfalen wurden die Curricula so verändert, dass vor der Errichtung der →Fachhochschulen der Abschluss der Höheren Handelsschule den Eintritt in die Laufbahnen des gehobenen Dienstes ermöglichte. In den siebziger Jahren wurde nicht nur der fachliche Bereich in den Lehrplänen vertieft, sondern auch der Unterricht in den Fächern verstärkt, die eine breitere Allgemeinbildung ermöglichen. Nach der Gründung der Fachhochschulen erhielten daher in allen Ländern die Absolventen der Höheren Handelsschulen den schulischen Teil der Fachhochschulreife. In den achtziger Jahren entstand ein Trend zu einer immer stärkeren Differenzierung der Höheren Handelsschule (ebd. S. 11), mit den o.g. Schwerpunkten, und zur Einführung der HBFS in weiteren Berufsfeldern.

An der Wende ins dritte Jahrtausend wird aufgrund der zunehmend schwierigen Lage am Ausbildungsplatzmarkt und im Hinblick auf eine Abstimmung der Berufsausbildung in den Ländern der Europäischen Union den HBFS einerseits eine wachsende Bedeutung als Anbieter vollschulischer Berufsausbildungsgänge zukommen. Andererseits müssen ihre Profile auch zukünftig auf die Vorbereitung interessierter Jugendlicher auf qualifizierte Ausbildungsgänge im →Dualen System ausgerichtet sein, um ihren bisherigen Erfolg auch in Zukunft uneingeschränkt fortschreiben zu können.

Literatur: Kultusministerium des Landes Nordrhein-Westfalen (Hg.): BASS 96-97. Bereinigte Amtliche Sammlung der Schulvorschriften des Landes Nordrhein-Westfalen. Düsseldorf 1996 – Bildungskommission NW: Zukunft der Bildung – Schule der Zukunft. Denkschrift der Kommission „Zukunft der Bildung – Schule der Zukunft" beim Ministerpräsidenten des Landes Nordrhein-Westfalen. Neuwied/Kriftel/Berlin 1995 – Bundesverband der Lehrer an Wirtschaftsschulen e.V.: Markenartikel „Höhere Handelsschulen". Sonderschriftenreihe des VLW. Heft 39 (1997)

Heidrun Peters

Berufsfeld

Berufsfelder werden als didaktisches und/oder organisatorisches Strukturierungsmittel in unterschiedlichen Bereichen verwendet.

So schlug die Bildungskommission des Deutschen Bildungsrates 1970 vor, dass das „erste Jahr jeder Berufsbildung ein obligatorisches →Berufsgrundbildungsjahr (ist), in dem eine von der Produktion getrennte, systematische Grundbildung in einem breiten Berufsfeld stattfindet." In der Folge entstanden zunächst 11, später 13 Berufsfelder (Wirtschaft und Verwaltung, Metalltechnik, Elektrotechnik, Bautechnik, Holztechnik, Textiltechnik und Bekleidung, Chemie, Physik und Biologie, Drucktechnik, Farbtechnik und Raumgestaltung, Körperpflege, Gesundheit, Ernährung und Hauswirtschaft, Agrarwirtschaft), die nach Schwerpunkten differenziert sind (z.B. Berufsfeld Wirtschaft und Verwaltung – Schwerpunkt: Absatzwirtschaft und Kundenberatung, Bürowirtschaft und kaufmännische Verwaltung, Recht und öffentliche Verwaltung). Seitens des Bundes wurde in der „Berufsgrundbildungsjahr-Anrechnungs-Verordnung vom 17. Juli 1978" festgelegt, dass ein schulisches Berufsgrundbildungsjahr auf die Ausbildungszeit anzurechnen sei. Diese Anrechnung musste in staatlich anerkannten →Ausbildungsberufen erfolgen, die den Berufsfeldern zugeordnet wurden. Angesichts der dynamischen Entwicklung von Berufsbildungszielen und -inhalten und der Entstehung neuer Ausbildungsberufskonzepte (z.B. IT-Berufe, Mechatroniker) erwies sich die Zuordnung von Ausbildungsberufen zu Berufsfeldern zunehmend schwierig bzw. unmöglich. Mit der Reform des →Berufsbildungsgesetzes zum 1. April 2005 gibt der Bund die zentrale Regelung über Anrechnungsverordnungen an die Länder ab, die nun dezentral bestimmen können, „dass der Besuch eines Bildungsganges berufsbildender Schulen oder die Berufsausbildung in einer sonstigen Einrichtung ganz oder teilweise auf die Ausbildungszeit angerechnet wird." (§ 7 (1) BBiG vom 1. April 2005).

Berufsbildende Schulen verwenden nach wie vor die Berufsfelder zur organisatorischen Strukturierung der Schultypen (z.B. Technik, Wirtschaft und Verwaltung, Ernährung und Hauswirtschaft). Klassen für Schüler ohne Berufsausbildungsvertrag werden nach Berufsfeldern gebildet, denen die Berufs- oder Praktikantentätigkeit der Schüler zugeordnet werden kann. In diesem Zusammenhang orientiert sich auch die Bundesagentur für Arbeit im Rahmen der „Berufsvorbereitenden Bildungsmaßnahmen" (BVB) von Jugendlichen ohne Ausbildungsvertrag in der Orientierungsstufe ebenfalls an geeigneten Berufsfeldern für die Maßnahmeteilnehmer.

In der Ausbildung der Berufs- und Wirtschaftspädagogen spielen die Berufsfelder eine Rolle, da sich die beruflichen Fachrichtungen auf diese weitgehend beziehen. Im Kontext der Überlegungen zur Reform der Ausbildung von Berufs- und Wirtschaftspädagogen wird – besonders für das gewerblich-technische Berufsfeld – die Verankerung von Berufsfeldwissenschaften gefordert, deren primäre Erkenntnisinteressen auf die berufsfeldspezifischen Anforderungsstrukturen auf Facharbeiterniveau gerichtet sind und damit die Voraussetzung für eine direkte Kopplung von Facharbeiterpraxis, Unterrichtspraxis und universitärer Lehrerausbildung bieten könnten.

Schließlich wird im Kontext der Vereinheitlichung und Internationalisierung von →Berufsbildungsforschung, Ausbildungsgängen und Abschlüssen die Forderung nach einer „international kompatiblen Berufsfeldstruktur (Rauner)" erhoben.

Literatur: Berufsbildungsgesetz (BBiG) – konsolidierte Fassung nach Artikel 1 des Gesetzes zur Reform der beruflichen Bildung (Berufsbildungsreformgesetz – BerBiRefG) – (nicht-amtliche Veröffentlichung), In-Kraft-Treten: 1. April 2005 – Deutscher Bildungsrat, Empfehlungen der Bildungskommission: Strukturplan für das Bildungswesen, Stuttgart 1970 – Häfeli, K./ Gasche, M.: Beruf und Berufsfeld: konzeptionelle Überlegungen zu kontroversen Begriffen; Schweizerisches Institut für Berufspädagogik (SIBP), Forschung & Entwicklung, Mai 2002 – Rauner, F.: Reform der Berufsausbildung. Expertise im Auftrag des Ministeriums für Arbeit u. Soziales, Qualifikation und Technologie Nordrhein-Westfalen, August 2004 – Spöttl, G.: Beruf(feld)wissenschaft in der Lehrerbildung im Lichte von BA und MA-Modellen; in: Herkner, V./Vermehr, B. (Hg.): Berufsfeldwissenschaft – Berufsfelddidaktik – Lehrerbildung. Beiträge zur Didaktik gewerblich-technischer Berufsbildung. Donat-Verlag: Bremen 2004, S. 211-222 – Verordnung über die Anrechnung auf die Ausbildungszeit in Ausbildungsberufen der gewerblichen Wirtschaft – Anrechnung des Besuchs eines schulischen Berufsgrundbildungsjahres und einer einjährigen Berufsfachschule (Berufsgrundbildungsjahr-Anrechnungs-Verordnung) vom 17. Juli 1978 (BGBL. I S. 1061)

Reiner Gehring

Berufsförderungswerke

Berufsförderungswerke (BFW) sind Einrichtungen zur beruflichen Rehabilitation behinderter Erwachsener, die wegen ihrer gesundheitlichen Schädigung oder Behinderung nicht mehr in der Lage sind, ihren zuvor erlernten →Beruf oder ihre bisherige Tätigkeit auszuüben, und die deshalb zu ihrer beruflichen Neuorientierung, Fortbildung und →beruflichen Umschulung besonderer Hilfen bedürfen. Die in BFW stattfindenden beruflichen Rehabilitationsmaßnahmen zielen auf eine möglichst hohe berufliche Qualifikation; sie werden in erwachsenenspezifischer und behindertengerechter Form und möglichst kurzer Ausbildungszeit durchgeführt. Die personelle, räumliche und sachliche Ausstattung dieser

„Rehabilitationszentren" ist darauf abgestellt, ein differenziertes Leistungsangebot zu ermöglichen, das sowohl den Erfordernissen moderner →beruflicher Erwachsenenbildung als auch den betriebspraktischen Anforderungen im Beschäftigungssystem entspricht: Berufsfindung und Arbeitserprobung, Maßnahmen der Rehabilitationsvorbereitung, Assessment und Berufsbezogene Bildungsmaßnahmen werden ergänzt durch Begleitende (soziale; psychologische; medizinische) Dienste, internatsmäßige Unterbringung und Verpflegung sowie Sportprogramme und Angebote zur Freizeitgestaltung. BFW sind relativ jung, das erste wurde 1958 in Heidelberg eingerichtet; der Aufbau weiterer zu einem flächendeckenden Netz in den darauffolgenden Jahrzehnten ist mittlerweile abgeschlossen. Seit 1968 haben sich die BFW in einer Arbeitsgemeinschaft zusammengeschlossen, die als Plattform für Erfahrungsaustausch, Projektplanung und gemeinsames Marketing fungiert sowie Kontakte zu Rehabilitationseinrichtungen in anderen Ländern unterhält. Die Arbeitsgemeinschaft umfasst 28 BFW mit über 15.000 Rehabilitationsplätzen; zwei BFW sind mit Spezialeinrichtungen für Schwerstbehinderte und drei mit Spezialeinrichtungen für Blinde/Sehbehinderte ausgestattet. Die Mehrzahl der BFW nimmt Erwachsene mit unterschiedlichen Behinderungsarten auf und bietet differenzierte Ausbildungsprogramme für nahezu alle →Berufsfelder an; Vorrang hatten bis zum Beginn des Jahres 2005 Ausbildungen in anerkannten Ausbildungsberufen mit entsprechendem Abschluss. Im Zuge der Umsetzung von HARTZ IV gerieten BFW im Jahre 2005 unter zusätzlichen Kostendruck, der einerseits zu drastischer Abbaupolitik (sowohl Abbau von Rehabilitationsplätzen als auch von Mitarbeiterstellen) und andererseits zur Diversifizierung und qualitativen Absenkung der Qualifizierungsangebote führt (kürzere Qualifikationsmaßnahmen zur Anpassung an veränderte Arbeitsbedingungen). Wo die Grenzen dieser bestandsgefährdenden Abbaupolitik liegen und wie weit BFW auch zukünftig zur erfolgreichen Arbeitsmarktintegration beitragen können, bleibt abzuwarten.

Literatur: Dings, W.: Berufliche Rehabilitation Erwachsener. Berufsförderungswerke in erziehungswissenschaftlicher Analyse. Hamburg 1988 – Kemper, E.: Berufliche Rehabilitation in Berufsförderungswerken. In: Mühlum, A./Oppl, H. (Hg.): Handbuch der Rehabilitation. Neuwied 1992, S. 205-225 – Mühlum, A./Kemper, E.: Rehabilitation in Berufsförderungswerken. Konzeption, Organisation, Ergebnisse. Freiburg 1992 – Gesicherte Rückkehr. Berufliche Rehabilitation in Lebensberichten. Zusammengetragen und bearbeitet von Wolfgang Seyd aus Anlaß des 25jährigen Jubiläums der Arbeitsgemeinschaft Deutscher Berufsförderungswerke. Hamburg 1993 – Bundesministerium für Gesundheit und Soziale Sicherung (Hg.): Berufsförderungswerke. Einrichtungen zur beruflichen Eingliederung erwachsener Menschen mit Behinderungen. Bonn 2005

Martin Kipp

Berufsgrundbildung

Nach dem →Berufsbildungsgesetz (BBiG vom 14. August 1969, BGBL I S. 1112) sollte die Berufsausbildung (berufliche Erstqualifizierung) in einem gesonderten Ausbildungsgang mit einer „breit angelegten beruflichen Grundbildung" beginnen und durch eine darauf aufbauende berufliche Fachbildung zur Ausübung einer qualifizierten beruflichen Tätigkeit befähigen (§ 1 Abs. 2 BBiG). Im Rahmen der Regelungen zur Stufenausbildung wurde weitergehend definiert: „In einer ersten Stufe beruflicher Grundbildung sollen als breite Grundlage für die weiterführende berufliche Fachbildung und als Vorbereitung auf eine vielseitige berufliche Tätigkeit Grundfertigkeiten und Grundkenntnisse vermittelt sowie Verhaltensweisen geweckt werden, die einem möglichst großen Bereich von Tätigkeiten gemeinsam sind" (§ 26 Abs. 2 BBiG). Diese auf die Eingangsphase der beruflichen Erstqualifizierung gerichtete Reformmaßnahme zielte darauf, die bis dahin praktizierte Spezialisierung der Ausbildung zurückzunehmen und durch die Vermittlung sog. berufsfeldbezogener Kenntnisse und Fertigkeiten im ersten Ausbildungsjahr eine breite, einzelberufsübergreifende Basis für die anschließende berufliche Qualifizierung zu schaffen.

Unter dem Aspekt der Übergangsproblematik Jugendlicher von den allgemeinen Schulen des Sekundarbereichs I in eine Berufsausbildung hat der Problemkomplex B. Interpretationen und Akzentsetzungen erfahren, die sich in folgenden Bedeutungsvarianten des Begriffs niederschlagen (Kell 1978):

– B. als Teil des Unterrichtskomplexes →Arbeitslehre/Polytechnik: allgemeine →vorberufliche Bildung zum Erwerb einer Berufswahlfähigkeit;
– B. als Vorlehre/Grundausbildungslehrgang/ Berufsfindungsjahr: spezielle vorberufliche Qualifizierung für den Eintritt in ein Ausbildungs- oder unmittelbar in ein Arbeitsverhältnis;
– B. als Berufsgrundausbildung: systematische betriebliche oder überbetriebliche Einübung von Grundfertigkeiten innerhalb der Ausbildung in einem →Ausbildungsberuf;
– B. als Grundausbildung: spezielle, als wesentlich (im Sinne von →Schlüsselqualifikationen) angesehene Teile der beruflichen Erstausbildung;
– B. als erster Teil einer gestuften Berufsausbildung: allgemein berufliche Qualifizierung für ein bestimmtes Ensemble von Ausbildungsberufen;
– B. als →Berufsgrundbildungsjahr: erstes Ausbildungsjahr, das diejenigen Ausbildungsinhalte vermittelt, die allen einem →Berufsfeld zugeordneten Ausbildungsberufen gemeinsam sind;
– B. als berufliche Erstausbildung: die gesamte berufliche Erstausbildung im Stufengang Lehrling – Geselle – Meister;
– B. als schwerpunktbezogene Grundbildung: erste Phase des gemeinsamen Lernens in berufsqualifizierenden und/oder studienvorbereitenden Bildungsgängen eines Schwerpunktes der integrierten Sekundarstufe II.

Die in diesen Bedeutungsvarianten zum Ausdruck kommenden unterschiedlichen Akzentuierungen des Begriffs B. finden grundsätzlich ihre Entsprechungen auf den Ebenen der Zielsetzungen, der didaktischen Konzeptionen und der organisatorisch-rechtlichen Regelungen. Dabei bleiben die Zusammenhänge zwischen den begrifflichen Festlegungen und den Entscheidungen auf den drei Ebenen allerdings weitgehend ungeklärt. Die theoretischen Bemühungen um eine Klärung des Problemkomplexes „Grundbildung", sowohl unter dem Aspekt wissenschaftlicher Grundbildung (Kutscha 1978) als auch unter der B. (Kell 1978) haben die in der Schul- und Ausbildungspraxis getroffenen Entscheidungen auf den drei Ebenen nur begrenzt beeinflussen können. Durch die juristischen Normierungen im BBiG werden zwar für die B. gewisse Rahmendaten vorgegeben, von denen aber ebenfalls kein stringenter Zusammenhang zwischen Ziel-, Inhalts- und Lernorganisationsentscheidungen herzustellen ist. Durch weitere rechtliche Normierungen und bildungspolitische Maßnahmen hat sich jedoch das Verständnis von B. auf das →Berufsgrundbildungsjahr (BGJ) als erstes Jahr einer in der Regel dreijährigen Berufsausbildung konzentriert. Im novellierten Berufsbildungsgesetz (BBiG vom 22.03.2005, BGBL I S. 931) ist die Vermittlung einer breiten Berufsgrundbildung als Zielperspektive aufgegeben worden (§ 1 Abs. 3). Die Neuregelungen zur →Ausbildungsordnung (§ 5) schließen nicht aus, dass bei der vorgesehenen „Anleitung zur sachlichen und zeitlichen Gliederung" der Ausbildung (§ 5 Abs. 1 Ziffer 4) und bei der Stufung (§ 5 Abs. 2 Ziffer 1) die Intentionen der Berufsgrundbildung – auch ohne die gesetzliche Verpflichtung – berücksichtigt werden.

Literatur: Benner, H./Püttmann, F: 20 Jahre Gemeinsames Ergebnisprotokoll. Hg. vom BMBW in Zusammenarbeit mit der KMK. Bonn 1992 – Bund-Länder-

Kommission für Bildungsplanung und Forschungsförderung (BLK): Stufenplan zu Schwerpunkten der beruflichen Bildung. Stuttgart 1975 – Kell, A.: Berufsgrundbildung – Berufspädagogische Perspektiven und berufsbildungspolitische Hoffnungen. In: Schenk, B./Kell. A. (Hg.): Grundbildung: Schwerpunktbezogene Vorbereitung auf Studium und Beruf in der Kollegschule. Königstein/Ts. 1978, S. 12-32 – Kell, A.: Berufsgrundbildung als Teil der Berufsausbildung. In: Schanz, H. (Hg.): Berufspädagogische Grundprobleme. Stuttgart 1982, S. 98-132 – Kutscha, G.: Wissenschaftliche Grundbildung – Ein ungelöstes Problem in Praxis und Theorie der Lehrplanung für die gymnasiale Oberstufe. In: Schenk, B./Kell, A. (Hg.): Grundbildung: Schwerpunktbezogene Vorbereitung auf Studium und Beruf in der Kollegschule. Königstein/Ts. 1978, S. 33-62 – Schenk, B./Kell, A. (Hg.): Grundbildung: Schwerpunktbezogene Vorbereitung auf Studium und Beruf in der Kollegschule. Königstein/Ts. 1978

Adolf Kell

Berufsgrundbildungsjahr

Das Berufsgrundbildungsjahr (BGJ) ist eine von acht konzeptionellen Vorstellungen über die →Berufsgrundbildung. Das BGJ als erstes Jahr einer in der Regel drei- bis dreieinhalbjährigen Berufsausbildung nach dem BBiG ist die Konzeption, die sich politisch weitgehend durchgesetzt hat und rechtlich gesichert ist. Das BGJ soll nicht nur eine Gelenkfunktion zwischen der →vorberuflichen Bildung im Sekundarbereich I und der Berufsausbildung wahrnehmen, sondern auch schulisches und betriebliches Lernen besser aufeinander beziehen und miteinander verbinden. Das BGJ wird u.a. deshalb als Berufsgrundschuljahr (BGS) oder in kooperativer Form zwischen Ausbildungsbetrieb und Berufsschule durchgeführt (BGJk). Mit der Organisation des BGJ als BGS findet zugleich eine Kompetenzverlagerung in der Berufsausbildung statt. Während für das kooperative BGJ im Rahmen der Berufsausbildung nach dem BBiG der Bund zuständig ist (gemäß Art. 30, 70, 72 und 74 Ziffer 11 GG), geht die Regelungskompetenz für das BGS auf die Länder über. Deshalb ist gerade in Bezug auf das BGJ eine enge Kooperation zwischen dem Bund und den Ländern erforderlich. Die Abstimmungen für das BGJk finden im Rahmen des seit 1972 zwischen dem Bund und der KMK vereinbarten Abstimmungsverfahren statt (Kell/Lipsmeier 1976; Benner/Püttmann 1992). Darüber hinaus hat der Bund von seiner Regelungskompetenz Gebrauch gemacht und gemäß § 29 Abs. 1 BBiG Verordnungen erlassen über die Anrechnung auf die Ausbildungszeit in →Ausbildungsberufen der gewerblichen Wirtschaft (und weiterer Ausbildungsbereiche): Anrechnung des Besuchs eines schulischen BGJ durch die Berufsgrundbildungsjahr-Anrechnungs-Verordnung (BGJ-AVO vom 17.7.1978). Außerdem hat er weitere organisatorische und didaktische Entscheidungen getroffen. Dazu gehören insbesondere die didaktische Konstruktion von →Berufsfeldern durch die Zuordnung von Ausbildungsberufen zu Berufsfeldern und durch die Stundenverteilung für die Fachtheorie und Fachpraxis im BGS (Glaser 1975; Lemke u.a. 1975; Kell 1982). Berufsfelder wurden didaktisch erstmals konstituiert durch die in der Anlage zur BGJ-AVO vom 4.7.1972 gruppierten 217 (von 463) Ausbildungsberufen zu 11 Berufsfeldern. Unter einem Berufsfeld wird dabei eine Gruppe von Ausbildungsberufen verstanden, die aufgrund von gemeinsamen Ausbildungsinhalten als „miteinander verwandt" gelten und sich dadurch von anderen Ausbildungsberufsgruppen deutlich abgrenzen lassen (eine Legaldefinition fehlt). Die Probleme bei der Realisierung dieser BGJ-AVO sowie die bildungspolitischen Kontroversen haben zu einer Revision geführt. Die neu gefasste BGJ-AVO (vom 17.7.1978) sieht eine Erweiterung auf 13 Berufsfelder und eine Schwerpunktbildung innerhalb von 6 Berufsfeldern vor (→Berufliches Schulwesen in der Bundesrepublik Deutschland).

Die Länder haben im Rahmen ihrer Regelungskompetenz eine „Rahmenvereinbarung über das Berufsgrundbildungsjahr" beschlos-

sen (KMK-Beschluß vom 19.5.1978). Als alle Berufsfelder übergreifende Lernziele werden in den Rahmenlehrplänen für den berufsfeldbezogenen Lernbereich die folgenden allgemeinen Lernziele vorangestellt: „Der Schüler soll
- Zusammenhänge zwischen beruflicher Tätigkeit, Wirtschaft und Gesellschaft sowie seine eigene berufliche und soziale Situation verstehen und beurteilen können;
- seine Berufsentscheidung mit größerer Sicherheit treffen können;
- zu beruflicher Mobilität befähigt werden;
- befähigt werden, den Anforderungen der Fachbildung gerecht zu werden."

Diese Ziele sollen durch Unterricht in einem berufsfeldübergreifenden und einem berufsfeldbezogenen – fachtheoretischen und fachpraktischen – Lernbereich erreicht werden. Im berufsfeldübergreifenden Lernbereich sollen je zwei Wochenstunden in Deutsch, Sozialkunde und Sport sowie der Religionsunterricht nach Landesrecht erteilt werden; hinzu kommen können nach Landesrecht weitere Fächer, z.B. eine Fremdsprache. Für den berufsfeldbezogenen Lernbereich sind 26 Wochenstunden vorgesehen, die auf den fachtheoretischen und fachpraktischen Bereich entsprechend den BGJ-AVOn aufgeteilt sind. Die Rahmenlehrpläne für den berufsfeldbezogenen Lernbereich, auf deren Grundlage in den Bundesländern die Lehrpläne, Richtlinien, Unterrichtsempfehlungen etc. erlassen werden, sind zwischen den Kultusministern abgestimmt.

Die Probleme der Einführung und Weiterentwicklung des BGJ sind in der Bildungsplanung berücksichtigt und in zahlreichen Modellversuchen bearbeitet worden (BLK 1975; 1979). Dabei ist als ein besonderes Problem die Vermittlung einer Berufsgrundbildung für lernschwächere Schüler erkannt worden (→Berufsvorbereitungsjahr →Berufsgrundschule).

Das novellierte Berufsbildungsgesetz (BBiG vom 23.03.2005, BGBL I, S. 931) enthält keine gesetzliche Grundlage für BGJ-AVOn (wie § 29 alt). Die Landesregierungen können jedoch durch Rechtsverordnung bestimmen, „dass der Besuch eines Bildungsganges berufsbildender Schulen oder die Berufsausbildung in einer sonstigen Einrichtung ganz oder teilweise auf die Ausbildungszeit angerechnet wird" (§ 7).

Literatur: Benner, H./Püttmann, F.: 20 Jahre Gemeinsames Ergebnisprotokoll. Hg. vom BMBW in Zusammenarbeit mit der KMK. Bonn 1992 – Bund-Länder-Kommission für Bildungsplanung und Forschungsförderung (BLK): Stufenplan zu Schwerpunkten der beruflichen Bildung. Stuttgart 1975 – Bund-Länder-Kommission für Bildungsplanung und Forschungsförderung (BLK): Berufsgrundbildungsjahr. Bericht über eine Auswertung von Modellversuchen. Stuttgart 1979 – Bundesministerium für Bildung und Wissenschaft (BMBW): Ausbildung und Beruf (laufend seit 1972). Bonn [30] 2003 – Glaser, P.: Daten zur Verteilung von Auszubildenden nach Ausbildungsberufen und Berufsfeldern (1965-1973). Schriften zur Berufsbildungsforschung 37. Hannover 1975 – Kell, A./Lipsmeier, A.: Berufsbildung in der Bundesrepublik Deutschland. Analyse und Kritik. Schriften zur Berufsbildungsforschung 38. Hannover 1976 – Lemke, I. G. u.a.: Probleme und Aspekte der Berufsfeldeinteilung. Schriften zur Berufsbildungsforschung 36. Hannover 1975

Adolf Kell

Berufsgrundschule

Die Vermittlung einer →Berufsgrundbildung in Form eines einjährigen Berufsgrundschuljahres (BGS) bzw. eines einjährigen →Berufsgrundbildungsjahres in kooperativer Form (BGJk) bereitet bei lernschwächeren Jugendlichen erhebliche Probleme, vor allem bei Hauptschulabgängern und Sonderschulsolventen und -abgängern. Denn bei der Bestimmung der Lernziele und der curricularen Gestaltung des BGJ ist vom Hauptschulabschluss (nach Klasse 9) als Mindest-Eingangsvoraussetzung ausgegangen worden. Weil für alle Jugendlichen, die über diese Lernvoraussetzungen nicht verfügen, die Lernanforderungen des BGJ als zu hoch und zu anspruchsvoll für eine einjährige Lernzeit angese-

hen wurden, sind für sie vorwiegend „Maßnahmen zur Integration jugendlicher Problemgruppen in das Ausbildungs- bzw. in das Beschäftigungssystem" (Schwark 1984), Sonderformen des BGJ und das →Berufsvorbereitungsjahr (BVJ) entwickelt worden (Stratmann 1981). Im Rahmen des Kollegschulversuchs Nordrhein-Westfalen ist in kritischer Auseinandersetzung mit diesen Maßnahmen als konstruktive Alternative eine zweijährige Berufsgrundschule in einem Modellversuch „zur Verbindung des Berufsvorbereitungsjahres mit dem Berufsgrundschuljahr in beruflichen Schulen und Kollegschulen" entwickelt worden, die folgende pädagogische Maßnahmen und Strukturmerkmale aufweist:
- Die im Regelsystem für das BGJ zur Verfügung gestellte Lernzeit wird von ein auf zwei Jahre verdoppelt, um den individuell bedingten Bedürfnissen nach längerer Lernzeit entsprechen zu können;
- die Lernzeit wird insbesondere durch eine enge Verbindung von fachpraktischem und fachtheoretischem Lernen im (projektorientierten) berufsfeldbezogenen Unterricht besser genutzt;
- die unterrichtlichen Bemühungen werden durch außerunterrichtliche pädagogische Maßnahmen unterstützt.

Die schulorganisatorische Grobstruktur für die Berufsgrundschule sieht vier Phasen vor:
- In einer Orientierungsphase von 3 bis maximal 6 Monaten sollen die Jugendlichen über die besonderen Anforderungen, Arbeitsbedingungen, Entwicklungstendenzen usw. in zwei bis drei →Berufsfeldern informiert werden.
- Auf der Basis der in dieser Phase erworbenen Kenntnisse und Einsichten ist neben der laufenden eine konzentrierte Beratung in einer etwa einwöchigen Beratungsphase vorgesehen, nach der eine fundierte Entscheidung für ein Berufsfeld erwartet wird.
- Die verbleibende Zeit des ersten Schuljahres dient als Einarbeitungsphase, in der sich der Jugendliche vertieft mit dem gewählten Berufsfeld auseinandersetzen soll, um zu einer Bestätigung – notfalls auch zu einer Korrektur – seiner Berufsfeldentscheidung in Verbindung mit dem Erwerb grundlegender Qualifikationen zu kommen.
- In der anschließenden Qualifizierungsphase im 2. Schuljahr sind die weiteren Qualifikationen der Berufsgrundbildung zeitlich gestreckt zu vermitteln.
- In der Einarbeitungs- und/oder Qualifizierungsphase sollen Betriebspraktika durchgeführt werden (Kell u.a. 1984; Buddensiek/Kaiser 1986; Kaiser/Kell 1986).

Literatur: Buddensiek, W./Kaiser, F.-J.: Schulstudie zur zweijährigen Berufsgrundschule. Der Modellversuch zur Verbindung des Berufsvorbereitungsjahres mit dem Berufsgrundschuljahr in Nordrhein-Westfalen. Landesinstitut für Schule und Weiterbildung. Curriculum Heft 51. Soest 1986 – Kaiser, F.-J./Kell, A.: Abschlußbericht des Modellversuchs zur Verbindung des Berufsvorbereitungsjahres mit dem Berufsgrundschuljahr in beruflichen Schulen und Kollegschulen. Teil 1 und 2. Landesinstitut für Schule und Weiterbildung. Curriculum Heft 52 und Heft 53. Soest 1986 – Kell, A. u.a.: Jugendliche ohne Hauptschulabschluß in der Berufsgrundbildung. Band 1 und 2. Landesinstitut für Schule und Weiterbildung. Curriculum Heft 34 und Heft 35. Soest 1984 – Schwark, J.: Maßnahmen zur Integration jugendlicher Problemgruppen in das Ausbildungs- bzw. in das Beschäftigungssystem. Ein Vergleich. In: Kell, A. u.a.: Jugendliche ohne Hauptschulabschluß in der Berufsgrundbildung, Band 1. Landesinstitut für Schule und Weiterbildung. Curriculum Heft 34. Soest 1984, S. 222-236 – Stratmann, K. (Hg.): Das Berufsvorbereitungsjahr. Anspruch und Realität. Hannover 1981

Adolf Kell

Berufskolleg

Das B. in NW ist eine eigenständige Bildungseinrichtung, in der die beruflichen Qualifizierungen und Abschlüsse entweder doppeltqualifizierend zusammen mit den allgemein bildenden Abschlüssen der Sekundarstufe I und II (→doppelqualifizierende Bildungsgänge) oder für sich alleine erworben werden können. Es will mit seinen gegliederten Bildungswegen, seinen differenzierten Bildungsangeboten sowie der Verbindung von →beruflicher und allgemeiner Bildung eine Qualitätssteigerung der beruflichen Ausbildung erreichen, mehr Transparenz im beruflichen Bildungsangebot bieten und eine Alternative zur traditionellen gymnasialen Oberstufe darstellen. Es umfasst die Bildungsgänge der →Berufsschule, der →Berufsfachschule, der →Fachoberschule und der Fachschule. Die Bildungsgänge der Berufsschule sollen zusammen mit dem Lernort Betrieb auf Berufsabschlüsse nach dem BBiG und der HwO vorbereiten. Die Verzahnung von beruflicher Erstausbildung und →Weiterbildung soll vor allem durch die Fachschule erreicht werden. Für Absolventinnen und Absolventen des →Dualen Systems der Berufsausbildung ist in die Fachoberschule eine zusätzliche Klasse 13 eingeführt worden, die ihnen den Erwerb der allgemeinen Hochschulreife ermöglicht. In den vollzeitschulischen Bildungsgängen des Berufskollegs bietet die Vermittlung einer beruflichen Qualifizierung einen eigenständigen Schwerpunkt.

Die Bildungsgänge des B. sollen den Schülerinnen und Schülern eine umfassende personale, gesellschaftliche und →berufliche Handlungskompetenz vermitteln und auf ein lebensbegleitendes Lernen vorbereiten. Der Landesausschuss für Berufsbildung NW hat am 21.10.1997 einstimmig eine Empfehlung zur →Differenzierung des Berufsschulunterrichts im Berufskolleg und zur Gestaltung der Bildungsgänge verabschiedet. Bandbreitenregelungen in den Stundentafeln sollen den Schulen die Möglichkeit geben, lernschwächere Schülerinnen und Schüler nach fachlicher Notwendigkeit zu fördern, um sie zu einem erfolgreichen Abschluss der Berufsausbildung zu führen. Für leistungsstärkere Schülerinnen und Schüler sollen zusätzliche Lernangebote, z.B. Fremdsprachen oder Informatik, realisiert werden können.

Das B. erhielt seine Grundlage im Gesetz zur Änderung des Schulverwaltungsgesetzes (Berufskolleggesetz) vom 25. November 1997, das am 1. August 1998 in Kraft getreten ist. Damit sollen die 42 nordrhein-westfälischen Kollegschulen mit den 331 berufsbildenden Schulen des Regelsystems im Sinne der Forderungen nach Integration und Gleichwertigkeit beruflichen und allgemeinen Lernens zu einem einheitlichen System zusammengeführt werden. Eine weitere wesentliche Zielsetzung ist die Qualitätsentwicklung und Qualitätssicherung der Schulen durch Flexibilisierung und Regionalisierung des Schulmanagements, dazu gehören insbesondere eine Stärkung der Selbstständigkeit von Schulen, das Aufstellen von Schulprogrammen und deren Evaluierung. Das Gesetz wird als Entwicklungsgesetz (für einen Zeitraum von fünf Jahren) verstanden, d.h., dass die Schulen ihr Potential zur eigenen Profilierung nutzen können. Es gilt sowohl den Bildungsauftrag bzw. ein Programm des Systems der „Einzelschule" zu definieren als auch die Verbindung beruflicher Qualifizierung mit der Option einer allgemeinen Berechtigung zu ermöglichen. Das B. wird als wichtiger Schritt zur Weiterentwicklung des beruflichen Schulwesen angesehen, wenn auch Probleme zu sehen sind, z.B. wie die Strukturvorgaben des Gesetzes gemeinsam mit der Wirtschaft umgesetzt werden können. Das Berufskolleggesetz stellt einen Rahmen bereit, innerhalb dessen durch Ausbildungs- und Prüfungsordnungen, Richtlinien und Lehrpläne, aber auch durch die Selbstgestaltungsmöglichkeiten der Schulen die Umsetzung im Einzelnen erfolgen soll. Neben dem Berufskolleggesetz gilt für das B. auch das Schulgesetz (§ 22), dessen Regelungsinhalte sich mit der Schule, ihrer Ausgestaltung und ihren Aufgaben befassen. Das neue Schulgesetz, das am 1.8.2005 in Kraft tritt, soll die Schulen in die Lage versetzen, ihre Aufgaben im Bereich der Erziehung und Qualifizierung der Schüler besser zu erfüllen und versucht durch eine Deregulierung, die Delegation von Kompetenzen zu erreichen. So haben die Schulen, so auch das B., mehr Selbstständigkeit erhalten. Die Schule, und damit auch das Berufskolleg, steht als einzelne Schule mit erweiterter Selbstständigkeit im Mittelpunkt, sie gestaltet den Unterricht, die Erziehung und das Schulleben im Rahmen der Rechts- und Verwaltungsvorschriften in eigener Verantwortung (§ 3 Abs. 1 SchulG). Dem Lehrpersonal wird ein größerer Entscheidungsspielraum eingeräumt (§ 29 Abs. 2). Zudem wird im neuen Schulgesetz auf die Sicherung und Qualität schulischer Arbeit Wert gelegt, die Schulen und die →Schulaufsicht sind zur kontinuierlichen Entwicklung und Sicherung der Qualität schulischer Arbeit verpflichtet (§ 3 Abs.3 SchulG). Es werden dazu Verfahren der Systemberatung und Evaluationsmaßnahmen herangezogen. Das, neben weiteren Neuerungen, soll die Schulen insgesamt befähigen, den neuen Anforderungen gerecht zu werden. Inwieweit sich dieser Anspruch erfüllen kann, wird sich mit dem In-Kraft-Treten des Gesetzes und dem politischen Kurs der regierenden Parteien erst noch herausstellen müssen.

Durch die Novellierung des →Berufsbildungsgesetzes im Jahr 2005 wird die Position der vollzeitschulischen Bildungsgänge verbessert. Nach § 7 BBiG können die Landesregierungen durch Rechtsverordnungen bestimmen, dass der Besuch eines Bildungsganges berufsbildender Schulen oder die Berufsausbildung in einer sonstigen Einrichtung ganz oder teilweise auf die Ausbildungszeit angerechnet wird. Nach § 43 Abs. 2 kann zur →Kammerprüfung zugelassen werden, wer in einer beruflichen Schule oder einer sonstigen Berufsbildungseinrichtung ausgebildet worden ist, wenn dieser Bildungsgang der Berufsausbildung einem anerkannten →Ausbildungsberuf entspricht. Die Ausbildung muss nicht „gleichartig", sondern „gleichwertig" sein. Die inhaltlichen Bedingungen für eine Zulassung sind in § 43 BBiG festgelegt. Damit wird dem B. eine Alternative zur Verfügung gestellt, um den veränderten Bedürfnissen der Wirtschaft und den Bedürfnissen der Jugendlichen entgegenzukommen, die nicht im Dualen System ausgebildet werden.

Literatur: Achtenhagen, F.: Die Zukunft der dualen Ausbildung im Berufskolleg – Perspektiven aus der Sicht der Wissenschaft. In: Die kaufmännische Schule 42 (1997), 10, S. 275-286 – Gesetz zur Änderung des Schulverwaltungsgesetzes (Berufskolleggesetz). Vom 25. November 1997 (GV. NW. S. 426). In: GABl. NW. 1 Nr. 1/98 – Gruschka, A.: Kollegstufe – über das Verschwinden und die Aktualität eines Reformmodells. In: Widersprüche 14 (1994), 51, S. 53-64 – Ministerium für Schule und Weiterbildung NRW: Zusammenführung von Kollegschulen und berufsbildenden Schulen des Regelsystems. Abschlußbericht der Arbeitsgruppe. Düsseldorf 1995 – Zimmermann, R.: Berufskolleggesetz: Mehr als nur eine formale Zusammenführung. In: Schulverwaltung NRW 3/97, S. 77-78

Günter Pätzold

Berufsoberschule

Die BOS ist in Bayern als Modellversuch von 1971 bis 1978 erprobt und ab 1972 als berufliche (Vollzeit-)Schule eingeführt worden (Ringholz/Scheibengruber 1981; Dauenhauer/Kell 1990, S. A68-A73). Durch die BOS soll eine Lücke im beruflichen Schulwesen im Anschluss an die Berufsschule geschlossen werden, die entstanden ist durch die Überleitung der Höheren Fachschulen (HFS) zu →Fachhochschulen (FH) (→Berufsaufbauschule, →Fachschulreife, →Fachoberschule, →Fachhochschulreife). Nach einem KMK-Beschluss vom 25.11.1976 i.d.V. vom 05.05.1998 (KMK 1998) führt die Bos in einem zweijährigen Vollzeitunterricht (Klasse 12 und 13) zur Fachgebundenen (FgHR) und mit einer zweiten Fremdsprache zur Allgemeinen Hochschulreife (AHR). Als Schüler können aufgenommen werden, wer einen mittleren Schulabschluss (MR; FOR) erworben und eine mindestens zweijährige Berufsausbildung abgeschlossen hat bzw. eine mindestens fünfjährige einschlägige Berufstätigkeit nachweisen kann. Mit Fachhochschulreife (FHR) ist der Zugang zur Abschlussklasse (13) möglich.

Die Bos wird in den Ausbildungsrichtungen Technik, Wirtschaft, Agrarwirtschaft, Ernährung und Hauswirtschaft, Sozialwesen sowie Gestaltung geführt. An der Bos werden mindestens 2.400 Stunden – und mit zweiter Fremdsprache zusätzlich mindestens 320 – Unterricht erteilt (Deutsch und Fremdsprachen 720-800; Gesellschaftslehre mit Geschichte, Politik und ggf. Wirtschaftslehre 160-320; Mathematik 400-500; Profilfächer Naturwissenschaften (einschl. Informatik) 800-1040).

Die schriftliche Abschlussprüfung erstreckt sich auf die Fächer Deutsch, Pflichtfremdsprache, Mathematik und ein spezifisches Fach der jeweiligen Ausbildungsrichtung. Mündliche Prüfungen können in allen Fächern durchgeführt werden. Zur Abschlussprüfung können auch Nicht-Schüler zugelassen werden. Die Zeugnisse schließen die FHR ein. Von den 89 Berufs-/Technischen Oberschulen (12.500 Schüler) liegen 55 in Bayern (10.700), je 12 (1.300) in Baden-Württemberg und Schleswig-Holstein (300) und 10 (300) in Niedersachsen (BMBF 2004, S. 55 und 63).

Literatur: Bundesministerium für Bildung und Forschung (BMBF): Grund- und Strukturdaten 2003/ 2004. Bonn/Berlin 2004 - Dauenhauer, E./Kell, A.: Modellversuche zur Doppelqualifikation/Integration (BLK-Materialien zur Bildungsplanung. Heft 21). Bonn 1990 – Ringholz, H./Scheibengruber, G.: Vom Beruf zur Hochschule. Die Berufsoberschule in Bayern. München 1981 – Ständige Konferenz der Kultusminister der Länder (KMK): Rahmenvereinbarung über die Berufsoberschule (Beschluß vom 25.11.1976 i.d.F. vom 05.06.1998)

Adolf Kell

Berufsordnungsmittel

Als B. bezeichnete man die seit den 30er Jahren (im damaligen Reichsgebiet) bis zum Erlass des BBiG (in der Bundesrepublik Deutschland) geltenden Unterlagen zur Regelung der betrieblichen Berufsausbildung in den Lehr- und Anlernberufen.

Zu den Ordnungsmitteln gehörten: →Berufsbilder, Berufsbildungspläne, Prüfungsanforderungen, Berufseignungsanforderungen sowie Lehrgänge für die betriebliche Berufsausbildung. Sie wurden in den 30er Jahren vom „Deutschen Ausschuß für Technisches Schulwesen" (DATSCH) entwickelt, später vom „Reichsinstitut für Berufsausbildung in Handel und Gewerbe" und in den 50er und 60er Jahren von der „Arbeitsstelle für Betriebliche Berufsausbildung" (ABB) erarbeitet.

– Das →Berufsbild listete die Bezeichnung eines Lehr- oder Anlernberufes, die Dauer der „Lehrzeit", das „Arbeitsgebiet" sowie die notwendigen und erwünschten „Fertigkeiten und Kenntnisse, die in der Lehrzeit zu vermitteln sind" auf.

– Der Berufsbildungsplan gab dem →Ausbilder Hinweise und Beispiele, „wie die im Berufsbild aufgeführten Anforderungen an die betriebliche Ausbildung zu erfüllen sind und wie Inhalt und Umfang der durch das Berufsbild nur stichwortartig gekennzeichneten Fertigkeiten vom Lehrmeister planmäßig vermittelt werden können" (Marcks 1941, S. 38).

– Die Prüfungsanforderungen waren in eine Fertigkeits- und eine Kenntnisprüfung gegliedert. Sie enthielten Angaben über die Art und Ausführung des Gesellenstücks, die Fertigungszeit und die zusätzliche Arbeitsprobe sowie über die schriftlich und mündlich zu prüfenden Gebiete: Fachkunde, Fachzeichnen, Fachrechnen und Staatsbürgerkunde.

– Die Berufseignungsanforderungen waren „eine Zusammenstellung der berufstypischen notwendigen, der berufsfördernden erwünschten und der berufshemmenden oder ausschließenden Faktoren" (Gericke 1939, S. 183) der körperlichen, geistigen und charakterlichen Eigenschaften, die für einen Bewerber um eine Ausbildung in einem Lehr- oder Anlernberuf maßgebend waren. (Die Sinnhaftigkeit dieses B. war umstritten, es wurde nach 1945 auch nicht mehr eingesetzt.)

– Die Lehrgänge (z.B. Schlosserlehrgang, DATSCH 1926) waren die ersten Ordnungsunterlagen für die betriebliche Berufsausbildung. Sie erfüllten zunächst, in der Zeit als es noch keine B. gab, deren Funktion und waren zugleich Lehr- und Lernmittel im Sinne didaktisch-methodischer Hilfen für die betriebliche Berufsausbildung. Sie strukturierten den Ausbildungsprozess nach didaktischen Prinzipien, gaben den Ausbildern pädagogische Hinweise und enthielten für die Lehrlinge Zeichnungen mit Angaben zur Durchführung der Arbeitsaufgaben. Nachdem die anderen B. entwickelt waren, erfüllten sie ausschließlich die Funktion von Ausbildungsmitteln.

Die B. sind geschichtlich betrachtet die Vorläufer der →Ausbildungsordnungen, jedoch unterscheiden sie sich von diesen wesentlich, wie z.b. in Struktur, Aufbau, Funktion, rechtlicher Verbindlichkeit.

Literatur: Benner, H.: Hilfen zur Umsetzung von Ausbildungsordnungen. In: Wirtschaft und Berufs-Erziehung 37 (1985), 6, S. 167-172 – Deutscher Ausschuß für Technisches Schulwesen (DATSCH) (Hg.): Lehrgang für Schlosserlehrlinge (insbesondere Bauschlosserlehrlinge). Berlin 1926 – Gericke, W.: Die Entwicklung der berufskundlichen Arbeiten und die bevorstehenden Aufgaben. In: Berufsausbildung in Handel und Gewerbe 14 (1939), 6/7, S. 177-186 – Marcks, G.-A.: Der Berufsbildungsplan – Zweck, Systematik und Anwendung. In: Berufsausbildung in Handel und Gewerbe 16 (1941), 2, S. 37-39

Hermann Benner

Berufspädagogik

Mit Fragen der beruflichen Aus- und Weiterbildung befassen sich die Berufspädagogik und die →Wirtschaftspädagogik. Sie erforschen und reflektieren die pädagogischen Probleme im Überschneidungsbereich der Bedeutungszusammenhänge →Beruf, Wirtschaft und Pädagogik und führen konstruktive Klärungen herbei. Die einzelnen Zusammenhänge begründen und erzeugen Kommunikation und Handlung aus der je spezifischen Sicht bzw. mit Hilfe besonderer Bedeutungen. Sie grenzen sich voneinander ab, machen damit u.a. den Unterschied zwischen der Berufspädagogik und der Wirtschaftspädagogik deutlich. Erst mit der Herausbildung eines eigenen Systems von Bedeutungen können die Handlungs- und Reflexionssysteme von beruflicher Bildung und →Arbeit und ihre wissensförmigen Produkte mit im Wissenschaftssystem ausgebildeten Standards umfassend beobachtet, analysiert und kritisiert bzw. in ihren Folgen historisch, empirisch und vergleichend untersucht werden. Sinnvolles berufspädagogisches Handeln und Reflektieren kann ebenso nicht losgelöst von den anderen Bedeutungszusammenhängen betrachtet werden. Damit Berufspädagogen und Wirtschaftspädagogen aufeinander bezogen diskutieren und handeln können, also aus ihren Aktivitäten keine Besonderungsbestrebungen resultieren, ist ein „offenes" Strukturmodell entworfen worden (Rebmann u.a. 1998, S. 205 ff.).

Heute gilt weitgehend, dass die B. sich insbesondere um die gewerblich-technischen Ausbildungsgänge bemüht, während die Wirtschaftspädagogik für die kaufmännisch-verwaltenden Ausbildungsberufe verantwortlich zeichnet. Eine solche bereichsorientierte Differenzierung lässt Platz für eine Landwirtschaftspädagogik, eine Hauswirtschaftspädagogik, eine Industriepädagogik und eine Handwerkspädagogik, aus systemischer Sicht immer unter der Voraussetzung, dass sie nicht als autonome Bereiche zu denken sind und lediglich didaktischen Besonderheiten folgen. Orientiert an verschiedenen →Lernorten ergeben sich neben der Berufsschulpädagogik auch eine Betriebspädagogik und eine →Arbeitspädagogik, die sich mit ihren Forschungen und Theorien auf die betrieblichen Bildungs- und Sozialisationsprozesse beziehen.

Die Anfänge des wissenschaftlichen Selbstverständnisses der Berufs- und Wirtschaftspädagogik sind mit der Entwicklung entsprechender Lehrerbildungsgänge an →Handelshochschulen und Berufspädagogischen Instituten verbunden. Die Berufs- und Wirtschaftspädagogik wurde nicht als Besonderung einer Allgemeinen Pädagogik etabliert, sondern im Zusammenhang mit fachdidaktischen Notwendigkeiten im Rahmen der Gewerbe- und Handelsschulpädagogik begründet. Von ihrem Anspruch her waren beide akademischen Disziplinen zunächst normativ-hermeneutische Wissenschaftsgebiete, die die Notwendigkeit und die Praxis der Ausbildung von Menschen für eine Erwerbsarbeit durch Normensysteme und Bildungstheorien überhöht. Die →Berufsbildungstheorie mit ihren begrifflichen Setzungen, dem Mangel an Empirie, ihrer Auffassung von Wirtschaft als Kulturbereich, ihrer Orientierung an handwerklich-kleinbetrieblichen Leitbildern der vorindustriellen Ständeordnung und ihrem statischen und obrigkeitsbezogenen Gesellschaftsverständnis ist dafür ebenso ein Beispiel wie die Industriepädagogik der 20er und 30er Jahre, die sich als „wissenschaftliche Betriebsführung" und „Wirtschaftspädagogik" zu verorten versuchte und für die die Festigung der „Betriebsgemeinschaft" zur entscheidenden Voraussetzung einer Stabilisierung des beruflich organisierten Arbeitssystems wurde. Arbeitserziehung und Menschenbildung wurden als identisch angesehen.

Die mit der „Eigenständigkeit der Berufs- und Wirtschaftspädagogik" – ihrer Zentrierung auf die Ausbildung von Berufsschullehrern und ihrer einseitigen Rückkoppelung an die Wirtschafts- und Ingenieurwissenschaften – verbundene wissenschaftssystematische Isolation wurde durch den Anschluss an die Erziehungswissenschaft in den 60er Jahren überwunden. Damit wurde sie zu einer Standortbesinnung und Überprüfung ihrer zentralen Hypothesen veranlasst sowie herausgefordert, sich auf die Praxis ihrer Zeit zu verstehen und die Probleme kritisch aufzunehmen, die sich aus der beruflichen Seite der menschlichen Existenz ergeben. Die berufliche Arbeits- und Ausbildungswirklichkeit wurde zunehmend Gegenstand pädagogisch-theoretischen Bemühens, ihre Probleme unter erziehungswissenschaftlicher Perspektive und ihren methodologischen Möglichkeiten bearbeitet. Im Wesentlichen wurden vier „große Positionen berufs- und wirtschaftspädagogischen Denkens" unterschieden (Stratmann 1979, S. 291 ff.): „Die klassische Berufsbildungstheorie", „Der essentialistische Ansatz einer Berufs- und Wirtschaftspädagogik", „Erfahrungswissenschaftlich bestimmte Ansätze einer Berufs- und Wirtschaftspädagogik" und „Die emanzipatorische Berufspädagogik". Inzwischen hat sich die Berufs- und Wirtschaftspädagogik derart verselbstständigt, dass sie ihre „Grundlegungsprobleme" innerhalb der eigenen Disziplin weitgehend selbst löst und von daher auf entsprechende Leistungen aus anderen Pädagogiken nicht mehr angewiesen ist. Zudem werden heute Fragen der Theoriekonstruktion und der Forschung auch getrennt von Fragen der Ausbildungspraxis behandelt. In neueren Theorien der Berufsbildung ist eine Diversifizierung der Perspektiven feststellbar (vgl. Arnold 1994).

Für die B. wird die Bedeutung des Berufs in deren Bezeichnung bereits signalisiert, der ja nicht nur für eine den Lebensunterhalt sichernde Erwerbstätigkeit steht, sondern auch für Orientierungen und Handlungspotentiale zur Einordnung in einen sozialen Kontext, für persönlichen Sinn, für Interessen, Wertvorstellungen und Ziele, die mit diesen Tätigkeiten verbunden sind. Aus erziehungswissenschaftlicher Sicht wurde empfohlen, den Berufsbegriff als relationalen Term zu fassen, so dass der Beruf ein bestimmtes Verhältnis zwischen Mensch und Arbeitswelt bezeichnet (vgl. Luers 1988; Beck 1997). Die Verpflichtung der B. als erziehungswissenschaftliche Disziplin auch auf den Bildungsbegriff bedeutet, Beeinträchtigungen menschlicher Entwicklungschancen zu analysieren und zu kritisieren und über deren Aufklärung einen Beitrag zur Überwindung solcher Zwänge zu leisten. Die mit dem Berufskonzept gewonnenen Handlungschancen im Arbeitsprozess können dem universalistischen Anspruch des Bildungsbegriffs nicht hinreichend gerecht werden. Diese Kritik verbindet sich mit der soziologischen Argumentation, dass Berufe als normierte Fähigkeits- und Tätigkeitsbündel vor allem zur Reproduktion und Stabilisierung gesellschaftlicher Ungleichheiten dienen (vgl. Beck/Brater/ Daheim 1980, S. 70). Zudem verliert der Mechanismus der sozialen Integration durch Zuweisung gesellschaftlicher Anerkennung und Wertschätzung über den Beruf an Bedeutung. Die eigene Berufsbiographie wird zunehmend Teil einer individuellen, aber zugleich riskanten Lebensplanung. Ob der Beruf Bezugspunkt für sinnvolles Handeln und Kommunizieren von Berufs- und Wirtschaftspädagogen weiterhin sein kann, wird auch aus der Perspektive ökonomischer Rationalität bezweifelt. In der Berufsförmigkeit von Arbeit und Bildung wird vor allem ein Hindernis bei der Entwicklung flexibler betriebs- und arbeitsorganisatorischer Modelle gesehen. Von daher wird der B. auch angeraten, Arbeiten und Kooperieren als ihren Ausgangs- und Bezugspunkt zu wählen und nicht mehr in Interessenkategorien, sondern in (zwecksetzenden) Kompetenzkategorien zu denken (vgl. Geißler 1998; Arnold 1998). Mit den Erosionstendenzen des Berufs droht der Berufs- und Wirtschaftspädagogik ein Bestandteil ihrer Identität verlustig zu gehen, wenngleich die immer noch gültige Dominanz berufsfachlicher Arbeitsmärkte in Deutschland auf die hohe Bedeutsamkeit einer an den Berufsausbildungsabschluss gebundenen beruflichen Identität verweist.

Literatur: Arnold, R./Dobischat, R./Ott, B. (Hg.): Weiterungen der Berufspädagogik. Stuttgart 1997 – Arnold, R.: Berufsbildung. Annäherung an eine evolutionäre Berufspädagogik. Baltmannsweiler 1994 – Arnold, R.: Zum Verhältnis von Allgemeiner Erziehungswissenschaft und Berufspädagogik. In: Zeitschrift für Erziehungswissenschaft 1 (1998), 2, S. 223-238 – Baethge, M.: Entwicklungstendenzen der Beruflichkeit – neue Befunde aus der industriesoziologischen Forschung. In: Zeitschrift für Berufs- und Wirtschaftspädagogik 100 (2004), 3 S. 336-347 – Beck, K.: Die Zukunft der Beruflichkeit. Systematische und pragmatische Aspekte zur Gegenwartsdiskussion um die prospektiven Voraussetzungen der Berufsbildung. In: Liedtke, M. (Hg): Berufliche Bildung. Geschichte, Gegenwart, Zukunft. Bad Heilbrunn/Obb. 1997, S. 351-369 – Beck, U./Brater, M./Daheim, H.: Soziologie der Arbeit und der Berufe. Grundlagen, Problemfelder, Forschungsergebnisse. Reinbek 1980 – Bunk, G.P.: Einführung in die Arbeits-, Berufs- und Wirtschaftspädagogik. Heidelberg 1982 – Geißler, H. (Hg.): Arbeit, Lernen und Organisation. Ein Handbuch. Weinheim 1996 – Geißler, H.: Organisationslernen – eine tragende Kategorie zur Verbindung von Organisationsentwicklung und Berufspädagogik. In: Dehnbostel, P./ Erbe, H.-H./ Novak, H. (Hg.): Berufliche Bildung im lernenden Unternehmen. Zum Zusammenhang von betrieblicher Reorganisation, neuen Lernkonzepten und Persönlichkeitsentwicklung. Berlin 1998, S. 217-242 – Georg, W.: Die Modernität des Unmodernen. Anmerkungen zur Diskussion um die Erosion der Beruflichkeit und die Zukunft des Dualen Systems. In: Schütte, F./Uhe, E. (Hg.): Die Modernität des Unmodernen. Das „deutsche System" der Berufsausbildung zwischen Krise und Akzeptanz. Berlin 1998, S. 177-198 – Gonon, Ph.: Berufsbildung. In: Fatke, R. (Hg.): Forschungs- und Handlungsfelder der Pädagogik. 36. Beiheft der Zeitschrift für Pädagogik. Weinheim/Basel 1997, S. 151-184 – Lempert, W./Franzke, R.: Die Berufserziehung. München 1976 – Lipsmeier, A./ Nölker, H./Schoenfeldt, E.: Berufspädagogik. Stuttgart 1975 – Lisop, I./Markert, W./Seubert, R.: Berufs- und Wirtschaftspädagogik. Eine problemorientierte Einführung. Kronberg/Ts. 1976 – Lisop, I.: Zur Transformation der universitären Berufs- und Wirtschaftspädagogik im Lichte des Dualen Systems. In: Schütte, F./Uhe, E. (Hg.): Die Modernität des Unmodernen. Das „deutsche System" der Berufsausbildung zwischen Krise und Akzeptanz. Berlin 1998, S. 199-219 – Luers, R.: Zum Begriff des Berufs in der Erziehungswissenschaft. Frankfurt a.M. 1988 – Meyer, R.: Entwicklungstendenzen der Beruflichkeit – neue Befunde aus der industriesoziologischen Forschung. In: Zeitschrift für Berufs- und Wirtschaftspädagogik 100 (2004), 3, S. 348-354 – Rebmann, K./Tenfelde, W./Uhe, E.: Berufs- und Wirtschaftspädagogik. Eine Einführung in Strukturbegriffe. Wiesbaden 1998 – Schanz, H. (Hg.): Ent-

wicklung und Stand der Berufs- und Wirtschaftspädagogik. Stuttgart 1976 – Schelten, A.: Einführung in die Berufspädagogik. Stuttgart 21994 – Schlieper, F.: Allgemeine Berufspädagogik. Freiburg i.Br. 1963 – Schmiel, M./ Sommer, K.-H.: Lehrbuch der Berufs- und Wirtschaftspädagogik. München 1985 – Schmiel, M.: Berufspädagogik. 3 Bände. Trier 1976 – Sennett, R.: Der flexible Mensch. Die Kultur des neuen Kapitalismus. Berlin 1998 – Sloane, P.F.E.: Wirtschafts- und Berufspädagogik. In: Walter, R. (Hg.): Wirtschaftswissenschaften. Eine Einführung. Paderborn 1997, S. 129-161 – Stratmann, Kw./Bartel, W. (Hg.): Berufspädagogik. Ansätze zu einer Grundlegung und Differenzierung. Gütersloh 1975 – Stratmann, Kw.: Berufs- und Wirtschaftspädagogik. In: Groothoff, H.-H. (Hg.): Die Handlungs- und Forschungsfelder der Pädagogik. Differentielle Pädagogik. Teil 2. Königstein/Ts. 1979, S. 285-337 – Voigt, W.: Einführung in die Berufs- und Wirtschaftspädagogik. München 1975 – Zabeck, J.: Die Berufs- und Wirtschaftspädagogik als erziehungswissenschaftliche Teildisziplin. Baltmannsweiler 1992

Günter Pätzold

Berufspädagogik und Politik

Im weitesten Sinne meint Politik die sich auf Macht stützende Verfolgung von Zielen. Traditionsgemäß gilt der Staat als zentraler politischer Akteur. In einem modernen demokratisch verfassten und institutionell ausdifferenzierten Gemeinwesen ist er befugt, unter Wahrung der individuellen Grundrechte divergierende gesellschaftliche Interessen organisierend so zu umgreifen, dass sie seinen Zielen dienlich werden, zumindest jedoch mit ihnen kompatibel bleiben. Dabei stellen sich ihm Sachfragen unterschiedlicher Art. Allgemeine, oft nur vage umrissene politische Intentionen müssen als konkrete Sachziele gefasst werden, und auf sie hin sind wirksame Mittel zu identifizieren und zu arrangieren. Die hierfür erforderliche Fachkompetenz ist in Legislative und Exekutive oft nur unzureichend vorhanden. Im Allgemeinen empfiehlt es sich deshalb, die einschlägigen Fachdisziplinen zu Rate zu ziehen. Ihr Beitrag zur Lösung von Mittel-Zweck-Problemen bezieht die strategische Frage mit ein, ob es für den Staat im jeweiligen konkreten Fall ratsam sei, auf Interventionismus zu setzen oder besser auf die Kraft des Marktes.

Die →Berufspädagogik (auch Berufs- und Wirtschaftspädagogik) ist diejenige erziehungswissenschaftliche Teildisziplin, deren Interesse auf den komplexen Prozess der Eingliederung der nachwachsenden Generation in das Beschäftigungswesen gerichtet ist. In ihrer Perspektive steht zuvörderst das Individuum, dessen selbstständige Lebensführung an ökonomische Voraussetzungen gebunden ist, die in der Regel die Integration in die beruflichen Leistungsstrukturen der arbeitsteilig organisierten Gesellschaft verlangen. Hierzu bedarf es beim Individuum der Bereitschaft zur Übernahme einer Berufsrolle sowie seiner spezifischen Qualifizierung, nämlich der Vermittlung von Kenntnissen, Fertigkeiten und Verhaltensweisen, die geeignet sind, mehr oder minder komplexen spezialisierten Anforderungen zu genügen. In diesem Zusammenhang wendet sich die Berufspädagogik u.a. der Berufsbildungspolitik des Staates und derjenigen der gesellschaftlichen Verbände zu. →Berufsbildungspolitik manifestiert sich vornehmlich in Maßnahmen, die darauf gerichtet sind, institutionelle und curriculare Rahmenbedingungen für Qualifizierungs- und Allokationsprozesse zu schaffen, die im jeweiligen Tradierungs-, Bestanderhaltungs- oder Innovationsinteresse der Akteure liegen. Zur gesellschaftlichen Funktion der Berufspädagogik als Wissenschaft gehört es, berufsbildungspolitische Konzepte kritisch zu hinterfragen und ihre praktische Umsetzung kritisch zu begleiten. Darüber hinaus gewinnt sie ihre soziale Legitimation dadurch, dass sie über berufserzieherische Sachverhalte – insbesondere über Wirkungszusammenhänge – informiert, einschlägige Beiträge zur Sinnorientierung liefert sowie berufserzieherische Gestaltungshilfe leistet.

Hinsichtlich der Mitgestaltung berufserzieherischer Rahmenbedingungen muss sich die

Berufspädagogik an die von der Verfassung (GG Art. 5 III) gezogenen Grenzen halten. Wissenschaften sind strikt auf die Verfolgung von Erkenntnisinteressen festgelegt, auf den ernsthaften und planmäßigen Versuch zur Ermittlung von Wahrheit. Auch im Feld gesellschaftlichen Handelns ansetzende Wissenschaften dürfen nicht Handlungen anderer auslösen wollen, sondern müssen sich auf die Formulierung aspektgebundener Einsichten beschränken, die für Praktiker und Politiker nur als Partialargumente gelten können. Mit Blick auf die Geschichte zeigt sich, dass die Berufspädagogik nicht selten unerlaubte Grenzüberschreitungen begangen hat. Dies gilt sowohl für die auf die Affirmation gesellschaftlicher Strukturen und kultureller Traditionen fixierte geisteswissenschaftliche Berufspädagogik (klassische Berufsbildungstheorie) als auch für die emanzipatorische Berufspädagogik mit ihrem Bemühen um die Herbeiführung einer „gelungenen Gesellschaft ohne Status und Übervorteilung".

Wo immer die Berufspädagogik zur Politikberatung herangezogen wurde, musste sie in aller Regel erfahren, dass ihr Einfluss auf Konzeption und Revision bildungspolitischer Entscheidungen äußerst gering ist. Machtpolitische und ökonomische Interessen erwiesen sich als von ungleich größerem Gewicht; hinzu tritt das mit dem institutionell Verfestigten verbundene Trägheitsmoment.

Die Relation von Berufspädagogik und Politik fokussiert seit Anfang der sechziger Jahre in der Auseinandersetzung um die Ausgestaltung und die Zukunftsaussichten der dualistischen Ordnung der deutschen Berufserziehung, für die der Deutsche Ausschuss 1964 den Begriff →Duales System geprägt hat. Im Zusammenhang mit der Mitte der siebziger Jahre in Angriff genommenen (jedoch gescheiterten) tief greifenden Novellierung des →Berufsbildungsgesetzes erreichte die breit ansetzende Kritik ihren Höhepunkt: Defizitär seien insbesondere die gesellschaftliche Funktionalität, die pädagogische und demokratische Legitimation sowie die innere Stimmigkeit der vorgefundenen Ordnung. Mit einigen anderen Akzenten versehen, erlebte das berufspädagogische Krisenszenario Mitte der neunziger Jahre eine Neuauflage. Trotz dunkler Prognosen hat sich die dualistische Ordnung in den vergangenen drei Jahrzehnten als außerordentlich robust erwiesen. Auf der Grundlage ihres gegenwärtigen Erkenntnisstandes vermag die empirische und international vergleichende →Berufspädagogik jedoch nur einige der Argumente zu entkräften, auf die die radikale aktuelle These der gesellschaftskritischen Berufspädagogik vom „auslaufenden Modell" rekurriert. Auch existiert kein wissenschaftlich fundiertes Konzept eines Krisenmanagements, das der Politik empfohlen werden könnte. Nicht abzusehen sind insbesondere auch berufspädagogische Konstellationen, die sich im Zuge der Entwicklung der Europäischen Union trotz des geltenden Subsidiaritätsprinzips ergeben könnten.

Literatur: Deutsche Forschungsgemeinschaft: Berufsbildungsforschung an den Hochschulen der Bundesrepublik Deutschland (Denkschrift). Weinheim 1990 – Kell, A.: Berufsbildung zwischen Markt und Staat. In: Buer, J. v. u.a. (Hg.): Entwicklung der Wirtschaftspädagogik in den osteuropäischen Ländern I. Studien zur Wirtschaftspädagogik und Erwachsenenbildung. Bd. 9.1. Berlin 1996, S. 7-40 – Mayer, K.U.: Ausbildungswege und Berufskarrieren. In: Bundesinstitut für Berufsbildung (Hg.): Forschung im Dienste von Praxis und Politik. Bielefeld 1996, S. 113-145 – Stratmann, Kw./Schlösser, M.: Das Duale System der Berufsbildung. Eine historische Analyse seiner Reformdebatten. Frankfurt a.M. 1990

Jürgen Zabeck

Berufspädagogische Zeitschriften

Zeitschriften waren bisher und sind gegenwärtig die zentralen Medien des wissenschaftlichen und politischen Diskurses über Fragen der Berufsbildung. Gleichwohl steht die Erforschung der für die Fragen der Berufsbildung einschlägigen Zeitschriftenlandschaft im deutschen Sprachraum noch an ihrem Beginn. Die bisher umfangreichste Bibliographie dieser Zeitschriftengattung stammt aus dem Jahre 1974 und wurde von ihrem Autor mit Bedacht als „Versuch" gekennzeichnet (Grüner 1974). Eine wertvolle inhaltliche Ergänzung hierzu bildet die von Stratmann (1994) herausgegebene Aufsatzsammlung zur Analyse nicht mehr bestehender und aktuell erscheinender ausgewählter Zeitschriften. Dennoch verbleibt eine gravierende Forschungslücke im Bereich der Erfassung, bibliographischen Aufbereitung und Analyse der berufspädagogischen Zeitschriften. Angesichts dieser Situation können hier nur die wichtigsten Zeitschriften (orientiert an der Auswahl bei Stratmann 1994) angesprochen werden, dabei bleiben die einschlägigen österreichischen und schweizerischen Zeitschriften sowie die der ehemaligen DDR unberücksichtigt.

Ein hervorstechendes Merkmal der berufspädagogischen Zeitschriftenlandschaft ist die Häufigkeit von Zeitschriften, die von Interessenverbänden als Verbandsorgane herausgegeben werden bzw. diesen Verbänden nahe stehen. Dies gilt bereits für die älteste der im Deutschen Reich erschienenen Zeitschriften. Die „Zeitschrift für gewerblichen Unterricht" (1886-1923) wird ab 1899 vom „Vorstand des Verbandes Deutscher Gewerbeschulmänner" herausgegeben. Von 1923-1926 firmiert sie als „Zeitschrift für berufliches Schulwesen" und von 1926 bis zur Gleichschaltung 1933 heißt sie „Zeitschrift für Berufs- und Fachschulwesen". Während der nationalsozialistischen Herrschaft wird sie durch „Die Deutsche Berufserziehung, Ausgabe A" ersetzt. Die Reorganisation unabhängiger Lehrerverbände nach dem Zweiten Weltkrieg ermöglicht 1949 die Neugründung der Zeitschrift als „Die berufsbildende Schule" (Bader/Reuter, in Stratmann 1994). Diese erscheint bis heute, wird aktuell vom →"Bundesverband der Lehrer an beruflichen Schulen" herausgegeben und behandelt – wie die am Beginn stehende „Zeitschrift für gewerblichen Unterricht" – vornehmlich Fragen des gewerblich-technischen Unterrichts und Schulwesens. Ähnliche „Traditionslinien" (verbunden mit häufigen Namenswechseln der Zeitschriften) lassen sich bspw. für das kaufmännische Schulwesen und die Handels- bzw. Wirtschaftslehrerverbände („Deutsche Handelsschul-Lehrer-Zeitung" 1904-1921; „Deutsche Handelsschulwarte" 1921-1933 und 1934-1938; „Deutsche Berufserziehung, Ausgabe B" 1933 und 1938-1944; „Wirtschaft und Erziehung" 1949 bis heute; vgl. Blatt/Reinisch, in Stratmann 1994) nachweisen.

Diese Entwicklungslinien gelten in der Tendenz auch für die Arbeitgeberverbände und Kammern einerseits und die Gewerkschaften andererseits. Heute werden die Positionen der Arbeitgeber in Fragen der Berufsbildung vornehmlich publizistisch vertreten in der seit 1949 erscheinenden „Wirtschaft und Berufserziehung", die dem →"Deutschen Industrie- und Handelstag" nahe steht (Raddatz, in Stratmann 1994). Der „Deutsche Gewerkschaftsbund" gibt seit 1950 eine (berufs) bildungspolitische Zeitschrift heraus, die seit Ende 1973 „Gewerkschaftliche Bildungspolitik" heißt (Semmler, in Stratmann 1994). Zu den wichtigen aktuellen Zeitschriften zählt auch das offizielle Organ des „Bundesinstituts für Berufsbildung". Die seit 1972 erscheinende Zeitschrift „Berufsbildung in Wissenschaft und Praxis" (anfangs: „Zeitschrift für Berufsbildungsforschung") informiert insbesondere über laufende Forschungsprojekte und →Modellversuche im betrieblichen Teil der Berufsausbildung (Blau, in Stratmann 1994).

Berufspädagogischen Zeitschriften, die nicht über den finanziellen Hintergrund großer Verbände, Institutionen oder Verlage verfügen, war bisher zumeist nur eine kurze Lebensdauer beschieden. Eine Ausnahme bildet hier die nahezu einzige unabhängige wissenschaftliche berufspädagogische Zeitschrift. Sie heißt heute „Zeitschrift für Berufs- und Wirtschaftspädagogik" (seit 1980), trug aber bereits die

Namen „Die Fortbildungsschule"(1887-1892), „Deutsche Fortbildungsschule"(1892-1924), „Die Deutsche Berufsschule" (1925-1935 und 1948) und „Die Deutsche Berufs- und Fachschule" (1949-1979). Der erste Herausgeber war Oskar W. Pache, der auch der erste Vorsitzende des „Deutschen Vereins für das Fortbildungsschulwesen" (gegründet 1892, unter diesem Namen seit 1896) war. Dieser organisierte den gesamten am Ausbau und auf den Beruf bezogenen Umbau des Fortbildungsschulwesens interessierten Personenkreis (Jost und Lier, in Stratmann 1994), und die Zeitschrift wurde Organ des Verbandes. Die Verpflichtung der Zeitschrift auf eine Idee und nicht nur auf partielle Standesinteressen scheint dazu geführt zu haben, dass die Zeitschrift die Inflationsjahre und die Zwangseinstellung ab 1935 bis zum Ende der nationalsozialistischen Herrschaft überlebte. Aus dieser Sicht markiert der Namenswechsel in „Zeitschrift für Berufs- und Wirtschaftspädagogik" einen doppelten Umbruch. Die Zeitschrift hat sich zu einem „Organ der disziplinären Reproduktion" (Harney u.a., in Stratmann 1994) der →Berufs- und →Wirtschaftspädagogik entwickelt, und sie will sich auf das Ganze der Berufsbildung und nicht mehr allein auf das berufliche Schulwesen beziehen. Auch wenn dieser Anspruch nicht in jedem Beitrag eingelöst wird, ist die „Zeitschrift für Berufs- und Wirtschaftspädagogik" unverzichtbar für den berufs- und wirtschaftspädagogischen Diskurs. Insgesamt ist die berufspädagogische Zeitschriftenlandschaft durch eine Vielzahl von Spezial- und Regionalzeitschriften bunter als hier dargestellt werden konnte. Über die Beiträge auch in den hier nicht genannten Zeitschriften informiert online die Literaturdatenbank des BIBB.

Literatur: Grüner, G.: Versuch einer Bibliographie berufspädagogischer Zeitschriften – im Deutschen Reich, in der Bundesrepublik Deutschland und in der Deutschen Demokratischen Republik. In: Die berufsbildende Schule 26 (1974), 5, S. 328 ff. – Stratmann,
Kw. (Hg.): Berufs- und wirtschaftspädagogische Zeitschriften. Aufsätze zu ihrer Analyse. Frankfurt a.M. 1994

Holger Reinisch

Berufsschularchitektur

Schulstandort und Größe der Organisationseinheiten: Die Architektur der →Berufsschule wird durch die Organisationsformen der institutionellen Berufsschulausbildung bestimmt. Die Dimension und die Struktur des einzelnen Gebäudes sind wesentlich von zwei Faktoren abhängig:
– von der bildungsplanerischen Zielsetzung – einer Zusammenführung von unterschiedlichen Fachrichtungen zu einer räumlichen Organisationseinheit, wobei gleichzeitig eine möglichst günstige Entfernung zu den Lehrbetrieben angestrebt werden soll;
– von der städtebaulichen Zielsetzung – einer Eingliederung der Berufsschule in das regionale Raumordnungskonzept, welches auch eine gute Erreichbarkeit des Schulstandortes durch öffentliche Verkehrsmittel sichern soll.
In der Regel sind vor konkreten Baumaßnahmen vom Schulträger der öffentlichen Berufsschulen regionale Schulentwicklungspläne zu erstellen, die auf demographischen Untersuchungen und Prognosen der Schülerzahlen basieren sollen.
Raumprogramme und Schulbau-Richtlinien: Die Anzahl der Unterrichtsräume der Berufsschulen wird nach dem jeweiligen Schüleraufkommen für die einzelnen →Berufe und →Berufsfelder ermittelt. Um ökonomisch vertretbare Auslastungswerte für die Unterrichtsräume zu erzielen, sind räumlich gleichartige Unterrichtsanforderungen zu funktions- und ausstattungsbezogenen Raumtypen zusammengefasst worden.
Die derzeitigen Fachraumtypen für berufsbildende Schulen sind jedoch kein Resultat der pädagogischen Schulraumforschung. Die Typenabgrenzung der Fachräume ist nicht aus einer stringenten Ableitung von differenzierten

Lehrinhalten erfolgt, sondern eher unter pragmatischen Aspekten zur Nutzungsoptimierung von Schulräumen entstanden. Die Raumgröße und der technische Installationsgrad der allgemeinen Unterrichts-, Demonstrations-, Übungs- und Sammlungsräume ist für verschiedene Berufsgruppen in den Schulbau-Richtlinien der einzelnen Bundesländer festgelegt. Auf der Grundlage der jeweiligen Landesrichtlinien werden Berufsschulbauten genehmigt und errichtet.

Architektonische Gestaltung: Die bauliche Struktur der Berufsschule soll Veränderungen der pädagogischen Konzeption und des schulischen Nutzungsprogramms ermöglichen. Unter den Kennzeichen der Variabilität und Flexibilität wurden seit den 60er Jahren kompakte Schulanlagen gebaut, für die teilweise der Einsatz von künstlicher Belichtung und zur Belüftung der Räume sogar Klimatechnik erforderlich waren. Die Gebäudeformen und Raumproportionen wurden auf normierten Rastereinheiten entwickelt. Das Schulbau-Modul mit den Abmessungen von 1,20 Meter mal 1,20 Meter sollte ein Ansatz zur „Rationalisierung des Schulbaus" sein und zur Einsparung von Kosten für Bildungseinrichtungen beitragen. Die architektonische Gestaltung von Berufsschulen wird deshalb heute weithin durch gleichförmige Betonfertigteile und monotone Ausbauelemente dominiert und durch eine Distanz zur natürlichen Umwelt charakterisiert.

Naturnahe Gestaltung: Während traditionelle Schulbauten die Schüler von der realen Lebenswelt isolieren, soll der Ansatz zur naturnahen Gestaltung dazu beitragen, dass sich künftig die Berufsschule zu einem ökologischen Lernort entwickeln kann. Hierzu sind auf dem Schulgrundstück vielfältige Renaturierungsmaßnahmen anzustreben; exemplarisch seien genannt:

– Die Versickerung des Regenwassers auf dem Schulgelände soll durch eine Entsiegelung der asphaltierten Schulflächen erfolgen, dazu sind Biotope, Bachläufe, Mulden- und Rigolensysteme anzulegen.

– Die Fassaden- und Dachbegrünung soll zu einer bauphysikalischen Verbesserung des Kleinklimas der Schule beitragen. Zugleich werden mit Begrünungsmaßnahmen sozialklimatische Wirkungen verknüpft, die unterrichtliche Nutzungen von Außenbereichen ermöglichen.

– Die Konzepte zur passiven wie aktiven Nutzung der Sonnenenergie sollen in Berufsschulen nicht nur Heizkosten mindern, sondern umweltpädagogisch dazu dienen, die Naturbezüge erlebbar und die Sonnenenergie durch Messinstrumente anschaulich und erfahrbar zu machen.

Literatur: Koch, K.-H.: Renaturierung der Schule. Schulbauforschung zur naturnahen Gestaltung der Schule. Dortmund 1996 – Schriften des Schulbauinstituts der Länder: Arbeitsgemeinschaft Sek II: Fachraumtypen für berufsbildende Schulen. Studien 43. Heft 81. Berlin 1978 – Richtlinien für den Bau von Berufsschulen im Lande Nordrhein-Westfalen vom 22. Juli 1959 – Zentralstelle für Normungsfragen und Wirtschaftlichkeit im Bildungswesen, Sekretariat der Kultusministerkonferenz. Planungshilfen für die beruflichen Schulen in den Neuen Ländern. Berlin 1995

Karl-Hermann Koch

Berufsschulberechtigung

Wer nach Beendigung der →Berufsschulpflicht ein →Berufsausbildungsverhältnis beginnt, ist berechtigt, die →Berufsschule zu besuchen, solange ein Berufsausbildungsverhältnis besteht. In den Ländern, in denen die Berufsschulpflicht nur bis zur Volljährigkeit dauert, besuchen dennoch volljährige Lehrlinge die Berufsschule bis zum Ende ihrer Ausbildungszeit als Berufsschulberechtigte. Daraus haben einige Länder die Verbindung eines bestehenden Berufsausbildungsverhältnisses mit der Berufsschulpflicht zum Regelfall gemacht. Hierdurch wird die Berufsschulpflicht erweitert und gilt z.B. in Nordrhein-Westfalen auch für junge Erwachsene, die vor Vollendung des 21. Lebensjahres die Ausbildung beginnen.

Damit ergibt sich eine Berechtigung zum Besuch der Berufsschule erst dann, wenn nach Vollendung des 21. Lebensjahres ein Berufsausbildungsverhältnis begonnen wird.

Das Recht zum Berufsschulbesuch stellt für die Berufsschule eine Verpflichtung dar, den Berufsschulberechtigten aufzunehmen. Sie hat dabei keinen Ermessensspielraum. Mit der Aufnahme des Berufsschulberechtigten wird ein Schulverhältnis begründet, das sich in seinen Rechten und Pflichten nicht von dem eines Schulpflichtigen unterscheidet. Auch für den Berufsschulberechtigten gelten z.B. die Pflichten zur regelmäßigen Anwesenheit im gesamten Unterricht der Fachklasse und zur Mitarbeit im Unterricht. Dem häufig geäußerten Wunsch, nur am berufsfachlichen Unterricht teilnehmen zu können, kann nicht entsprochen werden.

In diesem Zusammenhang ist auf die derzeitige bildungspolitische Diskussion einer Differenzierung der Verbindlichkeit berufsübergreifender Fächer hinzuweisen. Sollen die Fächer Politik, Religion, Deutsch und Sport unterschiedslos für den Berufsschüler mit allgemeiner Hochschulreife nach 13 Schuljahren und den Absolventen der Sekundarstufe I nach 10 Schuljahren verpflichtend sein? Eine mögliche →Differenzierung nach schulischen Voraussetzungen schließt allerdings nicht die Differenzierung nach Berufsschulpflicht und -berechtigung ein.

Die B. entspricht dem →Dualen System der Berufsausbildung und liegt sowohl im Interesse des Ausbildungsbetriebes, der sich im Ausbildungsvertrag zur ordnungsgemäßen Ausbildung des Lehrlings verpflichtet hat, als auch des →Auszubildenden, der vertraglich gebunden ist, die Freistellung für den Berufsschulunterricht wahrzunehmen.

Literatur: Schulgesetz-NRW, in: Gesetz- und Verordnungsblatt für das Land NRW, Nr. 8 (2005), S. 102 ff.

Manfred Siggemeier

Berufsschule

„B. sind Schulen, die von Berufsschulpflichtigen/Berufsschulberechtigten besucht werden, die sich in der beruflichen Erstausbildung befinden oder in einem Arbeitsverhältnis stehen (→Berufsschulpflicht; →Berufsschulberechtigung). Sie haben die Aufgabe, dem Schüler allgemeine und fachliche Lerninhalte unter besonderer Berücksichtigung der Anforderungen der Berufsausbildung zu vermitteln. Der Unterricht erfolgt in Teilzeitform an einem oder mehreren Wochentagen oder in zusammenhängenden Teilabschnitten (→Blockunterricht); er steht in enger Beziehung zur Ausbildung in Betrieben einschließlich überbetrieblicher Berufsbildungsstätten (ÜBS →überbetriebliche Ausbildung). Im Rahmen einer in Grund- und Fachstufe gegliederten Berufsausbildung kann die Grundstufe als →Berufsgrundbildungsjahr mit ganzjährigem Vollzeitunterricht oder im Dualen System in kooperativer Form geführt werden" (KMK 1975).

Da die B. der schulische Lernort im sog. →Dualen System der nichtakademischen beruflichen Erstausbildung ist, richtet sich die Dauer des Berufsschulbesuches eines →Auszubildenden nach der →Ausbildungsdauer, die in der →Ausbildungsordnung gemäß § 5 →Berufsbildungsgesetz (BBiG) für den →Ausbildungsberuf festgelegt ist, in dem er ausgebildet wird. Die Ausbildungsdauer soll nicht mehr als drei und nicht weniger als zwei Jahre betragen (§ 5 Abs. 1 Ziff. 2 BBiG). Da für den Abschluss eines Ausbildungsvertrages keine formalen Voraussetzungen (z.B. bestimmte Schulabschlüsse) im BBiG festgelegt sind, sondern den Ausbildenden die Entscheidung überlassen ist, wen sie ausbilden wollen, sind die Jugendlichen in der B. in ihren Lernvoraussetzungen und Lernbedürfnissen sehr heterogen (im Extremfall befinden sich in einer Berufsschulklasse Jugendliche ohne Hauptschulabschluss neben solchen mit einer Hochschulberechtigung). Durch die (Berufs) Schulgesetze der Länder kann lediglich die Unterrichtszeit in der B. rechtlich geregelt werden. Davon haben nicht alle Länder in ihren →Schulgesetzen Gebrauch gemacht. Allerdings haben sich die Länder in einer „Rahmenvereinbarung über die B." (KMK-Beschluss vom 15.3.1991) darüber verständigt, dass der Unterricht der B. mindestens 12 Wochenstunden umfassen soll (Ziffer 6.1). Dagegen wird von den Unternehmungen und ihren Verbänden die berufsbildungspolitische Forderung erhoben, den „Zweiten Berufsschultag" abzuschaffen. Gegen diese Forderung wiederum hat die KMK auf ihrer 274. Plenarsitzung am 30. 11./1.12.1995 ihre Position zu Umfang und Organisation des Berufsschulunterrichtes bekräftigt (KMK-Pressemitteilung vom 1.12.1995). In den Ländern wird der Rahmenvereinbarung und dieser KMK-Erklärung nur zum Teil entsprochen. In allen Ländern sind 2002 nur in 17,5 % der 1.733.233 Berufsschüler 12 Wochenstunden und mehr erteilt worden. Selbst wenn man unterstellt, dass der in Blockform erteilte Berufsschulunterricht einer Unterrichtszeit von 12 Wochenstunden entspricht (20,3 %), wird die in der KMK vereinbarte Unterrichtszeit nur zu etwa 40 % erfüllt. 7 % der Berufsschüler erhalten maximal 8 Wochenstunden Unterricht (BMBF 2004, S.80).

"Die B. hat zum Ziel,
- eine Berufsfähigkeit zu vermitteln, die Fachkompetenz mit allgemeinen Fähigkeiten humaner und sozialer Art verbindet;
- berufliche Flexibilität zur Bewältigung der sich wandelnden Anforderungen in Arbeitswelt und Gesellschaft auch im Hinblick auf das Zusammenwachsen Europas zu entwickeln;
- die Bereitschaft zur beruflichen Fort- und Weiterbildung zu wecken;
- die Fähigkeit und Bereitschaft zu fördern, bei der individuellen Lebensgestaltung und im öffentlichen Leben verantwortungsbewusst zu handeln" (KMK 1991, Ziffer 2.2).

Die B. gliedert sich in der Regel in die Grundstufe und darauf aufbauende Fachstufen. Die Grundstufe ist das erste Jahr der B., sie wird in der Regel als Berufsgrundbildungsjahr in kooperativer Form durchgeführt (BGJk). Wenn eine berufliche Grundbildung im Berufsgrundschuljahr (BGS) oder in einer ein- oder mehrjährigen →Berufsfachschule vermittelt wurde, können die Landesregierungen bestimmen, dass der Besuch solcher Bildungsgänge als berufliche Vorbildung auf die Ausbildungszeit ganz oder teilweise angerechnet werden (§ 7 BBiG) (→Berufsgrundbildung/→Berufsgrundbildungsjahr/→Berufsgrundschule).

Der Berufsschulunterricht soll grundsätzlich in Fachklassen eines →Ausbildungsberufes oder verwandter Ausbildungsberufe erteilt werden. Er wird differenziert nach berufsbezogenem und berufsübergreifendem Unterricht, für den die jeweiligen Stundentafeln und →Lehrpläne der Länder gelten. Der berufsbezogene Unterricht umfasst in der Regel 8 Wochenstunden. Er richtet sich nach KMK-Rahmenlehrplänen, die nach dem Gemeinsamen Ergebnisprotokoll vom 30.05. 1972 mit den entsprechenden →Ausbildungsordnungen abgestimmt sind (Kell/Lipsmeier 1976, S. 62 ff.; Benner/Püttmann 1992). Der sog. allgemein bildende oder berufsübergreifende Unterricht wird in den Fächern Religion/Ethik, Deutsch, Politik/Sozialkunde, Wirtschaftslehre und Sport mit durchschnittlich einer und maximal zwei Wochenstunden erteilt (Kutscha 1982) (→Unterrichtsfächer in der gewerblichen Berufsschule; →Unterrichtsfächer in der kaufmännischen Berufsschule).

Für den Berufsausbildungs-Abschluss ist der Abschluss der B. nur von untergeordneter Bedeutung. Denn die → Abschlussprüfung gemäß § 37 BBiG wird von den Prüfungsausschüssen der Zuständigen Stellen (i.d.R. den Kammern) abgenommen. Dabei wirkt mindestens ein Berufsschullehrer in jedem Prüfungsausschuss mit (§ 40 BBiG), und zu den Prüfungsgegenständen gehört auch der im Berufsschulunterricht vermittelte, für die Berufsausbildung wesentliche Lehrstoff (§ 38

BBiG). Insgesamt soll in der Abschlussprüfung nach § 38 BBiG festgestellt werden, „ob der Prüfling die berufliche Handlungsfähigkeit erworben hat". Auf die Vermittlung beruflicher Handlungsfähigkeit bezogen, hat die KMK seit 1996 neue „Handreichungen für die Erarbeitung von Rahmenlehrplänen... für den berufsbezogenen Unterricht..." beschlossen, durch die dieser Teil des Berufsschulunterrichts an →Lernfeldern orientiert werden soll, die sich wiederum auf berufliche Handlungsfelder beziehen sollen (vgl. Huisinga/Lisop/Speier 1999). Die Betonung der KMK, dass die B. zu einem eigenständigen Abschluss führe, hat vor allem Bedeutung für den Erwerb allgemeiner Berechtigungen. Mit der bildungspolitischen Perspektive, die Gleichwertigkeit von allgemeiner und beruflicher Bildung herzustellen, sind die Möglichkeiten des Erwerbs allgemeiner Berechtigungen in beruflichen Schulen in den letzten Jahren verbessert worden, so auch für die B. (BLK 1995). Durch eine „Vereinbarung über den Abschluss der B." (Beschluss der KMK vom 01.06.1979 i.d.F. vom 25./26.06.1992) können grundsätzlich mit dem Berufsschulabschluss die Berechtigungen des Hauptschulabschlusses (nach Klasse 9 und nach Klasse 10) und des Realschulabschlusses (Fachoberschulreife) erworben werden. Außerdem sind →doppeltqualifizierende Bildungsgänge eingeführt worden, in denen mit dem Berufsschulabschluss auch ein allgemeiner Abschluss (bis zur →Fachhochschulreife) erworben werden kann (Dauenhauer/Kell 1990).

Die B. kann als Kern des beruflichen Schulwesens bewertet werden, weil sie
(1) über ihre Verbindung mit der betrieblichen Berufsausbildung am stärksten auf das beruflich organisierte Beschäftigungssystem orientiert ist und deshalb den stärksten Berufsbezug aufweist (Kell 1991) und weil sie
(2) die größte quantitative Bedeutung hat (2002 etwa 1,7 Mio. Schüler in über 1.700 B. und über 45.000 Berufsschullehrern) (vgl. BMBF 2004, S. 58 ff.).

Literatur: Benner, H./Püttmann, F.: 20 Jahre Gemeinsames Ergebnisprotokoll. Bonn 1992 – Bund-Länder-Kommission für Bildungsplanung und Forschungsförderung (BLK): Abschlüsse im Sekundarbereich II. Materialien zur Bildungsplanung und zur Forschungsförderung. Heft 46. Bonn 1995 – Bundesministerium für Bildung, Wissenschaft, Forschung und Technologie (bmb+f): Grund- und Strukturdaten 2003/2004. Bonn 2004 – Bundesministerium für Bildung und Forschung (BMBF): Ausbildung und Beruf. Bonn [30]2003 – Dauenhauer, E./Kell, A.: Modellversuche zur Doppelqualifikation/Integration. BLK-Materialien zur Bildungsplanung. Heft 21. Bonn 1990 – Grüner, G.: Berufsschule. In: Blankertz, H./Derbolav, J./Kell, A./Kutscha, G. (Hg.): Sekundarstufe II – Jugendbildung zwischen Schule und Beruf. Enzyklopädie Erziehungswissenschaft. Band 9.2. Stuttgart 1993, S. 166-169 – Huisinga, R./Lisop, I./Speier, H.-D. (Hg.): Lernfeldorientierung. Konstruktion und Unterrichtspraxis. Frankfurt a.M. 1999 – Kell, A.: Berufsbezug in der Kollegschule. Theoretische Begründungen und konzeptionelle Konsequenzen. In: Die berufsbildende Schule 43 (1991), 5, S. 296-319 – Kell, A.: Berufsschule. In: Keck, W. R./Sandfuchs, U. (Hg.): Wörterbuch Schulpädagogik. Bad Heilbrunn 1994, S. 43-55 – Kell, A./Lipsmeier, A.: Berufsausbildung in der Bundesrepublik Deutschland. Analyse und Kritik. Schriften zur Berufsbildungsforschung 38. Hannover 1976 – KMK (Ständige Konferenz der Kultusminister der Länder): Bezeichnung und Gliederung des beruflichen Schulwesens. Beschluss vom 08.12.1975; KMK-Handbuch, 1990, S. 216 f. – KMK (Ständige Konferenz der Kultusminister der Länder): Rahmenvereinbarung über die Berufsschule. Beschluss vom 15.03.1991– Kutscha, G.: "Allgemeinbildender" Unterricht in der Berufsschule – verwaltete Krise. In: Zeitschrift für Pädagogik 28 (1982), 1, S. 55-72

Adolf Kell

Berufsschulentwicklungsplanung

Schulentwicklungsplanung (SEP) ist in den sechziger Jahren eingeführt worden und hat sich seit Anfang der siebziger Jahre etabliert. Dies gilt für die allgemein bildenden Schulen, für sich, ausgehend von Landesplanungen in Bayern seit 1966 und Baden-Württemberg seit 1968, kommunale SEP durchgesetzt hat. Teilweise in der Verantwortung der Kreise (z.B.: Hessen 1970, Niedersachsen 1972), teilweise in der Verantwortung der Gemeinden (z.B.: NW 1972).

Ziele, Verfahren und Vorgehensweise der SEP sind vielfach bewährt und prinzipiell anerkannt, in einer Reihe von Ländern auch gesetzlich in regelmäßigem Turnus vorgeschrieben (→Schulentwicklungsplanung).

Die Berufsbildenden Schulen wurden häufig dilatorisch behandelt und verschämt an den SEP für allgemein bildende Schulen auf einigen wenigen Seiten angehängt. Dies hat sich in den letzten Jahren geändert: München 1984/85 mit einem Berufsschulbericht, Frankfurt 1991 mit einem Berufsschulentwicklungsplan (BSEP) haben sich der Berufsausbildung gesondert angenommen. Aachen hat 1990 einen BSEP bei „Bildung und Region" in Auftrag gegeben, der Kreis Herford hat 1992 einen BSEP aufstellen lassen. In all diesen Fällen wurden die Methoden der SEP auf den BSEP übertragen, d.h., es wurde für eine prognostitizierte Nachfrage ein Schulangebot geplant und bereitgestellt, wobei die Wirtschaft nur am Rande beteiligt war. Dies konnte nicht befriedigen.

Im Rahmen konkreter Schulentwicklungsplanung für die Städte Mönchengladbach und Leipzig wurde das Instrumentarium vom Institut für Schulentwicklungsforschung der Universität Dortmund an den Ausbildungsbereich angepasst und entwickelt. Ausgehend davon, dass es viele Beteiligte und Handelnde mit unterschiedlichen Interessen und Verantwortlichkeiten gibt, die das Ausbildungssystem mit ihren Entscheidungen beeinflussen, wurde als Planungskonzept eine offene Planung angestrebt. Dazu wurden die Beteiligten und Entscheider in einer Expertenrunde zusammengeführt. Dieses sog. „Experten-Dialog-System" diente der Diskussion und der Abstimmung zwischen den Verantwortung Tragenden. Ähnlich wie bei der SEP der allgemein bildenden Schulen wurden ausgehend von der Nachfrageseite (dem social-demand-approach = SDA) Prognosen für die zukünftige Nachfrage erstellt. Dem wurden Prognosen des regionalen Angebotes an Ausbildung (manpower-requirement-approach = MRA) gegenübergestellt und im „Expertenkreis" diskutiert. Damit ergibt sich der Versuch, durch abgestimmtes Handeln der Verantwortlichen in einem iterativen Prozess das Berufsschulangebot so zu entwickeln, dass es für weitere Entwicklungen hinsichtlich der fachlichen, qualifikatorischen und quantitativen Ansprüche offen ist. Diese Offenheit, die sich schon aus der komplexen Situation als Notwendigkeit ergibt, ist umso notwendiger, je mehr das Duale Ausbildungssystem in der Krise steckt.

Ziele der Berufsschulplanung können sich nur aus den allgemeinen Zielen der Chancenverteilung ergeben. Für die Planung bedeutet dies: Versorgung aller mit Erstausbildung (bei fehlenden Ausbildungsplätzen im →Dualen System auch in öffentlicher Regie), Entwicklung von Durchstiegsmöglichkeiten von der Erstausbildung zu weiterführenden Angeboten für den einzelnen. Daraus folgt, Angebote der Fortbildung für alle Erstausgebildeten zugänglich zu machen, in den einzelnen Schulen Bildungsgänge auf unterschiedlichem Niveau gleichwertig vorzusehen und sich entwickelnde Bereiche wie z.B. Medienberufe zu stützen.

Literatur: Blien, U./Reinberg, A./Tessaring, M.: Die Ermittlung der Übergänge zwischen Bildung und Beschäftigung. Methodische Werkzeuge und Ergebnisse der Bildungsgesamtrechnung des IAB. In: Mitteilungen aus der Arbeitsmarkt- und Berufsforschung 23 (1990), 2, S. 181-204 – Bund-Länder-Kommission: Materialien zur Bildungsplanung und Forschungsförderung. Heft 45. Beschäftigungsperspektiven der Absolventen des Bildungswesens. Bonn 1995 – Hansen, R./Krampe, C./Lehmpfuhl, U./Pfeiffer, H.: Die Entwicklung des regionalen Arbeitsmarktes in seinen Auswirkungen auf die Angebote der beruflichen Erstausbildung in den Städten Leipzig und Mönchengladbach. Gutachten im Auftrag des BMBW. Dortmund 1994 – Hansen, R./Krampe, C./Lehmpfuhl, U./Pfeiffer, H.: Von der Facharbeiterlücke zur Ausbildungskrise – und zurück? Situation und Perspektiven der beruflichen (Erstaus-)Bildung in der BRD. In: Rolff, H.-G. u.a. (Hg.): Jahrbuch der

Schulentwicklung. Band 8. Weinheim 1994, S. 143-204 – Sommer, M.: Berufliche Bildung im Kreis Herford. Gutachten 1992 – Projektgruppe Bildung und Region: Gutachten zur Fortschreibung der Schulentwicklungsplanung in der Stadt Aachen. 1990 – Weißhuhn, G./Wahse, J.: Wirtschaftswachstum, Qualifikation und berufliche Tätigkeiten im vereinten Deutschland bis zum Jahr 2010. Gutachten im Auftrag des Bundesministers für Bildung und Wissenschaft. Bonn 1993

Rolf Hansen

Berufsschulpflicht

In den Schul(pflicht)gesetzen der Länder ist die allgemeine (Vollzeit-)Schulpflicht von 9 bzw. 10 Jahren (vom 6. bis 15./16. Lebensjahr) und die (Teilzeit-)Berufsschulpflicht geregelt, die nach der allgemeinen Schulpflicht erfüllt werden muss (grundsätzlich bis zur Vollendung des 18. Lebensjahres; unterschiedliche Regelungen für →Auszubildende). Die Länder haben sich durch eine „Empfehlung zu Einzelregelungen für die (Berufs-)Schulpflicht" über einen Rahmen für ihre Schulpflichtregelungen abgestimmt (KMK-Beschluss vom 30.05.1980). Danach sollen auch nach Eintritt der Volljährigkeit Auszubildende zum Abschluss ihrer Berufsausbildung Gelegenheit erhalten, die →Berufsschule zu besuchen. Dies soll auch für volljährige Schüler gelten, die in keinem Ausbildungsverhältnis stehen, denen aber die Gelegenheit gegeben werden soll, mit allen Rechten und Pflichten die Berufsschule bis zum Abschluss des Bildungsganges zu besuchen. Für Absolventen zweijähriger →Berufsfachschulen soll nach elfjähriger Schulbesuchszeit die (Berufs)Schulpflicht beendet sein, wenn sie die → Abschlussprüfung bestanden haben und kein →Berufsausbildungsverhältnis eingehen. Außerdem kann für Jugendliche die (Berufs)-Schulpflicht bereits beendet werden, wenn sie einen mindestens einjährigen beruflichen Vollzeit-Bildungsgang besucht haben und kein Berufsausbildungsverhältnis eingehen.
Für die strittigen Fälle einer Beurlaubung von Berufsschülern aus Gründen, die in der betrieblichen Berufsausbildung liegen, haben sich die Länder ebenfalls durch eine „Empfehlung zur Beurlaubung von Berufsschülern" (KMK-Beschluss vom 30.05.1980) darauf verständigt, welche „strengen Maßstäbe" dabei anzulegen sind. Damit Auszubildende nach dem →Berufsbildungsgesetz (BBiG vom 23.03.2005 – BGBL I S. 931) ihre Berufsschulpflicht erfüllen können, verpflichtet das BBiG (§ 15) die Ausbildenden, ihre Auszubildenden für den Berufsschulunterricht und zur Teilnahme an Prüfungen freizustellen.

Angesichts der Veränderungen in der Struktur des Bildungssystems, vor allem durch die Horizontalisierung in Primarbereich, Sekundarbereich I und Sekundarbereich II, sieht der Entwurf der Schulrechtskommission des Deutschen Juristentages (DJT) mit Bezug auf einzelne Länderregelungen vor, eine einheitliche Schulpflicht festzulegen (12 Schuljahre) und diese nach Schulstufen zu differenzieren. Dann könnte im Sekundarbereich II die Schulpflicht in allgemeinen oder beruflichen Schulen entweder in zwei Vollzeitschuljahren oder in drei Teilzeitschuljahren erfüllt werden. Die Berufsschule in Teilzeitform wäre Auffangschule, sofern keine Vollzeitschule besucht wird. Der Besuch der (Teilzeit-)Berufsschule wird mit der Dauer des jeweiligen →Ausbildungsberufes synchronisiert (vgl. DJT 1981).

Literatur: Deutscher Juristentag (DJT): Schule im Rechtsstaat. Band I. Entwurf für ein Landesschulgesetz. Bericht der Kommission Schulrecht des DJT. München 1981 – Perschel, W.: Berufsschulpflicht. In: Blankertz, H./Derbolav, J./Kell, A./ Kutscha, G. (Hg.): Sekundarstufe II – Jugendbildung zwischen Schule und Beruf. Enzyklopädie Erziehungswissenschaft. Band 9.2. Stuttgart 1983, S. 174-178

Adolf Kell

Berufsvorbereitende Bildungsmaßnahmen

(1) *Begriffe und Definitionen*: Berufsvorbereitung i.w.S. (siehe Teil 2) zielt darauf ab, junge Menschen beim Einstieg in die Berufsausbildung und in das Berufsleben zu unterstützen und zu fördern. Insbesondere sollen im Rahmen der vorberuflichen Bildung die Berufswahl und Berufsfindung durch berufsorientierende Informationsangebote und berufspraktische Erfahrungen vorbereitet werden (Berufswahlvorbereitung) (vgl. Decker 1981). Berufsvorbereitung i.e.S. berufsvorbereitender Bildungsmaßnahmen (siehe Teil 3) bezieht sich im Besonderen auf die Zielgruppe von Jugendlichen, die aufgrund von Benachteiligungen am Arbeits- und/oder Ausbildungsstellenmarkt einen besonderen Förderbedarf haben. Die Benachteiligungen können individueller Art (Lernbehinderungen, Verhaltensauffälligkeiten etc.) oder das Ergebnisse marktselektiver Prozesse sein. So können Geschlecht, Nationalität, Schulabschluss etc. Merkmale sein, die ausschlaggebend dafür sind, ob ein Übergang in ein reguläres Ausbildungsverhältnis gelingt oder nicht. Da die Ursachen für strukturell, konjunkturell und marktbedingte „Produktion" von Misserfolgen und Devianz beim Berufseinstieg vielfach den davon betroffenen Jugendlichen zugeschrieben werden, führt dies tendenziell zur Stigmatisierung und Marginalisierung der „Benachteiligten" (vgl. Ulrich 2003). Der Lebensführung der davon betroffenen Jugendlichen wird unter diesen Bedingungen abverlangt, die „Vermengung" der ihnen zugeschriebenen Devianzfaktoren („marktbenachteiligt", „sozial benachteiligt", „lern- und leistungsbeeinträchtigt") durch biografische Konstruktionen außerhalb der regulären Ausbildungs- und Berufskarrieren aufzulösen. Entsprechend den vielfältigen Erscheinungsformen und Einflussfaktoren der Benachteiligungen zeichnet sich das Segment der BvB durch große Heterogenität der gesetzlichen Regulierungen, der Förderstrukturen und Finanzierungsarten sowie durch Pluralität der Maßnahmenträger und Förderkonzepte aus.

Der vorliegende Artikel behandelt aus dem Bereich der Berufsvorbereitung i.e.S. vertieft die BvB der Agentur für Arbeit gemäß den Bestimmungen für die Arbeitsförderung nach dem dritten Sozialgesetzbuch (SGB III). Sie betreffen Maßnahmen, die auf die Aufnahme einer Ausbildung vorbereiten oder der beruflichen Eingliederung dienen und nicht den Schulgesetzen der Länder unterliegen (§ 61 Abs. 1 SGB III). Andere Formen der Berufsvorbereitung wie die des Berufsvorbereitungsjahrs nach den Schulgesetzen der Länder oder der Berufsausbildungsvorbereitung nach dem Berufsbildungsgesetz (BBiG) sind Gegenstand eigener Wörterbuchartikel.

(2) *Berufsvorbereitung im Rahmen der vorberuflichen Bildung*: Die pädagogische und politische Diskussion über Möglichkeiten und Maßnahmen der Berufsvorbereitung im Rahmen vorberuflicher Bildung hat eine lange Tradition. Sie reicht bis in die Reformpädagogik Anfang des 20. Jahrhunderts zurück, so etwa bei Georg Kerschensteiner als Vertreter der Arbeitsschulbewegung. Wichtige Impulse für die →vorberufliche Bildung resultierten Jahrzehnte später aus den Empfehlungen des Deutschen Ausschusses für das Erziehungs- und Bildungswesen (1965) und der daran anschließenden Diskussion über Ziele und didaktische Konzepte der Arbeitslehre, darin einbezogen die Fragen der vorberuflichen Bildung. Ansätze zu einer schulform- und lernortübergreifenden Konzeption der Berufsvorbereitung wurden schließlich im Kontext der Bildungsreformdebatte Ende der 1960er und Anfang der 1970er Jahre, insbesondere unter dem Einfluss der Reformvorschläge des Deutschen Bildungsrats, zur Diskussion gestellt (vgl. Dibbern/Kaiser/Kell 1974). Verpflichtender Ausgangspunkt für die Berufsvorbereitung waren nach den Grundsätzen des Deutschen Bildungsrats die Grundrechte nach dem Grundgesetz und den Verfassungen der Länder.

Danach falle dem Bildungswesen insbesondere die Aufgabe zu, „die Voraussetzungen dafür zu schaffen, daß der Einzelne das Recht auf freie Entfaltung der Persönlichkeit und das Recht auf freie Wahl des Berufs hat" (Deutscher Bildungsrat 1970, 25).

Flankiert wurde die pädagogische Diskussion über die vorberufliche Bildung durch die Verabschiedung des Arbeitsförderungsgesetzes (AFG) und des Berufsbildungsgesetzes (BBiG) im Jahre 1969 sowie diverse politische Initiativen. So erklärte die Bundesregierung im „Aktionsprogramm Berufliche Bildung" (vgl. Bundesminister für Arbeit und Sozialordnung 1970) ihre Bereitschaft, in der Bund-Länder-Kommission für Bildungsplanung darauf hinzuwirken, dass eine „Berufs- und Wirtschaftskunde" an den allgemeinen Schulen zur Vorbereitung auf die Berufswahl und die Arbeitswelt eingeführt wird. Außerdem stellte sie in Aussicht, zusammen mit der Bundesanstalt für Arbeit die Berufsberatung gemäß AFG weiterzuentwickeln. Ergänzend hierzu wurde im Einvernehmen zwischen der Kultusministerkonferenz und der Bundesanstalt für Arbeit 1971 die Zielvorstellung einer besseren Kooperation zwischen Bundesanstalt für Arbeit und Schule bekräftigt, die dann vom Bundesausschuss für Berufsbildung im Januar 1972 in seinen „Empfehlungen über vorberufliche Bildung und Beratungsdienste" nachdrücklich wiederholt und konkretisiert wurde.

Damit waren entscheidende Weichen gestellt, Berufsvorbereitung in öffentlicher Verantwortung als wesentlichen Teil einer lernort- und schulformübergreifenden vorberuflichen Bildung professionell zu institutionalisieren. Dies ließ sich indes nur partiell in die Praxis umsetzen. Dabei gibt es zwischen den Ländern erhebliche Differenzen hinsichtlich der einzubeziehenden Schularten sowie des Umfangs und der Zielsetzungen. Als allgemeines Bildungsziel hat sich die Berufsvorbereitung länderübergreifend nur in der Hauptschule durchsetzen lassen. Hier allerdings seit Mitte der 1970er Jahre unter dem Einfluss der sich nachhaltig verändernden Schülerpopulationen zu Lasten der Hauptschule und der sich verschlechternden Arbeits- und Ausbildungsmarktbedingungen mehr und mehr als eine Form der Berufsvorbereitung risikobelasteter Jugendlicher.

(3) *Berufsvorbereitende Bildungsmaßnahmen für Jugendliche mit besonderem Förderbedarf:* Ein großer Teil der Hauptschulabsolvent(inn)en, insbesondere solcher, die die Hauptschule ohne Abschluss oder mit unterdurchschnittlichen Leistungsergebnissen verlassen, gehört heute zu den benachteiligten Problemgruppen „berufsvorbereitender Bildungsmaßnahmen" der Agentur für Arbeit gemäß den Richtlinien der Arbeitsförderung nach dem dritten Sozialgesetzbuch (SGB III). Berufsvorbereitung zwecks Förderung benachteiligter Jugendlicher reduziert sich indes nicht auf Arbeitsförderung durch BvB der Arbeitsagenturen. Sie richtet sich auf unterschiedliche Zielgruppen mit spezifischen Risikomerkmalen. Die hierfür auf unterschiedlichen gesetzlichen Grundlagen entwickelten Förderstrukturen in der Zuständigkeit von Bund, Ländern und Gemeinden sind nicht nur für die Betroffenen, sondern auch für das pädagogische Fachpersonal an Schulen, Ausbildungsbetrieben sowie außerschulischen und außerbetrieblichen Bildungsträgern kaum noch zu überschauen. Sie beeinträchtigt insbesondere die für die Arbeit mit benachteiligten Jugendlichen notwendige Zusammenarbeit und die koordinierte Problembearbeitung der Einzelfälle (case management). Unter rechtssystematischen Gesichtspunkten und den damit verbundenen „Förderlogiken" lassen sich insbesondere folgende – vielfach miteinander verknüpfte – Ansätze der Berufsvorbereitung Jugendlicher mit besonderem Förderbedarf unterscheiden (vgl. Kutscha 2005):

– Berufsvorbereitung im Rahmen des Berufsvorbereitungsjahrs (BVJ) an Berufsschulen nach den Schulgesetzen der Länder,

- Berufsausbildungsvorbereitung gemäß Änderung des Berufsbildungsgesetzes (BBiG) nach Art. 9 des Zweiten Gesetzes für moderne Dienstleistungen am Arbeitsmarkt vom 23.12.2002,
- Berufsvorbereitung im Sinne der berufsvorbereitenden Bildungsmaßnahmen der Bundesagentur für Arbeit (BvB) gemäß § 61 des dritten Sozialgesetzbuches über Arbeitsförderung (SGB III),
- Berufsvorbereitung im Rahmen der Jugendberufshilfe und der Jugendsozialarbeit nach § 13 des achten Sozialgesetzbuches (SGB VIII) und
- Berufsvorbereitung für behinderte und von Behinderung bedrohte Menschen gemäß § 33 Abs. 3 Zi. 2 des neunten Sozialgesetzbuches über Rehabilitation (SGB IX).

BvB der Agentur für Arbeit gemäß § 61 Abs. 1 SGB III zielen darauf ab, Jugendlichen und jungen Erwachsenen die Aufnahme einer beruflichen Erstausbildung oder die berufliche Eingliederung zu ermöglichen. Die Maßnahmen sollen die Berufswahlentscheidung unterstützen, die berufliche und soziale Handlungskompetenz stärken und dazu beitragen, die individuellen Chancen für eine möglichst dauerhafte Integration in das Berufs- und Arbeitsleben zu verbessern. Zu den wesentlichen Zielen und Aufgaben gehören:
- die Erweiterung des Berufswahlspektrums,
- die Förderung der Motivation zur Aufnahme einer Ausbildung,
- die individuelle lehrgangsbegleitende Beratung, insbesondere bei der Entscheidungsfindung und der Planung bzw. Vorbereitung des Überganges in Ausbildung, in andere Qualifizierungsmaßnahmen oder Beschäftigung,
- die Vermittlung fachpraktischer und fachtheoretischer Grundkenntnisse und -fertigkeiten,
- der Erwerb betrieblicher Erfahrungen und die Reflexion betrieblicher Realität,
- die Förderung und Einübung von Einstellungen und Fähigkeiten, die für eine erfolgreiche Bewältigung einer Ausbildung oder einer Arbeitnehmertätigkeit notwendig sind,
- die Verbesserung der Bildungsvoraussetzungen zur Ausbildungsaufnahme (Erwerb des Hauptschulabschlusses), die Stärkung der sozialen Kompetenz und Unterstützung bei der Bewältigung von Problemen.

Für die Realisierung dieser Ziele steht ein differenziertes Angebot an Maßnahmen zur Verfügung. Dies war in der Vergangenheit nach bestimmten Maßnahmetypen eingeteilt: Förderlehrgänge (F), Lehrgänge zur Verbesserung beruflicher Bildungs- und Eingliederungschancen (BBE), Grundausbildungslehrgänge (G) und Lehrgänge zum Testen, Informieren und Probieren (tipp) sowie Maßnahmen im Eingangsverfahren und Arbeitstrainingsbereich der Werkstatt für Behinderte und blindentechnische und vergleichbare Grundausbildung. Mit Runderlass der Bundesanstalt für Arbeit zum „Neuen Fachkonzept" für BvB vom 12. Januar 2004 sind die bisherigen Maßnahmekategorien durch eine flexible Angebotsstruktur aufgelöst worden. Diese Maßnahme ist Teil einer umfassenden Neuorientierung im Rahmen der Gesetze für moderne Dienstleistungen am Arbeitsmarkt („Hartz-Gesetze"). Wesentliche Eckpunkte der damit verbunden Weiterentwicklung der BvB sind (vgl. Bundesagentur für Arbeit 2004):
- Auflösung der bisherigen Maßnahmekategorien,
- inhaltliche Gliederung der BvB in Qualifizierungsebenen, die auf den Einzelfall abgestimmt werden,
- Förder- und Qualifizierungssequenzen,
- Eignungsanalyse als Grundlage für eine erfolgreiche Qualifizierungsplanung,
- Bildungsbegleitung,
- Stellenakquise und Vermittlung in Ausbildung und →Arbeit,
- Qualifizierungsvereinbarung als Bestandteil der Eingliederungsvereinbarung,
- Förderung von kooperativen Qualifizierungsangeboten,

– flächendeckende Implementierung betriebs- und wohnortnaher Qualifizierungskonzepte.

Das „Neue Fachkonzept" und die damit verbundene „Neue Förderstruktur" zielt ab auf eine Verbesserung der beruflichen Handlungsfähigkeit sowie eine Erhöhung der Eingliederungschancen der Jugendlichen in Ausbildung und Arbeit. Als Voraussetzung dafür werden kooperative, binnendifferenzierte und betriebsnahe Qualifizierungsangebote angestrebt. Im Hinblick auf die „Kunden", das heißt der Maßnahmeteilnehmer(innen), sollen verstärkt Eigenbemühungen, passgenaue Angebote sowie eine Erhöhung der Kontaktdichte gefördert werden. Förderkonzepte sollen in Zukunft an den Teilnehmer(inne)n der BvB ausgerichtet, flexibel und individuell gestaltet und an den beruflichen und betrieblichen Anforderungen orientiert sein. Angebote der Berufsausbildungsvorbereitung (nach BBiG) und der BvB (nach SGB III) sollen aufeinander abgestimmt und kooperative Qualifizierungsangebote regionaler Träger unterstützt werden.

(4) *Kritische Aspekte*: Orientiert am neuen Fachkonzept der BA unterliegen die auf regionaler Ebene entwickelten Förderstrukturen vom Ansatz her dem Paradigmenwechsel der jüngsten Arbeitsmarkt- und Förderpolitik (Eckert 2004). Primäre Zielgröße berufsvorbereitender Bildungsmaßnahmen ist die Erhöhung der Übergangsquoten in betriebliche, schulische und außerschulische Ausbildung. Der Primat beruflicher Eingliederung nach dem „Neuen Fachkonzept" im Rahmen der Arbeitsförderung nach SGB III korrespondiert mit der Zielsetzung der Berufsausbildungsvorbereitung, die direkt auf die Eingliederung in die →betriebliche Berufsausbildung nach BBiG abzielt und damit der Forderungen des Bündnisses für Arbeit, Ausbildung und Wettbewerbsfähigkeit (1999) und den Änderungsgesetzen für moderne Dienstleistungen am Arbeitsmarkt („Hartzgesetze") entspricht. Problemlagen der Jugendberufshilfe bzw. der arbeitsbezogenen Sozialarbeit im Rahmen der Jugendhilfe (SGB VIII) und deren Klientel mit spezifischen Belastungen und Förderbedarfen hingegen drohen in den Hintergrund zu geraten, da eine unmittelbare Eingliederung in Berufsausbildung und Arbeit vielfach nicht zu erwarten ist. Die Spitzenverbände der Jugendhilfe und Jugendsozialarbeit befürchten, dass die Neuorientierung der BvB zur „Bestenauslese" unter den Benachteiligten führen und damit die Segmentierungen im Übergangssystem zwischen Schule und →Beruf weiter verstärken könnte (Lex 2003; Kutscha 2005).

Weitere Kritikpunkte betreffen die förderpolitische Effizienz und das Grundkonzept der chancengleichheitsorientierten Förderpolitik. Die Zahl der Teilnehmer(innen) an BvB der Bundesanstalt bzw. Agentur für Arbeit entwickelte sich von rund 78 Tausend im Jahr 1998 auf 108 Tausend im Jahr 2003; das war ein Fünftel der Ausbildungsabschlüsse in den anerkannten Ausbildungsberufen des dualen Systems. Rechnet man für das Jahr 2003 die schulstatistisch erfassten Schüler(innen) des Berufsvorbereitungsjahres in Höhe von rund 80 Tausend sowie die rund 35 Tausend bei der Agentur für Arbeit registrierten noch nicht vermittelten Bewerber(innen) hinzu, so ergibt sich eine Gesamtzahl von 223 Tausend Jugendlichen ohne reguläre Ausbildung in einem anerkannten Ausbildungsberuf, denen 557 Tausend Jugendliche gegenüberstanden, die einen Ausbildungsvertrag abgeschlossen hatten. Nicht berücksichtigt sind dabei jene Jugendlichen ohne Ausbildung und Arbeit, die bei der Arbeitsagentur nicht gemeldet sind (Dunkelziffer).

Allen Jugendlichen ohne Ausbildung und Arbeit einschließlich der Teilnehmer(innen) an BvB ist gemein, dass sie aus unterschiedlichen Gründen am Markt benachteiligt sind. Ob und inwieweit diese Marktbenachteiligung mit BvB kompensiert werden kann oder ob damit lediglich eine strukturkonservative Entlastung des Ausbildungs- und Arbeitsmarkts bewirkt wird, ist umstritten. Da die Kosten der BvB, soweit sie zur Arbeitsförderung der Agentur für Arbeit nach SGB III gehören, aus den Beiträgen der sozialversicherungspflichtigen Erwerbspersonen finanziert werden, stellt sich überdies die Frage nach der Angemessenheit der Leistungs- und Finanzierungsverantwortung der bisherigen angeblich chancengleichheitsorientierte Förderpolitik. Als Alternativen werden Modelle umlage- und steuerfinanzierter Förderung der Berufsausbildung unter Vermeidung der Exklusion von Problemgruppen in BvB zur Diskussion gestellt (Neubauer 2005).

Literatur: Bundesagentur für Arbeit (Hg.): Dienstblatt Runderlass vom 12. Januar 2004: Berufsvorbereitende Bildungsmaßnahmen: Neues Fachkonzept. Nürnberg 2004 – Bundesminister für Arbeit und Sozialordnung (Hg.): Aktionsprogramm Berufliche Bildung. Bonn 1970 – Bündnis für Arbeit, Ausbildung und Wettbewerbsfähigkeit: Ergebnisse der Arbeitsgruppe „Aus- und Weiterbildung" (Stand: 10. November 1999), hg. vom Presse- und Informationsamt der Bundesregierung. Berlin o.J. – Decker, F.: Berufswahl, Berufsvorbereitung und Berufsberatung im Unterricht. Ein Handbuch zur Didaktik der vorberuflichen Bildung und beruflichen Grundbildung. Braunschweig 1981 – Deutscher Ausschuß für das Erziehungs- und Bildungswesen: Empfehlungen und Gutachten, Folge 7/8, Stuttgart 1965 – Deutscher Bildungsrat (Hg.): Empfehlungen der Bildungskommission: Strukturplan für das Bildungswesen, Stuttgart 1970 – Dibbern, H./ Kaiser, F.-J./ Kell, A.: Berufswahlunterricht in der vorberuflichen Bildung. Der didaktische Zusammenhang von Berufsberatung und Arbeitslehre. Gutachten zur Entwicklung eines Curriculums. Bad Heilbrunn 1974 – Eckert, M.: Wohin entwickelt sich die Benachteiligtenförderung? Reflexionen im Horizont neuer Arbeitsmarkt-, Bildungs- und Sozialpolitik. In: www.bwpat.de/ Ausgabe Nr. 6. Hamburg 2004 – Kutscha, G.: Berufsvorbereitung im Spannungsfeld von Chancenförderung und Sektion benachteiligter Jugendlicher. In: Bundesinstitut für Berufsbildung (Hg.): Wir brauchen hier jeden, hoffnungslose Fälle können wir uns nicht erlauben. Wege zur Sicherung der beruflichen Zukunft in Deutschland. Bonn 2005, S. 71-94 – Lex, T.: Segmentierungen im Übergangssystem. In: Lappe, L. (Hg.): Fehlstart in den Beruf? Jugendliche mit
Schwierigkeiten beim Einstieg ins Arbeitsleben. München 2003, S. 37-50 – Neubauer, J.: Die Förderung von Berufsvorbereitung und Berufsausbildung durch die Bundesagentur für Arbeit zwischen 1969 und 2003 – Die Kompensationsfunktionen im Spektrum chancengleichheitsbezogener Berufsbildungspolitik. Duisburg 2005 – Ulrich, J. G.: Benachteiligung – was ist das? Theoretische Überlegungen zu Stigmatisierung, Marginalisierung und Selektion. In: Lappe, L. (Hg.): Fehlstart in den Beruf? Jugendliche mit Schwierigkeiten beim Einstieg ins Arbeitsleben. München 2003, S. 21-50

Günter Kutscha

Berufsvorbereitungsjahr

In einigen Ländern sind ab 1976 Bildungsgänge vorrangig für Jugendliche eingerichtet worden, die nach Beendigung ihrer allgemeinen Schulpflicht weder in einen anderen vollzeitschulischen beruflichen Bildungsgang noch in ein Ausbildungsverhältnis aufgenommen worden sind. Die Länder reagierten damit vor allem auf die →Jugendarbeitslosigkeit und den Ausbildungsstellenmangel, von denen besonders Jugendliche ohne Hauptschulabschluss und aus Sonderschulen betroffen waren. Andere Bezeichnungen für diesen einjährigen Bildungsgang sind: Berufsgrundschuljahr Zug J (Bayern), berufsbefähigende Lehrgänge (Berlin; Schleswig-Holstein), Lehrgänge (in Vollzeitunterricht) für Schüler ohne Ausbildungsvertrag (Bremen), Werkklassen (Hamburg), Sonderberufsgrundschuljahr (Rheinland-Pfalz; ähnlich Saarland). Über die Einführung des BVJ hat es zwischen den Ländern in der KMK keine Absprachen gegeben; der KMK-Beschluss über „Bezeichnungen zur Gliederung des beruflichen Schulwesens" ist diesbezüglich nicht ergänzt worden (→Berufliches Schulwesen in der Bundesrepublik Deutschland).

Aus historischer Sicht ist die Einführung des BVJ auch eine (problematische) Reaktion auf das „Jungarbeiter-Problem". Denn die auf die betriebliche Berufsausbildung gerichtete (Teilzeit-)Berufsschule hat für die Jugendlichen ohne Ausbildungsverhältnis, die neben einer

vollen Erwerbstätigkeit oder als Arbeitslose einmal wöchentlich zum Schulbesuch verpflichtet sind, kein schulorganisatorisch und didaktisch befriedigendes Konzept entwickelt (Röhrs/Stratmann 1975; Seubert 1983; 1984). Durch die Einführung eines BVJ als vollzeitschulische Maßnahme haben sich die Rahmenbedingungen zur Inangriffnahme der Problematik „Jugendliche ohne Ausbildungsverhältnis" zwar verbessert, aber erst in Verbindung mit der Einführung eines Berufsgrundbildungsjahres (BGJ) ergeben sich Zielperspektiven und didaktische Bezugspunkte für eine berufspädagogisch sinnvolle Gestaltung des Übergangs vom allgemeinen Schulwesen in das Ausbildungs- oder unmittelbar in das Beschäftigungssystem durch eine zweijährige Berufsgrundschule (→Berufsgrundbildung/→Berufsgrundbildungsjahr/→Berufsgrundschule). Als Ziele sind in den Richtlinien des Landes Nordrhein-Westfalen für das BVJ formuliert, "den Jugendlichen so zu fördern, daß er fähig wird,
– eine Berufsentscheidung zu treffen und eine nachfolgende Berufsausbildung zu bewältigen,
– eine berufliche Tätigkeit zu wählen und auszuüben,
– Beeinträchtigungen seines Lern- und Sozialverhaltens zu kompensieren bzw. ggf. abzubauen (Kultusministerium NW 1976, S. 7). Nach diesen Richtlinien konnten Klassen des BVJ entsprechend den Lernvoraussetzungen der Schüler dreifach differenziert gebildet werden: Schüler mit Hauptschulabschluss oder darüber hinausgehendem Schulabschluss wurden im allgemein-obligatorischen Bereich und in Mathematik nach den Richtlinien des BGJ unterrichtet. Abgänger aus neunten Klassen, die ihre Schulpflicht erfüllt haben, wurden im allgemein-obligatorischen Bereich nach den Richtlinien der Hauptschule unterrichtet und konnten einen dem Hauptschulabschluss gleichwertigen Abschluss erwerben. Schüler mit schwächeren Lernleistungen wurden ausschließlich nach den besonderen „Richtlinien für den Unterricht im Berufsvorbereitungsjahr" unterrichtet. Die Stundentafel des BVJ sah in einem „allgemein-obligatorischen Bereich" zehn Wochenstunden (je zwei in Religionslehre, Politik, Sport und vier in Deutsch), im „obligatorischen Schwerpunktprofilbereich" zwanzig Wochenstunden (Wirtschaftslehre zwei; Mathematik und Naturwissenschaften vier; übrige berufsfeldbezogene Theorie vier; berufsfeldbezogene Praxis zehn) und im Wahlbereich vier Wochenstunden vor. Die Probleme bei der Umsetzung dieser Richtlinien in den beruflichen Schulen (Spies u.a. 1981; Stratmann 1981) haben zur Durchführung eines Modellversuchs „zur Verbindung des B. mit dem Berufsgrundschuljahr an beruflichen Schulen und Kollegschulen" in Nordrhein-Westfalen geführt.

Durch eine Novellierung des Berufsbildungsgesetzes (BBiG vom 22.03.2005) ist die Vorbereitung auf eine Berufsausbildung neu in das BBiG aufgenommen worden (§§ 1,2 und 68ff.). Eine solche „Berufsausbildungsvorbereitung" richtet sich auch auf den Personenkreis des BVJ und soll diesen „durch die Vermittlung von Grundlagen für den Erwerb beruflicher Handlungsfähigkeit an eine Berufsausbildung in einem anerkannten Ausbildungsberuf heranführen" (§ 1 Abs. 2), u.a. durch den Erwerb zertifizierter Qualifizierungsbausteine (§ 69).

Literatur: Kell, A. u.a.: Lernschwache Jugendliche – Möglichkeiten und Schwierigkeiten ihrer Integration in das Ausbildungs- und Beschäftigungssystem. In: Siegener Hochschulblätter 4 (1981), 1, S. 74-94 – Kell, A.: Berufsvorbereitungsjahr. In: Blankertz, H./Derbolav, J./Kell, A./Kutscha, G. (Hg.): Sekundarstufe II – Jugendbildung zwischen Schule und Beruf. Enzyklopädie Erziehungswissenschaft. Band 9.2. Stuttgart 1983, S. 178-182 – Kultusministerium NW: Richtlinien für den Unterricht im Berufsvorbereitungsjahr Nordrhein-Westfalen. Köln 1976 – Kultusminister NW: Durchführung des Berufsvorbereitungsjahres. Runderlaß vom 17. 4.1978. In: Gemeinsames Amtsblatt 30 (1978), 5, S. 148 ff. – Röhrs, H.-J./Stratmann, K.: Die Jung-

arbeiterfrage als berufspädagogisches Problem. In: Schweikert, K. u.a.: Jugendliche ohne Berufsausbildung – ihre Herkunft, ihre Zukunft. Schriften zur Berufsbildungsforschung 30. Hannover 1975, S. 309-400 – Seubert, R.: Zur Geschichte des Jungarbeiter-Problems. Manuskript. Siegen 1983 – Seubert, R.: Jugendliche außerhalb der Lehre – Zur Genese des Jungarbeiterproblems. In: Kell, A. u.a.: Jugendliche ohne Hauptschulabschluß in der Berufsgrundbildung. Bd. 1. Landesinstitut für Schule und Weiterbildung. Curriculum Heft 34. Soest 1984, S. 193-221 – Spies, W. u.a.: Das Berufsvorbereitungsjahr in NW. Abschlußbericht der wissenschaftlichen Begleitung zum Problemkreis „Verhaltensbeeinflussung, Erziehungsstrategien" im Berufsvorbereitungsjahr in Nordrhein-Westfalen. Manuskript. Dortmund 1981 – Stratmann, Kw. (Hg.): Das Berufsvorbereitungsjahr. Anspruch und Realität. Hannover 1981

Adolf Kell

Berufswahl

In den modernen arbeitsteilig organisierten Wirtschafts- und Gesellschaftsstrukturen haben sich Funktionen ausdifferenziert, zu deren Erfüllung menschliche →Arbeit auf der Grundlage funktionenadäquater personaler Kompetenzprofile erforderlich ist. Als B. bezeichnet man die Entscheidung eines Individuums, ein bestimmtes Kompetenzprofil zu erwerben, für das es einen relativ dauerhaften gesellschaftlichen Bedarf gibt. Der Berufsbegriff beschreibt demnach eine kulturspezifische Relation zwischen Mensch und Gesellschaft (Luers 1988), die auf Seiten der Gesellschaft als Funktionserfüllung, auf Seiten des einzelnen als Beitrag zum gesamtwirtschaftlich erstellten „sozialen Werk" zu beschreiben ist (→Beruf). In unterschiedlichen disziplinären Zugriffen wird B. als (lebensabschnittsspezifischer bzw. lebenslanger) Prozess oder als einmaliges Ereignis unter Einfluss genetisch-dispositionaler und/oder biographisch-sozialisatorischer Entwicklungen modelliert (Beck 1976). Unter den Bedingungen von schnellem technologischem, sozio-ökonomischem und politischem Wandel, von Massenarbeitslosigkeit und von Globalisierung aller zivilisatorischen Prozesse hat sich die Problematik der B. verändert. Sie kann in der Regel nicht mehr als das Eingehen einer lebenslangen Bindung an ein Tätigkeitsfeld betrachtet werden. Insofern ist sie einerseits durch zusätzliche Unsicherheiten belastet, andererseits sind Neuorientierungen (auch als Korrekturen) nunmehr sozial akzeptiert. Während allerdings die Berufszugehörigkeit bisher meist einen wesentlichen Bestandteil personaler Identität bildete, wird sie unter den geänderten Lebensbedingungen zurücktreten müssen zugunsten einer insgesamt eher metakognitiv verankerten Fundierung des individuellen Selbstkonzepts.

Literatur: Beck, K.: Bedingungsfaktoren der Berufsentscheidung. Eine erziehungswissenschaftliche Untersuchung am Beispiel ungelernter junger Arbeiterinnen und Arbeiter. Bad Heilbrunn 1976 – Luers, R.: Zum Begriff des Berufs in der Erziehungswissenschaft. Frankfurt a.M. 1988

Klaus Beck

Betriebliche Berufsausbildung

Begriffsklärung: Die betriebliche Berufsausbildung bezeichnet die Durchführung der Ausbildung im Betrieb. Ausbildungsbetriebe sind neben der →Berufsschule die Träger der Berufsausbildung im →Dualen System. Dabei findet die berufspraktische Ausbildung überwiegend im Betrieb statt, während die berufstheoretische Unterweisung und der allgemein bildende Unterricht ihren Schwerpunkt in der Berufsschule haben.

Geschichte: Die Wurzeln der betrieblichen Ausbildung in Deutschland reichen bis ins Mittelalter zurück, in dem die Handwerkslehre ihre Ausformung erfuhr. Als die Industrialisierung im 19. Jahrhundert in zunehmendem Maße spezialisierte, qualifizierte Arbeitskräfte erforderte, genügte das handwerkliche Ausbildungswesen nicht mehr. Dieser Anspruch, aber auch die Umstrukturierung im Handwerk drängten auf eine neue Effizienz der Berufsausbildung. Außerdem trat neben die betriebliche Berufslehre im Handwerk und Handel sowie auch im

Betriebliche Berufsausbildung

Bergbau und in der Landwirtschaft eine Form schulischer Ergänzung (→Berufsschule). Da die arbeitsplatzgebundene Ausbildung in Großbetrieben zu personalintensiv, also zu teuer wurde, konzentrierten die Industriebetriebe die Ausbildung in Lehrwerkstätten. Die Industriebetriebe entwickelten dadurch eine ganz eigene Form beruflicher Qualifizierung. Der Erste Weltkrieg und das Ende des Kaiserreichs bewirkten in der Geschichte der Aus- und Weiterbildung keinen Einschnitt. Großbetriebe der Industrie bauten ihre eigene systematische Berufsausbildung in Lehrwerkstätten weiter aus. Solche betrieblichen Lehreinrichtungen blieben für kleinere und mittlere Betriebe in Handwerk und Industrie noch selten. 1908 wurde zum Beispiel von der Industrie- und Handelskammer Solingen deswegen eine Gemeinschaftslehrwerkstätte gegründet, die mit der Zielsetzung heutiger überbetrieblicher Ausbildungsstätten vergleichbar ist. Mit der Entwicklung von Lehrwerkstätten und überbetrieblichen Ausbildungsstätten einerseits und der Berufsschule andererseits hat das berufliche Ausbildungs- und Schulwesen seine bis heute gültige Grundstruktur bekommen.

Aktuelles und Struktur: An der betrieblichen Ausbildung beteiligen sich Betriebe verschiedener Größenklassen. Rund zwei Drittel aller →Auszubildenden werden in Klein- und Mittelbetrieben ausgebildet. Die Berufsausbildung in diesen Betrieben wird durch überbetriebliche berufliche Bildungsstätten in Handwerk und Industrie mit insgesamt vielen tausend Werkstattplätzen ergänzt (→Überbetriebliche Ausbildung). Die Durchführung der betrieblichen Berufsausbildung unterscheidet sich nach Ausbildungsbereichen und der Größe des Betriebes:
Die Berufsausbildung in kaufmännischen Berufen erfolgt überwiegend am Arbeitsplatz. Hier lernt der Auszubildende durch Zuordnung zu einer Fachkraft, bei der er nach Auftrag, durch Zusehen und Mithelfen Fertigkeiten und Kenntnisse erwirbt.

Für die gewerbliche Ausbildung in Klein- und Mittelbetrieben hat ebenfalls die Lehre am Arbeitsplatz große Bedeutung. Diese Ausbildung wird gegebenenfalls durch lehrgangsmäßige Phasen in einer betrieblichen Ausbildungsstätte oder in einem Ausbildungszentrum ergänzt. Die gewerblich-technische und naturwissenschaftlich-technische Berufsausbildung wird in Mittel- und Großbetrieben in einer planmäßigen Kombination von Lernen in Ausbildungsstätten und am Arbeitsplatz durchgeführt. In Mittel- und Großbetrieben vermitteln zuerst hauptberufliche →Ausbilder in der Lehrecke/ →Lehrwerkstatt oder im Lehrlaboratorium die grundlegenden Kenntnisse und Fertigkeiten systematisch durch →Unterweisungen. Nach dieser Grundbildung werden in der Fachbildung dann die erworbenen Kenntnisse und Fertigkeiten an geeigneten Arbeitsplätzen im Betrieb unter Aufsicht von nebenberuflichen Ausbildern erweitert und vertieft.
Ungeachtet dieser verschiedenen Ausbildungsstruktur wird in den Betrieben der Ausbildungserfolg durch die wechselseitigen Beziehungen von Lernen und Arbeiten sowie das Umsetzen von Theorie in Praxis gesichert. Für die persönliche Entwicklung junger Menschen in der betrieblichen Ausbildung ist es besonders wichtig, dass im Betrieb Arbeitsaufgaben gestellt und Verantwortung übertragen werden. Der junge Mensch kann mit erzieherischer Unterstützung der Ausbilder allmählich in die Arbeits- und Berufswelt hineinwachsen.

Perspektiven: Die betriebliche Ausbildungsbereitschaft ist – trotz vieler gegenteiliger Stellungnahmen – immer noch recht hoch. Im September 2005 haben die Betriebe 550.180 neue Ausbildungsverträge abgeschlossen. Allerdings ist die Situation der betrieblichen Ausbildung gegenwärtig in Ost- und Westdeutschland sehr verschieden, weil sich auch die wirtschaftliche Entwicklung in den neuen und alten Bundesländern unterscheidet. Die konjunkturellen Entwicklungen und die wirtschaftlichen Umstrukturierungen in beiden

Teilen Deutschlands bleiben nicht ohne Auswirkungen auf das betriebliche Ausbildungsangebot, das letztlich immer Ausdruck eines für die Zukunft erwarteten betrieblichen Personalbedarfs ist. Deshalb kommt es bei der Förderung der Ausbildungsbereitschaft der Unternehmen darauf an, die Rahmenbedingungen für die betriebliche Berufsausbildung zu verbessern.

Literatur: Bundesministerium für Bildung und Forschung (Hg.): Berufsbildungsbericht 2005. Bonn/ Berlin 2005 – Bunk: G.P.: Einführung in die Arbeits-, Berufs- und Wirtschaftspädagogik. Heidelberg 1982 – Falk, R.: Betriebliches Bildungsmanagement. Köln 2000 – Schelten, A.: Einführung in die Berufspädagogik. 3. Auflage, Stuttgart 2004 – Schelten, A.: Begriffe und Konzepte der berufspädagogischen Fachsprache. Stuttgart 2000 – Zedler, R.: Die Grundlagen der dualen Berufsausbildung. In: Cramer, C. (Hg.): Jahrbuch Ausbildungspraxis. Köln 2003, S. 187-192

Reinhard Zedler

Betriebliche Weiterbildung

Als b. W. bezeichnet man die Gesamtheit der Maßnahmen und Aktivitäten, die die Unternehmen zur kontinuierlichen Qualifizierung ihrer Mitarbeiter im Anschluss an die Erstausbildung vorsehen. Die b. W. steht zudem in einem engen Wechselverhältnis zur Personalentwicklung, da ein großer Teil der Personalentwicklungsmaßnahmen Bildungsmaßnahmen sind (→Personalarbeit und Personalentwicklung). Während man traditionellerweise zwischen den Formen „Anpassungs-", „Aufstiegs-" und „Umschulungsfortbildung" unterschied und damit auch deutlich unterscheidbare didaktische Formen betrieblichen Lernens bezeichnete, sind die Maßnahmen der b. W. heute in einem breiteren Rahmen zu sehen. Zwar ist die b. W. heute mehr denn je vornehmlich eine „Anpassungsfortbildung", doch umfasst diese kontinuierliche Anpassung nicht mehr nur eng funktionsbezogenes Lernen. Man kann vielmehr in diesem Bereich eine deutliche Zunahme der Bedeutung „außerfachlicher Inhalte" und verhaltensbezogener Themenstellungen feststellen. Dies kann als Indiz dafür gewertet werden, dass die qualifikatorischen Engpässe der Unternehmen keineswegs immer in fachlich-funktionsbezogenen Qualifikationsdimensionen liegen, sondern dass im sog. lernenden Unternehmen gerade die außer- bzw. überfachlichen Qualifikationen (sog. →Schlüsselqualifikationen) zunehmend an Bedeutung gewinnen.

Gewandelt haben sich in den letzten Jahren auch die Institutionalisierungsformen der b. W.: Feststellbar ist eine „Entgrenzung" und „Entstrukturierung", d.h. die b. W. wird nicht mehr (nur) hinter den verschlossenen Türen „betriebsinterner Volkshochschulen" bzw. eigener Bildungsabteilungen geplant und durchgeführt, sondern entwickelt sich zunehmend zu einem integralen Bestandteil der Kooperations- und Führungspraxis in den Abteilungen. Verbunden damit ist eine enorme Aufwertung des „Lernens am Arbeitsplatz". Da viele Seminarteilnahmen bei externen Weiterbildungsanbietern sich in ihren Wirkungen als wenig nachhaltig erwiesen, weil der Transfer des Gelernten in die eigene Arbeitsumgebung nicht gelang (→Lerntransfer), bevorzugt man heute immer stärker arbeitsintegrierte Formen der Weiterbildung (auch durch Nutzung neuer, computerunterstützter Lernmöglichkeiten). Nicht mehr die Entsendung zu Seminaren, sondern die Realisierung von Problemlöse- und Qualifizierungsworkshops, die von den Abteilungen selbst angefordert bzw. mit ihnen definiert, geplant und „vor Ort" durchgeführt werden, stellt sich zunehmend als neuartige Weiterbildungsstrategie zahlreicher Unternehmen dar. Mit diesem didaktischen Wandel der betrieblichen Weiterbildung vom „Lernerfocus" (= Weiterbildung einzelner Mitarbeiter) zum „systemischen Focus" (= Lernen der Organisation) wandelt sich auch die Rolle der betrieblichen WeiterbildnerInnen: Diese sind weniger LehrerInnen und ProgrammplanerInnen, sondern mehr „Coach" und „Geburtshelfer", indem sie – im Sinne eines „Wandering around" – mit den verschiedenen Kulturen und Arbeitskontexten der Unternehmung „im Gespräch bleiben", über sozial- und erziehungswissenschaftliches Know-how verfügen, um Strukturwandlungen erkennen und begleiten zu können, und insgesamt eine Akzeptanz „als professionelle Problemlöser und Qualifizierungsexperten" erwerben, die es ihnen ermöglicht, ihre Leistungen auf einem „ungeschützten" Markt, d.h. außerhalb des Unternehmens, anzubieten (= Outsourcing).

Die b. W. hat sich in den 80er Jahren zu dem zahlenmäßig bedeutendsten Segment auf dem Weiterbildungsmarkt entwickelt, sowohl hinsichtlich der Teilnehmer als auch hinsichtlich der aufgewandten Mittel (ca. 40 Mrd. DM pro Jahr). Bildungspolitisch problematisch ist allerdings die Tatsache, dass auch die b. W. in hohem Maße sozial selektiv ist, d.h. in erster Linie solche Mitarbeiter erreicht, die vorbildungsmäßig bereits zu den Bildungs- und Qualifizierungsgewinnern zählen. Inwieweit diese soziale Selektivität durch die oben erwähnten ganzheitlichen Qualifizierungsstrategien abgeschwächt wird, kann derzeit noch nicht beurteilt werden. Bildungspolitisch problematisch ist auch die Tatsache, dass die b. W. in der Weiterbildungsgesellschaft eine ähnlich grundlegende Bedeutung für die Bildungs- und Berufskarriere des einzelnen gewinnt, wie ehedem die Erstausbildung, ohne jedoch einer öffentlichen Kontrolle (durch staatliche Qualitätskontrollen u.ä.) zu unterliegen. Während dieser Zustand in der Diskussion einerseits als „verfassungswidrig" angeprangert und ein Bundesweiterbildungsgesetz gefordert wird, welches auch die innerbetrieblichen Weiterbildungsangebote im Hinblick auf Qualität, Vergleichbarkeit der Abschlüsse u.ä. verbindlich „regelt", warnen andere Stimmen vor einer Verstaatlichung und Verbürokratisierung der b. W.

Literatur: Arnold, R.: Betriebliche Weiterbildung. Selbstorganisation, Unternehmenskultur, Schlüsselqualifikationen. Bd. 3 der Schriftenreihe Grundlagen der Berufs- und Erwachsenenbildung. Baltmannsweiler ²1995 – Arnold, R./Weber, H. (Hg.): Weiterbildung und Organisation. Zwischen Organisationslernen und lernenden Organisationen. Bd. 36 der Reihe Ausbildung – Fortbildung – Personalentwicklung. Berlin 1995 – Gonon, P./Stolz, S. (Hg.): Betriebliche Weiterbildung. Bern 2004 – Geißler, H.: Grundlagen des Organisationslernens. Weinheim 1994 – Pawlosky, P./Bäumer, J.: Betriebliche Weiterbildung. Management von Qualifikation und Wissen. München 1996

Rolf Arnold

Betriebspädagogik

Gegenstand der B. sind alle für die berufliche Bildung der MitarbeiterInnen, die betriebliche Zusammenarbeit und die organisatorische Gestaltung der Arbeit relevanten Sachverhalte in Betrieben. Mit Betrieb ist dabei allgemein ein organisatorisches wirtschaftliches Aktionszentrum gemeint, das alle betriebswirtschaftlichen Unterteilungen umfassen kann. Aufgrund der Differenzierungsmöglichkeiten der Betriebe nach Größe, Wirtschaftszweig, Branche, Wirtschaftssektor usw. kann eine große Vielfalt spezifischer Gegenstandsfelder bestimmt werden, die in der Regel nicht in einer weiteren Differenzierung der B. (z.T. historisch ausgeprägt als Industriepädagogik, Pädagogik des Handwerks und der Landwirtschaft), sondern allenfalls in einer betriebsartspezifischen Akzentuierung ausgedrückt wird. Als bedeutsam gilt die pädagogische Perspektive, die die B. als eine pädagogische Wissenschaft vor allem mit der →Berufs- und →Wirtschaftspädagogik verbindet. Daneben steht B. mit der →Arbeitspädagogik, der Betriebspsychologie, der Arbeitswissenschaft und der Industriesoziologie in Verbindung.

Als Fokus einer pädagogischen Perspektive gilt zum einen die individuierende pädagogische Orientierung, d.h. das Individuum als das in seinen Möglichkeiten zu entwickelnde und zu bildende Subjekt. Zum anderen überschreitet B. die rein individuierende Sichtweise, wenn sie auch nach den Umfeldbedingungen für die individuelle Entwicklung fragt. Das Feld einer

B. ist nicht auf betriebliche Qualifizierungsmaßnahmen begrenzt. Die Begründungen der B. der 50er bis 70er Jahre sowie die Forschungsschwerpunkte beziehen sich stark auf die innerbetriebliche Bildungsarbeit, zum Teil auch heute noch. Eine Erweiterung des Arbeitsfeldes der B. ergibt sich, wenn die Gestaltung der betrieblichen →Arbeit mit zum Gegenstand erklärt wird. Der Arbeitsplatz ist dann nicht mehr Ausgangspunkt für betriebspädagogische Qualifizierung, sondern zugleich Gegenstand betriebspädagogischer Analyse und Gestaltung. Dieser Zusammenhang wird zwingend, wenn man Qualifizierung und Arbeit in ihrer Wechselbeziehung sieht, die eine Balance erfordert zwischen qualifikationsförderlicher Arbeit einerseits und arbeitsförderlicher Qualifizierung andererseits.

Der erweiterte Ansatz der B. fordert eine Integration von technischen, organisatorischen und qualifikatorischen Entwicklungsmöglichkeiten. Aus dieser Perspektive hat B. die Qualifikations- und Bildungsfrage mit der betrieblichen →Arbeit in Verbindung zu bringen. Dabei kann das wechselseitige Beziehungsfeld als das eigentliche Problemfeld der B. bezeichnet werden, das zwischen den Polen einer reinen Anpassung an die technische und organisatorische Entwicklung im Betrieb und einer distanzierten Bewertung der sozialen betrieblichen Verhältnisse aus einem kritischen Bildungsverständnis anzusiedeln ist. Die pädagogische Vermittlungsaufgabe beginnt bei der Grundaussage, dass wir es bei der Analyse der betrieblichen Prozesse mit verschiedenen Rationalitäten zu tun haben. Solche Prozesse unterliegen Prinzipien der Zweckmäßigkeit/Finalität (im Sinne einer Suche und Vorauswahl von Lösungsmöglichkeiten betrieblicher Prozessgestaltung) und der Ökonomie und Ökologie (im Sinne einer ökonomischen und ökologischen Bewertung betrieblicher Prozesse). Pädagogische Prinzipien der Individuierung, Lernförderlichkeit der Arbeitsgestaltung und der Partizipation tangieren diese Prinzipien, stehen aber keineswegs immer im Widerspruch dazu, sondern fordern zur Suche nach komplexen Lösungen auf, die eine befriedigende Antwort bei allen Bewertungen erreicht. Die Gewichtung der einzelnen Prinzipien ist indes einem Prozess des betrieblichen Aushandelns unterworfen, der einen Teil des politischen Systems des betrieblichen Zielsystems ausmacht.

B. setzt die grundsätzliche Verbindung von betrieblicher Arbeit und Lebenswelt voraus und konkurriert mit der systemtechnischen Sicht, die den Betrieb auf das technische Funktionieren reduziert. Berufsbildung kann nur dort sinnvoll zur Anwendung kommen, wo Arbeitsverhältnisse auch als soziale Verhältnisse zu gestalten sind. Die erzieherische Wirkung betrieblicher Arbeit wurde in der B. seit ihrem Beginn um 1920 betont. Lange Zeit wurde das hohe Pathos der Werks- oder Betriebsgemeinschaft gepriesen, dessen subjektive Wendung zum Leitbild einer Betriebspersönlichkeit führte, die sich gliedhaft in die Betriebsgemeinschaft einfügen sollte. Berufsbildung musste dagegen als eine kritische Größe erscheinen, deren subjektbezogene Potenz sich gegenüber den Ansprüchen des Einzelbetriebs behauptete. Trotz aller Bemühungen des modernen Personalmanagements, →Motivation und Leistung der Beschäftigten eines Betriebs über die →Unternehmenskultur und die damit angestrebte größere Identifizierung mit dem Betrieb zu erreichen und zu steigern, scheint das Berufskonzept dem Konzept der Corporate Identity in seiner identitätsstiftenden Funktion überlegen zu sein. Der Zusammenhang von →Beruf und Betriebsbindung wird durch neue arbeitsorganisatorische Maßnahmen und Vorschläge verstärkt, Kontrollorganisation durch Vertrauensorganisation zu ersetzen. So weisen industriesoziologische Arbeiten darauf hin, dass die neuen Produktionskonzepte nicht nur erhöhte fachliche Qualifikationen voraussetzen, sondern auch Betriebsgebundenheit und Loyalität, die eine dysfunktionale Nutzung der vorhandenen Handlungsspielräume verhindern sollen.

Die Tatsache, dass die neuen Technologien ganz unterschiedliche Arbeitsformen unterstützen und in unterschiedliche Organisationen einfügbar sind mit ganz unterschiedlichen Konsequenzen für die Berufsstruktur, macht deutlich, dass der traditionelle Konflikt zwischen betrieblich-ökonomischen Interessen und berufspädagogischen Normen bei der technisch-organisatorischen Entwicklung nicht außer Kraft gesetzt wird, aber einen Formenwandel erfährt. Anders als in der traditionellen Organisationslehre, die Unternehmensziele mit Unternehmerzielen gleichsetzte, müssen die technisch-organisatorischen Innovationen als ein evolutiver Ausgestaltungsprozess verstanden werden, in dem unterschiedliche Interessen zum Ausgleich gebracht werden. Die Frage nach der Gestaltung des Verhältnisses von individuellen und betrieblichen Ansprüchen stellt die betriebspädagogische Grundfrage dar, deren normativer Gehalt vor allem in den Aspekten der betrieblichen Bildungsprozesse und der Gestaltung lernförderlicher Arbeit und Partizipation von der B. zu entfalten ist.

Literatur: Arnold, R.: Betriebspädagogik. Berlin 1990 – Dybowski, G. et al. (Hg.): Berufliche Bildung und betriebliche Organisationsentwicklung. Bremen 1993 – Tilch, H.: Zum Handlungsfeld der Betriebspädagogik. In: Zeitschrift für Berufs- und Wirtschaftspädagogik 94 (1998), 2, S. 204 ff.

Herbert Tilch

Betriebspraktikum

Das B. für Schüler umfasst die Phasen Vorbereitung, Durchführung und Auswertung. Insbesondere die „Durchführungsphase" (im Betrieb) hat eine besondere Bedeutung, weil sie eine didaktische Schlüsselfunktion einnimmt. Diese besteht darin, dass Vorbereitungs- und Auswertungsphase mit der zentralen Durchführungsphase so verknüpft werden, dass der Charakter einer didaktischen Einheit sichergestellt ist.

Die wesentlichen Bezugspunkte einer inhaltlichen Planung des B. sind der Unterrichtskontext und die betrieblichen Erfahrungsmöglichkeiten (*Behrens* u.a. 1985, S. 15 f.).
Der unterrichtliche Kontext umfasst die Inhalte, die vor und nach dem B. behandelt werden bzw. die mit „betrieblichen Erfahrungen" der Schülerinnen und Schüler im B. verbunden werden sollen. Durch die unterrichtliche Einbindung kann dem B. eine spezifische Funktion im Lernprozess zugewiesen werden: Es dient der Beschaffung von Informationen, die nur im Betrieb erfahrbar sind, und es ermöglicht die Entstehung eines konkreten Erfahrungshintergrundes beispielsweise für modellgeleitete oder -gestützte unterrichtliche Arbeit.
Das B. kann Entscheidungs- und Erkenntnishilfe sein: Entscheidungshilfe im Zusammenhang mit Fragen der Berufswahlentscheidung und Erkenntnishilfe im Zusammenhang mit technischen und ökonomischen Fragestellungen:

1. Das B. als Entscheidungshilfe für die →Berufswahl: Die Auswirkungen des B. auf eine Verbesserung der Berufswahlentscheidung sind äußerst begrenzt. Dies hängt u.a. damit zusammen, dass wesentliche berufswahlbezogene Entscheidungen von den Schülern bereits vor der Wahl eines „Praktikumsberufs" gefällt werden, da der Praktikumsberuf möglichst dem zukünftigen →Ausbildungsberuf entsprechen soll. Dem Schüler ist eine unvoreingenommene Prüfung seiner Praktikumserfahrungen kaum mehr möglich. Vielmehr nimmt der Schüler seine Praktikumsrealität selektiv wahr, indem er sich beispielsweise eine Bestätigung seiner vorab getroffenen Entscheidung sucht und häufig auch findet.

2. Das Betriebspraktikum als Erkenntnishilfe für technische und ökonomische Zusammenhänge: Dieser Aspekt verweist nachdrücklich auf den unterrichtlichen Kontext, in den das Betriebspraktikum eingebunden sein sollte. Während des Betriebspraktikums

sind berufliche Tätigkeiten, Arbeitsmittel, Fertigungsabläufe u.ä. beobachtbar und erfahrbar. Nicht beobachtbar sind jedoch die technischen, ökonomischen oder organisatorischen Prinzipien und Kriterien, die beispielsweise zur Einführung oder Nichteinführung bestimmter Technologien, Produktionsverfahren oder Formen der Arbeitsorganisation führen. Anders ausgedrückt: die technische und ökonomische (betriebswirtschaftliche, volkswirtschaftliche) Rationalität, durch die beobachtbare und erfahrbare Phänomene bestimmt werden, ist nicht beobachtbar. Daraus folgt, dass der Schüler auf Beobachtungshilfen angewiesen ist, die ihm helfen, die Informationsvielfalt während eines B. zu erschließen. Neben strukturierten Beobachtungshilfen sind Interpretationshilfen notwendig, die es erlauben, unmittelbare Erfahrungen zu ordnen. Diese Beobachtungshilfen und Interpretationsmuster – kurz: Modelle – sind in den Praktikumskontextphasen (vorbereitendem und auswertendem Unterricht) zu erarbeiten.

Es werden drei Organisationsformen des Praktikums unterschieden: Im Tagespraktikum arbeiten die Schülerinnen und Schüler pro Woche an einem Tag 6 bis 8 Stunden in einem Betrieb, an den restlichen Tagen besuchen sie die Schule. Wesentliche Zielsetzungen des Tagespraktikums bestehen im Kennen lernen und Unterscheiden von „Arbeit" beispielsweise im Hinblick auf Arbeitsbelastungen und Arbeitsorganisation. Teilweise findet man unter der Bezeichnung „Arbeitslehre-Tag" oder „Praxis-Tag" Praktikumsmodelle mit hohen allgemeinpädagogischen Ansprüchen, die sich für eine größere Lebensnähe von Schule einsetzen (Frings/Redecke 1990, S. 47 ff.). Das Stundenpraktikum wird innerhalb eines bestimmten Zeitraums an mehreren Tagen im Betrieb absolviert (z.B. innerhalb von zwei Wochen an sechs Nachmittagen zu je drei Stunden). Die Zielsetzungen sind mit denen des Tagesprakti- kums vergleichbar. Die am weitesten verbreitete Organisationsform ist das **Blockpraktikum**. Die Schülerinnen und Schüler „arbeiten" durchgehend mehrere Wochen in einem Betrieb. Durch die tägliche Anwesenheit des/der Praktikanten(in) im Betrieb eignet sich diese Organisationsform im Besonderen zur vertieften Erarbeitung und Erfahrung „wirtschaftlicher Sachverhalte".

Einen besonderen Stellenwert erhalten die Blockpraktika im Rahmen der Vollzeitschulischen Berufsausbildung. Im Rahmen des Modellversuchs →„Lernbüro" waren zum Beispiel B. neben Betriebserkundungen ein fest eingeplanter Bestandteil der erprobten Bildungsgänge: „So wurden in die Vollzeitschulische Berufsausbildung zum/zur Bürokaufmann/frau und zum/zur Bürogehilfen/in im ersten und zweiten Halbjahr ein vier- und ein dreiwöchiges P., davon jeweils 5 Wochen in den Schulferien, integriert. Während der Fachstufenausbildung wurden in die Ausbildung zum/zur Bürokaufmann/frau 17 Wochen B., davon 9 Wochen in den Schulferien, und in die Ausbildung zum/zur Bürogehilfen/in 10 Wochen B. einschließlich 7 Wochen in den Schulferien integriert" (*Kaiser/Weitz/Sarrazin* 1991, S. 219 f.).

Als Ziele der Praktika in der vollzeitschulischen Berufsausbildung nennen die Lehrer insbesondere: die Vermittlung von betrieblichen Erfahrungen, das Erleben der Ernstsituation, das Erfahren der betrieblichen Hierarchie, das Erleben größerer Komplexität als in den schulischen Modellunternehmen (Lernbüros), die Konfrontation mit Routinefähigkeiten, das Kennen lernen anderer Organisationsstrukturen und der betrieblichen Funktion in der Realität sowie das Beschaffen von Informationen und Sammeln von „Sozialerfahrungen" in der betrieblichen Realität (*Kaiser/Weitz/Sarrazin* 1991, S. 145 f.).

Im Hinblick auf die Zielsetzung, sachliches mit außerschulischem Lernen zu verbinden, wird die Empfehlung ausgesprochen, Praktika, wo

eben möglich, auch auf der →Berufsfach- und Höheren Berufsfachschule durchzuführen.
Literatur: *Behrens, G./Haar, J./Kuhlmann, I./Modick, H.-E./Schoof, D.: Betriebspraktikum. Hannover 1985 – Eckert, M./Stratmann, Kw.: Das Betriebspraktikum. Köln 1978 – Feig, G.: Soziales Lernen. Möglichkeiten zur Entwicklung von Handlungsqualifikationen am Beispiel der „Praxiserkundung" verschiedener Lernorte. In: Gatwu (Hg.): Arbeit – Technik – Wirtschaft. Bad Salzdetfurth 1981 – Feldhoff, J./Otto, K.A./Simoleit, J./ Sobott, C.: Projekt Betriebspraktikum. Düsseldorf 1985 – Frings, V./Redecke, A.: Praxistag Hauptschule – eine Möglichkeit erzieherischer Arbeit. In: arbeiten + lernen 11 (1990), 72, S. 47-50 – Kaiser, F.-J./Weitz, B. O./Sarrazin, D.: Arbeiten und Lernen in schulischen Modellunternehmen. Neue Informationstechnologien und Datenverarbeitung im Berufsfeld Wirtschaft und Verwaltung. Band II. Bad Heilbrunn 1991 – Kaiser, F.-J./Kaminski, H.: Methodik des Ökonomie-Unterrichts. Bad Heilbrunn ²1997 – Platte, H.K.: Lernen vor Ort, Anleitungen, Informationen und Fakten zum Betriebspraktikum. Bad Godesberg 1986 – Reuel, G./ Schneidewind, K.: Das Betriebspraktikum. In: arbeiten + lernen 11 (1989), 61, S. 10-15*

Manfred Hübner

Betriebsverfassungsgesetz

Nach Gründung der Bundesrepublik Deutschland wurde in der Ablösung des Kontrollratsgesetzes der Alliierten 1952 das Betriebsverfassungsgesetz (BetrVG) erlassen. Dieses Gesetz wurde durch das BetrVG vom 15.01.1972 abgelöst. Es gilt für alle Betriebe der gewerblichen Wirtschaft. Ausgenommen sind die Betriebe und Verwaltungen des öffentlichen Dienstes, für die das Bundes- bzw. Landespersonalvertretungsgesetz der Länder geschaffen wurde.

Das BetrVG gliedert sich in 8 Teile mit entsprechenden Abschnitten. Die Regelungen sollen stichwortartig benannt werden.
– Erster Teil. Allgemeine Vorschriften
– Zweiter Teil. Betriebsrat, Betriebsversammlung, Gesamt- und Konzernbetriebsrat, Abschnitte: Zusammensetzung und Wahl des Betriebsrats, Amtszeit des Betriebsrats, Geschäftsführung des Betriebsrats, Betriebsversammlung, Gesamtbetriebsrat, Konzernbetriebsrat
– Dritter Teil. Jugend- und Auszubildendenvertretung, Abschnitte: Betriebliche Jugend- und Auszubildendenvertretung, Gesamtjugend- und Auszubildendenvertretung, Konzern-Jugend- und Auszubildendenvertretung
– Vierter Teil. Mitwirkung und Mitbestimmung der Arbeitnehmer, Abschnitte: Allgemeines, Mitwirkungs- und Beschwerderecht des Arbeitnehmers, Soziale Angelegenheiten, Gestaltung von Arbeitsplatz, Arbeitsablauf und Arbeitsumgebung, Personelle Angelegenheiten, Wirtschaftliche Angelegenheiten.
– Fünfter Teil. Besondere Vorschriften für einzelne Betriebsarten, Abschnitte: Seeschifffahrt, Luftfahrt, Tendenzbetriebe und Religionsgemeinschaften
– Sechster Teil. Straf- und Bußgeldvorschriften
– Siebenter Teil. Änderung von Gesetzen
– Achter Teil. Übergangs- und Schlussvorschriften

In Betrieben mit mind. 5 wahlberechtigten Arbeitnehmern ist ein Betriebsrat zu wählen. Der Betriebsrat hat Informationsrechte, Mitwirkungs- und Mitbestimmungsrechte (sog. erzwingbare Rechte). Das BetrVG enthält nicht die Rechtsfigur der Parität, sondern stellt das wirtschaftliche Interesse und das Direktionsrecht des Betriebes über die Beteiligungsrechte des Betriebsrates und der ArbeitnehmerInnen. Erstmals wurde 1952 die Wahl von Jugendvertretungen im Gesetz installiert. Seit der Novellierung vom 3. Juli 1989 sind →Jugend- und Auszubildendenvertretungen zu wählen. Eine größere Novellierung des BetrVG fand 1972 statt. Besondere Bedeutung für die Berufsbildung enthält das Gesetz in folgenden Bestimmungen: § 96 – Förderung der Berufsbildung, § 97 – Einrichtungen und Maßnahmen der Berufsbildung, § 98 – Durchführung betrieblicher Bildungsmaßnahmen.
Die letzte Änderung erfolgte durch das Gesetz zur Reform des Betriebsverfassungsgesetzes,

das am 28.7.2001 in Kraft getreten ist. Die Änderungen enthalten nähere Einzelheiten zur Wahl der Betriebsräte und der Jugend- und Auszubildendenvertretung.

Literatur: *Däubler, W./Kittner, M./Klebe,T. (Hg.): BetrVG-Betriebsverfassungsgesetz mit Wahlordnung, Kommentar für die Praxis.* Köln 2004 – *Fitting/Engels/ Schmidt/Trebinger/Linsenmaier: Betriebsverfassungsgesetz mit Wahlordnung. Handkommentar, 22 Auflage,* München 2004 – *Wohlgemuth, H.-H.: Berufsbildungsgesetz Kommentar für die Praxis.* Köln 1995

Rainer Brötz

Bildungschancen

Gleichheit der B. ist ein normativer Anspruch. Er ist aufgenommen worden in die „Allgemeine Erklärung der Menschenrechte" der Vereinten Nationen und ist impliziter oder expliziter Bestandteil des Grundrechtskataloges fast aller sozialstaatlichen Verfassungen. So heißt es beispielsweise im GG unter der Überschrift „Gleichheit vor dem Gesetz" in Art. 3 (3): „Niemand darf wegen seines Geschlechts, seiner Abstammung, seiner Rasse, seiner Sprache, seiner Heimat und Herkunft, seines Glaubens, seiner religiösen oder politischen Anschauungen benachteiligt oder bevorzugt werden."
Die Gleichheitsbestrebung gelangte vor allem als Forderung nach „Gleichheit der B." zu neuer Aktualität, als in den 60er Jahren in der westlichen Welt empirische Untersuchungen über sog. Bildungsreserven diskutiert wurden, die nachwiesen, dass die B. höchst ungleich verteilt sind und Schüler und Studenten durchaus wegen ihres Geschlechts, ihrer Herkunft, ihrer Rasse usw. benachteiligt oder bevorzugt wurden (OECD 1961; Coleman-Report 1966). Vor allem soziologisch orientierte Analysen belegten detailliert die Mechanismen des Auslesens durch das Bildungssystem und zeigten die Barrieren auf, die einer Realisierung der Gleichheit der B. im Wege stehen (Dahrendorf 1965; Rolff 1967). Diese Barrieren bestehen bis heute fort.

Die wichtigste Quelle zur Identifizierung der sozialen Ungleichheit im deutschen Schulsystem ist der jährlich bundesweit durchgeführte Mikrozensus. Seine Ergebnisse lassen generelle Aussagen über die Bildungsbeteiligung und die soziale Situation zu (Hansen u.a. 1994).
Im Unterschied zum allgemein bildenden weist das berufliche Schulwesen nach wie vor deutliche geschlechtsspezifische Unterschiede auf, die nicht nur ihre Entsprechung in einem horizontal (nach Berufsbereichen) und vertikal (nach Hierarchieebenen) segmentierten Arbeitsmarkt finden, sondern auch zur Fortschreibung eben dieser Segmentierung beitragen.
Der Aufweis der Ungleichheit der Chancen bleibt nicht ohne Einfluss auf die Legitimationsprobleme der Gesellschaftspolitik, die zunehmend Reformmaßnahmen zum Zwecke der Verbesserung der Chancengleichheit propagierte und z.T. auch einleitete, so z.B. Ausbau der Vorschulerziehung, der Ausbildungsförderung, der Behindertenhilfe, der Erziehungsberatung und etlicher anderer Bereiche. In der daraufhin einsetzenden Debatte um die Art und Angemessenheit der Reformmaßnahmen zeigte sich allerdings sehr bald, dass mit der Forderung nach mehr Chancengleichheit unterschiedliche Zielvorstellungen verbunden sind, hinter denen sich unterschiedliche Interessen und Gesellschaftsbilder verbergen. Idealtypisch stilisiert lassen sie sich zwei Positionen zuordnen: einer liberalen und einer sozialstaatlichen Position.
Die liberale Position bezieht sich im Kern auf die juristische und politische Gleichheit jedes einzelnen. Sie lässt sich zugespitzt als Chancengerechtigkeit verstehen, was auf die Forderung nach Verbesserung der Startchancen hinausläuft, also auf die Verbesserung der Chancen des einzelnen als Konkurrent im Wettbewerb. Dies bedeutet für den in diesem Zusammenhang zentral wichtigen Bildungsbereich vor allem Zugang zu guten Noten und weiterführenden Abschlüssen, z.B. durch Förderunterricht,

Angleichung der örtlichen und regionalen Versorgung mit Bildungseinrichtungen, gleichmäßige Ausstattung aller Bildungseinrichtungen mit Lehrpersonal und Sachmitteln usw. Chancengleichheit meint dann das Recht auf begabungsmäßige Bildung und individuelle Begabungsförderung (Nunner-Winkler 1971, S. 11 f.) oder das „Bürgerrecht auf Bildung" (Dahrendorf 1965).

Gegen die konkurrenzorientierte liberale Position ist anhand empirischer Untersuchungen (Jencks 1973) kritisch eingewandt worden, dass mehr Startgerechtigkeit nicht zu mehr Chancengleichheit führt, solange gesamtgesellschaftliche Ungleichheit herrscht – zumal sich belegen lässt, dass die Ungleichheit im Bildungs- und Sozialwesen ein wesentlicher Ausdruck gesamtgesellschaftlicher Ungleichheit ist, die sich insbesondere über ungleiche „Chancen" am Arbeitsplatz (Pearlin/Kohn 1966), ungleiche Teilhabe an gesellschaftlichen Produktionsprozessen und ungleiche Verteilung der Produktionsmittel und Produkte vermittelt.

Diese Kritik begründet zugleich die zweite, sozialstaatliche Position. Diese geht davon aus, dass die Gleichheitsforderung nicht durch individualistische Konkurrenz, sondern vielmehr durch solidarisches Handeln eingelöst werden kann (Solidarität). Chancengleichheit bedeutet nach diesem Verständnis vor allem Gleichheit der Lebensbedingungen, Beteiligung an allen die Lebenslage betreffenden Entscheidungen und Teilhabe an allen Ressourcen von Natur und Gesellschaft. Chancengleichheit heißt ferner Abbau aller Vorrechte und Benachteiligungen in der Gesellschaft: Sie beinhaltet auch ein „Recht auf Kompensation" für vorübergehend oder dauernd Behinderte.

Die sozialstaatliche Position unterliegt dem Einwand, sie führe zu Gleichmacherei und Kollektivierung im Sinne von Vermassung. Dagegen wird zu Recht argumentiert, es gebe auf der Welt nicht zwei Schüler, die sich in allen Merkmalen völlig gleichen – und es gibt mithin keinen vernünftigen Grund dafür, absolute Gleichheit herbeizuführen. Dies erkennt die sozialstaatliche Position allerdings auch an. Im Bereich von Lernen und Bildung, also der Aneignung von kulturellen Traditionen, Wissensbeständen und Techniken, gilt das Teilhabeprinzip, dass jeder unabhängig von seinen bisher ausgebildeten Fähigkeiten und Leistungen das Recht hat, sich weiterzuentwickeln, d.h., Lernangebote in Anspruch zu nehmen, die seine bisherigen Rückstände auszugleichen in der Lage sind. Weiterentwicklung ist dabei auf die ganze Persönlichkeit zu beziehen, nicht nur auf durch →Zensuren messbare Lernfortschritte. Das sozialstaatliche Chancengleichheitskonzept intendiert also nicht, Persönlichkeiten dem Kollektiv zu opfern, sondern gerade umgekehrt die Lernpotentiale von Gruppen nutzbar zu machen für die umfassende Entwicklung aller Talente, Bedürfnisse und Interessen, was erst die Voraussetzung für die Herausbildung unverwechselbarer Individualität ist.

Weitgehend ungeklärt erscheint indes die Frage, inwieweit und unter welchen Bedingungen die Sozial- und die Bildungspolitik dazu beitragen können, die Idee von Chancengleichheit konsequenter zu verwirklichen. Jede Politik, die mehr Chancengleichheit anstrebt, muss sich der Dialektik der Chancengleichheit vergewissern. Gleichheit und Ungleichheit bilden eine untrennbare Einheit, solange die gesellschaftliche Ungleichheit weiterwirkt, die das Gleichheitsproblem überhaupt erst erzeugt.

Literatur: Coleman, J.S. u.a.: Equality of educational opportunity. U.S. Department of Health, Education. Washington 1966 – Dahrendorf, R.: Bildung ist Bürgerrecht. Stuttgart 1965 – Hansen, R. u.a.: Situation und Perspektiven der beruflichen (Erstaus-)Bildung. In: Rolff, H.-G. u.a. (Hg.): Jahrbuch der Schulentwicklung. Bd. 8. Weinheim 1994 – Jencks, Ch. u.a.: Chancengleichheit. Reinbek 1973 – Merton, R.K.: Contributions to the theory of reference group behavior. In: Merton, R.K.: Social theory and social structure. New York 1968 – Nunner-Winkler, G.: Chancengleichheit und individuelle Förderung. Stuttgart 1971

– OECD (Hg.): *Begabung und Bildungschancen (1961). Frankfurt a.M. 1967* – Offe, C.: *Leistungsprinzip und industrielle Arbeit. Frankfurt a.M. 1970* – Pearlin, L.J./ Kohn, M.L.: *Social class, occupation and parental values: A cross-national study*. In: *American Sociological Review 31 (1966), 4, S. 466-469* – Rolff, H.-G.: *Sozialisation und Auslese durch die Schule. Weinheim 101997 (1967)*

Hans-Günter Rolff

Bildungscontrolling

B. ist ein Begriff, der in den 90er Jahren neben denjenigen der Bildungsevaluation getreten ist, bis heute jedoch keine weite Verbreitung gefunden hat.

Controlling meint in der Betriebswirtschaft(-slehre) nicht Kontrolle, sondern ein systemisches Steuerungsverhalten, das sich mit der Beziehung von Intentionen (Zielen, Gütekriterien u.ä.), Bedingungen und den Mitteln und Verfahren, die zur Schließung von Soll-Ist-Differenzen eingesetzt werden, befasst. Der Selbstanspruch von Controlling ist die empirisch-analytische Aufklärung aller zielrelevanten Bedingungs- und Wirkungszusammenhänge, wobei in der Regel angestrebt wird, alle Erkenntnisse möglichst weitgehend in Zahlen auszudrücken, die etwas über den Umfang des Gewinns oder Verlusts bestimmter Maßnahmen aussagen. Die Nutzung des so produzierten Steuerungswissens fällt nicht mehr in den Verantwortungsbereich des Controllings.

B. stellt den Versuch dar, den ökonomischen Nutzen pädagogischer Maßnahmen nachzuweisen. Dieses Erkenntnisinteresse unterscheidet B. von Bildungsevaluation, die ökonomische Aspekte oft ausblendet. Diesem Gewinn für die Weiterentwicklung pädagogischer Theorie und Praxis steht die Belastung gegenüber, dass Controlling bisher mit paradigmatischen Vorannahmen arbeitet, die für aufgeklärtes sozialwissenschaftliches Denken und Handeln nicht nur in der Pädagogik, sondern auch im Management nicht annehmbar sind. Neben der mangelnden Sensibilität für die Interpretationsbedürftigkeit von Tatsachen und Interessenbestimmtheit empirischer Aussagen ist hier vor allem der prinzipiell nicht realisierbare Anspruch zu nennen, dem Paradigma linearer Kausalität folgend die erfolgs- oder misserfolgsbedingende Wirkung bestimmter Maßnahmen empirisch-analytisch erklären zu wollen. Stattdessen sollte sich (Bildungs-)Controlling auf eine phänomenologische Aufklärung ökonomischer und pädagogischer Intentionen, Bedingungen und Mittel/Maßnahmen beschränken. Auf diese Weise ließe sich auch der Selbstwiderspruch des Controllingkonzepts überwinden, seinen Kunden, den Fach- und Führungskräften einer Organisation, systemische Selbststeuerung ermöglichen zu wollen, andererseits jedoch dieses mit Blick auf die Zukunft immer wichtiger werdende Gütekriterium der eigenen Controllingpraxis, also der Beobachtung, Analyse und Bewertung organisationaler Bedingungen und Prozesse, nicht zugrunde zu legen.

Literatur: Götz, K.: *Zur Evaluation beruflicher Weiterbildung. Bd. 1 und 2. Weinheim 1993* – Landsberg, G. v.: *Bildungs-Controlling. Stuttgart 1995* – Bank, V.: *Controlling in der betrieblichen Weiterbildung. Köln 1997*

Harald Geißler

Bildungsgang

Der Begriff des B. wird in der →Berufs- und →Wirtschaftspädagogik in unterschiedlicher Weise verwendet. Wenn der formale Aspekt des Begriffs im Vordergrund steht, meint man z.B. den B. mit dem Ziel des Kaufmanns/der Kauffrau im Groß- und Außenhandel. Gemeint ist damit die Struktur der Stundentafel, also die Unterrichtsfächer mit den jeweiligen Wochen- oder Jahresstunden. Der inhaltliche Aspekt des Begriffs B. stellt das Zusammenwirken der Unterrichtsfächer innerhalb eines B. in den Vordergrund.

Außerdem kann weiter unterschieden werden zwischen dem objektiven (dem durch curricular vorgegebenen) und dem subjektiven B.

Schwerpunkt des subjektiven B. ist der aktive Prozess, in dem die Lernenden mit ihrer Kompetenzentwicklung im Vordergrund stehen.

In den Klassen oder Jahrgangsstufen der Schulen wird der Unterricht erteilt nach den Vorgaben der jeweiligen Stundentafeln. Diese Stundentafeln weisen den einzelnen Unterrichtsfächern bestimmte Unterrichtsstunden zu. Mit diesen formalen Vorgaben für die schulische Umsetzung werden keine inhaltlichen Bedingungen festgelegt. Über die fachliche, mediale oder methodische Progression in der einzelnen Unterrichtsfächern, über die Möglichkeiten oder Notwendigkeiten eines Zusammenarbeitens einzelner Unterrichtsfächer, Gruppen von Unterrichtsfächern oder der gesamten Unterrichtsfächer ist damit noch keine Entscheidung getroffen. Seit Mitte der 80er Jahre kann eine Entwicklung festgestellt werden, die einerseits die Existenz der Unterrichtsfächer betonte, gleichzeitig aber die Forderung erhob, dass das „Nebeneinander" der Unterrichtsfächer ersetzt werden soll durch ein „Miteinander". In diesem Zusammenhang wurde z.B. die Formulierung geprägt, dass die Unterrichtsfächer sich als „curriculares Ensemble" verstehen sollten. Diese Formulierung fordert von den Unterrichtsfächern bei den Planungen eines B. eine Berücksichtigung der anderen Unterrichtsfächer, um ein fächerabgestimmtes oder fächerübergreifendes Lernen zu ermöglichen (→Fächerübergreifender Unterricht). Dabei darf die Abstimmung der Unterrichtsfächer nicht nur bei der curricularen Ebene verharren, sondern sollte gleichwohl die Ebene der Medien und Methoden mitberücksichtigen.

Diese abgestimmte Vorgehensweise soll den Schülerinnen und Schülern eines B. das Erreichen des Bildungsgangziels (-zielbündels) erleichtern; unnötige Doppelungen sollen vermieden und eine für den gesamten B. gültige fachliche, methodische und mediale Progression erreicht werden. Da die Abstimmung in den curricularen Vorgaben für die Schulen in den meisten Fällen die schulischen Besonderheiten nicht berücksichtigen können, müssen die Einzelschulen die entsprechenden Regelungen mit Hilfe von →Bildungsgangkonferenzen herbeiführen.

Die Umsetzung des Bildungsganggedankens (Bildungsgangkonzeption) in den Schulen erleichtert den Schülerinnen und Schülern das Lernen, denn sie erkennen z.B. Zusammenhänge zwischen den Unterrichtsfächern schneller. Sie ermöglicht auch eine schulische Reaktion auf die jeweils vorhandenen Ressourcen und die Rahmenbedingungen, unter denen der Unterricht im B. jeweils stattfindet, und eröffnet damit eine Berücksichtigung regionaler Besonderheiten.

Kritisch gilt anzumerken, dass der Realisierung des Bildungsganggedankens die Forderungen nach →Differenzierung und →Individualisierung des schulischen Lernens und auch das sog. Lernbereichskonzept, das das Zusammenarbeiten einzelner Unterrichtsfächer erfordert, entgegenstehen. Die Umsetzung der Bildungskonzepte ist ein komplexer und zeitaufwändiger Prozess, der z. B. durch die Konzipierung und Nutzung von →Lernaufgaben, wie sie in den →Kollegschulen Nordrhein-Westfalens umgesetzt worden sind, erleichtert und beschleunigt werden kann. In Bildungsgängen, die durch das Lernfeldkonzept geprägt sind, ist die Abstimmung innerhalb des Bildungsgangs unverzichtbar..

Literatur: Fertig, L.: Bildungsgang und Lebensplan: Briefe über Erziehung von 1750-1900. Darmstadt 1991 – Kazek, E.: Berufsqualifizierung und Studienberechtigung: der Bildungsgang höhere Handelsschule/ allgemeine Hochschulreife an den Kollegschulen des Landes Nordrhein-Westfalen in der Bewertung seiner Absolventen. Essen 1990 – Kordes, H.: Entwicklungsaufgabe und Bildungsgang: Beantwortung der Fragen: Was ist ein Bildungsgang? Was ist eine Entwicklungsaufgabe? Münster 1996

Jochen Bödeker

Bildungsgangkonferenz

B. sollen auf der Grundlage der staatlichen Vorgaben in Form der Richtlinien und Lehrpläne und unter Berücksichtigung der schulischen Besonderheiten die notwendigen Absprachen und Festlegungen hervorbringen, um das angestrebte Bildungsgangkonzept umzusetzen.
Damit sind die Lehrerinnen und Lehrer, die im jeweiligen →Bildungsgang unterrichten, Mitglieder dieser Konferenzen. Außerdem kann über die Teilnahme weiterer Mitglieder z.b. aus dem Bereich der ausbildenden Unternehmen, der Auszubildenden oder Schülerinnen und Schüler, Elternvertreter entschieden werden. Welches Gewicht diese zusätzlichen Mitglieder haben, muss im Einzelfall entschieden werden.
Die Hauptaufgabe der B., die für jeden Bildungsgang gebildet und durchgeführt werden muss, besteht in der Erarbeitung und der verbindlichen Verabschiedung von Grundsätzen der fachdidaktischen und methodischen Arbeit sowie der Leistungsbewertung und der Mediennutzung.
Im Rahmen der didaktischen Planung in den Bildungsgängen, die lernfeldstrukturiert sind, müssen die folgenden Aufgaben erfüllt werden:
– Zuordnung der Lernfelder
– Entwicklung von Lernsituationen als didaktische Umsetzung der Lernfelder
– Konkretisierung der Kompetenzentwicklung der Schülerinnen und Schüler in/durch die Lernsituationen
– Planung und Festlegung der Lernorganisation.
Außerdem können in B. Vorschläge und/ oder Entscheidungen über den Unterrichtseinsatz von Lehrerinnen und Lehrern im jeweiligen Bildungsgang, die Einführung und Nutzung von Lehr- und Lernmittel, die Entwicklung bzw. Modifizierung von Fachraumkonzepten und deren Nutzung getroffen werden. Damit gehen die Kompetenzen von B. deutlich über die der Fachkonferenzen hinaus.
Die bisherigen Erfahrungen in den Schulen mit B. sind unterschiedlich, da ein solches Konferenzmodell die traditionell gewohnte Eigenständigkeit der Unterrichtsfächer reduziert und das Abstimmungsverfahren komplex und damit zeitintensiv ist.
Für die Entwicklung tragfähiger schulischer Konzepte sind in der schulischen Praxis zwei Vorgehensweisen praktiziert worden. Die erste Möglichkeit sieht Entscheidungen in den jeweiligen B. vor, an denen sich die betroffenen Fachkonferenzen orientieren müssen. Die zweite Möglichkeit versucht, in den B. die Entscheidungen und Vorschläge der Fachkonferenzen zu bündeln und zu vereinheitlichen.
Um dem schulischen Auftrag nach Einlösung des Bildungsgangkonzepts gerecht werden zu können, sollten B. eine ständige Einrichtung an den Schulen sein, die getroffene Entscheidungen von Schuljahr zu Schuljahr neu überprüfen und festlegen.

Literatur: Gruschka, A.: Die Didaktik der Berufsschule als Bildungsgangdidaktik. Hg. vom Landesinstitut für Schule und Weiterbildung. Soest 1992 – Landesinstitut für Schule und Weiterbildung (Hg.): Richtlinien für die Bildungsgänge der Kollegschule. Teil A (4. Entwurf). Soest 1988 – Landesinstitut für Schule und Weiterbildung (Hg.): Qualifikationserweiterung Bürowirtschaft. Bd. 2 Bildungsgang. Soest 1991

Jochen Bödeker

Bildungsgesamtplan

Bildungspolitik und →Bildungsplanung sind in der Bundesrepublik Deutschland verfassungsrechtlich nur in einem relativ eng begrenzten Maße Gegenstand gesamtstaatlicher Instanzen und Aktivitäten. Die föderative Struktur der Republik und die Kulturhoheit bzw. Bildungshoheit der einzelnen Bundesländer legen den Rahmen fest, innerhalb dessen sich bereits seit Bestehen der Bundesrepublik unterschiedliche Formen der Zusammenarbeit auf dem Gebiet der Bildungspolitik und Bildungsplanung zwischen den Bundesländern sowie zwischen Ländern und Bund entwickelten („Kooperativer Förderalismus"). Als integrierende Beratungs- und Planungsinstitu-

Bildungsgesamtplan

tionen sind in diesem Zusammenhang insbesondere zu nennen: die Kultusministerkonferenz, der Deutsche Aussschuss für das Erziehungs- und Bildungswesen, der Deutsche Bildungsrat, der Wissenschaftsrat und die Bund-Länder-Kommission für Bildungsplanung und Forschungsförderung (BLK).

Die BLK wurde 1970 aufgrund eines Verwaltungsabkommens zwischen Bund und Ländern gegründet, und zwar unter der Bezeichnung „Bund-Länder-Kommission für Bildungsplanung". Mit der Erweiterung ihrer Aufgaben durch die Rahmenvereinbarung zur Forschungsförderung von 1975 änderte sich der Name dieser Institution. Die BLK ist eine Regierungskommission und unterhält enge Arbeitskontakte zu den Fachministerkonferenzen. Sie verfügt über eine gemeinsame Geschäftsstelle in Bonn und setzt sich nach dem Beitritt der neuen Bundesländer aus acht Vertretern der Bundesregierung (mit sechzehn Stimmen) und je einem Vertreter der Bundesländer zusammen.

Ermöglicht wurde die Kooperation von Bund und Ländern auf dem Gebiet der Bildungsplanung und Forschungsförderung durch die Einfügung des Art. 91b betreffend Gemeinschaftsaufgaben in das Grundgesetz. Danach können Bund und Länder „auf Grund von Vereinbarungen bei der Bildungsplanung und bei der Förderung von Einrichtungen und Vorhaben der wissenschaftlichen Forschung von überregionaler Bedeutung zusammenwirken". Das Verwaltungsabkommen über die Errichtung der BLK sah als Aufgaben vor:

1. einen gemeinsamen langfristigen Rahmenplan für eine abgestimmte Entwicklung des gesamten Bildungswesens vorzubereiten;
2. mittelfristige Stufenpläne für die Verwirklichung der bildungspolitischen Ziele zu entwerfen;
3. Empfehlungen zur Koordinierung vollzugsreifer Teilpläne des Bundes und der Länder auszusprechen;
4. Programme für die Durchführung vordringlicher Maßnahmen zu entwickeln;
5. den voraussichtlichen Finanzbedarf für die Verwirklichung der Pläne und Programme zu ermitteln sowie ein gemeinsames Bildungsbudget auszuarbeiten;
6. die von den Regierungschefs verabschiedeten Pläne fortlaufend zu überprüfen und fortzuschreiben;
7. Vorhaben im Bereich der Bildungsforschung und der Bildungsplanung anzuregen und zu deren Realisierung entsprechende Vereinbarungen zwischen Bund und Ländern vorzubereiten;
8. den internationalen Erfahrungsaustausch in der Bildungsplanung zu fördern.

Auftragsgemäß legte die BLK nach außerordentlich schwierigen Verhandlungen im Jahr 1973 den B. vor. Er enthielt normative Vorgaben für die Entwicklungen im Bildungswesen einschließlich der Berufsausbildung und der Weiterbildung im Tertiären Bereich. Allerdings konnten die unterschiedlichen bildungspolitischen Positionen zwischen CDU- und SPD-regierten Ländern, insbesondere hinsichtlich der Orientierungsstufe, der Gesamtschule und Lehrerbildung, nicht überbrückt werden, was in entsprechenden Sondervoten seinen Niederschlag fand. Ebenso wenig gelang es, Kompromisse zwischen Bildungs- und Finanzplanung zu finden. Der Versuch, den B. bis 1995 fortzuschreiben, scheiterte 1982 nach jahrelangen Bemühungen. Die BLK stand dicht vor ihrer Auflösung, blieb aber schließlich mit veränderten Aufgabenschwerpunkten bis heute bestehen. Soweit es um Bildungsplanung und Innovationen im Bildungswesen geht, liegt ihr Haupttätigkeitsfeld derzeit auf den Gebieten der punktuellen Unterstützung von Innovationsvorhaben in bilateraler Kooperation von Bund und einzelnen Ländern sowie der Förderung von Modellversuchen, die wichtige Impulse für die Weiterentwicklung in den Bereichen Schule, Ausbildung, Hochschule und Weiterbildung erwarten lassen. Die konkreten

Arbeitsvorhaben werden von Fall zu Fall beschlossen; hierüber informieren die Jahresberichte der BLK. Anders als in der Bildungsplanung haben die Aufgaben der BLK in der Forschungsförderung nach dem Beitritt der neuen Bundesländer an Bedeutung gewonnen. Der Versuch, durch gesamtstaatliche Planung die Entwicklung des Bildungswesens in der Bundesrepublik langfristig abzusichern, wurde mit dem Scheitern der Fortschreibung des B. weitgehend aufgegeben. Zum einen werden die Möglichkeiten einer effizienten gesamtstaatlichen Bildungsplanung gegenwärtig skeptischer beurteilt, als dies in der Reformphase Ende der 60er/Anfang der 70er Jahre der Fall war, zum anderen ist der politische Wille zum notwendigen Konsens bei kooperativer Bildungsplanung angesichts der unterschiedlichen Entwicklungen in den alten und neuen Bundesländern und der besonderen parteipolitischen Belastungen zwischen der Bundesregierung und den einzelnen Bundesländern nicht erkennbar.

Literatur: Bund-Länder-Kommission für Bildungsplanung: Bildungsgesamtplan. Band I und II. Stuttgart 1973 – Klemm, K.: Bildungsgesamtplan '90. Ein Rahmen für Reformen. Weinheim/München 1990 – Spies, W.: Bund-Länder-Kommission für Bildungsplanung. In: Baethge, M./Nevermann, K. (Hg.): Organisation, Recht und Ökonomie des Bildungswesens. Enzyklopädie Erziehungswissenschaft. Band 5. Stuttgart 1984, S. 450-453

Günter Kutscha

Bildungsmanagement

Die Frage nach B. setzt die Institutionalisierung von Bildung voraus und zielt auf Antworten, wie sie interpersonell und strukturell zu organisieren ist. Mit Blick auf Schulen und schulähnliche Bildungsorganisationen hat B. sich vorrangig zu befassen mit ihrer organisationalen und dabei vor allem auch rechtlichen Einbindung in das jeweilig übergeordnete Organisationssystem z.B. der Schulverwaltung, mit Fragen der organisationsinternen Hierarchie, der Festlegung von Rechten und Pflichten der verschiedenen Organisationsmitglieder sowie der notwendigen Qualifikation des pädagogischen Personals und mit den Bedingungen für die Aufnahme und erfolgreiche Entlassung der zu Qualifizierenden. Diese strukturellen Bedingungen pädagogischer Organisationen bilden den Rahmen für den interpersonellen Aspekt von B., d.h. für die Kooperation und Führung des pädagogischen Personals. Aus pädagogischen Gründen darf diese nicht nur als Sozialtechnik verstanden, sondern muss im Weiteren als eine erwachsenenpädagogische Herausforderung wahrgenommen werden. Für den Umgang mit den vorliegenden strukturellen Voraussetzungen leitet sich hieraus die Forderung ab, dass den Organisationsmitgliedern die Möglichkeit eingeräumt werden muss, sie im Sinne eines partizipativen B. durch →Organisationsentwicklung verändern bzw. mitgestalten zu können.

B. ist mehr als Schulmanagement. Denn es befasst sich auch mit allen nicht-schulischen pädagogischen Organisationen wie z.B. überbetrieblichen Ausbildungsstätten und Weiterbildungsinstituten (→Weiterbildungsmanagement). Gleichwohl hat die Geschichte des Schulmanagements diese Organisationen sowie auch die Institutionalisierung von Bildung in nicht-pädagogischen Organisationen nachhaltig geprägt. Bei letzteren wird B. durch das theoretisch und praktisch schwer lösbare Problem herausgefordert, sich mit den nicht-pädagogischen (also vor allem ökonomischen) Managementfunktionen der betreffenden Organisation abzustimmen.

B., das sich in dieser Weise mit strukturellen und interpersonellen Aspekten der Organisation von Bildung befasst, muss sich schließlich auch dem Management der Beziehungen zwischen verschiedenen pädagogischen Organisationen sowie zwischen diesen und der organisierten Bildung in nicht-pädagogischen Organisationen und ihrer Bedeutung für die Regional- und im weiteren auch Gesellschaftsentwicklung zuwenden. Mit Bezug auf die berufliche Bildung sind in diesem Zusammenhang vor allem die Bedingungen und Entwicklungsmöglichkeiten des →Dualen Systems zu diskutieren.

Literatur: Bottery, M.: The Ethics of Educational Management. London 1992 – Geißler, H./Bruch, Th. v./ Petersen, J.: Bildungsmanagement. Frankfurt 1994 – Schwuchow, K.: Weiterbildungsmanagement. Stuttgart 1992

Harald Geißler

Bildungsökonomie

Als wissenschaftlich entwickeltes Forschungsgebiet entsteht die B. Ende der 60er Jahre parallel zum Zwang der Modernisierung und Technisierung der Volkswirtschaft. Den Strategien zur Produktivitätssteigerung, die mit Einsatz der Kommission für den wirtschaftlichen und sozialen Wandel in der Bundesrepublik Deutschland an Kontur gewannen, fehlte aber die humanökologische Perspektive, d.h. sie waren technisch-instrumentell und werkstofforientiert ausgerichtet. An diesem Defizit setzt die B. an, indem sie danach fragt, welchen Faktoren der gesellschaftliche Reichtum, speziell der der Bildung, zuzurechnen ist. Umgekehrt interessiert die Wirkung auf ökonomische Wachstumsprozesse, wenn Bildung als deren Quelle im gesellschaftlichen Faktorengefüge nicht angemessen bedacht wird. Damit stellt dieser Forschungsansatz Bildung in eine ökonomisch-gesellschaftliche Zweck-Mittel-Relation.

Das erkenntnisleitende Interesse der Forschungen zielt demgemäß auf die Allokation von Bildung im Produktions- und Wertschöpfungsprozess. Einzelerklärungen beziehen sich speziell auf die Entwicklung der Nachfrage von Bildungsmöglichkeiten, die Wechselbeziehungen zwischen Stellenangebot und Bildungsnachfrage, die Beeinflussbarkeit der Bildungsnachfrage, die Behandlung von Bildung als Investition, die Verteilung von Bildungsprozessen auf Lebensphasen, Finanzierungsfragen von Bildungsinstitutionen sowie das →Bildungscontrolling. Kennzeichnend für die B. sind drei theoretische Zugriffe:

Der Humankapitalansatz kapitalisiert alle Aufwendungen, auch sog. Opportunitätskosten, die bis zum Eintritt in das Erwerbsleben anfallen, und betrachtet deren angemessene Verzinsung. Aus der Kapitalisierungsrechnung entwickeln die Bildungsökonomen einerseits volkswirtschaftliche Planungsgrößen für die zukünftige Bereitstellung von Bildungsressourcen. Andererseits schätzen sie den Ertrag bzw. Einkommensstrom, der sich dem aufsummierten Wert nach ergeben müsste. Aus dem Vergleich von kapitalisierten und verzinsten Einkommen sowie aufgezinsten Bildungskosten ergibt sich die Rentabilität der Bildungsinvestition. Auf der Basis solcher Untersuchungen lassen sich u.a. alternative (Aus-)Bildungsprogramme ökonomisch bewerten. Eine breite Kritik an diesem Ansatz, im Detail wie im Anliegen, wandte sich vor allem gegen die utilitaristische Bildungsberechnung.

Der Arbeitskräfteansatz (auch: Manpower-Ansatz) ist hauptsächlich den Abstimmungsproblemen zwischen dem Beschäftigungs- und Bildungssystem geschuldet und zugleich eng sowohl mit der Qualifikations- als auch →Arbeitsmarkt- und Berufsforschung verknüpft. Auf der Basis von Projektionen werden die Wachstumspfade von Branchen bzw. Wirtschaftsbereichen und Teilarbeitsmärkten geschätzt und das produktionstheoretische Paradigma in berufliche Qualifikationen verlängert. Damit wird der Zusammenhang von Bildung und Beschäftigung als qualifikatorisches Problem behandelt. Die Auffassung, dass ein enger Zusammenhang zwischen beiden vorliegt, ist stark umstritten.

Der Ansatz des Bildungscontrollings behandelt das Problem der effizienten und angemessenen Planung und Durchführung von Curricula und Kursen in betrieblichen Bildungsprozessen. Gefragt wird nach der Zuschreibung der Aufwendungen für bestimmte Bildungsmaßnahmen zur betriebswirtschaftlichen Zielerreichung. Das Bildungscontrolling dient somit häufig der Entscheidungsfindung darüber, ob Betriebe interne Bildungsressourcen aufbauen oder ausgliedern, sie am Markt einkaufen oder etwa eigene Bildungsgesellschaften gründen. Neuerdings wird dieser Forschungsansatz auf das öffentliche Schulwesen insofern übertragen, als Prozesse der Budgetierung, der Schulautonomie, der Zeitbudgetierung von Lehrenden als auch der Schulentwicklungsplanung einer Wirtschaftlichkeitsbetrachtung unterzogen werden. Ob eine auf die Wirtschaftlichkeit fixierte Forschung ohne angemessene Würdigung von Bildungsinhalten, didaktischen Fragen und der Besonderheit der einzelnen Bildungsgänge bildungspolitisch tragfähig ist, wird zu prüfen sein. In besonderem Maße sind hier interdisziplinäre Betrachtungen unverzichtbar.

Literatur: Alex, L.; Weisshuhn, G.: Ökonomie der Bildung und des Arbeitsmarktes. Hannover 1980 – Brinkmann, G. (Hg.): Probleme der Bildungsfinanzierung. Berlin 1985 – Edding, F.; Hüfner, K.: Probleme der Organisation und Finanzierung der Bildungsforschung in der Bundesrepublik Deutschland. In: Roth, H./ Friedrich, D. (Hg.): Bildungsforschung. Teil 2. Deutscher Bildungsrat – Gutachten und Studien der Bildungskommission. Bd. 51. Stuttgart 1975 – Immel, S.: Bildungsökonomische Ansätze von der klassischen Nationalökonomie bis zum Neoliberalismus. Frankfurt a.M. 1994 – Themenheft: Bildungsökonomie und Finanzautonomie. In: Pädagogik 47 (1995), 5, S. 6-33

Richard Huisinga

Bildungsorganisation

Der Begriff B. weist auf die wechselseitige Beziehung von Bildung und Organisation hin. Damit ist eine Vorstellung verbunden, nach der die Qualität von (beruflicher) Bildung nicht nur von erzieherischen Handlungen abhängig ist, sondern auch von der organisatorischen Einbindung des pädagogischen Prozesses. Die personale Grundbeziehung von Educandus und Educator wird erweitert um die Situation, in der sich Bildung vollzieht. Dabei wird dann dieser situative Bezug nicht nur als Bedingungsgröße betrachtet, die den pädagogischen Prozess beeinflusst, sondern insbesondere in der didaktischen Diskussion als Möglichkeit der Gestaltung eben dieser Prozesse angesehen.

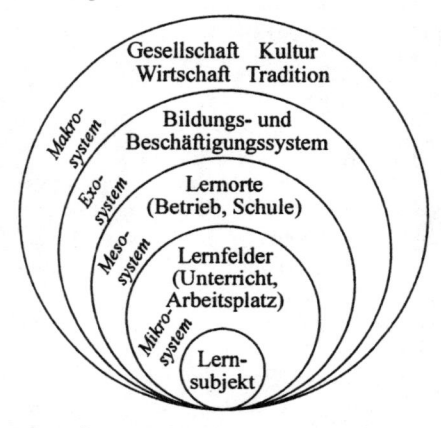

Abb.: Ökologische Betrachtung der Bildungsorganisation

B. kann didaktisch, institutionell und ökologisch betrachtet werden. Didaktisch verweist B. auf die Theorie der Maßnahmeplanung. Demzufolge findet der institutionalisierte pädagogische Prozess in Organisationseinheiten (Maßnahmen) statt. Diese gilt es nicht nur mikrodidaktisch zu gestalten, womit die Planung, Durchführung und →Evaluation von Lehr-/Lernprozessen gemeint sind. Daneben müssen im Sinne einer makrodidaktischen Gestaltung (→Bildungsmanagement) auch die organisatorischen Voraussetzungen für das Lehren und Lernen geschaffen werden. Hiermit sind Fragen der Lehrkräfteauswahl, der zeitlichen und räumlichen Gestaltung, der →Zertifizierung usw. gemeint.

Institutionell bezieht sich B. auf den organisatorischen Aufbau von Berufsbildung, wie die Abb. oben exemplarisch für den Bereich der beruflichen Ausbildung verdeutlicht. Auf den einzelnen Ebenen werden Entscheidungen ge-

Bildungsplanung

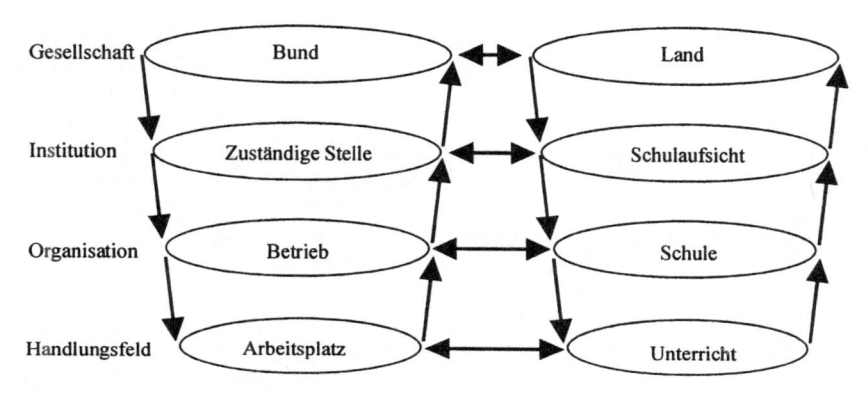

Gesellschaft	Bund ↔	Land
Institution	Zuständige Stelle ↔	Schulaufsicht
Organisation	Betrieb ↔	Schule
Handlungsfeld	Arbeitsplatz ↔	Unterricht

Abb.: Institutionelle Betrachtung der Bildungsorganisation

troffen, die für die nachfolgenden Ebenen eine regulative Funktion haben. Man kann auch davon sprechen, dass das jeweilige pädagogische Handlungsfeld in eine institutionalisierte Umwelt eingebunden ist.
Die B. dokumentiert sich schließlich in einer ökologischen Betrachtung in der Einbindung des Erziehungssubjekts in Umweltsysteme (Bronfenbrenner) (s. Abb. S. 153).

Literatur: Bronfenbrenner, U.: Die Ökologie der menschlichen Entwicklung. Natürliche und geplante Experimente, Stuttgart 1981 – Kell, A.: Organisation, Recht und Finanzierung der Berufsbildung. In: Arnold, R. und Lipsmeier, A. (Hg.): Handbuch der Berufsbildung, Opladen 1995, S. 369-397 – Sloane, P.F.E.: Wirtschafts- und Berufspädagogik. In: Walter, R. (Hg.): Wirtschaftswissenschaften. Eine Einführung, Paderborn 1997, S. 129-161

Peter F.E. Sloane

Bildungsplanung

Der Terminus B. wird in Deutschland vorrangig für die Planungsüberlegungen im Bildungsbereich auf der gesellschaftlichen bzw. staatlichen Ebene verwendet, der sich in einem historisch gewachsenen System von Gremien vollzieht. Art. 91b des Grundgesetzes definiert die B. als Gemeinschaftsaufgabe von Bund und Ländern, die 1970 ein Verwaltungsabkommen über die Errichtung einer Bund-Länder-Kommission für B. abschlossen (→Bildungsgesamtplan). Ähnliche Aufgaben nimmt die Kultusministerkonferenz wahr. Bis weit in die Nachkriegszeit hinein vollzogen sich Änderungen im Bildungssystem so langsam, dass ein Druck zur planenden Vorausschau im Rahmen einer B. nicht wahrgenommen wurde.

Eine nähere Kennzeichnung des Begriffs B. nimmt zweckmäßigerweise auf die beiden Komponenten Bildung und Planung Bezug. Bildung als Gegenstand der B. bezeichnet im weiteren Sinne alle Prozesse, die der Vermittlung von Wissen, von Fähigkeiten und Fertigkeiten sowie von Werten, Normen und Einstellungen dienen bzw. das Ergebnis dieser Prozesse. Die denkbaren Bildungsinhalte werden kategorisiert und differenziert, z.B. im Rahmen von Taxonomien. Bildungsinhalte werden nur z.T. in organisierten Lernprozessen vermittelt. Bildungsprozesse im engeren Sinne beschränken sich auf organisiertes Lernen. Die auf Bildung ausgerichteten Planungsüberlegungen erstrecken sich deshalb vorrangig auf den Bereich von Schule und Hochschule; sie beziehen aber auch Lernen in der Berufswelt und in Organisationen mit ein, die nicht primär auf Lehren und Lernen ausgerichtet sind.

Planung als zweite Komponente des Terminus B. bedeutet antizipatives Entscheiden im Gegensatz zum reaktiven Entscheiden, bei dem lediglich auf schon offenkundig spürbare Probleme reagiert wird bzw. eine systematische Durchdringung der Zusammenhänge unterbleibt. Da Planungsprobleme wegen der Zukunftsunsicherheit stets komplex sind, werden die vielfältigen Zusammenhänge in der Regel mit Hilfe von vereinfachten Abbildern der Realität – Modellen – analysiert. Unter Zuhilfenahme dieser Modelle werden Lösungsmöglichkeiten erarbeitet. Neben den Zukunftsentwurf tritt das Bemühen um die Herbeiführung der gewünschten Zukunft, das den Gestaltungscharakter der Planung kennzeichnet.

B. kann deshalb allgemein als antizipatives, durch komplexitätsreduzierende Modelle unterstütztes Entscheiden bezeichnet werden, das die Vermittlung von Wissen, Fähigkeiten und Fertigkeiten sowie von Werten, Normen und Einstellungen zum Gegenstand hat.

Die Unterstützung der B. durch Modelle bzw. durch theoretisch gestütztes und empirisch abgesichertes Wissen erfolgt durch die Bildungsforschung, die sich in den 50er und 60er Jahren ausdifferenzierte, wobei ökonomische, soziologische und pädagogische Perspektiven dominierten. In diese Zeit fallen auch größere Veränderungen des Bildungssystems, die von einer intensiven Diskussion in den Feldern Bildungsforschung, Bildungspolitik und B. begleitet wurde. Deshalb stammen die meisten Diskussionsbeiträge und Literaturquellen aus den 60er und 70er Jahren.

Als Hauptgegenstände von Planungsüberlegungen im Bildungsbereich lassen sich unterscheiden: Ziele (Was soll durch Bildung erreicht werden?), Strukturen (Welche Strukturen ermöglichen die Erreichung der angestrebten Ziele?) und Prozesse (Was soll im Bildungsbereich auf welche Weise geschehen?). Wird die Frage nach den Zielen mit Blick auf die Gesamtgesellschaft gestellt, dann orientierte sich die Auswahl der Ziele letztlich an dem Normen- und Wertesystem der Gesellschaft. In der bildungsplanerischen Diskussion der 60er und 70er Jahre dominierte in der Bundesrepublik Deutschland beispielsweise das Ziel der Chancengleichheit, anfangs der 90er Jahre tritt die Sorge um die wirtschaftliche Entwicklung stärker in den Vordergrund. Hinsichtlich der Struktur stellt sich die Frage nach dem Aufbau des Bildungssystems. Sowohl Ziel- als auch Prozessaspekte werden in der Diskussion über die Curriculumplanung berührt.

B. erfolgt nicht nur auf gesamtgesellschaftlicher Ebene, sondern auch auf individueller und Organisationsebene. Auf individueller Ebene treten Planungsüberlegungen mit Bildungsbezug bei Berufswahlentscheidungen sowie im Rahmen der Karriere- und Lebensplanung auf. Auf Organisationsebene sind zunächst Bildungsorganisationen (Schulen, Hochschulen und andere Bildungsträger), daneben aber auch Betriebe und Verwaltungen angesprochen. Im Rahmen der betrieblichen B. stehen die Berufsausbildung und die →Weiterbildung im Zentrum des Interesses. Sie sind oftmals eingebettet in die Personalentwicklungsplanung, die betriebliche und individuelle Interessen in Einklang zu bringen versucht.

Die im Bildungsbereich diskutierten und angewandten Methoden bewegen sich überwiegend in dem Spannungsfeld von Bildungsbedarf und Bildungsnachfrage. Die Konzepte des manpower-Ansatzes und des social-demand-Ansatzes sind prominente Beispiele für die diskutierten Planungskonzepte:

Der manpower-Ansatz stellt den Bedarfsaspekt in den Vordergrund. Zwischen der Produktion einer bestimmten Gütermenge und den dazu erforderlichen Produktionsmitteln wird ein funktionaler Zusammenhang angenommen. Zu den Produktionsmitteln gehört auch die durch Ausbildung vermittelte Arbeitsqualifikation als eigenständiger Produktionsfaktor. Dieser Ansatz wird mit dem Hinweis auf die Elastizität sozialer Phänomene kritisiert. So weist z.B. die Substitutions- und Flexibilitätsforschung auf die Existenz horizontaler und vertikaler Substitutionsmöglichkeiten hin. Außerdem wird darauf hingewiesen, dass Bildung zunächst unabhängig von späteren Verwendungsmöglichkeiten nachgefragt werden kann. Unterstellt man jedoch Lernprozesse auf Seiten der Anbieter von Bildungsmöglichkeiten und auf Seiten der Nachfrager und wird eine starke Orientierung an den beruflichen Verwertungsmöglichkeiten von Qualifikationen angenommen, kann auch bei freier Wahl der Bildungsgänge mittelfristig eine Annäherung an die im Rahmen des manpower-Ansatzes ermittelten Daten vermutet werden.

Beim social-demand-Ansatz bildet die Nachfrage nach Bildungsplätzen den wichtigsten Ansatzpunkt. Die künftige Entwicklung wird in einem Strömungsmodell abgebildet, wobei die erwarteten Daten aus der beobachteten Nachfrage, der demographischen Entwicklung und der vermuteten Wirkung politischer Einflussnahme abgeleitet werden. Der social-demand-Ansatz ist stärker an gesellschaftspolitischen, der manpower-Ansatz stärker an ökonomischen Überlegungen orientiert. Beide Sichtweisen tauchen auch in der Diskussion der betrieblichen B. auf. Dabei dominieren in der betriebswirtschaftlich orientierten Diskussion Planungsansätze, die dem Denken des manpower-Ansatzes verwandt sind. Der Bildungsbedarf wird aus ökonomischen Größen abgeleitet. Der Investitionsplan bestimmt die Arbeitsbedingungen und die Anforderungen; aus ihnen werden die zu vermittelnden Qualifikationen abgeleitet.

Sowohl auf der gesellschaftlichen Makroebene als auch auf der Mikroebene einzelner Organisationen ergibt sich aus dem Spannungsfeld zwischen ökonomischer Effizienz und individuellen Bildungswünschen und -bedürfnissen das Problem der Abstimmung beider Bereiche. Die Bildungsabsichten der Individuen stimmen nicht ohne weiteres mit dem Bildungsbedarf einer Gesellschaft oder einer Organisation überein.

Literatur: Bormann, M.: Bildungsplanung in der Bundesrepublik Deutschland. System und Grundlagen. Opladen 1978 – Edding, F.: Auf dem Weg zur Bildungsplanung. Braunschweig 1970 – Immel, S.: Bildungsökonomische Ansätze von der klassischen Nationalökonomie bis zum Neoliberalismus, Frankfurt/M. 1994 – Klemm, K./Böttcher, W./Weegen, M.: Bildungsplanung in den neuen Bundesländern. Entwicklungstrends, Perspektiven und Vergleiche. Weinheim/München 1992 – Martin, A./Mayrhofer, W./Nienhüser, W. (Hg.): Die Bildungsgesellschaft im Unternehmen? München und Mering 1999

Wolfgang Weber

Bildungspolitische Gremien

Unter b. G. sollen hier alle verfassungsrechtlichen, gesetzlichen, berufenen und konsensformellen Organe verstanden werden, die in Angelegenheiten der Bildungspolitik Gestaltungsaufgaben wahrnehmen und/oder beratend tätig sein können. Nach dem Berufsbildungsreformgesetz vom 1. April 2005 berät der Hauptausschuss im Bundesinstitut für Berufsbildung (BIBB) „die Bundesregierung in grundsätzlichen Fragen der Berufsbildung" (§ 92 Abs. 1). In § 83 Abs. 1 BerBiRefG wird weiter verfügt: „Der Landesausschuss hat die Landesregierung in den Fragen der Berufsbildung zu beraten, die sich für das Land ergeben. Er hat im Rahmen seiner Aufgaben auf eine stetige Entwicklung der Qualität der beruflichen Bildung hinzuwirken." Außerdem berät ein wissenschaftlicher Beirat „die Organe des Bundesinstituts für Berufsbildung durch Stellungnahmen und Empfehlungen 1. zum Forschungsprogramm des Bundesinstituts für Berufsbildung, 2. zur Zusammenarbeit des Instituts mit Hochschulen und anderen Forschungseinrichtungen und 3. zu den jährlichen Berichten über die wissenschaftlichen Ergebnisse des Bundesinstituts für Berufsbildung" (§ 94 Abs. 1). Weitere b. G. mit gesetzes- und verordnungsvorbereitender Beschlusskraft sind die Bildungs-, Wissenschafts- und Kultusausschüsse der Landtage und des Bundestages, wobei letztere Organe mit Verfassungsrang als

Hauptgremien in Fragen der (Berufs-) Bildungspolitik bezeichnet werden können, in deren Auftrag gesetzlich installierte Gremien tätig sind. Von beträchtlichem bildungspolitischem Einfluss können die berufenen Beiräte der Ministerien (etwa bei Kultus- und Bildungsministerien) und der Verbände (so das →Kuratorium der deutschen Wirtschaft für Berufsbildung) sein. Zu den konsensformellen Organen mit bildungspolitischer Regelungskraft zählen die Koordinierungsausschüsse (zwischen Ministerien und Verbänden) sowie die Verhandlungsgremien der Tarif- und Betriebsparteien, die in Tarifverträgen und Betriebsvereinbarungen Einzelheiten und Leitlinien der Aus- und Weiterbildung einvernehmlich festlegen und damit immer auch politisch wirksam sind. In den nichtberuflichen Bildungsbereichen (allgemein bildenden Schulen u.a.) ist eine ähnliche Gremiendichte deshalb nicht zu beobachten, weil keine vergleichbare Interessenvielfalt und wirtschaftlich-technische Bildungsdynamik existiert. Von übergreifend großer bildungspolitischer Wirkung sind die KMK, BLK und der Wissenschaftsrat. Im Unterschied zur ehemaligen Bildungskommission, deren Nutzen umstritten bleibt, verspricht ein unabhängiger Sachverständigenrat (ähnlich dem erfolgreichen Gremium in der Wirtschaftspolitik nachgebildet), der mit einem „Gutachten zur Beurteilung der Gesamtlage beruflicher Bildung" für ordnungspolitische Transparenz zu sorgen hätte, große bildungspolitische Wirksamkeit.

Literatur: Dauenhauer, E.: Berufsbildungspolitik. Münchweiler [4] *1997*

Erich Dauenhauer

Bildungsstandard

Das ernüchternde Abschneiden der 15-jährigen des bundesdeutschen allgemein bildenden Schulwesens im internationalen Vergleich (PISA 2000) sowie ausgewählter Schüler aus kaufmännischen, handwerklich-technischen und sozialpflegerischen beruflichen Bildungsgängen bei TIMSS/III (2000) löste die Forderung nach nationalen Bildungsstandards aus. Das Bundesministerium für Bildung und Forschung (BMBF) ließ eine Expertise ,Zur Entwicklung nationaler Bildungsstandards' (Bulmahn et al. 2003) erstellen. Am 4. Dezember 2003 beschloss die Kultusministerkonferenz die ,Vereinbarung zu Bildungsstandards für den Mittleren Schulabschluss in den Fächern Deutsch, Mathematik und Erste Fremdsprache' (KMK 2003), weitere sollen folgen.

Bildungsstandards greifen allgemeine Bildungsziele auf, benennen Kompetenzen, die bis zu einer bestimmten Jahrgangsstufe zu erwerben sind, spezifizieren fachliche und fachübergreifende Basisqualifikationen, die für weitere schulische und berufliche Ausbildung bedeutsam sind, konzentrieren sich auf Kernbereiche eines Faches im Einklang mit dem Auftrag der schulischen Bildung, tragen zur Persönlichkeitsentwicklung und Weltorientierung aus der Begegnung mit zentralen Gegenständen unserer Kultur bei und legen ein mittleres Anforderungsniveau fest (KMK 2003, kritisch Schlömerkemper 2004). Nach der BMBF-Expertise orientieren sich Bildungsstandards an Bildungszielen, jedoch mit einer anderen Schwerpunktsetzung, indem die Konkretisierung in Kompetenzanforderungen (Lernergebnissen), insbesondere in Aufgabenstellungen und eine empirisch zuverlässige Erfassung (Messverfahren) gefordert wird (Bulmahn et al. 2003).

In anderen Kulturen wie der angelsächsischen sind Standards gang und gäbe. Zu nennen sind hier beispielsweise jene für die allgemeine technische Bildung (Standards 2003) der International Technology Education Association sowie die Voluntary National Content Standards in Economics des National Council on Economic Education (NCEE 2000). Erstere umfassen 20 Konzepte von ,Wissen und die Reichweite von Technik' bis zu ,Kenntnisse über Bautechnik und Fähigkeiten zu ihrer Auswahl und Anwendung' differenziert für die

Jahrgangsstufen 2, 3 bis 5, 6 bis 8 und 9 bis 12. Für die ‚ökonomischen Standards' wurden 22 Konzepte von ‚Knappheit' bis ‚Wachstum und Stabilität' ermittelt. Sie wurden für die Jahrgangsstufen 4, 8 und 12 einschließlich Anforderungsniveaus konkretisiert und mit Benchmarks versehen (NCEE 2000). Darüber hinaus wurde der Test für ökonomische Grundbildung (economic literacy) (deutsche Fassung Beck & Krumm 1998) mit nationalen und internationalen Normwerten entwickelt (Sczesny & Lüdecke 1998).

Literatur: Beck, K./Krumm, V. (1998). Wirtschaftskundlicher Bildungs-Test (WBT). Göttingen: Hogrefe. – Bulmahn, E./Wolff, K./Klieme, E. (Hg.) (2003). Zur Entwicklung nationaler Bildungsstandards. Eine Expertise. BMBF: Berlin. http://www.bmbf.de/pub/zur_entwicklung_nationaler_bildungsstandards.pdf – KMK (1996/2000). Sekretariat der Ständigen Konferenz der Kultusminister der Länder in der Bundesrepublik Deutschland (Hg.). Handreichungen für die Erarbeitung von Rahmenlehrplänen der Kultusministerkonferenz (KMK) für den berufsbezogenen Unterricht in der Berufsschule und ihre Abstimmung mit Ausbildungsordnungen des Bundes für anerkannte Ausbildungsberufe. Stand 15. September 2000 – KMK (2003). Vereinbarung über Bildungsstandards für den Mittleren Schulabschluss (Jahrgangsstufe 10). Beschluss der Kultusministerkonferenz vom 4. Dezember 2003. http://www.kmk.org/schul/Bildungsstandards/Rahmenvereinbarung_MSA_BS_04-12-2003.pdf – NCEE (2000). Voluntary National Content Standards in Economics. Developed by the National Council on Economic Education. New York. – PISA (2000). Hg. von Baumert, J./Klieme, E./Neubrand, M./Prenzel, M./Schiefele, U./Schneider, W./Stanat, P./Tillmann, K.-J./Weiß, M. (2001). Basiskompetenzen von Schülerinnen und Schülern im internationalen Vergleich. Opladen: Leske und Budrich. – Sczesny, C./Lüdecke, S. (1998). Ökonomische Bildung Jugendlicher auf dem Prüfstand: Diagnose und Defizite. Zeitschrift für Berufs- und Wirtschaftspädagogik, 94 (3), 403-420 – Schlömerkemper, J. (Hg.) (2004). Bildung und Standards. Zur Kritik der „Instandardsetzung" des deutschen Bildungswesens. Die Deutsche Schule, 8. Beiheft. – Standards (2003). Standards für eine allgemeine technische Bildung. Ins Deutsche übertragen und herausgegeben von G. Höpken, S.

Osterkamp/G. Reich. Villingen-Schwenningen: Neckar-Verlag. (Original: 2000). – TIMSS/III (2000). Dritte Internationale Mathematik- und Naturwissenschaftsstudie – Mathematische und naturwissenschaftliche Bildung am Ende der Schullaufbahn. Hg. von J. Baumert/W. Bos/R. Lehmann. Opladen: Leske und Budrich.

Gerald A. Straka

Blended Learning

Hinter dem Begriff „Blended Learning", der sich erst im Laufe des Jahres 2001 etabliert hat und wörtlich übersetzt soviel wie vermengtes, vermischtes Lernen bedeutet, verbirgt sich die Erkenntnis, dass →E-Learning traditionelle Lernformen nicht ersetzen kann. Stattdessen sollen in einem Methodenmix traditionelles Lernen in Präsenzveranstaltungen mit netzbasierten Lernphasen unter Ausnutzung der jeweils spezifischen Stärken didaktisch sinnvoll verknüpft werden. Im deutschsprachigen Raum hat sich für diese Form des Lernens auch der Begriff der „hybriden Lernarrangements" (vgl. Kerres 2001, S. 278ff.) bzw. der „Hybridlösung" durchgesetzt.

Die didaktischen Potenziale von Blended Learning werden in unterschiedlichen Bereichen gesehen. So kann beispielsweise durch die Kombination von Face-to-Face-Veranstaltungen und virtuellen Lerneinheiten der Aufbau von Fertigkeiten im Umgang mit elektronisch verfügbaren Lehr-Lernangeboten erleichtert und damit das derzeit oft übersehene Problem berücksichtigt werden, dass virtuelles Lernen Lern- und Medienkompetenz erfordert, die im Allgemeinen (noch) nicht überall als selbstverständlich vorausgesetzt werden kann und erst durch das (eigenverantwortliche) Lernen mit neuen Medien entwickelt werden muss. Zusätzlich ist es möglich, durch die Integration von Präsenzlehre in Online-Lernen typische Probleme des selbst gesteuerten Lernens in netzbasierten Lernumgebungen wie Überforderung (insbesondere bei komplexen Sachverhalten und der Navigation in Hypermediastrukturen) oder mangelnde →Motivation aufzufangen.

Darüber hinaus kann die Einführung netzbasierter Lernkonzepte auch Auswirkungen auf die didaktische Gestaltung traditioneller Lernformen haben, wenn beispielsweise der Einsatz computerunterstützter Selbstlernphasen zur Vorbereitung von Präsenzphasen genutzt wird, um zeit- und ortsunabhängig den Kenntnisstand der Lernenden anzugleichen und Grundlagenwissen zu erwerben. Mit einem derartigen „virtuellen Vorstudium" ist es möglich, die Effektivität von Weiterbildungsveranstaltungen zu erhöhen, vor allem dann, wenn eine Homogenisierung der Lerngruppen erreicht werden kann, was durch empirische Untersuchungen belegt werden konnte. Die Zeit im Seminar kann dann genutzt werden, um neue Denk- und Lernstrategien zu thematisieren, den Teilnehmern in Reflexionsphasen individuelle Rückmeldungen von qualifizierten Fachkollegen oder Experten zu geben, Lerninhalte auf konkrete Anwendungssituationen zu beziehen oder den Transfer des neu gelernten Wissens in den Mittelpunkt zu rücken.

Ein weiterer Einsatzbereich ergibt sich aus der Tatsache, dass Präsenzseminare in der Regel kaum nachbereitet werden, Wiederholungs- oder Aufbauseminare zudem selten sind. Als Folge dessen ist von einer systematischen Lernerfolgssicherung kaum auszugehen. Eine solche Nachbereitung des im Seminar Gelernten wird in Selbstlernphasen mit netzbasierten Lernformen möglich. Im Idealfall mündet diese Nachbereitung erneut in die Vorbereitung eines neuen Seminars, womit eine Kontinuität der Weiterbildungsaktivitäten erreicht werden kann.

Die konzeptionelle Gestaltung von Bildungsangeboten, die den Einsatz von Online-Phasen und Präsenzveranstaltungen sinnvoll und zielorientiert miteinander verbinden, stellt zukünftig eine große Herausforderung an das Bildungspersonal und seine Professionalität dar. Es ist davon auszugehen, dass die Etablierung einer derart beschriebenen zielorientierten Verknüpfung von Online- und Präsenzphasen in den Unternehmen bislang erst am Anfang steht.

Literatur: Kerres, M.: Multimediale und telemediale Lernumgebungen. München 2001 – Lang, M.: Berufspädagogische Perspektiven netzbasierter Lernumgebungen in der betrieblichen Aus- und Weiterbildung. Bochum 2004 – Lang, M./Pätzold, G.: Multimedia in der Aus- und Weiterbildung. Köln 2002 – Reinmann-Rothmeier, G.: Didaktische Innovationen durch Blended Learning. Göttingen 2003 – Sauter, A./ Sauter, W./Bender, H.: Blended Learning. 2. Aufl. Neuwied 2004

Martin Lang

Blockunterricht

Begriff: B. ist die periodisierte Zusammenfassung des tageweise wöchentlichen Berufsschulunterrichts (Teilzeitunterricht) zu Schulblöcken von mehreren Wochen, die zu einem Wechsel zwischen schulischem Vollzeitunterricht und betrieblicher oder überbetrieblicher Vollzeitausbildung führt. Standardformen sind Trimesterblöcke und sechswöchige Halbblöcke.

Entstehung: Vorläufer finden sich z.B. bei saisongebundenen Berufen und bei zentral beschulten Splitterberufen seit vielen Jahrzehnten. Anfang der siebziger Jahre wird der B. Bestandteil und Bedingung der unter der Leitidee der Chancengleichheit stehenden Bildungsreform. Wissenschaftlich begleitete Schulversuche und die Vorhaben zur flächigen Einführung in diesen Jahren belegen die Bedeutung.

Ziele und Erwartungen: Vom B. versprach man sich

– einen Bedeutungsgewinn für die Berufsschule,
– eine verbesserte zeitliche und inhaltliche Abstimmung zwischen den Lernorten,
– eine gesteigerte Intensität und Effektivität des Unterrichts,
– verbesserte Voraussetzungen für umfänglichere Themenbearbeitung,
– eine Intensivierung der Beziehungen zwi-

schen Lehrern und Schülern sowie unter den Schülern,
- die Ermöglichung von Kurssystemen, die die Lernvoraussetzungen besser berücksichtigen und über den Erwerb studienbezogener Qualifikationen die Durchlässigkeit erhöhen. Im Konzept des Kollegschulversuchs NW war B. in Trimestern ausdrückliche Bedingung.

Stand und Perspektiven: Bei der großen Zahl der Betriebe mit wenigen Ausbildungsverhältnissen fand in den achtziger Jahren eine Trendwende weg vom B. statt. In der vom Lehrstellenmangel geprägten aktuellen Diskussion um eine „Flexibilisierung und Optimierung der Berufsschulzeiten" dienen gelegentliche Kurzblöcke neben dem tageweisen Unterricht primär dazu, Teilzeitunterricht auf betrieblich günstigere Zeiten zu verlagern.

Literatur: Bundesinstitut für Berufsbildungsforschung (Hg.): Ausgewählte Literatur zum Blocksystem. Bearbeiter: B. Schwiedrzik. Berlin 1975 – Dauenhauer, E./ Klan, J./Ackermann W.: Schulversuch zum Blockunterricht an Berufsschulen in Rheinland-Pfalz. Zwischenbericht 1971-1973. Mainz 1973 – Der Kultusminister des Landes Nordrhein-Westfalen (Hg.): Schulreform NW. Sekundarstufe II. Heft 21: Curriculum Berufliche Schulen. Blockunterricht in der Berufsschule. Ratingen 1975 – Franke, G./Kleinschmitt, M.: Das Blocksystem in der dualen Berufsausbildung. Berichte zur beruflichen Bildung. Heft 19. Hg. vom Bundesinstitut für Berufsbildung. Berlin 1979

Hermann Hansis

Bundesinstitut für Berufsbildung (BIBB)

Das am 1. April 2005 auf der Rechtsgrundlage des Berufsbildungsreformgesetzes (BerBiRefG) vom 23. März 2005 in Kraft getretene novellierte →Berufsbildungsgesetz (BBiG) nimmt bislang im Berufsbildungsförderungsgesetz (BerBiFG) enthaltene Regelungen zum BIBB in geänderter Form auf. Ein Kernelement der Änderungen zum BIBB ist die Verringerung der Gremienzahl. Die Aufgaben des bisherigen Hauptausschusses und des bisherigen Ständigen Ausschusses werden in einem neuen Hauptausschuss zusammengefasst (vgl. § 92 BBiG). Die Zahl der Mitglieder im Hauptausschuss werden auf 29 Personen (bisher: 53) unter Wahrung der viertelparitätischen Stimmengewichtung verringert. Im Hauptausschuss arbeiten die Beauftragten der gesellschaftlichen Gruppen zusammen, die für die berufliche Bildung in Deutschland verantwortlich sind: Arbeitgeber, Arbeitnehmer, Länder und Bund. Abgeschafft werden die Fachausschüsse sowie der Länderausschuss, dessen Aufgaben im Wesentlichen durch den parallel arbeitenden Koordinierungsausschuss übernommen werden können. Neu eingerichtet wird ein Wissenschaftlicher Beirat, der das BIBB in Forschungsfragen beraten soll. Forschungsaufgaben werden präziser als bisher gefasst, wobei zwischen der Eigenforschung und der Auftragsforschung unterschieden wird.

Das BIBB wurde mit dem Berufsbildungsgesetz vom 14.08.1969 mit der Bezeichnung Bundesinstitut für Berufsbildungsforschung (BBF) als bundesunmittelbare Körperschaft des öffentlichen Rechts errichtet und hatte seinen Sitz in Berlin. Ausschließliche Aufgabe des Instituts war, die Berufsbildung durch Forschung zu fördern (§ 60 BBiG von 1969). Mit dem BBF wurde durch das BBiG der Bundesausschuss für Berufsbildung errichtet. Beiden Institutionen waren grundlegende Aufgaben der beruflichen Bildung übertragen worden, die enge Berührungspunkte hatten und sich in weiten Bereichen überschnitten. Grundlegende Änderungen erfolgten mit dem Ausbildungsplatzförderungsgesetz (APlFG) vom 7.8.1976, so z.B. die Überführung des BBF in das BIBB. Da dieses Gesetz wegen der Verletzung von Beteiligungsrechten des Bundesrates im Gesetzgebungsverfahren vom Bundesverfassungsgericht am 10.12.1980 für nichtig erklärt wurde, wurde mit dem BerBiFG ein eigenes Gesetz nur für das BIBB erlassen. Zur Verbesserung der notwendigen Kooperation und einer Rationalisierung der Aufgabenerfüllung sind beide Einrichtungen institutionell im BIBB zusammengefasst worden. Bereits mit diesem Gesetz wurden dem BIBB neben den Forschungsaufgaben vielfältige Entwicklung-, Dienstleistungs- und Beratungsaufgaben auf dem Gebiet der betrieblichen Berufsbildung übertragen. Seit dem 1. April 2005 sind Aufgaben, Organisationsstruktur und Finanzierung des BIBB in Teil 5 (§ 89-101) enthalten.

Das BIBB wird als bundesunmittelbare Einrichtung aus Haushaltsmitteln des Bundes finanziert und untersteht der Rechtsaufsicht des Bundesministeriums für Bildung und Forschung. Es hat seinen Sitz in Bonn. Es präsentiert sich als ein national und international anerkanntes Kompetenzzentrum zur Erforschung und Weiterentwicklung der beruflichen Aus- und Weiterbildung. Ziele seiner Forschungs-, Entwicklungs- und Beratungsarbeit sind, Zukunftsaufgaben der Berufsbildung zu identifizieren, Innovationen in der nationalen wie internationalen Berufsbildung zu fördern und neue praxisorientierte Lösungsvorschläge für die berufliche Aus- und Weiterbildung zu entwickeln (vgl. www.bibb.de).

Das BIBB ist in das Duale System der Berufsausbildung fest eingebunden. Es gilt als die gemeinsame Adresse aller an der Berufsbildung Beteiligten in Deutschland. Es ist eine – auch international – einmalige Plattform für das Zusammenwirken von staatlichen Stellen und privaten Organisationen mit dem Ziel, durch Forschung, Entwicklung, Planung, Empfehlung und Beratung zur Verbesserung des Berufsbildungssystems in Deutschland beizutragen. Ein wesentliches Element dabei ist die Zusammenarbeit in der Berufsbildungspraxis. Das BIBB hat Modellversuche zu fördern.

Der Hauptausschuss beschließt das Forschungsprogramm und stellt den Haushaltsplan des Instituts fest (§ 97 BBiG). Er berät die Bundesregierung in grundsätzlichen Fragen der Berufsbildung und gibt Empfehlungen und Stellungnahmen ab, um die Ordnung, den Ausbau, die Durchführung und die Weiterentwicklung der Berufsbildung zu fördern. Von besonderer Bedeutung ist seine Stellungnahme zum Entwurf des jährlichen →Berufsbildungsberichts des Bundesministeriums für Bildung und Forschung. Der Präsident oder die Präsidentin leitet das BIBB, führt seine Aufgaben durch und vertritt es nach außen. Die vielfältigen Aufgaben des Instituts werden in vier Abteilungen mit insgesamt 17 Arbeitsbereichen und in den dem Präsidenten direkt zugeordneten Organisationseinheiten sowie einer Zentralabteilung wahrgenommen. Es beschäftigt ca. 500 Mitarbeiterinnen und Mitarbeiter.

Das BIBB untersucht die strukturellen Entwicklungen auf dem Ausbildungsstellenmarkt und in der →Weiterbildung, beobachtet und untersucht die Aus- und Weiterbildungspraxis in den Betrieben, erprobt neue Wege in der Aus- und Weiterbildung, ermittelt durch Früherkennung zukünftigen Qualifikationsbedarf, entwickelt und modernisiert Aus- und Fortbildungsberufe, unterstützt die betriebliche Berufsbildungspraxis durch moderne Ausbildungsunterlagen und Ausbildungsmedien, erarbeitet Konzepte für die Qualifizierung betrieblicher Ausbilderinnen und →Ausbilder, fördert moderne Berufsbildungszentren zur Ergänzung der betrieblichen Aus- und Weiterbildung, begutachtet die Qualität des beruflichen Fernlehrangebots, betreut und begleitet nationale und internationale Programme zur Weiterentwicklung der Berufsbildung, erforscht die →Berufsbildung im internationalen Vergleich (vgl. § 90 BBiG und www.bibb.de). Mit der Bearbeitung dieser Aufgaben trägt es u.a. dazu bei, allen jungen Menschen eine zukunftssichere Ausbildung zu ermöglichen, das Berufsbildungssystem in Deutschland auf die Erfordernisse der Wissens- und Dienstleistungsgesellschaft auszurichten, die berufliche Aus- und Weiterbildung ständig zu modernisieren, z. B. durch die Entwicklung neuer →Berufsbilder sowie durch Qualitätssicherung und Qualitätsmanagementsysteme, die Leistungsfähigkeit und Attraktivität der Berufsbildung zu steigern, z. B. durch Beiträge zur effizienteren Nutzung und Entwicklung interaktiver multimedial gestützter Lehr- und Lernformen, die Leistungsschwächeren und Leistungsstarken zu fördern, Maßnahmen zur Transparenz und Anerkennung der beruflichen Bildung in Europa zu unterstützen, durch Berufsbildungsforschung Trends in Technologie-, Gesellschafts- und Arbeitsmarktentwicklung zu beschreiben sowie die Wirkung auf die berufliche Qualifizierung zu ermitteln, seine Arbeitsergebnisse national wie international zu verbreiten, durch Beteiligung an internationalen Projekten berufliche Reformprozesse mitzugestalten, Zukunftsszenarien für die berufliche Aus- und Weiterbildung zu entwickeln, an einer zukunftsbezogenen →Bildungsplanung mitzuwirken (vgl. www.bibb.de). Die Arbeitsergebnisse des BIBB richten sich in erster Linie an die Planungs- und Durchführungspraxis der beruflichen Bildung sowie die wissenschaftliche Öffentlichkeit, z.B. Hochschulen und andere Institutionen der Berufsbildungsforschung.

Zur Veröffentlichung der Arbeitsergebnisse dienen vom BIBB herausgegebene Schriftenreihen, aber auch die Zeitschrift „Berufsbildung in Wissenschaft und Praxis".

Internetadresse: http://www.bibb.de

Literatur: Berufsbildungsgesetz (BBiG) – konsolidierte Fassung nach Artikel 1 des Gesetzes zur Reform der beruflichen Bildung (Berufsbildungsreformgesetz – BerBiRefG vom 1.4.2005 In: http://www.bmbf.de – Kell, A.: Organisationen und Institutionen der Berufsbildungsforschung. In: Rauner, F. (Hg.): Handbuch Berufsbildungsforschung. Bielefeld 2005, S. 55-61 – Mölls, J.: Das Berufsbildungsreformgesetz: Neuerungen für das BIBB in Organisationsstruktur, Aufgabenwahrnehmung und Finanzierung. In: Berufsbildung in Wissenschaft und Praxis 34 (2005) 2, S. 9-11 – Rosenthal, H.-J.: Bundesinstitut für Berufsbildungsforschung. In: Bundesinstitut für Berufsbildungsforschung (Hg.): Schlüsselwörter zur Berufsbildung. Weinheim und Basel 1977, S. 180-183

Günter Pätzold

Bundesverband der Lehrer an beruflichen Schulen (BLBS)

Differenziertheit und Pluralität als Merkmale moderner Gesellschaften prägen auch die Gewerkschaftsarbeit. Professionalität braucht Interessenvertretung. Der Bundesverband der Lehrer an beruflichen Schulen, BLBS, wurde 1949 als Deutscher Verband der Gewerbelehrer gegründet. Er vertritt seit 1990 sechzehn Landesverbände mit zurzeit rund 34.000 Mitgliedern.

Der BLBS verfolgt

1. eine sachgerechte, bildungspolitische Beteiligung an der Entwicklung des Bildungswesens,
2. die Mitarbeit an der Weiterentwicklung des beruflichen Schulwesens,
3. die professionelle Gestaltung der Lehrer-, Lehrerfort- und Weiterbildung,
4. die Vertretung der beruflichen, rechtlichen und sozialen Belange der Mitglieder,
5. die Zusammenarbeit mit anderen Vereinen, Verbänden und Organisationen, die verwandte Ziele verfolgen, und
6. die Förderung von Einrichtungen zur Bildung der Jugend und der Erwachsenen auf der Grundlage des Berufs.

Der Deutsche Beamtenbund (Bund der Gewerkschaften des öffentlichen Dienstes und des privatisierten Dienstleistungssektors) – DBB – ist die gewerkschaftliche Spitzenorganisation, dem der BLBS als Bundesfachverband angehört. Auf europäischer Ebene ist er über den DBB Mitglied der CESI. Zugleich ist er im Europäischen Gewerkschaftskomitee für Bildung und Wissenschaft (ETUCE).

Der BLBS ist Herausgeber der Verbandszeitschrift „Die berufsbildende Schule". Dieses Organ erscheint beim Heckners Verlag in Wolfenbüttel und ist die auflagenstärkste in deutscher Sprache erscheinende europäische berufspädagogische Fachzeitschrift.

Literatur: Ruhland, H./Bader, R.: Der BLBS. Bund und Länder. Anschriften und Strukturen. Bonn 1993 – vlbs NW: 40 Jahre vlbs. Ausblick und Rückblick.

Krefeld 1987 – Verbandszeitschrift: Die berufsbildende Schule

Hans-Josef Ruhland

Bundesverband der Lehrer an Wirtschaftsschulen (vlw)

Der Verband der Lehrer an Wirtschaftsschulen (vlw) blickt auf eine lange Tradition zurück. Er wurde 1908 als „Verein Preußischer Handelslehrer mit Handelshochschulbildung" gegründet, ab 1911 als „Verein Deutscher Handelslehrer" und ab 1927 als „Reichsverband Deutscher Handelslehrer mit Hochschulbildung" fortgeführt und nach der Zwangseingliederung in den NS-Lehrerbund 1948 als „Verband Deutscher Diplom-Handelslehrer" wieder eröffnet.

Im Jahre 1973 wurde das Standesprinzip „Diplom-Handelslehrer" im Verbandsnamen zugunsten des umfassenderen Schulprinzips „Wirtschaftsschulen" aufgegeben, um alle Lehrerinnen und Lehrer, die an kaufmännischen Schulen unterrichten, direkt ansprechen zu können. Der Verband ist damit die Interessenvertretung der Lehrerinnen und Lehrer an kaufmännischen Teilzeit- und Vollzeitschulen für alle standespolitischen, gewerkschaftlichen und fachlichen Fragen. Er ist in allen Bundesländern vertreten, hat zurzeit bei einem Organisationsgrad von 60 % ca. 18.000 Mitglieder. Die Verbandszeitschrift „Wirtschaft und Erziehung" erscheint jährlich in 11 Ausgaben.

Der Verband fühlt sich der Weiterentwicklung des kaufmännischen Schulwesens in hohem Maße verpflichtet und trägt dazu durch Fachtagungen, Sonderschriften, Presseerklärungen, Veröffentlichungen, Stellungnahmen und Eingaben an die Entscheidungsträger in Politik, Wirtschaft und Verwaltung ständig bei.

Diesem satzungsgemäß verankerten Auftrag ist der Verband in der Vergangenheit mit Erfolg nachgekommen. Entscheidende Fortentwicklungen im kaufmännischen Schulwesen werden durch Vorschläge und Denkschriften mit angestoßen, wesentlich gefördert und in die Schulwirklichkeit umgesetzt. Der relativ hohe Ausbaustand der kaufmännisch-verwaltenden Berufsschulen, das flächendeckende Angebot von beruflichen Vollzeitschulen, Höheren Handelsschulformen, →Berufsoberschulen, Fachschulen und Wirtschaftsgymnasien findet seine Begründung in der argumentativen und politischen Einflussnahme des Verbandes in Bund und Ländern sowie in der Zusammenarbeit mit den Trägern in der beruflichen Bildung und mit den Bildungspolitikern der Parteien.

Nach der Vereinigung war der vlw sofort in den neuen Bundesländern vertreten und hat durch Initiierung von Schulpartnerschaften, Beratung der Schulverwaltungen und Studienseminare sowie durch Lehrerfortbildungsangebote wesentlich mit zum heutigen Ausbaustand der kaufmännischen Schulen beigetragen.

Auf dem Gebiet der Lehrerbildung hat sich der Verband in der Vergangenheit durch enge Zusammenarbeit mit den Universitäten und durch Mithilfe bei der Ausgestaltung der Studienseminare für eine weitgehend bundeseinheitliche, leistungsorientierte und bedarfsgerechte Lehrerausbildung eingesetzt. Die nach der Vereinigung eingerichteten neuen Standorte für Diplom-Handelslehrerstudiengänge an den Universitäten Dresden, Leipzig, Jena und Rostock wurden durch Verbandsinitiativen wesentlich gefördert.

Die Vertretung der rechtlichen, sozialen und wirtschaftlichen Interessen der Verbandsmitglieder wird über den vielfältigen bildungspolitischen Aktivitäten nicht vernachlässigt. Der Verband nimmt diese Interessen sowohl direkt gegenüber den Parteien im Bundestag und in den Landtagen, als auch über seine Dachverbände, dem Deutschen Beamtenbund (DBB), der Arbeitsgemeinschaft der Verbände des höheren Dienstes (AhD) und dem Deutschen Lehrerverband (DL) wahr. Dieser Arbeit war es in der Vergangenheit zu danken, dass die

Wirtschaftspädagogen als erste Gruppe der →Lehrer an berufsbildenden Schulen in den höheren Dienst eingegliedert und ihre Arbeitsbedingungen schrittweise verbessert wurden.
Literatur: Bundesverband der Lehrer an Wirtschaftsschulen (Hg.): Zukunft der wirtschaftsberuflichen Ausbildung – Dokumentation der Expertentagung am 2./3. Dezember 1994 in Walberberg. VLW-Sonderschrift Nr. 37. Wolfenbüttel 1995 – Bundesverband der Lehrer an Wirtschaftsschulen (Hg.): Handlungsorientierung in der Unterrichtspraxis. VLW-Sonderschrift 38. Wolfenbüttel 1996 – Bundesverband der Lehrer an Wirtschaftsschulen (Hg.): Markenartikel „Höhere Handelsschule". VLW-Sonderschrift Nr. 39. Wolfenbüttel 1997 – Peege, J.: Festschrift zum 75jährigen Jubiläum des Bundesverbandes der Lehrer an Wirtschaftsschulen. Wolfenbüttel 1983 – Verbandszeitschrift: Wirtschaft und Erziehung

Manfred Weichhold

Bundesverband Deutscher Berufsausbilder (BDBA)

Die wesentlichen Ziele und Aufgaben des BDBA sind, die berufsständischen, rechtlichen, sozialen und wirtschaftlichen Interessen seiner Mitglieder wirksam zu vertreten und in allen Fragen der Berufsbildung mitzuarbeiten. Hierzu zählen vor allem:
- Information der Öffentlichkeit über Funktion und Aufgaben der Berufsausbilder;
- Mitwirkung an der Verbesserung der sozialen Stellung der Berufsausbilder in allen Funktionsbereichen;
- Schutz der Berufsbezeichnung „Berufsausbilder" zur Hebung des Berufsstandes;
- Nachwuchsförderung und Mitwirkung bei der →Aus- und Weiterbildung der Berufsausbilder;
- Einwirken auf zuständige Institutionen im Hinblick auf die soziale Stellung der Berufsausbilder;
- Mitwirken des Verbandes in den Institutionen, die sich mit der Berufsbildung befassen, besonders im Hinblick auf Gesetze, Verordnungen und Richtlinien;
- Information und Beratung der Mitglieder in allen den Berufsausbilder betreffenden Fragen.

Mitglied im BDBA kann jeder werden, der in der Berufsausbildung entsprechend dem →Berufsbildungsgesetz (BBiG) tätig ist oder war, so vor allem Ausbildungsleiter, hauptberufliche →Ausbilder und Ausbildungsbeauftragte.

Der BDBA wurde am 9. November 1974 in Frankfurt am Main gegründet, in ihm ging der im Dezember 1972 ins Leben gerufene „Bundesverband Betrieblicher Berufsausbilder" auf. Anlass für die Gründung eines Verbandes, der die berufsständischen Interessen der Berufsausbilder vertritt, waren die Verabschiedung des Berufsbildungsgesetzes (BBiG) 1969 und der →Ausbilder-Eignungsverordnung (AEVO) 1971, die beide die Stellung des Berufsausbilders wie auch die Grundsätze der beruflichen Bildung in hohem Maße tangieren.

Der BDBA befasst sich aktuell insbesondere mit folgenden Aufgaben:
- Einwirken auf die Tarifpartner hinsichtlich der Einbindung der Berufsausbilder in das bestehende Tarifgefüge;
- gesetzliche Anerkennung eines verbandsintern verabschiedeten Berufsbildes für Berufsausbilder;
- Qualifizierung der Berufsausbilder, aufbauend auf der AEVO unter dem Gesichtspunkt der Notwendigkeit einer regelmäßigen fachlichen wie auch persönlichen und pädagogischen Weiterbildung (→Aus- und Weiterbildung der Berufsausbilder);
- Mitwirken und Teilnahme an der berufsbildungspolitischen Diskussion hinsichtlich der „Zukunft des dualen Berufsausbildungssystems" und der „Verbesserung der Ausbildungsplatzsituation".

Diese hier aufgeführten Themen werden auch im Mittelpunkt der verbandspolitischen Arbeit in den nächsten Jahren stehen, insbesondere vor dem Hintergrund, die gesellschaftliche Stellung des Berufsausbilders zu verbessern.

Literatur: Verbandszeitschrift: Der Deutsche Berufsausbilder

Herbert Luckmann

Bürokommunikation

B. beschreibt die Gesamtheit der betriebswirtschaftlichen Vorgänge, die den Daten-, Nachrichten-, Informations- und Wissensaustausch zwischen Mitarbeiterinnen und Mitarbeitern einer Organisation im Umfeld ihrer Arbeitsplätze umfassen. Im Zentrum steht der physische Ort, in dem die individuellen Arbeitsplätze der Menschen angesiedelt sind (= das Büro). Dieser Ort ist strukturiert nach Verantwortungsbereichen, organisatorischen Funktionen, Abteilungen, Projekten o.ä. zweckmäßigen Gliederungsaspekten zur Abwicklung der administrativen Tätigkeiten einer Organisation. Regelmäßig ist dieser Ort darauf ausgerichtet, der Arbeitsplatz für mehrere, in Arbeitsgruppen kooperierende Mitarbeitern zu sein. Die Kommunikationsprozesse sind entsprechend daraufhin zu gestalten, in diesem wichtigen Teilsegment einer Organisation die Zusammenarbeit der Betroffenen untereinander zu optimieren (interne Kommunikation) und gleichzeitig die in dieser Umgebung erbrachten Dienstleistungen möglichst effektiv nach außen zu erbringen (externe Kommunikation).

Die zur B. genutzten Technologien und Medien sind derzeit einem starken Umbruch unterzogen. Sie umfassen – nach wie vor – einen hohen Anteil papierbasierter Prozesse und „klassischer" Bürotechnologien (vor allem Telefon oder Fax). Die zunehmende Fülle und vor allem Aktualitäts- und Qualitätsanforderungen an Informationen, die täglich im Büro erfasst, verarbeitet, weitergegeben, abgelegt und wieder gefunden werden müssen, machen aus wirtschaftlichen Gründen jedoch ein grundlegendes Umdenken und neuartige Prozessgestaltung für B. immer dringlicher. Ein Großteil der typischerweise auf den Schreibtischen im Büro verarbeiteten Informationen ist in seinem wirtschaftlichen Wert vor allem kurzfristiger Natur und veraltet entsprechend schnell. Papier als bisher vorherrschender Informations- oder Datenträger wird zunehmend unwirtschaftlich. Diese Unwirtschaftlichkeiten liegen in den Personalkosten von Mitarbeitern und Mitarbeiterinnen, die mit dem Papier umgehen müssen, sie liegen in der physischen Prozessumgebung, die mit der Papierverwendung zusammenhängt (Schreibmaschinen, Schreibtische, Drucker, Kopierer, Ablageflächen, Büroschränke, Regale, Archive) wie auch in den Materialkosten des Papiers selber (Beschaffung, Lagerung, Bereithaltung, Entsorgung).

Entsprechend setzen sich mehr und mehr computergestützte Informations- und Kommunikationstechnologien in der B. durch. Die mit computergestützten Werkzeugen abwickelbaren Bürofunktionen erstrecken sich auf Erstellung und Bearbeitung von Dokumenten bzw. Datenobjekten u.a. im Hinblick auf Text, Kalender-/Zeitinformationen, Daten, Zahlen, Tabellen, Geschäftsgraphik oder elektronische Kommunikation. Das damit durchgeführte elektronische Informations- und Kommunikationsmanagement im Büro umfasst u.a. Adress- und Korrespondenzmanagement, Baustein- und Serienbriefe, Funktionen für (Volltext-)Suche und vielfache Kategorisierung bei Dokumenten und Vorgängen, Bearbeitung und Archivierung von Vorgangsmappen, grafisch-modellierte Prozessvorbereitung und -abwicklung im Workflow-Management, Berücksichtigung von differenzierten Bearbeitungsrechten nach Rollen, Arbeitsgruppen- oder Abteilungszugehörigkeit, elektronische Post sowie Bereitstellung netzbasierter Dienste am Arbeitsplatz, vor allem auch aus dem Internet, Elektronische Agenten für wiederkehrende Aufgabenstellungen, Konzepte zur zunehmenden Unterstützung eines Wissens-Managements (an Stelle eines reinen Daten-Managements).

Bürokommunikation

Die zu einer effektiven B. notwendigen Computertechnologien sind erst in den 90er Jahren zur Marktreife gelangt. Im Vordergrund sind hier teamarbeitsorientierte computergestützte Systeme zu nennen, die den wichtigen Schritt vom Personal Computing zum Inter-Personal Computing ermöglichen. Für diese Systeme hat sich der Name Groupware herausgeprägt. Groupware konzentriert sich darauf, die Vielfalt der Kommunikationsprozesse innerhalb der in Büros angesiedelten Arbeitsgruppen und zwischen den verschiedenen Arbeitsgruppen im Rahmen eines integrierten Intranet einer Organisation in effektiver Weise zu unterstützen. Darüber hinaus enthält das Intranet auch Komponenten, die eine nahtlose Integration der B. nach außen über ein Extranet ermöglichen.

Wichtige konzeptionelle und funktionale Merkmale derartiger Groupware-basierter Systeme zur B. erstrecken sich auf Mechanismen zur Unterstützung der Kommunikation, Kollaboration sowie Koordination der Büroarbeit:

1. Bereitstellung leistungsfähiger elektronischer Aktenschränke in einer verteilten Datenbankumgebung;
2. Nutzung flexibler, zur Aufnahme multimedialer Informationsobjekte geeigneter Datenstrukturen in sog. Verbund-Dokumenten, wie sie sich etwa auch im World-Wide-Web durchgesetzt haben;
3. Unterstützung der integrierten Gruppenkommunikation durch Ansätze für teamorientierte gemeinsame Daten-/Informations-Erzeugung, -Weiterbearbeitung und -Ablage;
4. Integration von Werkzeugen für Textverarbeitung und Dokumentenmanipulation;
5. Optionen für leistungsfähige Import- und Exportfunktionen von vielfältigen Datenobjekten aus den verschiedensten, weit verbreiteten Werkzeugumgebungen;
6. Integrierte Verwaltung externer Datenbestände und Informationsobjekte, die an anderer Stelle erzeugt wurden und im Bürokommunikationsprozess selber nicht weiterverarbeitet, sondern allenfalls gelesen werden;
7. Elektronische Post zur Unterstützung der Punkt-zu-Punkt Kommunikation zwischen einzelnen Büromitarbeitern;
8. Differenziertes und leistungsfähiges Management des Zugangs zum Bürokommunikationssystem, intern innerhalb des physischen Büros, wie auch von außen;
9. Sicherheitsmanagement, Datenschutz und Vertraulichkeitsschutz der im Büroinformationssystem gehaltenen Daten sowie der gesamten Kommunikationsprozesse;
10. Bereitstellung leistungsfähiger und differenzierter Entwicklungsumgebungen, die es einerseits den Mitarbeitern selbst erlauben, die typischerweise stark individuellen Gegebenheiten eines Bürokommunikationssystems selber auszugestalten, und andererseits professionellen Systementwicklern die Möglichkeit geben, standardisierbare Lösungen zu entwickeln und zur Nutzung auf einem Markt für Bürokommunikationssysteme anzubieten.

Aufbau und Nutzung eines computerbasierten Büroinformations- und -kommunikationssystems sind regelmäßig mit einem Paradigmenwechsel (grundlegenden Strukturwandel) begleitet, der typisch für die aktuellen Entwicklungstendenzen derartiger Systeme in Forschung und Praxis anzusehen ist:

1. Der Trend zum papierlosen Büro wird unterstützt;
2. ein auf elektronischer B. basierendes System ist nicht mehr an physische Büroumgebungen in Gebäuden gebunden, sondern bildet, ganz unabhängig davon, ein sog. virtuelles Büro; damit wird u.a. eine ganz andere Plattform für Zusammenarbeits- und Kooperationsformen im Büro ermöglicht, wie etwa Telearbeit, verteilte Bürostandorte oder mobile Tätigkeiten;
3. die elektronischen Informationsobjekte umfassen nicht nur die aus der Papierwelt ge-

wohnten Dokumentenformate, sondern sind gleichermaßen offen für nicht papierbasierte, audio-visuelle Datentypen (→Multimedia) mit ihren entsprechenden innovativen Anwendungs- und Verarbeitungsoptionen. Alle diese Änderungen haben erhebliche Auswirkungen auf die Rolle des Menschen am (Büro)Arbeitsplatz und auf Büroberufe.

Literatur: Gabriel, R./Bergau, K./Knittel, F./Taday, H.: Büroinformations- und Kommunikationssysteme. Heidelberg 1994 – Hansen, H. R.: Wirtschaftsinformatik I. Stuttgart/Jena ⁷1996, S. 215-260 (Kap. 4 „Büroinformationssysteme") – Kurbel, K./Strunz, H. (Hg.): Computergestützte Arbeitsplätze und Bürokommunikation. In: Handbuch Wirtschaftsinformatik. Stuttgart 1990, S. 543-637 – Nastansky, L./Behrens, O.M./Ehlers, P./ Schicker, T.: Büroinformationssysteme – Groupware, Mobile Computing, Projektmanagement und Multimedia. In: Fischer, J./Herold, W./Dangelmaier, W./Nastansky, L./Wolff, R, (Hg.): Bausteine der Wirtschaftsinformatik. Hamburg ²1995, S. 267-369 (Textteil), S. 591-606 (Aufgabenteil), S. 645-660 (Lösungsteil) – Rautenstrauch, C.: Effiziente Gestaltung von Arbeitsplatzsystemen. Konzepte und Methoden des persönlichen Informationsmanagements. Bonn/Reading et al. 1997

Ludwig Nastansky

CAL + CAT

CAL (Computer Assisted Learning) und CAT (Computer Assisted Teaching) stellen Teilsysteme eines wirtschaftsinformatischen Konzepts dar, in dessen Mittelpunkt computergestützte Arbeitsplätze von Studierenden und Dozenten stehen. Durch eine gemeinsame Daten- und Methodenbasis wird eine Integration zu einem multi- und hypermedialen Gesamt-

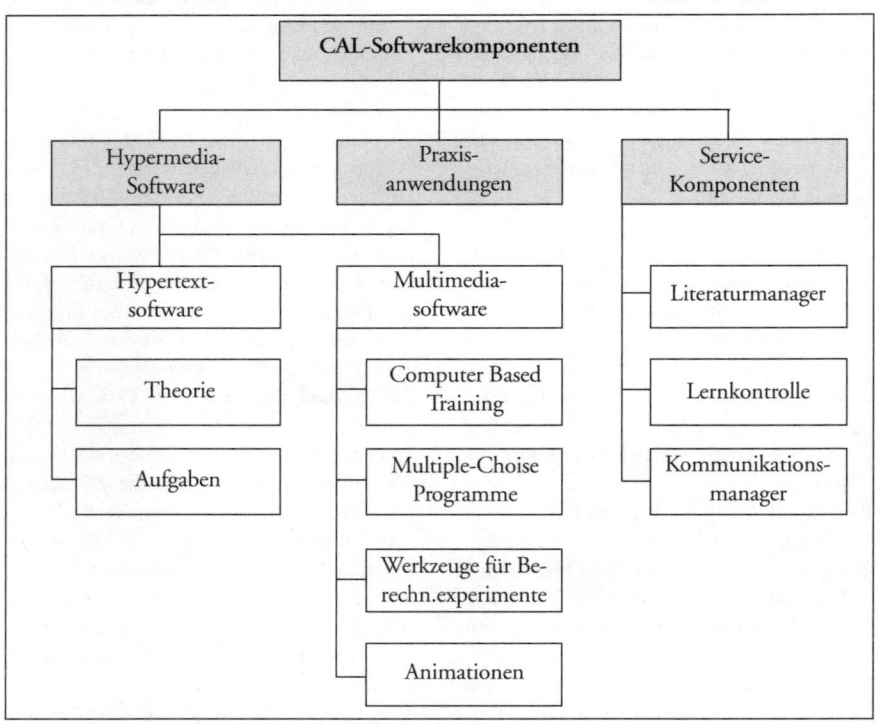

Abb.: Die CAL-Softwarekomponenten

konzept ermöglicht (→Multimedia; →Computergestütztes Lernen)
Am privaten Arbeitsplatz des Studierenden sind die in der Abbildung (S. 165) dargestellten CAL-Softwarekomponenten, die neben der Hypermedia-Software auch Praxisanwendungen und Servicekomponenten umfassen, abrufbar.
Am Arbeitsplatz des Dozenten im Hörsaal, der neben dem Multimediacomputer ein Projektionssystem aufweist, werden die CAT-Komponenten auf der Basis einer Slideshow präsentiert. Das Konzept wird insbesondere im Bereich universitärer Großveranstaltungen mit größeren Teilnehmerzahlen eingesetzt. Indes ist es aufgrund seiner Modularität an andere situative Bedingungen anpassbar. Internet-Anwendungen, die als Komponente von CAL und CAT anzusehen sind, dürften in Zukunft größere Bedeutung erlangen.

Literatur: Grob, H.L.: Computer Assisted Learning durch Berechnungsexperimente. In: Ergänzungsheft der Zeitschrift für Betriebswirtschaftslehre 2 (1994), S. 79-90 – Grob, H.L.: CAL + CAT. Arbeitsbericht Nr. 2 der Reihe CAL + CAT des Instituts für Wirtschaftsinformatik. Münster 1996 – Grob, H.L./Bieletzke, S.: Aufbruch in die Informationsgesellschaft. Münster ²1998

Heinz Lothar Grob

CEDEFOP (Centre for the Development of Vocational Training)

Das CEDEFOP (Europäisches Zentrum für die Förderung der Berufsbildung/Centre for the Development of Vocational Training/ Centre Europeén pour le Développement de la Formation Professionnelle) ist eine supranationale Einrichtung, die sich seit ihrer Gründung 1975 mit der Förderung und Entwicklung von beruflicher Bildung in der Europäischen Union befasst. Basis dieser Gründung war die Verordnung des Rates der Europäischen Gemeinschaften vom 10. Februar 1975, die die Implementierung einer von der Europäischen Kommission unabhängigen, für Belange der Berufsbildung zuständigen Institution zum Gegenstand hatte. Das CEDEFOP hatte seinen Sitz zunächst in Berlin und ist seit September 1995 im griechischen Thessaloniki beheimatet. Rechtlich operiert das CEDEFOP nach der EU-Verordnung 337/75 als eine non-profit Organisation, die die Europäische Kommission im Rahmen der gemeinschaftlichen →Berufsbildungspolitik unterstützt.

Das CEDEFOP wird von einem Verwaltungsrat geführt, der sich aus je 9 Vertretern der Regierungen der Mitgliedstaaten sowie Repräsentanten von Arbeitgeber- und Arbeitnehmerorganisationen und 3 Vertretern der Europäischen Kommission zusammensetzt. Die Geschäftsführung wird von einem Direktorium betrieben, welches aus einem Direktor (momentan: Johan van Rens, Niederlande) und seinem Stellvertreter (momentan: Stavros Stavrou, Griechenland) besteht. Insgesamt beschäftigt die Organisation 120 Experten, die von zusätzlichem Personal unterstützt werden. Die Aufgaben des CEDEFOP bestehen darin, die Entwicklung der Berufsbildung in der EU, insbesondere im Hinblick auf die Herausforderungen lebenslangen Lernens zu fördern. Dies geschieht zunächst im Rahmen der Forschungs- und Dokumentationsaktivitäten des CEDEFOP. Hier wird u.a. sichergestellt, dass Informationen über die berufliche Bildung und die unterschiedlichen Berufsbildungssysteme, ihre Entwicklung sowie über aktuelle Politikimplementierungen der Mitgliedstaaten aufgearbeitet und publiziert werden. Ein weiterer Tätigkeitsbereich liegt darin, gemeinschaftliche Projekte im Bereich der Berufsbildung zu fördern. Hierzu gibt es ein Forum, das für Diskussionen und den Austausch von Ideen und Informationen unter den Mitgliedstaaten vorgesehen ist. Des Weiteren markieren die Koordinierung der Berufsbildungsforschung und ihre Weiterentwicklung übergreifende Aufgabenstellungen des CEDEFOP. Schließlich lag seit Gründung des CEDEFOP ein Arbeitsschwerpunkt im Vorantreiben von Lösungen des für Europa typischen Problems der wechselseitigen Anerkennung beruflicher bzw. beruflich relevanter Qualifikationsnachweise. Zur Zielgruppe der Aktivitäten des CEDEFOP zählen somit sowohl Akteure aus der nationalen wie auch supranationalen (Berufs-)Bildungspolitik und Wissenschaft als auch Verantwortliche der beruflichen Aus- und Weiterbildungspraxis. Die für die Berufsbildungspolitik, die →Berufsbildungsforschung sowie für die Berufsbildungspraxis relevanten Informationsmaterialien, Vergleichsstudien und empirischen Forschungsberichte werden in elektronischer und in gedruckter Form herausgegeben. Besonders bekannt geworden sind hierbei die seit den 1980er Jahren erstellten Ländermonographien zu den einzelnen Berufsbildungssystemen. Außerdem werden vom CEDEFOP regelmäßig Studienreisen, Konferenzen und Seminare organisiert, bei denen Vertreter aus unterschiedlichen Ländern zusammentreffen und sich über ihre Arbeitsfelder, Probleme und Erfahrungen austauschen können. Ein Beispiel ist die im Jahre 2002 durchgeführte erste Konferenz des CEDEFOP zu Fragen der historischen Berufsbildungsforschung in Florenz, auf der sich auch das CEDEFOP selbst zum Thema historischer Forschung machte.

Was die Problembereiche betrifft, die das CEDEFOP im Rahmen der o.g. Aktivitäten bearbeitet, so lassen sich in der Frühphase seiner Existenz das Problem der Chancengleichheit im Bereich der beruflichen Bildung, die Frage von Übergängen sowie das Problem der Durchlässigkeit bzw. Gleichwertigkeit beruflicher und allgemeiner Bildung als Schwerpunktbereiche benennen. Ein zweiter wichtiger Themenblock sind Fragen des Zusammenhangs von Bildung und Beschäftigung, die nach wie vor hohe Jugendarbeitslosigkeit in der Europäischen Union, die Auswirkungen neuer Technologien und organisatorischer Veränderungen in der Arbeitswelt auf das Berufsbildungssystem und das Problem des lebenslangen Lernens. Hierbei geht es jedoch im Wesentlichen um eine Informationsfunktion für die europäische Berufsbildungspolitik, der nach wie vor die Hände gebunden sind, was weit reichende Gestaltungsspielräume anbelangt: Diesem Gedanken folgt vor allem der Vertrag über die Europäische Union, der sog. „Maastricht-Vertrag" (1992), der das Subsidiaritätsprinzip betont und deshalb zwar von einer unterstützenden und ergänzenden Funktion der gemeinschaftsgetragenen Bildungspolitik und Berufsbildungspolitik ausgeht, jedoch unter „strikter Beachtung der Verantwortung der Mitgliedstaaten für Inhalt und Gestaltung der beruflichen Bildung". Mit der Lissabon-Erklärung im Jahre 2000 (Agenda 2010) hat der Europäische Rat jedoch wiederum die Notwendigkeit eines „integrierten Politikansatzes" im Zusammenhang mit dem lebenslangen Lernen betont. Die Arbeiten des CEDEFOP erhalten auch in diesem neuen Kontext eine spezifische Bedeutung.

So führt bspw. die Generaldirektion für Bildung und Kultur der Europäischen Kommission das Programm „Leonardo da Vinci" auf dem Gebiet der Berufsbildung durch und wird dabei vom CEDEFOP mittels Erhebungen und Analysen unterstützt. In der Europäischen Zeitschrift „Berufsbildung" werden Forschungsbeiträge zur Berufsbildung in englischer, französischer, deutscher und spanischer Sprache veröffentlicht; darüber hinaus wird die Zeitschrift jetzt auf Kooperationsbasis auch in portugiesischer Sprache herausgegeben. Ein kostenloser Newsletter des CEDEFOP (CEDEFOP Info) versorgt die Berufsbildungsöffentlichkeit mit neuesten Informationen über Entwicklungen in den Mitgliedstaaten, die vom Dokumentationsnetz des Zentrums bereitgestellt werden. Überdies erscheint alle zwei Jahre ein Bericht über den Stand der Berufsbildungsforschung, der jeweils im Wechsel mit einem analytischen Überblick über die Berufsbildungspolitik in Europa herausgege-

ben wird. Schließlich wurde mit dem „European Training Village" (ETV) eine interaktive Website eingerichtet, die die unterschiedlichsten Akteure im Bereich der Berufsbildung und ihre Aktionsfelder fokussiert.
CEDEFOP – Europäisches Zentrum für die Förderung der Berufsbildung, PO Box 22427, GR-55102 Thessaloniki, Tel. (30) 2310 490 111, Fax (30) 2310 490 102, Homepage: www.cedefop.eu.int, Interaktive Website: www.trainingvillage.gr E-mail: info@cedefop.eu.int. – Verbindungsbüro in Brüssel: 20 Av. d'Auderghem, B-1040 Brüssel, Tel. (32-2) 230 19 78, Fax (32-2) 230 58 24.

Literatur: Behringer, F./Hanf, G. *(2005): Der Beitrag der beruflichen Bildung zur europäischen Agenda 2010. Erkenntnisse der „Maastricht-Studie", in: Berufsbildung in Wissenschaft und Praxis, 34. Jg., H. 1, S. 26-29 –* Europäische Kommission *(2002): Allgemeine und berufliche Bildung in Europa: Unterschiedliche Systeme, gemeinsame Ziele für 2010, URL: http://www.na-bibb.de/uploads/arbeit/systeme_ziele_2010.pdf. –* European Centre for the Development of Vocational Training, Ed. *(1995). Apprenticeship in the EU Member States – a comparison, Berlin (CEDEFOP) –* Greinert, W.-D./Hanf, G., Eds. *(2004). Towards a History of Vocational Education and Training (VET) in Europe in a Comparative Perspective. Proceedings of the First International Conference, October 2002, Florence (CEDEFOP Panorama Series, No. 103), Luxembourg (Office for Official Publications of the European Communities) –* Kommission der Europäischen Gemeinschaften *(1996): Weißbuch zur allgemeinen und beruflichen Bildung: Lehren und Lernen. Auf dem Weg zur kognitiven Gesellschaft, Luxemburg (Amt für amtliche Veröffentlichungen der Europäischen Gemeinschaften) –* Münk, D. *(1999): Die Aktionsprogramme der EU im Kontext der europäischen Bildungs- und Berufsbildungspolitik, in: Berufsbildung, 53. Jg., H. 59, S. 3-8 –* Pampus, K. *(1984): Das Europäische Zentrum für die Förderung der Berufsbildung (CEDEFOP) in Berlin, in: Georg, W. (Hg.): Schule und Berufsausbildung. Gustav Grüner zum 60. Geburtstag, Bielefeld, S. 335-357 –* Rat der Europäischen Gemeinschaften/Kommission der Europäischen Gemeinschaften *(1992): Vertrag über die Europäische Union, Luxemburg. –* Tessaring, M./Descy, P. *(2002): Kompetent für die Zukunft – Ausbildung und Lernen in Europa: zweiter Bericht zur Berufsbildungsforschung in Europa, Synthesebericht, in: Achtenhagen, F./John, E.G. (Hg.): Politische Perspektiven beruflicher Bildung, Meilensteine der Beruflichen Bildung, Bd. 3, Bielefeld (Bertelsmann Verlag), S. 123-136*

Thomas Deißinger

Coaching

Der Selbstanspruch von Coaching als professionelle berufs- bzw. managementbezogene Beratung und Entwicklung von Einzelpersonen, Gruppen und/oder Organisationen besteht in der Förderung ihrer Problemlösungsfähigkeit durch Selbstreflexion und Aufdeckung wertvoller Alternativen. Coaching wird von zwei Zielgruppen nachgefragt, nämlich von Einzelpersonen als Selbstzahlern zwecks ihrer persönlichen Beratung (als persönliches Coaching) und von Organisationen für die Umsetzung/Unterstützung ihrer Personal- und Organisationsentwicklung (organisationales Coaching).

Einzel-Coaching wendet sich an die Einzelperson. Sie ist der primäre Klient. Sekundäre Klienten sind ihr unmittelbares Umfeld (einschl. ihres Vorgesetzten) und die Gesamtorganisation. Sonderformen sind coachingbasierte Fachberatung, coachingbasiertes Einzel-Training und Einzel-Coaching in Seminargruppen.

Gruppen-Coaching wendet sich an organisationale Gruppen. Primärer Klient sind die einzelnen Gruppenmitglieder und die Gruppe als Ganze. Sekundäre Klienten sind ihr unmittelbares Umfeld (einschl. des/der Vorgesetzten) sowie die Gesamtorganisation. Eine Sonderform von Gruppen-Coaching ist das triadische Coaching mit zwei Klienten als Kleinstgruppe.

Organisations-Coaching wendet sich an die Gesamtorganisation oder Organisationseinheiten sowie an alle Einzelpersonen und Gruppen, die in das Organisations-Coaching involviert sind. *Projekt-Coaching* ist eine Sonderform des Organisations-Coachings.

Bei organisationalem Einzel-Coaching liegt eine doppelte Auftraggeberschaft vor, denn Auftraggeber ist die zu coachende Person als der primäre Klient und die Organisation als sekundärer Klient. Sie wird in der Regel durch den Vorgesetzten und/oder die Personalabteilung vertreten.

Die Aufgabe des Coaches ist, sowohl dem primären Klienten wie auch dem sekundären Klienten einen geldwerten Nutzen zu stiften. Aus diesem Grunde muss er sich um Unabhängigkeit und Allparteilichkeit bemühen, d.h. die Interessen aller Parteien (Klienten) gleich ernst nehmen und versuchen, sie gut auszubalancieren.

Der Bedarf organisationalen Einzel-Coachings muss im Dialog zwischen der zu coachenden Person und der Organisation ermittelt werden. Coaching-Bedarf lässt sich mit Bezug auf folgende fünf Gründe, die unterschiedlich kombinierbar sind, formulieren: (1) subjektiver Leidensdruck (z.B. Gefühl der Überforderung) des Klienten, (2) Abbau von Differenzen zwischen dem tatsächlichen und dem von der Organisation erwarteten Leistungs-, Kooperations- bzw. Führungsverhalten, (3) Einarbeitung in neue Aufgaben und Verantwortlichkeiten, (4) Selbstevaluation, (5) Exploration und Entfaltung bisher wenig genutzter/entfalteter Fähigkeiten, die von der Organisation im Rahmen strategischer Personalentwicklung ggf. genutzt werden können.

Die vielfältigen Methoden, die sich im Einzel-Coaching anbieten, müssen der zentralen Aufgabenstellung von Coaching gerecht werden, nämlich der Förderung der Problemlösungsfähigkeit durch Selbstreflexion und Aufdeckung wertvoller Alternativen. Hierfür bietet sich vor allem die Prozessberatung an. Bei Bedarf können zusätzlich Methoden aus dem Bereich der Expertenberatung/Fachschulung bzw. des Trainings hinzukommen.

Sind die Methoden aus dem Bereich der Expertenberatung/Fachschulung bzw. des Trainings etwas stärker ausgeprägt, liegt die Sonderform coachingbasierter Fachberatung bzw. coachingbasierten Trainings vor. Ein Beispiel hierfür ist Verkaufs-Coaching als integrierte Verbindung von Verkaufsschulung/-training und Coaching. Dabei ist jedoch zu betonen: Auch hier muss Prozessberatung das grundlegende methodische Merkmal sein.

Literatur: Backhausen, W./Thommen, J.-P.: Coaching. Wiesbaden 2003 – Schreyögg, A.: Coaching. Frankfurt/ M., New York 1995

Harald Geißler

Computergestütztes Lernen

Computersoftware für das Lernen wurde zunächst im Zusammenhang der Programmierten Unterweisung entwickelt. Der Programmierten Unterweisung liegt – ausgehend von behavioristischen Lerntheorien – der Gedanke zugrunde, gewünschte Lernziele durch kleine Lernschritte anzustreben. Jeder Lernschritt soll aus einer Information sowie einer anschließenden Abfrage und Rückmeldung bestehen. Auf der Basis dieses Grundgedankens sind zunächst verschiedene computergestützte Lehrprogramme entwickelt worden. Mit der Kritik an den behavioristischen Annahmen und der verstärkten Berücksichtigung kognitiver und konstruktivistischer Lerntheorien sowie mit den erweiterten technischen Möglichkeiten sind verschiedene Softwaretypen entstanden. So kann man heute z.B. bei der für das Lernen relevanten Software folgende Typen unterscheiden: (1) Lehrprogramme, mit denen ein Nutzer neue Inhalte zu einem bestimmten Themenbereich mit der Steuerung durch das Programm erarbeiten kann, z.B. zur Elektrotechnik oder zum Rechnungswesen, (2) Übungsprogramme, mit deren Hilfe bereits erarbeitete Lerninhalte in individueller Weise – zum Teil mit spielerischen Elementen – geübt, gefestigt oder automatisiert werden können, z.B. Rechtschreibung und Rechenverfahren, (3) Offene Lernsysteme, durch die didaktisch und multimedial aufbereitete Inhalte zu einem spezifischen Themengebiet – häufig versehen mit einzelnen Werkzeugen – bereitgestellt werden, z.B. zur Braunkohlenförderung oder zu Medieninstitutionen, (4) Datenbestände, mit denen Informationssammlungen – in der Regel mit Suchwerkzeugen und mit einer Verweisstruktur – zur Verfügung gestellt werden, z.B. Enzyklopädien oder Zusammenstellungen von Kunstwerken, (5) Lernspiele, die pädagogisch entworfene Situationen präsentieren, in denen die Lernenden in bestimmten Handlungsräumen mit verschiedenen Handlungsmöglichkeiten agieren können und dabei bestimmte Situationen gestalten oder verbessern sollen, z.B. bei der Besiedlung eines Gebiets oder beim Aufbau einer Restaurantkette, (6) Werkzeuge, die als themenunabhängige Programme zur Erzeugung, Gestaltung oder Bearbeitung visueller, auditiver oder audiovisueller Produkte in abbildhafter oder symbolischer Form dienen sowie deren Austausch ermöglichen, z.B. Textverarbeitung, Tabellenkalkulation, Musik-Arrangierprogramme, E-Mail- und Chat-Programme, (7) Experimentier- und Simulationsumgebungen, in denen auf der Grundlage vorgegebener oder zu entwickelnder Modellierungen Prozesse simuliert werden können, wobei mit dem Einfluss verschiedener Parameter auf die jeweils modellierten Prozesse experimentiert werden kann, z.B. im naturwissenschaftlichen oder sozialwissenschaftlichen Bereich, (8) Kommunikations- und Kooperationsumgebungen, durch die eine Infrastruktur für Erfahrungs- und Meinungsaustausch sowie für die gemeinsame Bearbeitung von Produkten bereitgestellt wird, z.B. Arbeitsbereiche und Foren.

Auf der Basis von Evaluationsstudien lässt sich u.a. feststellen, dass mit Hilfe von computerbasierten Medien ein selbstständiges Lernen gefördert werden kann und dass sich unter bestimmten Bedingungen Verbesserungen bei den fachlichen Lernleistungen und Verkürzungen bei den Lernzeiten erreichen lassen – wenn sich die zum Teil (zu) hohen Erwartungen insgesamt auch nicht erfüllt haben. Generell ergibt sich die Schlussfolgerung, dass das Potenzial von computerbasierten Medien nicht „automatisch", sondern erst im Rahmen didaktisch und lerntheoretisch fundierter Unterrichtskonzepte zur Geltung kommt.

Solche Konzepte (weiter) zu entwickeln stellt – auch vor dem Hintergrund der sich immer noch verbessernden technischen Möglichkeiten und der Zunahme von E-Learning-Angeboten – eine wichtige Aufgabe für die Zukunft dar.

Literatur: Issing, L.J./Klimsa, P. (Hg.): Information und Lernen mit Multimedia und Internet. Weinheim 2002 – Tulodziecki, G./Herzig, B.: Computer & Internet im Unterricht. Medienpädagogische Grundlagen und Beispiele. Berlin: Cornelsen Scriptor 2002

Gerhard Tulodziecki

Curriculumentwicklung

Ab etwa 1800 wird der bis dahin gebräuchliche Begriff Curriculum (Morhof 1688: „De Curriculo Scholastico") im deutschsprachigen Bereich durch den Begriff →Lehrplan verdrängt. Erst 1967 wird er von Saul B. Robinsohn aus dem angloamerikanischen Sprachraum, in dem er sich gehalten hatte, wieder eingeführt. Mit dieser Renaissance des Begriffs Curriculum verbindet sich jedoch nicht nur eine Veränderung der Sprachusance, sondern geradezu ein Paradigmawechsel in den Auffassungen darüber, wie didaktisches Geschehen zu gestalten sei. So unscharf dabei das Verständnis des Curriculumbegriffs und seiner vielfältigen Konnotate wie Curriculumrevision, konstruktion, theorie und entwicklung geblieben ist, so deutlich zeigt sich gleichwohl der Wechsel in den Perspektiven.

Ein erster Wechsel besteht im Übergang von einer statischen Betrachtung des Lehrplans als Struktur zu einer dynamischen Betrachtung des Curriculums als Prozess. Zwei prozessuale Intentionen lassen sich unterscheiden: Die erste, selbstbezügliche Prozessvariante rückt das Geschehen der Entstehung und Wirkung eines Curriculums selbst in den Mittelpunkt des wis-

senschaftlichen Interesses; die zweite bezieht sich auf die Art der in ein Curriculum zu integrierenden Elemente, die nun auch lernorganisatorische Anweisungen über den konkreten didaktischen Vollzug enthalten sollen.
Ein zweiter Wechsel verschiebt die Akzentuierung vom Lehren zum Lernen. Damit wird eine Veränderung von Inhaltskatalogen, die durch den Lehrer zu vermitteln sind, zu Lernzielkatalogen, die an der überprüfbaren Verhaltensänderung des Schülers orientiert sind, bewirkt. →Lernziele werden dementsprechend als Konfiguration von Inhalts- und Verhaltenskomponente konstruiert.
Der dritte Wechsel drückt sich im Übergang vom Bildungsbegriff zum Qualifikationsbegriff aus, also in der Veränderung von einem in seinem finalen Anspruch offenen zu einem demgegenüber geschlossenen Konstrukt. Konsequenz ist die Abkehr von einer primären Orientierung an Persönlichkeitsentwicklung zugunsten einer deutlichen Orientierung zur Anpassung an konkrete Verwendungssituationen (→Qualifikation und Qualifikationsforschung).
Ein vierter umfassenderer Wechsel entwirft sich im Zuge der von H. Roth proklamierten „realistischen Wende"; denn das gesicherte Gebäude hermeneutisch-systematischen Vorgehens wird zugunsten einer analytisch-technologischen Sichtweise verlassen. Subjektive Kompetenz ersetzt sich durch objektive Vergleichbarkeit.
Mit der Betonung eines Verwertungsinteresses, wie es als Ausgangspunkt im Entwurf Robinsohns durch die didaktische Konzeptualisierung der Situationsanalyse und daraus abzuleitender Qualifikationen und Inhalte deutlich wird, verliert das bis dahin gängige Planungsverständnis sein an Tradition rückgebundenes Fundament inhaltlicher Kontinuität. Unter dem Banner des Curriculumbegriffs entsteht so eine Position, die einer tabula rasa gleicht. Es gilt nun, alles neu zu entdecken, was zu einer Expansionseuphorie der in den siebziger Jahren einsetzenden Curriculumforschung führt. Als stabil erweist sich dabei jedoch nur folgende zyklische Struktur der C.: Curriculumkonstruktion, -implementation, -evaluation und als zyklischer Anschlussschritt: Curriculumrevision, eine Abfolge, die sich an den schon bei Ch. Möller übernommenen organisationswissenschaftlichen Dreischritt „Planung – Durchführung – Kontrolle" anlehnt.
C., die all diese Phasen wissenschaftlich begründet und praktisch kontrolliert für den konkreten Einzelfall des didaktischen Vollzugs dem selbstgesteckten Anspruch prozessualer Integrität unterwerfen will, erweist sich indessen als überbestimmt, so dass nur die im Rahmen der Curriculumkonstruktion zur Anwendung gelangten Methoden der Lernzieloperationalisierung (Möller; Mager) sowie das Systematisierungsinstrument der „taxonomy of educational objectives" (Bloom, Krathwohl) zur Beschreibung und Analyse didaktischen Geschehens bis heute konzeptionelle Kraft entwickeln. Konkrete Bedeutung hat auch der Ansatz lernzielorientierter Prüfung (LOT-Projekt: Flechsig, Haller) erlangt, obwohl sich das normorientierte Notensystem aufgrund des durchgängig akzeptierten Selektionsinteresses behaupten konnte.
Fragen der Lernzielsammlung, -legitimierung und -systematisierung wurden zwar intensiv angegangen, blieben aber ohne konstitutiven didaktisch handlungsleitenden Niederschlag, ebenso wie es bei der Curriculumimplementation nicht gelang, gleichzeitig die Lehrerpersönlichkeit und die anzuwendende Methodik mit festzuschreiben. Curriculumtheoretische →Situationsorientierung führte bisher nicht zur Überwindung des Fächerkanons, so dass der ursprünglich mit C. verbundene Revisionsgedanke eher ambivalent bleibt. Auch das Verhältnis von C. zum traditionellen Verständnis von Didaktik ist weitgehend ungeklärt geblieben. Allein das dem Emanzipationskriterium folgende didaktische Modell des Strukturgitteransatzes von H. Blankertz sowie

das deontisch-pragmatisch konzipierte „Strukturmodell Fachdidaktik Wirtschaftswissenschaften" (Jongebloed, Twardy) verstehen Didaktik als Theorie des Curriculums.

Für die berufliche Bildung hat sich der Kompromiss curricularer Lehrpläne etabliert, deren Aufbau lernzielorientiert, taxonomisch und operational konstruiert ist. Sie systematisieren ihre Qualifikationen so, dass sie den Auszubildenden zu selbstständiger Planung, Durchführung und Kontrolle befähigen. Für den Lernort Betrieb kommt dabei der Ausbildungsrahmenplan der Struktur eines curricularen Lehrplans am nächsten. Außerdem ist bei der Neuordnung der Berufe der die C. auslösenden Idee der Situationsanalyse explizit Rechnung getragen worden. Die Verabschiedung der „Handreichungen für die Erarbeitung von Rahmenlehrplänen der Kultusministerkonferenz für den berufsbezogenen Unterricht in der Berufsschule ..." (KMK 1996) scheint das ursprüngliche Konzept Robinsohns für die Erstellung von Lehrplänen nun verbindlich zu machen, indem sie nach Maßgabe der Situationsanalyse →Lernfelder abzugrenzen verlangen, aus denen dann Ziel- und Inhaltsformulierungen abzuleiten sind, die das didaktische Geschehen in der Berufsschule strukturieren. Deren Bewährung bleibt mit Blick auf die bisherigen Konzepte zur C. abzuwarten.

Literatur: Blankertz, H.: Theorien und Modelle der Didaktik. München ⁹1975 – Frey, K. (Hg.): Curriculum-Handbuch. München/Zürich 1975 – Twardy, M.: Kompendium Fachdidaktik Wirtschaftswissenschaften. Düsseldorf 1983 – Robinsohn, S. B.: Bildungsreform als Reform des Curriculum. Neuwied 1967 – Westphalen, K.: Lehrplan – Richtlinien – Curriculum. Stuttgart 1985

Hans-Carl Jongebloed

Design Experiment

Das „Design-Experiment" ist eine – insbesondere von Ann L. Brown, USA (1992) – vorgeschlagene Forschungsstrategie zur nachhaltigen Verbesserung der Unterrichtspraxis. In späteren Veröffentlichungen wird diese Strategie auch als „design studies" oder „design research" bezeichnet. Dabei handelt es sich um ein Forschungsvorgehen, bei dem Lernphänomene nicht im Labor, sondern in realen Situationen untersucht werden. Unter einer gezielten Gestaltungs- und Veränderungsabsicht werden korrespondierende Forschungsfragen entwickelt. Dabei werden unter Rückgriff sowohl auf bestehende Theorien und Forschungsresultate als auch auf konkrete Problemstellungen sowie Lehr- und Lernerfahrungen der Praktiker (Lehrer und Trainer) Lehr-Lern- und Entwicklungsumgebungen gestaltet und auf die spezifischen Curricula hin abgestimmt („Design"-Aspekt). Die einzelnen Aspekte und Sequenzen der Lern- und Entwicklungsumgebungen werden sorgfältig legitimiert und dokumentiert sowie systematisch in die Unterrichtspraxis implementiert und evaluiert („Experiment"-Aspekt). In Zyklen von Design, formativer und summativer Evaluation sowie Re-Design wird das Vorgehen kritisch überwacht und im Hinblick auf mögliche Unzulänglichkeiten überprüft. Hierzu werden vielfältige Methoden (Feldbeobachtung, Interviews, Lernjournale, Dokumentenanalyse, →Fallstudien, ethnographische Studien, Prä-Posttest-Ansätze etc.) so eingesetzt, wie sie von der Fragestellung her sinnvoll erscheinen. Als Ergebnis dieser möglichen Methodenvielfalt werden kohärente Argumentationsstränge entwickelt, die neben einem tieferen Verständnis der Lern- und Entwicklungsprozesse auch die Generierung von innovativem Wissen und praktikablen Lösungen als so genannte „proto-theories" ermöglichen (Design-Based Research Collective, 2003, p. 5). Diese Theorien lassen sich mit kontrollierten Laborexperimenten und anderen Forschungsansätzen verbinden, um z.B. relevante Kontextfaktoren zu identifizieren, bestimmte Interaktionsmechanismen zu erhellen oder den spezifischen Einfluss einer Intervention zu erfassen (Brown, 1992; Collins, 1996; Bereiter, 2002; Design-Based Research Collective, 2003; Shavelson, Phillips, Towne & Feuer, 2003). Diese neuen Erfahrungen und Resultate (*„innovative, expanded and viable solutions"*) gilt es, in möglichst vielen weiteren Kontexten einzusetzen und auf ihre Praktikabilität hin zu prüfen – um auf diese Weise verallgemeinerbare Erkenntnisse zu erlangen, diese der wissenschaftlichen Community sowie der Unterrichtspraxis zu präsentieren und zugleich einer detaillierten Kritik zu unterziehen.

Damit geht es um eine „ökologische" Nachbildung von Lehr- und Lernprozessen (Reinmann, 2005, S. 61), deren Komplexität durch systematische Gestaltung, Durchführung, Überprüfung und Re-Design unter forschungs- und unterrichtspraktischen Aspekten besser erfasst werden kann als bisher mit Laborexperimenten. Als Resultat erhält man damit kontextualisierte Theorien des Lernens und Lehrens einschließlich eines Wissens zum Designprozess (theoretischer Output) sowie konkrete Verbesserungen für die Praxis und die Entfaltung innovativer Potentiale im Bildungsalltag (praktischer Output) (Reinmann, 2005, S. 61, in Anlehnung an Cobb, Confrey, diSessa, Lehrer & Schauble, 2003; Design-Based Research Collective, 2003).

In der Denkschrift von Shavelson & Towne (2002) werden in allgemeiner Form sechs miteinander zusammenhängende Prinzipien genannt, die derartige pädagogische Interventionsprojekte erfüllen sollten, um als wissenschaftlich zu gelten:
1. Es sollen (theorie- wie praxis-)angemessene Forschungsfragen gestellt werden, die sich empirisch beantworten lassen.
2. Die Forschung soll theorierelevant sein.
3. Die eingesetzten Untersuchungsmethoden müssen direkt auf die Forschungsfragen beziehbar sein.
4. Die Begründungsmuster für die Gewinnung der Forschungsfragen und ihre Überprüfung müssen kohärent und explizit formuliert werden.
5. Replizierbarkeit und Generalisierbarkeit der Studien sind vorzusehen.
6. Alle Forschungsschritte und die gewonnenen Ergebnisse sind nachvollziehbar darzustellen. Damit verschiebt sich auch das Anliegen der pädagogischen Forschung: So geht es nicht mehr nur um die Beschreibung, Analyse und Erklärung von Zusammenhängen unterrichtlichen Geschehens, sondern auch um die Veränderung bzw. Verbesserung unterrichtlicher Praxis und damit die Auseinandersetzung mit pädagogischen Normen und Standards.

Die Jasper Series der Cognition and Technology Group at Vanderbilt (1997) kann als erste umfassende praktische Umsetzung dieser Ideen gesehen werden, indem sowohl kontextgebundenes Lernen als auch Annahmen über „Verankerungen", „Transfer" und „Metakognition" getestet wurden. Eine explizite Ausarbeitung der Idee des „Design Experiment" in der Berufs- und Wirtschaftspädagogik findet sich in der Studie zum interkulturellen Lernen und Entwickeln in der beruflichen Erstausbildung von Weber (2003; 2004).

Auch wenn dieser Ansatz bei seiner ersten Vorstellung als *„pseudo-experimental research in quasi-naturalistic settings"* (Brown, 1992, p. 152) karikiert wurde, erfahren die Vorschläge zum „Design Experiment" international zunehmend eine große Aufmerksamkeit (vgl. u.a. die Beiträge im *Educational Researcher* 2003, *Vol. 1*). In der deutschen Pädagogischen Psychologie werden Gedanken des „Design Experiment" ebenfalls im Hinblick auf ihren Erkenntniswert und Nutzen für die Bildungspraxis geprüft (u.a. Fischer et al., 2003; Reinmann, 2005). Das Design Experiment folgt keinem „Entwickler-Anwender-Verhältnis", sondern ist als eine kollegiale Zusammenarbeit von Forschern und Praktikern im Sinne einer zielgerichteten Co-Konstruktion zu verstehen, die spezifische Kontextfaktoren besser berücksichtigen sowie eine höhere Akzeptanz im Feld erzeugen kann. Damit steigt die Wahrscheinlichkeit einer Implementation im Gestaltungs- und Forschungsprozess sowie ihrer Dissemination (u.a. Reinmann, 2005, S. 66-67; Fischer et al., 2003; zu praktischen Anwendungen siehe u.a. Cognition and Technology Group at Vanderbilt (1997); Achtenhagen et al., 1992; Weber, 2003; 2004). Das Konzept des Design Experiment vermag die Nische zwischen Laborexperimenten, Praxisbeschreibungen, Ethnographien und Large-Scale-Studien zu füllen – und zugleich auch einen wesentlichen Beitrag zur Auflösung der Kontroversen in der Berufs- und Wirtschaftspädagogik zwischen DFG-gestützter Forschung und Modellversuchsprogrammen zu leisten (u.a. Beck, 2003; Nickolaus, 2003; Euler, 2003).

Literatur: Achtenhagen, F./John, E.G. (Eds.): Mehrdimensionale Lehr-Lern-Arrangements – Innovationen in der kaufmännischen Aus- und Weiterbildung. Wiesbaden 1992 – Beck, K.: Erkenntnis und Erfahrung im Verhältnis zu Steuerung und Gestaltung – Berufsbildungsforschung im Rahmen der DFG-Forschungsförderung und der BLK-Modellversuchsprogramme. Zeitschrift für Berufs- und Wirtschaftspädagogik 2003. 99, S. 232-250 – Bereiter, C.: Design research for sustained innovation. In Cognitive Studies, Bulletin of the Japanese Cognitive Science Society 2002. 9, S. 321-327 – Brown, A.L.: Design Experiments: Theoretical and methodological challenges in creating complex interventions in classroom settings. The Journal of the Learning Sciences 1992. 2 (2), S. 141-178 – Cobb, P./Confrey, J./diSessa, A./Lehrer, R./Schauble, L.: Design Experiments in Educational Research. Educational Researcher 2003. 32 (1), S. 9-13 – Cognition and Technology Group at Vanderbilt: The Jasper Project: Lessons in curriculum, instruction, assessment, and professionnal development. Mahwah, N.J. 1997 – Collins, A. (1996). Design Issues for Learning Environments. In: S. Vosniadou/E. de Corte/R. Glaser/H. Mandl (Eds.): International Perspectives on the Design of Technology-supported Learning Environments (pp. 347-361). Mahwah, N.J. 1996 – Design-Based Research Collective: Design-based research: An emerging paradigm for educational inquiry. Educational Researcher 2003. 32 (1), S. 5-8. – Euler, D.: Potentiale von Modellversuchsprogrammen für die Berufsbildungsforschung. Zeitschrift für Berufs- und Wirtschaftspädagogik 2003. 99, S. 201-212 – Fischer, F./Boullion, L./Mandl, H./Gomez, L.: Bridging theory and practice in learning environment research – Scientific principles in Pasteur's quadrant. In International Journal of Educational Policy, Research & Practice 2003. 4 (1), S. 147-170 – Nickolaus, R.: Berufsbildungsforschung in Modellversuchen – Befunde des Projektes „Innovations- und Transfereffekte von Modellversuchen in der beruflichen Bildung". Zeitschrift für Berufs- und Wirtschaftspädagogik 2003. 99, S. 222-231 – Reinmann, G.: Innovation ohne Forschung? Ein Pädoyer für den Design-Based Research-Ansatz in der Lehr-Lern-Forschung. Unterrichtswissenschaft 2005. 33, S. 52-69 – Shavelson, R.J./Phillips, D.C./Towne, L./Feuer, M.J.: On the science of education design studies. Educational Researcher 2003. 32 (1), S. 5-28 – Shavelson, R.J./Towne, L. (Eds.): Scientific research in education. Washington, D.C. 2002 – Weber, S.: Initiating intercultural learning and development in the field of economic and business education. Habilitationsschrift. Humboldt-Universität zu Berlin 2003. – Weber, S.: Interkulturelles Lernen – Versuch einer Rekonzeptualisierung. Unterrichtswissenschaft 2004. 32, S. 143-168

Susanne Weber

Deutsche Versicherungsakademie (DVA)

Die DVA ist eine Gründung der Spitzenverbände der deutschen Versicherungswirtschaft (agv, GDV, BWV). Sie führt berufliche →Weiterbildung (Seminare, Fachtagungen usw.) durch und ist Träger der Bildungsmaßnahme Versicherungsbetriebswirt/ -in (DVA). Dieses berufsbegleitende Studium baut auf der Fortbildungsmaßnahme zum/zur Geprüften Versicherungsfachwirt/ -wirtin (IHK) auf. Es vermittelt umfassende und vertiefte Kenntnisse, die in Verbindung mit mehrjähriger Berufspraxis dem/der Versicherungsbetriebswirt/ -in (DVA) Voraussetzungen zum Aufstieg in Führungspositionen und besonders qualifizierte Tätigkeiten im Innen- und Außendienst der Assekuranz schaffen. Praxisnähe und Wissenschaftsbezug kennzeichnen das Studium an der DVA, das am differenzierten

Bedarf des Wirtschaftszweiges orientiert ist. Das Studium umfasst vier Semester mit insgesamt 600 Stunden in sechs Studiengebieten: Allgemeine Betriebswirtschaftslehre, Volkswirtschaftslehre, Recht, Unternehmensführung und Personalwirtschaft, Versicherungsbetriebslehre, Methodik und Führungskompetenz. Es wird an neun Studienorten (Berlin, Dortmund, Frankfurt/Wiesbaden, Hamburg, Hannover, Köln, München, Nürnberg, Stuttgart) durchgeführt, jeweils unterstützt von der örtlichen Einrichtung des BWV. Die Anzahl der Studierenden beträgt pro Jahr an den neun Studienorten zwischen 550 und 650. Viele Absolventen des DVA-Studiums nutzen die seit 2001 bestehende Möglichkeit, in einem Anerkennungsverfahren den in der englischsprachigen Versicherungswirtschaft sehr bekannten Titel „Fellow of the CII (FCII)" und/oder den in der Schweiz staatlich anerkannten Titel „Diplomierter Versicherungsfachexperte mit eidgenössischem Diplom" zu erwerben.

Die Gesellschaft zur Förderung der Deutschen Versicherungs-Akademie e.V. wurde im Mai 1950 in das Vereinsregister des Amtsgerichts Köln eingetragen. Dieser Verein war Träger der ehemaligen DVA in Köln, die 1972 aufgrund des Fachhochschulgesetzes von Nordrhein-Westfalen in die Fachhochschule Köln aufging und heute dort den „Fachbereich Versicherungen" bildet. Von 1950 bis 1971 haben 1.192 Absolventen das Vollzeitstudium erfolgreich abgeschlossen. Die Mitgliederversammlung des Vereins „Gesellschaft zur Förderung der Deutschen Versicherungs-Akademie e.V." beschloss 1972, den Vereinsmantel nach München zu übertragen und verwaltungsmäßig an den Arbeitgeberverband der Versicherungsunternehmen in Deutschland anzugliedern. Dem Verein wurden Aufgaben zugewiesen, wie z.B. überbetriebliche Seminare für Führungskräfte, Tagungen für unterschiedliche Zielgruppen, Ausbilderseminare etc. 1974 wurde das Teilzeitstudium zum Versicherungsbetriebswirt (DVA) eingerichtet. Mit Wirkung vom 1.1.1996 wurden die Gesellschaft zur Förderung der DVA und das BWV unter dem Dach des Berufsverbandes „Berufsbildungswerk der Deutschen Versicherungswirtschaft (BWV) e.V." vereint. Als Geschäftsbereich des BWV konzentrierte sich die DVA fortan auf das Studium zum/zur Versicherungsbetriebswirt/in (DVA), die Sozialpolitischen- und Ausbilder-Seminare sowie die Fachtagungen. 2001 wurde der Geschäftsbereich DVA aus dem BWV ausgegründet und als „neue" Deutsche Versicherungsakademie (DVA) GmbH von den Spitzenverbänden der deutschen Versicherungswirtschaft ins Leben gerufen. Die „neue" DVA agiert seither als brancheninterner, unternehmensübergreifender Informations- und Bildungsanbieter. Die DVA bündelt die überbetrieblichen Bildungsangebote der Verbände der Versicherungswirtschaft unter einem Dach. Neben dem Studium zum/zur Versicherungsbetriebswirt/ -in (DVA) und dem online-gestützten Fernstudium zum/zur Geprüften Versicherungsfachwirt/ -in (IHK) bietet die DVA inzwischen vorwiegend versicherungsfachliche Weiterbildungen sowie Seminare für Führungs- und Nachwuchskräfte im Bereich Management und in sämtlichen Unternehmensfunktionen an, zugleich werden innovative Lernmöglichkeiten mit E-Learning-Elementen geschaffen.

Anschrift: Deutsche Versicherungsakademie (DVA), Arabellastrasse 29, 81925 München
Im Internet:
http://www.lernpark-versicherungswirtschaft.de/
http://www.versicherungsakademie.de/
Literatur: Berufsbildungswerk der Deutschen Versicherungswirtschaft (BWV) e.V.: Bildungsreport (Stand 1.8.2004). München 2005 – Karten, W.: Das Studium an der Deutschen Versicherungsakademie (DVA) – ein Institut der beruflichen Weiterbildung. In: Eisen, R./ Helten, E. (Hg.): Die Dienstleistung Versicherungsschutz in Wissenschaft und Berufsbildung. Karlsruhe 1991, S. 104-113 – Mirtschin, I.: Versicherungsbetriebswirt (DVA): Eine Investition in die Zukunft. In: Versicherungskaufmann 41 (1994), 5, S. 37-39 – Mirtschin, I.: Deutsche Versicherungs-Akademie

(DVA) – Vier Jahrzehnte Bildungsarbeit. In: Versicherungswirtschaft 44 (1989), 13, S. 846-852 – Pätzold, G.: Berufliche Weiterbildung als Faktor der Personalentwicklung. Ein Jahr DVA-Studium in Dortmund. In: Versicherungswirtschaft 44 (1989), 24, S. 16201626 – Deutsche Versicherungs-Akademie München im Berufsbildungswerk der Deutschen Versicherungswirtschaft (BWV) e.V.: Informationen über das Studium zum Versicherungsbetriebswirt (DVA). München 1996 – Deutsche Versicherungs-Akademie München im Berufsbildungswerk der Deutschen Versicherungswirtschaft (BWV) e.V.: Wegweiser durch das Studium zum Versicherungsbetriebswirt (DVA). München 1997

Günter Pätzold

1. Deutscher Industrie- und Handelskammertag

Der Deutsche Industrie- und Handelskammertag (DIHK), gegründet 1861 in Heidelberg, ist die gemeinsame Dachorganisation der 81 Industrie- und Handelskammern. Er vertritt die Interessen der gewerblichen Wirtschaft auf Bundesebene gegenüber Bundesregierung und Bundestag sowie gegenüber der Europäischen Union und internationalen Institutionen. Er dient der gemeinsamen Meinungsbildung der Industrie- und Handelskammern, insbesondere zu überregionalen Fragestellungen der deutschen Politik, die gesamtwirtschaftliche Belange betreffen. Der DIHK ist ein eingetragener Verein, dessen Vollversammlung aus den 81 Industrie- und Handelskammern gebildet wird; sie spiegelt die Wirtschaftsstruktur der Bundesrepublik nach Regionen und Branchen wider. Die Organisationsstruktur von DIHK und Industrie- und Handelskammern entspricht damit dem demokratischen und föderalen Aufbau der Bundesrepublik. Der DIHK unterhält eine Geschäftsstelle in Berlin mit einem wissenschaftlichen Mitarbeiterstab (Breite Str. 29, 10178 Berlin, Tel.: 030 20308-0, Telefax: 030 20308-1000, Homepage: http://www.dihk.de) und ein Büro in Brüssel. Zu den Aufgaben des DIHK gehört auch die Betreuung des weltweiten Auslandshandelskammernetzes mit Auslandshandelskammern (AHKs), Delegiertenbüros und Repräsentanzen der Deutschen Wirtschaft in über 80 Ländern; Kernaufgabe dieses Netzes ist die Förderung der Außenwirtschaftsbeziehungen und des Exports. Über die Industrie- und Handelskammern kommen diese Auslandskontakte allen Unternehmen zugute. Der DIHK besitzt gegenüber den Industrie- und Handelskammern kein Weisungsrecht, sondern spricht nur Empfehlungen aus.

Im Rahmen der Beruflichen Bildung fördert und koordiniert der DIHK die Arbeit der Industrie- und Handelskammern durch Empfehlungen sowie durch Mitarbeit bei der Entwicklung von →Ausbildungsberufen, Fortbildungsprüfungen, durch überregionale Prüfungsaufgaben, Unterhaltung des Weiterbildungsinformationssystems (WIS), Rahmenstoffpläne, Lehrgangskonzepte, Arbeits- und Übungsmaterialien, Informationsschriften, Broschüren etc. Er nimmt auf Bundesebene und internationaler Ebene die bildungspolitischen Belange der Industrie- und Handelskammern und damit der gesamten gewerblichen Wirtschaft wahr.

Literatur: Sprecher der Wirtschaft: Deutscher Industrie- und Handelskammertag, DIHK (Hg.), Berlin 2003 – Frentzel-Jäkel-Junge: Industrie- und Handelskammergesetz, 6. Auflage, Köln 1999

Hans Joachim Beckers

Dezentrales Lernen

D.L. bezeichnet ein Lernkonzept, das zur Neugestaltung betrieblichen → Lernens beiträgt. Das Konzept zielt auf die Weiterentwicklung von betrieblichen und zwischenbetrieblichen Lernortsystemen unter besonderer Berücksichtigung des Lernorts Arbeitsplatz. Neue Formen und Modelle des Lernens werden entwickelt, offenere Strukturen, Lernprozesse und →Berufsbilder angestrebt. Verbunden damit ist die Abkehr von zentralistischen Lern- und Organisationskonzepten. In einem erweiterten Verständnis bezieht sich der Begriff auf „dezentrale

Berufsbildungskonzepte" und damit auch auf schulische →Lernorte.

Die konzeptionelle Leitidee der Dezentralisierung zeigt sich in der Erweiterung und relativen Autonomie betrieblicher Lernorte sowie der Delegation von Verantwortung und Kompetenzen in diese Lernorte. Dezentralisierte Entscheidungs- und Dispositionsfunktionen werden als eine notwendige Bedingung zur Durchsetzung von eigenverantwortlichem Handeln und zur Qualitätsverbesserung von Berufsbildung angesehen. Selbstständigkeit und →Selbstorganisation für Aus- und Weiterzubildende sowie das Bildungspersonal werden möglich, →berufliche Handlungskompetenz wird in wesentlichen Teilen in realen Arbeitsvollzügen erworben.

Dezentralisierung kennzeichnet generell eine Entwicklungstendenz, die sich strukturell in Politik, Verwaltung, dem Bildungssystem sowie mit besonderem Nachdruck in Unternehmensorganisationen niederschlägt. Sie zielt auf eine Reduzierung von Regelungen und Vorschriften sowie die Stärkung von Selbstorganisation und Autonomie. Im Unterschied zur Deregulierung geht es nicht um den generellen Abbau von Regulierung und gesellschaftlich-normativen Setzungen, sondern um deren Enthierarchisierung, Entbürokratisierung und partizipative Umgestaltung durch demokratische Teilhabe an Entscheidungs- und Veränderungsprozessen. Letztlich geht es um die fortwährende Legitimation und kontinuierlich zu erneuernde Sinngebung derselben in überschaubaren sozialen Einheiten und Gruppen.

Das Konzept des d.L. wurde von 1990 bis 1996 in der gleichnamigen Modellversuchsreihe entwickelt und erprobt. Ausgangspunkt der Reihe war die grundlegende Hypothese, dass in modernen, technologisch anspruchsvollen Arbeitsprozessen integrative Formen der Verbindung von Arbeiten und Lernen sowie neue Lernstrategien notwendig und möglich geworden sind. Dieser These lag der wirtschaftliche und betriebliche Wandel zugrunde, der sich u.a. in neuen Arbeits- und Organisationskonzepten und damit veränderten betrieblichen Lernbedingungen und Lernorientierungen zeigt. Im Einzelnen wurde d.L. im Hinblick auf vier Schwerpunkte entwickelt: neue Lernorte und Lernortkombinationen; Rolle und Funktion des Bildungspersonals; didaktisch-methodische Ansätze; Qualität und Lernergiebigkeit des Lernorts Arbeitsplatz.

Die Dezentralisierung hat sich in den Lernkonzepten gleichermaßen lernorganisatorisch wie didaktisch konkretisiert. Lernorganisatorisch sind Arbeiten und Lernen verbindende Lernorte wie →Lerninsel, Lernstation, Qualifizierungsstützpunkt und Lernfabrik teilweise neu, teilweise weiter entwickelt und mit anderen Lernorten verknüpft worden. Innerbetriebliche sowie zwischen- und überbetriebliche Lernortkombinationen sind erweitert und neu gestaltet. Zudem zeichnen sich dezentrale Lernorte zumeist durch neue Arbeitsorganisationsformen und die Durchführung von Veränderungs- und Verbesserungsprozessen aus, womit Berufsbildung und betriebliche →Organisationsentwicklung in ein produktives Verhältnis gestellt sind.

Die Besonderheit dezentraler Lernorte im Arbeitsprozess gegenüber üblichen Arbeitsplätzen zeigt sich darin, dass zusätzlich zur Arbeitsinfrastruktur eine Lerninfrastruktur, so in Form von Ausstattungen, Lernmaterialien und multimedialer Lernsoftware besteht. Entscheidend ist hierbei, dass es sich um Lernen im realen Arbeitsprozess handelt. Der Arbeitsplatz wird um Lernmöglichkeiten erweitert, die z.T. mit Maßnahmen moderner Arbeitsplatzgestaltung im Rahmen von Arbeitsanreicherungen und Arbeitsbereicherungen übereinstimmen, zumal dann, wenn kontinuierliche Optimierungs- und Verbesserungsprozesse eingelöst werden sollen. In didaktischer Hinsicht sind offene, erfahrungsgeleitete Lernprozesse umgesetzt, Lernpotentiale des Arbeitsplatzes genutzt und mit intentionalem Lernen verbunden worden. →Gruppenlernen, →Organisationslernen (→ Organisationales Lernen) sowie individuelles Lernen sind wichtige didaktisch-methodische Orientierungen, die im Kontext veränderter betrieblicher Bedingungen und neuer Zielsetzungen beruflicher Bildung stehen. Die Vorzüge des Lernens im Arbeitsprozess werden dabei besonders berücksichtigt, so vor allem: Ernstcharakter und Verbindlichkeit des Arbeitsprozesses; seine orientierende und motivierende Funktion; die Modernität, →Anschaulichkeit und Kontingenz von Arbeitsinhalten; die Möglichkeit zu informellem und erfahrungsgeleitetem Lernen. Besonders die Verbindung von intentionalem und Erfahrungslernen ist Ausdruck einer Erweiterung herkömmlicher beruflicher Didaktik.

Bei der Auswahl und Erschließung von Arbeitsplätzen als dezentrale Lernorte wird untersucht, welche Lernmöglichkeiten bestehen, inwieweit intentionale und persönlichkeitsbildende Lernprozesse möglich sind und wie eng sich diese mit informellen und erfahrungsgeleiteten Lernprozessen verbinden lassen. Arbeitsplatz- und Qualifikationsanalysen dienen dazu, Arbeitsaufgaben und Handlungssituationen unter arbeits- und berufspägogischen Gesichtspunkten zu beurteilen, Lern- und Bildungschancen festzustellen. Es geht dabei nicht vorrangig um methodische Fragen, sondern gleichermaßen um didaktische Fragen im engeren Sinne, also um die Auswahl von Inhalten und ihre Anlage in dezentralen Lernkonzepten. Bezog sich d.L. zunächst auf die Berufsausbildung, so hat die →Weiterbildung in jüngster Zeit zunehmend Gewicht erhalten. Auch die Übertragung der Konzepte auf den kaufmännisch-verwaltenden Bereich hat eingesetzt. Als Problembereiche haben sich vor allem die inner- und überbetrieblichen →Lernortkooperationen sowie die Lernortkooperation zwischen Betrieb und →Berufsschule sowie die Versuche zur Typologie dezentraler Lernorte gezeigt. Insgesamt hat das Konzept in der Berufsbildungspraxis eine starke Verbreitung gefunden, wozu sicherlich Wirtschaftlichkeitsaspekte beigetragen haben: In dezentralen Lernkonzepten werden produktive Qualifizierungsanteile erhöht, Infrastrukturkosten reduziert und Einarbeitungszeiten am Arbeitsplatz nach der Qualifizierung minimiert.

Literatur: Dehnbostel, P.: Erschließung und Gestaltung des Lernorts Arbeitsplatz. In: Berufsbildung in Wissenschaft und Praxis 23(1994),1, S. 13 ff. – Lernen in modernen Arbeitsprozessen – Ergebnisse des Modellversuchsprogramms „Dezentrales Lernen" für die Arbeitsgestaltung und betriebsbezogene Curriculumentwicklung. In: Rauner, F. (Hg.): Qualifikationsforschung und Curriculum. Bielefeld 2004, S. 81-98 – Dehnbostel, P./Holz, H./Novak, H. (Hg.): Lernen für die Zukunft durch verstärktes Lernen am Arbeitsplatz - Dezentrale Aus- und Weiterbildungskonzepte in der Praxis-. Berlin 1992 – Dieselben (Hg.): Neue Lernorte und Lernortkombinationen – Erfahrungen und Erkenntnisse aus dezentralen Berufsbildungskonzepten. Bielefeld 1996 – Greinert, W.-D.: Konzepte beruflichen Lernens unter systematischer, historischer und kritischer Perspektive. Stuttgart 1997, insbes. S. 159 ff. – Leschinsky, A.: Dezentralisierung im Schulsystem der Bundesrepublik Deutschland. In: Zedler, P.: Strukturprobleme, Disparitäten, Grundbildung in der Sekundarstufe I. Weinheim 1992, S. 21-37

Peter Dehnbostel

Diagnostik

„Diagnostik" besitzt die beiden griechischen Wortstämme dia = (hin-)durch, zer-, über, zwischen, auseinander und gnosis = Erkenntnis, Einsicht. Diagnostische Aktivitäten richten sich also auf ein erkennendes Unterscheiden, Auseinander-Erkennen, gründliches Kennen lernen, Feststellen, Entscheiden. Diagnostische Handlungen besitzen keinen Wert in sich, sondern stehen immer im Dienst von Entscheidungen über nützliche, förderliche oder hilfreiche Maßnahmen in praktischen Handlungsfeldern wie z.B. Gesundheit, Erziehung, Therapie, Sprache, Technik, Arbeit, Wirtschaft, Verkehr, Verwaltung oder Recht. Die Entscheidungen können sich auf Einzelpersonen, Personengruppen, Institutionen, Situationen, Sachverhalte und Gegenstände beziehen, die alle als Merkmalsträger in Betracht kommen. Der finale Charakter der Diagnostik kommt dadurch zum Ausdruck, dass sie wissenschaftlich gestützte Informationen zur Entscheidungshilfe für konkrete Fragen bereitstellt. Die Entscheidungshilfen beziehen sich auf Interventionen, um einen als wünschenswert betrachteten Zustand (wieder-) herzustellen, auf Beratungen, um zu einer bestmöglichen Passung zwischen zwei Profilen zu kommen, sowie auf Bewährungskontrollen im Kontext von Soll-Ist-Vergleichen. Im diagnostischen Prozess geht es zunächst um die präzise Beschreibung der Merkmalsausprägungen. Hierzu sind fachspezifische Begriffe, Theorien, Instrumente und Normen erforderlich. Die Analyse der Bedingungen, die zur Entwicklung des vorfindlichen Istzustandes geführt haben, geschieht je nach Fachgebiet mit Hilfe von Analogien, abduktiven Schlüssen, Kausalanalysen oder Wahrscheinlichkeitsbestimmungen. Das Ergebnis dieser Denkweisen sind Klassen, Gruppen oder Kategorien, die zur Namensgebung für die Merkmalsausprägung führen. Die Prognose über den weiteren Verlauf des vorfindlichen Istzustandes beruht auf Zeitreihenanalysen. Die Intervention als technologischer Eingriff greift auf empirisch bewährte Maßnahmen zurück. Die Diagnostik ist also eine Methodenlehre und ein Regelwerk zur Bereitstellung von Entscheidungshilfen für praktische Fragen in gesellschaftlichen Handlungsfeldern. Das Bedürfnis nach Diagnostik scheint auch in den bisher vernachlässigten Handlungsfeldern zu wachsen, da ihr Nutzen bei dem Transparentmachen von komplexen Sachverhalten, bei der Reduktion von Unsicherheit sowie bei der Rechtfertigung für den Einsatz von Ressourcen und für die Steuerung von Systemen zunehmend erkannt wird. Sicherlich lassen sich gegen diagnostische Handlungen – insbesondere wenn Einzelpersonen oder Personengruppen die Merkmalsträger sind – philosophische und gesellschaftskritische Einwände vorbringen. Wenn jedoch die Vorgaben aus Recht, Ethik und Professionalität erfüllt sind, ist die Diagnostik als Methodenlehre und Regelwerk zur Bereitstellung von rationalen, transparenten und wissenschaftsgestützten Entscheidungen weniger rationalen Verfahren der Entscheidungsfindung vorzuziehen wie z.B. Zufall, Anciennität, Mitgliedschaft, Fürsprache, Herkunft oder Vorleistungen. (→Pädagogische Diagnostik; →Leistungsbeurteilung)

Literatur: Amelang, M.; Zielinski, W.: Psychologische Diagnostik und Intervention, Berlin: Springer 2002 – Enzyklopädie der Psychologie. Themenbereich B. Serie II: Psychologische Diagnostik. Band 1-4. Göttingen 1982/1983 – Grubitsch, S.: Testtheorie – Testpraxis. Psychologische Tests und Prüfusngsverfahren im kritischen Überblick, Reinbek: Rowohlt 1999 – Jäger, R.S.: Praxis der Psychologischen Diagnostik, Landau: Verlag Empirische Pädagogik 2003 – Jäger, R.S./Petermann, F. (Hg.): Psychologische Diagnostik. Weinheim 1994 – Kubinger, K.D.; Jäger, R.S. (Hg.): Handwörterbuch Psychologische Diagnostik, Weinheim: Psychologie Verlags Union 2003 – Pulver, U./Lang, A./Schmid, F.W. (Hg.): Ist Psychodiagnostik verantwortbar? Bern 1978 – Wottawa, H./Hossiep, R.: Grundlagen psychologischer Diagnostik. Göttingen 1987

Christian Friede

Didaktik beruflichen Lernens

Berufliches Lernen geschieht in sehr unterschiedlichen Organisationsformen. Die Ausbildung vollzieht sich vorwiegend im Rahmen des →Dualen Systems, d.h. in Berufsschulklassen, am Arbeitsplatz und ggf. in überbetrieblichen Lehrgängen. In der →Weiterbildung finden sich Vollzeitkurse, Abendkurse, Wochenendseminare oder Workshops und auch das Fernstudium am häuslichen Schreibtisch. Berufliches Lernen unterscheidet sich nach den spezifischen Bedingungen einzelner →Berufsfelder; berufliches Lernen in kaufmännisch-verwaltenden Berufen gestaltet sich anders als in gewerblich-technischen Berufen usw. Überlegungen zur Didaktik beruflichen Lernens können von daher entweder sehr berufs- und organisationsspezifisch angelegt sein oder sich an Modellen der Allgemeinen

Didaktik anlehnen. Letzteres wird im Folgenden ausgeführt.

Didaktik, verstanden im Sinne einer Theorie und Praxis des Lehrens und Lernens, bezieht sich auf „zielgerichtete, systematisch kommunikative Lehr-Lernsituationen" (Jongebloed/Twardy, 1983, S. 180). Solche Lehr-/Lernsituationen können seit Paul Heimann (v. a. 1962) über Strukturmodelle erfasst werden, die Bedingungs- und Entscheidungsfelder als Analyse- und Planungsraster ausweisen. Im Bedingungsfeld geht es um die Beschreibung der Zielgruppe, in den Entscheidungsfeldern um Intention, Thematik, Methodik und Erfolgskontrolle beruflichen Lehrens und Lernens (angelehnt an Jongebloed/Twardy 1983, S. 195). Charakteristisch sind dabei die Interdependenz von Bedingungs- und Entscheidungsfeldern und die Singularität didaktischer Situationen, die eindeutig ableitbare Anweisungen zur konkreten Gestaltung von Lehr-/Lernsituationen unmöglich werden lassen.

Die Zielgruppe kann durch eine Vielzahl von Merkmalen charakterisiert werden. Vorschläge zur Ordnung der Merkmale orientieren sich z. B. an der Unterscheidung von anthropogenen (in der jeweiligen Person begründeten) und sozial-kulturellen (im sozialen Umfeld begründeten) Bedingungen. Praktische Begabungen, Vorbildung, Leistungsbereitschaft bzw. familiäres Umfeld, religiöse Einstellung u. a. wären entsprechende Beispiele. Andere Unterscheidungen versuchen, speziell mit dem Lernen der Zielgruppe verbundene Merkmale zu erfassen, beispielsweise die bisherigen Lernerfahrungen, Lernstil und Lerntempo etc. Die Zielgruppen in der beruflichen Aus- und Weiterbildung gelten hinsichtlich dieser Merkmale in sich als vergleichsweise heterogen; Besonderheiten ergeben sich u. a. bei vorwiegend gleichgeschlechtlicher Belegung oder hohem Ausländeranteil in einzelnen Bildungsmaßnahmen.

Lehr-/Lernziele orientieren sich im älteren Sprachgebrauch an der Förderung der individuellen (sittlichen) Persönlichkeit, der gesellschaftlichen Mündigkeit und beruflichen Tüchtigkeit. Aktuell akzentuieren Schlagworte wie →berufliche Handlungskompetenz und →Schlüsselqualifikationen bedeutsame Ziele beruflichen Lernens. So findet sich die Forderung nach selbstständiger Planung, Durchführung und Kontrolle von Arbeitsaufgaben als Zielkategorie in vielen Ordnungsunterlagen der Ausbildung. Sie sind dort Ergebnis von Konsensbildungs- und Aushandlungsprozessen zwischen gesellschaftlichen Interessengruppen, insbesondere von Arbeitgeber- und Arbeitnehmerseite. Im Rahmen der Weiterbildung sind Zielsetzungen weniger normiert, obwohl auch hier Bemühungen um ähnliche Zielvorgaben von Bildungsmaßnahmen vorzufinden sind.

Die Thematik wird einerseits geprägt durch den beruflichen und außerberuflichen Wirkungsraum bzw. die beruflichen Handlungssituationen, andererseits auch durch in den jeweiligen Fachwissenschaften bearbeitete Problemstellungen und erarbeitete Problemlösungen. Der berufliche Wirkungsraum unterliegt einem dynamischen Wandel hinsichtlich technischer, organisatorischer oder sozialökonomischer Entwicklungen. Es ist sehr umstritten, ob und inwieweit diese aktuell von den Fachwissenschaften erfasst werden und welchen Beitrag dann Fachwissenschaften zum Aufbau von Handlungskompetenzen leisten können. Weitere Gesichtspunkte im Entscheidungsfeld Thematik sind im außerberuflichen Wirkungsraum zu sehen. Neben privaten und gesellschaftlichen Lebensbereichen im Rahmen der Ausbildung ist der außerberufliche Wirkungsraum gerade auch hinsichtlich der sog. „freien →Erwachsenenbildung" von Bedeutung. Nicht zuletzt besteht in einigen Berufen auch ein gewisser Bedarf an der Vermittlung von traditionellen Arbeitstechniken oder „klassischen" Problemstellungen, die zu Themen beruflichen Lernens werden können.

Im Entscheidungsfeld Methodik bedarf es der Festlegungen hinsichtlich der eingesetzten → Medien, der Aktions- und Sozialformen, des Ablaufs der Lehr-/Lernprozesse (Artikulation) und zur Vereinfachung von Aussagen oder Theorien (Reduktion und Transformation). Insbesondere im Zuge der Diskussion um handlungsorientierten Unterricht wird der Einsatz von Fall- und Projektmethode (→Fallstudie, →Projektunterricht), Rollen-, →Simulations- und Planspiele als gewichtige Ergänzung zu Gruppen- und Frontalunterricht, zu →Unterweisung und Imititationslernen gefordert. Dabei gewinnt der Einsatz neuer Technologien (→Computergestütztes Lernen) als Medium und Arbeitswerkzeug in der Hand der Lernenden an Bedeutung.

Einen wichtigen, gelegentlich aber vernachlässigten Bereich der Didaktik beruflichen Lernens, stellt die Lehr-/Lernerfolgskontrolle dar. Damit ist sowohl eine Kontrolle des Lernens als auch die des Lehrens verbunden. Sie kann insofern nur als kriterienorientierte Kontrolle, also an der Erreichung ausgewiesener Lehr-/Lernziele, erfolgen. In der Praxis der Lehr-/Lernerfolgskontrolle beruflichen Lernens fließen jedoch häufig Elemente einer normorientierten Kontrolle ein; eine Bewertung erfolgt dann am relativen Maßstab der gezeigten Leistungen einer jeweiligen Gruppe. Vor dem Hintergrund der kriterienorientierten Lehr-/Lernerfolgskontrolle stellt sich daher insbesondere die Frage, ob für die jeweiligen Lehr-/Lernziele (eben zum Beispiel berufliche Handlungskompetenz) adäquate Prüfverfahren zur Verfügung stehen und auch eingesetzt werden. Häufig werden Prüfungen, gerade im Bereich der Ausbildung, auch unter Kosten- und Organisationsaspekten gestaltet.

Neben den wirtschaftsdidaktischen Aspekten stehen insbesondere auch Betriebsdidaktik und Berufsdidaktiken im Vordergrund des beruflichen Lernens. Mit Blick auf Betriebsdidaktik ist in der Regel zwischen der Arbeits- und der Trainings- bzw. Lernsituation zu unterscheiden. Bei Aspekten wie informellem Lernen am Arbeitsplatz können Arbeits- und Lernsituation jedoch verschmelzen. Berufsorientierung ist von Bedeutung, da sowohl wirtschaftsbezogene als auch gewerblich-technische Themen jeweils vor den Rahmenbedingungen des Berufs und des damit verbundenen Aufgabenbereiches sowie der notwendigen Qualifikationen und →Kompetenzen gedeutet werden sollte. Hier sind entsprechend Reduktion und Transformation zu beachten, da Themen vor dem Hintergrund der Situationen, in denen sie in der betrieblichen und beruflichen Praxis eine Rolle spielen, betrachtet werden können und damit spezifische Deutungen möglich werden. Abschließend sei nochmals darauf hingewiesen, dass Bedingungs- und Entscheidungsfelder einer Didaktik beruflichen Lernens immer auch vor dem jeweiligen institutionellen Hintergrund zu treffen und zu interpretieren sind und deren einzelne Elemente nur im Zusammenhang (deren Interdependenz) wirken können.

Literatur: Bonz, B. (Hg.): Didaktik der Berufsbildung. Stuttgart 1996 – Bonz, B. / Ott, B. (Hg.): Fachdidaktik des beruflichen Lernens. Stuttgart 1998 – Euler, D./Hahn, A.: Wirtschaftsdidaktik. Bern; Stuttgart; Wien 2004 – Heimann, P.: Didaktik als Theorie und Lehre. In: Die Deutsche Schule 54 (1962), 9, S. 407 ff. – Jongebloed, H. C./Twardy, M.: Strukturmodell Fachdidaktik Wirtschaftswissenschaften. In: Twardy, M. (Hg.): Kompendium Fachdidaktik Wirtschaftswissenschaften. Düsseldorf 1983, S. 163-203 – Reinisch, H. / Beck, K. / Eckert, M. / Tramm, T. (Hg.): Didaktik des beruflichen Lehrens und Lernens. Opladen 2003 – Pätzold, G. (Hg.): Handlungsorientierung in der beruflichen Bildung. Frankfurt a. M. 1992 - Pätzold, G.: Lehrmethoden in der Beruflichen Bildung. Heidelberg² 1996

Martin Twardy

Didaktische Reduktion bzw. Pädagogische Transformation

Wegen der ständig anwachsenden Stofffülle fordern schon bald nach dem Ende des 2. Weltkriegs zahlreiche bedeutende Bildungstheoretiker eine radikale didaktische und methodische Neubesinnung, zunächst allerdings für den Bereich des allgemein bildenden Schulwesens. Eduard Spranger untersucht die "Fruchtbarkeit des Elementaren"; für Wilhelm Flitner lautet die Lösung: „Exemplarisches Lernen, Verdichtung und Auswahl". Martin Wagenschein erarbeitet in zahlreichen Veröffentlichungen seine Vorstellungen über „das Prinzip des Exemplarischen Lehrens", und Wolfgang Klafki unterbreitet seine „Studien zum Fundamentalen, Elementaren und Exemplarischen" sowie seine „Theorie der kategorialen Bildung".

Der grundlegende Anstoß zur Lösung des Lehrstoff-Zeit-Problems für die beruflich bildenden Schulen geht von Dietrich Hering aus. Für ihn liegt die wesentliche Lösungsvariante in der didaktischen Vereinfachung. Durch die Analyse zahlreicher Beispiele aus verschiedenen Unterrichtsstunden gleicher Thematik an unterschiedlichen Bildungsstätten verschiedener Niveaustufen, entsprechender Lehr-/Lernmaterialien sowie der Entwicklung eigener Vereinfachungsreihen formuliert Hering aus drei Teilgesetzen als Handlungsanweisungen den Hauptsatz der didaktischen Vereinfachung: „Didaktische Vereinfachung einer wissenschaftlichen Aussage ist der Übergang von einer (in die besonderen Merkmale des Gegenstandes) differenzierten Aussage zu einer allgemeinen Aussage (gleichen Gültigkeitsumfangs über den gleichen Gegenstand unter gleichem Aspekt)."

Fast gleichzeitig entwickelt Gustav Grüner zunächst unabhängig von den Heringschen Arbeiten auf Grund seiner Erfahrungen aus der Unterrichtspraxis seine Überlegungen zur didaktischen Reduktion. Dabei geht es darum, fachwissenschaftliche Aussagen so zu vereinfachen, dass sie einerseits wissenschaftlich wahr bleiben, zum anderen für Lernende fasslich werden. Grüner unterscheidet zwischen einer vertikalen und einer horizontalen didaktischen Reduktion. Beide zusammen ergeben ein didaktisches Reduktionsfeld. Die vertikale didaktische Reduktion kennzeichnet den Übergang von einer allgemeinen wissenschaftlichen Aussage zu einer weniger allgemeinen mit geringerem Gültigkeitsumfang. Die vertikal reduzierten Aussagen stellen somit eine Ausschnittbildung aus der einen allgemeinen Sachverhalt beschreibenden oberen Aussage oder der Ausgangsaussage dar.

Eine horizontale didaktische Reduktion liegt vor, wenn eine fachwissenschaftliche Aussage auf der gleichen gehaltvollen Aussagestufe bestehen bleibt, aber in andere, dem Lernenden leichter verständliche Aussageformen umgewandelt wird. Nach Hauptmeier handelt es sich dabei nicht um eine didaktische, sondern um eine methodische Vereinfachung einer vorgegebenen Aussage, d.h. um eine Wahl der (z.B. sprachlichen) Kodierung, der Medien oder der Repräsentationsformen in Anlehnung an Jerome S. Bruner.

Oswald Kirschner verbindet und vertieft die Gedanken von Hering und Grüner und unterscheidet bei ingenieur- und naturwissenschaftlichen Aussagen zwischen quantitativ komplexen und qualitativ komplizierten Aussagen. Sie lassen sich entweder durch Abstraktion (unter Beibehaltung des Gültigkeitsumfanges der Aussage) oder durch Selektion (unter Einschränkung des Gültigkeitsumfanges auf einen wichtigen Ausschnitt der Aussage) didaktisch reduzieren.

Gerhard Hauptmeier, Adolf Kell und Antonius Lipsmeier erweitern die bisherigen Überlegungen zur didaktischen Vereinfachung/Reduktion um curricular-theoretische und lernpsychologische Überlegungen und legen damit die Grundlage für die komplexe didaktische Reduktion. Sie ist ein Ansatz, gleichzeitig Aussagen mehrerer Fachwissenschaften zu berücksichtigen, sowie der Versuch, einen Brückenschlag zwischen erziehungswissenschaftlicher Theorie und Unterrichtspraxis zu liefern. Anlässlich der Diskussion um die Neuordnung der industriellen Metallberufe sowie aus der

Sorge heraus, dass der Unterrichtspraktiker als Hauptverantwortlicher für die Auswahl, Strukturierung und Reduktion der Lehrinhalte von den bisher vorliegenden Ansätzen, insbesondere der komplexen didaktischen Reduktion, weitgehend allein gelassen und überfordert wird, legen Jörg-Peter Pahl und Bernd Vermehr 1987 ihren Ansatz „zur didaktisch begründeten Reduktion auf der Basis technikdidaktischer Auswahl von Inhalten der Metall- und Maschinentechnik" vor. Auch sie lockern die enge fachwissenschaftliche Bindung, die noch bei Hering, Grüner und Kirschner vorherrscht, und raten zu einem interdisziplinären Verständnis von didaktisch begründeter Reduktion auf mittlerem Schwierigkeitsniveau.

Gerhard Hauptmeier überträgt die bisherigen ausschließlich naturwissenschaftlich-technologisch ausgerichteten Ansätze auf den Fachbereich Wirtschaftswissenschaften und erweitert sie um lernpsychologische und linguistische Aspekte. Dabei geht er von folgender Überlegung aus: Während der Unterrichtende bei der didaktischen Reduktion u.a. einen vertikalen Reduktionsprozess durchführt, verläuft für Lernende dieser Prozess genau entgegengesetzt. Sie werden zunächst mit dem vereinfachten Tatbestand konfrontiert und lernen dann nach und nach die komplizierten und komplexen Aspekte des Sachverhaltes kennen. Hauptmeier bezeichnet diesen Vorgang als lernpsychologische Komplexion. Im Unterrichtsprozess des Schulalltags verlaufen also stets gleichzeitig zwei entgegengesetzte Transformationsprozesse. Der Unterrichtende muss den Lehrstoff auswählen und vereinfachen, der Lernende soll ihn zu komplizierten und komplexen (kognitiven) Strukturen aufbauen. Aus lernpsychologischer Sicht wird dieser Vorgang zutreffend durch die kognitiven Lerntheorien des entdeckenden Lernens von Jerome S. Bruner und die Theorie des sinnvollen verbalen Lernens von David P. Ausubel beschrieben. Die Interdependenz zwischen Auswahl der Lehr-/Lerninhalte, didaktischer Reduktion und lernpsychologischer Komplexion beschreibt Hauptmeier als pädagogische Transformation.

Die durch Fachwissenschaften in bestimmter Weise kodierten Aussagen werden didaktisch reduziert und so an die lernenden Subjekte weiter vermittelt. Als Verständigungsmittel dient häufig die Sprache. Dadurch kommt im Rahmen dieses Prozesses dem Sprachgebrauch, d.h. der Verwendung sprachlicher Mittel zum Zwecke der Vereinfachung komplizierter/komplexer wissenschaftlicher Aussagen eine zentrale Bedeutung zu. Die Vereinfachung von Sachverhalten, dargestellt in Form von fachwissenschaftlichen Aussagen, durch Maßnahmen im sprachlichen Gestaltungsbereich von Unterricht bezeichnet Hauptmeier als linguistische Transformation.

Die anfänglichen Ansätze der didaktischen Vereinfachung/Reduktion durch Hering, Grüner u.a. wurden induktiv erarbeitet. Eine entscheidende Wende bringt die „Positive Kritik der didaktischen Reduktion" durch Kurt Fehm und Bernd Lerch. Sie regen an, für die Ableitung komplexer und komplizierter wissenschaftlicher Aussagen in vereinfachte Aussagen die Begrifflichkeit und Regeln der formalen Logik (Aussagenlogik) zu nutzen.

Eine Vertiefung der „didaktischen Transformation" für den Bereich der Wirtschaftslehre erfolgt durch Ralf Witt. Er erweitert zum einen den formallogischen Ansatz von Fehm/Lerch zu einer vierstelligen Transformationsrelation, indem er die Rezeptionsstruktur und Handlungskompetenz des Lernenden als „intervenierende Variablen" zusätzlich zu dem bisher weitgehend zweistellig diskutierten Reduktionsproblem (wissenschaftlicher Ausgangsinhalt – Lerninhalt) mit berücksichtigt. Darüber hinaus untersucht er sehr grundsätzlich linguistische und lernpsychologische Transformationsprobleme im Zusammenhang mit Fragen des Verhältnisses von Berufsbildung und Allgemeinbildung.

Aufbauend auf den Arbeiten von Ralf Witt sowie dem allgemeinen Modellbegriff und dem pragmatisch-operativen Modellkonzept der Erkenntnis von Herbert Stachowiak entwickelt Rolf Möhlenbrock eine mehrstellige Transformationsstrategie zur Transformation wissenschaftlicher Aussagen für Lehr-/Lernzwecke. Sie wird auf formaler Stufe abbildungstheoretisch begründet.

Noch weitergehende Überlegungen finden sich in den Veröffentlichungen von Christian Salzmann. Er vertieft zum einen den modelltheoretischen Ansatz und gibt außerdem bedenkenswerte Hinweise für die Unterrichtsplanung. Zugleich stellt er eine Verbindung zwischen den bildungstheoretischen und lehr-/lerntheoretischen Ansätzen über das Problem der Vereinfachung her.

Einen völlig andersartigen Weg zur Nutzung und Weiterentwicklung der bis 1983 vorliegenden Ansätze wählt Hans-Carl Jongebloed. Im Gegensatz zu den Prämissen der komplexen didaktischen Reduktion von Hauptmeier/Kell/Lipsmeier oder den Überlegungen von Ralf Witt u.a. integriert er ausgewählte Einzelaspekte der didaktischen Reduktion/Transformation in ein vorgegebenes, umfassendes Strukturmodell Fachdidaktik Wirtschaftswissenschaften. Den Prozess der vertikalen didaktischen Reduktion interpretiert er dabei als den Abbau von Informationsgehalt unter Berufung auf Poppers „Regel" über Ableitungsmöglichkeiten von Allgemeinheit und Bestimmtheit.

Ein Bindeglied zwischen den bisher aufgezeigten Theorieaspekten der didaktischen Vereinfachung/Reduktion/pädagogischen Transformation und neuen Konzeptionen und Methoden in der beruflichen Bildung legt Winfried Bachmann mit seiner Untersuchung: „Konzepte der didaktischen Reduktion aus handlungsorientierter Sicht" vor. Als methodologischen Rahmen nutzt er handlungsorientierte Ansätze, um so ein integrationsfähiges Konzept für diese erweiterte Problemstellung zu gewinnen.

Eine weitere beachtenswerte Weiterentwicklung des Problembereichs „didaktische Reduktion bzw. Transformation" legt Ludwig Henkel vor. Er nutzt in einem ebenfalls integrativen Ansatz die Möglichkeiten der pädagogischen Transformation für die Didaktik der politischen Bildung in der Berufsschule. Das Konzept der pädagogischen Transformation mit den Dimensionen „wissenschaftliches Wissen über einen Gegenstand" und „Lerninhalt" (Objektstruktur) sowie „Rezeptionsstruktur" und „allgemeine Handlungsfähigkeit" (Subjektstruktur) dient dabei als integrativer Bezugsrahmen, um sozialwissenschaftliche Theorien zu einem stimmigen Erklärungsmuster für mögliche politische Lernprozesse →Auszubildender problemorientiert aufeinander zu beziehen.

Für die weitere Forschung geht es u.a. darum, besonders den Praxisbezug, und zwar einmal als Umsetzung in Unterricht, aber auch als zusätzliche Ableitungsvoraussetzung z.B. von Aussagen über (betriebliche) Realität neben Aussagen der Fachwissenschaften im Rahmen der didaktischen Reduktion näher zu untersuchen. Weiterhin sollte geklärt werden, wie z.B. mit Hilfe der Netzwerktechnik die Vorwissensstrukturen der Lernenden genauer zu erfassen sind, um dann die angestrebten Wissensstrukturen und →Kompetenzen nach Durchlaufen eines mehrdimensionalen →Lehr-Lern-Arrangements mit genau definierten Aufgaben erarbeiten zu können.

Literatur: Bachmann, W.: Konzepte der didaktischen Reduktion aus handlungsorientierter Sicht. Bergisch Gladbach 1989 – Hauptmeier, G.: Das Umsetzen von Aussagen in Lerninhalte. Von der pädagogischen Vereinfachung zur pädagogischen Transformation. In: Bardy, P./Kath, F.M./Zebitsch, H-J. (Hg.): Umsetzen von Aussagen und Inhalten. Mathematik in der beruflichen Bildung. technic-didact. Schriftenreihe Diskussionsfeld technische Ausbildung. Bd. 3. Alsbach 1988, S. 13-36 – Henkel, L.: Zur pädagogischen Transformation in der politischen Bildung. Ein integrativer Ansatz für die Praxis in der Berufsschule. Frankfurt a.M u.a. 1991 – Kahlke, J./Kath, F.M.: Didaktische Reduktion und methodische Transformation. Quellenband. Alsbach 1982 (darin enthalten: Beiträge von Hering, Grüner, Kirschner, Hauptmeier, Kell, Salzmann, Jongebloed) – Möhlenbrock, R.: Modellbildung und didaktische Transformation. Bad Salzdethfurth 1982 – Pahl, J.-P./Vermehr, B.: Zur didaktisch begründeten Reduktion auf der Basis technikdidaktischer Auswahl von Inhalten der Metall- und Maschinentechnik. In: Die Berufsbildende Schule 38 (1987), 3, S. 152-165

Gerhard Hauptmeier

Differenzierung

Der Begriff D. wird in der Pädagogik zunächst als Sammelbegriff für alle Formen der Aufgliederung von Bildungsgängen, aber auch des Bildungssystems insgesamt, verwendet. Die D. des Bildungssystems erfolgt vertikal in Stufen, die sich in ihrer Wertigkeit unterscheiden (z.B. die Ausbildung in zweijährigen Berufen im Unterschied zur Ausbildung in 3- bis 3 1/2jährigen →Ausbildungsberufen gemäß § 25 BBiG). Zugleich findet eine horizontale D. der verschiedenen Bildungsgänge statt, die auf einer Niveaustufe angesiedelt sind (z.B. die D. der Berufsausbildung gemäß § 25 BBiG in derzeit 370 staatlich anerkannte →Ausbildungsberufe, die weiter in Schwerpunkte bzw. Fachrichtungen unterteilt werden können).

Die D. des Bildungssystems in Bildungsgänge und Niveaustufen wird häufig als äußere D. bezeichnet, im Unterschied zur inneren D. (synonym auch Binnendifferenzierung), die sich auf organisatorische und didaktische Maßnahmen innerhalb des Ausbildungsganges einer Ausbildungsstätte bezieht (→Individualisierung und Binnendifferenzierung in der Berufsausbildung). Die Bildung von Kleingruppen im Unterricht oder die flexible Handhabung von Lernzeiten im Betrieb und andere Maßnahmen haben das gemeinsame Ziel, Ausbildung und Berufsschulunterricht auf die individuell verschiedenen Bedingungen der Lernenden einzustellen. Bei aller Unterschiedlichkeit in der Durchführung der Ausbildung gilt aber, dass bei einer Binnendifferenzierung der Ausbildung am einheitlichen Abschluss der Lernenden festgehalten wird. Führt hingegen der Einsatz von Maßnahmen zur inneren D. der Ausbildung zu unterschiedlichen Abschlüssen, ist der Übergang zur äußeren D. erfolgt.

Die D. des Bildungssystems und auch des Berufsbildungssystems ist auf das engste mit der sozialen D. der Gesellschaft verknüpft. Das Bewusstsein der Verschiedenheit von Individuen und Lebensverhältnissen ist eine Voraussetzung sowohl für die äußere als auch für die innere D. Überwiegt in der Bildungspolitik und in der Pädagogik ein statisches Verständnis gesellschaftlicher Verhältnisse und individueller Begabungen, wird sich die D. des Bildungssystems weitgehend auf die äußere D. beschränken. Erst die Annahme einer Gleichwertigkeit verschiedener Begabungen und Interessen der Lernenden und die Überzeugung, Begabungspotentiale durch Lehrprozesse entfalten zu können, fordert Maßnahmen der Binnendifferenzierung im Bildungssystem im Rahmen einer auf Durchlässigkeit angelegten Bildungspolitik.

Literatur: Bönsch, M.: Differenzierte Unterrichtsmethodik = variable Lernwege. In: Zeitschrift für Berufs- und Wirtschaftspädagogik 91 (1995), 3, S. 265-283 – Bund-Länder-Kommission für Bildungsplanung und Forschungsförderung (BLK): Differenzierung in der Berufsausbildung. Materialien zur Bildungsplanung und zur Forschungsförderung. Heft 37. Bonn 1993 – Deutscher Bildungsrat: Empfehlungen der Bildungskommission. Strukturplan für das Bildungswesen. Stuttgart 1970, S. 70-77 – Hessen, S.: Kritische Vergleichung des Schulwesens der anderen Kulturstaaten. In: Nohl, H./Pallat, L. (Hg.): Die Theorie der Schule und der Schulaufbau. Handbuch der Pädagogik. Bd. 4. Langensalza 1928, S. 421-510

Dietmar Zielke

Diplom-Handelslehrerin/Diplom-Handelslehrer

„Diplom-Handelslehrerin/Diplom-Handelslehrer" (Dipl.-Hdl.) ist ein akademischer Grad, der (gemäß Hochschulrahmengesetz) aufgrund einer Hochschulprüfung, mit der ein berufs-qualifizierender Abschluss erworben wird, von einer Hochschule verliehen wird. An einigen Hochschulen wird der Zusatz „Universität" vorgesehen. Alternative Bezeichnungen wie „Diplom-Wirtschaftspädagoge" oder „Diplom-Wirtschaftspädagogiker", die insbesondere mit dem Argument vorgebracht wurden, die traditionelle Bezeichnung decke die Breite des →Berufsfeldes unzureichend ab, konnten sich nicht durchsetzen.

Die ersten „geprüften Handelslehrer" wurden 1869 nach einer Ordnung für „Prüfungen in den Handelswissenschaften" – also hinsichtlich eines Faches geprüft. Insbesondere im Königreich Sachsen erfolgte jedoch eine Abwendung vom Fach hin zur Fachschule, der Handelsschule; die an diesen Schulen Tätigen verstanden sich als „Handelsschulmänner". Die erste, 1898 gegründete →Handelshochschule in Leipzig sprach von „Handelsschullehrern", „Handelslehramtskandidaten" und „Handelslehrern", vergab ein Zeugnis und als Folge der Anpassung an die staatliche Lehrerprüfung nicht das zunächst für Kaufleute und Handelslehrer vorgesehene Diplom. Bei der Gestaltung der Studiengänge an den 1901 gegründeten Handelshochschulen in Köln und Frankfurt übernimmt Köln (in starker Anlehnung an Leipzig) eine Vorreiterrolle und sieht (entgegen eines ersten Entwurfs einer gemeinsamen Prüfungsordnung) zwei Prüfungsordnungen vor: „Ordnung für die Diplom-Prüfung" (für Kaufleute; Abschluss mit Diplom), „Prüfungsordnung für Handelslehrer" (Abschluss mit Zeugnis). Die 1906 gegründete Handelshochschule Berlin übernimmt zunächst die Kölner Regelungen, allerdings führt die 1912 von der Berliner Handelshochschule vorangetriebene Studienreform zu folgender Bestimmung für die Handelslehrerprüfung: „Über die bestandene Prüfung wird ein Diplom ausgestellt.", allerdings mit einer anderen Zielsetzung (Befähigung zum Unterricht) als der bei Kaufleuten (Abschluss ordnungsgemäßes Studium). Die so vergebenen Diplome sind zunächst keine akademischen Grade (üblich waren „Doktor", „Lizentiat"). Anfang der zwanziger Jahre streben die Handelshochschulen nach einer Anerkennung als wissenschaftliche Hochschulen mit Promotionsrecht (Bildung der Wirtschafts- und Sozialwissenschaftlichen Fakultät in Frankfurt 1914, in Köln 1919). Erstmals kommt es 1924 infolge dieser Bestrebungen in Berlin zu folgender Regelung: „Auf Grund der bestandenen Prüfung wird der Grad 'Diplom-Handelslehrer' verliehen." Über den Rechtscharakter dieses Diplom-Grades herrscht Unklarheit, bis 1925 das preußische Handelsministerium klarstellt, dass der akademische Grad Dipl.-Hdl. von den Handelshochschulen Berlin und Königsberg sowie den Fakultäten in Köln und Frankfurt verliehen wird.

Der akademische Grad Dipl.-Hdl. wird heute von Hochschulen aufgrund einer Hochschulprüfung im Studiengang →Wirtschaftspädagogik verliehen. Traditionell ist Wirtschaftspädagogik sowohl als Bezeichnung eines Studienganges als auch eines Studienfaches üblich. Demgemäß kann Wirtschaftspädagogik als Wahl(pflicht)fach auch in anderen Studiengängen studiert werden. Die Prüfungsordnung für den Studiengang Wirtschaftspädagogik sieht eine Regelstudienzeit von neun Semestern vor. Das Studium des zukünftigen Dipl.-Hdl. beinhaltet neben dem des Studienfaches Wirtschaftspädagogik das Studium der Betriebs- und Volkswirtschaftslehre (einschließlich relevanter Bezugswissenschaften wie Recht, Statistik, Informatik) und das Studium wenigstens eines Wahlpflichtfaches, insbesondere spezielle Betriebswirtschaftslehre (Studienrichtung I), oder das Studium eines sog. Doppelwahlfaches wie einer Sprache, Mathematik (Studienrichtung II) vor.

Die bundesweite Prüfungsordnung wurde vor dem folgenden Hintergrund der Tätigkeitsfelder von Dipl.-Hdl. entwickelt: Tätigkeit in Bildungsverwaltung/Bildungspolitik (Kammern, Verbände, Ministerien), Personal-/Aus- und Weiterbildungsmanagement, betriebliche

Aus- und Weiterbildung, berufsbildende Schulen in „Wirtschaft und Verwaltung", außerschulische Erwachsenenbildung (öffentliche und private Trägerschaft), Bildungsberatung, Entwicklungshilfe, kaufmännische Tätigkeiten.

Nach wie vor im universitären Alltag spannungsreich, wie auch theoretisch weit gehend ungeklärt, ist das erstmalig in den Prüfungsordnungen von 1912 in Berlin durch die unterschiedliche Zielsetzung der Prüfung für Kaufleute und Handelslehrer deutlich hervortretende (Spannungs-)Verhältnis von „wissenschaftlicher Bildung" und „praktischer Berufsvorbereitung" (Pleiß). Dies berührt Fragestellungen wie das Selbstverständnis der Hochschulen („Universität", „Hohe Berufsschule"), das Verhältnis von Wissenschaft und Praxis, das von Studium und Vorbereitungsdienst (ab 1928 Probejahr, ab 1933 praktisch-pädagogisches Jahr), das des Studienganges Wirtschaftspädagogik zu den Studiengängen Lehramt Sekundarstufe II bzw. Lehramt für Berufskollegs (Anerkennungsproblematik) etc. Spannungsreich ist auch der Ausweis der Wirtschaftspädagogik als Teildisziplin der Erziehungswissenschaft durch eine Vielzahl ihrer Vertreter einerseits und der hochschulorganisatorische Standort des Studienganges, die Praxis der Studienreformarbeit sowie die geschichtliche Entwicklung der Bildung von Kaufleuten und Handelslehrern andererseits. Schließlich besteht unter den Vertretern der Disziplin, durchaus im Gegensatz zur Situation in den Wirtschaftswissenschaften, aufgrund der Uneinigkeit sowohl über den Gegenstandsbereich und die Forschungsmethoden als auch über den Aufbau der Disziplin kein Konsens über die Studiengebiete im Studiengang bzw. Studienfach „Wirtschaftspädagogik".

Literatur: Czycholl, R.: *Wirtschaftsdidaktik. Dimensionen ihrer Entwicklung und Begründung.* Trier 1974 – Pleiß, U.: *Geschichte der Wirtschaftspädagogik von 1800 bis 1930.* In: *Lexikon der Pädagogik.* 4. Band. Freiburg u.a. 1971, S. 372 – Pleiß, U.: *Wirtschaftslehrerweiterbildung und Wirtschaftspädagogik.* Göttingen 1973 – Pleiß, U.: *Der Handelslehrer und sein Diplom.* In: Becker, M./Pleiß, U.: *Wirtschaftspädagogik im Spektrum ihrer Problemstellung.* Baltmannsweiler 1988 – Schannewitzky, G.: *Werden und Wachsen einer Wissenschaft. Der Kölner Beitrag zur Entwicklung der Wirtschafts-, Sozial- und Berufspädagogik.* Frankfurt a. M. 1991 – Seubert, R.: *Berufserziehung und Nationalsozialismus. Das berufspädagogische Erbe und seine Betreuer.* Weinheim/Basel 1977 – Sloane, P. F. E./Twardy, M./Buschfeld, D.: *Einführung in die Wirtschaftspädagogik.* 2. Auflage, Paderborn 2004

Martin Twardy

Doppeltqualifizierende Bildungsgänge

Bildungsgänge im Sekundarbereich II werden doppeltqualifizierend genannt, wenn sie einerseits zu schulischen Abschlüssen führen, die zum Eintritt in weiterführende Schulen oder Hochschulen berechtigen, und andererseits zum anerkannten Abschluss einer Berufsausbildung nach dem →Berufsbildungsgesetz oder in beruflichen Vollzeitschulen führen. Von der so vermittelten vollen Doppelqualifikation wird die partielle Doppelqualifikation unterschieden, die in einem der beiden Bereiche nur eine anrechnungsfähige Teilqualifikation vermittelt.

Ein weiter Begriff der Doppelqualifikation liegt vor, wenn die schon im Regelsystem vorhandenen Kombinationen aller Abschlüsse und anrechnungsfähiger Teilqualifikationen der Sekundarstufe II (einschließlich des Erwerbs zum Sekundarschulabschluss I gleichwertiger Abschlüsse) einbezogen werden. Nach einer Definition des Ausschusses „Innovationen im Bildungswesen" der Bund-Länder-Kommission für Bildungsplanung und Forschungsförderung (BLK) aus dem Jahre 1975 wird in Politik und Erziehungswissenschaft meist ein enger Begriff gebraucht: Doppelqualifikation als Abschluss mit einer Studienqualifikation in Verbindung mit einer beruflichen Qualifikation, von der im Bildungssystem Gebrauch gemacht werden kann.

Doppeltprofiliert werden Bildungsgänge genannt, die unabhängig von dem Problem des Erwerbs anerkannter Abschlüsse allgemeine, theoriebezogene Inhalte in berufsqualifizierenden Bildungsgängen oder berufliche Inhalte in allgemeinen (meist: studienvorbereitenden) Bildungsgängen verstärken. Die mit diesem Begriff bezeichneten Tendenzen sind allerdings in fast allen Bildungsgängen der Sekundarstufe II zu beobachten, so dass doppeltprofilierte Bildungsgänge sich curricular fast gar nicht von den anderen abgrenzen lassen.

Die früheren Formen der Verbindung von Berufsausbildung mit Abitur in der DDR wurden nach der deutschen Vereinigung dahingehend kritisiert, dass die curriculare Integration von beruflicher und allgemeiner Bildung nicht gelungen sei. In Brandenburg wurde seit dem Jahr 1993 im Modellversuch „Schwarze Pumpe" in betrieblicher und schulischer Ausbildung in einem dreieinhalbjährigen Bildungsgang ein Facharbeiterabschluss mit dem Erwerb einer →Fachhochschulreife entwickelt und erprobt. Vergleichbare Ansätze gibt es auch in anderen alten und neuen Bundesländern.

Die in unregelmäßiger zeitlicher Folge in den Materialien der BLK erscheinende Dokumentation aller Abschlüsse im Sekundarbereich II (zuletzt im Jahr 1995 nach dem Stand vom 1. Aug. 1994) gibt Informationen über doppeltqualifizierende Abschlüsse, Bildungsgänge und Rechtsgrundlagen:

- Allgemeine Hochschulreife und berufliche (Voll- oder Teil-)Qualifikation in Baden-Württemberg, Bremen, Hamburg, Hessen, Nordrhein-Westfalen und Saarland.
- Fachgebundene Hochschulreife und berufliche (Voll- oder Teil-)Qualifikation in Baden-Württemberg und Bayern.
- Fachhochschulreife und berufliche (Voll- oder Teil-)Qualifikation in Bayern, Baden-Württemberg, Bayern, Berlin, Brandenburg, Bremen, Hamburg, Hessen, Niedersachsen, Nordrhein-Westfalen, Rheinland-Pfalz, Saarland, Sachsen, Schleswig-Holstein und Thüringen.

Eine Auswertung der in den siebziger und achtziger Jahren durchgeführten und von der BLK geförderten Modellversuche zur Doppelqualifikation/Integration (Dauenhauer/Kell 1990) lieferte Belege dafür, dass die Vermittlung von Doppelqualifikationen „in den erprobten Bildungsgangtypen grundsätzlich möglich ist". Allerdings zeigten sich viele noch nicht gelöste, zum Teil in den Versuchen noch nicht einmal vollständig erkannte Einzelprobleme, die „insbesondere Doppelqualifikationen von Ausbildungsberufen" betrafen.

Nach dem Bericht von Dauenhauer/Kell hatten doppeltqualifizierende Bildungsgänge (im Sinne der BLK-Definition) fünf Merkmale: „curriculare Integration von Allgemeinbildung und Berufsbildung", „organisatorische Integration in Gestalt eines Bildungsganges", „doppelte Abschlussorientierung", „Zeitersparnis, gemessen an der Addition der Zeit" bei einer Aufeinanderfolge getrennter Bildungsgänge, „rechtliche Absicherung" der vermittelten Abschlüsse.

Aus den Folgerungen und Empfehlungen der genannten Berichterstatter lassen sich eher förderliche Faktoren für die Realisierung doppeltqualifizierender Bildungsgänge benennen: hohe Theorieanteile in den →Ausbildungsordnungen, curriculare Integration im Sinne einer Überschreitung der Grenzen der Schulfächer, Klärung des wechselseitigen Verhältnisses von Theorie und Praxis, neue Formen der Organisation des Unterrichts und der Kooperation von Lehrern, Lehr-Angebotsformen mit wählbaren Bausteinen und Möglichkeiten des gestuften Lernens, integrierte Abschlussprüfungen, Möglichkeiten der Zielkorrekturen für die Jugendlichen in den Prüfungsformen, Vorhandensein fächer- bzw. berufsspezifischer Interessen der Jugendlichen, weltanschauliche und bildungstheoretische Fundierung der Bildungsgänge, →Lehrerfortbildung, zeitlicher Vorlauf der Entwicklung neuer Bildungsgänge vor der Umsetzung und Evaluation.

Als eher hinderlich stellten sich die folgenden Faktoren heraus: ein zu hoher Umfang vorgeschriebener Praxisanteile, additive Anlage der Curricula für beide Abschlüsse, Fehlen gründlicher Bedingungsanalysen, unbegründete Kanonisierungen von Inhalten, Forderung nach inhaltlicher Gleichartigkeit statt Gleichwertigkeit bei der Vergabe von Berechtigungen.

Literatur: Bremer, R. (Hg.): Doppelqualifikation und Integration beruflicher und allgemeiner Bildung. Bielefeld 1996 – Bund-Länder-Kommission für Bildungsplanung und Forschungsförderung (Hg.): Abschlüsse im Sekundarbereich II – Dokumentation. Stand: 1. August 1994. BLK-Materialien zur Bildungsplanung. H. 46. Bonn 1995 – Dauenhauer, E./ Kell, A.: Modellversuche zur Doppelqualifikation/Integration. Bericht über eine Auswertung. BLK-Materialien zur Bildungsplanung. H. 21. Bonn 1990 – Fingerle, Kh.: Bildungsgänge, doppelqualifizierende. In: Blankertz, H. u.a. (Hg.): Sekundarstufe II – Jugendbildung zwischen Schule und Beruf. Teil 2: Enzyklopädie Erziehungswissenschaft. Bd. 9.2. Stuttgart 1993, S. 198-201

Karlheinz Fingerle

Duale Studiengänge

Duale Studiengänge verknüpfen eine Ausbildung im Betrieb mit einem Studium an einer Hochschule oder Akademie. Charakteristisch sind neben einem starken Praxisbezug, wofür besonders die Ausbildung im Unternehmen sorgt, und der Vermittlung des theoretischen Rüstzeugs an einer Hochschule oder Akademie auch die kurze Studienzeit.

Die Studenten erreichen innerhalb von drei bis fünf Jahren zwei anerkannte Abschlüsse: den Berufsabschluss und das Hochschuldiplom. Ein duales Studium verknüpft am häufigsten eine kaufmännische Ausbildung mit einem betriebswirtschaftlich orientierten Studiengang. So wird beispielsweise parallel zur Ausbildung als Industriekaufmann/-frau in den ersten beiden Jahren das Studium an der Hochschule begonnen. Nach bestandener →Abschlussprüfung im →Ausbildungsberuf vor der Kammer und dem Vordiplom wird neben der betrieblichen →Arbeit das Studium der Betriebswirtschaft im verstärkten Tempo fortgesetzt. Nach 1½ Jahren begleitendem Studium wird bei erfolgreicher Prüfung der Diplom Betriebswirt/-in (FH) erworben.

In zunehmendem Maße kann auch die Ausbildung in einem technischen →Beruf mit einem Ingenieurstudium verbunden werden. So können die qualifizierten, hoch motivierten jungen Menschen nach 2 ½ Jahren die IHK –Prüfung zum Industriemechaniker oder Elektroniker ablegen. Während der Ausbildung und vor allem danach studieren sie an einer Fachhochschule Maschinenbau/Mechatronik oder Elektrotechnik. Das Studium endet an der Fachhochschule mit dem Abschluss als Diplom-Ingenieur (FH).

In der Datenbank „AusbildungPlus" sind derzeit rund 603 duale Studiengänge in wirtschaftsnahen Fachbereichen dokumentiert; gemessen am Bestand dominieren die →Berufsakademien und Fachhochschulen (→Sonderausbildungsgänge für Abiturienten). Gegenwärtig sind rund 67.800 Teilnehmer in dualen Studiengängen eingeschrieben. Dass so viele junge Menschen sich daran beteiligen, hat sicher mehrere Gründe: Zum einen profitieren Auszubildende/ Studenten von der kurzen Studiendauer und den guten Studienbedingungen. Zudem sichern sich die Betriebe mit diesem innovativen Bildungsgang akademisch qualifizierte, hoch motivierte Fachkräfte, die durch die betriebliche Ausbildung das eigene Unternehmen kennen. Bildungspolitisch gesehen wird die im Bildungswesen übliche Trennung zwischen Sekundarstufe II und dem tertiären Bereich überwunden.

Während die Studiendauer an deutschen Hochschulen seit Jahren immer noch sehr lang ist, zeigen duale Studiengänge unter besonderen Rahmenbedingungen eine Alternative. Außerdem wird bildungspolitisch gesehen die im Bildungswesen übliche Trennung zwischen Sekundarstufe II und dem Tertiären Bereich überwunden.

Literatur: Institut der deutschen Wirtschaft Köln (Hg.) Berufsausbildung, Köln 2004

Reinhard Zedler

Duales System der Berufsausbildung

Traditionell versteht man unter einem Dualen System in der Berufsausbildung die Qualifizierung an zwei →Lernorten: Betrieb und Schule (→Betriebliche Berufsausbildung; →Berufsschule). Diese Ausbildungsform lässt sich abgrenzen von der rein schulischen und der rein betrieblichen Ausbildung (Training).

Die neuere systemtheoretische Sichtweise ordnet die duale Berufsausbildung unter dem Steuerungsaspekt als Mischform ein, als Kombination von markt- und bürokratisch regulierter Berufsausbildung. Die Dualität wird hier begründet durch einen privaten Ausbildungsmarkt der durch staatliche – i.d.R. gesetzliche – Normen überformt ist. D.h. private Betriebe können – müssen indes nicht – ausbilden; tun sie dies, so unterwerfen sie sich spezifischen rechtlichen Regelungen.

Dieser Verschränkung von privater (betrieblicher) und öffentlicher (staatlicher) Verantwortung für die Berufsausbildung werden zahlreiche Vorteile gegenüber anderen Ausbildungssystemen zugeschrieben, zuweilen wird das „Duale Ausbildungssystem" auch als organisatorisches Optimum der Berufsbildung bezeichnet. Die Vorteile bestehen vor allem in:
1. der Praxisnähe der Qualifizierung,
2. der Kostengünstigkeit in Bezug auf das staatliche Budget,
3. der hohen Erfassungsquote in Bezug auf die Jahrgangskohorten und
4. dem relativ geringen Bürokratisierungsgrad des Systems.

Duale Ausbildungssysteme sind eine Spezialität des deutschsprachigen Kulturraumes; man findet sie als dominierende Ausbildungsform ausschließlich in Deutschland, der Schweiz und in Österreich, wenn auch nicht in genau identischer Ausprägung. Die Entwicklung dieser Qualifizierungsform beginnt im letzten Drittel des 19. Jahrhunderts mit der Modernisierung – d.h. rechtlichen Regelung – der traditionellen Handwerkslehre und der Etablierung der sog. →Fortbildungsschule als zweiten Lernort. Sie setzt sich im Zeitraum von etwa 1920 bis 1970 fort mit der Adaption dieser dualen Organisationsform durch die Industrie und andere Wirtschaftsbereiche sowie der Umformung der Fortbildungsschule zur Berufsschule. Mit der Verabschiedung des →Berufsbildungsgesetzes von 1969 kann das Duale System in Deutschland als konsolidiert betrachtet werden. Am 1. April 2005 wurde dieses Gesetz durch das Berufsbildungsreformgesetz, eine grundlegende Neufassung, abgelöst.

Seit den 70er Jahren wurden zahlreiche Versuche unternommen, das System zu reformieren bzw. rationalisieren, was indes nur teilweise gelang. Vor allem die berechtigungspolitische Gleichstellung mit dem allgemeinen Bildungswesen konnte nicht erreicht werden, so dass die praxisorientierte Qualifikation im Dualen System heute gegenüber dem gymnasial-universitären Bildungsweg nach wie vor als deprivilegierend angesehen werden muss.

Die heutige Verfassung des Systems ist charakterisiert durch:
1. die Einbeziehung praktisch aller Wirtschaftsbereiche in die duale Ausbildung,
2. die Übertragung der zentralen Durchführungs- und Kontrollaufgaben an private Körperschaften des öffentlichen Rechts (Kammern),
3. die zentrale Orientierung an der Institution des staatlich anerkannten →Ausbildungsberufs und
4. ein gesetzlich abgesichertes Mitwirkungsrecht der Gewerkschaften, der Bildungsbürokratie und der Berufsschullehrer (Konsensmodell).

Das Duale System der Berufsausbildung befindet sich heute in einer ambivalenten Situation: Einerseits erfreut es sich einer nie da gewesenen öffentlichen und internationalen Wertschätzung, was vor allem auf die oben beschriebenen Stärken zurückzuführen. Andererseits befindet sich das Duale System augenblicklich in einer Kumulationsphase von Konjunktur- und Strukturkrise, die durch eine überproportionale Nachfrage nach Ausbildungsplätzen einerseits und durch unübersehbare Erosionstendenzen andererseits gekennzeichnet ist. Das am 1. April 2005 in Kraft getretene Berufsbildungsreformgesetz (BerBiRefG) erscheint eher als mittelfristig angelegter Versuch, den weitgehend unkoordinierten, aktuell krisenhaften Ausbildungsmarkt unter Kontrolle zu bringen. Eine zukunftsfähige Anpassung des Systems an die gewandelten technologischen, arbeitsorganisatorischen und sozio-ökonomischen Verhältnisse liegt dagegen außerhalb der Reichweite des neuen Gesetzes.

Literatur: Baethge, M.: Das berufliche Bildungswesen in Deutschland am Beginn des 21. Jahrhunderts. In: Cortina, K.S., u.a. (Hg.): Das Bildungswesen in der Bundesrepublik Deutschland. Strukturen und Entwicklungen im Überblick. Reinbek 2003, S. 525-580 – Greinert, W.-D./Schur, I.R. (Hg.): Zwischen Markt und Staat. Berufsbildungsreform in Deutschland und in der Schweiz. Berlin 2004 – Greinert, W.-D.: Das "deutsche System" der Berufsausbildung. Geschichte, Organisation, Perspektiven. Baden-Baden ³1998.

Wolf-Dietrich Greinert

E-Learning

In den letzten Jahren sind nicht nur in der beruflichen Bildung eine Vielzahl von Bildungskonzepten entwickelt worden, in denen →Multimedia bzw. die →Neuen Informationstechnologien (NIKT) zur Unterstützung der Lern- und Lehrprozesse eingesetzt werden. Bis Mitte der 90er Jahre lag der Fokus auf der Gestaltung multimedialer Lernmaterialien; in diesem Zusammenhang wird oftmals vom multimedialen oder →computergestützten Lernen gesprochen.

Seit der rasanten Verbreitung des Internets Mitte der 90er Jahre wird die Diskussion maßgeblich von diesem Medium geprägt. Unter dem Begriff Telelearning werden die verschiedenen Formen des netzbasierten Lernens zusammengefasst. *"Tele-Learning is: making connections among persons and resources through communication technologies for learning-related purposes."* (*Collis* 1996, 9) Noch stärker hat sich in den letzten Jahren der Fachbegriff E-Learning durchgesetzt, der genereller auf die Einbeziehung der Neuen Informations- und Kommunikationstechnologien in den Lernprozess hinweist. *"»E-Learning« ist in seiner wörtlichen Form Sammelbegriff für technologiebasiertes Lernen in jeder Form."* (*Wang* 2002, 2.4/2) Neben der internetbasierten Kommunikation wird auch das Lernen mit multimedialen Lernmaterialien betont. *"Unter E-Learning ist eine neue Form des selbstgesteuerten Lernens zu verstehen, das mittels CD-ROM, Intranet oder über das Internet erfolgen kann. Es beinhaltet Computer Based Training (CBT), [...] Web-Based Training (WBT) sowie Fernstudium."* (*Wermuth* 2001, 12) Basierend auf dieser weit gefassten Definition kann also der Begriff E-Learning den Einsatz der NIKT zur Unterstützung des Präsenzunterrichts oder des →Fernunterrichts zum Gegenstand haben.

E-Learning kann durch verschiedene technische und mediale Elemente unterstützt werden.

– Die vorgestellten Lernmaterialien werden als *Contents* bezeichnet. Hierbei kann es sich einerseits um aufwendige Lernsoftware handeln, deren Entwicklung durch Autorenwerkzeuge erleichtert wird. Andererseits können aber auch Printmaterialien (oftmals im ausdruckbaren Portable Document Format (PDF)) eingesetzt werden; so setzen nicht wenige Fernstudienanbieter nach wie vor auf gedruckte Studienbriefe.

– Auf der Basis eines *Lernmanagementsystems* kann eine „virtuelle Schule" betrieben werden. Entsprechende Systeme unterstützen die →Kommunikation und Kooperation zwischen den Lernenden und Lehrenden durch integrierte synchrone und asynchrone Kommunikationsmedien (insbesondere Fo-

Technische und mediale Elemente des E-Learning

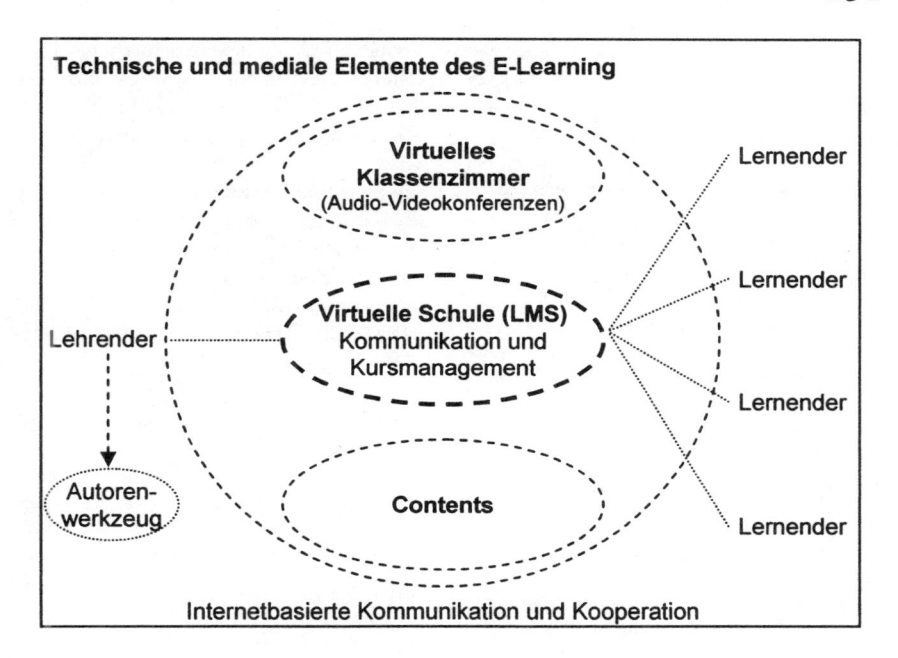

- Virtuelles Klassenzimmer (Audio-Videokonferenzen)
- Virtuelle Schule (LMS) Kommunikation und Kursmanagement
- Contents
- Lehrender
- Autorenwerkzeug
- Lernender (×4)
- Internetbasierte Kommunikation und Kooperation

ren, E-Mail und Chat). Die Contents können für die Lernenden zielgruppengerecht bereitgestellt werden; mittels Login-Statistiken und Tracking-Funktionen können die Lehrenden den Lernprozess der Lernenden nachvollziehen.

– Mit dem *virtuellen Klassenzimmer* sind Desktop-Audio-/Videokonferenzsysteme gemeint, die neben der Übertragung von Bewegtbild und Ton die synchrone Zusammenarbeit durch verschiedene Funktionen, z.B. das Beantragen und Erteilen von Rederechten, das gemeinsame Zeichnen auf dem Whiteboard oder die Aufteilung der Konferenzteilnehmer in Kleingruppen unterstützen: Die Methodik des Präsenzunterrichts (dies gilt sowohl für vermittelnde als auch aktiv-erarbeitende Lernstrategien) kann im virtuellen Klassenzimmer weitgehend übernommen werden. Audio-/Videokonferenzsysteme werden zumeist als technisch eigenständige Lösungen realisiert, die über Schnittstellen in das Lernmanagementsystem eingebunden werden können.

Mit dem Begriff E-Learning werden nicht nur technisch, sondern auch didaktisch-methodisch sehr heterogene Konzepte subsumiert, was nachfolgend anhand einiger Beispiele konkretisiert werden soll.

– Das *Teletutoring* betont das selbst gesteuerte Lernen mit der Unterstützung multimedialer Lernmaterialien und eines Tutors, dessen Hilfe über das Netz angefordert werden kann.

– Die *Telekooperation* bezeichnet das netzbasierte kooperative Lernen. In *Learning-Communities* schließen sich Personen zusammen, die sich gemeinsam mit einem bestimmten Thema intensiv auseinander setzen wollen, d.h. neben dem kooperativen kommt auch das selbst gesteuerte Lernen sehr stark zum Tragen.

– Das *Teleteaching* bezeichnet einen netzbasierten Frontalunterricht im virtuellen Klassenzimmer, d.h. im Rahmen von Audio-/Videokonferenzen.
In den letzten Jahren hat sich außerdem der Begriff „→Blended Learning" etabliert. Dabei geht es um die Mischung von Präsenz- und Online-Lernen, um die jeweiligen Stärken miteinander zu kombinieren.

Literatur: Collis, B. (1996): Tele-learning in a digital world: The future of distance learning, London: Int. Thomson Computer Press – Wang, E. (2002): Die Zukunft ist nicht mehr, was sie war – Ein Rückblick auf die Vorhersagen zur Entwicklung des Corporate E-Learning-Marktes in den USA und Deutschland, in: Hohenstein, A.; Wilbers, K. (Hg.): Handbuch E-Learning: Expertenwissen aus Wissenschaft und Praxis, Köln: Fachverlag Deutscher Wirtschaftsdienst, 1. Ergänzungslieferung – August 2002, Kapitel 2.4., S. 1-14 – Wermuth, B. (2001): Neue Wege der Wissensvermittlung, in: Wirtschaft und Berufserziehung, Heft 3/2001, S. 12-15 – Häfele, H.; Maier-Häfele, K. (2004): 101 e-Le@rning-Methoden Seminarmethoden, Methoden und Strategien für die Online- und Blended Learning Seminarpraxis, Bonn: manager-Seminare Verlags GmbH – Schröder, R. (2003): Das Lernmanagementsystem DLS Distance Learning System® im Rahmen der Qualifizierung und Zertifizierung zum TeleCoach, in: Verband der Lehrerinnen und Lehrer an Berufskollegs in Nordrhein-Westfalen e.V. (vlbs): Bildungsnetzwerke und E-Learning, Tagungsbericht vom vlbs-Forum 09.11.2002 in Neuss, S. 28-33

Rudolf Schröder

Electronic Commerce und Electronic Business

Für die Berufs- und Wirtschaftspädagogik sind zwei Betrachtungsweisen von Bedeutung:
1. Die Sicht der wirtschaftswissenschaftlichen Disziplinen, insbesondere der Betriebswirtschaftslehre und der Wirtschaftsinformatik.
Electronic Commerce (E-Commerce) bezeichnet danach die Anbahnung, Vereinbarung und Abwicklung ökonomischer Transaktionen zwischen Wirtschaftssubjekten durch die innovative Nutzung elektronischer Verbindungen insbesondere in Form der Internettechnologie. E-Commerce bezieht sich also auf den Kauf und Verkauf von Produkten und Dienstleistungen über Datennetze. Electronic Business (E-Business) umfasst darüber hinaus auch die Wertschöpfungsprozesse im Unternehmen und zwischen den Unternehmen, die vor allem durch teilautomatisierte integrierte Informationssysteme realisiert werden.

Aus einzelwirtschaftlicher Sicht werden drei Bereiche des elektronischen Geschäftsverkehrs unterschieden:
(a) Business-to-Business (B2B) – Transaktionen zwischen Unternehmen, wobei vorausgesetzt wird, dass die beteiligten Partner zumindest in einzelnen Bereichen (Beschaffung, Vertrieb) elektronisch gestützt agieren. Die Unternehmen haben dabei Gestaltungsfreiheiten im Rahmen der allgemeinen Gesetze und des Kartellrechts.
(b) Business-to-Consumer (B2C) – Transaktionen zwischen Unternehmen und Konsumenten, die zumeist Verkaufscharakter haben und für die spezifische rechtliche Regelungen zum Schutz der Verbraucher gelten (insbesondere das Fernabsatzgesetz).
(c) Business-to-Government (B2G) – Transaktionen zwischen Unternehmen und Behörden vor allem im Kontext von Ausschreibungen durch Behörden über elektronische Medien. Für diese Transaktionen gelten spezifische rechtliche Bestimmungen wie die Vergabeverordnung (VgV) und die Verdingungsordnungen (VOL für Leistungen und VOB für Bauleistungen). Durch Projekte der Bundesregierung wie „eVergabe" und die Vorgaben der EU-Kommission wird der Bereich B2G derzeit nachdrücklich gefördert. Auch die eher administrativen Kontakte der Unternehmen zu Behörden werden in zunehmendem Maße elektronisch realisiert. Diese Aktivitäten sind aber im Allgemeinen weder mit Kauf und Verkauf von Produkten und Dienstleistungen verbunden und werden deshalb nicht unter B2G subsumiert.

Der Erkenntnisstand im Hinblick auf E-Commerce und E-Business lässt sich folgendermaßen skizzieren: E-Commerce und E-Business sind dynamische Wissensgebiete, in denen es derzeit zahlreiche Konzepte und Ansätze, aber keine wissenschaftliche Theorie gibt.

Anders als in der klassischen Wirtschaftswissenschaft, in der die Technik als mediales Hilfsmittel betrachtet wird, sind die technischen Systeme und Funktionen im Hinblick auf E-Commerce und E-Business *zentraler und integrierter Bestandteil* wirtschaftlichen Handelns und der theoretischen Reflexionen darüber. Auf der wissenschaftlichen Ebene sind aktuell vor allem zwei Tendenzen sichtbar.

Zum einen erfolgt die Diskussion entlang der klassischen funktions- und aufgabenorientierten Gliederung der Unternehmung, wobei vor allem die folgenden Einsatzgebiete der Internettechnologie im Mittelpunkt stehen:

E-Procurement – elektronische Beschaffung: Gilt als Triebfeder für den B2B-Bereich, da die Nachfrager vielfach eine dominierende Rolle auf den Gütermärkten bzw. in den Zuliefer-Abnehmer-Beziehungen einnehmen. Die Entwicklung wird aktuell bestimmt durch Bestellsysteme, die auf elektronischen Produktkatalogen basieren (Desktop Procurement Systems), durch elektronische Marktplätze für Ausschreibungen und Auktionen sowie durch kollaborativ orientierte Plattformen.

E-Production – Unterstützung der Fertigung durch internetbasierte Systeme: Dieser noch wenig entwickelte Bereich fokussiert die Nutzung von integrierter Unternehmenssoftware für die Fertigung und neue Steuerungsmechanismen beispielsweise unter Nutzung der Agententechnologie.

E-Marketing/E-Sales – elektronische Verkaufsangebote vor allem auf der Basis elektronischer Kataloge. Mit fortgeschrittenen Systemen wird derzeit versucht, im Rahmen eines Customer Relationship Managements (CRM) ein höheres Maß an Kundenbindung zu erzielen oder beispielsweise durch attraktive Webseiten Kunden zu akquirieren.

E-Logistics – elektronische gestützte Logistik: In diesem Bereich wird die Internet-Technologie u. a. für inner- und überbetriebliches Tracking (Mitverfolgen) und Tracing (Nachverfolgen oder Suchen) von Lieferungen und Leistungen sowie für die Planung der logistischen Prozesse eingesetzt. Gegenstand sind aber auch elektronische Marktplätze, die sich auf die Vermittlung logistischer Leistungen spezialisiert haben.

In der wissenschaftlichen Diskussion wird zum anderen versucht, die elektronischen Geschäftsprozesse als Ganzes, das heißt funktions- und aufgabenübergreifend in den Blick zu nehmen. Grundlage dafür bildet der Einsatz von ERP-Softwaresystemen (Enterprise Ressource Planning Systems), die mehrere betriebswirtschaftliche Standard-Business-Applikationen (Finanzwesen und Controlling, Produktionsplanung und -steuerung, Einkauf und Logistik, Vertrieb und Versand sowie Personal) in einer gemeinsamen Datenbank integrieren.

Insgesamt besteht in der wissenschaftlichen Diskussion weitgehend Einigkeit darüber,
– dass die Prozesse und Zusammenhänge im elektronischen Geschäftsverkehr durch einen hohen, ständig wachsenden Grad an Komplexität, Vernetztheit und Intransparenz gekennzeichnet sind,
– dass immer mehr kaufmännische Handlungen und Vorgänge hinter Bildschirmmasken oder in der Software verschwinden und von der Internet-Technologie übernommen werden und
– dass die Notwendigkeit wächst, die komplexen, intransparenten Wirkungsgefüge (pädagogisch) aufzubereiten, das heißt, sie zu veranschaulichen und zu erklären.

Es ist zudem unbestritten, dass die hohe Komplexität von E-Commerce und E-Business eine stark interdisziplinäre Denk- und Handlungsweise erfordert und fördert. Beispiele dafür liefern neuere Konzepte der Personal- und Organisationsentwicklung, in denen eine Konvergenz ökonomischer, pädagogischer und technischer Zielsetzungen zu verzeichnen ist. Zwingend notwendig wird diese Konvergenz auch durch die fortschreitende Integration von computer- und netzbasierten Lernangeboten für komplexe Unternehmenssoftware in den Arbeitsalltag und in die Aus- und Weiterbildung. Die adäquate Qualifikation der Mitarbeiter und Führungskräfte im Hinblick auf einen effektiven Umgang mit dieser Software ist unmittelbar mit berufs- und wirtschaftspädagogischen Fragestellungen und Lösungsansätzen verknüpft und leitet zur zweiten Betrachtungsweise über.

2. Die Charakterisierung von E-Commerce und E-Business als komplexe Lehr-Lern-Gegenstände: Als solche umfassen sie sowohl theoretische Konzepte und Ansätze zum elektronischen Geschäftsverkehr aus der Betriebs- und Volkswirtschaftslehre, aus der Wirtschaftsinformatik und aus angrenzenden Gebieten als auch praktische Handlungsvollzüge, Algorithmen und Problemlösungen. Als Lehr- und Lerngegenstand gewinnen E-Commerce und E-Business auf allen Ebenen der Aus- und Weiterbildung zunehmend an Bedeutung. Um eine tiefes Verständnis für E-Commerce und E-Business entwickeln zu können, sind sowohl Kenntnisse aus der klassischen Wirtschaftswissenschaft als auch Wissen über die neuen Konzepte und Ansätze notwendig. Darüber hinaus sind ausgeprägte Fertigkeiten im Umgang mit der modernen Informationstechnik und deren Nutzung in kaufmännischen Arbeitskontexten sowie in Lern- und Qualifikationszusammenhängen erforderlich.

Zudem sind elaborierte Fähigkeiten zum selbst organisierten Lernen unabdingbar. Es geht vor allem darum, die technischen und organisatorischen Veränderungen im kaufmännischen Handeln sowie die neu entstehenden theoretischen Konzepte in den unterschiedlichen Wissenschaftsgebieten selbstständig zu erschließen, in die eigenen Wissens- und Könnensstrukturen zu integrieren sowie bei der Lösung komplexer theoretischer und praktischer Probleme und Aufgaben erfolgreich anzuwenden.

Um ein solches Wissen und Können auf breiter Basis zu fördern, wurden in den letzten Jahren mit Unterstützung durch das Bundesministerium für Bildung und Forschung im universitären Kontext eine Reihe von Qualifikations- und Bildungsangeboten etabliert. Diese Angebote richten sich an Studierende sowie an Mitarbeiter und Führungskräfte in Unternehmen und Behörden, sind modularisiert und nutzen die Internet-Technologie. Ein Beispiel dafür ist das „Interdisziplinäre multimediale Programm für universitäre Lehre und selbst organisiertes Lernen zum Thema Electronic Commerce/Electronic Business" (IMPULS), das gemeinsam von Betriebswirten, Wirtschafsinformatikern und Wirtschaftspädagogen an den Universitäten in Dresden, Karlsruhe, Leipzig, Osnabrück, Potsdam und Würzburg durchgeführt wird. In Kombination von selbst organisierten internetgestützten Lernphasen, Online-Tutorien und Präsenzveranstaltungen wird ein Lehrgang mit 11 interdisziplinär ausgestalteten Kursen zu folgenden Themen angeboten (http://www.impuls-ec.de): E-Commerce und E-Business als komplexe Wissensgebiete; Netzwerkökonomie und neue Regeln für die vernetzte Wirtschaft; Elektronische Märkte und Unternehmensnetzwerke; E-Logistics – Wie kommt die Ware zum Kunden?, Business-to-Machine Communication – Wenn Maschinen reden könnten; Informations- und Kommunikationstechnologien; E-Finance – Elektronische Intermediation im Finanzwesen; E-Procurement Katalogbasierte Beschaffung, Marktplätze, B2B Netzwerke; Informationsmanagement; Die lernende Organisation flexibel, offen und kommunikativ und E-Learning – Kernprozess der Personalentwicklung. Die Kurse sind nach dem Ansatz des Problem-Based Learning ausgestaltet. Die Problemstellungen werden videobasiert in Form von Episoden dargeboten, die sich im Modellunternehmen „IMPULS-Schuh AG" ereignen (http://www.IMPULS-schuh.de). Das Modell ist der ECCO Schuh AG nachempfunden.

Jede Problemdarstellung schließt mit einem Arbeitsauftrag an die Lernenden ab, der auf ein „Produkt", eine Konzeption, eine technische oder eine Softwarelösung, einen Geschäftsplan, eine Marktanalyse, ein Curriculum für eine Mitarbeiterschulung o. Ä. abzielt. Dazu müssen sich die Lernenden mit den akademischen Inhalten auseinandersetzen. Nach Abschluss des Lern- und Problemlöseprozesses können sie ihre Lösung mit der Musterlösung eines Experten vergleichen.

Die Trendforscher sind sich einig darüber, dass E-Commerce und E-Business die wirtschaftliche und gesellschaftliche Entwicklung weltweit künftig in noch stärkerem Maße als bisher bestimmen werden. Die Berufs- und Wirtschaftspädagogik steht vor der Herausforderung, rechtzeitig tragfähige Konzepte für eine solide Vorbereitung der Lernenden im universitären Bereich und in der beruflichen Aus- und Weiterbildung zu entwickeln und empirisch zu erproben. Die dargestellten Aktivitäten sind ein Schritt auf diesem Weg.

Literatur: Klauser, F. Schoop, E., Gersdorf, R. Jungmann, B. & Wirth, K. (2002). Die Konstruktion komplexer multimedialer Lernangebote im Spannungsfeld von pädagogischer und technischer Rationalität. Research Report ImpulsEC 3, Universität Osnabrück – Merz, M.: E-Commerce und E-Business. dpunkt Verlag: Heidelberg, 2002 – Picot, A.; Reichwald, R.; Wigand, R. T.: Die grenzenlose Unternehmung. Gabler: Wiesbaden, 2001

Fritz Klauser

Erkundung

Die Merkmale der E. lassen sich in folgender Weise beschreiben:
1. E. sind ein methodisches Mittel, Fragen und Probleme, die aus der Unterrichtsarbeit erwachsen, durch unmittelbare Begegnungen mit der Realität zu veranschaulichen und zu klären.
2. Sie beschränken sich auf bestimmte Teilbereiche, die sich als Veranschaulichung oder Informationsquelle für ein im Unterricht behandeltes Thema anbieten.
3. E. werden im Unterricht vorbereitet, so dass Schülerinnen und Schüler mit konkreten Fragestellungen und Beobachtungsaufgaben in den jeweiligen Erkundungsbereich gehen.
4. Das während der E. zusammengetragene Informationsmaterial wird im nachbereitenden Unterricht ausgewertet (Kaiser 1974, S. 241).

Schlüsselstellen für den unterrichtlichen Erfolg sind die Einbindung der E. in einen unterrichtlichen Kontext sowie die Forderung, dass neben der Ausweisung von Erkundungsaspekten (funktionale, berufskundliche, soziale, technologische, ökonomische und arbeitskundliche) deutlich werden muss, was mit einer E. gelernt werden soll. Beim Einsatz der E. ist insbesondere auf die folgenden drei Punkte zu achten (Neugebauer 1977, S. 235 ff.):
1. Wenn E. in Bereichen durchgeführt werden, in denen für die Schülerinnen und Schüler keine Alltagserfahrungen vorliegen, muss vor der E. ein Orientierungsmuster entwickelt werden, mit dem die betriebliche Realität erfaßbar gemacht wird. Solch ein Orientierungsmuster liefert beispielsweise ein Modell, das mit der Realität konfrontiert wird, um zu einem revidierten (realitätsgerechterem) Modell weiterentwickelt zu werden. Es muss aber vermieden werden, dass das Original in seiner Komplexität zu stark reduziert, akzentuiert, zweckorientiert und selbst zum Modell wird.
2. Die E. ist in starkem Maße von außerschulischen (betrieblichen) Bedingungsfaktoren abhängig. Betriebserkundungen basieren deshalb in besonderer Weise auf Vereinbarungen zwischen Schule und Betrieb, die Vorerkundungen durch den Lehrer, Vorbereitung des Betriebes durch den Lehrer, Informationen des Betriebes über die unterrichtlichen Intentionen, Programmablaufplanung, Auswahl der Erkundungsobjekte und der Interviewpartner usw. beinhalten.

3. Wenn es um ökonomische und soziale Probleme, um soziale Verhaltensweisen und Konfliktsituationen geht, erweist sich die E. als eher ungeeignete Methode. Relativierend kann jedoch festgestellt werden, dass dort, wo beispielsweise ökonomische und soziale Probleme eine materielle Grundlage oder einen materiellen Ausgangspunkt haben, die Methode E. in Verbindung mit anderen Methoden erfolgversprechend eingesetzt werden kann (Klebel 1976, S. 84).

Die E. erfolgt in den Phasen Vorbereitung, Durchführung und Auswertung, wobei sich diese Phasen selbst noch einmal untergliedern können. So liegt beispielsweise vor der eigentlichen Vorbereitungsphase der E. eine Planungs- und Orientierungsphase des Lehrers, in der die Zielsetzung der E., die Koordination der Lernzielplanung mit den spezifischen Gegebenheiten des Erkundungsbereichs und die Weiterführung des Unterrichts, sowohl im Hinblick auf die Auswertung der E. als auch auf die inhaltliche und thematische Weiterführung, erfolgt.

Im Hinblick auf die Ziele können E. unterschiedliche Funktionen haben (Neugebauer 1977, S. 240; Steinmann 1982, S. 68 ff.), die sich mit unterschiedlichen methodischen Varianten verbinden:

Die E. als Vororientierung (Zugangs-/Erarbeitungserkundung) dient der Einführung in einen neuen Problembereich. Sie verschafft einen ersten Überblick über ein Praxisfeld. Die Vorbereitung der Lerngruppe besteht im Wesentlichen darin festzulegen, was man zu einem bestimmten Thema wissen möchte bzw. erkunden könnte.

Die E. als Praxisanalyse/Praxistest (Überprüfungserkundungen) dient der planmäßig vorbereiteten Erhebung von Informationen, bezogen auf ein ausgewähltes Problem, die anschließend weiterverarbeitet werden. Des Weiteren kann sie der Überprüfung theoretischer Unterrichtsergebnisse durch Konfrontation mit der Praxis dienen.

Darüber hinaus werden verschiedene Erkundungsformen unterschieden: Alleinerkundungen können durchgeführt werden, wenn es sich um kleine, relativ einfache Beobachtungsaufgaben handelt. Gruppenerkundungen finden in der Regel während der Unterrichtszeit statt. Sie sind dann angebracht, wenn die Erkundungsaufgaben für Einzelerkundungen zu komplex und für Klassenerkundungen aus inhaltlichen oder organisatorischen Gründen zu aufwendig sind. Klassenerkundungen können entweder in Gruppen oder im Klassenverband durchgeführt werden.

Erkundungsaufgaben sind immer mit bestimmten Techniken verbunden. Insbesondere sind dies Beobachten, Befragen, Protokollieren, Skizzieren, Fotografieren usw. Diese Techniken, die als Fähigkeiten zur Informationsbeschaffung und -verarbeitung bezeichnet werden können, sind gleichermaßen Lernziel als auch Voraussetzungen für den erfolgreichen Einsatz von Erkundungen (Imhof/Reuter-Kaminski, 1988, S. 29; Kaiser 1974, S. 241; Klippert 1992).

Literatur: Imhof, U./Reuter-Kaminski, O.: Das Üben aktiver Lernverfahren zur Förderung des Methodenbewußtseins des Schülers im Arbeit/Wirtschafts-Unterricht. In: arbeiten + lernen. Die Arbeitslehre 9 (1988), 55, S. 24-32 – Kaiser, F.-J.: Arbeitslehre. Materialien zu einer didaktischen Theorie der vorberuflichen Erziehung. Heilbrunn 31974 – Kaiser, F.-J./Kaminski, H.: Methodik des Ökonomie-Unterrichts. Heilbrunn ²1997 – Klebel, H.: Erkundung. In: Roth, R. A./Selzer, H.M. (Hg.): Lexikon zur Arbeits- und Sozialslehre. Donauwörth 1976, S. 84 ff. – Klippert, H.: Dem Lernen auf der Spur. In: arbeiten + lernen. Wirtschaft 2 (1992), 5, S. 26-31 – Neugebauer, W.: Die Betriebserkundung als ein Unterrichtsverfahren der Wirtschafts- und Arbeitslehre. In: Neugebauer, W. (Hg.): Fachdidaktisches Studium in der Lehrerbildung. Wirtschaft 2. Curriculumentwicklung für Wirtschafts- und Arbeitslehre. München 1977, S. 220 ff. – Steinmann, B.: Erkundungen ökonomischer Realität. Essen 1982 – Wolf, H.-U.: Die Expertenbefragung im Wirtschaftslehre-Unterricht der Hauptschule. In: Lehren und Lernen 6 (1980), 6, S. 21-42

Manfred Hübner

Erwachsenenbildung

E. ist Ausdruck und Mittel der Produktions- und der Reproduktionsbedingungen der Gesellschaft. Ihren Siegeszug hat sie seit der Phase der Modernisierung der Industriegesellschaft angetreten. E. ist in Deutschland heutzutage eine Selbstverständlichkeit (→Lernen in der beruflichen Weiterbildung). Unter Legitimationsdruck stehen nicht jene, die als Erwachsene in Bildungsveranstaltungen gehen, sondern diejenigen Personen, die das nicht tun. E. gehört zur Grundausstattung der Bevölkerung. Sie wird im Prozess der Modernisierung nachgefragt, um sich von den eigenen Unsicherheiten in einer unsicheren Welt nicht allzu sehr verunsichern zu lassen. Dies wird in einer Umgebung, die immer komplexer und vielfältiger wird, auch immer notwendiger. E. leistet in dieser Hinsicht einen immer unverzichtbareren Beitrag, um die sozialen Nahwelten im labilen Gleichgewicht von Ordnung und Chaos zu halten. Und gleichzeitig – auch hier wieder eine Paradoxie – produziert sie Ungleichgewichte, verstärkt die Komplexität und fördert jene Individualisierung, von deren Folgen sie lebt. Die Hauptnachfrager nach E. sind:
1. die Individuen,
2. die Betriebe,
3. der Staat.

Die Individuen versuchen, ihre schwieriger gewordene Lebensgestaltung und die Probleme ihrer Lebensbewältigung zunehmend über E. zu balancieren und/oder zu bearbeiten. Entsprechend der Pluralität der Motive ist das Angebot. Vielfältigkeit ist das Kennzeichen der kommunalen Angebote (Volkshochschulen), der kirchlichen und der sog. „freien" Angebote. Das Ungleiche wird gleichrangig, Vielfältigkeit zum Prinzip.
Dieser inhaltlichen Zergliederung korrespondiert eine zeitliche. Lern- und Arbeitszeiten sind nicht mehr alterstypisch getrennt – das signalisiert die Attraktivitätsformel des „lebenslangen Lernens"; sie sind aber auch vom Tages-, Wochen- und Jahresrhythmus her diffus geworden. Gelernt wird an jedem Ort und zu jeder Zeit.
Die Betriebe erwarten von der E. – die dort meist „Weiterbildung" heißt – u.a. Qualifikationsanpassung an den raschen technologischen und organisatorischen Wandel. Personalentwicklung über Bildungsmaßnahmen ist der Trend, der darauf ausgerichtet ist, zusätzliche personelle Potentiale für den relativen Mehrwert abzuschöpfen (→Personalarbeit und Personalentwicklung). Die Nachfrage der Betriebe nach Bildung ist daher immens gestiegen. Seine volkswirtschaftliche Unterstützung erhält dieser Sachverhalt durch Untersuchungen, die belegen, dass der Bildungsstand der Bevölkerung eines Landes einer der bedeutendsten Wirtschaftsfaktoren im internationalen Wettbewerb ist.
Der Staat ist inzwischen ein großer Nachfrager nach Bildung geworden. Er hat ab Mitte der 70er Jahre entdeckt, dass er fiskalpolitische Interessen über Bildung realisieren kann, er kann Individualisierung gesellschaftlicher Probleme betreiben, z.B. →Arbeitslosigkeit als Bildungsproblem definieren, und er kann das Konfliktpotential in der Bevölkerung reduzieren. Das beste Beispiel: Die deutsche Vereinigung kann man als das größtangelegte Bildungsprojekt der Neuzeit interpretieren. Milliarden wurden in diesem Zusammenhang für Lernmaßnahmen ausgegeben.
Daneben reguliert der Staat über Subventionen und rechtliche Rahmenbedingungen. Er fördert, so die Politik der letzten Jahre, die Marktförmigkeit der E. Die Erwachsenenbildungslandschaft ist gespalten.
Einerseits ist sie marktförmiger geworden, das heißt, sie unterliegt zunehmend den Selektionseffekten des Marktmechanismus und schließt jene aus, die nicht marktfähig sind, und sie differenziert innerhalb der Marktfähigkeiten nach der Marktpotenz der Nachfrager. Andererseits ist die berufliche E., die als →betriebliche Weiterbildung firmiert, dem Markt dadurch entzogen, dass sie in der

Verfügungsgewalt des Unternehmens belassen wird. Innerbetriebliche Weiterbildungen bedürfen in den meisten Fällen positiven Vorgesetztenentscheidungen, wenn sie realisiert werden sollen, denn das arbeitende Individuum hat keinen Rechtsanspruch und ist auch nicht frei in seiner Entscheidung zugunsten der Bildungsteilnahme.

Durch die gravierende Ausweitung der Bildungsbeteiligung der Erwachsenen haben sich die gesellschaftlichen Strukturen nicht grundsätzlich geändert. Die Verteilung des Produktivvermögens hat sich kaum verändert. Nicht Einkommen wird (schichtspezifisch) neu verteilt, sondern die Möglichkeiten, über Bildungsmaßnahmen zu mehr Einkommen zu gelangen, wurden und werden neu verteilt – was aber die realen Chancen, über eine erhöhte Bildungsbeteiligung mehr Einkommen zu erreichen, entsprechend dem Zuwachs reduziert. Die Expansion der E. ist bisher nicht bzw. in nur sehr geringem Umfang für die Entwicklung einer demokratischeren und gerechteren Sozialordnung genutzt worden. Auch wenn sich die E. von einem Privileg zu einer alle Gesellschaftsmitglieder betreffenden Aufgabe gewandelt hat, so ist sie zu keiner nach öffentlichen Prinzipien organisierten und verantworteten Aufgabe geworden. Sie ist – wie nie zuvor – ein strategisches Element, durch das Entwicklungs- und Veränderungsprozesse individueller, wirtschaftlicher, sozialer und gesellschaftlicher Art ge steuert werden. Dies aber, ohne dass die Steuerungstätigkeit selbst demokratischer geworden wäre. Die E. hat zwar mehr Freiheiten geschaffen, dies bedeutet aber nicht, dass mehr Freiheit und Demokratie entstanden wäre.

Literatur: Arnold, R.: Erwachsenenbildung. Baltmannsweiler ²1991 – Geißler, Kh. A.: Lernprozesse steuern. Weinheim ²1999 – Geißler, Kh. A./Orthey F.M.: Der große Zwang zur kleinen Freiheit. Berufliche Bildung im Modernisierungsprozeß. Stuttgart 1998 – Harney, K.: Handlungslogik betrieblicher Weiterbildung. Stuttgart 1998 – Wittpoth, J.: Einführung in die Erwachsenenbildung. Opladen 2003

Karlheinz A. Geißler

Evaluation

Als E. galt ursprünglich eine Bewertung an Hand ausgewählter Kriterien. Der Grundgedanke ist die Überprüfung von Implementationsprozessen. Hierbei kann es sich um Handlungsprozesse (Planung, Durchführung, Kontrolle/E.) oder um Konzeptumsetzungen (Konzeptualisierung, Erprobung, Überprüfung/E.) handeln. Demzufolge hat die E. curriculumtheoretische und handlungstheoretische Relevanz.

Innerhalb der Curriculumtheorie bezieht sich E. auf die Bewertung des curricularen Entwicklungsprozesses (formative E.) sowie auf die Bewertung des curricularen Produktes (summative E.). Die Idee der revolvierenden Entwicklungsarbeit war es dabei, über die formative und Produktevaluation Rückkopplungen zu ermöglichen, die zu verbesserten Planungsgrundlagen und besseren Konzepten führen.

E. ist handlungstheoretisch eine Phase innerhalb einer vollständigen Handlung. Sie ist eine kontrollierte Rückmeldung über Ausführungsversuche. Grundlage der E. ist dabei die Reflexion des Geschehens, und zwar durch einen Beobachter (Lehrer, →Ausbilder, Vorgesetzter, Kollege etc.) oder durch den Handelnden selbst. Mit der E. werden dabei innerhalb von Lehr-/Lernprozessen diese einer Prozess- und/oder Ergebniskontrolle unterzogen. Auf diese Weise werden diese Prozesse transparent gemacht. Durch die E. als didaktische Funktion werden schließlich die Selbststeuerungsmöglichkeiten einer Lerngruppe verbessert, die Teilnehmer können ihre Lernfortschritte selbst kontrollieren (→Selbstorganisation). In diesem Zusammenhang kommt der Selbstevaluation Bedeutung zu. Hierbei ist zwischen Prozess- und Ergebnisevaluation zu unterscheiden, die strukturell der obigen Unterscheidung in summative und formative E. entsprechen.

Die Prozessevaluation als permanente E. der Lernenden an sich und mit sich selbst ist Voraussetzung dafür, dass die Reflexions- und Interaktionsprozesse durch die Lernenden selbst wahrgenommen und in ihrer Bedeutung für den Lernprozess erkannt werden können. Voraussetzung für die Reflexion des Lehr-/ Lerngeschehens durch den Lerner selbst ist, dass dieser für die Selbstwahrnehmung sensibilisiert wird. Hierfür ist es wichtig, Methoden zur Prozessevaluation einzuführen. Solche Methoden können sein: Erstellen von Verlaufsprotokollen (z.b. bei Gruppenarbeiten: „Wer argumentiert wie in der Gruppe? Wie kommen Entscheidungen zustande?"), „Blitzlichter" (schriftliche Fixierung von spontanen Eindrücken: „Was empfinde ich gerade?"), Partner- oder Gruppeninterviews, Darstellung mit eher affirmativen Mitteln (Malen von Gruppenerlebnissen, Schreiben von Geschichten, Suchen von Metaphern usw.). Die Ergebnisevaluation dient einerseits der Feststellung, ob die angestrebten Ziele erreicht wurden. Andererseits kann es aber auch sein, dass Ergebnisse erreicht wurden, die nicht geplant bzw. beabsichtigt waren. Generell muss es darum gehen, das Gewollte mit dem Erreichten zu vergleichen und festzustellen, welche weiteren Entwicklungen möglich und sinnvoll sind. Auch hierfür bedarf es Evaluierungsmethoden. Neben den traditionellen Formen der Lernstandsfeststellung bieten sich Verfahren wie Partnerbefragung, Präsentation von Ergebnissen vor der Lerngruppe, Schaffen einer „Öffentlichkeit" (Präsentation vor anderen Gruppen, vor Lehrkräften oder in Betrieben) usw. an.

Selbstevaluation ist schließlich nicht nur ein wichtiger regulativer Aspekt innerhalb selbst organisierter resp. -gesteuerter Lernprozesse. Ausgehend von Erfahrungen im Bereich der Sozialpädagogik wird Selbstevaluation auch als Möglichkeit gesehen, über die Selbstreflexion beruflichen Handelns zu einer Verbesserung bzw. zu einer systematischen selbstverantworteten Gestaltung von Handlungskompetenz zu gelangen (→berufliche Handlungskompetenz). Selbstevaluatives berufliches Handeln (v. Spiegel 1993) dient dabei der Kontrolle, der Aufklärung, der Qualifizierung und Innovation.

Zusammenfassend kann daher festgehalten werden, dass E. ursprünglich auf eine kriterienorientierte und überwiegend externe Reflexion von Implementationsprozessen zielte; die Fähigkeit zur E., insbesondere zur Selbstevaluation, bekommt aber sowohl bei der Umsetzung beruflichen Handelns als auch bei dessen systematischem Aufbau durch Lernprozesse einen zentralen Stellenwert: Anliegen ist dabei die selbstverantwortete Reflexion eigenen Handelns, die wiederum eine eigenständige Entscheidung zur Weiterqualifizierung intendieren soll. Somit rückt die individuelle Fähigkeit zur E. als eine zentrale Zielkategorie beruflichen Handelns in den Mittelpunkt der Überlegungen.

Literatur: Gerl, H./Pehl, K.: Evaluation in der Erwachsenenbildung. Regensburg 1983 – Hellstern, G.-M./Wollmann, H. (Hg.): Handbuch zur Evaluierungsforschung. Opladen 1984 – Holtkamp, R./ Schnitzer, K. (Hg.): Evaluation des Lehrens. Ansätze, Methoden, Instrumente. Evaluationspraxis in den USA, Großbritannien und den Niederlanden. Dokumentation der HIS-Tagung am 20. und 21. Februar 1992 im Wissenschaftszentrum Bonn-Bad Godesberg. Hannover 1992 – Spiegel, H. v.: Aus Erfahrung lernen. Qualifizierung durch Selbstevaluation. Münster 1993 – Will, H./Winteler, A./ Krapp, A. (Hg.): Evaluation in der beruflichen Aus- und Weiterbildung. Heidelberg 1987 – Wottawa, H.: Evaluation. In: Weidenmann, B. (Hg.): Pädagogische Psychologie. Ein Lehrbuch. Weinheim 31994, S. 703 ff. – Wottawa, H./Thierau, H.: Lehrbuch Evaluation. Bern/Stuttgart/Toronto 1990
Peter F.E. Sloane

Experimentalunterricht

E. ist eine Lern- bzw. Lehrform, bei der Experimente in den Unterrichtsverlauf einbezogen werden. Diese Experimente dienen der Betrachtung und Registrierung von Reaktionen und Verhaltensweisen unter genau definierten variablen Parametern. Bei naturwissenschaftlich-technischen und kybernetischen Vorgängen wird in der Regel der Kausalzusammenhang Eingabe – Verarbeitung – Ausgabe (EVA-Prinzip) untersucht. Es können Lehrer- und Schülerexperimente durchgeführt werden. Beim Lehrerexperiment übernimmt der Unterrichtende die Planung, Organisation, Durchführung und Analyse, während die Schüler lediglich den Verlauf verfolgen. Beim Schülerexperiment gestalten ein oder mehrere Schüler aktiv den Experimentierverlauf. Es wird eine simulierte Forschungsatmosphäre mit offenem Lösungsalgorithmus angestrebt. E. kann deduktiv zur Bestätigung oder induktiv zur Herleitung z.b. eines naturwissenschaftlichen Gesetzes konzipiert werden. Der E. dient auch zur Lernmotivation der Schüler. Auch zur Veranschaulichung abstrakter Vorgänge, die z.B. im Fach Elektrotechnik mathematisch nicht erschlossen werden können, kommt E. zum Einsatz. Forschungsergebnisse belegen eindeutig den höheren Wirkungsgrad von E. verglichen mit rein verbalen Lernformen.

Literatur: Georg, W. (Hg.): Schule und Berufsausbildung. Bielefeld 1984 – Lipsmeier, A./Rauner, F. (Hg.): Beiträge zur Fachdidaktik Elektrotechnik. bzp – Beiträge zur Pädagogik für Schule und Betrieb. Bd. 16. Stuttgart 1996 – Meyer, N./Friedrich, H.R. (Hg.): Neue Technologien in der Beruflichen Bildung. Köln 1984 – Stachowiak, H. (Hg.): Modelle und Modelldenken im Unterricht. Heilbrunn 1980 – Technische Hochschule Darmstadt: Neue Technologien in der Berufsbildung – Modellversuche in beruflichen Schulen. THD Schriftenreihe Wissenschaft und Technik – Bd. 44. Darmstadt 1988

Gerhard Faber

Externes Ausbildungsmanagement

In kleinen und mittleren Betrieben, in denen der größte Teil (ca. 80 %) der Jugendlichen im →Dualen System ausgebildet wird, sind oft zeitliche, personelle und sachliche Ressourcen knapp, um den neuen Anforderungen, die mit der Modernisierung der Berufsausbildung verbunden sind, gerecht zu werden. In diesen Betrieben steht in der Regel kein eigens für die Ausbildung eingestelltes hauptamtliches Ausbildungspersonal zur Verfügung. So hängt die Ausbildungsleistung oft in hohem Maße davon ab, wie der Betriebsinhaber und/oder die Fachkräfte Haupt- und Nebenaufgaben koordinieren können (vgl. Westhoff/Zeller 2004, S. 10). Hier setzt Externes Ausbildungsmanagement (E.A.) an. E.A. ist ein Sammelbegriff für Dienstleistungen „rund um die Ausbildung" wie Beratung und organisatorische Unterstützung. Es kann Leistungen umfassen, die den gesamten Prozess der Ausbildung betreffen, kann sich aber auch lediglich auf einzelne Ausbildungsabschnitte beziehen. Im einzelnen sind Unterstützungsleistungen im Rahmen unterschiedlicher Aufgaben und Phasen des Ausbildungsprozesses denkbar: von der Berufseinführung über die Analyse der Unternehmensprozesse, die Bewältigung von Veränderungsprozessen, die Suche und Auswahl von Auszubildenden und das Ausbildungsmarketing, die organisatorische Unterstützung bzw. Erledigung von Formalitäten, die Zusatzqualifizierung für Auszubildende (z.B. in Bezug auf Kundenorientierung, Wissensmanagement, Nutzung von Erfahrungswissen) bis hin zur Ausbildungsbegleitung (z.B. der Entwicklung des betrieblichen Ausbildungsplans), der (Weiter)Qualifizierung des Ausbildungspersonals oder der Unterstützung bei der Organisation von →Ausbildungsverbünden.

Angeboten wird E.A. beispielsweise von freien →Bildungsträgern und Bildungszentren aber auch von →Industrie- und Handelskammern sowie Handwerkskammern. Das Leistungsspektrum ist dabei sehr variantenreich. Die meisten der Anbieter beziehen ihr Angebot auf Formen organisatorischer Unterstützung und nehmen Betrieben „unbeliebte" und organisatorisch schwierige Aufgaben im Zuge der Ausbildung ab. So umfasst auch ein Programm in Nordrhein-Westfalen in erster Linie Leistungen zur Bewerberauswahl und zur Erleichterung der Organisation betrieblicher Ausbildung: Kleine Betriebe mit weniger als 50 Beschäftigten, die nicht mehr ausbilden oder bislang noch nicht ausgebildet haben, können dieses Programm seit dem 1. November 2004 in Anspruch nehmen. Es wird im Zuge des Ausbildungskonsenses NRW gefördert.

Konzepte externen Ausbildungsmanagements sollten sich nicht darauf beschränken, fehlende betriebliche Ausbildungsressourcen zu ersetzen, sondern sie müssen einen Beitrag zum Ausbau nachhaltiger Ausbildungskompetenz der Betriebe leisten (vgl. Westhoff/Zeller 2004, S. 11). Von zentraler Bedeutung ist die Beratung und Qualifizierung des (nebenamtlichen) Ausbildungspersonals (→ausbildende Fachkräfte), denn mit diesen Maßnahmen kann die Ausbildungskompetenz in den Betrieben verankert werden. Aufgrund der betrieblichen Rahmenbedingungen in kleinen und mittleren Betrieben stellt sich diese Aufgabe als eine besondere Herausforderung dar, für deren Lösung noch keine empirisch gesicherten Erkenntnisse vorliegen. Zurzeit werden im Rahmen von →Modellversuchen mit dem Schwerpunkt „Flexibilitätsspielräume für die Aus- und Weiterbildung in kleineren Unternehmen" des →Bundesinstituts für Berufsbildung (BIBB) verschiedene Möglichkeiten des E.A. erprobt, wie z.B. der „virtuelle Ausbilder", „Service-Aus- und Weiterbildner" oder Netzwerkarbeit (vgl. z.B. BIBB Online 2005; Eckert/Wadewitz 2004; Ernst/Michel 2004).

Projekte zum E.A. gibt es mittlerweile neben Hamburg/Norddeutschland in Sachsen, Hessen und Bayern (vgl. Andresen 2004, S. 74 sowie die „Beispiele und Informationen zu EXAM-Projekten im Internet").

Literatur: Andresen; A.: EXAM Externes Ausbildungs-Management – Eine Initiative der Sozialpartner zur Stärkung der betrieblichen Ausbildung. In: Cramer, G. (Hg.): Jahrbuch Ausbildungspraxis 2004. Erfolgreiches Ausbildungsmanagement. München/Unterschleißheim 2004, S. 71-80 – Bundesinstitut für Berufsbildung (BIBB): Flexibilisierung in Aus- und Weiterbildung. Modellversuchsschwerpunkt „Flexibilitätsspielräume für die Aus- und Weiterbildung in kleineren Unterneh-men". Online im Internet: http://www.bibb.de/de/4929.htm [letzter Zugriff: 20.04.2005] – Diettrich, A.: Der Kleinbetrieb als Lernende Organisation – Konzeption und Gestaltung von betrieblichen Lernstrategien. Eine betriebspädagogische Analyse. Markt Schwaben 2000 – Eckert, B.; Wadewitz, M.: Weiterentwicklung von Ausbildungsverbünden zu modernen Bildungsdienstleistern. Erfahrungen aus dem Modellversuch AWIT. In: Berufsbildung in Wissenschaft und Praxis 33 (2004), 2, S. 25-29 – Ernst, H.; Michel, H.: Service-Aus- und Weiterbildner unterstützen die Aus- und Weiterbildung in KMU - Erfahrungen aus dem Modellversuch EPOS. In: Berufsbildung in Wissenschaft und Praxis 33 (2004), 2, S. 17-20 – Kompetenzzentrum IT-Bildungsnetzwerke (KIBNET): Was bietet externes Ausbildungsmanagement? Online im Internet: http://kib-net.de/abg.mana.leistungen/ausbildung.-html [letzter Zugriff: 20.04.2005] – Kutscha, G.: Bildungsnotstand – Qualifikationslücke – betriebliches Ausbildungsmarketing. Aspekte einer vernachlässigten Dimension der Berufsbildungsforschung. In: Berufsbildung in Wissenschaft und Praxis 30 (2001), 4, S. 41-45 – Ministerium für Arbeit und Wirtschaft des Landes Nordrhein-Westfalen: Informationen zur Förderung des externen Ausbildungsmanagements im Rahmen des Ausbildungskonsens NRW 2004: Externes Ausbildungsmanagement (EXAM). Online im Internet: http://www.mwa.nrw.de/qualifikation/berufsausbildung/foerderung/content.html [letzter Zugriff: 20.04.2005] – Hintergrund: Externes Ausbildungsmanagement. Online im Internet: http://www.mwa.nrw.de/home/material/ausbildungsmanagement.pdf [letzter Zugriff: 20.04.2005] – Merkblatt für Förderung des externen Ausbildungsmanagements im Rahmen des Ausbildungskonsens NRW 2004. Online im Internet: http://www.mwa.nrw.de/qualifikation/material/merkblatt-exam.pdf [letzter Zugriff: 20.04.2005] – Puxi; M.; Dolze, L.: Wissenschaftliche Begleitung zum Pilotprojekt "Externes Ausbildungsmanagement". Abschlussbericht. Dresden: ISG 2004. Online im Internet: http://www.sachsen.de./de/wu/smwa/download/arbeit/endbericht_mit_stellungnahmen.pdf [letzter Zugriff: 20.04.2005] – Severing, E., Zeller, B.: Welche Chancen für die Stärkung der betrieblichen Berufsausbildung sind mit einem externen Ausbildungsmanagement verbunden?. In: Bundesinstitut für Berufsbildung: Der Ausbildungsmarkt und seine Einflussfaktoren. Ergebnisse des Experten-Workshops vom 1. und 2. Juli 2004 in Bonn. Bonn: Bundesinstitut für Berufsbildung 2005, S. 147-160 (Und online im Internet: http://www.bibb.de/dokumente/pdf/a12voe_ausbildungsmarkt-einflussfaktoren.pdf [20.04.2005]) – Westhoff, G.; Zeller, B.: Thema: Innovationen durch Modellversuche - Externes Ausbildungsmanagement – Instrument zur Sicherung der Modernisierung der betrieblichen Ausbildung. In: Berufsbildung in Wissenschaft und Praxis 33 (2004), 2, S. 9-12 – Beispiele und Informationen zu EXAM-Projekten im Internet: EXAM: EXternes AusbildungsManagement Hamburg: Online im Internet: http://www.exam-hamburg.de [20.04.2005] und EXAMplus: http://www.esf-hamburg.de/projekte20002006/p184.html [20.04.2005] – Zentrum für Ausbildungsmanagement Bayern <zab>. Online im Internet: http://www.ausbildungsoffensive-bayern.de und http://www.zab-bayern.de [letzter Zugriff: 20.04.2005] – Bildungsförderwerk ARBEIT UND LEBEN Sachsen gGmbH. Externes Ausbildungsmanagement im Ausbildungsnetzwerk. Online im Internet: http://www.ausbildungsmanagement.de/ [letzter Zugriff: 20.04.2005] – Wissenschaftliche Begleitung des Pilotprojektes „externes Ausbildungsmanagement" des Sächsischen Staatsministeriums für Wirtschaft und Arbeit (SMWA) Online im Internet: http://www.isg-institut.de/4Ausbildungsmanagement.html [letzter Zugriff: 20.04.2005] – Industriegewerkschaft Metall (IG Metall), Bezirksleitung Frankfurt; Verband der Metall- und Elektro-Unternehmen Hessen e. V. HESSEN METALL: Projekt Externes Ausbildungsmanagement (exam). Online im Internet: http://www.exam-hessen.de [letzter Zugriff: 20.04.2005] – Bildungswerk der Hessischen Wirtschaft e.V.: exam - Externes Ausbildungsmanagement. Online im Internet: http://www.bwhw.de/exam-wz.htm [letzter Zugriff: 20.04.2005] – EXternes Ausbildungs-Management – Regionalbüro Lübeck: Online im Internet: http://www.exam-luebeck.de/ [letzter Zugriff: 20.04.2005] – Bamberger Regionalbüro Ausbildungsstellen. Online im Internet: http://www.staregio-bamberg.de/externes.htm [letzter Zugriff: 20.04.2005] – Projekt STARegio Koblenz/Neuwied: Online im Internet: http://www.staregio-koblenz-neuwied.de/template/index.cfm/fuseaction/executeMenuID/uuidMenu/3F2C5F80-FA59-4A88-9F8D98B45898637D/lastuuid/E9A620F8-D99D-4B76-BE3B0D5CD40F65B7/27/ [letzter Zugriff: 20.04.2005] – Industrie- und Handelskammer Mittlerer Niederrhein, Industrie- und Handelskammer zu Düsseldorf, Niederrheinische Industrie- und Handelskammer Duisburg-Wesel-Kleve zu Duisburg. Online im Internet: http://www.ausbilden-jetzt.de/s_ausbildungsmanagement.html [letzter Zugriff: 20.04.2005]

Günter Pätzold/Judith Wingels

Fächerübergreifender Unterricht

Der Begriff f. U. ist mehrdeutig. Ein solcher Unterricht kann in drei Stufen aufsteigender Komplexität gesehen werden (siehe Abb.).

Stufe 1: Auf einer ersten Stufe ist der fächerverbindende Unterricht gemeint. Hier geht es um die thematische Verknüpfung der Unterrichtsfächer von z.B. Fachtheorie, Fachrechnen, Fachzeichnen und Praktischer Fachkunde nach herkömmlicher und heute überholter Fächereinteilung. Das Lernen in den verschiedenen Fächern erfolgt an einem Gegenstand. Beim f. U. stellt ein →Stoffverteilungsplan sicher, dass z.B. das Thema Passungen in der Fachtheorie, im Fachrechnen, in der Praktischen Fachkunde und im Fachzeichnen im didaktischen Gleichlauf dem Lehrplan nach unterrichtet wird. So kann zu diesem Thema in den Köpfen der Schüler leichter ein Gesamtbild entstehen. Die Fächerteilung ist beim f. U. nicht aufgehoben.

Stufe 2: Auf einer zweiten Stufe fächerübergreifenden Unterrichts wird die Fächerteilung bei hierfür geeigneten Lerngebieten oder →Lernfeldern aufgehoben. Ein komplexes Lernthema, das zeitlich längerfristig (z.B. bis zu 50 Unterrichtsstunden) zu bearbeiten ist, wird in den Mittelpunkt gestellt. Von dem Lernthema ausgehend (z.B. Koppelnetze und ihre Ansteuerung oder Härten einer Stahlplatte) wird gefragt, welche Beiträge die einzelnen Fächer zur Bewältigung des Themas leisten. Der Schüler soll sich ein Gesamtbild über einen komplexen Sachverhalt erarbeiten, indem verschiedene Fächer in die Bearbeitung des Themas einbezogen werden. Mit anderen Worten: Es werden unterschiedliche fachliche Sichtweisen in Bezug auf ein komplexes Lernthema zusammengeführt.

Fachhochschule

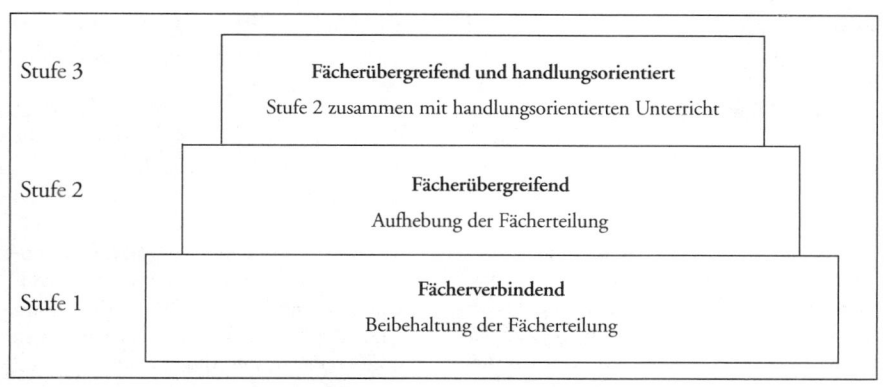

Stufe 3	**Fächerübergreifend und handlungsorientiert** Stufe 2 zusammen mit handlungsorientierten Unterricht
Stufe 2	**Fächerübergreifend** Aufhebung der Fächerteilung
Stufe 1	**Fächerverbindend** Beibehaltung der Fächerteilung

Abb.: Stufen fächerübergreifenden Unterrichts

Stufe 3: Eine dritte Stufe fächerübergreifenden Unterrichts beinhaltet die oben genannte zweite Stufe. Zur Qualität des f. U. nach Stufe 2 kommt die Qualität des handlungsorientierten Unterrichts hinzu. Ein solcher Unterricht setzt u.a. auf ein Lernen in vollständigen Handlungen. Dies heißt, dass theoretische Überlegungen unmittelbar in praktische Ausführungen umgesetzt werden und letztere auf theoretische Betrachtungen rückkoppelnd wirken. Ein Lernen in vollständigen Handlungen lässt sich eher bei einem f. U. nach Stufe 2 durchführen. So ist die Stufe 2 eine notwendige Voraussetzung für einen handlungsorientierten Unterricht. Wenn heute vom f. U. gesprochen wird, kann damit verkürzt die Stufe 3 gemeint sein. Präziser ist es, in diesem Fall vom fächerübergreifenden und handlungsorientierten Unterricht zu sprechen.

Literatur: Heimerer, L./Schelten, A.: Empfehlungen zur Einführung eines fächerübergreifenden und handlungsorientierten Unterrichts in der Berufsschule. In: Die berufsbildende Schule 48 (1996) 10, S. 314-319 – Heimerer, L./Schelten, A./ Schießl, O. (Hg.): Abschlußbericht zum Modellversuch „Fächerübergreifender Unterricht in der Berufsschule" (FügrU). München 1996 – Schelten, A.: Einführung in die Berufspädagogik. Stuttgart ³2004

Andreas Schelten

Fachhochschule

Zu Beginn der 70er Jahre ist in der Bundesrepublik Deutschland mit den FH ein neuer Hochschultyp mit eigenem Bildungsauftrag, eigenen Eingangsvoraussetzungen, Curricula und Abschlüssen neben die Universitäten sowie die Kunst- und Musikhochschulen getreten. Diese Dreiteilung des Hochschulwesens ist nach der Vereinigung der beiden deutschen Staaten auch in Ostdeutschland eingeführt worden.

Im Sommersemester 1995 gab es in Deutschland 136 FH, an denen rund 400.000 Studierende eingeschrieben waren.

Fachhochschulstudium bedeutet Vorbereitung auf Berufsfelder, welche die Anwendung wissenschaftlicher Methoden oder künstlerischer Fähigkeiten erfordern. Verglichen mit dem Universitätsstudium sind die Studienzeiten kürzer, ist die Vorlesungszeit länger, das Pflichtpensum an Lehrveranstaltungen pro Semester und die Zahl der Klausuren höher. Praktika vor dem Studium, praktische Studiensemester sowie an praktischen Aufgabenstellungen orientierte Studien- und Diplomarbeiten sind für die FH charakteristisch.

In den letzten 15 Jahren wurde das auf die akademische Lehre hin konzentrierte Profil der FH durch spezifische Leistungen der angewandten Forschung, des Technologie- und Wissenstransfers und der wissenschaftlichen Weiterbildung ergänzt. Auch die Pflege der Auslandsbeziehungen hat in diesen Jahren für die Entwicklung der FH eine besondere Rolle gespielt.

In Folge ihres bildungspolitischen Auftrags, praxisorientierte wissenschaftliche Ausbildungsgänge anzubieten, verfügen die FH lediglich über ein begrenztes Fächerspektrum. Schwerpunkte sind die klassischen Bereiche: Ingenieurwissenschaften, Informatik, Architektur, Bauingenieurwesen, Betriebswirtschaftslehre/Wirtschaftswissenschaften, Sozialwesen und Design/Gestaltung. In diesen Bereichen stellen die FH zwischen 50 % und 70 % der deutschen Hochschulabsolventen.

Literatur: Ständige Konferenz der Rektoren und Präsidenten der staatlichen Fachhochschulen der Länder in der Bundesrepublik Deutschland (Hg.): Fachhochschulführer. Frankfurt a.M./New York ²1992 – Hochschulrektorenkonferenz (Hg.): Profilbildung der Hochschulen III (Fachhochschulen). Werkstattbericht über ein Pilotprojekt der Hochschulrektorenkonferenz. Dokumente zur Hochschulreform 108/1996. Bonn 1996 – Wissenschaftsrat (Hg.): Empfehlungen zur Entwicklung der Fachhochschulen in den 90er Jahren. Köln 1991

Clemens Klockner

Fachhochschulreife

Studienanfängerinnen und -anfänger an →Fachhochschulen weisen unterschiedliche Zugangsprofile auf: den Abschluss der →Fachoberschule (FOS) oder vergleichbarer Schuleinrichtungen, das Abitur (allgemeine oder fachgebundene Hochschulreife) sowie besondere Zugangswege für Berufstätige. Die Fachhochschulreife (FHR) wird erworben durch:
1. das Abschlusszeugnis/Zeugnis der FHR einer Fachoberschule,
2. das Zeugnis der FHR nach Abschlussprüfung der Fachhochschulreifelehrgänge Technik, Wirtschaft oder Sozialpädagogik an Bundeswehrfachschulen,
3. das Abschlusszeugnis des Aufbaulehrgangs „Verwaltung" der Bundeswehrfachschulen oder
4. das Zeugnis der FHR nach Abschlussprüfung des Lehrganges zum Erwerb der FHR an den Grenzschutzfachschulen,
5. Bildungsgänge, die der Vereinbarung von einheitlichen Voraussetzungen für den Erwerb der FHR über besondere Bildungswege – Beschluß der Kultusministerkonferenz vom 18.09.1981 i.d.F. vom 04.05.1992 – entsprechen. Darunter zählen unter anderem die Abschlusszeugnisse von öffentlichen oder staatlich anerkannten privaten Fachschulen, →Berufskollegs, Fachakademien für Wirtschaft, Sozialpädagogik, Hauswirtschaft oder Technik jeweils in Verbindung mit dem Zeugnis über die bestandene Zusatzprüfung zur Erlangung der FHR.

Eingangsvoraussetzung für den Besuch der Fachoberschule ist der Realschulabschluss oder ein gleichwertig anerkannter Bildungsabschluss. Fachoberschulen gibt es in zwei Formen: einjährig für Bewerber mit abgeschlossener Berufsausbildung und zweijährig ohne abgeschlossene Berufsausbildung. Fachoberschulen haben neben dem allgemein bildenden Fächerangebot eine berufsbezogene Ausrichtung, z.B. für die Fächer Wirtschaft oder Technik, und werden in einigen Bundesländern auch in Teilzeitform geführt.

Die FHR kann in fast allen Bundesländern auch nach dem Abschluss der Klasse 12 der allgemein bildenden Schulen in Verbindung mit einer erfolgreich abgelegten Abschlussprüfung in einem anerkannten →Ausbildungsberuf oder einer mindestens einjährigen ununterbrochenen intensiven Berufs- oder Praktikantentätigkeit erworben werden.

Bei der Entwicklung des Fachhochschulkonzepts Ende der 60er Jahre stand überwiegend die Vorstellung im Vordergrund, dass der Regeltypus der Studierenden an Fachhochschulen die spezielle FHR mit oder ohne Berufsausbildung besitzen werde. Heute ist die Abiturientenquote unter den Studienanfängern im Bundesdurchschnitt und über alle Fächer in etwa so groß wie die Quote der Studienanfänger ohne allgemeine Hochschulreife.

Die Fachhochschule ist damit der einzige Hochschultyp, der vom Grundsatz her gleichberechtigt jungen Menschen mit unterschiedlichen Zugangsprofilen den Hochschulzugang ermöglicht.

Literatur: Holtkamp, R.: Der Zugang zum Fachhochschulstudium – Entwicklungen und Konsequenzen für das Profil der Institution. In: HIS-Kurzinformation, A6/97. Hannover 1997 – Bundesministerium für Bildung und Wissenschaft (Hg.): Die Fachhochschulen in Deutschland. Bonn 1994

Clemens Klockner

Fachoberschule

Die Fachoberschulen (FOS) sind von den Ländern eingerichtet worden gemäß der „Rahmenvereinbarung über die Fachoberschule" (KMK-Beschluss vom 06.02.1969) im Kontext des „Abkommens der Ministerpräsidenten zur Vereinheitlichung des Fachhochschulwesens" (vom 30./31.10.1968) und den „Empfehlungen zur Fachhochschulgesetzgebung der Länder" (KMK-Beschluss vom 12.03.1970). Die FOS ist ein zweijähriger →Bildungsgang (Klasse 11 und 12), der eine fachpraktische und eine wissenschaftlich-theoretische Ausbildung mit dem Abschluss →Fachhochschulreife (FHR) vermitteln soll.

Für Absolventen der allgemeinen Schulen des Sekundarbereichs I mit Fachoberschulreife (FOR) wird in der 11. Klasse neben dem allgemeinen und fachtheoretischen Unterricht (8 bis 15 Wochenstunden) die fachpraktische Ausbildung in Form gelenkter Praktika durchgeführt. In der Klasse 12 wird allgemeiner Unterricht (in den Fächern Deutsch, Sozialkunde, Mathematik, Naturwissenschaft, Fremdsprache, Sport; 18 bis 22 Wochenstunden) und fachtheoretischer Unterricht erteilt (nach Schultypen bzw. Fachbereichen, ähnlich wie die →Berufsaufbauschule (BAS) – hauptsächlich Ingenieurwesen und Wirtschaft, aber auch Gestaltung, Sozialwesen, Agrarwirtschaft, Ernährung/Hauswirtschaft).

Die Schülerzahlen an FOS haben sich von 1969 (knapp 21.000) bis 1973 (gut 115.000) mehr als verfünffacht. Sie sind danach gesunken auf ein Niveau von etwa 80.000 Schülerinnen und Schülern (1985 bis 1995; davon etwa 70 % in Vollzeitform) und steigen seitdem wieder leicht an (2002: 75.900 VZ und 30.300 TZ – BMBF 2004, S. 59). Diese Entwicklung ist vor allem darauf zurückzuführen, dass durch den Erwerb höherer Sekundar I-Abschlüsse die Vorklasse 10 der FOS weitgehend entbehrlich wurde und die Klasse 11 von der Mehrheit der Fachoberschüler nicht mehr besucht werden muss, weil sie über eine abgeschlossene Berufsausbildung verfügt und die Fachhochschulreife (FHR) als „Doppelqualifikation" erwerben will.

Literatur: Bundesministerium für Bildung und Forschung (BMBF): Grund- und Strukturdaten 2003/2004. Bonn 2004 – Georg, W.: Fachoberschule. In: Blankertz, H./Derbolav, J./Kell, A./Kutscha, G. (Hg.): Sekundarstufe II – Jugendbildung zwischen Schule und Beruf. Enzyklopädie Erziehungswissenschaft, Bd. 9.2. Stuttgart 1983, S. 240-244 – Grüner, G.: Die Fachoberschule. Hannover 1970 – KMK (Ständige Konferenz der Kultusminister der Länder): Abkommen zwischen den Ländern der Bundesrepublik zur Vereinheitlichung auf dem Gebiet des Fachhochschulwesens. Beschluß vom 31.10.1968. Neuwied 1972 – KMK (Ständige Konferenz der Kultusminister der Länder): Rahmenvereinbarung über die Fachoberschule. Beschluß der Kultusministerkonferenz vom 06.02.1969 i.d.F. vom 26.02.1982 – KMK (Ständige Konferenz der Kultusminister der Länder): Abkommen über eine Ergänzung des Abkommens zwischen den Ländern der Bundesrepublik zur Vereinheitlichung auf dem Gebiet des Schulwesens vom 28.10.1964 (Hamburger Abkommen) i.d.F. vom 31.10.1968. KMK-Handbuch 1995, S. 466 f.

Adolf Kell

Fachschulreife

Fachschulreife (FSR) war ursprünglich eine Bezeichnung für die Abschlusszeugnisse der beruflichen Fachschulen, die in Analogie zum „Reifezeugnis" (Abitur- oder Maturitätszeugnis) als Abschlusszeugnis der höheren allgemein bildenden Schulen (Gymnasien) verwendet wurde. In den 1940er Jahren wurde – ebenfalls in Analogie zum „Abitur" als Zugangsvoraussetzung für ein Studium an wissenschaftlichen Hochschulen als akademische Berufsausbildung – die FSR als „Berechtigung" zum Besuch (höherer) Fachschulen verstanden. Mit den Formalisierungen des Zugangs zu den Höheren Fachschulen entwickelte sich nach 1945 die →Berufsaufbauschule (BAS) als weiterbildende Institution des →Zweiten Bildungsweges.

Mit einer „Rahmenordnung für die Prüfung zum Nachweis der Fachschulreife an Berufsaufbauschulen (Aufbaulehrgänge) im berufsbildenden Schulwesen – Fachrichtung Technik" der KMK von 1960 ist für den Erwerb der FSR ein bundeseinheitlicher Rahmen abgesteckt worden. Nach dieser Rahmenordnung in der Fassung von 1971 erstreckt sich die Prüfung zum Nachweis der FSR auf die Fächer Deutsch, Fremdsprache, Gemeinschaftskunde/Geschichte/Geografie, Mathematik, Physik, Wirtschaftslehre und ein berufstheoretisches Fach.

Durch die Umwandlung der Höheren Fachschulen zu Fachhochschulen hat die FSR als „Berechtigung" an Bedeutung für die Durchlässigkeit im

Literatur: Grüner, G.: Fachschulreife. In: Blankertz, H./Derbolav, J./Kell, A./Kutscha, E. (Hg.): Sekundarstufe II – Jugendbildung zwischen Schule und Beruf. Enzyklopädie Erziehungswissenschaft, Band 9.2. Stuttgart 1983, S. 250-253 – KMK (Ständige Konferenz der Kultusminister der Länder): Rahmenordnung für die Prüfung zum Nachweis der Fachschulreife an Berufsaufbauschulen. Beschluß vom 24.11.1971. Neuwied 1978 – Peege, J.: Die Fachschulreife als Problem kaufmännischer Berufserziehung. Neustadt (Aisch) 1967

Adolf Kell

Fachunterricht

F. ist durch die inhaltliche Einengung von Unterricht auf den Bereich eines Faches, in der Regel eines Schulfaches, gekennzeichnet. Insofern umfasst F. in der Berufsbildung sowohl →beruflichen Unterricht mit berufstheoretischer Ausrichtung oder in Fächern mit Berufsbezug (z.B. Fachtheorie, Betriebswirtschaftslehre, Fachrechnen, Fachzeichnen) als auch Unterricht in allgemeinen Fächern (z.B. Deutsch, Sozialkunde, Religion), die keine berufsbezogenen Ziele erstreben. Auch Unterweisungen in Werkstätten, Labors, Übungsräumen usw. im Fach Technologiepraktikum, in fachpraktischem Unterricht, Werkstattunterricht usw. kann man zum F. zählen.

F. erhält seine spezifische Ausprägung durch die Fachdidaktik und die Fachmethodik, die jeweils die Besonderheit der Hintergrundwissenschaften berücksichtigen, um den „Bildungswert" eines Faches in den Unterricht einzubringen. Traditionell wird F. entsprechend der Fachsystematik konzipiert. Aufgrund der Zunahme des Fachwissens führt dies häufig zu inhaltlicher Überfrachtung („Stofffülle"). Als alternativer F. kommen exemplarisches oder genetisches Lehren in Frage.

F. steht in der Berufsbildung im Gegensatz zu Lehr-Lern-Prozessen, die sich nicht an der Fächerung in beruflichen Schulen oder an Fachdisziplinen orientieren, sondern an beruflichen Handlungssituationen: Lernfeldorientierung, (→fächerübergreifender Unterricht). Dementsprechende handlungsorientierte Methoden (→Handlungsorientierung) bzw. allgemein Handlungslernen sind fächerübergreifend.

Literatur: Bonz, B.: Methoden der Berufsbildung - ein Lehrbuch. Stuttgart 1999 – Bader, R./ Müller, M. (Hg.): Unterricht nach dem Lernfeldkonzept. Bielefeld 2004

Bernhard Bonz

Fallstudie

Die F. als Unterrichtsverfahren erlaubt einen lernorganisatorischen Rahmen, der in besonderer Weise geeignet ist, komplexe Realität am Fall zu analysieren. Das Postulat der →Wissenschaftsorientierung des Lernens wird beim Einsatz der Fallmethode zwar nicht aufgehoben, erhält jedoch nur insoweit Bedeutung, als die Wissenschaften bzw. deren theoretische Konstrukte einen Beitrag zur Durchdringung und Bewältigung der Lebenssituationen leisten können (vgl. Wöhler 1979). Fachliches Wissen bzw. theoretisches Wissen wird in der Regel nur dann herangezogen, wenn sich seine Überlegenheit gegenüber dem Alltagswissen herausstellt oder es zur Lösung des Falles benötigt wird. „Erziehung wird hier nicht als Wissenshäufung verstanden. Ihre Aufgabe soll es sein, die Einzelnen zu befähigen, die immer neuen Probleme einer sich dauernd verändernden Umgebung zu meistern. Die Fähigkeiten, die erforderlich sind, um bei neuen und ungewohnten Situationen sinnvoll zu handeln, versucht sie nachhaltig zu entfalten. Neue Situationen zu meistern erfordert selbständiges Denken, das sich von alten eingelernten Schablonen löst und schöpferisch neue Erfahrungen verwertet" (Schmidt 1958, 116).

Die Grundstruktur der F. beruht darauf, dass die Lernenden mit einem aus der Praxis bzw. Lebensumwelt gewonnenen Fall konfrontiert werden, den Fall diskutieren, für die Fallsituation nach alternativen Lösungsmöglichkeiten suchen, sich für eine Alternative entscheiden, diese begründen und mit der in der Realität getroffenen Entscheidung vergleichen. Die Lerngruppe wird dabei in der Regel in kleine aktive Arbeitsgruppen von 3 bis 6 Personen aufgeteilt, die das bereitgestellte Fallmaterial studieren und Lösungsmöglichkeiten erarbeiten, die im Plenum zur Diskussion gestellt werden. Auch für den Einsatz der F. gilt die Maxime, dass schulisches Lernen sich vor allem dann als bildungswirksam erweist, wenn Lernen mit dem Leben selbst verknüpft wird und wir unterrichtlich das aufarbeiten, was wir unmittelbar sehen, hören und erleben. Wenngleich die Fälle aus der Alltagswelt gewonnen werden, so können die „praxisbezogenen Fälle" konkrete Situationen nie „in ihrer ganzen Komplexität als vollständiges Abbild einer wirklichen Begebenheit" wiedergeben (Pilz

1. *Konfrontation* mit dem Fall	Ziel: Erfassen der Problem- und Entscheidungssituation
2. *Information* über das bereitgestellte Fallmaterial und durch selbständiges Erschließen von Informationen	Ziel: Lernen, sich die für die Entscheidungsfindung erforderlichen Informationen zu beschaffen und zu bewerten.
3. *Exploration:* Diskussion alternativer Lösungsmöglichkeiten	Ziel: Denken in Alternativen
4. *Resolution:* Treffen der Entscheidung in Gruppen	Ziel: Gegenüberstellen und Bewerten der Lösungsvarianten
5. *Disputation:* Die einzelnen Gruppen verteidigen ihre Entscheidung	Ziel: Verteidigung einer Entscheidung mit Argumenten
6. *Kollation*: Vergleich der Gruppenlösung mit der in der Wirklichkeit getroffenen Entscheidung	Ziel: Abwägen der Interessenzusammenhänge, in denen die Einzellösungen stehen

Abb.: Verlaufsstruktur der Fallstudienarbeit (Kaiser 1983, S. 26)

1972, S. 28). Insgesamt sollte der im Unterricht eingesetzte Fall folgenden didaktischen Anforderungen genügen:
1. Der Fall sollte lebens- und wirklichkeitsnah sein und so gefasst sein, dass ein unmittelbarer Bezug zu den bisherigen Erfahrungen und Erlebnissen sowie künftigen Lebenssituationen der Schüler hergestellt werden kann.
2. Der Fall sollte eine Interpretation aus der Sicht der Teilnehmerrolle eröffnen.
3. Der Fall sollte problem- und konflikthaltig sein.
4. Der Fall sollte überschaubar und unter den zeitlichen Rahmenbedingungen und individuellen Voraussetzungen der Kenntnisse, Fähigkeiten und Fertigkeiten der Schüler lösbar sein.
5. Der Fall sollte mehrere Lösungsmöglichkeiten zulassen.

Die Zielsetzung der Fallmethode, die Lernenden zur Entscheidungsfähigkeit zu erziehen, legt es nahe, den Lernprozess als Entscheidungsprozess zu organisieren. In Anlehnung an die Konzeption offener Modelle des Entscheidungsverhaltens lässt sich der Entscheidungs- und Problemlösungsprozess, den die Lernenden während der Fallbearbeitung durchlaufen, in sechs Phasen darstellen (vgl. Abb.).

Die dargestellte Verlaufsstruktur des Lernprozesses stellt einen idealtypischen Ablauf des Entscheidungsprozesses dar. Das heißt, der Informations- und Entscheidungsprozess darf nicht zu einem Schematismus degenerieren. Im Ablauf des Entscheidungs- bzw. Lernprozesses kann es Vor- und Rückgriffe geben, einzelne Phasen können besonders schnell bzw. langsam durchlaufen oder auch übersprungen werden. Beim Einsatz der Fallmethode in der schulischen und betrieblichen Ausbildungspraxis gilt es besonders zu berücksichtigen, dass Wertvorstellungen und Wertkonflikte im Hinblick auf Entscheidungsprozesse eine Leitfunktion besitzen (vgl. u.a. Kaiser/Kaminski 1997, S. 126 ff.; Kaiser 1976, S. 51 ff.). Die meisten bisher entwickelten Fälle können als verbale F. charakterisiert werden. Dennoch können diese sehr unterschiedliche Formen annehmen und so gestaltet sein, dass sie Informationen nicht nur als geschriebenen Text enthalten. Unter mediendidaktischen Gesichtspunkten zeichnen sich gut gestaltete F. dadurch aus, dass sie neben dem Medium Sprache Tabellen, Diagramme, Symbole, Fotografien, Schaubilder, Karikaturen, Szenarien für Rollen- und Planspiele u.a. enthalten (vgl. Kaiser 1983, S. 24). Darüber hinaus lassen sich durch die Medien Tonband, Film und Video F. so ausstatten, dass die Fallschilderung gewissermaßen Live-Charakter gewinnt, indem Personen der Entscheidungssituation im Film oder Video präsentiert und interviewt werden. Das Handlungsgeschehen des Falles kann vor Ort eingefangen und die Beteiligten mit ihren Ansichten und Werteinstellungen können durch Filmszenen, Interviews live den Lernenden vor Augen geführt werden. Schließlich können F. auch so gestaltet sein, dass sie aktuelle Entscheidungs- und Konfliktsituationen aufgreifen. Damit eröffnet sich die Möglichkeit, an einer realen Entscheidung mitzuwirken und den Betroffenen Lösungsmöglichkeiten zu unterbreiten, die diese berücksichtigen können. Solche Life-Cases gewinnen durch die Eingriffsmöglichkeiten in die Wirklichkeit den Charakter einer spezifischen Form des Projektorientierten Unterrichts. Die Fälle können überdies im Hinblick auf ihren Umfang und Problemgehalt sehr unterschiedlich sein, je nachdem, welche Bildungsziele verfolgt werden, welchen Kenntnisstand die Schüler haben und welche Lösungs- und Entscheidungshilfen bzw. Arbeitsmittel gegeben werden.

Neben dem Einsatz der F. als didaktisch-methodisches Mittel für Bildungs- und Ausbildungszwecke gewinnt die F. für die Forschung zunehmend als spezielle Forschungsmethode an Bedeutung. Innerhalb der Sozialwissenschaften, und das gilt mehr und mehr auch für die Erziehungswissenschaft, ein-

schließlich der fachdidaktischen Forschung, gehören Einzelfallstudien inzwischen zum bewährten Bestandteil der Methodenlehre (vgl. Weitz 1994).
Literatur: Brettschneider, V.: Theoretische und empirische Grundlagen der Fallstudienarbeit. Bad Heilbrunn 2000 – Kaiser, F.-J.: Entscheidungstraining. Die Methoden der Entscheidungsfindung. Bad Heilbrunn 1976 – Kaiser, F.-J. (Hg.): Die Fallstudie. Theorie und Praxis der Fallstudiendidaktik. Forschen und Lernen. Bad Heilbrunn 1983 – Kaiser, F.-J./Kaminski, H.: Methodik des Ökonomieunterrichts. Bad Heilbrunn 21997 – Kosiol, E.: Die Behandlung praktischer Fälle im betriebswirtschaftlichen Hochschulunterricht (Case Method). Berlin 1957 – Pilz, R.: „Problemlösendes Lernen" am wirtschaftskundlichen praxisbezogenen Fall. In: Wirtschaft und Erziehung 24 (1972), 11, S. 278 ff. – Schmidt, H.B.: Die Fallmethode (Case Study Method). Eine einführende Darstellung. Veröffentlichung des Deutschen Institutes zur Förderung des industriellen Führungsnachwuchses. Essen 1958 – Weitz, B.O.: Möglichkeiten und Grenzen der Einzelfallstudie als Forschungsstrategie im Rahmen qualitativ orientierter Modellversuchsforschung. Essen 1994 – Wöhler, K.H.: Didaktische Prinzipien. Begründung und praktische Bedeutung. München 1979

Franz-Josef Kaiser

Fernunterricht

F. ist die Vermittlung von Kenntnissen und Fähigkeiten, bei der Lehrende und Lernende ausschließlich oder überwiegend räumlich getrennt sind und der Lehrende oder sein Beauftragter den Lernerfolg überwacht (§ 1 Fernunterrichtsgesetz). Wesentliche Merkmale des F. sind der Einsatz von Unterrichtsmedien zur Überbrückung der räumlichen Distanz, die Individualisierung des Lernens sowie die Gelenktheit, Zielgerichtetheit und Fremdkontrolle des Unterrichtsprozesses.

Schon in der zweiten Hälfte des 19. Jahrhunderts haben private Träger damit begonnen, die Angebotslücken des öffentlichen Bildungswesens für den Vertrieb von Fernlehrgängen zu nutzen. Besondere Bedeutung erlangte der F. nach 1918 und seit 1950 im Rahmen der beruflichen Aufstiegsfortbildung. Die Angebote der privaten Träger waren zunächst an keine öffentlichen Ordnungsgrundsätze gebunden; einzige Rechtsgrundlage war die Gewerbeordnung. Die daraus resultierenden häufigen Missstände und qualitative Mängel führten 1971 auf der Basis eines 1969 geschlossenen Staatsvertrages zwischen den Ländern der BRD zur Einrichtung der Staatlichen Zentralstelle für Fernunterricht (ZFU) mit Sitz in Köln. Daneben wurde das auf der Grundlage des →Berufsbildungsgesetzes von 1969 eingerichtete Bundesinstitut für →Berufsbildungsforschung (BBF) mit der Überprüfung berufsbildender Fernlehrgänge beauftragt. Die Überprüfung erfolgte zunächst auf freiwilliger Basis. Die von der ZFU und vom BBF positiv geprüften Fernlehrgänge erhielten ein Gütesiegel, die Teilnehmer solcher Lehrgänge konnten nach dem Bundesausbildungsförderungsgesetz (BAföG) bzw. nach dem →Arbeitsförderungsgesetz (AFG) finanzielle Unterstützung erhalten. Auf der Grundlage der Erfahrungen mit diesen indirekten staatlichen Steuerungsmaßnahmen verabschiedete der Deutsche Bundestag 1976 das Fernunterrichtsschutzgesetz (FernUSG), das am 01.01.1977 in Kraft trat. Das FernUSG und der 1978 neu geschlossene Staatsvertrag konkretisieren die institutionellen Rahmenbedingungen und Verfahren der Überprüfung und Anerkennung von Fernlehrgängen. Die entsprechend modifizierten Regelungen für berufsbildenden F. wurden in das 1976 verabschiedete Ausbildungsplatzförderungsgesetz und in Nachfolge 1981 in das Berufsbildungsförderungsgesetz (BerBiFG) übernommen.

Seit Anfang 1980 sind alle nach dem FernUSG angebotenen Fernlehrgänge staatlich zulassungspflichtig. Zulassungsbehörde ist die ZFU. Voraussetzung für die Zulassung berufsbildender Fernlehrgänge durch die ZFU ist seitdem eine positive gutachterliche Stellungnahme durch das →Bundesinstitut für Berufsbildung (BIBB). Die Überprüfung erfolgt anhand eines Kriterienkataloges, der sich auf die Inhalte, das Lehrmaterial, den begleitenden Unterricht und die Erfolgskontrolle bezieht. Neben der Überprüfung berufsbildender Fernlehrgänge zählen zu den Aufgaben des BIBB die Verbesserung und der Ausbau des berufsbildenden F. durch Forschung und Entwicklungsförderung, die Beratung von Veranstaltern und die Erteilung von Auskünften (§ 6 Abs. 5 BerBiFG). ZFU und BIBB veröffentlichen einen jährlich aktualisierten „Ratgeber für Fernunterricht".

Seit 1994 ist die Teilnahmeförderung nach dem AFG stark eingeschränkt; sie ist nur noch im Einzelfall für Erwerbstätige ohne Ausbildungsabschluss möglich, wenn mit dem F. ein anerkannter Abschluss erworben werden kann. Berufliche Aufstiegsfortbildung (z.B. zum Meister oder Techniker) kann auf der Grundlage des →Aufstiegsfortbildungsförderungsgesetzes (AFBG) vom 23.04.1996 gefördert werden. Bei Teilnahme an allgemein bildenden Lehrgängen kann unter bestimmten Voraussetzungen eine Förderung nach dem BAföG beansprucht werden.

1996 wurden von 171 Instituten 1.141 Fernlehrgänge angeboten. Davon entfallen über zwei Drittel auf den berufsbildenden, knapp ein Drittel auf den allgemein bildenden Unterricht. Nach einem starken Aufschwung im Anschluss an den Beitritt der neuen Bundesländer sind die Teilnahmezahlen seit 1992 wieder rückläufig. Für 1995 weist die Fernunterrichtsstatistik knapp 150.000 Teilnehmende aus. Der Anteil der Frauen ist von 25 Prozent in 1983 inzwischen auf 47 Prozent gestiegen (bmb+f 1997). Die Hauptmotive zur Teilnahme am F. sind berufliche Anpassungs- und Aufstiegsfortbildung, das Nachholen schulischer Bildungsabschlüsse und der Erwerb von Fremdsprachenkenntnissen. Der F. ist insbesondere für solche Personen von Bedeutung, die im Hinblick auf ihre Arbeitsplatz- oder sonstige Lebenssituation keine Gelegenheit sehen, sich in anderen Maßnahmen fortzubilden. Einerseits bietet die für den F. typische Entkoppelung von Raum- und Zeitstrukturen des Lernprozesses berufstätigen Erwachsenen eine besondere Chance der Weiterbildungsteilnahme, andererseits ist die damit verbundene Individualisierung (und Isolierung) des Lernens häufig auch die Ursache von Schwierigkeiten, die sich in relativ hohen Abbruchquoten niederschlagen. Fernunterrichtsangebote werden zunehmend auch von Betrieben als Instrument der Personalentwicklung genutzt.

Das 1991 verabschiedete Memorandum der EG-Kommission „Offener Fernunterricht in der Europäischen Gemeinschaft" betont die zunehmende Bedeutung der modernen Informations- und Kommunikationstechniken für europaweite Bildungsangebote. Pädagogische Konzepte zur angestrebten Integration von F. und offenem Lernen befinden sich jedoch vorerst noch im Erprobungsstadium. Die Entwicklung der Telekommunikation und der Einsatz von interaktiven multimedialen Informations- und Lernmodulen eröffnen dem F. neue methodische Möglichkeiten. Bisher werden diese Medien jedoch nur in geringem Umfang genutzt. Vielmehr dominiert noch immer das schriftliche Fernunterrichtsmaterial, ergänzt um auditive und audiovisuelle Medien.

Literatur: Balli, C./Sauter, E.: Medien und Fernunterricht. In: Tippelt, R. (Hg.): Handbuch Erwachsenenbildung/Weiterbildung. Opladen 1994, S. 654-670 – Bundesministerium für Bildung, Wissenschaft, Forschung und Technologie (bmb+f) (Hg.): Berufsbildungsbericht 1997. Bonn 1997 – Karow, W.: Privater Fernunterricht in der Bundesrepublik Deutschland und im Ausland. Hannover 1980 – Ross, E.: Perspektiven zur Weiterentwicklung des Fernunterrichts. Hg. vom Bundesinstitut für Berufsbildung. Berichte zur beruflichen Bildung. Heft 147. Berlin 1992 – Zimmer, G. (Hg.): Vom Fernunterricht zum Open Distance Learning. Eine europäische Initiative. Informationen zum beruflichen Fernunterricht; 21. Hg. vom Bundesinstitut für Berufsbildung. Bielefeld 1994

Walter Georg

Finanzierung der beruflichen Ausbildung

Aufwendungen für Ausbildung werden mit wechselnden staatlichen, betrieblichen und individuellen Anteilen finanziert. Die jeweilige Höhe der Finanzierungsbeiträge zeigt an, wem Ausbildung nach vorherrschender gesellschaftlicher Auffassung den größten Nutzen verschafft. Darauf basiert die politische Grundentscheidung, ob ein Finanzierungssystem hauptsächlich gemein-, gruppen- oder eigennützig organisiert ist. In Deutschland dominiert der Aspekt der Gruppennützigkeit für die Arbeitgeber, denen mit der Ausbildungsentscheidung auch die Verantwortung für die Finanzierung der entstehenden Kosten zufällt. Gleichzeitig damit ist ihnen die Verpflichtung auferlegt, stets ein quantitativ und qualitativ ausreichendes und auswahlfähiges Ausbildungsplatzangebot bereitzustellen. Obwohl diese Zielsetzung durch die auf betrieblichen Einzelentscheidungen beruhende Finanzierung im Großen und Ganzen immer erfüllt wurde, äußern Kritiker seit nahezu 30 Jahren erhebliche Zweifel an Zweckmäßigkeit und Effektivität des Systems.

1969 empfahl der Deutsche Bildungsrat eine Neuordnung der Finanzierung als Voraussetzung zur Qualitätsverbesserung der Ausbildung, der sich die Sachverständigenkommission „Kosten und Finanzierung der beruflichen Bildung" in einem Gutachten 1974 anschloss. Sie identifizierte grundlegende Strukturmängel der einzelbetrieblichen Finanzierung auch in quantitativer Hinsicht, indem sie ihr Wettbewerbsverzerrung zwischen ausbildenden und nicht ausbildenden Betrieben und eine daraus resultierende Unterinvestition in Form eines zu geringen Ausbildungsengagements der Betriebe ebenso wie eine Fehllenkung in Berufe mit hohen Ausbildungserträgen attestierte und auf ihre starke Abhängigkeit von Konjunkturzyklen hinwies. Sie schlug daher den Übergang zu einem kollektiven System der →Ausbildungsfinanzierung durch Festsetzung einer an der betrieblichen Bruttolohn- und Gehaltssumme bemessenen gesetzlichen Berufsbildungsabgabe aller privaten und öffentlichen Arbeitgeber vor, um einen kontinuierlichen Lastenausgleich zwischen ausbildenden und nicht ausbildenden Betrieben über einen Zentralfonds zu erreichen. Dieser Vorschlag, der von den Gewerkschaften übernommen, von den Arbeitgebern dagegen vehement bekämpft wurde, zielte zwar in erster Linie darauf ab, durch Steigerung und Sicherung der Ausbildungsqualität den Gruppennutzen bei gleichzeitiger Optimierung für Gemeinwesen und Individuen gerechter zu verteilen.

Im Ausbildungsplatzförderungsgesetz von 1976 war eine Eventualfinanzierungsregelung vorgesehen, die geknüpft war an eine Angebot-Nachfrage-Relation von 12,5 % Angebotsüberhang auf dem Ausbildungsstellenmarkt. Sie wurde trotz vorliegender Voraussetzungen nie eingelöst und 1980 vom Bundesverfassungsgericht wegen eines Formfehlers im Gesetzgebungsverfahren für nichtig erklärt. Mit dieser Entscheidung schob das Gericht auch einen Riegel vor die Einführung einer gesetzlichen Dauerregelung. Gleichwohl hat das Gericht eine gesetzlich begründete Abgabeerhebung zur Überwindung von Notlagen auf dem Ausbildungsstellenmarkt unter der Voraussetzung für verfassungskonform erklärt, dass sie der ständigen Überprüfung und Rechtfertigung bedarf.

Die kategorische Ablehnung der Arbeitgeber richtet sich gegen staatlichen Dirigismus im betrieblichen Finanzierungssektor, nicht jedoch prinzipiell gegen Umlagemodelle, die die Ausbildungskosten gleichmäßiger verteilen. Sie selbst praktizieren sie über mit Gewerkschaften vereinbarte tarifvertragliche Verfahren, z.B. in der Bauwirtschaft und im Garten- und Landschaftsbau, ebenso wie auf Grundlage von Vollversammlungsbeschlüssen auf Kammerebene, durch die die Kosten für überbetriebliche Unterweisungsphasen aus einer von allen Betrieben zu zahlenden Abgabe finanziert werden. Die Arbeitgeber wehren sich auch nicht gegen eine ihre eigenen Ausbildungskosten senkende Mitfinanzierung aus öffentlichen Mitteln in Form von direkten Finanzhilfen aus Förderprogrammen von Bund und Ländern oder indirekt wirkende Steuererleichterungen. Einige haben sogar versucht, ihre Kosten für nicht in ein betriebliches Beschäftigungsverhältnis übernommene Absolventen als gewinnmindernde Betriebsverluste abzuschreiben. Einem derartigen Ansinnen haben jedoch die Finanzgerichte in allen Instanzen mit der Begründung eine Absage erteilt, dass auch eine weit über den Eigenbedarf hinausgehende Ausbildungsleistung stets den Betrieben nützt, indem sie über ein größeres Selektionspotential verfügen.

Die →Ausbildungsfinanzierung im →Dualen System offenbart unterschiedlich organisierte Formen der Kostenübernahme und -verteilung. Das einfache Schema, duale Ausbildung als ein System zu charakterisieren, in dem der Betrieb die Kosten der praktischen Qualifizierung und der Staat die der theoretischen Ergänzung und Fundierung durch seine →Berufsschulen finanziert, stimmt in dieser Einfachheit schon lange nicht mehr. Im Verlauf der letzten 20 Jahre hat der staatliche Mitfinanzierungsanteil an betrieblichen Ausbildungskosten kontinuierlich zugenommen und damit den Charakter eines Mischfinanzierungssystems ständig verstärkt. Die Forderung nach einem die Kosten zwischen ausbildenden und nichtausbildenden Betrieben gleichmäßiger verteilenden intrasektoralen Finanzierungssystem zielt auch darauf ab, diesen Entwicklungsprozess aufzuhalten und den Aspekt der Gruppennützigkeit der Ausbildung bei gleichzeitiger Steigerung des Gemein- und Eigennutzens wieder stärker in den Vordergrund treten zu lassen. Die positive Wirkung einer betrieblichen Umlage, aus deren Mittelaufkommen insbesondere produktionsunabhängige überbetriebliche Unterweisungsphasen finanziert werden, gilt im Hinblick auf die Verbesserung der Ausbildungsqualität als erwiesen. Hinsichtlich ausreichender Ausbildungsversorgung von Schulabgängern bleibt ihr Wirkungsmechanismus weiterhin spekulativ, weil Defizite beim betrieblichen Ausbildungsplatzangebot weniger Folge unternehmerischen Kostendenkens als Ergebnis skeptischer Einschätzung zukünftiger Beschäftigungsmöglichkeiten sind. Eine anhaltend restriktive betriebliche Personalrekrutierung bei mittelfristig stetig ansteigenden Schulgängerzahlen signalisiert eine weitere Öffnung der Schere zwischen Ausbildungsplatzangebot und -nachfrage. Daher ist zu erwarten, dass die Kontroverse Umlagefinanzierung versus einzelbetriebliche Finanzierung die Berufsbildungsdiskussion weiter beherrschen wird.

Literatur: Kath, F.: Finanzierung der Berufsausbildung im dualen System – Probleme und Lösungsansätze. Hg. vom Bundesinstitut für Berufsbildung. Sonderveröffentlichung. Berlin/Bonn 1995 – Kath, F.: Finanzierungsquellen und -arten betrieblicher Bildungsarbeit. In: Münch, J. (Hg.): Ökonomie betrieblicher Bildungsarbeit: Qualität – Kosten – Evaluierung – Finanzierung. Ausbildung, Fortbildung, Personalentwicklung. Bd. 37. Berlin 1996 – Kath, F.: Berufsbildungsfinanzierung im zwischenstaatlichen Vergleich. In: Cramer, G./Wittwer. W./Schmidt, H. (Hg.) Ausbilder – Handbuch, Köln 1999, Kath, F.: Alternativen und Ergänzungen der einzelbetrieblichen Ausbildungsfinanzierung. In: Cramer, G./Wittwer. W./Schmidt. H. (Hg.): Ausbilder – Handbuch, Köln 2004 Sachverständigenkommission Kosten und Finanzierung der beruflichen Bildung: Kosten und Finanzierung der außerschulischen beruflichen Bildung (Abschlußbericht). Bielefeld 1974

Folkmar Kath

Flexibilität

Begriffserklärung: F. bezeichnet aus dem Blickwinkel der →Arbeitsmarkt- und Berufsforschung die fundamentale Eigenschaft des Menschen, auf die vielfältigen und in der Regel unvorhersehbaren Entwicklungen, Veränderungen und Herausforderungen in Wirtschaft

Flexibilität

und Gesellschaft, in Bildung, →Arbeit und →Beruf reagieren zu können. Sie befähigt ihn zugleich aber auch aufgrund seiner Fähigkeiten und Qualifikationen dazu, selbst Veränderungen aller Art nach seinem persönlichen Willen und individuellen Wünschen hervorzurufen.

Auf dem Arbeitsmarkt zeigt sich F. als die
- Bereitschaft und Fähigkeit von Betrieben, bestimmte Arbeitsplätze mit unterschiedlich qualifizierten Arbeitskräften zu besetzen, bzw. die Arbeitsplatzanforderungen an die unterschiedlichen Kenntnisse und Fertigkeiten von Arbeitskräften anzupassen (berufliche Substitution),
- Bereitschaft und Fähigkeit von Arbeitskräften mit speziellen Qualifikationen alternative Tätigkeiten und Berufe auszuüben bzw. ihre beruflichen Kenntnisse an die Anforderungen dieser Arbeitsplätze anzupassen (→berufliche Mobilität).

Geschichte/Herleitung: Einer der Ausgangspunkte der Flexibilitätsforschung war die Kategorienkritik an der Arbeitskräftebedarfsforschung der sechziger Jahre, die eine enge Bindung zwischen Ausbildungsabschlüssen und Berufsbezeichnungen unterstellte. Die Abgrenzungen in den Klassifikationen erfüllten jedoch nicht das wichtigste Erfordernis der Realitätsangemessenheit, nämlich eine hohe interne und geringe externe Austauschbarkeit der Elemente. Für die empirische Erfassung und Beschreibung der beruflichen F. ist die kategoriale Abgrenzung von beruflichen Tätigkeiten und Qualifikationen weiterhin ein zentrales Problem. Es gibt bisher allenfalls ansatzweise praktikable Methoden, mit denen diese nach einheitlichen Kriterien in ihre Bestandteile zerlegt werden können.

Das Konzept der F. wurde von der →Arbeitsmarkt- und Berufsforschung entwickelt als eine Antwort auf die Frage, welche Leistungen den Einzelnen, das Ausbildungs- sowie das Wirtschafts- und Beschäftigungssystem befähigen, sich wandelnden Anforderungen zu stellen. Es geht von der Grundannahme aus, dass der Arbeitskräftebedarf in einer Marktwirtschaft weder global, sektoral, beruflich noch qualifikatorisch hinreichend genau vorausgesehen werden kann. Die Förderung der beruflichen F. hat der Gesetzgeber zur eigenständigen Zielsetzung erhoben (z.B. AFG 1969 § 2, AFRG 1997 § 3).

Forschungsansätze: Die Untersuchungsansätze lassen sich nach folgenden Dimensionen der F. ordnen:
- Erhebungen, die die Ausgangsmerkmale unterschiedlicher Arbeitskräfte auf bestimmten Arbeitsplätzen bzw. die Merkmale unterschiedlicher Arbeitsplätze mit bestimmten Arbeitskräften analysieren, beschreiben die realisierte F.
- Befragungen von Arbeitskräften und von Personalverantwortlichen in den Betrieben nach Bereichen, für welche alternative Beschäftigungs- bzw. Einstellungsbereitschaft bestehen, haben zum Ziel, das Ausmaß von latenter F. zu erheben, also der Mobilitäts- und Substitutionsbereitschaft.
- Analysen der Tätigkeitsinhalte von Berufen und der Curricula von Ausbildungsgängen nach dem Grad der Überdeckung dienen dem Nachweis potentieller F., also der Mobilitäts- und Substitutionsfähigkeit.

Mobilitäts- und Substitutionsvorgänge bzw. -potentiale werden nach Berufen, Ausbildungsniveaus, Alter, Geschlecht und Nationalität der Arbeitskräfte sowie nach Wirtschaftszweigen, Betriebsgrößen und Regionen, hinsichtlich der Funktionalität, des Status, des Grades der Freiheit, der Richtung, der Ebene (horizontal, vertikal) der individuellen, betrieblichen und gesellschaftlichen Erträge bzw. Kosten usw. klassifiziert.

Ziel der Flexibilitätsforschung ist es, die Anpassungsvorgänge zwischen Ausbildungen und beruflichen Tätigkeiten auf dem Arbeitsmarkt in ihrer Entwicklung zu analysieren und zu beschreiben sowie Mobilitäts- bzw. Substitutionsfaktoren zu ermitteln, die Mobilitäts- und Substitutionsfähigkeit herstellen.

Angesichts der sich beschleunigenden Entwertung fachlichen Detailwissens richtet sich das Forschungsinteresse dabei auf die Identifizierung von Bildungselementen, die im Bildungsprozess selbst aufschließende und vermittelnde Wirkung entfalten. Einen ersten Ansatz zur Konkretisierung legte Mertens 1974 mit den →Schlüsselqualifikationen vor. Einen zweiten Ansatz stellen die „Sozialen Qualifikationen" dar (Blaschke, 1986). Zwischen beiden Konzepten gibt es Überschneidungen. Ersteres betont eher die intellektuellen Anforderungen und setzt auf Bildungsprogramme, letzteres betont mehr die Bedeutung der sozialen Umwelt für die Entwicklung der sozialen Qualifikationen und dämpft Hoffnungen einer kurzfristigen positiven Beeinflussbarkeit. Die von beiden Konzepten unterstellte hohe Transferfähigkeit ist empirisch keineswegs abgesichert.

Literatur: Blaschke, D.: Soziale Qualifikationen im Erwerbsleben. BeitrAB 116. Nürnberg 1986 – Brüderl, J.: Mobilitätsprozesse in Betrieben – Dynamische Modelle und empirische Befunde. Frankfurt u.a. 1991 – Bunk, G.P./Kaiser, M./Zedler, R.: Schlüsselqualifikationen. In: Bundesanstalt für Arbeit (Hg.): Handbuch zur Berufswahlvorbereitung. Nürnberg 1992 – Henninges, H. v.: Die berufliche, sektorale und statusmäßige Umverteilung von Facharbeitern. BeitrAB. Bd. 182. Nürnberg 1994 – Kaiser, M.: Berufliche Flexibilität. In: Mertens, D. (Hg.): Konzepte der Arbeitsmarkt- und Berufsforschung – Eine Forschungsinventur des IAB. BeitrAB. Bd. 70. Nürnberg 1988, S. 513-560

Hans-Joachim Schade

Förderung besonders befähigter Jugendlicher in der betrieblichen Ausbildung

Bildungspolitische Optionen und Initiativen zur Stärkung und zur Weiterentwicklung des →Dualen Systems beruflicher Ausbildung haben in der Vergangenheit vor allem einen Schwerpunkt auf Maßnahmen gelegt, die lernschwachen Jugendlichen durch Ergänzungs- und Stärkungsmaßnahmen die erfolgreiche Absolvierung einer beruflichen Ausbildung ermöglichen. Sollen jedoch →berufliche Bildungswege im Dualen System für eine große Mehrheit von Jugendlichen attraktiv bleiben, dann müssen auch leistungsstarken Jugendlichen innerhalb der betrieblichen Ausbildung Maßnahmen angeboten werden, um ihren besonderen Fähigkeiten und Neigungen gerecht zu werden.

Berufliches Leistungsverhalten zeigt sich am Arbeitsplatz im Betrieb. Neben „berufsschulischen" Maßnahmen (wie →Differenzierung im Unterricht) sind deshalb vor allem betriebliche Aktivitäten erforderlich, um besonders befähigte Jugendliche spezifisch zu fördern. Im beruflichen nichtakademischen Bildungsbereich ist für leistungsstarke Jugendliche eine Reihe von fördernden und belohnenden Wettbewerben vorgesehen (z.B. Leistungswettbewerbe der Handwerkskammern). Erfolgreiche Absolventen der beruflichen Ausbildung können durch das vom Bundesministerium für Bildung, Wissenschaft, Forschung und Technologie 1991 aufgelegte Programm „Begabtenförderung berufliche Bildung" in berufsbegleitenden Weiterbildungsmaßnahmen finanziell unterstützt werden (→Begabtenförderung in der Berufsbildung).

Während der betrieblichen Ausbildungszeit sind für besonders befähigte Jugendliche in der Regel keine besonderen Fördermaßnahmen zur weiteren beruflichen Qualifizierung vorgesehen, ihre Ausbildung richtet sich nach den Mindestanforderungen, die in den allgemein verbindlichen →Ausbildungsordnungen festgelegt sind. Als besondere „Förder"-Maßnahme gilt die Verkürzung ihrer Ausbildungszeit entweder nach § 29 BBiG (= Abkürzung der Ausbildungszeit um ein halbes Jahr durch Anrechnung vergleichbarer, schulischer Vorkenntnisse) oder nach § 40 BBiG (= vorzeitige Zulassung zur →Abschlussprüfung in besonderen Fällen in Verbindung mit § 9 der Prüfungsordnung).

Von wenigen betrieblichen Ausnahmen abgesehen existieren keine besonderen Fördermaßnahmen für besonders befähigte, leistungsstarke, beruflich begabte Auszubildende. So stellt auch R. Manstetten (1996) dar, dass es – bei aller stufen-, fach-, lernort-, betriebs- und berufsspezifischen Differenzierung der Berufsausbildung – keine Differenzierung gibt, die an der besonderen Begabung und Leistungsfähigkeit orientiert ist, um den besonders Leistungsfähigen ein rasches Durchlaufen der Ausbildung zu ermöglichen und ihre Chancen nach zusätzlichen beruflichen Qualifikationen zu erhöhen.

Neuere empirische Untersuchungen (Hoge/Schröder 1995) zeigen, dass in einzelnen Betrieben ein Problembewusstsein vorliegt, das darauf zielt, in Zukunft verstärkt auch Auszubildende und junge Fachkräfte in personalpolitische Förderkonzepte einzubeziehen, um über diesen Weg vorhandene Qualifikationsressourcen zu erschließen und eine stärkere Betriebsbindung zu erreichen. Diese Betriebe praktizieren Fördermaßnahmen für besonders leistungsfähige Jugendliche, die sich darauf richten, den Einsatz in Abteilungen mit vergleichsweise hohen Anforderungen oder die Teilnahme an beruflichen Leistungswettbewerben vorzubereiten. Sie schließen den Bereich von inner- und außerbetrieblichen Kursen und Lehrgängen ein. Des Weiteren werden Urlaubs- und Krankheitsvertretung in Fachkräftepositionen sowie – wenn auch mit Einschränkungen – Leistungsprämien und vorzeitige Zulassungen zur Abschlussprüfung genannt. Beispiele für eine systematische betriebliche Förderpolitik wurden in den Erhebungen bisher nicht gefunden, weil die Förderprogrammatik in keinem der Fälle verbindliche Regelungen als Grundlage für individuelle Karriereplanungen enthält.

Literatur: Hoge, E./Schröder, R.: Fix und clever und noch mehr ... und was bietet der Betrieb tüchtigen Auszubildenden? In: berufsbildung 49 (1995), 36, S. 19ff. – Hoge, E.: Ansätze zur Erkennung und zur Förderung von besonders befähigten Jugendlichen in der betrieblichen Ausbildung. In: Kongreßbericht: Berufliche Bildung – Kontinuität und Innovation. Forum 7: Innovative Berufsbildungskonzepte und Personalqualifizierung. BIBB-Veröffentlichung. Berlin 1997 – Manstetten, R. (Hg.): Begabtenförderung in der beruflichen Bildung. Göttingen 1996

Eva Hoge/Rolf Schröder

Fortbildung und Weiterbildung

Fortbildung und Weiterbildung in Verbindung mit beruflicher Tätigkeit sind Phasen, die sich einer Berufsausbildung zeitlich anschließen. Die betriebliche Berufsausbildung im →Dualen System ist die wichtigste Form der beruflichen Ausbildung. Daneben stehen Ausbildungen in der Schule (z.B. →Assistentenausbildung in der →Berufsfachschule, Ausbildung in den Schulen des Gesundheitswesen), im öffentlichen Dienst und im tertiären Bereich.

Unter Fortbildung sind alle Maßnahmen zu verstehen, die auf die Anpassung der beruflichen Tüchtigkeit an die veränderten Bedingungen des gesellschaftlichen Umfeldes innerhalb des jeweiligen Arbeitsbereiches zielen, d.h. also Erhaltung und Verbesserung der in der Ausbildung und während der Berufstätigkeit erworbenen Qualifikationen. Beispiele: Ein Buchhalter lernt den für seine Branche neuen verbindlichen Kontenrahmen kennen, ein Metallfacharbeiter wird in einer neuen Schweißtechnik unterwiesen.

Unter Weiterbildung sind alle Maßnahmen zu verstehen, die eine zusätzliche Qualifikation bewirken. Beispiele: Ein Angestellter legt die Prüfung zum Fachkaufmann vor der zuständigen Stelle ab, ein Mitarbeiter legt nach Kursbesuch die Prüfung zur Ausbildereignung (→Ausbilder-Eignungsverordnung) ab, ein Geselle legt die Prüfung →Industriemeister Metall ab, eine Lehrerin bzw. ein Lehrer erwirbt ein weiteres Lehramt.

Die Begrifflichkeit der Weiterbildung manifestiert sich in der politischen Diskussion seit Anfang der 60er Jahre weitgehend durch den sog.

Bildungsurlaub. Während die Arbeitgeber auf die mit einem Bildungsurlaub verbundenen finanziellen und arbeitsmarktpolitischen Belastungen hinweisen, wurde ansonsten weniger die Grundsätzlichkeit der Frage diskutiert, ob Bildungsurlaub als Freistellung von Arbeit für Zwecke der Fort- und Weiterbildung zu rechtfertigen ist. Die Debatte reduziert sich auf die Frage, wann, wofür und wie Bildungsurlaub organisiert werden soll. Dazu gibt es – Freizeit außen vor – grundsätzlich drei unterschiedliche Wege: Die Einführung einer die Arbeitszeit verkürzenden Fort- und Weiterbildung (a) auf der Ebene der Tarifverträge, (b) auf der Ebene der Länder (Ländergesetze) oder (c) auf Bundesebene (Bundesrahmengesetze). Zu den Bundesgesetzen gehören u.a. Bundesverfassungsgesetz, Bundespersonalvertretungsgesetz, Arbeitssicherheitsgesetz, Reichsversicherungsordnung und Schwerbehindertengesetz.

Nahezu jeder vierte Deutsche (zwischen 19 und 64 Jahren) beteiligte sich 1994 an beruflicher Weiterbildung. In der Berufspraxis vollziehen sich derzeit auf Grund veränderter wirtschaftlicher und technischer Rahmenbedingungen erhebliche Umbrüche, was beispielsweise auch für die →betriebliche Weiterbildung gilt. Die wichtigste Zieldimension ist, die Betriebe zu lernenden Organisationen zu machen. Der Struktur- und Funktionswandel des (betrieblichen) Bildungswesens ist an einer Reihe von Entwicklungen abzulesen. Dazu gehören vor allem neue Lerninhalte, Medien und Methoden, Auslagerung und Ausgliederung von Weiterbildungsaktivitäten (Outsourcing), dezentralisierte Organisationsformen der Weiterbildung, das zunehmende Lernen im Prozess der Arbeit sowie die veränderten Funktionen des Bildungspersonals im Rahmen des professionellen →Qualitätsmanagements. Ein neuer Trend in Theorie und Praxis der Fort- und Weiterbildung ist die Dienstleistungsorientierung und die ökonomische Steuerung. Dadurch werden ihre Effizienz erhöht, neue Ertragspotentiale erschlossen und die Organisation verschlankt.

Literatur: Bundesministerium für Bildung, Wissenschaft, Forschung und Technologie (Hg.): Berufsbildungsbericht 1996. Bonn 1996 – Hambusch, R.: Lehrerfortbildung und Lehrerweiterbildung. In: Berke, R./Blatt, R./Focks, C./Illmann, E./Knaut, H. (Hg.): Handbuch für das kaufmännische Bildungswesen. Darmstadt 1985, S. 348-352

Rudolf Hambusch

Fortbildungsschule

Die Fortbildungsschule (FBS) kann als der direkte organisatorische Vorläufer der →Berufsschule angesehen werden. Als sog. allgemeine FBS erhielt diese Einrichtung in Deutschland Anfang der 70er Jahre des 19. Jahrhunderts einerseits in Volksschulgesetzen verschiedener Länder Pflichtcharakter, andererseits auf Gemeindeebene durch Ortsstatut, legitimiert durch entsprechende Bestimmungen der Reichsgewerbeordnung.

Die allgemeine FBS hatte die Aufgabe, die Erziehungslücke zwischen Volksschulentlassung und Militärdienst bei kleinbürgerlichen und proletarischen Jugendlichen institutionell zu schließen, was pädagogisch-inhaltlich über normative Indoktrination im Sinne des bürgerlich-liberalen Nationalstaates geschah (Volkswirtschaftslehre und Gesetzeskunde).

Da dieses Integrationskonzept sich bald als nicht sehr erfolgreich erwies, nutzten um 1900 liberale Reformkräfte die gesetzliche Reorganisation der Handwerkslehre zur didaktischen Umpolung dieser Schule. Das revidierte Integrationsprogramm der FBS sollte nach den Vorstellungen der Reformer über Berufserziehung erfolgen. Mit dieser didaktischen Neuorientierung konnte sich die beruflich orientierte FBS als Ergänzung der (handwerklichen) Betriebslehre nach der Jahrhundertwende etablieren, d.h. sich als zweiter Lernort in einem →Dualen System definieren.

Die pädagogische Originalität der FBS-Idee, wie sie vor allem Georg Kerschensteiner formuliert hatte, bestand darin, dass diese Schule weder eine allgemeine noch eine Fachschule sein sollte, sie hatte vielmehr die Aufgabe, die praktische Ausbildung am Arbeitsplatz zu vertiefen und den Jugendlichen einen Einblick in die geschichtlichen, sozialen und wissenschaftlichen Grundlagen des Berufs zu vermitteln, den sie erlernten.

Literatur: Greinert, W.-D.: Schule als Instrument sozialer Kontrolle und Objekt privater Interessen. Der Beitrag der Berufsschule zur Erziehung der politischen Unterschichten. Hannover 1975 – Harney, K.: Die preußische Fortbildungsschule. Eine Studie zum Problem der Hierarchisierung beruflicher Schultypen im 19. Jahrhundert. Weinheim/ Basel 1980 – Kerschensteiner, G.: Staatsbürgerliche Erziehung der deutschen Jugend. Gekrönte Preisarbeit. Erfurt 1901

Wolf-Dietrich Greinert

Frauenbildung

Der Begriff F. entwickelte sich gegen Ende des 19. Jahrhunderts. Darunter verstand man – im Vergleich zur Bildung der Männer – alle Bestrebungen und Maßnahmen, Frauen unter Berücksichtigung ihres gesellschaftlich zugewiesenen Aufgabenbereichs, ihres „natürlichen" Berufs, eine qualifizierte Bildung und Ausbildung zu ermöglichen.

Bestimmungsmoment für die F. im Bereich der Berufsbildung war der im modernen Berufskonzept der Frau angelegte doppelte Bezug auf Familie und Erwerb. Auf dieser Basis formten sich – im Unterschied zur handwerklich-männlichen Berufsbildungstradition (→Berufsbildungsgeschichte) – für Frauen andere Entwicklungslinien heraus:

1. In der zweiten Hälfte des 19. Jahrhunderts entstanden – insbesondere für Frauen bürgerlichen Milieus – spezifische Berufsbildungswege und schulische Ausbildungsmöglichkeiten (sog. Schulberufe), die die Grundlage für das spätere Berufsfachschulsystem abgaben.
2. Ausgehend vom traditionellen →Beruf der Frau setzte sich um die Jahrhundertwende die hauswirtschaftliche Bildungsidee als zentrales Element der weiblichen →Fortbildungsschule durch. Die hauswirtschaftliche Bildung entwickelte sich zum Bildungsmittelpunkt vor allem für diejenigen Frauen, die im erwerbsberuflichen Sinne „berufslos" waren (v.a. Jungarbeiterinnen).

Die mit dieser Traditionslinie verbundene Trennung der Berufsbildungsbereiche nach Geschlecht hat strukturelle Auswirkungen bis in die Gegenwart hinein: So sind Frauen bis heute noch nicht vollständig in das dual organisierte System der Berufsausbildung integriert. Sie sind demgegenüber überproportional in →Berufsfachschulen vertreten, und ihr Anteil in den sog. Schulberufen ist nach wie vor sehr hoch. Berufsfachschulen bilden heute keine Alternative zum Dualen System; ihnen kommt gegenwärtig vielmehr die Funktion zu, Frauen bei erfolgloser Ausbildungsplatzsuche als Warteschleifen zu dienen. Das Überdauern traditionaler Strukturen benachteiligt Frauen in ihren Berufsbildungschancen weiterhin.

Literatur: Bundesministerium für Bildung, Wissenschaft, Forschung und Technologie (Hg.): Berufsbildungsbericht 1996 und 1997. Bad Honnef 1996 und 1997 – Krüger, H. (Hg.): Frauen und Bildung. Wege der Aneignung und Verwertung von Qualifikationen in weiblichen Erwerbsbiographien. Bielefeld 1992 – Mayer, C.: „ ... und daß die staatsbürgerliche Erziehung des Mädchens mit der Erziehung zum Weibe zusammenfällt" – Kerschensteiners Konzept einer Mädchenerziehung. In: Zeitschrift für Pädagogik 38 (1992), 5, S. 771-791 – Schecker, M.: Die Entwicklung der Mädchenberufsschule. Reihe: Drei Generationen Berufsschularbeit. Hg. v. O. Monsheimer. Bd. 2. Weinheim 1963 – Schulz, E.: Die Mädchenbildung in den Schulen für die berufstätige Jugend. Ihre geschichtliche Entwicklung und ihre gegenwärtige Problematik. Weinheim 1963

Christine Mayer

Ganzheitlichkeit

Eine „Ganzheit" ist eine besondere Struktur komplexer bestehender Systeme (z.B. soziales System), die sich aus qualitativ gleichen und/

oder ungleichen, funktionell abhängigen bzw. einander zugeordneten Teilelementen zusammensetzt. Die Idee der Ganzheit geht auf die aristotelische These zurück, dass das Ganze mehr als die Summe seiner Teile ist (z.b. ist ein Wort mehr als die Summe seiner Buchstaben), und durchzieht die abendländische Ideengeschichte wie ein roter Faden (vgl. z.B. die „Monadentheorie" von Gottfried Wilhelm Leibniz – 1646-1716).

Von Anbeginn war die Idee der Ganzheit für die Pädagogik zentral (Kern 1965; Püttmann 1967): Schon Johann-Heinrich Pestalozzi (1746-1827) postulierte, dass Erziehung auf religiöse, sittliche, intellektuelle und soziale Werte auszurichten sei und „Kopf, Herz und Hand" („Wissen, Wollen und Können") anzusprechen habe. Auch Wilhelm von Humboldt (1767-1835), Zeitgenosse Pestalozzis und Mitbegründer der bürgerlichen Bildungstheorie, definierte als „Zweck des Menschen" „die höchste und proportionierlichste Bildung seiner Kräfte zu einem Ganzen" (zit. nach: Lipsmeier 1989, S. 139). Ganzheit als pädagogische Grundkategorie hat sich bis heute in der Pädagogik behaupten können (z.B. in didaktisch-methodischen Konzeptionen wie der „Ganzheitsmethode", in dem auch lernpsychologisch begründeten Konzept „ganzheitlichen Lernens", in der „Projektmethode", aber gleichermaßen in schulreformerischen Umsetzungen wie etwa der „Waldorf-Pädagogik" bzw. des „Bielefelder →Oberstufen-Kollegs").

Ganzheitliche Denkansätze sind ebenso in der berufspädagogischen Tradition verankert: Fachhistorisch bedeutsam ist dabei insbesondere die sog. „Bildungs-" bzw. →„Berufsbildungstheorie" (1), welche in jüngerer Zeit jedoch durch gleichfalls ganzheitlich orientierte Modelle und Theorien aus der Lernpsychologie (2) sowie der Produktionstechnologie (3) neu akzentuiert wird.

1. Aus historisch-bildungstheoretischer Sicht erwies sich insbesondere der „Neuhumanismus" als zentraler berufspädagogischer Ausgangspunkt der Legitimation von G., weil in dessen Gefolge die bürgerlichen Gründungsväter der →Berufspädagogik – Georg Kerschensteiner (1854-1932), Eduard Spranger (1882-1937) und Aloys Fischer (1880-1937) – mit dem humanistisch begründeten Ziel der Überbrückung der „Kluft zwischen Arbeit und Bildung" (Aloys Fischer; zit. nach Lipsmeier 1989, S. 140) nun auch ihrerseits die Bildung des „ganzen" Menschen einforderten – ein Postulat, das Spranger beispielsweise wie folgt formulierte: „Die Intelligenz muss mit dem gesamten Seelengrunde organisch so verbunden sein, daß der Mensch immer als Ganzes, nie als Bruchstück lebt und gestaltet" (zit. nach Lipsmeier 1989, S. 140).

2. Zu den von dem Axiom der G. ausgehenden und in der berufspädagogischen Diskussion intensiv aufgegriffenen lernprozessbezogenen Theorien der Lernpsychologie zählen vor allem die „Entwicklungs- und Kognitionstheorie" von Jean Piaget, Frederic Vesters Forderung nach „vernetztem Denken" als ganzheitlicher Lernform, die auf der humanistischen Psychologie Kurt Lewins basierende „humanistische Pädagogik" nach Carl Rogers und Arthur Combs sowie das auf der materialistischen Tätigkeitspsychologie (Alexejew Nikolajew Leontjew, Sergej L. Rubinstein) fußende „Konzept des handlungsorientierten Lernens" im Sinne der „Handlungsstrukturtheorie" oder „Handlungsregulationstheorie" nach Walter Volpert.

3. Auch die moderne Industriesoziologie (vgl. insbesondere Horst Kern und Michael Schumann) konstatiert für den produktionstechnologischen Status quo, dass in der Phase der sog. „Neoindustrialisierung" die „Technisierung" „lebendiger Arbeit nicht per se das wirtschaftliche Optimum" erbringe und dass „im ganzheitlicheren Aufgabenzuschnitt ... keine Gefahren für die Produktivität, sondern Chancen" zu sehen seien

(Kern/Schumann, 1984, S. 19). Infolgedessen hat dieser umfassende produktionstechnische Wandlungsprozess auf allen Ebenen seinen berufsbildungspolitischen Niederschlag gefunden (Neuordnung der Metallberufe mit den Zielen „selbständiges Planen, Durchführen und Kontrollieren"; KMK-Rahmenlehrplan mit dem Ziel der Entwicklung von Urteilsvermögen und Handlungsfähigkeit in beruflichen und außerberuflichen Bereichen laut Beschluß der KMK vom 7.1.1987; Forderung nach einem „ganzheitlich gebildete(n) Mitarbeiter" durch die Arbeitgeberseite [DIHT/ Gesamtmetall/ZVEI]).

Vor dem Hintergrund dieser drei Bezugspunkte zur berufspädagogischen Diskussion werden ganzheitliche Ausbildungsstrategien aktuell im Sinne „integrativer Lehr- und Lernverfahren" insbesondere in der betrieblichen Berufsausbildung, aber auch in zunehmendem Maße in der schulischen Berufsausbildung, mehr und mehr konzipiert und realisiert. Nicht unerheblich eingeschränkt wird dieses Postulat der G. jedoch durch eine ganze Reihe von sog. Entmischungsstrategien, die aus Gründen der besseren Handhabbarkeit in der Berufsbildung kontinuierlich verfolgt wurden und werden (so z.B. das Prinzip der Fächerung, die Differenzierung bzw. Trennung von Theorie und Praxis, von Grundbildung und Fachbildung, von Allgemeinem und Beruflichem sowie – nicht zuletzt – von Lernen und Arbeiten (Lipsmeier 1995, S. 236 f.).

Auch im Hinblick auf die didaktisch-methodische und curriculare Aufgabe, die aus dem Postulat der ganzheitlichen Bildung erwächst, haben mit der berufspädagogischen Modulierung der Systemtheorie nach Günther Ropohl (1979) insbesondere im Hinblick auf eine systemtheoretisch orientierte Technikwissenschaft bereits wissenschaftstheoretisch abgeleitete („Systemtheorie der Technik") integrative und systemtechnisch (aber nicht: rein sozialtechnokratisch) konstruierte Modelle und Konzepte (Unterscheidung durch die System-Trias „Sach-, Handlungs- und Zielsystem") Eingang in die aktuelle didaktische Diskussion gefunden (Lipsmeier 1989).

Literatur: Kern, H./Schumann, M.: Das Ende der Arbeitsteilung? Rationalisierung in der industriellen Produktion. München 1984 – Lipsmeier, A.: Ganzheitlichkeit als berufspädagogische Kategorie. Pädagogische und betriebliche Illusionen und Realitäten. In: Zeitschrift für Berufs- und Wirtschaftspädagogik 85 (1989), 2, S. 137-151 – Lipsmeier, A.: Didaktik gewerblich-technischer Berufsausbildung (Technikdidaktik). In: Arnold, R./ Lipsmeier, A. (Hg.): Handbuch der Berufsbildung. Opladen 1995, S. 230-244 – Ott, B.: Theorie und Praxis handlungsorientierter Techniklehre in Schule und Betrieb. Stuttgart 1995 – Püttmann, J.: Das Prinzip der Ganzheit in der Pädagogik. München 1967

Antonius Lipsmeier/Dieter Münk

Geschichte der gewerblich-technischen Berufserziehung

Methodische Vorbereitung: Die Geschichte der gewerblich-technischen Berufserziehung in (Preußen-)Deutschland ist eng mit dem sozio-ökonomischen Wandel der handwerklichen und industriellen Güterproduktion und der ordnungspolitischen Regulierung der beruflichen Erstausbildung (→Duales System) verbunden. Deshalb wird im Folgenden, um eine reine Ergebnisgeschichte zu umgehen und um die Ansprüche der Sozialgeschichte nicht einlösen zu müssen, die historische Entwicklung im Rahmen eines funktionsanalytischen Ansatzes dargestellt. Insofern ist die gewerblich-technische Berufserziehung der vorwiegend männlichen Jugend in Handwerk und Industrie sowie die institutionelle Dynamik sowohl in Abhängigkeit von den ordnungspolitischen Grundlagen als auch von der Logik des Jugendarbeitsmarkts (Lehr- und Anlernstellen) darzustellen. Drei Phasen lassen sich unterscheiden, die allerdings die Entwicklung in der Deutschen Demokratischen Republik (1945-1989) ausblenden:

1. die Protophase der modernen Berufserziehung (1869 bis 1918),
2. die Konstitutionsphase (1919 bis 1969),
3. die Komplementierungsphase (1970 bis 2005).

(1) Während die Reichsgewerbeordnung (RGO) 1869 eine einheitliche Rechtsgrundlage für die Lehrlingsausbildung schuf, die eine formale Vergleichbarkeit der betrieblichen Ausbildung in Deutschland ermöglichte, formulierte die 1897 novellierte Fassung der RGO neue Grundsätze für die schulische Ausbildung. Angestoßen durch die Krise des Ausbildungssektors und der mit der Etablierung des technischen Fachschulwesens (Baugewerk- und Maschinenbauschule) in den 1890er Jahren eingeleiteten Neuordnung des Systems Beruflicher Bildung wurde einerseits das traditionelle Modell der Lehrlingsausbildung ergänzt, andererseits gewann die schulische Berufsbildung mit der Abgrenzung beruflicher Bildungsgänge zwischen 1908 und 1910 und der Berücksichtigung des Technischen Zeichnens im Lehrplan der großstädtischen (Pflicht-)Fortbildungsschule ein erstes institutionelles Profil.

(2) Die 1919 mit Artikel 145 der Weimarer Reichsverfassung de jure eingeführte Berufsschulpflicht für Mädchen und Jungen, die tarifvertragliche Regelung des Lehrverhältnisses und der Aufstieg der Industrielehre, dem das Bekenntnis der Groß-Industrie zur Nachwuchspflege vorausgegangen war, markieren die Grundlagen der modernen gewerblich-technischen Berufserziehung im 20. Jahrhundert. Sie prägten fortan die institutionelle Dynamik und den sozialen Wandel des Dualen Systems, der mit der Systematisierung der Berufe, der Etablierung von →Berufsberatung und Lehrstellenvermittlung, der Einführung der Facharbeiterprüfung, dem Ausbau der →Berufsschule, der Beschulung der Ungelernten, der didaktischen Profilierung und der sprachlichen Differenzierung der Institutionen Beruflicher Bildung in der Weimarer Republik seinen Ausgang nahm und erst 1969 mit dem →Berufsbildungsgesetz (BBiG) einen Abschluss fand.

Während der Nationalsozialismus die gewerblich-technische Berufserziehung für rüstungs- und kriegspolitische Ziele instrumentalisierte und in diesem Rahmen neue →Berufsbilder sowie Lehrpläne vorlegte und Anlernprogramme entwickelte, wurde die Periode zwischen 1949 und 1969 in der Bundesrepublik Deutschland von drei Phänomenen gekennzeichnet: der Restauration der in der Weimarer Republik entwickelten ordnungspolitischen Strukturen (d.h. der Wiedereinführung des Föderalismus und des Tarifrechts), der Expansion des Lehrlingswesens (1950-1955) sowie der Normalisierung des Jugendarbeitsmarkts (1956-1969) und der Durchsetzung der Industrielehre und drittens der Debatte über die gesetzliche Neuordnung der beruflichen Erstausbildung. Das BBiG (14.8.1969) setzte die bereits in der Weimarer Republik angestrebte Rahmengesetzgebung um und regelte fortan den gesamten Sektor der Berufsbildung und -erziehung.

(3) Die Komplementierungsphase (1970-2005) wurde vom Scheitern der Novellierung des BBiG, der Umsetzung von Schulversuchen, der Strukturkrise des Jugendarbeitsmarkts, einer zweifachen Neuordnung der Metall- und Elektroberufe und schließlich der Novellierung des BBiG im Jahre 2005 geprägt. Während die erste Novellierung (1973-1976), die eine Auflösung der Kammern, eine Umlagefinanzierung und einen größeren Einfluss der Gewerkschaften verfolgte, politisch am Widerstand der Wirtschaft und strukturell am Widerspruch zwischen Bildungs- und Beschäftigungssystem scheiterte, wurden der in Nordrhein-Westfalen praktizierte Kollegschulversuch (→Kollegschule) und das Berufsgrundschuljahr in Niedersachsen, aber auch die Berliner Oberstufenzentren zu regional erfolgreichen Reformprojekten. Die durch geburtenstarke Jahrgänge und ein verändertes Bildungsverhalten

der Abiturienten – sie drängten ins Duale System – ausgelöste Krise des Jugendarbeitsmarkts (1975-1984) prägte die gewerblich-technische Berufserziehung in den 1980er Jahren in den alten Bundesländern. Durch die finanzielle Förderung außerbetrieblicher Lehrwerkstätten, die Etablierung der Verbundausbildung, die Schaffung neuer Ausbildungsplätze im öffentlichen und sozialen Sektor, die Veränderung des Jugendarbeitsschutzes, die Errichtung neuer Bildungsgänge (→Berufsvorbereitungsjahr, →Berufsgrundbildungsjahr) und das Auflegen von diversen Sonderprogrammen in den ostdeutschen Ländern nach 1989 wurden die Engpässe auf dem Ausbildungsmarkt in Ost und West sozialstaatlich abgefedert. Die 1987/88 nach schwierigen Verhandlungen zwischen Wirtschaft und Gewerkschaft erfolgte Neuordnung der Metall- und Elektroberufe in Handwerk und Industrie hatte eine Reduzierung der →Ausbildungsberufe und eine neue Berufsstruktur zur Konsequenz. Die jüngste Neuordnung der MuE-Berufe 2003/04 setzte die Reduzierung fort. Teilweise wurden die →Berufsfelder neu geordnet. Darüber hinaus wurden der Didaktik Beruflicher Bildung resp. den Beruflichen Fachdidaktiken durch das Konzept der →Schlüsselqualifikationen (1985-1995) und der Einführung des Lernfeldkonzepts (1996-2004) neue Impulse gegeben. Die am 1. April 2005 in Kraft getretene Novellierung des BBiG wertet vollschulische Bildungsgänge auf, regelt das Prüfungswesen durch die ‚gestreckte Abschlussprüfung' neu, eröffnet die Möglichkeit der Aufnahme der Berufsschulnote in das Abschlusszeugnis, stärkt die Position der Berufsschullehrer/innen durch ein beschränktes Stimmrecht und erklärt die Verbundausbildung zu einer gewöhnlichen Organisationsform mit ordentlichem Rechtsstatus.

Literatur: Greinert, W.-D.: Das „deutsche System" der Berufsausbildung. Tradition, Organisation, Funktion, Baden-Baden ³1998 – Greinert, W.-D.: Realistische Bildung in Deutschland. Hohengehren 2003 – Kipp, M./Miller-Kipp, G. (Hg.): Erkundungen im Halbdunkel. Einundzwanzig Studien zur Berufserziehung und Pädagogik im Nationalsozialismus, Frankfurt/M. 1995 – Lipsmeier, A./Pätzold, G. (Hg.): Lernfeldorientierung in Theorie und Praxis. Beiheft 15 zur Zeitschr. für Berufs- und Wirtschaftspädagogik. Stuttgart 2000 – Pahl, J.-P./Schütte, F./Vermehr, B.: (Hg.): Verbundausbildung. Bielefeld 2003 – Schütte, F./Gonon, Ph.: Bildung und Technik/technische Bildung In: Benner, D./Oelkers, J. (Hg.): Historisches Wörterbuch der Pädagogik. Weinheim/Basel 2004, S. 988-1015 – Stratmann, Kw./Kümmel, K./Pätzold, G. (Hg.): Quellen und Dokumente zur Geschichte der Berufsbildung in Deutschland, 18 Bde., Köln 1980ff. – Stratmann, Kw./Pätzold, G./Wahle, M.: Die gewerbliche Lehrlingserziehung in Deutschland. Modernisierungsgeschichte der betrieblichen Berufsbildung. Band 2. Frankfurt/M 2003*

Friedhelm Schütte

Geschichte der kaufmännischen Berufsbildung

Mittelalter: Kaufmännische Berufsbildung weist bereits im Mittelalter differenzierte Formen auf: Am besten erschlossen ist die Ausbildung der Groß- und Fernhandelskaufleute (daneben gab es auch Händler und Krämer) in der damals dominanten Form der Auslandslehre. Unterscheiden lässt sich dabei der Bereich der Hanse von dem Bereich der oberdeutschen Kaufleute, für die Venedig häufig Ausbildungsort war. Die Ausbildung war i. d. R. auf den eigenen Nachwuchs beschränkt; lediglich über den Bergener Hansekontor mit seinen abschreckenden Aufnahmeriten hatten auch Kinder aus bäuerlichen Schichten Zugang zum Kaufmannsberuf. Unter den damaligen Schulen vermittelten die Deutschen Schreib- und Rechenschulen kaufmännisch relevantes Wissen und konnten somit der Vorbereitung auf eine kaufmännische Lehrzeit dienen.

Aufklärungsepoche: Die betriebspraktische Seite der Ausbildung blieb dominant, jedoch bestand in zahlreichen Städten die Möglichkeit des Besuchs kaufmännischer Vollzeitschulen als Vorbereitung für einen kaufmännischen →Beruf, die allerdings eine beachtliche organisatorische wie qualitative Vielfalt aufwiesen. Diese von der (kirchlichen) →Schulaufsicht misstrauisch betrachteten, von der Kaufmannschaft mit nur geringem Engagement unterstützten Privatschulen waren von unterschiedlicher Qualität und hatten es oft schwer, sich zu behaupten, da sie ohne staatliche Unterstützung weitestgehend von den Schulgeldzahlungen der Schüler abhingen. Die renommiertesten dürften im ausgehenden 18. Jahrhundert die Hamburger Handelsakademie von Büsch und die Berliner Handlungsschule von Schulz gewesen sein.

19. Jahrhundert: Der Beginn einer dualen Ausbildung im kaufmännischen Bereich lässt sich auf das Jahr 1818 datieren, als in Gotha durch Arnoldi eine kaufmännische Lehrlingsschule gegründet wurde, der bald weitere Schulen, als eine der angesehensten die Lehrlingsabteilung der Öffentlichen Handelslehranstalt Leipzig (1831), folgten. Gründe für die schulische Ergänzung der betrieblichen Kaufmannslehre waren Defizite sowohl in der schulischen Vorbildung der kaufmännischen Lehrlinge als auch in den zunehmend als unzureichend angesehenen Qualifikationsleistungen der betrieblichen Lehre. Organisation und Curriculum der kaufmännischen Lehrlingsschulen waren sehr heterogen. Der Unterricht, der bis ins letzte Drittel des 19. Jahrhunderts hinein noch häufig in den frühen Morgen- und späten Abendstunden erteilt wurde (wofür sowohl der Mangel an eigenen Unterrichtsräumen und Lehrkräften als auch das Interesse der Prinzipale an der Anwesenheit der Lehrlinge im Betrieb entscheidend war), umfasste sowohl allgemeinbedeutsame als auch berufsbedeutsame Fächer. Gegen Ende des 19. Jahrhunderts etablierten sich die ersten kaufmännischen →Ausbildungsberufe und in Folge entsprechende Ausbildungen für Frauen. Gemeint sind damit die Berufstätigkeit der Verkäuferin in Warenhäusern, die im letzten Viertel des 19. Jahrhunderts entstanden waren, und die der Kontoristin und Stenotypistin, die sich im Zuge der Industrialisierung herausgebildet hatten.

Frühes 20. Jahrhundert: Mit den Lehrlingsparagraphen des HGB erhielt die betriebliche Kaufmannslehre eine – wenn auch noch wenig ausdifferenzierte – Rechtsgrundlage; die Regelung der Pflicht zum Berufsschulbesuch hingegen war weiterhin über die RGO geregelt und damit weitgehend in die Verantwortung der Kommunen gestellt. Mit dem sukzessiven Erlass von Lehrplanvorschriften für kaufmännische Fortbildungsschulen (z. B. Preußen 1911), für die sich zunehmend die Bezeichnung kaufmännische Berufsschulen durchsetzte, nahm der Staat diese Schulen allmählich in seine Verantwortung, nachdem sie vorher weitgehend Veranstaltungen von Handelskammern und kaufmännischen Korporationen gewesen waren. Neben die fachliche Ausbildungsaufgabe der Berufsschule trat damit auch die politische. Mit der Gründung der ersten →Handelshochschulen um die Jahrhundertwende war nicht nur eine akademische Kaufmannsbildung etabliert, sondern auch der Studiengang für →Diplom-Handelslehrer verankert und damit der Weg zu deren Professionalisierung frei geworden. Weiter war mit der Gründung des Deutschen Verbandes für das kaufmännische Bildungswesen in Braunschweig (1896) ein Diskussionsforum für Fragen der kaufmännischen Berufsbildung entstanden, von dem neben einer ersten empirischen Erfassung des kaufmännischen Bildungssektors wesentliche Anregungen für dessen weitere Entwicklung ausgingen. Mit den ersten Wirtschaftsoberschulen in Baden und Sachsen war ein Schultyp etabliert, der nicht nur die Zubringerfunktion zu den Handelshochschulen wahrnahm, sondern dessen Curriculum auch auf die Übernahme verantwortlicher Positionen in Wirtschaft und Verwaltung vorbereiten sollte.

Nationalsozialistische Ära: Neben auf Regulierung und Effizienzsteigerung der Berufsausbildung zielenden Ordnungsmaßnahmen (z. B. Erlass betr. Reichseinheitliche Benennungen im Berufs- und Fachschulwesen von 1937,

Reichsschulpflichtgesetz von 1938, erste →Ausbildungsordnungen und Rahmenlehrpläne für kaufmännische Berufe ab 1939) kam es zur nationalsozialistischen Indoktrination auch der kaufmännischen Berufsausbildung. Diese zeigte sich auf personeller, organisatorischer und curricularer Ebene, wobei nicht nur nahe liegende Fächer, wie politische Erziehung, sondern auch kaufmännische Kernfächer, wie Wirtschaftslehre und Rechnen, von völkischen wie rassistischen Inhalten infiltriert waren.
Nachkriegszeit und weitere Entwicklung: In den ersten Nachkriegsjahren war auch für die kaufmännische Berufsausbildung Improvisationstalent gefragt, zumal es an politisch unverdächtigen Lehrkräften, Unterrichtsräumen und -materialien gleichermaßen fehlte. Die weitere Entwicklung lässt sich für die alten Bundesländer durch eine kritische Diskussion kaufmännischer Berufsbildung kennzeichnen, wobei vor allem auf deren idealistisch-tradierende Orientierung am Leitbild des Universalkaufmanns abgestellt wurde, die den realen Tätigkeiten kaufmännischer Angestellter nicht mehr gerecht wurde. Mit der Errichtung Höherer Wirtschaftsfachschulen (später in Fachhochschulen für Wirtschaft umgewandelt) wurde ein Schultyp eingerichtet, der gerade den neuen Praxisanforderungen Rechnung tragen sollte. In der DDR stand die Ausbildung im Zeichen der Planwirtschaft und räumte dem gewerblich-technischen Sektor gegenüber dem kaufmännischen den Vorrang ein.
Literatur: Bruchhäuser, H.-P.: Kaufmannsbildung im Mittelalter. Determinanten des Curriculums deutscher Kaufleute im Spiegel der Formalisierung von Qualifizierungsprozessen. Köln/Wien 1989 – Horlebein, M. (Hg.): Quellen und Dokumente zur Geschichte der kaufmännischen Berufsbildung 1818-1984. Köln/Wien 1989 – Pott, K. (Hg.): Über kaufmännische Erziehung. Rinteln 1979 – Wolsing, T.: Untersuchungen zur Berufsausbildung im Dritten Reich. Kastellaun 1977 – Zabeck, J.: Vom königlichen Kaufmann zum kaufmännischen Angestellten. In: Wirtschaft und Erziehung 31 (1979), 10, S. 273-280
Manfred Horlebein

Geschichte der landwirtschaftlichen Berufsbildung

Epoche der funktionalen landwirtschaftlichen Berufsbildung: In frühesten Zeiten wurde die Bearbeitung des Bodens zur Anzucht von Pflanzen und zur Aufzucht von Tieren mit und ohne (technische) Hilfsmittel funktional durch Zu- bzw. Absehen, Nachahmen und Mittun gelernt. Tradiert wurden Erfahrungen. Die zu Beginn der Neuzeit aufkommende „Hausväterliteratur" in Deutschland, nicht zuletzt von den alten Griechen und Römern beeinflusst, war als Unterhaltung und beiläufig als Belehrung der ländlichen Hausväter und Hausmütter gedacht. Aufklärung, Merkantilismus und Physiokratismus, die aufkommenden Kameralwissenschaften sowie Gemeinnützige, Patriotische, Ökonomische, Ackerbau- und Landwirtschaftliche Vereine brachten im 18. Jh. den Übergang zu intentionalen Bildungsformen.
Epoche der intentionalen landwirtschaftlichen Schulbildung: Im 18. Jh. finden sich zunächst auf Grund von Nützlichkeitserwägungen und sozialem Engagement erste Ansätze eines landwirtschaftlichen Unterrichts in Volksschulen und Armenanstalten (Rochow, Pestalozzi, Fellenberg, Wehrli) sowie in Industrieschulen (Kindermann, Sextro, Wagemann). Die erste Schule rein landwirtschaftlicher Art wurde 1794 von K. Voght und L.A. Staudinger in Groß-Flottbeck bei Hamburg eingerichtet. Mit Aufkommen der Landwirtschaftswissenschaften und der Notwendigkeit der Anwendung ökonomischer Gesetze setzt Ende des 18. Jh. und Beginn des 19. Jh. betont intentionale landwirtschaftliche Berufserziehung durch Gründung fachlicher Schulen ein:
1. Landwirtschaftliche Akademien, verbunden mit einem Gutsbetrieb, richteten sich auf wissenschaftlich-praktischer Grundlage vornehmlich an den Nachwuchs des Großgrundbesitzes (erste Akademie von A.D. Thaer).

2. Ackerbauschulen mit Ganzjahresunterricht vermittelten eine gehobene Bildung u.a. für Ackervögte, Gutsaufseher und bessergestellte Bauernsöhne.
3. Landwirtschaftsmittelschulen boten dem großbäuerlichen Nachwuchs die Möglichkeit der Erlangung des sog. Einjährig-Freiwilligen-Rechts.
4. Winterschulen als landwirtschaftliche Fachschulen mit Vollzeitunterricht über zwei Winter wandten sich insbesondere an die Bauernsöhne und die Söhne kleinerer Landwirte.
5. Die ländlichen Fortbildungsschulen, die sich etwa Mitte des 19. Jh. aus den Sonn- und Feiertagsschulen entwickelten, waren anfangs nur für die männliche Landjugend da. Ihre Aufgabe: Befestigung und Vertiefung des Volksschulwissens. Bei minimaler Stundenzahl und Unterrichtung durch Volksschullehrer war sie Jahrzehnte hindurch nicht mehr als eine verlängerte Volksschule und keinesfalls eine →landwirtschaftliche Schule.

Epoche der intentionalen betrieblichen landwirtschaftlichen Berufsbildung: Für die Landwirtschaft gab es keinen Lehrberuf wie etwa im Handwerk. Erst zu Beginn des 19. Jh. führte die Deutsche Landwirtschaftsgesellschaft (DLG) eine geordnete Lehrlingsausbildung auf dem damaligen Reichsgebiet ein. Sie prüfte landwirtschaftliche Betriebe auf ihre Ausbildungseignung und vermittelte nur an diese Lehrlinge. 1906/09 gab sie einen Lehrplan, eine Prüfungsordnung mit Angaben über einen Lehrbrief sowie ein Lehrvertragsmuster heraus, später auch ein Berichtsheft für die Lehrlinge. Sie führte 1908 die erste Lehrabschlussprüfung durch, die später von den inzwischen eingerichteten Landwirtschaftskammern übernommen wurden. Neben der Lehrlingsausbildung, die seiner Zeit nur für begüterte Kreise erschwinglich war, forderte die DLG, auch die Landarbeiter mit in die Berufsausbildung einzubeziehen, und konzipierte hierfür systematische Anlernphasen auf Grundlagen von REFA und DINTA.

Epoche der dualen landwirtschaftlichen Berufsbildung: Die Entwicklung der dualen landwirtschaftlichen Berufsausbildung beginnt für den Lernort Betrieb 1909 mit der Herausgabe der ersten offiziösen Ausbildungsunterlagen durch die DLG, für den Lernort Schule mit dem 1905 vom Fortbildungsschullehrer Leidig aus dem Großherzogtum Hessen erprobten und veröffentlichten Lehrplan für ländliche Fortbildungsschulen nunmehr mit systematischen Lehrinhalten für den Landwirtschaftsberuf. Nach jahrzehntelangem kontroversen Ringen um fachlich-pädagogische Ausformung und Etablierung der →Lernorte war 1935/36 mit dem Status einer ländlichen bzw. landwirtschaftlichen Berufsschule mit reichseinheitlichen Lehrplänen und einer für alle Landjugendlichen gültigen Ausbildungsordnung, die den gleichzeitigen Besuch der Berufsschule zur Ausbildungspflicht machte, das duale System der landwirtschaftlichen Berufsausbildung geboren.

Epoche der landwirtschaftlichen Berufsbildung im geteilten Deutschland: Nach 1945 wurde in der privatwirtschaftlich verfassten und föderal aufgebauten Bundesrepublik das Duale System weiterentwickelt. Das 1969 beschlossene →Berufsbildungsgesetz (BBiG) schränkte für die betriebliche Ausbildung den Gestaltungsrahmen der Landwirtschaftskammern zugunsten bundeseinheitlicher Ausbildungsregelungen ein. In dem 1972 zwischen Bund und Ländern vereinbarten „Gemeinsamen Ergebnisprotokoll" verpflichten sich beide Seiten zur Abstimmung von betrieblichen und berufsschulischen Lehrinhalten, wobei die →Berufsschulen der Länder durch die 1948 gegründete Kultusministerkonferenz (KMK) vertreten werden. Auf dieser Grundlage sind eine betriebliche Ausbildungsordnung und ein berufsschulischer Rahmenlehrplan für die Landwirtschaft in der alten Bundesrepublik nie verabschiedet worden. Die 1979 erlassene Berufsgrundbildungsjahr-Anrechnungs-Verordnung für die Landwirtschaft kodifiziert die Aufteilung der Ausbildung in berufsfeldbreite Grundbildung und berufliche Fachbildung. Das →Berufsfeld Agrarwirtschaft umfasst sieben Berufe. Die Berufsschullehrerausbildung landwirtschaftlicher Fachrichtung ist seit 1963 akademisiert und mit einem anschließenden zweijährigen Vorbereitungsdienst organisiert worden. Nach 1945 wurde in der Deutschen Demokratischen Republik (DDR) das duale System der landwirtschaftlichen Berufsausbildung zunächst unverändert fortgeführt, später aber im Zuge der Kollektivierung der Landwirtschaft durch berufliche Spezifizierung und ausbildungsmäßige Konzentrierung wesentlich verändert. Im Grunde blieb es aber dual, wenn auch sozialistisch. Die letzte amtliche „Systematik der Berufe" wies fünf landwirtschaftliche Grundberufe und neunzehn Spezialberufe aus. Die republikeinheitlichen Ausbildungsordnungen enthielten das Gesamt der betrieblichen und schulischen Ausbildungsinhalte, gliederten diese in berufstheoretischen und berufspraktischen Unterricht und unterschieden in Grundlagenfächer und Spezialisierungsrichtungen. Betriebsberufsschulen gab es nur für die Volkseigenen Güter (VEG), während die Auszubildenden der Landwirtschaftlichen Produktionsgenossenschaften (LPG) eine ortsnahe Betriebsberufsschule oder eine Kommunale Berufsschule besuchen mussten. Die Ausbildung der Lehrer an landwirtschaftlichen Berufs- und Fachschulen wurde sowohl wissenschaftlich als auch schulpraktisch von Universitäten durchgeführt.

Epoche der landwirtschaftlichen Berufsbildung im wiedervereinigten Deutschland: Beide Ausbildungssysteme wurden im Zuge der Wiedervereinigung 1989 durch Übernahme des BBiG und nach der Vereinigung 1990 durch länderspezifische Übernahme des westdeutschen Berufs- und Fachschulwesen wieder zusammengeführt, wobei die →Fachoberschule zum Erwerb der →Fachhochschulreife und die Landwirtschaftsschule als Fachschule heute besonders bedeutsam sind. 1995 wurde vom Bund die erste gemeinsame Ausbildungsordnung über die Berufsausbildung zum Landwirt und von der KMK der dazugehörige Rahmenlehrplan für die Berufsschule erlassen. Die Ausbildung der landwirtschaftlichen Berufs- und Fachschullehrer erfolgt zweiphasig, wobei der wissenschaftliche Teil an der Humboldt-Universität Berlin sowie an den Universitäten Gießen und München durchgeführt wird.

Die landwirtschaftliche Berufsbildung in Deutschland ist in den letzten Jahren auf Grund von Konzentration, Technisierung und Rationalisierung quantitativ stark zurückgegangen; die Tendenz hält weiter an.

Literatur: Bunk, G.P.: Die Entwicklung des dualen Systems landwirtschaftlicher Berufsausbildung. Ein Abriß im 60. Jahr seines Bestehens. In: Zeitschrift für Berufs- und Wirtschaftspädagogik 92 (1996), 1, S. 75-81 – Bunk, G.P.: Epochen landwirtschaftlicher Berufserziehung in Deutschland. In: Pädagogische Rundschau 50 (1996), 4, S. 419-452 – Büscher, K.: Entstehung und Entwicklung des landwirtschaftlichen Bildungswesens in Deutschland. Münster 1996 – Hudde, W./Schmiel, M.: Handbuch des landwirtschaftlichen Bildungswesens. München u.a. 1963 – Renner, K.: Quellen und Dokumente zur landwirtschaftlichen Berufsausbildung von ihren Anfängen bis zur Gegenwart. Quellen und Dokumente zur Geschichte der Berufsausbildung in Deutschland. Reihe C. Bd. 5. Hg. von Stratmann, Kw./Kümmel, K./Pätzold, G. Köln u.a. 1995 – Renner, K.: Zur Geschichte des landwirtschaftlichen Bildungswesens. Zeittafel. Pfaffenweiler 1992 – Röhlig, E.: Zur Geschichte der landwirtschaftlichen Berufsausbildung. In: Pädagogische Rundschau, 51 (1997), 2, S. 179-189 – Schmiel, M.: Landwirtschaftliches Bildungswesen. In: Handbuch der deutschen Bildungsgeschichte. Bde. II (1800-1870), IV (1870-1914), V (1918-1945), VI (1945 bis zur Gegenwart). München 1987 bis 1997

Gerhard P. Bunk (verstorben)

Gesellenprüfungsausschuss

Das Prüfungswesen für die Lehrlinge im Handwerk ist in den §§ 31 bis 40 der →Handwerksordnung (HwO) geregelt. Der G. (§ 33

HwO) ist ein spezieller Abschlussprüfungsausschuss (§ 36 Berufsbildungsgesetz, →Abschlussprüfung). Er ist das zuständige Organ für die Abnahme von Gesellenprüfungen im Kammergebiet. Jedes Handwerk im Kammergebiet hat einen eigenen G., es sei denn, Prüfgebiete sind zusammengelegt, und eine Kammer wird für mehrere Gebiete für zuständig erklärt.

Eine wesentliche Unterscheidung zum Abschlussprüfungsausschuss nach dem Berufsbildungsgesetz ist, dass die Handwerkskammer Innungen in ihrem Gebiet ermächtigen kann, Gesellenprüfungsausschüsse zu errichten (§ 33 Abs. 1 Satz 3 HwO), wenn die Leistungsfähigkeit der Innung die ordnungsgemäße Durchführung der Prüfung gewährleistet. Im Falle der Ermächtigung ist dann die Innung die zuständige Stelle im Sinne des Gesetzes, so dass insbesondere die Errichtung (Wahl) und die Organisation (Geschäftsführung) in den Zuständigkeitsbereich der ermächtigten Innung fallen.

Je nach Größe und Organisation einer Handwerkskammer wird von dieser Ermächtigung Gebrauch gemacht. Überschlägig kann gesagt werden, dass kleinere Kammern die Zuständigkeit bei sich belassen und größere Kammern Innungen zur Prüfung ermächtigen. So ist es nicht ausgeschlossen, dass in einem Kammergebiet für das gleiche Handwerk mehrere leistungsstarke Innungen eigene G. haben. Die Zuständigkeit und die Arbeitsweise des G. entsprechen derjenigen eines jeden Abschlussprüfungsausschusses.

Im Falle der Ermächtigung von Innungen bleibt die Handwerkskammer jedoch stets Rechtsaufsichtsstelle und ist insbesondere für Widerspruchsverfahren im Prüfungswesen zuständig.

Literatur: Aberle, H.G.: Die Deutsche Handwerksordnung. Kommentar. Berlin 1997, § 33, RNr. 1 ff. – Oberverwaltungsgericht für das Land Nordrhein-Westfalen. Münster: Urteil vom 18.05.1994; Aktenzeichen: 19 A 877/92 – Rückert, J.: Die Handwerkskammer als Widerspruchsbehörde bei Widersprüchen gegen innungseigene Gesellenprüfungsausschüsse. Gewerbearchiv 1986, S. 221 ff.

Jörg Rückert

Gewerbelehrer

Seit der Einrichtung von Gewerbeschulen im 19. Jh. verwendete, nicht amtliche Berufsbezeichnung für die Theorielehrer an gewerblich-beruflichen Schulen. Mit der Ausdifferenzierung des beruflichen Schulwesens im 19. u. 20. Jh. bilden sich auch unterschiedliche Lehrerkategorien heraus (G., Handelslehrer, Hauswirtschaftslehrer, Landwirtschaftslehrer; →Lehrer an berufsbildenden Schulen). Das Tätigkeitsfeld der G. weist aufgrund der durch technologische und arbeitsorganisatorische Entwicklungen ausgelösten Ausdifferenzierung vielfältige Spezialisierungen auf (z. B. Metalltechnik, Elektrotechnik, Bautechnik, Textil-Bekleidung, gewerblich-nichttechnische wie Fleischer etc.). G. unterrichten am gesamten Spektrum beruflicher Schulen, das länderspezifisch geprägt ist. Historisch erweist sich die Ausbildung der G. als sehr wechselhaft. Rekrutiert werden traditionell formal unterschiedlich qualifizierte Kandidaten, in den Anfängen z. B. nebenamtlich eingesetzte Praktiker, Ingenieure, Lehrer anderer Schularten, in einzelnen Ländern aber auch schon speziell an der TH ausgebildete Kandidaten. Bis in die Gegenwart wurden in erheblichem Umfang Dipl.-Ing. in das Referendariat übernommen. Erste grundständige Ausbildungen sind ab 1857/58 feststellbar (Polytechnische Schule Karlsruhe). Bis zur länderübergreifenden Akademisierung in den 60er Jahren, dominierten seminaristische Varianten, die nach 1930 an Berufspädagogischen Instituten angesiedelt waren. Heute erfolgt die wissenschaftliche Ausbildung überwiegend an Universitäten bzw. Technischen Hochschulen. In einzelnen Ländern (B-W; NRW) wurden auch Modelle unter Einbezug von Fachhochschulen etabliert (4-5 Jahre; →Ausbildung von Lehrern an beruflichen Schulen, I. Phase).

Die „berufspraktische" Ausbildung erfolgt an den Studienseminaren (2 bzw. 1,5 Jahre Ausbildung von Lehrern an beruflichen Schulen, II. Phase). Begleitet wird die universitäre Ausbildung seit ihren Anfängen durch Gestaltungsdebatten, neuerdings wird auch ihre institutionelle Anbindung wieder verstärkt in Frage gestellt. Erhebliche Veränderungen sind durch die Einführung von konsekutiven Studiengangmodellen (BA/MA) zu erwarten, die inzwischen an einzelnen Standorten begonnen hat und bis 2009 wohl in all jenen Ländern erfolgt, in welchen nicht am Staatsexamen festgehalten wird. Übergreifende Gestaltungsvorschläge wurden dazu von Seiten der Sektion Berufs- und Wirtschaftspädagogik in der Deutschen Gesellschaft für Erziehungswissenschaften vorgelegt.

Verbandsbildungen der G. datieren bereits im 19. Jh. Der 1948 entstandene Deutsche Verband der Gewerbelehrer trägt seit 1969 die Bezeichnung →Bundesverband der Lehrer an beruflichen Schulen. Quantitativ weniger bedeutend ist die Organisation der G. innerhalb der GEW.

Literatur: Bader R./Pätzold, G. (Hg.): Lehrerbildung im Spannungsfeld von Wissenschaft und Beruf. Dortmunder Beiträge zur Pädagogik. Band 15. Bochum 1995 – Lempert, W.: Der Gewerbelehrer. Eine soziologische Leitstudie. Stuttgart 1962 – Münk, D.: Der Gewerbelehrer als Anpassungsvirtuose. Ausbildungsanspruch und Berufswirklichkeit. Bielefeld 2001 – Nickolaus, R.: Gewerbelehrerausbildung im Spannungsfeld des Theorie-Praxis-Problems und unter dem Anspruch divergierender Interessen. Stuttgarter Beiträge zur Berufs- und Wirtschaftspädagogik. Band 21. Esslingen 1996 – Sommer, K.-H.: Schulische Berufs- und Wirtschaftspädagogik unter quantitativem und qualitativem Aspekt. In: Bonz, B./Sommer, K.-H./ Weber, G. (Hg.): Lehrer für berufliche Schulen. Lehrermangel und Lehrerausbildung. Stuttgarter Beiträge zur Berufs- und Wirtschaftspädagogik, Band 15. Esslingen 1992 – Stratmann, Kw./Pätzold, G. (Hg.): Universitäre Berufsschullehrerausbildung. Themenheft der Zeitschrift für Berufs- und Wirtschaftspädagogik 91 (1995), 5 – Ziegler, B.: Professionalisierung im Studium – Anspruch und Wirklichkeit. Stuttgarter Beiträge zur Berufs- und Wirtschaftspädagogik Band 25, herausgegeben von Reinhold Nickolaus, Aachen 2004

Reinhold Nickolaus

Gewerbliche Schulen

Unter „Gewerblichen Schulen" verstand man im 19. Jahrhundert alle Formen von berufs-, praxis- und ausbildungsbezogenen schulischen Einrichtungen, die deutlich von den allgemein bildenden Schulen abgegrenzt werden konnten. Insofern ist aus dieser Zeit auch eine Fülle von entsprechenden Schulbezeichnungen überliefert, wie z.B. gewerbliche Sonntags- oder →Fortbildungsschulen, gewerbliche Fachschulen oder Produktionsschulen, Provinzialgewerbeschulen (Preußen) oder aber Staatsgewerbeschulen (Österreich-Ungarn).

Heute bildet die Kategorie „Gewerbliche Schulen" einen – relativ unscharfen – Sammelbegriff für Ausbildungseinrichtungen, die berufliche Qualifikationen für den gewerblichen (d.h. mit Güterproduktion befassten) Wirtschaftssektor vermitteln. Hierzu zählen vor allem Handwerk und Industrie, deren organisatorisch eindeutige Abgrenzung voneinander bis heute Schwierigkeiten bereitet.

Gewerbliche Schulen sind also heute Schulen, die an der Qualifizierung für →Ausbildungsberufe in Handwerk und Industrie beteiligt sind, wie z.B. die gewerblichen →Berufsschulen oder gewerblichen →Berufsfachschulen. Da die Begriffe Gewerbe oder Gewerbeförderung heute in erster Linie zur Kennzeichnung von klein- und mittelbetrieblich bestimmten Wirtschaftsstrukturen verwendet werden, führen diese Schulen sehr oft die Bezeichnung „gewerblich-technisch", wenn sie auch für Industrieberufe qualifizieren.

Der Terminus „Gewerbeschule" wurde auch im Rahmen der deutschen Entwicklungshilfe reaktiviert. Er bezeichnet hier das Konzept einer Facharbeiterqualifizierung in schulischer Form, institutionell auf unsere Verhältnisse übersetzt also eine Art Berufsfachschule mit Vollqualifizierung (BFSq).

Literatur: Grüner, G.: Die gewerblich-technischen Berufsfachschulen in der Bundesrepublik Deutschland. Weinheim 1968 – Jost, W.: Gewerbliche Schulen und politische Macht. Zur Entwicklung des gewerblichen Schulwesens in Preußen in der Zeit von 1850-1880. Weinheim/Basel 1982 – Wissing, J.: Modell einer Facharbeiterschule für Entwicklungsländer. Weinheim 1961

Wolf-Dietrich Greinert

Gewerkschaft Erziehung und Wissenschaft (GEW)

Die Bildungsgewerkschaft GEW, die Gewerkschaft Erziehung und Wissenschaft, organisiert pädagogisch und wissenschaftlich ausgebildete Beschäftigte in Schule und Hochschule, Jugendhilfe, beruflicher Bildung und Weiterbildung. Die meisten Mitglieder hat die GEW im Schulbereich. Ursprünglich lag das Schwergewicht im Bereich Volks- und Sonderschule, inzwischen gibt es ein ausgeglichenes Verhältnis. Der Jugendhilfebereich umfasst heute 15 % der Mitgliedschaft.

Die GEW ist Gründungsmitglied des DGB und eine seiner 8 Gewerkschaften; sie entstand aus den Lehrervereinen, die 1933 aufgelöst und 1945 neu gegründet wurden. Die Erfahrungen mit der Weimarer Republik wie der nationalsozialistischen Herrschaft bewogen führende Mitglieder nach 1945, den Weg zu den Gewerkschaften zu suchen.

1990 entwickelte sich in der DDR aus kleinen Oppositionsgruppen die GEW; die Bildungsgewerkschaften des FDGB riefen zum Beitritt in die GEW auf und lösten sich auf.

Die Programmatik der GEW hat ihren Ursprung in den Lehrervereinen und wird wesentlich durch die gewerkschaftliche Bindung bestimmt, aber auch die politischen Positionen, die die sog. 68er Generation einbrachte. Die GEW will die strukturellen Benachteiligungen in der Interessenvertretung für Beamte überwinden (Vereinbarungsrecht auf dem Schritt zu einem einheitlichen Personalrecht im öffentlichen Dienst). Sie ist durch die neuen Länder zu einer Gewerkschaft geworden, in der die Angestellten die Mehrheit bilden.

Charakteristische bildungspolitische Positionen der GEW lassen sich insbesondere mit folgenden Stichworten benennen: Anerkennung eines eigenständigen Auftrages der Jugendhilfe, die Betonung des pädagogischen Charakters der Schule, Kritik des mehrgliedrigen Schulwesens und Förderung der Gesamtschule, Bemühen um die Gleichwertigkeit von beruflicher und allgemeiner Bildung, Selbstständigkeit von Kindern und Jugendlichen im Lernen, Öffnung des Zugangs zur Hochschule, Verbindung von Theorie und Praxis in der Ausbildung der Hochschulen, öffentliche Verantwortung für Weiterbildung, interkulturelles Lernen. Die Bildungspolitik der GEW ist eingebettet in die gewerkschaftlichen Vorstellungen von der Weiterentwicklung des Sozialstaates. Die Überantwortung von Bildung an den Markt wird abgelehnt.

Die GEW gliedert sich in 16 Landesverbände, die entsprechend der bildungspolitischen Verantwortung der Länder in ihrem Handeln relativ selbstständig sind. Die Landesverbände ihrerseits bestehen aus Kreisverbänden. Das höchste Beschlussorgan, der Gewerkschaftstag, tritt alle vier Jahre zusammen. Die GEW gehört der Bildungsinternationale an, deren Mitgründer (1993) sie ist.

Literatur: Die Deutsche Schule (Sonderheft 1974): 25 Jahre GEW – Gewerkschaftszeitung: Erziehung und Wissenschaft, insbes. seit 12/1989 – Geschäftsberichte, insbes. 1989-1993 und 1993-1997 – Kopitzsch, W.: Gewerkschaft Erziehung und Wissenschaft (GEW) 1947-1975. Grundzüge ihrer Geschichte. Heidelberg 1983 – Körfgen, P.: Der Aufklärung verpflichtet. Eine Geschichte der Gewerkschaft Erziehung und Wissenschaft. Weinheim/München 1986

Dieter Wunder

Gruppenlernen

Unter G. ist das Lernen einer Gruppe als soziales System zu verstehen. Der Begriff steht im Kontext neuer Gruppenarbeitsformen und findet in Betriebswirtschaftslehre, Organisations-

theorie und Berufsbildung Anwendung. Besonders im Konzept der lernenden Organisation (→Organisationales Lernen) kommt ihm neben dem Organisationslernen ein wichtiger Stellenwert zu. Der Begriff G. ist vom methodischen Begriff der Gruppen- bzw. Kleingruppenarbeit zu unterscheiden, hingegen werden G. und Teamlernen häufig synonym verwandt. G. bezieht sich aus Sicht der Berufsbildung auf die Prozesse, in denen Wissens- und Handlungsveränderungen einer Gruppe im lernenden Sinne stattfinden. →Lernen wird von einem individuellen zu einem kollektiven Vorgang, wobei kollektive Lernprozesse durch individuelle Lernpotentiale und Lernprozesse konstituiert werden und auf diese rückwirken. Die Ergebnisse des Lernens zeigen sich in veränderten Handlungen und erweitertem Wissen der Gruppe und einzelner Gruppenmitglieder. Zu unterscheiden sind informelles und intentionales G.: Informelles G. ist nicht organisiertes Lernen und Erfahrungslernen im Rahmen von Gruppenarbeit; intentionales G. ist organisiertes Lernen einer Gruppe, das gezielt auf Erfahrungen zurückgreift. In betrieblichen Beteiligungsgruppen wie →Qualitätszirkeln und in dezentralen Lernformen wie →Lerninseln ist die Verbindung von informellem und intentionalem Gruppenlernen konstitutiv (→Dezentrales Lernen). In berufsbildenden Schulen zielt intentionales G. auf kollektive Erfahrungen in →Arbeit und Beruf und wird zugleich als pädagogische Methode eingesetzt.
Semantisch ist der Begriff G. bisher nicht eindeutig gefasst. Eine Präzisierung ist mit der weiteren Entwicklung von Gruppenarbeit und darauf bezogener Lernformen vorzunehmen. In lerntheoretischer und wissenschaftstheoretischer Hinsicht ist zu klären, inwieweit G. als systemisch eigenständige oder als eine letztlich immer auf individuelles Lernen zu beziehende Kategorie zu verstehen ist.
Literatur: Dehnbostel, P./Walter-Lezius, H.-J. (Hg.): Didaktik moderner Berufsbildung. Standorte, Entwicklungen, Perspektiven. Bielefeld 1995 – Dehnbostel, P./Pahl, J.-P.: Erfahrungsbezogenes Gruppenlernen in Betrieb und Schule. In: berufsbildung 51 (1997), 44, S. 5 ff.; Selbach, R./Schneider, P: Lernen und Arbeiten im Team. Praxisfibel kooperative Berufsausbildung. Bielefeld 1994

Peter Dehnbostel

Handelshochschule

Begriffserklärung: Spezieller Hochschultyp zur akademischen Ausbildung des kaufmännischen Nachwuchses. Ende des 19. Jahrhunderts mit handelsbetrieblicher (betriebswirtschaftlicher) und wirtschaftspädagogischer Orientierung gegründet, später auch mit volkswirtschaftlicher, juristischer, steuerwissenschaftlicher Ausrichtung, wurden sie im wesentlichen von der Wirtschaft initiiert und unterstützt. Abschlüsse als Diplomkaufmann und Diplomhandelslehrer, später auch als Diplomsteuersachverständiger, Diplom-Bücherrevisor, Diplomvolkswirt und Diplomökonom. Im Verlauf des 1. Drittels des 20. Jahrhunderts erhielten die deutschen H. das Promotions- und Habilitationsrecht. Aufgrund ökonomischer, aber auch inhaltlicher Probleme wurde die Mehrzahl der in Deutschland gegründeten H. (1898 in Leipzig und Aachen, 1901 in Köln und Frankfurt a.M., 1906 in Berlin, 1908 in Mannheim, 1910 in München, 1915 in Königsberg und 1919 in Nürnberg) jedoch nach wenigen Jahrzehnten in Universitäten oder Technische Hochschulen eingegliedert. Lediglich die H. in Leipzig, Berlin, Königsberg und Nürnberg existierten bis 1945/46. Allein die H. Leipzig existiert – mit Unterbrechungen und in veränderter Form – bis heute.
Geschichte/Entwicklung/Institutionelle Herleitung: Erstmals wurde die Errichtung von H. von Paul Jacob Marperger (1656 bis 1730) gefordert. M. kritisiert in seiner 1715 erschienenen Schrift „So notwendige wie nützliche Fragen der Kaufmannschaft", die Situation der kaufmännischen Berufsbildung zu Beginn des 18. Jahrhunderts. Zugleich legt er weitsichtige

Vorstellungen über eine angemessene Kaufmannsbildung – einschließlich der Errichtung einer „Kaufmanns-Academie" – dar, die jedoch zu seiner Zeit nicht umgesetzt werden konnten.

Maßgeblich zu einer neuerlichen Entwicklung der Handelswissenschaft in Deutschland beigetragen hat die in der ersten Hälfte des 19. Jahrhundert beginnende industrielle Revolution, nachdem in den Jahren nach 1775 die betriebswirtschaftliche Forschung und Lehre an Bedeutung verloren hatte. Mit der Entwicklung der Produktion zur Massenproduktion und der Ausdehnung des Handels zum Welthandel entstanden bedeutende Anforderungen an die wissenschaftliche Ausbildung der Kaufleute, die dazu zwangen, die bereits mit dem Merkantilismus entstandene „Handlungswissenschaft" wieder verstärkt zu entwickeln.

Mit wachsender Bedeutung von Industrie und Handel trat jedoch bei deren sozialen Trägern zugleich das Gefühl der Einflusslosigkeit auf die Gesetzgebung gegenüber vor allem agrarischen Kreisen zutage, die in starkem Maße auf eine zu geringe wissenschaftliche Bildung des Handelsstandes zurückgeführt wurde.

Mit dem Wachstum der Produktion, der vor allem im letzten Drittel des vorigen Jahrhunderts stark einsetzenden internationalen Konkurrenz, erwuchsen neue Anforderungen an den Handelsstand, die die Universitäten einerseits weder befriedigen wollten noch konnten, für die andrerseits die bisherige – vor allem auf die praktische Erfahrung abstellende – Ausbildung in keiner Weise mehr ausreichte. Dringend gefordert wurde deshalb eine systematische, wissenschaftliche und zugleich praxisnahe Ausbildung auf betriebswirtschaftlichem Gebiet, die die neuesten Erkenntnisse aller relevanten Einzeldisziplinen in sich aufnahm. Ebenso wurde die Qualifizierung der Ausbildung von Handelsschullehrern gefordert. Die Errichtung der H. gilt daher zugleich als Geburtsstunde der akademischen Betriebswirtschaftslehre wie der →Wirtschaftspädagogik.

Namhafte Vertreter beider Disziplinen studierten und/oder lehrten an den H. (Richard Lambert, Robert Stern, Abraham Adler, Eugen Schmalenbach, Fritz Schmidt, Fritz Pape, Heinrich Nicklisch, Balduin Penndorf, Hermann Großmann, Karl von der Aa, Walther Löbner u.a.).

Unmittelbarer Ausgangspunkt für die Errichtung von H. im ausgehenden 19. Jahrhundert war die 1879 von Gustav von Mevissen verfasste „Denkschrift über die Gründung einer H. in Köln". Jedoch erst der 1895 in Braunschweig gegründete „Deutsche Verband für das kaufmännische Unterrichtswesen" unter Leitung von Richard Stegemann (1856 bis 1925) konnte die Forderungen der Wirtschaft umsetzen.

Status quo (Probleme, Aktuelles): Während (mit Ausnahme der Mannheimer) keine der um die Jahrhundertwende gegründeten H. das Jahr 1946 überlebte, sondern in Universitäten aufgegangen war, wurde 1953 in Leipzig eine „Hochschule für Binnenhandel" gegründet, die den Bedarf an akademisch gebildeten Binnenhandelsökonomen für die DDR befriedigen sollte. 1963 wieder geschlossen und in die Universität Leipzig eingegliedert, entstand sie 1969 als „H. Leipzig" erneut und widmete sich zunächst der Ausbildung von Diplomökonomen der Fachrichtung Binnenhandelsökonomik, später auch Rechnungsführung und Statistik sowie Wirtschaftsinformatik. Spezielle Ausbildungsschwerpunkte waren zudem Hotel- und Gaststättenwesen, Produktionsmittelhandel, Handelstechnologie und Warenkunde. Jedoch wurden keine Diplomhandelslehrer ausgebildet. Diese staatliche Einrichtung wurde im September 1992 geschlossen.

Perspektiven: Im Oktober 1992 wurde die „Handelshochschule Leipzig, gemeinnützige GmbH" gegründet, die als Träger einer neuen, privaten Handelshochschule Leipzig fungierte. Im Januar 1996 wurde die Hochschule eröffnet, bereits ab Februar begann die Ausbildung der ersten Studenten, mit dem zweiten Semes-

ter ebenso ein Promotionsstudiengang. Die private Bildungseinrichtung, maßgeblich von der Wirtschaft und dem Freistaat Sachsen unterstützt, hat sich seitdem zur Hochschule für eine „generalistische Managementausbildung auf höchstem wissenschaftlichen Niveau" profiliert.
Literatur: Raydt, H.: Handelshochschulen. In: Rein, W. (Hg.): Enzyklopädisches Handbuch der Pädagogik. Band 3. Langensalza 21903, S. 958-967 – Eckert, C.: Handels-Hochschulen. In: Doeberl, M. (Hg.): Das akademische Deutschland. Berlin 1930, S. 657-676 – Hasenack, W.: Zur Geschichte des deutschen Handelshochschul-Wesens. In: Betriebswirtschaftliche Forschung und Praxis 8 (1956), 11, S. 609-629 – Loebner, W.: Hochschulbildung des kaufmännischen Nachwuchses. In: Handbuch für das kaufmännische Schulwesen. Darmstadt 1963, S. 229-236 – Franz, H.: Betriebswirte in Deutschland 1900-1930: „Bürger" oder „Professionals". In: Tenfelde, K./Wehler, H.-U. (Hg.): Wege zur Geschichte des Bürgertums. Göttingen 1994, S. 249-272 – Zur Entwicklung der Betriebswirtschaftslehre in Deutschland: 100 Jahre Handelshochschule Leipzig; 1898-1998; [Festschrift anläßlich des 100-jährigen Gründungsjubiläums der Handelshochschule Leipzig am 25. April 1998], Leipzig 1998
Wolfram Fiedler

Handlungsorientierung

H. fungiert als regulative berufspädagogische Idee für Modernisierungsintentionen, die auf die mit dem sozioökonomischen und -technischen Wandel aufgeworfenen vielfältigen Fragen mit systemisch-ganzheitlichen Arbeits- und Qualifikationskonzepten sowie mit erweiterten Berufsbildungsprofilen antworten. Es geht um eine Rekonstruktion nichtdualistischer Arbeitskonzepte (Überwindung der tayloristisch begründeten Trennung von Kopf- und Handarbeit) sowie Bildungsauffassungen (Überwindung der sowohl vom Platonischen Idealismus wie vom materialistisch angelegten Empirismus und Sensualismus her legitimierten Trennung von materieller und ideeller Welt, von Wissen und Tun, von Denken und Handeln, von Arbeiten und Lernen).

Unter historischem Aspekt lassen sich in der Geschichte der beruflichen Bildung immer wieder einerseits dualistische Tendenzen, andererseits Bestrebungen zu ihrer Überwindung nachweisen. Antidualistische Programme konkretisierten sich in der gewerblich-technischen Ausbildung schwerpunktmäßig in projektbezogenen Arbeits- und Lernformen. Hier spannt sich der zeitliche Bogen von den sog. progetti der römischen Architektenakademie Accademia di San Luca ab 1596, über die amerikanische Projektbewegung zwischen 1850 und 1920 (z.B. Rogers, Dewey, Richards) sowie die deutsche Reformpädagogik (z.B. Kerschensteiner und Essig), bis hin zu den Projektausbildungsformen nachkriegsdeutscher Betriebsausbildung. In der kaufmännischen Ausbildung wurde schwerpunktmäßig auf Simulationsverfahren gesetzt. Durch Ausführen fiktiver Geschäftsfälle (Lerice 1610), durch Bürosimulation im schulischen Übungskontor (Büsch 1778), in Form sog. erdichteter Handlungen (Roux, 1802) oder im Prager Musterkontor (Odenthal, ab 1858) wurde in früheren Jahrhunderten und Jahrzehnten ebenso das Problem einer Integration von kaufmännischem Denken und Handeln zu lösen versucht wie heute in →Übungsfirmen, →Juniorenfirmen oder schulischen →Lernbüros.

Denkfiguren des philosophischen Dualismus (Tramm 1994) waren und sind mitbeteiligt an der mehr oder weniger polarisierend angelegten Unterscheidung von Allgemeinbildung und Berufsbildung, von allgemeinbildenden und berufsbildenden Fächern, von Lehrern für Fachtheorie und für Fachpraxis sowie von berufstheoretischer Aufgabenzuweisung an die →Berufsschule und berufspraktischer Funktionszuweisung an den Ausbildungsbetrieb. Kritisch in Frage gestellt wird dies heute durch die Programmatik der H., die sich auf drei berufspädagogisch relevanten Ebenen konkretisiert.

(1) Auf der *bildungspolitischen Leitbildebene* manifestiert sich „Handlungsorientierung" in den →Ausbildungsordnungen und Rahmenlehrplänen neugeordneter Ausbildungsberufe im Richtziel →„berufliche Handlungskompetenz" (erstmals 1987 bei den industriellen Elektro- und Metallberufen, 1991 bei den Büroberufen, im Berufsbildungsreformgesetz von 2005 unter der Bezeichnung „berufliche Handlungsfähigkeit" (§ 1, Abs. 3). Durch den Erwerb von →Schlüsselqualifikationen soll es angesteuert werden. Dabei geht es darum, komplexe berufliche Arbeitsaufgaben von der Planung, über die Ausführung, bis zur Kontrolle sachgerecht (Sachkompetenz), unter Anwendung aufgabenadäquater Arbeitsverfahren (Methodenkompetenz), in Kooperation mit Arbeitskollegen (Sozialkompetenz) sowie unter Beachtung berufsethischer und ökologischer Standards (Selbst- und Wertkompetenz) denkend und handelnd zu meistern (→Kompetenz). Dieser Leitbildwandel in der beruflichen Ausbildung lässt sich zum Beispiel für die kaufmännische Facharbeit mit der Formel „vom funktionsspezialisierten Sachbearbeiter zum computerunterstützten, funktionenintegrierenden Fallbearbeiter" umschreiben.

(2) Auf *didaktisch-curricularer Ebene* wird das Prinzip des handlungsorientierten beruflichen Situationsbezugs, in Abwägung von Persönlichkeitsprinzip, Wissenschaftsprinzip sowie Situationsprinzip als besonders bedeutsam erachteter curricularer Relevanzkriterien, zum Mittelpunkt curricularer Auswahl- und Strukturierungsentscheidungen (→Persönlichkeitsprinzip, →Situationsorientierung, →Wissenschaftsorientierung). Die deutsche Kultusministerkonferenz (KMK) empfiehlt in ihrer Rahmenvereinbarung von 1991 über die Berufsschule, die Unterrichtsarbeit an einer „Pädagogik der Handlungsorientierung" auszurichten. Dementsprechend schreiben die im Jahre 1996 von der KMK herausgegebenen Handreichungen für die Erarbeitung von Rahmenlehrplänen vor, dass deren Inhalte nach →Lernfeldern zu strukturieren sind. Diese durch Zielformulierungen beschriebenen thematischen Einheiten sollen sich an konkreten beruflichen Aufgabenstellungen und Handlungsabläufen orientieren. Dadurch erhofft man sich, zum „ganzheitlichen Lernen" anzuregen und die Durchführung von „ganzheitlich-handlungsorientierten Prüfungen" zu unterstützen. Diese Empfehlung wird von einzelnen Bundesländern sehr unterschiedlich interpretiert und lehrplanmäßig umgesetzt. Niedersachsen z.B. betont das Prinzip der Handlungssystematik, schafft die beruflichen Unterrichtsfächer ab und weist in der Stundentafel der kaufmännischen Berufsschule seit 1996 nur noch „berufsspezifischen Unterricht" mit zweiundzwanzig Gesamtwochenstunden aus (bezogen auf eine dreijährige →Ausbildungsdauer). Anders verfährt Baden-Württemberg. Dort wird die Fächerstruktur beibehalten. In die fachsystematischen Strukturen werden „handlungsorientierte Themen" integriert.

Über die Vermittlung bzw. das Aneignen von →Schlüsselqualifikationen eine theoriegeleitete berufliche Handlungskompetenz aufbauen zu wollen, hat ein Überdenken des beruflichen Theoriekonzepts und, damit verbunden, der pädagogischen Arbeitsteilung zwischen Ausbildungsbetrieb und Berufsschule zur Folge (Reetz 1991). Die je spezifischen Theorie- und Praxiselemente von Betrieb und Schule sind neu zu definieren und in den Lehr-Lernprozessen beider →Lernorte jeweils aufeinander zu beziehen. Dabei hat der Betrieb die berufspraktischen Arbeitssituationen mit einer Theorie des betriebsindividuellen beruflichen Handelns zu verknüpfen. Die Berufsschule wiederum hat ihre durch Wissenschaftssystematik strukturierte Theorie des allgemeinen beruflichen Handelns mit authentischen, simulierten oder symbolisch repräsentierten Formen praktischer Arbeitsaufgaben und -abläufe curricular zu verbinden.

(3) Auf *didaktisch-unterrichtlicher Ebene* soll durch eine handlungsorientierte Gestaltung

von Lehr-Lern-Situationen das Richtziel der →beruflichen Handlungskompetenz umgesetzt werden. Ein solcher handlungsorientierter Unterricht (Schelten 1994) lässt sich wie folgt charakterisieren: Er ist ein Unterrichtskonzept, in dem grundsätzlich das ganze Methodenrepertoire einsetzbar ist. Zielmäßig geht es um die Vermittlung von theoretischen Voraussetzungen für das Handelnkönnen in der Berufspraxis. Der Unterricht sieht das Erlernen eines Handelns auch in der Berufsschule vor. Theorie wird zu einem großen Teil über die Lösung komplexer beruflicher Aufgaben erarbeitet. Folgende unterrichtliche Bestimmungsgrößen sind zu beachten: Erstens, ein integrierter Fachraum, der zugleich theoretischen Unterricht und experimentell-praktische bzw. simulative Arbeit ermöglicht. Zweitens, komplexe Aufgabenstellungen und Lerngebiete, die über größere Zeiträume Lernziele und -inhalte aus mehreren Fächern bündeln greifender Unterricht). Drittens, eine innere →Differenzierung, welche die Schüler allein oder in Gruppen gemäß ihrer eigenen Leistungsfähigkeiten arbeiten lässt. Viertens, ein verändertes Rollenverständnis des Lehrers, der seine Schüler zu Selbstlernformen anleitet und diese dann organisiert. Fünftens, ein handlungssystematisches Vorgehen, das sich an didaktisch zu konstruierenden Handlungsregulationsschemata beruflicher Arbeitsaufgaben orientiert, ohne die notwendigen fachsystematischen Wissensstrukturen zu vernachlässigen.

Im Mittelpunkt steht das Handlungslernen (Reetz 1991) bzw. das Lernhandeln (Tramm 1992) als integratives Lernkonzept. Es akzentuiert die subjektiven und individuellen Lernaktivitäten im Sinne eines ganzheitlichen Lernens (→Ganzheitlichkeit). Das Konzept der vollständigen Lernhandlung bildet seinen Kern.

Hinsichtlich der theoretischen Grundlagen findet das antidualistische Konzept der H. eine zentrale Begründung in der strukturalistischen Kognitionspsychologie. Nach Aebli entwickelt sich das Denken in Kontinuität aus dem praktischen Handeln und dem Wahrnehmen. Wahrnehmen, Handeln und Denken sind Formen des Tuns mit der gemeinsamen Funktion und Zielsetzung der Beziehungsstiftung. In vielstufigen wechselweisen Aufbauprozessen entwickeln sich in struktureller Kontinuität Strukturen des Wahrnehmens, Denkens und Handelns, wobei das Denken neue Medien der Vergegenwärtigung von Handlungsstrukturen zu deren Sicherung und Ausbau einführt. Erziehung sollte daher nach Aebli dem heranwachsenden Menschen „Werkzeuge des Handelns" und „Werkzeuge des Denkens" vermitteln. Schulen sollten für ihn immer beides sein: Orte des praktischen Tuns bzw. zumindest des Wissens um praktisches Tun und zugleich Orte des (Nach)Denkens und der Reflexion.

Weitere wissenschaftliche Begründungsmuster verknüpfen in unterschiedlicher Kombination Elemente aus der Handlungsstrukturtheorie (Miller, Galanter, Pribram), der Handlungsregulationstheorie (Hacker, Volpert), der materialistischen Handlungstheorie (Leontjew, Rubinstein), aus kommunikations- und interaktionsbezogenen Handlungstheorien (Habermas, Lantermann), aus der sozialkognitiven Lerntheorie (Bandura), der genetisch-strukturellen Lerntheorie (Piaget), aus der Aneignungstheorie (Leontjev), der Theorie von der etappenweisen Ausbildung geistiger Handlungen (Galperin), aus dem Konzept mentaler Modelle (Tergan) und aus weiteren Kompetenz- und Lerntheorien (wie z.B. Bruner oder Dörner).

Unter evaluativen Aspekten bereitet die Implementierung des Konzepts der Handlungsorientierung erhebliche Probleme sowohl hinsichtlich der Umsetzung lernfeldorientierter Lehrpläne (Lipsmeier/Pätzold 2000) als auch bezüglich einer handlungsorientierten Unterrichtsgestaltung (Pätzold et al. 2003). Die curriculare und unterrichtliche Wirkungsforschung steckt in den Anfängen (Czycholl/Ebner 2005).

Literatur: Czycholl, R.: Handlungsorientierung und Kompetenzentwicklung in der beruflichen Bildung. In: Bonz, B. (Hg.): Didaktik der beruflichen Bildung. Baltmannsweiler 2001, S. 170-186 – Czycholl, R./ Ebner, H.G.: Handlungsorientierung in der Berufsbildung. In: Arnold, R./Lipsmeier, A. (Hg.): Handbuch der Berufsbildung. Opladen ²2005 – Kaiser, F.-J./ Weitz, B.O. et al.: Arbeiten und Lernen in schulischen Modellunternehmen. Neue Informationstechnologien und Datenverarbeitung im Berufsfeld Wirtschaft und Verwaltung. Verbindung von berufspraktischer und theoretischer Arbeit (Ausbildung) im Lernbüro. Bad Heilbrunn. Bd. 1/1990, Bd. 2/1991 – Lipsmeier, A./ Pätzold, G. (Hg.): Lernfeldorientierung in Theorie und Praxis. Zeitschrift für Berufs- und Wirtschaftspädagogik. Beiheft 15. Stuttgart 2000 – Pätzold, G. (Hg.): Handlungsorientierung in der beruflichen Bildung. Frankfurt a.M. 1992 – Pätzold, G. et al.: Lehr-Lern-Methoden in der beruflichen Bildung. Eine empirische Untersuchung in ausgewählten Berufsfeldern. Beiträge zur Berufs- und Wirtschaftspädagogik, Band 18. Oldenburg 2003 – Reetz, L.: Handlungsorientiertes Lernen in Betrieb und Schule unter dem Aspekt pädagogischer Arbeitsteilung im dualen Berufsausbildungssystem. In: Aschenbrücker, K./ Pleiß, U. (Hg.): Menschenführung und Menschenbildung. Perspektiven für Betrieb und Schule. Baltmannsweiler 1991, S. 267-279 – Schelten, A.: Moderner Unterricht in der Berufsschule. Herausforderungen für die Zukunft. In: Gewerkschaftliche Bildungspolitik (1994), 6-7, S. 142-148 – Tramm, T.: Die Überwindung des Dualismus von Denken und Handeln als Leitidee einer handlungsorientierten Didaktik. In: Wirtschaft und Erziehung 46 (1994), 2, S. 39-48 – Tramm, T.: Konzeption und theoretische Grundlagen einer evaluativ-konstruktiven Curriculumstrategie – Entwurf eines Forschungsprogramms unter der Perspektive des Lernhandelns. Göttingen 1992

Reinhard Czycholl

Handwerkliches Bildungswesen

Unter dem h. B. wird hier eine primär gewerblich-technische Ausrichtung der beruflichen Erstausbildung sowie der beruflichen Weiterbildung verstanden. Träger dieser somit speziellen beruflichen Bildung sind Handwerksbetriebe als Gewerbebetriebe, d. h. jene Unternehmungen, die ein Gewerbe der Anlagen A oder B zur →Handwerksordnung (HwO) handwerksmäßig betreiben und deren Inhaber in der Handwerksrolle eingetragen sind, sowie die Bildungseinrichtungen der Handwerksorganisation, insbesondere der Handwerkskammern sowie Handwerksinnungen. Die 55 Handwerkskammern sind dabei für die Berufsbildung aller Handwerke zuständig, wo hingegen 6262 Innungen als Zusammenschlüsse gleicher oder ähnlicher Handwerke berufsspezifische Aus- und Weiterbildungsdienstleistungen übernehmen.

Berufliche Erstausbildung: Ziel der beruflichen Erstausbildung im Handwerk ist eine breit angelegte berufliche Grundbildung sowie das Erlernen der für die Ausübung eines Handwerksberufes notwendigen fachlichen Fertigkeiten und Kenntnisse in einem der Handwerke, die in der Anlage A zur HwO als Gewerbe aufgeführt sind und gemäß § 25 HwO als staatlich anerkannte →Ausbildungsberufe gelten. Die Handwerksberufe sind in der HwO den Gewerbe- bzw. Berufsgruppen Bau- und Ausbau; Elektro und Metall; Holz; Bekleidung, Textil und Leder; Nahrungsmittel; Gesundheits- und Körperpflege sowie chemische Reinigung; Glas, Papier, Keramik und sonstige Handwerke zugeordnet.

Berufliche Erstausbildung im Handwerk erfolgt im →Dualen System, d. h. alternierend in den Handwerksbetrieben, den überbetrieblichen Ausbildungsstätten (→überbetriebliche Ausbildung) sowie den →Berufsschulen. Das Schwergewicht der Berufsausbildung liegt dabei auf der betrieblichen Seite, d. h. Lehren und Lernen finden vorwiegend unter realen Produktionsbedingungen in den Werkstätten der Betriebe, beim Kunden vor Ort bzw. auf Baustellen statt. Handwerkliche Erstausbildung steht damit für ein Ausbildungskonzept, das besonders lebensnah ausgerichtet ist und den →Auszubildenden (Lehrlingen) vielfältige bzw. differenzierte Lehr-/Lern- und damit Entwicklungsmöglichkeiten offeriert. Ihren Ausdruck findet diese Mehrperspektivität u.a.

auch in Ausbildungsinitiativen für besonders Begabte über sog. Zusatzqualifizierungen, wie z. B. im Betriebsassistentenmodell, oder über Ausbildungsinitiativen für Jugendliche mit schlechteren Startchancen (sog. Benachteiligte). Als Ordnungsunterlagen der betrieblichen Berufsausbildung dienen (öffentlich-rechtliche) →Ausbildungsordnungen, in denen u. a. die →Ausbildungsdauer, das Ausbildungsberufsbild, der Ausbildungsrahmenplan sowie die Prüfungsanforderungen festgelegt sind. Insbesondere das Ausbildungsberufsbild grenzt den thematischen Fokus des jeweiligen Ausbildungsgangs ab, der dann im dazugehörigen Ausbildungsrahmenplan im Rahmen einer curricularen Struktur konkretisiert wird. Die Ausbildungsordnungen werden vom Bundesminister für Wirtschaft und Arbeit im Einvernehmen mit dem Bundesminister für Bildung und Forschung erlassen. Für die Durchführung der betrieblichen Berufsausbildung im Handwerk zeichnen in der Regel die Handwerksmeister verantwortlich, die nach § 21 HwO als Ausbildende persönlich und fachlich geeignet sein müssen. Da die Handwerksbetriebe als Ausbildungsbetriebe unterschiedliche Spezialisierungsgrade aufweisen, werden die betrieblichen Lehraktivitäten durch Angebote der überbetrieblichen Ausbildungsstätten ergänzt. Damit wird möglichen Nachteilen einzelbetrieblicher Spezialisierungen für die Erreichung des Ausbildungsziels einer umfassenden beruflichen Grundbildung von vornherein begegnet. Die Ausbildung im Handwerksbetrieb erfolgt aufgrund der stark ausgeprägten Konvergenz von Arbeits- und Lernplatz im Zusammenhang mit der Abwicklung von Kundenaufträgen. Deshalb liegen die methodischen Schwerpunkte handwerksbetrieblicher Ausbildung im Methodenkonzept des auftragsorientierten Lernens. Erfolgskontrollen der betrieblichen Berufsausbildung sind im Handwerk über Zwischen- und Gesellenprüfungen organisiert, die von den Handwerkskammern bzw. den Innungen (im Auftrage der Handwerkskammern) durchgeführt werden. Den Handwerkskammern obliegen darüber hinaus nach den Vorschriften der Handwerksordnung (§ 41a HwO) die Überwachung der Durchführung der Berufsausbildung sowie ihre Förderung durch Beratung der Ausbildenden und Auszubildenden durch ihre →Ausbildungsberater. Von den Innungen wird auf freiwilliger Basis durch den →Lehrlingswart ebenfalls eine (berufsspezifische) Ausbildungsberatungsfunktion erfüllt. Grundlage für die schulischen Ausbildungsanteile sind die Rahmenlehrpläne, die dem Kompetenzbereich der Länder unterliegen. Die Hauptschüler erreichen mit knapp 50% den höchsten Ausbildungsanteil im Handwerk, gefolgt von den Realschülern, die mit rund 30% am Gesamtauszubildendenaufkommen repräsentiert sind. 3,8% der Auszubildenden im Handwerk verfügen über eine Hoch-/Fachhochschulreife. Damit gehören Abiturienten im Handwerk, wie auch Jugendliche mit schlechteren Startchancen (vormals: Benachteiligte), zu den sog. besonderen Zielgruppen in der Ausbildung. Darüber hinaus zählt das Handwerk für →ausländische Jugendliche neben Industrie und Handel zum bedeutendsten Ausbildungsbereich.

Berufliche Weiterbildung: Berufliche Weiterbildung im Handwerk ist nach Maßgabe der Zielvorstellung organisiert, den im Handwerk als Gesellen, Meister oder als sonstige Angestellte Tätigkeiten die Erhaltung, Erweiterung oder Anpassung ihrer beruflichen Kenntnisse und Fertigkeiten zu ermöglichen. Aus diesem Grunde dient Weiterbildung im Handwerk in erster Linie der Anpassung von beruflichen Fähigkeiten an die gewerblich-technischen Entwicklungen sowie dem persönlichen beruflichen Aufstieg. Neben speziellen gewerbebezogenen Veranstaltungen zur Weiterbildung, wie z. B. Lehrgänge zur CNC-Technik oder zur Technik des betrieblichen Rechnungswesens, zählen insbesondere die Meistervorbereitungslehrgänge als spezielle Weiterbildungsangebote für Gesellen sowie die Unternehmensführungslehrgänge zu unterschiedlichen thematischen Schwerpunkten, wie z.B. Umweltschutz, Betriebswirtschaftslehre oder Gestaltung, als spezielle Weiterbildungsangebote insbesondere für Meister zu den bedeutendsten Weiterbildungsveranstaltungen des Handwerks. Aufgrund ihrer Organisation in den Gewerbeförderungseinrichtungen der Handwerkskammern bzw. Innungen verweisen die methodischen Standards in diesen Lehrgängen auf eine typische Lehrgangsmethodik, d.h. in fachpraktischen Lehrgängen herrschen typische Unterweisungsformen, in fachtheoretischen Lehrgängen dozenten- und teilnehmerzentrierte Methoden vor (→Lehrgangsformen). Wie z. B. neuere Lehrgangsmaterialien zur Gestaltung der Meistervorbereitung und -prüfung dokumentieren, scheinen sich auch im h. B. zunehmend handlungsorientierte Lehrgangskonzepte durchzusetzen. Bis auf Meisterprüfungen, die von staatlichen Prüfungsbehörden nach § 47 HwO durchgeführt werden und thematisch über Rechtsverordnungen (Berufsbild und Prüfungsanforderungen) nach § 45 HwO geregelt sind, liegt die Prüfungshoheit und damit die Organisation der Lehr-/Lernerfolgskontrolle in der handwerklichen Weiterbildung bei den zuständigen Stellen, d. h. vor allem bei den Handwerkskammern.

Literatur: Bundesministerium für Bildung und Forschung (Hg.): Berufsbildungsbericht 2004. Berlin 2004 – Esser, F. H./Twardy, M. (Hg.): Berufsbildung im Handwerk: Kontinuität und Perspektiven. Festschrift anlässlich des 50jährigen Jubiläums des Forschungsinstituts für Berufsbildung im Handwerk an der Universität zu Köln (FBH). Paderborn 2002 – Reetz, L./Seyd, W.: Curriculare Strukturen beruflicher Bildung. In: Arnold, R./Lipsmeier, A. (Hg.): Handbuch der Berufsbildung. Opladen 1995, S. 203-219 – Stratenwerth, W.: Auftragsorientiertes Lernen im Handwerk. Köln 1991 – Verlagsanstalt Handwerk: Gesetz zur Ordnung des Handwerks (Handwerksordnung) und ergänzende Vorschriften. 32. Auflage, Düsseldorf 2004

Martin Twardy

Handwerksordnung

Das Gesetz zur Ordnung des Handwerks (HwO), verkündet am 17.9.1953, bildet in der Fassung der Bekanntmachung vom 24.9.1998 (zuletzt geändert 24.12.2003) die Grundlage des heutigen Handwerksrechts in der Bundesrepublik Deutschland. Mit dieser Handwerksordnung wurde ein umfangreiches Ordnungs- und Berufs(aus)bildungsrecht geschaffen, das u. a. den Großen →Befähigungsnachweis (Meisterprüfung), die handwerkliche Berufsausbildung und -weiterbildung, die Organisation des Handwerks und die Zuerkennung der öffentlich-rechtlichen Körperschaft für die Innungen, Kreishandwerkerschaften und Kammern regelt (→Handwerkliches Bildungswesen).

Im Mittelpunkt der letzten HwO-Novellierung mit Wirkung vom 01.01.2004 stand die Förderung von Existenzgründungen im Handwerk durch wirtschaftspolitische Deregulierung sowie Abbau von Marktzutrittsbeschränkungen. Die bis dahin als Vollhandwerke geltenden 94 Gewerbe wurden in 41 zulassungspflichtige Handwerke (Anlage A zur HwO) sowie 53 zulassungsfreie Handwerke (Anlage B, Abschnitt 1 zur HwO) aufgeteilt. Darüber hinaus wurden in der Anlage B, Abschnitt 2 zur HwO 57 handwerksähnliche Gewerbe ausgewiesen. Während in zulassungspflichtigen Handwerken die bestandene Meisterprüfung grds. Voraussetzung für die selbstständige Ausübung eines Handwerks ist, erfolgt die Ablegung einer Meisterprüfung in zulassungsfreien Handwerken auf freiwilliger Basis. Durch die Altgesellenregelung gem. § 7a HwO darf auch ein Geselle ein zulassungspflichtiges Handwerk selbstständig ausüben. Dazu muss er nach Abschluss der Gesellenprüfung mindestens sechs Jahre, davon vier oder mehr Jahre in leitender Funktion, tätig gewesen sein. Eine weitere Änderung der HwO bezieht sich auf den Wegfall des Inhaberprinzips. Natürliche und juristische Personen sowie Personengesellschaften können als Inhaber eines zulassungspflichtigen Handwerksbetriebes geführt werden, wenn sie einen Betriebsleiter bestellen, der die oben genannten Bedingungen (bestandene Meisterprüfung oder Altgesellenregelung) erfüllt. Zur finanziellen Entlastung neu gegründeter Handwerksbetriebe werden diese gem. § 113, Abs. 2 HwO unter bestimmten Voraussetzungen für die ersten Jahre nach Betriebsanmeldung teilweise von der Beitragspflicht zur Handwerkskammer befreit. Um die Leistungsfähigkeit und -kraft des Handwerks zu fördern, wurde in den Handwerken der Anlage A zur HwO am Großen Befähigungsnachweis in Form der Meisterprüfung festgehalten. Mit dieser Prüfung ist festzustellen, ob der Prüfling befähigt ist, einen Handwerksbetrieb selbstständig zu führen und →Auszubildende ordnungsgemäß auszubilden (§ 46 HwO). Als Handwerksmeister gilt somit derjenige, der in einem Handwerk die Meisterprüfung erfolgreich abgelegt hat (§§ 51, 51a und 51b HwO). In Teil IV der HwO sind konkrete Regelungen zur Organisation des Handwerks bezüglich der Handwerksinnungen (§§ 52 – 78 HwO), der Innungsverbände (§§ 79 – 85 HwO), der Kreishandwerkerschaften (§§ 86 – 89 HwO) und der Handwerkskammern (§§ 90 – 116 HwO) enthalten. Die Innungen des Handwerks sind Körperschaften des öffentlichen Rechts, in denen sich selbstständige Handwerker desselben Handwerks oder einander fachlich und wirtschaftlich nahe stehender Handwerke freiwillig zusammenschließen. Neben der Förderung der gemeinsamen gewerblichen Interessen ihrer Mitglieder regeln und überwachen die Innungen die Berufsaus- und -weiterbildung. Ferner errichten sie →Gesellenprüfungsausschüsse und nehmen die Gesellenprüfungen ab, sofern diese Aufgabe von Seiten der Handwerkskammern an die Innungen übertragen wurde. Organe der Handwerksinnung sind die Innungsversammlung, der Vorstand und die Ausschüsse, z.B. Lehrlings- (§ 67, Abs. 2 und 3 HwO) und Gesellenausschüsse (§ 68 HwO). In den Innungsverbänden schließen sich die Innungen eines Fachbereiches auf Landesebene freiwillig zusammen. Gegenüber den Innungen sind diese juristische Personen des Privatrechts. Die Kreishandwerkerschaften stellen einen Zusammenschluss aller Handwerksinnungen eines Stadt- oder Landkreises dar und sind Körperschaften des öffentlichen Rechts. Innungen und Kreishandwerkerschaften vertreten in erster Linie die Interessen selbstständiger Handwerker. Handwerkskammern hingegen die Interessen aller Handwerker, d.h. auch der →Auszubildenden und Gesellen. Bei dieser Körperschaft des öffentlichen Rechts besteht Zwangsmitgliedschaft. Organe sind gem. § 92 HwO die Vollversammlung (Plenum von gewählten Mitgliedern, wobei zwei Drittel selbstständige Handwerker und ein Drittel angestellte Mitarbeiter sein müssen), der Vorstand und die Ausschüsse. Zu den Aufgaben der Handwerkskammern gehört u. a. die Förderung des Handwerks, die Führung der Handwerks- und Lehrlingsrolle, Regelung der Berufsausbildung, Förderung der Weiterbildung von Gesellen und Meistern, Errichtung von Prüfungsausschüssen und Erlass der Gesellen- und Meisterprüfungsordnungen. 2003 bestanden in der Bundesrepublik Deutschland 55 Handwerkskammern, 347 Kreishandwerkerschaften und 6262 Innungen.

Literatur: de Fries, S. M.: Die rechtliche Regelung der Berufsausbildung und Berufsausübung im Handwerk. Bergisch Gladbach 1994 – Verlagsanstalt Handwerk: Gesetz zur Ordnung des Handwerks (Handwerksordnung) und ergänzende Vorschriften. 32. Auflage, Düsseldorf 2004 – Zentralverband des Deutschen Handwerks (Hg.): Handwerk 2003. Berlin 2004

Martin Twardy

Hochschulzugang Berufserfahrener ohne Abitur

Der Hochschulzugang Berufserfahrener ohne Abitur ist die Möglichkeit der Aufnahme eines Studiums an einer →Fachhochschule, wissenschaftlichen Hochschule oder Universität auf der Grundlage von beruflichen Qualifikationen (Berufserfahrung) für studieninteressierte Personen, die keine schulische Hochschulzugangsberechtigung besitzen. Die Zugangsvoraussetzungen sind in den Hochschulgesetzen der Länder festgelegt. Sie umfassen in der Regel eine abgeschlossene Berufsausbildung, eine vorgeschriebene Mindestdauer von Berufstätigkeit (oder vergleichbarer Tätigkeit) und ggf. Fort- und Weiterbildungsabschlüsse. Der Zugang kann auf zwei Wegen erfolgen: über eine Eignungsprüfung/Einstufungsprüfung, bei der die Berufserfahrenen in schriftlichen Klausuren und im Gespräch mit Mitgliedern eigens zusammengesetzter Kommissionen ihre Qualifikation nachweisen müssen und unter Umständen in ein höheres als das erste Semester eingestuft werden können, oder über ein Probestudium bzw. einen Direktzugang. Hier ist in der Regel ein Fortbildungsabschluss (Meister, Techniker o.ä.) vorgeschrieben. Während bei einem Probestudium zunächst eine vorläufige Zulassung für zwei bis vier Semester erfolgt, wird bei dem Direktzugang auf Beschränkungen verzichtet. Der Hochschulzugang Berufserfahrener ohne Abitur, auch „Dritter Bildungsweg" genannt, wurde vereinzelt bereits seit Anfang der siebziger Jahre ermöglicht und Anfang der neunziger Jahre verstärkt geschaffen. Inzwischen gibt es diesen Sonderweg für Berufserfahrene in fast allen Bundesländern. Er ist abzugrenzen von der sog. Begabtenprüfung, bei der ausschließlich gymnasiale Inhalte Gegenstand der Prüfung sind. Im Gegensatz dazu wird hier davon ausgegangen, dass (Praxis-)Erfahrungen in Verbindung mit den in Aus- und Weiterbildung erworbenen Qualifikationen in die Lage versetzen, erfolgreich ein Fach-/Hochschulstudium zu absolvieren. Der Hochschulzugang Berufserfahrener ohne Abitur wird in den einzelnen Bundesländern und an den Fach-/Hochschulen unterschiedlich verwirklicht. Eine wechselseitige Anerkennung der Ergebnisse der verschiedenen Zugangswege gibt es zwar nicht, aber durch den Beschluss der Ständigen Konferenz der Kultusminister der Länder in der Bundesrepublik Deutschland (KMK) vom 28.02.1997 zur „Anerkennung von Diplomvor- und Zwischenprüfungen zum Zwecke des Weiterstudiums an einem anderen Studienort" wird eine wechselseitige Anerkennung der Zwischenprüfungen und Vordiplome unabhängig vom jeweiligen Zugangsweg sichergestellt und die Möglichkeit eröffnet, das Studium auch in einem nach Maßgabe des Landesrechts „entsprechenden" Studiengang fortzusetzen.

Literatur: Bundesministerium für Bildung und Wissenschaft (Hg.): Beruf und Studium. Studienerfahrungen und Studienerfolg von Berufstätigen ohne Reifezeugnis. Bonn 1986 – Isserstedt, W.: Studieren ohne schulische Hochschulzugangsberechtigung. Hannover 1994 – Kluge, N./Scholz, W.-D./Wolter, A. (Hg.): Vom Lehrling zum Akademiker. Oldenburg 1990 – Mucke, K./Schwiedrzik, B. (Hg.): Studieren ohne Abitur. Berufserfahrung – ein „Schrittmacher" für Hochschulen und Universitäten. Bielefeld 1997 – Sekretariat der Ständigen Konferenz der Kultusminister der Länder in der Bundesrepublik Deutschland –KMK (Hg.): Synoptische Darstellung der in den Ländern bestehenden Möglichkeiten des Hochschulzugangs für beruflich qualifizierte Bewerber ohne schulische Hochschulzugangsberechtigung auf der Grundlage hochschulrechtlicher Regelungen. Stand: März 2003 – Wolter, A. (Hg.): Die Öffnung des Hochschulzugangs für Berufstätige. Oldenburg 1991

Kerstin Mucke

Individualisierung und Binnendifferenzierung in der Berufsausbildung

Individualisierung wird die konzeptionelle Orientierung einer Berufsausbildung genannt, in der auf der Basis der rechtlichen Vorgaben (insbesondere der betrieblichen Ausbildungsrahmenpläne und der schulischen Rahmenlehrpläne) der Entwicklungs- und Ausbildungsstand des einzelnen Jugendlichen die entscheidende Orientierungsgröße für die Planung und Durchführung von Ausbildung und Berufsschulunterricht ist. Die Bedeutung der

Individualisierung für eine erfolgreiche Ausbildung ist in den vergangenen Jahren in der sozialpädagogisch orientierten Berufsausbildung benachteiligter Jugendlicher sehr deutlich zutage getreten. Sie ist die konzeptionelle Voraussetzung für eine Binnendifferenzierung von Ausbildung und Unterricht.

Unter Binnendifferenzierung (synonym auch innere Differenzierung genannt) wird die geplante Herausbildung und pädagogisch begründete Anwendung didaktischer Verschiedenheiten innerhalb der Lerngruppe einer Ausbildungsstätte (z.B. Jahrgangsgruppe der Auszubildenden eines Betriebes) verstanden. Die Binnendifferenzierung von Ausbildung und Unterricht kann auf zwei Ebenen ansetzen: auf der Ebene der Durchführung von Ausbildungsmaßnahmen und auf der interaktiven Ebene zwischen Jugendlichen und ihren →Ausbildern bzw. Lehrern (z.B. die Häufigkeit von Unterweisungen und ihre Angemessenheit in Bezug auf die Vorkenntnisse und das Aufnahmevermögen der einzelnen Jugendlichen).

Bei der Durchführung von Maßnahmen der Binnendifferenzierung kann man unterscheiden zwischen einer
1. thematisch-inhaltlichen Binnendifferenzierung (z.B. Vermittlung zusätzlicher Inhalte),
2. Binnendifferenzierung der Lernzeiten (z.B. Verkürzung der Ausbildungszeiten),
3. methodisch/medialen Binnendifferenzierung (z.B. Einsatz verschiedener Ausbildungsmethoden und Medien),
4. sozialen Binnendifferenzierung (z.B. pädagogisch intendierte Zusammenstellung von Lerngruppen).

Insbesondere im Vorfeld der Gründung von Gesamtschulen sind Fragen der →Differenzierung des Unterrichts diskutiert worden, wobei sich in der Schulpädagogik das Begriffspaar „äußere" und „innere" Differenzierung durchgesetzt hat. Von äußerer Differenzierung spricht man, wenn der Unterricht lerngruppenübergreifend, z.B. nach Geschlecht, Leistung oder Interesse differenziert wird. Die innere Differenzierung bezieht sich auf den Unterricht in der einzelnen Schulklasse. Er kann z.b. durch Kleingruppenbildung oder durch Phasen von Alleinarbeit besser an die Gegebenheiten der einzelnen Schüler angepasst werden.

In der Berufsausbildung wird unter äußerer Differenzierung eine nach Ausbildungsgängen, Berufen oder spezifischen Adressaten differenzierte Ausbildung verstanden. Angesichts einer zunehmenden Spannweite im Leistungsvermögen der Auszubildenden nimmt die Bedeutung einer Differenzierung von Ausbildung und Berufsschulunterricht zu. Im Kern geht es dabei um die Frage, ob in der Berufsausbildung vermehrt Formen der äußeren Differenzierung (z.B. spezielle Berufe für Jugendliche ohne Hauptschulabschluss) eingeführt werden sollen oder ob innerhalb bestehender Ausbildungsgänge und Berufe durch den verstärkten Einsatz von Maßnahmen der Binnendifferenzierung dem unterschiedlichen Leistungsvermögen der Jugendlichen Rechnung getragen werden soll.

Aktuelle empirische Befunde zur Praxis der Binnendifferenzierung sprechen eher dafür, dass in der betrieblichen Berufsausbildung Maßnahmen der Binnendifferenzierung weitgehend unabhängig von Persönlichkeitsmerkmalen der Jugendlichen eingesetzt werden. Hingegen verstehen es Ausbilder in der Regel gut, sich in der unterweisungsbezogenen Interaktion auf den einzelnen Jugendlichen einzustellen.

An →Berufsschulen wird der gruppenspezifische Einsatz von Maßnahmen der Binnendifferenzierung an Stellenwert gewinnen. Noch überwiegen Formen des lehrerzentrierten Unterrichts, wobei die Lehrer dazu neigen, sich eher an den Fähigkeiten leistungsfähigerer Schüler auszurichten, obwohl sie sich dessen bewusst sind, dass sich die Berufsschule gerade auch auf lernschwächere Schüler einstellen muss.

Literatur: Arnold, R. u.a.: Innere und äußere Differenzierung in Fachklassen der Berufsschule. Ministerium für Bildung und Kultur Rheinland-Pfalz. Schulversuche und Bildungsforschung. Berichte und Materialien. Mainz 1993 – Franke, G., unter Mitarbeit von Fischer, M.: Individualisierung und Differenzierung in der Berufsausbildung. Schriften zur Berufsbildungsforschung, Bd. 62. Hg. vom Bundesinstitut für Berufsbildung. Berlin 1982 – Zielke, D./Lemke, I., unter Mitarbeit von Popp, J.: Außerbetriebliche Berufsausbildung benachteiligter Jugendlicher. Anspruch und Realität. Berichte zur beruflichen Bildung. Heft 94. Hg. vom Bundesinstitut für Berufsbildung. Berlin/Bonn 1993

Dietmar Zielke

Industrie- und Handelskammern/DIHK

Die 81 Industrie- und Handelskammern (IHKs) haben als öffentlich-rechtliche Selbstverwaltungskörperschaften der Wirtschaft die Aufgabe, das Gesamtinteresse der gewerblichen Wirtschaft ihres jeweiligen Bezirks wahrzunehmen und die ihnen zugehörigen Unternehmen zu betreuen. Durch die regionale Gliederung, die das gesamte Bundesgebiet erfasst, bringen sie darüber hinaus die spezifischen regionalen Belange zur Geltung. Sie sind personell, finanziell und organisatorisch unabhängig, unterliegen aber infolge ihres öffentlich-rechtlichen Status und ihrer hoheitlichen Aufgaben der staatlichen Rechtsaufsicht. Vorgänger der Industrie- und Handelskammern wurden in der französischen Besatzungszeit eingerichtet und bald (ab 1830) durch die preußische Gesetzgebung umgewandelt zu Selbstverwaltungskörperschaften mit eigenen Wahlen, eigener Finanzierung, mit Betonung der Beratung des Staates, der Betreuung und Förderung ihrer Mitgliedsbetriebe und der Selbsthilfe für die Unternehmen.

Kraft Gesetzes (IHK-Gesetz vom 18.12.1956 in der Fassung vom 24.12.2003) gehören den Industrie- und Handelskammern alle Gewerbetreibenden an mit Ausnahme des Handwerks und der handwerksähnlichen Betriebe (die in Handwerkskammern organisiert sind). Damit haben die Industrie- und Handelskammern über 3,5 Millionen Mitgliedsunternehmen. Jedes Unternehmen hat eine Stimme bei der Wahl zur Vollversammlung seiner IHK, das damit ein Parlament der Kaufleute darstellt. Sie bestimmt und kontrolliert die Aufgaben der IHK, wählt den Vorstand und den Präsidenten. Durch diese Struktur sind die IHKs unabhängig von Staatseinfluss und neutral. Sie zwingt zum permanenten Interessenausgleich zwischen den Unternehmen und Branchen. Die IHKs nehmen eine Fülle von Aufgaben zur Förderung der Wirtschaft wahr, z.B. Organisation der Berufsausbildung und der →Abschlussprüfungen (über 570.000 pro Jahr) in über 200 →Ausbildungsberufen, Beschluss von Regelungen zur Beruflichen Bildung durch ihren Berufsbildungsausschuss, Ausbildungsberatung, →Weiterbildungsberatung, Unterhaltung eines Weiterbildungsinformationssystems (WIS), Fortbildungsprüfungen (ca. 70.000 pro Jahr), Umschulungsprüfungen, Anpassungsbildung, Vereidigung von Sachverständigen, Erstellung unabhängiger Gutachten für Behörden und Gerichte, Bescheinigung von Dokumenten für den Außenwirtschaftsverkehr, Vorschläge für Handelsrichter, Mitwirkung bei der Firmeneintragung ins Handelsregister, Mitarbeit in Gewerbeerlaubnisverfahren, Stellungnahmen bei Bauleit- und Entwicklungsplanungen, Schulung und Prüfung der Gefahrgutfahrer, Überwachung von Räumungsverkäufen. Dabei werden die IHKs bundesweit von über 250.000 ehrenamtlich tätigen Unternehmensangehörigen unterstützt, eine Gewähr für sachgerechte und praxisbezogene Leistungen.

Literatur: Frentzel-Jäkel-Junge: Industrie- und Handelskammergesetz, 6. Auflage, Köln 1999 – Industrie- und Handelskammern der Bundesrepublik Deutschland, DIHK (Hg.), Berlin 2004

Hans Joachim Beckers

Industriemeister

Der Begriff *Industriemeister* kennzeichnet qualifizierte industriell-technische Führungskräfte wie auch Absolventen einer entsprechenden Fortbildungsprüfung der Industrie- und Handelskammern. Die Benennung als Meister ist dabei der handwerklichen Tradition entnommen, die über die Beschäftigung von Handwerksmeistern zunächst auch die Fach- und Führungskräfteentwicklung der seit Mitte des 19. Jahrhunderts entstehenden Industrie bestimmte. Eigenständigkeit und Eigengesetzlichkeit des Industriebetriebs führten im Wesentlichen erst seit den 1920er Jahren zu einer eigenen industriellen Meisterqualifikation. Die als Antwort auf eine festzustellende Zersplitterung 1947 von der Arbeitsstelle für Betriebliche Berufsausbildung (ABB) vorgelegten „Vorschläge für die Heranbildung von Werkmeisternachwuchs" und das 1950 veröffentlichte „Funktionsbild des Industriemeisters" schufen schließlich einen neuen Meistertyp, bei dem weniger handwerkliches Können als vielmehr eine auf fachlichem Wissen und Können aufbauende Qualifikation v. a. in der Betriebsorganisation und der Mitarbeiterführung im Vordergrund stehen. Die Industriemeisterqualifikation ist seither „Eckpfeiler der Industrieorganisation der deutschen Wirtschaft" (DIHK); produktionsnahe Führungspositionen werden von den meisten Unternehmen weiter mit Mitarbeitern aus der Facharbeiterschaft besetzt. Ein differenziertes Lehrgangs- und Prüfungsangebot unterstützt dies: Die Industrie- und Handelskammern nehmen Industriemeisterprüfungen in rund 50 Fachrichtungen ab – mit Metall, Elektro, Digital- und Printmedien sowie Chemie an der Spitze. Nachdem 1978 mit dem Industriemeister Metall die erste Prüfung durch Rechtsverordnung des Bundes geregelt wurde, sind die Strukturen der Industriemeisterprüfungen weitgehend vereinheitlicht worden. Die grundlegende Überarbeitung des Industriemeisters Metall 1998 wiederum hat Maßstäbe für eine Modernisierung aller Regelungen gesetzt. Dabei wird zwar nicht von einem grundsätzlich anderen Funktionsprofil des Industriemeisters ausgegangen; das von Aufgaben bei Planung, Vorbereitung und Organisation der Produktion sowie durch seine Verantwortung, Mitarbeiter zu motivieren und zu führen gekennzeichnet ist. Veränderte Produktionsformen und Kommunikationstechniken stellen jedoch neue Anforderungen. Dazu gehören z. B. vermehrte →Selbstorganisation, Teamfähigkeit, Beurteilungskompetenz betriebswirtschaftlicher Zusammenhänge und Qualitätsmanagement. Industriemeisterprüfungen bestehen in der Regel aus einem im Wesentlichen deckungsgleichen fachübergreifenden Teil (neu: Fachrichtungsübergreifende Basisqualifikationen) sowie einem fachspezifischen Teil (neu: Handlungsspezifische Qualifikationen). Darüber sind berufs- und arbeitspädagogische Qualifikationen, die der Ausbilderprüfung entsprechen, entweder Prüfungsbestandteil oder Zulassungsvoraussetzung. Generelle Zulassungsvoraussetzung ist im Regelfall der Abschluss einer industriell-technischen Ausbildung sowie mehrjährige Berufserfahrung.

Literatur: Hoffmann, E.: Zur Geschichte der Berufsausbildung in Deutschland, Bielefeld 1962 – www.meistersite.de

Claus-Dieter Weibert

Infothek

Eine I. bzw. Mediothek soll durch ihre Gestaltung und ihre Nutzungsmöglichkeiten Lernerfahrungen erlauben, die weder im konventionellen Klassenraum noch im Fachraum möglich sind. Eine I./Mediothek ist ein zentraler Raum, in dem von den Schülerinnen und Schülern unterrichtsbezogene Handlungssituationen fächerübergreifend bearbeitet werden. Im folgenden wird der weitergehende Begriff I. verwendet. In einer I. stehen den Schülerinnen und Schülern alle Medien zur Informationsbeschaffung und -auswertung zur

Verfügung, die auch in einer Mediothek vorhanden sind.

→Lernen verändert sich und wird immer komplexer. Im Zuge der Weiterentwicklung des Unterrichts hin zu schülergesteuerten und fächerübergreifenden Arbeitsweisen wird die gezielte Beschaffung von Informationen zunehmend an Bedeutung gewinnen. Schule muss sich diesen Bedingungen anpassen und auch ihre Rahmenbedingungen ändern. So ergibt sich unter anderem die Notwendigkeit, andere Lernorte als die normalen Klassenräume einzubeziehen. Interdisziplinäres Bearbeiten von Problemen, die sich an der gesellschaftlichen Realität der Schülerinnen und Schüler orientieren, verlangt eine lernortübergreifende Informationsbeschaffung. Vor diesem Hintergrund ist eine I. eine sinnvolle – wenn nicht gar notwendige – Ergänzung des schulischen Lernangebots.

Eine I. ist eine Möglichkeit, andere Formen des Lernens zu initiieren und zu organisieren, Unterricht variabler und motivierender zu gestalten. Eine I. kann ein Lernort sein, der Schülerinnen und Schülern die Chancen eines abwechslungsreicheren Arbeitens bietet, ein Ort, der es ihnen erlaubt – aus dem Klassenverband gelöst – Probleme miteinander zu erörtern und Lösungen zu finden. Ihren Ausdruck finden solche veränderten Ansprüche in Forderungen nach
- handlungsorientiertem Arbeiten (→Handlungsorientierung),
- Lernen in Zusammenhängen,
- projektorientiertem, fächerübergreifendem Lernen (→Projektunterricht, →fächerübergreifender Unterricht),
- verstärktem Arbeiten in Gruppen oder mit Partnern (→Gruppenlernen).

Die Vielfalt der Informationsquellen (Bücher, Kassetten, Videos, CDs, Computerprogramme, vor allem auch die Einbeziehung der Möglichkeiten des Internets) und das Erlernen des angemessenen Umgangs mit dieser Vielfalt kann als ein wichtiger Schritt hin zur Vermittlung von Handlungskompetenz betrachtet werden.

Das Arbeiten in einer I. verlangt keine Entscheidung gegen den Unterricht im konventionellen Klassenraum bzw. für oder gegen eine bestimmte Unterrichtsform. Die folgende Unterscheidung der Nutzungsmöglichkeiten bietet sich an:
- eine unterrichtliche Nutzung,
- eine unterrichtsergänzende Nutzung,
- eine außerunterrichtliche Nutzung.

Bei der unterrichtlichen Nutzung im Sinne eines Fachraums wird das spezifische Angebot der I. für die Unterrichtsziele eingesetzt. Die Lernformen sind dabei offener als im Klassenraum; die Gestaltung der I. fördert individuelles Arbeiten und das Arbeiten in Gruppen. Fächerübergreifende Fragestellungen können hier verstärkt angegangen werden. Die Lehrkraft kann vorbereitend durch Zusammenstellen eines Handapparates themenorientiert tätig werden.

Eine I. erlaubt aber auch eine unterrichtsergänzende Nutzung etwa zur Vertiefung und Erweiterung des im Unterricht behandelten Stoffes. Der Raum würde dann als Informationsquelle je nach Bedarf genutzt. Die Schülerinnen und Schüler können Anregungen aus dem Unterricht aufnehmen und sie dort weiter verfolgen oder umgekehrt in der I. gewonnene Informationen in den Unterricht einfließen lassen. Entscheidend ist der unmittelbare Zugriff auf die Medien. Er macht die Schülerinnen und Schüler unabhängiger von der Lehrkraft.

Die Möglichkeiten der I. sollten auch zur außerunterrichtlichen Nutzung zur Verfügung stehen, so dass ein solcher Raum lebendiger Treffpunkt für Arbeits-, Projekt- und Diskussionsgruppen werden kann, an dem Arbeit koordiniert und Ergebnisse ausgetauscht werden können. Eine I. kann sich so zu einem Zentrum der Kommunikation entwickeln, an dem neue Kontakte entstehen.

Das Kernstück der Raumausstattung sollten Gruppenarbeitstische sein. Durch die Trennung der Gruppenarbeitstische mit Hilfe von beidseitig zu bestückenden Regalen, die gleichzeitig die Buchbestände der I. aufnehmen, wird der Lärmpegel auch bei voller Besetzung (ca. 25 Schülerinnen und Schüler) in erträglichen Grenzen gehalten.

Die Gruppenarbeitstische im vorderen Bereich des Raumes sollten nicht durch Regale, sondern durch Stellwände getrennt werden, die leicht verschiebbar sind, so dass die vordere Hälfte des Raumes mit wenig Aufwand zu einem Plenum umgestaltet werden kann, vor dem etwa Rollenspiele aufgeführt, Videoaufzeichnungen angesehen oder Diskussionen im Klassenverband geführt werden können. Für jeden Gruppenarbeitsbereich sollte wenigstens ein EDV-Arbeitsplatz vorgesehen sein, der mit einem Zugang zum Internet ausgestattet werden sollte. Dadurch ist den Schülerinnen und Schülern eine individuelle Informationsbeschaffung möglich.

Zur technischen Ausstattung gehören neben den PCs Videogerät, Videokamera, Tageslichtprojektor und – falls finanziell möglich – ein Kopiergerät. Zur Dokumentation von Gruppenergebnissen stehen Flip-Chart, mehrere Stellwände und Papier sowie das entsprechende Schreibgerät und andere Arbeitsmaterialien zur Verfügung.

Die Bücher für die Grundausstattung der I. können zum einen aus der schuleigenen Lehrbuchsammlung und zum anderen aus den Sammlungen der Fachgruppen kommen. Fehlende finanzielle Mittel sollten keine Schule davon abhalten, eine I. einzurichten. Die sinnvolle Zusammenfassung des Vorhandenen lässt bereits eine gut nutzbare Informationsbasis entstehen.

Literatur: Arbeitsgruppe Kollegschulentwicklung der Rudolf-Rempel-Schule, Kollegschule und Fachschule für Wirtschaft der Stadt Bielefeld: Die Infothek – Konzeptentwicklung, Abschlußbericht, Bielefeld 1996 – Hedtke, R.: Vom Buch zum Internet und zurück – Medien- und Informationskompetenz im Unterricht. Darmstadt 1997, hier u.a.: Flottmann, H./Wolf, G.: Lernen für die Zukunft – Die Infothek in Bielefeld, S. 89-93

Heiner Flottmann

Institute der Länder zur Berufsbildung

Alle Länder der Bundesrepublik Deutschland haben (schul)pädagogische Institute eingerichtet. Die Institute sind in der Regel nachgeordnete Behörden der jeweiligen Kultusministerien bzw. Senatsverwaltungen. Organisationsform, Aufgaben- und Kompetenzbereiche dieser Einrichtungen sind in den jeweiligen Gründungsgesetzen bzw. -verordnungen geregelt und unterscheiden sich zum Teil deutlich voneinander. Wesentliche Aufgabenstellungen der Institute der Länder sind im Bereich der Berufsbildung u.a. die Erstellung bzw. Überarbeitung von →Lehrplänen und, Richtlinien, die Fort- und Weiterbildung der Lehrkräfte (zum Teil auch die Lehrerausbildung in der zweiten Phase), die Beobachtung und Nutzbarmachung von Erkenntnissen der einschlägigen Forschung für die Schulpraxis sowie die Entwicklung pädagogischer und didaktisch-methodischer Konzepte und Materialien für dieses Feld, die Betreuung von Modellversuchen der Bund-Länder-Kommission für Bildungsplanung und Forschungsförderung (BLK) bzw. von landesspezifischen Schulversuchen sowie von Projekten im Rahmen der Programme der Europäischen Kommission, die Erarbeitung von und die Mitwirkung an Prüfungen sowie die Beratung der Ministerien und weiterer Institutionen.

Die Institute erfüllen ihre Aufgaben im Beziehungsgefüge →Berufs- und →Wirtschaftspädagogik als erziehungswissenschaftlicher Teildisziplin, →Berufsbildungsforschung, Bildungspolitik/planung/verwaltung und Schulpraxis im Auftrag der Schul-, Bildungs- bzw. Kultusministerien der jeweiligen Länder.

Aufgrund ihrer Aufgabenstellungen stehen die

Institute der Länder in vielfältigen Arbeitsbeziehungen untereinander. Enge Arbeitskontakte bestehen darüber hinaus auch zum Bundesministerium für Bildung und Forschung, zur Ständigen Konferenz der Kultusminister und senatoren der Länder (KMK), zum →Bundesinstitut für Berufsbildung (BIBB), zu den Lehrstühlen der Berufs- und Wirtschaftspädagogik und zu verschiedenen anderen Institutionen. Im Rahmen der 1991 gegründeten „Arbeitsgemeinschaft Berufsbildungsforschungsnetz" (AG BFN) bringen sie ihre schulbezogene Forschung, speziell zur Curriculumforschung und →Curriculumentwicklung in den Austausch und die Zusammenarbeit der verschiedenen Institutionen, die im Bereich der Berufsbildungsforschung tätig sind, ein.

Seit 1994 finden regelmäßige Treffen der Mitarbeiterinnen und Mitarbeiter der Referate bzw. Abteilungen „Berufliche Bildung" statt, und zu größeren Fachtagungen werden die anderen Institute eingeladen. Diese Kontakte haben zu einem intensiven fachlichen Erfahrungsaustausch geführt. Insbesondere im Bereich der Modellversuchsarbeit hat sich eine enge und fruchtbare Kooperation und Zusammenarbeit der Länder aufgebaut (Verbundmodellversuche). Die gegenseitige Unterstützung in der Arbeit soll noch weiter gestärkt werden, um die zunehmende Fülle und Komplexität der Aufgaben aufgrund der anhaltenden Wandlungsprozesse und Innovationen in Beruflichen Schulen, Arbeitswelt, Beruf und Gesellschaft besser bewältigen zu können. Es besteht die Absicht, durch Kooperation bei konkreten Vorhaben eine Arbeitseinsparung für die beteiligten Institute zu bewirken und Doppel bzw. Parallelarbeiten zu vermeiden. Darüber hinaus sollen die knapper werdenden Ressourcen noch besser genutzt und gleichzeitig durch den fachlichen Austausch zwischen den Instituten die bisherige Qualität der Prozesse und Produkte gesichert oder gesteigert werden. Unter anderem bietet sich eine Kooperation bei der Umsetzung neuer KMK-Rahmenlehrpläne des →Dualen Systems der Berufsausbildung an, indem unterhalb der Ebene verbindlicher Lehrplanvorgaben Handreichungen als Arbeitshilfen für die Schulen arbeitsteilig erstellt und gemeinsam veröffentlicht werden.

Die Aufgaben und die Organisationsstruktur der Institute der Länder haben sich in den letzten Jahren, insbesondere als Konsequenz der bildungsstrukturellen Veränderungen in der Folge internationaler Vergleichsuntersuchungen weiterentwickelt, und sich den veränderten Anforderungen an Bildungsplanung und Schulsystem angepasst. Schulentwicklungs- und Qualitätssicherungsprozesse zielen auch im berufsbildenden Bereich auf mehr Selbstgestaltung und Eigenverantwortlichkeit der einzelnen Schule, auf Selbstentwicklung von Schule als lernende Organisation und auf flexiblere Formen der Schul und Unterrichtsorganisation.

Anschriften der Landesinstitute:
– Landesinstitut für Schulentwicklung, Rotebühlstraße 131, 70197 Stuttgart, Tel.: 0711/ 6642-0, Fax: 0711/ 6642-108; www.leu-bw.de
– Akademie für Lehrerfortbildung und Personalführung (ALP), Kardinal-von-Waldburg-Straße 6-7, 89407 Dillingen, Tel.: 09071/ 53-0, Fax: 09071/53-200; www.alp.dillingen.de
– Staatsinstitut für Schulqualität und Bildungsforschung (ISB), Schellingstr. 155, 80797 München, Tel.: 089/2170-2101, Fax: 089/2170-2105; www.isb.bayern.de
– Berliner Landesinstitut für Schule und Medien (LISUM), Alt-Friedrichsfelde 60, 10315 Berlin, Tel.: 030/9021-2800; www.lisum.de
– Landesinstitut für Schule und Medien Brandenburg (LISUM Bbg), Struveweg, 14974 Ludwigsfelde, Tel.: 03378/209-0, Fax: 03378/209-198; www.lisum.brandenburg.de

Institute der Länder zur Berufsbildung

- Landesinstitut für Schule (LIS), Am Weidedamm 20, 28215 Bremen, Tel.: 0421/361 14406, Fax: 0421/361 8310; www.lis.bremen.de
- Landesinstitut für Lehrerbildung und Schulentwicklung (LI), Felix-Dahn-Str. 3, 20357 Hamburg, Tel.: 040/42801-2360, Fax.: 040/42801-2799; www.li-hamburg.de
- Institut für Qualitätsentwicklung (IQ), Walter-Hallstein-Str. 3, 65197 Wiesbaden, Tel.: 0611/8803-0; www.iq.hessen.de
- Amt für Lehrerbildung (AfL), Stuttgarter Straße 18 – 24, 60329 Frankfurt am Main, Tel.: 069/38989-505, Fax: 069/38989-233, www.afl.bildung.hessen.de
- Landesinstitut für Schule und Ausbildung Mecklenburg-Vorpommern (L.I.S.A.), Ellerried 5, 19061 Schwerin, Tel.: 0385/76017-0, Fax: 0385/711188; www.bildung-mv.de/lisa
- Niedersächsisches Landesamt für Lehrerbildung und Schulentwicklung (NiLS), Keßlerstr. 52, 31134 Hildesheim, Tel.: 05121/1695-0, Fax: 05121/1695-296; www.nibis.ni.schule.de
- Landesinstitut für Schule, Paradieser Weg 64, 59494 Soest, Tel.: 02921/683-1, Fax: 02921/683-228; www.lfs.nrw.de
- Pädagogisches Zentrum Rheinland-Pfalz (PZ), Europaplatz 7-9, 55543 Bad Kreuznach, Tel.: 0671/84088-0, Fax: 0671/84088-10; www.pz.bildung-rp.de
- Institut für Lehrerfort- und -weiterbildung (ILF), Kötherhofstr. 4, 55116 Mainz, Tel.: 06131/2845-0, Fax: 06131/2845-25; www.ilf.bildung-rp.de
- Landesinstitut für Pädagogik und Medien (LPM), Beethovenstraße 26, 66125 Saarbrücken, Tel.: 06897/7908-0, Fax: 06897/7908-122; www.lpm.uni-sb.de
- Institut für Lehrerfort- und -weiterbildung, Halbergstr. 3, 66121 Saarbrücken, Tel.: 0681/685765-0, Fax: 0681/685765-9; www.ilf-saarbruecken.de
- Sächsisches Staatsinstitut für Bildung und Schulentwicklung – Comenius-Institut, Dresdner Straße 78 c, 01445 Radebeul, Tel.: 0351/ 832430, Fax: 0351/8324412; www.sn.schule.de/ci
- Sächsische Akademie für Lehrerfortbildung (SALF), Siebeneichener Schloßberg 2, 01662 Meißen, Tel. 03521/4127-0, Fax: 03521/4127-60; www.sn.schule.de/salf
- Landesinstitut für Lehrerfortbildung, Lehrerweiterbildung und Unterrichtsforschung von Sachsen-Anhalt (LISA), Kleine Steinstraße 7, 06108 Halle, Tel.: 0345/2042-0, Fax: 0345/2042-319; www.lisa.bildung-lsa.de
- Institut für Qualitätsentwicklung an Schulen Schleswig-Holstein (IQSH), Schreberweg 5, 24119 Kronshagen, Tel.: 0431/5403-0, Fax: 0431/5403-101; www.iqsh.de
- Thüringer Institut für Lehrerfortbildung, Lehrplanentwicklung und Medien (ThILLM), Heinrich-Heine-Allee 2-4, 99438 Bad Berka, Tel.: 036458/56-0, Fax: 036458/56-125; www.thillm.th-schule.de

Literatur: Heimerer, L. (Hg.): *Aus den Werkstätten der Landesinstitute. Dokumentation der Beiträge on dem Hochschultagen Berufliche Bildung 1994 an der Technischen Universität München.* Neusäß 1995 – Landesinstitut für Schule und Weiterbildung (Hg.): *Curriculumentwicklung für berufsbildende Schulen. Dokumentation einer gemeinsamen Tagung der pädagogischen Institute der Bundesländer und des Bundesinstituts für Berufsbildung, 8. bis 11. Februar 1994.* Soest 1994 – Staatsinstitut für Schulpädagogik und Bildungsforschung, Abteilung Berufliche Schulen (Hg.): *Die Landesinstitute und ihre Arbeit im Bereich der beruflichen Bildung. Arbeitsbericht Nr. 267.* München 1995 – Staatsinstitut für Schulpädagogik und Bildungsforschung, Abteilung Berufliche Schulen (Hg.): *Die Landesinstitute und ihre Arbeiten im Bereich der beruflichen Bildung. Arbeitsbericht Nr. 268.* München 1997 – *Internetauftritte der jeweiligen Institute*

Arnulf Zöller

Interkulturelle Kompetenz

Der Auf- und Ausbau „interkultureller Kompetenz" ist zum erklärten bildungspolitischen Ziel im schulischen sowie im Aus- und Weiterbildungsbereich geworden. Doch die Operationalisierung dieses Konzepts bleibt sowohl in der Literatur und als auch in der Trainingspraxis eher vage. Vor diesem Hintergrund scheint es sinnvoll, von folgenden Grundannahmen auszugehen:

Interkulturelle Kompetenz – wie Kompetenzen allgemein - geht über Kognitionen hinaus und umfasst neben weiteren psychischen Grundfunktionen wie Emotion und →Motivation auch Persönlichkeitsmerkmale (u.a. Intelligenz), Konzepte des Selbst und der Identität, aber auch der Fertigkeiten und Fähigkeiten sowie Wahrnehmungen, Einstellungen, Werthaltungen etc., die wiederum multidimensional und multidirektional zu verstehen sind. Dabei werden diese Elemente und Konstrukte als *Dispositionen und Grundvoraussetzungen/ressourcen interkulturell kompetenten Handelns* verstanden, aus denen heraus sich bei konkreten Anforderungssituationen situationsspezifische (Teil-)Kompetenzen generieren und in einem situationsangemessenen Handeln (kompetentes Verhalten) manifestieren lassen. So werden z.B. für Auslandsentsendungen als relevant isoliert: „Empathie", „Respekt", „Interesse an der lokalen Kultur", „Flexibilität", „Toleranz" sowie „fachliche Fähigkeiten" und „Fremdsprachenkenntnisse" (vgl. Deller, 1996).

Ein *Hauptmechanismus der Generierung von interkultureller Kompetenz* bzw. *interkulturell kompetentem Verhalten* ist die Selbstorganisationsfähigkeit, d.h. die Art und Weise, wie eine Person ihr Wissen, ihre Fähigkeiten und Fertigkeiten sowie ihre Personenmerkmale bewusst zur Erreichung von Zielen sowie zur reflexiven, kreativen Lösung von komplexen Problemen einsetzt. Für den interkulturellen Bereich werden diesbezüglich primär Adaptationsstrategien oder Durchsetzungsstrategien thematisiert, allerdings häufig nur als unreflektierte Aneignung von Verhaltensalgorithmen/-schemata (z.b.: Wie übergebe ich einem japanischen Kollegen meine Visitenkarte?) oder als Rezepte in der Form von *„How to Do Business in Sixty Countries. Kiss, Bow, or Shake Hands"* (Morrison et al., 1994).

Konsequenzen interkulturell kompetenten Handelns können sich sowohl auf die eigene Person oder die sachlich-gegenständliche Umwelt als auch auf die soziale Umwelt beziehen. Für den interkulturellen Bereich werden hierzu u.a. die folgenden „harten" Daten herangezogen: Abbruchraten bei interkulturellen Projekten, Fehlzeiten, Kündigungen, produzierte Einheiten (z.B. abgeschlossene Verträge), die beobachtbar und damit relativ einfach messbar sind (dabei sind nur etwa 20-30% der Expatriates im Ausland erfolgreich). Hingegen lassen sich die „weichen" Erfolgskriterien wie „Grad der Anpassung an die Gastkultur" oder erbrachte „Leistung" in der fremden Kultur als subjektive Einschätzungen nur schwer valide und reliabel erfassen.

Selektiv bedeutsame Situationen oder *Situationskomponenten* sind Ausgangspunkt für bewusst eingesetzte Selbstorganisations-/Bewältigungsstrategien zur Realisierung eines kompetenten und erfolgreichen interkulturellen Handelns. In der Literatur zum interkulturellen Lernen werden u.a. die folgenden Situationskomponenten hervorgehoben, die Ausgangspunkt für bestimmte Bewältigungsstrategien sein könnten- insbesondere dann, wenn sie interkulturelle Unterschiede aufweisen: Ziele und Motive der Teilnehmer, Verhaltensregeln, verschiedene Rollen, die Individuen in einer bestimmten Situation spielen müssen, physikalische Gegebenheiten und Ausstattung, kognitive Konzepte, relevante soziale Fähigkeiten etc. (Ting-Toomey, 1999).

Interkulturell kompetentes Verhalten ist als *kontextgebunden* zu sehen, d.h. in Abhängigkeit von einer spezifischen Situation und einem spezifischen Inhalt sowie einer spezifischen

Umgebung oder Kultur. Während beispielsweise das Persönlichkeitskonstrukt in der westlichen Welt mit den so genannten biologisch verankerten *„Big Five"* beschrieben wird (Costa & McCrae, 1995), gibt es *indigenous personality concepts*, die u.a. Aspekte der Spiritualität und damit auch Verbindungen zu den Vorfahren einbeziehen (Berry, et al., 2002). Situative Unterschiede ergeben sich auch in der Weise, dass in einer eher individualistischen Kultur öffentliche Situationen als eher konkurrenz- und Ichorientiert zu charakterisieren sind, während familiäre Situationen in derselben Kultur eher mit kollektivistischen Attributen wie u.a. Fürsorge, Zurücknahme, Beziehungsorientiertheit belegt werden.

In diesem Verständnis kann *Kultur* nicht mehr nur als *Nation* verstanden werden, sondern dient in einem umfassenden Sinn auch als Unterscheidungsmerkmal zwischen Betrieb und Freizeit, Angestellten und Arbeitern, Schule und Betrieb, →Ausbildern und Lehrern. Damit wird Kultur als soziales Konstrukt konzeptualisiert: *als eine in den Vorstellungen ihrer Mitglieder wahrgenommene Einheit, die einem Bündel von Traditionen, Einstellungen, Werten, Lebensstilen folgt und es zugleich aufrecht zu erhalten versucht (=objektiver Aspekt) und in unterschiedlichem Maße von ihren Mitgliedern akzeptiert wird bzw. mit dem sich die Mitglieder in unterschiedlichem Maße identifizieren (=subjektiver Aspekt)* (Ting-Toomey, 1999). Damit gehören Personen i.d.R. mehreren Kulturen gleichzeitig an. Eine kulturelle Zuordnung erfolgt nach diesem Verständnis aufgrund einer subjektiven Zuschreibung, die eine Person vornimmt, um Mitglied einer bestimmten Gruppe/Kultur zu sein.

Interkulturalität lässt sich dabei als gemeinschaftliches Handeln der Mitglieder unterschiedlicher Lebenswelten bzw. Kulturen bezeichnen, das sich *zwischen* mehreren Kulturen und damit in einem so genannten *„third space"* ereignet. Interkulturalität ist i.d.R. als interkulturelle Kommunikation zu denken. Hierdurch wird permanent eine *„Inter"*-Kultur neu erzeugt - im Sinne einer „Zwischen-Welt" mit einer vollständig neuen Qualität, die keine der beteiligten Kulturen hätte allein erzielen können. Nach diesem Verständnis muss man aber auch von einer Unvorhersagbarkeit vieler Handlungsergebnisse ausgehen (Bolten, 2001, S. 18).

Die derzeitig vorliegenden vielfältigen Vorschläge zum interkulturellen Lernen bzw. zum *interkulturellen Kompetenzerwerb* entspringen primär praktischen Notwendigkeiten in den verschiedensten Domänen (z.B. Management, Entsendung von Mitarbeitern ins Ausland, Friedenssicherung, Entwicklungsarbeit, Städtepartnerschaften, Jugend- und Studentenaustausch), folgen eher normativen Überzeugungen oder beziehen sich auf isolierte Einzelkonzepte. Während bisher die meisten Ansätze lediglich die Förderung einer *cultural awareness or sensitivity* beansprucht haben, werden heute dieselben Maßnahmen mit dem Anspruch der Vermittlung einer „interkulturellen Kompetenz" angeboten. Hierzu gehören u.a. kulturspezifische Informationstrainings, trainerorientierte Fallstudien, kulturübergreifende Simulationen und Rollenspiele, erfahrungsorientierte Tandem-Lernaktivitäten etc. (vgl. eine Strukturierung von Trainingsmaßnahmen in Bolten, 2001; Weber, 2003). Eine Reihe von Studien auf der Basis von „harten" und „weichen" Daten bescheinigen vielen dieser Maßnahmen jedoch eine eher geringe Wirksamkeit (u.a. Warthun, 1997; Deller, 1996). Angesichts dieser Probleme formulieren Landis & Bhagat (1996, p. 7) spöttisch: *„We get the impression that a large majority of training programs are conducted because they are well advertised, not because they are well designed"*. Was fehlt, ist eine übergreifende Theorie mit Anschluss an die einschlägige sozial-, entwicklungs- und motivationspsychologische Forschung und einer Ausrichtung auf lebenslanges Lernen.

Angesichts dieses Standes der Theorie und der Praxisbemühungen interkultureller Trainings schlägt Weber (2003; 2004) ein theoretisches Rahmenkonzept auf der Basis der derzeitigen Kompetenzforschung sowie Engeströms *sociocultural and historical activity theory* (Engeström, 1996; Engeström et al., 1999) und Ting-Toomeys „*Mindful Identity Negotiation*"-Ansatzes (1999) vor. Danach soll interkulturelles Lernen – als Ausgangspunkt für längerfristige Entwicklungsprozesse – durch individuelle und kollektive Aushandlungs-/Bewältigungsprozesse initiiert und gefördert werden und so zum Aufbau einer interkulturellen Kompetenz führen, die sich wie folgt definieren lässt (Weber, 2003, S. 31-32): „*as potential to give shape to an intercultural encounter by interacting and communicating in a way that allows the participants to create a commonly shared vision and to coordinate the actions for reaching a commonly shared object and outcome by collective activities and using features of mindful identity negotiation*". Dieser Ansatz wurde im Rahmen einer Interventionsstudie, den Überlegungen des „Design Experiment" von Brown (1992) folgend, in die Praxis umgesetzt und evaluiert (vgl. Weber, 2003; 2004).

Literatur: Berry, J.W./Poortinga, Y.H./Segall, M.H./ Dasen, P.R.: Cross-Cultural Psychology. Research and Applications. (2nd Edition) Cambridge 2001 – *Bolten, J.: Interkulturelle Kompetenz. Erfurt: Landeszentrale für politische Bildung, Thüringen 2001* – *Brown, A.L.: Design Experiments: Theoretical and methodological challenges in creating complex interventions in classroom settings. The Journal of the Learning Sciences, 2 1992 (2), 141-178* – *Costa, P.T./McCrae, R.R.: Longitudinal stability of adult personality. In: R. Hogan/J.A. Johnson/S.R. Briggs (Eds.): Handbook of personality psychology (pp. 269-290). New York 1995* – *Deller, J.: Interkulturelle Eignungsdiagnostik. In: A. Thomas (Hg.), Psychologie interkulturellen Handelns (S. 283-316). Göttingen 1996* – *Engeström, Y.: Developmental work research as educational research. Looking ten years back and into the zone of proximal development. Nordisk Pedagogik, 1996. 16(3), 131-143* – *Engeström, Y./Miettinen, R./Punamäki, R.-L. (Eds.): Perspectives on Activity Theory. Cambridge 1999* – *Landis, D./Bhagat, R.S.: A Model of Intercultural Behavior and Training. In: D. Landis/R. S. Bhagat (Eds.): Handbook of intercultural training (pp. 1-13). (2nd ed.) Thousand Oaks et al. 1996* – *Morrison, T./ Conaway, W.A./Borden, G.A.: How to Do Business in Sixty Countries. Kiss, Bow, or Shake Hands. Holbrook, MA. 1994* – *Ting-Toomey, S.: Communicating Across Cultures. New York, London 1999* – *Warthun, N.: (1997). Interkulturelle Kommunikation in der Wirtschaft. Bochum 1997* – *Weber, S.: Initiating intercultural learning and development in the field of economic and business education. Habilitationsschrift. Humboldt-Universität zu Berlin 2003* – *Weber, S.: Interkulturelles Lernen – Versuch einer Rekonzeptualisierung. Unterrichtswissenschaft, 32, 2004. S. 143-168.*

Susanne Weber

Jugend und Arbeit

Verhältnis von Jugend und Arbeit: Die Lebensphase Jugend ist ein soziales Konstrukt. Historisch betrachtet fordern die Auflösung der familialen Einheit von Sozialisation und Qualifikation und die erhöhte Komplexität und Differenzierung gesellschaftlicher Verhaltensanforderungen im Erwachsenenalter einen neuen Modus der Integration der Subjekte in die (Erwachsenen-)Gesellschaft. Die idealtypische Konstruktion von Jugend als relativ separate Lern-, Erprobungs- und Übergangsphase für und zum Erwachsenenalter konkretisiert sich in einer Abfolge von Entwicklungsaufgaben, die in der Interimsphase Jugend zur Lösung anstehen. Neben eigenständigem Wohnen, Familiengründung, sexueller Reifung kristallisiert sich damit in modernen Gesellschaften die Entwicklungsaufgabe „Integration in Arbeit und Beruf" als zentrales Lernfeld heraus, da in Industriegesellschaften materielle Sicherheit, sozialer Status und personale Entwicklung um die Berufsrolle zentriert sind (Beck/Brater/ Daheim 1980). In Bezug auf das Verhältnis von Jugend und Arbeit lassen sich seit Anfang der 80er Jahre vor allem zwei Diskussionslinien nachzeichnen: a) sozialstrukturelle Veränderungen des Verhältnisses von Jugend und Arbeit und b) Veränderung der subjektiven Bedeutung von Arbeit für Jugendliche.

Sozialstrukturelle Veränderungen: Das Verständnis von Jugend als Interimsphase und „Wechsel auf die Zukunft" gerät im Zuge der gesamtgesellschaftlichen Individualisierungsdynamik und damit in Zusammenhang stehender Krisenphänomene unter Druck. Bedeutsam für das Verhältnis von Jugend und Arbeit sind vor allem drei Punkte:
1. Im Zuge der Bildungsreform und der verstärkten Bildungsbeteiligung findet eine „Umstrukturierung des jugendlichen Erfahrungsfeldes von einer vordringlich und unmittelbar arbeitsintegrierten oder arbeitsbezogenen Lebensform zu einer vordringlich schulisch bestimmten Lebensform" (Baethge u.a. 1983, S. 221 f.) statt. D.h. konkret, dass Arbeitserfahrungen mehr und mehr ins jüngere Erwachsenenalter verlagert werden.
2. Bedingt durch die längere Verweildauer im Bildungssystem und die daraus resultierende materielle Abhängigkeit flexibilisieren sich die Lösungen biographischer Aufgaben – wie z.B. Heirat oder Gründung eines eigenen Haushaltes – sowohl hinsichtlich Art und Charakter als auch in Bezug auf Reihenfolge und Zeitpunkt.
3. Im Zuge der arbeitsgesellschaftlichen Modernisierung verschlechtern sich die Perspektiven einer dauerhaften und existenzsichernden Integration in den Arbeitsmarkt für die nachwachsende Generation (→Jugendarbeitslosigkeit). Allgemeine Bildungsabschlüsse stellen zwar notwendige, keineswegs aber hinreichende „Eintrittskarten" in den Arbeitsmarkt dar.

Die hier nur angedeuteten Entwicklungen werden in der Jugendsoziologie unter den Stichworten Entstrukturierung, Destandardisierung und Individualisierung der Jugendphase verhandelt (Heitmeyer/Olk 1989). Die Entwicklungsaufgabe „Integration in die Arbeitswelt" verliert zwar real nicht an Bedeutung, gleichwohl erhöht sich die Unsicherheit über das „ob", „wann" und „wie".

Subjektive Bedeutung von Arbeit: Seit Ende der 70er Jahre wurden von der Einstellungs- und Umfrageforschung weitestgehend ohne Bezug auf die oben skizzierte Debatte Befunde vorgetragen, die auf einen individuellen Bedeutungsverlust von Arbeit zugunsten von Freizeitorientierungen im Wertesystem von Jugendlichen verweisen (Inglehart 1987; Kmieciak 1976; Klages 1985 und 1988). Diese Befunde konnten durch die Ergebnisse der verschiedenen Jugendstudien (vgl. Jugendwerk der Deutschen Shell 1985, 1992, 1997; *Deutsche Shell 2000, 2002*) nicht bestätigt werden. Allerdings konstatierten Baethge u.a. (1988) in ihrer Untersuchung des Verhältnisses von Jugend, Arbeit und Identität, dass in den 80er Jahren „eine Verlagerung im Arbeitsverständnis von Jugendlichen von den materiell-reproduktionsbezogenen zu den sinnhaft-subjektbezogenen Aspekten von Arbeit" (Baethge u.a. 1988, S. 178). Im Rahmen der „zunehmenden normativen Subjektivierung des unmittelbaren Arbeitsprozesses" (Baethge 1991, S. 6) dringen die Individuen mit ihren subjektiven Ansprüchen nach Selbstentfaltung und Selbsterfahrung in die Poren der konkreten Lohnarbeitsverhältnisse ein. Angesichts der rasanten Modernisierung der Arbeitsgesellschaft in den letzten 20 Jahren und der zunehmenden Flexibilisierung und Verflüssigung von Beschäftigungsverhältnissen und Lebenslaufmustern (vgl. Galuske 2002) ist es wenig überraschend, dass neuere empirische Studien das Verhältnis von Jugend und Arbeit weniger aus der Perspektive des Wertewandels betrachten, sondern es wieder als „Existenzproblem" (Keupp u.a. 1999, S. 116) begreifen und erfassen. Trotz des wachsenden materiellen Drucks belegen allerdings auch diese Studien, dass rein materiell-reproduktionsbezogene Arbeitsorientierungen selbst bei marginalisierten Jugendlichen kaum zu beobachten sind (vgl. Keupp u.a. 1999, S. 122 f.).

Literatur: Baethge, M.: Arbeit, Vergesellschaftung, Identität – Zur zunehmenden normativen Subjektivie-

rung der Arbeitswelt. In: Soziale Welt 42 (1991), 1, S. 6 ff. – Baethge, M. u.a.: Jugend und Krise – Krise aktueller Jugendforschung. Frankfurt a.M./New York 1983 – Baethge, M. u.a.: Jugend: Arbeit und Identität. Lebensperspektiven und Interessenorientierung von Jugendlichen. Opladen 1988 – Beck, U./Brater, M./Daheim, H.: Soziologie der Arbeit und Berufe. Reinbek b.H. 1980 – Deutsche Shell (Hg.): Jugend 2000. Opladen 2000 – Deutsche Shell (Hg.): Jugend 2002, Opladen 2002 – Galuske, M.: Flexible Sozialpädagogik, Weinheim/München 2002 - Heitmeyer, W./Olk, Th. (Hg.): Individualisierung von Jugend. Weinheim/München 1989 – Inglehardt, R.: Postmaterialismus in einer von Unsicher heit geprägten Umwelt. In: Olk, Th./Otto, H-U. (Hg.): Soziale Dienste im Wandel 1. Neuwied/ Darmstadt 1987, S. 25 ff. – Jugendwerk der Deutschen Shell (Hg.): Jugendliche und Erwachsene '85. Opladen 1985 – Jugendwerk der Deutschen Shell (Hg.): Jugend '92. Opladen 1992 – Jugendwerk der Deutschen Shell (Hg.): Jugend '97. Opladen 1997 – Keupp, H. u.a.: Identitätskonstruktionen. Das Patchwork der Identitäten in der Spätmoderne, Reinbek 1999. Klages, H.: Wertorientierungen im Wandel. Rückblick, Gegenwartsanalyse, Prognose. Frankfurt a.M. 1985 – Klages, H.: Wertedynamik. Über die Wandelbarkeit des Selbstverständlichen. Zürich 1988 – Kmieciak, P.: Wertstrukturen und Wertewandel in der Bundesrepublik. Göttingen 1976

Michael Galuske

Jugend- und Auszubildendenvertretung (JAV)

Aus betriebsverfassungsrechtlicher Sicht ist die JAV das Organ zur Interessenvertretung der jugendlichen Arbeitnehmer und →Auszubildenden im Betrieb. Aus berufsbildungspolitischer Sicht ist die JAV weitaus mehr, sie ist ein kleiner Teil des komplizierten Steuerungs- und Regelungsmechanismus des Berufsbildungssystems, der auf den verschiedenen Ebenen im Zusammenwirken der Arbeitgeberverbände und der Gewerkschaften eingeführt ist. Dieses Zusammenwirken betrifft nicht nur die (Neu-) Ordnungsverfahren der Berufe und deren inhaltliche Gestaltung durch die Erarbeitung bundesweit geltender →Ausbildungsordnungen im →Bundesinstitut für Berufsbildung, sondern auch die Mitwirkung von Arbeitgeber- und Arbeitnehmervertretern in den Berufsbildungsausschüssen der Kammern sowie die Fragen der Berufsausbildung im einzelnen Betrieb. Dabei wird diese Mitwirkung als ein besonderes Interesse der jugendlichen Arbeitnehmer angesehen. Wahlberechtigt sind alle Arbeitnehmer bis zur Vollendung ihres 18. sowie alle Auszubildenden bis zur Vollendung ihres 25. Lebensjahres. Wählbar sind alle Arbeitnehmer des Betriebs, die das 25. Lebensjahr noch nicht vollendet haben.

JAV werden gemäß →Betriebsverfassungsgesetz (BetrVG) in Betrieben eingerichtet, in denen in der Regel mehr als 5 Wahlberechtigte beschäftigt sind. Die Anzahl der Jugend- und Auszubildendenvertreter richtet sich nach der Anzahl der insgesamt beschäftigten jugendlichen Arbeitnehmer und Auszubildenden im Betrieb. Grundsätzlich hat die JAV kein eigenes Vertretungsrecht gegenüber dem Arbeitgeber, ihr Instrument zur Interessendurchsetzung ist der Betriebsrat, der die JAV bei allen Angelegenheiten, die diese Personengruppe betreffen, einbeziehen muss. Einerseits gibt es für den Betriebsrat einen Beteiligungszwang, andererseits hat die JAV Initiativrechte, und zwar in allen speziell die jugendlichen Arbeitnehmer und Auszubildenden betreffenden Angelegenheiten, insbesondere im Hinblick auf die Berufsausbildung. In diesen Fällen ist die JAV im Betriebsrat stimmberechtigt. Der Betriebsrat hat ein Mitbestimmungsrecht bei allen Maßnahmen der Berufsausbildung, insbesondere kann er die Abberufung von →Ausbildern verlangen, sofern diese keine hinreichende Eignung besitzen oder ihre Aufgaben vernachlässigen (BetrVG § 98 Abs. 2). Folglich sind JAV und Betriebsrat neben den Kammern und den Gewerbeaufsichtsbehörden echte Kontrollinstanzen bezüglich der ordnungsgemäßen Durchführung der Berufsausbildung im einzelnen Betrieb.

Literatur: Fitting, K./Kaiser, H./Heither, F.: Betriebsverfassungsgesetz. Handkommentar. München 18 1996

– Löwisch, M.: *Taschenkommentar zum Betriebsverfassungsgesetz*. Heidelberg 3 1994

Manfred Eckert

Jugendarbeitslosigkeit

Begriff: J. bezeichnet den Komplex der ausbildungs- und arbeitsmarktbezogenen Integrationsprobleme von Jugendlichen und jungen Erwachsenen. J. ist somit ein Sammelbegriff für verschiedene Phänomene, nämlich a) die Integrationsprobleme am Übergang von der Schule in die Berufsausbildung (Ausbildungslosigkeit) und b) am Übergang zum Beschäftigungssystem (→Arbeitslosigkeit „im klassischen Sinn"). In der Fachdiskussion werden diese Phänomene mit den Begriffen erste und zweite Schwelle bezeichnet. Aus der Perspektive der Arbeitsmarktstatistik wir J. verstanden als die Arbeitslosigkeit der unter 25jährigen.

Entwicklung: Wie ein historischer Rekurs auf die 30er und 50er Jahre (Hermanns 1990; Schelsky 1952) zeigt, sind Jugendliche vorrangige Opfer ökonomischer Krisensituationen, da sie noch nicht über die „Sicherheit" einer Position im Beschäftigungssystem verfügen, sondern sich diese erst erwerben müssen bzw. wollen. Für die aktuelle Situation ist zu betonen, dass sich J. als Dauerproblem seit Mitte der 70er Jahre etabliert hat. An der ersten Schwelle hat sich die Lage nach kurzzeitiger Entspannung zu Beginn der 90er Jahre wieder dramatisch verschärft. 1992 bot die deutsche Wirtschaft 608.190 jugendlichen Nachfragern 721.825 Ausbildungsstellen an, eine Angebots-Nachfragerelation von 118,7. Im Jahr 2004 mussten 617.556 Jugendliche und junge Erwachsene um nur noch 586.374 Ausbildungsstellen konkurrieren, was einer Angebots-Nachfrage-Relation von 95,0 entspricht (vgl. àBerufsbildungsbericht, div. Jahrgänge). Entsprechend sank die Zahl der offenen Ausbildungsstellen im gleichen Zeitraum von 126.610 auf 13.394, die Zahl der nicht vermittelten Bewerber stieg von 12.975 im Jahr 1992 auf 44.576 im Jahr 2004. Für die zweite Schwelle, den Übergang in das Beschäftigungssystem, weist die Statistik der Bundesanstalt für Arbeit im Bundesgebiet im April 2005 610.540 arbeitslose Jugendliche und junge Erwachsene unter 25 Jahren aus (vgl. Amtliche Nachrichten der Bundesanstalt für Arbeit, div. Jahrgänge). Im europäischen Vergleich gehört die J. in der Bundesrepublik damit zwar zu den Ländern mit den geringsten Belastungen (etwa im Vergleich zu Spanien, Finnland, Italien), gleichwohl ändert dies nichts an der Tatsache, dass die berufliche Integration der nachwachsenden Generation labil geworden ist. Darüber hinaus ist zu bedenken, dass es sich bei den skizzierten Daten lediglich um die offiziellen Größenordnungen handelt, d.h. es werden weder Jugendliche in sog. schulischen oder außerschulischen „Warteschleifen" (z.B. →berufsvorbereitende Maßnahmen) berücksichtigt, noch die Dunkelziffer (Braun/Weidacher 1976; Strikker 1990).

Selektionskriterien: J. betrifft insofern jeden Jugendlichen, als dass der sicher geglaubte Horizont der Einlösung von Bildungsinvestitionen in beruflichen Partizipationschancen für alle labilisiert wird. Allerdings zeigen Analysen der Betroffenenpopulation, dass nicht alle Jugendlichen gleichermaßen gefährdet sind. Man bezeichnet den Prozess der Konzentration von Arbeitslosigkeitsrisiken auf bestimmte Gruppen mit charakteristischen Merkmalen auch als Strukturalisierung von →Arbeitslosigkeit. Relevante Kriterien sind u.a. Geschlecht, Nationalität, soziale Herkunft und Qualifikationsniveau. Darüber hinaus lassen sich regionale Differenzen (Nord-Süd- und Ost-West-Gefälle) beobachten (Strikker 1990; Steinmetz u.a. 1994). Zugespitzt formuliert kumulieren sich die Risiken bei einem „türkischen Arbeitermädchen ohne Hauptschul- und Berufsabschluss aus einer großstädtischen Industrieregion der östlichen Bundesländer". Allerdings ist zu betonen, dass es sich bei diesen Kriterien nicht um Ursachen von J. handelt, sondern lediglich um Selektionskriterien. In einem Bild gesprochen: Stellt man sich den Arbeitsmarkt als eine Menschenschlange vor, die an den Toren der Arbeitsgesellschaft auf Einlass wartet, so verändern die Selektionskriterien ausschließlich den Rangplatz in der Schlange, nicht aber die Zahl derjenigen, die überhaupt Einlass finden.

Psycho-soziale Folgen von J.: Aus pädagogischer Perspektive ist J. nicht zuletzt deshalb von Belang, weil Arbeitslosigkeit in einer Arbeitsgesellschaft für die Betroffenen folgenreich ist. Lohnarbeit ist in modernen Industriegesellschaften das zentrale Medium sozialer Integration. Materielle Reproduktion, soziale Platzierung, Strukturierung der Lebenszeit und personale Entwicklung sind aufs engste mit Lohnarbeit verknüpft (Beck/ Brater/Daheim 1980) (Jugend und Arbeit). Studien zu psycho-sozialen Folgen von Arbeitslosigkeit haben deshalb von der klassischen Marienthal-Studie (Jahoda u.a. 1975) bis in die 80er Jahre (Galuske 1986) die Belastungen der Betroffenen hervorgehoben: Verlängerung materieller Unsicherheit und Abhängigkeit, Verlust zentraler Erfahrungsräume, Zunahme familiärer Probleme, Labilisierung der täglichen Zeitstruktur, Verlust eines kalkulierbaren Planungshorizontes, Zukunftsängste usw. Arbeitslosigkeit ist für Jugendliche nicht zuletzt deshalb besonders folgenreich, weil es sie in einer Übergangsphase trifft, die durch instrumentelles Lernen für die Erwachsenenexistenz gekennzeichnet ist. Die Verweigerung der Integration in den Arbeitsmarkt kommt deshalb der Bedrohung der avisierten Erwachsenenrolle gleich. Seit Mitte der 80er Jahre ist ein Paradigmenwechsel von einer reinen Belastungsforschung hin zu einer differenziellen Arbeitslosenforschung zu konstatieren, die ihren Fokus vor allem in der Bewältigung der Lebenslage findet (vgl. Krafeld 2000, S. 73 ff.). Im Rahmen des neuen Paradigmas wird u.a. betont, dass Arbeitslosigkeit nicht von jedem in derselben Weise verarbeitet wird, sondern vor dem Hintergrund von Lebenslagen, Lebenskonzepten und Zukunftsentwürfen zu unterschiedlichen Folgen führen kann (Bonß/ Heinze 1984; Alheit/Glaß 1986).

Maßnahmen gegen J.: Seit Anfang der 70er Jahre hat sich ein breites Spektrum an Maßnahmen gegen J. entwickelt. Diese Bandbreite reicht von (berufs-)schulischen Angeboten für jugendliche Arbeitslose über staatliche Prämienprogramme zur Förderung zusätzlicher Ausbildungsstellen in Betrieben, Fort- und Weiterbildungsveranstaltungen bis hin zu einer breiten Palette von Angeboten zur Beratung, Berufsvorbereitung, Ausbildung und Beschäftigung bei Trägern der *Kinder- und* Jugendhilfe (→Jugendsozialarbeit).

Literatur: Alheit, P./Glaß, Ch.: Beschädigtes Leben. Soziale Biographien arbeitsloser Jugendlicher, Frankfurt a.M./New York 1986 – Amtliche Nachrichten der Bundesanstalt für Arbeit (ANBA), Nürnberg, div. Jahrgänge – Beck, U./Brater, M./Daheim, H.: Soziologie der Arbeit und der Berufe, Reinbek 1980 – Berufsbildungsbericht (Bund), div. Jahrgänge – Bonß, W./ Heinze, R.G. (Hg.): Arbeitslosigkeit in der Arbeitsgesellschaft. Frankfurt a.M. 1984 – Braun, F./ Weidacher, A.: Materialien zur Arbeitslosigkeit und Berufsnot Jugendlicher. München 1976 – Galuske, M.: Sozialisation durch Arbeitslosigkeit? Zu den psychischen und sozialen Folgen von Jugendarbeitslosigkeit unter pädagogischer Perspektive. In: Zeitschrift für Berufs- und Wirtschaftspädagogik 82 (1986), 8, S. 703 ff. – Hermanns, M.: Jugendarbeitslosigkeit seit der Weimarer Republik. Ein sozialhistorischer und soziologischer Vergleich. Opladen 1990 – Jahoda, M. u.a.: Die Arbeitslosen von Marienthal. Frankfurt a.M. 1975 – Krafeld, F.J.: Die überflüssige Jugend der Arbeitsgesellschaft, Opladen 2000 – Schelsky, H. (Hg.): Arbeitslosigkeit und Berufsnot der Jugend. 2 Bände. Köln 1952 – Steinmetz, B. u.a. (Hg.): Benachteiligte Jugendliche in Europa. Konzepte gegen Jugendarbeitslosigkeit. Opladen 1994 – Strikker, F.: Staatliche Maßnahmen gegen Jugendarbeitslosigkeit. Eine Analyse arbeitsmarkttheoretischer Konzepte und staatlicher Maßnahmen ausgewählter Bundesländer. Frankfurt a.M. 1990

Michael Galuske

Jugendarbeitsschutzgesetz

Das Anliegen des JArbSchG ist die Bewahrung von Kindern und Jugendlichen vor gesundheitlichen Schäden, die durch eine ihrem Entwicklungsstand nicht entsprechende, überfordernde Arbeitsbelastung entstehen können. Die Tradition des JArbSchG reicht bis in das 19. Jahrhundert zurück. Nach den Schulpflichtregelungen wird durch das Preußische „Regulativ über die Beschäftigung jugendlicher Arbeiter in Fabriken" von 1839 ein gesellschaftlich anerkannter, schutzbedürftiger Sonderstatus des Jugendlichen definiert. Als Gründe für die staatlichen Regelungen lassen sich sozial- und militärpolitische Interessen, aber auch eine zunehmende Pädagogisierung des Kindes- und Jugendalters vermuten. 1869 werden ähnliche Regelungen in die Gewerbeordnung des Norddeutschen Bundes aufgenommen, später auch in das Arbeits- und das Kinderschutzgesetz. 1938 wird das erste JArbSchG verabschiedet, 1960 und 1976 wird es grundlegend novelliert.

Das Gesetz grenzt Kinder und Jugendliche altersmäßig voneinander ab: „Jugendlich ... ist, wer 14, aber noch nicht 18 Jahre alt ist" (JArbSchG v. 12.4.1976, § 2 Abs. 2). Soweit Jugendliche noch der Vollzeitschulpflicht unterliegen, gelten für sie weiterhin die Vorschriften für Kinder.

Zu den zentralen Regelungsanliegen des JArbSchG gehören: die tägliche und wöchentliche Arbeitszeit einschließlich der Pausen, die Sonn-, Feiertags- und Nachtarbeitsruhe, der besondere Urlaubsanspruch, das weitgehende Verbot von Kinder- und Akkordarbeit, die Freistellung an den Tagen des Berufsschulunterrichts, die Abwehr von Gefährdungen und schließlich die ärztlichen Untersuchungen. Viele dieser Regelungen waren immer gesellschaftlich umstritten, sie sind als typischer Kompromiss zwischen Arbeitgeberverbänden und Gewerkschaften anzusehen. Seit mehreren Jahrzehnten werden die Reformen des Gesetzes von massiver Kritik seitens der Arbeitgeberverbände an den „ausbildungshemmenden Vorschriften" begleitet. Infolge dieser Kontroversen und der tatsächlich sehr problematischen Lage auf dem Ausbildungsstellenmarkt ist der kontinuierliche Trend zur Erweiterung der Schutzrechte erstmals in einer Novellierung von 1984 einer Wende unterworfen worden, die in der Überarbeitung von 1997 deutlich fortgesetzt wird und sich an der Verkürzung der Nachtruhe und der reduzierten Freistellung von der Arbeit an den Berufsschultagen zeigt. Besonders gravierend ist hier, dass Jugendliche am zweiten wöchentlichen Berufsschultag und Berufsschulpflichtige über 18 Jahren an allen Berufsschultagen, die nicht die volle tägliche Arbeitszeit umfassen, noch im Betrieb beschäftigt werden können. Gleichzeitig ist die Grenze vom Kindes- zum Jugendalter um ein Jahr angehoben worden, das Jugendalter beginnt nun mit 15 Jahren. Parallel dazu sind aber die Beschäftigungseinschränkungen für Kinder über 13 Jahren erheblich gelockert worden. Ob der hier eingeleitete „Abbau ausbildungshemmender Vorschriften" zu einer Verbesserung der Ausbildungs- und Beschäftigungssituation führt, lässt sich derzeit nicht abschätzen.

Literatur: Schoden, M.: Jugendarbeitsschutzgesetz. Köln 1992, Zmarzlik, J./Anzinger, R.: Jugendarbeitsschutzgesetz, Kommentar. München [4]1993

Manfred Eckert

Jugendberichte/Jugendforschung

Nach § 84 Abs. 1 des Kinder- und Jugendhilfegesetzes (KJHG) ist die Bundesregierung verpflichtet, in jeder Legislaturperiode dem Bundestag und dem Bundesrat einen Bericht über die Lage junger Menschen und die Bestrebungen und Leistungen der Kinder- und Jugendhilfe vorzulegen. Neben der Bestandsaufnahme und Analyse soll der Bericht auch Vorschläge zur Weiterentwicklung der Kinder- und Jugendhilfe enthalten. Mit der Erstellung des Berichtes wird gem. Abs. 2 eine Jugendberichtskommission beauftragt, der bis zu sieben Sach-

Name	Jahr	Thema	Quelle
Erster Bericht	1965	Die Lage der Jugend und die Bestrebungen auf dem Gebiet der Jugendhilfe	BT-Dr. IV/3515 vom 14.6.1965
Zweiter Bericht	1968	Aus- und Fortbildung der Mitarbeiter in der Jugendhilfe (Anhang: Jugend und Bundeswehr)	BT-Dr. VI/2453 vom 15.1.1968
Dritter Jugendbericht	1972	Aufgaben und Wirksamkeit der Jugendämter in der Bundesrepublik Deutschland	BT-Dr. VI/3170 vom 23.2.1972
Vierter Jugendbericht	1978	Sozialisationsprobleme der arbeitenden Jugend in der Bundesrepublik - Konsequenzen für Jugendhilfe und Jugendpolitik	BT-Dr. 8/2110 vom 19.9.1978
Fünfter Jugendbericht	1980	Situation und Perspektiven der Jugend. Problemlagen und gesellschaftliche Maßnahmen	BT-Dr. 8/3665 vom 20.2.1980
Sechster Jugendbericht	1984	Verbesserung der Chancengleichheit von Mädchen in Familie, Schule, Ausbildung und Beruf sowie in der Jugendhilfe	BT-Dr. 10/1007 vom 15.2.1984
Siebter Jugendbericht	1986	Jugendhilfe und Familie; die Entwicklung der familienunterstützenden Leistungen der Jugendhilfe und ihre Perspektiven	BT-Dr. 10/6730 vom 10.12.1986
Achter Jugendbericht	1990	Bestrebungen und Leistungen der Jugendhilfe	BT-Dr. 11/6576 vom 6.3.1990
Neunter Jugendbericht	1994	Die Situation der Kinder und Jugendlichen und die Entwicklung der Jugendhilfe in den neuen Bundesländern	BT-Dr. 13/70 vom 7.12.1994
Zehnter Kinder- und Jugendbericht	1998	Bericht über die Lebenssituation von Kindern und die Leistungen der Kinderhilfe in Deutschland	BT-Dr. 13/11368 vom 25.8.1998
Elfter Kinder- und Jugendbericht	2002	Bericht über die Lebenssituation junger Menschen und die Leistungen der Kinder- und Jugendhilfe in Deutschland	BT-Dr. 14/8181 vom 4.2.2002
Zwölfter Kinder- und Jugendbericht	2005	Bildung und Erziehung außerhalb der Schule	Erscheint im Herbst 2005

Abb.: Übersicht über die Themen der Jugendberichte

verständige aus Wissenschaft und Praxis angehören. Die Bundesregierung ergänzt den Bericht um eine Stellungnahme mit den von ihr für notwendig gehaltenen Folgerungen. Die Berichte setzen sich mit einem jeweils vorgegebenen Schwerpunktthema auseinander („Spezialberichte"), wobei jeder dritte Bericht einen Gesamtüberblick über die Lage junger

Menschen und die Leistungen der Kinder- und Jugendhilfe geben soll („Gesamtberichte").

Damit besteht für die Sozialberichterstattung im Bereich der Kinder- und Jugendhilfe eine klare gesetzliche Grundlage. Diese Verpflichtung zur Vorlage eines Berichts wurde erstmals 1961 in § 25 des Jugendwohlfahrtsgesetzes (JWG) festgeschrieben. Dieser Passus wurde dann 1967 im Zuge der Novellierung des JWG insoweit verändert – und in seinem Kern im KJHG fortgeschrieben –, als nicht in jeder Legislaturperiode ein umfassender Bericht vorzulegen ist, sondern nur noch jeder dritte Bericht einen Gesamtüberblick geben soll (Wiesner u.a. 1995).

Bislang wurden den Parlamenten auf Bundesebene elf Jugendberichte vorgelegt und der Zwölfte steht im Herbst 2005 an. Während die ersten beiden Berichte noch vom Bundesministerium für Familie und Jugend bzw. weiteren fachlich betroffenen Ministerien in Eigenregie ausgearbeitet worden sind – und sich aufgrund dessen den Vorwurf der „Hofberichterstattung" einhandelten (Galuske 1995) –, wurde ab dem Dritten Jugendbericht eine „unabhängige" Sachverständigenkommission mit der Erstellung beauftragt. Die Geschäftsführung zur Erstellung der Berichte lag jeweils beim Deutschen Jugendinstitut in München. Zur Unterstützung der Arbeit wurden von der Kommission in der Regel zu wichtigen thematischen Einzelaspekten Expertisen in Auftrag gegeben, deren Ergebnisse nach Möglichkeit in den Bericht der Kommission einfließen sollten; diese wurden, unabhängig vom Bericht, zumeist anschließend veröffentlicht.

Die Berichte selbst bestehen aus zwei Teilen: einem Überblick über die Lage junger Menschen sowie einer Darstellung der Bestrebungen und Leistungen der Kinder- und Jugendhilfe. Insoweit handelt es sich bei den Jugendberichten um eine Mischung aus Jugendberichten – als Teil einer kontinuierlichen Jugendforschung (Krüger/Grunert 2002) – und Jugendhilfeberichten, also einer Leistungsbilanz der institutionellen Angebote und Maßnahmen für Kinder, Jugendliche und deren Familien.

Nach Vorlage von nunmehr neun Sachverständigenberichten zeigen sich einige strukturelle Schwierigkeiten, die sich nachteilig auf die bisherige Berichterstattung ausgewirkt haben (Richter/Coelen 1997). Die meisten Kommissionen hatten mit zum Teil erheblicher Zeitknappheit zu kämpfen. So werden die Sachverständigen jeweils erst nach Beginn der jeweiligen Legislaturperiode vom zuständigen Fachministerium ausgesucht und berufen, so dass eine jeweils aus Wissenschaftler(inne)n und Praktiker(inne)n neu zusammengesetzte, siebenköpfige Jugendberichtskommission innerhalb von zwei Jahren einen Bericht fertig stellen muss, damit dieser noch vor Ablauf der Legislaturperiode dem Bundestag und Bundesrat zur parlamentarischen Beratung vorgelegt werden kann.

Erschwerend hinzu kommt, dass in der Kinder- und Jugendhilfe bislang keine eingespielten Traditionen hinsichtlich Form und Qualität der Berichterstattung bestehen, auf die die jeweils neu zusammengesetzte Kommission zurückgreifen könnte, und dass auch nach Aufnahme der Kommissionsarbeit von den Sachverständigen jeweils erst noch einschlägige Expert(inn)en gewonnen werden müssen, die zu Spezialfragen zusätzliche Daten, Fakten und Erkenntnisse liefern sollen. Aufgrund dieser Ausgangslage erweisen sich die bisherigen Jugendberichte de facto eher als punktuelle und themenbezogene denn als kontinuierliche Varianten der Berichterstattung (Bayer/Krüger/Lüders 1997).

Neben den Jugendberichten des Bundes gehen einzelne Bundesländer – insbesondere die neuen – dazu über, zusätzlich auf der Basis der Landesausführungsgesetze zum KJHG auch Jugendberichte auf Landesebene zu erstellen; allein Nordrhein-Westfalen hat bereits den Achten Landesjugendbericht vorgelegt. Bei den Berichten der Länder handelt es sich allerdings bislang mehrheitlich um Rechenschaftsberichte der jeweiligen Fachministerien, die zum Teil ergänzt werden durch ausgewählte Expertisen. Es wird sich erst in den nächsten Jahren zeigen, ob daraus eine eigene Tradition der Landessozialberichterstattung entsteht.

In Zukunft wird es darauf ankommen, das Instrument der Kinder- und Jugendberichte so weiterzuentwickeln, dass dies zu einer neuen Qualität der Sozialberichterstattung zur Lage junger Menschen und den Bestrebungen und Leistungen der Kinder- und Jugendhilfe führt. Dazu könnte u.a. die im KJHG neu geregelte amtliche Kinder- und Jugendhilfestatistik beitragen, die aufgrund regelmäßiger – größtenteils jährlich, z.T. vierjährlich – Vollerhebungen über Leistungen, Maßnahmen, Einrichtungen, Personal, Empfänger sowie Ausgaben und Einnahmen der Kinder- und Jugendhilfe wichtiges Datenmaterial liefert (Rauschenbach/Schilling 2005). Mit ihrer Hilfe wäre künftig eine stärkere empirische Fundierung und eine verbesserte Kontinuierung der Kinder- und Jugendberichte auf Länder- und Bundesebene möglich.

Literatur: Bayer, H./Krüger, W./Lüders, C.: Jugendhilfestatistik und Sozialberichterstattung. Zur Bedeutung der amtlichen Statistik für die überregionale Sozialberichterstattung in der Kinder- und Jugendhilfe. In: Rauschenbach, Th./Schilling, M. (Hg.): Die Kinder- und Jugendhilfe und ihre Statistik. Band 2. Neuwied u.a. 1997, S. 403-418. – Galuske, M.: Zwischen Hofberichterstattung und Politikberatung. Anmerkungen zur Funktion von Landes- und Bundesjugendberichten. In: Der pädagogische Blick 4 (1995), 4, S. 197-208. – Krüger, H.-H./Grunert, C. (Hg.): Handbuch Kindheits- und Jugendforschung. Opladen 2002 – Rauschenbach, Th./Schilling, M. (Hg.): Kinder- und Jugendhilfereport 2. Weinheim und München 2005 – Richter, H./Coelen, T. (Hg.): Jugendberichterstattung. Politik – Forschung – Praxis. Weinheim und München 1997 – Wiesner, R. u.a.: SGB VIII. München 1995

Thomas Rauschenbach

Jugendliche und Berufsausbildung

Das Thema „Jugendliche und Berufsausbildung" ist unerschöpflich, weil die Frage, warum Jugendliche „ihren Beruf" finden oder verfehlen, erlernen oder verwerfen, ihn ausüben oder wechseln, ihn behalten oder verlieren, von zahlreichen individuellen und gesellschaftlichen Bedingungsfaktoren abhängt, die sich obendrein im Zeitverlauf verändern. Unbestritten, wenngleich keineswegs hinlänglich geklärt, ist die Bedeutung der Berufsausbildung für den Aufbau einer sozialen Identität des Jugendlichen (→Jugend und Arbeit). Unter den Bedingungen moderner Industriegesellschaften kann die „Passung" der persönlichen Fähigkeits- und Leistungsprofile mit den Anforderungsprofilen der beruflichen Tätigkeit weder als individuell einmalig noch als lebenszeitlich wenig veränderbar gelten. Gleichwohl sind mit der Notwendigkeit, sich für eine bestimmte Berufsausbildung zu entscheiden, biographisch bedeutsame Festlegungen verbunden, denn das über den →Ausbildungsberuf definierte Qualifikationsbündel eröffnet und begrenzt zugleich Lernchancen und Verwertungsmöglichkeiten in spezifischen Teilbereichen des Arbeitsmarktes, macht den Jugendlichen während und durch die Berufsausbildung selbstständiger und unabhängiger von seiner Herkunftsfamilie und fügt ihn ein in die gesellschaftliche Schichtungsstruktur. Arbeitslosigkeit und Lehrstellenmangel machen den Jugendlichen im Alter von 12 bis 24 Jahren schwer zu schaffen und verdüstern ihre (beruflichen) Zukunftsperspektiven (→Jugendarbeitslosigkeit).

Literatur: Baacke, D.: Die 13- bis 18jährigen. Einführung in die Probleme des Jugendalters. Weinheim [6]1993 – Heid, A./Reckmann, H.: Der berufstätige Jugendliche. In: Müllges, U. (Hg.): Handbuch der Berufs- und Wirtschaftspädagogik. Bd. 1. Düsseldorf 1979, S. 95-146 – Jugendwerk der Deutschen Shell (Hg.): Jugend '97 – Zukunftsperspektiven – Gesellschaftliches Engagement – Politische Orientierungen. Opladen 1997 – Lappe, L.: Jugendliche in der Berufsbildung. In: Arnold, R./ Lipsmeier, A. (Hg.): Handbuch der Berufsbildung. Opladen 1995, S. 67-74

Martin Kipp

Jugendsozialarbeit

Begriff: Unter J. werden jene Maßnahmen und Angebote der Jugendhilfe zusammengefasst, die sich vorrangig der beruflichen und sozialen Integration von sog. sozial benachteiligten bzw. individuell beeinträchtigten Jugendlichen und jungen Erwachsenen widmen. Das Maßnahmespektrum der J. umfasst Wohnhilfen, Schulsozialarbeit, Eingliederungshilfen für jugendliche Aus- und Übersiedler sowie Flüchtlinge, Ausländersozialarbeit, Mädchensozialarbeit sowie Hilfen für arbeitslose Jugendliche. Die Angebote jenes Bereichs, der sich an arbeitslose Jugendliche wendet, werden unter dem Begriff Jugendberufshilfe zusammengefasst. Jugendberufshilfe meint folglich jene Maßnahmen der Jugendhilfe, die sich direkt der Unterstützung und Hilfe von Jugendlichen und jungen Erwachsenen zum Übergang in die berufliche Ausbildung und Beschäftigung widmen (→Jugendarbeitslosigkeit). Sie stellen das „Gelenkstück der Jugendsozialarbeit" (Bethmer 1996) dar und sind im Schnittfeld von Sozial- und →Berufspädagogik angesiedelt. Die rechtliche Grundlage der Jugendberufshilfe/J. bildet § 13 des SGB VIII (Kinder- und Jugendhilfegesetz; vgl. Fülbier/Schnapka 1991; Breuer 1991*)*.

Finanzierung der Jugendberufshilfe: Die Finanzierung der Jugendberufshilfe speist sich nur zu einem (geringen) Teil aus den Mitteln der Kinder- und Jugendhilfe (SGB VIII). Neben dem Bundesjugendplan, der (Programm-) Förderung durch die zuständigen Landes- und Bundesministerien sowie durch kommunale Haushalte spielen Förderprogramme der Europäischen Gemeinschaft eine immer größere Rolle. Zentrales Förderungsinstrument ist allerdings immer noch das SGB III (→Arbeitsförderungsgesetz). Das SGB III gewährt finanzielle Unterstützung bei der Berufsvorbereitung, der Berufsausbildung sowie der Beschäftigung. Bedeutsam ist weiterhin das SGB XII (Bundessozialhilfegesetz) und dort enthaltene Möglichkeiten zur Förderung von Arbeitsgelegenheiten (Hilfen zur Arbeit). Beschränkt man sich allein auf den Förderbereich des SGB III, so zählt der →Berufsbildungsbericht für das Jahr 2004 133.156 Eintritte in eine berufsvorbereitende Maßnahme. Darüber hinaus wurden 55.094 Jugendliche und junge Erwachsene mit ausbildungsbegleitenden Hilfen (ABH) unterstützt, 73.028 wurden im Rahmen einer →außerbetrieblichen Ausbildung gefördert (vgl. Berufsbildungsbericht, div. Jahrgänge). Im Zuge der Modernisierung von Arbeitsverwaltung und Arbeitsmarkt durch die so genannten „Hartz-Gesetze" wurden und werden auch Zielsetzungen, Angebotsspektrum und -formen sowie Vergabeverfahren grundlegend reformiert, mit bislang noch kaum absehbaren Konsequenzen für Trägerlandschaft, Angebote, Fachlichkeit und Klienten. Deutlich ist allerdings, dass sich neben einem verschärften Markt- und Kostendruck auf die Anbieter unter der Maxime „Fördern und Fordern" eine funktionale Engführung auf Übergänge in den ersten Arbeitsmarkt vollzieht, bei gleichzeitiger Verschärfung autoritärer und repressiver Eingriffs- und Kontrollmöglichkeiten gegenüber den Klienten (vgl. Burghardt/Enggruber 2005; Dahme/Wohlfahrt 2005).

Angebotsspektrum der Jugendberufshilfe: Seit den 70er Jahren hat sich ein Angebotsspektrum der Jugendberufshilfe herausgebildet, das sich grob in die Bereiche Beratung, Berufsvorbereitung, Ausbildung und Beschäftigung (vgl. BBJ 1995) aufteilen lässt. Beratung bezieht sich dabei auf die orientierende und stabilisierende Unterstützung von Jugendlichen an der ersten und zweiten Schwelle mittels Information und Gespräch. Berufsvorbereitung meint die motivationale und qualifikatorische Befähigung von (noch) nicht berufsfähigen und/oder berufswilligen Jugendlichen zur Aufnahme und Absolvierung einer beruflichen Ausbildung bzw. einer Beschäftigung. In diesem Rahmen tritt die Jugendberufshilfe als Träger von Maßnahmen auf, die durch – zumeist auf ein Jahr – befristete Angebote basale Qualifikationen, zumeist im extrafunktionalen Bereich, erzeugen und den TeilnehmerInnen zu einer realistischen Zukunftsplanung verhelfen sollen (Strikker 1990; Eckert/Kutscha 1990). Im Bereich der Berufsausbildung finden sich zwei unterschiedliche Angebotsformen: Zum einen unterstützt Jugendberufshilfe im Rahmen der Ausbildungsbegleitenden Hilfen (ABH) Jugendliche, die eine Ausbildung in einem regulären Ausbildungsbetrieb absolvieren, indem schulische und soziale Unterstützungsangebote eingerichtet werden. Zum anderen wird die Jugendberufshilfe im Rahmen →außerbetrieblicher Ausbildung selbst zum Träger einer sozialpädagogisch begleiteten Berufsausbildung (vgl. Berufsbildungsbericht, div. Jahrgänge; Dörre u.a. 1988). Das Feld der Beschäftigung, d.h. die Schaffung von befristeten Arbeitsplätzen zumeist aus Mitteln der Arbeitsverwaltung bzw. der kommunalen Sozialhilfe, ist seit Anfang der 90er Jahre zunehmend ein weiteres Standbein der Jugendberufshilfe (Galuske 1993; Haunert/ Lang 1994).

Probleme der Jugendberufshilfe: Ein Teil der Fachdiskussion konzentriert sich vor allem auf pragmatische Probleme, z.B. die schlechte Finanzausstattung, die Entwicklung neuer didaktischer Konzepte, die Erschließung neuer Ausbildungsfelder, die Vernetzung von Einrichtungen und Unternehmen auf lokaler und überregionaler Ebene usw. Eine grundlegendere Diskussionslinie betont als Basisdilemma der Jugendberufshilfe, dass sie die strukturelle Qualität der Modernisierungsprozesse des Arbeitsmarktes (Galuske 1993) nur unzureichend wahrgenommen hat. Indem sie die Probleme ihrer Klienten in erster Linie aus der Perspektive von Qualifikations-, Motivations- und Sozialisationsdefiziten wahrnimmt, trägt sie zu einer Individualisierung der Problemlagen arbeitsloser Jugendlicher bei und übersieht dabei, dass diese „Defizite" lediglich Selektionskriterien sind, bei einer insgesamt geringer werdenden Menge an Lohnarbeit in modernen Industriegesellschaften (Giarini/ Liedtke 1998; Galuske 2002). Strikker (1990) kommt in seiner Analyse der Angebote der Jugendberufshilfe zu dem Ergebnis, dass sie unterschiedliche Funktionen erfüllen: a) eine Absorptionsfunktion, indem sie die Arbeitslosenstatistik entlasten, b) eine Integrationsfunktion, indem sie sozialisationswirksame Räume für arbeitslose Jugendliche anbieten und die Kontrolllücke zwischen Bildungs- und Beschäftigungssystem schließen, c) eine Allokations- und Selektionsfunktion, indem sie innerhalb des Pools der von dauerhafter Ausgrenzung Bedrohten differenzierte Grenzlinien ziehen und d) eine Flexibilisierungsfunktion, da diese neuen Grenzlinien funktional für einen sich ausdifferenzierenden und destandardisierenden Arbeitsmarkt sind. Perspektivisch wird deshalb in der Jugendberufshilfe diskutiert, die Konstruktion von Maßnahmen eher an den Lebenslagen und Interessen von Jugendlichen zu orientieren, als an den nur schwer kalkulierbaren Erfordernissen des ersten Arbeitsmarktes (Böhnisch/Schröer 2001; Galuske 2004; Krafeld 2000). Inwieweit dieses Konzept, das seine Konkretisierung seit den 1980er Jahren erfahren hat, dem aktuellen mainstream des aktivierenden Sozialstaats standhalten kann, bedarf allerdings der sorgfältigen Beobachtung.

Literatur: Amtliche Nachrichten der Bundesanstalt für Arbeit (ANBA). Nürnberg, div. Jahrgänge – BBJ-Consult: Handbuch für Träger der Jugendsozialarbeit. Berlin 1995 – Berufsbildungsbericht (Bund), div. Jahrgänge – Bethmer, H. v.: Jugendsozialarbeit heute. In: Blätter der Wohlfahrtspflege 143 (1996), 4, S. 85 ff. – Böhnisch, L./Schröer, W.: Pädagogik und Arbeitsgesellschaft, Weinheim/München 2001 - Breuer, K.H.: Jugendsozialarbeit im Rahmen der Jugendhilfe. Forum Jugendsozialarbeit. Heft 7. Köln 1991 – Burghardt, H./Enggruber, R. (Hg.): Soziale Dienstleistungen am Arbeitsmarkt, Weinheim/München 2005 – Dahme, H.-J./Wohlfahrt, N. (Hg.): Aktivierende Soziale Arbeit, Hohengehren 2005 - Dörre, K. u.a.: Alternative Wege des Berufseinstiegs. München 1988 – Eckert, M./Kutscha, G.: Übergangsprobleme und Wirksamkeit von berufsvorbereitenden Maßnahmen und Förderlehrgängen in der Region Duisburg. In: Projekt Jugend und

Arbeit (Hg.): Jugendliche beim Einstieg in das Berufsleben. München 1990, S. 107 ff. – Fülbier, P./Schnapka, M.: Jugendsozialarbeit im Kinder- und Jugendhilfegesetz – Neue Rechtsgrundlage für bewährte Praxis. In: Wiesner, R./Zarbock, J. (Hg.): Das neue Kinder- und Jugendhilfegesetz. Köln 1991, S. 267 ff. – Galuske, M.: Das Orientierungsdilemma. Jugendberufshilfe, sozialpädagogische Selbstvergewisserung und die modernisierte Arbeitsgesellschaft. Bielefeld 1993 – Galuske, M.: Flexible Sozialpädagogik, Weinheim/München 2002 – Galuske, M.: Lebensweltorientierte Jugendsozialarbeit, in: Grunwald, K./Thiersch, H. (Hg.): Praxis lebensweltorientierter Sozialer Arbeit, Weinheim/München 2004, S. 233-246 – Giarini, O./Liedtke, P.M.: Wie wir arbeiten werden. Der neue Bericht an den Club of Rome. Hamburg 1998 – Haunert, F./Lang, R.: Arbeit und Integration. Zur Bedeutung von Arbeit in der Jugendsozialarbeit am Beispiel von Projekten freier Träger. Frankfurt a.M. u.a. 1994 – Strikker, F.: Staatliche Maßnahmen gegen Jugendarbeitslosigkeit. Frankfurt a.M. 1990

Michael Galuske

Juniorenfirma

Begriffsklärung: Die J. ist eine ergänzende Ausbildungsmethode, die innerhalb der betrieblichen, schulischen oder →außerbetrieblichen Ausbildung mit einem Zeitanteil von max. 10 % eingesetzt wird. Sie wird von →Auszubildenden oder Schülern in Abgrenzung von der →Übungsfirma und dem →Lernbüro eigenverantwortlich und selbstständig als reale „Miniaturfirma" mit realem Geschäftsbetrieb, Waren oder Dienstleistungen, Geld, Organisation, Kostenrechnung, Verhandlungen usw. geführt.

Obwohl in der Regel die juristische Verantwortung im Betrieb bzw. der Bildungseinrichtung verbleibt, sollen nach Möglichkeit alle kaufmännischen Funktionsbereiche von der Produktfindung und Beschaffung bis zum Marketing und Vertrieb durch praktisches Tun in der selbst gestalteten Ernstsituation erfahrbar werden.

Das unternehmerische Handeln in der J. zielt sowohl auf den ökonomischen Erfolg als auch auf die Effektivierung des Lernens. Wichtigste Ziele sind die Steigerung der Arbeits- und Lernmotivation, der Selbstständigkeit und des Selbstwertgefühls sowie die Entwicklung sozialer, kreativer und kommunikativer Fähigkeiten. Hinzu kommen die Fähigkeit zur Zusammenarbeit und der Erwerb von Zusammenhangwissen. Die J. versteht sich als „reale Projektausbildung", die sich in fast allen kaufmännischen Berufen sinngemäß verwirklichen und auf vergleichbare Einrichtungen übertragen lässt. Beispiele gibt es für die Büroberufe, Industrie- und Bankenberufe, den Einzelhandel und Bahnberufe. Besonders bedeutsam ist das berufsübergreifende Lernen und Arbeiten z.B. von kaufmännischen und gewerblich-technischen Auszubildenden in einer J. Die „betriebswirtschaftliche" Orientierung der Methode führt nicht unbedingt zu höheren Ausbildungskosten, sondern kann den finanziellen Spielraum der Ausbildungsabteilung erhöhen, indem Erträge erzielt werden. Sie kann sogar mit neuen betrieblichen Nutzen- oder Marketingkonzepten verbunden werden.

Geschichte: Die J. hat sich Mitte der 70er Jahre zunächst als „reale Übungsfirma" in der Zahnradfabrik Friedrichshafen AG aus der Praxis heraus entwickelt. Die entscheidende Bewährungsprobe und Verbreitung fand in den Jahren 1983-1986 im Rahmen eines wissenschaftlich begleiteten →Wirtschaftsmodellversuchs statt, an dem sich unter der Trägerschaft der IHK Bodensee-Oberschwaben 8 Betriebe beteiligten. Mit Hilfe der Arbeitsgemeinschaft der J. und jährlich durchgeführter Juniorenfirmenmessen hat sich die Anzahl der J. in der Folgezeit auf ca. 60 erhöht. Etwa ab 1987 wurde die Idee der J. in Einzelfällen auch auf den schulischen Bereich und ab 1993 auf außerbetriebliche Bildungseinrichtungen in den neuen Bundesländern übertragen.

Die theoretische Diskussion um die J. stellt den Begriff des handlungsorientierten Lernens (→Handlungsorientierung) mit der didaktischen Perspektive der sinnstiftenden Verbindung von Arbeiten und Lernen sowie das

Projektlernen (→Projektarbeit) und die →Selbstorganisation des Lernens ins Zentrum. Angeknüpft wird damit an die Ideen von Rousseau, Pestalozzi, Dewey und Kerschensteiner, die ebenfalls schon das Erfahrungslernen und den bildenden Wert der →Arbeit und der Selbstfindung der Erkenntnisse betonten.

Status quo und Probleme: Wissenschaftlich gesichert erscheint, dass der Erwerb von →Schlüsselqualifikationen mit der J. wesentlich gefördert wird. Hat sich die J. einmal etabliert, dann ist bei allen Beteiligten ein sprunghafter Anstieg der →Motivation, der Leistungsbereitschaft und innovativen Kompetenz feststellbar. Trotz erkennbarer Vorteile und vorhandener Beispiele und Unterlagen erscheint der Verbreitungsgrad eher gering. Das mag daran liegen, dass es keine allgemeingültigen Standards gibt und jede Neueinrichtung einer J. notwendigerweise mit einer eigenständigen, innovativen Planung und Anstrengung verbunden ist.

Mitte 1996 ist die J. neu in den Blick der Öffentlichkeit gekommen durch Aktivitäten der Deutschen Bahn AG, die begonnen hatte, unrentable Bahnhöfe in eigener Verantwortung von Auszubildenden als J. betreiben zu lassen. Seit einigen Jahren wurde die J. auch für Berufsschulen attraktiver, in denen z.B. die dezentrale Mittelbewirtschaftung und autonome Verwaltung als reale Lernfelder genutzt werden können.

Eine weitere innovative Entwicklung der J. zeigt sich in der Integration von Umweltschutz als „juniorenfirmenkulturelles" Leitbild. Die „ökologisch orientierte J." der Hamburgischen Electricitäts-Werke AG ist ein erster systematisch erprobter Ansatz.

Perspektiven: Als Gegenstand der →Berufsbildungsforschung und der Aus- und Fortbildung des Lehr- und Ausbildungspersonals bietet die J. auch in Zukunft zahlreiche offene Fragen und Schwerpunktsetzungen. Für die Verbindung der bewährten Methode (J.) mit weiteren innovativen Zielen (Umweltschutz) steht eine vertiefte und wissenschaftlich untersuchte breite Erprobung ebenso aus wie auch für lernortspezifische Implementationen, z.B. in Berufsschulen.

Mittelfristig ist auch mit einer verstärkten Rezeption der Juniorenfirmen-Idee sowohl in der Aufstiegsfortbildung (z.B. Teil III der Meisterausbildung) und der innerbetrieblichen Führungskräfte-Schulung (High-potentials) als auch bei internationalen Programmen zu rechnen, z.B. in der kaufmännischen Aus- und Weiterbildung in Ländern Mittel- und Osteuropas.

Literatur: Ebner, H.G./Czycholl, R.: Handlungsorientierung und Juniorenfirma. In: Sommer, K.-H. (Hg.): Betriebspädagogik in Theorie und Praxis. Festschrift – Wolfgang Fix zum 70. Geburtstag. Stuttgarter Beiträge zur Berufs- und Wirtschaftspädagogik; Sonderband 1. Esslingen 1990, S. 265-278 – Fix, W.: Juniorenfirmen: Ein innovatives Konzept zur Förderung von Schlüsselqualifikationen. Berlin 1989 – Kutt, K. (Hg.): Juniorenfirmen und Umweltschutz. Eine aktualisierte Dokumentation von Materialien, Aufsätzen und weiterführenden Hinweisen zu einer ökologischen Orientierung der Juniorenfirmen. Informationen und Materialien aus Modellversuchen zum Umweltschutz in der beruflichen Bildung. Heft 50. Hg. vom Bundesinstitut für Berufsbildung. Bielefeld 1996 – Miller, S.: Die Juniorenfirma – Ein handlungsorientiertes Konzept auch für die Schule? In: Erziehungswissenschaft und Beruf 38 (1990), 3, S. 246-252 – Söltenfuß, G./Halfpap, K. (Hg.): Handlungsorientierte Ausbildung im kaufmännischen Bereich. Ergebnisse der Hochschultage Berufliche Bildung '86 in Essen. Sankt Augustin 1987

Konrad Kutt

Kammerprüfung

Der Begriff *Kammerprüfung* bezeichnet die von den Kammern, vor allem den Handwerkskammern und den →Industrie- und Handelskammern, durchgeführten öffentlich-rechtlichen Prüfungen, im engeren Sinne die Prüfungen in der beruflichen Bildung. Prüfungstätigkeit ist bei den Kammern zu sehr unterschiedlichen Zeitpunkten entstanden. Während die Hand-

werksorganisation (Kammern, Innungen) bereits im 19. Jahrhundert Gesellen- und Meisterprüfungen abnahm, haben sich Kaufmannsgehilfen- und Facharbeiterprüfungen – und das zunächst auf freiwilliger Grundlage – erst in den 1930er Jahren durchgesetzt. In dieser Zeit liegen auch Anfänge der Fortbildungsprüfungen im IHK-Bereich. Heute gehört die Prüfungsdurchführung zu den wesentlichen Aufgaben der Kammern als zuständige Stellen für Berufsbildung. Das →Berufsbildungsgesetz hat sie für ihren Bereich mit der alleinigen Prüfungshoheit ausgestattet, die in den Zwischen- und Abschlussprüfungen der Berufsausbildung sowie in Umschulungs- und Fortbildungsprüfungen wahrgenommen wird. Im Gegensatz zu den im Weiterbildungsbereich verbreiteten trägerbezogenen Zertifikaten sind die Kammerprüfungen durch klare, transparente Rechtsgrundlagen, die verantwortliche Mitwirkung verschiedener gesellschaftlicher Gruppen in den Prüfungsausschüssen sowie die jederzeitige verwaltungsgerichtliche Nachprüfbarkeit von Prüfungsverfahren und -bewertung gekennzeichnet. Dabei haben die Kammerprüfungen aufgrund ihrer Akzeptanz eine qualitätssichernde Wirkung, die insbesondere aus der Neutralität der Prüfung und der Abstützung auf Anforderungen der betrieblichen Praxis erwächst. Durch das Recht der Kammer, selbst Regelungen für Weiterbildungsprüfungen zu schaffen, tragen sie zur Fortentwicklung der Qualifizierungsmöglichkeiten bei. Außerhalb des Berufsbildungsgesetzes nehmen die Kammern vor allem in gewerberechtlichem Zusammenhang stehende Prüfungen ab. Zu nennen sind dabei insbesondere die Fachkundeprüfungen zur Führung von Unternehmen des Güterkraftverkehrs bzw. des Straßenpersonenverkehrs, und die Sachkundeprüfungen für die Abgabe freiverkäuflicher Arzneimittel, zum Handeln mit unedlen Metallen sowie im Bewachungsgewerbe.
Literatur: Hoffmann, E.: Zur Geschichte der Berufsausbildung in Deutschland, Bielefeld 1962 – Industrie- und Handelskammern Aachen, Arnsberg u. a. (Hg.): Prüfungskompass, 3. Auflage, Bonn 2004 – Was wir tun – Leistungsprofil der Industrie- und Handelskammern, Hg. vom Deutschen Industrie- und Handelskammertag, Berlin 2003

Claus-Dieter Weibert

Kerncurriculum (KC)

Unter dem bisher wenig präzisierten Begriff des KCs wird im Allgemeinen die bildungspolitisch und/oder fachdisziplinär legitimierte Festlegung eines Minimums von verbindlichen Lehr/Lerninhalten verstanden, die den inhaltlichen Grundbestand eines Bildungs- bzw. Studienganges oder auch einzelner Studien- oder Schulfächer konstituieren und umreißen sollen.

Die Sektion BuWp der DGfE hat auf ihrer Mitgliederversammlung am 25. März 2003 ein Kerncurriculum (später als Basiscurriculum tituliert) für das universitäre Studienfach Berufs- und Wirtschaftspädagogik festgeschrieben. Im Anschluss an die obige Definition können fünf (Kern)Merkmale des universitären KCs näher beschrieben und weiter ausgeführt werden. Das KC orientiert sich an den Problemstellungen, Problemlöseverfahren (Methoden), Theorie- und Wissensbeständen der BuWp als wissenschaftliche Disziplin (= disziplinärer Kern). Es beschreibt ein inhaltliches Minimum im Sinne von Mindeststandards, über das jede/jeder Studierende nach Abschluss des Studienfaches verfügen können soll (= grundlegender Kern). Hinsichtlich der einbezogenen Studiengänge bezieht sich das KC ebenso auf die gegenwärtigen Varianten der einschlägigen Lehrerbildungs- und Diplomstudiengänge, wie auch auf konsekutive Studiengangsmodelle mit Abschluss Bachelor/Master (= gemeinsamer Kern). Dabei soll die Anschlussfähigkeit gegenüber anderen Studienfächern (insbesondere gegenüber den Fachdidaktiken) und auch gegenüber weiterführenden (Master)Studiengängen gewährleistet werden (= anschlussfähiger Kern). Verbindlichkeit erlangt das KC

über die Selbstverpflichtung der Fachvertreterinnen und Fachvertreter (= verbindlicher Kern).
Die thematische Rahmenstruktur des KCs basiert auf fünf Schwerpunkten (Grundlagen der BuWp, Didaktik der beruflichen Aus- und Weiterbildung, Bedingungen und Strukturen beruflichen Lernens, Ansätze und Methoden der quantitativen und qualitativen →Berufsbildungsforschung sowie Unterrichts- und unterweisungspraktische Studien), die jeweils in weitere Themengebiete und diese wiederum in einzelne Lehrinhalte ausdifferenziert werden. Darüber hinaus wird eine Zuordnung der Themengebiete zum entsprechenden Studienabschnitt vorgenommen und die jeweilige Semesterwochenstundenbelegung ausgewiesen (vgl. Sektion BuWp 2003, S. 9 ff.). Mit der Einführung des KCs soll die Beliebigkeit der berufs- und wirtschaftpädagogischen Studienangebote aufgehoben und die Qualität des universitären Studiums sichergestellt werden, um so die Entwicklung und Stabilisierung der Professionalisierungsprozesse der Studiengangsabsolventen zu fördern. Darüber hinaus gewährleistet das KC bessere Mobilitätsbedingungen für die Studierenden bei einem möglichen Studienstandortwechsel.

Literatur: Beck, K.: Plädoyer für ein Kern-Curriculum zur Ausbildung von Lehrerinnen und Lehrern an berufsbildenden Schulen. In: Zeitschrift für Berufs- und Wirtschaftspädagogik 98 (2002), 1, S. 124-130 – Furck, C.-L.: Zur Geschichte und Funktion von Kerncurricula im Bereich der Erziehungswissenschaft. In: Erziehungswissenschaft 15 (2004), 28, S. 14-24 – Sektion BuWp der DGfE - Der Geschäftsführende Vorstand (Hg.): Basiscurriculum für das universitäre Studienfach Berufs- und Wirtschaftspädagogik. Jena 2003 – Vogel, P.: Zur Rolle des Kerncurriculums Erziehungswissenschaft in der Lehrerbildung. In: Hinz, R./Kiper, H./Mischke, W. (Hg.): Welche Zukunft hat die Lehrerbildung in Niedersachsen? Hohengehren 2002, S. 194-204 – Wigger, L.: Thesen zu einem „Kerncurriculum Erziehungswissenschaft" Unter: http://dgfe-aktuell.uni-duisburg.de/foren/Wigger.pdf vom 22.07.05

Jens Klusmeyer

Kollegschule

K. sind als Schulversuche eingerichtete Angebotsschulen und (für die einbezogenen Teilzeitberufsschulen) regionale Pflichtschulen in Nordrhein-Westfalen, „in denen Schülern in einem differenzierten Unterrichtssystem ohne Zuordnung zu unterschiedlichen Schulformen studien- und berufsbezogene Bildungsgänge zu Abschlüssen der Sekundarstufe II ermöglicht werden" (Schulverwaltungsgesetz NW). Alle Schulabschlüsse der Sekundarstufe II (einschließlich zum Sekundarabschluss I gleichwertiger Abschlüsse) können auch in der K. erworben werden (Allgemeine Schulordnung NW). Das Land NW hat inzwischen zum 1.8.1998, die berufsbildenden Schulen und die K. zu einem neuen, einheitlichen und eigenständigen System der Sekundarstufe II, dem →Berufskolleg, zusammengeführt (Berufskolleggesetz v. 25.11.1997).

Grundlage der Planung, Entwicklung und Evaluation der K. als Schulversuch waren mehrere Empfehlungen der „Planungskommission Kollegstufe NW" (1972, 1974 und 1975). Unter den didaktischen Kriterien der K. (Wissenschaftspropädeutik und Kritik) entstand ein System von Bildungsgängen, die berufsqualifizierende Spezialisierungen mit einem diese Spezialisierung überwindenden obligatorischen Lernbereich und einem Wahlbereich verbinden. Die bildungspolitische Leitidee der Gleichheit von beruflicher und allgemeiner Bildung legt dieser Ansatz im Sinne einer curricularen Integration aus, die allgemeines Lernen prinzipiell auch im Medium des →Berufs ermöglichen soll. Besondere bildungspolitische Aufmerksamkeit und einen Schwerpunkt in den Evaluationsstudien fanden zu einer Hochschulreife führende doppeltqualifizierende Bildungsgänge der K.

Literatur: Bremer, R. (Bearbeiter): Bibliographie zur Kollegschule 1974-1987. Soest 1988 – Kultusminister NW (Hg.): Kollegstufe NW. Ratingen u.a.1972 – Kultusminister NW (Hg.): Kollegschule NW. Köln 1976 – Landesinstitut für Schule und Weiterbildung

(Hg.): *Auf dem Weg zu einer Bildungsgangdidaktik.* Soest 1996

Karlheinz Fingerle

Kommunikation

Der Blick in die Stichwortverzeichnisse der Human- und Sozialwissenschaften macht deutlich: K. gehört zu einem der zentralen Begriffe, der neben einigen wenigen eher formalen Grundmerkmalen auf sehr unterschiedliche Weise beschrieben wird. Eine allgemein anerkannte Definition liegt daher nicht vor. K. ist eng verwandt mit dem Begriff der Interaktion. Die Begriffe: Sie werden teilweise synonym gebraucht, vor allem dann, wenn eine Wechselseitigkeit zur K. vorausgesetzt wird. Der Begriff K. wird auch dem der Interaktion untergeordnet. In dieser Diktion wird K. als ein (wesentlicher) Teil von aufeinanderbezogenem Handeln zweier oder mehrerer Personen gefasst.

Als wichtigste Grundkomponente der Begriffsbestimmung von K. wird die (ein- oder wechselseitige) Übertragung von Informationen vom Kommunikator auf den oder die Kommunikannten mittels sprachlicher, halbsprachlicher und/oder nichtverbaler Signale angesehen. Diese kann in verschiedenen Kanälen (z.B. akustisch, optisch, technisch) vollzogen werden. Im sprachlichen Bereich erfolgt sie mittels phonetisch/phonologisch bzw. graphematisch kodierter Merkmale. Als Analyseinstrumente für diese sprachlichen Signale werden allgemein zum einen die Grammatiktheorie in der Folge von Chomsky bzw. die jeweiligen Grammatiken für die Nationalsprachen und zum anderen Sprachhandlungstheorien in der Folge von Searle verwendet. Im Bereich der halb- und nichtsprachlichen Signale werden im allgemeinen nonvokale nonverbale Informationen („Körpersprache"; z.B. gestische, mimische, taktile), proxemische (Raumverhalten) und olfaktorische (Geruchsverhalten) Signale unterschieden (Ellgring 1986). Diese können mit Hilfe verschiedener Formen vermittelt werden (z. B. Blickverhalten, Körperhaltung etc.). Die vokale nonverbale K. (Paralinguistik) wird in der Regel differenziert in sprachbegleitende Formen (Betonung, Sprechpausen, aber auch Stimmqualität, Betonungsmerkmale etc.) und selbstständige Formen (z. B. Lachen, Seufzen etc.).

Unter erziehungswissenschaftlicher Perspektive kann man unterscheiden zwischen *(a)* dem technischen Gelingen von K. (effektive K.), *(b)* kommunikativem Handeln, das durch individuelle erfolgsorientierte Intentionen gesteuert ist und dabei in Kauf nimmt, dass der Kommunikationspartner Verlusten ausgesetzt ist (strategische K.) und *(c)* gelungener K. (van Buer/Matthäus 2000); erziehungstheoretisch begründet wird letztere von Mollenhauer (1972, S. 107) für pädagogische Situationen durch die folgenden Merkmale beschrieben: Beteiligung aller Partner an der Definition einer Situation; Ermöglichung flexibler Rollendefinitionen; Wahrung von Rollendistanz; Wahrung von Ambiguitätstoleranz; Realisierung von Empathie; jeweils neues situationales und partnerbezogenes Aushandeln der Identität der an der sozialen Situation Beteiligten und Ermöglichung von Metakommunikation.

Weitere einschlägige Auffassungen zur Beschreibung von K. und kommunikativem Handeln reichen von gesellschaftstheoretisch orientierten Modellen (z. B. Habermas 1981) über kommunikationstheoretische Modelle, hier vor allem solche zur menschlichen K. (z.B. Watzlawick u. a. 1974), über pädagogisch gewendete Modelle zu kommunikativem Handeln in institutionalisierten Lern- und Arbeitssituationen (z. B. Euler 1989; Jourdan 1989) sowie Entwürfen zur kommunikativen Didaktik (z.B. Schaller 1988) bis hin zu psychologisch orientierten Trainingskonzepten und Leitfäden (z. B. Fittkau u.a. 1987; Schulz von Thun 1994). Fachdidaktisch akzentuierte Entwürfe sind nur selten zu finden (vgl. die Ausführungen in Matthäus 1996). Dubs (1995) entwickelt allerdings in Ansätzen Überlegungen, wie der kommunikative und der curricular-fachdidaktisch begründete Aspekt in Lehr-Lernsituationen miteinander verknüpft werden können. Wittmann (2001) bezieht die Konzepte von K. und kommunikativer Kompetenz auf die Kundensituation und entwickelt darauf bezogene Modelle. Hinsichtlich der empirisch-systematischen Beschreibung von K. in pädagogisch konstruierten institutionalisierten Lehr-Lern-Situationen liegt eine Vielfalt von Studien zur formalen Interaktionsstruktur vor (vgl. z. B. die Zusammenfassung der einschlägigen Studien in van Buer/Nenniger 1992). Sie sind jedoch meist älter und untersuchen den Bereich der allgemein bildenden Schule. Für die kaufmännische Ausbildung sind nur wenige Untersuchungen vorhanden (z. B. van Buer/Matthäus u. a. 1996). Zum nichtverbalen Handeln in unterrichtlichen Situationen existieren keine nennenswerten empirischen Analysen (vgl. die Darstellung in van Buer 1990, S. 147 ff.).

In der kaufmännischen Ausbildung führt K. zu einem Entwicklungs- und Handlungsbedarf auf drei Ebenen: K. als Ziel, Objekt und Medium des Unterrichts in der Schule und der Unterweisung im Betrieb. Insbesondere vor dem Hintergrund eines Wandels vom Verkäufer zum Käufermarkt erfährt die Kommunikationsfähigkeit von zukünftigen Kaufleuten eine zentrale Bedeutung (Wittmann 2001, 96ff.; auch Ruhleder 1994; vgl. auch die Diskussion um die →Schlüsselqualifikationen). K. ist als Objekt curricular in den Lehrplänen verankert und gehört insbesondere in Form von Verkaufs- und Beratungsgesprächen zum Inhalt der Ausbildung (vgl. Matthäus 1995). Als Medium steuert K. sowohl die Beziehungen zwischen Lehrendem und Lernenden als auch die Vermittlung und Aneignung des Inhalts. Unter inhaltlichem Aspekt ist die Versprachlichung der wirtschaftsberuflichen Inhalte in ihrer Komplexität und Verflochtenheit, die Verwendung einer entsprechenden Lexik und Syntax sowie die Gestaltung der Sprechakte im Lehr-Lerngespräch substantiell für einen entwick-lungsförderlichen bzw. -hemmenden Kommunikationsprozess. Initiiert wird dieser Prozess in erster Linie durch Lehrerfragen. Neuere Untersuchungen weisen jedoch darauf hin, dass dem lernförderlichen Potential von Schülerfragen in der einschlägigen Literatur bisher wenig Aufmerksamkeit geschenkt worden ist (vgl. Seifried /Sembill 2005).

Literatur: Buer, J. v.: *Pädagogische Freiheit des Lehrers im unterrichtlichen Alltag. Realität oder Illusion?* Frankfurt a. M. u. a. 1990 – Buer, J. v./Matthäus, S. u.a.: *Familiäre Kommunikation und gelungenes kommunikatives Handeln von Jugendlichen in der kaufmännischen Erstausbildung.* In: Beck, K./Heid, H. (Hg.): *Lehr-Lern-Prozesse in der kaufmännischen Erstausbildung. Zeitschrift für Berufs- und Wirtschaftspädagogik 92 (1996), 12. Beiheft,* S. 163-186 – Buer, J. v./ Nenniger, P.: *Lehr-Lern-Forschung: „Traditioneller" Unterricht.* In: Ingenkamp, K. u.a. (Hg.): *1970-1990: Empirisch-pädagogische Forschung in der Bundesrepublik. Bd. 2.* Weinheim 1992, S. 407-470 – Dubs, R.: *Lehrverhalten. Ein Beitrag zur Interaktion von Lehrenden und Lernenden im Unterricht.* Zürich 1995 – Ellgring, H.: *Nonverbale Kommunikation.* In: Rosenbusch, H.S./Schober, O. (Hg.): *Körpersprache in der schulischen Erziehung.* Baltmannsweiler 1986, S. 7-48 – Euler, D.: *Kommunikationsfähigkeit und computergestütztes Lernen.* Köln 1989 – Fittkau, B. u.a. (Hg.): *Kommunizieren lernen (und umlernen).* Aachen-Hahn 51987 – Gross, G. F.: *Checklist Kommunikation.* Landsberg/Lech 131993 – Habermas, J.: *Theorie des kommunikativen Handelns. 2 Bde.* Frankfurt a.M. 1981 – Jourdan, M.: *Pädagogische Kommunikation. Eine integrative Systematisierung der Dimension menschlicher Kommunikation in Erziehung und Bildung.* Bad Heilbrunn/Obb. 1989 – Matthäus, S.: *Fachdidaktische Theorien der kaufmännischen Erstausbildung – Überlegungen ihrer „Wirkungslosigkeit" für den unterrichtlichen Alltag.* In: Beck, K./Müller, W. u.a. (Hg.): *Berufserziehung im Umbruch.* Weinheim 1996, S. 27-45 – Matthäus, S.: *Kommunikation als Objekt und Medium des kaufmännisch-verwaltenden Unterrichts – Analysen aus fachdidaktischer Sicht.* In: van Buer/Squarra, D./Badel, S. (Hg.): *Studien zur Wirtschafts- und Erwachsenenpädagogik aus der Humboldt-Universität zu Berlin, Bd. 3.2,* Berlin 1995 – Mollenhauer, K.: *Theorien zum Erziehungsprozeß.* München 1972 – Ruhleder, R. H.: *Verkaufstraining intensiv.* Stuttgart ⁵1994 – Schaller, K.: *„Kritisch-kom-*

munikative" Didaktik. In: Röhrs, H./Scheuerl, H. (Hg.): Richtungsstreit in der Erziehungswissenschaft und pädagogische Verständigung. Frankfurt a.M. 1988 – Schulz von Thun, F.: Miteinander reden. Störungen und Klärungen. Reinbek 1994 – Seifried, J./Sembill, D.: Schülerfragen – ein brachliegendes didaktisches Feld. In: Zeitschrift für Berufs- und Wirtschaftspädagogik, Heft 2, 2005 – Watzlawick, P. u.a.: Menschliche Kommunikation. Formen, Störungen, Paradoxien. Bern u.a. 1974 – Wittmann, E.: Kompetente Kundenkommunikation von Auszubildenden in der Bank. Frankfurt a. M. 2001.

Jürgen van Buer, Sabine Matthäus

Kompetenz

Im allgemeinen Sprachgebrauch bedeutet K. soviel wie „Zuständigkeit", „Befugnis" und verweist damit auf einen ursprünglich juristisch-situativen Kontext.

Im Unterschied hierzu zielt der Begriff der K. in pädagogischer Sicht auf menschliche Fähigkeiten, die dem situationsgerechten Verhalten zugrunde liegen und dieses erst ermöglichen. So wird z.B. mit →beruflicher Handlungskompetenz das reife und entwickelte Potential beruflicher Fähigkeiten bezeichnet, das es dem Individuum erlaubt, den in konkreten beruflichen Situationen gestellten Leistungsanforderungen entsprechend zu handeln.

Derartige situative Leistungsanforderungen werden aus der Sicht des Beschäftigungssystems als berufliche Qualifikationen bezeichnet (→Qualifikation und Qualifikationsforschung). Aus pädagogischer Perspektive der K. bilden die abgeforderten beruflichen Qualifikationen nur einen aktualisierten Teil des Potentials, das mit →„beruflicher Handlungskompetenz" umschrieben wird. Das heißt, dass das Individuum das anforderungsgerechte Verhalten jeweils aktuell generiert. So z.B., wenn bei einer beruflich-fachlichen Problemstellung alte und neue Informationen interpretiert und lösungsgerecht transformiert werden.

Dieser, dem pädagogischen Kompetenzbegriff zugehörige Grundgedanke ist auf Einflüsse der linguistischen Kompetenztheorie Chomskys zurückführbar. Seine Unterscheidung von „K." und „Performanz" geht von der Tatsache aus, dass dem Oberflächen-Verhalten (Performanz) des aktuellen Sprechens in der Tiefenstruktur der Person und seines Wissens ein Sprachpotential (K.) zugrunde liegt, aus dem heraus mehr Sätze erzeugt werden können, als jemals tatsächlich geäußert werden.

Im Unterschied zu Chomsky geht man in der Pädagogik davon aus, dass auch die zugrunde liegende Tiefenstruktur der K. nicht angeboren, sondern erworben ist. Ihre Erforschung ist vor allem Piaget und den ihm verbundenen kognitiven Lern- und Entwicklungstheoretikern zu danken. Sie richten ihr Hauptaugenmerk auf den Erwerb von Kompetenzen als Folge von Entwicklungs- bzw. Lernprozessen.

Das Auftreten des Kompetenzbegriffes in der pädagogischen Diskussion zu Beginn der 70er Jahre signalisiert deshalb zugleich auch ein sich änderndes Lern- und Lernzielverständnis. So stellt der Deutsche Bildungsrat 1974 K. als Ziele von Lernprozessen heraus. Er folgt damit den zuvor von Heinrich Roth in dessen „Pädagogischer Anthropologie" erörterten Bedingungen und Postulaten einer Erziehung als Förderung von Handlungskompetenz über die Entwicklung von Sach-, Sozial- und Selbstkompetenz.

Damit wird gegenüber der seinerzeit vorherrschenden behavioristisch-, also performanzorientierten Lernzielprogrammatik (→ Lernziel) ein neues persönlichkeits- und handlungsorientiertes Zielsystem ins Spiel gebracht. Dieses erlangt seit den 80er Jahren in Praxis und Theorie der Berufsbildung besondere Geltung als Konzept der →Schlüsselqualifikationen.

Aktuelle Manifestationen dieses Konzeptes (Lehrpläne, Aus- und Weiterbildungsprogramme) zeigen, dass sich der Begriff der K. und die damit verbundene Auffassung von handlungsorientiertem konstruierendem →Lernen durchsetzen (→Handlungsorientierung). Diese Entwicklung korrigiert das Missverständnis, dem der Begriff der Schlüsselqualifikation von

Anfang an ausgesetzt war: Er zielt nicht primär auf Qualifikationen, sondern auf K. Er ist also als eine Metapher aufzufassen, die den dahinter stehenden Kompetenzgedanken transportiert.

Die Konzeptionierung von beruflicher Handlungskompetenz vor dem Hintergrund einer pädagogisch-anthropologischen Theorie der Persönlichkeitsentwicklung bietet die Möglichkeit, die in verschiedenen Kontexten – meist isoliert und additiv – diskutierten Kompetenz-Varianten – gemäß ihrer Interdependenz klärend aufeinander zu beziehen:

Sachkompetenz betrifft die allgemeine kognitive Leistungsfähigkeit des Individuums, d.h., die Fähigkeit zu sacheinsichtigem und problemlösendem Denken und Handeln.

Eine spezifische Form der Sachkompetenz ist die sog. Fachkompetenz. Mit ihr wird ein professionelles Potential von Fach-Wissen und -Können bezeichnet. Der Begriff verweist darauf, dass es berufs- und fachspezifische Bereiche der Wirklichkeit gibt, für deren Bewältigung man korrespondierendes Fachwissen und fachliches Können braucht. Mit dem Begriff wird die Fähigkeit gemeint, sachstrukturelles und strategisches Wissen so aufeinander zu beziehen, dass Problemlösungen in fachspezifischen Bereichen (z.B. Elektroinstallation, Kostenrechnung) anforderungsgerecht gelingen.

Eine Erweiterung der Sach- bzw. Fachkompetenz ergibt sich durch Ausformung situativ übergreifender Strategien und Heurismen (Findungs- und Lösungsverfahren). Ein breites und flexibles Inventar an Heurismen begründet Methodenkompetenz. Sach- und methodengerechtes Handeln entspricht aber nicht allein schon mündiger Handlungskompetenz. Handeln muss auch sozial vertretbar und moralisch verantwortbar sein; d.h., Handlungskompetenz als Fähigkeit zu mündigem Handeln umschließt auch Sozialkompetenz und humane Selbstkompetenz.

Sozialkompetenz betrifft ebenso kooperatives und solidarisches wie sozialkritisches und kommunikatives Handeln können. Kommunikative K. zielt auf Fähigkeiten zu diskursiver Verständigung möglichst unter den Bedingungen symmetrischer (chancengleicher) →Kommunikation.

Selbstkompetenz betrifft die Fähigkeit zu moralisch selbstbestimmtem humanem Handeln. Dazu gehört neben der Behauptung eines positiven Selbstkonzeptes (Selbstbildes) vor allem die Entwicklung zu moralischer Urteilsfähigkeit (→Moralische Entwicklung und Berufserziehung).

Die in der Roth'schen Anthropologie entfalteten Konzepte der Sach- und Methodenkompetenz, der Sozial- und Selbstkompetenz, die seinerzeit den wissensbasierten Kompetenzbegriff des Deutschen Bildungsrates (1974) maßgeblich mitbestimmt haben, bilden auch die wesentlichen Komponenten der *beruflichen Handlungskompetenz*. Sie fungiert seit den 1980er Jahren als Leitbild der Berufsausbildung und ist zunehmend gesetzlich (BBiG 2005) wie verordnungsmäßig (→Ausbildungsordnungen, Rahmenlehrpläne) verankert.

Berufliche Handlungskompetenz in diesem Sinne steht somit in der Tradition eines Kompetenzkonzeptes, in dem die Kompetenz*entwicklung* auf ganzheitliche Persönlichkeitsentwicklung im Sinne einer Persönlichkeits*bildung* ausgerichtet ist.

Neuere bildungstheoretische Ansätze, die den prozessualen entwicklungsorientierten Charakter von Bildung in den Mittelpunkt stellen, betonen die Konvergenz Kompetenz- und bildungstheoretischer Intentionen (Aufenanger 1992; Bauer 1997; Reetz 1999).

Demgegenüber steht der im Kontext von (betrieblicher) Weiterbildung unter dem Label „Kompetenzentwicklung" geführte Diskurs eher in der Tradition wirtschaftswissenschaftlicher und arbeitspsychologischer Konzeptionen (Arnold 1997). In diesem Diskurs werden schwerpunktmäßig relevante grundlegende und aktuelle Aspekte einer Kompetenzentwicklung vorzugsweise im Kontext der betrieblichen Weiterbildung thematisiert. Erkennbar

ist dabei die Konzentration auf informelle Lern- und Entwicklungsprozesse, wobei u.a. auch die (biografisch orientierte) *Kompetenzerfassung* eine wichtige Rolle spielt (vgl. z.B. Erpenbeck/Heise 1996; Baethge/Schiersmann 1998; Baitsch 1998; Weiß 1999).
Literatur: Aufenanger, S.: Entwicklungspädagogik. Die soziogenetische Perspektive. Weinheim 1992 – Arnold, R.: Von der Weiterbildung zur Kompetenzentwicklung. Neue Denkmodelle und Gestaltungsansätze in einem sich verändernden Handlungsfeld. In: Kompetenzentwicklung '97. Münster 1997 – Baethge, M./ Schiersmann, Ch.: Prozessorientierte Weiterbildung – Perspektiven und Probleme eines neuen Paradigmas der Kompetenzentwicklung für die Arbeitswelt und Zukunft. In: Kompetenzentwicklung '98. Münster 1998. S. 15-87 – Baitsch, Chr.: Interorganisationale Lehr- und Lernnetzwerke. In: Kompetenzentwicklung '99. Münster 1999, S. 253-274 – Bauer, W.: Bildung unter den Bedingungen einer reflexiven Moderne. In: Koch, L./Marotzky, M./Schäfer, A. (Hg): Die Zukunft des Bildungsgedankens. Weinheim 1997, S. 102-120 – Deutscher Bildungsrat: Empfehlungen der Bildungskommission. Zur Neuordnung der Sekundarstufe II. Stuttgart 1974. – Erpenbeck, J./Heise, V.: Berufliche Weiterbildung und berufliche Kompetenzentwicklung. In: Kompetenzentwicklung '96. Münster 1996, S. 15-152 – Reetz, L.: Zur Bedeutung der Schlüsselqualifikationen in der Berufsausbildung. In: Reetz, L./ Reitmann, Th. (Hg): Schlüsselqualifikationen – Fachwissen in der Krise? Hamburg 1990, S. 16-35 – Reetz, L.: Zum Zusammenhang von Schlüsselqualifikationen – Kompetenzen – Bildung. In: Tramm, T./Sembill, D./ Klauser, F./John, G.J.: Professionalisierung kaufmännischer Berufsbildung. Beiträge zur Öffnung der Wirtschaftspädagogik für die Anforderungen des 21. Jahrhunderts. Frankfurt a.M. u.a. 1999, S. 32-51 – Roth, H. Pädagogische Anthropologie Bd. II. Entwicklung und Erziehung. Hannover 1971 – Witt, J.W.R.: Sachkompetenz und Wissensstruktur. Hamburg (Diss. Universität Hamburg) 1975

Lothar Reetz

Konstruktivismus

Alle heute zur Diskussion stehenden Formen des K. befassen sich mit den vier gleichen Grundproblemen:

1. der Objektivität des Wissens und dessen Verhältnis zur Welt,
2. der theoretischen Modellierung des Wissens,
3. seiner kontextuellen und kulturellen Einbettung sowie
4. den Möglichkeiten der Förderung des Wissenserwerbes.

Der K. ist deshalb eine Theorie der Konstruktion, des Verstehens und des Interpretierens von Wissen und nicht nur, wie es populäre pädagogische Schriften gelegentlich darstellen, eine Methode des →selbst gesteuerten Lernens.

Bislang ist es noch nicht gelungen, die vielfältigen konstruktivistischen Ansätze in eine allgemein anerkannte Ordnung zu bringen. Es können drei grundsätzliche Formen unterschieden werden.

1. Die radikal-konstruktivistische Auffassung als Erkenntnis- und →Wissenschaftstheorie besagt, dass jede Wahrnehmung immer Konstruktion und Interpretation ist. Entsprechend sind nach dieser Auffassung Objektivität des Wissens sowie subjektübergreifendes Denken und Verstehen unmöglich, weil die Wirklichkeit immer individuell konstruiert und damit subjektiv ist und das Wissen erst objektiviert (verbindlich) wird, wenn es von allen beteiligten Lernenden akzeptiert ist.
2. Der neue K. beruht auf der Annahme, dass Bedeutungen von neuem Wissen durch die Verwendung von bereits bestehendem Wissen, welches über die momentan verfügbaren Informationen hinausgeht, konstruiert wird, und dass dieses bestehende Wissensfundament selbst konstruiert ist und nicht einfach von Fall zu Fall aus dem Gedächtnis abgerufen werden kann.
3. Diese Auffassungen fanden Eingang in die pädagogische Debatte und führten zu konstruktivistischen Ansätzen für den Wissenserwerb im Unterricht. Allen diesen Ansätzen liegen folgende Kriterien für eine konstruktivistische Unterrichtsgestaltung zugrunde:

a) Der Unterricht erfolgt in einer starken Lernumgebung, d.h. die unterrichtliche Anordnung wird so getroffen, dass die Lernenden ihr deklaratives und prozedurales Wissen aus komplexen, realistischen Problemen in authentischen Situationen selbst konstruieren können (komplexe, mehrdimensionale →Lehr-Lern-Arrangements).

b) Diese Lernarrangements sind so zu gestalten, dass die Lernenden immer in der „Zone der proximalen Entwicklung" stehen, d.h. die Lernsituationen sind so anspruchsvoll, dass sie vom einzelnen allein nicht bewältigt werden können, sondern ein kollektives Lernen und/oder eine Lernberatung durch die Lehrkräfte nötig wird.

c) In der starken Lernumwelt haben die Lernenden genügend Gestaltungs- und Entfaltungsmöglichkeiten, um das Wissen eigenständig und individuell zu konstruieren.

d) Zur Reflexion des eigenen Lernhandelns ist die Förderung der metakognitiven Fähigkeiten bedeutsam.

e) Konstruktivistische Lehrkräfte zeichnen sich durch folgende Merkmale aus: Sie verstehen es, starke Lernumgebungen aufzubauen, die vom Vorwissen und dem Erfahrungsschatz der Lernenden ausgehen; sie fördern den Dialog (Learning Conversation) in der ganzen Klasse und in Gruppen und verzichten darauf, Antworten und Lösungen zu geben, sondern ihre Unterrichtsführung und Lernberatung ist als Scaffolding charakterisiert (vom Englischen „ein Gerüst bauen", d.h. die Lehrkräfte geben Denkanstöße, Anregungen zur weiteren Arbeit, stellen Folgerungen in Frage, fordern Hypothesen heraus usw.); sie befähigen die Lernenden, den Ablauf der Lernprozesse zu steuern und mittels metakognitiver Fragestellungen selbstständig zu regulieren.

Konstruktivistischer Unterricht ist nicht an bestimmte Unterrichtsverfahren oder Lehrmethoden gebunden. Deshalb ist auch nicht maßgeblich, wie stark die Lehrkraft den Unterrichtsprozess steuert, sondern entscheidend ist die Qualität des Scaffoldings. Es scheint sich denn auch abzuzeichnen, dass radikal-konstruktivistische Ansätze mit ausschließlich selbst gesteuertem Lernen in Gruppen, insbesondere im Hinblick auf die zu erlernenden Wissensstrukturen und auf die Metakognition, nicht den gewünschten Lernerfolg bringen. Außerdem rechtfertigt der Lernerfolg den benötigten Zeitaufwand nicht. Daher gewinnt der dialektische K. wieder mehr an Bedeutung. Sein Wesensmerkmal ist die von der Lehrkraft angeleitete Wissenskonstruktion, welche mit eher direkterem Unterrichtsverhalten im Klassenunterricht mit kognitiv herausfordernden Dialogen oder im eher indirekteren Gruppenunterricht mit Lernberatung erfolgt. Wesentlich ist dabei in jedem Fall, dass die anfänglich stärker angeleiteten Lernaktivitäten – von komplexen Lehr-Lern-Arrangements ausgehend – die Wissenskonstruktion auf einem hohen kognitiven Anspruchsniveau mit guter metakognitiver Reflexion fördern und das Ausmaß der Interventionen konstant zurückgenommen wird, bis die Lernenden zum eigenständigen, selbst gesteuerten Lernen fähig sind.

Literatur: Dubs, R.: Konstruktivismus: Einige Überlegungen aus der Sicht der Unterrichtsgestaltung. In: Dubs, R./Dörig, R. (Hg.): Dialog Wissenschaft und Praxis. St. Gallen 1995, S. 446-469 – Duffy, T.M./ Jonassen, D.H.: Constructivism and the Technology of Instruction. A Conversation. Hillsdale 1992 – Gerstenmaier, J./Mandl, H.: Wissenserwerb unter konstruktivistischer Perspektive. Zeitschrift für Pädagogik 41 (1995), 6, S. 867-888

Rolf Dubs

Kosten und Nutzen in der beruflichen Bildung

Kosten für berufliche Aus- und Weiterbildung wenden Staat, Betriebe und Individuen mit dem Ziel größtmöglichen Nutzens auf. Die einzelnen Kostenträger sind jedoch nicht Nutznießer entsprechend der von ihnen geleisteten Finanzierungsbeiträge, weil die Nutzen-

Kosten und Nutzen in der beruflichen Bildung

verteilung weder gleichmäßig noch gleichzeitig erfolgt. Um Kosten und Nutzen vergleichen zu können, muss man sie monetarisieren. Versuche, die Nutzen- bzw. Einkommensseite beruflicher Aus- und Weiterbildung vollständig zu erfassen, scheitern jedoch an den methodischen Problemen der Nutzenmessung. Dagegen bereitet die statistische Beschreibung der Kosten- bzw. Finanzierungsseite – trotz Uneinigkeit über einen allgemeingültigen betriebswirtschaftlichen Kostenbegriff – keine unlösbaren methodischen Probleme.

Die Sachverständigenkommission „Kosten und Finanzierung der beruflichen Bildung" (Edding-Kommission) hat in einem Gutachten 1974 die theoretischen Grundlagen für die methodische Erfassung von Kosten und Nutzen erarbeitet. Sie unterscheidet jeweils zwischen direkt und indirekt anfallenden Größen. Relativ einfach ist die Erfassung der direkten Kosten. Bei Betrieben wird unterschieden zwischen Personalkosten der →Auszubildenden und →Ausbilder sowie zwischen Anlage-, Sach- und sonstigen Kosten. Zur Berechnung der Bruttokosten werden alle für Ausbildung eingesetzten betrieblichen Ressourcen (Mengengerüst) anteilig erfasst und mit den gezahlten Löhnen und Gehältern einschließlich Nebenkosten sowie mit kalkulatorisch ermittelten Kostensätzen (Wertgerüst) multipliziert. Beim Staat sind es insbesondere Personal-, Verwaltungs- und Sachkosten des Berufsschulbetriebs sowie Haushaltszuschüsse aus Berufsbildungsförderprogrammen, während bei den Individuen nicht für Ausbildung, jedoch für Weiterbildung direkte Kosten in Form von gezahlten Gebühren bzw. eindeutig bestimmbaren Einkommensverzichten anfallen.

Den Auszubildenden lässt sich ein direkter Nutzen in Höhe der ihnen gezahlten Ausbildungsvergütung zurechnen, dagegen entfällt er beim Staat und sich weiterbildenden Individuen. Im betrieblichen Sektor ist der direkte Ausbildungsnutzen durch die Tatsache bestimmbar, dass Auszubildende in ihrem Lernprozess durch produktive Tätigkeiten in gewissem Umfang für den Ausbildungsbetrieb wirtschaftlich verwertbare Güter und Dienstleistungen erbringen. Produktive Leistungen können teilweise unmittelbar und teilweise kalkulatorisch durch einen an Facharbeitertätigkeit geschätzten Leistungsgrad und bewertet nach deren Bezahlung gemessen werden. Mit dieser Methode hat die Edding-Kommission die betrieblichen Nettoausbildungskosten als Saldo von Bruttokosten und Erträgen ermittelt. Eine vergleichbare, vom Bundesinstitut für Berufsbildung (BIBB) für das Jahr 2000 durchgeführte Repräsentativerhebung ergab hochgerechnet Bruttokosten in Höhe von 27,7 Mrd. EUR, denen 13 Mrd. EUR Erträge gegenüberstanden, so dass betriebliche Nettokosten von 14,7 Mrd. EUR verblieben. Hierbei handelt es sich um das Ergebnis einer Vollkostenrechnung, gegen die kritisch eingewendet wird, dass bei ihr alle kalkulatorischen Kosten der Ausbildung zugerechnet werden, obwohl insbesondere die der nebenamtlichen Ausbilder den Betrieben auch entstanden wären, wenn sie nicht ausbildeten. Lässt man sie außer Betracht, dann ergeben sich über eine entsprechende Teilkostenrechnung nur noch Bruttokosten von 17,1 Mrd. EUR bzw. Nettokosten in Höhe von 4,1 Mrd. EUR. Die Vollkostenrechnung stellt auf den gesamten betriebswirtschaftlichen Ressourcenverbrauch ab, wohingegen die Teilkostenrechnung nur die liquiditätswirksamen Ausgaben berücksichtigt.

Für das Jahr 1998 hat das Institut der Deutschen Wirtschaft (IW) eine betriebliche Weiterbildungskostenerhebung für die Bereiche Landwirtschaft, Produzierendes Gewerbe, Bauwirtschaft und der Dienstleistungssektor durchgeführt. Danach betrugen die geschätzten jährlichen Bruttokosten unter Berücksichtigung der Erwerbstätigenstatistik des Statistischen Bundesamtes 17,5 Mrd. EUR und zwar 15,2 Mrd. EUR in den westlichen und 2,3 Mrd. EUR in den östlichen Bundesländern. Bei Übertragung dieser Ermittlungsmethode auf den Bereich der Freien Berufe, Organisationen ohne Erwerbscharakter und den staatlichen Sektor ergab sich ein Gesamtvolumen von 24,7 Mrd. EUR, das öffentliche und private Arbeitgeber 1998 für die berufliche Weiterbildung ihrer Mitarbeiter aufgewendet haben. Erträge wurden wegen des geringen Anteils von Lernphasen am Arbeitsplatz nicht erfasst.

Die entscheidende Schwierigkeit, Kosten und Nutzen zu bewerten und sie zueinander ins Verhältnis zu setzen, ergibt sich insbesondere bei der Ermittlung des indirekten Nutzens für die Betriebe. Er kann näherungsweise über eine Betrachtung von eingesparten Opportunitätskosten ermittelt werden. Im Vergleich zur Personalrekrutierung eines nicht ausbildenden Betriebes spart ein ausbildender Betrieb die mit Personalsuche und -auswahl, Einarbeitung, Anpassungsqualifizierung, Fluktuation, Fehlbesetzung und Kündigung verbundenen Kosten. Die den nicht ausbildenden Betrieben entstehenden Personalbeschaffungskosten bilden den indirekten Nutzen der ausbildenden Betriebe.

Aus- und weiterzubildenden Individuen entstehen indirekte Kosten durch ihnen in Bildungsphasen entgehende Einkommen, die jedoch durch höhere Bezahlung oder ein geringeres Arbeitsplatzrisiko im weiteren Arbeitsleben durch wesentlich höheren Nutzen mehr als kompensiert werden können.

Indirekte Kosten bilden beim Staat entgangene Einnahmen durch die steuerliche Abzugsfähigkeit von Bildungsausgaben. Für sich weiterbildende Personen ergibt sich dadurch ein direkter Nutzen in Höhe der individuellen Steuerersparnis, die sich jedoch wegen jeweils unterschiedlicher Grenzsteuersätze einer Quantifizierung entziehen. Auf der Nutzenseite schlagen dagegen für den Staat vermiedene unproduktive Kosten für Arbeitslosigkeit und Sozialhilfe ebenso zu Buche wie Steuermehreinnahmen aus aufgrund guter beruflicher Qualifikation erzielter höherer Einkommen.

Berücksichtigt man schließlich den Beitrag eines hohen beruflichen Qualifikationsniveaus des Fachkräftepotentials für die internationale Wettbewerbsfähigkeit der Wirtschaft, für Wachstum und Vollbeschäftigung durch Verhinderung von →Arbeitslosigkeit und Schaffung neuer Arbeitsplätze sowie zur Steigerung des privaten und öffentlichen Wohlstands und damit insgesamt zur Aufrechterhaltung des sozialen Friedens, dann liegt klar auf der Hand, dass der Nutzen der Ausbildung für Betriebe und Individuen sowie für Staat, Gesellschaft und Wirtschaft wesentlich höher ist als die insgesamt von allen Kostenträgern geleisteten Finanzierungsbeiträge.

Literatur: Beicht, U., Walden, G., Herget, H.: Kosten und Nutzen der betrieblichen Berufsausbildung in Deutschland. Hg. vom Bundesinstitut für Berufsbildung. Berichte zur Beruflichen Bildung. Heft 264. Bonn 2004. – Kath, F.: Kosten-Nutzen-Analyse. In: Cramer, G./Schmidt, H./Wittwer, W. (Hg.): Ausbilder-Handbuch. Köln 1994 – Müller, K.: Kosten und Nutzen der betrieblichen Berufsausbildung. In: Münch, J.: Ökonomie betrieblicher Bildungsarbeit – Qualität – Kosten – Evaluierung – Finanzierung. Ausbildung, Fortbildung, Personalentwicklung. Band 37. Berlin 1996 – Sachverständigenkommission Kosten und Finanzierung der beruflichen Bildung: Kosten und Finanzierung der außerschulischen beruflichen Bildung (Abschlußbericht). Bielefeld 1974 – Weiß, R.: Wettbewerbsfaktor Weiterbildung, Ergebnisse der Weiterbildungserhebung der Wirtschaft. Hg. vom Institut der Deutschen Wirtschaft, Berichte zur Gesellschafts- und Bildungspolitik, Heft 242, Köln 2000

Folkmar Kath

Kuratorium der Deutschen Wirtschaft für Berufsbildung

Der zentralen Rolle der Wirtschaft im deutschen Berufsbildungssystem hat 1969 das →Berufsbildungsgesetz Rechnung getragen. Die weitgehenden Mitwirkungs- und Gestaltungsmöglichkeiten von Wirtschaft und Gewerkschaften hat auch das Berufsbildungsreformgesetz von 2005 bestätigt.

In Verbindung mit dem In-Kraft-Treten des Berufsbildungsgesetzes 1969 und dem Auslaufen früherer Kooperationsformen auf Arbeitgeberseite haben die Spitzenorganisationen der Wirtschaft (Bundesvereinigung der Deutschen Arbeitgeberverbände, →Deutscher Industrie- und Handelskammertag, Bundesverband der Deutschen Industrie, Hauptverband des Deutschen Einzelhandels, Zentralverband des Deutschen Handwerks – später ergänzt durch Bundesverband des Deutschen Groß- und Außenhandels, Bundesverband der Freien Berufe und Deutscher Bauernverband) eine zentrale Koordinierungseinrichtung gegründet mit dem generellen Auftrag, die Arbeitgeberinteressen abzustimmen und gemeinsame Positionen der Wirtschaft zur beruflichen Bildung zu entwickeln und zu artikulieren.

Zentrale Aufgaben des Kuratoriums der Deutschen Wirtschaft für Berufsbildung sind:
- Berufsbildungspolitische Positionen und Stellungnahmen
- Koordination der Ordnungsverfahren in der Aus- und Weiterbildung
- Neue Berufe entsprechend dem Strukturwandel
- Mitwirkung und Interessenvertretung in den Institutionen der beruflichen Bildung
- Veranstaltungen zu aktuellen Themen der beruflichen Bildung
- Förderung des Informations- und Erfahrungsaustauschs zwischen Berufsbildungspraxis und -politik in den Ausbildungsleiter-Arbeitsgemeinschaften

Mit dem Übergang von der Industrie- zur Informations- und Dienstleistungsgesellschaft ist die organisierte Zusammenarbeit und Abstimmung der Wirtschaft in der beruflichen Bildung noch wichtiger geworden: Bildung und Berufsbildung werden zum entscheidenden Standort- und Wettbewerbsfaktor. Dynamischer technischer Fortschritt und ständiger Strukturwandel führen zu kontinuierlichen Veränderungen des Qualifikationsbedarfs. Dies erfordert beschleunigte Aktualisierung der →Ausbildungsberufe und Fortbildungsprofile. Neue Berufe – insbesondere für junge Branchen und neue Tätigkeitsfelder – müssen regelmäßig das duale Ausbildungsspektrum erweitern, um neue Betriebe und Wirtschaftszweige in das Berufsbildungssystem zu integrieren und dessen „Austrocknen" zu verhindern. Gleichzeitig sind flexible Strukturkonzepte notwendig, die auch den Perspektiven lebenslangen Lernens Rechnung tragen. So wurden in den letzten fünf Jahren 35 neue Berufe geschaffen und 125 modernisiert. Die Verfahrensdauer hat sich mit durchschnittlich unter einem Jahr deutlich verkürzt. Auch die Zahl der Fortbildungsregelungen und -ordnungen hat kontinuierlich zugenommen.

Die Wirtschaft hat in der beruflichen Bildung eine besondere Verantwortung. Sie ist nicht nur Motor der Entwicklung und stellt die maßgebliche Expertise für Neuordnungen und Konzepte. Sie hat auch die Verantwortung für die Ausbildungsplätze und die Durchführung der Ausbildung sowie für die Akzeptanz der Ergebnisse. Ohne eine institutionalisierte Form der Zusammenarbeit und Abstimmung wird es auch in Zukunft nicht gelingen, die Interessen der Wirtschaft in der beruflichen Bildung umfassend und effizient zu vertreten und ihre zentralen berufsbildungs- und ordnungspolitischen Steuerungsfunktionen wahrzunehmen.

Helen Diedrich-Fuhs

Laborunterricht

L. wird i.d.R. in Verbindung gebracht mit einer besonderen Form des Spracherwerbs oder mit Lernen durch Experimente. Letzteres ist insbesondere für die gewerblich-technische Bildung von Bedeutung.

Das Experimentieren hat in der beruflichen Bildung Tradition. Die „Experimentelle Werkkunde" von Stein (1965) und die bundesweiten Vorhaben zur Entwicklung von „Mehrmediensystemen" durch das Bundesinstitut für Berufsbildungsforschung (vgl. BBF 1975) sind in jüngerer Zeit für das Verständnis und den Einsatz von Experimenten wesentlich verantwortlich gewesen. Steins Bemühen war es „zu zeigen, wie die einzelne Erfahrung der beruflichen Tätigkeit systematisch eingeordnet und der Unterricht auf das Verstehen der Wirkungs- und Funktionszusammenhänge [hin] gestaltet werden kann". Das Hauptanliegen der Mehrmediensysteme Elektrotechnik (MME) und Metalltechnik (MMM) bestand darin, die Schülerselbsttätigkeit – und damit Unabhängigkeit von Lehrkräften bzw. Ausbildern – durch Experimentalangebote zu fördern.

Experimentieren zielt auf systematisches Einholen von Informationen über meist unklare Sachverhalte und auf deren gründliche Analyse in einem organisierten Lernprozess. Experimente werden unter bestimmten Fragestellungen in methodisch durchdachter Form durchgeführt, um anschließend mit Hilfe der so gewonnenen Informationen Ausgangsfragen zu beantworten und die Teilantworten zu einem Erkenntniszusammenhang weiterentwickeln zu können. Dabei hat sich die Dreiteilung von Experimenten in Vorbereitung, Durchführung und Auswertung grundsätzlich bewährt. In der gedanklich strukturierten Versuchsvorbereitung steht die geistige Planung und Durchdringung des Sachverhalts im Zentrum. Die praktische Durchführung verläuft im Einklang mit konkret gegenständlichen Handlungen. Häufige Wiederholungen führen durch Einübung zu Fertigkeiten. Wiederum vorrangig gedanklicher Art ist die Versuchsauswertung, bei der die Ausbildung kognitiver Strukturen sowie Transferleistungen verfolgt werden (Schmayl 1992).

Experimente werden i.d.R. unterschieden in
– naturwissenschaftliche,
– technologische Experimente und
– Experimental-Übungen.

Bei naturwissenschaftlichen Experiment richtet sich das Erkenntnisinteresse auf die Erklärung beobachteter bzw. beobachtbarer Erscheinungen. Technologische Experimente sind grundsätzlich ähnlich strukturiert, jedoch sind ein anderes Erkenntnisinteresse (durch Technik selbst bestimmt) und andere Zusammenhänge zu beachten: Das technische Erkenntnisinteresse richtet sich auf die Erfüllung bestimmter Zwecke, die als Ergebnis gesellschaftlicher Interessen und Ziele ihre Ausprägung in zweckmäßig oder weniger zweckmäßig, jedoch nicht – wie beim naturwissenschaftlichen Experiment – in richtig oder falsch erhalten. Von einer Experimental-Übung wird dann gesprochen, wenn allein der Erwerb von Fähigkeiten damit angestrebt ist (Gerwin/Hoppe 1996).

Eine Eigenständigkeit des →Experimentalunterrichts wird zunehmend kritisch gesehen (Rauner 1982). Die Bedeutung und der Stellenwert des Labor- bzw. Experimentalunterrichts ist insbesondere beim Handlungslernen neu zu bestimmen (BIBB 1996).

Literatur: Bundesinstitut für Berufsbildungsforschung (BBF) (Hg.): Experimentalunterricht in der beruflichen Bildung. Hannover 1975 – Bundesinstitut für Berufsbildung (BIBB) (Hg.): Experimente im Handlungslernen. Videofilm. Berlin 1996 – Gerwin, W./Hoppe, M.: Experimente in der handlungsorientierten Berufsausbildung. Berlin 1996 – Rauner, F.: Experimentieren als handelndes Lernen. In: arbeiten + lernen. Die Arbeitslehre 4 (1982), 24, S. 58 f. – Schmayl, W.: Das Experiment im Unterricht. Bad Salzdetfurth 1982 – Stein, W.: Experimentelle Werkkunde für Berufsschulen (Maschinenbau). Braunschweig 1965

Manfred Hoppe

Landwirtschaftliche Schulen

Nach dem →Berufsbildungsgesetz werden dem Ausbildungsbereich Landwirtschaft nicht nur die i.e.S. agrarwirtschaftlichen Ausbildungsberufe im tierischen und pflanzlichen Bereich, sondern auch milchwirtschaftliche, landwirtschaftlich-technische und veterinärmedizinische Laborberufe und die Ausbildung in der ländlichen Hauswirtschaft zugeordnet. Die schulischen Angebote der →Berufsgrundbildung und die (Teilzeit-) →Berufsschule für diese Ausbildungsberufe sind die Grundstufe landwirtschaftlicher Schulen. Wie die landwirtschaftlichen →Berufsfachschulen, →Berufsaufbauschulen, →Berufskollegs, Fachoberschulen und Gymnasien der agrarwissenschaftlichen und hauswirtschaftlichen Fachrichtungen unterstehen diese Schulen fachlich heute meist den Kultusministerien oder Schulsenatoren der Bundesländer, während bei den landwirtschaftlichen Fachschulen die Fachaufsicht in den Ländern bei unterschiedlichen Fachministerien liegt.

Das →Berufsbildungsgesetz aus dem Jahre 1969 hatte indirekte Wirkungen auf das landwirtschaftliche Fachschulwesen. Befreit von der Ausbildungsaufgabe entwickelte es sich zu einem differenzierten Angebot qualifizierter Weiterbildung in Höheren Landbauschulen, Technikerschulen und Landbauakademien (Büscher 1996). Die besondere Stellung dieser Schulen im Bildungswesen zeigt sich darin, dass sie zum Teil noch historisch-entwickelte Zeitstrukturen haben, wie zum Beispiel die Landwirtschaftsschulen mit Vollzeitunterricht in den Winterhalbjahren. Auch sind die Lehrer in diesen Schulen in einigen Ländern noch zugleich als Berater in Landwirtschaftsämtern und -kammern tätig. Andere Bundesländer haben für die Landwirtschaftsschulen, die u.a. zum Abschluss des „Staatlich geprüften Wirtschafters" führen, ganzjährige Unterrichtsangebote eingeführt und die Lehrer stärker professionalisiert. Dies gilt grundsätzlich auch für alle Bereiche des ländlich-hauswirtschaftlichen Fachschulwesens. Für den Gärtner, den am stärksten besetzten →Beruf im Ausbildungsbereich Landwirtschaft, ist eine Weiterbildung in Technikerschulen zum Abschluss des „Staatlich geprüften Technikers" der Fachrichtung Gartenbau möglich.

Literatur: Auswertungs- und Informationsdienst für Ernährung, Landwirtschaft und Forsten (AID) (Hg.): Bildungsstätten im Agrarbereich der Bundesrepublik Deutschland. Bonn 1995 – Büscher, K.: Entstehung und Entwicklung des landwirtschaftlichen Bildungswesens in Deutschland. Münster-Hiltrup 1996 –
Dorn, B.: Landwirtschaftliche Berufsausbildung in Betrieb und Berufsschule nach dem Zweiten Weltkrieg, unter besonderer Berücksichtigung der Verhältnisse in Bayern. Frankfurt a.M. u.a. 1990

Karlheinz Fingerle

Laufbahnberatung

Schullaufbahnberatung: Die Schullaufbahnberatung ist ein wesentlicher Baustein der Beratung in Schulen. Die Pflicht der Schulen zur individuellen Förderung von Schülerinnen und Schülern ergibt sich unmittelbar aus dem im Grundgesetz und in den jeweiligen Landesverfassungen verbrieften Recht auf freie Entfaltung der Persönlichkeit. Dieses Grundrecht begründet den Auftrag von Schulen, allen Schülerinnen und Schülern eine ihren Begabungen und Interessen entsprechende, bestmögliche Entwicklung zu ermöglichen und sie im Rahmen dieses Auftrages zur Wahrnehmung individueller und sozialer Verantwortung und zur Überwindung von Benachteiligungen zu befähigen. Die Aufgaben der Information und Beratung sind in der Allgemeinen Dienstordnung für Lehrerinnen und Lehrer, Schulleiterinnen und Schulleiter an öffentlichen Schulen zusammenfassend dargestellt (vgl. § 16 ADO).

Das Recht der Schüler, in Fragen der Schullaufbahn beraten zu werden, ist in der Allgemeinen Schulordnung (§ 3 Abs. 3 Nr. 4 ASchO) festgelegt. Neben den Lehrerinnen und Lehrern im Allgemeinen nehmen insbesondere die Klassenlehrerinnen und Klassenlehrer sowie besonders ausgebildete Beratungslehrerinnen und Beratungslehrer die Beratungstätigkeit, insbesondere die Schullaufbahnberatung, wahr. Sie arbeiten dabei eng mit den kommunalen Schulberatungsstellen sowie den Beratungseinrichtungen der örtlichen Arbeitsämter zusammen.

Die vornehmliche Aufgabe der Schullaufbahnberatung besteht darin, den Schülerinnen und Schülern angesichts ihrer individuellen Begabungen, Neigungen und Interessen bei der

Entscheidung für einen geeigneten Bildungsweg zu helfen. Hierbei sind auch die besonderen psychosozialen Lebenslagen der Schülerinnen und Schüler sowie die Möglichkeiten und Grenzen ihrer künftigen Berufswünsche mit zu berücksichtigen. Auf diese Weise trägt die Schullaufbahnberatung im Rahmen des allgemeinen Bildungsauftrages von Schulen in besonderem Maße zur individuellen Förderung von Schülerinnen und Schülern, zur Verwirklichung von Chancengerechtigkeit und Chancengleichheit und zur Überwindung sozial-ökonomisch bedingter Benachteiligungen bei. Schullaufbahnberatung gibt den Schülerinnen und Schülern sowie ihren Eltern oder Erziehungsberechtigten nicht nur die notwendige Orientierung im komplexen Dickicht der Bildungsmöglichkeiten, sondern vermittelt ihnen über die Ausbildung von Selbstkritik, Reflexionsfähigkeit und Urteilsvermögen wesentliche Grundlagen von Humankompetenz. Darüber hinaus ist Schullaufbahnberatung Lern- und Lernprozessberatung. An keinem anderen Lernort haben die Schülerinnen und Schüler so umfassend Gelegenheit, im Dialog mit ihren Lehrerinnen und Lehrern ihren Lerntyp zu entdecken und ihre Lernstrategien darauf hin zu entwickeln. Schullaufbahnberatung bedeutet somit auch ganzheitliche Lernförderung.

Betriebliche Laufbahnberatung: Die betriebliche L. ist Bestandteil der Laufbahnplanung und Laufbahngestaltung in einem Unternehmen. L. und Laufbahnplanung sind wesentliche Instrumente der Personalentwicklung. Sie dienen dazu, die berufliche Entwicklung des einzelnen Mitarbeiters zu fördern und sein Leistungspotential auf die gegenwärtigen und künftigen Anforderungen der betrieblichen Aufgabenerfüllung im Rahmen der gegebenen Stelle auszurichten. „Im Rahmen der Personalentwicklung kann eine gezielte L. und Laufbahnplanung Qualifizierungsprozesse unterstützen und eine gezielte Nachfolgeplanung für Mitarbeiter aller betrieblichen Ebenen einschließlich der Führungskräfte darstellen" (Hentze 1991, S. 323).

Die L. selbst erfolgt in regelmäßigen Mitarbeitergesprächen. Aus der systematischen Gegenüberstellung von stellenbezogenen Anforderungsprofilen und Qualifikations- bzw. Eignungsprofilen der Mitarbeiter ergibt sich der Förderungs- und Entwicklungsbedarf. Die mit Hilfe von Stellenbeschreibungen, Profilabgleichen und/oder Mitarbeiter-Portfolios gewonnenen Analyseergebnisse bilden die Basis für das jeweilige Beratungsgespräch. In der L. geht es darum, die beruflichen Wünsche des Mitarbeiters mit der betrieblichen Personalentwicklungsplanung abzustimmen (→Personalarbeit und Personalentwicklung). Ziel der Beratung muss sein, dem Mitarbeiter durch die ihm gerecht werdende Übertragung geeigneter Aufgaben und Verantwortung Erfolgserlebnisse und berufliche Zufriedenheit zu vermitteln und gleichzeitig sein Leistungspotential im Prozess der betrieblichen Leistungserstellung optimal zu nutzen. Wesentliche Voraussetzung für das Gelingen der Verknüpfung von Mitarbeiterwünschen und -interessen mit den Zielsetzungen des Betriebes durch systematische L. und individuelle Laufbahngestaltung sind im Rahmen einer entsprechenden Unternehmenskultur Transparenz und Information über die Laufbahnmöglichkeiten in einem Unternehmen.

Literatur: Landesinstitut für Schule und Weiterbildung (Hg.): Fachgutachten: Beratung in der Schule und im Schulsystem. Soest 1996 – Küching, W.: Beratungslehrer: Für wen, für was? In: Beratungslehrerinnen/ Beratungslehrer. Beiträge zur Schulberatung. Hg. vom Landesinstitut für Schule und Weiterbildung. Soest 1992, S. 88-96 – Schwan, K./Seipel, K.G.: Personalmarketing für Mittel- und Kleinbetriebe. München 1994 – Hentze, J.: Personalwirtschaftslehre I. Stuttgart 1992

Helmut Zumbrock

Lehr- und Lernmaterialien

Lehr- und Lernmaterialien sind materielle Träger von Informationen, Problemstellungen und Rückmeldungen, die im Unterricht Verwendung finden. Lehr- und Lernmittel im engeren Sinn werden speziell für den Unterricht entworfen. Dazu zählen Tafelbilder, Arbeitsblätter, Lehrbücher, Sammlungen von →Fallstudien und Rollenspielen, Foliensätze für den Tageslichtprojektor, Unterrichtsfilme und Videos, computerbasierte Lernprogramme und Simulationssoftware, wie z.B. für Unternehmensspiele. Im weiteren Sinn zählen dazu jedoch alle materiellen Informationsträger, die im Unterricht eingesetzt werden, auch wenn sie nicht für diesen Zweck entwickelt wurden. Dazu zählen Buchveröffentlichungen aller Art, Beiträge in Tages-, Wochen- und Monatszeitschriften, Videomitschnitte von aktuellen Sendungen und Informationen in Computernetzwerken.

Trotz der rasanten Entwicklung der Medienlandschaft ist das Lehrbuch in vielen Unterrichtsfächern nach wie vor die zentrale Informationsquelle, häufig auch für Lehrer. Untersuchungen zeigen, dass Lehrbücher als authentische Interpretation des →Lehrplanes betrachtet werden, obwohl sie nur eine subjektive Lehrplaninterpretation und ein Hilfsangebot der Lehrbuchautoren für den Unterricht darstellen.

Die Bedeutung der Lehrbücher ist vor allem dann hoch, wenn Bildungsgänge mit umfangreichen Prüfungen abgeschlossen werden (z.B. Abitur) oder wenn abschließende Prüfungen zentral durchgeführt werden (z.B. →Abschlussprüfungen im Rahmen der Lehrlingsausbildung). In der Forschung konzentriert sich die Lehrbuchkritik auf zwei Aspekte, auf den häufig nicht schülergerechten Wortschatz und auf die Problemstellungen, die meist nur auf Wissensreproduktion zielen. Andererseits wird bemängelt, dass allzu schülergerechte Aufbereitung eine Entfremdung der Lernenden von der außerschulischen Literatur bewirkten. Einheitliche Forschungsergebnisse liegen nicht vor.

Seit Jahrzehnten wird die Verdrängung des Buches durch die „Neuen Medien" prophezeit. In der betrieblichen und überbetrieblichen Ausbildung hat diese Entwicklung bereits begonnen. Erfolge wurden vor allem bei den Ausbildungskosten erzielt, wenn dezentralisierter unregelmäßiger Schulungsbedarf für Adressaten mit unterschiedlichen Eingangsvoraussetzungen auftrat.

In der Schule erfolgt der Einsatz eher punktuell. Interessanterweise konzentriert sich die Begleitforschung überwiegend auf die Akzeptanz der „Neuen Medien" und weniger auf den Lern- und Behaltenserfolg. Als Vergleich wird meist ein nicht näher definierter „Konventioneller Unterricht" herangezogen. Vergleichsuntersuchungen, die dem Lernen mit „Neuen Medien" das Lernen mit Büchern gegenüberstellen, sind kaum zu finden. Generelle Aussagen über die Wirksamkeit sind auch deswegen problematisch, weil die Ergebnisse nicht nur von den Lernzielen und den Adressaten, sondern vor allem von der schwer messbaren didaktischen Qualität der Lehr- und Lernmaterialien entscheidend beeinflusst werden.

Im Rahmen von Forschungsprojekten werden Texte und „Neue Medien", wie Videos zu den Lehrergehältern an. Degressionseffekte ergeben sich nur bei zentralen Lehrinhalten, die für fast alle Schüler eines Jahrganges von Bedeutung sind, wie Grammatik und Vokabelkenntnisse in wichtigen Fremdsprachen oder Kerngebiete der Mathematik.

Die Entwicklung erfolgt häufig durch „Medienspezialisten", die mehr oder minder unreflektiert die Prinzipien der Werbemittelgestaltung auf Unterrichtsmittel übertragen. Dies gilt insbesondere für die „Edutainment"-Bewegung, die kaum didaktische Erkenntnisse berücksichtigt. Brauchbare „Medienpakete" werden daher meist nur im Rahmen von Forschungsprojekten für wichtige Teilbereiche, wie Sexualerziehung, Rauschgiftprävention, Verkehrserziehung etc. erstellt.

Noch uneinheitlicher ist die Situation im Bereich der computergestützten Lehr- und Lernmittel, deren Vordringen seit ca. 30 Jahre prophezeit wird (→Computergestütztes Lernen). Bedeutung haben sie vor allem im Informatikunterricht selbst sowie bei der Simulation von Realsituationen. Ungeklärt ist, ob computergestützte Lehr- und Lernsequenzen den Schüler eher eng führen oder ihn frei durch das Material suchen lassen sollen (browsing). Vermutlich kann die Entscheidung nur unter Berücksichtigung des Vorwissens und der bereits verfügbaren Metastrategien getroffen werden.

Inwieweit die Entwicklung der virtuellen Schule mit Hilfe des Internets (→Technische Kommunikation) den Durchbruch der neuen Medien schaffen wird, ist noch offen. Zweifellos ist das Internet als Lehr- und Lernmittel für zwei Bereiche im Vormarsch: einerseits für Informationsrecherchen und andererseits für die Arbeit von geographisch dislozierten Schülerinnen und Schülern an gemeinsamen Projekten.

Vermutlich werden umfangreiche zusammenhängende Texte auch weiterhin in gedruckter Form als Lernunterlagen dienen, auch wenn der Transport über Computernetze oder in Form von CD-Roms erfolgen sollte. Lesen am Bildschirm ist immer noch weitaus langsamer, fehleranfälliger und physiologisch anstrengender als Lesen gedruckter Texte. Für Informationen, die reales oder sogar bewegtes Bild benötigen, ist die Computerpräsentation schon jetzt eine effiziente und preiswerte Alternative.

Kosteneinsparungen sind jedoch nur dann zu erwarten, wenn tatsächlich ein Teil des lehrerbetreuten Unterrichts durch die neuen Lehr- und Lernmittel ersetzt werden sollte.

Literatur zur Lehrbuchgestaltung und zum Lehrbucheinsatz: Ballstaedt, St.-P. u.a.: Texte verstehen, Texte gestalten. München/Wien/Baltimore 1981 – Ballstaedt, St.-P.: Lerntexte und Teilnehmerunterlagen. Weinheim/ Basel 1991 – Bamberger, R./Vanecek, E.: Lesen, Verstehen, Lernen, Schreiben, die Schwierigkeitsstufen von Texten in deutscher Sprache. Wien 1984

Literatur zur Medienforschung, insbesondere Film und Video: Petermandl, M.: Optimierung des Einsatzes von Medien in der beruflichen Bildung. Berlin 1991 – Weidenmann, B.: Psychologie des Lernens mit Medien. In: Weidenmann, B. u.a. (Hg.): Pädagogische Psychologie. Weinheim ³1994 – Weidenmann, B.: Wissenserwerb mit Bildern. Bern 1994

Literatur zu den computergestützten Lernmitteln: Duffy, Th. M./Jonassen, D.H. (Hg.): Constructivism and the Technology of Instruction. Hillsdale/ London 1992 – Glowalla, U./Schoop, E. (Hg.): Hypertext und Multimedia. Berlin 1992 – Issing, L.J./Klimsa, P: Information und Lernen mit Multimedia. Weinheim ²1997 – Schulmeister, R.: Grundlagen hypermedialer Lernsysteme. München/Wien/Oldenburg ²1997

Literatur zu komplexen Lernarrangements: Achtenhagen, F. u.a.: Lernhandeln in komplexen Situationen. Wiesbaden 1992 – Achtenhagen, F. u.a.: Mehrdimensionale Lehr-Lernarrangements. Wiesbaden 1992

Wilfried Schneider

Lehrer an berufsbildenden Schulen

Lehrer/-innen an berufsbildenden Schulen üben im öffentlichen berufsbildenden Schulwesen Unterrichtstätigkeiten aus – hierzu gehören: Lehren, Erziehen, Beraten, Beurteilen und das Einbringen und Fördern von Innovationen. Die Einstellung erfolgt in den westlichen Bundesländern überwiegend als Landesbeamte, in den östlichen Bundesländern überwiegend teils als Beamte, teils als Angestellte. Die Lehrtätigkeit wird i.d.R. hauptberuflich und in Vollzeitarbeitsverhältnissen ausgeübt, doch ist Teilzeitarbeit zugelassen und wird zunehmend in Anspruch genommen. An den berufsbildenden Schulen der Bundesrepublik Deutschland sind ca. 100 Tsd. Lehrerinnen und Lehrer tätig.

Die Besonderheit des Unterrichts an berufsbildenden Schulen erfordert zwei Gruppen von Lehrenden:

1. Lehrende für den berufstheoretischen und für den berufsnahen allgemein bildenden Unterricht in allen Schulformen/Schularten des beruflichen Schulwesens (Lehrer/-in für Theorie)

2. Lehrende für den berufspraktischen/fachpraktischen Unterricht in Schulwerkstätten, →Lernbüros, Schulküchen oder ähnlichen Einrichtungen (Lehrer/-in für Fachpraxis).

Beide Gruppen von Lehrenden haben die gemeinsame Aufgabe, bereits im Berufsleben stehende Jugendliche oder solche, die erst in das Berufsleben eintreten wollen, und zunehmend auch junge Erwachsene zu unterrichten und im Rahmen der in der Verfassung grundgelegten Werte zu erziehen.

Lehrer/Lehrerin für Theorie: Das Tätigkeitsfeld der Lehrerinnen und Lehrer für Theorie kann in verschiedenen Schulformen/Schularten des beruflichen Schulwesens liegen; es kann Schwerpunkte in einer Schulform haben, sich aber auch auf alle Formen erstrecken. Die Bildungsaufgabe der weit ausdifferenzierten Schulformen orientiert sich im Wesentlichen an drei Zielkomplexen:

3. Berufsvorbereitung, →Berufsgrundbildung, Berufsausbildung (→Berufsfachschule, →Berufsschule);
4. Studienqualifizierung (Fachoberschule, Fachgymnasium/ →Berufliches Gymnasium);
5. Berufliche Weiterbildung (Fachschule).

Zwischen diesen Zielkomplexen und den auf sie bezogenen Schulformen werden zunehmend Vernetzungen in der Form →doppeltqualifizierender Bildungsgänge institutionalisiert.

Die hinsichtlich der Unterrichtsinhalte und des Lernniveaus sehr ausgeprägte Heterogenität dieses Tätigkeitsfeldes fordert den Lehrerinnen und Lehrern hohe fachliche und pädagogische →Kompetenz bei flexibler Einsatzbereitschaft ab.

Die Ausbildung der Lehrerinnen und Lehrer an berufsbildenden Schulen orientiert sich an den Standards für Lehrämter der Sekundarstufe II, d.h. auch an Kriterien für den höheren öffentlichen Dienst. Die Regelung erfolgt durch die „Rahmenvereinbarung über die Ausbildung und Prüfung für ein Lehramt der Sekundarstufe II (berufliche Fächer) oder für die beruflichen Schulen" der Kultusministerkonferenz (KMK) vom 12.05.1995. Die Ausbildung ist in zwei Phasen untergliedert: ein 9semestriges Universitätsstudium (→Ausbildung von Lehrern an beruflichen Schulen, I. Phase) und einen 2jährigen Vorbereitungsdienst (Referendariat; →Ausbildung von Lehrern an beruflichen Schulen, II. Phase).

Die erste Phase, das Universitätsstudium, umfasst das Studium einer →Beruflichen Fachrichtung (Hauptfach, z.B. Bautechnik oder Wirtschaft und Verwaltung oder Gesundheit), eines Unterrichtsfaches (Nebenfach, z.B. Politik oder Englisch oder Sport) und der Erziehungswissenschaft mit Schwerpunkt →Berufspädagogik. Die drei Studienteile sollen nach der oben erwähnten Rahmenvereinbarung der KMK Anteile am gesamten Studium im Verhältnis 8 : 5 : 3 erhalten.

Das Studium wird mit der Ersten Staatsprüfung abgeschlossen. Ein akademischer Diplomgrad kann an einigen Universitäten durch zusätzliche Leistungen erworben werden (z.B. Dipl.-Berufspädagoge/-in an der TU Dresden und der TU München; Dipl.-Gewerbelehrer/-in an der Otto-von-Guericke-Universität Magdeburg).

Absolventen von Fachhochschulen können Studienteile bis zum Umfang von 4 Semestern angerechnet werden. Die Regelungen hierfür sind nach Bundesländern und teilweise auch nach Universitäten höchst unterschiedlich.

Für das →Berufsfeld Wirtschaft und Verwaltung erfolgt die Ausbildung der Lehrenden in einer Reihe von Bundesländern traditionell nicht in Lehramtsstudiengängen, sondern in Diplomstudiengängen →Wirtschaftspädagogik. Dementsprechend werden die Studiengänge nicht mit der Ersten Staatsprüfung, sondern mit dem Diplom (→Diplom-Handelslehrer/-in) abgeschlossen. Die Anerkennung dieses Diploms als Erste Staatsprüfung beim Eintritt in den Vorbereitungsdienst ist in den betreffenden Bundesländern gesichert, jedoch nicht unbedingt beim Wechsel in andere Länder.

Diplomstudiengänge anstelle von Lehramtsstudiengängen gibt es in gewerblich-technischen Berufsfeldern in Baden-Württemberg an den Universitäten Karlsruhe und Stuttgart (Abschluss: Dipl.-Ing.-Päd. in Karlsruhe, Dipl.-Gewerbelehrer/in in Stuttgart). Der Aufbau der berufs- und wirtschaftspädagogischen Diplomstudiengänge entspricht im Großen und Ganzen dem der Lehramtsstudiengänge gemäß den Vorgaben der KMK-Rahmenvereinbarung.

Aktuell wird auf der Ebene der Kultusministerkonferenz die Strukturierung auch der Lehrerausbildung nach dem konsekutiven Bachelor-Master-Konzept diskutiert; in einigen Bundesländern werden unterschiedliche Modelle hierzu erprobt. Auch die Sektion Berufs- und Wirtschaftspädagogik (BWP) der Deutschen Gesellschaft für Erziehungswissenschaft hat eine „Stellungnahme zur Einrichtung gestufter Studiengangsmodelle als Ersatz für die existierenden berufs- und wirtschaftspädagogischen Diplom- und Studiengänge für das Lehramt an berufsbildenden Schulen" beschlossen. In ihr empfiehlt die Sektion drei Modelle, von denen das erste, das als Orientierungsmodell angesehen werden könnte, so konstruiert ist, dass es die Vorgaben der geltenden KMK-Rahmenvereinbarung für die Lehrerausbildung erfüllt und dass somit der Master-Abschluss mit der Ersten Staatsprüfung kombiniert oder dieser gleichgestellt werden könnte.

Die zweite Phase der Lehrerausbildung, der Vorbereitungsdienst, besteht vorwiegend in einer pädagogischen und fachdidaktischen Ausbildung. In dieser sollen die Lehramtsanwärter/-innen die erforderliche Kompetenz für eine Lehrtätigkeit in berufsbildenden Schulen entwickeln bzw. vervollständigen. Die Ausbildung erfolgt an Staatlichen Studienseminaren mit dem Status von Beamten auf Widerruf (Referendar/-in). Sie dauert zwei Jahre und wird mit der Zweiten Staatsprüfung abgeschlossen. Erst das Bestehen dieser Zweiten Staatsprüfung vermittelt die Lehrbefähigung in der gewählten Beruflichen Fachrichtung und im gewählten Unterrichtsfach.

Lehrer/Lehrerin für Fachpraxis: Das Tätigkeitsfeld der Lehrerinnen und Lehrer für Fachpraxis liegt überwiegend in den Bereichen Berufsvorbereitung und Berufsgrundbildung. In der vollschulischen Ausbildung des →Berufsvorbereitungsjahres und des →Berufsgrundschuljahres (→Berufsschule) sowie der Berufsfachschule unterrichten sie im berufspraktischen/fachpraktischen Teil. Darüber hinaus wirken sie nach didaktisch-methodischen Konzeptionen der Lehrenden für Theorie auch im →Experimentalunterricht der (Teilzeit-)Berufsschule mit. Die Tätigkeit erfordert neben fachpraktischer Kompetenz und beruflicher Erfahrung auch hohe pädagogische Kompetenz.

Die Ausbildung der Lehrerinnen und Lehrer für Fachpraxis baut auf beruflichen Eingangsvoraussetzungen auf, die nach Berufsfeldern verschieden sein können. Die pädagogische Ausbildung erfolgt in einem eigenen Vorbereitungsdienst an staatlichen Einrichtungen und umfasst die Bereiche Berufspädagogik/Pädagogische Psychologie/Pädagogische Soziologie, Didaktik und Methodik für die Fachpraxis des Berufsfeldes sowie Planung fachpraktischen Unterrichts. Sie dauert i.d.R. 18 Monate und wird mit einer Laufbahnprüfung für den gehobenen Beamtendienst abgeschlossen.

Berufsaussichten: Der Bedarf an Lehrenden in berufsbildenden Schulen hängt außer von demographischen Entwicklungen auch von mehreren Faktoren ab, die nur sehr unsicher einzuschätzen sind: Berufswahlverhalten der Jugendlichen, Konjunkturlagen in Berufsfeldern, Angebot an Ausbildungsplätzen durch die Wirtschaft und noch weiteren. Deshalb versehen Bundesländer, die Prognosen zum Lehrerbedarf herausgeben, diese mit erheblichen Vorbehalten.

Literatur: Sektion Berufs- und Wirtschaftspädagogik der Deutschen Gesellschaft für Erziehungswissenschaft (DGfE): Stellungnahme zur Einrichtung gestufter

Studiengangsmodelle als Ersatz für die existierenden berufs- und wirtschaftspädagogischen Diplom- und Studiengänge für das Lehramt an berufsbildenden Schulen. Beschluss der Mitgliederversammlung in Zürich am 22.03.2004 – Bader, R.: Lehrer an beruflichen Schulen. In: Arnold, R./ Lipsmeier, A. (Hg.): Handbuch der Berufsbildung. Opladen 1995, S. 319-333, 2. Aufl. im Druck – Bader, R./Pätzold, G. (Hg.): Lehrerbildung im Spannungsfeld von Wissenschaft und Beruf. Bochum 1995 – Bader, R./Schröder, B.: Studium für das Lehramt an berufsbildenden Schulen. Hochschulen öffnen sich dem Bachelor-Master-Konzept. In: Die berufsbildende Schule 57 (2005) 5, S. 111-117

Reinhard Bader

Lehrer für Pflegeberufe

Die Bezeichnung „Lehrer für Pflegeberufe" beginnt sich allmählich für die Lehrkräfte durchzusetzen, die in den „Schulen des Gesundheitswesens" für die schulische Ausbildung der →Pflegeberufe (→Pflegeausbildung) zuständig sind; daneben bestehen noch die traditionelle Bezeichnung „Unterrichtsschwester/pfleger" oder andere Bezeichnungen („Dozent für Altenpflege"). Obwohl die KMK (Beschluß vom 12.05.95) die berufliche Fachrichtung „Pflege" für die Ausbildung von Lehrkräften in beruflichen Schulen zugelassen hat, findet derzeit nur in Bremen, Hamburg und Osnabrück eine entsprechende Ausbildung im Rahmen der regulären universitären Lehrerbildung statt. Die derzeit praktizierenden Lehrer für Pflegeberufe (in den alten Ländern) haben ihre Lehrerqualifikation fast ausschließlich in ungeregelten Weiterbildungskursen (derzeit i.d.R. zwei Jahre) an Weiterbildungsinstituten (kirchliche Träger, Gewerkschaften, kommerzielle Anbieter, Berufsverbände), aufbauend auf der Berufsausbildung in einem Pflegeberuf und i.d.R. mindestens 3 Jahren Berufspraxis, erworben, wobei auch noch Lehrkräfte tätig sind, die keinerlei Weiterbildung erhalten haben. In den neuen Bundesländern sind überwiegend universitär ausgebildete „Diplompflegepädagogen" oder „Diplommedizinpädagogen" tätig.

→*Berufsbild*: Die berufliche Tätigkeit der Lehrer für Pflegeberufe unterscheidet sich – durch den Sonderstatus der Pflegeausbildungen – erheblich von dem der übrigen Berufsschullehrer (→Lehrer an berufsbildenden Schulen). Neben dem Unterricht für „Pflege" sind sie in höchst unterschiedlichem Maß auch für fachfremden Unterricht zuständig (Anatomie, Psychologie usw.); das Zeitbudget ist in wesentlichen Teilen nicht mit der Vorbereitung und Durchführung von Unterricht belegt, sondern von Beratung und Begleitung der Schüler(innen) und Organisationsaufgaben (Planung der praktischen Ausbildung, Organisation des Unterrichts durch nebenamtliche Dozenten etc.) bestimmt. In manchen Schulen sind die Lehrkräfte zudem auch noch für die Durchführung der „praktischen Anleitung" (berufspraktische Ausbildung am Krankenbett) zuständig. Dieser Zuschnitt der Berufstätigkeit rührt im Wesentlichen von der traditionellen Vorstellung der „Unterrichtsschwester" her, die als kompetente Pflegekraft ihr Wissen weitergibt und nicht vom Bild des „normalen" Berufsschullehrers, der auf der Basis eines wissenschaftlichen Studiums theoretischen →Fachunterricht erteilt. Erste Erhebungen lassen den Schluss zu, dass das berufliche Selbstverständnis von Lehrern für Pflegeberufe derzeit primär an der Pflegetätigkeit und erst in zweiter Linie an der Lehrtätigkeit orientiert ist.

Perspektiven: Die Diskussion um die Professionalisierung und Akademisierung der Pflegeberufe seit den 80er Jahren hat dazu geführt, dass neben der noch immer stattfindenden traditionellen Weiterbildung an wenigen Universitäten und neuerdings zahlreichen (meist kirchlichen) Fachhochschulen Studiengänge für „Pflegepädagogik" angeboten werden. Würde sich die Verortung der Pflegelehrerausbildung an Fachhochschulen bundesweit durchsetzen, wären die Lehrer für Pflegeberufe auch nach ihrer „Akademisierung" als einzige nicht-universitär ausgebildete Lehrkräfte „Lehrer zweiter Klasse". Eine Bereinigung dieser Situation wird nur zu erreichen sein, wenn die

Ausbildung für Pflegeberufe im regulären Berufsbildungssystem erfolgt, wodurch auch universitär ausgebildete Berufsschullehrer erforderlich wären.

Fachdidaktik Pflege: Mit den Besonderheiten des Pflege-Lehrerberufs hängt auch zusammen, dass eine berufspädagogische Diskussion um die Ausbildung und die fachdidaktische Durchdringung des Zentralthemas „Pflege" erst in den Anfängen steht. Die Schwierigkeiten sind erheblich: Zu vermittelndes „Pflegewissen" liegt nur als Berufswissen der Pflegeprofession vor und nicht als Produkt wissenschaftlicher Forschung – „Pflege" als Hochschuldisziplin ist gerade erst im Entstehen begriffen. Zudem ist umstritten, ob es in der Pflegeausbildung primär um die Vermittlung von Wissensbeständen oder primär um die Vermittlung von Einstellungen und Haltungen geht. Der vorliegende fachdidaktische Diskurs orientiert sich zum Teil an der Kombination allgemeindidaktischer Begründungsmuster mit Elementen von angelsächsischen Pflegetheorien (z.B. Wittneben), zum Teil an einer eigenen Sachstruktur des Pflegewissens (z.B. das „Duisburger Modell"). Auch der weitere Verlauf dieser Diskussion dürfte abhängig sein von der endgültigen Verortung der „Pflegepädagogik" im Fachhochschulbereich oder im Milieu der universitären Lehrerbildung.

Literatur: Bals, Th.: Professionalisierung des Lehrers im Berufsfeld Gesundheit. Köln 1990 – Domscheit, S./ Wingenfeld, K.: Der Arbeitstag von LehrerInnen in der Pflegeausbildung. Ergebnisse einer Zeitbudget-Erhebung an Krankenpflegeschulen. Berlin 1996 – Schwarz-Govaers, R. (Hg.): Standortbestimmung Pflegedidaktik. Referate zum 1. Internationalen Kongreß zur Didaktik der Pflege. Aarau 1994 – Wanner, B.: Lehrer zweiter Klasse? Historische Begründung und Perspektiven der Qualifizierung von Krankenpflegelehrkräften. Frankfurt a.M. u.a. 1987 – Wittneben, K.: Pflegekonzepte in der Weiterbildung zur Pflegelehrkraft. Über Voraussetzungen und Perspektiven einer kritisch-konstruktiven Didaktik der Krankenpflege. Frankfurt a.M. 1991

Peter Vogel

Lehrerfortbildung

Die Lehrerbildung wird heute nach dem allgemeinen Verständnis von Juristen, Finanz- und Kulturpolitikern in drei zentrale Ausbildungsphasen gegliedert: In die Phase 1 (Studium), Phase 2 (Vorbereitungsdienst) und in die Phase 3 (Lehrerfort- bzw. Lehrerweiterbildung).

Ziel der L. ist auf der einen Seite die Aktualisierung und Vertiefung der für die Ausübung des Lehramts erworbenen Fähigkeiten (z.B. im Hinblick auf die Einführung neuer Unterrichtsfächer, Lerngebiete und Technologien), auf der anderen Seite aber auch Reflexion und Innovation des Berufsrepertoires (Methodenkompetenz) im Hinblick auf pädagogische und unterrichtliche Konventionen, um an den Entwicklungen und Erkenntnissen der Wissenschaft bzw. der Wirtschafts- und Arbeitswelt (Artikel 20, Bayerisches Lehrerbildungsgesetz) teilzunehmen. Als Beispiele seien hier neue Formen des Unterrichts genannt, wie der →fächerübergreifende Unterricht, die Vorbereitung auf neue Lehrpläne und Informationen über neue Schulversuche. Konkret heißt das, die L. soll die berufliche Gesamtkompetenz der Lehrer verstärken helfen, damit sie zukünftig den modernen fach- und gesellschaftswissenschaftlichen Aufgaben gewachsen sind.

Arten der L.: Hier handelt es sich um eintägige bis mehrwöchige Informationsveranstaltungen, ggf. sind diese über einen längeren Zeitraum verteilt, z.B. zu den neuen Technologien, →Multimedia. Das Angebot an Fortbildungsmaßnahmen ist i.d.R. organisatorisch in vier Ebenen gegliedert:
– zentrale Ebene,
– regionale Ebene,
– lokale Ebene,
– schulinterne Ebene.

In vielen Bundesländern gibt es (1) zentrale Lehrerfortbildungsinstitute, oft mit Internatsunterbringung. Inhaltlich geht es hier vorwiegend um schulart- und fächerübergreifende sowie pädagogische Themenstellungen, wie z.B. burn-out-Syndrom, Konfliktlösungs-, Freizeit-

und Konsumverhalten von Schülern, Umwelterziehung, politische Bildung und Medienerziehung. Aber auch längerfristige Veranstaltungen mit dem Ziel einer Erweiterung bestehender Lehrbefähigungen sind durchaus üblich.

Ein- und zweitägige Veranstaltungen werden vielfach auf (2) regionaler Ebene von Bezirksregierungen, Oberschulämtern, Kommunen und Ausbildungseinrichtungen der Wirtschaft angeboten. Dieses Angebot an Fortbildungsveranstaltungen ist betont schulart- und fachbezogen.

Auf (3) lokaler Ebene werden Lehrerfortbildungsveranstaltungen von den Schulämtern im Bereich der Volksschulen und der Förderschulen durchgeführt.

Verstärkt gefördert und ausgebaut wird – nicht nur im beruflichen Schulwesen – die (4) permanente schulinterne Fortbildung (SCHILF). Die SCHILF-Konzeption trägt dazu bei, dass jede Schule ihr eigenes Fortbildungsprogramm bedarfsgerecht entwickeln und durchführen kann.

Eine wesentliche Fortbildungsmaßnahme an beruflichen Schulen ist das mehrwöchige Praktikum von Lehrern in Betrieben (→Betriebspraktikum). Betriebspraktika können als Blockpraktikum (zusammenhängend), Teilzeitpraktikum (regelmäßig an einem oder mehreren Tagen der Woche) oder in Mischform, z.B. Blockpraktikum in den Ferien und Teilzeitpraktikum während der Schulzeit, durchgeführt werden. Über diese Maßnahme kann jeder Lehrer unmittelbar und zielgerichtet je nach eigenem Wunsch seine fachliche Fortbildung selbst steuern und sich über Besonderheiten im jeweiligen regionalen Wirtschaftsraum vor Ort informieren.

Neben den schon angesprochenen Fortbildungsschwerpunkten wird sich in Zukunft ein immer größerer Teil der Fortbildungsmaßnahmen auf die (virtuellen) Datenwelten richten, z.B. auf den Einsatz von Multimedia-Lernprodukten im Unterricht, Cyberspace-Szenerien und auch auf den Umgang von Datennetzen zur Beschaffung von Informationen und zur Kommunikation.

Nach der Lehrerdienstordnung sind die Lehrer verpflichtet, sich fortzubilden und an dienstlichen Fortbildungsveranstaltungen teilzunehmen. Dies gilt besonders für Träger von Funktionen, z.B. Schulaufsichtsbeamte, Schulleiter, Fachbetreuer, Seminarlehrer und Projektleiter von Schulversuchen. Alle Bundesländer haben aber bisher davon abgesehen, Lehrer zur Teilnahme an Fortbildungsmaßnahmen zu zwingen.

Zum Selbstverständnis wie zur Professionalität des Lehrerberufes gehört heutzutage die Bereitschaft, sich auf eigene Initiative hin fortzubilden und ggf. selbst Fortbildungsmöglichkeiten zu erschließen. U.a. dafür bieten einige Bundesländer so genannte „Schulserver" oder „Bildungsserver" im Internet an. Hier kann man fach- und schulartspezifische Lernprogramme – teilweise sogar kostenfrei – downloaden. Neben diesen unterrichtlichen Angeboten findet man hier auch Informationen zu Themen wie Schulberatung, Schularten und -formen, Verwaltung von Schulen sowie zu aktuellen Themen.

Literatur: Berufsbildungsgesetz (BBiG) v. 14.08. 69; BGBl I, S. 1112 in seiner jeweils neuesten Fassung – Bayerisches Lehrerbildungsgesetz; GVBl 1996, S. 16 – Berufsbildungsgesetz (BBiG) v. 14.08. 69; BGBl I, S. 1112 in seiner jeweils neuesten Fassung – Bayerisches Lehrerbildungsgesetz; GVBl 1996, S. 16; ber. S. 40; geändert durch das Gesetz vom 24. Okt. 2001 (GVBl. S. 676) – WMBl I 1996, S. 126; Carl-Link-Vorschriftensammlung. Kronach

Leo Heimerer/Werner Kusch

Lehrgangsformen

Der Lehrgangsbegriff ist sowohl in schulischen und außerschulischen als auch in beruflichen und nichtberuflichen Lehr-/Lernkontexten generell präsent. Dabei sind Erscheinungs- und Ausprägungsformen je nach spezifischen institutionellen Zusammenhängen, didaktisch-methodischen Intentionen und Begründungen, bildungspolitischen und ökonomischen Interessenlagen – unter demselben Begriff gefasst – vielfältig und disparat, was auch zahlreiche Kategorisierungsversuche belegen.

Der Terminus Lehr-Gang wurde zu Beginn des 19. Jahrhunderts aus der Übersetzung des lateinischen „cursus" (Gang) geprägt und wird mit den ebenfalls ins Deutsche übernommenen Begriffen „Kursus" bzw. „Kurs" häufig synonym verwendet. Seither werden Lehrgangskonzepte sowohl unter unterrichtsorganisatorisch-strukturellen als auch unter didaktisch-methodischen und lerntheoretischen Aspekten begründet und entwickelt.

Für den Bereich der Berufsbildung lässt sich eine Lehrgangstypik identifizieren, die im Wesentlichen in den 20er Jahren dieses Jahrhunderts grundgelegt wurde. Mit dem Wandel der Arbeitsorganisation und damit verbundenen Forderungen nach Qualifikationen für bestimmte, spezialisierte Facharbeitertätigkeiten vor allem in der Metall- und Elektroindustrie verlor in hocharbeitsteiligen Produktionsstrukturen der Arbeitsplatz als Lernort zentrale Bedeutung. Die konsequente Einführung von Lehrgängen in produktionsfernen Lehrwerkstätten und →Werkschulen als Form rationeller, zuverlässiger, effizienter, systematischer und umfassender Vermittlung von berufsbezogenen Fähigkeiten, Fertigkeiten und Kenntnissen erfolgte im Zusammenhang mit der Entwicklung staatlich sanktionierter Ordnungsmittel (→Berufsbilder, Ausbildungspläne, Prüfungsordnungen) richtungsweisend durch den Deutschen Ausschuß für Technisches Schulwesen (DATSCH) und das Deutsche Institut für Technische Arbeitsschulung (DINTA).

Charakteristisch für Lehrgänge ist seither die Ausrichtung auf in sich abgeschlossene, inhaltlich-thematisch fest umrissene stoffzentrierte Ausbildungssequenzen, rigide didaktisch-methodische Strukturen, zeitliche Begrenzung sowie Ziel- und Abschlussorientierung. Abgehoben vom Produktionsprozess werden Ausbildungsinhalte in Teillehrgängen modularisiert, die, additiv kombiniert, gestuft nach Themenstellung, Schwierigkeitsgrad und Zielgruppen, sich – gleich einem Baukastenprinzip – in den Köpfen der Lernenden zu einem Ganzen fügen sollen. Zudem ermöglichen solche standardisierten Lehrgänge eine hohe Vermittlungskonstanz bei gleichzeitiger relativer Unabhängigkeit von der Vermittlerkompetenz.

Diskutiert werden Lehrgangsformen derzeit in Abgrenzung zu offeneren subjektbezogenen Lernformen wie Projekt- und Handlungslernen, die nicht mehr auf die bloße Vermittlung von Qualifikationen zur Erfüllung bestimmter Funktionen zielen, sondern im Zuge sich verändernder Arbeits- und Produktionsbedingungen vor allem auch dispositionelle Fähigkeiten wie →Flexibilität und Selbstständigkeit im Sinne einer umfassenden Persönlichkeitsbildung favorisieren.

Literatur: Glöckel, H.: Vom Unterricht. Lehrbuch der Allgemeinen Didaktik. Bad Heilbrunn 1992 – Pätzold, G. (Hg.): Quellen und Dokumente zur betrieblichen Berufsbildung 1918 – 1945. Köln/ Wien 1980 – Pätzold, G.: Vermittlung von Fachkompetenz in der Berufsbildung. In: Arnold, R./ Lipsmeier, A. (Hg.): Handbuch der Berufsbildung. Opladen 1995, S. 157-170 – Reintges, B.: Das Systematische und das Paradigmatische als Bauprinzipien eines Lehrgangs. In: Twellmann, W. (Hg.): Handbuch Schule und Unterricht. Band 4.1. Schule und Unterricht unter dem Aspekt der Didaktik unterrichtlicher Prozesse. Düsseldorf 1981, S. 197-211 – Tilch, H.: Zur Definition des Terminus „Lehrgang". In: Die berufsbildende Schule 29 (1977), 7/8, S. 428-438 – Wiemann, G.: Der Grundlehrgang Metall als systemstiftendes didaktisches Modell einer industrieorientierten Berufsausbildung – eine berufspädagogische Bewertung. In: Arnold, R./ Lipsmeier, A. (Hg.): Betriebspädagogik in nationaler und internationaler Perspektive. Baden-Baden 1989, S. 179-196

Heino Thiele

Lehr-Lern-Arrangements

(1) Das Konzept der Lehr-Lern-Arrangements wurde entwickelt, um in konstruktiver Weise sowohl Antworten auf Problemlagen des Unterrichts und der Ausbildung zu finden, wie sie sich aufgrund neuerer Entwicklungen im poli-

tisch-ökonomischen Bereich ergeben, als auch Forschungsfortschritte in der Kognitions- und Handlungspsychologie, der systemorientierten Betriebswirtschaftslehre sowie der Fachdidaktiken (vor allem des Wirtschaftslehreunterrichts) für die berufliche Aus- und Weiterbildung an den verschiedenen →Lernorten in verschiedenen Institutionen zu nutzen. Viele solcher Lehr-Lern-Arrangements sind bereits lange bekannt: Planspiele, →Fallstudien, Szenarien, →Zukunftswerkstatt, Leittexte, Projekte, arbeitsanaloge Lernaufgaben, Lernbüros, Übungsfirmen, virtuelle Unternehmen etc. (als Übersichten vgl. Achtenhagen & John 1992; Flechsig 1996; Achtenhagen 1997; Kaiser & Kaminski 1999). Zu allen Zeiten wurden die Bedeutung und der Nutzen des Lernens mit diesen Verfahren hervorgehoben. Man kann „Wellen" ihrer Propagierung unterscheiden; dennoch aber sind sie kaum fester Bestandteil des Unterrichts geworden. Allerdings zeichnen sich neue Einsatzperspektiven ab; denn die neuen Medien eröffnen Möglichkeiten der Entwicklung und des Einsatzes komplexer Lehr-Lern-Arrangements, die weit über die von Druckmedien hinausgehen (vgl. zur Konstruktion: Jonassen, 1996; Dills & Romiszowski, 1997; Issing & Klimsa, 1997; Reigeluth, 1999; zur Anwendung: Vosniadou, De Corte, Glaser & Mandl, 1996; Seel & Dijkstra, 2004). Folgerichtig sehen die Niedersächsischen Richtlinien für den Unterricht in den berufsbezogenen Fächern des Wirtschaftsgymnasiums bereits explizit den Einsatz computerbasierter komplexer Lehr-Lern-Arrangements vor.

(2) Dass sich die Diskussion jetzt in Richtung des expliziten und nachhaltigen Einsatzes dieser Verfahren verschoben hat, hängt mit einem tief greifenden Strukturwandel in der Wirtschaft zusammen, der sich in Änderungen betrieblicher Strukturen niederschlägt und unter den Überschriften der „lean production" oder des „lean management" zu systemischen Rationalisierungen geführt hat. Deren Umsetzung erfordert neue Qualifikationen und Kompetenzen. So werden z. B. im Dienstleistungsbereich kaufmännische Sachbearbeiter benötigt, die über ein reichhaltiges ökonomisches Wissen verfügen, das systemhaft und vernetzt aufgebaut ist; die mit diesem Wissen allein oder im Team handeln können; die bereit sind, über Arbeitsgruppen hinauszugehen, um ihre Handlungen auch auf mehrere Kontexte bezogen auszuführen. Das Entscheiden, Begründen und Legitimieren auf der Grundlage der Wissensbestände müssen hinzutreten, und Motivationen und Emotionen sollten so ausgeprägt sein, dass sie kognitive Prozesse stützen und Metakognitionen fördern. Ein anderer Punkt tritt hinzu: Über den Einsatz der neuen Informations- und Kommunikationstechniken sind in sehr vielen Betrieben die realen Informationsströme nicht mehr sinnlich erfassbar und nachvollziehbar. Hier stellen sich den Lehr-Lern-Arrangements neuartige Aufgaben der Veranschaulichung.

(3) Didaktische Forschungen zum Wirtschaftslehreunterricht haben gezeigt, dass man mit Hilfe der traditionell gegebenen Lehrbücher, Lehrpläne, Prüfungen, Unterrichtsdurchführungen, Lehrer-Schüler-Interaktionen und Lehrertheorien kaum in der Lage ist, diese gewünschten Qualifikationen effektiv aufzubauen (vgl. als Zusammenfassungen Achtenhagen 1984; Reetz 1984; Tramm 1997). Kognitions- und handlungspsychologische Forschungen machen deutlich, in welchem Maße traditionelle Lehr-Lernprozesse „träges Wissen" erzeugen, das kaum auf außerschulische Situationen hin übertragbar ist (vgl. die Zusammenstellung bei Dörig 1994). Neuere betriebswirtschaftliche Arbeiten zeigen, dass organigrammorientierte statische Sichtweisen innerhalb betriebswirtschaftlicher Konzepte den Aufbau eines Systemdenkens kaum stützen (vgl. Gomez & Probst 1987; Picot, Reichwald & Wigand 1996). Die Problemlösepsychologie (Dörner, Kreuzig, Reither & Stäudel, 1983; Dörner, 1989; als Anmerkung aus didaktischer

Sicht vgl. Achtenhagen, 1990) schließlich zeigt, in welchem Ausmaß Menschen Schwierigkeiten haben, sich in komplexen und intransparenten Systemen zu behaupten.

Diese Analysen, die weltweit in vergleichbarer Weise durchgeführt wurden und werden, haben verschiedene neue, systemisch gefasste Vorschläge hervorgebracht, mit denen versucht wird, die aufgezeigten Probleme zu bewältigen. Hierzu gehören beispielsweise die Ansätze der „Cognitive Apprenticeship" (Collins, Brown & Newman, 1989), der „Goal Based Scenarios" (Schank, Fano, Jona & Bell, 1993), des „Problem-Based Learning" (Evenson & Hmelo, 2000), aber auch der in der Ausbildung am weitesten vorangetriebene Ansatz der „Anchored Instruction" (Cognition & Technology Group at Vanderbilt, 1997). Als eine Konsequenz hat der US-amerikanische National Research Council zwei umfangreiche Studien in Auftrag gegeben, mit deren Hilfe das Wissen zur Erarbeitung und zum Einsatz, aber auch zur Evaluation komplexer Lehr-Lern-Arrangements zusammengestellt wurde: „How People Learn" (Bransford, Brown & Cocking, 2000) und „Knowing What Students Know" (Pellegrino, Chudowsky & Glaser, 2001).

(4) Diese analytisch gewonnenen Ergebnisse sowie die Arbeit an tragfähigen Lehr-Lernkonzepten haben dann zur Betonung der Notwendigkeit geführt, komplexe Lehr-Lern-Arrangements bzw. -Umgebungen so aufzugreifen, wie sie auf dem Markt sind, sie weiterzuentwickeln bzw. neu im Hinblick auf bestehende oder zu ändernde Curricula zu entwerfen. Auswertungen von Feldanalysen sowie Umsetzungen der gegebenen fachdidaktischen, psychologischen und betriebswirtschaftlichen Forschungsergebnisse lassen sich in einem Kriterienkatalog zusammenfassen: (a) Die Schüler sollen die Gelegenheit erhalten, in der Schule Erfahrungen mit komplexen Fakten und Problemen zu machen, die sich stimmig auf die „Realität" beziehen lassen. (b) Das jeweilige Vorwissen der Schüler sollte explizit berücksichtigt werden. (c) Der Unterricht sollte mit einer komplexen Ziel- und Inhaltsstruktur beginnen, die prinzipiell für den gesamten Unterricht in diesem Fach (aber auch fachübergreifend) als Advance organizer dienen können. (d) Bei allen eingeführten Begriffen und Konzepten sollte die Erarbeitung des spezifischen Begriffsinhalts (Intension) im engen Zusammenhang mit der Zweckmäßigkeit bzw. Funktion dieses Begriffes erfolgen (Intention), und es sollten Hinweise auf dem Umfang des Extensionsbereichs gegeben werden; hier liegt eine wesentliche Voraussetzung für eine erfolgreiche Dekontextualisierung. (e) Die Lehr-Lern-Prozesse sollten handlungsorientiert angelegt sein und damit Raum für Aktivitäten und Aktionen der Schüler gewähren; die Wissensaneignung sollte anhand sinnvoller und sinnstiftender Problemstellungen erfolgen. (f) Unter dem Aspekt der →Handlungsorientierung sollten Ziele und Inhalte anschaulich, d. h. verständnisfördernd, erscheinen, damit angemessene mentale Modelle aufgebaut werden können. (g) Mit Hilfe der System- und Handlungsperspektive für die Lehr-Lern-Prozesse sollten Kasuistik und Systematik des Unterrichts in eine Balance gebracht werden. (h) Der Unterricht sollte metakognitive Perspektiven ermöglichen; so sollte das „Lernen im Modell" um ein „Lernen am Modell" ergänzt werden, mit dessen Hilfe die Bedingungen, die Notwendigkeiten und die Restriktionen der Konstruktion der eingesetzten Lehr-Lern-Arrangements und der verwendeten Modelle thematisiert und reflektiert werden. (i) Im Unterrichtsfortgang sollten auch schlecht-definierte Probleme behandelt werden; hier bietet sich in besonderem Maße Teamarbeit an, die nicht nur aus der Erbringung additiver Teilleistungen besteht. (j) Schließlich sollten innerhalb bzw. mit Hilfe der komplexen Lehr-Lern-Arrangements auch Aufgaben vorgegeben werden, wie sie an betrieblichen Arbeitsplätzen zu lösen sind (arbeitsanaloge Lernaufgaben). (k) Diese übergreifenden Kriterien für die didakti-

sche Modellierung gehen auch davon aus, dass unterschiedliche Wissensarten zu berücksichtigen sind: deklaratives, prozedurales und strategisches Wissen. Deklaratives Wissen bezieht sich auf Fakten, Konzepte und netzwerkartige Strukturen von Fakten und Konzepten; prozedurales Wissen bezieht sich auf Operationen mit den Fakten, Konzepten und Strukturen. Strategisches Wissen ist definiert über das, was zu einem bestimmten Zeitpunkt getan werden muss. Es ist dabei vornehmlich über mentale Modelle repräsentiert, mit deren Hilfe reale Probleme wahrgenommen und verarbeitet werden. Damit lassen sich das deklarative und das prozedurale Wissen so integrieren, dass beide Wissensarten in spezifischen Situationen zielgerichtet Anwendung finden können. Damit werden Prozesse eines vertieften Verständnisses (deep understanding) ermöglicht und gestützt.

(5) Mit der Konstruktion komplexer Lehr-Lern-Arrangements gehen eine Reihe schwierig zu lösender Probleme einher. Hierher gehören ihre Einbettung in handlungstheoretische Konzepte (vgl. Reetz & Tramm, 2000; Dörig, 2003) und dabei besonders die Lösung des Prinzips einer Balance von Kasuistik und Systematik, die Fragen einer angemessenen Behandlung von wissenschaftlicher Repräsentation, situativer Repräsentation, subjektiver Bedeutsamkeit sowie subjektiv adäquater Fasslichkeit der zugrunde gelegten Fälle (Reetz, Beiler & Seyd, 1987), die Ermöglichung einer angemessenen Verlaufsstruktur bei der Fallbearbeitung (Kaiser & Kaminski, 1999), die adäquate Abbildung der Vernetztheit der Problemstruktur (Preiß, 1992) sowie die Fragen von Modellbildung und Authentizität (Achtenhagen, 2001; Achtenhagen & Weber, 2003).

(6) Die Konstruktion und der unterrichtliche Einsatz komplexer Lehr-Lern-Arrangements werfen eine Reihe von Fragen auf: (a) Ihre Konstruktion ist ein aufwändiger Prozess; dabei besteht die Gefahr, dass auf eine neue Weise sich ein Entwickler-Anwender-Verhältnis entwickelt – was optimale Umsetzungen erschwert oder gar konterkariert. Von daher sind Lehrer und →Ausbilder frühzeitig an den Entwicklungen zu beteiligen; für die Aus- und Weiterbildung der Lehrer entstehen neue Aufgaben. (b) Mit ihrer Umsetzung in den Unterricht bzw. die Ausbildung benötigen die Lehrer und Ausbilder eine neue Qualität einer didaktischen Expertise. Von daher ist der Begriff *Lehr-Lern-Arrangements* bewusst gewählt; fasst man sie nämlich als „Selbstläufer" auf, ohne sie aktiv zu begleiten, so sind die Lernergebnisse im Durchschnitt eher schlechter als bei einem gut geführten Frontalunterricht. Hier und bei dem notwendigen Erwerb didaktischer Expertise liegen die Wurzeln des heftigen Streits um Vorzüge bzw. Nachteile eines handlungsorientierten Unterrichts. (c) Es ist noch unklar, in welchem Maße sich ganze Curricula als Sequenzen komplexer Lehr-Lern-Arrangements gestalten lassen. Vorschläge wie sie zur Anchored Instruction (Cognition and Technology Group at Vanderbilt 1997) oder im Göttinger Ansatz (siehe die Beiträge in Achtenhagen, 2002) vorgelegt werden, sehen sich mit unterrichtspraktischen Einwänden konfrontiert (Dubs 1996; 2001). (d) Damit hängt auch die Frage zusammen, in welchem Maße alle Ziele und Inhalte im Rahmen von Lehr-Lern-Arrangements behandelt werden sollten bzw. wie durch gezieltes Lehrerhandeln auf ihren Einsatz vorzubereiten wäre.

(7) Alle diese Probleme verweisen auf die Notwendigkeit sorgfältiger und zugleich neuartiger Evaluationen. Die Arbeiten von Rebmann (1993), Schunck (1993), Fürstenau (1994), Weber (1994), Schneider (1996) und Bendorf (2002) gehen hier neue Wege. Die Projekte des DFG-Schwerpunkts „Lehr-Lern-Prozesse in der kaufmännischen Erstausbildung" dokumentieren das weite Spektrum notwendiger Erhebungen (Beck & Heid 1996; Beck & Dubs, 1998; Beck & Krumm, 2001). Wenn die Curricula für die Berufsausbildung in Schule und Betrieb entsprechend empirischen

Forschungsergebnissen neu erarbeitet sind, dann wird sich der unterrichts- sowie ausbildungspraktische Nutzen komplexer Lehr-Lern-Arrangements präziser bestimmen lassen. Dass ihr Einsatz die notwendige Weiterentwicklung der beruflichen Ausbildung determinieren sollte – und damit auch der Aus- und Weiterbildung des Lehrpersonals – steht nach unserem heutigen Erkenntnisstand außer Frage.

Literatur: Achtenhagen, F.: Didaktik des Wirtschaftslehreunterrichts. Opladen 1984 – *Achtenhagen, F.: Einige Überlegungen zur Bedeutung der Problemlöseforschung für die Didaktik des Wirtschaftslehreunterrichts.* In: *H. Feger (Hg.): Wissenschaft und Verantwortung. Festschrift für Karl Josef Klauer* (S. 109-129). Göttingen, Toronto, Zürich 1990 – *Achtenhagen, F.: Entwicklung und Evaluation ökonomischer Kompetenz mit Hilfe handlungsorientierter Verfahren – am Beispiel der Ausbildung zum Industriekaufmann/ zur Industriekauffrau (Skizze eines Forschungsprojekts).* In: *W. Seyd/R. Witt (Hg.): Situation – Handlung – Persönlichkeit. Festschrift für Lothar Reetz* (S. 137-149). Hamburg 1996 – *Achtenhagen, F.: Berufliche Ausbildung.* In: *Franz E. Weinert (Hg.): Psychologie des Unterrichts und der Schule* (S. 603 – 657). Göttingen et al. 1997 – *Achtenhagen, F./John, E.G. (Hg.): Mehrdimensionale Lehr-Lern-Arrangements.* Wiesbaden 1992 – *Achtenhagen, F.: Criteria for the Development of Complex Teaching-Learning Environments. Instructional Science 29,* (S. 361-380) 2001 – *Achtenhagen, F.: Die Unternehmung als komplexes ökonomisches und soziales System: ein multimedial repräsentiertes Modellunternehmen für das Fachgymnasium Wirtschaft – Konstruktionsbedingungen für komplexe Lehr-Lern-Arrangements und deren Stellenwert für eine zeitgemäße Wirtschaftsdidaktik.* In: *F. Achtenhagen (Hg.): Forschungsgeleitete Innovation der kaufmännischen Berufsausbildung – insbesondere am Beispiel des Wirtschaftsgymnasiums* (S. 49-74). Bielefeld 2002 – *Achtenhagen, F./Weber, S.: „Authentizität" in der Gestaltung beruflicher Lernumgebungen.* In: *A. Bredow/R. Dobischat/J. Rottmann (Hg.): Berufs- und Wirtschaftspädagogik von A-Z. Grundlagen, Kernfragen und Perspektiven. Festschrift für Günter Kutscha* (S. 185-199). Baltmannsweiler 2003 – *Beck, K./Dubs, R. (Hg.): Kompetenzentwicklung in der Berufserziehung: kognitive, motivationale und moralische Dimensionen kaufmännischer Qualifizierungsprozesse. Zeitschrift für Berufs- und Wirtschaftspädagogik, Beiheft 14.* Stuttgart 1998 – *Beck, K./Heid, H. (Hg.): Lehr-Lern-Prozesse in der kaufmännischen Erstausbildung. Zeitschrift für Berufs- und Wirtschaftspädagogik, Beiheft 13.* Stuttgart 1996 – *Beck, K./ Krumm, V. (Hg.): Lehren und Lernen in der beruflichen Erstausbildung. Grundlagen einer modernen kaufmännischen Berufsqualifizierung.* Opladen 2001 – *Bendorf, M.: Bedingungen und Mechanismen des Wissenstransfers.* Wiesbaden 2002 – *Bransford, J.D./ Brown, A.L./Cocking, R.R. (Eds.): How People Learn. Brain, Mind, Experience and School.* Washington, DC. 2000 – *Cognition and Technology Group at Vanderbilt: Anchored Instruction and Situated Cognition Revisited. Educational Technology* 1993, 33, S. 52-70 – *Cognition and Technology Group at Vanderbilt: The Jasper Project: Lessons in Curriculum, Instruction, Assessment, and Professional Development.* Mahwah, N.J. 1997. – *Collins, A./Brown, J.S./Newman, S.E.: Cognitive apprenticeship: Teaching the crafts of reading, writing, and mathematics.* In: *L. B. Resnick (Ed.): Knowing, learning, and instruction: Essays in honor of Robert Glaser* (pp. 453-494). Hillsdale, N.J. 1989 – *Dills, C.R./Romiszowski, A.J. (Eds.): Instructional Development Paradigms.* Englewood Cliffs, N. J. 1997 – *Dörig, R.: Das Konzept der Schlüsselqualifikationen.* Hallstadt 1994 – *Dörig, R.: Handlungsorientierter Unterricht.* Stuttgart, Berlin 2003 – *Dörner, D.: Die Logik des Mißlingens.* Reinbek 1989 – *Dörner, D./ Kreuzig, H.W./Reither, F./Stäudel, T. (Hg.): Lohhausen. Vom Umgang mit Unbestimmtheit und Komplexität.* Bern et al. 1983 – *Dubs, R.: Komplexe Lehr-Lern-Arrangements im Wirtschaftslehreunterricht – Grundlagen, Gestaltungsprinzipien und Verwendung im Unterricht.* In: *K. Beck/W. Müller/T. Deißinger/M. Zimmermann (Hg.): Berufserziehung im Umbruch. Festschrift für Jürgen Zabeck* (S. 159-172). Weinheim 1996 – *Dubs, R.: Lehr-Lern-Prozesse in der kaufmännischen Erstausbildung – Rückblende.* In: *K. Beck/V. Krumm (Hg.): Lehren und Lernen in der beruflichen Erstausbildung* (S. 391-408). Opladen 2001 – *Evenson, D. H./Hmelo, C.E. (Eds.): Problem-Based Learning.* Mahwah, N. J. 2000 – *Flechsig, K.-H.: Kleines Handbuch didaktischer Modelle.* Eichenzell 1996 – *Fürstenau, B.: Problemlösendes Handeln von Schülern im Planspielunterricht – eine explorative Feldstudie in der kaufmännischen Berufsfachschule.* Wiesbaden 1994 – *Gomez, P./Probst, G.J.B.: Vernetztes Denken im Management.* Bern 1987 – *Issing, L.J./ Klimsa, P. (Hg.): Information und Lernen mit Multimedia. Weinheim ²1997 – Jonathan, D.H. (Ed.): Handbook of Research for Educational Communications and Technology. New York, London et al. 1996 – Kaiser, F.-J./Kaminski, H.: Methodik des Ökonomie-Unterrichts. Bad Heilbrunn ³1999 – Pellegrino, J.W./Chudowsky, N./Glaser, R. (Eds.): Knowing what Students Know. The Science and Design of Educational Assessment. Washington, DC. 2001 – Picot, A./Reichwald, R./Wigand, R.T.: Die grenzenlose Unternehmung. (2. Aufl.) Wiesbaden ²1996 – Preiß, P.: Komplexität im Betriebswirtschaftslehre-Anfangsunterricht. In: F. Achtenhagen, F./E.G. John (Eds.): Mehrdimensionale Lehr-Lern-Arrangements (S. 58-78). Wiesbaden 1992 – Preiß, P./Tramm, T. (Hg.): Rechnungswesenunterricht und ökonomisches Denken. Wiesbaden: Gabler 1996 – Rebmann, K.: Komplexität von Lehrbüchern für den Wirtschaftslehreunterricht. Göttingen 1993 – Reetz, L.: Wirtschaftsdidaktik. Bad Heilbrunn 1984 – Reetz, L./Beiler, J./Seyd, W. (Hg.): Fallstudien Materialwirtschaft. Hamburg 1987 – Reetz, L./Tramm, T.: Lebenslanges Lernen aus der Sicht einer berufspädagogisch und wirtschaftspädagogisch akzentuierten Curriculumforschung. In: F. Achtenhagen/W. Lempert (Hg.): Lebenslanges Lernen im Beruf - Seine Grundlegung im Kindes- und Jugendalter: Bd V.: Erziehungstheorie und Bildungsforschung (S. 69-120). Opladen 2000 – Reigeluth, C.M.: What Is Instructional Design Theory and How Is It Changing? In: C.M. Reigeluth (Ed.): Instructional-Design Theories and Models. Volume II. A New Paradigm of Instructional Theory (pp. 5-30). Mahwah, N.J. 1999 – Schank, R.C./Fano, A./Jona, M./Bell, B.: The Design of Goal-Based Scenarios. Evanston: The Institute for the Learning Sciences, Northwestern University 1993 – Schneider, D.: Lernbüroarbeit zwischen Anspruch und Realität – Untersuchung zur Theorie und Praxis der Lernbüroarbeit an kaufmännischen Schulen unter fachdidaktischem Aspekt. Band 24 der Berichte des Seminars für Wirtschaftspädagogik der Georg-August-Universität. Göttingen 1996 – Schunck, A.: Subjektive Theorien von Berufsfachschülern zu einem planspielgestützten Betriebswirtschaftslehre-Unterricht. Band 19 der Berichte des Seminars für Wirtschaftspädagogik der Georg-August-Universität Göttingen 1993 – Seel, N.M./Dijkstra, S. (Eds.): Curriculum, Plans, and Processes of Instructional Design: International Perspectives. Mahwah, N. J. 2003 – Tramm, T.: Lernprozesse in der Übungsfirma. Habilitationsschrift. Göttingen 1997 – Vosniadou, S./De Corte, E./Glaser, R./Mandl, H. (Eds.) : International perspectives on the design of technology-supported learning environments. Mahwah, N.J. 1996 – Weber, S.: Vorwissen in der betriebswirtschaftlichen Ausbildung. Wiesbaden 1994

Frank Achtenhagen

Lehr-Lern-Methoden

Lehr-Lern-Methoden sind als Formen zu betrachten, in denen Lehrprozesse und Lernprozesse wechselseitig aufeinander zu beziehen sind. Sie sind darauf hin zu gestalten und zu überprüfen, ob sie im Lernenden solche Auseinandersetzungs- und Verarbeitungsprozesse auslösen, so dass die dabei entstehenden Resultate bzw. Lernerfahrungen wesentlich den geplanten Lernzielen entsprechen. Lehr-Lern-Methoden sind keine neutralen Vermittlungstechniken, sondern sie sind bildungs- und erziehungswirksam. Jede Lehr-Lern-Methode hat zugleich einen Ziel- und einen Inhaltsaspekt.

Im Hinblick auf die Organisation von Lehr-Lern-Prozessen gilt es, zumindest fünf miteinander verknüpfte Dimensionen zu berücksichtigen (vgl. Meyer 1987, S. 222 f.; Kaiser/Kaminski 1997, S. 16 f.; Pätzold 1996, S. 15 f.):

1. Zieldimension,
2. Inhaltsdimension,
3. Sozialdimension,
4. Handlungsdimension,
5. Zeitdimension.

Folgt man diesem Grundgedanken der Dimensionierung methodischen Handelns und geht weiter davon aus, dass sich Unterweisungs- und Ausbildungsprozesse in unterschiedlichen Handlungssituationen vollziehen, dann lassen sich für Ausbildungsprozesse generell folgende Grundmuster wählen:

— Sozialform als Beziehungsstruktur der Ausbildungsprozesse, die bei allen Methoden ins Spiel kommen. Dazu gehören z.B. Einzelarbeit, Partnerarbeit, Gruppenarbeit und Frontalunterricht.

— Verlaufsformen als Prozessstruktur der Unterweisung des Unterrichts. Sie enthalten die

Annahme einer zeitlichen Gültigkeit des Lernprozesses wie Artikulations-, Stufen-, Phasenschemata usw.

Aktionsformen als Handlungsstruktur der Aus- und Weiterbildungsmaßnahmen.

Die Entscheidung über das jeweilige methodische Vorgehen ist u.a. von den Vorgaben des →Lehrplans und den Lernvoraussetzungen innerhalb der Lerngruppe abhängig und nur auf der Grundlage der konkreten Lehr-/ Lernsituation angemessen zu treffen. Dabei sind stets Zusammenhänge zwischen den Methoden und weiteren unterrichtlichen Faktoren zu beachten. Methodische Überlegungen sind nicht zu trennen von der Inhaltsaufbereitung, der Zielsetzung, den Voraussetzungen der Lernenden und den technisch-organisatorischen Gegebenheiten des Lehrens und Lernens.

Im Hinblick auf die Leitkategorie der Berufsausbildung, die berufliche Handlungsfähigkeit zu fördern, gewinnen insbesondere aktive, partizipative Methoden wie →Fallstudien, →Simulationen, →Projektarbeit, →Szenarien, →Zukunftswerkstatt, →Leittexte usw. eine besondere Bedeutung.

Bezogen auf die verschiedenen Ausbildungsformen und -varianten zu unterschiedlichen Lernorten, sind die Bemühungen zumeist darauf ausgerichtet, die Lernumwelt so zu gestalten, dass durch erweiterte Denk- und Handlungsspielräume →selbst gesteuertes Lernen ermöglicht wird und →Schlüsselqualifikationen gefördert werden.

Das gilt für das Lernen am Arbeitsplatz gleichermaßen wie für das Lernen im Klassenzimmer, →Lernbüro, in der →Übungsfirma, →Lehrwerkstatt, →Lerninsel usw.

Trotz der immer wieder erhobenen Forderung nach Lernortpluralität und Methodenvielfalt sowie der zahlreichen Neuansätze und methodischen Vorschläge lässt sich feststellen, dass sowohl in der schulischen als auch in der betrieblichen Ausbildungspraxis nicht selten Methodenmonismus vorherrscht (vgl. Achtenhagen 1997, Kaiser 1997, Pätzold 1996).

Mit der zunehmenden Bedeutung der →Neuen Informations- und Kommunikationstechniken (NIKT) in den Betrieben und öffentlichen Verwaltungen stellt sich die Frage, wie sich die NIKT in der Aus- und Weiterbildung für Lernprozesse sinnvoll nutzen lassen.

In neueren Ansätzen zur Lehr- und Lernforschung wird im Zusammenhang mit der Frage, in welcher Weise neue Technologien das Lernen beeinflussen, auf Formen des „situierten Lernens" zurückgegriffen, die auf einer speziellen wissenschaftstheoretischen Ausrichtung von situierter Kognition im →Konstruktivismus beruhen. (vgl. Mandl/ Gruber/Renkl, 1995)

Allerdings dürfte erst die weitere Forschung und Entwicklung multimedialer Lernumgebungen deutlich machen, in welchem Umfange und unter welchen Bedingungen der Einsatz der NIKT und Hyper-Media-Systeme sinnvoll genutzt werden und einen Beitrag zur Förderung kooperativen und selbstgesteuerten Lernens in der beruflichen Aus- und Weiterbildung leisten können. Eine aktuelle Studie zum Einsatz von Lehr-Lern-Methoden in der beruflichen Bildung zeigt, dass im berufsbezogenen Unterricht in Berufsschulen zwar vielfältige Methoden zum Einsatz kommen, allerdings in einem extrem ungleichwichtigen Häufigkeitsverhältnis. Nach wie vor dominiert zeitlich der klassische Frontalunterricht (fragend-erarbeitendes Lehrgespräch, Lehrervortrag, Klassendiskussion) das unterrichtsmethodische Geschehen. Mit dem Frontalunterricht wird überwiegend Begriffswissen aufgebaut und in abgeschwächter Form auch Zusammenhangswissen erarbeitet. Die Tafel ist das zentrale Unterrichtsmedium (vgl. Pätzold u.a. 2003).

Literatur: Achtenhagen, F.: Berufliche Bildung. In: Weinert, F.E. (Hg.): Psychologie des Unterrichts und der Schule. Sonderdruck aus Enzyklopädie der Psychologie. Bd. 3. Göttingen u.a. 1997 – Bonz, B. (Hg.): Didaktik der Berufsbildung. Stuttgart 1996 – Kaiser, F.-J.: Neue Aus- und Weiterbildungsmethoden – ein pluralistisches Methodenangebot in einer weithin monistischen Methodenpraxis? In: Euler, D./Sloane, P.F.E.

(Hg.): *Duales System im Umbruch. Eine Bestandsaufnahme der Modernisierungsdebatte.* Pfaffenweiler 1997, S. 319 ff. – Kaiser, F.-J./Kaminski, H.: *Methodik des Ökonomie-Unterrichts. Grundlagen eines handlungsorientierten Lernkonzepts mit Beispielen.* Bad Heilbrunn ²1997 – Meyer, H.: *Unterrichtsmethoden. Bd. I: Theorieband,* Frankfurt a.M. 1987 – Mandl, H./Gruber, H./Renkl, A.: *Situiertes Lernen in multimedialen Lernumgebungen.* Forschungsbericht Nr. 50. München 1995 – Pätzold, G.: *Lehrmethoden in der beruflichen Bildung.* Heidelberg ²1996 – Pätzold, G.: *Methoden betrieblicher Berufsbildung.* In: Bonz, B. (Hg.): *Didaktik der Berufsbildung.* Stuttgart 1996, S. 67-90 – Pätzold, G./Klusmeyer, J./Wingels, J./Lang, M.: *Lehr-Lern-Methoden in der beruflichen Bildung.* Oldenburg 2003

Franz-Josef Kaiser/Günter Pätzold

Lehrlingsheim

L. sind Wohnstätten am Ausbildungsort für Jugendliche mit einem Ausbildungsvertrag. I.d.R. handelt es sich um eine kostenpflichtige Unterkunft mit Verpflegung und pädagogischer Betreuung. Die Erzieher bzw. Heimleiter verfügen meist über eine sozialpädagogische Ausbildung. In L. werden zeitweilig oder für die gesamte Dauer ihrer Ausbildung Auszubildende aufgenommen, die auf Grund großer Entfernungen oder ungünstiger Verkehrsverhältnisse und der damit verbundenen Belastungen nicht täglich an ihren Wohnort zurückkehren können. Darüber hinaus ist auch eine Aufnahme in ein L. aus sozialen Gründen möglich.

L. entstanden Mitte des 19. Jahrhunderts infolge der rasch fortschreitenden Industrialisierung. Die bis zu diesem Zeitpunkt vorherrschende Integration des Lehrlings in die Meisterfamilie nahm ab. Lehrort und Wohnort der Familie des Lehrlings waren räumlich häufig getrennt. Don Johannes Bosco gründet 1859 die Salesianer, die sich neben den Aufbau von Schulen auch der Gründung von Heimen aus der Sicht einer präventiven Erziehung für Lehrlinge und Studenten zuwenden. Neben den Salesianern werden andere Wohlfahrtsvereine Träger von L.

In den 30er Jahren kam es verstärkt zur Gründung von L. Sie dienten häufig der Verknüpfung von beruflicher Ausbildung mit weltanschaulicher Schulung nach nationalsozialistischen Grundsätzen. Nach dem 2. Weltkrieg wurden besonders in der DDR L. (Lehrlingswohnheime) geschaffen, die zum einen der Unterbringung der Lehrlinge dienten und zum anderen Möglichkeiten zu einer gemeinsamen Freizeitgestaltung auf sportlichem und kulturellem Gebiet boten. Dafür standen geschulte Erzieher zur Verfügung. Ferner wurden die Lehrlingswohnheime in der DDR zu Agitations- und Propagandazwecken genutzt.

Heute sind L. häufig Berufsschulen oder Berufsschulzentren angeschlossen. Große Unternehmen verfügen vereinzelt über eigene L. Es ist eine Tendenz zur Privatisierung von L. beobachtbar.

Literatur: Böhm, W.: *Wörterbuch der Pädagogik.* Stuttgart 1988 – Kipp, M.: *Militarisierung der Lehrlingsausbildung in der „Ordensburg der Arbeit".* In: *Zeitschrift für Pädagogik* (1993), Beiheft 31, S. 209-219 – Lehmann, G.: *Grundsätze der Erziehung im Lehrlingswohnheim.* Berlin 1960 – *Lexikon der Pädagogik.* Freiburg 1953 – Orlowski, E.: *Das Jugendwohnheim, eine Wohn-, Freizeit- und Bildungsstätte.* Frankfurt a.M. 1985

Hanno Hortsch

Lehrlingswart

„Zur Förderung der Berufsausbildung der Lehrlinge ist ein Ausschuss zu bilden. Er besteht aus einem Vorsitzenden und mindestens vier Beisitzern ..." – So ist es in § 67 Abs. 2 der →Handwerksordnung (HwO) zu lesen, der sich auf die Aufgaben einer Handwerksinnung bezieht. Der Vorsitzende dieses Ausschusses wird in der umgangssprachlichen Praxis (d.h. nicht im Gesetz) als L. bezeichnet. In der Frage, welche Aufgaben von dem Ausschuss bzw. seinem Vorsitzenden genau zu erfüllen sind, bleibt die HwO sehr allgemein. Der L. ist demnach ein von der Innung gewählter Handwerksmeister, der sich im Rahmen einer ehrenamtlichen Tätigkeit um die „Förderung der

Berufsausbildung der Lehrlinge" bemühen soll.

Im Handwerk sind etwa 6.000 L. in diese Funktion gewählt und als Ansprechpartner für Ausbildungsfragen in der Innung tätig. Da das Ehrenamt rechtlich nur grob konturiert ist, obliegt es dem Engagement und der Kompetenz des jeweiligen Inhabers, welches Profil er dem Amt in der Innung gibt. Prinzipiell ist der L. mit den gleichen Fragen befasst wie der →Ausbildungsberater der Kammer, so dass aus dieser Sicht eine enge Zusammenarbeit begründet sein müsste. Trotz dieser Affinität bestehen einige grundlegende Unterschiede:

1. Der L. übt sein Amt als Ehrenamt in der Innung aus, d.h. er engagiert sich neben seinen laufenden Verpflichtungen als selbständiger Betriebsinhaber; der Ausbildungsberater ist hauptamtlich beschäftigt und übt seine Funktion als Angestellter der Handwerkskammer aus.
2. Der Ausbildungsberater ist in die formale Weisungsstruktur der Handwerkskammer eingebunden, der L. ist in die zumeist informale Struktur der Innung einbezogen.
3. Der L. ist Experte in fachlichen und berufsbezogenen Fragen, während der Ausbildungsberater berufs- und fachübergreifender Experte für die mehr grundsätzlichen Probleme (etwa des Ausbildungsrechts) ist.
4. Der L. ist Repräsentant der Innung (freiwillige Mitgliedschaft der Betriebe), der Ausbildungsberater ist Vertreter der Kammer (Zwangsmitgliedschaft der Betriebe).
5. Der L. ist Kollege, aber auch Konkurrent der von ihm zu betreuenden Betriebsinhaber, während der Ausbildungsberater zwar an die Weisungen seiner Vorgesetzten gebunden ist, aber vom Gesetz mit einer größeren Sanktionsmacht ausgestattet ist.

Literatur: Euler, D./Franke, J.: Aufgaben des Lehrlingswart und Möglichkeiten der Aufgabenbewältigung. Köln 1994 – Twardy, M. (Hg.): Abschlußbericht zum Modellversuch „Pädagogische Beratung im Handwerk – Förderung von Lehrlingswarten und Ausbildungsberatern". Köln 1991 – Twardy, M. (Hg.): Transfer von Modellversuchsergebnissen im Handwerk – mit den Schwerpunkten Meisterausbildung, Betriebliche Ausbildung. Ausbildungsberatung. Köln 1994

Dieter Euler

Lehrplan

Der zuerst wohl von J. H. Campe eingeführte Begriff L. kennzeichnet eine geordnete Menge von Lehrinhalten, die in einem durch ihn selbst bestimmten Zeitrahmen in zielgerichteten systematisch-kommunikativen Lehr-Lern-Situationen vermittelt werden sollen. Als diskrete Struktur bildet der L. einerseits die Schnittstelle zwischen Tradition und Moderne (Thematik), andererseits Basis und Rahmen für Ingangsetzung und Prozess des Lernens (Methodik), dessen Gestaltung den Lehrenden überantwortet ist. Als „Entwurf gemeinsamer symbolischer Repräsentation von Wirklichkeit" (Künzli 1986) hat er das allen gemeinsame Fundament des bisher Bewährten durch Kontinuität über den Wechsel der Generationen zu bewahren (Bildungskanon) und zugleich die Disponibilität von Zukunftsgestaltung für den je einzelnen unter Kohärenz über deren partikularen Lebensformen zu ermöglichen (Qualifikation). Dies zu erreichen erfordert theoretische Fundierung, deren erster Versuch auf F. W. Dörpfeld zurückgeht und über W. Rein, G. Kerschensteiner und E. Weniger bis hin zur modernen →Curriculumentwicklung reicht. Theoretische Hauptansatzpunkte zur Beschränkung des inhaltlich Möglichen bestehen in der Wahl des Kriteriums von Ordnung (Systematik, Fächerung), in der didaktischen Begründung von Sequenzierung (→Lehrgang, Spiralcurriculum) und in der Legitimierung von Selektion (elementar, fundamental, exemplarisch). In der beruflichen Bildung dokumentiert sich der Lehrplangedanke gemäß dualer Struktur zum einen in den Ausbildungsberufsbildern für den Lernort Betrieb (→Berufsbild) und den darauf z.T. abgestimmten Rahmenlehrplänen für den Lernort Schule (→Abstimmung von Ausbildungsordnungen

und Rahmenlehrplänen). Trotz einer mit der Einführung des Curriculumbegriffs einhergehenden Veränderung des Lehrplandenkens und der heute parallel vorzufindenden Verwendung des Begriffs Richtlinien hat sich der Begriff L. als übergreifender didaktischer Terminus bis heute handlungsleitend erhalten.
Literatur: Dörpfeld, F.W.: Grundlinien einer Theorie des Lehrplans. Gütersloh 1873 – Dolch, J.: Lehrplan des Abendlandes. Ratingen 21965 – Künzli, R.: Topik des Lehrplandenkens. Kiel 1986 – Tenorth, H.-E.: „Alle alles zu lehren". Möglichkeiten und Perspektiven allgemeiner Bildung. Darmstadt 1994 – Weniger, E.: Didaktik als Bildungslehre. Teil 1: Theorie der Bildungsinhalte und des Lehrplans. Weinheim ³1960
Hans-Carl Jongebloed

Lehrwerkstatt

Die L. ist ein eigenständiger, von der betrieblichen Produktion getrennter, nach pädagogischen Prinzipien gestalteter und gesetzlich anerkannter Lernort, in dem sich Berufsausbildung systematisch nach standardisierten Ausbildungsplänen vollzieht (→Lehrgangsformen). Sie stellt vor allem in der industriellen Facharbeiterausbildung der gewerblich-technischen Berufe ein zentrales Element des →Dualen Systems dar. In der L. wird der →Auszubildende von persönlich und fachlich geeignetem und hauptamtlich beschäftigtem Lehrpersonal (§§ 20 und 23 BBiG) unterwiesen, und zwar in den in den Berufsordnungsmitteln festgelegten fachpraktischen Fertigkeiten und Kenntnissen (§ 25 BBiG). Die Ausbildung in der L. wird i.d.R. durch praxisbezogene →Unterweisung in Form von Werkunterricht oder durch moderne Selbstlernkonzepte ergänzt. Der in der L. mögliche Gleichlauf von Theorie und Praxis gilt als besonders effektive Lernform.
Zu unterscheiden sind betriebliche L., außer- bzw. überbetriebliche L. und Verbund-Lehrwerkstatt sowie Berufsschul-Lehrwerkstatt:
– Die betriebliche L. steht im Zentrum der industriellen Facharbeiterausbildung, vor allem in den Bereichen der Metall-, Elektro- und Chemieberufe. Im Baubereich heißen sie Lehrbaustellen, im kaufmännischen Bereich Übungsbüros. Die L. wird von ausbildungswilligen Mittel- und Großbetrieben getragen und finanziert. In ihr vollzieht sich die Vermittlung von Fertigkeiten und Kenntnissen der beruflichen Grundbildung (§ 26 II BBiG), und zwar auf der Breite des jeweiligen →Berufsfeldes. Auf dieser baut die berufliche Fachbildung auf, die entweder – eher selten – in der L. fortgesetzt oder in planvollem Wechsel in verschiedenen Abteilungen des Betriebes in Form der klassischen Beistell-Lehre oder in eigenständigen →Lerninseln durchgeführt wird. Im letzteren Fall kommt der L. die Aufgabe systematischer Ergänzung und Vertiefung der Ausbildung bzw. der Durchführung von →Zwischenprüfungen zu. Die L. bleibt über die gesamte Ausbildungszeit organisierende und kontrollierende Führungsstelle.
2. Außer- und überbetriebliche L. – im Baubereich Lehrbauhöfe – bilden den Kern eigenständiger regionaler Berufsbildungszentren. Sie sollen die Ausbildung um die Anteile ergänzen, die in Betrieben des Handwerks und der Kleinindustrie aufgrund ihrer Spezialisierung nicht auf der geforderten Berufsfeldbreite vermittelt werden können (→Überbetriebliche Ausbildung). Träger sind i.d.R. die Kammern oder Zusammenschlüsse von mehreren Betrieben. Hiervon zu unterscheiden sind außerbetriebliche L. von Ausbildungswerken öffentlicher Träger, in denen lernbeeinträchtigte oder arbeitslose Jugendliche strukturschwacher Regionen eine vollzeitschulische Berufsausbildung absolvieren können (→Außerbetriebliche Ausbildung). Die Bundesanstalt für Arbeit gewährt für die Errichtung über- und außerbetrieblicher L. finanzielle Zuschüsse (§ 50 AFG).
3. In der Berufsschul-Lehrwerkstatt werden die fachpraktischen Anteile solcher →Ausbildungsberufe vermittelt, die in Teilen (→Berufsgrundschule) oder als vollqualifizierende

Berufsausbildungen in der →Berufsschule/ →Berufsfachschule stattfinden. In Zeiten von Ausbildungsplatzmangel bietet sie arbeitslosen Jugendlichen aus sozialpolitischen Erwägungen die Möglichkeit, Teile der Berufsausbildung (→BGJ; BVJ) zu erwerben. Diese Maßnahme soll die Vermittlungschancen der Jugendlichen auf dem Arbeits- und Ausbildungsstellenmarkt verbessern.

Die Ausbildung in betrieblichen L. gilt zwar als eine besonders gute Form industrieller Facharbeiterausbildung. Ihr quantitativer Anteil an der gesamten Berufsausbildung wird bisher aber nicht systematisch erhoben: Die aktuellen →Berufsbildungsstatistiken geben keinen Hinweis auf die Gesamtzahl der in den verschiedenen Typen der L. Ausgebildeten. Der →Berufsbildungsbericht 1996 weist nur für die alten Bundesländer die Anzahl der überbetrieblichen Berufsbildungsstätten und die hier zur Verfügung stehenden Werkstattplätze aus. Danach stieg die Zahl der ersteren in allen Trägerbereichen von 529 (1984) auf 616 (1992), die Zahl der Werkstattplätze von 67.938 (1984) auf 78.779 (1992). Das Handwerk unterhielt 1992 mit 384 die meisten überbetrieblichen L. (54.831 Plätze), die Industrie- und Handelskammern dagegen nur 93 (9.748 Plätze), und zwar mit rückläufiger Tendenz. Eine Prognose über die künftige Entwicklung der L. ist nur schwer möglich. Immerhin lässt der sich seit Jahren abzeichnende Rückgang der industriellen Facharbeiterausbildung vermuten, dass diejenigen Betriebe, die die Kosten für Ausbildung tragen, den Wettbewerbsnachteil, den sie gegenüber nicht ausbildenden Konkurrenten erfahren, durch schärfere Kalkulation im Ausbildungssektor auszugleichen versuchen. Gleichzeitig wird in den neuen Bundesländern die Mehrzahl der betrieblichen wie überbetrieblichen L. vom Staat subventioniert. Zugleich steigt der Anteil der schulischen Berufsausbildung dramatisch an (Berufsbildungsbericht 1998, S. 67 ff.). Diese Entwicklungen deuten darauf hin, dass mit einem weiteren Rückgang der von privaten Trägern unterhaltenen industriellen L. zu rechnen ist bzw. mit einem Verlust von Ausbildungsplätzen in den vorhandenen L. Der Charakter des →Dualen Systems wird durch die Entwicklung zu mehr staatlicher Intervention im Ausbildungssektor entscheidend verändert.

Zugleich entstehen für die L. neue, projektorientierte Ausbildungskonzepte, die berufstheoretisches und -praktisches Lernen effizienter und auf anspruchsvollerem Niveau miteinander verbinden. Sie wurden im Kontext einer Neuordnung der Ausbildung der Metall- und Elektroberufe Ende der 70er, Anfang der 80er Jahre entwickelt. Dies führte vor allem beim Handwerk zur verstärkten Nutzung überbetrieblicher L. Der Prozess der inhaltlichen Anpassung der Lehrwerkstattausbildung an die Anforderungen des Beschäftigungssystems ist in vollem Gange; dessen Wandel bestimmt Richtung und Dynamik der Veränderungen des beruflichen Lernprozesses in allen Typen der L.

Literatur: Bundesminister für Bildung, Wissenschaft, Forschung und Technologie (Hg.): Berufsbildungsbericht 1996. Bonn 1996 – Ders.: Berufsbildungsbericht 1998. Bonn 1998 – Deutscher Ausschuß für technisches Schulwesen (Hg.): Abhandlungen und Berichte über technisches Schulwesen. Bd. 3: Arbeiten auf dem Gebiete des technischen niederen Schulwesens. Leipzig und Berlin 1912 – Deutscher Bildungsrat: Zur Neuordnung der Sekundarstufe II. Konzept für eine Verbindung von allgemeinem und beruflichem Lernen. Bonn 1974 – Kern, H./Schumann, M.: Industriearbeit und Arbeiterbewußtsein. Teil 1. Frankfurt a.M. 1970 – Lutz, B./Winterhager, W.D.: Zur Situation der Lehrlingsausbildung. Bd. 11 der Gutachten und Studien der Bildungskommission. Hg. vom Deutschen Bildungsrat. Stuttgart 1970 – Landesinstitut für Schule und Weiterbildung (Hg.): Die Lehrwerkstatt gestalten. Soest 1995 – Pätzold, G.: Auslese und Qualifikation. Institutionalisierte Berufsausbildung in westdeutschen Großbetrieben. Schriften zur Berufsbildungsforschung. Bd. 50. Hg. vom Bundesinstitut für Berufsbildung. Hannover 1977 – Pätzold, G.: Lehrwerkstatt. In: Enzyklopädie Erziehungswissenschaft. Bd. 9.2.

Stuttgart 1983, S. 388-392 – Rennschmid, L.: *Der Lehrling in der Industrie. Jena 1931* – Scheven, P.: *Die Lehrwerkstätte. Tübingen 1894* – Seubert, R.: *Berufserziehung und Nationalsozialismus. Weinheim/Basel 1977* – Siemsen, A.: *Beruf und Erziehung. Berlin 1926* – Tollkühn, G.: *Die planmäßige Ausbildung des gewerblichen Fabriklehrlings in den metall- und holzverarbeitenden Industrien. Jena 1926* – Verein für Socialpolitik (Hg.): *Das gewerbliche Fortbildungswesen. Sieben Gutachten und Berichte. Leipzig 1879*

Rolf Seubert

Leistungsbeurteilung

Der Begriff „leisten" entstammt offenbar der Militärsprache im Sinne von „befolgen, nachkommen, ausführen, erfüllen" und hat sich seit dem 11. Jahrhundert zu einem Schlüsselbegriff der europäischen Kultur entwickelt. Als „Leistung" hat er heute einen festen Platz in den Kulturbereichen Naturwissenschaften, Medizin, Recht, Ökonomie, Technik, Arbeitswissenschaft, Pädagogik, Psychologie oder Soziologie. Er dient auch als Selbst- und Fremdbeschreibungskategorie für Individuen oder gar ganze Gesellschaften. Bemerkenswert sind dabei zwei Sachverhalte. In allen diesen Kulturbereichen bezeichnet Leistung einen je anderen bereichsspezifischen Sachverhalt. Ferner ist in allen Bereichen Leistung eine definierte Größe, deren Einheiten benannt sind mit Ausnahme in der Arbeitswissenschaft, Pädagogik, Psychologie und Soziologie, in denen Leistung eine dimensionslose Größe ist. Es herrscht aber insofern ein Minimalkonsens, dass sich menschliches Handeln als leistungsorientiertes Handeln durch Zielgerichtetheit, Anstrengung und einen für verbindlich gehaltenen Maßstab charakterisieren lässt. Die ursprüngliche Auffassung allerdings, dass Leistung individuell zurechenbar sein müsse, kann unter dem Vordringen gruppenorientierter Lern- und Arbeitsformen nicht mehr in dieser Form aufrechterhalten werden.

Etymologisch gesehen leitet sich „leisten" von der indogermanischen Wurzel „leis" her im Sinne von „Spur, Bahn, Furche". „Leisten" bedeutet dementsprechend „einer Spur, Bahn, Furche nachgehen, nachfolgen, nachspüren". Es ist nicht mehr überraschend, dass die pädagogischen Grundbegriffe lehren, lernen, Wissen, leisten, die praktisch und semantisch aufs Engste zusammenhängen, diese gemeinsame germanische Sprachwurzel „leis" besitzen: lernen als wissend werden, Wissen (List) als nachgespürt haben, lehren als wissend machen.

Die Auffassung von Leistung als dimensionslose Größe ist mit mehreren Konsequenzen verbunden. (1) Da sie nicht direkt beobachtbar ist, besitzt sie den Status eines hypothetischen Konstruktes, das über eine Messvorschrift (Operationalisierung) Indikatoren erfassen muss, die logisch-empirisch mit dem Konstrukt zusammenhängen müssen und die für praktische Zwecke relevant sind. Leistung als Konstrukt kann also gemessen, beurteilt und empirisch erforscht werden. Die Indikatoren lassen sich den Inhaltsklassen (Handlungs-) Ergebnisse, Verhalten und Kompetenzen bzw. Potential zuordnen. (2) Die empirische Erforschung des Konstruktes Schulleistung bzw. Arbeitsleistung hat zu Modellen mit verschiedenen Dimensionen und Bedingungen geführt, die in diesem Kontext nicht behandelt werden. (3) In Abhängigkeit vom fachlichen Kontext können die Inhaltsklassen mit Indikatoren gefüllt werden. (4) Der Leistungsbegriff hat sich nicht nur inhaltlich als wandlungsfähig in der Zeit erwiesen, sondern auch konzeptionell. Bis weit nach dem 2. Weltkrieg herrschte die tayloristische Auffassung einer „Normalleistung" unter definierten Bedingungen vor, die schulisch gesehen sich bis 1968 als Notendefinition unter Bezugnahme auf die soziale Bezugsnorm (Durchschnitt) darstellte und die sich betrieblich in Tarifverträgen mit „Normalleistungen" niederschlug. Heute wird in Schule und Betrieb Leistung unter der sachlichen, kriteriumsorientierten Bezugsnorm als „Bewältigung von Anforderungen" gesehen. Schulisch gesehen ergeben sich die Anforderungen als Lehrziele aus dem Curriculum und dem Rahmenlehrplan. In betrieblicher Hinsicht werden die Anforderungen als arbeitsplatz- und berufsspezifische Aufgaben definiert. (5) Anforderungen können sich unter dem Einfluss gesellschaftlicher Gruppen wandeln, wenn sie über genügend Macht zur Definition der Anforderungen verfügen. (6) Leistung als Selbst- und Fremdbeschreibungskategorie kann für ein Individuum zum Selbstzweck werden, im gesellschaftlichen und organisationalen Kontext wird sie zur Erreichung anderer Zwecke in Anspruch genommen. Dadurch kann sie emanzipatorische, repressive, legitimierende oder ideologische Funktionen erhalten.

In das Bildungswesen drang das Leistungsprinzip endgültig im Zusammenhang mit der Aufklärung ab der Mitte des 18. Jahrhunderts über das höhere Schulwesen ein, indem es allmählich Sittlichkeit, Wohlverhalten, Würdigkeit und charakterliche Eigenschaften als Kriterien für die Stipendienvergabe, für den Zugang zur Universität und für die Nachwuchsrekrutierung für kirchliche, militärische oder staatliche Laufbahnen ablöste. Im Laufe der Zeit wuchsen ihm weitere Funktionen zu wie z.B. Ausschöpfen von Begabungsreserven, Qualitätssicherung für gesellschaftlich-staatlich bedeutungsvolle Bereiche wie Rechts-, Gesundheits-, Verwaltungs- und Militärwesen, Verteilungsprinzip für knappe Güter, Legitimationsprinzip für soziale Ungleichheit und schließlich Beitrag zur Entwicklung einer demokratischen Gesellschaft. Freilich handelte der Staat bei der Durchsetzung des Leistungsprinzips weniger aus pädagogischen, sondern eher aus staats-, wirtschafts- und sozialpolitischen Erwägungen heraus. Neben diesen gesellschaftlichen Funktionen besitzt es aber auch erzieherische und didaktische Funktionen. Unter erzieherischem Aspekt soll es als Wert internalisiert werden, zur Handlungskontrolle, →Motivation und Disziplinierung der Schüler beitragen und zur Grundlage für individuelle Förderung gemacht werden. In didaktischer Hinsicht ist es zur Planung, Feinsteuerung und Bewertung von Unterricht unverzichtbar. Heute ist das Leistungsprinzip in allen Bereichen des Bildungswesens ubiquitär.

Lehrer sind zur Abgabe von Beurteilungen über Schüler verpflichtet. Neben der Beurteilung der Schulreife und der Sonderschuleinweisung nimmt die pflichtgemäß abzugebende Leistungsbeurteilung den größten Raum ein. Da diese Beurteilungen hoheitliche Akte sind, begründen sie den Beamtenstatus der Lehrer und sind durch die Schulgesetze der Länder und darauf aufbauende Verordnungen ihrer Durchführung, ihrem Gegenstand, ihrer Form, ihrer Häufigkeit und ihrer Bewertung nach genau festgelegt. Als Mittel der Leistungsbeurteilung nennt die Allgemeine Schulordnung für das Land Nordrhein-Westfalen Klassenarbeiten, Kursarbeiten, Klausuren als schriftliche Leistungen, während mündliche und praktische Leistungen sowie gelegentliche kurze schriftliche Übungen zu den sonstigen Leistungen gehören.

Der Lehrer als Beurteilungsinstrument hat sich dieser Mittel im Beurteilungsprozess zu bedienen, die der Informationssammlung über den Ausprägungsgrad der Schülerleistung dienen. Aus kognitiver Perspektive umfasst der Beurteilungsvorgang die Teilprozesse (1) Festlegen von Leistungsindikatoren; (2) Identifizieren des Leistungsindikators aus dem Verhaltensstrom des Beurteilten; (3) Zuordnen zu einer Leistungsdimension; (4) Bestimmen des Ausprägungsgrades dieser Dimension; (5) Registrieren und Speichern; (6) Beurteilen der Dimension hinsichtlich einer Norm. Die Teilprozesse 1 bis 5 betreffen die Informationssammlung, während der letzte Teilprozess die Beurteilung der Information darstellt. Im Alltag vollziehen sich diese Prozesse bei Lehrern, →Ausbildern und Vorgesetzten routinemäßig, d.h. unbewusst, sehr schnell und sehr wahrscheinlich mit Fehlern bezüglich Validität, Reliabilität, Objektivität, Relevanz und Fairness behaftet. Für eine verantwortungsvolle und mängelminimierende Beurteilung ist mindestens zu fordern, dass Informationssammlung und Informationsbeurteilung strikt getrennt werden.

Die Mittel der Informationssammlung müssen unter Beachtung aktueller fachdidaktischer Konzeptionen sowie neuerer Entwicklungen in der pädagogischen Diagnostik für die fachliche und überfachliche Leistungsbeurteilung umgesetzt werden. Dabei erweist sich der Einsatz von Tyler-Matrizen als ausgesprochen fruchtbar. In Tyler-Matrizen können – wie aus der Konstruktion lehrzielvalider Tests bekannt – die Stufen der Taxonomie von Lehrzielen aus dem kognitiven Bereich in den Spalten mit einer sachlichen Gliederung des Inhalts in den Zeilen kombiniert werden, wobei die Zellen Ziel-Inhalts-Kombinationen darstellen, für die dann entschieden wird, ob sie durch Ziele und Testaufgaben repräsentiert werden. Als Aufgabenarten stehen Aufgaben mit ungebundenen Antwortformaten zur Verfügung, mit deren Hilfe die ganze Breite kognitiver Anforderungen geprüft werden kann vom Abfragen von deklarativem Wissen, über das Darstellen von komplexen Sachverhalten bis hin zur Lösung von Problemen und der Bewertung von Lösungen. Aufgaben mit gebundenen Antwortformaten (Multiple-Choice-Aufgaben) eignen sich zur Prüfung von Wissen, Verstehen und Anwenden. Zur Erfassung komplexer Wissensstrukturen und anspruchsvoller kognitiver Fähigkeiten (Problemlösen, Kreativität, Transfer) eignen sich semantische Netze, Fachberichte oder Portfolios. Die Bandbreite praktischer Aufgaben, mit denen Kommunikations- und Handlungskompetenz erfasst werden kann, hat in den letzten Jahren in den Fremdsprachen, in den Naturwissenschaften, in der Mathematik und besonders in der Berufsausbildung enorm zugenommen. Beispiele hierfür sind Problemaufgaben, fall- oder situationsbezogene Rollenspiele, Simulationen, Aufträge oder Experimentaltests. Wenn man aktuelle fachdidaktische Konzeptionen (z.B. Kommunikationsfähigkeit in den Fremdsprachen,

Handlungsorientierung in der Berufsausbildung, naturwissenschaftliche Grundbildung in den Naturwissenschaften, Problemlösen in der Mathematik) mit ihren Teilkompetenzen in die Spalten und die prinzipiell möglichen Aufgabenarten mit ihren Potentialen zur Prüfung bestimmter Anforderungen in die Zeilen einträgt, erhält man in den Zellen der Matrix Hinweise, welche Aufgabenart zur Erfassung welcher Anforderung besonders geeignet ist. (Alle diese Prüfungsaufgaben können (mit Modifikationen) auch als →Lernaufgaben verwendet werden.)

Die Auswertung von Aufgaben mit gebundenen Antworten wird durch das Anlegen von Mustern oder Schablonen recht objektiv. Aufgaben mit ungebundenen Antworten können durch Vergleich mit einer Musterantwort, durch Erzeugen einer Rangfolge, durch Vergleich und Abklärung mit einem Kollegenurteil, durch ein analytisches, kriteriengeleitetes Raster oder durch ein Auszählen von objektiven Merkmalen ausgewertet werden. Der Aufwand für die Auswertung steigt in dem Maße, wie die diagnostischen Gütekriterien erfüllt werden. Die Gütekriterien für die Auswertung von mündlichen und praktischen Prüfungen können besser erfüllt werden, wenn sie durch klare Zielvorgaben, durch (Rollen-) Vorschriften, durch systematische Protokollbögen und durch analytische Auswertungsvorschriften gesteuert werden.

Häufig werden Schätzurteile von Lehrern als subjektiv und Messergebnisse von Tests als objektiv bezeichnet. Dieser Gegenüberstellung korrespondiert die Entgegensetzung von subjektiven Verfahren (Beobachtung, mündliche und schriftliche Befragung, Klassenarbeiten, Dokumenten- und Biographieanalyse) und objektiven Verfahren (Tests), die häufig leider mit der Absicht verbunden ist, das Lehrerurteil abzuwerten. Unter funktionalen Gesichtspunkten haben aber sowohl subjektive als auch objektive Verfahren ihre Bedeutung. Sofern keine groben Fehler vorliegen, ist das Lehrerurteil genau genug, um alle im Zusammenhang mit Unterricht stehenden Entscheidungen treffen zu können, wenn ein entsprechendes didaktisches Repertoire vorhanden ist. Auch für die Leistungsrückmeldung an den Schüler reicht es aus. Für alle anderen Zwecke sind objektive Verfahren angemessener. Tests sind zwar genau und zuverlässig, aber ihr Gegenstand ist sehr spezifisch. Das Lehrerurteil ist vergleichsweise ungenau, dafür kann es aber zugleich viele verschiedene Gegenstände erfassen (Breitbandverfahren), das auf Langzeitbeobachtungen beruhen kann und schnell getroffen ist. Durch diese funktionale Betrachtungsweise kann auch das so genannte Bandbreite-Fidelitäts-Dilemma aufgelöst werden.

Wenn die Schul- oder Arbeitsleistung als Schätzurteil (Zensur, verbales Urteil) durch Lehrer, Ausbilder oder Vorgesetzte ermittelt wird, ist sie mit mindestens folgenden Problemen behaftet. Das gewählte Skalenniveau, die zugrunde gelegte Bezugsnorm, die benutzten Indikatoren und ihre Gewichtung untereinander sowie die Kontextbedingungen des Zustandekommens des Urteils sind meist nicht bekannt oder transparent, so dass das Urteil die (test-)diagnostischen Gütekriterien in unbekannter Weise erfüllt und dass es keine Vergleichbarkeit der Leistung über die jeweilige Referenzgruppe (Klasse, Ausbildungsgruppe, Abteilung) hinaus zulässt. Die psychometrische Qualität des Urteils wird durch folgende Fehlerquellen beeinträchtigt: Unerwünschte Nebenwirkungen (soziale Erwünschtheit, back-wash-effect); Inferenzfehler und Einstellungseffekte (Attribuierung, Erwartungseffekt); Theoriefehler (implizite Persönlichkeit, halo-effect); Erinnerungs- und Urteilsfehler (Stichprobenfehler bezüglich Personen, Verhalten, Zeit; Urteilstendenzen). Andererseits ist die Messung von Schulleistungen möglich. Dem operationalisierten Gegenstand werden Stichproben von Aufgaben zugeordnet, so dass das empirische Relativ in einem numerischen Relativ abgebildet werden kann. Wenn die Messung möglichst genau und zuverlässig interindividuelle Merkmalsunterschiede bestimmen soll, wird die klassische Testtheorie gewählt. Dies ist das Anwendungsgebiet für standardisierte Schulleistungstests, um z.B. die Besten herauszufinden. Wenn bestimmt werden soll, ob Lehrziele erreicht oder Anforderungen erfüllt sind, empfehlen sich kriteriumsorientierte Tests. Wenn für das Voranschreiten im Lernprozess oder wenn für die Ausübung einer Tätigkeit (Autofahren, Geräte bedienen, Pilot) eine Mindestanforderung gestellt wird, bieten sich kriteriumsorientierte Tests an. Die Modelle der Item Response Theory ermöglichen die Erfassung und Abbildung von Kompetenzen sowie die Ermittlung von Kompetenzstufen als Ausdruck individueller Fähigkeitsparameter. Derartig konstruierte Tests werden in der Forschung und bei internationalen Schulleistungsvergleichen eingesetzt.

Die rechtlichen Grundlagen für eine Leistungsbeurteilung im Betrieb ergeben sich aus dem Ausbildungsvertrag und dem Arbeitsvertrag, die dem Betrieb gestatten, seine Auszubildenden und tariflich bezahlten Mitarbeiter für betriebsbedingte Zwecke bezüglich ihrer Arbeitsleistung und ihres Arbeitsverhaltens zu beurteilen, wobei Grundgesetz, Bürgerliches Gesetzbuch, Datenschutzgesetz, Berufsbildungsgesetz, Betriebsverfassungsgesetz, Tarifverträge und Betriebsvereinbarungen den zulässigen Rahmen abstecken. Für außertariflich bezahlte Mitarbeiter gelten auch europäische Gesetze. Die Kriterien, Instrumente, Verfahren und Funktionen der Leistungsbeurteilung bei diesen drei Personengruppen sind außerordentlich verschieden.

Die enorme Bedeutungszunahme der Leistungsbeurteilung von Auszubildenden etwa seit 1900 ist auf mehrere Umstände zurückzuführen:

– auf die Einflussnahme des Staates auf den Aufbau eines berufsbildenden Schulwesens, das allmählich an das allgemein bildende Schulwesen angeschlossen wurde, indem es denselben Funktionsprinzipien unterworfen und mit ihm verzahnt wurde;

- auf die Durchsetzung des industriellen Rationalitätsprinzip (Austauschbarkeit, Normierung, Vereinheitlichung) gegenüber dem „Künstler-Handwerk";
- auf den Aufbau eines Prüfungs- und Zertifizierungswesens;
- auf die Einführung von Kenntnissen und Fertigkeiten, Qualifikationen und Kompetenzen als Maßstab individueller Leistungsfähigkeit, als Indikatoren betrieblicher Ausbildungsqualität und als Bausteine beruflicher Verwertbarkeit;
- auf die Zunahme pädagogischer Rationalisierung (lernen, motivieren, führen);
- auf die Durchsetzung des Leistungsgedankens (Handlungskontrolle);
- auf bildungsökonomische Gesichtspunkte (Ausbildung als Investition)
- auf die Einbeziehung der Ausbildung in die Personalentwicklung und in das Personalmanagement als langfristig angelegte Strategien.

Leistungsbeurteilungen im Betrieb erfüllen verschiedene Funktionen. Interpersonal tragen sie zur Kündigung, zur vorzeitigen Zulassung zur Prüfung, zur Übernahme nach der Ausbildung, zur Beförderung und zur Entgeltdifferenzierung bei. Intrapersonal dienen sie der unmittelbaren Verhaltenssteuerung durch feedback, der Beratung und der Förderung. Organisational helfen sie bei der Rekrutierung von Nachwuchs, bei der Planung des Personal- und Organisationsentwicklungsbedarfes, bei der Erreichung der Organisationsziele sowie bei der Evaluation von Instrumenten, Strategien und Unternehmenspolitiken. Schließlich besitzen sie auch eine Dokumentations-, Legitimations- und Berichtsfunktion.

Die Instrumente betrieblicher Leistungsbeurteilung sind ausgesprochen vielfältig: day-to-day feedback im Arbeitsprozess (bei der Anfertigung von Werkstücken, der Erledigung von Arbeitsproben oder von Aufträgen und Projekten über die Arbeitsergebnisse, die Qualität des Arbeitsvollzuges und das Verhalten gegenüber anderen Mitarbeitern), Ausbildungsnachweis, mündliche und schriftliche Fragen, freie Aufzeichnungen, Checklisten, Simulationen, Beurteilungsbögen, Beurteilungsgespräche und Eignungsdiagnosen (→Assessment Center).

Die Regelbeurteilung der Mitarbeiter erfordert zur Erfüllung ihrer Funktionen auf einem hohen Güteniveau und mit Akzeptanz bei den Betroffenen ein planvolles, systematisches und methodisch ausgearbeitetes Instrument, das sorgfältig eingeführt, sensibel angewendet und regelmäßig überprüft wird. Freie Eindruckschilderungen, die in kleineren Betrieben und im außertariflichen Bereich verbreitet sind, erfüllen diese Kriterien nicht, sondern eher Checklisten, Skalierungsverfahren oder Rangordnungsverfahren.

Die diagnostische Kompetenz von Ausbildern und Vorgesetzten scheint wenig erforscht. Es wird von mittleren Korrelationen zwischen dem Vorgesetztenurteil und objektiven Leistungsmaßen berichtet; über Ausbilder ist nichts bekannt. Gemäß der Ausbildereignungsverordnung (AEVO) besitzen diagnostische Fähigkeiten in drei Handlungsfeldern eine herausragende Rolle.

Vier Entwicklungen in den letzten Jahren sollen kurz angerissen werden. (1) In Ergänzung zu der traditionellen Mitarbeiterbeurteilung als Abwärtsbeurteilung treten häufig Gleichgestelltenbeurteilung, Vorgesetztenbeurteilung, Selbstbeurteilung und 360° feedback hinzu. Diese Verfahren können zwar mit Problemen wie z.B. Rollenkonflikten, absichtsvollen Verzerrungen, Bedrohungen oder Einschmeicheln, Glaubwürdigkeits- und Akzeptanzproblemen belastet sein, aber sie besitzen einen erheblichen Informations- und feedback-Wert, wenn sie transparent und sensibel zum Beraten, Fördern und Entwickeln von Verhalten und Kompetenzen bzw. Potential bei Mitarbeitern oder zur →Organisationsentwicklung herangezogen werden. (2) Das Vordringen verschiedener Arten von gruppenorientierten Arbeitsformen erfordert neue Vorgehensweisen bei der Leistungsbeurteilung. Von betrieblichen und tarifvertraglichen Vereinbarungen hängt es ab, was beurteilt wird (Ergebnisse und/oder Verhalten), wer die Beurteilung vornimmt (Vorgesetzter und/oder die Gruppe selbst) und wie sich das Entgelt zusammensetzt (gewichtete Summe aus gemeinsamem Sockelbetrag, Gruppenzulage und Individualbetrag). (3) Die neuen I&K Technologien können auch zur Leistungsbeurteilung eingesetzt werden. Derartige netzbasierte Verfahren kommen insbesondere im außertariflichen Führungsbereich zur Selbst- und Fremdbeurteilung, zum feed-back und zur Beratung und Förderung zum Einsatz. (4) Die Bedeutung von Schlüsselqualifikationen und überfachlichen Kompetenzen hat in der Arbeitswelt besonders im Führungsbereich zugenommen, so dass neue Verfahren zu deren Beurteilung entwickelt wurden.

Schulische und betriebliche Leistungsbeurteilungen geraten immer wieder in die Kritik. Die universelle Geltung des Leistungsprinzips kann angesichts anderer Wertorientierungen bestritten werden. Ideologiekritisch gesehen dient die Leistungsbeurteilung der Legitimation und Aufrechterhaltung von sozialer Ungleichheit und wirkt deshalb konservativ. Pädagogisch gesehen steht die Versöhnung von Leistung, Bildung und Persönlichkeitsentwicklung noch aus. Die Leistungsbeurteilung kann dysfunktional werden, wenn sie unerwünschte Nebenwirkungen wie Angst, Stress, Neid, Misstrauen, Leistungszurückhaltung, Widerstand, Konkurrenz oder Egoismus erzeugt. Sie kann zur Anpassung, Bestrafung und Disziplinierung missbraucht werden. In der Abwärtsbeurteilung (Lehrer – Schüler, Ausbilder – Auszubildende, Vorgesetzter – Mitarbeiter) können sich Macht- und Kompetenzdemonstrationen ausdrücken. Die Verfahren der Beurteilung – und insbesondere das Lehrer- und Ausbilderurteil – genügen oft nicht den Gütekriterien Validität, Reliabilität, Objektivität und Praktikabilität. Neue didaktische Konzeptionen (z.B. ganzheitliche Berufsbildung, →Schlüsselqualifikationen, offenes Lernen, überfachlicher Unterricht, →Handlungsorientierung, Lernfeldorientierung) und neue Arbeitsanforderungen (z.B. Initiative, Wartung, Prävention, Fehlersuche, Instandhaltung, Kundenorientierung, Kreativität, Kooperation, Weiterbildung, Selbstständigkeit, Verantwortung) bereiten praktische Probleme bei der Beurteilung. Es wird von ethischen und sozialpolitischen Überlegungen abhängen, ob angesichts des sinkenden Arbeitsvolumens und abnehmender Chancen und Gratifikationen die Bedeutung des Leistungsprinzips steigen wird oder ob es als Verteilungsmechanismus durch andere Verteilungsprinzipien wie z.B. Bedürftigkeit, Fairness oder Quotierung ergänzt wird (→Lernerfolgskontrolle; →Pädagogische Diagnostik; →Prüfungen in der beruflichen Bildung; →Zensuren und Zeugnisse).

Literatur: Allgemeine Schulordnung (AschO) vom 08.04.2003 – Bohl, Th.: Prüfen und Bewerten im offenen Unterricht, Weinheim: Beltz 2004 – Erpenbeck, J.; von Rosenstiel, L. (Hg.): Handbuch Kompetenzmessung, Stuttgart 2003 – Etzioni, A.: Die faire Gesellschaft. Frankfurt a.M. 1996 – Friede, Chr.: Ausbildungsbegleitende Leistungs- und Verhaltensbeurteilung unter erzieherischem Aspekt. In: Friede, Chr. (Hg.): Neue Wege der betrieblichen Ausbildung, Heidelberg: Sauer 1988, S. 55-71 – Furck, L.: Das pädagogische Problem der Leistung in der Schule. Weinheim 1961 – Grunder, H.-U.; Bohl, Th. (Hg.): Neue Formen der Leistungsbeurteilung, Hohengehren: Schneider 2001 – Kirk, S.: Beurteilung mündlicher Leistungen. Bad Heilbrunn: Klinkhardt 2004 – Sacher, W.: Leistungen entwickeln, überprüfen und beurteilen, Bad Heilbrunn: Klinkhardt 2004 – Schuler, H. (Hg.): Beurteilung und Förderung beruflicher Leistungen. Göttingen: Hogrefe 1991 – Schuler, H.: Lehrbuch der Personalpsychologie. Göttingen: Hogrefe 2001 – Selbach,R./Pullig, K.-K. (Hg.): Handbuch Mitarbeiterbeurteilung. Wiesbaden 1992 – Weinert, F.E. (Hg.): Leistungsmessungen in Schulen, Weinheim: Beltz 2001 – Winter, F: Leistungsbewertung. Eine neue Lernkultur braucht einen anderen Umgang mit den Schülerleistungen. Hohengehren: Schneider 2004

Christian Friede

Leittexte

Unter dem Begriff L. wird ein handlungsorientiertes Lehr-Lernkonzept verstanden, das in sehr unterschiedlicher Ausprägung v.a. in der betrieblichen Berufsausbildung eingesetzt wird.

Gemeinsam ist L. eine standardisierte Vorgehensweise im Lehr-Lernprozess, die ihrerseits gewisse gemeinsame Elemente aufweist. Das Konzept erfordert →Lernaufgaben,
– die planbar sind und
– in ihrer Realisierung Tätigkeiten erfordern, die zu einem überprüfbaren Ergebnis führen.

Das handlungstheoretisch bzw. kognitionspsychologisch begründete Vorgehen folgt dem pädagogischen Prinzip, die mentalen Handlungen (und die dabei entstehenden inneren Abbilder) dem Interaktionsprozess der Lernenden untereinander und der Überprüfung durch den Lehrenden zugänglich zu machen (vgl. Abb. S. 340).

Soweit L. nicht nur als isolierte Übung zur Vertiefung von Planungs- und (Selbst)Kontrollfähigkeiten eingesetzt werden, ist eine tätigkeitsorientierte Strukturierung ganzer Ausbildungsabschnitte erforderlich: Die Theorie wird – ausgehend von Kernhandlungen – mit zunehmender Komplexität aufgebaut, anders als beispielsweise auf Vollständigkeit oder theorieimmanenter Logik basierende →Lehrpläne herkömmlicher Art.

Das Konzept der L. wurde zunächst für Ausbildungsprojekte entwickelt, wird inzwischen aber auch in anderen →Lehr-Lern-Arrangements eingesetzt, wie Aufgabentypen, →Erkundungen, Experimente und dergleichen. Firmenbezogene Konzepte sind beispielsweise durch die Siemens AG (System PETRA, eine Kombination von standardisierten Fragen, Arbeitsaufträgen und Lehrgängen) oder durch die Deutsche Telekom AG (MAUSI/LOLA, eine vollständig modularisierte Berufsausbildung) propagiert worden.

Inzwischen hat sich die Ausbildung mit L. in den größeren Unternehmen des verarbeitenden Gewerbes zu einem Standard entwickelt, und auch Übertragungen in den kaufmännischen Bereich (z.B. Versicherungen) und in die Weiterbildung haben sich durchgesetzt. In kleineren Unternehmen sind L. dagegen aus nahe liegenden Gründen die Ausnahme geblieben, wenngleich auch dort das pädagogische Grundmuster Anwendung gefunden hat.

Literatur: Hahn, V./Koch, J./Meerten, E./Selka, R./ Walter, H.: Lehrlinge lernen Planen, Leittexte, Lernaufträge, Checklisten für das Handwerk. Bielefeld 1995 – Kaiser, F.-J./Kaminski, H.: Methodik des Ökonomie-Unterrichts. Bad Heilbrunn ²1997 – Koch, J./ Selka, R.: Leittexte – ein Weg zu selbständigem Lernen. Bielefeld 1991 – Rottluff, J.: Selbständig lernen. Arbeiten mit Leittexten. Weinheim/Basel 1992 – www.ldbs.de

Reinhard Selka

Lernaufgabe

Die L. ist eine Form des fächer- und lernbereichsübergreifenden Unterrichts in der →Kollegschule. Sie dient – entsprechend dem Bildungsverständnis der Kollegschule – der Entwicklung einer möglichst umfassenden transdiziplinären Handlungsfähigkeit.

In Ergänzung zum mehr systematischen Lernen in den einzelnen Fächern des Bildungsganges soll durch den Einsatz von L. ein an Handlungssituationen orientiertes Lernen gefördert werden. Die Lernenden werden mit einer problemhaltigen und komplexen – auf die berufliche Realität oder die Lebenswelt bezogenen – Situation konfrontiert und müssen diese unter Nutzung ihres Wissens und Könnens aus verschiedenen Fächern selbstständig bewältigen (→Situationsorientierung). Eine L. ist somit gekennzeichnet durch ein handlungsorientiertes, fächerübergreifendes und selbst organisiertes Arbeiten, welches auf Gelerntes zurückgreift, neue Verknüpfungen und Strukturen schafft sowie Anregungen gibt für neue Arbeitsvorhaben im künftigen →Fachunterricht. Neben der Darstellung einer problemhaltigen Situation gehören zu einer L. auch Informationsmaterial (z.B. Fachliteratur, Pros-

Arbeitsschritt	Aktivität der Lernenden	Instrumente	Aktivität der Lehrenden
Informieren	Selbständiges Erarbeiten von Kenntnissen, die zur Bearbeitung der Lernaufgabe erforderlich sind	I.d.R. schriftliche Fragen, durch deren Beantwortung die Lernenden auf für sie neue Fakten und Prozesse gelenkt werden	Keine
Planen	Selbständige Erstellung eines Handlungsplans, ggf. auch von Kontrollinstrumenten	Schriftlich, meist formfrei, ggf. auch unter Verwendung betriebsüblicher Formblätter oder Auswahlkarten	Keine
Entscheiden	Gespräch mit dem Lehrenden zur Vorstellung der erarbeiteten Zwischenergebnisse	schriftliche Arbeitsergebnisse	Überprüfen des aufgabenbezogenen Lernstandes anhand aller vorbereiteten Unterlagen der Lernenden. Analyse ggf. vorhandener Fehler auf deren Ursachen, Beheben der Wissenslücken durch gezielte Unterweisung oder Rückverweis in eine neue Lernschleife. Abschließend: Freigabe des nächsten Arbeitsschritts
Ausführen	Selbständige Ausführung der Aufgabe anhand des freigegebenen Plans	Verwendung geplanter Arbeitsgeräte	Keine
Kontrollieren	Selbständige Überprüfung des Arbeitsergebnisses (ggf. auch von Teilschritten) anhand vorgegebener oder selbst geplanter Prüfkriterien. Analyse ggf. vorhandener Soll-Ist-Abweichungen mit dem Ziel, ggf. gemachte Fehler auf ihre Ursachen zurückzuführen	Vorgegebene oder gemäß Auftrag selbst erarbeitete Kontrollunterlagen zur schriftlichen Dokumentation und Analyse	Keine
Auswerten	Vorstellen der Arbeitsergebnisse und der Selbstkontrolle beim Lehrenden, dabei ggf. Entwickeln von Vorstellungen zur Fehlerbehebung und künftigen Fehlervermeidung	Arbeitsergebnisse und Ergebnisse der Selbstkontrolle	Kontrolle der Ergebnisse, Analyse von Fehlern, Rückmeldung an die Lernenden, Planung der nächsten Lernschritte: Wiederholung, Vertiefung, Weiterführung

Abb.: Verlaufsstruktur der Leittextmethode

pekte, Statistiken) und Materialien, die den Arbeitsprozess unterstützen (z.b. Arbeitspläne, Versuchsprotokolle).

L. sind im Curriculum des →Bildungsganges verankert und werden entsprechend dem Lernfortschritt gestaltet und eingesetzt. Es sind vor allem Kombinations- und Konstruktions-, Modifikations- und Optimierungs- sowie Weiterentwicklungs- und Explorationsaufgaben, die, basierend auf einer konkreten Handlungssituation, eine L. bilden und die Lernenden zu eigenständigen Lösungen herausfordern. Der Bezug auf die Curricula der Fächer liefert dem einzelnen auch eine Hilfestellung bei der Einschätzung seines jeweiligen Leistungsstandes und der erreichten Handlungskompetenz. Die Bearbeitung einer L. erstreckt sich auf mehrere Unterrichtstage, an denen der normale Stundenplan außer Kraft gesetzt wird.

Literatur: Landesinstitut für Schule und Weiterbildung (Hg.): Kollegschule Werkstattbericht 5. Lernaufgaben. Ein Leitfaden. Soest [1] 1993 – Schulte, W./Thoma, G.: Lernaufgaben. Möglichkeiten bildungsgangorientierten Lernens als Chance – auch – für politische Bildung an sich entwickelnden Schulen. In: Politisches Lernen 17, 1995. H. 1-2, S. 61-70

Yamina Ifli

Lernbüro

Die Bemühungen, kaufmännische Handlungen mit theoretischem Unterricht zu verknüpfen, haben in der kaufmännischen Ausbildung eine lange Tradition. Frank Achtenhagen (vgl. Achtenhagen 1988, S. 8) verweist in diesem Zusammenhang auf die Anfänge projektorientierter Simulationsverfahren, die im zweiten Jahrtausend vor Christus im Rahmen der Palatschule in Mari durchgeführt wurden. Vom Mittelalter bis zur Neuzeit plädierten Vertreter der Kaufmannschaft immer wieder für eine kaufmännische Ausbildung auf der Basis einer „Art von erdichteter Handlung" (vgl. Pott 1977, S. 145). Die Idee der Bürosimulation ist nachweislich zumindest seit dem 17. Jahrhundert in der wirtschaftsberuflichen Ausbildung lebendig.

Typische Formen kaufmännischer Arbeitshandlungen wurden im schulischen Bereich seit dem 18. Jahrhundert unter den Stichworten Kontorübung, Schulungsbüro, →Übungsfirma, Simulationsbüro, Scheinfirma u.a. praktiziert (vgl. Kaiser/Weitz 1990).

Das L. ist ein nach pädagogisch-didaktischen Gesichtspunkten organisierter Lernort, „in dem die Schüler im Modell und am Modell lernen unter der Zielsetzung, grundlegende Fähigkeiten und Fertigkeiten des kaufmännischverwaltenden Bereichs zu erwerben und Einblicke in betriebliches Geschehen und Zusammenhänge zu erhalten" (Kaiser 1987, S. 24).

Ziel der Lernbüroarbeit ist es, die Defizite eines einseitig fachwissenschaftlich orientierten Unterrichts und den zunehmenden Mangel an praktischen und sozialen Erfahrungsmöglichkeiten sowie die Ausgrenzung der Jugendlichen aus beruflichen und betrieblichen Erfahrungszusammenhängen abzubauen.

Die Lernbüroarbeit soll im Rahmen einer ganzheitlich ausgerichteten wirtschaftsberuflichen Bildung einen Beitrag dazu leisten, die Jugendlichen zu befähigen, im →Berufsfeld des kaufmännisch-verwaltenden Bereichs selbstständig und eigenverantwortlich zu handeln. Die gegenwärtig an vielen kaufmännischen Schulen eingerichteten Lernbüros unterscheiden sich durch ihre besondere Modellausprägung und ihre spezifische Vorgehensweise erheblich von ihren Vorläufern.

Die theoretische Begründung handlungsorientierter Didaktikkonzepte und damit die theoretische Fundierung der Lernbüroarbeit erfolgt entsprechend der jeweiligen Positionen auf der Basis unterschiedlicher Theorien. Zurückgegriffen wird vorrangig auf neuere Ansätze der kognitiv-strukturalistischen und materialistisch ausgerichteten psychologischen Handlungstheorien, auf modelltheoretische und systemorientierte Ansätze sowie bildungstheoretische und interaktionistisch-handlungstheoretische Konzeptionen beruflicher Bildung (vgl. Aebli 1980 u. 1981; Kaiser 1987; Söltenfuß 1983; Tramm 1994).

Die konkrete Ausgestaltung der Funktionsbereiche des Modellunternehmens hängt letztlich von dem gewählten Unternehmenstyp ab. Dennoch sollte bei der Einrichtung des Modellunternehmens keine betriebliche Grundfunktion außer Betracht gelassen werden (vgl. Abb. unten).

Wie erfolgreich die Arbeit im L. sich gestalten lässt, hängt in besonderer Weise von der gewählten Modellkonstruktion ab. Die Modellkonstruktion muss in jedem Fall so gewählt sein, dass das Ausführen ganzheitlicher kaufmännischer Tätigkeiten möglich wird und neben ausführenden Arbeiten auch dispositive und planende Tätigkeiten und „betriebswirtschaftliches Gesamthandeln" eröffnet werden. Zudem sollte die Modellkonstruktion so offen und dynamisch gestaltet sein, dass eine planmäßige, kontrollierte und begründete Weiterentwicklung der strukturellen und materialen Gestalt des Unternehmens aus dem bestehenden Modell heraus möglich wird, d.h. es müssen strukturelle, prozessuale und materiale Änderungen des Modells möglich sein sowie Vorgehensweisen eingeplant werden, die nicht in der nachgebildeten Betriebswirtschaft zu finden sind, wie etwa parallele, manuelle und EDV-gestützte Buchhaltung, der Einsatz spezifischer Software und die Möglichkeiten besonderer Gruppenarbeit.

Im Hinblick auf die Sequenzierung bedeutet das, dass der Grad der Arbeitsteilung, der inhaltlichen Komplexität der Arbeitsaufgaben und Anforderungen sowie die Einbindung der Neuen Informations- und Kommunikationstechnologien zwar eine Stufung nach Schwierigkeitsgraden bedingt, aber von der Planungskonzeption in seiner Struktur nicht so fest gefügt werden darf, dass die Freiheits- und Gestaltungsräume der Schüler weitgehend eingeengt werden.

Im Mittelpunkt der kaufmännisch-verwaltenden Arbeit eines Unternehmens stehen die Interaktionen mit Kunden, Lieferanten, Speditionen und Banken, aber auch mit staatlichen Behörden, z.B. dem Finanzamt und Versicherungsträgern.

Da durch die Interaktion mit der Außenwelt die Arbeitsprozesse und Arbeitshandlungen im L. wesentlich beeinflusst und gesteuert werden, ist es von besonderer Bedeutung, wie die Außensteuerung geregelt wird. In der Praxis der kaufmännischen Aus- und Weiterbildung hat sich im Hinblick auf die Umweltsimulation von Unternehmen eine Reihe von Varianten herausgebildet. In der kaufmännischen Ausbildung in Nordrhein-Westfalen werden die Außenbeziehungen i.d.R. durch Lehrer und Schüler gemeinsam unter Zuhilfenahme des Computerprogramms SIMAL, das

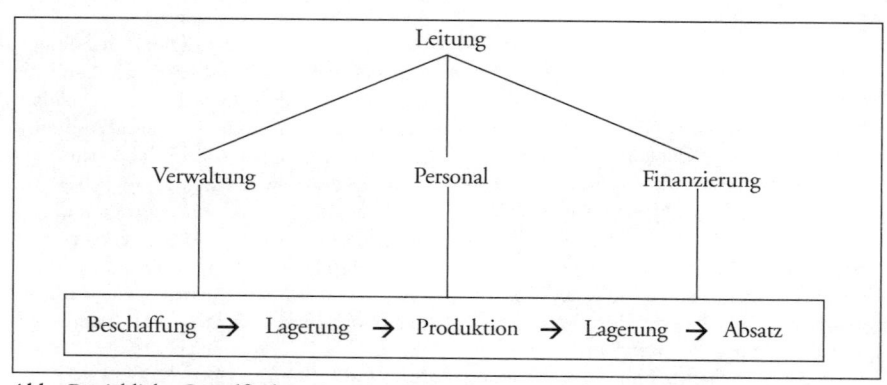

Abb.: Betriebliche Grundfunktion

im Rahmen eines Modellversuchs entwickelt wurde, geregelt (vgl. Kaiser/Weitz/Sarrazin 1991).

Österreich, das in den letzten Jahren unter Rückgriff auf die Bezeichnung „Übungsfirma" begonnen hat, L. an den österreichischen Handelsschulen und Handelsakademien aufzubauen, hat in Wien eine zentrale Servicestelle unter der Bezeichnung „act = Austrian Centre for Training firms" eingerichtet, die alle Schulen hinsichtlich Unternehmensgründungen berät und die Außenstellenfunktion im Hinblick auf das Finanzamt, die Sozialversicherung, die Banken, den Postdienst u.a. übernimmt. Eine wichtige Rolle spielt die Service-Stelle insbesondere bei allen Aktivitäten, die die angestrebte Internationalisierung der Übungsfirma betreffen (vgl. Die Servicestelle österreichischer Übungsfirmen 1995).

Literatur: Achtenhagen, F.: Lernorte und Lernprogramme in der beruflichen Bildung. In: Unterrichtswissenschaft 16 (1988), 1, S. 2-8 – Aebli, H.: Denken: Das Ordnen des Tuns. Band I: Kognitive Aspekte der Handlungstheorie. Stuttgart 1980 – Aebli, H.: Denken: Das Ordnen des Tuns. Band II: Denkprozesse. Stuttgart 1981 – Aebli, H.: Grundlagen des Lehrens. Stuttgart 1987 – Benteler, P.: Arbeiten und Lernen im Lernbüro. Bad Heilbrunn 1988 – Kaiser, F.-J. (Hg.): Handlungsorientiertes Lernen in kaufmännischen Berufsschulen. Didaktische Grundlagen und Realisierungsmöglichkeiten für die Arbeit im Lernbüro. Bad Heilbrunn 1987 – Kaiser, F.-J.: Bedeutung und Stellenwert der Lernbüroarbeit im Rahmen der wirtschaftsberuflichen Bildung. In: Schneider, W. (Hg.): Komplexe Methoden im betriebswirtschaftlichen Unterricht. Wien 1993, S. 119-141 – Kaiser, F.-J./ Weitz, B.O.: Arbeiten und Lernen in schulischen Modellunternehmen. Bd. 1. Bad Heilbrunn 1990 – Kaiser, F.-J./Weitz, B. O./Sarrazin, D.: Arbeiten und Lernen in schulischen Modellunternehmen. Bd. 2. Bad Heilbrunn 1991 – Kutt, K./Selka, R. (Hg.): Simulation und Realität in der kaufmännischen Berufsbildung. Berlin/Bonn 1986 – Pott, K.F. (Hg.): Über kaufmännische Erziehung. Rinteln 1977 – Schneider, D.: Lernbüroarbeit zwischen Anspruch und Realität. Untersuchung zur Theorie und Praxis der Lernbüroarbeit an kaufmännischen Schulen unter fachdidaktischem As-

pekt. Göttingen 1994 – Servicestelle Österreichischer Übungsfirmen. Wien 1995 – Söltenfuß, G.: Grundlagen handlungsorientierten Lernens. Dargestellt an einer didaktischen Konzeption des Lernens im Simulationsbüro. Bad Heilbrunn 1983 – Tramm, T.: Konzeption und theoretische Grundlagen einer evaluativ-konstruktiven Curriculumstrategie – Entwurf eines Forschungsprogramms unter der Perspektive des Lernhandelns. Berichte des Seminars für Wirtschaftspädagogik der Georg-August-Universität Göttingen. Bd. 17. Göttingen 1992 – Tramm, T.: Die Überwindung des Dualismus von Denken und Handeln als Leitidee einer handlungsorientierten Didaktik. In: Wirtschaft und Erziehung 46 (1994), 4, S. 39-48

Franz-Josef Kaiser

Lernecke

Die L., früher Lehrecke genannt, ist ein von der betrieblichen Produktionswerkstatt zu Lernzwecken abgeteilter Bereich, häufig eine Ecke. Diese seit Beginn der betrieblichen Berufsausbildung meist in Klein- und Mittelbetrieben anzutreffende Einrichtung zur praktischen beruflichen Erstausbildung kann als Vorstufe der →Lehrwerkstatt angesehen werden. Mit der Weiterentwicklung der Betriebe ging die später anzutreffende Lehrwerkstatt aus der L. hervor. Die L. dient dazu, systematische Ausbildungsphasen in eine durch die betrieblichen Abläufe bestimmte Berufsausbildung zu integrieren. Berufsfeldbreite Grundlagen bilden die Ausbildungsschwerpunkte. Als relativ kostengünstiger Lernort mit unmittelbarer Nähe zur betrieblichen Praxis kommt ihr noch immer eine gewisse Bedeutung zu. Mit stärkerer Verbreitung des Konzepts sog. fertigungsnaher Lern- und Arbeitsinseln könnte eine Ablösung erfolgen.

Literatur: Georg, W. (Hg.): Schule und Berufsausbildung. Bielefeld 1984 – Lipsmeier, A./Rauner, F. (Hg.): Beiträge zur Fachdidaktik Elektrotechnik. bzp – Beiträge zur Pädagogik für Schule und Betrieb. Bd. 16. Stuttgart 1996 – Meyer, N./Friedrich, H.R. (Hg.): Neue Technologien in der Beruflichen Bildung. Köln 1984 – Stachowiak, H. (Hg.): Modelle und Modelldenken im Unterricht. Bad Heilbrunn 1980 – Technische Hochschule Darmstadt: Neue Technologien in der

Berufsbildung – Modellversuche in beruflichen Schulen. THD Schriftenreihe Wissenschaft und Technik – Bd. 44. Darmstadt 1988

Gerhard Faber

Lernen

L. ist ein Sammelbegriff für Prozesse, die bei einem Individuum zum Erwerb oder zur Veränderung von Wissen oder Fertigkeiten und so zu höherer →Kompetenz führen. Der Aspekt der individuellen Kompetenzsteigerung führte dazu, dass lange Zeit lediglich die Einzelperson und deren Lernprozesse beachtet wurden. Neuere Modelle berücksichtigen, dass jegliche Lernaktivität in einen sozialen und gesellschaftlichen Kontext eingebettet ist. In der Psychologie entstanden verschiedene Schulen, die sich vor allem mit Lernprozessen beschäftigten. Im Behaviorismus wurden das klassische Konditionieren und das operante Konditionieren einfacher Reiz-Reaktions-Muster als zentrale Lernprozesse bei Mensch und Tier identifiziert. Die Gestaltpsychologie fokussierte als zentrale Lernvorgänge das Erkennen der Struktur von Problemen und das Umstrukturieren von Problemen, das zur Einsicht führt. In der Kognitionspsychologie wird L. vornehmlich mit dem Erwerb von gut organisierten Gedächtnis und Wissensstrukturen sowie dem Erwerb von Fertigkeiten und prozeduralen Regeln gleichgesetzt. Insbesondere wird L. damit auch unter dem Gesichtspunkt der Entwicklung von Expertenleistungen betrachtet. Gegenstand der Analyse von Lernprozessen sind hier nicht mehr elementare Reaktionen, sondern komplexe Muster von Verhaltensweisen, die es erforderlich machen, dass das soziale Umfeld, in dem sich die Lernenden befinden, beachtet wird. Dies kann entweder dadurch erfolgen, dass die Lernsituation selbst soziale Komponenten enthält (etwa beim Modell-Lernen oder beim kooperativen L.) oder aber dadurch, dass L. und Kompetenzerwerb auch beinhalten, sich in eine soziale Gemeinschaft, z.B. in eine „Expertengemeinde", einzufügen. Damit ist impliziert, dass L. nicht unabhängig von späteren Anwendungssituationen für das Gelernte gesehen werden darf (→Lerntransfer, →Transferforschung). L. umfasst damit also nicht nur individuelle Verarbeitungsprozesse. Vor allem im berufs- und wirtschaftspädagogischen Sinn ist L. als Erwerb komplexer Kompetenzen weiter gefasst. Es umfasst folgende Bereiche:
1. Institutionen des L.,
2. Art und Organisation von Lernangeboten und Lernmöglichkeiten,
3. Kompetenzerwerb im engeren Sinn.

Institutionen des L. sind in traditioneller Hinsicht vornehmlich Lehranstalten, in denen ein extremes Kompetenzgefälle zwischen Lehrenden und Lernenden besteht, z.B. Schule oder Universität. Die Lernenden werden mit dem Unterrichtsstoff konfrontiert und erarbeiten ihn sich individuell. In der beruflichen Ausbildung in Deutschland ist das L. für eine Vielzahl von Berufen nicht ausschließlich schulisch organisiert, sondern vielmehr im →Dualen System. Dabei wechseln sich – i.d.R. während ein und derselben Woche – schulischer und betrieblicher Unterricht ab. →Berufsschule und Betrieb stellen zwei grundsätzlich unterschiedliche Lerninstitutionen dar. Während L. in der Berufsschule eher individuell und fern vom Arbeitsplatz („learning off the job") abläuft, findet L. im Betrieb häufig in Gruppen am Arbeitsplatz („learning on the job") statt. In beiden Institutionen gibt es also eine unterschiedliche Organisation von Lernangeboten. Darunter wird die Form verstanden, in der L. konzipiert bzw. durchgeführt wird. Es kann zwischen Formen verbalen L., Formen des L. am Arbeitsplatz und Formen des L. in komplexen →Lehr-Lern-Arrangements unterschieden werden. Die ersten beiden Formen sind herkömmliche Lernformen und entsprechen den beiden unterschiedlichen Phasen des L. im Dualen System. Das L. in komplexen Lehr-Lern-Arrangements bildet moderne Entwicklungen der wirtschaftspädagogischen und pädagogisch-psychologischen Forschung ab, die auf eine Verknüpfung des L. in einer Institution und des Anwenders in der Praxis abzielen. Verbales L. erfolgt über das Hören von Lehrervorträgen und somit über direkte Übermittlung deklarativen Wissens sowie über schrittweise Proceduralisierung von Sachwissen (z.B. im Rechnungswesenunterricht). Beim verbalen L. tritt regelmäßig eine Reihe von Problemen auf: Es wird viel isolierte Information gelernt, Lehr-Lern-Ziele sind oft auf einem niedrigen taxonomischen Niveau (z.B. mit Ausklammerung tiefer Verstehensprozesse) angesiedelt, individuelle Interessen und betriebliche Leistungsanforderungen finden keine Berücksichtigung, das L. ist nur in geringem Maße an Schülermerkmale (z.B. individuelles Vorwissen) adaptiert. Beim L. am Arbeitsplatz sind i.d.R. hohe Lernmotivation sowie die funktionale und applikative Integration von Lerninhalten gegeben, es erfolgt eine fortlaufende Regeneration des Kenntnis, Erfahrungs und Fertigkeitsstandes, aber keine oder geringe Orientierung an neuen theoretischen Entwicklungen und somit geringe Innovation. Das L. in komplexen Lehr-Lern-Arrangements soll die Vorteile des verbalen L. und des Lernens am Arbeitsplatz beibehalten und zugleich deren Nachteile vermeiden. Durch die – allerdings i.d.R. mit hohem instruktionalen Aufwand verbundene – Gestaltung komplexer Lernumgebungen wird ein kohärenter Zusammenhang von Zielen und Organisationsformen des L. erreicht, der sich gegen rezeptiv-verbales L. sowie gegen betriebliche →Arbeit ohne relevanten Lerngehalt abgrenzen lässt. Komplexe Lehr-Lern-Arrangements sind definiert als inhaltlich und zeitlich abgegrenzte, strukturierte, komplexe, die eigene Aktivität herausfordernde Situationen für Lernhandeln, die fachliche Inhalte, domänenspezifische Problemstellungen sowie betriebliche Lernziele mit neuen Informationstechniken und Medien verknüpfen und dabei →berufliche Handlungskompetenz fördern. Beispiele für solche Arrangements sind etwa die Projektmethode (→Projektunterricht), computergestützte Unternehmens-Simulationen, Planspiele (→Simulationsspiel) oder →Juniorenfirmen. In solchen komplexen Lehr-Lern-Arrangements wird der Kompetenzerwerb im engeren Sinn unter vielen verschiedenen Aspekten thematisiert. Dabei geht es nicht nur – wie im traditionellen Unterricht – ausschließlich um kognitive Kompetenz, sondern auch um soziale Kompetenz, Wertorientierung und moralische Urteilskompetenz. Für alle diese Bereiche gilt, dass Kompetenz die notwendige individuelle Voraussetzung zur Bewältigung komplexer Aufgaben und Anforderungen darstellt und somit eine wesentliche Grundlage effektiven Handelns ist. In Bezug auf kognitive Kompetenz sind relevante Forschungsgebiete die Analyse von Bedingungen des Wissenserwerbs in Hinblick auf künftige Wissensaktivierung, die Entwicklung eines hohen Organisiertheitsgrades des deklarativen Wissens, das Zusammenspiel von deklarativem und prozeduralem Wissen, die Proceduralisierung und die multiple Repräsentation von Wissen. Zu den zentralen sozialen Kompetenzen gehören das Hineinwachsen in die Expertengemeinde sowie die →Schlüsselqualifikationen der Kooperationsfähigkeit, kommunikativer Fähigkeiten und des Durchsetzungsvermögens. Über die Ausbildung moralischer Kompetenz wird die Verinnerlichung und Weitergabe gesellschaftlicher Normen und Werte, z.B. über die Herausbildung einer Unternehmensethik, gewährleistet.

Literatur: Achtenhagen, F./John, E.G. (Hg.): Mehrdimensionale Lehr-Lern-Arrangements – Innovationen in der kaufmännischen Aus und Weiterbildung. Wiesbaden 1992 – Deutsche Forschungsgemeinschaft (DFG): Berufsbildungsforschung an den Hochschulen der Bundesrepublik Deutschland. Situation – Hauptaufgabe – Förderungsbedarf. Senatskommission für Berufsbildungsforschung. Denkschrift. Bonn und Weinheim 1990 – Gruber, H./Mandl, H.: Das Entstehen von Expertise. In: Hoffmann, J./Kintsch, W. (Hg.): Lernen. Enzyklopädie der Psychologie, C/III/7. Göttingen 1996, S. 583-615 – Mandl, H./Gruber, H./Renkl, A.: Lehren und Lernen mit dem Computer. In: Weinert,

F.E./Mandl, H. (Hg.): Psychologie der Erwachsenenbildung. Enzyklopädie der Psychologie, D/I/4. Göttingen 1997, S. 437-467 – Leutner, D.: Adaptive Lehrsysteme. Weinheim 1992 – Steiner, G.: Lernen: 20 Szenarien aus dem Alltag. Bern ²1997

Heinz Mandl/Hans Gruber

Lernen in der beruflichen Weiterbildung

Berufliche Weiterbildung hat infolge intensiver Weiterbildungswerbung ein allgemein positives Image. Sie gilt im öffentlichen Bewusstsein geradezu als der Königsweg zu gesamtwirtschaftlichem Erfolg, zu individuellem Aufstieg, zu Arbeitsplatzsicherheit und ggf. auch zur Rückkehr in den Arbeitsprozess. Gleichzeitig hat die Forschung immer neue Argumente und Belege dafür erbracht, dass berufliche Weiterbildung darüber hinaus oder vorrangig weiteren Zielen dient: der betrieblichen Leistungs- und Loyalitätssicherung (Schmitz 1978), der Durchsetzung unternehmenspolitischer und sozialstaatlicher Entscheidungen (Offe 1975), der Legitimierung und Befestigung von Statuszuweisungen im Rahmen betrieblicher Personalpolitik (Wittwer 1982), der betrieblichen Sozialisation, gar der Abwehr bzw. Kanalisierung von Bildungs- und Aufstiegsaspirationen (Lenhardt 1980). Berufliche Weiterbildung ist nur mehr auch ein Lernkontext, insbesondere aber ein Medium, über das die Verteilung von Berufs- und Lebenschancen erfolgt oder gerechtfertigt wird (Harney 1990). Die Lernsituation in der beruflichen Weiterbildung wird deshalb in besonderem Maße durch den unmittelbaren Zusammenhang der Lernaktivitäten mit der persönlichen Existenzsicherung geprägt.

Das organisierte berufsbezogene Lernen Erwachsener in der derzeit in Deutschland praktizierten Form wurde erst mit dem Abklingen des sog. Wirtschaftswunders in der Bundesrepublik, im Kontext eines massiven Fachkräftemangels und aufgrund bestimmter Prognosen zum Wandel der Arbeitstechnik und der beruflichen Anspruchsprofile zum Thema. Die Begründung von Strukturen beruflicher Weiterbildung verdankt sich in erster Linie einer darauf orientierten präventiven Intervention der staatlichen Bildungspolitik zur Requalifizierung der Arbeitskraft. Zu deren Flankierung setzte auch die Propagierung der Lernfähigkeit des Erwachsenen ein, womit ein weiterer traditioneller Vorbehalt gegen die Bildungsbeteiligung Erwachsener entfiel (vgl. Drees 1992). Die Wirkungen dieser Entwicklungen sind durchaus ambivalent: In der Folgezeit haben sich komplexe öffentlich und privat verantwortete Angebotssysteme herausgebildet, über die Lernmöglichkeiten bereitgestellt und genutzt, gleichzeitig aber Lernanstrengungen abgerufen, inhaltlich definiert, forciert oder auch begrenzt werden können.

In dem Maße, in dem nun Teilnahme an der beruflichen Weiterbildung an Bedeutung für die individuelle Berufskarriere gewinnt und zum zentralen Argument bei der Zuweisung von Arbeitsplätzen und gesellschaftlichen Status aufrückt, wird diese Beteiligung unumgänglich, auch dann, wenn nach der subjektiven Interpretation der eigenen Lebenslage und der Situation am Arbeitsplatz keine konkreten Lerngründe erfahren werden. An Weiterbildung teilgenommen zu haben, wird vor allem als abstraktes Tauschmittel, als Begründung für einen Lohnanspruch bedeutsam, der mehr und mehr über entsprechende Zertifikate erhoben werden muss. Das gesellschaftliche Interesse an der „objektiven" Legitimierung unterschiedlicher Lebenschancen setzt so immer größere Gruppen der Beschäftigten und Arbeitslosen einem „lebenslänglichen Titelkampf" (Geißler 1988), dem unablässigen Streben nach Zertifikaten und Teilnahmebescheinigungen, aus. Dieser Umstand spiegelt sich in den Teilnahmemotiven (Bolder 1995, 332).

Die Fortschritte und Chancen, die mit der Einrichtung von Weiterbildungsstrukturen und der Anerkennung der Lernfähigkeit Erwachsener verbunden sind, werden durch ihre spezifische Erscheinungsform relativiert: Ein üppiges Weiterbildungsangebot und die zunehmende Bindung von Statuszuweisungen an entsprechende Zertifikate stellen einen Konnex zwischen beruflichem Erfolg und der Bereitschaft zur Weiterbildung her. Es entsteht der Eindruck, mit dem Allheilmittel berufliche Weiterbildung über den eigenen Berufs- und Lebensweg verfügen zu können. Statusunsicherheiten oder →Arbeitslosigkeit erscheinen durch inadäquate Qualifikation und persönliche Lerndefizite begründet, auf die jeder einzelne selbst durch seine Weiterbildungsbereitschaft Einfluss nehmen kann bzw. hätte nehmen können.

Die Perspektive für die Lernenden in der Konfrontation mit Lernansprüchen oder bei der Verfolgung ihrer Lernbedürfnisse ist der bewusste Umgang mit den erreichbaren Weiterbildungsmöglichkeiten. Teilnehmer, die sich Lernsituationen mit einer kritisch-abwägenden Haltung nähern, können die vorgefundenen Situationen daraufhin analysieren, was ihnen zur Erweiterung ihrer beruflichen Handlungsfähigkeit abzugewinnen ist, und entsprechende Aspekte – z.B. durch die Artikulation von Erwartungen, persönliche Schwerpunktsetzungen bei der Rezeption oder Einflussnahme auf das Geschehen – gezielt verfolgen. Dieser Schritt ist jedoch i.d.R. nicht ohne äußere Impulse, etwa entsprechende Diskussionsangebote durch die Lehrenden, zu vollziehen. Für letztere besteht die Aufgabe in der Gewährleistung und Unterstützung eines solchen Lernens im Rahmen des jeweils Möglichen. Dabei ist zu berücksichtigen, dass eine aus der Erfahrung am Arbeitsplatz erwachsene auf die jeweiligen Inhalte einer Maßnahme gerichtete Lernmotivation zumindest nicht generell unterstellt werden kann. Einen solchen Brückenschlag zwischen der Thematik, den Teilnehmern und deren Arbeitssituationen gilt es – wo dies möglich ist – zuerst herzustellen. Der Ansatzpunkt dazu ist die Thematisierung der Lernsituation in der Perspektive einer gemeinsam mit den Teilnehmern unternommenen Planung und Gestaltung der Lernszenarien.

Literatur: Bolder, A.: Verhindert der Mangel an Marktregulierung die Teilnahme an beruflicher Weiterbildung? Hinweise aus einem Projekt, Weiterbildungsabstinenz zu erklären. In: Dobischat, R./Husemann, R. (Hg.): Berufliche Weiterbildung als freier Markt? Regulationsanforderungen der beruflichen Weiterbildung in der Diskussion. Berlin 1995, S. 323-344 – Drees, G.: Verordnete Lernfähigkeit? – Strukturelle Bedingungsfaktoren der Entwicklung der Lernfähigkeit im Erwachsenenalter und des Entstehens von Lernproblemen in der beruflichen Weiterbildung. Bochum 1992 – Geißler, Kh.: Ökonomisierung der Subjektivität und planvolle Bewirtschaftung des Menschen. Die Weiterbildungsoffensive. In: Widersprüche 8 (1988), 27, S. 25-36 – Harney, K.: Berufliche Weiterbildung als Medium sozialer Differenzierung und sozialen Wandels. Theorie – Analyse – Fälle. Frankfurt a.M. 1990 – Lenhardt, G.: Berufliche Weiterbildung und Arbeitsteilung in der Industrieproduktion. Frankfurt a.M. 1974 – Offe, C.: Berufsbildungsreform. Eine Fallstudie über Reformpolitik. Frankfurt a.M. 1975 – Schmitz, E.: Leistung und Loyalität. Berufliche Weiterbildung und Personalpolitik in Industrieunternehmen. Stuttgart 1978 – Türk, K.: Organisationssoziologische Perspektiven des Bildungssystems. In: Die Organisation der Welt. Herrschaft durch Organisation in der modernen Gesellschaft. Opladen 1995, S. 217-247 – Wittwer, W.: Weiterbildung im Betrieb. Darstellung und Analyse. München/Wien/Baltimore 1982

Gerhard Drees

Lernerfolgskontrolle

Lernerfolgskontrolle gehört zu jenen pädagogischen Begriffen, welche auf den ersten Blick keinen Explikationsbedarf zu besitzen scheinen, da sie wegen ihres alltäglichen Gebrauchs vertraut erscheinen. Gerade deshalb ist er höchst unscharf und schillernd, da er je nach Kontext in unterschiedlichen Bedeutungen auftreten kann. Selbst in der pädagogischen Fachsprache, wie z.B. in Lexika, in Lehrbüchern oder in Lehrplänen, wird er manchmal nur implizit, manchmal unbestimmt und manchmal in sehr distinkter Weise verwendet. Ausgehend von der Frage, was als Lernerfolg gewertet werden kann, sollen zunächst 12 Dimensionen zu einer differenzierten Verortung des Begriffes Lernerfolg unterschieden werden. In einem zweiten Schritt wird zu fragen sein, wie der Kontrollbegriff im pädagogisch-psychologischen Kontext zu verstehen ist. Schließlich sind die Bedeutungsfacetten in theoretischen Kontexten wieder zusammenzuführen.

Als Gegenstand von Lernerfolgen können Produkte oder Prozesse bestimmt werden, aus denen auf eine bestimmte Verfasstheit der Person geschlossen wird. Deshalb können auf der konzeptuellen Ebene (Handlungs-) Ergebnisse, Verhalten, Erleben, Emotionen, Motivationen, Kenntnisse, Fertigkeiten, Wissen, Qualifikationen oder Kompetenzen unterschieden werden. Auf der Zeitdimension können kurzfristig auftretende oder erst langfristig auftretende Lernerfolge beobachtet werden. Im Hinblick auf den Entstehungskontext können Lernerfolge entweder intentional herbeigeführt oder informell erworben worden sein. Bezüglich der Reichweite können domänenspezifische oder Transfer ermöglichende Lernerfolge unterschieden werden. Lernerfolge können auf den Ebenen Individuum oder pädagogische Maßnahme wie z. B. Unterricht, Ausbildung, Training, Kurs oder Lehrgang sowie System wie z. B. Schule, Betrieb oder Bildungssystem lokalisiert werden. Träger des Lernerfolges können Individuen oder Aggregate von Individuen sein. Was als Lernerfolg zu werten ist, unterliegt einer Norm. Zur Bestimmung des Ausprägungsgrades des Lernerfolgs werden – je nach Zwecksetzung – in der Pädagogik individuelle, soziale oder kriteriumsorientierte Bezugsnormen herangezogen. Normgeber kann das Individuum selbst oder eine außerhalb des Individuums liegende Instanz sein. Auf der instrumentellen Ebene zur Bestimmung des Lernerfolgs werden Objektivationen auf der gegenständlichen, sprachlichen, handlungsmäßigen oder künstlerischen Ebene herangezogen, die entweder im natürlichen Vollzug oder in absichtsvoll herbeigeführten Situationen auftreten und die mit Hilfe von Aufgaben, Aufträgen, Problemen, Fragen, Inhaltsanalysen oder Beobachtungen untersucht werden. Über den Einsatz dieser Instrumente geraten Lernerfolgskontrollen in eine semantische Nähe zu Prüfungen, Tests, oder →Leistungsbeurteilungen. Lernerfolge spielen im Rahmen von vier Theoriegruppen eine zentrale Rolle, nämlich im Kontext von Lerntheorien, im Kontext von Motivationstheorien, im Kontext von didaktischen Theorien und im Kontext von Bildungspolitik. Schließlich ist noch der finale Charakter von Lernerfolgskontrollen zu beachten. Auf der individuellen Ebene geht es im Kontext pädagogisch-diagnostischer Beurteilung und Beratung um die Strategien Selektion, Modifikation und Förderung. Auf der Ebene pädagogischer Maßnahmen geht es um die Steuerung von Lernprozessen, um die Entwicklung einer Fehlerkultur, um das Qualitätsmanagement dieser Maßnahmen sowie um die Entwicklung eines professionellen Bewusstseins des Lehrenden. Auf der Systemebene stehen →Evaluation, Vergleich, Qualitätsmanagement und →Bildungscontrolling im Vordergrund.

Ausgehend von der denotativen Komponente des Kontrollbegriffs als „überwachen, regeln, steuern, beherrschen und beaufsichtigen" und im Kontext verschiedener Theorien sollen die vielfältigen Funktionen von Lernerfolgskontrollen auf der individuellen Ebene, auf der didaktischen Ebene und auf der Ebene des Bildungssystems explizert werden, wobei Differenzierungen und Zusammenhänge zwischen den 12 Dimensionen aufgezeigt werden sollen. Auf die Bedingungen des Lernerfolgs wird in diesem Kontext nicht eingegangen.

In den mechanistischen Lerntheorien wird aus der klassisch behavioristischen Perspektive die Kontiguität als raum-zeitliche Nähe von zwei Ereignissen zur Erklärung von Verhaltensänderungen herangezogen. So kommt es im klassischen Konditionieren vor allem auf die Reiz-Kontrolle an, um durch die Kontiguität (raum-zeitliche Nähe) von einem natürlichen

Lernerfolgskontrolle

Reiz mit einem bisher neutralen Reiz eine unbedingte Reaktion auszulösen. So wird der bisher neutrale Reiz zu einem bedingten Reiz, der allein die nunmehr bedingte Reaktion auslöst. Im Kontext menschlichen Lernens besitzt die Reiz-Kontrolle vor allem für die Entstehung und Veränderung von Meinungen, Einstellungen, Emotionen und Motivationen Bedeutung. In einer kognitiv orientierten Neuinterpretation des klassischen Konditionierens kann der bisher neutrale Reiz auch als Signal interpretiert werden, das einen informativen Wert besitzt. Normativ-technologisch gewendet sollten solche Reize als Signale eingesetzt werden, die Freude, Zuversicht, Vertrauen und Sicherheit erzeugen. Nach dem instrumentellen Konditionieren wird ein Verhalten wiederholt (gelernt), welches zum Erfolg führt (law of effect) oder das eine Bedürfnisspannung verringert. Normativ-technologisch gesehen bedeutet das, dass dem Lernenden Erfolgserlebnisse für sein Verhalten vermittelt werden müssen. Im operanten Konditionieren kommt es vor allem auf die Reaktions-Kontrolle an, um durch die Konsequenzen in Form von positiven und negativen Verstärkern die Auftretenswahrscheinlichkeit von erwünschtem Verhalten zu erhöhen und von unerwünschtem Verhalten zu verringern. Durch das Setzen von Verstärkern und durch die Anwendung von Verstärkerplänen kann unmittelbar auf das Verhalten und langfristig auf das Entstehen von Gewohnheiten Einfluss genommen werden. Kognitionspsychologisch gesehen kann Lernen als Informationsverarbeitungsprozess interpretiert werden, durch den stabile, differenzierte, umfangreiche und anwendungsfähige Wissens- und Gedächtnisstrukturen erworben werden. In diesen Strukturen werden deklaratives, prozedurales und konditionales Wissen sowie Schemata für Fertigkeiten und Handlungen kognitiv repräsentiert. Die Phasen der Aufnahme (Aufmerksamkeit), Verarbeitung (Reduktion, Elaboration), Codierung (symbolisch, ikonisch, enaktiv) und der Speicherung (Hierarchie, Schema, semantisches Netzwerk) sind von vielfältigen Kontrollprozessen in Form von Lenkung, Steuerung und Rückkopplung begleitet. Zu dieser Gruppe von Lerntheorien gehört auch die sozial-kognitive Lerntheorie, mit deren Hilfe die Voraussetzungen, Prozesse und Ergebnisse des Lernens von Modellen erklärt werden kann. Moderne Ausbildungskonzeptionen als komplexe und mehrdimensionale →Lehr-Lern-Arrangements (z.B. projekt- und transferorientierte Ausbildung; Leittexte; auftragsorientierte Ausbildung; Übungsfirma) enthalten vielfältige Formen der Selbstständigkeit, Selbststeuerung und Selbstkontrolle des Lernprozesses und zwar in allen Dimensionen der Handlungskompetenz (Fach-, Sozial-, Humankompetenz). Grundsätzlich geht es darum, die Fremdsteuerung der Informationsverarbeitungsprozesse allmählich in eine Selbststeuerung des Lernens übergehen zu lassen, indem der Lernende metakognitive Strategien entwickelt, mit deren Hilfe er sich selbst Ziele setzt und den Prozess der Zielerreichung in allen Dimensionen der Handlungskompetenz überwacht und steuert sowie sich selbst bekräftigt.

Die Lernerfolgskontrolle besitzt auf der Individualebene neben der lerntheoretischen Bedeutung auch eine ebenso wichtige motivationstheoretische Bedeutung. Hier geht es um die Entwicklung von Attributionen, Kontrollüberzeugungen, Selbstwirksamkeitsüberzeugungen und →Motivation nach Erfolg und Misserfolg. Die Rückmeldung von Erfolg oder Misserfolg sollte sofort, individuell, differenziert und angemessen-würdigend erfolgen und sich auf die Anstrengung und Fähigkeit beziehen.

Auf der didaktischen Ebene besitzt die Lernerfolgskontrolle für die Lernprozess-Steuerung immer schon Bedeutung. Lernerfolgskontrollen werden auf dieser Ebene in aller Regel als Fremdkontrollen durchgeführt und beziehen sich auf Grundfertigkeiten (Kulturtechniken), inhaltlich-fachliches Wissen, auf Fähigkeiten und Fertigkeiten sowie auf überfachliche Kompetenzen. Zwei didaktische Konzeptionen, in denen die Diagnose des Lernerfolgs sogar die zentrale Rolle spielt, sind das mastery learning (zielerreichendes Lernen) und der Computer unterstützte Unterricht (intelligente tutorielle Systeme, →e-learning). In beiden Konzeptionen werden didaktische Entscheidungen wie z.B. Voranschreiten, Wiederholen, Methoden- oder Medienwechsel, Hilfestellungen, Zusatzmaterial oder Wechsel des Anforderungsniveaus von den Ergebnissen der Lernerfolgsdiagnose abhängig gemacht. Auf dieser Ebene kann aber auch der Lehrende auf die Ergebnisse der Lernerfolgskontrolle zurückgreifen, um sich selbst auf diese Weise seines professionellen Handelns zu vergewissern.

In jüngster Zeit haben Lernerfolgskontrollen auf der Systemebene des Bildungswesens im Zusammenhang mit nationalen und internationalen (Schul-)Leistungsvergleichen einen enormen Bedeutungszuwachs erfahren. Voraussetzungen für derartige Lernerfolgskontrollen in Form von Lernstandserhebungen, Vergleichsarbeiten, Parallelarbeiten, zentralen Abschlussprüfungen und internationalen Vergleichen sind →Bildungsstandards und verbindliche Curricula (→Kerncurricula). Die Lernerfolgskontrollen dienen einem Systemmonitoring, um durch Überwachung, Vergleich, Ranking und Benchmarking zu einem Qualitätsmanagement im Bildungswesen zu kommen, das zu einer Qualitätssteigerung und -sicherung von Unterricht und Schule führen soll. Derartige nationale Vergleiche beziehen sich auf fachspezifisches Wissen und den Umgang damit, während internationale Leistungsvergleiche relativ kulturunabhängige und überfachliche Kompetenzen zum Gegenstand haben. Wegen der enormen Bedeutung wird diese Form der Lernerfolgskontrolle von Experten außerhalb des Bildungswesens unter Hinzuziehung von Mitgliedern des Bildungssystems durchgeführt. Bildungscontrolling als umfassendes Informationssystem über die Bedingungen, Prozesse und Folgen von Bildungsmaßnahmen auf der Systemebene ist in vielen Betrieben, Verwaltungen und sogar im Bildungswesen inzwischen fest etabliert. (→Leistungsbeurteilung)

Literatur: Avenarius, H.: Bildungsbericht für Deutschland, Opladen 2003 – Beck, K. (Hg.): Lehr-Lern-Prozesse in der kaufmännischen Erstausbildung, Landau 2000 – BMBF: Berufsbildungsbericht, Bonn (jährliche Erscheinungsweise) – Dresel, M.: Motivationsförderung im schulischen Kontext, Göttingen 2004 – Friede, Chr.; Sonntag Kh. (Hg.): Kompetenz durch Training, Heidelberg 1993 – Helmke, A.: Unterrichtsqualität erfassen, bewerten, verbessern, Seelze 2004 – Hoffmann, J.; Kintsch, W. (Hg.): Lernen. Enzyklopädie der Psychologie C/II/7, Göttingen 1996 – Klieme, E.: Zur Entwicklung nationaler Bildungsstandards, Frankfurt 2003 – Lefrancois, G.: Psychology for Teaching, Belmont 2000 – Leutner, D.: Adaptive Lehrsysteme, Weinheim 1992 – Pech, U.: Bildungscontrolling, Aachen 2001 – Prenzel, M.: PISA 2003. Münster 2004 – Rost, D. (Hg.): Handwörterbuch Pädagogische Psychologie, Weinheim 2001 – Schmiel, M.: Lernstandsfeststellungen in der Berufsbildung, Köln 1973 – Stern, C.: Spieglein, Spieglein. Schulentwicklung durch internationale Qualitätsvergleiche. Gütersloh 2004 – Themenheft „Bildungsstandards" der Zeitschrift für Pädagogik, 50 (2004) 5

Christian Friede

Lernfelder

Die „Lernfeld-Kategorie" bezeichnet ein didaktisch-methodisches Grundlagenprinzip zur Planung und Strukturierung der bildungsgangbezogenen Richtlinien und →Lehrpläne im Dualen Ausbildungssystem. Die didaktische Planungsstruktur der Richtlinien und Lehrpläne für die bestehenden und künftigen →Ausbildungsberufe ergibt sich aus der unmittelbaren Verknüpfung des beruflichen Curriculums mit konkreten betrieblichen Handlungsfeldern.

Handlungsfelder sind zusammenhängende Aufgabenkomplexe mit beruflichen sowie lebens- und gesellschaftsbedeutsamen Handlungssituationen, zu deren Bewältigung qualifiziert werden soll. Handlungsfelder verknüp-

Lernfelder

Funktionen der Bildungsgangkonferenz	Didaktische Jahresplanung	
	↓	
	Analyse beruflicher	Handlungsfelder
↓	↓	
Festlegung von Zielen und Inhalten	←→ Umsetzung in	Lernfelder
↓	↓	
Flächenaufhebung und -integration	←→ Konkretisierung in	Lernsituationen
		+
		Lernhandlungen
↓	↓	
• Zeitplanung • Raumplanung • Lehrereinsatzplanung • didaktisch-methodische Gestaltung der Lerneinheiten	←→ Festlegung von	Handlungsphasen
		+
		Lernaspekten

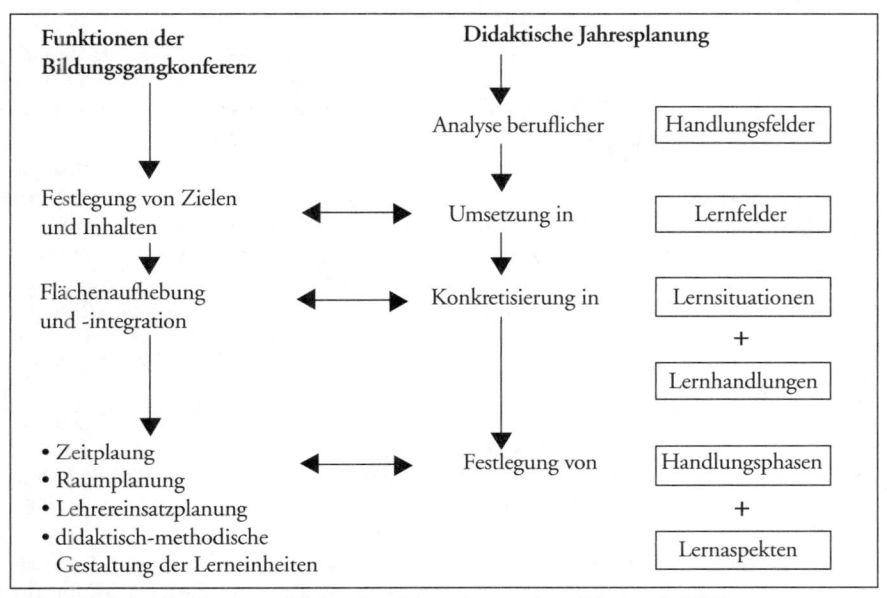

Abb.: Mögliche Abfolge einer didaktischen Jahresplanung (vgl. Zumbrock 1996)

fen berufliche, gesellschaftliche und individuelle Anforderungen.

Indem mit den Handlungsfeldern die Berufspraxis künftiger Stelleninhaber fachwissenschaftlich beschrieben und inhaltlich konkretisiert wird, ergibt sich für die didaktische Arbeit eine wichtige Bezugsgröße. Auf der Grundlage so konkretisierter beruflicher Tätigkeitsbereiche und Problemstellungen werden Rahmenlehrpläne und →Ausbildungsordnungen entwickelt. Die Lernenden entwickeln in den didaktisch-methodisch gestalteten Handlungsfeldern die →Kompetenzen, die zur Bewältigung der vielfältigen Handlungssituationen ihrer Berufs- und Lebenspraxis notwendig sind. L. sind also didaktisch begründete, schulisch komplexe Aufgabenstellungen zusammen, deren unterrichtliche Bearbeitung in handlungsorientierten Lernsituationen erfolgt.

Die Konkretisierung der L. durch Lernsituationen und eine diesen entsprechende Abfolge von Lernhandlungen geschieht in →Bildungsgangkonferenzen durch eine didaktische Reflexion der beruflichen sowie lebens- und gesellschaftsbedeutsamen Handlungssituationen. L. werden durch die Schule gestaltet. Sie werden durch Zielformulierungen im Sinne von Kompetenzbeschreibungen und Inhaltsangaben ausgelegt.

In den L. sind also die Ziel- und Inhaltsbeschreibungen des jeweiligen Berufes zusammengefasst. Jedes L. bildet eine thematische Einheit, die jeweils mit einem Zeitrichtwert zu versehen und einer oder mehreren Jahrgangsstufen zuzuordnen ist. Ist ein L. mehreren Jahrgangsstufen zugeordnet, wird für jede Jahrgangsstufe ein eigener Zeitrichtwert ausgewiesen. Zeitrichtwerte gelten als Hinweise, wie viele Unterrichtsstunden für ein L. vorgesehen werden sollen.

Die Anzahl der L. ergibt sich aus der sachgerechten Zusammenfassung der Inhalte und kann deshalb nicht vorgegeben werden. Durch die systematische Verknüpfung der Strukturebenen L., Lernsituation und Lernhandlung wird bereits in der Unterrichtsplanung der notwendige Bezug zwischen fach- und handlungssystematischen Strukturen des Lernens in der Berufsausbildung hergestellt.

Die didaktisch-methodische Differenzierung und inhaltliche Konkretisierung der curricularen Vorgaben durch die jeweilige Bildungsgangkonferenz erfolgt im Rahmen einer didaktischen Jahresplanung, die jeweils zum Ende des laufenden Schuljahres für das neue Schuljahr abgeschlossen sein muss. Zur didaktischen Jahresplanung gehören die systematische Analyse beruflicher Handlungsfelder unter Einbeziehung von Aspekten persönlicher und gesellschaftlicher Verantwortung, die Identifikation, Sequenzierung und Beschreibung von Lernfeldern, die Festlegung von Zielen und die Zuordnung fachlicher Inhalte und methodischer Schwerpunkte zu den Lernfeldern, die Differenzierung der Lernfelder in Lernsituationen und systematische Abfolgen von Lernhandlungen sowie die Festlegung von Handlungsphasen. Hinzu kommen organisatorische Funktionen wie Zeitplanung, Raumplanung und Lehrereinsatzplanung. Darüber hinaus ist das Lehrerteam eines Bildungsgangs künftig mitverantwortlich für die eigenständige Weiterentwicklung und kontinuierliche Verbesserung des Curriculums.

„Die Prämisse für die Auswahl, Konkretisierung und Gewichtung der Handlungs- und Lernbereiche ist ein zu erstellendes Anforderungsprofil mit den konkreten beruflichen und gesellschaftlichen Anforderungen für die Ausübung des jeweiligen Ausbildungsberufs.

Die Qualifikationsanforderungen können beispielsweise ermittelt werden durch Gespräche mit Verantwortlichen in der Berufsausbildung, durch die systematische Analyse von Stellenplänen und Stellenbeschreibungen, durch Auswertung von Publikationen von Verbänden und Instituten. Auf diese Weise entsteht für den jeweiligen Ausbildungsberuf ein Anforderungsprofil mit funktions- und tätigkeitsbezogenen Handlungsfeldern. Aus diesem Anforderungsprofil leiten die an der didaktischen Jahresplanung Beteiligten berufstypische und repräsentative Problemstellungen der Praxis des jeweiligen Berufs ab. Daraus werden dann – vor dem Hintergrund der curricularen Vorgaben, der lernortspezifischen Voraussetzungen und der individuellen Voraussetzungen der Schülerinnen und Schüler – Lerninhalte abgeleitet. (...) Hier wird deutlich, dass bei der Festlegung der Inhalte aus berufstypischen Problemstellungen eine didaktische Reduktion der Lerninhalte erfolgen kann ..." (Nöthen/Raabe 1997, S. 7-8).

Die Notwendigkeit zur →didaktischen Reduktion der Komplexität betrieblicher Handlungsfelder stellt schließlich deutlich heraus, dass betriebliche Handlungsfelder und schulische L. nicht identisch sein können. Die Parallelität von Handlungsfeldern und L. unterstreicht aber die intendierte Intensivierung des wechselseitigen Theorie-Praxis-Bezugs von betrieblichem und schulischem Lernen in der Berufsausbildung.

Literatur: Haep, P./Haep, T.: Neue Lehrpläne – alter Wein in neuen Schläuchen? In: Die kaufmännische Schule 43 (1998), 1, S. 2-12 – Nöthen, H.-G./Raabe, H.: Ansätze für die Entwicklung einer didaktischen Jahresplanung in der Fachschule für Technik. In: Der berufliche Bildungsweg. Heft 3 (1997), S. 6-10 – Pätzold, G.: Lernfelder als curriculare Organisationsform und die Kooperation der Lernorte. Beiträge zum beruflichen Lernen. Hg. vom Verband der Lehrerinnen und Lehrer an Berufskollegs in NW e.V. Krefeld 1998 – Zumbrock, H.: Leistungsbeurteilung im Projekt. Manuskript. Paderborn 1996, Anhang

Helmut Zumbrock

Lerninsel

Das Lerninselkonzept steht für die Wiederentdeckung des Lernortes Arbeitsplatz im Rahmen der Ausgestaltung von Industriearbeit. Hierbei geht es um L. im unmittelbaren Produktionsprozess. Damit sind Arbeitsort und Lernort identisch.

Lerninsel

Allein im Feld der →Wirtschaftsmodellversuche und ihrem unmittelbar überschaubaren Transferbereich liegen inzwischen Erfahrungen aus der Entwicklung und Erprobung von mehr als 100 L. vor. Die Entwicklung begann etwa 1990, und inzwischen wurden zahlreiche Varianten praktisch umgesetzt. Die konzeptionelle und programmatische Leitidee prägt sich im Wesentlichen an folgenden Merkmalen aus:
– Eine Verknüpfung von Lernen und Arbeiten im unmittelbaren Produktionsprozess (die L. als Teil der Betriebsabteilung).
– Ausgeprägte Selbstorganisation und Selbststeuerung der Gruppen bei fachlichen, methodischen und sozialen Herausforderungen.
– Integration von direkten und indirekten Funktionen, wie z.B. Planung, Steuerung, Ausführung, Kontrolle im Sinne des Leitbildes teilautonomer Gruppen.
– Übernahme von eigenverantwortlicher Qualitätssicherung.
– Begleitung und Beratung in fachlichen, methodischen und sozialen Belangen durch einen qualifizierten Facharbeiter der jeweiligen Abteilung (Lerninselfachausbilder als Moderator).

Die L. spiegelt die Infrastruktur der Arbeitsumgebung wieder, wird aber angereichert um eine Lerninfrastruktur. Sie dient der kontinuierlichen Reflexion des Arbeitsauftrages, der sozialen Prozesse und der gesamten Umfeldbedingungen.

L. können aus unterschiedlichen Blickwinkeln typisiert werden, wie in der folgenden Abb. verdeutlicht wird.

Praxiswirksam und bekannt wurden die L. mit der Entwicklung dezentraler Lernkonzepte. Dieser Kontext führte dazu, dass →dezentrales Lernen und Lerninseln als zwei Seiten einer Medaille identifiziert wurden. Dies wurde aber nie intendiert. Im Mittelpunkt standen immer wieder die Fragen nach der Ausgestaltung neuer und differenzierter Lernortkombinationen und Lernortkooperationen.

Die L. ersetzt weder in der Ausbildung noch in der Weiterbildung die Funktion zentraler →Lernorte. Sie hebt aber deren Dominanz auf. Sie ist auch nicht Ersatz für Betriebseinsätze. Es kommt vielmehr darauf an, alle Lernorte neu aufeinander auszurichten.

Allein die Lokalisierung und Verortung von Bildungsaktivitäten in der Produktion schafft noch keine zusätzlichen Lernpotentiale. Die Chancen des Lernens in der →Arbeit werden neben der Lernortkombination auch durch Auswahl und Gestaltung authentischer →Lernaufgaben, die spezifische Lernumgebung und eine Verbindung von Bildung bestimmt.

Über die kontinuierliche Reflexion, unterstützt durch eine darauf ausgerichtete Lerninfrastruktur, kann in diesem Zusammenhang etwa auch der ständige Verbesserungsprozess als Selbstverständnis der Arbeit veranlagt werden. Häufig sind L. deshalb auch mit Visionen einer

Unterschiede nach dem Anlaß des Lerninseleinsatzes	Unterschiedliche Zielgruppen	Unterschiedliche Aufgabenstellungen
– Ausbildung – Weiterbildung – Anpassungsfortbildung	– Auszubildende – Facharbeiter – Ungelernte – Mischgruppen	– Zerspanung – Montage – Instandhaltung – Service

Abb.: Typisierung von Lerninseln

Umgestaltung der Arbeitsorganisation verbunden. Zum Teil werden sie von der Produktion bewusst als Experimentierfeld genutzt. Eine Verschränkung von Lerninselkonzepten mit Gruppenarbeit, die Nutzung von Gestaltungsspielräumen im Rahmen selbst organisierter und selbst gesteuerter Gruppenaktivitäten und die kontinuierliche Reflexion als Basis und Ansatz für Qualitätsbewusstsein und Verbesserungsprozesse machen die Berufsbildung zum Partner einer betrieblichen Personal- und Organisationsentwicklung.

In der Umsetzung konkreter Elemente einer lernenden Fabrik (z.B. angemessene Reaktion auf einen stetig wachsenden Veränderungsdruck, Umsetzung und Weiterentwicklung notwendiger Kompetenzen vor Ort) liegt der eigentliche Charme des Lerninselkonzeptes für die Produktionsleute. Der Werkleiter und nicht mehr der Bildungsleiter ist nunmehr direkte Quelle und Initiator für innovative Prozessgestaltung.

Neue Formen einer Arbeitsorganisation und die Neugestaltung von Produktionsprozessen, die sich an den Zielen einer Geschäftsprozessoptimierung orientieren, führen unausweichlich zu einem Bedeutungszuwachs des Lernortes Arbeitsplatz.

Die Neupositionierung der betrieblichen Berufsbildung mitten im Produktionsprozess, die über Lerninselkonzepte Zukunftsprinzipien wie Teamorientierung, Verantwortungsbewusstsein und flexible Gestaltungsmuster umsetzt, leistet einen gewichtigen Beitrag für die immer wieder angemahnte Renovierung der Arbeitsstrukturen. Eine Renaissance der Pädagogik in der Fabrik steht an, wenn man etwa die Ansätze einer gestaltungsorientierten Berufspädagogik und die Prinzipien einer konstruktivistischen Didaktik mit dem Lerninselkonzept noch stärker verschränken kann. Die Vision einer lernenden Fabrik ist zunehmend ein umsetzungsorientiertes Leitprinzip der Gestaltungspromotoren in den Unternehmen. Darauf weisen neuere empirische Studien nachhaltig hin. Bringt sich hier die Pädagogik nicht ein, werden die Betriebswirtschaftslehre und das Organisationsmanagement diese Lücke füllen.

Literatur: Bittmann, A./Erhard, H./Fischer, H.P./ Novak, H.: Lerninseln in der Produktion als Prototypen und Experimentierfeld neuer Formen des Lernens und Arbeitens. In: Dehnbostel, P./Holz, H./Novak, H. (Hg.): Lernen für die Zukunft durch verstärktes Lernen am Arbeitsplatz. Dezentrale Aus- und Weiterbildungskonzepte in der Praxis. Berichte zur beruflichen Bildung. Heft 149. Berlin 1992 – Dehnbostel, P.: Dezentrales Lernen als didaktische Orientierung einer Modellversuchsreihe. In: Dehnbostel, P./Walter-Lezius, H.J. (Hg.): Didaktik moderner Berufsbildung. Standorte, Entwicklungen, Perspektiven. Berichte zur beruflichen Bildung. Heft 186. Berlin 1995 – Bittmann, A./ Novak, H.: Die Entwicklung der Lernorte in Gaggenau als ein Prozeß der Ausdifferenzierung von Lernorten im Kontext eines permanenten Anforderungswandels. In: Dehnbostel, P./Holz, H./ Novak, H. (Hg.): Neue Lernorte und Lernortkombinationen. Erfahrungen und Erkenntnisse aus dezentralen Berufsbildungskonzepten. Berichte zur beruflichen Bildung. Heft 195. Berlin 1995 – Dehnbostel, P.: Lernorte in der Berufsbildung – Konzeptionelle Erweiterungen in der Modellversuchsreihe "Dezentrales Lernen". In: Dehnbostel, P./ Holz, H./Novak, H. (Hg.): Neue Lernorte und Lernortkombinationen. Erfahrungen und Erkenntnisse aus dezentralen Berufsbildungskonzepten. Berichte zur beruflichen Bildung. Heft 195. Berlin 1995

Heinz Holz

Lernorte

Der Begriff L. wurde von der Bildungskommission des Deutschen Bildungsrats im Rahmen der Bildungsreformdiskussion eingeführt. Als L. werden im Rahmen des öffentlichen Bildungswesens anerkannte Einrichtungen (auch in privater Trägerschaft) verstanden, die Lernangebote organisieren. Lernen weise nicht nur eine sachliche und zeitliche Dimension auf, sondern es müsse auch von einer lokalen Gliederung ausgegangen werden. Im 2005 novellierten →Berufsbildungsgesetz werden im § 2 Lernorte der Berufsbildung aufgelistet. Danach wird Berufsbildung durchgeführt in

Betrieben der Wirtschaft, in vergleichbaren Einrichtungen außerhalb der Wirtschaft, in berufsbildenden Schulen und sonstigen Berufsbildungseinrichtungen außerhalb der schulischen und betrieblichen Berufsbildung. L. stellen aber nicht nur räumlich und rechtlich selbstständige Einheiten dar, sondern sie unterscheiden sich auch durch ihre je spezifisch pädagogisch-didaktische Funktion bei der Vermittlung allgemeiner und beruflicher Qualifikationen (vgl. Deutscher Bildungsrat 1974, S. 17 ff.). Einerseits wurde das Lernortkonzept von Beginn an wegen seiner Unschärfe kritisiert. Von „pädagogischer Sinnverarmung" und „Neutralisation des Pädagogischen" wurde gesprochen, wenn durch den Lernortbegriff nur die instrumentellen Funktionen in Schule und Betrieb hervorgehoben würden (Dörschel 1976, S. 89), aber auch „fehlende Theoretizität", „praktische Unzulänglichkeit" und „erziehungswissenschaftliche Irrelevanz" wurden attestiert (Beck 1984, S. 255 ff.). Andererseits wurde das Lernortkonzept weiter fundiert und die Lernortforschung zu einem wichtigen Bestandteil der →Berufsbildungsforschung (vgl. Münch 1977). Um die mit dem Terminus L. attribuierte Verkürzung auf eine räumliche oder verengte organisatorische Betrachtungsweise zu vermeiden, wurde er in Anlehnung an die „ökologische Lernforschung" Bronfenbrenners auf unterschiedliche Lernarrangements und Methodenkonzeptionen bezogen und empfohlen, ihn durch den Begriff Lernfeld zu ersetzen (Kell/Kutscha 1983). Dennoch ist das Lernortkonzept in der Berufsbildungsforschung heimisch geworden. Eine konsistente Theorie liegt allerdings nicht vor. Aktuelle Analysen und Gestaltungsansätze zum Lernortkonzept beziehen sich schwerpunktmäßig auf Fragen der →Lernortkooperation.

Literatur: Beck, K.: Zur Kritik des Lernortkonzepts – Ein Plädoyer für die Verabschiedung einer untauglichen pädagogischen Idee. In: Georg, W. (Hg.): Schule und Berufsausbildung. Bielefeld 1984, S. 247-262 – Bronfenbrenner, Urie: Die Ökologie menschlicher Entwicklung. Natürliche und geplante Experimente. Stuttgart 1981 – Deutscher Bildungsrat (Hg.): Zur Neuordnung der Sekundarstufe II. Konzept für eine Verbindung von allgemeinen und beruflichem Lernen. Empfehlungen der Bildungskommission. Stuttgart 1974 – Dörschel, A.: Bemerkungen zur politischen Dimension einer berufspädagogischen Reform. In: Sommer, K.-H. (Hg.): Berufsbildung zwischen Pädagogik und Politik. Ziele – Strukturen – Tendenzen – Modelle. Ravensburg 1976, S. 89-92 – Greinert, W.-D.: Lernort – Ein neuer Schlüsselbegriff pädagogischer Theorie und Praxis? In: Arbeiten + Lernen 1 (1979), 3, S. 12-15 – Kell, A./ Kutscha, G.: Integration durch Differenzierung der „Lernorte"? – Theoretische und praktische Aspekte der Lernortproblematik im Modellversuch Kollegschule Nordrhein-Westfalen. In: Ruhland, H.-J. u.a.: Berufliche Sozialisation in der Auseinandersetzung mit verschiedenen Lernorten. Krefeld 1983, S. 192-231 – Münch, J. (Hg.): Lernen – aber wo? Der Lernort als pädagogisches und lernorganisatorisches Problem. Trier 1977 – Pätzold, G./ Walden, G. (Hg.): Lernorte im dualen System der Berufsbildung. Berichte zur beruflichen Bildung. Heft 177. Hg. vom Bundesinstitut für Berufsbildung. Bielefeld 1995 – Pätzold, G./Walden, G. (Hg.): Lernortkooperation – Stand und Perspektiven. Berichte zur beruflichen Bildung. Heft 225. Hg. vom Bundesinstitut für Berufsbildung. Bielefeld 1999

Günter Pätzold

Lernortkooperation

Unter L. wird das technisch-organisatorische und das pädagogische Zusammenwirken des Lehr- und Ausbildungspersonals der an der beruflichen Bildung beteiligten →Lernorte verstanden. Es kann das gegenseitige Informieren über Erwartungen, Erfahrungen und Probleme im Ausbildungsalltag umfassen, und es kann sich als Abstimmen berufspädagogischen Handelns oder als Zusammenwirken ausdrücken. Von der Idee her auf das Erreichen gemeinsamer Ausbildungsergebnisse, den Prüfungserfolg der Auszubildenden und die Bewährung im beruflichen Handlungsfeld gerichtet, unterscheiden sich die Lernorte in ihrer institutionellen und rechtlichen Zuordnung, ihren konkreten Ausbildungsbedingungen, den Leitzielen für das berufspädagogische

Handeln und den organisatorischen Strukturen zum Teil erheblich. Die Qualität beruflicher Bildung hängt auch von der Art und Weise, wie die Lernorte mit ihren je spezifischen Lernangeboten, ihren unterschiedlichen Zuständigkeiten, Strukturen, Kulturen und Logiken in ihrer Beziehung zueinander unterstützt und von den Auszubildenden wahrgenommen werden. Von daher ist ein gewisses Maß an Abstimmung zwischen Betrieb, →überbetrieblicher Ausbildung (ÜAS) und →Berufsschule grundsätzlich erforderlich und auch strukturell angelegt. Die Anerkennung dieses Kooperationsbedarfs findet ihren Ausdruck auf der politisch-administrativen Ebene zur Institutionalisierung eines komplexen Abstimmungsverfahrens zwischen Bund und Ländern bei der Erarbeitung von →Ausbildungsordnungen und schulischen Rahmenlehrplänen (→Abstimmung von Ausbildungsordnungen und Rahmenlehrplänen). Auf der Ebene der unmittelbaren Ausbildungspraxis ist die persönliche Initiative von →Ausbildern und Berufsschullehrern sowie die Unterstützung durch eine kooperationsfördernde Gestaltung der institutionellen Rahmenbedingungen und eine individuelle Anreizstruktur entscheidend. Unter dieser und der weiteren Voraussetzung, dass das Lehr- und Ausbildungspersonal die für die konstruktive Gestaltung von Kooperationsbeziehungen notwendigen Kompetenzen besitzt, kann L. berufspädagogische Innovationsprozesse fördern, Anregungspotentiale eröffnen, den komplexen Zusammenhang von Berufstheorie und Berufspraxis aufnehmen, zur Modernisierung beruflicher Bildung beitragen, wenn auch nicht ausgeblendet werden darf, dass die Realisierung von Formen berufspädagogisch geleiteter Kooperation immer mit der Frage nach der Trägerschaft der Lernorte verbunden ist, d.h., welche gesellschaftlichen und politischen Machtträger Strukturen und Funktionen der einzelnen Lernorte bestimmen.

Trotz der breiten Zustimmung von vorgesetzten Instanzen, den Kammern, den Wirtschaftsverbänden und den Gewerkschaften für die Notwendigkeit einer intensiveren L. zählen in der Praxis des →dualen Systems Formen einer berufspädagogisch fundierten Kooperation eher zu den Ausnahmen. Auch zeigt sich ein nur geringer Problem- oder gar Veränderungsdruck. Insbesondere stellen in Betrieben mit geringstrukturierter Ausbildung Initiativen zur L. die Ausnahme dar; wenn sie stattfindet, basiert sie auf dem Engagement einzelner Personen und ist inhaltlich zumeist auf organisatorische Fragen begrenzt. Meist wird sie durch bestehende Handlungsräume von Ausbildern und Berufsschullehrern ermöglicht und auf dieser Ebene in dem Rahmen verwirklicht, der in den vorgefundenen Arbeitsbedingungen hierzu verbleibt. Erst in jüngster Zeit haben Impulse aus Modellversuchen und Forschungsprojekten zur Umsetzung von Konzepten zur inhaltlichen Ausgestaltung der Lernortkooperation geführt. Ein Zusammenwirken in didaktisch-methodischen Fragen zur Erhaltung oder Verbesserung der Ausbildungsqualität ist selten anzutreffen. Die Notwendigkeit für ein Zusammenwirken hat seinen Ausdruck im 2005 novellierten Berufsbildungsgesetz (BBiG) gefunden. Der Begriff der Lernortkooperation ist neu in das Gesetz aufgenommen worden (§ 2 Abs. 2 BBiG). Es soll das Zusammenwirken der Lernorte (betriebliche, schulische und außerschulische Berufsbildung) in der beruflichen Bildung hergestellt werden. Ziel ist, zwischen den betrieblichen Ausbildungsstätten und den Berufsschulen vor dem Hintergrund von neuen Berufsbildern und den damit verbundenen Qualifikationsanforderungen eine engere Abstimmung zu erreichen. Es bleibt abzuwarten, inwieweit Kooperation dadurch verbessert werden kann.

Als Gründe für die häufig eher unzureichende Kooperationspraxis sind strukturelle und personale Faktoren zu nennen. In struktureller Hinsicht handelt es sich bei den Lernorten Betrieb und Berufsschule um unterschiedliche Systeme, für die jeweils unterschiedliche strukturelle Rahmenbedingungen gelten. Die Realisierung eigener Systeminteressen steht im Vordergrund. Zudem ist in personaler Hinsicht das Verhältnis von Ausbildern und Berufsschullehrern durch eine Reihe von gegenseitigen Zuschreibungen und Vorurteilen gekennzeichnet, welche die Kooperation beeinträchtigen. Wird kooperiert, dann folgt dieses Miteinander keinem einheitlichen Muster, sondern es ist durch unterschiedliche Orientierungen, Vorgehensweisen und informelle Netzwerkbildungen gekennzeichnet.

Ansätze erfolgreicher L. sind zunächst immer mit dem Engagement einzelner Ausbilder und Berufsschullehrer verbunden, wozu ein entsprechendes Kooperationsverständnis erforderlich ist. Vier Verständnisebenen lassen sich unterscheiden: Beim pragmatisch-formalen Kooperationsverständnis gehen Kooperationsaktivitäten ausschließlich auf äußere formale Veranlassung zurück. Beim pragmatisch-utilitaristischen Kooperationsverständnis leiten sich Kooperationsaktivitäten unmittelbar aus subjektiven Problemerfahrungen und Eigeninteressen in den täglichen Arbeitszusammenhängen ab. Das didaktisch-methodisch begründete Kooperationsverständnis basiert auf der Auseinandersetzung mit Begründungszusammenhängen berufsbezogenen Lernens sowie auf kriteriengeleiteten Entscheidungen über die der eigenen Praxis vorzugebenden didaktisch-methodischen Grundlinien. Das bildungstheoretisch begründete Kooperationsverständnis nimmt das didaktisch-methodisch begründete Kooperationsverständnis in sich auf und stützt sich zusätzlich auf eine →Berufsbildungstheorie, aus der entsprechende Zielperspektiven für das gesellschaftliche Handeln abgeleitet sind. Die beiden letztgenannten Kooperationsverständnisse sollten für eine berufspädagogisch orientierte Kooperation leitend werden, jedoch sind die beiden ersteren Verständnisse in der Ausbildungspraxis vorherrschend.

Soll L. gefördert werden, ist der Zusammenhang zu klären, in dem diese Notwendigkeit erkannt wird. Grundvoraussetzung für jede Kooperation ist die gemeinsame Überzeugung, dass wichtige Probleme in der dualen Ausbildung nicht aus eigener Anstrengung allein lösbar und konkrete Ziele nur mit Hilfe eines Partners im Sinne einer bestmöglichen Ausbildung für die Jugendlichen erreichbar sind. Wird der Sinn und der Nutzen einer Kooperation nicht gesehen, unterbleibt sie. Weiterführende Forschungsaktivitäten hätten sich verstärkt auf die Erforschung der Motive, Einstellungen und subjektiven Theorien der Ausbilder und Berufsschullehrer sowie auf die institutionellen Ziele von Ausbildungsbetrieben, ÜAS und Berufsschulen zu richten, die Kooperation fördern, aber auch verhindern können.

Literatur: Buschfeld, D.: Kooperation an kaufmännische Berufsschulen. Eine wirtschaftspädagogische Studie. Wirtschafts , Berufs- und Sozialpädagogische Texte. Band 21. Hg. von Martin Twardy. Köln 1994 – Euler, D.: Handbuch der Lernortkooperation. Zwei Bände. Bielefeld 2003/2004 – Euler, D.: Lernortkooperation als Mittel zur Förderung von Transferkompetenz – Ansichten, Absichten, Aussichten. In: Lernortkooperation und Abgrenzung der Funktionen von Betrieb und Berufsschule. Tagungen und Expertengespräche zur beruflichen Bildung. Heft 25. Hg. vom Bundesinstitut für Berufsbildung. Bielefeld 1996, S. 183-205 – Euler, D./Twardy, M.: Duales System oder Systemdualität – Überlegungen zu einer Intensivierung der Lernortkooperation. In: Achtenhagen F. u.a.: Duales System zwischen Tradition und Innovation. Wirtschafts-, Berufs- und Sozialpädagogische Texte. Sonderband 4. Köln 1992, S. 199-221 – Jenewein, K. (Hg.): Theorie und Praxis der Lernortkooperation in der gewerblich-technischen Berufsausbildung. Neusäß 1998 – Pätzold, G.: Lernfelder – Lernortkooperation. Neugestaltung beruflicher Bildung. 2. Auflage Bochum 2003 – Pätzold, G. (Hg.): Lernortkooperation. Impulse für die Zusammenarbeit in der beruflichen Bildung. Heidelberg 1990 – Pätzold, G.: Lernortkooperation – pädagogische Perspektive für Schule und Betrieb. In: Kölner Zeitschrift für "Wirtschaft und Pädagogik" 6 (1991), 11, S. 37-49 – Pätzold, G./Stender, J. (Hg.): Lernortkooperation und Bildungsnetzwerke. Bielefeld 2004 – Pätzold, G./Walden, G. (Hg.): Lernorte im dualen System der Berufsbildung. Berichte zur beruflichen Bildung. Heft 177. Hg. vom Bundesinstitut für Berufsbildung. Bielefeld 1995 – Pätzold, G./Drees, G./ Thiele, H.: Kooperation in der beruflichen Bildung. Zur Zusammenarbeit von Ausbildern und Berufsschullehrern im Metall- und Elektrobereich. Baltmannsweiler 1998 – Pätzold, G./Walden, G. (Hg.): Lernortkooperation – Stand und Perspektiven. Berichte zur beruflichen Bildung. Heft 225. Hg. vom Bundesinstitut für Berufsbildung. Bielefeld 1999

Günter Pätzold

Lernstatt

Der Begriff „Lernstatt" findet sich seit etwa 25 Jahren in der Literatur. Es ist eine Zusammenfassung aus den beiden Begriffen „Lernort" und „Werkstatt". Mit diesem Kunstwort wird ein speziell gestalteter Lernort benannt, an dem arbeitsplatznahe und /oder erfahrungsorientierte Lernprozesse organisiert oder unmittelbar aus dem Arbeits- oder Lebensumfeld der Lernenden stammende Fragen zumeist in kleineren Gruppen unter Anleitung eines Moderators bearbeitet werden. Die Lernstatt wurde zunächst als Ort zur beruflichen Qualifizierung und Integration ausländischer Arbeitnehmer entwickelt, aber bald auch als Ort genutzt, an dem Fragen betrieblicher Organisationsentwicklung, die Integration in neue soziale Umfelder oder die Einführung neuer Techniken an Schulen bearbeitet werden.

Die Lernstatt als betrieblicher Lernort wird (a) zur experimentellen Entwicklung und/oder Erprobung neuer Arbeitsorganisationsformen (Schwerpunkt: Organisationsentwicklung) oder (b) als Ort zur fachlichen und sozialen Einführung bzw. Qualifizierung neuer oder umlernender Arbeitnehmer verstanden (Schwerpunkt: Personalentwicklung). In diesem Sinne wird der Lernstattbegriff vor allem im Zusammenhang mit Maßnahmen →betrieblicher Weiterbildung i.w.S. benutzt.

Die Begriffe der Erfahrung und der →Handlungsorientierung sind für Lernprozesse in einer Lernstatt von orientierender Bedeutung. Lernprozesse in der Lernstatt durchlaufen idealtypisch drei Phasen:

1. Jeder Teilnehmer lernt von jedem anderen Teilnehmer.
2. Die Erweiterung des Wissens bei jedem Einzelnen wirft neue Fragen auf und weckt Interesse, es entsteht ein fachlicher Diskurs.
3. Der fachliche Diskurs wird mit Blick auf die Beteiligung an der Weiterentwicklung bestehender Arbeitspraxis fokussiert. Personale und organisationelle Entwicklung verzahnen sich. Lernen als Um- und Weiterlernen führt zur Beteiligung an Arbeitsgestaltung bzw. betrieblichen Problemlösungen (vgl. Paulsen/Stötzel 1992).

Typische Lernstattinstrumente sind die Reportage, Leittexte, Erkundungen, Fallstudien, Projekte, Werkstattaufträge etc.

Literatur: BMW AG (Hg.) BMW Lernstatt. Organisationsentwicklung im Unternehmen. München 1987 – Kirchhoff, B.; Gutzan, P.: Die Lernstatt. Effektiver lernen vor Ort. Grafenau 1982 – Paulsen, B.; Stötzel, B.: Lernen und Arbeiten im Lernstattmodell. In: Dehnbostel, P.; Holz, H.; Novak, H. (Hg.): Lernen für die Zukunft durch verstärktes Lernen am Arbeitsplatz. Berlin, Bonn 1992, S. 333 – 345 – Peters, S. (Hg.): Lernen im Arbeitsprozess durch neue Qualifizierungs- und Beteiligungsstrategien. Opladen 1994 – Tilch, H.: Betriebliche Problemlösungsgruppen und Weiterbildung. In: Weiterbildung in Wirtschaft und Technik (1993), 4, S. 25 - 29

Im Internet finden sich zum Begriff Lernstatt inzwischen über 70 Seiten mit Suchergebnissen. Hier einige interessante Webseiten zum Thema: www.neue-lernkultur.de – www.paderborn.de/microsite/lernstatt/ – www.dgb-bildungswerk-nrw.de – www.lernstatt-ec.de – www.wi-fh-muenchen.de

Paul Benteler

Lerntransfer

L. als besondere Form des Transfers (→Transferforschung) bezeichnet den Prozess der Übertragung von Wissen bzw. Fertigkeiten, die in einer Lernsituation erworben werden, auf eine Anwendungssituation außerhalb des Schulkontextes (→Lernen). Diese Übertragung ist keineswegs trivial: Es konnte in vielen Studien zum Lernen in Schule und Universität gezeigt werden, dass die Lernenden „träges Wissen" erwerben, also Wissen, das zwar den schulischen bzw. universitären Anforderungen Genüge leistet (z.B. in Prüfungen erfolgreich verwendet werden kann), das aber nicht auf Problemlöseanforderungen außerhalb des Lernkontextes, also z.B. in beruflichen Situationen, transferiert werden kann. Die Forschung zum L. befasst sich daher mit Möglichkeiten, wie die Übertragung vom Lernkontext in einen Anwendungskontext gesichert werden kann. Mit anderen Worten: In pädagogisch-psychologischen Modellen sollen Lehr-Lern-Formen entwickelt werden, die eher auf Handlungskompetenz als auf ausschließlich akademische Kompetenz abzielen. Der wesentliche theoretische Fortschritt in der Lerntransferforschung ging von Ansätzen zum situierten Lernen aus, die eine Berücksichtigung der situativen Aspekte des Lernens fordern. Erst dadurch wird die Beachtung pragmatischer Aspekte des Lernens ermöglicht, also z.B. der Ziele und der Motivation der Lernenden oder des spezifischen situativen Kontextes. Damit wird Wissen nicht mehr als abstrakte Einheit verstanden, die unabhängig von Situationen Gültigkeit besitzt; Wissen, das in verschiedenen Situationen jeweils vom Lernenden neu konstruiert werden muss, kann dann auch nicht mehr einfach unverändert vom Lehrenden auf den Lernenden „transportiert" werden. Diese neue epistemologische Einstellung erfordert grundsätzlich neue Lehr-Lern-Formen, um das Problem des Lerntransfers zu überwinden. Die Ansätze zur situierten Kognition haben ihren Ursprung in unterschiedlichen Disziplinen, etwa in der kognitiven Anthropologie (Lave 1991; Rogoff 1990), der ökologischen Psychologie (Greeno u.a. 1993) oder der sozial-kognitionspsychologischen Forschung (Resnick 1991). Alle Ansätze haben die Annahme gemeinsam, dass Kognition kein Prozess ist, der ausschließlich im Kopf von Individuen, sondern vor allem im sozialen Austausch stattfindet. Lernen und Kompetenzerwerb können demzufolge nicht nur als individueller Fortschritt beschrieben werden, sondern beinhalten zugleich das Hineinwachsen in eine „community of practice". Damit Transfer von einer Lernsituation in die „Expertengemeinde" stattfinden kann, ist vor allem der Erwerb der in dieser Gruppe gültigen Denkweisen und Problemlösemechanismen notwendig. Der soziale Austausch mit Experten, die als Modell für die eigene Kompetenzentwicklung dienen können, wird dadurch zentral.

Dies hat natürlich instruktionale Konsequenzen, denn entsprechende Lehr-Lern-Modelle müssen dieser Sichtweise Rechnung tragen. Vertreter situierten Lernens fordern vor allem, dass Lern und Anwendungssituationen einander möglichst ähnlich gestaltet werden müssen, da Wissen als stark kontextgebunden angesehen wird. Nur wenn der instruktionale und der Anwendungskontext ähnlich sind, ist mit Wissenstransfer zu rechnen. Lernen soll deshalb folgendermaßen aussehen: Lernen und Arbeiten in Gruppen, Nutzung von Hilfsmitteln, Berücksichtigen der Anwendungsbedingungen von Wissen. Wird Unterricht nach diesen Bedingungen authentisch gestaltet, resultieren Wissensbestände, die weitaus mehr dem entsprechen, was Ziel jeden Unterrichts ist: Das erworbene Wissen kann auch außerhalb der Lernsituation verwendet und eingesetzt werden, es findet also erfolgreicher Transfer statt. Merkmale des Lernens unter einer situierten Perspektive sind also:

1. Wissen ist immer situiert; daher ist auch Lernen immer situiert.
2. Wissen wird durch das wahrnehmende Subjekt konstruiert.
3. Besonders wesentlich ist das in einer Gesellschaft geteilte Wissen; Lernen ist daher zunehmende Teilhabe an einer Expertengemeinde.
4. Situiertes Wissen sollte unter dem Anwendungsaspekt und damit unter dem Gesichtspunkt seiner Authentizität vermittelt werden.

Für die Gestaltung von Lernumgebungen lassen sich daher folgende Forderungen formulieren:
1. Komplexe Ausgangsprobleme. Als Ausgangspunkt des Lernens soll ein interessantes Problem dienen, das ein „Lösen-Wollen" auslöst. Damit wird Wissen auch sogleich in einem Anwendungskontext erworben.
2. Authentizität und Situiertheit. Die Lernumgebung soll es den Lernenden ermöglichen, mit realistischen Problemen und authentischen Situationen umzugehen, indem sie einen Rahmen und Anwendungskontext für das zu erwerbende Wissen bereitstellt.
3. Multiple Perspektiven. Die Lernumgebung soll den Lernenden multiple Kontexte anbieten, um sicherzustellen, dass das Wissen nicht auf einen Kontext fixiert bleibt, sondern flexibel auf andere Problemstellungen übertragen werden kann. Zudem wird den Lernenden die Möglichkeit gegeben, Probleme aus multiplen Perspektiven zu betrachten und daher unterschiedliche Standpunkte einzunehmen.
4. Artikulation und Reflexion. Als weiteres Mittel, der Gefahr vorzubeugen, dass Wissen, das im Kontext der Lösung eines bestimmten Problems erworben wird, an eben diesen Problemkontext gebunden bleibt, sollen Problemlöseprozesse artikuliert und reflektiert werden. Damit soll abstrahiertes Wissen erworben werden, das sich von abstraktem Wissen dadurch unterscheidet, dass es vom Individuum in einer Anwendungssituation selbst aufgebaut wurde.
5. Lernen im sozialen Austausch. Kooperatives Lernen und Problemlösen in Lerngruppen sollen ebenso gefördert werden wie gemeinsames Lernen und Arbeiten von Lernenden mit Experten im Rahmen situierter Problemstellungen. Konkrete instruktionale Ansätze, in denen die Mehrzahl dieser Forderungen zum situierten Lernen umgesetzt wurden, sind der „Cognitive Apprenticeship" Ansatz (Collins 1991), die „Anchored Instruction" (Cognition and Technology Group at Vanderbilt) und die „Random Access Instruction" (Spiro u.a. 1991).

Literatur: Collins, A.: Cognitive apprenticeship and instructional technology. In: Idol, L./Jones, B.F. (Hg.): Educational values and cognitive instruction: Implications for reform. Hillsdale 1991, S. 121-138 – Gerstenmaier, J./Mandl, H.: Wissenserwerb unter konstruktivistischer Perspektive. In: Zeitschrift für Pädagogik 41 (1995), S. 867 ff. – Greeno, J.G./Smith, D.R./Moore, J.L.: Transfer of situated learning. In: Detterman, D.K./Sternberg, R.J. (Hg.): Transfer on trial: Intelligence, cognition, and instruction. Norwood 1993, S. 99-167 – Gruber, H./Law, L.-C./Mandl, H./Renkl, A.: Situated learning and transfer. In: Reimann, P./Spada, H. (Hg.): Learning in humans and machines: Towards an interdisciplinary learning science. Oxford 1995, S. 168-188 – Lave, J.: Situating learning in communities of practice. In: Resnick, L. B./Levine, J. M./Teasley, S. D. (Hg.): Perspectives on socially shared cognition. Washington 1991, S. 63-82 – Renkl, A.: Träges Wissen: Wenn Erlerntes nicht genutzt wird. In: Psychologische Rundschau 47 (1996), S. 78 ff. – Resnick, L.B.: Learning in school and out. Educational Researcher 16 (1987), 9, S. 13 ff. – Resnick, L.B.: Shared cognition: Thinking as social practice. In: Resnick, L.B./Levine, J.M./Teasley, S.D. (Hg.): Perspectives on socially shared cognition. Washington 1991, S. 1-20 – Rogoff, B.: Apprenticeship in thinking: Cognitive development in social context. New York 1990 – Spiro, R.J./Feltovich, P.J./Jacobson, M.J./Coulson, R.L.: Cognitive flexibility, constructivism, and hypertext: Random access instruction for advanced knowledge acquisition in ill-structured domains. In: Educational Technology 31 (1991), 5, S. 24-33

Heinz Mandl/Hans Gruber

Lernwiderstand

Der Begriff L. entstammt dem Umfeld handlungspsychologischer Lernforschung (vgl. Winnefeld 1960, 96 f.). Handlungen sind danach Konsequenzen von Störungen der innerorganischen Gleichgewichtszustände. Solche Störungen werden als Bedürfnisspannungen emotional repräsentiert und motivieren Aktivitäten, die auf die Aufhebung der Bedürfnisspannungen und die Wiederherstellung des Gleichgewichts gerichtet sind. Dazu greift das Individuum zuerst auf Handlungsstrategien zurück, die sich in vergleichbaren Ausgangssituationen bewährt haben. Gelingt die Bedürfnisbefriedigung nicht, weil im Verlauf der Handlungsrealisierung Hindernisse auftauchen und die verfügbaren Handlungsstrategien versagen, so sind prinzipiell zwei Konsequenzen möglich: zum einen die Aufgabe des Handlungsziels, verbunden mit der Verdrängung des Bedürfnisses und Frustration, zum anderen die gezielte Suche nach alternativen Lösungswegen. Im zweiten Falle werden neue Handlungsstrategien entwickelt und erprobt, die dann, so sie Erfolg bringen, als gelernte neue Bewältigungsformen für vergleichbare zukünftige Problemsituationen bereitgehalten werden. Ein Hindernis im Handlungsablauf, das auf diese Weise zur Herausbildung neuer, reproduzierbarer Bewältigungsformen veranlasst, ist demnach ein L.

In der aktuellen Diskussion wird die Thematik durch Beiträge zu einer subjektwissenschaftlichen Lerntheorie unter anderem Blickwinkel neu gedeutet und spezifiziert. Innerhalb dieser Konzeption des Lernens wird der intentionale, begründete Umgang des Subjekts mit seinem Lernen hervorgehoben. Die oben beschriebenen Widerstände im Handlungsablauf werden daher als mögliche Gründe für bewusst vorgenommenes Lernen thematisiert.

Ausgangsgedanke ist, dass das Individuum mit seinem Handeln seine subjektiven, im gesellschaftlichen Kontext entwickelten Lebensinteressen verfolgt, d.h., es ist auf die Verbesserung der Lebensqualität oder die Erweiterung solcher Handlungspotentiale gerichtet, die im Sinne einer Verbesserung der Lebensqualität eingesetzt werden können. Gleich welches Handeln – und eben auch Lernen – kommt mithin (nur) dann zustande, wenn es gemäß dieser Kriterien subjektiv vernünftig begründet ist, wenn also eine Verbesserung der Lebensqualität bzw. der Ausbau entsprechend einsetzbarer Handlungspotentiale antizipiert werden kann.

Widerstände im Handlungsvollzug und die mit ihnen verbundenen Gefühle der Verunsicherung, der Bedrohung oder der Angst schaffen die Ausgangslage für die Analyse der Situation und die Suche nach Lösungswegen: Das Subjekt setzt sich in Distanz zur entstandenen Handlungsproblematik und analysiert sie daraufhin, wie sie entstanden ist und wie sie überwunden werden kann. Ggf. verweist die Analyse auf eine Diskrepanz zwischen der im Vorfeld zur Handlungsthematik bereits erworbenen und der zur erfolgreichen Bewältigung der aktuellen Handlung vorausgesetzten Handlungsfähigkeit. Führt die weitere Analyse zu dem Resultat, dass diese Diskrepanz durch Lernen überwunden werden kann, die Bezugshandlung anschließend erfolgreich auszuführen und das angestrebte Ziel zu erreichen sein wird, kann und, wenn gelernt werden soll, muss die Handlungsproblematik als Lernproblematik bewusst übernommen werden. Die Handlungsausführung wird dann unterbrochen und eine Lernhandlung zwischengeschaltet (Holzkamp 1993, 182 ff.). L., in subjektwissenschaftliche Kategorien gestellt, sind also aufzufassen als Gegenbewegungen bei der Verfolgung von Lebensinteressen, die Gründe für intentionales Lernen liefern, zu deren Überwindung sich also ein Subjekt entscheidet zu lernen.

Für berufsbezogene Lernprozesse bedeutet dies, dass Lernangebote oder -ansprüche allein als Begründungen für motiviertes Lernen nicht ausreichen. Vielmehr muss das Subjekt einen Bezug zu seinen Lebensinteressen erkennen oder herstellen können, der über die bloße Bewältigung der Lernsituation, das Entsprechen einer Fremderwartung oder die Abwehr drohender Nachteile hinausgeht. Im anderen Fall wird die Lernsituation zu einem Bewältigungsproblem, dem sich das Subjekt ggf. ohne die Mühen einer als sinnlos empfundenen Lernanstrengung schadlos zu entziehen sucht oder dem es Widerstand entgegensetzt.

Literatur: Drees, G.: "Bewährte Täuschungen" – Das Lernhandeln als "blinder Fleck" der Berufsbildungspraxis. In: Drees, G./Ilse, F. (Hg.): Arbeit und Lernen 2000 – Berufliche Bildung zwischen Aufklärungsanspruch und Verwertungsinteressen an der Schwelle zum dritten Jahrtausend. Band 1. Reihe: Dialog Wissenschaft/Praxis. Gütersloh 1997, S. 31-62 – Holzkamp, K.: Lernen. Subjektwissenschaftliche Grundlegung. Frankfurt a.M. 1993 – Winnefeld, F.: Psychologische Analyse des pädagogischen Lernvorgangs. In: Lersch, P./ Sander, F./Thomae, H. (Hg.): Pädagogische Psychologie. Handbuch der Psychologie, Bd. 10. Hg. von K. Gottschaldt. Göttingen 1960, S. 93-110 – Zimmer, G.: Die Widersprüche im Lernen entwickeln. Thesen für einen subjektwissenschaftlichen Paradigmenwechsel im pädagogischen Handeln. In: Forum Kritische Psychologie 23. Berlin/Hamburg 1989, S. 50-66

Gerhard Drees

Lernziel

Begriff: Unter einem L. wird generell eine sprachliche Aussage darüber verstanden, welche Lernergebnisse als Resultat von Lerntätigkeiten angestrebt werden. Es handelt sich dabei nicht notwendig um das unmittelbare und bewusste Handlungsziel der Lernenden, sondern vielmehr um die den sozialen Sinn der Lerntätigkeit kennzeichnende Zwecksetzung, das Ziel für einen Lernenden. Es beschreibt Fähigkeiten, Fertigkeiten, Kenntnisse, Einstellungen und Werthaltungen, die im Zuge beabsichtigter (Lehr-)Lernprozesse angeeignet werden sollen; geläufig ist die Unterscheidung zwischen kognitiven, affektiven und psychomotorischen L.

Genese: In der Bildungs- und Curriculumreformdiskussion der 60er und frühen 70er Jahre verdrängte der aus der amerikanischen Literatur übernommene Begriff ("educational objective", "instructional objective") seine bildungstheoretisch akzentuierten Vorläufer wie Bildungsziel oder Lehrziel nahezu vollständig und wurde in einem behavioral-operationalistischen Verständnis zugleich zum Symbol eines technologisch-verkürzten, auf Fremdsteuerung und Lehrerdominanz angelegten Unterrichtsverständnisses (lernzielorientierter Unterricht), das seit Ende der 70er Jahre zunehmend in die Kritik geriet und heute als überwunden angesehen werden kann. Die Forderung nach einer präzisen Benennung von L. (die Begriffe Lehrziel, Unterrichtsziel oder Bildungsziel werden heute weitgehend synonym verwendet) kann demgegenüber heute als didaktischer Gemeinplatz angesehen werden; über die angemessene Art der Lernzielformulierung besteht jedoch nach wie vor kein eindeutiger Konsens. Die Formulierung von L. kann auf unterschiedlichen Ebenen des curricularen und didaktischen Planungsprozesses erfolgen: In →Lehrplänen und Richtlinien durch die Kultusverwaltung, innerhalb von Kollegien als Ausdruck einer gemeinsamen didaktischen Zielorientierung, auf der Ebene der Unterrichtsplanung als Konkretisierung der thematisch-intentionalen Ausrichtung des Unterrichts oder auch als Norm im Zuge individualisierten Lernhandelns. In engem Zusammenhang hierzu lassen sich unterschiedliche Funktionen der Lernzielformulierung unterscheiden, hierbei vor allem: (a) die inhaltliche Orientierungsfunktion, (b) die Motivierungsfunktion und (c) die Legitimationsfunktion. Fragen der angemessenen Lernzielformulierung lassen sich pragmatisch nur im Hinblick auf diese unterschiedlichen Funktionen sinnvoll diskutieren. Bei der Präzisierung von L. können in Abhängigkeit von der jeweiligen Funktion unterschiedliche Aspekte hervorgehoben werden: Im Vordergrund der Diskussion stehen operationale Lernzieldefinitionen, über die vorrangig eine semantisch möglichst eindeutige Angabe der beobachtbaren Elemente der gewünschten Verhaltensdisposition eines Lernenden angestrebt wird. Dem liegt die auf Tyler (1949) zurückgehende Forderung zugrunde, dass ein L. grundsätzlich so formuliert werden solle, dass jeweils ein spezifischer Inhalt und ein auf diesen Inhalt zu beziehendes Verhalten benannt werden. Kennzeichnend für die Debatte zur Lernzieloperationalisierung sind die Fokussierung auf den Verhaltensaspekt (so v.a. bei der Dimensionierung und Taxonomisierung von L.) und der Versuch, komplexe L. als Mengen elementarer Inhalts-Verhaltens-Bündel (→Lernaufgaben) zu erfassen (v.a. Klauer 1974). Unstrittig ist die Notwendigkeit der Lernzieloperationalisierung im Zusammenhang mit der Konstruktion von lernzielorientierten Tests zur Überprüfung des Lernerfolges. Demgegenüber wird kritisiert, dass im Zuge der operationalen Definition von L. die Frage nach der „internen Verhaltensbasis", also den im Gedächtnis verfügbaren Wissensbeständen, aus denen heraus das fragliche Zielverhalten erzeugt wird, aus dem Auge gerate. Diese strukturelle Wissensgrundlage der angestrebten Kompetenzen sei jedoch als Orientierungspunkt für die Unterrichtsplanung zentral, weil es nicht darum gehen könne, unmittelbar die angestrebten (operationalisierten) Verhaltensweisen zu trainieren. Eine strukturelle Lernzieldefinition müsse deshalb der operationalen Definition vorangehen oder diese zumindest ergänzen. In dieser müsse die Wissensstruktur („thematische Struktur") beschrieben werden, die den angestrebten Fähigkeiten zugrunde liegt (so z.B. Füglister 1983). Eine dritte Präzisierungsrichtung von L. bezieht sich schließlich auf deren legitimatorische und motivationale Funktion: Es sollte präzisiert werden, in welchem umfassenden Sinnkontext einzelne L. stehen, indem Zweck-Mittel-Bezüge offen gelegt und dadurch konkrete, operationalisierte L. pädagogischen Leitideen bzw. Qualifikationen zugeordnet und damit in den curricularen Legitimationskontext gestellt werden (funktionale Lernzieldefinition).

Ein zentrales Thema der Lernzieltheorie wie auch der praktischen Lernzielarbeit ist die Frage nach dem Verhältnis allgemeiner zu spezifischen L. und damit zugleich nach dem Verhältnis pädagogischer Leitideen zu detaillierten, operationalisierten L. Verbreitet ist in diesem Zusammenhang die auf Chr. Möller zurückgehende Unterscheidung von L. in der Abstraktionsdimension nach „Richtzielen", „Grobzielen" und „Feinzielen". Trotz der berechtigten Kritik hieran – die Ebenen seien nicht klar voneinander abzugrenzen und sie legten die Möglichkeit eines logischen Ableitungszusammenhanges nahe, den es aus logischen Gründen nicht geben könne (Deduktionsproblem nach Meyer) – ist die Formulierung von L. auf höheren Abstraktionsniveaus insbesondere in legitimatorischer Hinsicht von Bedeutung. Während abstrakt formulierte L. eine Vielzahl alternativer Konkretisierungen zulassen („ökologische Probleme wirtschaftlicher Entscheidungen erläutern können"), die aus diesen jedoch nicht logisch ableitbar sind, müssen hiervon komplex formulierte L. deutlich unterschieden werden, die ein umfassenderes L. sprachlich verdichten, aus denen jedoch detaillierte L. eindeutig rekonstruierbar sind („die geldpolitischen Instrumente der Bundesbank beschreiben können").

Literatur: Füglister, P.: Lehrzielberatung als Reflexion didaktischen Handelns mit Schülern. München 1978 – Klauer, K. J.: Methodik der Lehrzieldefinition und Lehrstoffanalyse. Düsseldorf 1974 – Meyer, H.: Trainingsprogramm zur Lernzielanalyse. Frankfurt a.M. [12]1991 – Schmitt, R.: Lernzielformulierung. In: Hameyer, U./Frey, K./Haft, H. (Hg.): Handbuch der Curriculumforschung. Weinheim/Basel 1983, S. 607-616

Tade Tramm

Medien in der beruflichen Bildung

Im Rahmen beruflicher Bildungsprozesse setzen sich die Auszubildenden mit unterschiedlichen Inhalten auseinander. Die Inhalte können in unterschiedlicher Form dargestellt sein, und zwar (1) in realer Form, z.B. bei der Arbeit mit einer Werkzeugmaschine in der gewerblich-technischen Ausbildung oder mit Bürogeräten in der kaufmännischen Ausbildung, (2) in modellhafter Form, z.B. beim Umgang mit einem Getriebemodell oder beim Lernen in einem simulierten Büro, (3) in abbildhafter Form, z.B. bei der Verwendung von Fotos oder schematischen Darstellungen von Maschinen oder Geräten, (4) in symbolischer Form, z.B. bei der verbalen Beschreibung von Fertigungsprozessen oder von Vorzügen des Bankverkehrs.

Im allgemeinen Sinne kann man die Form, in der ein Inhalt präsent ist, als *Medium* bezeichnen. Bei einer solch weiten Auffassung beschreibt der Begriff „Medium" ein konstitutives Element der Interaktion des Menschen mit seiner Umwelt. Dies bedeutet, dass jede *Interaktion* und *Kommunikation* – d.h. auch jeder unterrichtliche und erzieherische Vorgang – eine mediale Komponente hat. Diese ist mitentscheidend für die Vorstellungen, die Jugendliche von den jeweiligen Sachverhalten bzw. von der Wirklichkeit überhaupt entwickeln. So wird ein Jugendlicher, der eine Windenergieanlage in der Natur erlebt und die entsprechenden technischen Einrichtungen besichtigt hat, andere Vorstellungen mit dem Begriff „Windenergieanlage" verbinden als ein Jugendlicher, der den Begriff (nur) durch Erläuterungen einer Lehrperson kennen gelernt hat. Der Medienbegriff wird in der Literatur allerdings nicht einheitlich verwendet. Er reicht von dem skizzierten umfassenden Begriffsverständnis bis zu einer engeren Begriffsauffassung, bei der nur dann von Medien gesprochen wird, wenn Informationen in abbildhafter oder symbolischer Form mit Hilfe technischer Einrichtungen übertragen, gespeichert oder verarbeitet und in kommunikativen Zusammenhängen wiedergegeben werden. In diesem Falle spricht man auch von technischen Medien. Beispiele für solche Medien sind Printmedien, Arbeitstransparente, Hörmedien, Filme, Videoaufzeichnungen und Fernsehsendungen sowie digitale Medien. In der Didaktik haben Gedanken zu der Frage, in welcher Form die zu lernenden Inhalte an Kinder und Jugendliche herangetragen werden sollen und welche (technischen) Hilfsmittel für das →Lernen geeignet erscheinen, eine lange Tradition. Ein früher Ausdruck solcher Überlegungen ist das von *Comenius* (1658) herausgegebene bebilderte Lehrbuch „Orbis sensualium pictus" („Die sichtbare Welt"). Auch in der Folgezeit haben Pädagogen immer wieder über geeignete Anschauungsmittel für das Lehren und Arbeitsmittel für das Lernen nachgedacht. Allerdings blieben diese Überlegungen zunächst der Methodik des Lehrens zugeordnet. Erst als *Heimann* (1962) unter dem Eindruck der zunehmenden Bedeutung des Fernsehens die Medienabhängigkeit – neben Intentionalität, Inhaltlichkeit und Methoden-Organisation sowie anthropologischen und sozial-kulturellen Determinanten – als eigenes Strukturmoment des Unterrichts auswies, entwickelte sich in der Bundesrepublik Deutschland eine eigenständige *Mediendidaktik*.

Historisch betrachtet lassen sich vor allem fünf Konzepte der Medienverwendung ausmachen: das Lehrmittelkonzept, das Arbeitsmittelkonzept, das Bausteinkonzept, das Systemkonzept und das Lernumgebungskonzept. Beim *Lehrmittelkonzept* werden Medien, z.B. Wandkarten, Bildtafeln, Fotos und Diapositive, insbesondere zur Veranschaulichung – sonst nur verbal vermittelter Inhalte – von der Lehrperson in das Unterrichtsgeschehen integriert. Das *Arbeitsmittelkonzept* entstammt dem reformpädagogischen Denken zum Beginn des 20. Jahrhunderts, in dessen Rahmen Medien vor allem als *Lernmittel* begriffen wurden. Unterrichtsmaterialien sollten, z.B. in der Arbeitsschulbewegung, das selbstständige Lernen von Kindern und Jugendlichen ermöglichen und unterstützen. Das *Bausteinkonzept*, das mit dem zunehmenden Angebot an Lehrfilmen sowie Schulfunk- und Schulfernsehsendungen in den 1960er Jahren in der Bundesrepublik Deutschland aufkam, ist dadurch gekennzeichnet, dass entsprechende „Bausteine" für geeignete Phasen des Unterrichts, z.B. für die Informationsdarbietung, Vermittlungsaufgaben übernehmen und das Lernen erleichtern sollen. Auf der Basis angloamerikanischer Ansätze zur *Programmierten Unterweisung* entwickelte sich parallel zum Bausteinkonzept das

Systemkonzept, bei dem das Lehren im Unterricht weitgehend auf einen Verbund verschiedener Medien, z.B. Lehrfilme und Lehrprogramme, übertragen wird. Der Lehrperson kommen dabei vor allem organisatorische und beratende Funktionen zu. Neben den genannten Konzepten hat sich ein weiteres Konzept entwickelt: das *Lernumgebungskonzept*. Lernen soll dabei als aktive Auseinandersetzung von Lernenden mit ihrer Lernumgebung gestaltet werden. Elemente einer solchen Lernumgebung können unter anderem technische Medien sein. Eine Variante des Lernumgebungskonzepts stellt z.B. die Verwendung von computergestützten Simulationen dar. Hier werden die Lernenden mit komplexen Problemsituationen konfrontiert, z.B. Leitung eines Betriebes, fällen dazu bestimmte Entscheidungen und erhalten für diese mit Hilfe eines entsprechenden Simulationsprogramms Rückmeldungen. Insgesamt geht es beim Lernumgebungskonzept darum, dass Lernende die Informationen, die sie zur Bearbeitung einer Fragestellung benötigen, selbstständig in Interaktion mit ihrer Lernumgebung erarbeiten, z.B. durch Zugriff auf ein computergestütztes Informationssystem oder eine multimediale Lernumgebung. (→Multimedia)

Eine weitere Ausformung dieses Konzepts sowie die Berücksichtigung medienerzieherischer Überlegungen stellt – auch im Hinblick auf die zunehmende berufliche und freizeitbezogene Bedeutung von Medien – eine wichtige Aufgabe für die Zukunft dar.

Literatur: Tulodziecki, G./Herzig, B.: Mediendidaktik. Medien in Lehr- und Lernprozessen. Stuttgart 2004 – Strittmatter, P./Niegemann, H.: Lehren und Lernen mit Medien. Eine Einführung. Darmstadt 2000 – Herzig, B. (Hg.): Medien machen Schule. Grundlagen, Konzepte und Erfahrungen zur Medienbildung. Bad Heilbrunn 2001 – Meister, D. M./Sander, U.: Multimedia – Chancen für die Schule. Neuwied 1999 – Kremer, H.-H.: Medienentwicklung. Theoretische Modellierung und fachdidaktisch ausgerichtete Anwendung. Köln: Botermann & Botermann 1997

Gerhard Tulodziecki

Mehrdimensionale Lern-Lehr-Theorie

In den 70er Jahren fanden die Termini Lehr-Lern-Theorie und Lehr-Lern-Forschung Eingang in die erziehungswissenschaftliche Diskussion. Sie signalisierten einen Perspektivwechsel: Unterrichtstheorien sollten nicht nur *lehr*theoretisch, sondern *zusätzlich lern*theoretisch begründet und empirisch überprüft werden. Inzwischen haben sich diese Bezeichnungen ‚eingebürgert' mit der Folge, dass unter der Etikette ‚Lehr-Lern-Theorie' didaktische Fragestellungen höchst unterschiedlicher Art bearbeitet werden. Deswegen wurde eine Position entwickelt, die konsequent Handeln und →Lernen zum Ausgangspunkt ihrer Überlegungen macht, wie sie dem Schwerpunktprogramm ‚Lehr-Lern-Forschung' der Deutschen Forschungsgemeinschaft (1974-1979) zugrunde lag und im Schwerpunktprogramm ‚Lehr-Lern-Prozesse in der kaufmännischen Erstausbildung' (1994-1999) wieder zu finden ist.

Kennzeichen dieses lern-lehr-theoretischen Ansatzes sind die drei Ebenen interne und externe Bedingungen und die aktuellen Vollzüge. Zu den *internen Bedingungen* gehören psychische Merkmale einer Person wie Kenntnisse, Wissen, Fähigkeiten, Motive und emotionale Dispositionen. Die *externen Bedingungen* bestehen aus allem, was sich aus der Sicht des handelnden Individuums außerhalb von ihm befindet und von ihm wahrgenommen wird. Für einen Schüler sind das insbesondere das Lehrerverhalten, die Aufgaben, die Medien und die Lehrformen, die ihrerseits mit Lehr- und Bildungszielen in Beziehung stehen. Die Brücke zwischen den internen und externen Bedingungen wird durch das Verhalten der Person hergestellt (Klauer 1973). Aussagen wie ‚einen Hammer schwingen' oder die ‚natürlichen Zahlen 6 und 8 zu addieren' deuten jedoch an, dass motorisches *Verhalten* (schwingen) oder kognitives *Handeln* (addieren) nicht ohne Bezug zu einem Gegenstand (Hammer, Zahlen) zu realisieren ist. Diese Gegenstände befinden sich allerdings nicht selbst im Handelnden, sondern in Form von *Information*, die der Handelnde über jene Gegenstände erzeugt. Handeln ist zudem emotional getönt und wird motivational eingeleitet, aufrechterhalten und nachverarbeitet. Handeln umfasst damit vier Dimensionen: die motorische als das für Außenstehende beobachtbare Verhalten, die kognitive (wie kognitive und metakognitive Strategien), die motivationale (wie aktuelles Interesse) und die emotionale (wie Freude, Ärger), was mit dem Attribut *mehrdimensional* ausgedrückt wird.

Handeln und Information bilden konstitutive Elemente einer *Handlungsepisode*, die allerdings im Augenblick ihres Vollzug vergangen ist. Soll sie erneut stattfinden, muss eine Handlungsepisode von der Person erneut auf der Grundlage ihrer internen Bedingungen erzeugt werden.

Es gilt, dass ohne Handeln kein Lernen möglich ist, aber nicht jedes Handeln zu Lernen führt. *Lernen* hat demnach dann und nur dann stattgefunden, wenn sich personale interne Bedingungen nachhaltig verändert haben. Für Lehren als externe Bedingung folgt daraus, dass potentielle Lernaufgaben, Medien, Lehrformen und Lehrerverhalten begründet zu arrangieren sind, damit jene Handlungsepisoden mit hoher Wahrscheinlichkeit ausgelöst und aufrecht erhalten werden, die zur nachhaltigen Veränderungen interner Bedingungen führen. Insofern stellt sich der Lern-Lehr-Zusammenhang als ein mehrdimensionaler und auf mehreren Ebenen stattfindender Prozess dar (Bransford et al. 2000, Straka & Macke 2005).

Literatur: Bransford, J. D./Brown, A. L./Cocking, R. R. (Eds.): How people learn. Washington DC. 2000 – Klauer, K.J.: Revision des Erziehungsbegriffs. Grundlagen einer empirisch-rationalen Pädagogik. Düsseldorf 1973 – Straka, G.A./Macke, G.: Lern-Lehr-Theoretische Didaktik. Münster ³2005

Gerald A. Straka

Methoden der Berufs- und Wirtschaftspädagogik

Im Rahmen der erziehungswissenschaftlichen Arbeitsteilung stellt sich der Teildisziplin →Berufs- und →Wirtschaftspädagogik (BuWp) die Aufgabe, den Prozess der Eingliederung der nachwachsenden Generation in die beruflichen und betrieblichen Leistungsstrukturen des Beschäftigungswesens per Forschung in Erkenntnis zu überführen und zugleich – abgehoben auf die für die Pädagogik konstitutive Humanitätsidee – sinnauslegend und sinnsetzend zu begleiten. Als Wissenschaft steht sie unter dem Anspruch, Distanz gegenüber dem Wirklichkeitsfeld Berufserziehung mit den sich in ihm artikulierenden politischen und praktischen Interessen zu wahren sowie aspektgebunden, kategoriengeleitet und systematisch allein der Wahrheitsidee zu dienen. Die von ihr dabei anzuwendenden wissenschaftlichen Verfahren werden auch als Methoden bezeichnet. Sie müssen ziel- und sachgerecht sein und stehen unter dem Postulat strenger Handhabung. Da die BuWp ihrem Wissenschaftscharakter nach Teil der Erziehungswissenschaft ist und diese wiederum Teil der pragmatischen Sozialwissenschaften, besitzt sie keine eigene Methodologie und damit auch kein spezielles methodisches Aggregat.

Am Anfang ihrer erst in den zwanziger Jahren unseres Jahrhunderts ansetzenden Wissenschaftsgeschichte bediente sich die BuWp fast ausschließlich hermeneutischer Methoden. Die Handelsschul- und spätere Wirtschaftspädagogik war darauf gerichtet, sich als Spezialdisziplin zu legitimieren, und zwar unter Bezug darauf, dass die Handelsakademie-Bewegung in der zweiten Hälfte des 18. Jahrhunderts ein Beleg für den hohen gesellschaftlichen Stellenwert kaufmännischer Theorie sei und eineinhalb Jahrhunderte später erst recht Basis für eine akademische Handelslehrerbildung sein müsse. Gleichermaßen für Wirtschafts- und →Berufspädagogik gewann in eben dieser Zeit die kulturphilosophische Ausdeutung ihrer Wissenschaftsaufgabe Bedeutung. Wirtschaft und Technik wurden unter Berufung auf E. Spranger („Lebensformen" – 1914) als Kulturgebiete mit „pädagogischer Schöpferkraft" ausgegeben, deren sich eine eigene pädagogische Disziplin annehmen müsse, um den „Bildungstypen" mit einer ökonomisch-technischen Lebensform gerecht werden zu können. Das von Kerschensteiner formulierte „Grundaxiom des Bildungsprozesses" (2. A. 1924) fand Eingang in die „klassische deutsche Berufsbildungstheorie" (→Berufsbildungstheorie). Sie war bis in die sechziger Jahre hinein das beherrschende hermeneutische Instrument, mit dem es (scheinbar) gelang, die sich per Neigung und Eignung artikulierenden Entfaltungsbedürfnisse der Individuen („innerer Beruf") und die Reproduktionsbedürfnisse des von Arbeitsteilung und Arbeitszerlegung geprägten Beschäftigungswesens (Welt der „äußeren Berufe") harmonistisch zu versöhnen.

Seit Ende der sechziger Jahre rückte im Zuge der starken Ausweitung der neomarxistischen emanzipatorischen BuWp die dialektische Methode für knapp eineinhalb Jahrzehnte ins Zentrum des Interesses. Unter den Bezeichnungen Handlungs- oder Aktionsforschung wurde Praxis und Theorie unterstellt, sie hätten den gleichen Ursprung und verfolgten die gleiche Richtung. In einem sich gewissermaßen hochschaukelnden dialektischen Prozess würden sie über Widersprüche und Krisen hinweg zueinander finden und jene Veränderung der politisch-gesellschaftlichen Rahmenbedingungen herbeiführen, die der Verwirklichung einer emanzipierenden reinen Menschenbildung bislang entgegengestanden hätten. Das gelte auch für den gesamten Sektor beruflich-betrieblicher Qualifizierung: Der „heimliche Lehrplan" des spätkapitalistischen Schul- und Ausbildungswesens würde natürlicherweise von denen zur Disposition gestellt, die ihn im Zusammenspiel von BuWp und Praxis hinterfragt und durchschaut hätten.

Seit Mitte der achtziger Jahre setzt sich in der BuWp immer stärker das Paradigma empirischer Forschung durch. Gestützt auf den Kritischen Rationalismus treten die Fachvertreter mit einem in Hypothesen gefassten Vorverständnis an die berufserzieherische Realität heran, wobei es ihnen weniger darum geht, Gegebenheiten deskriptiv begrifflich zu bezeichnen, als darum, den Zusammenhang zwischen berufserzieherisch relevanten Maßnahmen und den durch sie herbeigeführten Effekten zu ermitteln. Dabei spielt die in Schulen und Betrieben vorgenommene Feldforschung eine immer größere Rolle. Während die evaluierende Begleitung von →Modellversuchen in den siebziger Jahren weitgehend dem emanzipatorischen Paradigma der Handlungsforschung verpflichtet war, werden jetzt die Standards der empirischen Sozialforschung zunehmend für die Analyse der modellhaften Vorwegnahme berufserzieherischer Innovationen verbindlich. Die systemtheoretisch verfahrende pädagogische Evaluationsforschung hat sich noch nicht durchsetzen können. Das ist vor allem deshalb schwer erklärbar, weil diese Forschungsmethode in besonderer Weise geeignet ist, die kognitive und die pragmatische Dimension des erziehungswissenschaftlichen Forschungsinteresses systematisch miteinander zu verknüpfen. Indem zielbezogene institutionelle und curriculare Maßnahmen als pädagogische Subsysteme im Sinne komplexer regulativer Ideen gefasst werden, besteht empirisch die Möglichkeit, das sich in der Wirklichkeit Ereignende kontinuierlich auf die intendierten Sollgrößen zu beziehen und es von hierher kritisch zu beschreiben bzw. zu deuten.

Die BuWp muss sich gegenüber unterschiedlichen Erwartungen legitimieren, die von Seiten des Staates, der gesellschaftlichen Verbände und der öffentlichen Meinung an sie herangetragen werden. Die Disziplin wäre gut beraten, wenn sie sich nicht auf einen methodischen Ansatz versteifte, sondern je nach Sach- und Interessenlage ihre Wahl treffen würde. Die

Zukunft gehört dem paradigmatisch gebundenen Methodenpluralismus und nicht einem borniertem Methodenmonismus.

Literatur: Krumm, V.: Kritisch-rationale Erziehungswissenschaft. In: Lenzen, D./Mollenhauer, K. (Hg.): Theorie und Grundbegriffe der Erziehung und Bildung. Enzyklopädie Erziehungswissenschaft. Bd. 1. Stuttgart 1983, S. 139-154 – Lempert, W./Franzke, R.: Die Berufserziehung. München 1976 – Zabeck, J.: Die Berufs- und Wirtschaftspädagogik als erziehungswissenschaftliche Teildisziplin. Baltmannsweiler 1992 – Zabeck, J.: Entwicklung und Evaluation von Bildungsgängen. In: Rauner, F.: Handbuch der Berufsbildungsforschung. Bielefeld 2005, S. 208-216

Jürgen Zabeck

Modelldenken

Modelle (ital. modello, zu lat. modulus „Maß", „Maßstab") sind in den Wirtschaftswissenschaften Hilfsmittel des wissenschaftlichen Erkenntnisprozesses, die mit dem Ziel konstruiert werden, auf der Grundlage von Funktions-, Struktur- oder Verhaltensähnlichkeiten bzw. analogien Aussagen über ökonomische Phänomene zu entwickeln.

Modellmerkmale: Ein Rückgriff auf die Merkmale einer allgemeinen Modelltheorie von Stachowiak (1965, S. 438 f.; 1973, S. 131) ist immer noch hilfreich bei der Unterscheidung von Modellmerkmalen. Die Unterscheidung zwischen dem Abbildungs-, Verkürzungs- und dem pragmatischen bzw. Subjektivierungsmerkmal macht auf wesentliche Charakteristika von Modellen aufmerksam: Modelle sind immer Modelle von etwas, und zwar Abbildungen natürlicher oder künstlicher Gebilde, die wiederum selbst Modelle sein können.

Abbildung kann nicht als „Wirklichkeit" im Sinne eines beliebig verfügbaren Objektbereiches interpretiert werden, sondern ist ein Konstruktionsakt im Hinblick auf ein bestimmtes Erkenntnisziel durch Modell-Konstrukteure. Wissenschaftliches Denken wird damit zu einem Prozess kontinuierlicher Konstruktion und Reorganisation.

Damit ergibt sich das Verkürzungsmerkmal zwingend, da nicht alle Eigenschaften eines „Originals" im Modell erfasst werden, sondern nur jene für den Modell-Konstrukteur bedeutsam erscheinenden Merkmale. Mit dem pragmatischen Merkmal wird deutlich, dass Modelle nicht ihren „Originalen" eindeutig zuordbar sind, sondern eine Ersetzungsfunktion erfüllen, und zwar für bestimmte – erkennende und/oder modellbenutzende – Subjekte, für ein bestimmtes Zeitintervall und eingeschränkt auf bestimmte gedankliche oder tatsächliche Operationen.

Modellbildung: Konstruierte Modelle sind Modelle von einem bestimmten Ausschnitt wirtschaftlichen Geschehens. Der Modell-Konstrukteur bildet nur solche Komponenten, Eigenschaften ab, die er benötigt, um jene für das Erkenntnisziel wichtigen wirtschaftlichen Aktivitäten und Zusammenhänge durchschaubar zu machen. Der Vorgang der Modellbildung abstrahiert vom Original in mehrfacher Weise und zwar

1. durch Aggregation: Zusammenfassung einer Vielzahl gleichartiger Elemente zu einer Größe;
2. durch Mechanisierung: Annahme vereinfachter Verhaltensweisen, deren Ursache in wenigen Motivationen oder nur in einer →Motivation liegt;
3. durch Isolierung: z.B. Ausschluss nicht ökonomisch erfassbarer Umweltfaktoren aus der Betrachtung.

Die Problematik beim Umgang mit Modellen, das gilt für den Modellbenutzer in gleicher Weise wie für den Modellkonstrukteur, liegt darin, dass nicht alle Modelle in gleicher Weise brauchbar und erklärungskräftig sind. Die Schwierigkeit besteht darin, Modelle so zu konstruieren, dass die im Hinblick auf ein Erkenntnisziel als irrelevant und unbedeutend angesehenen Aspekte und Phänomene unberücksichtigt bleiben und nur die wesentlichen Faktoren, Elemente und Zusammenhänge, die das wirtschaftliche Geschehen erklären, bzw.

vorhersagen können, aufgenommen werden. Damit kann die Reichweite und Aussagefähigkeit von Modellen vom Modellbenutzer nur dann richtig eingeschätzt werden, wenn dieser die relevanten Annahmen des Modells kennt.

Hans Albert (1963, S. 410) hat immer wieder auf die als „Modellplatonismus" bezeichnete Gefahr hingewiesen, „ökonomische Aussagen und Aussagemengen (Modelle) durch Anwendung konventionalistischer Strategien gegen die Erfahrung zu immunisieren." Auch in didaktischen Materialien lassen sich hierfür nicht selten Belege finden. Diese Erscheinung muss unterschieden werden von der Frage, ob empirische Tests eines Denkmodells sich auf den Input der Theorie oder auf ihren Output zu beziehen haben. Nicht die Modellannahmen sind auf ihren Realitätsgehalt zu untersuchen, sondern die Modellergebnisse, d.h. die aus dem Modell abgeleiteten Hypothesen. Die Annahmen sollten sich nicht durch einen vermeintlich höheren Realitätsgehalt, sondern durch ein vergleichsweise größeres heuristisches Potential auszeichnen, was nicht bedeuten muss, dass die Wahl und Formulierung von Annahmen beliebig ist. An Modellannahmen ist im Sinne von I. Pies (1993, S. 114) nicht die Wahrheitsfrage, sondern die Nützlichkeitsfrage heranzutragen. Der „homo oeconomicus" ist in diesem Sinne kein realistisches, alle Faktoren menschlichen Verhaltens abdeckendes Menschenbild, sondern ein Analysekonstrukt.

Die Verwendung von Modellen im Wirtschaftsunterricht: Modelle können nur dann produktive Lern- und Erkenntnisprozesse bei Schülern initiieren, wenn die Schüler nachvollziehen können, welche Ausschnitte des wirtschaftlichen Geschehens im Modell repräsentiert werden, welche Annahmen in das Modell eingeflossen sind, um so erkennen zu können, welche Perspektivierungen, Akzentuierungen und Reduktionen vorgenommen wurden.

Bei der Konstruktion didaktischer Modelle für den Wirtschaftslehreunterricht lassen sich beispielsweise folgende Aspekte berücksichtigen (vgl. Buddensiek/Kaiser/Kaminski 1980, S. 114; Kaiser/Kaminski 1990, S. 15):

1. Hinsichtlich der Art der Modellkonstruktion sind die spätere Verwendungssituation und die potentiellen Modellbenutzer (Schüler der Sek. I oder Sek. II) zu berücksichtigen. Modelle für den Wirtschaftslehreunterricht sollten sich durch möglichst hohe Transparenz auszeichnen.
2. Modelle für den Wirtschaftslehreunterricht sollten so konstruiert sein, dass die Reichweite und Grenzen des Modells aufgrund ihrer Machart unmittelbar für Schüler erkennbar sind, bzw. im Unterricht ohne großen Aufwand erarbeitet werden können. Das gilt für theoretische Modelle ebenso wie für Modelle des Wirtschaftskreislaufes, für →Simulationsspiele, Preisbildungsmodelle, Prognosemodelle, Organisationsdiagramme, Modell-Betriebe (z.B. in Form von →Lernbüros) usw.
3. Die Relevanz des Modells hinsichtlich der Erklärungskraft gegenwärtiger und zukünftiger Lernsituationen ist zu begründen.
4. Die Konstruktion der Modelle ist so offen anzulegen, dass sie von den Schülern rekonstruiert, verändert und weiterentwickelt werden können. Der Einsatz von Modellen erfordert eine →Unterweisung der Schüler über den Werkzeugcharakter der Modelle (Meta-Unterricht) – und über die Art und Weise, wie sich mit Hilfe von Modellen Erkenntnisse gewinnen lassen.
5. Bei einer Verwendung z.B. wirtschaftswissenschaftlicher Modelle ist zu prüfen, inwieweit die Schüler diese als Handwerkszeug für ihre Erkenntnisgewinnung nutzen können. Es gilt also zu prüfen, welche Erklärungskraft diese Modelle für sie tatsächlich besitzen, bzw. ob sie bestimmte Erkenntnisprozesse bei Schülern nicht eher verhindern.

Literatur: Albert, H: Modell-Platonismus. Der neoklassische Stil des ökonomischen Denkens in kritischer Beleuchtung. In: Topitsch, E. (Hg.): Logik der Sozial-

wissenschaften. Köln 1972, S. 406-434 – Buddensiek, W./Kaiser, F.-J./Kaminski, H.: Grundprobleme des Modelldenkens im sozioökonomischen Lernbereich. In: Stachowiak, H. (Hg.): Modelle und Modelldenken im Unterricht – Anwendungen der Allgemeinen Modelltheorie auf die Unterrichtspraxis. Bad Heilbrunn 1980, S. 92-122 – Kaiser, F.-J./Kaminski, H.: Methodik des Ökonomieunterrichts – Grundlagen eines handlungsorientierten Lernkonzepts mit Beispielen. Bad Heilbrunn ²1997 – Kaiser, F.-J./Kaminski, H.: Modelle im Arbeits- und Wirtschaftsunterricht. In: arbeiten + lernen 11 (1990), 72, S. 14 f. – Pies, I.: Normative Institutionenökonomik. Tübingen 1993 – Stachowiak, H.: Gedanken zu einer allgemeinen Theorie der Modelle. In: Studium Generale 18 (1965), 7, S. 438 ff. – Stachowiak, H.: Allgemeine Modelltheorie. Wien/New York 1973

Hans Kaminski

Modellversuche und Modellversuchsforschung

Modellversuche sind Experimente in sozialen Feldern. Sie zielen auf die Erprobung („versuch") pädagogisch-didaktischer Konzepte („Modell-"). Man unterscheidet Schulmodellversuche (schulischer Bereich der Berufsbildung) und →Wirtschaftsmodellversuche (außerschulischer Bereich der Berufsbildung). Der Begriff „Modellversuchsforschung" deutet an, dass es darum geht, über diese Erprobung hinausgehend wissenschaftliche Erkenntnisse zu gewinnen. Modellversuche und deren wissenschaftliche Reflexion finden innerhalb des beruflich strukturierten Beschäftigungssystems statt. Sie sind von daher Bestandteil der Berufsbildungsorganisation. Demzufolge muss man auch die organisatorische, die wissenschaftliche und die didaktische Dimension von Modellversuchen unterscheiden.

Organisatorisch muss man den Aufbau und den Ablauf von Modellversuchen unterscheiden. Ausgangspunkt des Modellversuchsaufbaus ist das Modellversuchsfeld (z.B. der betriebliche Ausbildungsplatz). In diesem Feld wird eine Veränderung erprobt (z.B. der Einsatz von Selbstlernprogrammen). Der „Erfolg" einer solchen Veränderung zeigt sich am Lernsubjekt. Subjekte der Veränderung können Personen (z.B. →Auszubildende) oder Organisationen (z.B. Betriebe) bzw. Organisationseinheiten (z.B. Ausbildungsabteilungen) sein. Diejenigen, die die Veränderung bewirken sollen, werden als Feldagenten bezeichnet (z.B. →Ausbilder). Das Modellversuchsfeld ist in eine Institution eingebunden. Hierbei handelt es sich nicht nur um Betriebe oder Schulen (Primärorganisationen), die Modellversuche initiieren und durchführen, sondern v.a. auch um Verbände, Interessenvertretungen, überbetriebliche Ausbildungsstätten, Bildungsakademien in unterschiedlicher Trägerschaft etc. (Sekundärorganisation). Diese Institutionen, die den Modellversuch durchführen, werden als Modellversuchsträger bezeichnet. Sie sind in das korporative System der Berufsbildung eingebunden. Schließlich gibt es bei Modellversuchen eine sog. wissenschaftliche Begleitung, die den Verlauf des Versuchs dokumentiert und reflektiert und – je nach Forschungskonzeption – sich an der Gestaltung des Modellversuchsfeldes beteiligt. Modellversuche werden (teilweise anteilig und teilweise vollständig) aus öffentlichen Mitteln finanziert. Die Entscheidung über die Mittelvergabe erfolgt in einem Abstimmungsprozess zwischen Modellversuchsträger und den beteiligten politischen Instanzen (z.B. →Bundesinstitut für Berufsbildung, zuständige Bundes- und Landesministerien im außerschulischen Bereich).

Diese Abstimmungsproblematik verweist auf den Ablauf von Modellversuchen. Zu unterscheiden sind drei Phasen: Antragsverfahren, Durchführung und Transfer. Im Antragsverfahren stimmen sich der Modellversuchsträger, die wissenschaftliche Begleitung und die politischen Instanzen über die Ziele, die Vorgehensweise und die Finanzierung ab. Dies ist ein politischer Prozess, der Einfluss auf die Durchführung des Modellversuchs hat. Die Modellversuchsdurchführung kann gleichfalls als ein Abstimmungsprozess gedeutet werden. Es geht hierbei um die Implementation eines Konzeptes, welches während des Antragsverfahrens konturiert wurde. Sehr häufig dient der Modellversuch der Präzisierung dieses Konzeptes. Dabei kommt es auch dazu, dass die Ziele des Modellversuchs neu definiert werden müssen. Die Übertragung der Ergebnisse des Modellversuchs auf andere Bereiche ist Gegenstand der Transferphase. Hierbei zeigt sich, dass eine solche Übertragung gleichsam einer Re-Konzeptualisierung des Modellversuchs für neue Organisationen bedarf. Es reicht nicht aus, Ergebnisse als schriftliche Dokumente zur Verfügung zu stellen.

Wissenschaftlich relevant ist die Frage, welchem Anspruch die Modellversuchsforschung genügt. Dies ist zuvorderst davon abhängig, welche Maßstäbe und Ansprüche man an Wissenschaft stellt. In Modellversuchen findet eine Kooperation zwischen Institutionen der Berufsbildung und der Forschung statt. Diese wird als Wissenschaft-Praxis-Kommunikation definiert, weil sie einen institutionalisierten Austauschprozess darstellt. Auf der Grundlage dieser institutionalisierten Zusammenarbeit kann die Begleitforschung eine dokumentierende, experimentelle oder partizipierende (entwickelnde) Vorgehensweise sein. Dokumentierende Forschung zeigt sich in einer um Neutralität und Distanz bemühten Reflexion des Modellversuchsverlaufs. Experimentelle Forschung zielt auf die Überprüfung von Hypothesen im Modellversuchsverlauf und partizipierende bzw. Entwicklungsforschung auf die konzeptionelle Mitentwicklung.

Modellversuche sind didaktische Experimente. Eine didaktische Konzeption ist Voraussetzung für die Entwicklung eines Modellversuchskonzeptes, für dessen Implementation und für die Auswertung der Erfahrungen, die in Modellversuchen gewonnen werden. Diese didaktische Konzeption entwickelt sich im Modellversuchsverlauf weiter. Es gibt daher eine Unschärfe zwischen der didaktischen Konzeption und dem empirischen Feld, die aus der Interaktion zwischen dem Reflexionskonzept mit dem Reflexionsgegenstand erwächst. Die Besonderheit der Modellversuchsforschung ist darin zu sehen, dass didaktisches Wissen innerhalb des organisatorischen Rahmens des Berufsbildungssystems gewonnen wird. Sie ist deshalb als eine Form realistischer Forschung anzusehen.

Literatur: Achtenhagen, F.: Wie kann die Wirtschaftspädagogik Modellversuche und Ausbildungspraxis im kaufmännischen Schulwesen fördern? In: Bundesminister für Bildung und Wissenschaft (Hg.): Neue Informationstechnologien in kaufmännischen Modellversuchen. Bonn 1989, S. 79-101 – Bundesinstitut für Berufsbildung (BIBB): Modellversuche im außerschulischen Bereich der beruflichen Bildung. Erläuterungen, Hinweise, Grundlagen. Unveröffentlichtes Manuskript. Berlin 1985 – Benteler, P. u.a.: Modellversuchsforschung als Berufsbildungsforschung. Köln 1985 – Brockmeyer, R.: Wissenschaftliche Begleitung. Zusammenarbeit von Verwaltung und Wissenschaft. In: Unterrichtswissenschaft 6 (1978), 2, S. 113-125 – Sloane, P.F.E.: Modellversuchsforschung. Überlegungen zu einem wirtschaftspädagogischen Forschungsansatz. Köln 1992 – Sonntag, K.: Evaluation in der Berufsbildungsforschung im Beziehungsgefüge unterschiedlicher Interessen. In: Will, H./Winteler, A./Krapp, A.: Evaluation in der beruflichen Aus- und Weiterbildung. Konzeption und Strategien. Heidelberg 1987, S. 61-74 – Weishaupt, H.: Modellversuche im Bildungswesen und ihre wissenschaftliche Begleitung. In: Max-Planck-Institut für Bildungsforschung (Hg.): Bildung in der Bundesrepublik Deutschland. Bd. 2. Reinbek 1980, Sp. 1287-1342

Peter F.E. Sloane

Moderation von Lehr-/Lernprozessen

Moderation, im lateinischen Ursprung (1) Lenkung, Regierung, (2) Mäßigung, Selbstbeherrschung, ist besonders im Rundfunk und Fernsehen die Bezeichnung für eine Gesprächs- oder Diskussionsleitung. Die beiden Bedeutungen des lateinischen Ursprungs kennzeichnen dabei die Aufgabe wie die dazu erwünschten Eigenschaften des Moderators als

des Gesprächs- oder Diskussionsleiters. Diese spannungsreiche Verbindung der beiden Begriffsbedeutungen kann auf die Moderation von Lehr-/Lernprozessen übertragen werden.
Eine solche Begriffsverwendung geht zurück auf Ende der 60er Jahre eingeführte Praktiken der Unternehmensberatung und Managementschulung, nachdem belehrungsorientierte Maßnahmen externer Fachleute vielfach auf Akzeptanzprobleme im Firmenmanagement gestoßen waren.
Im Bemühen um den Einbezug der Mitarbeiterkompetenzen entstand eine akzeptanzorientierte Methode, die zunächst als „Entscheidertraining" (Schnelle 1968), dann als „Metaplan-Methode" und schließlich als „Moderationsmethode" bezeichnet wurde (Klebert/ Schrader/Straub 1987). Als solche wird sie inzwischen in vielfältigen Gruppen-Lehr- und Lernprozessen angewandt. Sie beruht auf drei wichtigen Prinzipien, nämlich der Visualisierung, dem lediglich unterstützend statt belehrend agierenden Moderator und den verwendeten Frage- und Antworttechniken als Verbindung zwischen den Teilnehmern, dem Moderator und der Visualisierung.
Die Visualisierung bedient sich verschiedenfarbiger und unterschiedlich geschnittener Kärtchen, die beschrieben und strukturell geordnet an einer Steckwand (Pinnwand) angebracht werden. Die Dicke der benutzten Filzstifte wie die Notwendigkeit der Lesbarkeit aus einiger Entfernung bedingen dabei die auch methodisch erwünschte Konzentration auf wenige Wörter. Die Visualisierung soll die mündliche Kommunikation effektiver machen, indem sie
1. ein schnelles Einsammeln von Teilnehmerbeiträgen ermöglicht,
2. diese Informationen präsent hält,
3. die Struktur des Themas wie der Diskussion über die Anordnung, Form und Farbe der Karten verdeutlicht,
4. die Konzentration auf das Wesentliche unterstützt.

Für die Anordnung der Kärtchen sind ästhetische, lernpsychologische wie sachstrukturelle Aspekte zu beachten. Grundformen der Anordnung sind die Liste (Untereinanderordnung), die Mehrfelder-Tafel (i.d.R. höchstens vier Felder, z.B. zu Ist, Soll, Chancen, Schwierigkeiten), das Netz oder der Baum (meist gruppenmäßige Anordnung mit Beziehungsstrichen) sowie die Tabelle.
Der Moderator soll von der Kompetenz der Gruppe ausgehen und seine Aufgabe vor allem im Sinne der Mäeutik als „Hebammenkunst" verstehen. Er soll den Problemfindungs- und Lösungsprozess der Gruppe durch Verfahrensvorschläge unterstützen, aber nicht inhaltlich auf ein von ihm gesetztes Ziel hin leiten. Auch bei gruppendynamischen Problemen soll er Verfahrensweisen zur Lösungsfindung vorschlagen, aber keine vorgefertigten Lösungen anbieten. Seine Bemühungen müssen konsensorientiert sein, wobei formaldemokratische Verfahren wie Mehrheitsentscheidungen mit verärgerten Unterlegenen zu vermeiden sind. Die Arbeit des Moderators soll von Interesse und Akzeptanz, Offenheit und selbstkritischer Reflexion getragen sein. Insgesamt unterliegt dem gewünschten Verhalten des Moderators ein Menschenbild, das dem der Themenzentrierten Interaktion (TZI) entspricht.
Neben der generellen Haltung und den Verhaltensregeln wie „Fragen statt Sagen", „Störungen haben Vorrang" oder „Ich- statt Man-Aussagen" sind Frage- und Antworttechniken gewissermaßen standardisierte Verfahren des Einholens von Informationen zum Zwecke des Austauschs in der Gruppe. Unterschieden werden vor allem
– die Kartenabfrage auf eine vorgegebene Fragestellung hin,
– die Zurufabfrage, bei der die mündlichen Äußerungen vom Moderator angeschrieben werden (möglichst zwei Moderatoren),
– die Mind-Map-Abfrage, bei der Zurufe zu einer bereits vorgegebenen Gliederung erfolgen und notiert werden,

– die Einpunktbefragungen, bei der die Teilnehmer mit einem farbigen Klebepunkt ihr Urteil auf einer zweipoligen Skala (z.B. zwischen „sehr interessant" und „uninteressant") oder in einem Koordinatenfeld (z.B. waagerecht „Lernerfolg" von „kaum" bis „viel" und senkrecht „Atmosphäre" von „kaum" bis „gut") darstellen,
– die Mehrpunktbefragungen, bei denen zu mehreren Kriterien je ein Punkt auf einer Skala (z.B. von 0 bis 3) zu vergeben ist.

Neben der Einzelarbeit ist auch die Partnerwie die Kleingruppenarbeit als Vorbereitung eines Austauschs im Plenum möglich. Auch bei Partner- und Gruppenarbeit werden die Ergebnisse in aller Regel auf Kärtchen festgehalten und präsentiert.

Das Moderationsverfahren ist als →Lehr-/Lernmethode dann angemessen, wenn bei komplexen Problemstellungen die in einer Gruppe vorhandenen Kenntnisse im Sinne von Synergie-Effekten fruchtbar gemacht werden sollen. Hier entspricht das Verfahren den heutigen Forderungen nach möglichst eigeninitiativen und selbstverantworteten Lernprozessen und demokratischen Lehrformen. Notwendige Voraussetzungen sind allerdings die Akzeptanz des Verfahrens und des Moderators durch die Gruppe sowie dessen hohe methodische wie humane Kompetenz. Vielfach ist das Zusammenwirken zweier Moderatoren empfehlenswert.

Literatur: Böning, U.: Moderieren mit System. Wiesbaden 1991 – Dauscher, U.: Moderationsmethode und Zukunftswerkstatt. Neuwied 1996 – Klebert, K./Schrader, E./Straub, W.: ModerationsMethode. Hamburg 1987 – Schnelle, E.: Evolution des Management. Quickborn 1968

Wilhelm Hagemann

Module in der Berufsausbildung

Generell versteht man unter einem „Modul" „eine sich aus mehreren Elementen zusammensetzende Einheit innerhalb eines Gesamtsystems, die jederzeit ausgetauscht werden kann" (Duden). Eine konsensuale Definition des in der →Berufspädagogik kontrovers diskutierten Begriffes der „Modularisierung in der beruflichen Aus- und Weiterbildung" existiert bislang nicht. Historisch eingeführt wurde das oft mit einem „Baukasten-System" verglichene Konzept der curricularen Zerlegung der Berufsausbildung in unterschiedliche, in sich mehr oder weniger abgeschlossene Lehrgänge (→Lehrgangsformen) von der ILO (International Labour Organization), welche die Modularisierungstechnik vornehmlich in Entwicklungsländern mittels lehrbriefähnlicher sog. „Units" zur Vermittlung eng umgrenzter, arbeitsplatzbezogener Qualifikationsbündel nutzte (sog. „MES"; Modules of Employable Skills).

Für die insbesondere durch die vielfach insinuierte „Krise des Dualen Systems" gespeiste (vgl. Lipsmeier 1996) aktuelle fachwissenschaftliche und berufsbildungspolitische Modularisierungsdiskussion können daher nachfolgend lediglich unterschiedliche Verwendungskontexte dieses Begriffes aufgeführt werden:

– berufsbildungspolitisch: als gegen Beruflichkeit (→Beruf) von Ausbildung und →Arbeit gerichtetes Konzept;
– didaktisch-methodisch: als Gestaltungs- und Gliederungsprinzip übergeordneter Bildungskonzepte;
– in der beruflichen Ausbildung: als mehr oder minder konsistente Teilqualifikation, die aus dem Gesamtfeld der Berufsqualifikation geschnitten wird;
– in der beruflichen Weiterbildung: als teilweise geprüftes bzw. zertifiziertes Qualifikationsbündel;
– in der beruflichen Aus- und Weiterbildung: als ergänzende Zusatzqualifikation;
– in der zielgruppenorientierten Qualifizierung: als Strategie zur Qualifikationsvermittlung für die Förderung strukturell benachteiligter Arbeitskräfte (Behinderte, Jugendliche, (Langzeit-)Arbeitslose, Frauen etc.).

Das Prinzip der Modularisierung wird also entweder als „didaktisches Prinzip" (im Sinne einer didaktisch-methodisch organisierten und curricular zerlegten Lerneinheit), als „Ordnungsprinzip" (dann regelmäßig mit zertifizierbaren Teilqualifikationen) oder als eine das bestehende Qualifizierungssystem ergänzende Strategie genutzt. Wissenschaftlich und berufsbildungspolitisch umstritten ist dabei vor allem die zweite Variante, weil eine solche Modularisierung trotz vieler Vorteile (arbeitsplatznahe Qualifizierung, Flexibilität, stärkere Differenzierung und Individualisierung von beruflich relevanten Bildungsentscheidungen) bei konsequenter Realisation auf das bundesdeutsche System der beruflichen Erstausbildung systemgefährdend wirken kann: Im Vergleich zu den praktischen Problemen (Verlust des kontinuierlichen beruflichen Sozialisationsprozesses sowie der damit verbundenen ganzheitlich konzipierten „beruflichen Bildung" zu Gunsten der Vermittlung eines zersplitterten, primär arbeitsplatzorientierten Qualifizierungsprofils, d.h. mit anderen Worten: Addition von Teilkompetenzen anstelle der Vermittlung von →beruflicher Handlungskompetenz), und im Vergleich zu den rechtlichen Problemen (das BBiG verortet die Berufsausbildung exklusiv in sog. →Ausbildungsberufen) ist diese „Systembedrohung" durch konsequente Modularisierung im ordnungspolitischen Sinne ungleich gravierender. Denn eine so definierte Modularisierung gefährdet möglicherweise das in der Bundesrepublik fest verankerte Prinzip der beruflichen Verfasstheit von →Arbeit – und genau dieses ist trotz aller Verfallsprophetien der wachsenden „Entberuflichung" eine zumindest gegenwärtig noch schwer entbehrliche Randbedingung für das bundesdeutsche Berufsbildungssystem.

Vor allem deshalb beziehen nicht nur die Bundesregierung, sondern auch die Sozialpartner (einschließlich des Handwerks) ganz eindeutig Position gegen diese ordnungspolitisch motivierte Form der Modularisierung in der berufli-chen Erstausbildung. Hinsichtlich der vergleichsweise geringfügig regulierten beruflichen Weiterbildung sowie im Kontext der Diskussion um die Vermittlung zusätzlicher (vor allem arbeitsplatzorientierter) Qualifikationen erfreut sich die Modularisierung jedoch sowohl positiver Resonanz als auch erster Umsetzungsversuche (vgl. van Cleve 1991) – insbesondere für die Gewerkschaften ist diese offenere Position verständlich, weil bei einer Beschränkung der Modularisierung auf diese Bereiche kaum gravierende tarifpolitische Nachteile zu befürchten sind.

Für ein gemäßigtes Überdenken dieser rigorosen Ablehnung sprechen jedoch andererseits nicht nur die Chancen der Modularisierung (s. o.), sondern auch der zunehmende Druck des europäischen Integrationsprozesses. Denn erstens votiert die Europäische Kommission schon seit Jahren für eine verstärkte Implementation modularer Strukturen (und zwar in Grundsatzpapieren, vgl. Weißbuch 1995, ebenso wie in einzelnen Rechtsakten, vgl. die sog. Modul-Beschlüsse von 1990 und 1993). Zweitens hat die Europäische Kommission in der Anlage zur Entsprechungsentscheidung vom 16.7.1985 das englische Modell des durchmodularisierten Zertifizierungssystems der NVQ´s (National Vocational Qualifications) als Vorbild für die eigenen Arbeiten auf dem Gebiet der Anerkennungen herangezogen und damit zum europäischen Maßstab gemacht und 1992 erneut festgeschrieben. Und drittens hat zwischenzeitlich eine ganze Reihe von Mitgliedstaaten modulare Strukturen mit mehr oder weniger großem Erfolg implementiert.

Auch wenn diese bereits realisierten modularen Strukturen durchaus heterogenen Charakters sind (beispielsweise als „Vollmodell" im Vereinigten Königreich, als zielgruppenorientiertes Ergänzungsmodell in Frankreich oder als Bestandteil einer Gesamtreform des Bildungswesens in Spanien; vgl. van Cleve/Kell 1996), üben sie im Rahmen eines sozusagen schleichenden Konvergenzprozesses dennoch unverkennbar einen zunehmend stärker werdenden Anpassungsdruck auf Mitgliedstaaten wie etwa die Bundesrepublik Deutschland aus, die sich infolge grundsätzlicher Probleme der Systemkompatibilität nicht ohne weiteres auf solche berufsbildungspolitischen Grundsatzreformen einlassen kann (vgl. Münk 1997).

Literatur: Cleve, B. van: Module in der Aus- und Weiterbildung. In: Gewerkschaftliche Bildungspolitik (1995), 1, S. 12-18 – Cleve, B. van/Kell, A.: Modularisierung (in) der Berufsbildung? In: Die berufsbildende Schule 48 (1996), 1, S. 15-22 – Kommission der Europäischen Gemeinschaften (Hg.): Weißbuch zur allgemeinen und beruflichen Bildung. Lehren und Lernen. Auf dem Weg zur kognitiven Gesellschaft. Luxemburg 1995 – Lipsmeier, A.: Duales Ausbildungssystem in der Krise? Was nun – was tun? In: Der Berufliche Bildungsweg (1996), 1, S. 4-11 – Münk, D.: Deutsche Berufsbildung im europäischen Kontext: Nationalstaatliche Steuerungskompetenzen in der Berufsbildungspolitik und die deregulierende Sogwirkung des europäischen Integrationsprozesses. In: Krüger, H.-H./Olbertz, J.-H. (Hg.): Bildung zwischen Staat und Macht. Protokollband des 15. Kongresses der DGfE an der Martin-Luther-Universität Halle-Wittenberg. Opladen 1997, S. 90-108

Dieter Münk

Moralische Entwicklung und Berufserziehung

Die Fähigkeit, einen Sachverhalt daraufhin zu analysieren, ob er moralisch akzeptabel ist, bezeichnet man mit dem psychologischen Konstrukt „moralische Urteilskompetenz". Neben biologischen Reifungs- und sozialen Lerntheorien wird zur Erklärung der ontogenetischen Entstehung dieser Kompetenz hauptsächlich die auf J. Piaget und L. Kohlberg zurückgehende Stufentheorie der moralischen Entwicklung herangezogen (Colby/Kohlberg 1987). Sie besagt, dass nach einer prämoralischen Phase (bis etwa zum 4. Lebensjahr) sich die moralische Urteilskompetenz stufenweise in mehrjährigen Abschnitten im Wege der Interaktion zwischen Mensch und Umwelt höherentwickeln kann (aber nicht: muss). Was sich von Stufe zu Stufe ändert, ist die Struktur der Urteilsbildung, die im Wesentlichen durch eine soziale Perspektive geprägt ist. Diese kann sich schrittweise erweitern auf der „präkonventionellen", egozentrischen Ebene I vom rein ich-bezogenen Denken (Stufe 1) zum Beachten des konkreten Interaktionspartners mit seinen berechtigten Interessen bei der Vorteilssuche im fairen Austausch (Stufe 2), dann weiter auf der „konventionellen" (i.w.S. an Konventionen orientierten), soziozentrischen Ebene II von der Bindung an übernommene Rollen(-verpflichtungen) im Umgang mit Gruppenmitgliedern (Stufe 3) zur (v.a. legalistischen) Orientierung am „Funktionieren" und an der Erhaltung des umgebenden sozialen Systems (Familie, Schule, Betrieb, Gesellschaft), in dem man agiert (Stufe 4), bis schließlich auf der „postkonventionellen", universalistischen Ebene III vom sozialvertragsorientierten verallgemeinernden Denken, das die Legitimität von Gesetzen zu evaluieren vermag (Stufe 5) bis zum reinen prinzipienorientierten Reflektieren, das – wie im Kategorischen Imperativ – die Menschheit und das Menschsein überhaupt in den Blick nimmt (Stufe 6).

Die Kohlberg-Entwicklungstheorie behauptet u.a., (a) dass man nach dem Übergang auf eine nächsthöhere Stufe alle moralischen Probleme aus der für diese charakteristischen Perspektive und mittels der für sie spezifischen gedanklichen Gerechtigkeitsoperationen löse, (b) dass man nicht regrediere (wenngleich man die nunmehr abgelehnten Urteile aus bereits überwundenen Stufen noch verstehe), (c) dass man keine Stufe überspringen könne und (d) dass sich diese Entwicklung in allen Kulturen in gleicher Weise vollziehe. Nach den vorliegenden Befunden urteilen die meisten Erwachsenen auf den Stufen 2 bis 4. Stufe 5 wird ganz selten, Stufe 6 nie erreicht; die letztere dürfte lediglich von theoretischer Bedeutung sein, insofern sie den ideal(istisch)en Zielpunkt der

Ausbildung des moralischen Urteils markiert. Die Entwicklung der Urteilskompetenz erfolgt in Abhängigkeit von Anregungsbedingungen, die, wenn sie in altersgemäßer Weise erfahren werden und auf hinreichende Intelligenzvoraussetzungen stoßen, stimulierend, anderenfalls retardierend wirken. Von Bedeutung sind (A) die erfahrene Wertschätzung, (B) die Kommunikations-, (C) die Kooperations- und (D) die Formen der Konfliktaustragung sowie die Chancen (E) zur Verantwortungsübernahme und (F) zu selbständigem Handeln (Lempert 1990). Neben der pädagogischen Gestaltung dieser Bedingungen können in der (Berufs-)Erziehung moralische Entwicklungsprozesse intentional durch sog. Dilemmadiskussionen gefördert werden: Die Präsentation prekärer Konfliktsituationen, in denen hohe Werte gegeneinander stehen (z.B. Gesetz vs. Liebe, Leben vs. Eigentum), lässt sich dazu nutzen, die Adressaten mit Argumenten zu konfrontieren, die um eine Stufe über der von ihnen schon erreichten liegen („Plus 1-Strategie"). Wirksam sind auch Argumente, die – auf derselben Stufe – gegen das zunächst vertretene moralische Urteil sprechen.

In der europäischen Tradition der Berufsausbildung und Berufsausübung fanden Wertgesichtspunkte schon immer Beachtung (von den Zunftordnungen bis zur Professionsethik). Aber die weltweit registrierten Umwelt-, Lebensmittel-, Waffenskandale usw. erzeugen heute einen besonders starken Druck auf die berufliche Moralerziehung. Mit Blick auf die Wirtschaft ist allerdings strittig, ob deren „Moralisierung", wie u.a. Steinmann/Löhr (1991) glauben, durch „Moralisierung der Individuen" (hin zur Stufe 5) erreichbar, ja sogar wünschbar ist. Die – mit guten moralischen Gründen forderbare – soziale Marktwirtschaft funktioniert nämlich nur dann optimal zum Wohle aller, wenn die Akteure am Markt vorteilsorientiert (also auf Stufe 2) handeln (Homann/Pies 1994). Die Berufserziehung muss sich, so gesehen, der Aufgabe stellen, eine (rollen-)segmentierte Moralität zu vermitteln (Beck 1996), d.h. dafür Sorge tragen, dass das Individuum – entgegen der Kohlberg-Entwicklungstheorie (s.o. (a)) – in Abhängigkeit von einem jeweils rollenspezifischen Moralstandard auf unterschiedlichen Stufen zu argumentieren vermag. Damit soll es dem einzelnen ermöglicht werden, situationsgerechte Urteile zu finden (Kompetenz) und ihnen gemäß zu handeln (Performanz). Als fraglich erweist sich dabei, ob es bei rollensegmentierter Urteilsbildung gelingen kann, dennoch eine moralische Identität zu entwickeln, deren individuelle Charakteristik sich über alle Situationen hinweg durchhält. Dagegen steht der (Kohlberg-konforme) Ansatz einer durchgehend stufenhomogenen Urteilsbildung vor der Schwierigkeit, entweder ein für die Eltern-, Bürgerrolle usw. wünschbares hohes moralisches Niveau zu verfehlen oder für die – in Stufe 2 fundierte – Rolle des Marktteilnehmers zu disqualifizieren. Lösungen für diese didaktische Konfliktlage können bestenfalls unter Berücksichtigung der je besonderen Lebensumstände des einzelnen gefunden werden.

Literatur: Beck, K.: *„Berufsmoral" und „Betriebsmoral" – Didaktische Konzeptualisierungsprobleme einer berufsqualifizierenden Moralerziehung*. In: Beck, K./ Müller, W./Deißinger, Th./Zimmermann, M. (Hg.): *Berufserziehung im Umbruch*. Weinheim 1996, S. 125-142 – Colby, A./Kohlberg, L.: *The measurement of moral judgement. Vol. I*. Cambridge 1987 – Homann, K./Pies, I.: *Wirtschaftsethik in der Moderne: Zur ökonomischen Theorie der Moral*. In: Ethik und Sozialwissenschaften 5 (1994), 1, S. 3-12 – Lempert, W.: *Moralische Sozialisation im Beruf*. In: Zeitschrift für Berufs- und Wirtschaftspädagogik 86 (1990), 1, S. 3-22 – Steinmann, H./Löhr, A.: *Grundfragen und Problembestände einer Unternehmensethik*. In: dies. (Hg.): *Unternehmensethik*. Stuttgart ²1991, S. 3-32

Klaus Beck

Motivation

Der Begriff: Im alltäglichen Gebrauch bezeichnen die Begriffe „Motiv" bzw. „Motivation" Beweggründe für Verhalten und Handlungen. Auch die psychologischen Theorien zu Motivation geben Antworten auf die Fragen nach dem Warum und Wozu menschlichen Verhaltens. Der allgemeine Begriff Motivation (zur Bezeichnung von Handlungsveranlassungen) ersetzt unterschiedliche Begriffe, wie z.B. Wille, Bedürfnis, Absicht oder Trieb. Motivation ist die Gesamtheit der Einflüsse, die das individuelle Verhalten aktivieren, energetisieren und regulieren.

Historische Entwicklung: Die Beweggründe menschlichen Verhaltens und Handelns wurden in der Philosophie über Jahrhunderte intensiv und systematisch diskutiert. Davon sind auch die ersten psychologischen Theorien geprägt (z.B. die Willenshandlung bei Wundt), die das Vermögen des Menschen, sich bewusst für oder gegen eine Handlung zu entscheiden, in den Mittelpunkt stellen. Triebe und Instinkte sind Aspekte des nicht willentlich gesteuerten Verhaltens, die v.a. in den Theorien von Freud oder McDougall bedeutsam sind. Auch ihnen liegt, wie den behavioristischen und kognitiven Theorien des 20. Jahrhunderts, ein homöostatisches Modell des Denkens zugrunde: Verhalten dient zur Wiederherstellung eines psychologischen Gleichgewichts. Die neuere allgemeinpsychologische Motivationsforschung untersucht, wie interne und situative Bedingungen zusammenwirken und Handlungen aktivieren bzw. steuern. Sie befasst sich weiterhin mit der Frage, *wie* Absichten in Handlungen umgesetzt werden. In motivationalen Handlungsmodellen sind Erwartungen und rationale Nutzenabwägungen sehr wichtige Faktoren für das Handeln (Heckhausen). In der differentiellen Psychologie sind neben der Erforschung von Motivunterschieden die Vorhersage von Verhaltensunterschieden auf der Grundlage bestimmter Motiv- und Motivationsvoraussetzungen von besonderer Bedeutung. Von diesen „rationalistischen" Ansätzen unterscheiden sich „organismische" Theorien vor allem dadurch, dass sie zur Erklärung von menschlichem Verhalten und Handeln psychologische Grundbedürfnisse (sog. basic needs, z.B. nach sozialer Einbindung, Autonomie und Kompetenz, vgl. Ryan & Deci) einbeziehen.

In der pädagogisch-psychologisch orientierten Forschung, die für die Felder der Berufs- und Wirtschaftspädagogik einschlägig ist, spielt Motivation speziell in Lern- und Leistungssituationen eine wichtige Rolle. Bezogen auf Lernhandlungen ist Motivation die Absicht bzw. Bereitschaft einer Person, sich in einer konkreten Lernsituation mit einem bestimmten Gegenstand auseinander zu setzen. In Abgrenzung davon ist ein Motiv die zeitlich überdauernde Bereitschaft einer Person (Disposition), sich mit einem Lerngegenstand zu befassen.

Forschungsgegenstände: Lernmotivation wird vorwiegend in der Schule, im Studium und zunehmend auch im Kontext von Aus- und Weiterbildung untersucht. Motivation kann als Bedingung, Mittel und Ergebnis pädagogischen Handelns betrachtet werden. Ein Ziel der pädagogisch orientierten Forschung ist es, Bedingungen in pädagogischen Situationen und Einrichtungen auszumachen, die Motivation unterstützen oder beeinträchtigen. Dazu gehören neben der Gestaltung motivationsunterstützender Bedingungen in der Lernumgebung (z.B. die soziale Einbindung in Lernergruppen) auch die Entwicklung didaktischer Konzepte, in denen das Kompetenz- oder Autonomieerleben aller Lernenden von zentraler Bedeutung ist. In diesem Zusammenhang wird Motivation als Voraussetzung für und Bedingung von erfolgreichen Lernprozessen betrachtet. Ein wichtiges Bildungsziel muss neben den vielfältigen kognitiven Lernzielen in der Aus- und Weiterbildung auch die Entwicklung einer auf Selbstbestimmung beruhenden Lernmotivation sein. In der neueren Unterrichtsforschung und der aktuellen berufs- und wirtschaftspädagogischen Forschung wird das Wechselspiel kognitiver und motivationaler Faktoren untersucht (z.B. Prenzel et al., Sembill et al., Seidel). Neben fachlichen Kompetenzen stehen motivationale Aspekte wie die Fähigkeit zur Regulation des eigenen Lernens (z.B. Ausdauer, Interesse und Engagement) im Blickpunkt.

Literatur: *Heckhausen, H.: Motivation und Handeln. Berlin 1989 – Prenzel, M./Kramer, K./Drechsel, B.: Selbstbestimmt motiviertes und interessiertes Lernen in der kaufmännischen Erstausbildung – Ergebnisse eines Forschungsprojekts. In: K. Beck/V. Krumm (Hg.): Lernen und Lehren in der beruflichen Erstausbildung. Konzepte für eine moderne kaufmännische Berufsqualifizierung, 37-61. Opladen 2001 – Ryan, R.M./ Deci, E.L.: An overview of self-determination theory. In: E.L. Deci/R.M. Ryan (Eds.): Handbook of self-determination research (pp. 3-33). Rochester, N.Y. 2002 – Seidel, T.: Lehr-Lernskripts im Unterricht. Freiräume und Einschränkungen für kognitive und motivationale Prozesse beim Lernen – eine Videostudie im Physikunterricht. Münster 2002 – Sembill, D./ Schumacher, L./Wolff, K.D./Wuttke, E./Santjer-Schnabel, I.: Förderung der Problemlösefähigkeit und der Motivation durch Selbstorganisiertes Lernen. In: K. Beck/V. Krumm (Hg.): Lernen und Lehren in der beruflichen Erstausbildung. Konzepte für eine moderne kaufmännische Berufsqualifizierung, 257-282. Opladen 2001*

Barbara Drechsel

Multimedia

Mit dem Begriff M. ist eine Vielzahl von neuartigen Produkten aus dem Computer-, Telekommunikations- und Medienbereich gemeint. Der Begriff M. kann aus technischer Sicht durch mehrere Merkmale beschrieben werden (vgl. beispielsweise Kerres 2002, 20 f.; Bauer 1997, 378):

- Es sind verschiedene Symbolsysteme bzw. Code integriert, wie z.B. geschriebener oder gesprochener Text, Grafik, Video usw.
- Es werden mehrere Sinneskanäle angesprochen.
- Es besteht die Möglichkeit der interaktiven Nutzung, d.h. der Anwender ist nicht ausschließlich Empfänger, sondern kann selbst Aktionen des Systems auslösen. Die Interaktion wird durch grafische Benutzeroberflächen vereinfacht.
- Grundlage für die Speicherung und spätere Bearbeitung der Daten ist die Anwendung der digitalen Technik. Die Speicherung und Weitergabe erfolgt traditionell offline mittels Datenträger, wie Diskette, CD (Compact Disk) oder DVD (Digital Versatile Disc), zunehmend aber auch online insbesondere über das Internet.

Hypermedia stellt die Kombination von Multimedia und Hypertext dar. Unter Hypertext können computerbasiert aufbereitete, textliche Informationseinheiten verstanden werden, die untereinander verknüpft sind. Bei Hypermedia werden nicht nur textlich codierte Informationen, sondern auch Informationen in unterschiedlicher Codierung (z.B. Einzelbild und Ton) verknüpft. Der Zugriff auf die Informationen erfolgt durch die Nutzung der bestehenden Verknüpfungen, die zumeist durch das Anklicken maussensitiver Elemente aktiviert werden. Hypermedia-Systeme können online und offline betrieben werden; das komplexeste Hypermedia-System stellt das Word Wide Web (WWW) dar. Auch wenn aus technischer Sicht Hypermedia über die Leistungsmerkmale von Multimedia hinausgeht, so lässt sich doch feststellen, dass sich Multimedia als übergeordneter Begriff durchgesetzt hat (vgl. Schröder 1998, 11). Dies zeigt sich auch daran, dass der Begriff Multimedia von der Gesellschaft für deutsche Sprache zum Wort des Jahres 1995 gewählt wurde.

In einem zunehmend engeren Zusammenhang mit den Multimedien stehen die **Telemedien**. Hierunter werden alle Techniken subsumiert, die zur Übermittlung von Informationen über Distanzen eingesetzt werden. Von diesbezüglich herausragender Bedeutung sind die Internet- und Mobilfunktechnologie. Diese Technologien ermöglichen zum einen die Kommunikation zwischen den Nutzern entsprechender Dienste und zum andern die Bereitstellung und den Abruf von Informationen. Die übertragenen Daten können, müssen jedoch nicht, multimedialer Art sein.

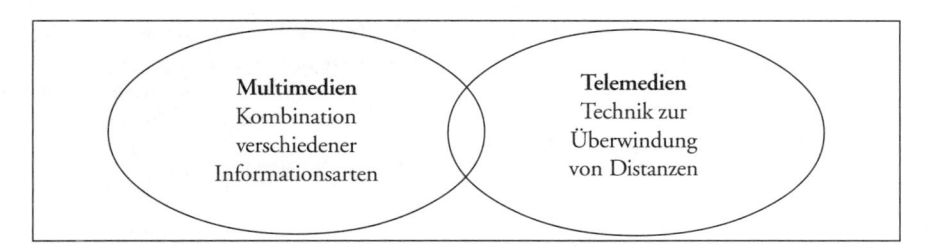

```
        ┌─────────────┐ ┌─────────────┐
        │ Multimedien │ │ Telemedien  │
        │ Kombination │ │ Technik zur │
        │ verschiedener│ │ Überwindung │
        │Informationsarten│ │von Distanzen│
        └─────────────┘ └─────────────┘
```

Abb.: Abgrenzung von Multimedien und Telemedien (vgl. Kerres 2001, 13)

Generell ist festzustellen, dass aufgrund von Multi- und Telemedia die Grenzen zwischen dem Personal Computer sowie Geräten der Unterhaltungs- und Mobilfunkelektronik zunehmend verwischen. Dies zeigt sich beispielsweise daran, dass das ursprünglich für den Personal Computer konzipierte Betriebssystem Microsoft Windows auch zunehmend in Geräten der Unterhaltungselektronik und Mobiltelefonen zum Einsatz kommt.

Die Multi- und Telemedien sind aus berufs- und wirtschaftspädagogischer Perspektive in doppelter Hinsicht bedeutsam:
Die zunehmende Verwendung von Multi- und Telemedien bzw. der →Neuen Informations- und Kommunikationstechnologien generell führt zu einer radikalen Änderung der Qualifikationsanforderungen und Berufsbilder im kaufmännischen und gewerblich-technischen Bereich.

Die Multi- und Telemedien eröffnen neue Möglichkeiten des computerunterstützten Lernens. Dies betrifft zum einen die Aufbereitung der Lernmaterialien und zum andern die netzbasierte Kommunikation und Kooperation, wodurch die zeitliche und räumliche Flexibilität des Lernens und Lehrens vergrößert wird. In diesem Zusammenhang wird oftmals vom →E-Learning gesprochen.

Literatur: Bauer, W.: Multimedia in der Schule, in: Issing, L. J.; Klimsa, P. (Hg.): Informieren und Lernen mit Multimedia. Weinheim 21997, S. 377-400 – Holzinger, A.: Basiswissen Multimedia, Band 2: Lernen. Würzburg 2000 – Holzinger, A.: Basiswissen Multimedia, Band 1: Technik. Würzburg ^{2}2002 – Kerres, M.: Multimediale und telemediale Lernumgebungen: Konzeption und Entwicklung. München ^{2}2001 – Kerres, M.: Technische Aspekte multi- und telemedialer Lernangebote. In: Issing, L.J./Klimsa, P. (Hg.): Informieren und Lernen mit Multimedia. Weinheim ^{3}2002, S. 19-28 – Schröder, R.: Multimediales und hypermediales Lernen im Wirtschaftslehreunterricht: Möglichkeiten und Grenzen der curricularen Einbindung hypermedialer Lernsoftware in den Wirtschaftslehreunterricht im Rahmen offener, komplexer Mehrmediensysteme, Bad Heilbrunn 1998 – Tergan, S.O.: Lernen und Wissensmanagement mit Hypermedia. In: Unterrichtswissenschaft, Heft 4/2003, S. 334-358

Rudolf Schröder

Neue Informations- und Kommunikationstechnologien

Der Begriff „Neue Informations- und Kommunikationstechnologien" (NIKT) wird mit einer großen Offenheit benutzt. In einer grundsätzlichen begrifflichen Eingrenzung können unter NIKT die Technologien auf der Basis der Mikroelektronik zur Erstellung, Bearbeitung, Speicherung und Weiterleitung von Informationen verstanden werden. Derzeit wichtige technologische Trends sind das Internet, der Mobilfunk und →Multimedia. Der Begriff „Technologie" bringt zugleich die Kompetenz zur Nutzung der Technik sowie deren Reflexion im wirtschaftlichen, beruflichen und gesellschaftlichen Kontext zum Ausdruck.

Der Einsatz der NIKT in der beruflichen Bildung kann aus einer prozess- und ergebnisorientierten Perspektive begründet werden: Die prozessorientierte Begründung basiert auf dem technischen Potenzial zur Unterstützung der Lern- und Lehrprozesse; in diesem Kontext wird oftmals von →E-Learning gesprochen. Die ergebnisorientierte Begründung besagt, dass die Bedeutung der NIKT für das Privat- und Berufsleben so groß ist, dass die Lernenden hinsichtlich einer verantwortungsvollen Nutzung qualifiziert werden sollten. Diesbezüglich kann festgestellt werden, dass sich die kaufmännischen und gewerblich-technischen Berufsbilder und damit die Qualifikationsanforderungen radikal verändern (vgl. beispielsweise Biethahn/Schumann 1999, Dostal 2000, 36 ff.; Feeken 2003, 185):

Die Arbeitsprozesse ändern sich, weil durch die informationstechnische Ausstattung der Arbeitsplätze weitgehend isolierte Aufgabenbereiche zunehmend integriert werden können. Aufgrund der sinkenden Kosten für die Informationsbeschaffung und den Informationsaustausch können lokale Aktivitäten global verfügbar gemacht werden. Dies bedingt komplexere Handlungs- und Entscheidungsspielräume der Mitarbeitenden, verbunden mit höheren Anforderungen hinsichtlich der methodischen und sozialkommunikativen Kompetenzen. Gefordert sind außerdem verstärkt Querschnittskompetenzen insbesondere zu den informationstechnischen Berufen. Vor diesem Hintergrund wurden 1997 die IT (Informationstechnologien)-Ausbildungsberufe eingeführt, die in der Schnittstelle zwischen dem kaufmännischen und gewerblich-technischen Bereich angesiedelt sind.

Weitergehend entwickeln sich neue Formen der Arbeitsorganisation. Einen diesbezüglich wichtigen Trend im Rahmen der →Bürokommunikation stellt die Telearbeit dar. Hierunter kann allgemein die Arbeit verstanden werden, die nicht am Firmenstandort stattfindet; die NIKT stellen die Infrastruktur für die Kommunikation und Kooperation mit Kollegen, Auftraggebern oder den Arbeitgebern dar.

Aufgrund der NIKT verschieben sich die Aktivitäten der Unternehmen; Produktionsbetriebe wandeln sich beispielsweise durch →E-Commerce zunehmend zu Dienstleistungsunternehmen. Zuverlässige und aktuelle Informationen über Kunden, Lieferanten, Konkurrenten usw. wie auch das Know How der Mitarbeitenden sind von entscheidender Bedeutung für den Unternehmenserfolg. Zugleich müssen die Mitarbeitenden Informationen in sehr unterschiedlichen Quellen recherchieren, selektieren und Arbeitsabläufe integrieren können. Dies stellt neue Herausforderungen an das betriebliche und persönliche Wissensmanagement.

Das Individuum an seinem Arbeitsplatz ist einem permanenten Wandel ausgesetzt. Während in früherer Zeit das in der beruflichen Erstausbildung erworbene Wissen ein Erwerbsleben lang genutzt werden konnte, ist heute eine ständige Anpassung und Erweiterung des beruflichen Wissens erforderlich. Hinzu kommt, dass zahlreiche Personen in ihrem Erwerbsleben verschiedene Berufsbilder ausüben. Der damit einhergehende Trend zum lebenslangen Lernen bedingt eine erhöhte Selbstlernkompetenz der Berufstätigen.

Die NIKT stellen somit neue Anforderungen an die berufliche Bildung, können aber zugleich zur Bewältigung zahlreicher Herausforderungen beitragen. Ein Beispiel stellt die Ausbildung im Virtuellen Berufsbildungswerk dar (vgl. Schröder 2004): In Kooperation zwischen den →Berufsbildungswerken Hannover (in Zusammenarbeit mit der Berufsbildenden Schule 14 Hannover) und Neckargemünd werden schwerstkörperbehinderte Auszubildende nahezu vollständig virtuell inklusive der IHK-Abschlussprüfung zu Bürokaufleuten ausgebildet. Da die Auszubildenden aufgrund ihrer Behinderung die häusliche Umgebung schwerlich verlassen können, wird die Ausbildung via E-Learning und Telearbeit nahezu vollständig virtuell über das Internet abgewickelt, d. h. die Auszubildenden nehmen von zu Hause aus an der Ausbildung teil. Hierdurch wird gewährleistet, dass die Lern- und Arbeitszeiten flexibel gestaltet und Pflegemaßnahmen individuell im häuslichen Umfeld organisiert werden können. Zwecks einer späteren Berufsausübung via Telearbeit arbeiten die Auszubildenden in virtuellen Übungsfirmen oder absolvieren via Telearbeit Praktika in realen Unternehmen.

Literatur: Biethahn, J./Schumann, M.: Arbeiten und Lernen in der Informationsgesellschaft – Implikationen für die berufliche Bildung. In: Tramm, T./Sembill, D./ Klauser, F./John, E. G. (Hg.): Professionalisierung kaufmännischer Berufsbildung. Frankfurt/M. 1999, S. 52-71 – Dostal, W.: Wandel der Arbeitswelt – Konsequenzen für die Berufsausbildung – Fragen an die Berufsbildungsforschung. In: Kaiser, F.-J. (Hg.): Berufliche Bildung in Deutschland für das 21. Jahrhundert, Dokumentation des 4. Forums Berufsbildungsforschung 1999 an der Universität Paderborn (Beiträge zur Berufsbildungsforschung der Arbeitsgemeinschaft Berufsbildungsforschungsnetz Nr. 4), Nürnberg: Bundesanstalt für Arbeit 2000. S. 33-46 – Feeken, H.: Mediale Dimension der Wirtschaftsdidaktik. In: Kaiser, F.-J./Kaminski, H. (Hg.): Wirtschaftsdidaktik. Bad Heilbrunn 2003, S. 177-197 – Schröder, R./ Tulodziecki, G.: Stellenwert der Neuen Medien in der beruflichen Bildung, unter Mitarbeit von: Vahle, I. In: Kaiser, F.-J. (Hg.): Berufliche Bildung in Deutschland für das 21. Jahrhundert, Dokumentation des 4. Forums Berufsbildungsforschung 1999 an der Universität Paderborn (Beiträge zur Berufsbildungsforschung der Arbeitsgemeinschaft Berufsbildungsforschungsnetz Nr. 4) Nürnberg: Bundesanstalt für Arbeit 2000. S. 509-515 – Schröder, R.: Berufliche Erstausbildung schwerstkörperbehinderter Menschen via E-Learning und Telearbeit im Virtuellen Berufsbildungswerk. In: Berufs- und Wirtschaftspädagogik – online, Ausgabe 6 – Juni 2004, http://www.bwpat.de/ausgabe6/schroeder_bwpat6.pdf

Rudolf Schröder

Oberstufen-Kolleg

Es wurde 1974 als Versuchsschule und Zentrale Wissenschaftliche Einrichtung des Landes Nordrhein-Westfalen an der Universität Bielefeld nach den Vorstellungen von Hartmut von Hentig gegründet. In einem vierjährigen Ausbildungsgang durchlaufen die Kollegiatinnen und Kollegiaten die Sekundarstufe II und die ersten zwei bis vier Semester des Grundstudiums. Der Abschluss schließt die Allgemeine Hochschulreife ein.

Die Konzeption orientiert sich an den amerikanischen Liberal Art Colleges. Sie repräsentiert eine Alternative zur gymnasialen Oberstufe und besitzt in der Bundesrepublik immer noch den Status der Einmaligkeit, obwohl die Vernetzung von schulischen und hochschulischen Ausbildungsanteilen eine Verkürzung der Gesamtausbildungsdauer junger Erwachsener impliziert. Im Zentrum steht ein wissenschaftspropädeutisches und studienorientiertes Unterrichtsangebot, das Allgemeinbildung und Spezialisierung gleichermaßen berücksichtigt. Die dazu notwendigen Innovationen bei der Auswahl geeigneter Unterrichtsinhalte und formen leistet das Kolleg im Rahmen seiner Aufgabe als Curriculumwerkstatt.

Ein weiteres Ziel der Versuchsschule ist es, das Ausbildungsangebot für junge Erwachsene mit sehr unterschiedlichen Biographien und Bildungsvoraussetzungen zu öffnen und damit einen Beitrag zur Chancengleichheit zu leisten.

Die Arbeitsergebnisse des Oberstufenkollegs werden auf zwei Wegen kontinuierlich in die Weiterentwicklung der gymnasialen Oberstufe und der Eingangssemester an Fachhochschulen und Universitäten transferiert: zum einen über die Mitwirkung der Lehrenden in fachdidaktischen Arbeitsgemeinschaften, die Teilnahme an Kongressen, die Leitung von →Lehrerfortbildungen sowie die Mitarbeit in Lehrplankommissionen. Zum anderen entwickeln die Lehrenden Unterrichtsmaterialien, die entweder in fachdidaktischen Monographien bzw. Fachzeitschriften publiziert werden und/oder

	gymnasiale Oberstufe	universitäres Grundstudium	
Klasse...	10 11 12 13	1 2 3 4 5	... Semester
allgemeinbildende Schule	Abitur	spezialisierte Hochschulausbildung	

Oberstufen-Kolleg Bielefeld

Abb.: Das Konzept des Oberstufen-Kolleg in Bielefeld

Intensivphase 5 Wochen; 2 Kurse á 12 h/w	Kursphase 12 Wochen; 4 Kurse á 6 h/w	Gesamtunterricht 3 Wochen; 1 Kurs á 24 h/w
Wahlpflichtunterricht und wahlfachbezogene Intensivkurse, Ergänzungsunterricht, Fremdsprachen und Sportkurse		Projekt, Praktika, Exkursionen

Abb.: Inhaltliche Ausgestaltung des Oberstufen-Kolleg

in den beiden Schriftenreihen des institutseigenen AMBOS-Verlages für Interessierte aus dem Umfeld der Regelschulen und Hochschulen bereitgestellt werden.

Als Zugangsberechtigung zum Kolleg benötigen die Bewerberinnen und Bewerber im Alter zwischen 16 und 25 Jahren entweder die Fachoberschulreife oder den Hauptschulabschluss zusammen mit einer abgeschlossenen, mindestens zweijährigen Berufsausbildung. Die erfolgreiche Aufnahme entlang eines mehrstufigen Auswahlverfahrens (Beratungsgespräch, Auswahlinterview) beinhaltet seitens der Kollegiatinnen und Kollegiaten die Entscheidung für zwei „Wahlfächer" oder einen Studiengang, in denen/dem die Spezialisierung und das spätere Studium an einer Hochschule angestrebt werden. Das Wahlfachangebot umfasst drei Bereiche, die im Gegensatz zur gymnasialen Oberstufe relativ frei miteinander kombiniert werden können.

– Fachbereich I (Sozialwissenschaften): Frauenstudien, Geographie, Geschichte, Gesundheitswissenschaften, Jura, Pädagogik, Psychologie, Soziologie, Sport, Ev. Theologie, Wirtschaftswissenschaften;
– Fachbereich II (Sprach- und Literaturwissenschaften, Künste, Musik): Deutsch, Englisch, Französisch, Russisch, Künste, Musik;
– Fachbereich III (Naturwissenschaften): Biologie, Geologie, Informatik, Mathematik, Ökowissenschaften, PTC (Physik/Technik/Chemie).

Die Wahlfachausbildung erfolgt in stabilen Jahrgangsgruppen, in denen die Lernenden die spezifischen Arbeitsweisen der Fachdisziplinen ebenso kennen lernen wie die Möglichkeiten und Grenzen der fachlichen Spezialisierung. Dieses Ausbildungselement wird anstelle der gymnasialen Grundkurse durch die Kursarten „Ergänzungsunterricht" und „Gesamtunterricht" sowie Fremdsprachen- und Sportkurse ergänzt.

Im Ergänzungsunterricht gibt es ein breites Angebot an Kursen zu fächerüberschreitenden Themen, aus dem sich jeder sein individuelles Curriculum zusammenstellt. Der Gesamtunterricht beinhaltet Projekte, in denen kooperatives Problemlösen und produktorientiertes Arbeiten trainiert wird. Aus dem Fremdsprachenangebot muss mindestens eine Fremdsprache bis zum Abschluss geführt werden, eine weitere dann, wenn der Abschluss bundesweit als Allgemeine Hochschulreife anerkannt werden soll.
Die Konzeption des Oberstufenkollegs (Asdonk/Huber/Jung-Paarmann/Kroeger/Obst in Vorb.) impliziert drei Arbeitsschwerpunkte, zu denen regelmäßig Neu- und Weiterentwicklungen für die eigene Institution und damit auch für die Regelschulen erfolgen: einerseits der →fächerübergreifende Unterricht (Krause-Isermann/Kupsch/Schumacher 1994), andererseits der →Projektunterricht (Emer/Horst/Ohly 1994) und schließlich der Umgang mit heterogen zusammengesetzten Lerngruppen (Huber/Wenzel 1995). Evaluationsstudien (Huber/Obst/Schäfer-Koch 1998) rahmen dieses Arbeitsprogramm ein. Sie beziehen sich sowohl auf die Analyse der Lernbiographien der Absolventinnen und Absolventen während und am Ende der Ausbildung als auch auf die genauere Betrachtung der Wirkung der verschiedenen Unterrichtsarten und die Transferwege, über die die Institution in die Regelschulen und die Hochschulen hineinwirkt.

Literatur: Asdonk, J./Huber, L./Jung-Paarmann, H./Kroeger, H./Obst, G.: Zwischen Schule und Studium – Neues Lernen auf der Oberstufe. Bielefeld (in Vorb.) – Bessen, J./Emer, W./Fink, G./Huber, L./Köhler, U./Obst, G./Schäfer-Koch, K. (Hg.): AMBOS (Arbeitsmaterialien aus dem Bielefelder Oberstufen-Kolleg): Zwei Schriftenreihen mit Materialien für den Unterricht in der Sekundarstufe II. Bielefeld 1974 ff. – Emer, W./Horst, U./Ohly, K.P (Hg.): Wie im richtigen Leben ... Projektunterricht für die Sekundarstufe II. AMBOS 29. Bielefeld ²1994 – Huber, L./Obst, G./Schäfer-Koch, K.: Von Mühe und Lohn der Selbstprüfung. In: Pädagogik 50 (1998), 6, S. 41-45 – Huber, L./Wenzel,
A. (Hg.): „Wir sind alle gleich. Wir sind alle verschieden." Erfahrungen im Umgang mit Heterogenität in der Sekundarstufe II. AMBOS 41. Bielefeld 1995 – Krause-Isermann, U./Kupsch, J./Schumacher, M: Perspektivenwechsel. Beiträge zum fächerübergreifenden Unterricht für junge Erwachsene. AMBOS 38. Bielefeld 1994

Karin Schäfer-Koch

Oberstufenzentren

Als „Oberstufenzentren" (OSZ) werden solche schulischen Einrichtungen der Sekundarstufe II bezeichnet, in denen verschiedene Bildungsgänge (und Schultypen), vor allem mit berufsqualifizierender Zielsetzung, unter einem gemeinsamen Dach organisatorisch zusammengefasst sind: (Teilzeit-)→Berufsschule im →Dualen System, →Berufsfachschule, →Fachoberschule, teilweise auch Fachschule sowie gymnasiale Oberstufe (überwiegend mit beruflicher Profilierung und uneingeschränkter Studienbefähigung). Darüber hinaus sind in die OSZ – so in Berlin – oft solche berufsbezogenen Bildungsgänge eingegliedert, die nicht für einen beruflichen Abschluss i.S. des Dualen Systems qualifizieren: so beispielsweise Kurse zur Berufsvorbereitung (sog. „Berufsbefähigende" Lehrgänge für Schüler nach 9 Schulbesuchsjahren ohne Hauptschulabschluss) sowie Vollzeitlehrgänge ab 11. Schuljahr (für Schüler, die nach 10 Schulbesuchsjahren weder eine weiterführende Schule besuchen noch in einem Arbeits- oder Ausbildungsverhältnis stehen). Damit bieten sie vor allem auch schulisch und sozial benachteiligten Jugendlichen zusätzliche Lernchancen. Seit einigen Jahren wird eine Erweiterung der Angebote auf die Ebene der Qualifizierung und Bildung von Erwachsenen angestrebt; ihre Realisierung befindet sich angesichts der Offenheit eines vielfältigen Weiterbildungsmarktes noch in den Anfängen, wobei die Schul- und Bildungspolitik sich gerade aus der damit verbundenen Konzentration sinnvolle Synergieauswirkungen erhofft. Wo (vor allem in Ballungsräumen wie in Berlin) dies möglich ist, sind die OSZ jeweils einem →Berufsfeld bzw. Berufsfeldschwerpunkt zugeordnet.

Das im Kontext der Bildungsreform in den 70er Jahren entwickelte Konzept der OSZ war zu seiner Zeit von zwei Intentionen geprägt: zum einen von den Bemühungen um eine Modernisierung der Lehrpläne und Verbesserung der technischen und organisatorischen Rahmenbedingungen für die berufsbildenden Schulen, zum anderen von dem Streben nach deren Aufwertung, und zwar mit der Betonung der „Gleichwertigkeit" beruflicher und allgemeiner Bildung und damit der institutionellen wie curricularen Überwindung der traditionellen Trennung beider Bereiche – bis hin zum Ziel einer „einheitliche(n) Stufe des Bildungswesens ..., an die sich die Bereiche der Hochschulbildung und der Weiterbildung anschließen" (Berlin, 1971, 6). Dabei blieb die Berufsschule als „Kernstück" des OSZ-Konzepts anerkannt; Ansätze solcher Integration zeigten sich vor allem (1) in der Gestaltung des 11. Schuljahres (in dem mindestens vorübergehend eine „partielle Doppelqualifikation" sowohl im sog. Berufsbildungsjahr als auch in der gymnasialen Eingangsphase verwirklicht werden konnte) und (2) in der obligatorischen Entscheidung der Schüler für einen berufsfeldbezogenen (technik- oder wirtschaftswissenschaftlich akzentuierten) Leistungskurs auf der gymnasialen Oberstufe. Für die städtischen Ballungsräume erwies sich hierin das OSZ-Konzept (West-)Berlins als Modell mindestens für ein konsensfähiges flächendeckendes „Verbundsystem", unter Einbeziehung nahezu aller berufsbildenden Schulen, während für Flächenregionen das Land Brandenburg eine nicht mehr strikt auf einzelne Berufsfelder zugeschnittene Variante anbieten konnte.

Auf den ersten Blick scheint bei heutiger kritischer Betrachtung eine weitgehend flächendeckende Implementation der OSZ-Konzepte in das Bildungssystem der beiden genannten Länder an zwei besondere Voraussetzungen gebunden zu sein: zum einen die damalige hohe Schülernachfrage angesichts der demografischen Bedingungen und des besonderen Umqualifizierungsbedarfes im Zuge des Transformationsprozesses in den neuen Bundesländern; zum anderen die von ausgeprägter Reformbereitschaft in allen Bereichen gekennzeichnete politische Stimmungslage in der pädagogisch aufgeschlossenen Öffentlichkeit. Ob sich eine solche Grundtendenz auch im ersten Jahrzehnt des neuen Jahrtausends durchsetzen könnte, bleibt offen – trotz der zunehmenden Erkenntnis der Defizite in der Leistungsfähigkeit des deutschen Bildungssystems unter den neuen Herausforderungen der Dienstleistungsgesellschaft unter den Bedingungen der Globalisierung sowie der Krise des Beschäftigungs- und Wertesystems. So bleiben auch die Erwartungen an die Weiterentwicklung der OSZ und ihre Profilierung zu berufsfeld- und generationsübergreifenden „Kompetenzzentren" begrenzt angesichts der zunehmenden aktuellen Restriktionen in den öffentlichen Haushalten, verbunden mit verstärkten Tendenzen zur Privatisierung und Marktorientierung auch im Bildungsbereich.

Literatur: Dikau, J.: Berufsfeldbezogene Oberstufenzentren – Ein Nachruf auf ein Reformkonzept. In: Greinert, W.-D. (Hg.): Lernorte der beruflichen Bildung. Frankfurt a.M. 1984, S. 118-135 – Ministerium für Bildung, Jugend und Sport des Landes Brandenburg (Hg.): OSZ-Bericht. Die Oberstufenzentren im Land Brandenburg. Stand und Perspektiven der Entwicklung. Potsdam 1996 – Regierender Bürgermeister von Berlin (Hg.): Regierungserklärung vom 19.04.1971. Berlin 1971 – Senatsverwaltung für Schule, Jugend und Sport Berlin (Hg.): Berufsbildende Schulen in Berlin: Schuljahr 1996/97. Berlin 1996 – Wolf, K.-H.: Die Spinne im Netz. Oberstufenzentren als Schaltstellen zwischen Bildungseinrichtungen, Interessenverbänden der Sozialpartner, Staat und Unternehmen. In: Berliner Lehrerzeitung, 2005, Heft 2, S.18-19.

Joachim Dikau

Ordnungspolitische Grundlagen der Berufsbildung

Ordnungspolitische Maßnahmen im Bereich der Beruflichen Bildung regulieren die schulische, betriebliche und sonderpädagogische Ausbildung. Einschlägige Gesetze, Verordnungen, Bestimmungen und tarifvertragliche Regelungen bilden die juristische resp. ordnungspolitische Grundlage, die den an der Berufsbildung beteiligten sozialen Akteuren Rechtssicherheit, Ausbildungsstandards und einen Handlungsrahmen im Feld der beruflichen Aus- und Weiterbildung garantieren.

Die Berufsbildung wurde in (Preußen-)Deutschland seit dem Kaiserreich (1871) bis zur Verabschiedung des →Berufsbildungsgesetzes (BBiG) 1969 im Wesentlichen durch die Gewerbe- und Handwerksordnung und den von einzelnen Staaten erlassenen (Fortbildungs-/Berufs-)Schulgesetzen reguliert. Die tarifrechtliche Regelung der Industrielehre wurde in der Weimarer Republik eingeführt und im Nationalsozialismus außer Kraft gesetzt. Gleiches galt für die Zuständigkeit der Länder im Bereich der schulischen Ausbildung, die nach 1949 in der Bundesrepublik Deutschland wieder hergestellt wurde. Das BBiG stellte für die betriebliche Ausbildung in Industrie und Handel erstmals einen bundeseinheitlichen Handlungsrahmen her, der durch die Novellierung des Gesetzes im Frühjahr 2005 substantiell bestätigt wurde. Die Deutsche Demokratische Republik (DDR) regulierte ihr Berufsbildungssystem zentralstaatlich.

Die ordnungspolitischen Maßnahmen des Staates wurden institutionell unterstützt durch den Deutschen Ausschuß für Technisches Schulwesen (DATSCH, 1908-1939), das Reichsinstitut für Berufsausbildung in Handel und Gewerbe (RIBHG, 1939-1945) und die Arbeitsstelle für Betriebliche Berufsausbildung (ABB, 1947-1969). In der DDR nahm seit 1950 das Zentralinstitut für Berufsbildung (ZIB) und in der Bundesrepublik nimmt das →Bundesinstitut für Berufsbildung (BBF/BIBB) seit 1970 diese Funktion wahr.

Der ordnungspolitische Rahmen wird heute neben dem BBiG von der →Handwerksordnung (HwO, 1965), dem →Arbeitsförderungsgesetz (AFG, 1969, 1997), dem →Betriebsverfassungsgesetz (BetrVG, 1972), der →Ausbilder-Eignungsverordnung (AEVO, 1972), dem →Jugendarbeitsschutzgesetz (JArbSchG, 1976), dem Sozialgesetzbuch (SGB III, 2004), den →Schulgesetzen der Länder (Art. 30 und 70 Grundgesetz) und von Rahmenvereinbarungen der Kultusministerkonferenz (KMK) sowie tarifvertraglichen Vereinbarungen einzelner Wirtschaftsbranchen geprägt. Zunehmend werden ordnungspolitische Vorstellungen und Standards der Europäischen Union zur ‚Architektur' der deutschen Berufsbildung herangezogen.

Literatur: Benner, H.: *Ordnung der anerkannten Ausbildungsberufe.* Bielefeld ²1996 – Biermann, H.: *Berufsausbildung in der DDR. Zwischen Ausbildung und Auslese,* Opladen 1990 – Greinert, W.-D.: *Das „deutsche System" der Berufsausbildung. Tradition, Organisation, Funktion,* Baden-Baden ³1998 – Kell, A.: *Organisation, Recht und Finanzierung der Berufsbildung.* In: Arnold, R./Lipsmeier, A. (Hg.): *Handbuch der Berufsbildung,* Opladen 1995, S. 369-397 – Pätzold, G. (Hg.): *Quellen und Dokumente zur Geschichte des Berufsbildungsgesetzes 1875-1981,* Köln/Wien 1982 – Richter, I.: *Verfassungsrechtliche Grundlage des Bildungswesens.* In: Baethge, M./Nevermann, K. (Hg.): *Enzyklopädie Erziehungswissenschaft,* Band 5, Stuttgart 1984, S. 226-243 – Rudolph, W. u.a.: *Berufspädagogik.* Ost-Berlin 1987

Friedhelm Schütte

Organisation von Bildungsgängen

Die Organisation von Bildungsgängen kann aufbau- oder ablauforientiert gestaltet werden. Aufbauorientiert ist damit meist die Einrichtung von Bildungsgängen als Abteilungen einer Schule verbunden, die sowohl strukturelle als auch personelle Änderungen hinsichtlich der Organisation von Unterricht und hinsichtlich der Organisation von Schulen auslösen. Bildungsgänge können als arbeitsteilig organisierte Formen prüfungs- bzw. abschlussbezogener Lehr-Lernprozesse einer Gruppe von Lernenden können als Produkte bzw. Dienstleistung von beruflichen Schulen interpretiert werden (Buschfeld 2002). Damit ist tendenziell eine organisatorische Ausrichtung auf Bildungsgänge vergleichbar mit einer produktorientierten Aufbauorganisation (Ebner 2002). Ablauforientiert steht die Steuerung der gemeinsamen Abstimmung über Unterricht und die Beziehung der Bildungsgangarbeit zu anderen Bildungsgängen der Schule im Vordergrund. Für die aufbau- und ablauforientierte Sicht sind die spezifischen Aufgaben von Bedeutung, die dem Bildungsgang bzw. der Bildungsgangleitung als verantwortlicher Stelle obliegen. Diese definieren sich – als mittleres Maß (Buschfeld 2004) zwischen den Aufgaben der Unterrichtsführung und der →Schulleitung – typischer Weise mit Blick auf Unterricht (Innensicht des Bildungsgangs) über die Gestaltung der Ressourcen (Räume, Personen, Zeiten), des Curriculums (didaktische Jahresplanung, Materialien) und der →Evaluation (Selbst- und Fremdevaluation). Mit Blick auf die Einzelschule (Außensicht des Bildungsgangs) sind diese Aufgaben nicht identisch und nur bedingt vergleichbar mit jenen von Schulverwaltung oder -programm oder -qualität. So können die Ressourcen von Bildungsgängen in Einzelschulen ganz unterschiedlich verteilt sein oder umgekehrt, aus der Evaluation von Bildungsgängen erwächst keineswegs sogleich ein Indikator für Schulqualität. Unter den diskutierten Instrumenten zur Unterstützung der Organisation von Bildungsgängen dominieren etwa Hilfen zur Gestaltung von Bildungsgangkonferenzen, der Koordination durch Bildungsgangleitung (etwa das Informationssystem Dokumentbasierte Bildungsgang-Steuerung (DoBiS) (Buschfeld 2005) bis hin zum Wissensmanagement an berufsbildenden Schulen (Dilger/Kremer/Sloane 2003, Wilbers 2004). Auch für Instrumente gilt: Erst durch ihre Nutzung zeigt sich die Relevanz der Organisation von Bildungsgängen. Sie ist Gestaltungselement und Ausdruck einer spezifisch gewünschten Organisation von Unterricht und von Schule.

Literatur: Buschfeld, D.: Konditionen beruflicher Bildungsgänge. Köln 2002 – Buschfeld, D.: Ein mittleres Maß finden – zur Evaluation von Berufskollegs über Bildungsgänge. In: Busian, A. u.a. (Hg.): Evaluation der Qualität Berufsbildender Schulen. 2. Dortmunder Forschertag Berufliche Bildung. Dortmund 2004 – Buschfeld, D.: Dokumentbasierte Bildungsgang-Steuerung (DoBiS), Köln 2005 – Dilger, B./Kremer, H.-H./Sloane, P.F.E. (Hg): Wissensmanagement an berufsbildenden Schulen. Paderborn 2003 – Ebner, H.G.: Neue Aufgabenfelder für berufliche Schulen. In: Bader, R./Sloane, P.F.E. (Hg): Bildungsmanagement im Lernfeldkonzept. Paderborn 2002 – Wilbers, K: Soziale Netzwerke an berufsbildenden Schulen. Paderborn 2004.

Detlef Buschfeld

Organisationales Lernen

Der Begriff o. L. nimmt die Vision auf, dass ein soziales System im Umgang mit sich selbst und seinem Kontext zur Effizienzsteigerung seine gemeinsame Wirklichkeit, sein Wissen und seine Erfahrungen ebenso weiterentwickelt wie seine Problemlösefähigkeit und Handlungsmöglichkeiten und damit in einer paradigmatisch veränderten Betrachtung von Organisation mündet. Offenheit, Vernetzung und Lernfähigkeit treten an die Stelle von Abgrenzung, Linearität und Kontrolle. Es geht um den im klassischen Ansatz der →Organisationsentwicklung verwurzelten Anspruch, in die Realisierung ökonomischer Interessen der Organisation die individuellen Interessen der Mitarbeiter zu integrieren. Veränderungen der Organisation erfordern und bewirken Veränderungen der Mitarbeiter und umgekehrt. Verschiedene Dimensionen bestimmen das o. L. Im Einzelnen handelt es sich dabei um die ökonomische, die unternehmenskulturelle, die arbeits- und lernorganisatorische, die lerntheoretische und die didaktisch-methodische

Dimension (vgl. Dehnbostel 1997; Münch 1995).
Wollen Organisationen den durch unterschiedliche Faktoren bestimmten Wandel mitgestalten, sind sie darauf angewiesen, individuelles (selbst gesteuertes) und kooperatives Lernen durch „Lernbrücken" bzw. „Transformationsprozesse" zu o. L. werden zu lassen. O. L. ist mehr als die Summe individueller und kooperativer Lernprozesse. Was einzelne Mitarbeiter in unterschiedlichen Zusammenhängen gelernt und erarbeitet haben, soll in die Organisation einfließen, systematisch gesammelt, zugriffsgerecht gewartet, strukturell abgesichert und so Bestandteil einer organisationalen Wissens- und Handlungsbasis werden. „Erfolg und Qualität o. L. werden bestimmt durch hierarchieübergreifende Kommunikation der Organisationsmitglieder, durch Austausch und Transformation der Wissensbasis und durch Reflexion der Problemlösefähigkeit" (Sonntag 1996, S. 67). Zur Bestimmung der Differenz zwischen dem organisationalen und dem individuellen Lernen und einer erziehungswissenschaftlich begründeten Vorstellung des organisationalen Lernens vgl. Geißler (1994 u. 1995).
O. L. kann als Veränderungsprozess der organisatorischen Wissensbasis verstanden werden, der durch vier Grundmuster beschrieben werden kann (vgl. Castiglioni 1994, S. 61 ff.): Von implizitem zu implizitem Wissen: Hier wird nicht ausdrückbares Wissen durch Sozialisationsprozesse ausgetauscht. Von explizitem zu explizitem Wissen: Wissen wird von einzelnen Organisationsmitgliedern zusammengetragen und mit dem Ziel kombiniert, es für andere Situationen zu nutzen. Von implizitem zu explizitem Wissen: Bislang unausgesprochenes Wissen wird objektiviert und so anderen zugänglich gemacht. Von explizitem zu implizitem Wissen: Explizites Wissen wird von den Organisationsmitgliedern verinnerlicht. Erst wenn dieses neue implizite Wissen Grundlage für Entscheidungen der Organisation geworden ist, wird es zu organisatorischem Wissen.
Oft werden organisationale Lernprozesse durch Zeitdruck, Uneinsichtigkeit, Opportunismus, mangelnde Gesprächskultur, falsche Bescheidenheit (bei positiven Erfahrungen) und Angst vor möglichen Sanktionen (bei negativen Erfahrungen) eingeschränkt. In manchen Organisationen fehlt die Wertschätzung dafür, dass auch weniger formale Situationen zum Austausch wertvoller Informationen dienen können. Es sind strukturelle und kulturelle Rahmenbedingungen notwendig, die situationsadäquat o. L. ermöglichen. Es geht darum, die Organisationskultur dahin zu entwickeln, dass auch informeller Erfahrungsaustausch eine wesentliche Werthaltung besitzt, indem derartige Situationen gefördert werden

Reflexion praktizierter Lern- und Arbeitsprozesse → Die das Handeln leitende Werte, Normen und Strategien → Handlungen → Handlungsergebnisse (→ Feststellung v. Abweichungen oder Fehlern)

Single-loop-learning
Double-loop-learning
Deutero-learning

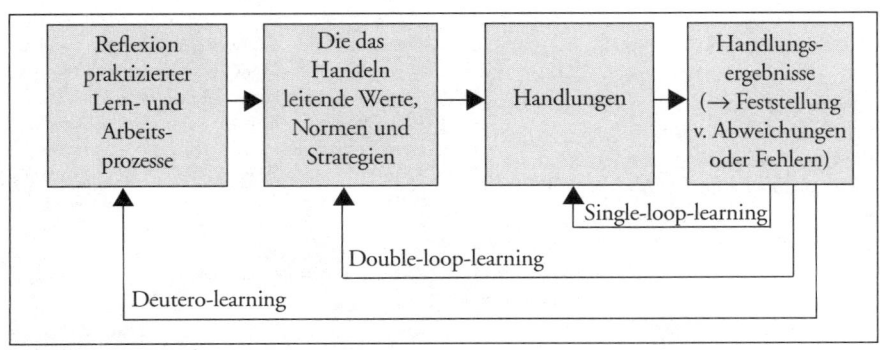

Abb.: Organisationales Lernen

und das Management dafür Vorbildfunktion erfüllt. Ein weiterer Ansatzpunkt ist die Institutionalisierung von Erfahrungsaustausch, indem entsprechende Aktivitäten initiiert werden. Lernen muss als zentrales Ziel formuliert und als solches gepflegt werden.

O. L. findet dann statt, wenn die Organisationsmitglieder erkennen, dass ihre Vorstellungen über die Wirksamkeit ihrer theories-in-use nicht zu den erwarteten Ergebnissen führen. In diesem Fall entstehen Lernschleifen, die von unterschiedlicher Qualität sind und in denen diese Gebrauchstheorien überprüft und korrigiert werden. Sie werden Single-Loop-Lernen, Double-Loop-Lernen und Deutero-Lernen genannt. Single-Loop-Lernen bezeichnet die Optimierung interner Anpassungsprozesse innerhalb vorgegebener Ziele und Normen zur Erhöhung der Handlungseffizienz und Rationalisierung bestehender Problemlösungsstrategien. Es werden weder die Soll-Zustände (Ziele, Bezugsrahmen, Werte und Normen) hinterfragt noch die Ursachen der Abweichung theoretisch analysiert. Double-Loop-Lernen ist Lernen in einer doppelten Feedback-Schleife: In dieser erfolgt nicht nur ein Soll-Ist-, sondern auch ein Soll-Soll-Vergleich. Ziele, Normen, Werte und Deutungen werden vor dem Hintergrund von Theorien oder eines definierten Bezugsrahmens überprüft und modifiziert. Das setzt voraus, dass sich die Organisationsmitglieder über die verschiedenen Sichtweisen eines Problems verständigen, sich in unterschiedliche Perspektiven hineinversetzen und ihre Mentalitäten reflektieren können bzw. dazu Gelegenheit erhalten. Deutero-Lernen heißt Lernen des Lernens.

Die Organisationsmitglieder lernen, mit Single-Loop- und Double-Loop-Lernen reflektiert umzugehen. Erst mit dieser dritten Ebene entsteht ein organisationsweites Bewusstsein von der Existenz und dem Ablauf von Lernprozessen: Man lernt einzuschätzen, in welchen Situationen Single-Loop-Lernen unvermeidlich ist (z.B. bei notwendiger Standardisierung oder bei dem Gebrauch von entlastenden Routinen) und wann Double-Loop-Lernen angebracht ist (z.B. wenn sich die Marktgegebenheiten ändern oder unterschiedliche kulturelle Bezugsrahmen konfligieren).

Literatur: Arnold, R.: Betriebspädagogik. Berlin ²1997 – Castiglioni, E.: Organisatorisches Lernen in Produktinnovationsprozessen. Wiesbaden 1994 – Dehnbostel, P.: Das lernende Unternehmen – ein zeitgemäßer Ansatz zur Weiterentwicklung der Berufsbildung? In: Kölner Zeitschrift für „Wirtschaft und Pädagogik" 12 (1997), 22, S. 69-86 – Dehnbostel, P./Erbe, H.-H./ Novak, H.: Berufliche Bildung im lernenden Unternehmen. Zum Zusammenhang von betrieblicher Reorganisation, neuen Lernkonzepten und Persönlichkeitsentwicklung. Berlin 1998 – Drosten, S.: Integrierte Organisations- und Personalentwicklung in der Lernenden Unternehmung. Ein zukunftsweisendes Konzept auf der Basis einer Fallstudie. Bielefeld 1996 – Geißler, H.: Grundlagen des Organisationslernens. Weinheim 1994 – Geißler, H.: Organisationslernen. Zur Bestimmung eines betriebspädagogischen Grundbegriffs. In: Arnold, R./Weber, H. (Hg.): Weiterbildung und Organisation. Zwischen Organisationslernen und lernenden Organisationen. Berlin 1995, S. 45-73 – Münch, J.: Personalentwicklung als Mittel und Aufgabe moderner Unternehmensführung. Bielefeld 1995 – Ostendorf, A.: Das Verhältnis Individuum – Organisation als Grundsatzfrage betriebspädagogischer Forschung. Ein Beitrag im Kontext des Diskurses zur „Lernenden Organisation". In: Schelten, A./Sloane, P.F.E./ Straka, G.A. (Hg.): Perspektiven des Lernens in der Berufsbildung. Forschungsberichte der Frühjahrstagung 1997 der DGfE. Opladen 1998, S. 89-104 – Pätzold, G./Lang, M.: Lernkultur im Wandel. Didaktische Konzepte für eine wissensbasierte Organisation. Bielefeld 1999 – Schüppel, J.: Wissensmanagement. Organisatorisches Lernen im Spannungsfeld von Wissens- und Lernbarrieren. Wiesbaden 1996 – Senge, P.M.: Die Fünfte Disziplin. Kunst und Praxis der Lernenden Organisation. Stuttgart 1996 – Sonntag, Kh: Lernen im Unternehmen. Effiziente Organisation durch Lernkultur. München 1996 – Wahren, H.-K.: Das lernende Unternehmen: Theorie und Praxis des organisationalen Lernens. Berlin 1996 – Witthaus, U./ Wittwer, W. (Hg.): Vision einer Lernenden Organisation. Bielefeld 1997

Günter Pätzold

Organisationsberatung

O. markiert ein interdisziplinäres Forschungsfeld. Sie rührt aus verschiedenen wissenschaftlichen Disziplinen und Theorien her. Bedeutung für die O. erlangten die industriesoziologischen Theorien, die Organisationstheorien, die Modernisierungstheorien, die Konflikttheorien, die Innovationstheorien und die erziehungswissenschaftlichen Beratungs- und Interventionstheorien. Historisch gelten die sog. Hawthorne-Studien als Ausgangspunkt und Wende in der Organisationstheorie wie -beratung. Unter Leitung von Elton Mayo wurden im Auftrag der Western-Electric-Company im Werk Hawthorne Organisationsberatungsstudien durchgeführt. Gegenstand der Untersuchungen waren Rahmenfaktoren des Arbeitsprozesses als Bedingungsgefüge eines gesteigerten bzw. zu steigernden Output. Die besondere Leistung dieser Studien liegt im Aufdecken der informellen Organisation, also von Komplexen und Faktoren, die neben der rational intendierten Organisation (Taylor, Ford, Weber) die Leistungsfähigkeit des Produktionsprozesses beeinflussen.

Das damit etablierte Interesse an den menschlichen Beziehungen in Form von Arbeitszufriedenheit, Gruppen- und Interaktionsprozessen, Arbeitsklima, sozialen Normen, →Motivation, Bedürfnissen und Wertpräferenzen, Rollen-, Status- und Machtzuweisungen, Partizipation etc. erfährt insbesondere im Zuge von aktuellen Trends eine Renaissance, soweit es um die Globalisierung der Waren- und Finanzmärkte, um die Bildung internationaler Wertschöpfungsallianzen sowie die weltweite Rationalisierung und die Schaffung teambasierter flexibler Organisations- und Vertriebsstrukturen geht.

Vor allem Wirtschaftsunternehmen, zunehmend aber auch nichterwerbswirtschaftliche Institutionen und Schulorganisationen greifen auf externe wissenschaftsbasierte Beratungskapazitäten zwecks Steuerung und Entwicklung sozialer Organisationsprozesse zurück. Organisationsentwicklungsberater und -beraterinnen werden konsultiert, um Lernprozesse individueller wie organisationaler Art zu initiieren. Der Erfolg der Beratungsprozesse hängt dabei stark ab von der Bereitschaft der Organisationen zur Enttabuisierung der sog. problemlosen Felder sowie der Überwindung des Ressortdenkens, von ihrem Willen zur Veränderung, von der Gewährung und der Eröffnung des Zugangs der Beratenden zu den Spezifika des Produktionsprozesses und nicht zuletzt vom Grad der Professionalisierung, Konfliktfähigkeit und Ambiguitätstoleranz der Beratenden selbst.

Unter strategischen Gesichtspunkten in Bezug auf den Erfolg von O. werden in der Literatur die Top-Down-Strategie, die Bottom-Up-Strategie, die Keil-Strategie, die Oben-und-Unten-Strategie, die Strategie multipler Ansätze sowie die Strategie vertikaler und diagonaler Schnitte erörtert. Mit diesen Strategien sind vor allem die Einstiegspunkte für den Beratungsprozess gemeint. Die Entscheidung für die zu wählende Strategie hängt ab von der Diffusion der erwarteten Lernerfolge und der Transferfähigkeit des Gelernten.

Interventionstechniken dienen dazu, das →Lernen zu initiieren. Sie stellen methodisch begründete Versuche der Veränderung dar und können, in ihrer jeweiligen kombinatorischen Gesamtheit betrachtet, als Modell der O. fungieren. Zu den vorherrschenden Interventionstechniken zählen Teambildung, →Coaching, Organisationsstudien, Consulting, Assessments, prozessbezogenes Führen, Intrapreneuring, Steering-Commitees, Bildungspartizipation, Unit-Management, Change-Management, Auditierung, Benchmarking, Prozessberatung.

Die Spannweite dessen, was mit O. als Begriff und als Forschungsfeld abgesteckt wird, überschneidet sich vielfältig mit Bezeichnungen wie →Organisationsentwicklung, Personalentwicklung, Organisationsänderung oder auch Organisationsforschung. Zwar lässt sich O.

schärfer fassen, sie bleibt aber auch in der Literatur deshalb diffus, weil die damit angestrebten Änderungen häufig nicht problemlos realisierbar sind. Bei den Organisationsmitgliedern ruft sie z.B. Widerstände hervor, führt zu verunsichernden Statuspassagen oder vergrößert die Ängste bezüglich der erwarteten, aber nicht zu erfüllenden Verhaltensweisen. Allerdings liegt in der lernenden Bearbeitung genau dieser Muster, Mentalitäten und Habitus die Möglichkeit zur Veränderung.

Literatur: Glasl, F.: Konfliktmanagement. Ein Handbuch zur Diagnose und Behandlung von Konflikten für Organisationen und ihre Berater. Bern ³1992 – Holzkamp, K.: Lernen. Subjektwissenschaftliche Grundlegung. Frankfurt a.M./New York 1993 – Lisop, I.: Autonomie, Programmplanung, Qualitätssicherung. Ein Leitfaden zur Organisationsentwicklung von Schulen und Bildungseinrichtungen. Frankfurt a.M.: GAFB 1998 – Lisop, I./Huisinga, R.: Arbeitsorientierte Exemplarik. Theorie und Praxis subjektbezogener Bildung. Frankfurt a.M. 1994 – Rosenstiel, L. von u.a.: Wertewandel als Herausforderung für die Unternehmenspolitik. Stuttgart 1986 – Sattelberger, T.: Lernen auf dem Weg zur lernenden Organisation – Der Abschied von klassischer Personalentwicklung. In: Geißler, H./Schöler, W. (Hg.): Neue Qualitäten betrieblichen Lernens. Frankfurt a.M. 1992, S. 53–80 – Womack, J.P./Jones, D.T./Roos, D.: The Machine that Changed the World. New York 1990 (dt.: Die zweite Revolution in der Automobilindustrie. Frankfurt a.M./New York 1991)

Richard Huisinga

Organisationsentwicklung

Die Anfänge der O. sind eng mit Kurt Lewin verbunden, der 1946 empirisch nachweisen konnte, dass das Diskussionsverhalten in Kleingruppen sich verbessert, wenn sie sich ihrer gruppendynamischen Regeln bewusst werden. Wird versucht, eine ähnlich positive Wirkung auch bei Organisationen zu erzielen, muss es gelingen, die sozialen Regeln, die die Beziehungen zwischen den einzelnen Organisationsmitgliedern, Teams und Organisationsbereichen bestimmen, aufzuklären und unter Mitwirkung aller Betroffenen zu gestalten. Dabei reicht das didaktische Design des gruppendynamischen Feedbacks nicht aus. Es ist zu ergänzen durch die sog. Survey-Feedback-Methode. Sie besteht darin, relevante Daten nicht nur zum interpersonellen Umgang der Organisationsmitglieder im kommunikativen Nahbereich, sondern auch über die Bedeutung der formalen Organisationsstrukturen auf das Kooperations- und Führungsverhalten zu erfassen, und zwar durch Fragebögen, teilnehmende Beobachtung, Interviews und vor allem Workshops mit den Betroffenen. Die so erstellte Diagnose ist in didaktisch aufbereiteter Form allen Organisationsmitgliedern zu präsentieren, und ihnen ist dabei Gelegenheit zu geben, sich bei der Auswertung und Entwicklung sowie Umsetzung von Konsequenzen zu beteiligen. Sie können auf Maßnahmen zur Verbesserung der Organisationskultur, struktur und/oder strategie zielen und sich dabei auf den Mikrobereich der Intra-Team-Entwicklung, auf den Mesobereich der Inter-Team-Entwicklung und/oder auf den Makrobereich organisationsumgreifender Ordnungsregeln beziehen.

Bis heute ist O. im Wesentlichen eine Kunstlehre erfahrener Praktiker, die mit ihrem Hang bzw. (durch die Auftraggeber bedingten) Zwang zu unmittelbarer Praxisnähe anspruchsvollere wissenschaftliche Systematisierungen weitgehend verhindert hat. Diese Tatsache hat zusammen mit der bei vielen Organisationsentwicklern in der Euphoriephase der 70er Jahre weit verbreiteten Auffassung, wirtschaftliche Effizienzsteigerungen problemlos mit Humanisierung verbinden zu können, in den 80er Jahren zu einem Niedergang der O. geführt. An seine Stelle mit Beginn der 90er Jahre trat das Organisationslernen, das sich mehr auf den Einzelnen konzentrierte und damit den seit ca. 2000 einsetzenden Coaching-Boom vorbereitete.

Literatur: Becker, H./Langosch, I.: Produktivität und Menschlichkeit. Stuttgart ⁴1995 – French, W.L./Bell, C.H.: Organisationsentwicklung. Bern u.a. ⁴1994 –

Gairing, F.: Organisationsentwicklung als Lernprozeß von Menschen und Systemen. Weinheim 1996

Harald Geißler

Österreichische Handelsakademie

Die Österreichische Handelsakademie ist eine höhere berufsbildende Vollzeitschule mit betriebswirtschaftlichem Schwerpunkt. Sie ist fünfjährig und setzt auf das achte Pflichtschuljahr auf. Die Handelsakademie strebt lt. Lehrplan „in integrierter Form eine umfassende Allgemeinbildung und höhere kaufmännische Bildung an, die sowohl zur Ausübung von gehobenen Berufen in allen Zweigen der Wirtschaft und Verwaltung als auch zum Studium an Akademien, Fachhochschulen und Akademien befähigt". Laut § 34 a des Österreichischen Berufsausbildungsgesetzes sind die Absolventen arbeitsrechtlich und kollektivvertragsrechtlich zumindest einer mit einer facheinschlägigen Lehrabschlussprüfung abgeschlossenen beruflichen Ausbildung gleichgestellt. Die Handelsakademie ist daher ein Weg zu einer polyvalenten Ausbildung, allerdings ohne Nutzung des Dualen Systems.

Ein Vorläufer war die Real-Handelsakademie, die bereits 1770 unter der Regentschaft von Maria-Theresia entstand, jedoch nicht polyvalent angelegt war. Die erste Handelsakademie, die der heutigen Konzeption entsprach, wurde 1858 gegründet. Unmittelbar zugelassen wurden nur Absolventen der Unterstufe des Gymnasiums. Hauptschüler hatten eine Aufnahmeprüfung abzulegen. Der älteste auffindbare →Lehrplan wies, ähnlich dem derzeit geltenden Lehrplan aus 1994 (BGBl. Nr. 279/1994), etwa 40 % berufsbildende und 60 % allgemein bildende Fächer auf.

Der Lehrplan gilt für ganz Österreich. Er umfasst 168 Pflicht-, bzw. Wahlpflichtjahreswochenstunden. Der Wahlpflichtanteil ist relativ gering. Er beschränkt sich auf die zweite Fremdsprache und auf einen betriebswirtschaftlichen Ausbildungsschwerpunkt in den beiden letzten Jahrgängen. Zusätzlich zu etwa 60 Jahreswochenstunden betriebswirtschaftlicher und volkswirtschaftlicher Basisausbildung ist einer der folgenden Schwerpunkte mit insgesamt 7 Jahreswochenstunden zu wählen: „Jahresabschluss und Controlling", „Marketing und Internationale Geschäftstätigkeit", „Wirtschaftsinformatik und betriebliche Organisation". Im Rahmen der Schulautonomie können die Schulen eigene Schwerpunkte, wie z.B. „Umweltwirtschaft", „Tourismus" oder „Landwirtschaftliche Betriebswirtschaftslehre" entwickeln.

1994 wurde das Fach „Betriebswirtschaftliche Übungen und Projektarbeit" neu geschaffen. Es umfasst insgesamt 9 Jahreswochenstunden und sieht die Entwicklung fachübergreifender Fähigkeiten, wie Arbeits- und Lerntechniken, Konfliktgespräch, Präsentationstechnik, Verhandlungstechnik, die Projektplanung und -abwicklung mit Hilfe von Planungssoftware sowie eine einjährige Arbeit in der Übungsfirma vor.

Im Rahmen der Schulautonomie können geringfügige Umschichtungen vorgenommen werden, die häufig für eine dritte Fremdsprache genutzt werden. In zahlreichen Schulversuchen werden bilinguale Zweige erprobt, in denen ein Teil des Fachunterrichtes in Englisch abgehalten wird.

Für die Zulassung zur Handelsakademie ist für Aufnahmewerber, die nicht aus der Unterstufe des Gymnasiums oder aus dem ersten Klassenzug der Hauptschule kommen, eine Aufnahmeprüfung in Deutsch, Mathematik und Englisch erforderlich.

Die Handelsakademie schließt mit einer schriftlichen und mündlichen Abiturprüfung aus den Fächern Deutsch, Englisch, Mathematik oder zweite Fremdsprache, einer achtstündigen fallstudienartigen schriftlichen Prüfung aus Betriebswirtschaftslehre einschließlich Rechnungswesen, einem Wahlfach und einer Präsentation einer →Projektarbeit („betriebswirtschaftliches Kolloquium") ab. Die Absolventen erhalten die unbeschränkte Studienberechtigung.

Berufsbildende höhere Vollzeitschulen sind in Österreich der erfolgreichste Teil des Bildungssystems auf der Sekundarstufe II. Von 1970 bis 1995 hat der Anteil dieser Schulen an den Schülerströmen nach Abschluss der Pflichtschule (9. Schuljahr) von 6 % auf 23 % zugenommen. Etwa ein Drittel entfällt auf die Handelsakademien. Der Anteil des Dualen Systems ist von 49 % auf 40 % gefallen.

Der Anteil der Abiturienten der Handelsakademien hat an der Kohorte eines Geburtenjahrganges zwischen 1970 und 1995 von 1 % auf 7 % zugenommen. Der Anteil der Handelsakademieabiturienten an der Gesamtzahl der Abiturienten stieg im gleichen Zeitraum von 7 % auf 20 %. Insgesamt kamen 1995 bereits 53 % aller Abiturienten in Österreich von berufsbildenden höheren Schulen.

Die Übertrittsraten der Absolventen an die Universitäten ist wesentlich geringer als bei Absolventen des Gymnasiums. Da die Aufnahme eines Studiums oft mit Verzögerung erfolgt, können die Übertrittsraten nur geschätzt werden. Die Schätzungen liegen lt. Österreichischem Hochschulbericht zwischen 43 % und 54 %. Etwa die Hälfte der Studienanfänger wählt Wirtschafts- und Sozialwissenschaften, ein Sechstel Rechtswissenschaften.

Literatur: Bundesministerium für Unterricht und Kunst (Hg.): Kenndaten des Österreichischen Schulwesens. Wien 1996 – Institut für Bildungsforschung der Wirtschaft – IBW (Hg.): Erarbeitung von Unterlagen zu Erstellung von Lehrplänen für kaufmännische Schulen. Wien 1991 – Österreichisches Institut für Bildungsforschung – ÖIBF (Hg.): Erarbeitung von Unterlagen für die Erstellung der Lehrpläne kaufmännischer Schulen. Wien 1991 – Schneider, W.: Berufliche Erstausbildung zwischen Vollzeitschule und dualem System. In: Euler, D./Sloane, P. (Hg.): Duales System im Umbruch – eine Bestandsaufnahme der Modernisierungsdebatte. Pfaffenweiler 1997, S. 1-26 – Schneider, W.: Die Handelsakademie – ein Beispiel für eine polyvalente Ausbildung. In: Schwendenwein, W. (Hg.): Facetten des Österreichischen Ausbildungswesens. Frankfurt a.M. 1997, S. 126-136

Wilfried Schneider

Pädagogische Diagnostik

Pädagogische Diagnostik ist eine typische Bindestrichwissenschaft, in der die adjektivisch gebrauchte Wissenschaft vor praktischen Fragen, Problemen oder Entscheidungen steht, zu deren Beantwortung oder Lösung sie Beiträge von der substantivisch gebrauchten Wissenschaft erwartet. Sie ist also final auf die Lösung praktischer Aufgaben gerichtet, wobei sie ihre Entscheidungen auf Informationen stützt, die auf einem Regel- und Methodenwerk zur Gewinnung, Analyse und Interpretation von Messwerten über Merkmalsunterschiede beruht. Ihr Grundmodell ist der Person x Umwelt – Bezug, so dass sich die diagnostischen Aktivitäten prinzipiell auf die Person, die Umwelt und die Interaktion zwischen Person und Umwelt richten können. Da praktische pädagogische Fragen an keinen bestimmten Lernort und an keine bestimmte Personengruppe und an keinen bestimmten Gegenstandsbereich gebunden sind, findet sie ihren Ort in Schulen, Betrieben und außerschulischen Bildungseinrichtungen. Als Merkmalsträger kommen Kinder, Jugendliche, Gruppen und Erwachsene in allen diesen Lernorten in Betracht, die in Erziehungs-, Unterrichts-, Ausbildungs-, Weiterbildungs- oder Qualifikationsprozessen stehen. Professionelle pädagogische Diagnosen unterscheiden sich von alltäglichen diagnostischen Urteilen in Form von Eindrucksbildung durch einen schnellen Schluss vom Verhalten auf das Wesen einer Person oder einer Gruppe durch drei Merkmalsbündel: (1) Sie benutzen präzise Theorien, Begriffe oder Definitionen, die sich auf Personen (Verhalten, Erleben, Eigenschaften, Fähigkeiten, Leistungen), auf Gruppen (Kohärenz, Klima, Integration, Struktur, Dynamik) oder auf die physische Umwelt (Architektur) beziehen können. (2) Es werden Messoperationen auf definierten Skalenniveaus mit Instrumenten durchgeführt, die die diagnostischen Gütekriterien wie Validität, Reliabilität, Objektivität, Normierung, Praktikabilität, Nützlichkeit, Ökonomie und Fairness erfüllen. Es hängt von den Konsequenzen der zu treffenden Entscheidung ab, in welchem Ausmaß die Gütekriterien erfüllt werden müssen. Als Instrumente kommen alle quantitativen (Test, systematische Beobachtung, Fragebogen, Soziogramm) und qualitativen (Dokumentenanalyse, (Anamnese-)Gespräch, Interview) Verfahren in Betracht. Die Ergebnisse werden dadurch reproduzierbar und eventuell sogar generalisierbar. (3) Die Ergebnisse werden beurteilt durch die bewusste Anwendung von Normen. Das Bewusstsein bezieht sich darauf, dass es verschiedene Bezugsnormen gibt (die individuelle, die soziale sowie die kriterien- oder sachorientierte), die verschiedene Funktionen besitzen und die unterschiedlich differenzierte Unterscheidungen und Entscheidungen zulassen, dass die Normen kulturell-gesellschaftlich bedingt sind, dass sie damit auch einem Wandel in Raum und Zeit unterliegen, und dass sie deshalb immer wieder geprüft und revidiert werden müssen. Diagnostische Urteile enthalten Aussagen über den Ausprägungsgrad eines oder mehrerer Merkmale eines Merkmalträgers sowie über die Entstehungsbedingungen durch Einschluss- oder Ausschlussdiagnostik auf der Grundlage von abduktiven Schlüssen; ferner über Prognosen über die weitere Entwicklung auf der Grundlage von Wahrscheinlichkeiten; sie geben technologische Hinweise zur Intervention sowie Hilfen zur Evaluation der Interventionen. Die diagnostische Kompetenz einer Person ist abhängig von der Wechselwirkung zwischen den Merkmalen des zu diagnostizierenden Phänomens (Häufigkeit, Zeitpunkt, Intensität des Auftretens; Schwierigkeiten der Beobachtbarkeit oder Erfassung) und Merkmalen der Person (Urteilstendenzen, Wissen über den diagnostischen Prozess, Wissen über das Phänomen, Erfahrung, Reflexion, Kompetenz). Die diagnostische Kompetenz wird flankiert von Professionalität, Recht und Ethik. Professionalität, kodifiziert in Berufsordnungen und Standards, zeigt sich z.B. in der Einhaltung wissenschaftlicher Standards, in Ehrlichkeit, Gewissenhaftigkeit, Transparenz, Integrität und Verschwiegenheit. Das Grundgesetz, die →Schulgesetze der Länder, Datenschutzgesetz und Rechtsverordnungen stecken den Rahmen ab, in dem diagnostische Urteile zulässig sind. Hierbei sind insbesondere der Respekt vor der Persönlichkeit und das informationelle Selbstbestimmungsrecht zu beachten. Auf dem Verwaltungsgerichtsweg kann unter formalen Aspekten überprüft werden, ob das Urteil rechtmäßig zustande gekommen ist. Die fachliche Angemessenheit kann gutachterlich durch Gerichtsbeschluss nachgeprüft werden. Unter ethischen Gesichtspunkten ist schließlich Schaden und Stress vom Diagnostizierten abzuwenden sowie Verantwortung für ihn und die Gesellschaft zu übernehmen. Die (schulisch orientierte) pädagogische Diagnostik bearbeitet Fragen auf dem Gebiet der Lernprozessanalyse (Lernvoraussetzungen, Lernschwierigkeiten, Lernprozesse, Lernergebnisse, begleitende soziale und emotionale Prozesse), der Leistungsbeurteilung, der Zuerkennung von Berechtigungen, der Erkennung von Hoch- und Sonderbegabungen, der Einzelfallhilfe, der Übertrittsentscheidungen, der Bildungs- und Berufslaufbahnberatung. Aber auch die Untersuchung von Interventionen, didaktischen Systemen und Medien wie auch die innerwissenschaftliche Weiterentwicklung ihrer Methoden, Theorien und Regelsysteme gehört zu ihren Aufgabenfeldern.

Im Gefolge der Diskussionen um ein aktuelles Lehrerleitbild und der internationalen Schulleistungsvergleiche hat die Pädagogische Diagnostik einen enormen Bedeutungszuwachs erfahren, da die Überraschung über das unerwartet schlechte Abschneiden Deutschlands sehr groß war; zudem stellte sich in einer Teiluntersuchung heraus, dass viele „schlechte Leser" von ihren Lehrern unentdeckt geblieben waren. Die Entwicklung diagnostischer Kompetenz gehört deshalb mittlerweile zu den Standards in beiden Phasen der Lehramtsausbildung in fast allen Bundesländern. Sie gehört auch zu den von der Kultusministerkonferenz im Dezember 2004 beschlossenen Standards für die Lehrerausbildung. Auch in den Handlungsfeldern der Ausbildereignungsverordnung (AEVO) besitzt sie einen sehr hohen Stellenwert.

Die diagnostische Kompetenz von Lehrern (und auch Eltern) war häufiger Gegenstand empirischer Studien, die im Prinzip so angelegt sind, dass das Lehrerurteil mit einem Außenkriterium korreliert wird. Die Wahl des Außenkriteriums hängt von der Fragestellung und der Verfügbarkeit ab. Im kognitiven Bereich liegen die Korrelationen zwischen Lehrerurteil und Schülerleistung in einem befriedigenden Bereich, wenn durch einen Test die tatsächlichen Schülerleistungen ermittelt und als Leistungsunterschiede auf Rangskalenniveau dargestellt werden. Im Kontext ihrer Klasse können Lehrer also recht gut schulrelevante Leistungen ihrer Schüler reproduzieren. Die Korrelationen sinken, wenn intellektuelle Begabungen beurteilt werden sollen, wobei auch häufig „missing-Fehler" auftreten. Nur noch schwache Zusammenhänge zeigten sich zwischen Schülerselbsteinschätzungen bezüglich allgemeiner Persönlichkeitsmerkmale (Motivation, Ängstlichkeit, Interesse, Unterforderung) und Lehrerurteilen. Überschätzungen und Unterschätzungen traten zugleich auf, was viele Interpretationen offen lässt, wie z.B. schwierige Beobachtbarkeit, instrumentenbedingte Messungenauigkeiten, Urteilstendenzen und selbstwertdienliche Perspektiven.

Die prognostische Genauigkeit des Lehrerurteils war in der Vergangenheit häufiger Gegenstand von Untersuchungen, indem die Grundschulempfehlung für einen Schüler mit seinem Erfolg auf einer weiterführenden Schule korreliert wurde. Die geringe prognostische Genauigkeit war mit ein Grund, dass die Grundschulempfehlung ihr ausschlaggebendes Gewicht gegenüber dem Elternwillen verlor.

Lässt man unterrichtliche Aufgaben durch Lehrer und Schüler in ihrer Schwierigkeit einschätzen, zeigen sich mittlere Korrelationen, weil Lehrer die Schwierigkeiten überschätzen und Schüler eher unterschätzen. Lehrer trauen ihren Schülern wenig zu, so dass sich die Schüler unterfordert fühlen.

Gegenwärtig lassen sich vier Ansätze zur Förderung der diagnostischen Kompetenz ausmachen, die sich dadurch charakterisieren lassen, dass sie kognitiv-ganzheitlich orientiert sind und nur den engeren Urteilsprozess umfassen. Einem ersten Ansatz zufolge wird sie direkt gelehrt, wie es in Lehrveranstaltungen zur Pädagogischen Diagnostik üblicherweise geschieht. Nach einem zweiten Ansatz können Lehrer Prognosen über die Leistung oder Persönlichkeitsmerkmale ihrer Schüler abgeben und die Prognose mit den tatsächlich erbrachten Leistungen vergleichen. Abweichungen zwischen erwarteten und tatsächlichen Leistungen müssten aufgeklärt werden, indem explizite Hypothesen aufgestellt und durch weitere Informationen geprüft werden. In diesem Zusammenhang wird die Wissensbasis über Fähigkeits- und Leistungsmodelle, über den diagnostischen Prozess, über Normen, über Schlussregeln, über die Leistungsfähigkeit von diagnostischen Instrumenten sowie über Urteilsfehler an diesem Fall erweitert, differenziert und reflektiert. Ein dritter, alltäglicher Ansatz könnte kooperativ vorgehen, indem jeweils zwei Lehrer ihre Urteile über dieselbe Schülerleistung sich wechselseitig erklären und durch Fehlerausgleich und Verstärkung zu einer Verbesserung der Kompetenz gelangen. Auch Variationen unter Verwendung von Prognosen sind denkbar. Der vierte Ansatz wird gegenwärtig von der Bildungspolitik praktiziert, indem die Ergebnisse von Vergleichsarbeiten den Lehrern rückgemeldet werden. Der Nutzen dieses flächendeckenden Ansatzes dürfte fragwürdig bleiben, wenn die Lehrer nicht systematisch angeleitet werden, die Rückmeldung als Hilfe zur Entwicklung ihrer diagnostischen Kompetenz zu betrachten. In Modellversuchen wird dieser Ansatz verfolgt, der mit einem sehr hohen Aufwand verbunden ist, weil Schätzurteile über die erwarteten Schülerleistungen und die tatsächlichen Leistungen erhoben, ausgewertet und rückgemeldet werden müssen. Unter Anleitungen müssen die Reflexionsprozesse durchgeführt werden. Zusätzlich ist dieser Ansatz mit starken Annahmen über die Akzeptanz durch und den Nutzen für die Lehrer belastet. Auf jeden Fall scheint ein derartiges fall- und übungsbasiertes Vorgehen Erfolg versprechender zu sein als das direkte Lehren nach dem ersten Ansatz. Neben der Urteilsbildung quasi als Herzstück der diagnostischen Kompetenz umfasst die diagnostische Kompetenz noch die vorgängige Teilkompetenz Entwicklung von fachdidaktisch validen Aufgaben, sowie die nachgängigen Teilkompetenzen Rückmeldung des Urteils an die Schüler und deren Beratung; auch diese drei Teilkompetenzen sind förderungsbedürftig.

Die Pädagogische Diagnostik ist durch unterschiedliche Strömungen und Akzentsetzungen gekennzeichnet, die sich durch die Gegenüberstellung von Verhaltens- und Eigenschaftsdiagnostik, von Selektions- und Förderdiagnostik, von Personen- und Umweltdiagnostik, von handlungsorientierter Diagnostik und Testdiagnostik, von Status- und Prozessdiagnostik sowie von norm- und kriterienorientierter Diagnostik beschreiben lassen, die sich auch miteinander kombinieren lassen. Den gemeinsamen Kern dieser unterschiedlichen Aufgaben, Perspektiven, Strategien und Strömungen hat Klauer in einer treffenden Definition herausgearbeitet: „Pädagogische Diagnostik ist das Insgesamt von Erkenntnisbemühungen im Dienste aktueller pädagogischer Entscheidungen" (1982, S. 5). (→Leistungsbeurteilung; →Lernerfolgskontrolle; →Zensuren und Zeugnisse; →Diagnostik)

Literatur: Helmke, A.: Unterrichtsqualität erfassen, bewerten, verbessern, Seelze 2004 – Helmke, A./Hosenfeld, I./Schrader, F.-W.: Vergleichsarbeiten als Werkzeug für die Verbesserung der diagnostischen Kompetenz von Lehrkräften. In: Arnold, R./Griese, C. (Hg.): Schulleitung und Schulentwicklung, Hohengehren 2004, S. 119-144 – Ingenkamp, K.: Lehrbuch der Pädagogischen Diagnostik, Weinheim/Basel ⁴1997 – Ingenkamp, K.: Pädagogische Diagnostik. In: Jäger, R.S./Petermann, F. (Hg.): Psychologische Diagnostik. Weinheim 1992, S. 495-510 – Jäger, R.S. u.a.: Pädagogische Diagnostik. In: Ingenkamp, K. u.a. (Hg.): Empirische Pädagogik 1970-1990. Band I. Weinheim 1992, S. 129-196 – Klauer, K.J. (Hg.): Handbuch der Pädagogischen Diagnostik. 2 Bände. Düsseldorf 1982 – Kleber, E.: Diagnostik in pädagogischen Handlungsfeldern. München 1992 – Langfeldt, H.-P./Tent, L.: Pädagogisch-psychologische Diagnostik. Band 2: Anwendungsbereiche und Praxisfelder, Göttingen 1999 – Leutner, D.: Pädagogisch-psychologische Diagnostik. In: Rost, D. (Hg.): Handwörterbuch Pädagogische Psychologie, Weinheim 2001², S. 512-530 – Schrader, F.W.: Diagnostische Kompetenz von Eltern und Lehrern. In: Rost, D. (Hg.): Handwörterbuch Pädagogische Psychologie, Weinheim 2001², S. 91-96 – Standards. Unterrichten zwischen Kompetenzen, zentralen Prüfungen und Vergleichsarbeiten. Friedrich Jahresheft XXIII 2005. Seelze 2005 – Tent, L./Stelzl, I.: Pädagogisch-psychologische Diagnostik. Band 1: Theoretische und methodische Grundlagen, Göttingen 1993 – Terhart, E. (Hg.): Perspektiven der Lehrerbildung in Deutschland, Weinheim/Basel 2000 – Wildt, K.-P./Krapp, A.: Pädagogisch-psychologische Diagnostik. In: Krapp, A./Weidenmann, B. (Hg.): Pädagogische Psychologie. Ein Lehrbuch, Weinheim ⁴2001

Christian Friede

Pädagogische Freiheit des Lehrers

Zum geschichtlichen Hintergrund: In Deutschland wird die Debatte zur pädagogischen Autonomie – auch bildungspolitisch – virulent im ersten demokratisch verfassten Staat, der Weimarer Republik: Mit dem Ende des Ersten Weltkriegs und des Kaiserreichs löst sich die Pädagogik als Praxis und als Theorie aus kirchlicher Bevormundung sowie aus obrigkeitsstaatlicher Herrschaft (z.B. Litt 1926). Weniger (1930) diskutiert die Frage nach der relativen Freiheit der Erziehungs-Theorie, nach der relativen Freiheit der Erziehungs-Praxis und nach der relativen Autonomie des Bildungssystems nicht als vollständige, sondern als relative Unabhängigkeit von staatlicher Macht und Beaufsichtigung. Durch die Wiederveröffentlichung seiner Aufsätze nach dem Zweiten Weltkrieg bestimmt Weniger (1953) in der Bundesrepublik Deutschland wesentlich die einschlägige Debatte in den 50er Jahren. In den 60er und 70er Jahren erfährt der Begriff der relativen Autonomie durch Bourdieu/Passeron (1971) eine neue – bildungsökonomisch-soziologisch orientierte – Interpretation. Dabei wird der Begriff der pädagogischen Freiheit des Lehrers nur am Rande gestreift; sie scheint – quasi diskussionsfrei – zu den Grundkategorien von Erziehung und Bildung in der (staatlichen) Schule zu gehören.

In dem anderen deutschen Staat, der Deutschen Demokratischen Republik, wurde Unterricht als ein gesetzmäßiger und durch Lehrer soweit wie möglich zu kontrollierender Prozess des Lehrens und Lernens vorgegebener Modelle von Welt begriffen. Diese wurden als Abbilder einer gesetzmäßig determinierten objektiven Realität verstanden. Eine möglichst hohe Adäquatheit der modellhaften Abbildung gegenüber der Realität war das erklärte Ziel des unterrichtlichen Erkenntnisprozesses. Dies verpflichtete den Lehrer auf die sozial determinierte Sicht von Welt und damit auf die politisch konsentierten Modelle von Realität. Pädagogische Freiheit des Lehrers im Sinne individueller Interpretationen von Welt konnte daher keine systematische Kategorie pädagogischen Denkens und Handelns sein. Freiräume als individuelle Entscheidungsräume wurden im Bereich der Unterrichtsmethodik zwar eingeräumt – allerdings primär im Sinne von nicht vollständiger Planbarkeit des Unterrichts (Heinze/Geuthert u.a. 1981).

Zum juristischen Kontext: In der einschlägigen Diskussion scheinen juristische Definitionen und erziehungswissenschaftliche Konzepte pädagogischer Freiheit des Lehrers kontrastierende Pole eines starken Spannungsverhältnisses zu sein. Unter juristischer Perspektive ist festzuhalten: Wenn der Lehrer in seiner Funktion als Lehrer urteilt und handelt, dann tut er dies im Auftrag und mit der Macht des Staates. Als staatlicher Funktionär unterliegt der Lehrer rechtlichen Bindungen, der Weisungsbindung und administrativen Bindungen. Allerdings wird er dadurch nicht zu einem „Vollzugsbeamten" degradiert; denn sowohl aus rein praktischen Gründen, die ihren Ursprung in der mangelnden Kontrollierbarkeit des alltäglichen Unterrichts haben, als auch aufgrund der in den →Schulgesetzen und Rechtsverordnungen enthaltenen Unbestimmtheit und Offenheiten ergeben sich ein relativ breiter Handlungsspielraum und eine vergleichsweise große Urteilsfreiheit.

Der juristische Begriff der pädagogischen Freiheit des Lehrers ist durch drei zentrale Merkmale gekennzeichnet: *(1)* Dieser Begriff ist nicht im Grundgesetz der BRD verankert; er ist ein nur abgeleiteter Begriff. *(2)* Pädagogische Freiheit umfasst nicht das Freisetzen pädagogischer Willkür; sie ist bezogen auf und gebunden an den Erziehungsauftrag der Schule. Sie ist ein fiduziarisches Rechtsinstitut. *(3)* Die pädagogische Freiheit ist gebunden an die Professionalität des einzelnen Lehrers. Somit kann nur er als Individuum Träger dieser Freiheit sein, nicht jedoch die Berufsgruppe.

Zu den zentralen pädagogischen Bestimmungsstücken: Die erziehungswissenschaftliche Diskussion reicht je nach gesellschafts- und bildungstheoretischer Grundposition der Diskutanten von radikaler Kritik im Sinne gesellschaftlich gewollter Herstellung falschen Bewusstseins zur Wahrung der aktuellen Machtstrukturen über kritische Positionen innerhalb der schul- und unterrichtstheoretischen Diskussion bis hin zur Analyse der Chancen und Risiken dieses fundamentalen Bestimmungsstücks für Schule- und Unterricht-Machen – zunehmend auch auf empirischer Basis (z.B. Specht 1997). Somit stellt diese Debatte neben der Diskussion um die relative Autonomie des Bildungssystems und –

derzeit verstärkt – um die erweiterte Gestaltungsautonomie / Selbstständigkeit der Einzelschule den dritten wichtigen Pfeiler im Nachdenken über die Grundstrukturen institutionalisierten Lehrens und Lernens zu und in Freiheit dar (z.B. van Buer 1990).

Unter Bezug auf Fauser (1986, S. 48) kann der Begriff der pädagogischen Freiheit als ein relationaler Begriff verstanden werden. Er ist durch zwei Pole gekennzeichnet – durch Lernen als einem sozialen Prozess mit primär personalem Bezug einerseits und durch die Institutionalisierung dieses Lernens und deren rechtlich administrative Regelung andererseits. Dabei kann diese Institutionalisierung jedoch nicht als reines Machtverhältnis begriffen werden. Denn Schule stellt kein rein instrumentalisiertes Funktionssystem zur An- und Einpassung von Kindern und Jugendlichen in Gesellschaft dar; sondern in ihr handeln und entscheiden Personen in einem grundsätzlich personalen Bezug. Vor diesem Hintergrund muss dem Lehrer für die Realisierung seiner gesetzlich definierten Aufgabe pädagogische Freiheit gegeben sein: Pädagogische Freiheit kann nicht nur als der Raum gekennzeichnet werden, der – ganz im oben für den anderen deutschen Staat beschriebenen Verständnis – für die didaktisch-methodisch geplante Anpassung des Kindes und Jugendlichen an diejenigen Anforderungen, die die objektiven Mächte an Schule stellen, rein funktional nötig ist. Pädagogische Freiheit kann auch nicht nur als der Raum charakterisiert werden, der sich aus der prinzipiell nur teilweisen Plan- und Kontrollierbarkeit institutionalisierter pädagogischer Prozesse ergibt. Pädagogische Freiheit ist vielmehr für die individuelle Konstruktion und Rekonstruktion gesellschaftlich legitimierter Modelle von Welt durch und im Prozess des Lernens in Schule nötig. Sie eröffnet sich im freiheitlich erzieherischen Umgang mit dem einzelnen Kind bzw. Jugendlichen. Dieser Umgang ist dem Normhorizont von Bildung in seiner Spannung von Tüchtigkeit und Mündigkeit verpflichtet. Somit stellt der Begriff der pädagogischen Freiheit des Lehrers ein verfassungsrechtliches Kernstück für die Bestimmung des Lehrerberufs mit weit reichenden Konsequenzen für den beruflichen Alltag dar (Fauser 1986, S. 134).

Allerdings stellt sich pädagogische Freiheit im unterrichtlichen Alltag nicht einfach – quasi von selbst – ein: Zwar wird sie vom Staat seinen Lehrern formal gewährt; die daraus resultierenden Freiräume für die individuellen Deutungs- und Handlungsmuster müssen jedoch immer wieder aufs Neue durch den einzelnen Lehrer selbst verwirklicht, die Grenzen dieser Freiheit immer wieder aufs Neue ausgelotet und gegen unberechtigte Eingriffe der Schuladministration verteidigt werden.

Zum aktuellen Kontext: In der Folge der Ergebnisse aus den (inter-)nationalen Schulleistungsstudien (vgl. z. B. PISA I, Baumert u. a. 2001; PISA II, Prenzel, Baumert u. a. 2004) liegt der Schwerpunkt der Diskussion auf der Frage nach der erweiterten Autonomie/Selbstständigkeit der Einzelschule und deren Folgen für Innovationen im Unterrichts- und Schulalltag (vgl. z. B. die Beiträge in Holtappels, Klemm u. a. 2004). Nicht zuletzt der sich abzeichnenden überregionalen Lernerfolgskontrollen über Vergleichsarbeiten etc. und durch die Präzisierung von →Bildungsstandards als bildungspolitischer Konsensbildung in der KMK über die Bundesländer hinweg ergibt sich derzeit eine auf neue Weise offene Balance zwischen den drei Aspekten von verbindlichen Bildungsstandards und deren (über-)regionaler Überprüfung, der erweiterten Selbstständigkeit der Einzelschule und der pädagogischen Freiheit des einzelnen Lehrers (zu Bildungsstandards vgl. Klieme u. a. 2003). Auf der Ebene des alltäglichen Unterrichtsvollzuges durch die pädagogischen Agenten sowie ihrer beruflichen Kompetenz- und Einstellungsstrukturen spielt das Konzept der pädagogischen Freiheit des Lehrers eine wichtige Rolle – dies vor allem im Bewusstsein der Lehrer (vgl. z. B. van Buer 2005).

Literatur: *Baumert, J., u. a. (Hg.): PISA 2000: Basiskompetenzen von Schülerinnen und Schülern im internationalen Vergleich.* Opladen 2001 – *Bourdieu, P./ Passeron, J.-C.: Grundlagen einer Theorie der symbolischen Gewalt.* Frankfurt a. M. 1971 – *Buer, J. van: Pädagogische Freiheit des Lehrers im unterrichtlichen Alltag. Realität oder Illusion?* Frankfurt a. M. 1990 – *Buer, J. van: Berufliche Bildung in Berlin – eine Landschaftsskizze.* In: *Buer, J. van/Zlatkin-Troitschanskaia, O. (Hg): Adaptivität und Stabilität in der Berufsausbildung.* Frankfurt a. M. 2005, S. 83-120 – *Fauser, P.: Pädagogische Freiheit in Schule und Recht.* Weinheim/ Basel 1986 – *Heinze, K./Geuthert, E. u.a.: Der Unterrichtsprozeß in der Berufsausbildung.* Berlin 1981 – *Holtappels, H. G., Klemm, K. u. a. (Hg.): Jahrbuch der Schulentwicklung.* Bd. 13. Weinheim & München 2004 – *Klieme, E. u. a. (2003). Zur Entwicklung nationaler Bildungsstandards. Eine Expertise. Deutsches Institut für Internationale Pädagogische Forschung (DIPF).* Frankfurt a. M. – *Litt, Th.: Das Recht und die Grenzen der Schule.* In: *Behn, S. u.a.: Pädagogische Antithesen.* Leipzig 1926 – *Specht, W.: Autonomie und Innovationsklima an Schulen – Rezeption und Wirkungen der Schulautonomie an Hauptschulen und allgemeinbildenden höheren Schulen.* Graz 1997 – *Prenzel, M., Baumert, J. u. a. (Hg.): PISA 2003. Der Bildungsstand der Jugendlichen in Deutschland - Ergebnisse des zweiten internationalen Vergleichs.* Münster 2004 – *Weniger, E.: Die Eigenständigkeit der Erziehung in Theorie und Praxis. Probleme der akademischen Lehrerbildung.* Weinheim 1953 (1930)

Jürgen van Buer

Personalarbeit und Personalentwicklung

Zur Personalarbeit im weiteren Sinne gehören alle geplanten (nicht-zufälligen) Aktivitäten in Organisationen, die sich auf die „menschliche Arbeit" (die „Mitarbeiter", den „Produktionsfaktor Arbeit" o. ä.) richten. So gesehen gehören ganz verschiedene Tätigkeiten wie beispielsweise das Kantinenmanagement, die Einführung neuer gruppenorientierter Arbeitsorganisationsformen, die Veränderung der Entscheidungskompetenzen bestimmter Personen, die Einrichtung der Arbeitsräume nach ergonomischen Richtlinien oder die wöchentliche Abteilungskonferenz des Vorgesetzten mit seinen Mitarbeitern zur „Personalarbeit".

Im engeren Sinne kann man unter Personalarbeit die typischen Aufgabenfelder spezialisierter Funktionsbereiche und Funktionsträger zusammenfassen, die in Praxis und Schrifttum wiederum unterschiedliche Bezeichnungen wie z.B. Personalabteilung, Personalwesen, Personalleitung, Lohn- und Gehaltsabrechnung, Personaldienste usw. tragen können (Büschges 1992). Das Folgende bezieht sich auf den engeren Personalarbeitsbegriff.

Die von den spezialisierten Funktionsträgern und -bereichen professionell zu leistende Personalarbeit kann differenziert werden in eine übergeordnete und damit verbundene einzelne Dienstleistungs-Aufgaben.

Die übergeordnete Aufgabe der Personalarbeit ist die sachkundig-professionelle Mitgestaltung der Sozialordnung. Unter Sozialordnung werden alle das Zusammenleben der Organisationsmitglieder regelnden Normen, Verträge und Rechte verstanden. Diese erstrecken sich im Wesentlichen auf vier Gestaltungsbereiche:

1. die Gestaltung der Eigentumsverhältnisse (z.B. Vermögensbeteiligungen; Rechtsformen der Organisation etc.)
2. die Gestaltung der Weisungs- und Entscheidungskompetenzen (z.B. Führungsrichtlinien, Konferenzwesen etc.)
3. die Gestaltung der Wertschöpfungsverteilung (das Lohn-/Gehaltssystem; Gewinnbeteiligungen etc.)
4. die Gestaltung des Arbeitsinhaltes selbst (Arbeitsgestaltung, Arbeitsstrukturierung, Arbeitsorganisation etc.) (Pullig 2000)

Die Sozialordnungen sind durch eine Fülle von Gesetzen und Verordnungen geregelt (z.B. Gesetze über bestimmte Rechtsformen von Organisationen, wie das Aktiengesetz, GmbH-Gesetz etc.; Lohnfortzahlungsgesetz; Arbeitsstättenverordnung usw.) Darüber hinaus gibt es aber Gestaltungsspielräume.

Die auf Personalarbeit spezialisierten Funktionsbereiche arbeiten auf diesen vier Gestaltungsfeldern sachkundig-professionell mit. Sie bringen z.b. Aspekte der Arbeitswissenschaft, der Führungs- und Motivationstheorien, der Eignungsdiagnostik, der Rechtswissenschaft u. a. ein. Aus dieser übergeordneten Aufgabe und aus übergeordneten Plänen (z.B. den Absatz-, Produktions- und Investitionsplänen) ergeben sich wichtige einzelne Dienstleistungsfunktionen der Personalarbeit, nämlich: Personalbedarfsermittlung (quantitativ und qualitativ), Personalbeschaffung, Personalauswahl, Personalentwicklung, Vergütung („Anreizgestaltung"), Personalfreisetzung („Personalabbau"). Die speziellen Dienstleistungen Personalentwicklung und Personalauswahl seien etwas genauer charakterisiert: Allgemein geht es um „Personalbereitstellung" gemäß den Personalbedarfsplänen. Darunter versteht man – allerdings einseitig gesehen – die quantitative und qualitative Anpassung von „Personal" mit entsprechenden Qualifikationen an den jeweiligen Bedarf. Qualifikationen werden entweder innerhalb der Organisation entwickelt – insofern ist Personalentwicklung „interne Personalbeschaffung" – oder sie werden extern über den Arbeitsmarkt rekrutiert, d.h. angeworben und ausgewählt. Der Funktionsbereich Personalentwicklung umfasst in der Praxis oft die relativ planmäßige und mehr oder weniger systematische Gestaltung und Unterstützung der beruflichen Erstausbildung, der Weiterbildung in vielfältigen Organisationsformen (Seminare, Workshops, geplanter Einsatz auf verschiedenen Arbeitsplätzen usw.) und – im Normalfall hierarchischer Organisationen – der sog. Karriere- oder Laufbahnentwicklung (→Laufbahnberatung).

Obwohl Personalentwicklung als interne Personalbeschaffung gesehen werden kann, versteht man unter Personalbeschaffung i. d. R. die externe Rekrutierung von Personal vom Arbeitsmarkt. Hierbei werden – vor allem in Abhängigkeit von der Angebots-/Nachfragesituation der gesuchten Qualifikationen – verschiedene Wege beschritten: Inanspruchnahme privater und staatlicher Vermittlungsdienste, zunehmend über das Internet realisiert, Stellenanzeigen in regionalen oder überregionalen Tageszeitungen, direkte Kontakte zu Ausbildungsinstitutionen usw. Personalbeschaffung wird oft aufgefasst als Teil eines umfassenderen Personalmarketingkonzeptes (Strutz 2004).

Die Personalauswahlverfahren sollen die bestgeeignete Person ermitteln. Für diese Zwecke steht eine Fülle geprüfter oder auch ungeprüfter eignungsdiagnostischer Instrumente zur Verfügung (Sarges 2000). In der Regel gründen sich die Auswahlentscheidungen auf die Prüfung schriftlicher Bewerbungsunterlagen (Anschreiben, Lebenslauf und Zeugnisse) sowie Gespräche mit dem Bewerber. Darüber hinaus werden u. a. Verhaltensstichproben (z.B. Erarbeitung eines Konzeptes für ein aktuelles betriebliches Problem) und/oder verschiedene Tests (z.B. Intelligenz- und Leistungsmotivations-Tests) verwendet.

Literatur: Büschges, G.: Personalarbeit und soziale Umwelt. In: Gaugler, E./Weber, W. (Hg.): Handwörterbuch des Personalwesens, Stuttgart 1992², Sp. 1463-1573 – Neuberger, O.: Personalentwicklung. Stuttgart 1991 – Pullig, K.-K.: Innovative Unternehmenskulturen. Zwölf Fallstudien zeitgemäßer Sozialordnungen. Leonberg 2000. – Sarges, W. (Hg.): Management-Diagnostik. Göttingen u. a. 2003. – Strutz, H.: Personalmarketing. In: Gaugler, E./ Oechsler, W.A./Weber, W. (Hg.): Handwörterbuch des Personalwesens. Stuttgart ³2004, Sp. 1592-1601.

Karl-Klaus Pullig

Persönlichkeitsprinzip

Die Forderung nach Berücksichtigung des P. wird immer dann in die pädagogische Diskussion eingebracht, wenn es darum geht, bei der Ermittlung, Auswahl und Legitimation von →Lernzielen und Inhalten die Bedürfnisse des Individuums und die Persönlichkeitsentscheidung in besonderer Weise gegenüber Zumutungen der Erwachsenen und der Gesellschaft zu wahren (vgl. Reetz 1984, S. 93 ff.). Dabei wird nicht in Zweifel gezogen, dass sich der Erziehungsprozess und die Genese der Entwicklung von lernenden Jugendlichen in schulischen Lernprozessen unter dem Druck objektiver Leistungsansprüche und Qualifikationsforderungen vollzieht.

Die Berücksichtigung des P. bei der →Curriculumentwicklung verlangt im Hinblick auf die anthropogenen Voraussetzungen
- eine besondere Beachtung der lernpsychologischen Bedingungen und
- eine explizite Darstellung der Persönlichkeitsmerkmale als „Erziehungsziele" oder „Bildungsideale", damit die Lernenden ihre persönliche Individualität nach bestimmten Bildungsidealen ausformen können.

Die Frage nach den Erziehungszielen bzw. Bildungsidealen hat in der bildungstheoretischen Didaktik eine lange Tradition. Sie liefern letztlich die normgebenden Vorstellungen von der Persönlichkeit des zu Erziehenden (vgl. Kaiser 1985, S. 176).

Die am Individuum und seinen Bedürfnissen orientierte Variante des P. wird vornehmlich in der Diskussion um handlungs- und situationsorientierte Didaktikkonzepte thematisiert (→Handlungsorientierung; →Situationsorientierung).

Vor allem solche handlungsorientierten Konzepte, die sich weitgehend auf Erkenntnisse der Kognitionspsychologie und die Menschenbildannahme des „reflexiven Subjektmodells" (vgl. Groeben/Scheele 1977, S. 22 ff.) stützen, stellen das P. in den Mittelpunkt ihrer Betrachtung. Dabei wird von der Prämisse ausgegangen, dass der Mensch sich von Geburt an mit Personen, Ereignissen, Sachen, Sachverhalten seiner Umwelt auseinandersetzt, diese mit der Sprache seiner Umwelt definiert und aufgrund seiner Erfahrungen, Einstellungen und Bewusstseinshaltungen entwickelt. Daraus wird abgeleitet, dass schulische Lernprozesse auf den Alltagshandlungen der Schüler und den darauf bezogenen subjektiven Theorien der Schüler aufbauen sollten, wenn reflektiertes Handeln-Können in unterschiedlichen Lebensbereichen erlernt werden soll. Das führt zu der Kernfrage: Welchen Stellenwert gewinnen Alltagstheorien in schulischen Lernprozessen, und wie lassen sich auf der Basis von Alltagstheorien allgemeine Erkenntnisse und Systematisierungen ausbilden? Anhand kognitionstheoretischer Erklärungsmuster lässt sich aufzeigen, dass sich kognitive Strukturen durch einen stufenweisen Übergang von konkreten, singulären Handlungssituationen zu abstrakteren, generellen Denkoperationen entwickeln (vgl. Aebli 1980 u. 1981).

Im Rahmen eines handlungsorientierten Didaktikkonzepts, in dem die „subjektiven Alltagstheorien" für schulisches Lernen eine herausragende Bedeutung gewinnen, erfährt das Prinzip der →Wissenschaftsorientierung insofern eine grundlegende Umdeutung, als wissenschaftliches Wissen nicht von vornherein als höherwertig angesehen wird, sondern vielmehr seine Überlegenheit gegenüber dem Alltagswissen zu beweisen hat.

Fachwissenschaftliche Erkenntnisse und fachwissenschaftliche Theorien werden bevorzugt immer dann herangezogen bzw. vermittelt, wenn sie zur Lösung alltäglicher Probleme notwendig sind oder in Zusammenhang gebracht werden können mit den Erfahrungs- und Erklärungsmustern der Lernenden.

Die Lernvoraussetzungen und Lernbedürfnisse der Lernenden lassen sich im Unterricht dann angemessen berücksichtigen, wenn die Lernenden zumindest partiell an der Planung und Organisation von Unterricht beteiligt werden und somit ihre bisherigen Erfahrungen, Einstellungen, Deutungsmuster einbringen können und die subjektive Bedeutsamkeit der Themen für sich prüfen, Interesse an ihnen finden oder bestreiten bzw. die Bearbeitungsrichtung beeinflussen.

Inwieweit die Lernvoraussetzungen und Interessen der Lernenden im Unterricht zur Geltung kommen, hängt nicht zuletzt von den sozialen und interaktiven Prozessen ab, die während des Unterrichtsgeschehens ablaufen und es erlauben, dass die Lernenden ihre persönlichen Einstellungen, Interessen, Ängste, Sorgen, Glücksvorstellungen, Wertungen und Vorurteile einbringen können.

Ein an den Interessen und Bedürfnissen der Lernenden orientierter Unterricht verlangt, dass der Lehrer sich als Mitglied einer Lerngruppe versteht, die sich eine gemeinsame Aufgabe gestellt hat, in der er mitplant, mitdenkt, Anregungen gibt, seine Ideen und sein spezifisches Können und Wissen einbringt, mit nach Lösungsmöglichkeiten sucht und darüber hinaus Mut macht, Denkanstöße gibt und in den Punkten Hilfe gibt, in denen die Schüler ratlos sind und nicht weiterkommen.

Literatur: Abelson, R.P.: Script Processing in Attitude and Decision Making. In: Carrol, L.S./Payne, I.W. (Hg.): Cognition and Social Behavior. Hillsdale. New Jersey 1976 – Aebli, H.: Denken: Das Ordnen des Tuns. Bd. I: Kognitive Aspekte der Handlungstheorie. Stuttgart 1980 – Aebli, H.: Denken: Das Ordnen des Tuns. Bd. II: Denkprozesse. Stuttgart 1981 – Bronfenbrenner, U.: Die Ökologie der menschlichen Entwicklung. Stuttgart 1981 – Groeben, N./Scheele, B.: Argumente für eine Psychologie des reflexiven Subjekts. Darmstadt 1977 – Kaiser, F.-J.: Merkmale einer zielgruppenorientierten Fachdidaktik – aufgezeigt am Beispiel eines Modellversuchs zur Verbindung des Berufsvorbereitungsjahres mit dem Berufsgrundschuljahr in beruflichen Schulen und Kollegschulen. In: Twardy, M. (Hg.): Fachdidaktik zwischen Normativität und Pragmatik. Düsseldorf 1985, S. 163-188 – Reetz, L.: Wirtschaftsdidaktik. Eine Einführung in Theorie und Praxis wirtschaftsberuflicher Curriculumentwicklung und Unterrichtsgestaltung. Bad Heilbrunn 1984 – Reetz, L.: Prinzipien der Ermittlung, Auswahl und Begründung relevanter Lernziele und Inhalte. In: Kaiser, F.J./Kaminski, H. (Hg.): Wirtschaftsdidaktik. Bad Heilbrunn 2003

Franz-Josef Kaiser

Pflegeausbildung

Die →Pflegeberufe repräsentieren mit über 1,1 Millionen Erwerbspersonen (Stand 2003) die größte Gruppe der derzeit in Deutschland in den sog. *Gesundheitsfachberufen* Beschäftigten (ca. 1,8 Millionen). Geht man von einem generalistischen Pflegebegriff aus (Gesundheits-/ Kranken-, Alten-, Behinderten- und Familienpflege), müssen neben der Berufsausbildung zur/m *Gesundheits-/ Krankenpfleger/in* (3 Jahre), zur/m *Gesundheits-/ Krankenpflegehelfer/-in* (1 Jahr), zur/m *Gesundheits-/ Kinderkrankenpfleger/in* (3 Jahre) und zur/m *Hebamme/ Entbindungspfleger* (3 Jahre) auch die Qualifizierung zur/m *Altenpfleger/in* (2 bzw. 3 Jahre), zur/m *Altenpflegehelfer/in* (1 Jahr), zur/m *Heilerziehungspfleger/in* (2 bzw. 3 Jahre), zur/m *Heilerziehungshelfer/in* (1 Jahr), zur/m *Haus- und Familienpfleger/in* (2 bzw. 3 Jahre) und zur/m *Dorfhelfer/in* (1 bzw. 2 Jahre) als Pflegeausbildungen gelten. Aufgrund ihres quantitativen Umfanges und ihres qualitativen Profils hat die Gesundheits- und Krankenpflegeausbildung allerdings häufig eine Referenzfunktion für die anderen genannten Pflegeausbildungen und z.T. sogar für die Berufsausbildungen der therapeutisch-rehabilitativen und diagnostisch-technischen Gesundheitsfachberufe. So wurden von den im Schuljahr 2002/03 ca. 177.000 Schülern/-innen an den sog. *Schulen des Gesundheitswesens* bzw. einschlägigen →Berufsfachschulen der Länder ca. 62.000 in der Gesundheits-/ Krankenpflege ausgebildet. Allerdings zeichnet sich ab, dass die Gesundheits-/ Krankenpflege in diesem Punkt kurz- bzw. mittelfristig von der Altenpflege (42.000 Schüler/innen in 2002/03) abgelöst wird, wie dies im Schuljahr 2004/05 bereits in einzelnen Bundesländern deutlich wurde (z.B. Ausbildungsanfänger in Baden-Württemberg).

Nachhaltige Anfänge einer Berufsausbildung für die Krankenpflege in Deutschland finden sich in der ersten Hälfte des 19. Jahrhunderts bei den Diakonissen in Kaiserswerth. Erste gesetzliche Regelungen wurden ab 1906 durch landesgesetzliche Regelungen geschaffen, in deren Zentrum die Einführung einer staatlich anerkannten Krankenpflegeprüfung als Abschluss einer ebenfalls staatlich anerkannten Krankenpflegeausbildung stand. Mit dem bundesdeutschen *Krankenpflegegesetz* aus dem

Jahr 1985 wurde der Mindestumfang der theoretischen Ausbildung auf 1.600 und der praktischen Ausbildung auf 3.000 Stunden bei einer dreijährigen →Ausbildungsdauer angehoben. Seit der deutschen Vereinigung galt dieses Gesetz auch in den neuen Bundesländern und löste dort die auch für die Krankenpflege geltenden Regelungen zur medizinischen Fachschulausbildung ab. Eine ursprünglich bereits 1977 erlassene sektorale Richtlinie des Rates der Europäischen Gemeinschaften ermöglicht die Freizügigkeit der Berufstätigkeit in der Krankenpflege in den EU-Mitgliedsländern.

Zum 01.01.2004 ist eine novellierte Fassung des Krankenpflegegesetzes in Kraft getreten. Die wichtigsten Änderungen betreffen die im Hinblick auf Aufgaben in der Gesundheitsförderung geänderte Berufsbezeichnung („Gesundheits- und Krankenpfleger/in"), die Akzentuierung der theoretischen Ausbildungsstunden (2.100 Stunden „theoretischer und praktischer Unterricht"/ 2.500 Stunden "praktische Ausbildung"), die didaktische Qualität des Curriculum („Lernfeldorientierung") und die Aufwertung des pädagogischen Personals (Etablierung von Praxisanleitern; Hochschulausbildung für Lehrkräfte). Eine sog. „Experimentierklausel" (§4 (6) Krankenpflegegesetz) erlaubt z.B. die Erprobung generalistischer Pflegeausbildungen und deckt ggf. auch Modellversuche zur Akademisierung der Pflegeausbildung ab, wie sie derzeit an einzelnen Fachhochschulen in Form von Bachelor-Studiengängen erprobt wird.

Anstelle des →Berufsbildungsgesetzes bzw. der →Schulgesetze sind für viele Gesundheitsfachberufe sog. Berufszulassungsgesetze maßgeblich. Dies gilt auch für die Pflegeausbildungen zur/m Gesundheits-/ Krankenpfleger/in, zur/m Gesundheits-/ Kinderkrankenpfleger/in (Gesetz über die Berufe in der Krankenpflege), zur/m Altenpfleger/in (Altenpflegegesetz) und zur/m Hebamme/ Entbindungspfleger (Hebammengesetz), während für die Qualifizierung zur/m Heilerziehungspfleger/in, zur/m Heilerziehungshelfer/in, zur/m Haus- und Familienpfleger/in, zur/m Dorfhelfer/in, zur/m Altenpflegehelfer/in und – nach der Ausgliederung aus dem aktuellen Krankenpflegegesetz – neuerdings auch zur/m Gesundheits-/ Krankenpflegehelfer/in verschiedene Länderregelungen maßgeblich sind. Angesichts der Probleme länderspezifischer Regelungen (z.B. Mobilität, Qualifikationsstandards usf.) gibt es – wie zuletzt beim Ringen um das erst nach Entscheidung des Bundesverfassungsgerichtes vom 24.10.2002 in Kraft getretene Altenpflegegesetz – ein Bemühen um bundeseinheitliche Regelungen.

Dabei orientieren sich die maßgeblichen Akteure allerdings i.d.R. nicht an den üblichen Strukturen des deutschen Berufsbildungssystems, sondern an dem aufgezeigten Sonderweg der Berufsbildung in der Krankenpflege. In diesem Zusammenhang wird in Kauf genommen, dass sich diese Pflegeberufe, wie die meisten anderen Berufe des Gesundheitswesens auch, aber nicht nur in rechtlicher sondern auch in administrativer, institutioneller wie pädagogischer Hinsicht außerhalb des heute üblichen Rahmens der Berufsbildung in Deutschland bewegen. Es treten hier nämlich Arbeits-/ Sozial- bzw. Gesundheitsministerien an die Stelle der Zuständigkeit von Kultusministerien, z.T. 'zwergschulartige' Ausbildungsstätten bzw. (Ersatz-/ Ergänzungs-) Schulen in freier Trägerschaft für einzelne Berufe an die Stelle öffentlicher beruflicher Schulen mit einer breiten Palette von →Ausbildungsberufen und Schulformen, Schulgeldforderungen bzw. artfremde Kostenfinanzierungen (Krankenkassen) an die Stelle einer Finanzierung durch öffentliche Haushalte von Land und Kommune und nicht zuletzt weitergebildete Berufsangehörige und nebenberuflich tätige Ärzte u.ä. an die Stelle von Lehrern mit entsprechenden Lehrämtern und qualifizierten Ausbildern. Wie sich am Beispiel des novellierten Krankenpflegegesetzes zeigt, gibt es allerdings in einzelnen Punkten Bemühungen um eine Änderung dieser Sondersituation. Von dieser o.g. berufspädagogischen Kritik durchgängig ausnehmen kann man aber nur das Bundesland Thüringen, wo die Normalität der Berufsbildung auch für die Gesundheitsfachberufe praktiziert wird.

Als Konsequenz dieser Sonderstellung gilt die mangelnde horizontale wie vertikale Durchlässigkeit (Bildungssackgassen). Aufgrund des Fehlens einer berufsübergreifenden Bildungsplanung gibt es nämlich kaum gegenseitige Anrechnungsmöglichkeiten beim Berufswechsel und es existieren auch so gut wie keine Möglichkeiten des beruflichen Aufstiegs, sei es im Sinne beruflicher Weiterbildung durch den Fachschulbesuch (Meister, Techniker o.ä.) oder auf dem sog. zweiten Bildungsweg durch den Besuch einschlägiger Berufsfachschulen, Fachoberschulen und Fachgymnasien. Eine Berufsbildungsreform im Gesundheitsbereich ist nach Auffassung der einschlägigen Experten aber nicht nur vor diesem pädagogischen Hintergrund fällig, sondern auch eine notwendige Reaktion auf die sich verändernden Rahmenbedingungen des Gesundheitswesens (z.B. Ökonomisierung, Demographie). Angesichts ihres hohen gesundheits- und arbeitsmarktpolitischen Stellenwertes kommt der Schaffung eines anforderungsgerechten und zukunftsorientierten Berufsbildungsangebotes für die Pflegeberufe hierbei eine Schrittmacherfunktion zu.

Literatur: Abicht, L./Bärwald, H./Bals, T./Brater, M./ Hemmer-Schanze, C./Meifort, B./Preuss, B.: Gesundheit, Wellness, Wohlbefinden: Personenbezogene Dienstleistungen im Fokus der Qualifikationsentwicklung. Bielefeld 2001 – Bals, T.: Berufsbildung der Gesundheitsfachberufe. Einordnung – Strukturwandel – Reformansätze. Hochschule und Berufliche Bildung, hg. von H. Biermann, W.-D. Greinert, M./Kipp, H./ Linke, G./Wiemann. Alsbach/Bergstr. 1993 – Bals, T.: Professionalisierung des Lehrens im Berufsfeld Gesundheit. Wirtschafts-, Berufs- und Sozialpädagogische Texte, hg. von Twardy, M., Bd.16. Köln ³1995 – Becker, W./ Meifort, B (Hg.): Gesundheitsberufe: Alles „Pflege" – oder was ? Personenbezogene Dienstleistungsberufe – Qualifikationsentwicklungen, Strukturveränderungen, Paradigmenwechsel. Bielefeld 2002 – Rabe-Kleberg, U./Krüger, H./Karsten, M.E./Bals, T. (Hg.): Dienstleistungsberufe in Krankenpflege, Altenpflege und Kindererziehung: Pro Person. Bielefeld 1991

Thomas Bals

Pflegeberufe

P. gehören systematisch zu den nichtakademischen Gesundheits- und/oder Sozialberufen; zum Kernbereich des →Berufsfeldes Pflege zählen Krankenschwester/pfleger, Kinderkrankenschwester/pfleger, Krankenpflegehelfer(in), Hebammen/Entbindungspfleger, Altenpfleger(in), Altenpflegehelfer(in); kleinere Berufsgruppen sind Haus- und Familienpfleger(in), Dorfhelfer(in), Heilerziehungspfleger(in). Unklare Grenzen gibt es zum Berufsfeld „Rehabilitation" (z.B. Krankengymnast(in), Diätassistent(in)). Die größten Berufsgruppen sind dabei die Krankenschwestern/-pfleger (ca. 370 000) und Altenpfleger(innen) (ca. 70 000). Angehörige von P. sind traditionell in Einrichtungen der stationären (Krankenhaus, Altenheim, Rehabilitationseinrichtung) und ambulanten (ambulante Pflegedienste) Pflege tätig, wobei der letztere Bereich zunehmend an Bedeutung gewinnt. Typisch für P. ist, dass es weit überwiegend Frauenberufe sind (z.B. Krankenpflege: 85 % weibliches Personal), die ihre historischen Wurzeln in der christlich motivierten ehrenamtlichen „Liebestätigkeit" bürgerlicher Frauen haben und deshalb typische Schwierigkeiten mit der Professionalisierung der Tätigkeit haben, dass die Verweildauer im →Beruf relativ gering ist und dass er wenig Aufstiegsmöglichkeiten bietet (meist aufgrund ungeregelter interner Weiterbildungen, z.B. zur Operationsschwester, zur Stationsleitung oder Heimleitung).

Ausbildung: Die Ausbildung für die P. besteht aus schulischen und praktischen Anteilen, aber nicht im →Dualen System auf der Rechtsgrundlage des BBiG und weit überwiegend nicht in Staatlichen Fachschulen, sondern in den „Schulen des Gesundheitswesens" aufgrund von gesetzlichen Regelungen für die Einzelberufe. In den P., die Länderregelungen unterliegen, sind sowohl die Dauer der Ausbildung als auch die Verteilung von Theorie- und Praxisanteilen höchst unterschiedlich (→Pflegeausbildung).

Typisch für die Ausbildung in diesen Berufen ist die weitgehende Trägerschaft der Ausbildung durch Freie Träger (z.B. Krankenhäuser, Wohlfahrtsverbände), ein weitgehendes Fehlen curricularer Vorgaben und eine Praxisanleitung ohne pädagogisch ausgebildetes Personal sowie die fehlenden Anschluss- und Aufstiegsmöglichkeiten im (Berufs)Bildungssystem. Mit derzeit ca. 56 000 Auszubildenden ist der Beruf der Krankenschwester einer der größten →Ausbildungsberufe für Mädchen.

Perspektiven: Angesichts der Diskussion um die „Europäisierung" der Berufsbildung und des „Sackgassencharakters" wird die Zersplitterung und relative Ungeregeltheit des Berufsfeldes Pflege zunehmend als Missstand empfunden. Sowohl Berufsverbände wie Bildungspolitiker arbeiten an Konzepten, die eine gemeinsame Grundausbildung mindestens für Krankenpflege, Kinderkrankenpflege und Altenpflege mit darauf aufbauenden Spezialisierungen vorsehen, wobei einerseits die Länderzuständigkeit für einen Teil der Ausbildungen und andererseits die Situation der öffentlichen Haushalte die Reform erschweren; implizit ist in den vorliegenden Entwürfen eine Eingliederung der Pflegeausbildung in das staatliche Berufsbildungssystem. Zudem wird seit Jahren über einen zusätzlichen zweijährigen Ausbildungsberuf für ambulante Pflege diskutiert. Durch eine Verwissenschaftlichung der Ausbildung soll die Professionalität in den Pflegeberufen erhöht werden; gleichzeitig ist aber auch ein Prozess der Entprofessionalisierung im Berufsfeld durch die Zunahme von unausgebildetem Hilfspersonal zu beobachten. Insgesamt wird die Nachfrage nach Pflegepersonal mittel- und langfristig durch die Folgen der demographischen Entwicklung dramatisch ansteigen, wobei offen ist, wie sich die Qualifikationsstruktur des Personals entwickeln wird.

Literatur: Bals, T.: Berufsbildung der Gesundheitsfachberufe. Einordnung – Strukturwandel – Reformansätze. Alsbach 1993 – Becker, W./Meifort, B.: Pflegen als Beruf – ein Berufsfeld in der Entwicklung. Berlin 1994 – Becker, W./Meifort, B.: Professionalisierung gesundheits- und sozialpflegerischer Berufe – Europa als Impuls. Berlin 1993 – Forschungsstelle für Gerontologie: Strukturreform der Pflegeausbildung. Gutachten über Handlungsbedarf zur Neustrukturierung von Berufsbildern der gesundheits- und sozialpflegerischen Berufe und bildungspolitische Schlußforderung. Düsseldorf 1996 – Meifort, B. (Hg.): Schlüsselqualifikationen für gesundheits- und sozialpflegerische Berufe. Ergebnisse der Hochschultage Berufliche Bildung '90. Alsbach 1991 – Wolff, H.-P./Wolff, J.: Geschichte der Krankenpflege. Basel 1994

Peter Vogel

Portfolio

Seit einigen Jahren sind in beruflichen Bildungsgängen Bemühungen um differenzierte Leistungsbewertungen feststellbar, nicht zuletzt inspiriert von Versuchen in anderen Ländern und innovativen Lehr-Lernkulturen. In diesem Zusammenhang spielen Portfolios bzw. Leistungsmappen eine Rolle, die insbesondere für „das Problem der Individualisierung und Sicherung hoher Standards" (Winter 2002, S. 54) Perspektiven bieten können und geeignet sind, „Leistung breiter zu definieren" (Winter 2002, S. 175). Portfolios sind in erster Linie systematische Sammlungen von Belegen der Leistung von Lernenden, d.h. es sind Dokumente und Materialien, mit denen ihre individuellen Bemühungen, Fortschritte und Leistungen dargestellt und reflektiert werden können. Die Produkte des Lernens werden im Original vorgelegt. Portfolios zielen meist nicht auf Vollständigkeit, sondern beziehen den Auswahlprozess ein. Dabei soll in der Regel nur ausgewählt werden, was ein Lernender als relevant ansieht. Die metakognitive Interpretation

bzw. die Selbstreflexion der Lernenden gilt als das „Herzstück des Portfolioprozesses" (Häcker 2005). Damit ist die Förderung von Bewusstsein für den eigenen Lernprozess verbunden. In dieser Vermittlung und dem Erwerb von Metakognition wird der hauptsächliche Effekt der Arbeit mit Portfolios gesehen. Metakognition wird als der Schlüssel angesehen, „um Zugang zu denjenigen Kompetenzen zu finden, die konstitutiv für die Fähigkeit zu Selbstlernaktivitäten sind" (Kaiser u.a. 2003, S. 30; Kaiser 2003).
Es werden fünf Arten von Portfolios unterschieden (vgl. Winter 2002, S. 175 f.). *Produkt-* bzw. *Arbeitsportfolios* sind Sammlungen von Arbeiten zu einem bestimmten Lerngegenstand. Sie dokumentieren konkrete Lernprozesse. In einem *Beurteilungsportfolio* wird dokumentiert, was jemand gelernt hat. Sofern damit eine Prüfung verbunden ist, wird auch von einem *Prüfungsportfolio* gesprochen. Werden beste Leistungen gesammelt und dokumentiert, spricht man auch von einem *Best-practice-Portfolio*. Zentral ist dabei, dass hohe Transparenz über die Kriterien herrscht, nach denen die Arbeiten in das Portfolio eingefügt werden. Im *Präsentationsportfolio* werden speziell für einen Präsentationszusammenhang Arbeitsproben gesammelt und geordnet. Ein Beispiel hierfür kann die Präsentation für eine Bewerbung sein. Im *Entwicklungsportfolio* kommt es darauf an, Entwicklungsprozesse bzw. Veränderungen eines Lernenden sichtbar zu machen. Dabei ist es wichtig, dass sowohl Dokumente vom Beginn als auch vom Ende eines Erarbeitungsprozesses enthalten sind. Solche Portfolios können als Grundlage sowohl für eine Selbst- als auch für eine Fremdevaluation dienen.
Was in einem Portfolio zusammengestellt wird, hängt von seiner jeweiligen Funktion ab. Portfolios bieten nicht nur Anregungen für die Unterrichtsdokumentation und Leistungsüberprüfung sondern auch für die Lehrerbildung (Gehler 2004).

Bedenken, was ihre Funktion als Instrumente der Leistungsbewertung angeht, richten sich vor allem auf Probleme der Gütekriterien.

Literatur: Brunner, I.: *Über das eigene Lernen nachdenken. Das Portfolio als Instrument zur Reflexion.* In: *Pädagogische Führung* 14 (2003), 2, S. 88-90 – Bundesministerium für Bildung und Wissenschaft (Hg.): *Das Lehrportfolio als Dokumentation von Lehrleistungen.* Bonn 1993 – Gehler, B.: *Portfolio - eine phasenübergreifende Perspektive für die Lehrerausbildung.* Paderborn 2004. Online im Internet: http://pbfb5www.uni-paderborn.de/www/fb5/wiwi-web.nsf/id/49D1BF793EE986F3C1257006001EB0A6 [letzter Zugriff: 10.08.2005] – Häcker, T.: *Portfolio als Entwicklungsinstrument.* Online im Internet: http://www.portfolio-schule.de/index.cfm? D497FE97E553-4CAF95AF1D3E58626A8F [letzter Zugriff: 09.08. 2005] – Häcker, T.: *Portfolio als Instrument der Kompetenzdarstellung und reflexiven Lernprozesssteuerung.* In: bwpat, Ausgabe 8. Online im Internet: http://www.bwpat.de/ausgabe8/haecker_bwpat8.pdf. Abstract: http://www.bwpat.de/ausgabe8/abstract_haecker_bwpat8.shtml [letzter Zugriff: 10.08.2005] – Kaiser, A. (Hg.): *Selbstlernkompetenz. Metakognitive Grundlagen selbstregulierten Lernens und ihre praktische Umsetzung.* München/Unterschleißheim 2003 – Kaiser, A./Lambert, A./Uemminghaus, M.: *Praxis selbstregulierten Lernens. Metakognitiv fundiertes Lehren und Lernen in der Erwachsenenbildung.* Bonn 2003 – Schulverwaltung spezial. Zeitschrift für Schulleitung, Schulaufsicht und Schulkultur: Pädagogische Diagnostik. Hilfen zum (besseren) Lernen. Sonderausgabe Nr. 3/2005 – Winter, F.: *Chancen für pädagogische Reformen? Oder: Wie es sein könnte mit der Leistungsbewertung.* In: Winter, F./Groeben, A. von der/Lenzen, K.-D. (Hg.): *Leistung sehen, fördern, werten. Neue Wege für die Schule.* Bad Heilbrunn/Obb. 2002, S. 48-58 – Winter, F.: *Ein Instrument mit vielen Möglichkeiten – Leistungsbewertung anhand von Porfolios.* In: Winter, F./Groeben, A. von der/Lenzen, K.-D. (Hg.): *Leistung sehen, fördern, werten. Neue Wege für die Schule.* Bad Heilbrunn/Obb. 2002, S. 175-183 – Winter, F.: *Leistungsbewertung. Eine neue Lernkultur braucht einen anderen Umgang mit den Schülerleistungen.* Baltmannsweiler 2004 – Winter, F.: *Neue Wege der Leistungsbewertung – das Portfolio.* In: *Erziehungswissenschaft und Beruf* 51 (2003), 4, S. 500-504

Günter Pätzold

Programmierte Prüfungen

Der amerikanische Psychologe Pressey entwickelte seit 1915 im Zusammenhang mit seinen Forschungen zum →Lernen und zum Leistungsfeedback mechanische Geräte zur Intelligenzprüfung und Intelligenzvermittlung („answer-until-correct-scoring-board"), die zugleich als Test- und Lehrmaschinen angesehen werden können und die deshalb heute als Vorläufer der Programmierten Unterweisung, des Computerunterstützten Unterrichts und der Apparate und computergestützten Diagnostik gelten. Seine Geräte realisierten bereits alle Prinzipien, die später für die Programmierte Unterweisung und wieder etwas später auch für Programmierte Prüfungen grundlegend werden sollten: kleinschrittige Aufgaben; Auswahlantworten; objektive, d.h. vom Ermessen eines Lehrers/Prüfers unabhängige Auswertung; feedback. Für schriftliche Prüfungen im deutschsprachigen Raum, die diesen Prinzipien folgten, entwickelte sich im berufs- und wirtschaftspädagogischen Sprachraum ab etwa 1965 die Bezeichnung Programmierte Prüfungen, während sich im schulischen Bereich die Bezeichnungen Schulleistungstests, informelle Tests, lehrzielorientierte oder kriteriumsorientierte Tests durchsetzten.

Ab 1969 sorgten vier Entwicklungen für eine rasche und breite Einführung von Programmierten Prüfungen. Als Programmierte Prüfungen gelten solche schriftlichen Prüfungen in der beruflichen Bildung, die aus einem Satz von Aufgaben mit gebundenen Antwortmöglichkeiten bestehen, die den Kenntnis-, Wissens- oder Stoffbereich eines Prüfungsfaches repräsentieren. (1) Auf der rechtlichen Ebene verliehen das →Berufsbildungsgesetz, die →Handwerksordnung, darauf aufbauende Rechtsverordnungen und die ständige Rechtsprechung dem Einsatz von Programmierten Prüfungen Verbindlichkeit und Rechtssicherheit, indem Prüfungsausschüsse gehalten sind, überregional erstellte Aufgaben einzusetzen, sofern solche vorliegen. (2) Ziel und Leitbild für die Berufsausbildung sind Fertigkeiten, Kenntnisse und Berufserfahrungen. Konsequenterweise werden als Prüfungsgegenstände Fertigkeiten, praktische und theoretische Kenntnisse sowie der berufschulisch vermittelte Lehrstoff genannt und als Prüfungsanforderungen festgelegt. (3) Das Bundesinstitut für Berufsbildung wirkte mit seiner Entwicklungsarbeit und seinen Vereinheitlichungsempfehlungen ordnungs- und strukturbildend. Dazu gehörte insbesondere die Aufspaltung der Prüfung in einen praktischen und in einen schriftlichen Prüfungsteil, gegebenenfalls um eine mündliche Prüfung ergänzt, sowie die Festlegung von schriftlichen Prüfungsfächern, die sich an fachwissenschaftlichen Bezugsdisziplinen orientierten. Insbesondere sprach es bereits 1974 Empfehlungen für programmierte Prüfungen aus, die 1987 aktualisiert und ergänzt wurden. (4) Schließlich wurden von theoretischer Seite eine Typologie von Aufgabenformen, eine testtheoretische Grundlegung und eine Methodologie der Entwicklung von Programmierten Prüfungen bereitgestellt.

Programmierte Prüfungen kommen in Zwischen-, Abschluss- und Fortbildungsprüfungen insbesondere in gewerblichen, in kaufmännischen und kaufmännisch-verwandten sowie in handwerklichen Berufen zum Einsatz, um in erster Linie ein einheitliches Anforderungsniveau, Vergleichbarkeit und Rechtssicherheit der Prüfungen zu sichern. Außerdem können die Prüfungen massenhaft, zeitgleich, wiederholt und unter vertretbarem finanziell-organisatorischem Aufwand durchgeführt werden. Es kann in Durchführung, Auswertung und Entscheidungsfindung eine hohe Objektivität erreicht werden. Der Aufwand für die Entwicklung und Pflege programmierter Prüfungsaufgaben ist allerdings hoch. Deshalb schließen sich Kammern zusammen, um überregional und für bestimmte Berufe durch Fachausschüsse Programmierte Prüfungen zu erarbeiten. Die „Aufgabenstelle für kaufmännische Zwischen- und Abschlussprüfungen" (AkA) entwickelt Aufgaben für kaufmännische und kaufmännisch-verwandte Berufe für Kammern in 10 Bundesländern. Die „Prüfungsaufgaben- und Lehrmittel-Entwicklungsstelle" (PAL) erarbeitet für circa 100 gewerbliche Berufe bundesweit Prüfungsaufgaben. Der „Zentral-Fachausschuss Berufsbildung Druck und Medien" (ZFA) entwickelt Prüfungsaufgaben für Druck- und Medienberufe. Die „Zentralstelle für Prüfungsaufgaben" (ZPA) stellt vornehmlich für Nordrhein-Westfalen Aufgaben für kaufmännische und kaufmännisch-verwandte Berufe bereit. Eine Tochtergesellschaft des Deutschen Industrie- und Handelskammertages (DIHK) erstellt bundeseinheitliche Prüfungsaufgaben für Fortbildungsprüfungen wie z.B. für die → Ausbildereignungsverordnung (AEVO).

Kritisch wird gegen überregional erstellte Prüfungsaufgaben mit gebundenen Antwortalternativen eingewendet, dass eine gewisse Ratewahrscheinlichkeit gegeben ist, dass nur Fragen auf einem niedrigen taxonomischen Niveau formuliert werden können, dass keine Begründungen gegeben werden müssen, dass es nur auf den passiven Sprachgebrauch ankommt, dass damit die Lehrinhalte von den Prüfungsinhalten her normiert werden, dass die Prüfungsausschüsse in ihrem Recht eingeschränkt werden, dass zu wenig Rücksicht auf die einzelbetriebliche und einzelschulische Ausbildung genommen wird.

Eine neue Qualität erhielt die Kritik an Programmierten Prüfungen ab 1987 mit dem Aufkommen der beruflichen Handlungskompetenz als neuem Leitbild der Berufsausbildung. Diese Kritik konnte noch durch eine komponentenanalytische und prozessorientierte Differenzierung der Handlungskompetenz sowie durch eine Typologie von Wissensarten aufgefangen werden, die zur Entwicklung neuer Aufgabenformen wie z.B. „Situationsaufgaben", „fallbezogene Aufgaben" oder „praxisbezogene Aufgaben oder Fälle" in schriftlichen Prüfungen führten; die Dualität von schriftlichen Prüfungen und praktischen Prüfungen wurde noch beibehalten.

Bis in die Gegenwart dauert die seit etwa 1995 einsetzende Kritik an der Prüfungsstruktur (schriftliche Prüfungen und praktische Prüfungen) und an der Differenzierung der Prüfungsfächer unter den Schlagworten Authentizität, Prozessorientierung, Ganzheitlichkeit, Flexibilisierung und Individualisierung an, die in den seitdem neu geordneten Berufen dazu geführt hat, dass eine Vielfalt von berufsspezifischen Prüfungsstrukturen, Prüfungsformen und Prüfungsaufgaben entwickelt wurden, in denen Programmierte Prüfungen keine oder nur noch eine untergeordnete Rolle spielen. (Die Vielfalt wird heute bereits als Wildwuchs beklagt, und es wird wieder die Forderung nach mehr Einheitlichkeit erhoben.)

Die Zukunft von Programmierten Prüfungen wird von 3 Entwicklungen abhängen. Auf der zweckrationalen, pädagogisch-diagnostischen Ebene wird man abwarten müssen, zu welchen Ergebnissen die Evaluationen der neuen Prüfungsformen und Prüfungsstrukturen führen; ob es gelingt, neue Aufgabenformen und neue Einsatzgebiete für Programmierte Prüfungen zu entwickeln, die sowohl curricular als auch prognostisch valide sind; ob sich die Orientierung an Produktions- und Geschäftsprozessen sowie das Lernfeldkonzept durchsetzen. Auf der nationalen Ebene wird man die Entwicklungen bei der Modernisierung der Berufsbildung abwarten müssen; das novellierte →Berufsbildungsgesetz, das zum 1. April 2005 in Kraft getreten ist, sieht jedenfalls die Erprobung neuer Prüfungsformen ausdrücklich vor. Wegen der nationalstaatlichen Einbindung der Zwischen- und Abschlussprüfung als Prüfungen mit öffentlich-rechtlichen Charakter scheint die Bedeutung von Programmierten Prüfungen ungewiss zu sein. Auf der Ebene von Fortbildungsprüfungen könnte sie jedoch steigen, wenn auf der europäischen Ebene zur Ermöglichung von Wettbewerb, Freizügigkeit und Anerkennung international tätige Prüfungs- und Zertifizierungsorganisationen mit ihren Prüfungszentren und Aufgabenbänken, mit ihren Erfahrungen, Instrumenten und Vernetzungen beauftragt werden, Standards zu setzen, Lehrgänge anzubieten, Prüfungen abzunehmen und Zertifikate zu verleihen. (→Prüfungen in der beruflichen Bildung; →Leistungsbeurteilung; →Zensuren und Zeugnisse; →Pädagogische Diagnostik)

Literatur: Blum, F.; Hensgen, A.; Kloft, C.; Maichle, U.: Erfassung von Handlungskompetenz in den Prüfungen der Industrie- und Handelskammern. Abschlussbericht. Bielefeld 1995 – Breuer, K.; Meyer zu Ermgassen, B.; Woortmann, G.; Zedler, R.: Prüfungen in der Berufsausbildung. Köln 2002 – Friede, Chr. u.a.: Beurteilung beruflicher Handlungskompetenz, in: Berufsbildung 50 (1996) 38, S. 5-10 – Themenheft zu „Prüfungen im Wandel" der Zeitschrift Berufsbildung, 54 (2000) 65 – Gewande, W.-D. (Hg.): Programmierte Prüfungen. Problematik und Praxis. Hannover 1975 – Hensgen, A.: Komplexe Prüfungsaufgaben für Bürokaufleute. Bielefeld 1999 – Kloft, C.; Maichle, U.: Optimierung konventioneller Aufgaben für die Prüfungen der Industrie- und Handelskammern. Bielefeld 1996 – Klauer, K.J.: Kriteriumsorientierte Tests. Göttingen 1987 – Nibbrig, B.: Die programmierte schriftliche Kaufmannsgehilfenprüfung. Köln 1980 – Prüfungspraxis Nr. 13, Bonn o.J. – Prüfungspraxis Nr. 30, Berlin/Bonn 2001 – Prüfungspraxis Nr. 34, Berlin/Bonn 2004 – Reisse, W.: Neue Überlegungen zu einem alten Thema: „Programmierte Prüfungen" in der Berufsausbildung. In: Friede, Chr. (Hg.): Neue Wege der betrieblichen Ausbildung. Heidelberg 1988, S. 73-86 – Rütter, Th.: Formen der Testaufgabe. München 1973 – Schmidt, J. U.: Prüfungsaufgaben entwickeln, einsetzen und verwenden. Berlin 1995

Christian Friede

Projektarbeit

Das Wort Projekt geht auf das lateinische Wort proicere = vorwerfen, entwerfen, hinauswerfen zurück und wird im heutigen Sprachgebrauch im Sinne von Plan, Entwurf, Vorhaben verwandt, wobei immer zugleich mitgedacht wird, dass der Plan auch tatsächlich realisiert werden soll. Somit schließt P. vom Begriff her bereits die Planverwirklichung mit ein (vgl. Kaiser 1985). P. beinhaltet immer die Absicht, →Lernen und Arbeiten so zu organisieren, dass die Jugendlichen befähigt werden, komplexere Aufgabenstellungen und zukünftige Lebenssituationen zu bewältigen. Bereits Dewey und Kilpatrick, die als Begründer der Projektmethode in den USA gelten, verknüpften mit der P. die vorrangige Zielsetzung, Tun und Denken, Arbeiten und Lernen, Schule und außerschulische Wirklichkeit zu verbinden. Zugleich sollte P. so organisiert sein, dass die fest gefügten Fachstrukturen aufgebrochen und durch die P. schulische und gesellschaftliche Wirklichkeit verändert werden. Die P. zeichnet sich durch einen hohen Grad an Selbstorganisation und -verantwortung aus. Im Rahmen einer offenen Planung werden Zielsetzung, Art und methodische Vorgehensweise von allen Beteiligten gemeinsam festgelegt. Obwohl verbindliche Lehrplanvorgaben eine völlig freie und selbstgeplante Projektauswahl der Lernenden erschweren, kennzeichnen weitgehende Freiheiten bei der methodischen Vorgehensweise und die Festlegung inhaltlicher Teilschritte dennoch einen relativ hohen Grad an Mitbestimmung der Lernenden. Somit orientiert sich die P. vorrangig an der Lebenswelt und den Interessen der Lernenden. Den Situationsbezug erhöht sie in dem Sinne, dass sie sich – in Anlehnung an Lehrplanvorgaben – aus einem realen Problem (z.B. aus der betrieblichen Erfahrungswelt der Lernenden) ableitet (vgl. Beck 1993, S. 65). Die dem eigentlichen zielgerichteten Projekthandeln vorgelagerte, aber dennoch projektprozessimmanente gemeinsame Auseinandersetzung, die die Projektmethode von anderen handlungsorientierten Methoden unterscheidet, scheint sich insbesondere positiv auf persönlich-charakterliche Fähigkeiten der Lernenden, wie „Engagement", „Motivation", „Initiative" oder „Verantwortungsbereitschaft", auszuwirken. Charakteristisch für die P. ist die Planung in Projektablaufphasen. Der vorgeschlagene Ablauf erfolgt in vier Stufen, die eine vollständige

Handlung auszeichnen (vgl. Kaiser/Kaiser, 1977):

1. Zielsetzung: An der Auswahl der Projekte und der festzusetzenden Ziele, die mit dem jeweiligen Projekt realisiert werden sollen, werden die Lernenden nach Möglichkeit von Anfang an beteiligt. Das schließt nicht aus, dass der Lehrer bzw. Ausbilder sich in einer Vorlaufphase erste Gedanken über mögliche und sinnvolle Projekte macht und in einer Grobskizze seine ersten Gedanken zu dem Projekt skizziert. Anhand dieser vorläufigen Projektskizze, die auch Alternativangebote enthalten sollte, werden mit den Lernenden gemeinsam die Ziele, die mit der P. verbunden sind, ermittelt und diskutiert. Insgesamt erweist es sich als hilfreich, wenn die Vorstellungen in einem Zielsystem gebündelt und in Zielelemente, Zielbeziehungen und mögliche Zielkonflikte ausdifferenziert werden. Dazu gehören auch eine Überprüfung der Einzelforderungen der Projektteilnehmer auf ihren Sinn und Zweck sowie die Integration der Wünsche und Vorstellungen der einzelnen in ein Gesamtzielkonzept.
2. Planung: Auf der Basis der Projektzielbeschreibung wird die Projektskizze ausgefeilt und ein detaillierter Projektplan erstellt. Wenn die Projektteilnehmer befähigt werden sollen, die P. mitzuplanen, erweist es sich nicht selten als notwendig, dass der Lehrer bzw. Projektleiter den Lernenden entsprechende Planungshilfen zur Verfügung stellt. Solche Planungshilfen können sein: festlegen, welche Ziele mit dem Projekt verfolgt werden; zusammenstellen, welche Informationen, Hilfen usw. benötigt werden, um das Projekt zu realisieren; anhand einer Checkliste zusammenstellen, woher man Informationen und Hilfen für die P. bekommt; beraten, welche Lehrer, Experten bei der P. Hilfe geben könnten; überlegen, wer angeschrieben werden muss und welche Erkundungsaufträge durchgeführt werden müssen; festlegen, wer die benötigten Informationen, Materialien, Hilfen anfordert bzw. beschafft; zusammenstellen, welche Geräte, Handwerkszeug, Materialien, Formulare, Unterlagen für die Arbeit benötigt werden; Kriterien festlegen, um das Ergebnis und die P. zu beurteilen; überlegen, wie die Projektergebnisse anderen vorgestellt werden können.
3. Ausführung: Auf der Basis des detailliert ausgearbeiteten Projektplanes erfolgt dann die tatsächliche Ausführung. Die in der Planungsphase getroffenen Entscheidungen sind damit ausschlaggebend für den weiteren Verlauf des Projektes. Während der P. kann es sich ergeben, dass der Projektplan abgeändert werden muss, Ziele revidiert werden müssen oder bestimmte Vorstellungen sich nicht realisieren lassen. Daran wird deutlich, dass jedes Projekt im konkreten Vollzug in Abweichung vom Projektplan modifiziert werden kann bzw. eine andere Ausformung erhalten kann, als es im Arbeits- und Zeitplan vorgesehen war. Zugleich wird deutlich, dass während der P. der Projektleiter immer wieder Reflexionsphasen einschieben muss, um mit der Gruppe den Stand der P. zu überprüfen und zu diskutieren und notfalls den Zeit- und Arbeitsplan zu revidieren.
4. Beurteilung bzw. Kontrolle: Der Schwerpunkt dieser Phase liegt in der Bewertung der Ergebnisse der P. Dabei gilt es zu überprüfen, wie weit es gelungen ist, die P. erfolgreich auszuführen, wo Probleme aufgetaucht sind, wo die Gründe für diese Probleme lagen und welche Konsequenzen daraus für die weitere P. gezogen werden können.

Es hat sich bewährt, zunächst die einzelnen Phasen klar voneinander zu trennen, damit sich die Projektmitglieder jederzeit eine Übersicht verschaffen können, in welcher Phase der P. sie sich befinden, und damit eine Übersicht über den Arbeits-, Zeit- und Geldaufwand möglich ist, um eine Entscheidung über die

Fortführung des Projekts im Hinblick auf die Risiken und Konsequenzen, die mit der weiteren Arbeit verbunden sind, zu treffen (vgl. Frey 1982; Kaiser/Kaiser 1977).

Literatur: Beck, H.: Schlüsselqualifikationen – Bildung im Wandel. Darmstadt 1993 – Frey, K.: Die Projektmethode. Weinheim/Basel 1982 – Kaiser, A./Kaiser F.-J. (Hg.): Projektstudium und Projektarbeit in der Schule. Bad Heilbrunn 1977 – Kaiser, F.-J.: Projekt. In: Ott, G./Schulz, W. (Hg.): Enzyklopädie Erziehungswissenschaft: Methoden und Medien der Erziehung des Unterrichts. Stuttgart 1985, S. 547-554 – Dewey, J./Kilpatrick, W.: Der Projektplan – Grundlegung und Praxis. Pädagogik des Auslands. Bd. VI. Hg. von P. Petersen. Weimar 1935 – Schröder, H.J.: Projekt-Management. Wiesbaden 1970

Franz-Josef Kaiser

Prüfungen in der beruflichen Bildung

Berufliche Prüfungen, Zertifizierungen oder Kompetenzbilanzen sind Klammern oder Schnittstellen, über die das (Berufs-) Bildungswesen und das Beschäftigungswesen verbunden sind. Unter pädagogischen, psychologischen und diagnostischen Gesichtspunkten kann gefragt werden, welchen Kriterien die Gegenstände und Instrumente genügen müssen, die die Klammerfunktion leisten sollen. Unter rechtlichen, politischen und organisatorischen Aspekten kann untersucht werden, wer die Kompetenz zur Ausübung der Klammerfunktion besitzt und wie sie ausgeübt wird. Eine eher soziologische Frage geht den Leistungen nach, die Prüfungen für das Funktionieren der Systeme erbringen. Auf die Funktionen wird in diesem Kontext nicht eingegangen.

Die heutige Stufung aus →Zwischenprüfung, →Abschlussprüfung und Fortbildungsprüfung erweckt auf den ersten Blick den Anschein eines in sich geschlossenen Prüfungssystems, das nach einheitlichen Gesichtspunkten rational entwickelt wurde und dem eine hohe pädagogische Rationalität innewohnt. Eine Betrachtung der beruflichen Prüfungen unter historischen, pädagogisch-diagnostischen und ordnungspolitischen Gesichtspunkten wird aber den gründlichen Wandel zeigen, den berufliche Prüfungen seit der Entstehung der Zünfte um 1100 erfahren haben.

Etymologisch gesehen stammt „prüfen" von dem lateinischen Verb „probare" ab, das in den Bedeutungen nachdenken, erwägen, versuchen, untersuchen, ordnen, wahrnehmen, billigen und beurteilen verwendet wird. Gegenüber diesem weiten Bedeutungsspektrum sind Prüfungen im vorliegenden Kontext durch folgende Merkmale einengend charakterisiert: (1) Prüfungen beziehen sich auf das Ergreifen und Ausüben eines Berufes. Dazu gehören auch Veranstaltungen, in denen man in Wettbewerb zu anderen Bewerbern um eine Stelle tritt (z.B. in einem →Assessment Center). (2) Gegenstand der Prüfung sind Merkmale (Kenntnisse, Wissen, Fertigkeiten, Fähigkeiten, Eigenschaften, Dispositionen, Kompetenzen u.a.), die (3) Personen zugeschrieben werden. In der Zwischen- und Abschlussprüfung haben sich die Prüfungen auf staatlich festgelegte Ausbildungsgänge (→Ausbildungsordnung, Rahmenlehrplan) zu beziehen, während in Fortbildungsprüfungen nur die Prüfungsgegenstände festgelegt sind. Die Inhalte von Fortbildungslehrgängen werden also von den Prüfungsinhalten bestimmt. (4) Der Ausprägungsgrad des Personmerkmals wird ermittelt und hinsichtlich einer Norm beurteilt, ob er tolerabel ist. (5) An die Entscheidung in der Prüfung schließen sich Konsequenzen an. (6) Prüfungen unterliegen dem Prüfungsrecht, das dem Verfassungs- und dem Verwaltungsrecht zuzuordnen ist. Rechtsquellen sind das Grundgesetz, Bundes- und Ländergesetze sowie darauf basierende Rechtsverordnungen und die ständige Rechtssprechung. Seit 1991 ist es zu einer bemerkenswerten Stärkung der Position des Prüflings gekommen, da in berufsbezogenen Prüfungen der Wettbewerb um Stellen, Einkommen und Karrieren gegenüber pädagogischen Aspekten dominiert. Die (schulische) Leistungsbeurteilung fällt deshalb nur eingeschränkt unter das Prüfungsrecht.

In der zünftigen Berufsausbildung wurde der Stufenwechsel durch die sozialen Akte „Freisprechung" (vom Lehrling zum Gesellen) und „Verleihung des Meisterrechts" (vom Gesellen zum Meister) vollzogen, in denen ein Meister für den Lehrling bzw. für den Gesellen vor der Zunft bürgte, dass dieser die Sitten, Gebräuche und Arbeitsweisen der Zunft nach Ablauf der vereinbarten (Ausbildungs-) Zeit beherrschte. Als Beweis für die Beherrschung der zunftüblichen Arbeitsweisen legte er der Zunftversammlung das Gesellenstück vor, das der Lehrling in der Regel im Betrieb des Meisters und unter dessen Aufsicht und Anleitung angefertigt hatte. Im Mitvollzug der Arbeit, des alltäglichen Lebens im Haus des Meisters und der Veranstaltungen der Zunft konnte der Lehrling zeigen, ob er die Sitten und Gebräuche der Zunft beherrschte. Die Freisprechung des Lehrlings war keine Prüfung. Dagegen enthielt die Verleihung des Meisterrechts einen gewissen Prüfungscharakter, da das Meisterstück nach genau definierten Anforderungen der Zunft anzufertigen war. Drei Sachverhalte sind aus dieser Zeit bis zum Niedergang der Zünfte festzuhalten. Es dominierte die zunftgemäße Normierung vor der individuellen Leistungsfähigkeit. Die Anfertigung des Werkstückes hatte einen ganzheitlichen Aufgaben- oder Werkstückcharakter, und die Zunft hatte das Recht zur Selbstregulierung aller ihrer Angelegenheiten auf lokaler Ebene (Marktordnung, Ausbildung, Qualitätsstandards, Sitten, Gebräuche). Mit dem Aufkommen der Industrie und dem Zerfall der ständischen Gesellschaft ab Beginn des 19. Jahrhunderts waren die Zünfte mit ihrem starren Festhalten an alten Ordnungsprinzipien ein Modernisierungshindernis, das der Staat aus nicht uneigennützigen Gründen 1810 durch die Einführung der Gewerbefreiheit in Preußen beseitigte. Die Freigabe des Wettbewerbs als staatlich verordnete Deregulierung des bisherigen Selbstregulationsrechts der Zünfte ging freilich einher mit einem wirtschaftlichen Abstieg und mit einer Verarmung breiter Bevölkerungsschichten, so dass das Bedürfnis nach einer staatlichen Regulierung immer dringender wurde. Ausschlaggebend für die Einführung der (Lehr-)Abschlussprüfung ab Mitte des 19. Jahrhunderts war das gewerbepolitische Argument, die Ausbildungsqualität der Betriebe durch eine externe Prüfung zu kontrollieren, um dadurch die Leistungsfähigkeit und das Ansehen des Handwerks wieder zu heben. Die Abschlussprüfung war zunächst freiwillig und hatte privatrechtlichen Charakter, da sie von Prüfungsausschüssen von Innungen, Vereinen, Verbänden und Betrieben mit privatrechtlicher Verfassung abgenommen wurden. Ab diesem Zeitpunkt erst wurden fachliche Fertigkeiten und Kenntnisse selbst zum Prüfungsgegenstand gemacht, die der Lehrling selbst in einer Prüfung vor einem externen Prüfungsausschuss unter Beweis zu stellen hatte. Berufsschulische Inhalte wurden in diese Prüfung einbezogen, um kontrollieren zu können, ob die Meister ihre Lehrlinge zum Besuch der Berufsschule anhielten. Die Handwerkerbewegung als Regulierungsbefürworter konnte ab 1878 Schritt für Schritt Erfolge erzielen. Zunächst gelang die Umwandlung des privatrechtlichen Status in einen öffentlichrechtlichen. 1908 wurde der kleine →Befähigungsnachweis und 1935 der große eingeführt. War die Abschlussprüfung nach der Reichsgewerbeordnung von 1897 wegen der Dominanz der Gewerbefreiheit und des Lehrlingsverhältnisses als Arbeitsverhältnis noch eine Soll-Bestimmung, die freilich bald als quasi-obligatorische Bestimmung angesehen und deshalb vollständig umgesetzt wurde, so dauerte es dennoch bis zur Verabschiedung der Handwerksordnung 1965 und des →Berufsbildungsgesetzes 1969, dass das Ablegen der (Lehr-)Abschlussprüfung eine Muss-Bestimmung wurde.

Zwischen 1925 und 1927 schlossen sich die wichtigsten industriellen Vereinigungen im Arbeitsausschuss für Berufsausbildung (AFB) zusammen, um Grundlagen für eine einheitliche, systematische und methodische Berufsausbildung im gewerblich-industriellen Sektor zu entwickeln. Industrietypische Arbeitsweisen wurden zu Facharbeiterberufen gebündelt, Lehrgänge und Prüfungen entwickelt und das Prüfungsrecht für Industrie- und Handelskammern erstritten. Bis dahin konnte die Industrie zwar selbst ausbilden, musste sich aber noch dem öffentlich-rechtlichen Prüfungsmonopol der Handwerkskammern beugen. In diese Zeit fällt auch der Durchbruch der Kaufmannsgehilfenprüfung als öffentlich-rechtlicher Prüfung vor Industrie- und Handlungskammern. In den kaufmännischen Prüfungen werden vorzugsweise berufs- und fachspezifische Kenntnisse erfasst, während die handwerklichen und industriellen Prüfungen kenntnis- und funktionsorientiert sind (z.B. Backen, Schmieden, Installieren, Bohren, Drehen, Fräsen und ihre fachtheoretischen Grundlagen). Im Nationalsozialismus fand die Regulierung des Prüfungswesens ab 1935 seinen Höhepunkt mit reichseinheitlichen Richtlinien zu Prüfungsanforderungen, Prüfungsverfahren und Bewertungsgrundsätzen.

Auch die Einführung von Zwischenprüfungen im Handwerk und in der Industrie in der ersten Hälfte des 20. Jahrhunderts erfolgte auf freiwilliger Basis, vor unterschiedlichen Prüfungsinstanzen und mit dem ausbildungspolitischen Argument, dem „Verfall der Ausbildung" zu begegnen. Erst das Berufsbildungsgesetz 1969 sieht die Zwischenprüfung ebenfalls als Muss-Bestimmung vor, versehen mit der interpretationsbedürftigen Funktionsbestimmung, dass sie der „Ermittlung des Ausbildungsstandes" dienen soll. In der Praxis ist die Zwischenprüfung deshalb mit einer Vielzahl von Funktionen verknüpft, die sich verdichten lassen als diagnostische, didaktische, normierende und kontrollierende Funktionen. Da die Zwischenprüfung sanktionslos war, fehlte ihr ein Ernstcharakter. Abgesehen davon war der Aufwand für ihre Durchführung erheblich. Deshalb verständigten sich 1999 die Partner im Bündnis für Arbeit, Ausbildung und Wettbewerbsfähigkeit darauf, dass die Zwischenprüfung abgeschafft und durch einen neuen, ersten Prüfungsteil ersetzt werden kann, der zusammen mit der bisherigen Abschlussprüfung die so genannte „gestreckte Abschlussprüfung" ergibt, wobei der erste Prüfungsteil mit einem bestimmten Prozentwert in das Gesamtergebnis der Abschlussprüfung eingeht. In den neu geordneten Berufen der Chemischen Industrie (2002), in den fahrzeugtechnischen Berufen (2003), in den Elektroberufen (2003) und in den Metallberufen (2004) wird die gestreckte Abschlussprüfung bereits umgesetzt und erprobt.

Sieht man von der ohnehin bundeseinheitlichen Meisterprüfung im Handwerk ab, so können im Geltungsbereich des Berufsbildungsgesetzes Fortbildungsordnungen einschließlich Prüfungsverfahren bundeseinheitlich geregelt werden. Macht der Verordnungsgeber von seiner Ordnungskompetenz keinen Gebrauch, kann die zuständige Stelle derartige Fortbildungsprüfungsregelungen erlassen, die zu Regelungen für Einzelberufe auf Kammerebene führen, die freilich auf Berufsgruppen und auf mehrere Kammern ausgedehnt werden können. Absichtlich macht der Gesetzgeber von seiner Ordnungskompetenz im Falle der beruflichen und betrieblichen Weiterbildung nur sparsamen Gebrauch, damit sich die branchenspezifischen und regionalen Bedürfnisse entfalten können.

Unter dem Einfluss neuer Anforderungen in Industrie und Handel wie Selbstständigkeit, lebenslanges Lernen, Kundenorientierung und Flexibilität löste ab 1987 Handlungskompetenz als Leitbild der Berufsausbildung zunehmend das alte Leitbild Kenntnisse und Fertigkeiten ab. Handlungsfähigkeit als Prozess zeigt sich in der Fähigkeit, die Teilprozesse des Planens, Durchführens und Kontrollierens aufgaben- und situationsgerecht einsetzen zu können. Analytisch können andererseits je nach Bezugsobjekt die Teilkomponenten Fach-,

Sozial- und Humankompetenz unterschieden werden. Unter Berücksichtigung dieser Differenzierungen trat eine prüfungsmethodische Weiterentwicklung zu „handlungsorientierten Prüfungen" ein bei grundsätzlicher Beibehaltung der Dualität von praktischer und schriftlicher Prüfung, die zur Entwicklung branchen- oder berufsspezifischer Prüfungsmethoden führte wie z. B. Arbeitsproben, Kundenberatungsgespräch oder gastorientiertes Gespräch für praktische Prüfungen und ganzheitliche Aufgaben, Situationsaufgaben oder Lösen von Fällen für schriftliche Prüfungen. Dabei wurde aber noch die Prüfung als externe und punktuelle Veranstaltung beibehalten.

Einen radikalen, weil umfassenden Bruch mit den Vereinheitlichungsempfehlungen des Bundesinstituts für Berufsbildung von 1980 brachte 1994 die „integrierte Prüfung" bei den Technischen Zeichnern/Zeichnerinnen mit sich, weil sie sowohl die bisherige Dualität von schriftlicher und praktischer Prüfung als auch die Differenzierung in Prüfungsfächer aufhob. Dieses Prüfungskonzept ist maßgeschneidert auf die spezifischen theoretischen und praktischen Anforderungen dieses Berufes, so dass es bisher einmalig blieb und vor einer Übertragung auf andere Berufe erst gründlich evaluiert wird. Eine gewisse Ähnlichkeit zeigt der erste Prüfungsteil der neu geordneten Elektroberufe (2003) in Form der „komplexen Arbeitsaufgabe", die das Bearbeiten einer im Berufsalltag vorkommenden Aufgabe erfordert, wobei situative Gesprächsphasen und schriftlich zu bearbeitende Aufgabenstellungen eingeschlossen sind.

Wieder nur 10 Jahre später zeichnete sich eine Weiterentwicklung unter dem Schlagwort „Beherrschung von Arbeits- und Geschäftsprozessen" ab. Neue Anforderungen waren eine unternehmerische Grundeinstellung, Kommunikationsfähigkeit, Lernfähigkeit, Umgang mit Dynamik, Unsicherheit und Komplexität, Selbstmanagement, Teamfähigkeit, Qualitätsbewusstsein oder Kundenorientierung, die mit schnellen Produktwechselzyklen, einer zunehmenden Wissensbasierung von Produktionsprozessen, Arbeitsmitteln und -umgebungen, einer zunehmenden Informatisierung und Technisierung von →Arbeit und Produktion, einer möglichst perfekten Qualität sowie einer auf Selbstständigkeit und Kooperation abstellenden Arbeitsorganisation einhergingen. Unter solchen Bedingungen tritt die Herstellung von Produkten gegenüber der Beherrschung von Prozessen in den Hintergrund. Da sich derartige Prozesse nicht in einer punktuellen, externen und künstlichen Prüfungssituation unter vertretbarem Aufwand prüfen lassen, wurde für praktische Prüfungen eine neue Form entwickelt: Bearbeitung einer realen Aufgabe, eines Auftrages oder eines Projektes im Betrieb unter Beistellung eines Betreuers; Anfertigung einer schriftlichen Dokumentation über die Bearbeitung des Auftrages, die vom Prüfungsausschuss begutachtet wird; Präsentation der Auftragsbearbeitung und der Ergebnisse vor dem Prüfungsausschuss; Fachgespräch mit dem Prüfungsausschuss über die Bearbeitung des Auftrages. Präsentation und Fachgespräch werden ebenfalls bewertet. Diese Prüfungsform, die z. B. in den IT-Berufen, bei den Mechatronikern, bei der Fachkraft für Veranstaltungstechnik oder in den industriellen Metallberufen eingesetzt wird, wird ebenfalls gründlich erprobt.

Das novellierte und am 1. April 2005 in Kraft getretene Berufsbildungsgesetz enthält einige Anpassungen, Vereinfachungen, Differenzierungen und Klärungen zum Prüfungswesen. Leitbild für die Ausbildung und Gegenstand der Zwischen- und der Abschlussprüfung ist nun berufliche Handlungsfähigkeit. Die Zwischenprüfung entfällt, wenn die Abschlussprüfung in zwei zeitlich auseinander fallenden Teilen durchgeführt wird (gestreckte Abschlussprüfung). Auf Antrag des Auszubildenden kann auf dem Zeugnis eine englisch- und eine französischsprachige Übersetzung sowie das Ergebnis berufsschulischer Leistungsfeststellungen hinzugefügt werden. Neue Prüfungsformen können erprobt werden. Der Prüfungsausschuss kann gutachterliche Stellungnahmen von Dritten (Berufschullehrer und betriebliches Ausbildungspersonal) über nicht mündlich zu erbringende Prüfungsleistungen einholen; auf diese Weise können schulische und praktische Leistungen in gewissem Umfang einbezogen werden, wenn sie in einem engen zeitlichen und sachlichen Zusammenhang mit der Abschlussprüfung stehen (Gutachterprinzip). Der Prüfungsausschuss kann zur Vorbereitung auf die Beschlussfassung zwei Mitglieder mit der Bewertung von nicht mündlich zu erbringenden Prüfungsleistungen beauftragen (Berichterstatterprinzip).

Gegenwärtige Eckpunkte für berufliche Prüfungen im Dualen System der Berufsausbildung sind für die Kammern der öffentlich-rechtliche Charakter der Prüfungen, die Vergleichbarkeit der Abschlüsse auf der Grundlage bundeseinheitlicher Standards sowie eine unabhängige Qualitätskontrolle der Ausbildung. In diesem Rahmen stellen sich derzeit folgende Aufgaben: gleichzeitige Entwicklung von Ausbildungsordnungen, Prüfungsanforderungen und Prüfungsaufgaben; Sicherung der diagnostischen Gütekriterien, insbesondere unter den Bedingungen situierten Lernens und authentischen Prüfens; Bearbeitung des (bildungs-)ökonomischen Spannungsverhältnisses zwischen Validität und Praktikabilität der Prüfung; Entwicklung einer Prüfungskultur, die angemessene und nachvollziehbare Aufgabenlösungen erfordert statt richtiger oder falscher; Sicherung von überbetrieblichen Standards bei betrieblichen Projektaufgaben oder komplexen Arbeitsaufgaben; Einbezug von Experten aus der pädagogischen und psychologischen Diagnostik, die in die Aufgabenerstellung wissenschaftliche Theorien, bewährte Methodologien und Instrumente einbringen; Professionalisierung der Prüfer. Nach wie vor höchst kontrovers diskutiert wird die Frage zwischen den Sozialpartnern einerseits und Lehrervertretern andererseits, ob und wie schulisch und betrieblich erbrachte (Vor-) Leistungen angerechnet, ausgewiesen oder zusammengefasst werden können.

Aber auch mehrere Entwicklungen sind absehbar, die zu einer Deregulierung der Eckpunkte beruflicher Prüfungen führen könnten. Die Bedeutung einer beruflichen Erstausbildung geht gegenüber der Weiterbildung zurück. Technische Entwicklungen in der betrieblichen Arbeitswelt und Sektorenverschiebungen im Arbeitsmarkt lassen immer neue Berufszuschnitte entstehen. Die Vorstellungen von einem Lebensberuf gehen über in ein Denken in Berufskarrieren. Damit verbunden ist die Notwendigkeit eines lebenslangen, auch informellen und selbst organisierten Lernens. Die bisherige Fachlichkeit von Berufen scheint zurückzugehen zugunsten einer Bündelung in überfachlichen Kompetenzen. Modularisierte und deshalb flexible Ausbildungskonzepte wären die ausbildungsorganisatorische Lösung für diese Entwicklungen. Global agierende Unternehmen könnten so mächtig werden, dass sie nicht nur wie bisher schon in wenig geordneten Bereichen (z.B. IT-Branche) eigene, spezifische Anforderungsniveaus definieren und durch interne Prüfungen zertifizieren, sondern dass sie auch aus nationalstaatlichen Systemen ausscheren. Für einen derartigen wettbewerbsorientierten Ausbildungsmarkt sind einheitliche und hohe Ausbildungsstandards dysfunktional. Die europäische Einigung schließlich wird den Wettbewerb und die Freizügigkeit auf dem Arbeitsmarkt auf der Grundlage von transnational vergleichbaren und verwertbaren Prüfungsabschlüssen ermöglichen. Etappen auf dem Wege dahin sind der Europass, das europäische Leistungspunktesystem für die berufliche Bildung und der europäische Qualifikationsrahmen. Schließlich könnten Zertifikate und Kompetenzbilanzen von privatrechtlich organisierten und zertifizierten Experten, Unternehmen, Verbänden, Vereinen oder Behörden ausgestellt werden und nicht mehr von öffentlich-rechtlichen Körperschaften. (→Programmierte Prüfungen; →Leistungsbeurteilung; →Zensuren und Zeugnisse; →Pädagogische Diagnostik)

Literatur: Berufliche Bildung – Kontinuität und Innovation. Dokumentation des 3. BIBB-Fachkongresses vom 16.-18.10.1996 in Berlin. Teil II. Berlin 1997 – Breuer, K.; Höhn, K.: Wirtschaftsmodellversuch, Karlsruhe 1999 – Ebbinghaus, M. ; Schmidt, J. U. : Prüfungsmethoden und Aufgabenarten, Bielefeld 1999 – Ebbinghaus, M.: Prüfungsformen der Zukunft? Prüfungsformen mit Zukunft? Bielefeld 2004 – Elster, F./Dippl, Z./Zimmer, G. (Hg.): Wer bestimmt den Lernerfolg? Bielefeld 2003 – Erpenbeck, J./von Rosenstiel, L.(Hg.): Handbuch Kompetenzmessung. Stuttgart 2003 – Freytag, H.-P.: Prüfungen – ein Lotteriespiel? Hamburg 2003 – Friede, Chr.: Beurteilung beruflicher Handlungskompetenz, Aachen 1995 – Kuklinski, P.: Weiterentwicklung der Abschlussprüfung in der dualen Berufsausbildung, in: Die berufsbildende Schule, 57 (2005) 1, S. 5-13 – Lennartz, D./Klahn, M.: Die Zwischenprüfung in der Berufsausbildung. Berlin 1987 – Loeser, O.: Prüfungen in der beruflichen Bildung. Darmstadt 1981 – Paulsen, B./Wolf, B.: Prüfungen in der beruflichen Erwachsenenbildung. Berlin 1984 – Prüfungspraxis Heft 34. Bonn 2004 – Prüfungspraxis Heft 35. Bonn 2004 – Reisse, W.: Prüfungswesen. In: Lenzen, D./Schründer, A. (Hg.): Enzyklopädie Erziehungswissenschaft. Band 9: Sekundarstufe II. Teil 2: Lexikon. Stuttgart 1983, S. 449-452 – Schmidt, J. U.: Handlungsorientierte Prüfungen, in: Cramer/Kiepe (Hg.): Jahrbuch Ausbildungspraxis 2000, Köln 2000, S. 172-184 – Schmidt, J.U.: Prüfungsmethoden in der beruflichen Aus- und Weiterbildung, Bielefeld 2005 – Schmidt, J. U. /Straka, G. (Hg.): Berufsabschlussprüfungen im Spannungsfeld von Aussagekraft und Ökonomie. Bremen 2000 – Straka, G.: Leistungen im Bereich der berufliche Bildung, in: Weinert, F. (Hg.): Leistungsmessungen in Schule. Weinheim 2001 – Stratmann, Kw.: Die Krise der Berufserziehung im 18. Jahrhundert als Ursprungsfeld pädagogischen Denkens. Ratingen 1967 – Themenheft der Zeitschrift Berufsbildung zu „Prüfungen im Wandel", 54 (2000) 65 – Walter, J.: Prüfungen und Beurteilungen in der beruflichen Bildung. Frankfurt a.M. 1996 – Zimmerling, W./Brehm, R.: Prüfungsrecht. Verfahren – Vermeidbare Fehler – Rechtsschutz. Köln 2001

Christian Friede

Prüfungs- und Berechtigungswesen

Das Prüfungs- und Berechtigungswesen (Übersichten bei Kell 1988, Münch & Henzelmann 1993) ist die Gesamtheit aller Prüfungen und der damit gekoppelten Berechtigungen. Seine jetzige Ausprägung in Deutschland hat sich im Verlauf einer längeren Entwicklung herausgebildet und weist viele tradierte Aspekte auf.

Prüfungen: Bei Prüfungen werden in künstlich hergestellten Situationen Reaktionen des Prüfungsteilnehmers provoziert, die Aussagen über dessen Kompetenz erlauben. Diese Prüfungen dienen unterschiedlichen Zwecken (Reisse 2004):

Sie sind die Grundlage für Kompetenzzertifikate, also Bestätigungen, dass ein festgelegter Leistungsstandard erreicht wurde (Beispiel: Abschluss der Berufsausbildung).

Sie werden bei Entscheidungen über Bildungslaufbahnen herangezogen (Beispiel: Aufnahmeprüfung einer Fachschule).

Sie können als Systemmonitoring der Qualitätssicherung dienen (Beispiel: Ergebnisanalyse von Zwischenprüfungen).

Prüfungen werden realisiert bei Abschlüssen und Übergängen innerhalb der allgemeinen Bildung, innerhalb der beruflichen Bildung, zwischen beiden Bildungsbereichen und zwischen Bildungs- und Beschäftigungssystem.

Prüfungen und Berechtigungen: Mit dem Prüfungszertifikat, das einen Bildungsabschluss bestätigt, erwirbt man meistens eine Berechtigung. Damit ist ein rechtlich gesicherter Anspruch gemeint, beispielsweise zum Besuch einer weiterführenden Bildungsstufe. Diese Berechtigungen können sich auf das Beschäftigungssystem oder auf das Bildungssystem beziehen. Als Beispiel für Berechtigungen im Beschäftigungssystem lässt sich das Recht nennen, nach einer Meisterprüfung im Handwerk einen selbständigen Handwerksbetrieb zu führen (→Befähigungsnachweis). Eine Berechtigung im Bildungssystem ist z. B., nach einem mittleren Schulabschluss in die gymnasiale

Oberstufe aufgenommen zu werden. Interessant sind Berechtigungen für die allgemeine Bildung, die sich aus Zertifikaten für berufliche Bildungsgänge ableiten (z. B. Anerkennung als Hauptschulabschluss, Realschulabschluss, Fachhochschulreife). Mit solchen Berechtigungen wird auch der Wert beruflicher Bildung anerkannt.

Verwendungswert von Zertifikaten: Der Begriff des Prüfungs- und Berechtigungswesens muss in einem weiteren Rahmen interpretiert werden: Es geht nicht nur um Prüfungen und Berechtigungen sondern allgemeiner um Zertifikate und deren „Marktwert".

Das Augenmerk richtet sich also weniger auf die Prüfungen sondern auf die daraus abgeleiteten Zertifikate. Zertifikate sind nämlich nicht nur auf punktuelle Prüfungen begründet, sondern auch auf laufende Beobachtungen und Leistungskontrollen. So wird die deutsche duale Berufsausbildung durch drei Zertifikate abgeschlossen, das Prüfungszeugnis, Berufsschulabschlusszeugnis und Zeugnis des Ausbildungsbetriebes. Nur das erstgenannte Zertifikat geht in jedem Fall auf eine Prüfung zurück.

Außerdem sind Zertifikate nicht nur mit formalen Berechtigungen verbunden sondern erhalten ihren Verwendungswert im Bildungs- und Beschäftigungssystem auch durch sonstige Vorteile. Dass beispielsweise ein „gutes" Realschulzeugnis oder das Ausbildungszeugnis eines renommierten Ausbildungsbetriebs bei der Suche nach einem Ausbildungs- und Arbeitsplatz hilft, ist ein solcher Vorteil, der nicht als formale Berechtigung ausgewiesen ist. Allgemeine und berufliche Zertifikate sind auf dem Arbeitsmarkt wertlos, wenn sie nicht von den Unternehmen wegen ihrer Aussagekraft als Hilfe bei Personalentscheidungen akzeptiert werden. Dies ist besonders für die berufliche Weiterbildung entscheidend. Hier ist das Angebot an Zertifikaten umfangreicher und intransparenter als in der Berufsausbildung.

Auswirkungen: Wann und wie Prüfungen erfolgen, Zertifikate und damit Berechtigungen oder sonstige Vorteile vergeben werden – das wirkt sich vielfach aus: Auf die Selektivität des Bildungssystems, die Quoten für die Erreichung von Abschlüssen, die damit realisierte Bildungsexpansion, die Durchlässigkeit innerhalb und zwischen →allgemeiner und beruflicher Bildung, die Anerkennung von schulischer Berufsausbildung sowie von informell erworbenen Kompetenzen usw. Die Bedeutung des beruflichen Prüfungswesens ist auch quantitativ hoch zu veranschlagen: So ist die Ausbildungsabschlussprüfung (→Abschlussprüfung) die am häufigsten abgelegte Prüfung in Deutschland (s. Reisse 2000, S. 3).

Perspektiven: Wie man das derzeitige System von Prüfungen, Zertifikaten und damit verbundenen Berechtigungen und Vorteilen weiterentwickeln oder modifizieren könnte, ergibt sich zunächst aus der Reformdiskussion. Hier lassen sich die Bestrebungen einordnen, berufliche Qualifikationen im allgemeinen Bildungsbereich anzuerkennen und damit der beruflichen Bildung gegenüber der allgemeinen Bildung einen höheren Stellenwert als bisher zukommen zu lassen.

Prüfungen und →Zertifizierung in der beruflichen Bildung sind noch aus einem anderen Grund wichtig geworden: Im Anschluss an das schlechte deutsche Abschneiden bei internationalen Vergleichsuntersuchungen wird verstärkt über die Qualität der allgemeinen Bildung diskutiert. Als Output-Steuerung werden übergreifende →Bildungsstandards und entsprechend Leistungskontrollen eingeführt. Hier sollte die berufliche Bildung nicht ausgenommen werden. Es ist zu fragen, ob nicht das bundeseinheitliche System der →Ausbildungsordnungen als Quasi-Bildungsstandards und der entsprechenden Prüfungen in der betrieblichen Berufsausbildung als Systemmonitoring wirkt – trotz aller Kritik, die sich an den Prüfungen entzündet. Berufliche Prüfungen hätten damit auch ähnliche Funktionen wie länderübergreifende Vergleichsarbeiten in der allgemeinen Bildung.

Die Absicht, berufliche Bildung in der EU zu vergleichen, verstärkt den Veränderungsdruck auf das Prüfungs- und Berechtigungswesen. Damit soll es möglich werden, Qualifikationen anzuerkennen, die in anderen europäischen Ländern erworben wurden. Seit längerer Zeit haben andere Länder mit großem Aufwand transparente und umfassende Strukturierungssysteme für berufliche Qualifikationen aller Art entwickelt (z. B die Modul-Zertifizierung in England). Zwar wird den deutschen Zertifikaten im dualen System zugestanden, dass sie einen hohen Verwendungswert im Beschäftigungssystem haben. Deutschland ist aber im Zugzwang, gleichfalls einen umfassenden Qualifikationsrahmen zu entwickeln, um sich angemessen an der Gestaltung eines gemeinsamen europäischen Qualifikationsrahmens beteiligen zu können (Fabian 2005, Hanf/ Hippach-Schneider 2005). Sonst droht die Gefahr, dass das deutsche Prüfungs- und Berechtigungswesen langfristig ins Hintertreffen gerät.

Literatur: Fabian, B.: Von der Kopenhagener zur Maastricht-Erklärung. In: Wirtschaft und Berufserziehung, H. 2, 2005, S. 8-11 – Hanf, G.; Hippach-Schneider U.: Wozu dienen Nationale Qualifikationsrahmen? – Ein Blick in andere Länder. In: Berufsbildung in Wissenschaft und Praxis, H. 1, 2005, S. 9- 14 – Kell, A.: Das Berechtigungswesen zwischen Bildungs- und Beschäftigungssystem. In: Lenzen, D. (Hg.): Enzyklopädie Erziehungswissenschaft (Bd. 9.1), Stuttgart 1988, S. 289-320 – Münch, J./Henzelmann, T.: Systeme und Verfahren der Zertifizierung von Qualifikationen in der Bundesrepublik Deutschland. Länderbericht. Berlin 1993 – Pietzcker, J.: Verfassungsrechtliche Anforderungen an die Ausgestaltung staatlicher Prüfungen. Berlin 1975 – Reisse, W.: Ausbildungsabschlussprüfung. In: Cramer, G./Schmidt, H./ Wittwer, W. (Hg.): Ausbilder-Handbuch. Köln: 2000, Kap. 5.4.3 (Loseblattsammlung), S. 1-19 – Reisse, W.: Zweck und Wirkung der Leistungsbeurteilung. In: Die Deutsche Schule, H 2., 2004, S. 184-200

Wilfried Reisse

Prüfungsverfahren

P. sind die Vorgehensweisen, mit denen bei Prüfungen Informationen über die →Kompetenz der Prüfungsteilnehmer gewonnen werden. Wie Prüfungen durchgeführt werden, entscheidet mit darüber, ob die Zwecke erreicht werden, die sie im →Prüfungs- und Berechtigungswesen erfüllen sollen. Der Akzent kann dabei entweder auf dem rechtsförmigen und organisatorischen Verfahrensablauf oder auf den dabei verwendeten Prüfungsformen und -methoden liegen.

Rechtsförmige Verfahren: Ein typisches Merkmal der beruflichen Prüfungen in Deutschland ist die ausgeprägte Verrechtlichung (Regulierung) sowohl in der schulischen Berufsbildung als auch in der betrieblichen Berufsbildung nach →Berufsbildungsgesetz und →Handwerksordnung. Schon im Berufsbildungsgesetz (1969, Abschn. Prüfungswesen) sind viele Verfahrensmerkmale festgelegt, die sich beispielsweise auf Prüfungsausschüsse, Prüfungszulassung und Prüfungsordnungen beziehen. Eine weitere Grundlage für den Verfahrensablauf sind die Musterprüfungsordnungen, z. B. für →Abschluss- und Gesellenprüfungen (Bundesausschuß 1971). Aus diesen Vorgaben werden die jeweiligen Prüfungsordnungen der zuständigen Stellen abgeleitet, die beispielsweise einen einheitlichen Schlüssel für die Bewertung enthalten.

Die Rechtsvorgaben legen auch fest, wie der Prüfungsablauf zu organisieren ist. Eine rechtskonforme und effiziente Organisation des Prüfungsablaufs ist bei den Massenprüfungen in der deutschen Berufsbildung notwendig.

Prüfungsformen und -methoden: Diese werden konventionell nach der im Berufsbildungsgesetz festgelegten Terminologie (Kenntnisprüfung und Fertigkeitsprüfung) eingeteilt und danach, wie der Prüfungsteilnehmer reagieren soll (praktische, schriftliche und mündliche Prüfung). Spezielle Formen und Methoden von Prüfungen können hier zugeordnet und beschrieben werden (Schmidt 2005).

Prüfungsformen und -methoden lassen sich auch danach unterscheiden, welche Nähe sie zur Berufspraxis haben: Praxisnähe ist z.B. gegeben, wenn sich schriftliche Aufgaben auf berufliche Aufträge und Handlungsabläufe beziehen. Noch deutlicher ist dieser Bezug bei Prüfungen, in denen wie am Arbeitsplatz berufstypische Arbeiten zu erledigen sind.

Allgemeine Prüfungskonzepte: Verfahrensabläufe und Methoden sind im Rahmen allgemeiner Prüfungskonzepte zu sehen. Beispielsweise lassen sich anführen Produktbewertung – Prozessbewertung,
– punktuelle Prüfung – „gestreckte Prüfung"/ kumulative Prüfung/Credit-System/ Berücksichtigung von Vorleistungen,
– zentralisierte, überregionale (externe) – dezentrale, regionale (interne) Prüfungen.

Alternativ zu diesen Prüfungskonzepten gibt es noch Formen der laufenden Beobachtung und Beurteilung, mit denen ebenfalls die berufliche Kompetenz eingeschätzt wird.

Gütekriterien: Prüfungsverfahren müssen Qualitätskriterien genügen, wenn sie zu verwertbaren Aussagen führen sollen. Ein Beispiel ist die Justiziabilität – die praktizierten Prüfungsverfahren sind gerichtlich nachprüfbar. Ein weiteres Gütemerkmal ist die Validität: Was sagt das Prüfungsergebnis aus? Gütekriterien anzuwenden, kann konfliktträchtig sein. So ist es schwierig, beipielsweise gleichzeitig Ökonomie als auch Validität zu realisieren. Hier ist das Problem zu lösen, mit vertretbaren Aufwand trotz der unterschiedlichen Ausbildungs- und Berufspraxis eine generelle und bundesweit vergleichbare Aussage über die berufsbezogene Handlungsfähigkeit des Geprüften zu erreichen.

Trends: Unverkennbar ist die Tendenz, die konventionelle Prüfungsstruktur mit ihrer rigiden Festlegung zu überwinden. Stattdessen werden Prüfungsformen und -methoden in den Vordergrund gestellt, die sich am Handlungsvollzug in der Berufspraxis orientieren. Dies zeigt sich bei vielen →Ausbildungsordnungen der letzten Jahre. Auf diese Weise sollen prüfbare Aspekte der →beruflichen Handlungskompetenz besser erfasst werden. Neue Ansätze zum Prüfungskonzept und zum Verfahrensablauf sind auch im Berufsbildungsreformgesetz (2005) zu finden, wenn auch nur als vorsichtige Öffnung:
Die bisherige Zwischen„prüfung" (die eine Lernstandskontrolle ist), kann als Teil einer „gestreckten" Abschlussprüfung definiert werden,
– auf dem Prüfungszeugnis kann zusätzlich das Ergebnis berufsschulischer Leistungsfeststellungen ausgewiesen werden,
– die Zulassung zur →Abschlussprüfung wird erleichtert,
bei der Bewertung von Prüfungsleistungen können Informationen insbesondere aus berufsbildenden Schulen berücksichtigt werden.

Literatur: Berufsbildungsgesetz (BBiG) vom 14. August 1969 (BGBl. I S.1112) – Bundesausschuss für Berufsbildung. Richtlinien für Prüfungsordnungen gemäß §41 Berufsbildungsgesetz/§38 Handwerksordnung. In: Bundesarbeitsblatt, 22, (1971) S. 631-637 – Gesetz zur Reform der beruflichen Bildung (Berufsbildungsreformgesetz – Ber BiRefG) vom (BGBl.) – Reisse, W.: Prüfungsformen (Prüfungsarten und -methoden). In: Cramer, G./Schmidt, H./Wittwer, W. (Hg.): Ausbilder-Handbuch. Köln: 1999, Kap. 5.4.9 (Loseblattsammlung), S. 1-25 – Schmidt, J. U.: Prüfungsmethoden in der Aus- und Weiterbildung. (DIHT-Gesellschaft für Berufliche Bildung (Hg.) Bielefeld 2005
Wilfried Reisse

Qualifikation und Qualifikationsforschung

Obwohl der Terminus „Qualifikation" (oft synonym zu Qualifizierung) ein zentraler Begriff der Berufs- und Wirtschaftspädagogik ist, gibt es keine eindeutige Definition. Der Bedeutungs-Radius umfasst Kenntnisse, Fertigkeiten und Haltungen ebenso wie Eignung, Ausbildungsabschluss, Befugnis und Status- bzw. Platzzuweisung (z.B. bei Wettbewerben). Durch diesen weiten Radius entstehen Überschneidungen zum Begriff „Kompetenz", insbesondere zu dessen Dreiheit der Selbst-, Sozial- und Fachkompetenz oder um die berufspädagogisch geläufigere Version zu wählen: zu Fach-, Methoden, Sozial- und Personaler Kompetenz.

Die Begriffe Qualifikation bzw. Qualifizierung sollten Ende der 1960er, Anfang der 1970er Jahre den als unscharf geltenden Bildungsbegriff ablösen. Es ging darum, die schulischen und betrieblichen Curricula operationalisierbar zu machen. Damit war Transparenz und Eindeutigkeit bezüglich der praktischen Umsetzung von Ausbildungszielen in den Ausbildungsprozessen sowie in Prüfungen gemeint. Dieses Ziel wurde aber trotz aller Bemühungen, u. a. mittels Lernzieltaxonomien nur bedingt erreicht. Lernzieltaxonomien waren bzw. sind Klassifikationsschemata, die vor allem zwischen kognitiven, affektiven und psychomotorischen Lernzielen und ihrer jeweiligen Korrelierung unterscheiden.

In der beruflichen Bildung ist darauf zu achten, dass zwischen formalen Qualifikationen, d.h. zertifizierten Aus-, Fort- und Weiterbildungsabschlüssen und nicht formalen bzw. formalisierten Qualifikationen unterschieden wird. Letzere schließen außer nachgewiesenen Vollabschlüssen und Teilabschlüssen (Module, Qualifizierungsbausteine) die Arbeitserfahrungen ein. Von Bedeutung ist auch die Unterscheidung zwischen funktionalen, d.h. arbeitsplatz- oder arbeitsoperationsbezogenen und extrafunktionalen, d.h. übergreifenden Qualifikationen. Hiermit ist all das gemeint, was bis in die 1960er Jahre Arbeitstugenden genannt wurde (z.B. Pünktlichkeit und Genauigkeit). In den 1970er Jahren wurde der Begriff Arbeitstugend durch den der extrafunktionalen Qualifikation ersetzt und bezog sich, bedingt durch die technologische Entwicklung, weniger auf den pfleglichen Umgang mit den Dingen (z.B. Sauberkeit) als auf technische Sensibilität, Umstellungs- und Kooperationsfähigkeit, schließlich seit den achtziger Jahren auf Initiative, Zielstrebigkeit, Teamfähigkeit und u.ä.m.

Diese durch die Arbeitsorganisation induzierten Verhaltensweisen werden heute vor allem mit dem Begriff →Schlüsselqualifikation erfasst.

Der Begriff Schlüsselqualifikation wurde 1974 von Mertens im Rahmen der arbeitsmarktbezogenen Flexibilitätsforschung zur Diskussion gestellt. Es ging darum, solche Curriculumelemente zu entwickeln, die nicht nur auf einen einzelnen →Beruf, eine Branche oder sogar nur einen Arbeitsplatztyp bezogen sind. Angestrebt wurde stattdessen eine multifunktional oder polyvalent qualifizierende Wirkung. Der Begriff Schlüsselqualifikation, vor allem im politischen Bereich benutzt, ist aber so mehrdeutig, dass Faulstich von einem Skandal spricht. Man erkennt am Begriff Schlüsselqualifikation besonders gut, dass es beim Thema Qualifikation um schwierige Probleme der empirischen Erfassung des qualitativen Bedarfs an Arbeitsvermögen geht (eine pädagogisch basierte Qualifikationsforschung ist nicht entwickelt). Auch muss zwischen Bildungs- und Beschäftigungssystem, zwischen sozialer Wertorientierung und ökonomisch/technischer Arbeitsmarktausrichtung sowie demokratischem Anspruch auf Partizipation und Gestaltungsfähigkeit vermittelt werden. Dabei stehen als Leitgrößen die Entwicklung und Entfaltung aller Humanpotenziale, der Persönlichkeit sowie der Freiheit, Gleichheit und sozialen Gerechtigkeit im Konflikt mit dem Ziel, Arbeitskraft als Ware lediglich im Hinblick auf den ökonomischen und technischen Bedarf von Einzelkapitalien/Betrieben zu produzieren. Dies zeigt, dass auch beim Thema Qualifikation – wie stets in der Pädagogik – die Auseinandersetzung mit Fragen des Menschen- und Gesellschaftsbildes und der Gesellschaftspolitik bedeutsam sind. Neben dieser politischen Problematik und derjenigen der angemessenen Einschätzung des zukünftigen Bedarfs, und zwar in seiner Relation von allgemeinen und speziellen Qualifikationen, wirft der Zusammenhang von Curriculumkonstruktion und Qualifikationsforschung wissenschaftliche Probleme auf. Da die Qualifikationsforschung entweder eine vergangene Entwicklung erfasst oder die zukünftige nur einschätzen kann, stellt sich für die Curriculumkonstruktion und die praktischen Lehr- und Ausbildungsprozesse die Aufgabe, den je aktuellen Entwicklungsstand zu treffen wie zukunftsfähig zu sein. Entsprechende Referenzrahmen zur Lösung des Problems stellt die arbeitsorientierte Exemplarik bereit.

Von den verschiedenen wissenschaftlichen Disziplinen aus wurde bzw. wird das Problem Qualifikation mit unterschiedlichem erkenntnisleitenden Interesse behandelt, weshalb die Forschungen nicht in sich konsolidiert sind.

Die Soziologie zum Beispiel ermittelt Typologien der Gesamtarbeitskraft (z.B. Arten und Ausmaß von Facharbeit/Sachbearbeitung in unterschiedlichen Wirtschaftsbereichen) und korreliert diese zu gesellschaftlichen Einstellungsmustern, sozialen Hierarchien, Klassen und Schichten.

Die Arbeitswissenschaft ermittelt Tätigkeitsanalysen und Bewertungen im Hinblick auf die Struktur von Personalbedarf und Arbeitsentgelten, wobei geistige Anforderungen, körperliche Anforderungen, Umgebungseinflüsse, Verantwortung und Persönlichkeitsstruktur von besonderer Bedeutung sind.

Die Berufs- und Wirtschaftspädagogik behandelt die verschiedenen Aspekte der Qualifikationsthematik außer in den Debatten um Schlüsselqualifikationen eher indirekt; so in der Struktur- und Modernisierungsforschung, im Zusammenhang der Lernfeldorientierung, der →Handlungsorientierung, der Mitbestimmung und Mitgestaltung am Arbeitsplatz sowie in der Ausbildungsordnungsforschung. Direkte Forschungs- und Lösungsansätze bieten die Arbeitsorientierte Exemplarik sowie daran anschließend der Siegener Ansatz der Qualifikations- und Curriculumforschung.

Literatur: Arnold, Rolf (Hg.): Betriebliche Weiterbildung zwischen Bildung und Qualifizierung. Anstöße Band 11. Frankfurt am Main 1995 – Arnold, Rolf/ Lipsmeier, Antonius (Hg.): Handbuch der Berufsbildung. Opladen 1995 – Baethge, Martin/Baethge-Kinsky, Volker: Ökonomie, Technik, Organisation: Zur Entwicklung von Qualifikationsstruktur und qualitativem Arbeitsvermögen. In: Arnold/Lipsmeier (Hg.): Handbuch der Berufsbildung. Opladen 1995. S. 142-156 – Beck, Herbert: Schlüsselqualifikationen. Bildung im Wandel. Darmstadt 1993 – Faulstich, Peter: Qualifikationsbegriffe und Personalentwicklung. In: Zeitschrift für Berufs- und Wirtschaftspädagogik ZBW. Heft 4. 1996. S. 366-379 – Huisinga, Richard: Dienstleistungsgesellschaft und Strukturwandel der Ausbildung. Gutachten für die Enquete-Kommission „Zukünftige Bildungspolitik – Bildung 2000" des Deutschen Bundestages. Frankfurt am Main 1990 – Huisinga, Richard/Buchmann, Ulrike: Curriculum und Qualifikation: Zur Reorganisation von Allgemeinbildung und Spezialbildung. ANSTÖSSE Band 15. Frankfurt am Main 2003 – Huisinga, Richard/Lisop, Ingrid: Wirtschaftspädagogik. Ein interdisziplinär orientiertes Lehrbuch. München 1999 – Huisinga, Richard/Lisop, Ingrid: Qualifikationsbedarf, Personalentwicklung und Bildungsplanung. Anstöße Band 14. Frankfurt am Main 2002 – Huisinga, Richard/Lisop, Ingrid: Ein neuer Weg der Sicherung des dualen Prinzips. Der neue Bachelor-Studiengang „Sozialversicherung". In: BWP Berufsbildung in Wissenschaft und Praxis. Heft 3/2004. Bielefeld. S. 49-52 – Huisinga, Richard/Lisop, Ingrid/Speier, Hans-Dieter (Hg.): Lernfeldorientierung. Konstruktion und Unterrichtspraxis. Frankfurt am Main 1999 – Jenewein, Klaus/Knauth, Peter u.a.: Kompetenzentwicklung in Arbeitsprozessen. Bildung und Arbeitswelt. Band 9. Baden-Baden 2004 – Lisop, Ingrid: 40 Jahre Berufsausbildung im technischen Wandel – Ihre Zukunft im Rückspiegel betrachtet. ANSTÖSSE Band 2/3. Frankfurt am Main 1985 – Lisop, Ingrid: Neue Beruflichkeit – berechtigte und unberechtigte Hoffnungen. In: Arnold, Rolf (Hg.): Betriebliche Weiterbildung zwischen Bildung und Qualifizierung. Frankfurt am Main 1995. S. 29-48 – Lisop, Ingrid: Exemplarik als bildungstheoretisches und didaktisches Prinzip an beruflichen Schulen. In: Bonz, Bernhard: Didaktik der Berufsbildung. Stuttgart 1996. S. 162-176 – Lisop, Ingrid/Huisinga, Richard: Arbeitsorientierte Exemplarik. Subjektbildung – Kompetenz – Professionalität. Frankfurt am Main 2004 – Mertens, Dieter: Schlüsselqualifikationen. In: Mitteilungen aus Arbeitsmarkt und Berufsforschung. Heft 7/ 1974. S. 36-43 – Mertens, Dieter: Das Konzept der Schlüsselqualifikationen als Flexibilitätsinstrument. In:

Literatur- und Forschungsreport Weiterbildung 22. Hg. v. Horst Siebert und Johannes Weinberg. Münster Dez. 1988. S. 33-46 –Pätzold, Günter (Hg.): Handlungsorientierung in der beruflichen Bildung. Frankfurt am Main 1992 – Pätzold, Günter: Vermittlung von Fachkompetenz in der Berufsbildung. In: Arnold/Lipsmeier (Hg.): Handbuch der Berufsbildung. Opladen 1995. S. 157-170 – Teichler, Ulrich: Qualifikationsforschung. In: Arnold/Lipsmeier (Hg.): Handbuch der Berufsbildung. Opladen 1995. S. 501-508

Ingrid Lisop

Qualitätsmanagement

Als wichtige Propagandisten der Qualitätsmanagement-Idee gelten u. a. der Amerikaner Feigenbaum (1961), der den Begriff des „Total Quality Control" (TQC) prägte, und die Japaner Ishikawa (1990), dem der Begriff des „Company-Wide-Quality-Control" zugeschrieben wird, und Imai (1992), der die japanischen „Kaizen"-Prinzipien (Motto: Es soll kein Tag ohne irgendeine Verbesserung im Unternehmen vergehen.) beschreibt (Luczak/ Ruhnau 1993).

Q. geht über die traditionelle „Qualitätskontrolle" im Sinne von Endkontrolle des Produktes weit hinaus und will die Anforderungen bzw. den Nutzen externer und interner Kunden (d.h. Kunden innerhalb der Organisation) in allen Organisationsbereichen bzw. im gesamten Produktionszyklus – von der Entwicklung über die Produktion bis zur Lieferung an den Kunden – zum Maßstab allen Tuns machen. Diesem Ziel dienen u. a. kontinuierliche Verbesserungsprozesse (KVP) der Abläufe (Prozesse) und messbare Ziele für die Abteilungen, Gruppen und Individuen und deren laufende Anpassung und Überprüfung. Qualität ist damit nicht Aufgabe spezialisierter Funktionsträger, wie z.B. der Qualitätskontrolle, sondern aller Mitarbeiter, insbesondere aller Führungskräfte.

Eine Grundlage für QM-Systeme ist die internationale Normenreihe ISO 9000 ff. (International Standard Organisation), bzw. die EN 29000 ff. (Europäische Norm). Die ISO 9000 ff. wurde 1987 in Deutschland als nationale Norm übernommen. Sie beinhaltet Standards für die Darlegung der Qualitätssicherung im Unternehmen. Damit soll Qualität besser beurteilbar und vergleichbar gemacht werden. Unternehmen können die Erfüllung der ISO 9000 ff.-Normen überprüfen und zertifizieren lassen. In bestimmten Branchen – z.B. Automobilindustrie, Energiewirtschaft, Chemische Industrie – sind Nachweise nach ISO 9000 ff. Voraussetzung für die Auftragserteilung (EG-Richtlinien).

Literatur: Ebel, B.: Qualitätsmanagement. Herne/ Berlin 2001. – Feigenbaum, A.V.: Total Quality control: Engineering and Management. New York u. a. 1961 – Imai, M.: Kaizen. Der Schlüssel zum Erfolg der Japaner im Wettbewerb. München [7]1992 – Ishikawa, K.: Introduction to quality control. Tokio [3]1990 – Luczak, H./Ruhnau, J.: Inselkonzepte - Qualitätsförderliche Arbeitsstrukturen in der Fertigung. In: Angewandte Arbeitswissenschaft (1993), Nr. 138, S. 23-44 – Strauss, B. (Hg.): Qualitätsmanagement und Zertifizierung: Von DIN ISO 9000 zum Total Quality Management. Wiesbaden 1994

Karl-Klaus Pullig

Qualitätszirkel

Qualitätszirkel (QZ) umfassen als Oberbegriff konkrete Kleingruppenmaßnahmen (→Gruppenlernen) der Organisations- und Personalentwicklung für Mitarbeiter der unteren hierarchischen Ebene (z.B. →Lernstatt, Werkstattzirkel etc.) zum Zwecke verbesserter Problemlösungen. Als berufsbegleitende Bildungsmaßnahmen „nahe des Arbeitsplatzes" dienen sie den Teammitgliedern als Anpassungsqualifikation und den Zirkelleitern als Aufstiegsqualifikation. Zusätzliche QZ-Definitionselemente sind auf Dauer angelegte, in regelmäßigen Abständen organisierte Treffen auf freiwilliger Basis, um für selbstgewählte Probleme unter Anleitung eines geschulten Moderators Lösungsvorschläge zu erarbeiten und die Umsetzung der Verbesserungsvorschläge (selbstständig oder im Instanzenweg) zu initiieren und zu kontrollieren.

Von der Idee her sind QZ weiterentwickelte Instrumente partizipativer Entscheidungen in der Tradition von Lewin/Lippit/White (1939) und Coch/French (1948). Hierbei vollzieht sich ein zunehmender Wandel von Entscheidungs- zu Gestaltungspartizipationen, die im Kontext der Diskussionen um →Unternehmenskultur/Corporate Identity, Problemlösen in komplexen Systemen, Kontinuierlichen Verbesserungsprozessen (KVP) und einem Total Quality Management (TQM) zu sehen sind.

QZ werden überwiegend in der Produktion größerer Betriebe realisiert, wobei sie (noch) überwiegend als Instrument der Qualitätssicherung/-kontrolle (Typ A) dienen. Das schließt nicht die notwendige stärkere Einbindung in Führungs- bzw. Managementstrategien (Typ B) aus, was neben der Erhöhung von Produkt- und Arbeitsqualität, Kostensenkung und Produktivitätssteigerung auch eine stärkere Ausrichtung auf sozialbezogene Ziele bedeutet. Solche sind z.B. verbesserte Kommunikation, Teamfähigkeit, laterale Kooperation, (Arbeits-)Zufriedenheit und →Motivation.

Die Ergebnisse fallen insbesondere bei der Realisierung des Typs B bzgl. Erleben und Auswirkungen recht gut aus. Allerdings sind sie im wesentlichen Resultat von Selbstberichtsdaten auf empirisch sehr bescheidenem Niveau. Detaillierte Wirkungsanalysen fehlen. Insbesondere das mittlere Management scheint seiner sandwich-Position zwischen top-down-Strukturen tayloristischer Tradition und QZ-Aktivitäten i.S. eines bottom-up-Ansatzes kaum gewachsen zu sein. Die Folgen sind Hinweise für eine Reihe interdependenter Paradoxa bzgl. „Macht", „Kommunikation und Weiterbildung" sowie der „Effektivitäts-Effizienz-Relation".

Eine langfristig erfolgreiche Perspektive für QZ zeichnet sich nur in einer nicht-tayloristischen Konzeption ab, die konsistent unter einheitlichen Prämissen i.S. des oben bezeichneten Diskussionskontextes entwickelt wird.

Literatur: Battmann, W./Liepmann, D.: Qualitätszirkel als Instrument der Personalentwicklung: Eine metaanalytische Betrachtung. In: Liepmann, D. (Hg.): Qualifizierungsmaßnahmen als Konzepte der Personalentwicklung. Frankfurt a.M. 1993, S. 169-187 – Bungard, W. (Hg.): Qualitätszirkel in der Arbeitswelt – Ziele, Erfahrungen, Probleme. Göttingen/Stuttgart 1992 – Rosenstiel, L. v./Regnet, E./Domsch, M. (Hg.): Führung von Mitarbeitern – Handbuch für erfolgreiches Personalmanagement. Stuttgart ³1995 – Sembill, D.: Problemlösefähigkeit, Handlungskompetenz und Emotionale Befindlichkeit. Göttingen/Toronto/Zürich 1992 – Sembill, D.: Unternehmenskultur im Kontext von wirtschaftsberuflicher Aus- und Weiterbildung. In: Buer, J. v./Seeber, S. (Hg.): Entwicklung der Wirtschaftspädagogik in den osteuropäischen Ländern II – Institutionale Qualität, curriculare Konstruktion und Finanzierung. Berlin 1996, S. 45-64

Detlef Sembill

Rechte und Pflichten der Auszubildenden

→Auszubildende sind nach der Formulierung des →Berufsbildungsgesetzes (BBiG vom 23. März 2005) Personen, denen „die für die Ausbildung einer qualifizierten beruflichen Tätigkeit in einer sich wandelnden Arbeitswelt notwendigen beruflichen Fertigkeiten, Kenntnisse und Fähigkeiten (berufliche Handlungsfähigkeit) in einem geordnetem Ausbildungsgang" (BBiG, § 1 (3)) vermittelt werden.

Das →Berufsausbildungsverhältnis zwischen der/dem Auszubildenden und der/dem Ausbildenden (Unternehmen, Betrieb) wird durch den Abschluss des privatrechtlichen Berufsausbildungsvertrages begründet. Für diesen Vertrag gilt der Grundsatz der Vertragsfreiheit, wobei zu beachten ist, dass für die inhaltliche Ausgestaltung des Vertrages zahlreiche ausbildungs- und arbeitsrechtliche Vorgaben zu beachten sind, die die Vertragsfreiheit merklich einschränken (vgl. BBiG, § 11 mit den Mindestanforderungen für den Inhalt des Berufsausbildungsvertrages). Das →Berufsbildungsgesetz sieht das Berufsausbildungsverhältnis als besonderes Vertragsverhältnis an. In seinem

Rechte der/des Auszubildenden gemäß BBiG	Pflichten der/des Auszubildenden gemäß BBiG
1. Recht auf Ausbildung (verstanden als planmäßiger, gegliederter, vollständiger und am Ausbildungsziel orientierter Prozess) (BBiG, § 14 (1) Nr. 1) 2. Recht auf Ausbildung durch Personen, deren Eignung nachgewiesen ist (BBiG, § 28) 3. Recht auf ausschließliche Übertragung von Verrichtungen, die dem Ausbildungszweck dienen (BBiG, § 14 (2)) 4. Recht auf Freistellung zum Berufsschulunterricht, zu überbetrieblichen Ausbildungen und Prüfungen (BBiG, § 15) 5. Recht auf Vergütung (einschließlich Fortzahlung der Vergütung bei Freistellung) (BBiG, §§ 17 bis 19)	1. Lernpflicht zum Erwerb der erforderlichen Kenntnisse und Fertigkeiten (BBiG, § 13) 2. Pflicht zur Befolgung von Weisungen, die im Rahmen der Berufsausbildung erteilt werden (BBiG, § 13 Nr. 3) 3. Pflicht zur Beachtung der Ordnung der Ausbildungsstätte (z.B. Sicherheitsvorschriften, Werkstattordnung) (BBiG, § 13 Nr. 4) 4. Pflicht zur Teilnahme an Ausbildungsmaßnahmen, für die eine Freistellung erfolgt (BBiG, § 13 Nr. 2) 5. Pflicht zur Verschwiegenheit über Betriebs- und Geschäftsgeheimnisse (BBiG, § 13 Nr. 6) 6. Pflicht zur Führung eines Berichtsheftes (BBiG, § 13 (1) Nr. 4)
Weitere Rechte der Auszubildenden beziehen sich auf die kostenlose Bereitstellung der Ausbildungs- und Prüfungsmittel (z.B. Werkstoffe, Werkzeuge; vgl. BBiG, § 14 (1) Nr. 3) und die Erteilung eines Zeugnisses bei Beendigung der Ausbildung (vgl. BBiG, § 16). Eine Anzahl zusätzlicher Rechte und Pflichten lassen sich aus den vielfältigen Schutzvorschriften ableiten, die auf die Auszubildende/den Auszubildenden in ihrer/seiner Eigenschaft als Arbeitnehmerin/Arbeitnehmer anzuwenden sind. Dazu gehören z.B. das Recht auf einen vertraglich vereinbarten Urlaub (Gesetz zum Schutz der arbeitenden Jugend (JArbSchG) § 19 in Verbindung BBiG, § 11 (1) Nr. 7) oder die Pflicht zur Teilnahme an ärztlichen Untersuchungen (JArbSchG, §§ 32 bis 46). Auch in Regelungen des →Betriebsverfassungsgesetzes (BetrVG, §§ 60 bis 71 – →Jugend- und Auszubildendenvertretung), des Arbeitszeitgesetzes (ArbZG) und des Mutterschutzgesetzes (MuSchG) sind Rechte und Pflichten der Auszubildenden begründet.	

Abb.: Rechte und Pflichten des Auszubildenden gemäß BBiG

Kern regelt es die gegenseitigen Rechte und Pflichten der an der Berufsausbildung Beteiligten.

Erzieherische Maßnahmen sind nach BBiG, § 14 (1) Nr. 5 ausdrücklich einbezogen. Andererseits sind auf den Berufsausbildungsvertrag „die für den Arbeitsvertrag geltenden Rechtsvorschriften und Rechtsgrundsätze anzuwenden" (BBiG, § 10 (2)). Durch diese Formulierung ist sichergestellt, dass die/ der Auszubildende rechtlich auch als Arbeitnehmerin/Arbeitnehmer anzusehen ist und daher auf das Berufsausbildungsverhältnis alle arbeitsrechtlichen Schutzvorschriften (z.B. Jugendarbeitsschutz, Unfallschutz, Mutterschutz, ...) anzuwenden sind.

Die im engeren Sinne das Berufsausbildungsverhältnis ausmachenden Rechte und Pflichten der Vertragspartner sind in den §§ 13 bis 23 des Berufsbildungsgesetzes geregelt. Die wichtigsten Rechte und Pflichten der/des Auszubildenden zeigt die Übersicht.

Literatur: Bundesministerium für Bildung und Forschung (Hg.): Ausbildung und Beruf. Rechte und Pflichten während der Berufsausbildung. Aktuelle Auflage; www.bmbf.de – Ordnungsmittel der Berufsausbildung; www.wbv.de – Schieckel, H./Grüner, H./ Oestreicher, E.: Arbeitsförderungsgesetz, Bundesausbildungsförderungsgesetz, Berufsbildungsgesetz (Gesetzestexte mit Kommentar und Sammlung von Bundesrecht und Landesrecht zum Berufsbildungsgesetz). München (Loseblattsammlung) – Handbuch des gesamten Jugendrechts. Rechts- und Verwaltungsvorschriften. Hg. und bearbeitet von Paul Seipp unter Mitarbeit von Karsten Fuchs. Neuwied (Loseblattsammlung)

Christian Nill

Rechte und Pflichten der Berufsschülerinnen und Berufsschüler

Nach der Regelung des →Berufsbildungsgesetzes (BBiG, § 2 (1) Nr. 2) wird die Berufsausbildung auch in berufsbildenden Schulen durchgeführt. Wegen der in Deutschland üblichen beruflichen Erstausbildung im →Dualen System an den zwei Lernorten Betrieb und →Berufsschule ist die/der →Auszubildende i.d.R. auch gleichzeitig Berufsschülerin/Berufsschüler. Während der Status als →Auszubildende durch den Abschluss eines privatrechtlichen Berufsausbildungsvertrages begründet wird, richtet sich die →Berufsschulpflicht und das daraus resultierende Schulverhältnis nach öffentlich-rechtlichen Regelungen, insbesondere →Schulgesetzen und zugehörigen Rechtsverordnungen.

Da nach Artikel 7 (1) in Verbindung mit Artikel 30 des Grundgesetzes (GG) das Schulwesen unter der Aufsicht der Bundesländer steht, sind die einzelnen Bundesländer in ihrer Gesetzgebung für das Schulwesen und in der Verwaltung der Schulen weitgehend autonom. Durch Rahmenvereinbarungen auf der Ebene der Kultusministerkonferenz wird jedoch die grundsätzliche Vergleichbarkeit der Schulsysteme und ihrer Standards gewährleistet.

Insbesondere historische Entwicklungen und politische Konstellationen in den Bundesländern haben bei der rechtlichen Ausgestaltung des Schulwesens im Allgemeinen und der Regelung der →Berufsschule im Besonderen zu unterschiedlichen Ergebnissen geführt. Vergleichbar sind jedoch in den meisten Ländern

Rechte der Berufsschülerinnen und Berufsschüler	Pflichten der Berufsschülerinnen und Berufsschüler
1. Recht auf Teilnahme am Unterricht und an sonstigen Schulveranstaltungen	1. Pflicht zur regelmäßigen Teilnahme und Mitarbeit am Unterricht
2. Recht auf Mitwirkung am Schul- und Unterrichtsgeschehen	2. Pflicht zur Entschuldigung von Schulversäumnissen
3. Recht auf Information über wesentliche Angelegenheiten des Schulbesuches	3. Pflicht zur Befolgung von Anweisungen im Zusammenhang mit dem Unterricht und beim Schulbesuch (einschl. des Aufenthalts auf dem Schulgelände)
4. Recht auf Information über den Leistungsstand	
5. Recht auf Beisitz in schulischen Fragen	4. Pflicht zur Beschaffung der erforderlichen Lern- und Arbeitsmittel
6. Recht auf Erteilung von Zeugnissen	

Weitere Pflichten der Berufsschülerinnen und Berufsschüler können sich im Einzelfall ergeben (s. S. 339), wenn in der jeweiligen Berufsschule eine Schulordnung besteht (z.B. Aufsichtsregelung, Rauchverbote) oder die Schulträger (Städte, Landkreise, ...) die Benutzung der Schuleinrichtungen und des Schulgeländes in Hausordnungen geregelt haben.

Abb.: Rechte und Pflichten der Berufsschülerinnen und Berufsschüler

die folgenden Regelungsebenen:
- Landesgesetze für grundsätzliche Regelungen (z.B. Bestimmung der Berufsschulpflicht),
- Rechtsverordnungen für allgemeine Regelungen (z.B. Bestimmung der Rechte und Pflichten aus dem Schulverhältnis),
- Rechtsverordnungen bzw. Verwaltungsvorschriften zur Regelung einzelner Schulformen (z.B. Eintrittsvoraussetzungen für die Berufsschule, ihre Dauer sowie Abschluss und Berechtigungen).

Die Rechte und Pflichten der Berufsschülerinnen und Berufsschüler lassen sich jeweils nur in der Zusammenschau der drei Ebenen erkennen. So wird etwa die gesetzlich festgelegte →Berufsschulpflicht durch speziellere Regelungen konkretisiert, die z.B. bestimmen, in welchem Umfang und in welcher zeitlichen Verteilung die Berufsschülerin/der Berufsschüler am Unterricht der Berufsschule teilnehmen muss. Daneben werden die Berufsschülerinnen und Berufsschüler einbezogen in generelle Regelungen, mit denen die Länder allgemeine Bestimmungen für alle Schülerinnen und Schüler in öffentlichen Schulen getroffen haben. Vor allem auf dieser Regelungsebene lassen sich die in der obigen Abbildung zusammengefassten Rechte und Pflichten für Berufsschülerinnen und Berufsschüler benennen.

Literatur: Böhm, Th.: Schule und Recht – Lernbereich 12. In: Bessoth, R./Schmidt, H.-J. (Hg.): Schulleitung – Ein Lernsystem. Bd. 1 Schulorganisation/Schulrecht. Neuwied (Loseblattsammlung) – Campenhausen, A. v./Lerche, P.: Deutsches Schulrecht. Sammlung der Schul- und Hochschulrechts in der Bundesrepublik. Percha (Loseblattsammlung) – Handbuch des gesamten Jugendrechts. Rechts- und Verwaltungsvorschriften. Hg. und bearbeitet von Paul Seipp, unter Mitarbeit von Karsten Fuchs. Neuwied (Loseblattsammlung) – Sammlung der Beschlüsse der Ständigen Kultusministerkonferenz. Neuwied. (Loseblattsammlung)

Christian Nill

Regionale Berufsbildungszentren

Die Umwandlung von Berufsbildenden Schulen zu Regionalen Berufsbildungszentren (RBZ) erfolgt seit Beginn des 21. Jahrhunderts in einer Reihe von Bundesländern. Sie stellt einen Ansatz zur Reorganisation der beruflichen Bildung dar, der je nach Bundesland mit unterschiedlicher Intensität, unterschiedlicher Reichweite und Stoßrichtung sowie unter verschiedenen Bezeichnungen betrieben wird. Aufgrund der föderalen Struktur werden gegenwärtig entsprechende oder ähnliche Reformansätze auch unter den Bezeichnungen ‚Regionales Kompetenzzentrum', ‚operativ eigenständige Schule' (OES), ‚Selbständige Schule' u.s.w. implementiert.

Ein wesentlicher Anstoß zur Konzeption der RBZ ist im dänischen Berufsschulwesen zu sehen. In Dänemark werden seit über einer Dekade in kurzen Abständen weitreichende Reformen durchgeführt. Unter anderem wurde diese Reformleistung mit dem Prädikat „bestes Berufsbildungssystem der Welt" versehen (Bertelsmann-Stiftung 1999/2000). Gegenwärtig ist indes die Autonomie der dänischen Berufsschulen so weit gediehen, dass eine teils durchgreifende Marktbereinigung durch Fusionen und Konkurse stattgefunden hat. Aufgrund der geographischen Nähe und einer Reihe kultureller Gemeinsamkeiten mit Dänemark hat das Bundesland Schleswig-Holstein die Orientierung am dänischen Reformsystem bislang in Modellversuchen am konsequentesten betrieben (vgl. Bank 2004; Konzeptstudie 2001 sowie BLK 2003).

Das Konzept des RBZ kann als eine konsequente Fortführung der Debatte um die Schulautonomie (vgl. dazu Lisop 1998, Munín 2001) aufgefasst werden. In jedem Fall handelt es sich vorrangig um ein organisational-makrodidaktisches Konzept, dessen Implementation von der Schuladministration nicht zuletzt auch wegen der engen Haushaltslage betrieben wird. Im Unterschied zur Frage der Schulautonomie werden jedoch über die rein finanzielle Budgetautonomie hinaus auch didaktische Aspekte ins Auge gefasst. Vor allem kann man es aus didaktischer Sicht als einen wesentlichen Beitrag zur Förderung der Integration von Aus- und Weiterbildung betrachten.

Bislang waren die Berufsbildenden Schulen i.A. nur im Bereich der Fachschulen am Angebot von Bildungsmaßnahmen im Quartären Bildungssektor beteiligt. Dabei unterscheidet sich das Engagement in Fachschulen von einer Vielzahl kommerziell angebotener Weiterbildungskurse namentlich durch eine weitaus höhere curriculare Vernetzung der Inhalte und dementsprechend durch eine längere Maßnahmendauer. Faktisch bedeutet eine institutionale Integration von Aus- und Weiterbildung zunächst, dass auch Kurzzeitmaßnahmen zur beruflichen Weiterbildung in das Angebot der Berufsbildenden Schulen Eingang finden soll. Je nach Bundesland steht hier derzeit noch eine Subsidiaritätsklausel entgegen, die nur insoweit ein Angebot von Weiterbildungsmaßnahmen am freien Markt zulässt, als sonstige Weiterbildungsanbieter hier nicht aktiv werden können oder wollen.

Die Zielsetzung des RBZ ist mithin eine doppelte: Zum einen soll durch eine Akquisition zusätzlicher Liquidität aus Verkäufen im Quartären Bildungssektor die Handlungsfähigkeit der Schulen insgesamt erhöht werden. Ohne zusätzliche Mittel aus solchen Leistungsverkäufen oder aus der Begründung von *public-private-partnerships* werden ansonsten aufgrund der restriktiven Haushaltsgesetzgebung i.V.m. der schlechten Finanzausstattung der öffentlichen Hand die Spielräume eher enger. Zum anderen sollen die Berufsbildenden Schulen das Angebot an Weiterbildungsmaßnahmen auch in solchen Regionen sicherstellen, die von den kommerziellen Weiterbildungsanbietern in der Fläche nicht mit versorgt werden. Die in den beruflichen Schulen vorhandene Kompetenz soll für die weitere Entwicklung der Region, in der sie ihren Standort hat, in einem höheren Maße nutzbar gemacht werden als bisher. Unter dieser Maßgabe wird der pädagogische Akzent eindeutig von einer individuumsorientierten Bildung, die eine Teilnahme der beruflichen Erstausbildung und der Weiterbildung in Fachschulen in erster Linie begründen soll, in Richtung einer funktional-qualifikatorischen Weiterbildungsstruktur verschoben, die sich an den Interessen der mit finanzieller Nachfragemacht ausgestatteten Unternehmen in der Region orientieren soll. Es soll gleichwohl in erster Linie der originäre Bildungsauftrag der Berufsbildenden Schulen bedient werden.

Für die Umsetzung der Ziele wird konzeptionell die Veränderung organisationaler Strukturen in den Vordergrund gestellt. Hierzu zählt vor allem eine Dezentralisierung der Entscheidungen und eine Verschlankung der Führungsstrukturen. Das RBZ soll ferner in einer privatrechtlichen oder in eigenständig rechtsfähiger Form öffentlichen Rechts geführt werden. Dieses erlaubt die Zuweisung von Einnahmen und zugleich eine dezentrale Rechtsbindung an regionale Partner wie Ausbildungsbetriebe oder Weiterbildungsträger. Haushalte werden globalisiert, d.h. ohne Ausweis einzelner Titel geführt, unbesetzte Stellen können teilkapitalisiert werden. Der beamtenrechtliche Status des lehrenden Personals soll – anders als im dänischen Vorbild – unangetastet bleiben (vgl. Konzeptstudie 2001).

Eine didaktische Qualitätsverbesserung wird aus den erweiterten Handlungsmöglichkeiten der Schule erwartet, welche die Motivation der Schüler und der Lehrkräfte i.V. mit Teamkonzepten innerhalb der RBZ und einer verbesserten Wertschätzung von außen erhöhen soll. Die zusätzlichen Mittel sollen die mediale und maschinelle Ausrüstung der Schulen verbessern. Inzwischen gibt es jedoch auch Stimmen, die sich kritisch mit rechtlichen und pädagogischen Implikationen der Reorganisation zu RBZ auseinandersetzen (vgl. Avenarius 2002, Tenberg 2003, Bank/Jongebloed/Schreiber 2003).

Literatur: *Avenarius, H.: Berufliche Schulen als Kompetenzzentren regionaler Bildungsnetzwerke – Rechtliche Rahmenbedingungen, in: Die berufsbildende Schule 54 (2002), 3, S. 86-90 – Bank, V.: Internationale Einflüsse auf das deutsche Berufsbildungswesen am Beispiel Dänemarks und Schleswig-Holsteins, in: H. Reinisch, M. Eckert & T. Tramm (Hg.): Studien zur Dynamik des Berufsbildungssystems. Wiesbaden 2004 – Bank, V./Jongebloed, H.-C./Schreiber, D.: Ökonomische und pädagogische Implikationen der Einrichtung Regionaler Berufsbildungszentren am Beispiel des Landes Schleswig-Holstein, in: bwp@ (2003), 5 [Internet: http://www.ibw.uni-hamburg.de/bwpat.de/ausgabe5/bank_bwpat5.html] – Bertelsmann-Stiftung (Hg.): Berufliche Bildung der Zukunft. Carl-Bertelsmann-Preis 1999 (2 Bd.). Gütersloh 1999/2000 – BLK (Hg.): Weiterentwicklung berufsbildender Schulen als Partner in regionalen Berufsbildungsnetzwerken – Empfehlungen der BLK. Bonn 2003 – Konzeptstudie des Landes Schleswig-Holstein zum Regionalen Berufsbildungszentrum; Ministerium BWFK, Kiel 2001, eingestellt in: http://www.rbz.lernnnetz.de/docs/konzeptstudie1.pdf – Lisop, I.: Autonomie – Programmplanung – Qualitätssicherung. Leitfaden zur Organisationsentwicklung von Schulen und Bildungseinrichtungen. Frankfurt a.M. 1998 – Munín, H.: Schulautonomie. Diskurse, Maßnahmen und Effekte im internationalen Vergleich, insbesondere in Deutschland. Weinheim u. Basel 2001 – Tenberg, R.: Regionale Kompetenzzentren in Deutschland. Bestandsaufnahme über eine aktuelle Entwicklungsperspektive beruflicher Schulen, in: bwp@ (2003), 5 [Internet: http://www.ibw.uni-hamburg.de/bwpat.de/ausgabe5/tenberg_bwpat5.html]*

Volker Bank

Schlüsselqualifikationen

Es ist wohl kein Zufall, dass sich in den 70er Jahren angesichts der sich abzeichnenden Beschleunigung technologischer Innovationen aus arbeitsmarktbezogener und bildungsplanerischer Sicht die Frage stellte, wie die Menschen der „modernen Gesellschaft" künftig zu „schulen" seien (→Qualifikation und Qualifikationsforschung). Der Bildungskanon sei daher keine Angelegenheit „zweckfreier Bildungstheorien" mehr, sondern auch eine Aufgabe der „Arbeitsmarkt- und Berufsanalyse", wie Dieter Mertens seine mit S. überschriebenen Überlegungen in einer Vorbemerkung einleitete (Mertens 1974, S. 36). Unter S. verstand er hierbei „übergeordnete Bildungsziele und Bildungselemente", die „den Schlüssel zur raschen und reibungslosen Erschließung von wechselndem Spezialwissen bilden" (ebd., S. 36).

Es war wohl für den Autor zur damaligen Zeit kaum vorstellbar, was für eine Karriere diesem Begriff bevorstand. Mit S. sollte „flexibel" auf dynamische, komplexe und unvorhersehbare gesellschaftliche, technische und wirtschaftliche Entwicklungen eingegangen werden. Das explizit formulierte Anliegen bestand darin, die Vermittlung spezialisierter Fertigkeiten zugunsten einer Befähigung zur Problembewältigung zurücktreten zu lassen (Mertens 1989, S. 86). Diese sah Mertens durch die Hervorbringung von vier anzueignenden Elementen gesichert: den Basisqualifikationen, welche logisches, konzeptionelles und kontextuelles Denken einschließen sollten, Horizontalqualifikationen, die die Handhabung und den Umgang mit Information zu gewährleisten hätten, weiter Basiselemente, die u.a. Grundkenntnisse in Meßtechnik und Maschinenwartung bereitzustellen hätten, und sog. „Vintage-Faktoren", die Erwachsenen das Nachholen bestimmter Stoffgebiete wie Mengenlehre, Programmiertechniken, dann aber auch Sozialkunde, American English und Weiteres ermöglichen würden. Weniger die im obigen Katalog enthaltenen Forderungen, die im Hinblick auf Komplexität und Niveau auf unterschiedlichen Ebenen angesiedelt waren, erwiesen sich in der Folge als einschlägig, als vielmehr die mit dem Slogan „S." verknüpften Hoffnungen, gegenwärtige und vor allem künftige Anforderungen durch eine vorgängige Eingrenzung von zu Erlernendem zu ermöglichen (Gonon 1996). S. sollten quasi eine Beschränkung auf das Wesentliche plausibel machen. Der Katalog, welche Fähigkeiten und Fertigkeiten unter diesem Term gefasst werden sollten, wurde hierbei jedoch laufend modifiziert und additiv zu einer kaum überblickbaren Vielfalt von zu erwerbenden Qualifikationen gehörig erweitert. Mal erschienen S. als traditionelle Arbeitstugenden im neuen Gewande, dann als stolze Fertigkeiten, etwa im Bereich der Computerkenntnisse, dann wiederum als bildungsmäßige Essenz hinter einem Kranz von Fähigkeiten, Fertigkeiten und Kenntnissen. Es fand jedoch nicht nur eine Entgrenzung vorwiegend kognitiv gefasster Bildungsziele statt. Die Mertenschen S. wurden um Begriffe wie Kreativität, Teamfähigkeit und soziale Kompetenz, aber auch personale Eigenschaften ergänzt und zum Teil auch ersetzt, so dass Reetz eine „Verlagerung" der Optik hin „zum Zentrum der Persönlichkeit" (Reetz 1990, S. 17) feststellen konnte. Damit war der Weg frei, S. als Beitrag für einen „esprit de conduite", wie Knigge den Umgang mit Menschen bezeichnete, für Betrieb und Schule zu fassen. Die fachliche Dimension des Lernens in →Beruf und Betrieb wurde hierbei in den Hintergrund gedrängt. Die S., im ursprünglichen Sinne als Beitrag einer Diskussion zum Bildungskanon auf einer curricular gefassten Ebene angesiedelt, mutierten zu einem psychologisch handhabbaren Konstrukt für den unterrichtsbezogenen Nahbereich. Als „methodisch-didaktischer Passepartout" (Pätzold 1996) fand dieses Konzept folgerichtig weit über den angestammten Bereich der →Berufs- und →Wirtschaftspädagogik hinaus Verbreitung und stößt darüber hinaus auch als bildungspolitisches Reformbekenntnis auf breite Zustimmung.

Die für den deutschen Sprachraum gut zwanzigjährige Geschichte der S. darf allerdings nicht darüber hinwegtäuschen, dass auch in anderen Ländern ähnliche Anliegen, zum Teil mit anderen, zum Teil aber auch mit ähnlichen Begriffen wie „core skills", „intellective skills", „basic qualifications", „key competences", „compétences de la 3e dimension" usw. diskutiert werden. Der Anspruch, situationsübergreifende und transferierbare Fähigkeiten und Wissensbestände zu bestimmen und auf ihre Vermittelbarkeit hin zu überprüfen, ist auch auf internationaler Ebene eruierbar. Im angelsächsischen Raum, in welchem traditionelle Berufsbildungskonzepte keine bedeutende Rolle spielen, werden arbeitsplatzbezogene Qualifikationen definiert, nach vorgegebenen Kriterien verglichen und nach Anforderungsniveau hierarchisiert. Im Zentrum steht der Versuch, eine Operationalisierung und Prüfbarkeit von Qualifikationen und S. zu bewerkstelligen. Auch diese Bemühungen zeigen jedoch, dass die Umsetzung solcher Forderungen auf fachbezogene und bereichsspezifische Tücken stößt. S. fungieren jedoch solange als semantische Leerstelle, als nicht empirische Forschung deren Tauglichkeit überprüft.

Literatur: Döring, R.: Das Konzept der Schlüsselqualifikationen. Ansätze, Kritik und konstruktivistische Neuorientierung auf der Basis der Erkenntnisse der Wissenspsychologie. Hallstadt 1994 – Gonon, Ph.: Schlüsselqualifikationen aus kontroverser Sicht. Eine Einleitung. In: Gonon, Ph. (Hg.): Schlüsselqualifikationen kontrovers. Eine Bilanz aus kontroverser Sicht. Aarau 1996, S. 7-13 – Kaiser, A.: Schlüsselqualifikationen in der Arbeitnehmerweiterbildung: Gutachten erstellt im Auftrag der LAG Nordrhein-Westfalen. Neuwied 1992 – Mertens, D.: Schlüsselqualifikationen. Thesen zur Schulung für eine moderne Gesellschaft. In: Mitteilungen aus der Arbeitsmarkt- und Berufsforschung 7 (1974), 1, S. 36-43 – Mertens, D.: Das Konzept der Schlüsselqualifikationen als Flexibilitätsinstrument – Ursprung und Entwicklung einer Idee sowie neuerliche Reflexion. In: Göbel, W./Kramer, W. (Hg.): Aufgaben der Zukunft – Bildungsauftrag des Gymnasiums. Dokumentation des Abschlußkongresses der Initiative „Gymnasium/Wirtschaft" am 18. Mai 1988 in Köln. Köln 1989, S. 79-101 – Pätzold, G.: „Schlüsselqualifikationen" – Didaktisch-methodischer Passepartout für eine moderne Berufsbildung? In: Gonon, Ph. (Hg.): Schlüsselqualifikationen kontrovers. Eine Bilanz aus kontroverser Sicht. Aarau 1996, S. 136-145 – Reetz, L.: Zur Bedeutung der Schlüsselqualifikationen in der Berufsbildung. In: Reetz, L./Reitmann, Th. (Hg.): Schlüsselqualifikationen – Fachwissen in der Krise? Hamburg 1990, S. 16-35

Philipp Gonon

Schulaufsicht

Artikel 7 Abs. I des Grundgesetzes stellt als verbindliche Rahmenvorgabe für alle Bundesländer das Schulwesen unter die Aufsicht des Staates. S. ist die Befugnis des Staates zur Organisation, Planung, Leitung und Beaufsichtigung des Schulwesens. Diese Aufgaben beschränken sich nicht auf die Kontrolle und Überwachung (S. im engeren Sinne), sondern schließen umfassend staatliche Bildungsverwaltung ein.

Die Bundesländer haben die Rahmenvorgabe im Grundgesetz in ihren Landesverfassungen und →Schulgesetzen konkretisiert. Nordrhein-Westfalen z.B. gliedert die Aufgaben der S. in die „Dienst- und Fachaufsicht, die staatliche Ordnung, Förderung und Pflege des Schulwesens". S. hat die „pädagogische Selbstverantwortung zu pflegen, Schulträger, Schulleiter, Lehrer und Schüler zur Erfüllung der ihnen obliegenden Pflichten anzuhalten und das Interesse der kommunalen Selbstverwaltung an der Schule zu fördern".

Im Rahmen der Fachaufsicht kontrolliert der Staat die Rechtmäßigkeit und Zweckmäßigkeit der Bildungs- und Erziehungsarbeit. Fachaufsicht schließt die schulfachliche Beratung und Unterstützung der Lehrkräfte sowie die pädagogische Förderung der Schulentwicklung ein. Im neuen Landesschulgesetz von Nordrhein-Westfalen aus dem Jahr 2005 z.B. wird die Beratungsaufgabe gegenüber der Aufsichtsfunktion stärker gewichtet. Um Selbstständigkeit der Schulen in ihrem Handeln zu gewährleisten, soll nur im erforderlichen und angemessenen Maße Gebrauch gemacht werden.

Die Dienstaufsicht bezieht sich auf den Aufbau, die innere Ordnung, die allgemeine Geschäftsführung und die Personalangelegenheiten von Schule in ihrer Eigenschaft als Behörde.

Die Rechtsaufsicht lässt die Frage nach der fachlichen Richtigkeit und Zweckmäßigkeit unberücksichtigt und beschränkt sich auf die Kontrolle der Rechtmäßigkeit einer Maßnahme. Eine solche Form der S. gilt u.a. den Kommunalbehörden in ihren Selbstverwaltungsaufgaben, die sie als Schulträger wahrnehmen: z.B. Bereitstellung und Unterhaltung der Schuleinrichtungen, Mitwirkung bei Personalentscheidungen, Lehr- und Lernmittel, Schülerbeförderung.

Die Schulaufsichtsbehörden der Länder unterscheiden sich nach ihrer Stufigkeit, der Anbindung an andere Behörden und der Zuständigkeit für einzelne Schulformen. Insbesondere die Flächenstaaten haben in der Regel einen dreistufigen Instanzenaufbau: das zuständige Ministerium als oberste S., die Bezirksregierungen als obere S. und die Schulämter als untere S. auf der Ebene der Kreise und kreisfreien Städte.

Reduzierungen der Stufigkeit auf zwei oder nur eine Ebene sind bundesweit in zahlreichen Variationen vorzufinden. So wird die Aufsicht über einige Schulformen (berufsbildende Schulen, Gymnasien, Gesamtschulen und Realschulen) nur zweistufig auf den Ebenen der obersten und oberen Schulbehörde geführt. In einigen kleineren Flächen- und Stadtstaaten fallen die untere oder mittlere bzw. beide Stufen weg. Einige Bundesländer führen die mittlere und/oder untere S. als Sonderbehörden, nicht als Teil der allgemeinen Verwaltung. Nordrhein-Westfalen will ab 2009 den Schulämtern der unteren Schulaufsicht die schulaufsichtlichen Aufgaben für alle Schulformen übertragen. Kritiker sehen darin eine Gefährdung der kompetenten Fachaufsicht über die beruflichen Schulen, weil sich auf der Ebene der Kreise und kreisfreien Städte die komplexe schulische Berufsbildung nicht abbilden lasse.

Die Länderregelungen schreiben für die Mitarbeiter der S. vor, dass fachlich vorgebildete, hauptamtlich tätige Beamte zu beauftragen sind. Pädagogen müssen sich im Allgemeinen als Schulleiterinnen oder Schulleiter bewährt haben. Für die verwaltungsfachlichen Aufgaben sind i.d.R. Juristen im höheren Dienst tätig. Pädagogen und Verwaltungsbeamte arbeiten im Rahmen von Zuständigkeitsregelungen kollegial zusammen.

In fast jedem Bundesland sind in den letzten Jahren Organisation und Aufgabenstellung der S. verändert worden. Die derzeitige aktuelle Diskussion um die Arbeitsweise und Struktur der S. stellt Dezentralisierung, Aufgabendelegation und Stärkung der Selbstständigkeit der Einzelschule in den Vordergrund. Ortsnahe Beratung und Unterstützung für das System Schule sollen Vorrang erhalten gegenüber der herkömmlichen personenbezogenen Leistungskontrolle.

Literatur: Dubs, R.: Eine neue Form der Schulaufsicht. In: Schulleitung und Schulentwicklung, Hg. Buchen, H. u. a., Stuttgart 2000, – Rolff, H.-G., Schmidt, H. J.: Schulaufsicht und Schulleitung in Deutschland, Neuwied 2002 – Hofmann, J. (Hg.): Schulaufsicht im Umbruch. Neue Aufgaben der Schulaufsicht bei der Qualitätssicherung und -entwicklung von Schulen, Kronach 2001

Manfred Siggemeier

Schulentwicklungsplanung

Nachdem das Interesse an Schulentwicklungsplanung im vergangenen Jahrzehnt zunächst nachgelassen hatte, ist es im Gefolge der Diskussionen um die Konsequenzen aus den Ergebnissen der Schulleistungsuntersuchungen wie PISA wieder aufgelebt. Denn auch Veränderungen in der Schulstruktur und im Bereich der den Schulen zugemessenen Kompetenzen und Handlungsmöglichkeiten geraten wieder in den schulplanerischen Blick. Vermehrt wird gefordert, dass Schulen größere Selbstständigkeit und Entscheidungsfreiheit auf mindestens den folgenden Gebieten erhalten sollen: Budget, Personal, organisatorische, räumliche und pädagogische Schulgestaltung (u.a. auch Ganztagsbetrieb). Dazu werden verstärkte Bemühungen um regionale Zusammenarbeit und Vernetzung sowie Qualitätsentwicklung und -sicherung eingefordert. In fast allen Bundesländern gibt es dazu Modellversuche.

Schulentwicklungsplanung ist in der Bundesrepublik zunächst eine Angelegenheit der Länder. Dabei umfasst die Wahrnehmung der staatlichen →Schulaufsicht durch die Länder die organisatorische und inhaltlich-pädagogische Gestaltung der Bildungsgänge (einschließlich der Unterrichtsinhalte und Unterrichtsziele). Da dieses umfassende Bestimmungsrecht auch die Definitionsmacht über Schulträgerschaft und Planungskompetenz beinhaltet, vollzieht sich Schulentwicklungsplanung auf verschiedenen Ebenen: In einigen Bundesländern wird die Gesamtentwicklung des Schulwesens im Wesentlichen von der Landesregierung getragen und verantwortet; andere Länder hingegen übertragen die Planungsberechtigung schwerpunktmäßig auf kreisfreie Städte und Landkreise. Eine dritte Ländergruppe hat die einzelnen Kommunen verantwortlich in die Gestaltung und Planung des Schulwesens mit einbezogen.

Schulentwicklungsplanung leistet ohne Zweifel einen Beitrag zur kommunalen Daseinsvorsorge: Für die Schülerinnen und Schüler soll in einem überschaubaren zukünftigen Zeitraum die bedarfsgerechte Versorgung mit Schulraum sichergestellt werden. Damit werden u.a. für die Finanzplanung der zuständigen Gebietskörperschaften Festlegungen getroffen. Ein weiteres selbstverständliches Merkmal der Schulentwicklungsplanung ist, dass sie sich bei ihren Planungszielen immer nur im Rahmen der Schulstruktur der jeweiligen Bundesländer bewegen darf.

Bestandsaufnahme/Analyse, Prognose und Maßnahmeplanung sind elementare Bestandteile eines jeden Schulentwicklungsplans:

Bestandsaufnahme und Analyse bisheriger Entwicklungen: Hierzu gehören Aufstellungen von Schülerzahlentwicklungen an einzelnen Schulstandorten, das Herausarbeiten von Trends und deren Ursachen sowie der Vergleich kommunaler Schülerzahlentwicklungen mit Daten benachbarter oder ähnlich strukturierter Städte, Gemeinden und Kreise, mit Landes- oder Bundestrends.

Prognose: Auf der Basis von Aussagen über künftige Schülerzahlen mittels Hochrechnung bereits vorhandener Jahrgänge und einer Be-

Schulentwicklungsplanung

völkerungsprognose müssen begründete Annahmen zum künftigen Schüleraufkommen im Bereich des Schulträgers formuliert werden. Eine Differenzierung der Jahrgangsbesetzungen nach Schulformen bzw. Bildungsgängen und die Fortschreibung des Schulwahlverhaltens mit den in der Analyse ermittelten Trends wird vorgenommen.

Maßnahmeplanung: Hier werden Maßnahmen von einer unveränderten Fortführung des bestehenden Schulangebotes bis zu Veränderungen der bestehenden Struktur geprüft und vorgeschlagen. Meist ist die Erarbeitung einer Alternative bzw. mehrerer Varianten zweckmäßig. Zuweilen wird sogar der Rückgriff auf einen Schulversuch als bestmögliche Anpassung des Schulversorgungssystems an künftige Entwicklungen angemessen sein.

Über dieses Pflichtpensum hinaus sind bei der Schulentwicklungsplanung weitere Aspekte zu berücksichtigen: Zum einen haben sich vielfältige Bedingungen des Schulehaltens so nachhaltig verändert, dass Schulträger auch qualitative Aspekte der Schulversorgung planend in den Blick nehmen müssen. Zum anderen sind die Anforderungen an Mitsprache und Einbeziehung von Betroffenen so deutlich gestiegen, dass ein Festhalten an Inhalten und Formen herkömmlicher Schulentwicklungsplanung allein immer fragwürdiger wird.

Was qualitative Aspekte der Planung betrifft, so resultieren die neuen Anforderungen an die Schule im Wesentlichen aus veränderten Bedingungen des Aufwachsens. Die Welt der Kinder hat sich u.a. in den Dimensionen Familienstruktur und Erziehungsstile, Erfahrungsmöglichkeiten in der räumlichen und sozialen Nachbarschaft und den Möglichkeiten des Medienkonsums nachhaltig verändert. Bereits diese unvollständige Zusammenstellung veränderter Sozialisationsbedingungen lässt erkennen, dass den Schulen neue, das heißt zusätzliche Aufgaben zufallen. Sie betreffen die Ergänzung schulischer Erfahrungsfelder im Unterricht (beispielsweise im Rahmen eines Konzeptes „Öffnung von Schule") oder das Verständnis der Schule als Aufenthaltsort außerhalb des klassischen Unterrichtskanons mit Betreuungsmöglichkeiten und Verpflegung zu Mittag.

Schulentwicklungsplanung ist davon betroffen, soweit neue Angebotsformen den Zuständigkeits- und Interessenbereich der Kommune berühren. Dies gilt beispielsweise für den gezielten Aufbau von Betreuungsangeboten, etwa in der Variante der „vollen Halbtagsschule" oder als freiwillige Ganztagsschule mit Mittagessen und Hausaufgabenbetreuung. Die Ausweitung schulischer Angebote auf den ganzen Tag wird auch im Hinblick auf die geforderte Steigerung der Unterrichts- und Schulqualität gefordert.

Entsprechend kann Schulentwicklungsplanung auch gehalten sein, Initiativen aus dem schulischen Bereich planerisch umzusetzen. Als Beispiele seien die Einrichtung einer multimedialen Lernumgebung oder der Ausbau der Schulsportanlagen im Rahmen entsprechender Schulprofile genannt.

Planung und insbesondere Realisierung solcher Maßnahmen ist ohne intensive Zusammenarbeit mit den beteiligten Schulen nicht möglich. Mitwirkung aber beschränkt sich nicht auf eine Art Abgleich von schulischen Wünschen und kommunalen Handlungsmöglichkeiten, sondern entwickelt sich zunehmend zu einem konstitutiven Merkmal zeitgemäßer Schulentwicklungsplanung.

Insgesamt machen somit drei Anforderungen einen den aktuellen Anforderungen entsprechenden Schulentwicklungsplan aus: Erstens sollte er in seinen eher quantitativ geprägten Bereichen (insbesondere bei der Aufstellung bisheriger Entwicklungen und bei den Prognosen) nicht nur deskriptiv vorgehen, sondern so weit wie möglich versuchen, die den Daten zugrundeliegenden Ursachen sichtbar machen, also Beweggründe zeigen und Interpretationen wagen. Zweitens sollte ein zeitgemäßer Schulentwicklungsplan insofern ein *pädagogischer*

Plan sein, als er Voraussetzungen für eine pädagogische und qualitätsbewusste Praxis an den Schulen herstellt oder verbessert. Drittens schließlich kennzeichnet einen modernen Schulentwicklungsplan, dass er kein von der Verwaltung entworfenes und von den parlamentarischen Gremien verabschiedetes Handlungskonzept, sondern gerade in seinem Maßnahmeteil das Resultat eines aufwändigen Abstimmungsprozesses unter möglichst vielen Betroffenen und Beteiligten ist.

Literatur: Bargel, T./Gloy, K./Heinke, U./Presch, G./ Walter, H.: Bildungschancen und Umwelt. Band I und II. Braunschweig 1983 und 1984 – Brockmeyer, R./ Hansen, R.: Probleme der Schulentwicklungsplanung am Beispiel Nordrhein-Westfalen. In: MPI für Bildungsforschung, Projektgruppe Bildungsbericht (Hg.): Bildung in der Bundesrepublik Deutschland. Band 2. Reinbek bei Hamburg 1980, S. 817-865 – Lehmpfuhl, U.: Dialogische Berufsschulentwicklungsplanung. Band 2 in der Reihe Ratgeber Schulentwicklungsplanung – Berufliches Schulwesen – Dortmund 2004 – Mauthe, A./Pfeiffer, H./Rösner, E.: Ratgeber Schulentwicklungsplanung. Stuttgart, Berlin, Bonn, Budapest, Düsseldorf,Heidelberg, Prag, Wien 1996 – Mauthe, A.: Schulentwicklungsplanung als dialogischer Prozeß. Dortmund 1996 – Pfeiffer, H.: Schule im Spannungsfeld von Demokratie und Markt. In: Holtappels, H. G./Klemm, K./Pfeiffer, H./Rolff, H.-G./ Schulz-Zander, R. (Hg.) Jahrbuch der Schulentwicklung, Band 13. Weinheim und München 2004, S. 51-81 – Rösner, E.: Ratgeber Schulentwicklungsplanung. Band 1: Allgemeinbildendes Schulwesen. Vollständig überarbeitete Neuauflage. Dortmund 2003 – Rolff, H.-G./Klemm, K./Hansen, G.: Die Stufenschule. Ein Leitfaden zur kommunalen Schulentwicklungsplanung. Stuttgart 1974

Hermann Pfeiffer

Schulgesetze

Aus der Aufsicht des Staates für das Schulwesen (→Schulaufsicht) ergibt sich ein umfassendes Gestaltungsrecht, das sich in Rechtssätzen widerspiegelt. S. sind Rechtssetzungen auf dem Gebiet des Schulwesens, die vom Gesetzgeber beschlossen werden. Aufgrund ihrer Kulturhoheit sind die Länderparlamente dafür zuständig. Da die Rechtsgrundlagen für das →Berufsausbildungsverhältnis durch Bundesgesetze (→Berufsbildungsgesetz, →Handwerksordnung, →Jugendarbeitsschutzgesetz) bestimmt werden, ergibt sich insbesondere für die berufsbildenden Schulen ein direkter rechtlicher Einfluss des Bundes, der sich vor allem in der curricularen Abstimmung im →Dualen System der Berufsausbildung auswirkt. Im jeweiligen Gesetz enthaltene Ermächtigungen sind die Grundlage für Rechtsverordnungen, die von der vollziehenden Gewalt (Schul- bzw. Kultusministerium) erlassen werden. Voraussetzung für die Wirksamkeit von S. und Rechtsverordnungen ist ihre Veröffentlichung im Gesetzesblatt. Rechtsverordnungen binden Bürger und Staat in ihrem Handeln, während Verwaltungsvorschriften, z.B. in der Form von Erlassen und Verfügungen, nur verwaltungsintern verpflichten.

In einer Reihe von Bundesländern sind in den letzten Jahren Gesamtregelungen in einem einzigen Landesschulgesetz entstanden. Nordrhein-Westfalen z. B. übernahm im Jahr 2005 die Inhalte der bisherigen sieben Gesetze, die das Schulwesen betreffen, in ein einheitliches Landesschulgesetz:

– Das bisherige Schulordnungsgesetz regelte die Bildungs- und Erziehungsziele, die Privatschulfreiheit und den Religionsunterricht.

– Aus dem Schulverwaltungsgesetz wurden die organisatorischen Grundlagen, die Rechtsstellung von Schule, Schulträger, Schulleitung, Lehrer und Schüler übernommen.

– Die Vorgaben für die Vollzeit- und →Berufsschulpflicht entstammen dem bisherigen Schulpflichtgesetz.

– Bezüglich der Grundlagen für die Verteilung der Schul- und Lernmittelkosten wurden das Schulfinanz-, das Ersatzschulfinanz- und das Lernmittelfreiheitsgesetz abgelöst.

– Die Partizipation der Bezugsgruppen von Schule war bisher im Schulmitwirkungsgesetz geregelt.

Die Entwicklung von gesetzlichen Gesamtregelungen für die Schule verfolgt nicht nur redaktionelle Absichten, sondern zielt auf Deregulierung, Delegation von Kompetenzen und Stärkung der Selbstständigkeit von Schule. Seit den 70er Jahren wurde insbesondere von juristischer Seite eine Bürokratisierung der Schule beklagt. Statt zahlreicher Verwaltungsvorschriften müssten wesentliche Schulangelegenheiten aus Gründen des Demokratie-, Sozial- und Rechtsstaatsprinzips dem Parlament und der Regelung im Gesetz vorbehalten bleiben. Die Bundesländer sind in ihrer Gesetzgebung dieser Kritik gefolgt.

Pädagogen kritisieren eine überzogene Verrechtlichung von Schule. Die Zunahme verallgemeinernder rechtlicher Regelungen werde der Individualität pädagogischer Prozesse und vor allem der pädagogischen Freiheit des Lehrers nicht gerecht. Diese Auseinandersetzung wird in jüngster Zeit abgeschwächt durch die erklärte Absicht, der Einzelschule mehr Selbstständigkeit zu geben. Damit dürfte ein Abbau der rechtlichen Rahmenvorgaben verbunden sein.

Literatur: Avenarius, H.: Schulrechtskunde. Neuwied 2000 – Niehues, N.: Schul- und Prüfungsrecht, Bd.1 „Schulrecht", München 2000 – Schulrecht. Informationsdienst für Schulleitung und Schulaufsicht, Neuwied 1997 ff.

Manfred Siggemeier

Schulleben, Schulkultur, Schulphilosophie, Schulprogramm

Schulleben beinhaltet die Verknüpfung von „Schule" und „Leben" bzw. „Unterricht" und „Schulleben". Unter Schulleben wird zum einen das individuelle und gemeinsame Leben der Personen verstanden, die in einer Schule zusammentreffen. Zum anderen impliziert Schulleben die Einheit von Unterricht und Erziehung, die durch den Vollzug Schule als Lebens- und Erfahrungsraum gestaltet. Wie lebendig eine Schule ist bzw. wie die in ihr lernenden und arbeitenden Menschen in Schule leben und sie erleben, zeigt sich u.a. in den Unterrichtsformen, der Rolle der Lehrerinnen und Lehrer, der baulichen Gestaltung des Schulgeländes, der Art und Weise der Gestaltung von Schulfesten und -feiern. Ein reichhaltig gestaltetes Schulleben stärkt das Gemeinschaftsgefühl. Wenn Schulleben positive Erlebnisse vermittelt, empfinden Schülerinnen und Schüler Freude am →Lernen.

Eine Schulphilosophie beinhaltet Leitvorstellungen zur Entwicklung einer Schule, die pädagogisch legitimiert sind. Sie hat den Charakter eines pädagogischen Werte- und Normensystems und orientiert sich an künftigen Anforderungen, die berufliche Tätigkeit und gesellschaftliche und ökologische Entwicklungen erfordern. Sie ist also eine Fortschreibung und eine schriftliche Fixierung des konkreten Schullebens. Zugleich stellt eine Schulphilosophie eine Richtschnur für →Schulleitung, Lehrerkollegium, Schülerinnen und Schüler und alle anderen in der Schule lebenden und arbeitenden Menschen wie Hausmeister, Sekretärinnen, Reinigungspersonal etc. dar. Die Schulphilosophie sollte möglichst von allen Beteiligten entwickelt und mitgetragen werden, um somit der Schule ein Profil, eine „Corporate Identity", zu geben, die nach außen hin präsentiert werden kann. Im Idealfall werden wesentliche Entwicklungsschritte einer Schulphilosophie von den Schülerinnen und Schülern mitgetragen.

Voraussetzung für eine Schulphilosophie ist jedoch nicht in erster Linie deren schriftliche Fixierung, sondern eine von allen am Schulleben Beteiligten akzeptierte und praktizierte „Kommunikationskultur", also eine Schulkultur. Eine Schule besitzt nicht erst dann eine Schulphilosophie, wenn diese schriftlich dargestellt wurde. Ausdruck einer gewissen Philosophie ist schon die Kommunikation untereinander. Viele Schulen besitzen daher bereits eine Schulphilosophie, ohne sich über deren Existenz bewusst zu sein. Diese Philosophie ist nie geschrieben worden, weil man sich stillschweigend, bewusst oder unbewusst über ganz bestimmte Verhaltensweisen einig ist. Hierbei handelt sich um eine „gelebte" Schulphilosophie. Sie entsteht dadurch, dass sich viele kleine Gegebenheiten schrittweise und mosaikartig zu dieser „gelebten" Schulphilosophie zusammenfügen. Schulen kommen somit grundsätzlich auch ohne eine schriftlich verfasste Schulphilosophie aus.

Der Zusammenhang zwischen der Entwicklung einer Corporate Identity-Konzeption und einer Unternehmens- bzw. Schulphilosophie wird von Regenthal in seinem Buch „Identität und Image" ausführlich dargestellt (Regenthal 1992).

Die entscheidende Basis für ein positives Schulprofil ist die Entwicklung einer Schulphilosophie; auf ihr kann alles Weitere aufgebaut werden. Eine schriftlich fixierte Schulphilosophie, die, geht man von einer CI-Konzeption aus, Grundlage für ein positives Schulprofil ist, ist in den wenigsten Schulen vorhanden. Wenn sie gewünscht wird, so stellt sich die Frage, wie deren Entwicklung initiiert werden kann.

Im folgenden werden Anlässe aufgeführt, die geeignet sind, in Schule – im Lehrerkollegium, in der Schülervertretung etc. – eine Diskussion um den Bildungsauftrag, um die pädagogischen Ziele, um Werte, die in dieser Schule vermittelt werden sollen, in Gang zu setzen:

– schulische Arbeitsgemeinschaften,
– Schuljubiläum,
– Tag der offenen Tür,
– Berufsinformationstage,
– Schulneubauten, Um- oder Anbauten unter Berücksichtigung aktueller ökologischer Gesichtspunkte und umweltschonender Kriterien,
– Namensgebung einer Schule,
– Umwandlungsprozess der berufsbildenden Schulen bzw. Kollegschulen in Berufskollegs,
– grundlegende Unzufriedenheit oder mangelhafte Streitkultur an der Schule,
– Umbruchsituationen in der Schule, z.B. ein Wechsel in der Schulleitung,
– aktive Arbeit der Schülervertretung,
– Wertediskussion (z.B. Freizeitverhalten in der Natur),
– Beteiligung der Schule an regionalen oder überregionalen Projekten (z.B. Modellversuche),
– Bildungsprojekte im Rahmen von EU-Förderprogrammen,
– gemeinsame Projekte mit europäischen Partnerschulen (z.B. Internationale Begegnungen),
– Kooperation mit Ausbildungsbetrieben,
– Teilnahme an Wettbewerben, z.B. Umweltinitiativen der Wirtschaft,
– Veranstaltungen mit gesellschaftlich relevanten Gruppen und Personen des öffentlichen Lebens,
– Kooperationsveranstaltungen mit der Wirtschaft.

Ausgehend von einer Schulphilosophie kann – unter Berücksichtigung der aufgeführten Aspekte – ein Schulprogramm entwickelt werden. Im Schulprogramm sind die für einen zukünftigen Zeitraum für die Schule vereinbarten Arbeitsschwerpunkte aufgeführt, die im definierten Zeitraum (z.B. ein Schuljahr) verfolgt werden sollen (vgl. Schulprogramm des Rudolf-Rempel-Berufskollegs 2004/05).

Literatur: Buddensiek, W.: Unsere Schule unter der Lupe. Stuttgart 1993 – Flottmann, H.: Überlegungen und Vorschläge zur Verwirklichung einer Schulphilosophie unter Berücksichtigung ökologischer Aspekte. In: Kaiser, F.-J./Siggemeier, M./ Brettschneider, V./ Flottmann, H. (Hg.): Umweltbildung in Schule und Betrieb. Bad Heilbrunn 1995, S. 221 ff. – Regenthal, G.: Identität und Image: Corporate Identity – Praxishilfen für das Management in Wirtschaft, Bildung und Gesellschaft. Köln 1992 – Rudolf-Rempel-Berufskolleg, Kaufmännische Schule der Stadt Bielefeld: Schulprogramm für das Schuljahr 2004/05

Heiner Flottmann

Schulleitung

Aufgabenstellung und Selbstbild von Schulleitung verändert sich in einem Prozess, der den Veränderungen der Schule als System entspricht. Galt früher, dass die Schule als Verwaltungseinheit gesehen wurde und im Rahmen der hierarchischen Verwaltungsstruktur der Schulleiter die Umsetzung von Erlassen und Verfügungen der vorgesetzten Dienststellen verantwortete, wird heute das Bild einer mehrpersonalen Schulleitung mit Managementkompetenz entworfen, die Innovationen in die Schule trägt und die selbstständige Organisationseinheit im Rahmen von kooperativer Führung unter Einbeziehung eines Co-Managements der Mitwirkungsgremien steuert. Mit der erweiterten Eigenverantwortung der Schule wird die Budget- und Personalverantwortung an die Schulleitung gegeben. Gleichzeitig ist sie als Steuereinheit des Systems verantwortlich für die Einhaltung von Standards und die optimale Förderung der Schülerinnen und Schüler.

Mit der Ablösung des alten Bildes von Schulleitung einher geht die juristisch nicht unumstrittene Übertragung der Schulleitungsaufgabe auf Zeit. So wird abweichend von den Usancen der Vergangenheit in der Regel eine zweijährige Probezeit mit einer anschließenden vierjährigen Bestellung der Schulleiterin bzw. des Schulleiters verbunden und erst nach der zweiten Verlängerung der Amtszeit eine unbefristete Übertragung der Schulleitungsfunktion vorgesehen.

Ein zweiter Aspekt des Wandels ist die stärkere Entwicklung zur Mehrpersonalität in der Schulleitung. Während in der Vergangenheit die Schulleiterin bzw. der Schulleiter und seine ständige Vertreterin bzw. sein ständiger Vertreter die Leitung der Schule darstellten, geht die Entwicklung hin zu einer Einbeziehung von weiteren Lehrkräften in die Leitungsebene. Dies erfolgt in berufsbildenden Systemen durch die Einbeziehung von Abteilungsleitungen in die Schulleitung, bei anderen Systemen durch die Bildung von Steuergruppen. In beruflichen Systemen führt die Bildung von Steuergruppen zu einem vorhersehbaren Konflikt zwischen formaler Organisation und neben der Linie stehender Steuergruppe, wenn es nicht gelingt, beides zu verknüpfen.

Während zur Zeit noch gilt, dass die Schulleiterin bzw. der Schulleiter gleichzeitig Pädagoge und Verwaltungsexperte sein soll, wird der Fokus künftig stärker auf die Managementkompetenz, die Führungsfähigkeit – von Dubs als Leadership charakterisiert – und die systemische Denkungsweise gelegt. Das bisher gepflegte Bild, dass ohne Urteilsvermögen über den zentralen Bereich von Schule, den Unterricht, die Führung von Schule im wahrsten Sinne des Wortes nur dilettantisch sein kann, geht die Entwicklung hin zu einer Orientierung an Unternehmen, in denen das Management nicht in der Lage sein muss, die Leistung des Unternehmens selber zu erbringen. Zunehmend wird gefordert, Schulleitung als eine eigenständige Aufgabe zu definieren.

In einer Reihe von Bundesländern gibt es die Trennung zwischen der Behörde mit Personalzuständigkeit für die Lehrer und der Körperschaft, die für die sächliche Ausstattung der Schule zuständig ist, womit der Schulträger angesprochen ist. Beide sind der S. gegenüber anweisungsberechtigt, womit die S. eine Doppelunterstellung erfährt, die nicht immer ohne Probleme ist. Dieses Problem wird im Rahmen von neueren Ansätzen dadurch zu lösen versucht, dass die Zusammenarbeit beider Instanzen versucht wird, so zum Beispiel im Modellversuch „Selbständige Schule" in NRW.

Nach heutigem Verständnis sollte S. innovative Prozesse an der eigenen Schule initiieren und moderieren. In Rahmen der inneren Schulreform soll die Funktion eines Promotors übernommen werden, der als Change Agent den Wandel vorbereitet und unterstützt. Grundvoraussetzung dafür ist ein fest installiertes und gut funktionierendes Kommunikations- und Informationssystem in der Schule. Sofern Impulse zur Innovation aus dem Kollegium kommen, muss die S. sie fordern und fordern, ermöglichen und absichern.

Wesentliche Aufgabe von S. ist ebenfalls die Planung für die Schule – von der Planung der Einrichtung von Bildungsgängen aufgrund von Bedarfsprognosen bis zur Planung von Evaluationsprozessen und Qualitätsmanagement. Dabei ist mit unterschiedlichen Zeithorizonten sowohl kurz- als auch mittel- und langfristig zu planen.

Im Zuge der stärkeren Annäherung der Schule als System an die für Unternehmen typischen Strukturen wird auch über eine stärkere Motivations- und Sanktionsmöglichkeit der Schulleitung debattiert. Dies soll zum einen durch Übertragung der Eigenschaft des Dienstvorgesetzten auf die Schulleiterin bzw. den Schulleiter umgesetzt werden. Zum anderen stehen aber auch Ansätze vor der Umsetzung, die eine Leistungsentlohnung an die alle zwei Jahre neu vorzunehmende Beurteilung durch die Schulleiterin bzw. den Schulleiter binden. Während damit die Stellung gegenüber den Lehrkräften der Schule erhöht wird, wird durch einen Ausbau von Mitbestimmungsmöglichkeiten aller an der Schule Beteiligten diese Stärkung der Schulleitung wieder relativiert. Die Schulleitung wird deshalb auf die Balance setzen müssen zwischen Ansprüchen der vorgesetzten Instanzen, die mit externer Evaluation einen stärken Einblick als bisher in die Einzelschule gewinnen wollen, den Ansprüchen der in den Mitwirkungsgremien vertretenen Gruppen auf ein Co-Management und den für die Unterrichtsarbeit künftig vorgegebenen Ansprüche durch Standards und zentrale Leistungsüberprüfungen.

Literatur: Bucher, H. (Hg.): Schulleitung und Schulentwicklung: Ein Reader. Stuttgart 1995 – Dubs, R.: Management an Schulen: eine praxisbezogene Einführung für Schulleiter und Lehrer. Aarau 1979 – Dubs, R.: Die Führung einer Schule: Leadership und Management. Stuttgart 1994 – Holtappels, H.-J.: Der Schulleiter zwischen Anspruch und Wirklichkeit. Essen ²1991 – Neulinger, K.-U.: Schulleiter – Lehrerelite zwischen Job und Profession: Herkunft, Motive und Einstellungen einer Berufsgruppe. Frankfurt a.M. 1990 – Rosenbusch, H.S. (Hg.): Schulleiter zwischen Administration und Innovation. Braunschweig 1989

Wolfgang Kehl

Schulrecht

Zum S. gehören alle Rechtsnormen, die sich auf das Schulwesen als Stätte der Erziehung und des Unterrichts beziehen.

Entwicklung: Bis zum Ende des 16. Jahrhunderts waren staatliche Rechtsordnungen für Schulen unbekannt. Für die kirchlichen und privaten Schulen galten kirchenrechtliche und stadtrechtliche Normen.

Erst die Trennung des Schulwesens von der Kirche erforderte staatliche Normen, z.B. das allgemeine Landrecht vom 01.06.1794, das das gesamte Schulwesen für die preußischen Länder regelte, oder das bayerische Gesetz von 1802. Bis 1918 war das S. Landessache. Erst die Weimarer Reichsverfassung stellte in den Artikeln 143-149 und 174 für das öffentliche und private Schulwesen Rechtsgrundsätze auf (z.B. Staatliche →Schulaufsicht, Schulpflicht, Lehrerbildung, Lehrer, Schulaufbau, Bekenntnisschulen, Privatschulen, Religionsunterricht). Der Artikel 10 der Weimarer Verfassung übertrug das Recht zur Grundsatzgesetzgebung für das Schulwesen auf die Reichsregierung. Im übrigen blieb jedoch die Gestaltung des S. weiterhin Angelegenheit der Länder.

Mit dem Reichsschulpflichtgesetz (1938) und dem Gesetz über die Vereinheitlichung in Behörden (1939) wurden das S. und die Schulaufsicht im Dritten Reich vereinheitlicht und zentralistisch organisiert.

Das Grundgesetz von 1949 stellte das föderalistische Prinzip wieder her und übertrug die Schulhoheit (Kulturhoheit) den Ländern.

Verfassungsrechtliche Bestimmungen: Das Grundgesetz stellt in Artikel 7 zum Schulwesen einige wesentliche Grundsätze auf:

– Das Schulwesen steht unter der Aufsicht des Staates.

Schulrecht

- Die Erziehungsberechtigten haben das Recht, über die Teilnahme des Kindes am Religionsunterricht zu bestimmen.
- Der Religionsunterricht ist in den öffentlichen Schulen ordentliches Lehrfach.
- Das Recht zur Errichtung von privaten Schulen wird gewährleistet.

Die Verfassungen der Länder enthalten teilweise sehr detaillierte Bestimmungen zum S. So enthält z.B. die Verfassung des Freistaates Bayern in den Artikeln 128-137 Aussagen zum Anspruch auf Ausbildung, zur Begabtenförderung, zur Schulpflicht, zu den Zielen der Bildung, zum Aufbau des Schulwesens, zur Organisation des Schulwesens, zum Recht auf die Errichtung von Privatschulen, zur Gewährleistung von und zur Teilnahme am Religionsunterricht. Aufbauend auf dem Grundgesetz und den einzelnen Landesverfassungen entwickelten die Bundesländer eigene →Schulgesetze.

Das S. der Länder: Das S. kann gegliedert werden in das eigentliche S. – das sind die schulrechtlichen Sonderbestimmungen – und in gesetzliche Bestimmungen, die in den Schulbereich eingreifen, z.B. Beamten-, Besoldungs-, Haftungs-, Finanzausgleichsrecht.

Die schulrechtlichen Sonderbestimmungen kann man im Wesentlichen in drei Gruppen aufteilen:
- die Schulorganisation,
- die Rechte und Pflichten des Lehrers,
- die Rechte und Pflichten von Schülern und Eltern.

Für diese Bereiche gibt es in den Bundesländern eine Vielzahl von Einzelgesetzen. In den letzten Jahren haben aber mehrere Bundesländer, z.B. Bayern, diese Einzelbestimmungen zu einem einheitlichen Schulgesetz, in Bayern zum Bayerischen Gesetz über das Erziehungs- und Unterrichtswesen (BayEUG) zusammengefasst. Im BayEUG werden u.a. folgende Bereiche geregelt: Die Aufgaben und Bildungsziele der Schulen (der allgemeinbildenden und beruflichen Schulen), die Errichtung und Auflösung von Schulen, die Schulpflicht, die Inhalte des Unterrichts, die Grundsätze des Schulbetriebs, die Rechte und Pflichten des Schülers, die Stellung des Schulleiters, die Aufgaben der Lehrerkonferenz, die Einrichtungen zur Mitgestaltung des schulischen Lebens, wie Schülermitverantwortung, Elternvertretung, Schulforum, Berufsschulbeirat, Landesschulbeirat, die Zusammenarbeit zwischen Schule und Erziehungsberechtigten, Ordnungsmaßnahmen, die privaten Unterrichtseinrichtungen, die Heime für Schüler, die Schulaufsicht, Maßnahmen zur Durchsetzung der Schulpflicht u.a.

Fast alle Bundesländer haben zusätzlich zu ihren Gesetzen für einzelne Schularten Schulordnungen erlassen. So wird z.B. in der Schulordnung für die Berufsschulen in Bayern geregelt: Die Aufnahme von Schülern und der Schulwechsel, der Schulbetrieb, die Abschlussprüfung, Lehrer- und Klassenkonferenzen, Einrichtungen zur Mitgestaltung des schulischen Lebens, die Zusammenarbeit mit außerschulischen Stellen, Ordnungsmaßnahmen infolge von Pflichtverletzungen.

In allen Schulgesetzen gibt es für die Kultusministerien Ermächtigungen, weitere Regelungen zu erlassen, z.B. Schulordnungen, →Lehrpläne für einzelne Schularten oder schulartübergreifende Unterrichtsziele, z.B. zum Arbeitsschutz, zur Verkehrserziehung, zum Umweltschutz und zu Organisationsfragen.

In den Lehrerdienstordnungen werden die Aufgaben, Rechte und Pflichten des Lehrers, der i.d.R. Beamter ist, und seine Rechtsstellung gegenüber seinen Vorgesetzten, den Eltern und Schülern festgelegt. Wichtige Prinzipien des Lehrerdienstrechts sind die Gewährleistung pädagogischer Freiheit im Rahmen der geltenden Gesetze und Lehrpläne und die Durchführung eines ausgewogenen, nicht indoktrinierenden Unterrichts. Die Vorschriften zu den Rechtsbeziehungen zwischen Schule und Schüler regeln die Schulpflicht, das Erziehungsrecht der Eltern – soweit es die Schule tangiert – und die

Persönlichkeitsrechte des Schülers (Verbot der Prügelstrafe, Gleichbehandlung, Beschwerderecht).

Auch die beruflichen Schulen (einschließlich der →Berufsschulen) unterstehen der Gesetzgebung der Länder. Nach dem Grundgesetz, Art. 74, hat jedoch der Bund die Normengesetzgebungskompetenz für den betrieblichen Teil der Ausbildung.

Das gemeinsame Ergebnisprotokoll des Verfahrens bei der Abstimmung von →Ausbildungsordnungen und Rahmenlehrplänen im Bereich der beruflichen Bildung zwischen der Bundesregierung und den Kultusministern (-senatoren) der Länder vom 8. August 1972, Beschluss des Koordinierungsausschusses Ausbildungsordnungen/Rahmenlehrpläne vom 8. August 1974, regelt die gemeinschaftliche Entwicklung von →Ausbildungsordnungen (Bundeskompetenz) und Rahmenlehrplänen (Landeskompetenz).

Das S. ist ein Teil des Verwaltungsrechts. Beschwerden gegen schulrechtliche Anordnungen (z.B. Nichtversetzung, Ordnungsmaßnahmen gegen Schüler öffentlicher Schulen) müssen daher, wenn der Beschwerdeweg innerhalb der Verwaltung ausgeschöpft ist (z.B. Aufsichtsbeschwerde gegen die Schule bei der Regierung oder beim Ministerialbeauftragten) auf dem Verwaltungsgerichtsweg eingeklagt werden.

Für Klagen gegen private Schulen sind die Zivilgerichte zuständig.

Obwohl die Länder das S. sehr selbstständig, vielfach auch nach parteipolitischen Gesichtspunkten und Programmen, weiterentwickelt haben, wurde insbesondere durch die Beschlüsse der KMK (Ständige Konferenz der Kultusminister der Länder in der Bundesrepublik Deutschland) z.B. zum Gymnasium, zur Berufsschule die grundsätzliche Einheitlichkeit des Schulwesens in Deutschland gewährleistet.

Entwicklungen im S. in den kommenden Jahren:
– Angleichung des S. innerhalb der Bundesländer, aber auch innerhalb der EU,
– Abgrenzung der Kompetenzen zwischen Bund und Ländern in der so genannten Föderalismuskommission
– Delegation von Aufgaben und Kompetenzen von der Schulverwaltung auf die Schulen,
– Demokratisierung der Schule,
– mehr pädagogischen Freiraum für die Schulen,
– Modernisierung der Lehrpläne (Erstellung von Rahmenlehrplänen, verstärkter pädagogischer Freiraum, Durchsetzung des →fächerübergreifenden Unterrichts),
– eigenständige Gestaltung von Zielen und Leitbildern für die Schulen.

Literatur: Recht der Jugend und des Bildungswesens. In: Zeitschrift für Schule, Berufsbildung und Jugenderziehung, vierteljährlich. Neuwied

Leo Heimerer

Selbst gesteuertes Lernen

Selbst gesteuertes (selbst reguliertes oder -geleitetes) Lernen ist eine wesentliche Voraussetzung für lebenslanges →Lernen: Wer es in der Schule nicht lernt, kann später allein nicht wirksam lernen. Charakterisieren lässt es sich durch vier Merkmale:

1. Die Lernenden erkennen anhand einer Aufgabe oder Problemstellung selbst, was sie lernen müssen.
2. Sie planen dazu die notwendigen Lernschritte selbst; sie sind also fähig, ihr Lernen selbst zu steuern.
3. Sie führen die einzelnen, selbst erkannten Lernschritte durch.
4. Sie überwachen ihre eigenen Lernfortschritte im Hinblick auf das von ihnen gesetzte Ziel, korrigieren notfalls ihr eigenes Lernen und ziehen für sich selbst und für ihr weiteres Lernen persönliche Lehren (Metakognition, d.h. Nachdenken über das Wissen über das eigene Lernen und dessen Steuerung).

Selbst gesteuertes Lernen in der Schule dient deshalb nicht nur dem Erwerb von weiterem Wissen und Können, sondern es umfasst auch das Bemühen um die Verbesserung des eigenen

Lernens, indem die Schülerinnen und Schüler ihre eigenen Stärken und Schwächen beim Lernen erkennen und darauf situativ richtig reagieren können. Deshalb ist es mehr als ein inhaltsungebundenes Erlernen von Denk- und Lernstrategien (wie Probleme lösen, Lesetechniken anwenden, Verfahren zum Erlernen von Wörtern in einer Fremdsprache benutzen usw.), wie es immer wieder für ein eigenständiges Fach „Lernen lernen" empfohlen wird. Es beinhaltet eine bewusste Zielgebung, Steuerung und Kontrolle des eigenen Lernens an den lehrplanrelevanten Lerninhalten.

Umstritten ist, wie die Lernenden mit dem selbst gesteuerten Lernen vertraut gemacht werden sollen. Oft wird empfohlen, ihnen anspruchsvolle Problemstellungen oder Aufgaben vorzugeben, die sie in Gruppen frei und ohne Hilfe der Lehrperson bearbeiten. Die kooperative Auseinandersetzung mit den betreffenden Lernproblemen führe rasch zur Einsicht, wie das selbst gesteuerte Lernen in wirksamer Weise zu gestalten sei. Selbstständigkeit werde nur gefördert, wenn die Lehrkräfte im Unterricht nicht mehr steuern. Die neuere Forschung scheint diese Auffassung nicht zu bestätigen. Weil das Erlernen des selbstständigen Lernens vor allem für Anfänger und schwächere Lernende sehr anspruchsvoll ist, erfordert es anfänglich eine sorgfältige Anleitung durch die Lehrkräfte. Erst wenn die Schülerinnen und Schüler über genügende Fähigkeiten im Erkennen ihres Lernbedarfes, in der Steuerung der Lernprozesse und im Einschätzen der Lernfortschritte sowie zur metakognitiven Reflexion verfügen, kann sich die Lehrkraft von der Anleitung auf die Lernberatung zurückziehen. Entscheidend für den Lernerfolg sind nicht – wie immer wieder behauptet wird – der Umfang der Schüleraktivitäten sowie der Umfang der Einflussnahme (Steuerung durch die Lehrkraft). Viel wichtiger ist die Qualität des Lehrereinflusses und die sich daraus ergebenden Einwirkungen auf das Lernen der Schülerinnen und Schüler: Die Lehrkraft belehrt nicht, sondern sie unterstützt anfänglich mit mehr, später mit immer weniger Einwirkungen das Lernen, indem sie Scaffolding (vom Englischen „ein Gerüst bauen") betreibt, d.h. fortwährend Anstöße und Impulse gibt, die den Lernenden das Lernen erleichtern und bewusst machen. Damit zeigt die Lehrkraft im Anfängerunterricht ein direkteres Unterrichtsverhalten, das sich aber immer stärker zur individuellen Lernberatung entwickeln muss. Deshalb ist auch die verbreitete Auffassung, selbst gesteuerter Unterricht sei nur noch schülerzentriert, ungenau. Die Lehrkraft bleibt weiterhin bedeutsam. Aber sie belehrt nicht mehr, sondern lehrt anfänglich mit dem Ziel, das Lernen zu erleichtern, und zieht sich mit zunehmender Selbstständigkeit der Lernenden auf die Lernberatung zurück.

Literatur: Dubs, R.: Lehrerverhalten. Ein Beitrag zur Interaktion von Lehrenden und Lernenden. Zürich 1995 – Geyken, A./Mandl, H./Reiter, W.: Erfolgreiche Unterstützung von Selbstlernen durch Tele-Tutoring. Praxisbericht Nr. 2. München 1995 – Simons, R.J.: Lernen, selbständig zu lernen – ein Rahmenmodell. In: Mandl, H./Friedrich, H.F. (Hg.): Lern- und Denkstrategien. Analyse und Interventionen. Göttingen 1992, S. 251-264

Rolf Dubs

Selbstorganisation

Der Begriff der S. (manchmal „Autopoiesis") meint, dass die Evolution natürlicher Systeme „selbstreferentiell geschlossen", d.h. auf die eigenen Strukturen reagierend, erfolgt. Dies bedeutet, dass sich Systeme nicht nur – und vielleicht noch nicht einmal in erster Linie – aufgrund äußerer Anregungen und Impulse entwickeln, sondern aufgrund ihrer inneren Beschaffenheit. Vom radikalen →Konstruktivismus ist diese Einsicht zu der These verdichtet worden, dass kognitive Systeme nicht eine objektive Umwelt erkennen können, sie erzeugen vielmehr aufgrund der physiologisch-neurologischen Beschaffenheit ihrer Wahrnehmungsorgane sowie aufgrund ihrer biographisch erprobten und bewährten Deutungsmuster – selbstorganisiert – ein Bild der Realität, welches aber kein Abbild, sondern eine „Konstruktion" ist. Diese These ist erkenntnistheoretisch nicht unproblematisch, wäre doch die Konstruktivitätsthese letztlich auch auf die Konstruktivitätsthese selbst zu beziehen und somit nicht verifizierbar. Gleichwohl betont das Selbstorganisationskonzept die bereits von Jean Piaget formulierte Einsicht, dass sich das menschliche Erkennen grundsätzlich im Sinne eines Wechselprozesses von „Assimilation" (der Umwelt an unsere Wahrnehmungsschemata) und „Akkommodation" (Anpassung unserer Wahrnehmungsschemata an die Umwelt), wobei – wie die Konstruktivisten sagen – der steuernde Gesichtspunkt die „Viabilität", d.h. die „Gangbarkeit" oder „Brauchbarkeit" der so entstandenen Deutungsmuster und Sichtweisen ist. Für die →Berufs- und →Wirtschaftspädagogik grundlegend sind zwei Konsequenzen: So kann →Lernen nicht länger als Ergebnis von Lehren verstanden werden, Lehr-Lernprozesse müssen deshalb vom Gesichtspunkt der subjektiven Aneignungsleistungen verstanden, analytisch rekonstruiert und didaktisch „ermöglicht" werden. Außerdem ist „Führung" von Unternehmen nur als subsidiäre Aktivität bzw. als Moderation der betrieblichen S. möglich, d.h. als ein Handeln, das die Selbstorganisationskräfte des Systems bündelt und produktiv orientiert.

Literatur: Arnold, R.: Natur als Vorbild. Selbstorganisation als Modell der Pädagogik. Frankfurt a.M. 1993 – Dürr, W. (Hg.): Selbstorganisation verstehen lernen. Komplexität im Umfeld von Wirtschaft und Pädagogik. Frankfurt a.M. 1995 – Fischer, H.-R. (Hg.): Autopoiesis. Eine Theorie im Brennpunkt der Kritik. Heidelberg 1991 – Küppers, G. (Hg.): Chaos und Ordnung. Formen der Selbstorganisation in Natur und Gesellschaft. Stuttgart 1996

Rolf Arnold

Selbstverwaltung der Wirtschaft

Unter Selbstverwaltung der Wirtschaft wird die Entwicklung und Gestaltung sowie die Verwaltung der Angelegenheiten der unternehmerischen Wirtschaft durch selbstständige und selbstverantwortliche eigene Einrichtungen wie Kammern und Verbände verstanden, unabhängig von Weisungen staatlicher Behörden, jedoch unter staatlicher Aufsicht in Bezug auf die Einhaltung geltender Rechtsvorschriften für verwaltende Aufgaben und Maßnahmen.

Ein besonderes Feld in der Selbstverwaltung der Wirtschaft stellt die berufliche Bildung dar. Der Bereich der beruflichen Bildung ist historisch gesehen von der Initiative und Selbstverantwortung der Mitglieder der Körperschaften der Wirtschaft entscheidend gestaltet worden. Die handwerkliche Lehre, geregelt durch das Reglement der Zünfte, reicht bis ins frühe Mittelalter zurück. Gesetzliche Bestimmungen – zunächst auf die Ausbildung im Handwerk zugeschnitten, Ende des 19. Jh. auch auf die sich entwickelnde Ausbildung in der Industrie bezogen wie im Preußischen Kammergesetz von 1897 – befugten die Kammern auch formell, auf dem Gebiet der beruflichen Bildung tätig zu werden; sie sanktionierten damit nur einen bereits bestehenden Zustand. 1935 einigten sich Industrie- und Arbeitgeberverbände über die gemeinschaftliche Durchführung der Prüfungen, wobei den Verbänden der weitere Ausbau der Lehre und des Kontakts mit den Firmen ihrer Branche zufiel, während die Verwaltungsaufgabe den Kammern zugeordnet wurde.

Die →Handwerksordnung in der Fassung von 1965 sowie das →Berufsbildungsgesetz von 1969 haben insbesondere die Zuständigkeiten der Kammern als zuständige Stelle in der Berufsbildung durch gesetzliche Regelungen festgelegt.

Zu den heutigen Aufgaben der Kammern gehören vor allem:
- Feststellen der Eignung zum Ausbilden und Prüfung von Ausbildern (→Ausbilder-Eignungsverordnung),

- Einrichten und Führen des Verzeichnisses der Ausbildungsverhältnisse,
- Überwachen der Ausbildung,
- Durchführen von →Zwischen- und →Abschlussprüfungen,
- Durchführen von Fortbildungs- und Umschulungsprüfungen.

Die Wirtschaftsverbände sind weiterhin im Bereich der beruflichen Bildung durch ihre mitgestaltende Beratungsfunktion beteiligt.

Das Gesamtinteresse der Wirtschaft selbst zu vertreten, die Wirtschaft zu fördern und für den Staat bestimmte Aufgaben in eigener Verantwortlichkeit zu übernehmen auf der Grundlage innerer Unabhängigkeit von der Politik und vor dem Hintergrund der Forderung nach Deregulierung, Dezentralisierung und Eigenverantwortlichkeit, gibt der Idee der Selbstverwaltung der Wirtschaft insbesondere auch heute ihre Legitimation.

Literatur: Altmann, R.: Berufsbildung und Selbstverwaltung. Zur Struktur der betrieblichen Lehre. Hg. vom Deutschen Industrie- und Handelstag. Bonn 1961 – Glaser, W.: Die Pflichtmitgliedschaft bei den Handwerkskammern als Voraussetzung für erfolgreiche Selbstverwaltung im Handwerk. In: Deutscher Handwerkstag 1995. Eine Dokumentation. Hg. in der Schriftenreihe des Zentralverbands des Deutschen Handwerks. Heft 51. Bonn 1996, S. 29-39 – Raddatz, R.: Zuständige Stellen für die Berufsausbildung. In: Berke, R. u.a.: Handbuch für das kaufmännische Bildungswesen. Hg. im Auftrag des Bundesverbands der Lehrer an Wirtschaftsschulen. Darmstadt 1985 – Stihl, H.P.: Wirtschaftliche Selbstverwaltung aus unternehmerischer Sicht. Hg. in der Schriftenreihe des Deutschen Industrie- und Handelstages. Bd. 316. Bonn 1991

Helmut Brumhard (verstorben)

Simulationsspiel

S. oder Planspiele wurden ursprünglich vor allem im militärischen, später im ökonomischen und politischen Bereich eingesetzt, um die Konsequenzen riskanter und kostspieliger Pläne zunächst am Modell gefahrlos ermitteln und bewerten zu können (S. für Zwecke der Planung und Entscheidungsvorbereitung). Seit einiger Zeit finden S. jedoch nicht nur bei der Planung oder Problemlösung, sondern auch in der Aus- und Weiterbildung Verwendung (S. für didaktische Zwecke). Diese S. sollen insbesondere

- komplexe und/oder schwer zugängliche Zusammenhänge und Prozesse in überschaubarer Weise repräsentieren, indem sie historische, gegenwärtige oder zukünftige Problemsituationen in inhaltlich reduzierter und zeitlich zumeist geraffter Form in einem Modell wiedergeben (→Modelldenken);
- die Handlungskompetenz der Spielteilnehmer erhöhen und eine aktive Auseinandersetzung mit dem jeweiligen Lerngegenstand ermöglichen, indem die Lernenden entweder eine Rolle im Spiel übernehmen oder als Zuschauer Beobachtungsaufträge erhalten.

Die Expansion didaktischer Simulationsspiel-Konzepte geht einher mit einer verwirrenden terminologischen Vielfalt. Begriffe wie Rollen-, Konflikt-, Konferenz-, Entscheidungs-, Plan-, Simulationsspiel oder Computersimulation kennzeichnen nur sehr vage und unzureichend die Unterschiede und Gemeinsamkeiten didaktischer Konzeptionen. Der Begriff „S." setzt sich als weit gefasster Oberbegriff immer mehr durch. Im Gegensatz zu den anderen genannten Begriffen ermöglicht er die didaktisch bedeutsame Differenzierung zwischen (nichtspielerischer) Simulation, Simulationsspiel und Spiel. Gleichzeitig signalisiert er, dass „Simulationsspiele" aus den Elementen „Spiel" und „Simulation (= dynamisiertes Modell)" bestehen. Das S. ist zunächst ein Lernmittel in Form eines vorkonstruierten Spielrahmens. Dieser besitzt gleichzeitig den Charakter eines statischen Modells. Erst bei seiner Anwendung als Lernmethode wird das Modell im Verlauf des Spielgeschehens dynamisiert durch die Aktionen der Spielteilnehmer, die damit zu einem integralen Bestandteil des Modells werden, sowie durch die Reaktionen des Spielrahmens, der den Verlauf und das Ergebnis des Spiels mehr oder weniger vorstrukturiert.

Der Reaktionsbereich eines S. ist im Allgemeinen mit Hilfe einer oder mehrerer der folgenden Rückkopplungsmechanismen konstruiert: Mitspieler (mit oder ohne feste Rollenvorgaben), Spielleiter (mit oder ohne festgelegten Aktionsbereich), Spielregeln (normativ oder offen für Veränderungen), Spielbrett mit Zubehör (z.B. Würfel, Figuren, Risikokarten usw.), sonstige Spielmaterialien (Spielgeld, Chips und andere Symbole für Besitz, Macht, u.a.), Spielauswertungsformulare. Seit einiger Zeit werden diese klassischen Rückkopplungsmechanismen zunehmend durch reaktionsschnelle PC-Programme ergänzt oder ersetzt. Dadurch gelingt es einerseits, eine komplexere, realitätsnähere Modellsituation zu schaffen, andererseits wächst aber auch die Gefahr, dass das Computermodell den Spielteilnehmern als eine „Black box" erscheint, deren abstrakte Reaktionen für die Spieler undurchschaubar bleiben.

Durch verschiedene Kombinationen der Rückkopplungsmechanismen sowie durch deren unterschiedliche inhaltliche und formale Ausgestaltung lassen sich die verschiedensten S.-Formen konstruieren. Da der Reaktionsbereich gleichzeitig den gesamten S.-Prozess maßgeblich beeinflusst, sind Art und Güte der genannten Rückkopplungsmechanismen als wesentliche Unterscheidungskriterien für S. anzusehen (Buddensiek 1979, S. 191 ff.).

Die Qualität eines S. hängt vor allem davon ab, welche Reaktionen, Akzentuierungen und Perspektivierungen bei der Konstruktion des Modells vorgenommen wurden, ob das Spielmodell von den Teilnehmern durchschaut werden kann, welche Handlungsfreiheiten es den Spielern gewährt, bzw. wie stark es deren Handlungsrahmen durch Regeln einengt, inwieweit der Bezug zum repräsentierten Original gewahrt bleibt, inwieweit der Reaktionsbereich auf die Aktionen der Spieler angemessen reagiert und kalkulierbares Spielhandeln ermöglicht.

Ein Hauptproblem der Spiel-Konstruktion besteht darin, dass die produktiven didaktischen Möglichkeiten, die das S. als Lernmethode bietet, bei der Lernmittelherstellung nicht selten verschüttet werden (Buddensiek 1979, S. 187 ff.).

Bei der unterrichtlichen Verwendung treten Probleme vor allem auf, wenn der Spielcharakter oder der Modellcharakter und die sich daraus ergebenden Implikationen missachtet werden. Daher sind bei der Durchführung von S. insbesondere folgende Punkte zu berücksichtigen:

– Spielprozesse lassen sich nicht jeder didaktischen oder schulorganisatorischen Absicht willkürlich unterordnen, sondern erfordern organisatorische Freiräume und eine offene Lernsituation.
– Spielhandeln kann bestenfalls eine hilfreiche, aber keineswegs hinreichende Vorübung für ein Handeln in Ernstsituationen sein. Überall, wo Handeln in Ernstsituationen möglich und angebracht ist, sollte es nicht durch S. ersetzt werden.
– S.-Vorbereitung, -Durchführung und Auswertung müssen eine didaktische Einheit bilden, wenn der im Spielmodell gewonnene Abstand von der Alltagswirklichkeit zu produktiven Erkenntnissen führen soll.

Literatur: Buddensiek, W.: Pädagogische Simulationsspiele im sozio-ökonomischen Unterricht der Sekundarstufe I. – Theoretische Grundlegung und Konsequenzen für die unterrichtliche Realisation. Bad Heilbrunn 1979 – Kaiser, F.-J.: Entscheidungstraining. Die Methoden der Entscheidungsfindung: Fallstudie – Simulation – Planspiel. Bad Heilbrunn 1976 – Kaiser, F.-J./ Kaminski, H.: Methodik des Ökonomie-Unterrichts. Grundlagen eines handlungsorientierten Lernkonzepts mit Beispielen. Bad Heilbrunn 1994 – Keim, H. (Hg.): Planspiel, Rollenspiel, Fallstudie. Zur Praxis und Theorie lernaktiver Methoden. Köln 1992 – Klippert, H.: Wirtschaft und Politik erleben. Planspiele für Schule und Lehrerbildung. Weinheim/Basel 1984

Wilfried Buddensiek

Simulator

Der S. ist die Nachbildung bzw. Abbildung eines realen bzw. fiktiven Systems, um es für Ausbildungs-, Trainings-, Prüfungs-, Test- und Forschungszwecke verwenden zu können. S. weichen in einem oder mehreren Punkten vom Realsystem ab. Diese partielle Verschiedenheit vom Bezugssystem wird Diaphorie genannt. Ohne Diaphorie wären S. überflüssig, das Realsystem könnte verwendet werden. Im Gegensatz zu Modellen, die lediglich der Veranschaulichung dienen, kann bei S. durch die Eingabe von Parametern in das System eingegriffen werden. Aufgrund vorgegebener Algorithmen oder Programme treten dann definierte Reaktionen am S. auf. In der Pilotenaus- und -fortbildung werden Grundlagen- und Teilsimulatoren seit 1916, typenspezifische Vollsimulatoren seit den 40er Jahren verwendet. Man unterscheidet graphisch-dynamische (Bildschirm-)S. auf PC-Basis für Teilbereiche und ganzheitliche S., die sämtliche Bereiche der Verfahrens- und Prozessleittechnik abdecken. In der Luftfahrt haben Vollsimulatoren auch Sicht- und Bewegungssimulation. Um einen S. von hohem Detaillierungsgrad und großer Genauigkeit und Gültigkeit zu erhalten, bedarf es komplexer mathematischer und physikalisch-technischer Modellierungen. S. werden zur Entscheidungsfindung, zum Verhaltens- und Qualifikationstraining und zum Fehleranalysetraining eingesetzt. Sie bieten gegenüber dem Realsystem ökonomische, ökologische, didaktische und sicherheitstechnische Vorteile, sie sind gewissermaßen eine humane Variante der Evolution.

Literatur: Gärtner, K.-P. (Hg.): Ausbildung mit Simulatoren. Deutsche Gesellschaft für Luft- und Raumfahrt, DGLR-Bericht 94-03. Bonn 1994 – Stachowiak, H. (Hg.): Modelle und Modelldenken im Unterricht. Forschen und Lernen. Bd. 4. Bad Heilbrunn 1980

Gerhard Faber

Situationsorientierung

In der aktuellen wissenschaftlichen Diskussion um die Erschließung bzw. Gestaltung von Lehr- und Lernprozessen spielt der Begriff der Situation eine wichtige Rolle. Eine ausgearbeitete Situationstheorie oder eine Konvention im Gebrauch des Begriffes steht allerdings noch aus. Bei aller Unterschiedlichkeit hinsichtlich seiner Verwendung bezieht sich der Begriff immer auf soziale Sachverhalte. Er erschließt Phänomene, „die in Referenz zu menschlichen Handlungs-, Interaktions- und Kognitionsprozessen stehen; es wird unterstellt, dass ‚Situation' soziale Wirklichkeit abzubilden vermag" (Arnold 1981, S. 344). Unter Situation wird hier ein sozialer Prozess verstanden, bei dem es um zeitlich begrenzte themenbezogene Interaktionen von Menschen innerhalb eines bestimmten Referenzrahmens geht.

Der Begriff S. knüpft an den Situationsbezug jeglichen individuellen Handelns an. Situationsorientierte Lehr- und Lernkonzepte gehen daher von der (alten) Erkenntnis aus, dass Wissen niemals „nur so" angewendet wird, sondern immer in einer bestimmten sozialen Situation. Gegenstand einer entsprechenden Bildungsmaßnahme sind dann solche realen (beruflichen) Verwendungssituationen oder Lerninhalte, die sich aus dem aktuell ablaufenden Lehr- und Lernprozess ergeben. Konkret: In einem Seminar sind „Anfangssituationen" das Thema, während eine Anfangssituation gleichzeitig auch in der Veranstaltung stattfindet. Nach dem Konzept der S. wird daher an bzw. aus dieser seminaristischen Anfangssituationen gelernt, wie diese und ähnliche Situationen bewältigt werden können Die Bewältigung dieser ad hoc erlebten Anfangssituation ist Ausgangs- und Zielpunkt des Seminars. Da in Zukunft die Beschäftigten zunehmend in entscheidungsoffenen Situationen handeln müssen, gewinnen situationsorientierte Lehr- und Lernkonzepte immer mehr an Bedeutung.

Das Prinzip der Situationsorientierung hat inzwischen Eingang in die Ausbilderqualifizierung gefunden.

Literatur: *Arnold, K.H.: Der Situationsbegriff in den Sozialwissenschaften. Weinheim und Basel 1981 – Geißler, Kh./Wittwer, W.: Aus der Situation lernen. Ein Trainerseminar zur Gestaltung von situationsorientierter Weiterbildung. Hg. vom Bundesinstitut für Berufsbildung. Berlin 1989 – Wittwer, W.: Situationsorientiertes Lehr-/Lernkonzept zur pädagogischen Qualifizierung betrieblicher Ausbilder. Modellversuch zur pädagogischen Qualifizierung der Ausbilder. Bericht über die wissenschaftliche Begleitung der Modellseminare XVII und XVIII. Hg. vom Bayerischen Staatsministerium für Arbeit und Sozialordnung. München 1985 – Wittwer, W. (Hg.): Ausbildung gestalten. Situationsorientiertes Ausbilden im Betrieb. Weinheim/ Basel 1992*

Wolfgang Wittwer

Sonderausbildungsgänge für Abiturienten

Abiturienten können statt einer Berufsausbildung im dualen System (→Berufsausbildung von Abiturienten) auch spezielle Ausbildungsgänge absolvieren. Auf Initiative der Wirtschaft entstanden Anfang der 70er Jahre die ersten Sonderausbildungsgänge für Abiturienten in Baden-Württemberg. Inzwischen sind sie längst eine Alternative zu Studium und klassischer dualer Berufsausbildung. Immer mehr Abiturienten interessieren sich daher für die Kombination von praktischer Ausbildung im Betrieb und theoretischem Unterricht an →Berufsakademien oder →Fachhochschulen. Im Ausbildungsjahr 2005/2006 standen von Rendsburg bis München über 28.900 Plätze in solchen Sonderausbildungsgängen in etwa 16.000 Betrieben zur Verfügung, wie eine Umfrage des Instituts der deutschen Wirtschaft Köln ergab. Rechnet man noch die Kooperationsprojekte mit →Verwaltungs- und Wirtschaftsakademien sowie mit Fachhochschulen und Universitäten hinzu – duale Studiengänge, gibt es in Deutschland rund 22.000 Betriebe, die spezielle Ausbildungsplätze für Abiturienten anbieten.

Die Ausbildung dauert in der Regel drei Jahre. Praxis und Theoriephasen wechseln einander ab. Das theoretische Wissen vermitteln Berufsakademien, Verwaltungs- und Wirtschaftsakademien, Fachhochschulen oder überbetriebliche Bildungseinrichtungen. Die praktischen Ausbildungsphasen absolvieren die Auszubildenden in Unternehmen.

Ein erster berufsqualifizierender Abschluss wird bereits nach zwei Jahren erreicht – beispielsweise als Industriekaufmann oder als Handels- oder Wirtschaftsassistent. Nach einem weiteren Jahr endet der Ausbildungsgang dann in der Regel mit einem der folgenden Abschlüsse: Dipl.-Betriebswirt (BA)/(FH), Wirtschafts-Diplom Betriebswirt (VWA), Dipl.-Wirtschaftsingenieur (BA)/(FH), Dipl.-Wirtschaftsinformatiker (BA)/(FH), Dipl.-Informatiker (FH), Dipl.-Ingenieur (BA)/(FH).

Der mit dem Ausbildungsabschluss erworbene Titel Diplom (BA) ist in Baden-Württemberg, Berlin, Sachsen, Thüringen und Schleswig-Holstein mit dem Abschluss an einer Fachhochschule gleichgestellt. In Bremen, Hessen, Niedersachsen und Sachsen-Anhalt kann nach einem zweisemestrigen Aufbaustudium das Diplom (FH) erreicht werden. In den übrigen Ländern liegt es im Ermessen der Fachhochschule, ob diese den BA-Abschluss auf ein entsprechendes Fachhochschul-Studium anrechnet.

Literatur: *Helmut E. Klein: Abiturientenausbildung der Wirtschaft. Die praxisnahe Alternative zur Hochschule, Köln ^{12}2003.*

Reinhard Zedler

Sozialer Wandel

In komplexen Gesellschaften verändern sich die Lebens- und Arbeitsbereiche nicht gleichförmig, sondern in unterschiedlichen Rhythmen, Qualitäten und Richtungen. Dadurch treten Spannungen, Diskontinuitäten und Inkonsistenzen auf, welche das Gleichgewicht stören und neue Formen sozialer Organisation und sozialen Verhaltens erzwingen. Für dieses gesellschaftliche Phänomen prägte der amerikanische Soziologe Ogburn (vgl. Ogburn

1922) den bis heute hin gängigen Begriff „Sozialer Wandel". Die Ungleichzeitigkeiten und Zeitverzögerungen in der Entwicklung einzelner Gesellschaftsbereiche bezeichnete er mit „cultural lag". Neben der Bezeichnung sozialer Wandel finden wir heute auch die Begriffe gesellschaftlicher Wandel, sozio-struktureller und technisch-ökonomischer Wandel sowie Strukturwandel.

Ein besonderer Typus sozialer Diskontinuitäten sind Umbrüche, d.h. „rapide ablaufende, tiefgreifende (radikale) Veränderungen auf der Makroebene, die zugleich auch die tieferliegenden Systemebenen (Meso, Mikro) involvieren" (Mayntz 1996,142). Mayntz führt für das zwanzigste Jahrhundert als Beispiele gesellschaftlichen Umbruchs das Ende des Kaiserreichs 1918, die Machtübernahme durch die Nationalsozialisten 1933, den Zusammenbruch der nationalsozialistischen Herrschaft 1945 und das Ende der Deutschen Demokratischen Republik 1989 an.

Wir müssen auch sehen, dass nach gesellschaftlichen Umbrüchen Wertmuster, Mentalitäten und Strukturen vorhergehender Epochen zum Teil erhalten bleiben und nachwirken. Die bildungspolitische und pädagogische Relevanz sowohl sozialer Umbrüche als auch sozialen Wandels zeigen Joas und Rehberg am Beispiel Mittel- und Osteuropas:

„Prozesse des Produktionsumbaus, der Privatisierung und Einführung des ... Marktsystems, das Entstehen neuer Dienstleistungsbereiche, die Änderung gewohnter rechtlicher und organisatorischer Strukturen und die damit verbundenen Umschichtungsprozesse, Differenzen der Habitus- und Sprachformen, der kulturellen und politischen Institutionen, der Mobilitätsmöglichkeiten und -zumutungen, eine neue Dimension der ökonomischen und kulturellen Internationalisierung – all das bildet den Rahmen für Lernzwänge, denen sich niemand entziehen kann (Joas/Rehberg 1996, S. 139 f.).

Mit allen ökonomischen, gesellschaftlichen, rechtlichen und intellektuellen Veränderungsprozessen des sozialen Wandels ist die Wirtschafts- und Berufspädagogik in besonderem Maße konfrontiert.

Als große Themenbereiche des sozialen Wandels (und damit zugleich als Bildungsaufgaben) finden wir heute die Probleme des Schwindens von Ausbildungsmöglichkeiten im Dualen System, der neuen Beruflichkeit bzw. der Segmentierung in standardisierte Tätigkeiten und solche der tendenziellen Professionalität, der Arbeitsplatzsicherheit, des sozialen und internationalen Friedens sowie der weltweiten sozialen und ökonomischen Gerechtigkeit, der biotechnischen Chancen und Gefährdungen des Lebens, der Kerntechnik und Informationstechnik, der Schadstoffüberlastung der Biosphäre sowie der Freisetzung soziokultureller Werte, Sinnzusammenhänge und Gestaltungsmöglichkeiten.

Diese Problemkomplexe signalisieren auch, dass sozialer Wandel nicht mit harmonischer Evolution gleichgesetzt werden kann. Freisetzungen können mit dramatischen Krisen verbunden sein, und soziale Integration gilt heute als vordringliche gesellschaftspolitische Aufgabe, die sich auch im Bildungssystem widerspiegelt. Die PISA-Vergleichsstudien zeigen, dass Deutschland diesbezüglich besondere Entwicklungsmängel auszugleichen hat.

Für die Pädagogik folgen aus dem Phänomen des sozialen Wandels bzw. der historischen Permanenz von Freisetzung und Neu-Vergesellschaftung gesellschaftlicher Strukturelemente eine Reihe von immer wieder neu zu klärenden Fragen: Welches sind die allgemeinen Sinnorientierungen, wenn menschliches Miteinander nicht der Beliebigkeit anheimgestellt wird, wenn es verbindliche Werte und Normen, Kenntnisse und Fertigkeiten geben soll und dennoch Pluralität und Toleranz von Bedeutung sind? Wie ist Chancengleichheit im Bildungssystem zu realisieren? Wie lässt sich zukunftsorientiert qualifizieren? Wie lassen sich die Veränderungen bzw. Unterschiede der Mentalitäten, Sinnorientierungen und Verhaltensmuster junger und älterer Generationen im Bildungssystem berücksichtigen? Wie lassen sich die Strukturen des Bildungssystems selbst und wie die Curricula an den sozialen Wandel anpassen, ohne Kontinuität, Sicherheit und Verlässlichkeit zu gefährden und nicht zuletzt, wie lassen sich die menschlichen Potenziale so entwickeln und entfalten, dass Ich-Stärke, Identität und Autonomie sich mit Flexibilität, Offenheit und sozialem Ethos paaren?

Die Erziehungswissenschaft antwortet auf diese Fragen u.a. im Rahmen von Bildungsphilosophie, Bildungstheorie, Institutionentheorie, Didaktik und Curriculumtheorie, auch mit Zielgruppen- und Qualifikationsforschung, wobei es Überschneidungen u.a. mit Sozialpsychologie, Soziologie und Politologie gibt.

Literatur: Huisinga, Richard: Bildung und Zivilisation. Vorstudien in theoretischer und forschungspraktischer Absicht. Frankfurt am Main 1996 – Huisinga, Richard/Lisop, Ingrid: Wirtschaftspädagogik. Ein interdisziplinär orientiertes Lehrbuch. München 1999 – Joas, Hans/Rehberg, Karl-Siegbert: Soziologische Theorie im Zeitalter des Umbruchs – Einleitung. In: Clausen, Lars: Gesellschaften im Umbruch. Verhandlungen des 27. Kongresses der Deutschen Gesellschaft für Soziologie in Halle an der Saale 1995. Frankfurt am Main [u.a.] 1996. S. 139-140 – Kipp, Martin u.a. (Hg.): Paradoxien in der beruflichen Aus- und Weiterbildung. Zur Kritik ihrer Modernitätskrisen. Frankfurt am Main 1992 – Körzel, Randolf: Berufsbildung zwischen Gesellschafts- und Wirtschaftspolitik. Frankfurt am Main 1996 – Lisop, Ingrid: Technischer Wandel und Bildung. In: Zur Sache. Themen parlamentarischer Beratung. Bonn 1990. S. 325-340 – Lisop, Ingrid/Huisinga, Richard: Arbeitsorientierte Exemplarik. Subjektbildung – Kompetenz – Professionalität. Frankfurt am Main 2004 – Mayntz, Renate: Gesellschaftliche Umbrüche als Testfall soziologischer Theorie. In: Clausen, Lars: Gesellschaften im Umbruch. Verhandlungen des 27. Kongresses der Deutschen Gesellschaft für Soziologie in Halle an der Saale 1995. Frankfurt am Main [u.a.] 1996. S. 141-153 – Negt, Oskar/Kluge, Alexander: Öffentlichkeit und Erfahrung. Zur Organisationsanalyse von bürgerlicher und proletarischer Öffentlichkeit. Frankfurt am Main 1972 – Ogburn, William: Social Change. Neuausgabe. 2. Auflage. New York 1953, zuerst 1922 – Schlosser, Horst Dieter (Hg.): Gesellschaft – Macht – Technik. Vorlesungen zur Technikgenese als sozialer Prozess. Frankfurt am Main 1994

Ingrid Lisop

Sparkassenakademien

Als S. werden überbetriebliche Bildungseinrichtungen der deutschen Sparkassen-Finanzgruppe bezeichnet. Es bestehen zwölf regionale S. und die (zentrale) Deutsche S., die rechtlich unselbstständige Einrichtungen der jeweiligen Sparkassen- und Giroverbände sind.

Die S. dienen vorrangig der Aufstiegs- und der Anpassungsweiterbildung. Sie veranstalten Lehr- und Studiengänge, Seminare, Fach- und Informationstagungen. Die Teilnehmer/Studierenden entstammen den Instituten der Sparkassen-Finanzgruppe (Sparkassen, Landesbanken/Girozentralen, Landesbausparkassen u.a.).

Als Dozenten/Referenten sind überwiegend nebenberufliche Fachkräfte aus der Sparkassen-Finanzgruppe und anderen Bereichen der Wirtschaft, der Verwaltung, der Unternehmensberatung und aus dem Hochschulwesen tätig. Zur Teilnahme an den Veranstaltungen werden die Teilnehmer von ihren Instituten – i.d.R. unter Fortzahlung ihrer Bezüge – freigestellt.

Geschichte: Älteste deutsche S. ist die „Sparkassenakademie für Finanzwirtschaft und Informationstechnologie" in Hannover. Sie wurde 1920 als erste und zunächst einzige überbetriebliche Bildungseinrichtung unter der Bezeichnung „Deutsche Sparkassenschule" gegründet. Die meisten übrigen heutigen S. entstanden im Rahmen von Verwaltungsschulen, denn die Sparkassen waren – bis 1931 – i.d.R. rechtlich unselbstständige Teile der Kommunalverwaltungen. Erst nach dem Zweiten Weltkrieg erfolgten die organisatorische Trennung der Sparkassenschulen von den

Verwaltungsschulen und – seit 1970 – sukzessiv die Umbenennung in Sparkassenakademien.
Derzeitige Situation: Zurzeit führen die regionalen S. – mit gewissen Unterschieden – die folgenden Lehr- und Studiengänge durch:
- Ergänzungs- und Abschlusslehrgänge für Auszubildende im Ausbildungsberuf „Bankkaufmann/Bankkauffrau" (ein- bis vierwöchig);
- Lehrgänge „Sparkassenkaufmann/Sparkassenkauffrau" für berufsfremde Mitarbeiter; Fernstudium (die Fernstudiengänge werden vom Institut für Fernstudien der Deutschen S. veranstaltet; vier- bis sechswöchiger Präsenzunterricht);
- Studiengänge Sparkassenfachwirt(in) (Fernstudium; drei- bis sechswöchiges Präsenzstudium);
- Studiengänge Sparkassenbetriebswirt(in) (Fernstudium, vier- bis sechsmonatiges Präsenzstudium).

Ferner werden in den regionalen S. – mit wachsender Bedeutung – unter der Bezeichnung „Fachseminare" Lehrgänge der Aufstiegsweiterbildung für Spezialisten (drei- bis fünfwöchig) durchgeführt. Schließlich veranstalten die regionalen S. eine Vielzahl von Seminaren und Tagungen der Anpassungsweiterbildung. Schwerpunktaufgaben der Deutschen S. sind:
- Lehrinstitut (Fernstudium; einjähriges Präsenzstudium auf Hochschulniveau für gehobene Führungskräfte), Abschluss: Dipl.Sparkassenbetriebswirt (in),
- Lehrgänge und Seminare für Verbandsprüfer,
- Seminare für Vorstandsmitglieder und sonstige obere Führungskräfte von Sparkassen (ein- bis dreitägig),
- Fachseminare (Spezialistenweiterbildung) (drei- bis fünfwöchig),
- Fernstudiengänge (vor allem als Grundstudium für die regionalen Lehrgänge zum Sparkassenkaufmann/zur Sparkassenkauffrau) und die Studiengänge „Sparkassenfachwirt" und „Sparkassenbetriebswirt" (gemeinsam mit dem Deutschen Sparkassenverlag).

Ferner ist die Deutsche S. mit einem eigenen Bereich „Eignungsdiagnostik" auswertend und gutachtlich auf dem Gebiet der Potentialanalyse tätig.
Perspektiven: Bereits seit einigen Jahren erfährt die Bildungsarbeit der S. eine Ergänzung in Richtung „Personalentwicklung" und „Personalwirtschaft". Die regionalen S. werden vielfach im Rahmen des Personalconsulting tätig. Die Deutsche S. widmet sich seit einigen Jahren verstärkt Personalentwicklungskonzeptionen und der Erstellung personalwirtschaftlicher Instrumente. Sie ist ferner auf dem Gebiet der Produktion von Lernsoftware für Computer based Training und E-Learning (gemeinsam mit dem Deutschen Sparkassenverlag) tätig.
Zunehmende Betriebsgrößen, eine verbesserte Personalauswahl, eine teilweise Verlagerung der Mitarbeiterqualifizierung in die Freizeit sowie eine Förderung des selbst gesteuerten Lernens haben dazu geführt, dass sich der Umfang, die Ziele und die Inhalte der überbetrieblichen Bildungsmaßnahmen verändert haben. Die Aufgaben der S. haben sich demgemäß weiter in Richtung Personalberatung, Multiplikatorenschulung und konzeptionelle Arbeit verschoben.
Literatur: Ashauer, G./Liefeith, H./Weiser, K., *Berufsbildung in der deutschen Kreditwirtschaft. Ein geschichtlicher Überblick*. Mainz 1983 – Ashauer, G. (Hg.): *Fachbegriffe der Berufs- und Wirtschaftspädagogik*. Stuttgart ^{5}1995 – Backhaus, J./Zimmermann, Chr.: *Personalwesen und Berufsbildung*. Stuttgart 1998 – Meier, H./Schindler, U. (Hg.): *Human Resources Management in Banken. Strategien, Instrumente und Grundsatzfragen*. Wiesbaden 1996

Günter Ashauer

Stoffverteilungsplan

Stoffverteilungspläne betreffen die Umsetzung der Lehrpläne in konkreten Unterricht unter Berücksichtigung der tatsächlichen Gegebenheiten einzelner Schulen. Dabei steht die fachliche und zeitliche Gliederung des Unterrichts im Vordergrund. Stoffverteilungspläne sollen von den Lehrern individuell als Teil der Unterrichtsvorbereitung erstellt, aber innerhalb des Kollegiums abgestimmt werden. Für diese individuelle wie auch kooperative Arbeit stehen neuerdings leistungsfähige Softwareangebote zur Verfügung.

Die Stoffverteilungspläne lassen sich mit den Ausbildungsplänen vergleichen, die von den Betrieben für die eigenen Auszubildenden unter Berücksichtigung der besonderen betrieblichen Gegebenheiten auf der Grundlage der Ausbildungsrahmenpläne der →Ausbildungsordnungen erstellt werden. Allerdings werden durch die in den Ausbildungsvertrag einbezogenen Ausbildungspläne subjektiv einklagbare Rechte der Auszubildenden begründet, während aus den Lehrplänen oder Stoffverteilungsplänen keine analogen Rechte der Schüler erwachsen.

Obzwar die Stoffverteilungspläne für einzelne Fächer aufgestellt werden und deren Lehrstoff-Zeit-Probleme zum Gegenstand haben, legt es der Bezug auf die konkreten Randbedingungen nahe, die besonderen lokalen Möglichkeiten zur Herstellung von Verbindungen zwischen den Fächern zu betonen. Sinngemäß gilt das ebenso für die Abstimmung der Stoffverteilungspläne mit den konkreten Ausbildungsplänen der vor Ort vertretenen Ausbildungsbetriebe.

Die didaktischen Kernprobleme der Lehrstoffverteilung bestehen neben der Frage, wie viel Zeit für die jeweiligen Wissenssegmente angesetzt werden soll (woraus sich auch das Ausmaß der erforderlichen didaktischen Reduktion ergibt), vor allem in der Frage, wie sich die Segmente in didaktisch begründete Sequenzen bringen lassen. Trotz des im 45-Minuten-Takt geplanten Unterrichts sollen die Schüler ja keine linear aufgeteilten Wissensbrocken, sondern netzwerkartiges Zusammenhangswissen erwerben. Formal bedeutet dies, dass über die Folge der Zeiteinheiten ($t_1, t_2, ..., t_n$) Inklusionsfolgen von Wissensnetzen ($w_1, w_2, ..., w_n$) aufgebaut werden sollen, deren w_i je für sich sinnvolle Ganzheiten, aber zugleich die Lernvoraussetzungen für den Aufbau des Folgenetzes w_{i+1} darstellen.

Ein für die kaufmännischen Fächer spezifisches Planungsproblem solcher Inklusionsfolgen ergibt sich daraus, dass die thematisierten betrieblichen Funktionen mehrdimensional unter wechselnden Aspekten, ökonomischen, rechtlichen und wirtschaftsinformatischen, aber auch sozialen, ökologischen und ethischen, zu betrachten sind. Um diese Aspekte in ihrer Spezifik zur Geltung (statt durcheinander) zu bringen, müssen die Lernenden über aspektspezifische Mindestkenntnisse verfügen, die sich eher in thematisch eigenen Lernblöcken vermitteln lassen als durch beiläufige Querbezüge. Fachsystematik und situative Integration sind sonach einander widerstreitende curriculare Prinzipien, die am ehesten dann zum Ausgleich gebracht werden können, wenn die konkreten Bedingungen vor Ort besonders berücksichtigt werden. In der Betonung dieser Besonderheiten liegt eine im Vergleich zu den Lehrplänen eigene Relevanz der Stoffverteilungspläne, die nicht unterschätzt werden sollte.

Literatur: Eigenmann, J.: Sequenzen im Curriculum. Weinheim 1974 – Frey, K./Isenegger, U.: Anordnung von Bildungsinhalten und Aufbau der Curriculumstruktur. In: Potthoff, W. (Hg.): Schulpädagogik. Basel/ Wien 1975, S. 77-83 – Honal, W./Lachner, J. (Hg.): Handwörterbuch der Schulleitung. Neuausgabe. Landsberg a. Lech 1997, Kapitel „Unterrichtsorganisation" – Jürgens, E.: Wochenplanarbeit – Wochenarbeitsplan: Elemente einer Öffnung von Unterricht. In: Bessoth, R. (Hg.): Schulleitung in den Ländern Brandenburg, Mecklenburg-Vorpommern, Sachsen, Sachsen-Anhalt und Thüringen. Neuwied 1991 – Klauer, K.-J.: Methodik der Lehrzieldefinition und Lehrstoffanalyse. Düsseldorf 1974

Ralf Witt

Strategisches Handeln in beruflichen Situationen

Strategien sind Regeln für die Organisation von relativ umfassenden Handlungsabläufen: In einer Hierarchie von Prozessen und darin eingebetteten Teilprozessen, die einen komplexen Denk- oder Handlungsablauf ausmachen, regeln Strategien die Auswahl und Anordnung der umfassenderen Prozessabschnitte. Demgegenüber könnte die Regulation der untergeordneten Einheiten als „operativ" oder „taktisch" bezeichnet werden.

Wenn bei der Arbeit Schwierigkeiten und Probleme auftreten, zu deren Bewältigung Routinen nicht ausreichen, oder wenn die Fachkraft/Führungskraft Handlungsspielräume bei der Arbeit gestalten und Freiheitsgrade sinnvoll nutzen will, werden strategische Denkmuster benötigt.

Strategisches Denken ist erforderlich, wenn Ziele, Bedingungen, Aktionen/Maßnahmen, Erwartungen, Effekte und Folgen zu in sich schlüssigen, konsistenten Handlungskonzepten verknüpft werden müssen/sollen.

Strategisches Denken ist beispielsweise erforderlich, um vage Ziele und Zielkonflikte beim Handeln zu berücksichtigen, um die Handlungspläne den jeweiligen situativen Kontexten anzupassen, um komplexe Handlungsabläufe zu organisieren und um die Einzelhandlung in situationsübergreifende Zusammenhänge einzubinden. Schließlich gewinnt strategisches Denken zunehmend an Bedeutung im Prozess betrieblicher Organisationsentwicklung, bei dem es darauf ankommt, in unbestimmten und komplexen Situationen Innovationsfähigkeit sicherzustellen.

Wir wissen heute noch wenig darüber, welche Strategien Fachkräfte in einem beruflichen Tätigkeitsbereich bei der Steuerung der Teilprozesse des Handelns (z.B. der Zielbildung, Planung, Entscheidung) und bei der Strukturierung und Koordinierung der Einzelhandlungen nutzen. Unklar ist auch, wie sich die Strategien entwickeln, welche Rolle die Erfahrung und das Wissen bei der Herausbildung der Strategien spielen und wie die Entwicklung der Strategien in betrieblichen Arbeits- und Lernprozessen gefördert werden kann.

Universelle Strategien, die in allen Bereichen beruflicher Tätigkeit anwendbar sind, dürfte es nur wenige geben, und es ist nicht klar, in welchem Maße sie das Handeln beeinflussen. Es lassen sich jedoch Tätigkeitsklassen definieren, für die Strategien von relativ hohem Allgemeinheitsgrad identifizierbar sind. Die meisten empirischen Forschungsbemühungen zu Strategien beruflichen Handelns befassten sich bisher mit dem Bereich der Fehlerdiagnose.

Um die Organisation von Handlungsprozessen in komplexen beruflichen Situationen befriedigend beschreiben und erklären zu können, müssen verschiedene Arten von Strategien in Betracht gezogen werden, die beim Handeln zusammenwirken:

1. Primärstrategien steuern direkt die eigentlichen transformationalen Aktivitäten, die für die Erreichung der jeweiligen Handlungsziele erforderlich sind. Sie beschreiben die inhaltlichen Entscheidungen zur Bewältigung einer bestimmten Situation. Es geht hier z.B. um bestimmte Marketingstrategien oder Führungsstrategien.

2. Prozessstrategien steuern die notwendigen Teilprozesse des Handelns, z.B. die Zielbildung, Planung, Entscheidung, die Verknüpfung des präferierten Handlungskonzepts mit der Tätigkeit, die Reflexion und Evaluation.

3. Problemlösestrategien: An verschiedenen Stellen des Handlungsprozesses kann eine „Stocksituation" eintreten, in der der Akteur nicht weiter weiß: Z.B. fehlt Information zur Auswahl eines Ziels oder zur Konstruktion eines Plans, oder der Plan ist nicht durchführbar, oder es liegen keine Bewertungskriterien vor, oder das Problemlöseergebnis ist unbefriedigend. Als Reaktion auf die Stocksituation kann der Akteur „schwache" Heuristiken zu ihrer Überwindung einset-

zen. Häufig werden aber auch die von Dörner (z.B. 1989) herausgearbeiteten „Handlungsfehler" auftreten, die nicht selten dysfunktionale Strategien sein dürften.
4. Stützstrategien beziehen sich auf die Selbstmanagement-Aktivitäten, sie zielen auf die Beeinflussung jener emotionalen, motivationalen und volitionalen Faktoren, die auf den Prozess der Zielerreichung indirekt einwirken, indem sie ihn in Gang setzen und aufrechterhalten. Beispiele für Stützstrategien sind Strategien der Aufmerksamkeitssteuerung oder der Abschirmung willentlicher Vornahmen gegen konkurrierende Handlungstendenzen (vgl. Friedrich/Mandl 1992, S. 8 f.).
5. Basisstrategien haben eine regulative Funktion bei der Auswahl, Gewichtung, Elaboration und Verknüpfung der o.a. Strategien im Zuge der Konstruktion eines Programmes für das Erreichen bestimmter Ziele. Basisstrategien sind Makrostrategien für die Organisation ganzer Handlungsabläufe. Ihre psychischen Korrelate sind bestimmte Haltungen, Einstellungen oder Überzeugungssysteme. Beispiele für Basisstrategien sind die Rationale Entscheidungstheorie der Betriebswirtschaftslehre oder die pragmatische Strategie des „Durchwurstelns" (sensu Lindblom).

Die Aussage, dass Strategien gelernt und gelehrt werden können, ist unumstritten. Weniger eindeutig zu beantworten ist die Frage, unter welchen Bedingungen Strategien besonders schnell, effizient und nachhaltig gelernt werden.

Einige Befunde der Trainingsforschung: Die Vermittlung von Strategien durch direkte verbale Instruktion führt i.d.R. zu verbesserten Problemlöseleistungen. Die Selbstinstruktionsmethode verspricht für die Vermittlung von Regeln besonders günstig zu sein. Instruktionsloses Lernen verbessert die Leistung beim Umgang mit einem System und ermöglicht positiven Transfer (→Lerntransfer). Unangeleitetes Üben ist jedoch nicht unter allen Bedingungen ebenso effizient wie direktere Instruktionsmethoden. „Learning by doing" dürfte vor allem dann zu raschen Erfolgen führen, wenn der Raum möglicher Hypothesen über das zu explorierende Handlungsfeld klein ist, Eingriffe zur Prüfung dieser Hypothesen ohne großen Aufwand und ohne Risiko erfolgen können und der Handlungsgegenstand sich deterministisch verhält.

Literatur: Dörner, D.: Die Logik des Mißlingens. Reinbek b.H. 1989 – Franke, G. (Hg.): Strategisches Handeln im Arbeitsprozess. Mit einer empirischen Studie zum Komplexitätsmanagement von Fach- und Führungskräften im Tätigkeitsfeld Absatzwirtschaft/Marketing. Bielefeld 1999 – Franke, G. (Hg.): Komplexität und Kompetenz. Ausgewählte Fragen der Kompetenzforschung. Bielefeld 2001 – Franke, G./Selka, R. (Hg.): Strategische Handlungsflexibilität. Band 1: Grundlagen für die Entwicklung von Trainingsprogrammen. Bielefeld 2003 – Friedrich, H.F./Mandl, H. (Hg.): Lern- und Denkstrategien. Göttingen 1992 – Schaub, H.: Modellierung der Handlungsorganisation. Bern 1993

Guido Franke

Systemdenken

Das Wort System ist von dem griechischen Begriff „systema" abgeleitet und bedeutet soviel wie „das aus mehreren Teilen zusammengesetzte (strukturierte) Ganze" oder „das Gebilde". Systemdenken wird als Begriff in der Literatur unterschiedlich definiert. Mit Ulrich/Probst (1990, S. 11) kann Systemdenken wie folgt charakterisiert werden: „Gemeint ist damit ein integrierendes, zusammenfügendes Denken, das auf einem breiten Horizont beruht, von größeren Zusammenhängen ausgeht und viele Einflussfaktoren berücksichtigt, das weniger isolierend und zerlegend ist als das übliche Vorgehen. Ein Denken also, das mehr demjenigen des viele Dinge zu einem Gesamtbild zusammenfügenden Generalisten als dem analytischen Vorgehen des auf ein enges Fachgebiet beschränkten Spezialisten entspricht." Systemdenken stellt eine sog. „ganzheitliche" oder holistische Erkenntnismethode dar, mit der ange-

Systemdenken

strebt werden kann, Probleme der Welt mit einer den heutigen komplexen Problemstellungen angemessenen Erkenntnisweise zu erfassen.

Als theoretische Grundlage des Systemdenkens wird in der Literatur auf „die" Systemtheorie verwiesen. Hierbei handelt es sich um einen sehr heterogenen und interdisziplinären Forschungsbereich (z. B. Kybernetik, Synergetik, Theorie sozialer Systeme, Ökologie, Selbstorganisationstheorie), wobei es gegenwärtig kaum möglich ist von einheitlich verwendeten Begriffen, Axiomen oder abgeleiteten Aussagen auszugehen. Ergebnisse der Kognitionspsychologie zeigen weiterhin, dass die internen Repräsentationen von Sachverhalten, d. h. die deklarativen Wissenssysteme des Langzeitgedächtnisses, einen Netzwerkcharakter aufweisen (Preiser 2003). Im Gedächtnis repräsentierte Wissenseinheiten bleiben nicht isoliert, sondern stehen netzartig miteinander in Beziehungen.

Systemdenken stellt in einer Welt, die sich zunehmend arbeitsteilig ausdifferenziert und spezialisiert, eine anthropologische Notwendigkeit dar. Die Wirtschaftswelt würde sich für uns in Milliarden einzelner Splitter bzw. Einzelteile auflösen und wir würden in ihr die Orientierung verlieren, wenn wir nicht abstrahieren, zusammenfassen, Beziehungen herstellen oder generalisieren würden. Wir überwinden dies „Chaos" nur, indem wir Wahrnehmungen ordnen und in einen Zusammenhang bringen. Die Notwendigkeit Systemdenken zu praktizieren, gilt auch für kaufmännische Mitarbeiter, wenn davon ausgegangen wird, dass in Zukunft abteilungsspezifische Bürotätigkeiten zugunsten integrierter Sachbearbeitungen zurückgehen und bisher selbstständige betriebliche Teilbereiche immer stärker miteinander vernetzt werden. Diese Entwicklungen machen es erforderlich, dass kaufmännische Sachbearbeiter zunehmend komplexe Aufgabenstellungen zu bewältigen und Einzelelemente vernetzend zu denken haben.

Systemdenken beinhaltet als wesentliche Komponenten (Brettschneider 1997):

– *Denken in Modellen*: Systeme sind Modelle, d. h. wir können die Wirklichkeit nur mit Hilfe gedanklicher Konstruktionen erfassen. Modelle abstrahieren von realen Erscheinungen und akzentuieren bestimmte ausgewählte Informationen.

– *Denken in verschiedenen Disziplinen*: Für die Entwicklung von Systemen müssen Kenntnisse aus unterschiedlichen wissenschaftlichen Disziplinen herangezogen werden, d. h. es ist ein interdisziplinäres Denken erforderlich.

– *Denken in dynamischen Strukturen*: Die Betrachtung von Strukturen und Prozessen erhält eine zentrale Bedeutung. Das Verhalten eines Systems wird einerseits durch seine Struktur begrenzt, andererseits bewirkt die Dynamik der Vorgänge und Abläufe (Prozesse) in Systemen, dass strukturelle Veränderungen und Entwicklungen möglich werden.

– *Denken in Regelkreisen*: An die Stelle einer linearen Kausalitätsvorstellung tritt ein Denken in kreisförmigen Kausalitäten. Kreisförmige Vorstellungen binden ein lineares Denken in Form von „einer" Ursache und „einer" Wirkung mit Hilfe von Regelkreisen und Feedback-Beziehungen in Ursache-Wirkungsketten ein.

– *Antizipatives und partizipatives Denken*: Systemdenken ist darauf ausgerichtet, die Lernenden zu befähigen, in neuen, unbekannten und komplexen Situationen zu handeln, d. h. es beinhaltet in hohem Maße kreatives Denken.

– *Integrierendes Denken*: Systemdenken erfordert, analytisches und synthetisches Denken zu praktizieren, d. h. die Detailkenntnisse über Elemente, Beziehungen usw. werden immer wieder in einen größeren Zusammenhang eingeordnet und von einer „Ganzheit" ausgehend beurteilt.

Ein großes Problem des Ökonomieunterrichts und auch der entsprechenden Lehrbücher ist, dass in Wirtschaftslehreschulbüchern Unterrichtsinhalte in hohem Maße parzelliert und zerstückelt dargeboten werden (Achtenhagen/ Preiß/Weber 2005). Im Unterricht werden diese Inhalte dann oftmals linear abgehandelt. Es gilt demgegenüber, auf allen Ebenen der zu unterscheidenden Wissensarten deren Vernetzung herzustellen. Die Entwicklung von Systemdenken im Wirtschaftslehreunterricht bedingt, dass komplexe Ziel- und Inhaltsstrukturen des Unterrichts in ihrer Vernetzung aufgezeigt werden.

In der jüngeren fachdidaktischen Literatur wird darauf hingewiesen, Systemdenken als Erkenntnisverfahren mit Hilfe der Erstellung von Netzwerken graphisch zu unterstützen (Beck/ Krumm 2001, Dubs 1993). Hinsichtlich der Realisierung von Systemdenken im Wirtschaftslehreunterricht haben Forschungsarbeiten gezeigt, dass es beispielsweise mit Hilfe des Einsatzes von Netzwerken gelingen kann – indem die Schüler einen komplexen Realitätsausschnitt unter Berücksichtigung der Vernetzung der Teilelemente graphisch darstellen – fächerübergreifende Erkenntnisse und entsprechendes Zusammenhangswissen zu vermitteln (Brettschneider 1997, Jüngst 1995). Allerdings vermischt sich in den Netzen gesichertes Wissen mit sog. Halbwissen. Ferner sagt ein Netzwerk wenig darüber aus, ob der Zusammenhang von den Lernenden auch verstanden worden ist, d. h. sie sind in die Pflicht zu nehmen, ihre graphischen Darstellungen zu erläutern.

Literatur: Achtenhagen, F./Preiß, P./Weber, S.: Fachdidaktische Grundlagen der ökonomischen Bildung, Oldenburg 2005 (Hg: Bertelsmann Stiftung und Institut für Ökonomische Bildung) – Beck, K./Krumm, V. (Hg.): Lehren und Lernen in der beruflichen Erstausbildung. Grundlagen einer modernen kaufmännischen Berufsqualifizierung, Opladen 2001 – Brettschneider, V.: Die Bedeutung von Netzwerken für die Vermittlung von Zusammenhangswissen im Rahmen wirtschaftsberuflicher Umweltbildung. Eine Teiluntersuchung zum Systemdenken als Erkenntnismethode, Frankfurt/ M. 1997 – Dubs, R.: Vernetztes Denken im Betriebswirtschaftslehreunterricht, in: Schneider, W. (Hg.): Komplexe Methoden im betriebswirtschaftlichen Unterricht, Wien 1993, S. 83 ff. – Jüngst, K.L. (1995): Studien zur didaktischen Nutzung von Concept Maps, in: Unterrichtswissenschaft, H. 3, S. 229 ff. – Preiser, S.: Pädagogische Psychologie. Psychologische Grundlagen von Erziehung und Unterricht, Weinheim und München 2003 – Ulrich, H./Probst, G.J.B.: Anleitung zum ganzheitlichen Denken und Handeln. Ein Brevier für Führungskräfte, 2. Aufl. Bern-Stuttgart 1990

Volker Brettschneider

Szenario

Der Begriff „Szenario" entstammt der griechischen Sprache. Eine „Szene" bezeichnet den Schauplatz einer Handlung oder einen kleinen Abschnitt in einem Bühnenstück. Ein „Szenarium" beschreibt die Ausgestaltung der Bühne sowie die Reihenfolge der aufgeführten Szenen (Reibnitz 1991). Ein Szenario stellt ein hypothetisches Zukunftsbild eines sozio-ökonomischen Bereichs dar, beinhaltet den Entwicklungspfad zu diesem Zukunftsbild, wird systematisch unter Berücksichtigung quantitativer und qualitativer Faktoren erarbeitet, ist plausibel sowie widerspruchsfrei und dient der Orientierung über zukünftige Entwicklungen und/oder der Entscheidungsvorbereitung. Während Prognosen stärker auf Erfahrungen und Annahmen der Vergangenheit basieren und sie als einen Trend in die Zukunft verlängern, enthalten Szenarien alternative mögliche Zukunftsverläufe. Während es im Rahmen der →Zukunftswerkstatt um das Entwickeln wünschbarer Zukünfte geht, werden mit Hilfe von Szenarien wahrscheinliche oder mögliche Zukünfte entworfen. Der systematische Planungsprozess für die Erstellung von Szenarien wird als „Szenario-Methode", „Szenario-Technik" oder „Szenario-Analyse" bezeichnet.

Die Entwicklung von Szenarien hat eine militärische Entstehungsgeschichte im Sinne von strategischen Überlegungen (z. B. Moltke, Clausewitz) und wirtschaftliche Ursprünge (Brettschneider 2003). Anfang der 70er Jahre fanden entsprechende Überlegungen Eingang in die Wirtschaft. Die bekannteste Studie aus dieser Zeit stammt vom Club of Rome („Grenzen des Wachstums"). Weiterhin wurden Szenarien als Instrument der strategischen Planung und Entscheidungsvorbereitung im Rahmen der Unternehmenspolitik verwendet, als quantitative Planungen der Dynamik der Unternehmensumwelt nicht mehr gerecht wurden und zunehmend Fehlschläge erlitten.

In der Literatur existieren unterschiedliche theoretische Ansätze für die Arbeit mit Szenarien. Der Ansatz des Battelle-Instituts und darauf basierende Weiterentwicklungen sind sehr verbreitet (Reibnitz 1992). Das Erstellen von Szenarien erfolgt in drei Phasen, aus denen sich jeweils weitere Einzelschritte ableiten:

– In der *Analyse-Phase* wird die zu bearbeitende komplexe Problemstellung unter Berücksichtigung von Systemzusammenhängen analysiert, werden die Einflussfaktoren herausgearbeitet und wird die Ausgangssituation beschrieben.
– In der *Prognose-Phase* werden Annahmen über zukünftige Entwicklungen der Einflussfaktoren erarbeitet und mögliche Störereignisse in die Überlegungen einbezogen.
– In der *Synthese-Phase* werden alternative Szenarien entworfen, indem mögliche Entwicklungen der verschiedenen Einflussfaktoren sinnvoll und widerspruchsfrei kombiniert werden.

Das entsprechende Denkmodell kann mit Hilfe eines sog. Szenariotrichters graphisch verdeutlicht werden, der in der Regel zwei Extremszenarien und ein Trendszenario umfasst.

Die Entwicklung von Szenarien im Unterricht soll Schüler befähigen, sich systematisch und konstruktiv mit zukunftsorientierten wirtschaftlichen Fragestellungen auseinander zu setzen. Mit Hilfe der Szenario-Methode wird nicht ein einziges Zukunftsbild entworfen (wie z. B. bei traditionellen Prognoseverfahren), sondern es werden alternative Vorstellungen von der Zukunft entwickelt. Somit kann deutlich gemacht werden, dass die Zukunft kaum eindeutig vorhersagbar ist, sondern künftige Entwicklungen unsicher und unbestimmt sind.

Lernen mit Hilfe von Szenarien ist wesentlich durch die Fähigkeit zur Antizipation gekennzeichnet, d. h. inwiefern es gelingt, im Rahmen komplexer Problemsituationen künftige Ereignisse vorauszusehen und die Konsequenzen getroffener Entscheidungen zu berücksichtigen. Dörner (1990) zeigt beispielsweise im Rahmen seiner Untersuchungen, zu welchen Fehlertendenzen Menschen im Rahmen der Antizipation und Bewältigung komplexer Realitätsausschnitte neigen. Die Arbeit mit Szenarien kann dazu beitragen, Problemlöser auf die Bewältigung komplexer Realitätsausschnitte vorzubereiten (Funke 2003).

Zwar stellt die Realisierung der Szenario-Methode im Wirtschaftslehreunterricht ein neues methodisches Verfahren dar, dennoch existieren in der Literatur bereits erste unterrichtliche Ansätze und Erfahrungen (Kaiser/Kaminski 1999, Brettschneider/Hübner/Meyer 1990, Bartels/Weinbrenner 1995, König 1988). In der Vorbereitung für den Einsatz von Szenarien im Unterricht gilt es darauf hinzuarbeiten, dass die Schüler über eine gute Wissensgrundlage verfügen. Eine erste Untersuchung zum Einsatz der Szenario-Methode im Wirtschaftslehreunterricht zeigt, dass Lehrkräfte über hohe didaktisch-methodische Kompetenz verfügen sollten. Ansonsten besteht die Gefahr, dass das Szenario-Lehr-Lernarrangement von den Lernenden als eine relativ abstrakte Unterrichtsmethode empfunden wird, deren persönlicher und berufsbezogener Nutzen nur in geringem Umfang erkannt wird (Sprey 2003). Eine wiederholte Beschäftigung mit der Szenario-Methode in Unterricht und Ausbildungsbetrieben kann dazu beitragen, ihre Bedeutung für strategische berufliche Entscheidungen aufzuzeigen und ihre Akzeptanz zu steigern. Auch wenn die Lerneffekte der Arbeit mit Szenarien im Unterricht bisher noch nicht ausreichend untersucht worden sind, so ist davon auszugehen, dass dieses Unterrichtsverfahren „traditionelle" aktive Lehr- und Lernverfahren sinnvoll im Hinblick auf die Vermittlung von Handlungskompetenz ergänzt.

Literatur: *Bartels, T./Weinbrenner, P.: Grundlagen des Modellversuchs SoTech (Bielefelder Teilprojekt). Konzeptionelle Überlegungen zur Evaluation einer verständigungsorientierten Kommunikation über umwelt- und sozialverträgliche Gestaltung von Arbeit und Technik, in: Kaiser, F.-J./Siggemeier, M./Brettschneider, V./ Flottmann, H. (Hg.): Grundlagen der Umweltbildung in Schule und Betrieb, Bad Heilbrunn 1995, S. 167 ff. – Brettschneider, V.: Leittext, Szenario, Dilemmata-Methode, Oldenburg 2003 (Hg.: Bertelsmann Stiftung und Institut für Ökonomische Bildung) – Brettschneider, V./Hübner, M./Meyer, C.: Arbeiten und Umwelt. Szenarien als Denkmodelle, in: arbeiten + lernen 11 (1990), 70, S. 29 ff. – Dörner, D.: Die Logik des Misslingens. Strategisches Denken in komplexen Situationen, Reinbek bei Hamburg 1990 – Funke, J.: Problemlösendes Denken, Stuttgart 2003 – Kaiser, F.-J./Kaminski, H. unter Mitarb. v. V. Brettschneider u. M. Hübner: Methodik des Ökonomie-Unterrichts. Grundlagen eines handlungsorientierten Lernkonzepts mit Beispielen, Bad Heilbrunn ³1999 – König, M.: Szenario-Technik. Unterrichtsgegenstand und Unterrichtsmethode in kaufmännischen Schulen, in: Becker, M./Pleiß, U. (Hg.): Wirtschaftspädagogik im Spektrum ihrer Problemstellungen, Baltmannsweiler 1988, S. 260 ff. – Reibnitz, U. v.: Szenario-Technik: Instrumente für die unternehmerische und persönliche Erfolgsplanung, 2. Aufl. Wiesbaden 1992 – Sprey, M.: Zukunftsorientiertes Lernen mit der Szenario-Methode, Bad Heilbrunn 2003*

Volker Brettschneider

Tätigkeitsorientiertes Lernen

Dieses stützt sich auf die Tätigkeitstheorie von Leontjew. Dieser folgend, geht tätigkeitsorientiertes Lernen von äußeren, gegenständlichen Tätigkeiten aus, die praktisch ausgeführt und theoretisch reflektiert werden. Die theoretische Reflexion umfasst die Motive und Ziele der Tätigkeiten, die Operationen, welche die Handlungen realisieren, die Bedingungen, unter denen die Tätigkeiten ausgeführt werden, und die Beziehung zwischen diesen Ebenen, etwa den Zusammenhang von Zielen und Mitteln. Durch handelnde Auseinandersetzung mit äußeren, gegenständlichen Objekten werden Form und Eigenschaft der Objekte sowie die Beziehungen und Gesetzmäßigkeiten, denen sie unterworfen sind, verinnerlicht (interiorisiert), die äußeren Handlungen werden verfestigt, verallgemeinert, objektiviert und verkürzt. Es entsteht ein psychisches Abbild, ein inneres Modell. Damit die individuelle Entwicklung fortgeführt wird, müssen die erarbeiteten Begriffe und Operationen, die durch die Tätigkeit des Individuums aus dem System ihrer gesellschaftlichen Beziehung in das System der individuellen Beziehungen transformiert werden und dabei einen „persönlichen Sinn" erhalten, wieder auf die äußere Realität angewendet und in neue Handlungen einbezogen werden. Hierdurch bleiben sie als Instrumente der Handlung gegenwärtig, werden modifiziert und weiterentwickelt. Anwendung findet die Tätigkeitstheorie in den Handlungstheorien von Hacker und Volpert, der Lernprozesstheorie von Galperin und darauf bezogener Ansätze zur lernförderlichen Gestaltung von Arbeitsplätzen, der Gestaltung von →Lernaufgaben und Arbeitsaufgaben oder auch der Leittextmethode (→Leittexte).

Literatur: *Rützel, J.: Tätigkeit und Tätigkeitsfelder: Prinzipien einer integrierten Sekundarstufe II. Frankfurt a.M. 1979 – Rützel, J./Schapfel, F. (Hg.): Gruppenarbeit und Qualität. Qualifizierungspraxis und Forschung in der betrieblichen Erstausbildung (Modellversuch FLAI). Alsbach 1997 – Schapfel, F.: Kritische Rezeption der sowjetischen Tätigkeitstheorie und ihre Anwendung. Alsbach/ Bergstraße 1995 – Sonntag, K.: Trainingsforschung in der Arbeitspsychologie. Berufsbezogene Lernprozesse bei veränderten Tätigkeitsinhalten. Bern 1989*

Josef Rützel

Teamteaching

Teamteaching steht in der pädagogischen Diskussion im Kontext von Versuchen zur Reform von Schule und Unterricht. Der Anglizismus deutet auf Ursprünge in den USA und Großbritannien hin, in etwa nach dem Jahr 1950. In Deutschland gewinnt Teamteaching im Zuge der Reformbemühungen durch Gesamtschulen verstärkt ab 1970 an Bedeutung, z.B. durch das so genannte Team-Kleingruppen-Modell. Im Bereich der Berufs- und Wirtschaftspädagogik wird Teamteaching als Idee häufig im Zusammenhang mit Schulorganisationsentwicklung, Bildungsgangdidaktik sowie fächerübergreifendem, handlungsorientiertem oder lernfeldorientiertem Unterricht genannt.

In der Regel erfasst Teamteaching im Kern die Möglichkeit, dass zwei oder mehrere Lehrende gemeinsam (gleichzeitig) eine Gruppe (oder wechselnde Gruppen) unterrichten. Die Zusammenstellung der Teams kann an verschiedenen Kriterien orientiert werden (für Schulen z.B. fachspezifische, interdisziplinäre oder bildungsgang- oder abteilungsbezogene Teambildung). Quantitativ ist Teamteaching eine in Aus- und Weiterbildung eher selten eingesetzte Organisationsform. Didaktisch begründete Einsatzbereiche liegen vorwiegend in der Binnendifferenzierung von Unterricht bei heterogenen Zielgruppen oder komplexen Unterrichtsthemen, in der Möglichkeit des Rollentausches und der Rollenkommentierung bei situationsorientierten Seminaren und bei der Darstellung verschiedener Perspektiven im fächer- und lernortübergreifenden Unterricht. Insbesondere für den letztgenannten Punkt bieten das hiesige duale Ausbildungssystem und lernfeldorientierte Curricula zahlreiche Anknüpfungspunkte für Teamteaching, etwa durch gemeinsame Projekte oder den Einbezug von Praktikern in den Berufsschulunterricht.

Perspektiven des Teamteaching liegen in der Auseinandersetzung mit den im Begriff angelegten Spannungsverhältnissen zwischen didaktischen Zielen und organisatorischen Restriktionen bzw. umgekehrt den organisatorischen Entwicklungschancen und didaktischen Traditionen. „Kosten" und „Nutzen" des Teamteaching für die Beteiligten sind in dieser Auseinandersetzung durch die Beteiligten von Fall zu Fall zu bestimmen; ein in der Forschung und Didaktik und →Bildungsorganisationen eher selten thematisiertes Gebiet.

Literatur: Berger, B./Müller, M.: Teamorientierte didaktisch-methodische Arbeit in berufsbildenden Schulen. Ergebnisse des Modellversuchs SELUBA. Halle 2001 – Buschfeld, D.: Kooperation an berufsbildenden Schulen. Köln 1994 – Dechert, H.G. (Hg.): Team-Teaching in der Schule. München 1972 – Ratzki, A.; Keim, W. u.a. (Hg.): Team-Kleingruppen-Modell Köln-Holweide. Theorie und Praxis. Frankfurt a. M. 1996 – Winkel, R.: Theorie und Praxis des Team Teaching. Braunschweig 1974

Detlef Buschfeld

Technik und Bildung

Für ein umfassendes Technikverständnis einer über die instrumentelle berufliche Qualifizierung hinausreichende berufliche Bildung lässt sich jede Technik nach fünf miteinander verschränkten Dimensionen aufschlüsseln (Rauner 1986).

– Die technologische Dimension umfasst die technologischen Potentiale: das Verhalten, den funktionellen Aufbau und die Wirkungsweise der Technik, die konstruktiven Besonderheiten, die grundlegenden natur- und ingenieurwissenschaftlichen Prinzipien und Zusammenhänge sowie das Zusammenwirken zwischen den informationellen, gegenständlichen und energetischen Momenten in technischen Artefakten und Prozessen.

– Die historische Dimension umfasst die historische Gewordenheit der Technik: die Reevaluierung technischer Entwicklungspfade, den technischen Wandel als Ausdruck von Leitbildern (Images), Problemlösungshorizonten und Vorverständnissen der Entwickler und Konstrukteure sowie die Prägung der Technik durch gesellschaftliche und industriekulturelle Faktoren sowie deren Rückwir-

kungen auf die gesellschaftliche Entwicklung.
- Die Gebrauchswertdimension repräsentiert die Gebrauchswerteigenschaften und charakteristika konkreter Technik: Sie liefert die Bewertungskriterien für die Evaluation der Technik in ihrem Zweck-Mittel-Zusammenhang; sie bildet die Basis für das Technology Assessment sowie eine beteiligungsorientierte Technikgestaltung.
- Die ökologische Dimension repräsentiert Technik als instrumentelles Vermittlungsverhältnis zwischen Mensch und Natur sowie als Moment ökologischer Kreisläufe: die Evaluation und Gestaltung der Technik nach ökologischen Kriterien und Verfahren (z.B. der Produktlinien-Analyse) und die technologische Rekonstruktion von Natur.
- Die Arbeitsdimension verweist auf Technik als Gebrauchswertantizipation und vergegenständlichung im Prozess gesellschaftlicher →Arbeit: Werkzeuge und Maschinen als Objektivierung menschlicher Fähigkeiten, das in der praktischen Arbeit verkörperte Wissen sowie Technik als Medium des Lernens im Arbeitsprozess (z.B. mittels tutorieller rechnergestützter Arbeitssysteme).

Die Geschichte der Lehrplanentwicklung für die gewerblich-technische Berufsbildung zeigt, dass im fachkundlichen Unterricht „Technik", trotz gelegentlich anders lautender Lehrplanpräambeln, auf ihre technologische Dimension, als von den in der Technik inkorporierten Zwecken losgelöstes zweckfreies Potential, reduziert wurde. Die Entstehung der →Berufsschule und ihrer Vorformen (Sonntagsschule/ →Fortbildungsschule) ist auf das engste verbunden mit der Verflüchtigung des Konkreten in der gewerblich-technischen Bildung. Technik und Facharbeit erscheinen als Anwendung des technikwissenschaftlichen Wissens, eine Verkürzung, die sich in der Berufsschule erst in diesem Jahrhundert in vollem Umfang durchgesetzt hat und lange wirksam war (Lipsmeier 1995).

Die Vereinbarung der KMK über die Berufsschule von 1991 und eine gestaltungsorientierte Berufsbildung, nach der die Auszubildenden/Berufsschüler befähigt werden sollen, Arbeitswelt und Gesellschaft in sozialer und ökologischer Verantwortung mitzugestalten, sowie vergleichbare Leitideen für die industrielle Berufsausbildung (Konvergenz der Leitbilder) markieren einen grundlegenden Perspektivwechsel im Verhältnis von Technik, Arbeit und Berufsbildung (Rauner 1995). Das tief im Alltagsbewusstsein sowie in den Wissenschaften verwurzelte deterministische Technikverständnis, wonach Technik als die letzte Ursache des gesellschaftlichen Wandels gilt, wird zunehmend von einem gestaltungsorientierten Technikverständnis verdrängt, das Technik als vielfältig verzweigten sozialen Prozess, geprägt durch widerstreitende gesellschaftliche Interessen und – im internationalen Vergleich – auch durch verschiedene industriekulturelle Traditionen begreift, wonach jeder einzelne in seinen unterschiedlichen Rollen und Funktionen zur Mitgestaltung herausfordert wird.

Die große Plastizität der Informations- und Kommunikationstechnik (→Neue Informations- und Kommunikationstechnologien), die zunehmend etablierten Verfahren partizipativer Entwicklung von Anwendersoftware und die auf die anwenderspezifische Implementation angelegten offenen Systeme und Systemarchitekturen computergestützter Arbeitssysteme fordern die Gestaltungs- und Mitwirkungskompetenz der Benutzer heraus. Die Inkorporation ihrer Arbeitserfahrung in die Mensch-Maschine-Interaktion sowie bei der Entwicklung computergestützter Werkzeuge z.B. für die Instandhaltungsfacharbeit begünstigt den Transfer des arbeitsbezogenen Wissens in den Arbeitsprozess. Die wissenschaftliche Analyse, Begleitung und Mitgestaltung dieses Wandels durch eine Vielzahl von Wissenschaften wie die sozialwissenschaftliche Technik- und Technikgeneseforschung, die analyse- und gestaltungsorientierten „Arbeit und Technik"-Wissen-

schaften sowie die →Berufspädagogik haben die holistische Wende hin zu einer „ganzheitlichen" gewerblich-technischen Berufsbildung ebenso befördert (Ott 1995) wie die Aufwertung der direkt wertschöpfenden Arbeit bei der Einführung der neuen Produktionskonzepte. Die Implikationen dieses Wandels sind für die Gestaltung der gewerblich-technischen Berufsbildung weitreichend:
- „Technik" wird als Bezugspunkt für die Gestaltung beruflicher Bildung zunehmend durch den Zusammenhang von „Arbeit, Technik, betriebliche →Organisationsentwicklung" im „lernenden Unternehmen" abgelöst.
- Die Gewerblich-Technischen Wissenschaften entwickeln sich in Richtung „arbeitsbezogener Fachwissenschaften" und wenden sich damit in Forschung und Lehre stärker dem in den technischen Arbeitsvollzügen beruflicher Arbeit verkörperten Wissen zu.
- Die Reintegration von Lernen und Arbeiten, die lernförderliche Arbeitsgestaltung und das Konzept des lernenden Unternehmens reduzieren den didaktischen Stellenwert audiovisueller sowie computergestützter Bildungsmedien und tragen – umgekehrt – zu einer stärkeren Gewichtung der tutoriellen Qualität computergestützter Arbeitssysteme bei (vgl. Dybowski u.a. 1995).

Das Thema „Technik und Bildung" hat sich zu einem die Grenzen der Berufspädagogik überschreitenden Gegenstand einer vielfältigen disziplinären und interdisziplinären Forschung entwickelt, deren Ergebnisse die Berufspädagogik aufzunehmen herausgefordert ist, um das Thema „Technik und Bildung" in gestaltungsorientierter Perspektive in Forschung und Lehre auch in der Zukunft als ein zuallererst pädagogisches weiterzuentwickeln.

Literatur: Dybowski, G./Pütz, H./Rauner, F. (Hg.): *Berufsbildung und Organisationsentwicklung.* Bremen 1995 – Lipsmeier, A.: Didaktik gewerblich-technischer Berufsbildung (Technikdidaktik). In: Arnold, R./ Lipsmeier, A. (Hg.): *Handbuch der Berufspädagogik.*
Opladen 1995, S. 230-244 – Ott, B.: *Ganzheitliche Berufsbildung. Theorie und Praxis handlungsorientierter Techniklehre in Schule und Betrieb.* Stuttgart 1995 – Rauner, F.: *Elektrotechnik Grundbildung. Überlegungen zur Techniklehre im Schwerpunkt Elektrotechnik der Kollegschule.* Soest 1986 – Rauner, F.: Gestalten von Arbeit und Technik. In: Arnold, R./ Lipsmeier, A. (Hg.): *Handbuch der Berufspädagogik.* Opladen 1995, S. 50-66

Felix Rauner

Technikdidaktik

Gegenstand der Technikdidaktik ist die Auswahl und Aufbereitung technischer Inhalte für Vermittlungsprozesse, ein im Unterschied zu anderen Fachdidaktiken deswegen besonders schwieriges Unterfangen, weil die Technik sowohl ein äußerst komplexer und differenzierter Wissenschaftsbereich (Maschinentechnik, Elektrotechnik, Verfahrenstechnik, Informationstechnik etc.) als auch ein ebenso schwer überschaubarer und sehr differenziert strukturierter Anwendungsbereich ist.

Trotz großartiger technischer Leistungen im Altertum (z.B. Tempel, Pyramiden, Aquädukte) und im Mittelalter (z.B. Dome, Burgen, Brücken) kann von einer systematischen Ausbildung in den technischen Künsten und Handfertigkeiten keine Rede sein; das Wissen und die Erfahrungen wurden vor allem mündlich und seit dem späten Mittelalter zunehmend auch schriftlich in Lehrbüchern und Kompendien weitergegeben, und die Handfertigkeiten wurden durch Vor- und Nachmachen (Imitatio-Prinzip) übertragen bzw. erlernt. Erst die ab Mitte des 18. Jahrhunderts einsetzende Industrialisierung machte neue Inhalte und neue Formen des beruflichen Lernens im Bereich der Technik (Technologie) erforderlich.

Das Wort „Technik" wird vom griechischen „techne" abgeleitet und bedeutet dort soviel wie Kunst, Handwerk, Gewerbe, Kunstfertigkeit, Kunstwerk, aber auch Theorie von Kunst und Wissenschaft. Im engeren Sinne ist Technik heute „schöpferisches Schaffen von Erzeugnissen, Vorrichtungen und Verfahren unter Benutzung der Stoffe und Kräfte der Natur und unter Berücksichtigung der Naturgesetze" (Brockhaus 1973, S. 517). Seit Beginn des industriellen Zeitalters stehen angesichts der Ambivalenz von Technik – sie birgt Chancen und Risiken für die Menschheit – ihre Erklärung und Deutung im Zusammenhang der menschlichen Zivilisation im Mittelpunkt sozialphilosophischer Überlegungen. Skeptischen Positionen (Kultur-, Technik-, Fortschrittskritik etc.) standen auch immer euphorische, positivistische Einschätzungen (Technik als angewandte Naturwissenschaft, Fortschrittsglaube, Machbarkeitswahn) gegenüber.

Dem Technikunterricht und damit der Technikdidaktik beruflicher Schulen lagen lange Zeit – bis in die 60er Jahre – positivistische oder gar irrationale Auffassungen von Technik zugrunde. Doch wenn einerseits der Anspruch Beckmanns von 1777 an die Technologie, dass sie nämlich „alle Arbeiten, ihre Folgen und ihre Gründe vollständig, ordentlich und deutlich erklärt" (nach Timm 1964, S. 44), aufrecht erhalten werden, und wenn andererseits für die Konzeptionierung technischen Unterrichts heutzutage die Prinzipien und Kategorien mündiger Bürger in einem demokratischen Rechtsstaat wirksam werden sollen, dann hat sie sich am Denkmodell einer humanen Technik zu orientieren.

In den entsprechenden Positionierungen ist das in der Pädagogik und besonders in der →Berufspädagogik lange verhandelte und niemals konsensual gelöste Problem von „Technik und Bildung" aufgefangen. Neue Zielformeln für einen ganzheitlichen Technikunterricht sind der Technikbegriff der Systemtheorie mit seiner naturalen, humanen und sozialen Dimension sowie Gestaltbarkeit und Sozialverträglichkeit von Technik geworden. In den →Ausbildungsordnungen der neugeordneten industriellen Metallberufe (9.7.2004) ist ein solches Technikverständnis allenfalls rudimentär anzutreffen: Die intendierte →berufliche Handlungskompetenz mit dem geforderten selbstständigen Planen, Durchführen und Kontrollieren stellt das Handeln ausschließlich in den „betrieblichen Gesamtzusammenhang" (§ 3). Die korrespondierenden KMK-Rahmenlehrpläne stellen allerdings die Verwertbarkeit der vermittelten Qualifikationen in den Kontext der „privaten, beruflichen und gesellschaftlichen Situationen", auch wenn der „Ausgangspunkt der didaktisch-methodischen Gestaltung der Lernsituationen in den einzelnen Lernfeldern ... der Geschäfts- und Arbeitsprozess" sein soll (KMK 25.3.2004). Ansatzweise werden also die Ansprüche an einen primär auf den arbeitenden Menschen bezogenen Technikunterricht erfüllt.

Im Unterschied zur früheren Werkstückorientierung technischen Unterrichts ist nicht nur durch die Prozessorientierung (Fertigungsprozess), sondern vor allem durch die Systemorientierung (Fertigungssystem) eine Komplexitätserweiterung von Technik erfolgt, die Reduktions- und Konzentrationsstrategien erforderlich macht, die über die traditionellen Strategien der Komplexitätsauflösung in (zumeist fachsystematisch ausgelegte) Fächer und Lehrgänge und auch über die bekannte didaktische Reduktion, zumeist als Inhaltsreduktion verstanden (vgl. Hering 1959), weit hinausgehen. Einen neuen Impuls in der curricularen und didaktischen Diskussion der Berufsausbildung gab der Deutsche Bildungsrat mit seiner Lehrlingsempfehlung von 1969. Dieses Gremium plädierte für eine Integration allgemeiner und fachlicher Lernziele soweit wie möglich und für eine Integration von theoretischer und praktischer Ausbildung. Diese Vorgabe wurde quasi zur gemeinsamen Orientierungslinie für die folgenden technikdidaktischen Grundkonzeptionen, die viele gemeinsame Aspekte, jedoch auch unterschiedliche Akzentsetzungen besitzen (vgl. Lipsmeier 2005):

– Integrativ-ganzheitliche Technikdidaktik
– Wissenschaftsorientierte Technikdidaktik
– Strukturtheoretische Technikdidaktik

- Problemlösungsorientierte Technikdidaktik
- Experimentorientierte Technikdidaktik
- Technikgestaltung/Sozialverträglichkeit von Technik
- Systemtheoretische Technikdidaktik

Literatur: Hering, D.: Zur Faßlichkeit naturwissenschaftlicher und technischer Aussagen. Berlin 1959 – Lipsmeier, A.: Didaktik gewerblich-technischer Berufsausbildung (Technikdidaktik). In: Arnold, R./Lipsmeier, A. (Hg.): Handbuch der Berufsbildung. Opladen ²2005 – Lipsmeier, A.: Technik und Schule. Die Ausformung des Berufsschulcurriculums unter dem Einfluß der Technik als Geschichte des Unterrichts im technischen Zeichnen. Wiesbaden 1971 – Ott, B.: Ganzheitliche Berufsbildung. Theorie und Praxis handlungsorientierter Techniklehre in Schule und Betrieb. Stuttgart 1995 – Ropohl, G.: Eine Systemtheorie der Technik. Zur Grundlegung der Allgemeinen Technologie. München/Wien 1979 – Timm, A.: Kleine Geschichte der Technologie. Stuttgart 1964

Antonius Lipsmeier

Technische Kommunikation

Technische Kommunikation ist ein facettenreicher Begriff mit mehreren Bedeutungsebenen. Die wohl weitestreichende Begriffsdeutung bezieht sich auf „Technische Kommunikation im Internet":

Ende der sechziger Jahre begann man in den USA, zunächst unter militärischen Aspekten, über die Vernetzung von Rechnern nachzudenken. Nachrichtenströme sollten in Pakete aufgeteilt werden, die voneinander unabhängig auf verschiedenen Wegen zum Ziel kommen können. Diese Überlegungen führten zur Gründung des ARPANET (Advanced Research Projects Agency) an der Universität Los Angeles mit vier Knoten (vgl. Alex 1994, S. 168 f.). Die Zuverlässigkeit und der Erfolg dieses Netzes führten zur Anbindung weiterer Netze. 1984 bestand das Netz aus 1.000 Knoten, 1989 bereits aus 150.000 Knoten. Heute hat das Internet weltweit schätzungsweise 40 bis 80 Millionen Benutzer mit unterschiedlichen Dienstleistungen:

1. Electronic-Mail (E-Mail): Es besteht die Möglichkeit, mit anderen Benutzern zeitversetzt Nachrichten auszutauschen (Mailbox). Jeder Internetuser hat seine eigene Mailadresse, die weltweit eindeutig ist.
2. Usenet (News): Die "Zeitung im Netz" kann von allen Usenet-Teilnehmern mit einem entsprechenden Programm (newsreader) gelesen und mitgestaltet werden. Sie besteht nur aus Leserbriefen zu allen möglichen Themen und erscheint (ohne Redaktion) ständig.
3. FTP (File Transfer Protocol): Das FTP dient zum kostenlosen Austausch von Informationen und Programmen, die mit öffentlichen Mitteln finanziert wurden. Der Filetransfer zum/vom entfernten Rechner erfolgt üblicherweise mit Authentifizierung, aber auch anonym zum Abholen von Software.
4. World Wide Web (WWW): Die WWW-Initiative zielt darauf, "das Wissen der Welt jedem Teilnehmer innerhalb von Sekunden zur Verfügung zu stellen" (Meyer 1995). Mit einem "Browser" (to browse = schmökern) sind Informationen (in der Größenordnung von derzeit 40 bis 50 Millionen Bild- und Textseiten) zu lesen, die ggf. auch aus Hypertexten oder Hypermediadokumenten bestehen. Eigene Beiträge können durch Zuordnung einer eindeutigen WWW-Adresse (Uniform Resource Locator URL) weltweit veröffentlicht werden.
5. Internet Relay Chat (IRC): IRC erlaubt es seinen Benutzern, sich via Tastatureingabe direkt mit Menschen auf der ganzen Welt zu unterhalten. Das Netz besteht aus rund 1.000 Gesprächskreisen, die sowohl zum reinen Vergnügen (z.B. in Internet-Cafes) als auch zum wissenschaftlichen Gedankenaustausch (z.B. in Multimedia-Konferenzen) eingerichtet werden.

Problematisch ist nicht nur die unkontrollierte Informationsflut (mitunter fragwürdiger und gefährlicher Provenienz), sondern auch die bisher unzureichende Datenkennung. Erste

Ansätze zur Quellenerschließung beinhaltet das sog. Dublin Core Element Set, das „Metadaten" wie Autor, Titel, Herausgeber, Thema und Sprache enthält (URL: http://purl.org/metadata/dublin_core_ elements). Nach der zu erwartenden höheren Verfügbarkeit des Internets wird die Netzarbeit im Unterricht (als Lern- und Lehrunterstützung) an pädagogischer Bedeutung zunehmen (vgl. Gesellschaft für Informatik 1995, S. 18 f.). In einer Studie „Schulen an das Netz" werden derzeit die künftigen Nutzungsmöglichkeiten des Internet für die Schulen untersucht, z.B.:
- Kommunikation zwischen berufsbildender Schule und Betrieb,
- Versenden und Empfangen elektronischer Post,
- gezieltes Suchen von Informationen über Netz-Dienste,
- telekooperatives Arbeiten,
- Publizieren im Netz.

Inzwischen sind bereits mehrere spezielle Schulnetze entstanden (Meyer 1995), etwa das „Offene Deutsche Schulnetz" (ODS) (Sieber 1994, S. 5) oder das „European School Project" (ESP) (Scholz 1995, S. 46). Weitere Netze und Projekte sind aktuell abrufbar unter http://www.schulweb.de.

Literatur: Alex, W.: Einführung in UNIX und C. Karlsruhe 1994 – Gesellschaft für Informatik: Schulen an das Netz. Bonn 1995 – Meyer, F.: World-Wide-Web für Schulen. Berlin 1995 – Scholz, A.: Neue Technologien in der Schule – Internet und Unterricht. Göttingen 1995 – Sieber, H.: Schritte zum Offenen Deutschen Schulnetz (ODS). Chemnitz/Zwickau 1994

Bernd Ott

Theorien der Berufsbildung

Das Wort „Theorie", dessen Verwendung in definitorischer Absicht – wenn auch keineswegs unstrittig – von der Verwendung des Wortes „Praxis" abgegrenzt wird, kann in einem weiteren, alltagssprachlichen und in einem engeren, wissenschaftssprachlichen Sinn interpretiert werden. Als „Theorie" im weiteren Sinn wird jede rein gedankliche („betrachtende") Aktivität bezeichnet. Unter „Theorie" im engeren Sinn wird ein System von Hypothesen zur Erklärung eines Sachverhalts verstanden. Auch für das Wort „Erklärung" lässt sich eine alltagssprachliche von einer wissenschaftssprachlichen Verwendung unterscheiden. Im alltäglichen Sprachgebrauch wird das Wort „Erklärung" verwendet, wenn die Bedeutung eines Wortes, der Sinn eines Textes oder die Deutung einer Sachlage erläutert werden (vgl. Stegmüller 1969, S. 72 ff.). Wissenschaftliche, im Idealfall „kausale" Erklärungen von Vorgängen oder Tatsachen gelten als Prototypen der Anwendung von Gesetzen auf konkrete Situationen (Stegmüller 1969, S. 75; Opp 1976, S. 78 ff.) bzw. deren Beschreibung.

Wissenschaftliche Theorien über bestimmte Gegenstandsbereiche sind hoch entwickelte Ergebnisse der kognitiven Realitätsverarbeitung. Theorieentwicklung beginnt mit der Präzisierung prinzipiell beantwortbarer Fragen, mit der Bestimmung des Untersuchungsgegenstandes, mit der Begriffsbildung, mit systematisierten und methodisch kontrollierten Beobachtungen und Beschreibungen. Sie knüpft dabei häufig an Erklärungen alltäglichen Verständnisses an (vgl. Stegmüller 1958, S. 327; Kutschera 1972, S. 252).

Bereits der Versuch, die Frage nach den Kriterien für die Qualität oder dem Geltungsanspruch erziehungswissenschaftlicher Theorien oder Aktivitäten zu beantworten, zeigt, dass es nicht die Theorie der Erziehungswissenschaft oder der →Berufspädagogik gibt (vgl. u.a. Lenzen/Mollenhauer 1983, S. 17). In abstrakter, sehr grober Vororientierung kann zunächst zwischen dem wahrheitsfundamentalistischen Anspruch auf Letztbegründungen wissenschaftlicher Aussagen einerseits sowie der forschungsmethodologischen Kultivierung des Zweifels und der kritischen Prüfung wissenschaftlicher Aussagen andererseits unterschieden werden (vgl. u.a. Popper 1973 und Albert 1968). Auf anderer Systematisierungsebene angesiedelt sind Rekurse auf Gewissheitserlebnisse („Evidenz"), auf sog. „Konvergenz-" und auf „Korrespondenz-" bzw. „Adäquatheitstheorien" und nicht zuletzt auf „Konventionstheorien" „der Wahrheit" wissenschaftlicher Aussagen.

Es gibt viele Möglichkeiten, Theorien der Berufsbildung zu klassifizieren. Nicht immer handelt es sich dabei um „Wesensverschiedenheit", sondern häufig nur um die Akzentuierung bestimmter Merkmale wissenschaftlichen Handelns oder der Ergebnisse dieses Handelns. Unterschieden werden können Theorien der Berufsbildung nach ihrer Zwecksetzung (z.B. Grundlagenforschung versus Anwendungs- bzw. Handlungsorientierung), nach ihrer Gegenstandsbestimmung (z.B. →berufliche Sozialisation, Berufsausbildung in verschiedenen Berufen, berufliche Weiterbildung, Lehr-Lern-Prozesse in der beruflichen Aus- und Weiterbildung) (vgl. Senatskommission 1990), nach den forschungsmethodischen Arrangements (Feldforschung, Laborforschung, Interventionsforschung; historische, systematische, empirische, hermeneutische, phänomenologische, kritisch-konstruktive oder vergleichende →Berufsbildungsforschung; deskriptiv-explikativ versus handlungsanleitend-normativ orientierte Forschung ...). Mit dieser nur beispielhaften Klassifikation sind sowohl begriffliche als auch sachlich-systematische Abgrenzungsprobleme verbunden: So ist die historische →Berufsbildungsforschung selbstverständlich weder unsystematisch noch nicht-empirisch, sondern in intersubjektiv nachprüfbarer Weise auf die Auswertung vorfindlicher Quellen angewiesen. Während das am naturwissenschaftlichen Erkenntnisideal orientierte nomologische Erkenntnisziel auf die möglichst vollständige Voraussagbarkeit beispielsweise eines erziehungspraktischen Interventionseffektes gerichtet ist, richtet sich das für die Geisteswissenschaften, insbesondere für die historische Berufsbildungsforschung kennzeichnende ideographische Erkenntnisinteresse auf die intersubjektiv nachprüfbare Erfassung der Unverwechselbarkeit singulärer Phänomene menschlichen Erlebens und Handelns. Diese mit Zwecken, Vollzügen und Resultaten menschlichen Handelns in einen Begründungszusammenhang zu bringenden Phänomene gelten als nicht oder nur unvollständig vorhersagbar. Aber zum einen ist diesbezüglich die Grenze zum naturwissenschaftlichen Erkenntnisverfahren nach der Verabschiedung strikt deterministischer Erkenntnismodelle zumindest fließend. Zum andern haben auch vor allem sozialwissenschaftliche und psychologische Zweige der Geisteswissenschaften Konzepte entwickelt (Entscheidungstheorie, Spieltheorie, Theorien „intentionaler Handlungserklärung"), mit deren Hilfe die Wahrscheinlichkeit kalkulierbar(er) wird, bei Realisierung der Wenn-Komponente einer Aussage (unter gegebenen Bedingungen) das Auftreten der Dann-Komponente dieser Aussage zu prognostizieren. Dass die Geisteswissenschaften „außerordentlich gewissenhaft entwickelte Forschungs- und Verifikationsmethoden benützen" (Juhos 1956, S. 18, vgl. S. 23 f., 32 u. passim), sollte heute eigentlich nicht mehr eigens betont werden müssen.

Eine einheitliche Entwicklung berufspädagogischer Forschung lässt sich nicht ausmachen, wenngleich sich einige erwähnenswerte Forschungsschwerpunkte herausgebildet haben: Untersuchungen zur →beruflichen Sozialisation unter besonderer Berücksichtigung der Moralentwicklung (konzentriert in Forschergruppen um Wolfgang Lempert und Fritz Oser); historische Berufsbildungsforschung (verteilt auf viele Standorte mit einem prominenten Schwerpunkt bei Karlwilhelm Stratmann und seinen Schülern), die Erforschung berufsbedeutsamen Lehrens und Lernens (konzentriert in der DFG-Forschergruppe „Lehr-Lern-Prozesse in der kaufmännischen Erstausbildung") sowie – unter dem Druck dynamischer Strukturwandlungen in der Gesellschaft, im Beschäftigungssystem und in den internationalen Austauschbeziehungen (Globalisierung) – Untersuchungen des Systems und der Organisation beruflicher Bildung. Nicht zuletzt angeregt und unterstützt durch Entwicklungen im Beschäftigungssystem hat in jüngerer Zeit die Erforschung beruflicher und insbesondere →betrieblicher Weiterbildung einen erwähnenswerten Arbeitsschwerpunkt ausgebildet.

Falls es in den Erziehungswissenschaften und speziell in der Berufspädagogik überhaupt zu rechtfertigen ist, von relativ eigenen Theorien zu sprechen, so wäre zunächst an bildungstheoretische Grundlegungen von Theorien beruflicher Bildung beispielsweise durch Eduard Spranger, Georg Kerschensteiner, Aloys Fischer und Theodor Litt zu denken (→Berufsbildungstheorie). Als Exponenten (differenzierungsbedürftiger) geisteswissenschaftlicher Forschung repräsentieren sie zugleich die Vielgestaltigkeit dieses Paradigmas. Erwähnenswerte Reifegrade theoretischer Entwicklung haben in neuerer Zeit die bereits erwähnten Untersuchungen zur →beruflichen Sozialisation sowie die Erforschung beruflichen Lehrens und Lernens erreicht.

Literatur: Achtenhagen, F.: Didaktik des Wirtschaftslehreunterrichts. Opladen 1984 – Albert, H.: Traktat über kritische Vernunft. Tübingen 1968 – Arnold, R./Lipsmeier, A. (Hg.): Handbuch der Berufsbildung. Opladen 1995 – Blankertz, H.: Berufsbildung und Utilitarismus. Düsseldorf 1963 – Juhos, B.: Das Wertgeschehen und seine Erfassung. Meisenheim a.G. 1956 – Kutschera, F.v.: Wissenschaftstheorie I. Grundzüge der allgemeinen Methodologie der empirischen Wissenschaften. München 1972 – Lempert, W./ Franzke, R.: Die Berufserziehung. München 1976 – Lenzen, D./Mollenhauer, K.: Vorwort der Herausgeber von Band 1. In: Enzyklopädie Erziehungswissenschaft. Bd. 1. Theorien und Grundbegriffe der Erziehung und Bildung. Hg. v. Lenzen, D./Mollenhauer, K. Stuttgart 1983, S. 17-19 – Opp, K.-D.: Methodologie der Sozialwissenschaften. Reinbek ²1976 – Popper, K.R.: Objektive Erkenntnis. Ein evolutionärer Entwurf. Hamburg 1973 – Prim, R./Tilmann, H.: Grundlagen einer kritisch-rationalen Sozialwissenschaft. Wiesbaden ⁷1997 – Senatskommission für Berufsbildungsforschung (der DFG), Berufsbildungsforschung an den Hochschulen der Bundesrepublik Deutschland. Situation – Hauptaufgaben – Förderungsbedarf. Weinheim 1990 – Spinner, H.F.: Theorie. In: Handbuch philosophischer Grundbegriffe. Studienausgabe Bd. 5. Hg. von Krings, H./Baumgartner, H.M./Wild, Ch. München 1974 – Stegmüller, W.: Wissenschaftstheorie. In: Fischer Lexikon: Philosophie. Hg. v. Diemer, A./Frenzel, I. Frankfurt a.M. 1958, S. 327-353 – Stegmüller, W.: Probleme und Resultate der Wissenschaftstheorie und Analytischen Philosophie. Bd. I. Berlin/Heidelberg/ New York 1969 – Stratmann, Kw.: Die Krise der Berufserziehung im 18. Jahrhundert als Ursprungsfeld pädagogischen Denkens. Ratingen 1967 – Zabeck, J.: Didaktik der Berufserziehung. Heidelberg 1984

Helmut Heid

Theorie-Praxis-Verhältnis in der Berufspädagogik

Der Wissenschaftscharakter der →Berufspädagogik entspricht demjenigen aller auf einzelne erzieherisch relevante Erkenntnis- und Handlungsfelder spezialisierten erziehungswissenschaftlichen Teildisziplinen. Für sie gilt Schleiermachers Feststellung: „Die Theorie leistet nur den Dienst, den das besonnene Bewusstsein überall in der Praxis leistet." Die Gleichrangigkeit und Strukturidentität von Theorie und Praxis sind allerdings davon abhängig, dass das erzieherische Handeln nicht praktizistisch auf den „Augenblick allein" sieht, sondern – die Tugend der Besonnenheit übend – auf den „Komplex" der erzieherischen Aufgabe, nämlich auf die gesamte Lebensperspektive der zur Sittlichkeit aufgerufenen Person. Weder für die Berufspädagogik noch für die berufserzieherische Praxis erscheint demnach der für das Beschäftigungswesen zu qualifizierende Mensch unter der Perspektive partialisierter, technisch zu arrangierender Lehr-Lern-Prozesse, sondern als ein auf gleicher Ebene mit dem Berufserzieher stehendes Wesen, dem die Chance zum Erwerb beruflicher Tüchtigkeit zu eröffnen ist. Diese Feststellung steht in Übereinstimmung mit der Aristotelischen Unterscheidung von Poiesis (der technischen Herstellung von Gütern und Werken) und Praxis (dem Umgang gleichberechtigter Menschen miteinander).

Während die berufserzieherische Praxis regelmäßig restriktiven Bedingungen (z.B. Knappheit von Zeit und Mitteln, administrative Vorgaben) ausgesetzt ist, stellt sich der aus dem unmittelbaren funktionalen Lebenszusammenhang ausgegliederten Berufspädagogik als Wissenschaft die Aufgabe, dem öffentlichen Bedürfnis an Informationen über das Berufserziehungsgeschehen und seine Folgen zu entsprechen, wie es von Staat, Verbänden und Individuen artikuliert wird. Auch hat sie einen Bedarf an berufserzieherischer Sinnorientierung und an berufspädagogisch relevanter institutioneller sowie curricularer Gestaltungshilfe zu befriedigen. Für alles ist die Einsicht in prinzipielle bzw. allgemeine Sinn- und Sachzusammenhänge unabdingbar. Indem die Berufspädagogik solche Zusammenhänge reflektierend stiftet bzw. auf der Grundlage hypothetischer Entwürfe und ihnen zugeordneter empirisch gewonnener Fakten konstituiert, werden von ihr Theorien generiert.

In ihrer noch jungen Geschichte hat die Berufspädagogik bislang noch kein methodologisch abgeklärtes einheitliches Theorie-Praxis-Verständnis auszubilden vermocht. Die essentialistische, auf kulturphilosophischer Basis entwickelte „klassische deutsche Berufsbildungstheorie" (insbes. E. Spranger) stützte ihre an die Praxis herangetragenen berufspädagogischen Appelle auf die Vorstellung einer prästabilierten Harmonie, derzufolge die nachwachsende Generation, individueller Eignung und Neigung folgend, ihren „inneren Beruf" mit den in der arbeitsteilig organisierten Gesellschaft ausgebildeten „äußeren Berufen" in Übereinstimmung bringen könnte (→Berufsbildungstheorie). Ende der sechziger Jahre wurde dieser illusionäre Ansatz zunächst von der die dialektische Einheit des Zusammenhangs zwischen Erkenntnis und Handeln behauptenden neomarxistischen emanzipatorischen Berufspädagogik (v.a. W. Lempert) im Wesentlichen abgelöst. Eine starke Strömung der Berufspädagogik versuchte damals, in Fühlung mit einer sich progressiv dünkenden Praxis (Handlungsforschung) vornehmlich schulischer Berufserziehung auf eine „humane" Veränderung der beruflichen und betrieblichen Leistungsstrukturen der sog. „spätkapitalistischen" Wirtschaft und Gesellschaft hinzuwirken. Mit dem Ende der pädagogisch-gesellschaftspolitischen Euphorie – vor allem in der Folge ökonomischer Krisenerscheinungen – verstärkte sich in den achtziger Jahren die Orientierung der Berufspädagogik am Paradigma des von K. R. Popper geprägten Kritischen Rationalismus. Wichtigste Aufgabe der Disziplin sei es, das vorgefundene und das zu innovativen Zwecken veranstaltete (→Modellversuche) berufserzieherische Geschehen hypothesengeleitet mit dem Ziel zu durchdringen, Wenn-Dann-Zusammenhänge zu fixieren. Die so gefassten empirischen Theorien würden zumindest als Bestandteil des „Hintergrundwissens" der erzieherisch Handelnden Bedeutung erlangen, im Idealfall könnten sie sogar – als technologische Prognosen formuliert – unmittelbar das Gelingen pädagogischer Praxis gewährleisten. Auf diese Verheißung setzend, traten für die Berufspädagogik seit Ende der 1980er Jahre Probleme der Institutionalisierung beruflicher Qualifizierung ein Stück weit in den Hintergrund, während der Akzent – unterstützt von der Denkschrift der Deutschen Forschungsgemeinschaft (1990) – zunehmend auf die Lehr-Lern-Forschung gelegt wurde.

Gegenwärtig zeichnet sich ab, dass die technologische Fassung empirischer Theorie der berufserzieherischen Praxis im Wesentlichen nicht gerecht zu werden vermag. Die Praktiker in Schule und Betrieb verfügen i.d.R. bereits über ein in Grenzen bewährtes Verfahrenswissen im Sinne einer subjektiven Theorie, deren formale Struktur dem pragmatischen „Um-zu-Motiv" (A. Schütz) entspricht, nicht jedoch derjenigen des Hempel-Oppenheim-Schemas, das die Gestalt der Wenn-dann-Beziehung besitzt. Dem Anschein nach könnte das Theorie-Praxis-Verhältnis künftig fruchtbarer gestaltet werden, wenn die Berufspädagogik in Parallelität zum kritisch-rationalistischen Forschungsansatz, der das Statistisch-Allgemeine erfasst und deshalb Hintergrundwissen zu schaffen vermag, einen „handlungsgerechten" Forschungsansatz ausbilden würde, bei dem – wie es in der pädagogischen Kasuistik geschieht – der Bezug zur Komplexität konkreter Handlungsstrukturen gewahrt bleibt, innerhalb derer auch „implizites Wissen" erworben und angewandt wird. Der Praktiker würde dann nicht länger zum bloßen deduzierenden Anwender deklassiert, der ein technologisches Wissen umzusetzen hätte, das den zu verantworteten Erziehungsakt oft nicht zu erreichen vermag, sondern zum Fachmann aufgewertet, der ein komplexeres Wissen und Können erzieherischen Aufgabenstellungen zu subsumieren hätte.

Literatur: Deutsche Forschungsgemeinschaft: Berufsbildungsforschung an den Hochschulen der Bundesrepublik Deutschland (Denkschrift). Weinheim 1990 – Neuweg, G.H.: Könnerschaft und implizites Wissen. Münster u.a. 1999 – Schleiermacher, F.E.D.: Die Vorlesungen aus dem Jahre 1826 (Nachschriften). In: Lichtenstein, E. (Hg.): Ausgewählte pädagogische Schriften von F.E.D. Schleiermacher. Paderborn ²1964, S. 36-243 – Spranger, E.: Grundlegende Bildung, Berufsbildung und Allgemeinbildung (1918). In: Bähr, H.W. u.a. (Hg.): E. Spranger – gesammelte Schriften. Bd. I. Heidelberg 1969 – Zabeck, J.: Die Berufs- und Wirtschaftspädagogik als erziehungswissenschaftliche Teildisziplin. Baltmannsweiler 1992

Jürgen Zabeck

Traineeprogramm

Heute werden T. in vielen Unternehmen als berufsbegleitende Startprogramme eingesetzt. Daneben finden sie Anwendung zur Vorbereitung auf bestimmte Positionen (z.B. general management- oder Verkaufstrainee-Programme). Allgemeine Kennzeichen von T. sind:

– zeitlich genau abgegrenzte Maßnahme (i.d.R. 12-18 Monate),
– betriebliche Ausbildung an verschiedenen Stationen in Abhängigkeit vom angestrebten Ziel (Überblicks- und/oder Spezialwissen),
– begleitende Qualifizierung zur Vermittlung von wichtigen grundlegenden Fertigkeiten und Fähigkeiten,
– ständige Rückmeldung zur Leistung und zum Entwicklungsstand.

Nach Konegen-Grenier (1994, S. 2) haben Traineeprogramme sechs Funktionen:
1. Sie dienen der Mitarbeiterrekrutierung.
2. Sie haben eine Selektionsfunktion.
3. Sie erleichtern Entscheidungen über den künftigen Einsatzort des Mitarbeiters (Allokationsfunktion).
4. Sie ermöglichen die Orientierung im Unternehmen.
5. Sie fördern das Lernen vor Ort (Qualifizierungsfunktion).
6. Sie fördern Teamarbeit (Integrationsfunktion).

Bei den Organisationsformen unterscheidet Konegen-Grenier (1994, S. 3) sechs Grundtypen:
– standardisierte, alle Unternehmensbereiche umfassende, ressortübergreifende Programme mit festgelegter Abfolge der Ausbildungsstationen (späterer Einsatzort offen, z.B. general management Programm),
– standardisierte, auf einen Arbeitsschwerpunkt konzentrierte, ressortübergreifende Programme mit festgelegter Reihenfolge der Ausbildungsstationen (spätere Aufgabe eingegrenzt),
– standardisierte, ressortübergreifende Programme mit variabler Reihenfolge der Ausbildungsstationen,
– standardisierte, ressortübergreifende Grundausbildung mit anschließender spezialisierender Fachausbildung,
– ressortbezogene Grundausbildung mit anschließender weitergehender Spezialisierung,
– flexible Gestaltung des Programms je nach Fähigkeiten und Interessen des Trainees.

Welche Form die angemessene ist, richtet sich nach der angestrebten Position und nach der Größe des Betriebes. So werden größere Unternehmen, die in größerer Zahl Führungsnachwuchskräfte und Spezialisten rekrutieren, eher zu ressortübergreifenden Standardprogrammen mit festgelegter Reihenfolge greifen, während kleinere Unternehmen, die nur 1-2 Mitarbeiter in einem T. ausbilden, eher ihre Programme flexibel gestalten. Ein wichtiges Gütekriterium für T. ist die exakte Beschreibung der Lernziele, die an den einzelnen Stationen vermittelt werden sollen. Diese wiederum richten sich nach den späteren Aufgaben des Trainees und den sich daraus ableitenden Anforderungen. Die Aufstellung eines unternehmensspezifischen Anforderungsprofils für die Trainees ist darum zwingend notwendig.

Dieses Anforderungsprofil ist auch eine gute Hilfe für die Rekrutierung der Trainees. Die Auswahl der Kandidaten erfolgt in den meisten Fällen durch ein →Assessment Center. Außerdem hat es sich es sinnvoll herausgestellt, dem Trainee regelmäßig eine Rückmeldung zu seinen Leistungen und zu seiner Entwicklung zu geben. Das sollte zum einen durch die Führungsverantwortlichen an den jeweiligen Ausbildungsstationen geschehen, zum anderen durch die Person, die das Programm verantwortlich begleitet.

Neben dem learning-on-the-job an den verschiedenen Ausbildungsstationen können verschiedene Qualifikationen in anderen Lernformen vermittelt werden. Hier bieten sich wegen der hohen Praxisorientierung Projekte, Planspiele und →Fallstudien oder berufsbegleitende Verhaltenstrainings eher an als Seminare.

Als eine sehr kostengünstige Form vor allem für kleinere Firmen hat sich das T. in Form eines studienbegleitenden Praktikums etabliert: Der Student absolviert die einzelnen Lernstationen in den Semesterferien, schreibt seine Arbeiten über Themen, die für den Betrieb interessant sind usw. Vertraglich wird dabei häufig auf Teilzeit- oder Praktikumsverträge zurückgegriffen.

Literatur: Konegen-Grenier, C.: Traineeprogramme. Berufsstart für Hochschulabsolventen. Köln 1994 – Meier, H.: Handwörterbuch der Aus- und Weiterbildung. Neuwied u.a. 1995

Holger Beitz

Transferforschung

Transfer bezeichnet die Übertragung von Wissen bzw. Problemlösungen von einer Ausgangs bzw. Quell-Situation auf eine Anwendungs bzw. Ziel-Situation (→Lerntransfer). In vielen Laboruntersuchungen zeigte sich, dass Versuchspersonen spontan nur sehr selten Transfer zeigen. Der gleiche Befund konnte bei Felduntersuchungen festgestellt werden: Lernenden gelingt es häufig nicht, in einer Lernsituation Gelerntes auf eine Anwendungssituation außerhalb des schulischen bzw. Ausbildungskontextes zu übertragen (→Lernen). Insbesondere besteht das Problem des Lerntransfers in der →Weiterbildung darin, dass in Trainingsmaßnahmen häufig Kompetenzen erworben werden, die dann am Arbeitsplatz nicht entsprechend angewendet werden. Die Transferforschung beschäftigt sich mit der Untersuchung von Bedingungen der Förderung erfolgreichen Transfers. Dabei lassen sich zwei wesentliche Untersuchungsstränge unterscheiden, die experimentelle Transferforschung und die an Modellen zum situierten Lernen orientierte Forschung über die Förderung anwendbaren Wissens. Die experimentelle Transferforschung weist bereits eine fast hundertjährige Tradition auf; ihr Beginn lässt sich mit Thorndikes Theorie der identischen Elemente festlegen. In dieser Theorie wird die Ähnlichkeit von Lern und Anwendungssituation als ausschlaggebende Bedingung für Transfer angesehen. Eine zweite, etwa zur gleichen Zeit entstandene Sichtweise geht auf Judd zurück und betont die Bedeutung allgemeiner Prinzipien und Strategien für die Übertragbarkeit von Wissen. Die neueren Ansätze des situierten Lernens entstanden – vornehmlich in den USA

– in den 80er Jahren. Hier ist die Vermittlung von Wissen und domänenspezifischen Strategien in konkreten Problemsituationen zentral. Es wird betont, dass Transfer vor allem dadurch gefördert werden kann, dass bereits die Lernsituationen die späteren Anwendungsmöglichkeiten des vermittelten Wissens und der erworbenen Fertigkeiten berücksichtigen. Dies bedeutet, dass vornehmlich anhand authentischer, komplexer Situationen problemorientiert gelernt werden soll.

Literatur: Holyaka, K. J.: The pragmatics of analogical transfer. In: Bower G. H. (Hg.): The psychology of learning and motivation. New York 1985, S. 59-87 – Messner, H.: Wissen und Anwenden. Zur Problematik des Transfers im Unterricht. Stuttgart 1978 – Prenzel, M./Mandl, H.: Lerntransfer aus einer konstruktivistischen Perspektive. In: Montada, L. (Hg.): Bericht über den 38. Kongreß der Deutschen Gesellschaft für Psychologie in Trier 1992. Göttingen 1993, S. 701-709

Heinz Mandl/Hans Gruber

Überbetriebliche Ausbildung

Überbetriebliche Ausbildung ergänzt Lernen am Arbeitsplatz durch systematische Werkstattunterweisung für fast alle anerkannten gewerblich-technischen →Ausbildungsberufe in von Organisationen der Wirtschaft (z.B. Kammern) betriebenen überbetrieblichen Berufsbildungsstätten (ÜBS). Besonders im Handwerk sind viele kleine und mittlere Betriebe wegen starker Spezialisierung als Ausbildungsstätte nur eingeschränkt geeignet, weil sich Auszubildende hier für den Berufsabschluss notwendige berufsfeldbreite und fachspezifische Kenntnisse und Fertigkeiten nicht aneignen können.

Schon Ende des 19. Jahrhunderts glich das Handwerk betriebliche Defizite durch Innungsfach- oder gewerblichen →Fortbildungsschulen angegliederte berufsständische Ergänzungswerkstätten aus. Seit Anfang der 70er Jahre ist mit erheblicher finanzieller Förderung durch Bund und Länder ein flächendeckendes Netz von ÜBS, insbesondere im Bereich des Handwerks, geschaffen worden. Hier gab es nach einer Bestandserhebung des Zentralverbandes des Deutschen Handwerks (ZDH) im Jahr 2000 512 ÜBS mit 80.108 Werkstattplätzen (Wpl.). Aktuelle Schätzungen beziffern den Gesamtbestand für alle Ausbildungsbereiche auf rd. 800 Stätten mit einer Gesamtkapazität von 100.000 Wpl.

ÜBS verfügen über ein stark diversifiziertes Bildungsangebot. Sie fördern und sichern Ausbildungsbereitschaft und -fähigkeit kleiner und mittlerer Unternehmen durch ergänzende Ausbildung außerhalb von Betrieben und erfüllen damit ihren originären Bildungsauftrag im Sinne von § 27 Abs. 2 Berufsbildungsgesetz (BBiG) bzw. § 21 der Handwerksordnung (HwO). Sie bieten benachteiligten Jugendlichen über Vollausbildung oder Stützkurse die Chance zu einem Berufsabschluss (→Außerbetriebliche Ausbildung) und führen Umschulungsmaßnahmen, Meistervorbereitungskurse sowie Lehrgänge für fachliche Fortbildung durch. Mit ihnen stehen multifunktional einsetzbare Bildungs- und Technologiezentren bereit, die auf technische und wirtschaftliche Entwicklungen flexibel reagieren und zur Lösung quantitativer und qualitativer Probleme der beruflichen Aus- und Weiterbildung beitragen.

Literatur: Bundesministerium für Bildung und Wissenschaft (Hg.): Überbetriebliche Berufsbildungsstätten. Schriftenreihe Grundlagen und Perspektiven für Bildung und Wissenschaft. Bd. 35. Bonn 1993 – Kath, F.: Die Funktion überbetrieblicher Berufsbildungsstätten im Ausbildungssystem. In: Bredow, A./Dobischat, R./ Rottmann, J. Hg.: Berufs- und Wirtschaftspädagogik von A–Z. Baltmannsweiler 2003 – Kielwein, K.: 30 Jahre Planung und Förderung überbetrieblicher Berufsbildungsstätten. Hg. vom Bundesinstitut für Berufsbildung. Bonn 2005

Folkmar Kath

Übungsfirma

Ü. und Übungskontore sind besondere Organisationsformen (→Lernorte) der beruflichen Bildung, die durch Simulation kaufmännischer Tätigkeiten und Modellierung betrieblicher Realität ganzheitliches sowie Theorie und Praxis miteinander verbindendes Lernen intendieren. Diesem Ziel haben fiktive Geschäftsvorfälle und fingierte Aufträge im Rahmen des Übungs- und Musterkontors (Schulungs-, Lehr- und Simulationsbüro usw.) des kaufmännischen Unterrichts von Anfang an gedient. Innerhalb der methodischen Funktion der „übenden Anwendung" sollte das vorab erworbene theoretische Wissen gefestigt und umgesetzt werden (Idee des praxisnahen Übens und der Konzentration bzw. Verzahnung der einzelnen kaufmännischen Unterrichtsfächer). Die eigentlichen Ü. (früher auch Scheinfirmen genannt) haben ihre Wurzeln in berufsverbandlichen und gewerkschaftlichen Initiativen der 20er Jahre des 20. Jahrhunderts. Lehrlingen und Jungkaufleuten sollte Gelegenheit geboten werden, an möglichst wirklichkeitsgetreuen Situationen kaufmännische Funktionen zu erlernen und zu trainieren. Die Ü. der Gegenwart, die über ihre Gründer hinaus von →Berufsförderungswerken, →Berufsbildungswerken, Wirtschaftsunternehmen und beruflichen Schulen (dort auch einbezogen in die Arbeit im →Lernbüro) unterhalten werden und die in unterschiedlichem Ausmaß dem Deutschen Übungsfirmenring angeschlossen sind, erfüllen in Aus- und Fortbildung, →Umschulung und Rehabilitation wichtige Ergänzungsfunktionen, die aus didaktischen und arbeitsstrukturellen Gründen resultieren, und Ersatzfunktionen, wenn z.B. die praktische Erprobung im Betrieb fehlt. Zum Teil haben Ü. „reale" Elemente (wirkliche Produkte und Dienstleistungen) aufgenommen (→Juniorenfirmen), zunächst als Ergänzung der betrieblichen Ausbildung. Inzwischen sind Juniorenfirmen auch an kaufmännischen und allgemein bildenden Schulen eingerichtet worden. Konzepte der →Handlungsorientierung und des →Lernfeldes sowie der →Schlüsselqualifikationen eröffnen diesen schulischen und außerschulischen Formen neue Begründungen und Gestaltungsmöglichkeiten mit anderen Begrifflichkeiten: statt Bürosimulation bzw. Simulationsbüro als bloße Nachahmung betrieblicher Ernstsituationen Ü. bzw. Lernfirma als dynamisches Simulationsmodell eines Betriebes. Dieser Begriff lässt sich sicher auch leichter für den gewerblich-technischen Bereich verwenden, wo Lernfirmen bzw. -fabriken, →Lerninseln oder Lernzentren von der Renaissance des Lernens und Arbeitens im direkten Produktionsprozess künden.

Literatur: Achtenhagen, F./Tramm, T.: Übungsfirmenarbeit als Beispiel handlungsorientierten Lernens in der kaufmännischen Berufsbildung. In: Friede, C.K./Sonntag, K. (Hg.): Berufliche Kompetenz durch Training. Heidelberg 1993, S. 161-184 – Bonz, B.: Lernfeldkonzeptionen und Methoden in der Berufsbildung. In: Sommer, K.-H. (Hg.): Probleme und Aspekte der Berufsbildung. Stuttgart 2002, S. 20-37 – Czycholl, R.: Die Lernfirma als dynamisches Simulationsmodell in der kaufmännischen Berufsbildung. Ihre praktische und konzeptive Ambivalenz zwischen Praxistraining, nationalsozialistischer Schulung und ganzheitlicher Bildung. In: Sommer, K.-H./Twardy, M. (Hg.): Berufliches Handeln, gesellschaftlicher Wandel, pädagogische Prinzipien. Esslingen 1993, S. 213-224 – Herrmann, A.: Berufs- und Studienorientierung sowie Wirtschaft und Technikbezug an Gymnasien. In: Sommer, K.-H. (Hg.): Probleme und Aspekte der Berufsbildung. Stuttgart 2002, S. 155-171 – Kaiser, F.-J./Weitz, B.O. und Kaiser, F.-J./Weitz B.O./Sarrazin, D.: Arbeiten und Lernen in Schulischen Modellunternehmen, 2 Bde. Bad Heilbrunn 1990 und 1991 – Reetz, L.: Übungsfirma in der kaufmännischen Berufsausbildung – didaktische Möglichkeiten und Grenzen einer Organisationsform wirtschaftsberuflichen Lernens. In: Kutt, K./Selka, R. (Hg.): Simulation und Realität in der kaufmännischen Berufsbildung. Berlin 1986, S. 219-239 – Sommer, K.-H./Fix, W.: Juniorenfirmen als betriebspädagogisches Forschungsobjekt. In: Becker, M./Pleiß, U. (Hg.): Wirtschaftspädagogik im Spektrum ihrer Problemstellung. Baltmannsweiler 1988, S. 280-294 – Wittwer, W. (Hg.): Methoden der Ausbildung. Köln2 2001

Karl-Heinz Sommer

Umschulung und Rehabilitation

→Berufliche Umschulung ist neben der Berufsausbildung und der beruflichen Fortbildung gemäß § 1 BBiG Bestandteil der Berufsbildung.

Rehabilitation bezeichnet alle Maßnahmen, die darauf gerichtet sind, behinderte Menschen in die Gesellschaft zu integrieren; berufliche Rehabilitation zielt neben der schulischen Rehabilitation, medizinischen Rehabilitation und sozialen Rehabilitation, mit denen sie oft verknüpft ist und mitunter zeitgleich stattfindet, auf die Wiederherstellung des Arbeitsvermögens für beruflich qualifizierte Erwerbstätigkeit.

Umschulung und Rehabilitation tragen dazu bei, behinderte und leistungsgeminderte Personen in der Weise zu fördern, dass ihre Behinderung bzw. Leistungseinschränkung abgewendet, beseitigt, gebessert oder kompensiert und in ihren Folgen gemildert wird, damit sie die Möglichkeit erlangen, eine ihren Fähigkeiten und Neigungen entsprechende Berufstätigkeit auszuüben. Diese individuelle Umschulung und Rehabilitation findet auf institutioneller Ebene sowohl in Betrieben des Beschäftigungssystems als auch in überbetrieblichen Rehabilitationseinrichtungen statt – in strengem Wortsinne kann von Umschulung und Rehabilitation allerdings nur bei Erwachsenen gesprochen werden, die umgeschult und damit rehabilitiert werden (→Berufsförderungswerke). Neben den Berufsförderungswerken gelten Werkstätten für Behinderte (WfB) und →Berufsbildungswerke (BBW) als überbetriebliche Rehabilitationseinrichtungen, die durch Spezialzentren für sozialmedizinisch bedeutsame Krankheiten und Behinderungen ergänzt werden, bei denen bereits am Krankenbett mit beruflichen Maßnahmen der Rehabilitation begonnen wird.

WfB bieten Behinderten, die wegen Art und Schwere der Behinderung nicht, noch nicht oder noch nicht wieder auf dem allgemeinen Arbeitsmarkt tätig sein können, einen (beschützten) Arbeitsplatz bzw. Gelegenheit zur Ausübung einer geeigneten Tätigkeit. In der Bundesrepublik Deutschland gibt es derzeit rd. 620 anerkannte Werkstätten für Behinderte, davon rd. 450 in den alten und rd. 170 in den neuen Bundesländern. In diesen Einrichtungen finden rd. 150.000 Behinderte, die wegen ihrer Behinderung auf dem allgemeinen Arbeitsmarkt nicht beschäftigt werden können, eine angemessene berufliche Bildung und eine behindertengerechte Beschäftigung.

BBW dienen der beruflichen Erstausbildung vornehmlich jugendlicher Behinderter. BBW wurden nach § 62 AFG als Dauereinrichtungen geplant und bestehen derzeit aus 49 Einrichtungen, die als flächendeckendes Netz über das gesamte Bundesgebiet verteilt sind und 11.500 Internatsplätze sowie knapp 14.000 Plätze für Ausbildung, Förderungslehrgänge, Arbeitserprobung und Berufsfindung vorhalten.

Literatur: Bundesarbeitsgemeinschaft für Rehabilitation (Hg.): Rehabilitation Behinderter. Schädigung – Diagnostik – Therapie – Nachsorge. Wegweiser für Ärzte und weitere Fachkräfte der Rehabilitation. Köln ²1994 – Bundesministerium für Arbeit und Sozialordnung (Hg.): Die Lage der Behinderten und die Entwicklung der Rehabilitation. Dritter Bericht der Bundesregierung. Bonn 1994 – Ellger-Rüttgardt, S./Blumenthal, W. (Hg.): Über die große Schwelle – Junge Menschen mit Behinderungen auf dem Weg von der Schule in Arbeit und Gesellschaft. Ulm 1997 – Mühlum, A./Oppl, H. (Hg.): Handbuch der Rehabilitation. Neuwied 1992

Martin Kipp

Unternehmenskultur

U. kann beschrieben werden als „collective programming of mind", als Muster der grundlegenden Annahmen von Unternehmensangehörigen, die lange genug zusammen waren, um bedeutende Erfahrungen gemeinsam gesammelt zu haben. U. begreift das Unternehmen als eine Art Kultursystem, das unverwechselbare Vorstellungs- und Orientierungsmuster entwickelt, die das Verhalten der Mitglieder wir-

Unternehmenskultur

kungsvoll prägen. Insofern ist U. eine weitgehend unsichtbare Steuerungsgröße, die sich auf gemeinsame Denk- und Verhaltensmuster, Orientierungen, Werte und Normen bezieht. Sie kann das Handeln, Denken, Fühlen der Menschen in einer Organisation bis zu einem gewissen Grade einheitlich und kohärent machen. Zur U. gehören nicht nur Orientierungsmuster und Programme, sondern auch ihre unsichtbaren Vermittlungsmechanismen und Ausdrucksformen. U. umfasst die drei Ebenen der Basisannahmen, Normen und Standards sowie der Verhaltensweisen und Symbole. Basisannahmen sind den Mitgliedern meist nicht bewusst, nicht sichtbar, bilden aber die entscheidende, prägende Kraft. Sie ordnen sich nach den Grundthemen: Annahmen über die Umwelt, die Natur des Menschen, sein Handeln, die zwischenmenschlichen Beziehungen und die Vorstellungen über Wahrheit. Die meist unbewusst und ungeplant entstandenen Basisannahmen formen sich in Maximen, ungeschriebenen Verhaltensrichtlinien und Normen um, die die Mitglieder in mehr oder weniger breitem Umfang teilen. Diese mehr oder weniger unsichtbaren Annahmen und Standards finden auf der dritten Ebene, der Ebene der Symbole (z.B. bestimmte Formen sozialer Interaktion) und Artefakte (z.B. der Technik, der Gestaltung der Büroräume), ihren Niederschlag. Sie sind sichtbar und nur im Zusammenhang mit den zugrunde liegenden Wertvorstellungen verstehbar.

Folgende Merkmale für eine U. finden sich in der Literatur: U. wird gelebt, sie bezieht sich auf gemeinsame Orientierungen und repräsentiert die „konzeptionelle Welt" der Organisationsmitglieder. Sie ist durch die Geschichte des Unternehmens und seiner Umwelt geprägt, sie ist als Ergebnis des Zusammenspiels der Handlungen vieler anzusehen, sie ist einzigartig, sie ist das Ergebnis eines Lernprozesses im Umgang mit Problemen, sie ist ein implizites und kollektives Phänomen, sie zeigt und materialisiert sich in vielfältigen Ausdrucksformen, sie weist affektive Bezüge auf, sie wird in einem Sozialisationsprozess übertragen. Sie vermittelt Sinn und Orientierung in einer komplexen Organisation.

Für die Entdeckung einer „Kulturgestalt" sind Typologien hilfreich. Eine solche, die an den Alltagserfahrungen der Organisationsmitglieder anknüpft, unterscheidet z.B. eine „Alles-oder-Nichts-Kultur" von einer „Brot-und-Spiele-Kultur", einer „Analytischen Projekt-Kultur" und einer „Prozess-Kultur". Eine an Systempathologien orientierte und auf die Basisannahmen bezogene Typologie unterscheidet die „Paranoide" von der „Zwanghaften", der „Dramatischen", der „Depressiven" und der „Schizoiden". Es werden starke und schwache U. unterschieden, was sich anhand der Merkmale Prägnanz, Verbreitungsgrad sowie Verankerungstiefe der Werte und Normen festmachen lässt. Von einer starken U. ist zu sprechen, wenn ein großer Teil der Unternehmensangehörigen, im Extremfall sogar alle, von den in der U. gefassten Werten und Normen überzeugt sind und sie in ihrem Bewusstsein wurzeln. Als Vorteile einer stark gegenüber einer schwach ausgeprägten U. werden angesehen: der geringe formale Regelungsbedarf, die reibungslose Kommunikation, die rasche Entscheidungsfindung und -umsetzung, die Verbesserung der Handlungsfähigkeit des einzelnen, eine bessere →Motivation der Mitarbeiter und Identifikation mit dem Unternehmen. Diese Vorzüge können zu Nachteilen werden, wenn Umweltbedingungen sich verändern oder eine neue Unternehmensstrategie entwickelt wird. Eine stark ausgeprägte U. kann zu Betriebsblindheit, Einseitigkeit, zur Blockierung neuer Orientierungen, zum Mangel an Flexibilität, zur Tendenz der Abschließung führen. Kulturentwicklung sollte als reflexiver Prozess verstanden werden, um eine allzu starke Kultur aus ihrer „Verklammerung" zu lösen, um Freiraum für das Neue zu schaffen. Eine U. zu verändern, ist ein komplexer, verunsichernder Prozess.

Mit dem Thema U. sind nicht nur unterschiedliche Betrachtungs- und Interpretationsweisen verbunden, sondern auch unterschiedliche Erkenntnis- und Verwendungsinteressen. Wird U. verstanden als kollektive Ausrichtung des individuellen Mitarbeiterbewusstseins auf die Ziele des Unternehmens, dann überrascht es wenig, wenn betriebliche Personalpolitik der Integrationsleistung des Unternehmenskulturansatzes mehr vertraut als der des Berufskonzepts, zumal aus der Perspektive ökonomischer Rationalität in der Berufsförmigkeit von Arbeit und Ausbildung ein Hindernis bei der Entwicklung flexibler betriebs- und arbeitsorganisatorischer Modelle gesehen wird. Tendenziell bedeutet die Hinwendung zu den nicht-rationalen und nicht-formalen Elementen von Organisationen eine Relativierung der Vorstellung von einer technokratischen Machbarkeit und Systemkontrolle. Die Umsetzung der Erkenntnisse des Unternehmenskulturansatzes in die Organisationsgestaltung kann →Selbstorganisation und Kreativität sowie die Verlagerung von Autonomie und Verantwortung befördern, aber auch einen Beitrag zur Aufklärung bisher weitgehend versteckter Wirkungsmechanismen innerhalb von Organisationen leisten. Diese aufklärerischen Kräfte der Diskussion des Unternehmenskulturansatzes zu nutzen, ist eine wichtige Aufgabe bei der Rezeption dieser Diskurse durch die →Berufs- und →Wirtschaftspädagogik.

Literatur: Arnold, R.: Betriebspädagogik. Berlin²1977 – Georg, W.: Kulturelle Tradition und berufliche Bildung. Zur Problematik des internationalen Vergleichs. In: Greinert, W.-D. u.a. (Hg.): Vierzig Jahre Berufsbildungszusammenarbeit mit Ländern der Dritten Welt. Baden-Baden 1997, S. 65-93 – Georg, W.: Die Modernität des Unmodernen. Anmerkungen zur Diskussion um die Erosion der Beruflichkeit und die Zukunft des dualen Systems. In: Schütte, F./Uhe, E. (Hg.): Die Modernität des Unmodernen. Das „duale System" der Berufsausbildung zwischen Krise und Akzeptanz. Berlin 1998, S. 177-198 – Macharzina, K.: Unternehmensführung. Das internationale Managementwissen. Konzepte – Methoden – Praxis. Wiesbaden 1993 – Pätzold, G.: Organisationsentwicklung und die Qualifizierung des Personals in der beruflichen Bildung. In: Dybowski, G./Pütz, H./Rauner, F. (Hg.): Berufsbildung und Organisationsentwicklung. Perspektiven, Modelle, Forschungsfragen. Bremen 1995, S. 354-372 – Scholz, Chr./Hofbauer, W.: Organisationskultur. Die vier Erfolgsprinzipien. Wiesbaden 1990 – Steinmann, H./Schreyögg, G.: Management. Grundlagen der Unternehmensführung. Konzepte, Funktionen und Praxisfälle. Wiesbaden ²1991

Günter Pätzold

Unterrichtsfächer in der gewerblichen Berufsschule

Die gewerblichen Berufsschulen haben seit ihrer Gründung zu Beginn des zwanzigsten Jahrhunderts die doppelte Aufgabe, einerseits die allgemeine Schulbildung fortzuführen und andererseits eine berufliche Bildung zu vermitteln. So besteht der Bildungsauftrag der →Berufsschule nach den Formulierungen der Kultusministerkonferenz (KMK) aktuell darin, „...eine berufliche Grund- und Fachbildung mit einer Erweiterung der allgemeinen Bildung als Bestandteil einer beruflichen Gesamtqualifikation zu vermitteln" (Handreichungen 2000, S. 3). Aus diesen Zielvorgaben resultiert auch das Spektrum der Unterrichtsfächer, welches sich in →allgemein bildende und berufsbildende Inhaltsbereiche gliedert.

Die Fächer für die allgemein bildenden Inhalte lehnen sich in der Regel an die Unterrichtsfächer der allgemeinbildenden Schulen an. In der KMK-„Vereinbarung über den Abschluß der Berufsschule" werden folgende Inhaltsbereiche benannt: „Deutsch, Fremdsprachen, Politik/Wirtschaft, Religion (Ethik) und Sport" (Vereinbarung 1997, S. 4). Da die Lehrpläne für die allgemein bildenden Unterrichtsinhalte von den Bundesländern in eigener Zuständigkeit geregelt werden, gibt es jedoch diesbezüglich unterschiedliche Fächerkombinationen und -benennungen. Für den Bereich „Wirtschafts- und Sozialkunde bei gewerblich-technischen Ausbildungsberufen" hat sich die KMK auf sog. „Elemente für den Unterricht der Berufsschule" verständigt, die als Minimalkanon den „wesentlichen Lehrstoff" für dieses Fach enthalten, wobei das Unterrichtsangebot insgesamt darüber hinaus gehen soll (Elemente 1984).

Auch die berufsbezogenen Lerninhalte waren bis in die jüngste Gegenwart überwiegend nach Unterrichtsfächern strukturiert. Für den Berufsschulunterricht in den gewerblich-technischen Berufen war seit den 1930er Jahren – und ist zum Teil bis heute – eine Fächerstruktur typisch, die die Unterrichtsfächer Fachkunde (bzw. Technologie), Fachrechnen (bzw. Technische Mathematik) und Fachzeichnen (bzw. →Technische Kommunikation) umfasst. Schon seit längerer Zeit wurde das Fächerprinzip als ein zu starrer Rahmen für die Vermittlung zeitgemäßer →Kompetenzen kritisiert. Als unbefriedigend galten vor allem die praxisfremde Aufsplittung der beruflichen Lerninhalte, der mit der Fächerung verbundene 45- bzw. 90-Minuten-Takt sowie die überholte Trennung von sog. allgemein bildenden und berufsbildenden Fächern. Um diese Missstände zu überwinden, wurden vielfach alternative Lernformen wie →Projektunterricht, →handlungsorientierter, oder →fächerübergreifender Unterricht erprobt.

Im Zuge einer „arbeitsorientierten Wende" in der berufsschulischen Didaktik Ende der 1990er Jahre wurde für die berufsbezogenen Lerninhalte mit dem →„Lernfeldkonzept" ein neues Strukturierungsprinzip für den Berufsschulunterricht eingeführt. →Lernfelder sind curriculare Einheiten, die sich an beruflichen Aufgabenstellungen und Handlungsabläufen orientieren und auf die Vermittlung einer →beruflichen Handlungskompetenz zielen. Das beinhaltet, dass nicht mehr Unterrichtsfächer den äußeren Organisationsrahmen für den berufsbezogenen Unterricht bilden, sondern die in den Lernfeldern didaktisch aufbereiteten beruflichen Handlungsvollzüge. Auf diese Weise soll gewährleistet werden, dass die berufsbezogenen Lerninhalte praxisnah vermittelt werden und unmittelbar im Berufshandeln wirksam werden können.

In der praktischen Umsetzung des Lernfeldkonzepts zeigt sich, dass es vielfach in den gewerblichen Berufsschulen noch schwer fällt, sich vom gewohnten Fachunterrichtsprinzip (und auch von dem in diesem Zuge häufig etablierten Fachlehrerprinzip) zu lösen und stattdessen berufliche Handlungssituationen zur Grundlage der Unterrichtsorganisation zu machen.

Seit 1997 sind nach den Vorgaben der Kultusministerkonferenz alle Lehrpläne für den berufsbezogenen Unterricht in der Berufsschule nach Lernfeldern zu strukturieren. Dementsprechend ist heute an den gewerblichen Berufsschulen in den Berufen, die seit 1997 neugeordnet wurden, ein Unterricht in Lernfeldern obligatorisch, während in vielen der noch durch ältere Ordnungen geregelten Berufe weiterhin ein Unterricht im traditionellen Fächermodell stattfindet.

Literatur: Elemente für den Unterricht der Berufsschule im Bereich Wirtschafts- und Sozialkunde gewerblich-technischer Ausbildungsberufe. Beschluß der Kultusministerkonferenz vom 18.05.1984 – Grüner, G.: Gewerbekunde - Fachkunde - Technologie - Fachtheorie - Berufstheorie. Kritische Anmerkungen zur Didaktik des zentralen Berufsschulfaches. In: Bonz, B./Lipsmeier, A. (Hg.): Beiträge zur Fachdidaktik Maschinenbau. Stuttgart 1982, S. 70-84 – Handreichungen für die Erarbeitung von Rahmenlehrplänen der Kultusministerkonferenz (KMK) für den berufsbezogenen Unterricht in der Berufsschule und ihre Abstimmung mit Ausbildungsordnungen des Bundes für anerkannte Ausbildungsberufe. o.O. 2000 – Lipsmeier, A.: Didaktik gewerblich-technischer Berufsausbildung (Technikdidaktik). In: Arnold, R./Lipsmeier, A. (Hg.): Handbuch der Berufsbildung. Opladen 1995, S. 230-244 – Pahl, J.-P.: Berufsschule. Annäherungen an eine Theorie des Lernorts. Seelze-Velber 2004 – Rahmenvereinbarung über die Berufsschule. Beschluß der Kultusministerkonferenz vom 15.03.1991 – Vereinbarung über den Abschluß der Berufsschule. Beschluss der Kultusministerkonferenz vom 01.06.1979 i.d.F. vom 04.12.1997

Kuhlmeier, Werner / Uhe, Ernst

Unterrichtsfächer in der kaufmännischen Berufsschule

Die Unterrichtsfächer in der kaufmännischen Berufsschule gliedern sich gem. der Rahmenvereinbarung der Kultusministerkonferenz vom 14. und 15. März 1991 in einen berufsbezogenen und allgemeinen Unterricht. Beide zusammen sollen einen Mindeststundenumfang von 12 Stunden pro Woche während der Dauer der Ausbildung „abdecken", wobei der Unterricht in Form eines vollzeitigen →Blockunterrichts oder als Teilzeitunterricht an bis zu 2 Tagen pro Woche durchgeführt werden kann.

Zu den berufsbezogenen Unterrichtsfächern zählen als Kernfächer der kaufmännischen Berufsschule Wirtschaftslehre/Wirtschafts- und Sozialprozesse (sie umfasst die Betriebswirtschafts- als auch die Volkswirtschaftslehre), Rechnungswesen/Steuerung- und Kontrolle, Organisation/Bürokommunikation und Datenverarbeitung/Wirtschaftsinformatik. Die fachbezogene (kaufmännische) Mathematik ist nunmehr Teil der berufsbezogenen Unterrichtsfächer. Diese werden je nach Art des kaufmännischen →Ausbildungsberufes um die berufsspezifischen Unterrichtsfächer ergänzt.

Zu dem allgemeinen Unterricht gehören die berufsübergreifenden Fächer Politik, Deutsch, Sport/Gesundheitsförderung, Religion und Fremdsprachen (sofern diese nicht dem berufsspezifischen Unterricht zuzuordnen sind), dessen Inhalte immer den entsprechenden Berufsbezug herausstellen sollen.

Vorrangiges Ziel des berufsbezogenen Unterrichts ist die Vermittlung der beruflichen Grund- und Fachbildung, also die Vermittlung der entsprechenden Fachkompetenz; hingegen soll der allgemeine Unterricht die zuvor erworbene Allgemeinbildung erweitern und zur Persönlichkeitsentwicklung und einem sozialen Verantwortungsbewusstsein beitragen.

Seit dem 01. August 1998 bestehen für die kaufmännischen Ausbildungsberufe neue KMK-Rahmenlehrpläne. Sie beinhalten nun keine detaillierten didaktischen und inhaltlichen Vorgaben mehr, sondern bieten den Lehrkräften durch die Einführung von →Lernfeldern die Möglichkeit autonomer Unterrichtsgestaltung. In den jeweiligen Lehrplänen ist nun je Lernfeld ein Globalziel formuliert, das durch Teilziele und ggf. Inhaltsangaben konkretisiert wird. Die Lehrkräfte erhalten somit die Möglichkeit selbstständig die Lerninhalte im Detail festzulegen und so den sich wandelnden beruflichen Anforderungen des Ausbildungsberufes gerecht zu werden. Da die Zielformulierungen der Lernfelder weiterhin den heutigen Unterrichtsfächern zuordbar sind und der Unterricht bis heute in einem 45- bzw. 90-Minutentakt erfolgt, erscheint deren Einführung zunächst als keine gravierende Änderung. Doch wird es durch die Lernfelder den Lehrkräften einer Ausbildungsstufe ermöglicht einen fächerübergreifenden Unterricht zu gestalten, da innerhalb der Lernfelder durch Lernsituationen gelernt werden soll, die häufig nicht nur ein Lernfeld ansprechen, sondern sich auf mehrere Lernfelder beziehen.

Ziel dieses Konzeptes ist, dass die Auszubildenden durch den fächerübergreifenden Unterricht die Zusammenhänge der einzelnen Unterrichtsinhalte besser erkennen und nicht nur Fachkompetenz sondern auch Methoden-, Sozial-, Human-, Sprach- und Lernkompetenz erwerben.

Es stellt sich jedoch die Frage, inwieweit und in welchem Zeitraum dieses Konzept der Lernfelder in der kaufmännischen Berufsschule umsetzbar ist, denn es bedarf grundlegender organisatorischer und didaktischer Änderungen seitens der Organisation Schule und der Lehrkräfte.

Literatur: Bader, R.: Lernfelder. In: die berufsbildende Schule (1999), 1, S. 3-4 – Herrling, E.: Fächerstruktur contra Lernfelder. In: Wirtschaft und Erziehung (1999), 5, S. 212 – Kirscher, O.: KMK-Lernfelder: Positives Konzept mit Schwächen der Umsetzung. In: Die berufliche Schule (1999), 1, S. 26-29 – Mohr, S.: Zur Entwicklung und Umsetzung Lernfeld orientierter

Curricula. In: Die berufliche Schule (1999), 7/8, S. 261-267

Manuela Maas

Unterweisung

U. in der Berufs- und Wirtschafts- sowie der Arbeitspädagogik ist ein Vorgang des arbeits- bzw. berufsmotorischen Lehrens und Lernens, dessen Maßnahmen sich auf Handlungsvollzüge (Tätigkeiten) zur Erlangung von Arbeitskompetenzen richten. Unterweisungsmaßnahmen fallen vor allem im Betrieb mit seinen verschiedenen →Lernorten (einschl. überbetrieblicher Bildungsstätten) in der planmäßigen Berufsausbildung an und bei anderen betrieblichen Qualifikationsvorgängen, z.B. bei der U. von Un- und Angelernten sowie bei Neueinstellungen und Umsetzungen. Auch in beruflichen Schulen wird unterwiesen, besonders in Schulwerkstätten des gewerblich-technischen Bereiches, wobei die Durchführung der „Fachpraktischen Übungen" sich i.d.R. an betriebliche Unterweisungsverfahren anlehnt. Das REFA-Standardprogramm der Arbeitsunterweisung – verstanden als Maximalprogramm – hat folgenden Aufbau: Ermittlung des Unterweisungsbedarfs, Festlegung der Unterweisungsziele, Schaffung personeller und sachlicher Voraussetzungen, Auswahl der Unterweisungsmethoden, Durchführung der U., Kontrolle des Unterweisungsergebnisses, Selbstständig-weiterüben-lassen, Übungenauslaufen-lassen und Beendigung der Arbeitsunterweisung. Die jeweiligen Unterweisungseinheiten (einführende, begleitende, abschließende U.) können als Einzel-, Partner- oder Gruppenunterweisung durchgeführt werden. Als Methoden der U. dienen – basierend auf Arbeitszergliederung – die Vier-Stufen-Methode (Vorbereitung, Vormachen und Erklären, Nachmachen, Üben und Festigen) und ihre verschiedenen (traditionellen und neuen) Weiterentwicklungen, wie analytische Unterweisungsmethode (nach Tätigkeitsanalyse) und handlungsregulatorische Unterweisungsmethode (observatives, mentales, verbales und motorisches Training). Die kombinierte U. vereinigt psychoregulativ akzentuierte Trainingsformen mit der analytischen Arbeitsunterweisung, der Vier-Stufen-Methode und Lernen durch Medienunterstützung. In der Berufsausbildung (wie auch in der Fortbildung) kommen zu diesen Grundformen der Arbeitsunterweisung andere →Lehr-Lern-Arrangements hinzu, die die Lernerperspektive betonen bzw. den zunehmend komplizierter werdenden Produktions- und Arbeitsverfahren Rechnung tragen, z.B. Lernaufträge, →Projektarbeit, Lernen mittels →Leittexten sowie in und an simulierten Umwelten.

Literatur: Bunk, G.P.: Methodenlehre der Betriebsorganisation: Arbeitspädagogik. Hg. v. REFA-Verband für Arbeitsstudien und Betriebsorganisation. München ²1991 – Pätzold, G.: Lehrmethoden in der beruflichen Bildung. Heidelberg ²1996 – Schelten, A.: Grundlagen der Arbeitspädagogik. Stuttgart ³1995 – Schelten, A.: Berufsmotorisches Lernen in der Berufsbildung. In: Bonz, B. (Hg.): Didaktik in der beruflichen Bildung. Baltmannsweiler 2001, S. 135-151 – Schmiel, M. (Hg.) mit Beiträgen von Stratenwerth, W. u.a.: Berufs- und Arbeitspädagogik. Düsseldorf⁶1988 – Schurer, B.: Grundlagen einer Unterweisungsdidaktik. In: Sommer, K.-H. (Hg.): Aspekte der Planung und Gestaltung von Unterricht und Unterweisung. Esslingen 1986, S. 37-66 – Sommer, K.-H.: Berufliche Ausbildung. In: Roth, L. (Hg.): Pädagogik. München ²2001, S. 538-553 – Wittwer, W. (Hg.): Methoden der Ausbildung. Köln ²2001

Karl-Heinz Sommer

Verwaltungs- und Wirtschaftsakademie

Die Verwaltungs- und Wirtschaftsakademie (VWA) stellt eine Ausbildungseinrichtung dar, deren Träger vorwiegend →Industrie- und Handelskammern (IHK) sowie Gemeinden bzw. Gemeindeverbände sind. Zum Führungsgremium gehören der Akademieleiter, dessen Position häufig vom Regierungspräsidenten oder dem Hauptgeschäftsführer der örtlichen IHK wahrgenommen wird, sowie der wissenschaftliche Studienleiter und der Geschäftsführer. Der Studienleiter hat die Qualität des Lehrprogramms auf universitärem Niveau zu verantworten. Die wissenschaftliche Ausbildung wird primär von Universitätsprofessoren vorgenommen.

Die erste Verwaltungsakademie wurde 1919 in Berlin gegründet. Mittlerweile existieren in 89 Städten Deutschlands Akademien, die im „Bundesverband deutscher Verwaltungs- und Wirtschafts-Akademien" zusammengeschlossen sind.

Die Studierenden der VWA stellen Führungsnachwuchs für Unternehmungen und Verwaltungen dar, die neben ihrer Arbeitszeit an wissenschaftlichen Veranstaltungen der Akademie teilnehmen. Die Abschlüsse, die an den VWA erworben werden können, umfassen insbesondere den Verwaltungs-Betriebswirt (VWA) und den Betriebswirt (VWA). Nach dem Abschluss an der VWA ist ein einjähriges MBA-Studium (Master of Business Administration) – z.B. in Großbritannien, Frankreich oder der Schweiz – möglich.

Seit Anfang der siebziger Jahre wird von einigen Akademien eine duale Ausbildung angeboten, in deren Rahmen Abiturienten sowohl einen berufsqualifizierenden Abschluss (z.B. Industriekaufmann) als auch den zum Betriebswirt (VWA) erlangen können.

Literatur: Eichhorn, P.: Verwaltungs- und Wirtschaftsakademien. In: Handbuch der Aus- und Weiterbildung 93. Ergänzungslieferung. Februar 1996 – o. V.: Verwaltungs- und Wirtschaftsakademien – Im Internet: http://www.vwa.de

Heinz Lothar Grob

Vorberufliche Bildung

V. B. ergänzt die Allgemeinbildung um wesentliche Aspekte und steht unter der besonderen Zielsetzung, die Jugendlichen zur Berufswahlreife bzw. Ausbildungsreife zu führen und für den Erwerb solcher Kenntnisse, Fertigkeiten, Fähigkeiten und Einstellungen Sorge zu tragen, die eine spätere berufliche Ausbildung und Tätigkeit begünstigen.

Vorberufliche Inhalte sind somit immer auf →Arbeit und →Beruf bezogen, und die technische, ökonomische sowie soziale Elementarerziehung erfüllen die Funktion einer v. B. insbesondere, „wenn sie Beiträge liefern (1) zur Sinnerfassung der Arbeit (2), zur Erziehung von Arbeitstugenden (3) zur speziellen Orientierung in der Betriebswelt mit ihren unterschiedlichen Arbeitsplätzen" (Bunk 1982, S. 24 f.).

V. B. vollzieht sich zumeist als geplanter Lehr- und Lernprozess vor allem in allgemein bildenden Schulen und wird als „Bindeglied von Allgemeinbildung und Berufsbildung" (Albers 1987, S. 35) verstanden.

In den vergangenen Jahrzehnten wurden vor allem curriculare Abgrenzungsfragen zwischen vorberuflicher und beruflicher Bildung insbesondere im Zusammenhang mit der →Berufsgrundbildung diskutiert. So formulierte die Bildungskommission des Deutschen Bildungsrates, dass im Hinblick auf die Festlegung der Ziele und Inhalte des →Berufsgrundbildungsjahres der didaktische Zusammenhang „mit der vorberuflichen Bildung (insbesondere der Arbeitslehre) und der nachfolgenden beruflichen Fachbildung zu gewährleisten" ist (Deutscher Bildungsrat 1973, S. 183 f.). Vor allem in der Diskussion um die →Arbeitslehre erhielt die Frage der v. B. einen zentralen Stellenwert (vgl. Kaiser 1974). Trotz unterschiedlicher Auffassungen und Betrachtungsweisen im Hinblick auf die v. B. ist inzwischen unstrittig, dass die v. B. neben der beruflichen Grundbildung, beruflichen Fachbildung und beruflichen Weiterbildung zum Gegenstands- und Forschungsbereich der Arbeits-, →Berufs- und →Wirtschaftspädagogik gehört (vgl. Sommer/Albers 1996, S. 283; Kell 1995, S. 369).

Literatur: Albers, H. J.: Allgemeine sozio-ökonomisch-technische Bildung. Köln/Wien 1987 – Bunk, G.P.: Einführung in die Arbeits-, Berufs- und Wirtschaftspädagogik. Heidelberg 1982 – Deutscher Bildungsrat: Empfehlungen der Bildungskommission: Strukturplan für das Bildungswesen. Stuttgart 1973 – Dibbern, H./ Kaiser, F.-J./ Kell, A.: Berufswahlunterricht in der vor-

beruflichen Bildung. Bad Heilbrunn 1974 – Kaiser, F.-J.: Arbeitslehre – Materialien zu einer didaktischen Theorie der vorberuflichen Bildung. Bad Heilbrunn 1974 – Kaiser, F.J.: Vorberufliche Bildung – Stufe des ökologischen Übergangs zwischen allgemeiner und beruflicher Bildung. In: Buer, J. van/ Zlatkin-Troitschanskaia, O. (Hg.): Adaptivität und Stabilität der Berufsausbildung – Theoretische und empirische Untersuchungen zur Berliner Berufsbildungslandschaft. Frankfurt a.M. u.a. 2005 – Kell, A.: Organisation, Recht und Finanzierung der Berufsbildung. In: Arnold, R./ Lipsmeier, A. (Hg.): Handbuch der Berufsbildung. Opladen 1995, S. 369-397 – Sommer, K.-H./ Albers, H.-J.: Vorberufliche und berufliche Bildung im didaktischen Kontext am Beispiel der informationstechnischen Bildung. In: Beck, K./Müller, W./Zimmermann, M. (Hg.): Berufserziehung im Umbruch. Weinheim 1996, S. 279-296

Franz-Josef Kaiser

Weiterbildung

In der reformerischen Tradition des Deutschen Bildungsrats definiert sich W. als Oberbegriff für unterschiedliche Arten beruflichen und nicht-beruflich orientierten Lernens (v.a. berufliche Fortbildung, Umschulung, allgemeine und politische →Erwachsenenbildung). W. meint dabei sowohl eine spezifische menschliche Tätigkeit als auch einen institutionalisierten Aufgabenbereich für die gesellschaftliche Organisation lebenslangen Lernens. Hiernach wird unter W. einmal die Tätigkeit der Wiederaufnahme organisierten Lernens nach Abschluss einer ersten Bildungsphase verstanden. Dieses Bildungshandeln hat mittlerweile eine große Bedeutung erlangt: Beinahe jeder zweite Erwachsene beteiligte sich 1994 an organisierter W. Unter dem zweiten Aspekt institutionalisierter Bildungsarbeit und -angebote ist W. durch thematische Offenheit für gesellschaftliche Entwicklungen, Pluralität der Bildungsträger und -konzeptionen, relativ geringe Regelungsdichte sowie durchlässige Systemgrenzen geprägt. Angesichts fortschreitender Modernisierung nehmen institutionelle Mischungsverhältnisse zu, wo W. anteilig im Rahmen kombinierter Strategien von beispielsweise Arbeitsplatzschaffung, betrieblicher Modernisierung, ökologischer Vitalisierung oder kultureller Betätigung erfolgt.

Die Wurzeln moderner W. reichen bis Anfang des 19. Jahrhunderts zurück. Industrialisierung und Demokratisierung sind die beiden wichtigsten gesellschaftlichen Triebkräfte. Ab 1970 setzt der Ausbau zu einem eigenständigen Bereich der W. ein. Die Mehrzahl der Bundesländer erlassen Weiterbildungsgesetze, die schwerpunktmäßig die finanzielle Förderung von Weiterbildungsträgern und -aufgaben regeln. Parallel zu dieser Etablierung einer öffentlich verantworteten W. nehmen in der Wirtschaft vielfältige Aktivitäten betrieblicher W. zu; ab den 80er Jahren werden auch hier Professionalisierungsbestrebungen intensiviert, mit denen allerdings bald ein wachsendes Interesse an dezentralen und arbeitsplatznahen Formen →selbst gesteuerten Lernens konkurriert (→Dezentrales Lernen). Daneben bildet sich auf der Regelungsgrundlage des →Arbeitsförderungsgesetzes von 1969 eine dritte Säule der W. heraus, die maßgeblich zur Konstituierung eines expansiven Bildungsmarkts beiträgt. Allein 1994 gab die Arbeitsverwaltung ca. 19 Mrd. DM für W. aus. Von Bedeutung ist hierbei der anhaltende wohlfahrtsstaatliche Regulierungsbedarf aufgrund verfestigter Massenarbeitslosigkeit sowie die transformationsbedingte Restituierung der ostdeutschen Wirtschaft. Schließlich kennzeichnet das pädagogische Handlungsfeld der W. noch die Nähe zu den neuen sozialen Bewegungen (z.B. Ökologie, Frauen). Für sie macht Bildungsarbeit ein zentrales Element der politischen Selbstverständigung und subjektorientierten Bewusstseinsbildung aus.

Literatur: Arnold, R.: Betriebliche Weiterbildung. Bad Heilbrunn 1991 – Brödel, R. (Hg.): Erwachsenenbildung in der Moderne. Opladen 1997 – Dobischat, R./ Husemann, R. (Hg.): Berufliche Weiterbildung als freier Markt? Berlin 1995

Rainer Brödel

Weiterbildungsberatung

Unter W. ist allgemein die fallbezogene, diskursive Information Ratsuchender zu verstehen, um deren weiterbildungsbezogene Handlungs- und Entscheidungskompetenz zu verbessern. Zunehmende Individualisierung sowie komplexere Anforderungen an die Berufs- und Lebensplanung Erwachsener unterstreichen die Wichtigkeit von →Weiterbildung und W. In Anbetracht eines intransparenten, weitgehend marktförmig organisierten Weiterbildungsangebots mit unterschiedlichen Anforderungs- und Verbindlichkeitsgraden für Lernen begründet sich die Forderung nach verstärktem Ausbau einer trägerübergreifenden, professionellen W. Neben dieser institutionell eigenständigen W. ist allerdings nicht das faktisch hohe Gewicht sowie die prozessuale Funktionalität einer pädagogisch alltäglichen – die organisierte Bildung und Qualifizierung begleitenden – W. zu unterschätzen. Letztere erfolgt als eine zwar unterscheidbare, aber kaum trennbare Komponente des planenden und lehrenden didaktischen Handelns innerhalb einer Einrichtung oder auch eines weiterbildenden Betriebs.

Drei Aufgabenschwerpunkte haben sich im Zuge der institutionellen Etablierung von W. herauskristallisiert:
1. individuelle Personenberatung, wobei der Schwerpunkt auch bei einzelnen Zielgruppen liegen kann,
2. Institutionenberatung von Bildungsträgern, Betrieben und Organisationen sowie
3. die koordinierte Bildungswerbung für eine umgrenzte Region.

Analog zu dieser Aufgliederung lassen sich drei inhaltlich wichtige Funktionen von W. herausstellen:
1. die reflexive Orientierung Ratsuchender über geeignete Weiterbildungsangebote, wobei in den 90er Jahren noch verstärkt Aufgaben des Teilnehmer- und Verbraucherschutzes übernommen werden müssen,
2. die impulsgebende Koppelung von Bildungsanbietern und -nachfragern sowie
3. die Moderierung eines regionalen Angebots-Ressourcen-Managements unter Bildungsträgern.

Die zuletzt genannte Aufgabe von W. gewinnt zukünftig wegen einer knapper ausfallenden öffentlichen Bildungsförderung an Bedeutung: Soll dem gegebenen Weiterbildungsbedarf in der Region noch entsprochen werden können, so müssen sich die Weiterbildungsträger auf arbeitsteiliges Vorgehen bei Programmschwerpunkten und auf interinstitutionelle Vernetzungsmöglichkeiten ihrer Angebote verständigen.

Literatur: Brödel, R. (Hg.): Lebenslanges Lernen – Lebensbegleitende Bildung. Neuwied 1998 – Eckert, Th./Schiersmann, Ch./Tippelt, R. (Hg.): Beratung und Information in der Weiterbildung. Baltmannsweiler 1997

Rainer Brödel

Weiterbildungsmanagement

Der Begriff des W. stellt auf die Planungs- und Organisationsbedürftigkeit von →Weiterbildung ab. Im Gegensatz zur Schule liegt veranstalteter Weiterbildung ein weiter Didaktikbegriff zugrunde, der die betriebswirtschaftlich relevanten Aspekte der Finanzierung und Ressourcenbereitstellung als pädagogisch-konzeptionelle Überlegungen einbezieht. Da professionelle Bildungsarbeit unter unterschiedlichen institutionellen und situativen Rahmenbedingungen erfolgt, ist W. kontextspezifisch auszulegen. Erhebliche Unterschiede bestehen hier zwischen der öffentlich verantworteten und der betrieblich getragenen Weiterbildung. Wichtige aktuelle Problemstellungen von W. sind Finanzierungsfragen, pädagogisches →Qualitätsmanagement und Öffentlichkeitsarbeit.

Literatur: Decker, F.: Bildungsmanagement für eine neue Praxis. München 1995 – Staudt, E. (Hg.): Personalentwicklung für die neue Fabrik. Opladen 1993

Rainer Brödel

Werkschule

Bei der W. handelt es sich um einen Sammelbegriff für eine historisch überkommene betriebliche Sonderform der →Berufsschule. Sie entstand in Einzelinitiative vor allem in Großbetrieben der Bergbau-, Schwer- und Maschinenindustrie und der Deutschen Reichsbahn, die sie organisatorisch und finanziell trugen. Die W. war integraler Bestandteil eines nach 1900 entstandenen industriellen Gesamtausbildungskonzepts, das die Einfachstschulung von An- und Ungelernten, die Lehrlingsausbildung oder die Weiterbildung von Facharbeitern und Technikern durch berufstheoretischen Unterricht ergänzen sollte. Ihr Bildungsauftrag umfasste auch die politisch umstrittene Aufgabe, „die Erziehung des Arbeiters zum Staatsbürger" zu fördern. Wesentliche Bestandteile der W. waren Werkberufsschule und Werkunterricht. Erstere bedurfte als Ersatzberufsschule gemäß § 120 GO (i.d.F. vom 26.7.1900) der staatlichen Anerkennung. Der Werkunterricht umfasste ein betriebsinternes zusätzliches Lernangebot, das den Unterricht der öffentlichen Berufsschule ergänzen oder vertiefen sollte oder der Belegschaft zur betrieblichen Weiterbildung angeboten wurde. W. stellten also in Aufbau und Lernstruktur keine Einheit dar, sondern unterschieden sich je nach Intensität des Ausbildungsengagements und der spezifischen Produktionsinteressen der Betriebe.

Als Werkberufsschule war die W. der öffentlichen Fortbildungs- bzw. Berufsschule in jeder Hinsicht überlegen, da sie Ausbildung und Lernen unter Berufsbezug besser verband: Unter einheitlicher Leitung stehend, konnte der →Lehrplan des Unterrichts optimal mit dem Ausbildungsplan der →Lehrwerkstatt abgestimmt werden; konnten industrietypische Lehrinhalte angemessen und effektiv vermittelt werden: Die Lehrenden der W. waren i.d.R. erfahrene Ingenieure und Werkmeister des eigenen Betriebs; die Schüler waren meist alters- und berufshomogen zusammengesetzt. Der Unterricht fand während der Arbeitszeit statt und nicht, wie in vielen →Fortbildungsschulen der damaligen Zeit üblich, am späten Abend; er konnte moderner gestaltet werden, da wesentlich bessere Lehrmittel zur Verfügung standen.

Historische Entwicklung: W. entstanden nach 1880 parallel zur Gründung industrieller Lehrwerkstätten auf Initiative einzelner Großbetriebe. Diese Entwicklung wurde angestoßen durch die aufkommende Frontstellung der Industrie zum organisierten Handwerk, das sich über die Gesetzgebung zur Gewerbeordnung das Ausbildungs- und Prüfungsmonopol rechtlich und politisch gesichert hatte und das ihr eine gleichberechtigte Mitgestaltung am Lehrlings- und Prüfungswesens verweigerte. Sie führte 1908 zur Gründung des Deutschen Ausschusses für Technisches Schulwesen (DATSCH), der sich die Schaffung eines einheitlichen industriellen Berufsausbildungssystems zum Ziel setzte. Den Anstoß habe gegeben, so 1912 der Geschäftsführer des Vereins deutscher Maschinenbauanstalten, dass die Industrie durch das Fehlen theoretisch wie fachlich gut ausgebildeter Facharbeiter in ihrer Entwicklung gefährdet sei, „denn die im Handwerk ausgebildeten Schlosser, Schmiede, Tischler und Mechaniker können in der Industrie selbst ausgebildete Facharbeiter nicht ersetzen, da sie den Anforderungen nicht genügen" (DATSCH 1912, S. 211). Aus den „Überläufern aus dem Handwerk" könne allenfalls der Bedarf an angelernten Arbeitern gedeckt werden, und selbst die bedürften noch der betrieblichen Umschulung in W. Bemängelt wurde auch der vom Staat zu verantwortende schlechte Zustand der Fortbildungsschulen, deren wenige Stunden – meist am späten Abend – nutzlos seien. Dagegen zeigten die bisherigen Erfahrungen, dass die Vorteile einer von der Industrie getragenen W. auf der Hand lägen.

Um die Einzelanstrengungen der Betriebe zu koordinieren, entwickelte der DATSCH 1912 in seinen „Leitsätzen" ein Konzept für ein umfassendes industrielles Ausbildungswesen

(DATSCH 1912, S. 223-227), das auch der Idee der W. zum Durchbruch verhalf. Da jedoch während des Ersten Weltkrieges die gesamte Berufsausbildung fast zum Erliegen kam, war zu Beginn der Weimarer Republik u.a. auch eine Reorganisation der W. erforderlich. Sie gerieten allerdings schnell in den Strudel der politischen Wirren der Zeit. Es war vor allem das Deutsche Institut für technische Arbeitsschulung (DINTA), 1925 vom politisch reaktionären Stahl-Eisen-Verein gegründet, das in Konkurrenz zum liberaleren DATSCH eine neue Ausbildungsphilosophie der „industriellen Menschenführung" entwickelte und dieses politische Sozialisationskonzept breit in den Betrieben verankerte. Es war Teil des gegen gewerkschaftliche Mitbestimmung im Feld der Berufserziehung gerichteten Konzepts der „Werksgemeinschaft". Die Werkschulerziehung durchzog nun ein nationalistischer und militaristischer Geist; ihre Ausbilder sollten die „Felddienstordnung des kaiserlichen Heeres" zum Leitbild ihrer Erziehung machen. Dieses vor 1933 heftig umstrittene Konzept erlangte fast amtlichen Charakter, als das DINTA mit seiner Eingliederung in die „Deutsche Arbeitsfront" Teil des NS-Herrschaftsapparats wurde. In der NS-Zeit erreichte die Werkschulbewegung ihre größte Bedeutung. Sie war nun Teil eines primär unter politischen Zielen stehenden Erziehungskonzepts künftiger „Soldaten der Arbeit" im Dienste der aggressiven Ziele des NS-Systems. Nach 1945 wurden die W. zunächst in vielen Großbetrieben reorganisiert, nun auch in den Bereichen Automobil-, Elektro- und Chemieindustrie. Anfang der 70er Jahre zeichnete sich allerdings eine entscheidende Strukturveränderung ab: Unter der bildungspolitischen Leitidee der Gleichheit von →allgemeiner und beruflicher Bildung begann ein beispielloser Ausbau und Modernisierungsprozess des staatlichen Berufsschulwesens, auf den die Betriebe gleichsam unbemerkt mit einer Schließungswelle ihrer W. reagierten. Diese Entwicklung darf als weitgehend abgeschlossen gelten. Vor allem die Werkberufsschule gehört heute fast der Vergangenheit an. Sie wurde durch den betrieblichen Zwang zur Kosteneinsparung und den damit einhergehenden Verlust traditioneller Ausbildungskultur forciert. Die W. waren wohl auch ein allzu spezifischer Ausdruck des deutschen Sonderwegs zur Lösung der industriellen Facharbeiterfrage.

Als betriebliche Weiterbildungszentren leben die W. in gewandelter Form fort. Auch bleiben berufspädagogische Überlegungen einer Verbindung von Arbeiten und Lernen unter Berufsbezug, wie sie in den 20er Jahren zur W. formuliert wurden, weiterhin aktuell. Sie sind in modernen Konzepten industrieller, schulischer und überbetrieblicher Aus- und Weiterbildung wiederzufinden, wo z.B. in Form projektorientierter Ausbildung berufsbezogene Theorie als selbst gesteuerter Lernprozess integriert und praxisorientiert vermittelt wird (→Lerninsel).

Literatur: Arnhold, C.: Wehrhafte Arbeit. Eine Betrachtung über den Einsatz der Soldaten der Arbeit. Berlin 1939 – Deutscher Ausschuß für technisches Schulwesen (Hg.): Abhandlungen und Berichte über technisches Schulwesen. Bd. 3: Arbeiten auf dem Gebiet des technischen niederen Schulwesens. Leipzig/Berlin 1912 – Barschak, E.: Die Idee der Berufsbildung und ihre Einwirkung auf die Berufserziehung im Gewerbe. Leipzig 1929 – Bücher, K.: Die gewerbliche Bildungsfrage und der industrielle Rückgang. Eisenach 1877 – Dehen, P.: Die deutschen Industriewerkschulen. München 1928 – Fricke, F: Deutsches Institut für technische Arbeitsschulung. In: Fricke, F.: Sie suchen die Seele! Berlin²1927 – Rennschmid, L.: Der Lehrling in der Industrie. Jena 1931 – Schindler, E.: Lehrlingswesen. In: Handwörterbuch der Staatswissenschaften. Bd. 6. Jena 1925, S. 299-326 – Schwarze, B.: Die Werkschulen der deutschen Reichsbahn. In: Handbuch für das Berufs- und Fachschulwesen. Leipzig o. J. (1923), S. 175-188 – Stolzenberg, O.: Werkschulen. In: Handbuch für das Berufs- und Fachschulwesen. Leipzig o.J. (1923), S. 165-174 – Tollkötter, B.: Bildungsmaßnahmen in der Wirtschaft. Eine Untersuchung des Ettlinger Kreises über zusätzliche Bildungseinrichtungen in Industrie und Handel. Weinheim 1966 – Tollkühn, G.: Die planmäßige Ausbildung des gewerblichen Fabrik-

lehrlings in den metall- und holzverarbeitenden Betrieben. Jena 1926

Rolf Seubert

Wirtschaftsdidaktik

Im Jahr 1974 traf Czycholl die Feststellung, dass der Begriff Wirtschaftsdidaktik noch nicht sehr geläufig sei, jedoch in zunehmendem Maße Verbreitung finde. Diese Einschätzung hat sich nur bedingt erfüllt, weil auch heute – nach mehr als 20 Jahren – in der Literatur eine Begriffsvielfalt vorherrscht.

Unterschiedliche Begriffe wie Didaktik der Wirtschaftswissenschaften, Fachdidaktik Wirtschaftswissenschaften, Fachdidaktik Wirtschaftslehre, Didaktik des Wirtschaftslehreunterrichts, Didaktik der Ökonomie, Didaktik einer sozio-informationstechnischen Bildung, Wirtschaftsberufliche Fachdidaktik, Didaktik der kaufmännischen Berufserziehung sind nicht primär Beleg für die Präferenz einzelner Autoren nach eigener Begrifflichkeit, sondern Ausdruck dafür, welche Aspekte des Gegenstandsbereiches als besonders relevant erachtet werden. Beispielsweise spielen berufliche Fertigkeiten in einer Didaktik der kaufmännischen Berufserziehung eine größere Rolle als in einer Fachdidaktik Wirtschaftswissenschaften.

Fast allen Autoren ist jedoch gemeinsam, dass sie sich mit der Schnittstellenfunktion der Wirtschaftsdidaktik zwischen Wirtschaftswissenschaften und Allgemeiner Didaktik auseinandersetzen und zentrale wirtschaftsdidaktische Fragestellungen, wie sie in der folgenden Abbildung (S. 480) zusammengefasst werden, thematisieren.

Während sich heute eine Mehrheit der Wirtschaftspädagogen und Wirtschaftsdidaktiker als Vertreter einer erziehungswissenschaftlichen Spezialdisziplin verstehen, gab es historisch eine traditionelle personelle und institutionelle Verknüpfung von Fachwissenschaft (Betriebswirtschaftslehre) und Fachdidaktik. Beispielsweise trug der erste wirtschaftspädagogische Lehrstuhl in Leipzig im Jahr 1923 den Titel „Ordinariat für Handelsschulpädagogik und betriebswirtschaftliche Nachbargebiete". Czycholl kommt zu der pragmatischen Feststellung, dass Fachdidaktik aus wissenschaftspraktischer Sicht beides war und ist, eine erziehungswissenschaftliche oder eine wirtschaftswissenschaftliche Disziplin.

In Österreich steht aufgrund der **einphasigen** Lehrerausbildung außer Zweifel fest, dass eine „anwendungsorientierte fachdidaktische Ausbildung" (Schneider) einen zentralen Baustein des universitären Wirtschaftspädagogikstudiums darstellt. In Deutschland dagegen wird aufgrund der **zweiphasigen** Ausbildung (Studium und Referendariat) Wirtschaftsdidaktik als wissenschaftliches Forschungsfeld sowie als Gegenstand universitärer Lehre sehr unterschiedlich beurteilt.

Zabeck ist beispielsweise der Auffassung, dass Fachdidaktik nicht als Wissenschaft betrieben werden kann. Achtenhagen hingegen sieht die Aufgabe der Fachdidaktik als Wissenschaft und Hochschuldisziplin darin, schlüssige Entscheidungshilfen für unterrichtliches Handeln bereitzustellen und diese theoretisch zu begründen. Fachdidaktisches Handlungswissen sollte auch im Rahmen der Lehreraus- und Weiterbildung erprobt und geübt werden.

Theoretische Überlegungen zu Fachdidaktik haben ein doppeltes Bezugssystem, weil auf universitärer Ebene das Verhältnis Wissenschafter/Ausbilder-Student angesprochen wird, auf institutspädagogischer Ebene (z.B. Schule) das Verhältnis Lehrer-Schüler. Fragen wie jene nach den Kriterien für die Auswahl der Unterrichtsinhalte, nach der Bewertung und Umsetzung von Unterrichtsmethoden bzw. nach dem Lernverständnis sind primär der institutspädagogischen Ebene zuzuordnen. Auf dieser Ebene herrscht weitgehende Übereinstimmung in der positiven Beurteilung vieler wirtschaftsdidaktischer Entwicklungen wie der verstärkten Betonung handlungsorientierter Methoden (→Lernbüro, →Übungsfirma, (computerunterstützte) Fallmethode etc.), der

Bezugsgrößen/Fragestellungen zum Selbstverständnis von Wirtschaftsdidaktik

Wirtschaftsdidaktik Wirtschaftswissenschaften (BW, VW)

anthropologische Orientierung: Effizienz, Rentabilität, Gewinnprinzip

Berufsbildungsforschung, Arbeitsmarktforschung: Bestimmung gegenwärtiger und zukünftiger beruflicher Anforderungen

⇔ **Wirtschaftsdidaktik** ⇔

Erziehungswissenschaft (Allgemeine Didaktik)

anthropologische Orientierung: Mündigkeit, Solidarität, Selbstbestimmung

Pädagogische Psychologie (z. B. Lernpsychologie)

⇓

Fragestellungen:

Wissenschaftssystematik: Ist Wissenschaftsdidaktik Teil der Erziehungswissenschaft oder der Wirtschaftswissenschaften oder eine eigenständige Integrationswissenschaft?

Institutionelle Ebene: Ist Wirtschaftsdidaktik Teil der **universitären** Lehre und/oder der **außeruniversitären zweiten** Ausbildungsphase (Referendariate)? Im engen Kontext dazu stehen folgende Fragen: Soll bzw. kann eine **wirtschaft- bzw. fachdidaktische Kompetenz** im Rahmen der **universitären** Ausbildung vermittelt werden? Wenn ja – Wie und in welchem Umfang?

Forschungsgegenstand: Ist Gegenstand der Wirtschaftsdidaktik die **allgemeine Wirtschaftserziehung** („wirtschaftliche Allgemeinbildung") und/oder die Vorbereitung auf (Schul)unterricht in den **wirtschaftsberuflichen Fächern** (Wirtschaftslehre, Rechnungswesen etc.) und/oder die **berufliche Bildung** (Erfüllung berufsspezifischer Anforderung)?

Inhaltsebene: Wie ist der Stellenwert der Wirtschaftswissenschaften (**Wissenschaftsorientierung**), der beruflichen Anforderungen (**Praxisorientierung**) sowie der subjektiven Interessen der Schüler/innen bzw. der Teilnehmer/innen (**Lebenswelt- und Persönlichkeitsorientierung**) bei der Auswahl der Unterrichtsinhalte?

Vermittlungsebene: Wie erfolgt die **Auswahl und Umsetzung** lehrerzentrierter und handlungsorientierter Methoden im Unterricht (im weiteren Sinn)?

Lehr- Lern-Ebene: Erfolgt Lernen primär als **Instruktion** und/oder **Konstruktion**? Was sind die Merkmale einer adäquaten Lehr-Lern-Kultur?

Abb.: Bezugsgrößen/Fragestellungen zum Selbstverständnis von Wirtschaftsdidaktik

Förderung einer modernen Lehr-Lern-Kultur zwischen Objektivismus und →Konstruktivismus wie sie u.a. Dubs vorschlägt, der verstärkten Integration Neuer Medien in die wirtschaftsberufliche Bildung etc.

Weitgehende Einigkeit besteht auch darin, dass Fachdidaktik über Inhalts- und Methodenfragen (WAS und WIE-Fragen) hinausgeht und u.a. die Beschäftigung mit Zielen (WOZU-Fragen), Lehrplanfragen, Interaktionsproblemen, Problemen der Leistungs- und Unterrichtsevaluation einschließt. Dubs weist in seiner Definition von Fachdidaktik ausdrücklich darauf hin, dass ein fundiertes fachwissenschaftliches Wissen und Können zwar eine notwendige, aber keine ausreichende Basis für wirtschaftsdidaktische Kompetenz darstellt. Vielmehr benötigt man dafür auch pädagogisches Wissen, Wissen über die Schülerinnen und Schüler sowie Wissen über die Abhängigkeit der Schule von ihrer Umwelt, also pädagogisches Inhaltswissen.

Ausgehend von einem weit gefassten Verständnis von Didaktik befasst sich Wirtschaftsdidaktik mit dem auf **Ökonomie** und **kaufmännische Berufe** ausgerichteten **Lehren und Lernen**, sowohl im **schulischen** wie auch im **außerschulischen** Kontext. (z.B. betriebliche- bzw. überbetriebliche Aus- und Weiterbildung, wirtschaftliche Allgemeinbildung in Erwachsenenbildungseinrichtungen).

Angesichts der gewaltigen wirtschaftlichen, technologischen und gesellschaftlichen Umbrüche (Globalisierung, strukturelle Arbeitslosigkeit auf hohem Niveau, Revolutionierung der Arbeitswelt durch die modernen Kommunikationstechnologien etc.) stellen sich eine Vielzahl neuer wirtschaftsdidaktischer Fragen wie zum Beispiel jene nach dem Einfluss der neuen Kommunikationstechnologien auf das Lernverständnis, das methodische Arrangement sowie generell auf den Einfluss im ökonomischen Unterricht.

In welchem Umfang und auf Basis welcher Werthaltungen, pädagogischer Konzepte und lernpsychologischer Theorien **multimediales Lernen** in die ökonomische und berufliche Bildung zu integrieren ist, stellt eine der zentralen wirtschaftsdidaktischen aktuellen und zukünftigen Herausforderungen dar. Ebenso die curriculare Fragestellung, ob sich die Auswahl der Unterrichtsinhalte wirtschaftsberuflicher Bildung sowie die Organisation des Unterrichts primär an beruflich relevanten Handlungsfeldern zu orientieren hat (Lernfeldkonzept, Geschäftsprozessorientierung).

Literatur: Achtenhagen, F. (Hg.): Didaktik des Rechnungswesens, Wiesbaden 1990 – Achtenhagen, F./Weber, S.: Zur zunehmenden Nutzung komplexer Lehr-Lern-Arrangements – Konsequenzen für die fachdidaktische Theorie und die Lehrerbildung. In: Dubs, R./Euler, D./Seitz.H. (Hg.): Aktuelle Aspekte in Schule und wissenschaftlichem Unterricht. Festschrift Christoph Metzger zum 60. Geburtstag. St. Gallen 2004, S. 128-141 – Achtenhagen, F./John, E. (Hg.): Mehrdimensionale Lehr-Lern-Arrangements. Wiesbaden 1992 – Achtenhagen, F.: Didaktik des Wirtschaftslehreunterrichts. Opladen 1984 – Aff, J.: Wirtschaftsdidaktik zwischen ökonomischer Rationalität und pädagogischem Anspruch. In: Zeitschrift für Berufs- und Wirtschaftspädagogik, 100. Band, Heft 1 (2004), S. 26-42 – Aff, J./Wagner, M.: Methodische Bausteine der Wirtschaftsdidaktik, Wien 1997 – Aff. J.: Überlegungen zur verstärkten Integration der Wissenschaftsorientierung in das Konzept einer handlungsorientierten Wirtschaftsdidaktik. In: Kaiser, F.-J./Kaminski, H. (Hg.): Wirtschaftsdidaktik. Bad Heilbrunn 2003, S. 13-39 – Bader, R./Sloane, P.: Lernen in Lernfeldern. Theoretische Analysen und Gestaltungsansätze zum Lernfeldkonzept. Markt Schwaben 2000 – Bader, R./Kreutzer, A.: Fachdidaktik im Universitätsstudium beruflicher Fachrichtungen. In: Bader, R./Pätzold, G. (Hg.): Lehrerbildung im Spannungsfeld von Wissenschaft und Beruf. Bochum 1995, S 143-179 – Bauer-Klebl, A.: Sozialkompetenzen zur Moderation des Lehrgesprächs und ihre Förderung in der Lehrerbildung. Paderborn 2003 – Bonz, B. (Hg.): Didaktik der Berufsbildung, Stuttgart 1996 – Czycholl, R.: Wirtschaftsdidaktik, Trier 1974 – Dubs, R./Euler, D./Seitz, H. (Hg.): Aktuelle Aspekte in Schule und wissenschaftlichem Unterricht. St. Gallen 2004 – Dubs, R.: Curriculare Vorgaben und Lehr-Lernprozesse in beruflichen Schulen. In: Bonz, B. (Hg.): Didaktik der

Berufsbildung, Stuttgart 1996 – Dubs, R.: Fachwissenschaftliche Orientierung als Beitrag zur Didaktik der Wirtschaftswissenschaften. In: Fortmüller, R./Aff, J. (Hg.): Wissenschaftsorientierung und Praxisbezug in der Didaktik der Ökonomie-Festschrift Wilfried Schneider. Wien 1996. S 43-58 – Dubs, R.: Kleine Unterrichtslehre für den Lernbereich Wirtschaft, Recht, Staat und Gesellschaft. Zürich 1985 – Dubs, R.: Lehrerverhalten, Zürich 1995 – Euler, D.: High Teach durch High Tech? In: Zeitschrift für Berufs- und Wirtschaftspädagogik, Heft 1 (2001), S. 25-41 – Euler, D./Hahn, A.: Wirtschaftsdidaktik, Bern/Stuttgart/Wien 2004 – Euler, D./Wilbers, K.: Von technischen Optionen zum didaktischen Mehrwert – eLearning als didaktische Herausforderung. In: Berufsbildung, Heft 80, April 2003, 57. Jahrgang, S. 3-8 – Euler, D.: Didaktik des computerunterstützten Unterrichts. Nürnberg 1992 – Euler, D.: Didaktik einer sozio-informationstechnischen Bildung. Köln 1994 – Fortmüller, R./Aff, J. (Hg.): Wissenschaftsorientierung und Praxisbezug in der Didaktik der Ökonomie-Festschrift Wilfried Schneider. Wien 1996 – Fortmüller, R.: Komplexe Methoden, Neue Medien. Festschrift für Wilfried Schneider. Wien 2002 – Hohenstein, Wilbers, K. (Hg.): Handbuch E- Learning. Köln 2002 – Horlebein, M./Schanz, H. (Hg.): Wirtschaftsdidaktik für berufliche Schulen. Hohengehren 2005 – Kaiser, F.-J./Kaminiski, H.: Methodik des Ökonomie-Unterrichts. Bad Heilbrunn ³1999 – Kaiser, F.-J./Kaminski, H. (Hg.): Wirtschaftsdidaktik. Bad Heilbrunn 2003 – Kremer, H./Sloane, P.: Lernfelder implementieren. Paderborn 2001 – Reetz, L.: Beruf und Wissenschaft als organisierende Prinzipien des Wirtschaftslehre-Curriculums. In: „Zeitschrift für Berufs- und Wirtschaftspädagogik", Heft 11, 1976, S. 803-818 – Reetz, L.: Prinzipien der Ermittlung, Auswahl und Begründung relevanter Lernziele und Inhalte. In: Kaiser, F.-J./Kaminski, H. (Hg.): Wirtschaftsdidaktik. Bad Heilbrunn 2003, S. 99-124 – Reetz, L.: Wirtschaftsdidaktik. Bad Heilbrunn 1984 – Reetz, L.: Zur Rolle der Wirtschaftswissenschaften in der Wirtschaftsdidaktik. In: Twardy, M. (Hg.): Fachdidaktik zwischen Normativität und Pragmatik, Düsseldorf 1985 – Reinisch, H.: Handlung und Situation als Kategorien wirtschaftsberuflicher Curriculumentwicklung. In: „Zeitschrift für Berufs- und Wirtschaftspädagogik", Heft 2, 1989, S. 119-136 – Schanz, H. (Hg.): Didaktik der ökonomischen Bildung. Band 4, Stuttgart 1977 – Schneider W.: Bildung aus dem Netz – Chancen und Probleme. In: Fortmüller, R.: Komplexe Methoden, Neue Medien. Festschrift für Wilfried Schneider. Wien 2002, S. 217-233 – Schneider W.: Didaktik des Rechnungswesens zwischen Situationsorientierung und Fachsystematik. In: Sembill, D./Seifried, J. (Hg.): Rechnungswesenunterricht am Scheideweg, Wiesbaden 2005, S. 33-52 – Schneider, W.: Komplexe Methoden im betriebswirtschaftlichen Unterricht aus curricularer und lernpsychologischer Sicht. In: Schneider, W. (Hg.): Komplexe Methoden im betriebswirtschaftlichen Unterricht. Wien 1993 – Sembill, D./Seifried, J. (Hg.): Rechnungswesenunterricht am Scheideweg, Wiesbaden 2005 – Sloane, P.: Didaktik des Rechnungswesens. Pfaffenweiler 1996 – Sloane, P.: Lernfelder als curriculare Vorgaben. In: Bonz, B.: Didaktik beruflicher Bildung. Baltmannsweiler 2001, S. 187-203 – Sprey, M.: Zukunftsorientiertes Lernen mit der Szenario-Methode. Bad Heilbrunn 2003 – Tramm, T.: Wirtschaftsinstrumentelles Rechnungswesen konkret. In: Sembill, D./Seifried, J. (Hg.): Rechnungswesenunterricht am Scheideweg, Wiesbaden 2005, S. 99-122 – Tramm, T.: Konstruktion, Implementation und Evaluation komplexer Lehr-Lern-Arrangements – Diskussion der Fallbeispiele. In: Kremer, H./Sloane, P. (Hg.): Konstruktion, Implementation und Evaluation komplexer Lehr-Lern-Arrangements – Fallbeispiele aus Österreich, den Niederlanden und Deutschland im Vergleich. Paderborn 2001 – Twardy, M. (Hg.): Fachdidaktik zwischen Normativität und Pragmatik. Düsseldorf 1985 – Twardy, M. (Hg.): Kompendium Fachdidaktik Wirtschaftswissenschaften, Band 3/Teil I, Düsseldorf 1983 – Twardy, M: (Hg.): Fachdidaktik und Organisationsentwicklung, Köln 1990

Josef Aff

Wirtschaftsgymnasium

Das W. gehört als berufsbezogenes Gymnasium zu den Fachgymnasien (→Berufliches Gymnasium). Im Falle des W. sind die beruflichen Bezüge auf das →Berufsfeld „Wirtschaft und Verwaltung" orientiert. Wesentliches Merkmal dieses Schultyps ist es, dass zu dem traditionell der Allgemeinbildung zugeordneten Fächerkanon die Wirtschaftslehre (als obligatorischer Leistungskurs) und Fächer, die diese ergänzen (länderspezifisch z.B. Rechtslehre, Rechnungswesen, Wirtschaftsinformatik) hinzutreten.

I.d.R. wird mit dem Abschluss die allgemeine, in bestimmten Fällen die fachgebundene Hochschulreife erworben.
Die Bezeichnung dieses Schultyps, der aus der Wirtschaftsoberschule der 20er Jahre dieses Jahrhunderts hervorgegangen ist, variiert von Bundesland zu Bundesland trotz vergleichbarer Ausgestaltung (z.B. W. in Hamburg, Rheinland-Pfalz, z.T. Saarland, Berufliches Gymnasium – Schwerpunkt Wirtschaft in Hessen, Gymnasialer Zweig der höheren Handelsschule in Nordrhein-Westfalen). Das W. ist i.d.R. als Oberstufengymnasium eingerichtet, d.h. es werden ausschließlich Schüler und Schülerinnen der Jahrgangsstufen 11-13 unterrichtet. Daneben existieren auch erweiterte Formen in Baden-Württemberg (Jahrgangsstufen 8-13) und Bayern (ausschließlich Jahrgangsstufen 5-13 bzw. 7-13). Zugangsvoraussetzung für das W. ist daher i.d.R. der mittlere Bildungsabschluss an allgemein bildenden oder berufsbildenden Schulen (z.B. →Berufsfachschule Wirtschaft). In den meisten Ländern bestehen darüber hinaus besondere Zulassungsbeschränkungen, z.B. müssen die Bewerber und Bewerberinnen in Baden-Württemberg im Zeugnis der Mittleren Reife bzw. der Fachschulreife einen Notendurchschnitt von mindestens 3,0 in den Fächern Deutsch, Mathematik und der weiterzuführenden Fremdsprache (Englisch oder Französisch) aufweisen, und jedes der drei Fächer muss mit mindestens 4,0 benotet worden sein.
Die Schülerzahlen an Fachgymnasien (gesonderte Zahlen für W. sind nicht verfügbar) sind im alten Bundesgebiet von 8,1 Tsd. (1970) über 54,5 Tsd. (1980) auf 66,9 Tsd. (1994) gestiegen. In den neuen Ländern werden 19,1 Tsd. Schüler (1994) an Fachgymnasien unterrichtet, der Trend ist weiter steigend.
Vergleichbare Schultypen existieren mit gleichem Namen in der Schweiz und unter der Bezeichnung „Handelsakademie" in Österreich.

Literatur: John, E.G.: Wirtschaftsgymnasium. Heft 23 der Sonderschriftenreihe des Bundesverbands der Lehrer an Wirtschaftsschulen VLW. Berlin 1985 – Schaeren, Rolf: Das Wirtschaftsgymnasium der Bundesrepublik Deutschland und der Schweiz und die Handelsakademie Österreichs: Ein Vergleich. Unveröffentlichte Dissertation an der Rechts- und staatswissenschaftlichen Fakultät der Universität Zürich 1989

Arnd Winter

Wirtschaftsmodellversuche

Begriffsklärung: →Modellversuche sind zeitlich befristete Instrumente zur Entwicklung, Erprobung und Verbreitung von Innovationen im Bildungswesen. Zu unterscheiden sind (berufs-)schulische Modellversuche und W. für die außerschulische, insbesondere die betriebliche Berufsbildung. Ziel der Modellversuche sind exemplarische Veränderungen in Betrieben und Bildungseinrichtungen, die Bereitstellung von Ausbildungsunterlagen, Materialien und Konzepten verschiedener Art, die der Verbesserung der beruflichen Bildung bzw. der Implementation von Problemlösungen in der Bildungspraxis dienen. Entscheidendes Kriterium der Förderung ist der innovative Gehalt der angestrebten Veränderung für den Träger des Modellversuchs wie auch die prinzipielle Übertragbarkeit auf andere, ähnlich strukturierte Bildungseinrichtungen und Betriebe.
Die fachliche und administrative Betreuung der W. ist eine gesetzliche Aufgabe des →Bundesinstituts für Berufsbildung (BIBB) (§ 6 Abs. 2, BerBiFG), wobei die Förderung nach einzelfallbezogener bildungspolitischer Zustimmung und Mittelzuweisung durch das bmb+f in der Weise erfolgt, dass 75 % der modellversuchsbedingten Mehrkosten vom Bund übernommen werden. In fachlicher Hinsicht hat das BIBB eine beratende, unterstützende, koordinierende, auswertende und auf Transfer gerichtete Aufgabenstellung bei der Initiierung, Durchführung, im Abschluss und in der Nachbetreuung der Modellversuche.
Die im intermediären Bereich zwischen Staat/ Politik, Praxis und Wissenschaft angesiedelten

Modellversuche können als Teil einer permanenten Reform mit Synergieeffekten wie auch Spannungsfeldern verstanden werden. Ihre bildungspolitische Bedeutung ergibt sich u.a. daraus, dass Modellversuche zur Entscheidungsfindung im Vorfeld bildungspolitischer Maßnahmen oder auch zur Umsetzung entsprechender Entscheidungen in die Praxis durchgeführt werden können. Einige Schwerpunkte orientieren sich auch an Programmen, die von der Bundesregierung aufgelegt wurden bzw. werden (z.B. Neue Technologien in der Berufsbildung).

Durch die Integration der W. in die Aufgabenstruktur des BIBB und die unabhängigen wissenschaftlichen Begleitungen, die i.d.R. für jeden Modellversuch eingerichtet werden, weisen sich die Modellversuche auch als eine spezifische, wissenschaftstheoretisch reflektierte Methode der Erkenntnisgewinnung und Wirklichkeitsveränderung im Rahmen der →Berufsbildungsforschung aus.

Die wissenschaftliche Begleitung definiert sich je nach eigenem Selbstverständnis und der Anlage des Modellversuchs, muss sich aber grundsätzlich der Ambivalenz von Dokumentation, Analyse und Evaluation einschließlich der gebotenen wissenschaftlichen Standards auf der einen Seite und der praxisbezogenen, unterstützenden Gestaltungsaufgabe auf der anderen Seite stellen. Hierfür haben sich zunehmend die theoretischen Erklärungsmodelle der Aktions- und Handlungsforschung oder der Wissenschaft-Praxis-Kommunikation durchgesetzt.

Geschichte: Die heute weitgehend etablierte Modellversuchskultur und ihre breite Akzeptanz als unverzichtbares Instrument geht zurück auf Schulversuche Ende der 60er Jahre (Gesamtschulen), die 1969 grundgesetzlich verankerte gemeinsame →Bildungsplanung von Bund und Ländern (Art. 91 b GG) und die „Rahmenvereinbarung zur koordinierten Vorbereitung, Durchführung und wissenschaftlichen Begleitung von Modellversuchen im Bildungswesen" der BLK von 1971. Seitdem wurden über 600 Modellversuche mit weit über 1000 Betrieben bzw. beruflichen Schulen durchgeführt, etwa in gleichen Teilen im schulischen und außerschulischen Bereich. Das BIBB erlangte die Zuständigkeit für die Betreuung der W. im Jahre 1976.

Die inhaltlichen Förderbereiche und Themenschwerpunkte sind ein Spiegelbild der im Zeitverlauf unterschiedlichen bildungspolitischen Herausforderungen. Beispielhaft seien folgende Bereiche genannt: Aus- und Weiterbildung des Personals in der beruflichen Bildung, Berufsgrundbildung und Berufsvorbereitung, Doppelqualifikation und Doppelprofilierung, Lehr- und Lernmethoden; Frauen in der Berufsbildung – insbesondere in gewerblich-technischen Berufen, Berufsbildung lernschwacher und lernbeeinträchtigter Jugendlicher, Berufsbildung von Ausländern und Aussiedlern, Neue Technologien in der beruflichen Bildung, Kooperation der Lernorte, Berufliche Umweltbildung, Dezentrales Lernen.

Status quo: Für die Förderung der laufenden ca. 60 Modellversuche standen in den letzten Jahren insgesamt jährlich ca. 18 Mio. DM zur Verfügung. Bislang wurden jährlich ca. 15 neue Modellversuche bewilligt. Die W. →„Dezentrales Lernen" und →„Berufliche Umweltbildung" sowie „Multimediales Lernen" (→Multimedia) befinden sich auf dem Höhepunkt ihrer Entwicklung und z.T. schon im Stadium der Auswertung. Das Programm Innovationstransfer in die neuen Bundesländer, das dem dortigen Aufbau des neuen Berufsbildungssystems nach der Wiedervereinigung galt, ist inzwischen abgeschlossen.

Die Ergebnisse der Modellversuche werden in einer Vielzahl von Publikationen dokumentiert und in einschlägigen Fachtagungen und Expertengesprächen diskutiert. Der zentrale Nutzen liegt sicherlich in der Praxis, obwohl sie sich mit der Übernahme bewährter Konzepte schwertut. In den letzten Jahren wurde zudem die Diskussion über die wissenschaftstheore-

tischen und instrumentellen Fragen und Probleme intensiviert, z.B.: Wissenschaftliche Begleitung, Prozesscharakter innovativer Veränderungen, Evaluation, Transfer.
Perspektiven: Einhellig wird von Modellversuchen auch in Zukunft erwartet, dass sie aktuelle Problemlagen aufgreifen, um mit Hilfe eines gemeinsamen Dialogs von Berufsbildungspraxis, -forschung und -politik zu übertragbaren Lösungen zu gelangen. Inwieweit sich dabei eine formelle, theoretische und administrative Anpassung der Modellversuche als notwendig und möglich erweist, bleibt abzuwarten.

Eine Modernisierung könnte sich vor dem Hintergrund eines immer rascheren Wandels in der Gesellschaft und neuerer Erkenntnisse der Innovationsforschung und →Organisationsentwicklung als notwendig erweisen.

Neue inhaltliche Schwerpunkte sieht das BIBB in der Förderung differenzierter →beruflicher Bildungswege durch eine Verzahnung von Aus- und Weiterbildung, zertifizierbarer ausbildungsbegleitender Zusatzqualifikation für hochqualifizierte Fachkräfte sowie dualer Weiterbildungsgänge im tertiären Bereich. Außerdem sollen neue Ansätze zu einer Profilierung einzelner →Lernorte und Weiterentwicklung der Lernortkombination und der regionalen Zusammenarbeit auf der einen Seite und der Kooperation im europäischen Rahmen auf der anderen Seite entwickelt und erprobt werden.

Literatur: Bähr, W./Holz, H. (Hg.): Was leisten Modellversuche? Innovationen in der Berufsbildung. Berlin 1995 – Benteler, P. u.a.: Modellversuchsforschung als Berufsbildungsforschung. Wirtschafts-, berufs- und sozialpädagogische Texte. Sonderband 6. Hg. von M. Twardy. Köln 1995 – Bundesinstitut für Berufsbildung (Hg.): Modellversuche in der beruflichen Bildung. Berlin 1996 – Sloane, P.F.E.: Modellversuchsforschung. Überlegungen zu einem wirtschaftspädagogischen Forschungsansatz. Wirtschafts-, berufs- und sozialpädagogische Texte. Bd. 18. Hg. von M. Twardy. Köln 1992 – Sommer, K.-H. (Hg.): Bildungsforschung, Modellversuche und berufspädagogische Projekte.
Stuttgarter Beiträge zur Berufs- und Wirtschaftspädagogik. Band 20. Esslingen 1996

Konrad Kutt

Wirtschaftspädagogik

(1) Die Wirtschaftspädagogik sowie ihre Vorläufer sind seit den Anfängen des 20. Jahrhunderts an deutschen wissenschaftlichen Hochschulen durch Lehrstühle vertreten. Wenngleich sich wirtschaftspädagogische Reflexionen von der antiken Pädagogik über die Handwerkslehre und die Ausbildung der Kaufleute im Mittelalter sowie die Industriepädagogik des 18. Jahrhunderts bis hin zur Neuzeit finden lassen, so konstituierte sich die W. als eigene Disziplin erst in der ersten Hälfte des 20. Jahrhunderts.

„Aus praktischen Anweisungen über die Unterrichtskunst im Buchhalten und Rechnen, aus methodischen Richtlinien im Briefschreiben und in der Handelskunde, die in Deutschland schon aus dem 15. und 16. Jahrhundert auf uns überkommen sind, hat sich in einem halben Jahrtausend nach und nach die wissenschaftliche Wirtschaftspädagogik als eine umfassende und problemreiche pädagogische Spezialdisziplin entwickelt, die im Geiste Friedrich Lists zu ihrem Teile mitwirken könnte und sollte, die notwendigen ökonomischen Forderungen unseres Alltags im Sinne der Humanität zu verwirklichen" (Löbner, in: Röhrs 1967, 327f.).

Die Entwicklung der Wirtschaftspädagogik als selbstständige Disziplin vollzog sich in engem Zusammenhang mit der Handelsschulidee. Da ab 1900 Handelslehrer an den gerade gegründeten Handelsschulen ihr Studium aufnahmen, etablierte sich dort die Handelsschulpädagogik, die vorrangig durch die Denkkategorien Herbarts geprägt war.

Die Weiterentwicklung zur Wirtschaftspädagogik erfolgte durch Feld und Löbner. Friedrich Feld, der in der einschlägigen berufspädagogischen Literatur häufig als Begründer der Wirtschaftspädagogik angesehen wird, griff vorrangig auf die berufsbildungstheoretischen Vorstellungen Kerschensteiners und Sprangers zurück. Auf der Basis der Sprangerschen Kulturphilosophie, die die Wirtschaft und den ökonomischen Menschen aufwertete, begründete er das theoretische Fundament der Wirtschaftspädagogik. Nach 1930 verstand er die →Berufspädagogik als Teil der Wirtschaftspädagogik und entwarf als Teildisziplinen die Betriebs- und Wirtschaftspädagogik.

Demgegenüber gelangte Walter Löbner unter Umgehung der Berufe und „durch Überwindung der kulturbereichlichen Autonomie von Wirtschaft und Erziehung direkt von der Handelsschulpädagogik zur Wirtschaftspädagogik" (Pleiß 1982, 193). In der Folge richteten Wirtschaftshochschulen und -fakultäten ab 1930 wirtschaftspädagogische Lehrstühle ein.

(2) Im Hinblick auf die Standortbestimmung wird die Wirtschaftspädagogik entweder als Disziplin verstanden, die auf die Erziehung zum kaufmännisch-betrieblichen Handeln beschränkt bleibt oder als Disziplin angesehen, die sich auf die erzieherische Problematik aller Wirtschaftsbereiche, d.h. auch des gewerblichen, landwirtschaftlichen und hauswirtschaftlichen Bereichs, ausweitet.

Für die Erforschung und die Analyse der Beziehungen zwischen Erziehung und Wirtschaft werden aus der Perspektive des jeweiligen Arbeits- und Forschungsschwerpunkts unterschiedliche Termini verwendet. Wird die menschliche →Arbeit zum zentralen Untersuchungsgegenstand erhoben, so spricht man von →Arbeitspädagogik.

Werden vorrangig berufliche Tätigkeiten, berufliche Anforderungen und berufliche →Aus- und Fortbildung bzw. →Aus- und Weiterbildung in den Mittelpunkt gestellt, so wird die Bezeichnung →Berufspädagogik gewählt.

Von →Betriebs- bzw. Industriepädagogik wird vor allem gesprochen, wenn die intentionalen Erziehungsleistungen und die möglichen funktionalen Prägekräfte der Betriebe untersucht werden. Sofern in der Literatur ausdrücklich zwischen Berufspädagogik, Sozialpädagogik und W. unterschieden wird, werden in der Regel die drei Disziplinen als erziehungswissenschaftliche Spezialdisziplinen direkt aus der Erziehungswissenschaft abgeleitet.

Unterschiedliche Auffassungen hinsichtlich der W. werden darüber hinaus dann vertreten, wenn der Schwerpunkt dieser Disziplin in den wirtschafts- und sozialwissenschaftlichen Bereich hineinverlegt wird, wie das an der Position von Friedrich Schlieper deutlich wird, der ausdrücklich hervorhebt, „daß die Lehre von der Wirtschaftserziehung wohl mehr eine wirtschafts- und sozialwissenschaftliche Disziplin mit erziehungswissenschaftlicher Blickrichtung ist als eine Erziehungswissenschaft mit wirtschaftlicher Ausrichtung" (Schlieper, in: Röhrs 1967, S. 118).

Aufgrund des komplexen Forschungsgegenstands der W. ist die herrschende Meinung, dass die W. als Wissenschaft ihre Forschungsmethoden sowohl aus den Erziehungswissenschaften als auch aus den Wirtschaftswissenschaften ableitet.

„Im Schnittpunkt des ökonomisch-pädagogischen Kraftfeldes liegt der Standort der Wirtschaftspädagogik, der sich aus dem Zusammentreffen der beiderseitigen Wege und Ziele ergibt. Durch diese Wechselbeziehungen verschmelzen zwei Disziplinen zu einer neuen, selbstständigen Wissenschaft, in der die Wirtschaft den Forschungsraum und die Pädagogik die Orientierungslinien bildet. Als Synthese von pädagogischen und ökonomischen Wechselbeziehungen bedarf sie sowohl der Erkenntnis der allgemeinen Erziehungswissenschaft als auch der Erkenntnis, die aus dem Wirtschaftsleben, dem Bereich der Einzel- und Gesamtwirtschaften gewonnen sind" (Urbschat 1955, 683).

Der Wirtschaftspädagoge, der sich als Erziehungswissenschaftler versteht, richtet primär sein Augenmerk auf den Menschen in der Wirtschaft (vgl. Linke, in Röhrs 1967, 129).

(3) Die W. als Wissenschaft umfasst als Auf-

gabenbereiche die Grundfragen und die Probleme einer allgemeinen Wirtschaftserziehung, die Analyse berufs- und wirtschaftspädagogischer Einrichtungen (Schulen, Betriebe, Verbände) ebenso wie die Fragen der Pädagogik der Wirtschaftsberufe, als auch die Didaktik und Methodik des Wirtschaftslehreunterrichts an Schulen. Im Hinblick auf die inhaltliche Ausgestaltung des Unterrichts an beruflichen Schulen und das Studium für Lehrer der Sekundarstufe II beruflicher Fachrichtung stehen vorrangig Fragen der →Wirtschaftsdidaktik, die sich mit der Transformation erziehungswissenschaftlicher und wirtschaftswissenschaftlicher Erkenntnisse auf die Ebenen schulischer und betrieblicher Curricula befassen, im Mittelpunkt. Der Ausbau und die Weiterentwicklung der W. als wissenschaftliche Disziplin steht in engem Zusammenhang mit der akademischen Diplom-Handelslehrerausbildung an Universitäten. Das Studium der →Diplom-Handelslehrer umfasst in der Regel die Pflichtfächer W., Allgemeine Betriebs- und Volkswirtschaftslehre sowie ein Pflichtwahlfach bzw. zwei Spezielle Wirtschaftslehren. W. kann außerhalb des Studiengangs für Diplom-Handelslehrer u.U. noch studiert werden als Wahlfach für die Prüfung zum Diplomkaufmann, Diplomvolkswirt usw. Die jüngeren wirtschaftspädagogischen Untersuchungen gehen in der Regel davon aus, dass die W. nach dem Selbstverständnis der Lehrstuhlinhaber, auch wenn die entsprechenden Lehrstühle in den wirtschaftswissenschaftlichen Fakultäten verankert sind (z.B. in Frankfurt, Göttingen, Köln, Oldenburg, Paderborn, Mainz, München, Nürnberg, Wien), nicht als Spezialdisziplin der Wirtschaftswissenschaften, sondern als erziehungswissenschaftliche Disziplin angesehen werden kann (vgl. Stratmann 1979, Schanze 1997).

Literatur: Abraham, K.: Wirtschaftpädagogik. Grundfragen wirtschaftlicher Erziehung. Heidelberg ²1966 – Bokelmann, H.: Die ökonomisch-sozialethische Bildung. Heidelberg 1964 – Czycholl, R.: Wirtschaftsdidaktik. Trier 1974 – Dörschel, A.: Einführung in die Wirtschaftspädagogik. München 41975 – Kutscha, G.: Das politisch-ökonomische Curriculum. Kronberg 1976 – Lisop, I./Markert, W./Seubert, R.: Berufs- und Wirtschaftspädagogik. Kronberg 1976 – Müllges, U. (Hg.): Handbuch der Berufs- und Wirtschaftspädagogik, Bd. 1 u. 2. Düsseldorf 1979 – Pleiß, U.: Wirtschaftslehrerbildung und Wirtschaftspädagogik. Göttingen 1973 – Pleiß, U.: Wirtschaftspädagogik, Bildungsforschung, Arbeitslehre. Heidelberg 1982 – Röhrs, H. (Hg): Die Wirtschaftspädagogik – eine erziehungswissenschaftliche Disziplin? Frankfurt/M. 1967 – Schlieper, F.: Allgemeine Berufspädagogik. Freiburg i.Br. 1963 – Schmiel, M.: Berufspädagogik, Teil 1: Grundlagen. Trier 1976 – Sloane, P.F.E.: Einführung in die Wirtschaftspädagogik. Paderborn 2004 – Stratmann, Kw.: Berufs- und Wirtschaftspädagogik. In: Groothoff, H.-H. (Hg.): Die Handlungs- und Forschungsfelder der Pädagogik. Differentielle Pädagogik. Teil 2. Königstein 1979 – Stratmann, Kw./Bartel, W. (Hg.): Berufspädagogik. Ansätze zu ihrer Grundlegung und Differenzierung. Köln 1975 – Urbschat, F.: Die wissenschaftlichen Grundlagen der Wirtschaftspädagogik, in: Wirtschaft und Erziehung, H. 11/1955 – Voigt, W.: Einführung in die Berufs- und Wirtschaftspädagogik. München 1975

Franz–Josef Kaiser

Wissenschaftsorientierung/ Wissenschaftspropädeutik

Das didaktische Konzept der Wissenschaftsorientierung wurde von der Bildungskommission des Deutschen Bildungsrats (Strukturplan, 1970; Zur Neuordnung der Sekundarstufe II, 1974) definiert und wurde rasch zu einem zentralen Thema der Diskussion (und politischen Kontroversen) über das Lehren und Lernen in einem als reformbedürftig verstandenen Bildungswesen. Wissenschaftsorientierung, wie sie im Strukturplan definiert wird, zielt ausdrücklich nicht auf unmittelbare Vermittlung der Wissenschaften, sondern darauf, dass die Bildungsinhalte aus allen Bereichen (Natur, Technik, Sprache, Politik, Religion, Kunst oder Wirtschaft) „in ihrer Bedingtheit und Bestimmtheit durch die Wissenschaften erkannt und entsprechend vermittelt werden." Das bedeutete zwar zunächst, dass nur gelehrt werden dürfe, was wissenschaftlich zu rechtfertigen ist und gezielter Rückfrage standhält. Darüber hinaus wird aber auch der grundsätzliche Anspruch erhoben, dass die Lernenden in abgestuften Graden befähigt werden müssten, die Lebensverhältnisse in der modernen Gesellschaft als solche zu reflektieren und kritisch zu durchleuchten, die in ihrer spezifischen Geprägtheit durch Prinzipien der Wissenschaften bestimmt werden. Schließlich zielt Wissenschaftsorientierung, in ihren höheren Stufen, auch auf metawissenschaftliche Fragen, wie denen der methologischen Probleme oder der politischen Funktionen der Wissenschaft im gesellschaftlichen Zusammenhang. In der bildungstheoretischen Grundlegung des nordrhein-westfälischen Kollegschulversuches wird die Wissenschaftsorientierung unter besonderer Betonung der Meta-Ebene als Wissenschaftspropädeutik akzentuiert, in der „die für das wissenschaftliche Arbeiten und Erkennen typischen Probleme der Objektivierung und Abstraktion" selbst als Thema des Unterrichts behandelt werden (Kultusminister NRW, 1972, S. 28f), allerdings nicht isoliert, sondern im Medium der jeweiligen Sachfragen.

Die Konzepte der Wissenschaftsorientierung und Wissenschaftspropädeutik haben in der pädagogischen Diskussion neben überwiegend zustimmender Resonanz auch Kritik gefunden, so etwa Zabeck 1973, der in Bezug auf die objektwissenschaftliche Dimension der Wissenschaftsorientierung die tatsächliche Realisierbarkeit ihrer Ziele bezweifelte und in Bezug auf die metawissenschaftliche Propädeutik die pädagogische Legitimität der Verbindung mit politisch einseitigen Mustern der Kritik gesellschaftlicher Verhältnisse.

Aus wirtschaftspädagogischer Sicht ist auch hervorzuheben, dass die Begründung von Wissenschaftsorientierung und Wissenschaftspropädeutik in Überlegungen und Kontroversen zur Reform des Bildungswesen, insbesondere zur „Verbindung von allgemeinem und beruflichem Lernen" (Bildungskommission 1974) eingebunden war. Aus heutiger Sicht haben die darauf bezogenen Modellprojekte an Aktualität verloren, weil sie sich weit weniger haben realisieren lassen, als erwartet wurde, und weil sich die normativen Positionen der auf die kritische Theorie der sog. Frankfurter Schule als nicht hinreichend konsensfähig erwiesen haben. Es wäre aber ein Fehlschluss, daraus ableiten zu wollen, dass deshalb die didaktischen Ziele von Wissenschaftsorientierung und Wissenschaftspropädeutik generell ihre Relevanz eingebüßt hätten. Es erhält sich sogar umgekehrt: Die unvermindert fortschreitende Ökonomisierung, Verrechtlichung und Informatisierung weitester Lebensbereiche, zumal der Arbeitswelt (vgl. die „systemische Rationalisierung" sensu Baethge / Oberbeck, 1986) vollzieht sich ja gerade in der Form, die die Bildungskommission als Bedingtheit und Bestimmtheit durch die Wissenschaften umschrieben hatte. Stichwort wie Wissensgesellschaft, Wissen als Produktionsfaktor oder lernendes Unternehmen machen deutlich, dass betriebliches, insbesondere auch kaufmännisches Handeln immer stärker als Umgang mit „wissensförmigen" Objekten (Bilanzen, Konten, Verträge und Allgemeine Geschäftsbedingungen, Bedienungsanleitungen für Hard- und Softwaresysteme, Marktdaten usw.) vollzogen wird. Das aber bedeutet, dass Wissen über diese Art von Objekten und Wissen über die besonderen Formen des Umgangs mit ihnen, mit anderen Worten: Meta-Wissen über Eigenschaften von und über den Umgang mit Wissen (Witt 1996), eine immer größere Relevanz als Komponente beruflicher Kompetenzen gewinnt. Dieses gestiegene Interesse, Wissen selbst zum Thema von Wissen zu machen, spiegelt sich auch in den neueren Forschungsergebnissen zur Unterscheidung von Arten des Wissens (deklarativ, prozedural, metakognitiv/strategisch usw.) wider (Anderson & Krathwohl 2001, Shavelson & Min Li 2001, vgl. auch Witt 2005).

Literatur: Anderson, L. W./Krathwohl, D. R. (eds.): A Taxonomy for Learning, Teaching, and Assessing. A Revision of Bloom's Taxonomy of Educational Objectives. New York 2001 – Deutscher Bildungsrat, Bildungskommission: Strukturplan für das Bildungswesen, Stuttgart 1970 – Deutscher Bildungsrat, Bildungskommission: Zur Neuordnung der Sekundarstufe II. Konzept für eine Verbindung von allgemeinem und beruflichem Lernen. Stuttgart 1974 – Fischer, W.: Wissenschaftspropädeutik. In: Enzyklopädie Erziehungswissenschaft. Band 9.2. Hg. von Blankertz, H./Derbolav, J./Kell, A./Kutscha, G. Stuttgart/Dresden 1995, S. 703-706 – Kultusminister Nordrhein-Westfalen (Hg.): Kollegstufe NW. Strukturförderung im Bildungswesen des Landes Nordrhein-Westfalen, Heft 17. Ratingen/Kastellaun/Düsseldorf 1972 – Shavelson, R. J./Min Li: Aspects of Science Achievement und Their Links to Test Items. 2001. http://edtech.connect.msu.edu /Searchaera2002/viewproposaltext.asp?propID=5393, download 27.09.2003. – Witt, R.: Meta-Wissen für den Umgang mit Fachwissen in einer 'wissensförmigen' kaufmännischen Berufspraxis. In: Beck, K./Müller, W./Deißinger, T./Zimmermann, M. (Hg.): Berufserziehung im Umbruch. Didaktische Herausforderungen und Ansätze zu ihrer Bewältigung. Weinheim 1996, S. 113-124 – Witt, R. (im Druck): Ökonomische Bildung in Schulen und Unternehmen. In: Kuratorium der deutschen Wirtschaft für Berufsbildung (Hg.): Jahrestagung der kaufmännischen Ausbildungsleiter 2005 in Dresden – Zabeck, J.: Wissenschaftsorientiertheit als bildungstheoretische und bildungspolitische Kategorie – Zum Problem der Integration von Allgemeinbildung und Berufsbildung. In: Die Deutsche Berufs- und Fachschule, Bd. 69 (1973), S. 563 - 577

Ralf Witt

Wissenschaftstheorie

Mit dem Begriff W. wird eine relativ junge, keineswegs homogene metatheoretische Disziplin bezeichnet, die sich mit den theoretischen Grundlagen, Prinzipien und Verfahren der Entwicklung und Überprüfung von Theorien objektsprachlicher Ebene beschäftigt. So wie es nicht „die Wissenschaft" gibt, so gibt es auch nicht „die Wissenschaftstheorie". Unterschieden werden kann zunächst zwischen verschiedenen Gegenständen wissenschaftstheoretischer Analysen. Puristen ziehen in Erwägung, „jeder Einzelwissenschaft eine spezielle W. (zu-)zuordnen, die die besonderen Begriffsbildungen, Theorien und Methoden dieser Wissenschaft untersucht ... Da es aber Gruppen von Wissenschaften gibt, die methodisch starke Verwandtschaften aufweisen, empfiehlt es sich, die einer solchen Gruppe gemeinsamen methodologischen Probleme unter dem Titel einer allgemeinen W. dieses Forschungsbereichs ... abzuhandeln" (Kutschera 1972, S. 11 f.; vgl. auch Ströker 1973, S. 4 ff.). Als solche Gruppen werden (in höchst strittiger Abgrenzung) geisteswissenschaftliche (hermeneutische, phänomenologische, dialektische) und empirische Wissenschaften angesehen. Davon zu unterscheiden sind apriorische Wissenschaften (Mathematik und Logik), bei denen es keine Überprüfung von Hypothesen durch Beobachtung, Experiment o.ä. gibt.

Uneinheitlich sind auch die Auffassungen über die Aufgabe der W. Sie kann einerseits als eine deskriptive Disziplin interpretiert werden, der es lediglich um die „Rekonstruktion" oder Analyse empirisch vorfindlicher Forschungsaktivitäten geht. Anderseits kann sie aber auch – im Unterschied zu den empirischen Disziplinen Wissenschaftsgeschichte, Wissenschaftsforschung, Wissenschaftssoziologie, Wissenschaftspsychologie – als eine Prinzipienwissenschaft (vgl. z.B. Stegmüller 1969, S. 2) bzw. normative Disziplin angesehen und praktiziert werden, in der Regeln für die Durchführung und Qualitätsbeurteilung von Forschungsaktivitäten aufgestellt und begründet werden. Diese Regeln können sich auf die definitorische Benennung und Begründung von Kriterien für die Abgrenzung von Aussagen beschränken, die (noch) als wissenschaftlich gelten versus nicht (mehr) zur Wissenschaft gerechnet werden (sollen). Sie können aber auch bis zur Bestimmung wissenschaftsethischer Kriterien der Zweckbestimmung und der moralischen Zulässigkeit versus Unzulässigkeit wissenschaftlichen Handelns reichen. Man mag zwischen W. und Wissenschaftsethik unterscheiden, wird aber davon ausgehen müssen, dass die Grenzen zwischen einer präskriptiven W. und der Wissenschaftsethik fließend sind. Das gilt vor allem dort, wo W. die „Rolle der Wissenschaften im Rahmen von Gesellschaft, Kultur oder Ökonomie" untersucht und gegebenenfalls rechtfertigt (Kutschera 1972, S. 11; vgl. dazu v.a. Habermas 1965/71; Blankertz 1974).

Unter den Vertretern der verschiedenen Spezialdisziplinen der Erziehungswissenschaft gehen die Auffassungen über Möglichkeit, Notwendigkeit oder Zulässigkeit der Unterscheidung nicht nur verschiedener semantischer Ebenen, sondern auch deskriptiver versus präskriptiver Komponenten wissenschaftlicher Aussagen sowohl auf der objektsprachlichen als auch auf der metasprachlichen Ebene weit auseinander. Während die einen das forschungsmethodisch kontrollierte Bemühen darauf beschränken festzustellen, was aus welchen Gründen und mit welchen beabsichtigten wie unbeabsichtigten Effekten der Fall ist (und dazu gehören auch feststellbare Interessen, Ziele, Vorschriften, Ansprüche ...), fordern andere in verschiedenen Varianten von der Erziehungswissenschaft auch Antworten auf die Frage: „Was sollen wir tun?" Dass auch für die Beschränkung wissenschaftlichen Handelns auf das (prinzipiell) Wissbare meta(!)-ethische Argumente geltend gemacht werden können, hat Max Weber (1919/1951) in einem leidenschaftlichen Plädoyer gezeigt. Wichtig erscheint in diesem Zusammenhang der Hinweis, dass zahlreiche Kontroversen der skizzierten Art auf Missverständnissen und Fehlinterpretationen basieren, die Gegenstand einer insofern unentbehrlichen erziehungswissenschaftlichen W. sind (vgl. u.a. Brezinka 1978; Krumm 1983, bes. S. 147 ff.).

Zu den fundamentalen Themen einer allgemeinen W. gehören Fragen folgenden Typs:
1. Wie und mit welcher Begründung lassen sich wissenschaftliche von nicht-wissenschaftlichen Aktivitäten und Aktivitätsresultaten unterscheiden?
2. Was „ist" Wissenschaft – ein System von Sätzen (die als wissenschaftlich zu qualifizieren sind) oder/und ein System sozialen Handelns (beispielsweise in Forschungseinrichtungen)?
3. Worin bestehen die „Bausteine" einer Wissenschaft (in Begriffen, Hypothesen, Gesetzen; Gegenstandsbestimmungen, Fragestellungen/Problemformulierungen, Forschungsmethoden, Ergebnisinterpretationen ...)?
4. Nach welchen Kriterien und mit welchem Recht (mit welcher Begründung) lassen sich wissenschaftliche Aktivitäten und auch die Resultate dieser Aktivitäten voneinander unterscheiden („Paradigmen"; Positivismus versus Rationalismus, Induktionismus versus Deduktionismus, Empirismus versus Konstruktivismus ...; Naturwissenschaft versus Geisteswissenschaft; nomothetische versus ideographische Aussagen; objektsprachliche versus metasprachliche Sätze; deskriptive versus normative Sätze; Mathematik, Physik, Soziologie, Erziehungswissenschaft, Theologie ...)?
5. Was ist der (gemeinsame) Zweck wissenschaftlichen Handelns?
6. Worin besteht der (gemeinsame) Charakter eines Gegenstandes wissenschaftlicher Aktivitäten – in subjektunabhängig existierenden objektiven Gegebenheiten oder in Forschungsgegenständen, die nicht unabhängig sind von ganz bestimmten Fragestellungen und Untersuchungsdesigns?
7. Von besonderem pädagogischem Interesse ist die Frage nach dem Verhältnis von Wissenschaft und Praxis bzw. nach dem Problemlösungspotential wissenschaftlicher Theorien.

Literatur: Baumgartner, H.M.: Wissenschaft. In: Krings, H./Baumgartner, H.M./Wild, Ch. (Hg.): Handbuch philosophischer Grundbegriffe. Studienausgabe Bd. 6. München 1974, S. 1740-1764 – Blankertz, H.: Wissenschaftstheorie. In: Wulf, Ch. (Hg.): Wörterbuch der Erziehung. München/Zürich 1974, S. 630-633 – Brezinka, W.: Metatheorie der Er-

ziehung. München/Basel 1978 – Habermas, J.: Erkenntnis und Interesse (1965). In: Albert, H./Topitsch, E. (Hg.): Werturteilsstreit. Darmstadt 1971, S. 334-352 – Krumm, V.: Kritisch-rationale Erziehungswissenschaft. In: Lenzen, D./Mollenhauer, K. (Hg.): Enzyklopädie Erziehungswissenschaft. Bd. 1. Stuttgart 1983, S. 139-154 – Kutschera, F. v.: Wissenschaftstheorie I. Grundzüge der allgemeinen Methodologie der empirischen Wissenschaften. München 1972 – Prim, R./Tilmann, H.: Grundlagen einer kritisch-rationalen Sozialwissenschaft. Wiesbaden ⁷1997 – Stegmüller, W.: Probleme und Resultate der Wissenschaftstheorie und Analytischen Philosophie. Bd. I. Berlin/Heidelberg/New York 1969 – Ströker, E.: Einführung in die Wissenschaftstheorie. Darmstadt 1973 – Topitsch, E.: Vom Wert wissenschaftlichen Erkennens (1959). In: Ders.: Sozialphilosophie zwischen Ideologie und Wissenschaft. Neuwied 1961, S. 271-287 – Weber, M.: Wissenschaft als Beruf (1919): In: Ders.: Gesammelte Aufsätze zur Wissenschaftslehre. Tübingen 1951, S. 566-597 – Weingartner, P.: Wissenschaftstheorie I. Einführung in die Hauptprobleme. Stuttgart 1971

Helmut Heid

Zensuren und Zeugnisse

Der Begriff Zeugnis scheint aus dem Rechtswesen zu stammen und hat sich bis heute in der Bedeutung erhalten, dass ein Zeuge eine mündliche Aussage über einen aus eigener Anschauung bekannten Sachverhalt macht. Im pädagogischen und beruflichen Sinne ist ein Zeugnis ein schriftliches Dokument, in dem die Leistungsbeurteilungen und sonstige wichtige Aussagen über einen Zeitabschnitt zusammengefasst beurkundet werden. Heute ist es fest verbunden mit dem Leistungsprinzip, mit periodisch durchgeführten Leistungsbeurteilungen, mit Anforderungen in Form von Curriculum oder Aufgabenbeschreibungen, mit einem organisationalen Kontext (Klassen- oder Jahrgangssystem, betrieblicher Hierarchie), mit Prüfungen und dem Berechtigungswesen. Zu seiner heute überragenden Bedeutung mit der Berechtigungsfunktion für Bildungs- und Berufschancen hat es sich aus drei Wurzeln entwickelt. Das früheste Zeugnis im Bildungswesen war wohl das Benefizienzeugnis ab dem 16. Jahrhundert, das ein Empfehlungsschreiben von Schulmeistern, Pfarrherren, Gerichten oder Amtsträgern insbesondere für Angehörige unterprivilegierter Schichten war, mit dem sie sich um Vergünstigungen (Stipendium, Unterkunft, Freitisch) für ihre weitere kirchliche oder universitäre Ausbildung bewerben konnten. In ihnen wurden Frömmigkeit, Würdigkeit, Sittlichkeit, Fleiß, einwandfreie Lebensführung und manchmal auch geistige Kräfte bestätigt. Zwischen 1788 und 1834 wurde das Reifezeugnis in Preußen eingeführt, das die Studierfähigkeit auf Grund einer gymnasialen Abschlussprüfung (Abitur) bescheinigte. Die „charakterliche und intellektuelle" Reife war ab 1834 die endgültige und alleinige Zulassungsvoraussetzung für ein Studium; bis dahin war Bildung in erster Linie an Besitz gebunden. Das preußische Abitur bescheinigte die Reife als Tüchtigkeit (Fleiß und solide Kenntnisse) in drei Abstufungen: unbedingt tüchtig – bedingt tüchtig – untüchtig. Ab 1832 wurde in Preußen die „Mittlere Reife" eingeführt, durch die genügend Bildung für den Eintritt in den Zivil- und Militärdienst bescheinigt wurde. Beurteilt wurden Haltungen und Kenntnisse. Die Mittlere Reife wurde vom Staat dadurch attraktiv gemacht, dass sie zur Verkürzung des Militärdienstes (das „Einjährige") und zum Zugang zur Offizierslaufbahn berechtigte. Im niederen Schulwesen entwickelte sich im Laufe des 19. Jahrhunderts das Abgangszeugnis aus dem Entlassschein, mit dem der bloße Schulbesuch bescheinigt wurde. In protestantischen Gegenden war die Entlassung mit der Konfirmation gekoppelt, in katholischen Gegenden mit Berechtigungen wie z.B. Grunderwerb, Berufsausbildung und Heirat. Zeugnisse wurden also „von oben nach unten" in das Schulsystem eingeführt, wobei sie lange Zeit Beurteilungen für Haltungen (Fleiß, Betragen, Ordnung, Aufmerksamkeit als „Kopfnoten") und Zensuren für Leistungen in den Unterrichtsfächern enthielten. Nach einer kurzen Phase von Zeugnissen ohne „Kopfnoten" ist gegenwärtig wieder eine Rückkehr zu Beurteilungen von Verhalten, Schlüsselqualifikation oder Kompetenzen zu beobachten. Wurde das Zeugnis im höheren Schulwesen vornehmlich aus staats-, bildungs-, militär- und wirtschaftspolitischen Überlegungen eingeführt, erfüllte es im niederen Schulwesen eine sozialpolitische Funktion, um den Schulbesuch durchzusetzen und gleichzeitig vor Armut, Ausbeutung und Kinderarbeit zu schützen.

Der Begriff „Zensur" geht auf das lateinische Verb „censere" zurück und bedeutete ursprünglich „jemanden (ab-)schätzen". Der Zensor als unabhängiger, römischer Beamter zählte die Bürger, schätzte ihr Vermögen und teilte sie danach in Steuer- und Wählerklassen ein. Darüber hinaus überwachte er das sittliche Verhalten der Bürger und konnte Ehrenstrafen (Versetzung in eine weniger einflussreiche Wählerklasse) verhängen. Die beiden heutigen Bedeutungen von „Zensur" lassen auf die beiden Tätigkeiten des Zensors als Vermögensschätzer (Unterschiede einschätzen) und als moralischer (Sitten-)Wächter (etwas für gut oder richtig halten) zurückführen. „Zensur" als Mittel der →Leistungsbeurteilung teilt die Leistenden in Klassen unterschiedlicher Grade der Leistungserfüllung ein; andererseits ist „Zensur" ein Mittel der Informationskontrolle, -unterdrückung und -steuerung im politischen, sittlichen, religiösen, ästhetischen und erzieherischen Bereich, wobei in einem demokratischen Rechtsstaat die Grenzen der Zensur durch Gesetze eng gezogen sind. Aus dem 16. Jahrhundert stammte die Praxis, die Schüler zu „zertieren". Das „Zertieren" ist ein Wettstreit um die Sitzordnung in der Klasse, wobei ein höherer = vorderer Sitz einen besseren = vorderen Rang in der Klassenordnung bedeutet. Der Wettbewerb um einen höheren Sitz sollte den Fleiß der Schüler befördern und eine „Versetzung" galt als Lob/Belohnung („Meier, eins rauf!"). Obgleich bereits im 18. Jahrhundert auf ungewollte Nebenwirkungen (Ehrgeiz, Überheblichkeit) und mögliche Ungerechtigkeiten durch Sympathieeinflüsse warnend hingewiesen worden ist, wurde das Zertieren noch bis ins 20. Jahrhundert praktiziert. Die „Erfindung" von Zensuren im pädagogischen Bereich wird jesuitischen Lehrenden in Klosterschulen in Spanien im 16. Jahrhundert im Zusammenhang mit ihren Kontroll- und Gratifikationspraktiken zugeschrieben, die damit Unterschiede zwischen den Schülern bezüglich ihrer Lernanstrengungen zum Ausdruck bringen wollten, um damit den Wetteifer der Lernenden anzutreiben. Wahrscheinlich sind die Zensuren aus dem Zertieren hervorgegangen, indem Bankreihen oder Bankzonen mit Ziffern belegt wurden, und die Ziffern später allein und symbolisch den Rang- oder Sitzplatz anzeigen konnten. Die ursprüngliche räumliche Verteilung der Schüler als Ausdruck ihrer Unterschiedlichkeit ist verloren gegangen; aber bis heute ist sie im übertragenen Sinne in den Ausdrücken „Versetzt werden" und „Sitzenbleiben" erhalten geblieben.

In Abhängigkeit von der Absicht, die mit der Zensierung verfolgt wird, können unterschiedliche Bezugsnormen angewendet werden. Wenn soziale Vergleiche angestellt werden sollen, wird der Durchschnittswert einer Referenzgruppe herangezogen. Daran gemessen kann eine individuelle Leistung dann durchschnittlich, überdurchschnittlich oder unterdurchschnittlich sein. Wenn die Entwicklung der Persönlichkeit gefördert werden soll, kann auf die individuelle Bezugsnorm zurückgegriffen werden. Die gegenwärtige Leistung wird dann mit der eigenen früheren Leistung verglichen. Die Note drückt in diesem Fall einen Fortschritt, einen Stillstand oder einen Rückschritt aus. Um den Grad der Annäherung an ein Lehrziel oder an ein Kriterium auszudrücken, eignet sich die kriteriale Bezugsnorm. Die Note gibt in diesem Fall Auskunft darüber, in welchem Ausmaß eine Anforderung als Kriterium bewältigt wird. Im einfachsten Fall werden nur „Könner" und „Nicht-Könner" unterschieden. Alle drei Bezugsnormen besitzen aber auch spezifische Mängel. In der Praxis werden die drei Bezugsnormen selten klar getrennt und differenziert angewendet, obgleich Informationen aus der Anwendung aller drei Bezugsnormen für Schüler, Eltern, Lehrer und Abnehmer wertvoll sind.

Die Geschichte der Zensuren zeigt, dass die Zahl der Abstufungen, die Definitionen, die zugrunde gelegten Bezugsnormen und die Beurteilungsgegenstände zwischen den Ländern, den Schulformen und im berufsbildenden Bereich erheblich wechselten. Seit 1938 werden reichseinheitlich 6 Notenstufen unterschieden, die sich an der sozialen Bezugsnorm orientierten. Seit einem Beschluss der Kultusministerkonferenz von 1968 werden diese 6 Notenstufen kriterial oder anforderungsorientiert definiert, wobei der „Drittelerlass" wieder eine Berücksichtigung der sozialen Bezugsnorm bedeutet. Das überdauernde und immer wieder beklagte Problem besteht nun darin, dass eine Note nur dann interpretiert werden kann, wenn man die Epoche, das Bundesland, die Schulform, die Schulstufe und das Unterrichtsfach kennt, da in Abhängigkeit von diesen Faktoren die Anforderungen variieren. Dieselbe Note kann also sehr Unterschiedliches bedeuten; eine Note kann deshalb keine Information über das absolute Leistungsniveau eines Schülers geben. Vorschläge für mathematisch begründete Zensierungsmodelle haben sich aus praktischen Gründen nicht durchsetzen können; trotz einer mathematisch begründeten Kritik werden Zwischen-, Durchschnitts- oder Gesamtnoten berechnet, obgleich die Notenskala nur Rangskalenniveau besitzt. Gegen die sechsstufige Notenskala wird eingewendet, dass sie zu grob ist, um Leistungen differenziert zu erfassen; dies gilt in besonderem Maß für den mittleren Bereich. Deshalb werden in der gymnasialen Oberstufe und im Abitur die Leistungen mit einer 15 Punkte Skala erfasst, die nach Regeln gewichtet und verrechnet und zum Schluss wieder auf die Sechserskala mit Zehntelzwischenstufen umgerechnet werden.

Aus pädagogischen Gründen (Ermutigung, Förderung, Kooperation, Chancengleichheit) werden seit 1978 in den ersten beiden Jahren der Grundschule Verbalbeurteilungen in den Zeugnissen abgegeben und zwar sowohl für fachliche Leistungen als auch für Arbeits- und Sozialverhalten. Inhaltsanalytische Untersuchungen von Verbalzeugnissen zeigen die große Uneinheitlichkeit bei der Umsetzung dieser Reform bezüglich der verwendeten Bezugsnorm, bezüglich der zugrunde gelegten Absicht (Lernstand, Lernentwicklung, Förderhinweise), der Gewichtung der Leistungsbereiche, des Umfangs und der Art des verwendeten Vokabulars zur Leistungs- und Verhaltensbeschreibung. In Befragungen zur Rezeption von Verbalzeugnissen zeigte sich jedoch, dass die deutlich überwiegende Mehrheit der Eltern Verbalzeugnisse beibehalten möchte trotz unübersehbarer Interpretationsschwierigkeiten wegen semantischer Mehrdeutigkeiten und unterschiedlicher Perspektiven.

Die Ziffernnoten sind seit langer Zeit Gegenstand empirischer Untersuchungen unter zwei Fragestellungen. Durch welche (sachfremden) Faktoren wird die Urteilsbildung beeinflusst? (→Leistungsbeurteilung) Inwieweit erfüllen Noten als Messwerte die testdiagnostischen Gütekriterien? Angaben über die Objektivität als Interraterobjektivität schwanken beträchtlich je nach Fach, je nach Funktion der Leistungsbeurteilung, je nach Kontextinformation, je nach Leistungsart. Der Grund für die großen Schwankungen ist die fehlende Vergleichbarkeit von Noten, da Lehrer nur selten einen klassenübergreifenden Maßstab besitzen. Auch die Reliabilität als Retestreliabilität ist gering, da es einige systematische Tendenzen gibt: Die Notenskala wird schulform-, schulstufen- und fachspezifisch unterschiedlich ausgeschöpft. Die Fächer werden unterschiedlich streng bewertet. Es gibt einen Notenknick bei Schulwechsel oder Lehrerwechsel. Geschlechts- und schichtspezifische Effekte sind zu beobachten. In inhaltlich-logischer Hinsicht besitzen

Noten Validität für Schulleistung. Schulleistung als Konstrukt wird durch Noten nur unzureichend aufgeklärt; es bleibt ein erheblicher Rest an unaufgeklärter Varianz, der nicht durch Leistung zustande kommt. Die prognostische Validität von Noten für Schul-, Studien- und Berufserfolg ist gering, vor allem je weiter das Erfolgskriterium in der Zukunft liegt.

Bei allen Divergenzen infolge länder-, schulform- und fächerspezifischer Besonderheiten sind doch folgende gemeinsame Entwicklungen festzustellen. Zensuren und Zeugnisse werden nicht abgeschafft oder ersetzt. Verbalbeurteilungen bleiben auf die Schuleingangsphase beschränkt. Das Spektrum der Leistungsarten ist ausgeweitet worden. Fachliche Leistungen werden wie bisher mit Ziffernzensuren beurteilt, überfachliche Leistungen (z.B. Kopfnoten, Kompetenzen oder besondere Leistungen) kommen hinzu, die in sehr unterschiedlicher Weise beurteilt werden können. Die Formen der Leistungserbringung sind ebenfalls ausgeweitet worden und können sogar Klassenarbeiten ersetzen (durch so genannte besondere Leistungen). →Portfolios besitzen ergänzenden Charakter. Diese Entwicklungen sind zum Teil innerschulisch durch neuere (fach-)didaktische Entwicklungen, zum Teil aber auch außerschulisch durch Anforderungen der Abnehmer der Zeugnisse angestoßen worden.

Eingang in die Berufsbildung fanden Zensuren etwa seit der Mitte des 19. Jahrhunderts in Form einer vierstufigen Notenskala, die bis zum Ende des Kaiserreichs im Bildungswesen der meisten Länder des Deutschen Reiches verwendet wurde. Die Vereinheitlichungsregelungen ab 1935 im Nationalsozialismus führten zur Einführung der sechsstufigen Notenskala für schulische Leistungen und einer 100 Punkte Skala für fachpraktische und fachtheoretische Leistungen in der Abschlussprüfung, die noch heute angewendet wird. Teilleistungen der →Abschlussprüfung wie Werkstück, Arbeitsprobe, →Projektarbeit und Dokumentation, Präsentation und Fachgespräch oder Kundenberatungsgespräch werden nach Kriterien zergliedert, die mit einer Zehnerskala bewertet werden, die wiederum gewichtet und addiert werden. Auf diese Weise können Leistungen sehr differenziert auf der 100 Punkte Skala beurteilt werden. Dem so errechneten Punktwert wird wieder nach einer Äquivalenztabelle eine Note aus der Sechserskala zugeordnet.

Zum Abschluss der beruflichen Erstausbildung erhält heute der Prüfling drei Zeugnisse, die ein spezifisches „Drei-Zertifikate-System der dualen Berufsausbildung" konstituieren. Der Ausbildende stellt das Ausbildungszeugnis aus, das aus dem Lehrbrief / der Kundschaft / dem Wanderzeugnis der Zünfte hervorgegangen ist. In seiner ursprünglichen und heute noch in seiner einfachen Form hat es lediglich eine Berichts- und Dokumentationsfunktion über den gewählten →Ausbildungsberuf sowie über verbrachte Zeiten und erworbene Fertigkeiten und Kenntnisse; insofern hat es nur eine informierende Funktion. Das Ausbildungszeugnis in seiner qualifizierten Form enthält zusätzlich Beurteilungen der Führung, der Leistung und von besonderen fachlichen Fähigkeiten; es ist auf Verlangen des Auszubildenden auszustellen. Wenn es auf planvollen und systematischen Langzeitbeurteilungen im Betrieb beruht, kann es sehr umfassend, differenziert, genau und individuell das Leistungs- und Persönlichkeitsprofil des Zeugnisinhabers beschreiben. Es erhält dadurch für den Zeugnisinhaber eine Werbefunktion und für potentielle Arbeitgeber einen erheblichen Informationswert. Die zuständige Stelle stellt dem Prüfling nach dem Bestehen der Abschlussprüfung ein Zeugnis aus, das auch als Gesellenbrief, Facharbeiterbrief oder Kaufmannsgehilfenbrief bezeichnet wird. Es beruht auf einer extern und punktuell durchgeführten Prüfung, der die jeweiligen Prüfungsanforderungen und der für die Berufsausbildung wesentliche Lehrstoff der Berufsschule zugrunde gelegt sind. Die Prüfung durch einen von der zuständigen Stelle eingerichteten Prüfungsausschuss ist zugleich eine Abschlussprüfung in Bezug auf die Absolvierung des staatlich geregelten Ausbildungsganges und eine Berufseingangsprüfung, da das Zeugnis Berechtigungen hinsichtlich einer tariflichen Eingruppierung und der Rente verleiht. Die Berufsschule stellt ebenfalls ein Zeugnis aus, das länderspezifischen Gesetzen, Verordnungen und Verwaltungsvorschriften unterliegt. Es ist ein intern ausgestelltes Zeugnis. In Verbindung mit dem Zeugnis der zuständigen Stelle kann es Berechtigungen im Hinblick auf eine weitere schulische Laufbahn verleihen. Zugleich können aber auch mit dem Berufsschulzeugnis bisher verpasste schulische Abschlüsse nachgeholt werden.

In rechtlicher Sicht ist das Prüfungszeugnis der zuständigen Stelle allein maßgeblich für Erfolg oder Misserfolg der Berufsausbildung. Betriebe vermögen jedoch in inhaltlicher Hinsicht zwischen den drei Zeugnissen zu differenzieren. Das Berufsschulzeugnis sagt etwas über fachliches Wissen und grundlegende Schulkenntnisse aus. Aus dem Prüfungszeugnis werden Informationen über das fachliche Wissen, über praktische Fertigkeiten, über das Arbeitsverhalten (Sorgfalt, Genauigkeit, Methodik) und allgemeine Berufskenntnisse entnommen. Am aussagekräftigsten kann aber das Ausbildungszeugnis sein, wenn es über praktische Fertigkeiten, fachliches Wissen, Arbeitsverhalten, Arbeitstugenden (Pünktlichkeit, Ordnung, Zuverlässigkeit, Sicherheit) und über →Schlüsselqualifikationen wie Kontaktverhalten, Kooperation, Kommunikation, Auffassungsgabe, Problemlösefähigkeit, Planungs- und Organisationsfähigkeit informiert. Vor dem Hintergrund der Aussagekraft dieser drei Zeugnisse verwundert es nicht, wenn Betriebe bei der Einstellung von Bewerbern dem Ausbildungszeugnis das größte Gewicht vor dem Abschlusszeugnis und dem Berufsschulzeugnis beimessen.

Für das Ausbildungszeugnis gelten ebenso wie für Arbeitszeugnisse für Mitarbeiter die Rechtsgrundsätze der Klarheit, der Wahrheit und des Wohlwollens. Vor diesem rechtlichen Hintergrund wird einer möglichen „Geheimsprache" in Ausbildungs- und Arbeitszeugnissen zuviel Bedeutung zugemessen. Die Codierungs- und Decodierungsregeln sowie die Formulierungstaktiken sind bekannt einschließlich der Äquivalenzklassen von Verbalbeurteilungen und Ziffernzensuren; es existieren Sammlungen von Textbausteinen; Instrumente zur Analyse von Zeugnissen sind verfügbar.

Historisch und systematisch gesehen ist es nicht verwunderlich, dass sich die drei Zeugnisse inhaltlich zugleich ergänzen und überschneiden. Das Ausbildungszeugnis als historisch frühestes Zeugnis mit seiner werbenden und informierenden Funktion kann als eigenständig und auf jeden Fall ergänzend betrachtet werden. Seine arbeitsrechtliche Grundlage verleiht ihm einen weiten Gestaltungsspielraum. Das Abschlusszeugnis auf öffentlich-rechtlicher Grundlage verleiht berufliche Berechtigungen und hat schulisch vermittelte Lehrstoffe seit der Mitte des 19. Jahrhunderts mit abgedeckt. Es ist ebenso wie das Berufsschulzeugnis eng normiert. Die →Berufsschule hat auf Grund ihrer Entwicklung aus der →Fortbildungsschule eine doppelte Aufgabe, indem sie zugleich Allgemein- und Berufsbildung vermittelt. In dem Maße, wie sie unter das Schulgesetz gestellt und an das allgemein bildende Schulwesen angeschlossen wurde, konnte sie auch Zeugnisse erteilen und schulische Berechtigungen verleihen. Andererseits kooperiert sie mit den Betrieben im →Dualen System, so dass eine Überschneidung der Zeugnisse im inhaltlich-beruflichen Bereich entstand. Diese Überschneidung wurde durch das am 1. April 2005 novellierte →Berufsbildungsgesetz vorerst festgeschrieben. →Berufliche Handlungskompetenz und Schlüsselqualifikationen als Ziele der Ausbildung kommen ebenfalls weiterhin nur im Ausbildungszeugnis zum Ausdruck. Es ist fraglich, ob ein Abschlusszertifikat aus drei Teilen die Überschneidungen beseitigen und die Attraktivität der Berufsausbildung erhöhen kann. Im Zuge der europäischen Integration wird es darum gehen, dem Kammer- und dem Berufsschulzeugnis eine transnationale Verwertbarkeit zu sichern; das Ausbildungszeugnis besitzt sie. (→Leistungsbeurteilung; →Programmierte Prüfungen; →Prüfungen in der Berufsbildung; →Pädagogische Diagnostik)

Literatur: Berg, V.v.: Über den (un-)Wert von Zeugnissen in der Berufsschule. In: Recht der Jugend und des Bildungswesens, 37 (1989) 3, S. 311-321 – Bohl, Th.: Aktuelle Regelungen zur Leistungsbeurteilung und zu Zeugnissen an deutschen Sekundarschulen. In: Zeitschrift für Pädagogik, 49 (2003) 4, S. 550-566 – Dohse, W.: Das Schulzeugnis. Weinheim 1963 – Hohenzollern, J.G. Prinz v; Liedtke, M. (Hg.): Schülerbeurteilungen und Schulzeugnisse. Bad Heilbrunn 1991 – Ingenkamp, K.: Die Fragwürdigkeit der Zensurengebung. Weinheim: Beltz 1971 – Jäger, R.S.: Von der Beobachtung zur Notengebung. Landau: Verlag Empirische Pädagogik 2004 – Rheinberg, F.: Bezugsnormen und schulische Leistungsbeurteilung, in: Weinert, F.E. (Hg.): Leistungsmessungen in Schulen, Weinheim: Beltz 2001, S. 59-71 – Schmidt, H.: Reisse, W.: Zensuren und Beurteilungen in der beruflichen Bildung. In: Becker, H.; Hentig, H.v. (Hg.): Zensuren. Lüge – Notwendigkeit – Alternative. Stuttgart 1983, S. 181-201 – Stratmann, Kw.: Die Lehrabschlussprüfung als Indikator einer neuen berufspädagogischen Ratio. In: Georg, W. (Hg.): Schule und Berufsausbildung. Bielefeld 1984, S. 15-48 – Tent, L.: Zensuren. In: Rost, D. (Hg.): Handwörterbuch Pädagogische Psychologie. Weinheim: Beltz 2001 – Valtin, R.: Was ist ein gutes Zeugnis. München: Juventa 2002 – Vogel,H.-W.: Geheim-Code Arbeitszeugnis, Regensburg: Walhalla 2004 – Weuster, A.: Personalauswahl und Personalbeurteilung mit Arbeitszeugnissen. Göttingen 1994 – Ziegenspeck, J.: Handbuch Zensur und Zeugnis in der Schule. Bad Heilbrunn: Klinkhardt 1999

Christian Friede

Zertifizierung für die berufliche Bildung

Bedeutung und Funktion von Zertifikaten beruflicher Bildung

Unter Zertifikaten der (beruflichen) Bildung sollen solche formalisierten, schriftlich fixierten Bescheinigungen autorisierter Stellen verstanden werden, die Personen eine bestimmte Leistungsfähigkeit attestieren und so potenziellen Arbeitgebern Hinweise auf bei der Bewerberin oder dem Bewerber vorhandene Kompetenzen geben. Die Bewertung der Lernleistung wird anhand von Standards und Referenzniveaus in der Regel auf der Grundlage externer Prüfungen vorgenommen.

Qualifikationen werden durch so unterschiedliche Zertifikate wie Schulabschlüsse, Führerscheine, akademische Titel, Teilnahmebescheinigungen an Bildungsveranstaltungen, Berufsabschlüsse oder Arbeitszeugnisse bescheinigt, d.h. Zertifikate differieren nach Art, Inhalt, zertifizierender Instanz und Geltungsbereich ganz erheblich. Sie treffen zum Beispiel Aussagen über

- die während einer Bildungsmaßnahme vermittelten Inhalte,
- die Art der Institution, in der eine Bildungsmaßnahme stattfand,
- die Dauer der Aus- bzw. Weiterbildung,
- eine bestandene Prüfung,
- erworbene Kenntnisse, Fähigkeiten und Fertigkeiten.

Es existieren also parallel zueinander Formen der Zertifizierung, die jeweils für sich verschiedene Geltungsbereiche, legitimatorische Grundlagen, Prüfungsmodalitäten und institutionelle Verfasstheiten beanspruchen. Zum Teil ergänzen sich diese Zertifizierungsformen, sie duplizieren und widersprechen sich jedoch in anderen Bereichen und lassen bestimmte andere Kompetenzbereiche letztlich unberücksichtigt.

Auf Seiten der Lernenden bieten Zertifikate Lernanreize und erzeugen Leistungsdruck, denn sie öffnen oder verschließen den Zugang zu weiterführenden Bildungswegen oder Laufbahnen, zu bestimmten Berufen sowie zu höheren Positionen der gesellschaftlichen und betrieblichen Hierarchie. Auf diese Weise regeln sie soziale Schließung, Selektivität und legitimieren Ungleichheit in Bezug auf Einkommen und Status. (Kell 1982, S. 291 ff.).

Arbeitsmarktzertifikate sind systemisch im Bereich der Wirtschaft und der Arbeit verankert. Sie werden von Einzelbetrieben und deren Verbänden ausgestellt und bestätigen das Vorhandensein betrieblich relevanter Qualifikationen. Zu ihnen gehören einzelbetriebliche Bescheinigungen wie z.B. Arbeitszeugnisse, Ernennungen in innerbetriebliche Hierarchiepositionen oder institutionell oder korporativ verliehene Zertifikate über institutionalisierte Aus- und Weiterbildungen. Arbeitsmarktzertifikate sind in ihrer Form, der Institutionalisierung und ihrer Reichweite eng mit den jeweiligen Arbeitskulturen eines Landes verknüpft. Kulturell tradierte, mit Symbolkraft ausgestattete und gesellschaftlich akzeptierte Zertifikate wie z.B. der Gesellenbrief, der Meisterbrief oder der Doktortitel scheinen wechselseitige Erwartungen in besonders hohem Maße zu bündeln und behalten ihre Attraktivität auch dann, wenn die damit bescheinigten Qualifikation sich nur noch bedingt konkretisieren und erkennen lässt.

Bildungszertifikate dagegen sind Abschlüsse, die (wie der Hauptschulabschluss, der mittlere Bildungsabschluss, das Abitur oder staatliche Hochschuldiplome) vom Staat vergeben werden und entweder für den Besuch weiterführender Bildungsgänge oder (wie Diplomabschlüsse oder Staatsexamina) für die Berufstätigkeit qualifizieren. Sie werden in der Regel mit der Absicht implementiert, ordnungspolitisch auf gesellschaftlich verfügbare Bildungs- und Karrierechancen Einfluss zu nehmen und dabei gesellschaftliche Ziele wie z.B. Transparenz, Chancengerechtigkeit oder Durchlässigkeit durchzusetzen. Sie bauen auf der Strukturlogik des hierarchisierten Schulwesens auf.

Die Schaffung eines von der betrieblichen Sphäre unabhängigen Zertifizierungswesens im Verlauf gesellschaftlicher Modernisierung und seine Verknüpfung mit arbeitsmarktlichen Regulatorien, wie es etwa die Koppelung akademischer Abschlüsse mit dem preußischen Berechtigungswesen um 1830 darstellt, brach mit der Dominanz der Unternehmen bei der Anerkennung von Qualifikationen. Mit Hilfe standardisierter und formalisierter Zertifikate des allgemeinbildenden Systems wurde ein Kriterium für die Zuteilung von Chancen auf dem Arbeitsmarkt geschaffen, das (scheinbar) jenseits von Herkunft und persönlichen Verbindungen (wenn auch zunächst nicht jenseits von Geschlechtszugehörigkeit) wirkte und damit hohe Legitimität für sich in Anspruch nahm. Wie Vertreter der „Screening Hypothesis" schon in den Achtziger Jahren argumentierten, fungieren Bildungszertifikate mitunter stärker als Selektionsinstrument, mit dessen Hilfe dem Beschäftigungssystem und den Betroffenen potenzieller Erfolg auf dem Arbeitsmarkt signalisiert wird, denn als valider Nachweis für produktionsrelevante Qualifikationen (Woodhall 1994; Hinchliffe 1994).

Gleichwohl haben Zertifikate des Bildungssystems einen nahezu ubiquitären Geltungsanspruch. Während Zertifikate des Arbeitsmarktes häufig einen nicht-formalisierten Wirkungsbereich aufweisen, sind Zertifikate des Bildungssystems in der Regel mit Berechtigungen verknüpft und bilden u.a. die Voraussetzung für den Besuch weiterer Bildungsgänge. In dem Maße, in dem Zertifikate immer stärker zur notwendigen (wenngleich nicht immer zur hinreichenden) Voraussetzung für den Zugang zu Arbeitsplätzen wurden, setzte sich eine Spirale der Nachfrage nach Arbeitskräften mit zertifizierten Kompetenzen und Nachfrage nach Zertifikaten auf dem Bildungsmarkt in Gang, deren weltweite Dynamik bis heute anhält.

Traditionsreiche Zertifikate verfügen in der Regel über hohe gesellschaftliche Akzeptanz und

Symbolkraft. Ihre Bedeutung ist für viele Gesellschaftsmitglieder mindestens subjektiv transparent; sie sind in Rekrutierungsstrategien von Unternehmen integriert und orientieren Bildungs- und Ausbildungsanstrengungen von Individuen. Sie vermitteln wie selbstverständlich Karriereoptionen zu und lenken Bildungsinvestitionen.

Trotz ihrer hohen gesellschaftlichen Wirkungskraft weisen traditionelle Arbeitsmarkt- und Bildungszertifikaten jedoch Defizite auf, die im Kontext moderner gesellschaftlicher und arbeitskultureller Entwicklungen zunehmend wichtiger erscheinen:

Erstens weisen sie vor allem formal erworbene Fachkenntnisse und Fachkompetenzen aus. Sogenannte weiche Kompetenzen wie Sozialkompetenz, Personalkompetenz, Lernkompetenz oder Problemlösefähigkeit sind in herkömmlichen Arbeitsmarkt- und Bildungszertifikaten allenfalls implizit enthalten. Und auch Erfahrungswissen wird durch diese Zertifikate nicht erfasst.

Zweitens verknüpfen die genannten Zertifikate das Beschäftigungssystem und das Bildungssystem nur unzureichend. Ein gemeinsames, wechselseitig kompatibles Zertifizierungssystem zwischen →allgemeiner und beruflicher Bildung existiert in aller Regel nicht.

Kompetenzbasierte Zertifikate

Die erste im Moment stark diskutierte Reformstrategie ist die inhaltliche Ausrichtung von Zertifikaten an Kompetenzstandards und zwar unabhängig von dem je durchlaufenden Bildungsangebot. Auf diese Weise trifft das Zertifikat eine Aussage darüber, was eine Person kann und nicht darüber, ob und wie lange sie an einem Bildungsprogramm teilgenommen hat.

Zwar sind Externenprüfungen, die eine Bescheinigung von Kompetenzen und Qualifikationen auch unabhängig vom Besuch institutionalisierter Bildungsgänge ermöglichen, in vielen Bereichen schon lange möglich. Doch bislang bilden sie quantitativ gesehen eher eine Ausnahme und bescheinigen auch nur eine bestimmte Art von Qualifikationen (nämlich vor allem Fachkompetenz und Theoriewissen).

Modularisierte, kompetenzbasierte Zertifizierungsformen sollen der Diversifizierung von Ausbildungsverläufen Rechnung tragen. Unterschiedliche Ausbildungsformen können bei Bedarf kombiniert, zeitlich verteilt oder nur abschnittsweise absolviert werden, wenn die damit erworbene Kompetenz den Anforderungen entspricht.

Die relative Entkoppelung von Bildungsgängen und Zertifikaten legt auf Seiten der Ausbildungsorganisation modularisierte Strukturen nahe. Auf strukturorganisatorischer Seite bedarf kompetenzorientierte Zertifizierung unabhängiger Prüfstellen und besonderer Prüfverfahren.

Kompetenzen wie Teamfähigkeit, Problemlösefähigkeit oder kommunikative Kompetenz, die für den Arbeitsmarkt zwar hoch relevant, aber durch das Absolvieren formalisierter Ausbildungsverfahren nur bedingt erreicht werden können, sollen durch neutrale Stellen bescheinigt werden. Verfahren der „accreditation of prior learning" (APL) sollen von neutraler Seite durchgeführt werden, um informell erworbene Kompetenzen so zu dokumentieren, dass sie auf dem Arbeitsmarkt transparent und damit verwertbar werden.

Länder wie Frankreich oder die Schweiz haben mit den Instrumenten wie der bilan de compétence bzw. dem Schweizerischen Qualifikationshandbuch CH-Q hier eine Vorreiterrolle eingenommen.

Die bislang gewonnenen Erfahrungen sprechen allerdings dafür, dass die Nachfrage nach Zertifizierung informeller Kompetenzen sich nur zurückhaltend entwickelt. Ein zentrales Motiv derer, die an der Zertifizierung informaler Kompetenzen teilnehmen, ist offenbar der Wunsch, über die eigene berufliche Entwicklung und Zukunft mehr Klarheit zu erlangen.

Zertifizierungssysteme

Historisch gewachsene Zertifizierungssysteme

bündeln unterschiedliche Anforderungen und Funktionen beruflicher Bescheinigungen in kulturspezifischer Weise und verfügen über hohe Symbolkraft. Sie werden von Bildungsnachfragern und dem Arbeitsmarkt gleichermaßen akzeptiert und haben im Laufe der Zeit zur Ausbildung kulturspezifischer Bildungsverläufe, arbeitsmarktlicher Rekrutierungsstrategien und Arbeitsorganisationsformen geführt.

Ihre Defizite in Bezug auf inhaltliche Transparenz, Mobilität und Anrechenbarkeit bewegen jedoch in jüngster Zeit Bildungsexperten und -politiker, umfassende Zertifizierungssysteme artifiziell einzuführen. Die neuen Zertifikate sollen Bildungssystem und Arbeitsmarkt miteinander verkoppeln. Darüber hinaus werden ihnen die folgenden Eigenschaften zugeschrieben bzw. abverlangt:

– Sie sollen vorrangig nicht mehr die Teilnahme an Bildungsgängen, sondern tatsächlich erbrachte Lernleistungen bescheinigen, so dass die Zertifizierung von spezifischen Ausbildungsgängen mindestens teilweise entkoppelt würde.

– Sie sollen eine einheitliche Bewertungsgrundlage für einen großen Geltungsbereich bieten und z.B. europaweit durchgesetzt werden.

– Sie sollen durchlässig sein, indem sie bereits erbrachte Lernleistungen für spätere Bildungswege anerkennen, auf diese Weise vertikale Mobilität ermöglichen und überflüssige Redundanzen vermindern.

– Sie sollen Kompetenzen umfassend sichtbar machen und auch solche informell erworbenen, erfahrungsbasierten Kompetenzen berücksichtigen, die bislang allenfalls implizit zertifiziert wurden.

Zu Initiativen im angesprochenen Sinne gehören z.B. der europaweite Versuch im Kontext des Brügge-Kopenhagen-Prozesses, das European Credit Transfer System (ECTS) auch auf den Bereich der beruflichen Aus- und Weiterbildung anzuwenden, die Einführung des Europasses, aber auch nationalstaatliche Projekte wie das australische Zertifizierungssystem nach Competency Standards, das britische Konzept der National Vocational Qualifications oder die Neuordnung der Bildungs- und Ausbildungszertifikate auf der Grundlage des Bildungsgesetzes LOGSE in Spanien.

Vor allem englischsprachige Länder agieren mit dem Anspruch, Kompetenzstandards auf unterschiedlichen Bildungsniveaus festzulegen und Übergänge zwischen Berufsbildung und Allgemeinbildung dadurch zu erleichtern, dass diese mit Abschlüssen des allgemein bildenden Systems kompatibilisiert werden.

Um unterschiedliche Formen des Kompetenzerwerbs in das Zertifizierungssystem zu integrieren, werden in der Regel unabhängige Instanzen mit der Leistungsbescheinigung betraut. Bildungseinrichtungen wie auch Betrieben wird unterstellt, ihr Eigeninteresse im Ausbildungsbereich könnte auf eine unabhängige Bewertung Einfluss nehmen und z.B. dazu führen, dass informell erworbene Qualifikationen tendenziell unterbewertet würden. Aus diesem Grunde werden in einigen Ländern neue, unabhängige Institutionen (*Boards*) gegründet und mit der Zertifizierung beauftragt. Im Interesse einer möglichst breiten Akzeptanz der Zertifikate auf dem Arbeitsmarkt und auf Seiten der Bildungsnachfragenden scheint es von Bedeutung zu sein, nicht-staatliche Akteure in den Entscheidungsprozess mit einzubeziehen und die Definition von Kompetenzstandards sowie die Durchführung der Zertifizierung Akteuren anzuvertrauen, die in der freien Wirtschaft eine gewisse Reputation genießen: Besonders dann, wenn ein out-come-bezogenes Zertifizierungssystem nicht organisch gewachsen ist, sondern per Dekret implementiert werden soll, muss wechselseitiges Vertrauen erst entstehen. Doch auch hier sind Akzeptanzprobleme nicht ausgeschlossen. Drexel (1997) etwa berichtet, das Personal der Zertifizierungseinrichtung bestehe oft selbst aus jungen Arbeitnehmern in prekären Beschäftigungsverhältnissen (Gutschow 2003) und sei zur praxisnahen Beurteilung nur bedingt in der Lage.

Neue Zertifizierungssysteme für Deutschland?
Während in vielen europäischen Ländern die Debatte um Zertifizierungssysteme weit fortgeschritten ist, wird das Thema in Deutschland erst in jüngster Zeit und im Kontext der europäischen Harmonisierung aufgegriffen.
Deutschland verfügt anders als etwa Kanada, Großbritannien oder Australien über ein einheitliches, fest institutionalisiertes und rechtlich abgesichertes System zur Gestaltung und Durchführung von Ausbildungsgängen. Das führt dazu, dass Zertifizierungssysteme in Deutschland bereits in recht ausgereifter Form etabliert sind.
So erweist sich die in vielen anderen Ländern heftig diskutierte Standardisierung der Prüfungsleistungen im beruflichen Bildungswesen in Deutschland als weniger drängend, weil sie innerhalb des dualen Systems durch die Vorgaben der →Ausbildungsordnungen bereits vereinheitlicht *sind*. Und während Länder wie Großbritannien oder Spanien auf die Freiwilligkeit der Zertifizierung setzen, regelt der Ausschließlichkeitsgrundsatz deutscher Berufsbildung sogar, dass Jugendliche unter 18 Jahren in anderen als anerkannten →Ausbildungsberufen nur dann ausgebildet werden können, wenn diese auf den Besuch weiterführender Bildungsgänge vorbereiten.
Auch der Versuch, Lernprozesse zu individualisieren, stößt an enge, durch die Besonderheiten des deutschen Ausbildungssystems vorgegebene Grenzen. Zwar sind in den letzten Jahren immer wieder Möglichkeiten der Flexibilisierung traditioneller Ausbildungsverläufe (Modularisierung, Stufenausbildung etc.) diskutiert worden, doch bislang besteht das Normmodell einer drei- bis dreieinhalbjährigen Berufsausbildung weitgehend unverändert fort. Zertifikate, die den erfolgreichen Abschluss dieser Ausbildung bescheinigen, gelten bei uns schon lange als dominante „Tauschwährung" des beruflichen Teilarbeitsmarktes (Georg 2001, S. 104).

Die Zertifizierung informal erworbener Qualifikationen ist in Deutschland ebenfalls weniger wichtig als in anderen europäischen Ländern, weil durch die enge Verkoppelung von Lernen und Arbeiten im →dualen System implizit auch der Erwerb informalen Wissens mit eingeschlossen ist. Ausbildungsordnungen bzw. Berufsbilder haben ein arbeitsmarkt- und kompetenzorientiertes Profil, so dass der zusätzliche Nachweis von Handlungskompetenzen redundant erscheint.

Während im Bereich der Ausbildung also ein recht einheitliches Zertifizierungssystem mit allgemein bekannten und akzeptierten Bedingungen besteht, ist der Weiterbildungsmarkt in Deutschland von größerer Dynamik, Komplexität und dadurch auch Unübersichtlichkeit geprägt.

Ute Clement

Zukunftswerkstatt

Die Z. ist eine Zusammenkunft von Menschen, die in Sorge um die Zukunft der Erde und das Überleben der Menschheit bemüht sind, wünschbare, aber auch vorläufig unmögliche Zukünfte zu entwerfen und deren Durchsetzungsmöglichkeiten zu überprüfen. Sie ist eine soziale Problemlösungsmethode zur Demokratisierung der Gesellschaft und zur Entwicklung von Visionen und Innovationen für eine „zukunftsfähige" Gesellschaftsgestaltung.

Die Idee der Z. ist schon über 20 Jahre alt. Ihre Wurzeln liegen in den Neuen sozialen Bewegungen und den vielfältigen Bürgerinitiativen mit dem gemeinsamen Ziel einer Demokratisierung aller gesellschaftlichen Lebensbereiche und der Partizipation der BürgerInnen an allen Entscheidungen, die ihre Lebensinteressen unmittelbar berühren. Die Idee der Z. ist untrennbar verbunden mit der Person von Robert Jungk, dem bekannten Zukunftsforscher, Friedenskämpfer und Humanisten, der seine ganze Lebensarbeit in den Dienst einer menschengemäßen, sozial- und umweltverträglichen Zukunftsgestaltung gestellt hat. Inzwischen hat die Methode in vielen Bereichen der Hochschule sowie der schulischen und außerschulischen Aus- und Weiterbildung Eingang gefunden. Eine Z. läuft in drei Phasen ab (vgl. Abb. auf Seite 401):

1. Die Kritikphase: In dieser Phase werden zu einem vorher vereinbarten Thema stichwortartig die Beschwerden, Ängste und Sorgen der TeilnehmerInnen gesammelt.
2. Die Phantasiephase: Hier geht es darum, die in der Kritikphase geäußerte Kritik ins Positive zu wenden und Visionen sowie Utopien einer sicheren, lebenswerten und gerechten Welt zu entwickeln.
3. Die Verwirklichungsphase: In dieser letzten Phase wird versucht, die Zukunftsentwürfe, Utopien und sozialen Phantasien wieder mit den realen Verhältnissen der Gegenwart zusammenzubringen und herauszufinden, ob es nicht doch Nischen, Beispiele und Handlungsmöglichkeiten gibt, wenigstens Elemente der entwickelten Utopien zu verwirklichen. Ideal ist es, wenn diese Phase der Auftakt zu einer anschließenden Projektentwicklung ist ("permanente Z.").

Literatur: Burow, O.-A./Neumann-Schönwetter M. (Hg.): Zukunftswerkstatt in Schule und Unterricht. Hamburg 1995 – Jungk, R./Müllert, N.R.: Zukunftswerkstätten. München 1989 (³1993) – Kuhnt, B./ Müllert, N.R.: Moderationsfibel Zukunftswerkstätten. Münster 1996 – Weinbrenner, P./Häcker, W.: Zur Theorie und Praxis von Zukunftswerkstätten. In: Bundeszentrale für politische Bildung (Hg.): Methoden in der politischen Bildung – Handlungsorientierung. Bonn 1991, S. 115-149

Peter Weinbrenner

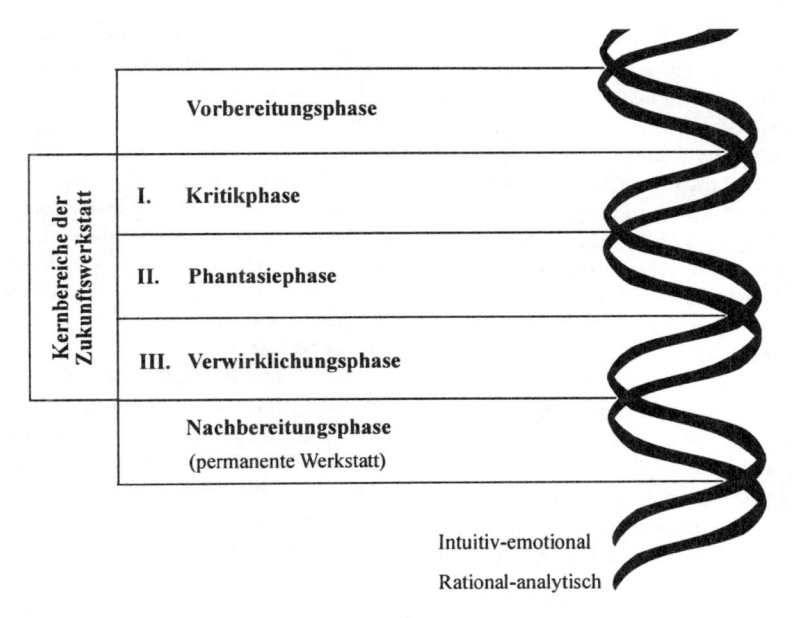

Abb.: Phasen der Zukunftswerkstatt mit Doppelspirale (nach Jungk/Müllert 1989, S. 221)

Zusatzqualifikationen

Die Mindestinhalte, die in einem →Ausbildungsberuf zu vermitteln sind, sind in der jeweiligen →Ausbildungsordnung gesetzlich festgeschrieben (Ausbildungsordnung). Seit langem haben viele Betriebe und Berufsschulen darüber hinaus Fertigkeiten und Kenntnisse den angehenden Fachkräften vermittelt. Neuerdings haben diese zusätzlich vermittelten Qualifikationen große Bedeutung erlangt. Denn zum einen können Betriebe und Berufsschulen mit Zusatzqualifikationen auf einen veränderten Qualifizierungsbedarf reagieren, ohne lange auf neuere Ausbildungsordnungen warten zu müssen. Zum anderen können leistungsstarke Jugendliche mit zusätzlichen Angeboten gefördert werden.

Im Rahmen der Berufsausbildung vermitteln Betriebe nach einer Befragung folgende Zusatzqualifikationen: Auslandsaufenthalte, Sprachschulungen, zusätzliche PC-Kurse, wie etwa der Erwerb des Computerführerscheins (ECDL), oder Teamtraining und Mitarbeit in der Juniorfirma. Einen tiefergehenden Einblick in das vielfältige Angebot bietet die Datenbank www.ausbildung-plus.de. Anfang 2005 enthält diese Datenbank rund 12.000 zusätzliche Ausbildungsangebote. Werden diese Angebote nach den Grundmodellen strukturiert, dann konzentriert sich die Hälfte der Themen auf nur zwei Gebiete: Ein Drittel der Auszubildenden erlernt eine Fremdsprache oder absolviert einen Auslandsaufenthalt. Jeder fünfte Auszubildende erlernt zusätzliche kaufmännische oder betriebswirtschaftliche Inhalte.

Angesichts der hohen Bedeutung dieser innovativen Bildungsangebote für die Berufsausbildung ist es nur folgerichtig, dass nach dem neuen →Berufsbildungsgesetz nicht nur diese zusätzlich vermittelten Kenntnisse geprüft und bescheinigt werden (BBiG § 5/49). Auch Ausbildungsabschnitte, die im Ausland durchlaufen werden, werden anerkannt (BBiG § 2, 3).

Literatur: Herget, H. u.a: Attraktiver Berufsstart durch Zusatzqualifikationen. In: Berufsbildung in Wissenschaft und Praxis, 31.Jg., 2002, Heft 1, S. 44-47 – Waldhausen, V./ Werner, D.: Innovative Ansätze in der Berufsausbildung, Köln 2005

Reinhard Zedler

Zweiter Bildungsweg

Als zweiter Bildungsweg wird die Gruppe von Bildungspfaden bezeichnet, die auf indirektem Weg zu einer Hochschulzugangsberechtigung führen. Eine eindeutige Abgrenzung war bis zur Einführung der →Fachoberschule und der →Fachhochschulen vor 30 Jahren möglich: Um ein Studium an einer wissenschaftlichen Hochschule beginnen zu können, musste man das Gymnasium mit dem Abitur abgeschlossen haben.

Die Diskussion um die „deutsche Bildungskatastrophe" (Picht) in den 60er Jahren führte zur Forderung nach „Ausschöpfung" der „Begabungsreserven", die unter anderem auch Jugendlichen ohne Abschluss des Gymnasiums den Zugang zur Hochschule öffnen sollte. Diese Forderung wurde unterstützt durch die bildungspolitische Programmatik „Bildung ist Bürgerrecht" (Dahrendorf), was zur Ausweitung der Möglichkeiten beitrug, auch ohne Abitur studieren zu können: Nachholen des Hauptschul- und Realschulabschlusses (→Berufsaufbauschule), Abendgymnasium (nunmehr auch in Tagesform) sowie Externenprüfungen mit Vorbereitungskursen. Heute ist vor allem die Fachoberschule gut etabliert, die nach Abschluss der Realschule und einer Berufsausbildung in einjährigem Vollzeitunterricht zur →Fachhochschulreife führt.

In jüngerer Zeit führen die Bundesländer Regelungen ein, die Absolventen einer Berufsausbildung nach Phasen der Berufstätigkeit und →Weiterbildung (z.B. Meisterprüfung) den Hochschulzugang ohne formale Berechtigung ermöglichen (→Hochschulzugang Berufserfahrener ohne Abitur). Trotz all dieser Maßnahmen ist aber der Anteil der Arbeiterkinder in der Studentenschaft jüngst sogar wieder gefallen.

Einen Ausweg sollen →doppeltqualifizierende Bildungsgänge bieten, die die →Fachoberschule mit der Berufsausbildung integrieren. Im Gefolge der seit mehr als 20 Jahren anhaltenden Debatte über die Gleichwertigkeit beruflicher und gymnasialer Bildung werden sie in Modellversuchen als „integrierte Bildungsgänge" erprobt. In ihnen soll die bildende Kraft einer „guten" beruflichen Ausbildung zur Förderung der Studierfähigkeit genutzt werden.

Die Ungleichwertigkeit – oder der Mangel an „parity of esteem" – beruflicher und „allgemeiner" (englischsprachig: „akademischer") Bildung ist in ganz Europa ein ungelöstes Problem, das in verschiedenen Ländern neuerdings zu je unterschiedlichen Reforminitiativen geführt hat.

Literatur: Bundesministerium für Bildung, Wissenschaft, Forschung und Technologie (Hg.): Berufsbildungsbericht 1996. Bonn 1996 – Deutscher Bildungsrat: Empfehlungen der Bildungskommission: Zur Neuordnung der Sekundarstufe II. Konzept für eine Verbindung von allgemeinem und beruflichem Lernen. Stuttgart 1974 – Kultusminister Nordrhein-Westfalen: Kollegschule NW. Strukturförderung im Bildungswesen des Landes Nordrhein-Westfalen, Heft 17. Ratingen/Kastellaun/Düsseldorf 1972 – Lasonen, J./Young, M. (Hg.): Strategies for Achieving Parity of Esteem in European Upper Secondary Education. Jyväskylä (Finnland) 1998

Gerald Heidegger

Zwischenprüfung

Die während der Berufsausbildung von den zuständigen Stellen durchzuführenden *Zwischenprüfungen* dienen der Ermittlung des Ausbildungsstandes. Nachdem es bereits früher im Handwerk obligatorische Zwischenprüfungen für Lehrlinge gab, hat das →Berufsbildungsgesetz sie für alle Ausbildungsbereiche verbindlich vorgeschrieben (§ 49 Abs. 12 BBiG). Die Vorgabe, während der Berufsausbildung eine Zwischenprüfung durchzuführen (§ 49 Abs. 1 BBiG), gilt nur dann nicht, wenn die →Abschlussprüfung in zwei zeitlich auseinander fallenden Teilen durchgeführt wird (gestreckte Abschlussprüfung). Für die Auszubildenden besteht eine Pflicht zur Teilnahme (§ 13 BBiG). Die Zwischenprüfungen sind entsprechend den →Ausbildungsordnungen durchzuführen, die durchweg Dauer, Umfang und Gegenstand regeln. Sie finden in der Regel etwa zur Mitte der Ausbildung statt, umfassen die bis dahin nach der Ausbildungsordnung und dem schulischen →Lehrplan zu vermittelnden Kenntnisse und Fertigkeiten und können neben einem schriftlichen Teil auch praktische Aufgaben beinhalten. Die Zwischenprüfung wird von Prüfungsausschüssen der zuständigen Stelle abgenommen. Gleichwohl ist sie keine Prüfung im technischen Sinn, d. h. es gibt weder ein Bestehen noch ein Nichtbestehen, Widerspruch oder Klage gegen das Ergebnis sind nicht zulässig. Das Ergebnis der Zwischenprüfung geht nicht in die Abschlussprüfung ein, jedoch ist die aktive Teilnahme an der Zwischenprüfung Voraussetzung für die Zulassung zur Abschlussprüfung (§ 43 Abs. 1 BBiG). Zweck der Zwischenprüfung ist es, den Leistungsstand der Auszubildenden zu ermitteln, um ggf. korrigierend auf die weitere Ausbildung einwirken zu können. Ausbilder und →Auszubildender erhalten durch den lernortübergreifenden Charakter eine objektive Vergleichsmöglichkeit und Hinweise auf ggf. erforderliche weitere Ausbildungsmaßnahmen. Aufgetretene Lücken können noch rechtzeitig vor Ausbildungsende erkannt und durch entsprechende Maßnahmen geschlossen werden. Die Ausbildungsbetriebe erhalten zugleich einen Hinweis auf die Wirksamkeit der eigenen Ausbildungsorganisation. Schließlich bieten die Ergebnisse der Zwischenprüfung der Ausbildungsberatung der zuständigen Stellen Ansatzpunkte für gezielte Beratungen. Diese insgesamt steuernde Funktion der Zwischenprüfung wird häufiger verkannt und die Teilnahme – wegen der fehlenden Konsequenzen – als reine „Pflichtübung" angesehen. Hinzu kommt, dass der Prüfungsstoff nicht in jedem Fall dem tatsächlichen Ausbildungsablauf entspricht. Die zuständigen Stellen sind aber bemüht, durch entsprechend praxisgerechte Gestaltung der Zwischenprüfung deren Akzeptanz zu erhöhen und den lernfördernden Charakter zu unterstützen. Mit der gestreckten Abschlussprüfung, deren erster Teil die Zwischenprüfung ersetzt (§ 49 Abs. 2 BBiG), ist aber zugleich ein Instrument geschaffen worden, Kompetenzerwerb schon während der Ausbildung in einer „echten" Prüfung festzustellen.

Literatur: Hurlebaus, H. D.: Rechtsratgeber Berufsbildung, Hg. vom Deutschen Industrie- und Handelskammertag, Berlin 2005 – Tripp, W., u. a.: Der Weg zur Ausbilderprüfung, Dortmund 2005

Claus-Dieter Weibert

Abkürzungsverzeichnis

ABB	Arbeitsstelle für Betriebliche Berufsausbildung
ABF	Arbeitsmarkt- und Berufsforschung
ABH	Ausbildungsbegleitende Hilfen
ABM	Arbeitsbeschaffungsmaßnahme
ADO	Allgemeine Dienstordnung für Lehrerinnen und Lehrer, Schulleiterinnen und Schulleiter an öffentlichen Schulen
AEVO	Ausbilder-Eignungsverordnung
AFBG	Aufstiegsfortbildungsförderungsgesetz
AFG	Arbeitsförderungsgesetz
AFRG	Arbeitsförderungsreformgesetz
AFZ	Ausbilderförderungszentrum
AG BFN	Arbeitsgemeinschaft Berufsbildungsforschungsnetz
AhD	Arbeitsgemeinschaft der Verbände des höheren Dienstes
AHK	Auslandshandelskammer
AkA	Aufgabenstelle für kaufmännische Abschluss- und Zwischenprüfungen
ANBA	Amtliche Nachrichten der Bundesanstalt für Arbeit
AO	Ausbildungs(ver-)ordnung
AplFG	Ausbildungsplatzförderungsgesetz
ArbZG	Arbeitszeitgesetz
ARPANET	Advanced Research Projects Agency
ASchO	Allgemeine Schulordnung
BA	Berufsakademie
BA/MA	Bachelor/Master
BAföG	Bundesausbildungsförderungsgesetz
BAG	Berufsausbildungsgesetz (Österreich)
BAS	Berufsaufbauschule
BayEUG	Bayerisches Gesetz über das Erziehungs- und Unterrichtswesen
BBF	Bundesinstitut für Berufsbildungsforschung
BBiG	Berufsbildungsgesetz
BBW	Berufsbildungswerk
BDA	Bundesvereinigung der Deutschen Arbeitgeberverbände
BDBA	Bundesverband Deutscher Berufsausbilder e.V.
BDI	Bundesverband der Deutschen Industrie
BeitrAB	Beiträge zur Arbeitsmarkt- und Berufsforschung
BerBiFG	Berufsbildungsförderungsgesetz
BetrVG	Betriebsverfassungsgesetz
BfA	Bundesanstalt für Arbeit
BFS	Berufsfachschule
BFW	Berufsförderungswerk
BG	Berufliches Gymnasium
BGJ	Berufsgrundbildungsjahr

BGJ-AVO	Berufsgrundbildungsjahr-Anrechnungs-Verordnung
BGJk	Berufsgrundbildungsjahr in kooperativer Form
BGS	Berufsgrundschuljahr
BIBB	Bundesinstitut für Berufsbildung
BIZ	Berufsinformationszentrum
BK	Berufskolleg
BLBS	Bundesverband der Lehrer an beruflichen Schulen
BLK	Bund-Länder-Kommission für Bildungsplanung und Forschungsförderung
BMBW	Bundesministerium für Bildung und Wissenschaft
bmbf	Bundesministerium für Bildung und Forschung
BMFT	Bundesministerium für Forschung und Technologie
BOS	Berufsoberschule
BSEP	Berufsschulentwicklungsplanung
BSHG	Bundessozialhilfegesetz
BuWp	Berufs- und Wirtschaftspädagogik
BWV	Berufsbildungswerk der Deutschen Versicherungswirtschaft
BVJ	Berufsvorbereitungsjahr
CAL	Computer Assisted Learning
CAT	Computer Assisted Teaching
CBT	Computer Based Training
CEDEFOP	Centre européen pour le développement de la formation professionnelle (Europäisches Zentrum für die Förderung der Berufsbildung)
CESI	Confédération européenne des Syndicats indépendants (Europäische Union der Unabhängigen Gewerkschaften)
CI	Corporate Identity
DAG	Deutsche Angestellten-Gewerkschaft
DATSCH	Deutscher Ausschuß für Technisches Schulwesen
DBB	Deutscher Beamtenbund
DFG	Deutsche Forschungsgemeinschaft
DGB	Deutscher Gewerkschaftsbund
DGfE	Deutsche Gesellschaft für Erziehungswissenschaft
DIHT	Deutscher Industrie- und Handelstag
DINTA	Deutsches Institut für Technische Arbeitsschulung
Dipl.-Hdl.	Diplom-Handelslehrer/-in
DJT	Deutscher Juristentag
DL	Deutscher Lehrerverband
DLG	Deutsche Landwirtschaftsgesellschaft
DVA	Deutsche Versicherungs-Akademie
EB	Erster Bildungsweg (Österreich)
EG	Europäische Gemeinschaft
EN	Europäische Norm
ESP	European School Project
ETUCE	European Trade Union Committee for Education (Europäisches Gewerkschaftskomitee für Bildung und Wissenschaft)
EU	Europäische Union

Abkürzungsverzeichnis

EWG	Europäische Wirtschaftsgemeinschaft
FA	Fachakademie
FBS	Fortbildungsschule
FernUSG	Fernunterrichtsschutzgesetz
FH	Fachhochschule
FHR	Fachhochschulreife
FOR	Fachoberschulreife
FOS	Fachoberschule
FS	Fachschule
FSR	Fachschulreife
FTP	File Transfer Protocol
GDV	Gesamtverband der Deutschen Versicherungswirtschaft
GEW	Gewerkschaft Erziehung und Wissenschaft
GG	Grundgesetz
HBFS	Höhere Berufsfachschule
HfB	Hochschule für Bankwirtschaft
HFS	Höhere Fachschule
HGB	Handelsgesetzbuch
HwO	Handwerksordnung
IAB	Institut für Arbeitsmarkt- und Berufsforschung der Bundesanstalt für Arbeit
IW	Institut der Deutschen Wirtschaft
IHK	Industrie- und Handelskammer
ILO	International Labour Organization
IRC	Internet Relay Chat
ISO	International Standard Organisation
IT	Informations- und Telekommunikationstechnologie
JArbSchG	Gesetz zum Schutz der arbeitenden Jugend (Jugendarbeitsschutzgesetz)
JAV	Jugend- und Auszubildendenvertretung
JWG	Jugendwohlfahrtsgesetz
KJHG	Kinder- und Jugendhilfegesetz
KMK	Ständige Konferenz der Kultusminister und -senatoren der Länder in der Bundesrepublik Deutschland (Kultusministerkonferenz)
KS	Kollegschule
KVP	Kontinuierliche Verbesserungsprozesse
LPG	Landwirtschaftliche Produktionsgenossenschaft
MBA	Master of Business Administration
MES	Modules of Employable Skills
MOES	Mittel- und osteuropäische Staaten
MRA	Manpower-Requirement-Approach
MuSchG	Mutterschutzgesetz
NIKT	Neue Informations- und Kommunikationtechnologien
NVQ	National Vocational Qualification
NW	Nordrhein-Westfalen
OECD	Organization for Economic Co-operation and Development (Organisation für wirtschaftliche Entwicklung und Zusammenarbeit)

ODS	Offenes Deutsches Schulnetz
OSZ	Oberstufenzentrum
PAL	Prüfungsaufgaben- und Lehrmittel-Entwicklungsstelle
REFA	ursprünglich: Reichsausschuß für Arbeitszeitermittlung heute: Verband für Arbeitsgestaltung, Betriebsorganisation und Unternehmensentwicklung
RGO	Reichsgewerbeordnung
RIBHG	Reichsinstitut für Berufsausbildung in Handel und Gewerbe
RSTP	Rahmenstoffplan zur Ausbildung der Ausbilder
SchMG	Schulmitwirkungsgesetz
SchOG	Schulorganisationsgesetz (Österreich)
SchOG	Schulordnungsgesetz
SchPflG	Schulpflichtgesetz
SchVG	Schulverwaltungsgesetz
SDA	Social-Demand-Approach
SEP	Schulentwicklungsplanung
SGB	Sozialgesetzbuch
TH	Technische Hochschule
TQC	Total Quality Control
TQM	Total Quality Management
TU	Technische Universität
TZI	Themenzentrierte Interaktion
ÜBS	Überbetriebliche Berufsbildungsstätte
URL	Uniform Resource Locator
VEG	Volkseigene Güter
vlw	Bundesverband der Lehrer an Wirtschaftsschulen
VWA	Verwaltungs- und Wirtschaftsakademie
WfB	Werkstätten für Behinderte
WIS	Weiterbildungsinformationssystem
WWW	World Wide Web
ZB	Zweiter Bildungsweg (Österreich)
ZFU	Staatliche Zentralstelle für Fernunterricht
ZIB	Zentralinstitut für Berufsbildung (DDR)

(Darüber hinaus wird innerhalb eines Artikels das jeweilige Stichwort des Artikels i.d.R. mit seinem Anfangsbuchstaben abgekürzt.)

Stichwortverzeichnis

Abbildung (in Modellen) 368, 396
Abitur (s. Allgemeine Hochschulreife, Hochschulreife) 13, 85, 99, 112, 278, 491, 493
Abiturienten 85, 94, 95, 99, 100, 143, 392, 444
Abschlussprüfung 9, 46, 49, 98, 141, 154, 165, 280, 350, 406, 410, 412, 503
Abschlussprüfungsausschuss 266
Abstimmung von Ausbildungsordnungen und Rahmenlehrplänen (s. Lernortkooperation, Gemeinsamens Ergebnisprotokoll) 10, 356, 438
Abstimmung zwischen Betrieb und Berufsschule 356
Ackerbauschulen (s. Landwirtschaftliche Schulen) 264
Aggregation 368
Akkommodation 440
Alleinerkundungen 236
Allgemeine Hochschulreife (s. Abitur) 227, 381, 383
Allgemeine und berufliche Bildung 12
Alltagstheorien 400
Altenpflegehelfer/in 401, 402, 403
Altenpfleger/in 401, 402, 403
Anrechnungsverordnung (s. Berufsgrundbildungsjahr-Anrechnungs-Verordnung) 70, 146
Anschaulichkeit 15, 217
Anwendungskontext (s. Lerntransfer, Transferforschung) 359
Arbeit 16, 373, 374, 380, 398, 449
Arbeitsbezogenes Lernen 17
Arbeitsdimension 456
Arbeitsförderungsgesetz/Arbeitsförderungsreformgesetz 18, 53, 65, 67, 79, 135, 169, 297, 475
Arbeitsgebundenes Lernen 18
Arbeitskompetenzen 475
Arbeitskräfteansatz 189
Arbeitslehre (s. Vorberufliche Bildung) 22

Arbeitslosenquote 24
Arbeitslosigkeit (s. Jugendarbeitslosigkeit, Massenarbeitslosigkeit) 24
Arbeitsmarkt 24, 25, 27, 43, 75, 78, 79, 115, 253
Arbeitsmarkt- und Berufsforschung 25
Arbeitsmarktpolitik 18, 79
Arbeitsmittelkonzept 364
Arbeitsorganisation 37, 180, 380, 398, 413
Arbeitsorientiertes Lernen 18
Arbeitspädagogik (s. Berufspädagogik, Wirtschaftspädagogik) 27, 155
Arbeitsplatz 17, 27, 77, 115, 178
Arbeitsplatz als Lernort (s. Lernorte, Arbeitsbezogenes Lernen, Dezentrales Lernen, Lerninsel) 322
Arbeitsrechtliche Schutzvorschriften 423
Arbeitsstelle für Betriebliche Berufsausbildung 10
Arbeitsverbundenes Lernen 18
Arbeitsvertrag (s. Ausbildungsvertrag, Berufsausbildungsverhältnis, Berufsausbildungsvertrag) 100, 336
Architektur der Berufsschule 161
Assessment Center 28, 66, 410
Assimilation 440
Assistentenausbildung 28
Assistentenberufe 29
Aufbaulehrgänge 96, 112, 246
Aufgabenstelle für kaufmännische Abschluss- und Zwischenprüfungen (s. Prüfungen in der beruflichen Bildung) 406
Aufgliederung von Bildungsgängen (s. Differenzierung) 224
Aus- und Fortbildung für Führungskräfte 31
Aus- und Weiterbildung der Berufsausbilder 32, 36
Ausbilder 36, 38, 86, 175, 238, 279, 309, 503
Ausbilder-Eignungsverordnung 34, 36
Ausbildung der Ausbilder (s. Aus- und Weiterbildung der Berufsausbilder) 36, 37

Ausbildung von Lehrern an beruflichen Schulen, I. Phase 40
Ausbildung von Lehrern an beruflichen Schulen, II. Phase (s. Vorbereitungsdienst) 39, 267
Ausbildungsbegleitende Hilfen 69, 104
Ausbildungsberater 42, 61, 118, 370
Ausbildungsberatung (s. Ausbildungsberater) 42, 61, 118
Ausbildungsbereitschaft der Betriebe 116
Ausbildungsberuf 43, 47, 101, 102, 171
Ausbildungsberufsbild (s. Berufsbild) 49, 275
Ausbildungsbetrieb (s. Betriebliche Berufsausbildung) 54, 149, 309
Ausbildungsdauer 46, 163
Ausbildungsfinanzierung/Ausbildungsfond 47
Ausbildungsmethoden (s. Lehr-Lern-Methoden, Methoden) 279
Ausbildungsordnung 10, 11, 44, 49, 264
Ausbildungspläne 448
Ausbildungsrahmenplan 49, 211, 275
Ausbildungsreife/Ausbildungsunreife 474
Ausbildungsstellenmarkt 48, 50, 53, 119, 251
Ausbildungssystem (s. Duales System der Berufsausbildung) 117, 166, 229
Ausbildungsverbünde 50
Ausbildungsverhältnis (s. Berufsausbildungsverhältnis) 46, 100, 167, 172
Ausbildungsvertrag (Berufsausbildungsvertrag) 128, 146, 163, 171, 336, 448
Ausländische Jugendliche 51
Auslandshandelskammern 215
Ausschüsse für Berufsbildung 52
Außenwirtschaftsbeziehungen 215
Außerbetriebliche Ausbildung 53
Äußere Differenzierung (s. Differenzierung) 224
Austrian Centre for Training firms 343
Auszubildender 53, 503
Autonomie des Lehrers 395
Autopoiesis 439

Bachelor-/ Masterstudiengänge 42, 55, 72, 83, 109
Bankakademie 58
Bankbetriebswirt/-in 58
Bankfachwirt/-in 58
Basiselemente 427
Basisqualifikationen 194, 281, 427
Basisstrategien 450
Baukasten-System 373
Bausteinkonzept 364
Bedingungsfelder 84
Befähigungsnachweis 59, 110, 276. 411, 415
Begabtenförderung im Handwerk 60
Begabtenförderung in der Berufsbildung (Förderung besonders befähigter Jugendlicher in der betrieblichen Ausbildung) 59, 254
Behaviorismus 344
Benachteiligte 51, 53, 64, 104, 171, 275
Beratung in der Berufsbildung (s. Ausbildungsberater, Weiterbildungsberatung) 61, 62,
Beratungsphase 151
Berechtigungen 165, 228, 393, 415, 416, 425, 495
Beruf 47, 62, 75, 117, 137, 156
Berufliche Ausbildung (s. Berufsausbildung)
Berufliche Bildung 71, 72, 110, 119, 416, 440
Berufliche Bildung von Benachteiligten 64
Berufliche Erstausbildung (s. Berufsausbildung) 33, 61, 116, 271
Berufliche Erwachsenenbildung (s. Erwachsenenbildung) 67
Berufliche Fachbildung 147, 265, 331
Berufliche Fachrichtung Sozialpädagogik 69
Berufliche Fachrichtungen, gewerblich-technische 70
Berufliche Fortbildung (s. Fortbildung) 475
Berufliche Grundbildung 108, 143, 164
Berufliche Handlungskompetenz 72, 239, 272, 306, 495
Berufliche Lernprozesse (s. Lernprozesse) 17
Berufliche Mobilität 74, 253

Stichwortverzeichnis

Berufliche Rehabilitation (s. Berufsförderungswerke, Umschulung und Rehabilitation) 104, 468
Berufliche Sozialisation 77
Berufliche Substitution 253
Berufliche Umschulung (s. Umschulung und Rehabibitation) 78, 98, 468
Berufliche Umweltbildung 80
Berufliche Weiterbildung (s. Weiterbildung) 67, 73, 91, 96, 97, 98, 275, 346
Beruflicher Bildungsweg 82
Beruflicher Unterricht 84
Berufliches Gymnasium 85
Berufliches Lernen und Lerntheorie 86
Berufliches Schulwesen in der Bundesrepublik Deutschland 89
Berufs- und Wirtschaftspädagogik (s. Berufspädagogik, Wirtschaftspädagogik) 105, 155, 156, 232
Berufs- und Wirtschaftspädagogik der DDR 92
Berufsakademie 94
Berufsaufbauschule 96
Berufsausbilder (s. Ausbilder) 201
Berufsausbildung 9, 10, 44, 46, 49, 91, 97, 98, 99, 108, 118, 125, 128, 137, 147, 149, 174, 175, 229, 255, 275, 279, 296, 328, 373, 411, 416, 423, 502
Berufsausbildung mit Fachhochschulreife (s. Fachhochschulreife) 244
Berufsausbildung und berufliche Weiterbildung 97
Berufsausbildung von Abiturienten 99
Berufsausbildungsbeihilfe 104
Berufsausbildungsgesetz (Österreich) 111, 391
Berufsausbildungsverhältnis (s. Ausbildungsverhältnis) 9, 46, **100**, 162, 422, 432
Berufsausbildungsvertrag (s. Ausbildungsvertrag) 54, **100**, 422, 423
Berufsberatung 61, **102**
Berufsbezogene Lernprozesse 361
Berufsbezogener Unterricht 164, 328, 471, 472
Berufsbezogenes Gymnasium 482

Berufsbild **105**, 154
Berufsbildende höhere Vollzeitschulen 392
Berufsbildende Schulen 55, 146
Berufsbildung 18, 30, 42, 61, 67, 84, 96, 97, 106, 107, 113, 127, 136, 137, 178, 181, 216, 271, 355, 385
Berufsbildung im internationalen Vergleich **106**
Berufsbildung in der Schweiz **108**
Berufsbildung in Europa **110**
Berufsbildung in Österreich **111**
Berufsbildung in Wissenschaft und Praxis 160, 199
Berufsbildung und Beschäftigungssystem **113**
Berufsbildungsausschuss 43, 280
Berufsbildungsberatung **118**
Berufsbildungsberichte **119**
Berufsbildungsförderungsgesetz 101, **120**, 134, 249
Berufsbildungsforschung 83, 119, 120, **122**, 130, 461
Berufsbildungsgeschichte **126**
Berufsbildungsgesetz **128**
Berufsbildungsnetzwerk **129**
Berufsbildungsorganisation 370
Berufsbildungsplan 154
Berufsbildungspolitik **132**
Berufsbildungsrecht **133**
Berufsbildungsreform 128
Berufsbildungsstatistik/Ausbildungsstatistik **134**
Berufsbildungstheorie **136**, 156, 357, 462
Berufsbildungswerk **141**
Berufsbildungswerk der Deutschen Versicherungswirtschaft e.V. **139**, 214
Berufsentscheidung 103, 150, 175
Berufserzieherische Praxis 462, 463
Berufserziehung 256, 259, 260, 306, 375, 376
Berufsfachschule **143**
Berufsfeld **145**
Berufsfeld Wirtschaft und Verwaltung 143
Berufsförderungswerke **146**, 468
Berufsgrundbildung **147**
Berufsgrundbildungsjahr **149**

Berufsgrundbildungsjahr-Anrechnungs-Verordnung 145, 149
Berufsgrundschule **150**, 173
Berufsgrundschuljahr 149, 150, 172
Berufsinformationszentrum 104
Berufskolleg **151**
Berufskonzept der Frau 257
Berufslehre 108
Berufsoberschule **153**
Berufsordnungsmittel **154**
Berufsorientierung 103, 220
Berufspädagogik (s. Wirtschaftspädagogik) 92, 93, **155**, 158, 159, 258, 445, 457, 462
Berufspädagogik und Politik **158**
Berufspädagogische Institute 41, **156**, 266
Berufspädagogische Zeitschriften **159**
Berufsschularchitektur **161**
Berufsschulberechtigung **162**
Berufsschule 91, 127, 136, 152, 161, **163**, 344, 384, 424
Berufsschulentwicklungsplanung **165**
Berufsschülerin/Berufsschüler 424, 425
Berufsschullehrer (s. Ausbildung von Lehrern an beruflichen Schulen) 164, 319, 356
Berufsschulpädagogik (s. Berufspädagogik, Wirtschaftspädagogik) 155
Berufsschulpflicht 162, 163, **167**, 260, 293, 424
Berufsschulplanung **166**
Berufsschulunterricht 152, 163, 164, 423, 471
Berufsspezifische Unterrichtsfächer 472
Berufstätigkeit 63, 98, 137
Berufsübergreifende Fächer 163, 472
Berufsvorbereitende Bildungsmaßnahmen 104, **168**
Berufsvorbereitung 65, 91, 168, 169, 297, 317
Berufsvorbereitungsjahr 172
Berufswahl 103, **174**
Berufswahlreife 474
Berufswege 75
Berufswünsche 314
Beschäftigungssystem 115, 116, 147, 165, 173, 415

Beschäftigungswesen 95, 158, 410, 462, 366
Betreuungsmöglichkeiten 431
Betrieb 97, 99, 174, 175, 177, 178, 211, 235, 252, 310, 336, 344, 473, 494
Betriebliche Berufsausbildung (s. Lernorte) 121, 154, **174**, 255
Betriebliche Kaufmannslehre 262
Betriebliche Laufbahnberatung 314
Betriebliche Weiterbildung (s. Weiterbildung) **176**
Betriebspädagogik (s. Berufspädagogik, Wirtschaftspädagogik) 155, **177**
Betriebspraktikum **179**, 321
Betriebsrat 181, 290
Betriebsverfassungsgesetz **181**
Betriebswirt (VWA) 444, 474
Bewerberauswahl 240
Bewerbungsunterlagen 399
Bildung 12, 22, 62, 70, 73
Bildungsbegriff 156, 210, 419
Bildungschancen **182**
Bildungscontrolling **184**, 190, 350
Bildungsevaluation (s. Evaluation) 184
Bildungsforschung 187, 192
Bildungsgang 30, 144, **184**, 228
Bildungsgangdidaktik 455
Bildungsgangkonferenz **186**, 351
Bildungsgesamtplan **186**
Bildungsinternationale 268
Bildungskatastrophe 502
Bildungsmanagement **188**
Bildungsmöglichkeiten 314
Bildungsökonomie **189**
Bildungsorganisation **190**
Bildungsplanung 187, **191**
Bildungspolitische Gremien **193**
Bildungsstandard 73, 109, **194**, 397, 416
Bildungssystem (s. Duales System) 167, 191, 192, 224
Bildungstheorie 89, 137
Bildungsurlaub 256
Bildungsweg (s. Beruflicher Bildungsweg) 82, 497, 499, 502
Bildungszentren 18
Bildungsziel 21, 169, 362, 377

Bilinguale Zweige 391
Binnendifferenzierung (s. Differenzierung, Individualisierung und Binnendifferenzierung in der Berufsausbildung) 224, 278, 279, 455
Blended Learning **195**, 232
Blockpraktikum 180, 321
Blockunterricht **196**
Bundesanstalt für Arbeit 19, 25, 64, 122, 134, 135, 170, 331,
Bundesausbildungsförderungsgesetz 249
Bundesausschuss für Berufsbildung 44
Bundesinstitut für Berufsbildung 33, 193, **197**
Bundesinstitut für Berufsbildungsforschung 197, 311
Bundesverband der Lehrer an beruflichen Schulen **199**
Bundesverband der Lehrer an Wirtschaftsschulen **200**
Bundesverband Deutscher Berufsausbilder **201**
Bund-Länder-Kommission für Bildungsplanung und Forschungsförderung 10, 187, 226, 283
Bürgerliche Bildungstheorie 258
Büroberufe 204, 299
Bürokommunikation **202**, 380, 472
Bürosimulation (s. Lernbüro) 271, 341, 467

CAL + CAT **204**
CEDEFOP **205**
Chancengerechtigkeit 182
Chancengleichheit 96, 183, 381
Company-Wide-Quality-Control 421
Computer Assisted Learning/Computer Assisted Teaching (s. CAL + CAT, Computergestütztes Lernen) 204
Computer based Training 204, 447
Computerbasierte (computergestützte) Systeme 203
Computergestützte Lernprogramme 315
Computergestütztes Lernen (s. Multimedia) **208**
Computersimulation 441

Corporate Identity 178, 422, 433
Curriculum 209, 210
Curriculumentwicklung **209**, 330, 400
Curriculumtheorie 238, 446

Denk- und Lernstrategien 196, 439
Design Experiment **211**, 288
Deskriptive Disziplin 489
Deutscher Ausschuss für das Erziehungs- und Bildungswesen 22, 82, 168, 187
Deutsche Demokratische Republik (s. Berufs- und Wirtschaftspädagogik in der DDR) 385
Deutsche Sparkassenschule 446
Deutsche Versicherungsakademie 139, **213**
Deutscher Ausschuß für Technisches Schulwesen 10, 43, 154, 322, 385, 477
Deutscher Industrie- und Handelstag 14
Deutscher Verband der Gewerbelehrer 199
Deutsches Institut für Technische Arbeitsschulung 322, 478
Dezentrales Lernen **215**, 353
Diagnostik **217**, 392
Diaphorie 443
Didaktik beruflichen Lernens **218**
Didaktik der Ökonomie 479
Didaktik des Wirtschaftslehreunterrichts 479
Didaktische Reduktion bzw. Pädagogische Transformation **220**, 352, 458
Die berufsbildende Schule 160, 199
Dienstaufsicht 429
Dienstleistungsfunktionen der Personalarbeit 399
Differenzierung **224**, 255, 279, 352, 413
Diplom-Gewerbelehrer/-in 41
Diplom-Handelslehrer/-in 200, **224**, 317, 487
Diplomsteuersachverständiger 269
Doppelqualifikation 124, 226, 384
Doppeltqualifizierende Bildungsgänge **226**, 302, 503
Dreistadiengesetz 137
Drei-Zertifikate-System 494
Duales System der Berufsausbildung **229**

Edding-Kommission 309
Effektivitäts-Effizienz-Relation 422
Eignungsdiagnostik (s. Diagnostik) 399, 447
Einarbeitungsphase 151
Einzelberatung (s. Beratung in der Berufsbildung) 61
Electronic Commerce und Electronic Business **232**
Elektronische Post (s. Internet) 203
Entberuflichung 117, 374
Entbindungspfleger 401, 402, 403
Entmischungsstrategien 259
Entscheidertraining (s. Moderation von Lehr/Lernprozessen) 372
Entscheidungsfähigkeit 248
Entscheidungsfelder 84, 219
Entwicklungs- und Kognitionstheorie (s. Kognitions- und Handlungspsychologie) 258
Erarbeitungserkundung 236
Ergebnisevaluation (s. Evaluation, Diagnostik) 238, 239
Erkenntnismethode 450
Erkundung **235**
Erwachsenenbildung (s. Berufliche Erwachsenenbildung) 67, **237**
Erwerbsarbeit 17, 63, 114, 117
Erwerbslose (s. Arbeitslosigkeit) 17
Erziehungswissenschaft 106, 226, 248, 366, 446, 460, 486, 490
Europa 108, 111
Europäische Kommission 374
Europäische Norm 421
Europäische Union (Aktionsprogramme) 110
Europäisches Zentrum für die Förderung der Berufsbildung 205
Evaluation **238**
Evaluationsforschung 367
Evaluierungsmethoden 239
Experimentalunterricht (s. Laborunterricht) **239**, 312
Experimente 239, 311, 312, 370
Extranet 203

Facharbeiter 70, 128, 353
Facharbeiterausbildung 111
Fachaufsicht 313 429
Fachdidaktik 56, 68, 84, 479, 481
Fächerübergreifender Unterricht **242**, 471
Fachgebundene Hochschulreife 227, 483
Fachhochschule 70, **243**
Fachhochschulreife **244**
Fachhochschulstudium 243
Fachkompetenz 73, 306
Fachoberschule 152, **245**, 502
Fachoberschulreife 29, 245
Fachschule 91, 200
Fachschulreife **246**, 483
Fachunterricht **246**
Fallmethode 247, 248
Fallstudie **247**
Feldagenten 370
Fernunterricht **249**
Fertigkeitsprüfung 417
File Transfer Protocol (s. Internet) 459
Finanzierung der beruflichen Ausbildung 47, **251**
Flexibilität **252**, 374
Fondfinanzierung 47
Förderung besonders befähigter Jugendlicher in der betrieblichen Ausbildung 61, **254**
Förderung der Berufsausbildung 172, 329
Förderung der Wirtschaft 280
Fortbildung (s. Weiterbildung) 24, 31, 84, 98, 114, 255
Fortbildung und Weiterbildung **255**
Fortbildungsprüfungen (s. Prüfungen in der beruflichen Bildung) 280, 301, 406, 407, 410
Fortbildungsschule **256**
Frage- und Antworttechniken 372
Frauenbildung **257**
Freisetzung (s. Sozialer Wandel) 445
Freizeitorientierungen 289
Führungskräfte (s. Aus- und Fortbildung für Führungskräfte) 31
Funktionale Lernzieldefinition (s. Lernziele) 363

Stichwortverzeichnis

Ganzheitliche Ausbildungsstrategien 259
Ganzheitlich konzipierte berufliche Bildung 374
Ganzheitlichkeit 257
Ganzheitsmethode 258
Ganztagsschule 431
Gebrauchswertdimension 456
Geschichte der gewerblichen Berufserziehung 259
Geschichte der kaufmännischen Berufsbildung 261
Geschichte der landwirtschaftlichen Berufsbildung 263
Gesellenprüfungsausschuss 265
Gestaltbarkeit und Sozialverträglichkeit von Technik 458
Gewerbe- und Handelsschulpädagogik (s. Berufspädagogik, Wirtschaftspädagogik) 156
Gewerbelehrer (s. Diplom-Gewerbelehrer/-in) 70, 199, 266
Gewerbeschule 70, 266
Gewerbliche Schulen 267
Gewerkschaft Erziehung und Wissenschaft 268
Gewerkschaftsarbeit 199
Gleichwertigkeit (s. Allgemeine und berufliche Bildung) 60, 165, 202, 503
Groupware (s. Bürokommunikation) 203
Gruppenerkundungen (s. Erkundungen) 236
Gruppenlernen 268
Gymnasien (s. Berufliches Gymnasium, Wirtschaftsgymnasium) 85

Handeln 60, 72, 216, 306, 333, 361, 365, 366, 376
Handelshochschule 225, **269**
Handelslehrer (s. Diplom-Handelslehrer/-in) 200, 224, 225, 226, 266, 485
Handelsschule (s. Berufsfachschule) 90, 143
Handelswissenschaft 270
Handlungen 159, 339, 360, 454
Handlungsfähigkeit 9, 101, 102, 328, 339, 412
Handlungsfelder (s. Lernfelder) 350 351, 352

Handlungskompetenz (s. Berufliche Handlungskompetenz) 72
Handlungsorientierter Unterricht 273
Handlungsorientierung 271
Handlungsregulationstheorie 73, 87, 258, 273
Handlungsschema 73
Handlungsstrukturtheorie 258, 273
Handlungstheorie 273
Handwerk 174, 261, 412
Handwerkliches Bildungswesen **274**
Handwerksinnungen 274, 277, 329
Handwerkskammern 274, 275, 276, 277
Handwerksmeister 98, 275, 277, 329
Handwerksordnung 274, **276**, 411
Handwerkspädagogik 155
Hauptausschuss des Bundesinstituts für Berufsbildung 10
Hauptschule 22, 96, 169,
Haus- und Familienpfleger/-in 402, 403
Haushaltslehre 23
Hausväterliteratur 263
Hauswirtschaftliche Bildung 257
Hauswirtschaftspädagogik 155
Hebamme 401, 402
Heilerziehungshelfer/-in 401, 402
Heilerziehungspfleger/-in 401, 402
Historische Dimension der Technik 455
Hochschule für Bankwirtschaft 58
Hochschulreife (s. Abitur, Fachhochschulreife) 144, 152, 483
Hochschulzugang 83, 245, 277, 278, 502
Hochschulzugang Berufserfahrener ohne Abitur **277**
Hochschulzugangsberechtigung 13, 278, 502
Höhere Berufsfachschule 90
Höhere Fachschule 109
Höhere Handelsschule (s. Berufsfachschule) 90
Horizontalqualifikationen (s. Qualifikation und Qualifikationsforschung) 427
Humanistische Pädagogik 258
Humankapitalansatz 189
Humankapitaltheorie 115
Hypermedia (s. Multimedia) 378

Imitatio-Prinzip 457
Individualisierung 116, 185, 250, 278, 404
Individualisierung und Binnendifferenzierung in der Berufsausbildung (s. Differenzierung) 278
Individualität 183, 433
Industrie- und Handelskammer 215, **280**, 473
Industriearbeit 352
Industriemeister **281**
Industriepädagogik (s. Arbeitspädagogik, Betriebspädagogik) 485, 486
Informatik 244
Informations- und Kommunikationstechnik (s. Neue Informations- und Kommunikationstechnologien) 75, 250, 323, 456
Informationsbeschaffung 281, 380
Informationstechnische Bildung 479
Infothek **281**
Ingenieurwissenschaften 244
Innere Differenzierung (s. Differenzierung) 279
Innovationen im Bildungswesen 187, 483
Innung 266, 329
Innungsverbände 277
Institute der Länder zur Berufsbildung **283**
Institutionalisierte Umwelt 191
Institutionalisierung 32, 188, 463
Integration von theoretischer und praktischer Ausbildung 458
Interaktion (s. Kommunikation) 886, 279, 364
Interessenpolitik 132
International Labour Organization 373
Internationaler Vergleich (s. Berufsbildung im internationalen Vergleich) 106
Internet (s. Multimedia) 85, 104, 202, 230, 316, 379, 459
Internet Relay Chat 459
Inter-Personal Computing 203
Inter-Team-Entwicklung 390
Interventionstechniken 389
Intranet 203, 230
Intra-Team-Entwicklung 390

ISO 9000 421
Isolierung (s. Modelldenken) 250
IT-Ausbildungsberufe 380

Jahrgangsstufen 195
Jugend und Arbeit **288**
Jugend- und Auszubildendenvertretung 290
Jugendarbeitslosigkeit (s. Arbeitslosigkeit) 291
Jugendarbeitsschutzgesetz 293
Jugendberichte/Jugendforschung 293
Jugendliche und Berufsausbildung 296
Jugendsozialarbeit **297**
Jugendvertretung 181
Jungarbeiter 64, 172
Juniorenfirma (s. Übungsfirma) **299**

Kaizen-Prinzip 421
Kammerprüfung **300**
Kaufmännische Berufsbildung 261
Kaufmännische Berufsschule (s. Berufsschule) 163
Kaufmännischer Assistent 29
Kenntnisprüfung (s. Prüfungen in der beruflichen Bildung) 154, 417
Kinder- und Jugendhilfe 293, 295, 296
Kinder- und Jugendhilfegesetz 293, 297
Kinderkrankenschwester/-pfleger 403
Klassenerkundungen (s. Erkundungen) 236
Kleingruppenmaßnahmen 421
Kognitions- und Handlungspsychologie 232
Kollegschule **302**
Kommunikation (s. Interaktion) 138, 155, **303**
Kommunikation und Weiterbildung 422
Kommunikative Kompetenz 306, 498
Kommunikatives Handeln 306
Kompetenz 337, 344, **305**, 317, 345
Kompetenzerwerb 344, 359
Kompetenzprofil 174
Kompetenzzertifikate 415
Komplexität 72
Konferenzen 186
Konstruktivismus **307**
Konstruktivistische Lerntheorie 87

Kontinuierliche Verbesserungsprozesse 421
Kontorübung (s. Lernbüro) 341
Koordinierungsausschuss der Bund-Länder-Kommission 11, 12
Kosten und Nutzen in der beruflichen Bildung 308
Krankenpflegegesetz 401, 402
Krankenpflegehelfer/-in 401, 402, 403
Krankenschwester/-pfleger 403
Kreishandwerkerschaft 276, 277
Kulturhoheit der Länder 40, 121, 133, 143
Kultusministerkonferenz 55, 70, 121, 169, 187, 191, 194, 211, 264, 272, 317, 394
Kuratorium der Deutschen Wirtschaft für Berufsbildung 310
Kybernetik 451

Laborunterricht 311
Landesausschuss für Berufsbildung 152
Landwirtschaftliche Akademien 263
Landwirtschaftliche Berufsbildung 265
Landwirtschaftliche Schulen 312
Landwirtschaftskammern 264
Landwirtschaftsmittelschulen 264
Landwirtschaftspädagogik 155
Laufbahnberatung 313
Leadership 31
Learning-on-the-job 465
Lebenslanges Lernen 412
Lebensphase Jugend 288
Lehr- und Lernmaterialien 315
Lehrbuch 315
Lehre (s. Berufliche Erstausbildung) 13, 108, 127, 440
Lehrer an berufsbildenden Schulen (s. Diplom-Gewerbelehrer/-in, Diplom-Handelslehrer/-in) 316
Lehrer/-in für Fachpraxis 317
Lehrer für Pflegeberufe 319
Lehrer/-in für Theorie 316
Lehrerfortbildung 320
Lehrgangsformen 321
Lehr-Lern-Arrangements 308, **322**, 344, 345, 473

Lehr-Lern-Methoden (s. Ausbildungsmethoden, Methoden) 327
Lehr-Lern-Prozesse 246, 324, 327
Lehr-Lern-Situationen 273
Lehrling (s. Auszubildender) 53, 411
Lehrlingsheim 329
Lehrlingswart 329
Lehrmittelkonzept 364
Lehrplan 330
Lehrstoff-Zeit-Problem 221
Lehrwerkstatt **331**, 343
Lehrziel (s. Lernziel) 362
Leistungsbeurteilung **333**, 492, 193
Leistungsprinzip **334**, 491
Leittexte **339**
Lern- und Arbeitsinseln (s. Lerninsel) 343
Lernaufgabe **339**
Lernbrücken 387
Lernbüro (s. Übungsfirma) 299, **341**
Lernecke **343**
Lernen 17, 18, 84, 86, 87, 88, 89, 175, 195, 208, 216, 217, 219, 230, 231, 247, 268, 269, 328, **344**, 346, 359, 360, 361, 387, 438, 439, 454
Lernen Erwachsener 346
Lernen in der beruflichen Weiterbildung **346**
Lernen lernen 439
Lernendes Unternehmen (s. Organisationales Lernen 488
Lernerfolgskontrolle (s. Prüfungen) 347
Lernergebnisse 362
Lernfelder 165, 242, **350**, 471, 472
Lernhandeln 86, 87, 273
Lerninsel **352**
Lernkompetenz 74, 498
Lernkontext 359
Lernkonzept 196, 215, 216, 217
Lernmittelfreiheitsgesetz 432
Lernorte 10, 18, 114, 152, 155, 163, 216, 229, 272, 322, 330, 343, **354**, 356, 424
Lernortforschung 355
Lernortkooperation 217, **355**
Lernprozesstheorie 454
Lernpsychologie 258
Lernschleifen 388

Lernstatt 358
Lernsubjekt 86, 87, 88, 370
Lerntheorie 86, 87, 88, 89, 348, 349
Lerntransfer 358
Lernumgebung 308, 360, 365
Lernumgebungskonzept 364, 365
Lernwiderstand 360
Lernziel 150, 208, **362**
Lernzieloperationalisierung 210, 362, 363
Lernzielorientierter Unterricht 362

Macht des Staates 396
Makrodidaktische Gestaltung 190
Manpower-Ansatz 189, 192, 193
Massenarbeitslosigkeit (s. Arbeitslosigkeit) 19, 174, 475
Master of Business Administration 474
Mechanisierung 368
Medien 84, 85, 323, 364
Medien in der beruflichen Bildung (s. Multimedia) 363
Mediendidaktik 364
Medienlandschaft 315
Meister 148, 281, 411
Meisterlehre 128
Meisterprüfung 59, 276, 277, 415
Metaplan-Methode 372
Meta-Wissen 488
Methoden (s. Ausbildungsmethoden, Lehr-Lern-Methoden) 84, 327, 328, 473
Methoden der Berufs- und Wirtschaftspädagogik 366
Methodenkompetenz 73, 272, 306
Methodenmonismus 368
Methodenpluralismus 368
Mittlere Reife 13, 491
Mobilität 74, 75, 76, 253
Modelldenken **368**, 441
Modelle 368, 369
Modellversuche und Modellversuchsforschung 370
Modellversuchsträger 370
Moderation von Lehr-/Lernprozessen **371**
Moderationsmethode 372
Moderator 371, 372

Modularisierung 42, 99, 373, 374
Module in der Berufsausbildung 373
Modules of Employable Skills 373
Moralische Entwicklung und Berufserziehung 375
Moralische Urteilskompetenz 345, 375
Multimedia 230, **378**
Multimediales Lernen 230, 484
Musterprüfungsordnungen (s. Prüfungen in der beruflichen Bildung) 417

National Vocational Qualifications 374, 499
Netzwerk 130, 452
Neue Informations- und Kommunikationstechnologien **379**
Neue Medien (s. Multimedia, Neue Informations- und Kommunikationstechnologien) 195, 315, 323
Neuhumanismus 90, 258
Neuordnung (der Ausbildungsberufe) 11, 211, 212, 259, 261, 332
Normative Disziplin 489
Notendefinition (s. Zensuren und Zeugnisse) 333

Oberstufengymnasium 483
Oberstufen-Kolleg **381**
Oberstufenzentren **383**
Objektivität des Wissens 307
Ökologie (s. Berufliche Umweltbildung) 81, 178
Ökologische Dimension 456
Ökonomieunterricht 15, 452
Operationalisierung von Lernzielen (s. Lernziel) 210, 362, 363
Ordnungsmittel 10, 11, 106, 154
Ordnungspolitische Grundlagen der Berufsbildung **385**
Organisation 164, 319, 327, 385, 386
Organisationales Lernen (s. Lernendes Unternehmen) 386
Organisations- und Personalentwicklung (s. Organisationsentwicklung, Personalarbeit und Personalentwicklung) 421
Organisationsberatung **389**

Stichwortverzeichnis 519

Organisationsentwicklung 386, **390**
Organisationsgestaltung 470
Organisationskultur 387
Organisationssystem 188
Orientierungsphase 142, 151
Österreich 111, 122, 229, 343, 392, 479
Österreichische Handelsakademie **391**
Outsourcing 177, 256

Pädagogische Diagnostik **392**
Pädagogische Freiheit des Lehrers **395**
Pädagogische Transformation 220
Performanz 376
Personal Computing 203
Personalarbeit und Personalentwicklung **398**
Personalauswahl 28, **399**
Personalbereitstellung **399**
Personalbeschaffung **399**
Personalentwicklung 176, 237, 250, 314, 398, **399**
Personalfreisetzung **399**
Personalkompetenz 73
Personalpolitik 470
Persönlichkeitsbildung 136, 306
Persönlichkeitsentwicklung 73, 74, 125, 194, 472
Persönlichkeitsförderung 64
Persönlichkeitsprinzip 272, **399**
Pflegeausbildung 319, 320, **401**
Pflegeberufe 319, 401, 402, **403**
Pflegepädagogik 319, 320
Pflichten der Auszubildenden 422, 423
Pflichten der Berufsschüler 424, 425
Planspiel 441
Politikberatung 159
Politische Gestaltungskonzepte 132
Potentialanalyse 66, 447
Pragmatismus 136
Primärstrategien 449
Problemlösungsstrategien 388
Professionalisierung 35, 319
Prognosen 452
Programmierte Prüfungen **406**
Programmierte Unterweisung 208, 364, 406
Projekt- und Handlungslernen 322

Projektablaufphasen 408
Projektarbeit 324, **405**
Projektmethode 328, **408**
Projektplan 409
Projektskizze 409
Prozessevaluation (s. Evaluation) 239
Prozessorientierung 407, 458
Prozessstrategien 449
Prüfungen in der beruflichen Bildung (s. Abschlussprüfung, Zwischenprüfung) 300, **410**
Prüfungs- und Berechtigungswesen **415**
Prüfungsanforderungen 154, 406, 412
Prüfungsaufgaben 9, 407
Prüfungsaufgaben- und Lehrmittel-Entwicklungsstelle (PAL) 407
Prüfungsausschüsse 9, 164
Prüfungsverfahren **417**

Qualifikation 43, 73, 116, 226, 255, 305, 418, 419
Qualifikation und Qualifikationsforschung **418**
Qualifizierung 19, 27, 33, 178, 358, 419
Qualifizierungsphase 151
Qualitätskontrolle 421
Qualitätsmanagement 348, 350, **421**
Qualitätssicherung 152, 421
Qualitätszirkel **421**

Rahmenlehrplan 11
Rahmenstoffplan zur Ausbildung der Ausbilder 36
Rahmenvereinbarungen auf der Ebene der Kultusministerkonferenz 424
Randgruppen 65
Raumausstattung 283
Rechte und Pflichten der Auszubildenden **422**
Rechte und Pflichten der Berufsschülerinnen und Berufsschüler **424**
Rechtsaufsicht 429
Rechtsbeziehungen zwischen Schule und Schüler 437
Rechtslehre 23

Rechtsverordnungen 105, 106, 133, 153, 393, 396, 406, 410, 425, 432
Reduktions- und Konzentrationsstrategien (s. Didaktische Reduktion bzw. Pädagogische Transformation) 458
REFA-Arbeitsunterweisung 473
Referendariat 39, 317, 479
Reflexion 73, 170, 238, 239, 273, 308, 353, 360, 454
Regionale Berufsbildungszentren **425**
Rehabilitation 78, 146, 467, 468
Reichsgewerbeordnung 260
Reichsverband Deutscher Handelslehrer mit Hochschulbildung 200
Richtlinien 23, 74, 150, 152, 186, 283, 350, 362
Rollenspiel (s. Simulationsspiel) 335

Sachkompetenz 306
Sachverständigenrat 194
Säkularisierung 17
Scaffolding 308, 439
Scheinfirma (s. Übungsfirma) 341
Schlüsselqualifikationen 176, 272, 304, 345, 420, **427**, 495
Schulaufsicht **429**, 430
Schule (s. Berufliches Schulwesen in der Bundesrepublik Deutschland) 104, 144, 153, 229, 255, 324, 396, 397, 433, 434
Schulen des Gesundheitswesens 319, 404
Schulentwicklungsplanung 165, 166, **430**
Schulgesetze 152, **432**
Schulische Rehabilitation 468
Schulkultur 433
Schullaufbahnberatung 313
Schulleben, Schulkultur, Schulphilosophie, Schulprogramm **433**
Schulleitung **435**
Schulmanagement 188
Schulmitwirkungsgesetz 432
Schulnetz 460
Schulordnung 313, 424
Schulordnungsgesetz 432
Schulorganisationsentwicklung 455
Schulorganisationsgesetz 111

Schulpflicht 167
Schulpflichtgesetz 432
Schulphilosophie 433, 434
Schulprofil 434
Schulprogramm 433
Schulrecht **436**
Schultypen 127, 143
Schulungsbüro 341
Schulverhältnis nach öffentlich-rechtlichen Regelungen 424
Schulverwaltungsgesetz 432
Schweiz 108, 109, 122, 229
Segmentationstheorie 115
Sekundarstufe II 228, 302, 381
Selbstevaluation (s. Evaluation) 208, 238, 239
Selbst gesteuertes Lernen 328, **438**
Selbstkompetenz 40, 74, 305, 306
Selbstkonzept 174, 306
Selbstorganisation 216, 408, **439**, 470
Selbstorganisationstheorie 451
Selbstverwaltung (an Schulen) 429
Selbstverwaltung der Wirtschaft 63, 128, **440**
Simulation 441, 467
Simulationsbüro (s. Lernbüro) 341, 467
Simulationsspiel **441**
Simulationsverfahren 271, 341
Simulator **443**
Situationsorientierung **443**
Situationsprinzip 84, 272
Situationstheorie 443
Sozialberufe 403
Soziale Problemlösungsmethode (s. Zukunftswerkstatt) 500
Soziale Rehabilitation 468
Soziale und kulturelle Prägung 52
Soziale Ungleichheit 182
Sozialer Wandel **444**
Sozialisation (s. Berufliche Sozialisation) 77
Sozialkompetenz 40, 73, 74, 272, 306, 498
Sozialordnung 398
Sozialpädagogik (Berufliche Fachrichtung) 69, 85
Sozialpädagogische Berufsfelder 69
Sparkassenakademien **446**

Sparkassenbetriebswirt 447
Sparkassenfachwirt 447
Sparkassenkaufmann/-kauffrau 447
Spezialzentren für sozialmedizinisch bedeutsame Krankheiten und Behinderungen 468
Spiel 441
Staat 89, 158, 237, 252, 262, 308, 309, 332, 334, 429, 497
Staatliche Zentralstelle für Fernunterricht 249
Stofffülle 220, 246
Stoffverteilungsplan 447
Strategisches Handeln in beruflichen Situationen **449**
Strukturmoment des Unterrichts 364
Strukturwandel 75, 323
Studienakademie 94, 96
Studierfähigkeit 83, 491, 503
Stufentheorie 375
Stundentafel 184, 185
Stuttgarter Modell 95
Stützstrategien (s. Strategisches Handeln in beruflichen Situationen) 450
Subjektive Alltagstheorien 400
Subjektwissenschaftliche Lerntheorie 87
Subsidiaritätsprinzip 44, 110, 111
Survey-Feedback-Methode 390
Synergetik 451
Systemdenken **450**
Systemkonzept 364, 365
Systemorientierung 458
Systemtheorie der Technik 259
Szenario **452**
Szenario-Methode 452, 453

Tagespraktikum (s. Betriebspraktikum) 180
Tarifverträge 256, 336
Tätigkeitsorientiertes Lernen (s. Handlungsorientierung) **456**
Teamteaching 455
Technik 367, 455, 456, 457
Technik und Bildung **455**
Technikbegriff der Systemtheorie 458
Technikdidaktik **457**
Technikunterricht 23, 458

Technische Kommunikation 459
Technischer Assistent 29
Technologische Dimension 455
Teilqualifikation 373
Telelearning (s. Multimedia) 230
Tests 335, 336, 399, 406
Theoretische Reflexion 454
Theorie sozialer Systeme 451
Theorien der Berufsbildung **460**
Theorie-Praxis-Verhältnis in der Berufspädagogik **462**
Total Quality Control 421
Total Quality Management 422
Träges Wissen 359
Traineeprogramm **464**
Transfer 176, 196, 359, 450, 465
Transferforschung 465

Überbetriebliche Ausbildung 51, **466**
Überprüfungserkundung 236
Übungsfirma (s. Lernbüro) 299, 341, **467**
Umlagefinanzierung 120, 252
Umschulung (s. Berufliche Umschulung) 78, 79, 84, 98, 129, 133, 467, 468
Umschulung und Rehabilitation **468**
Umweltbildung 80, 81
Umweltkompetenz 81
Unternehmenskultur **468**
Unterricht (s. Beruflicher Unterricht) 12, 39, 84
Unterrichtsfächer 184, 185, 242, 470, 471
Unterrichtsfächer in der gewerblichen Berufsschule **470**
Unterrichtsfächer in der kaufmännischen Berufsschule **472**
Unterrichtsmethodik ökonomischer Lehrgegenstände 93, 94
Unterweisung **473**
Urberufe 137
Urteilskompetenz 376
Usenet (s. Internet) 459

Verband für Arbeitsgestaltung, Betriebsorganisation und Unternehmensentwicklung (REFA) 473

Vergesellschaftung 75
Vergütung 399
Verhaltensstichproben 399
Verkürzungsmerkmal 368
Vernetztes Denken (s. Systemdenken) 450
Verrechtlichung 417, 433
Versicherungs-Akademie (s. Deutsche Versicherungs-Akademie) 139
Versicherungsbetriebswirt/-in 140, 213, 214
Versicherungsfachwirt/-in 139, 140, 213, 214
Versicherungskaufmann/-frau 99, 139, 140
Versuchsschule 381
Verwaltungs- und Wirtschaftsakademie 473
Verwaltungs-Betriebswirt 474
Verwaltungsfachliche Aufgaben 429
Verwaltungsschulen 446, 447
Verwaltungsvorschriften 425, 432
Viabilität 440
Vier-Stufen-Methode 473
Vintage-Faktoren 427
Virtuelles Büro (s. Bürokommunikation) 203
Visionen (s. Zukunftswerkstatt) 500, 501
Visualisierung 372
Vollzeitschulpflicht 293
Vorbereitungsdienst 39, 55, 57, 317, 318, 320
Vorberufliche Bildung 168, 169, 474

Waldorf-Pädagogik 258
Weiterbildung (s. Betriebliche Weiterbildung, Lernen in der beruflichen Weiterbildung) 475
Weiterbildungsberatung 118, **476**
Weiterbildungsgesetze 67, 475
Weiterbildungsinformationssystem 215, 280
Weiterbildungsmanagement **476**
Werkberufsschule 47, 478
Werkpädagogisches Modell 23
Werkschule 477
Werkstätten für Behinderte 468

Werkstattunterweisung 466
Werkstückorientierung im technischen Unterricht 458
Werkunterricht 477
Wertesystem (s. Jugend und Arbeit) 289
Winterschulen 264
Wirtschaft und Berufs-Erziehung 160
Wirtschaftsdidaktik **479**, 487
Wirtschaftsgymnasium **482**
Wirtschaftslehre 23
Wirtschaftsmodellversuche **483**
Wirtschaftspädagogik (s. Berufspädagogik) 23, 94, 155, 225, 232, 270, 366, **485**
Wissen 73, 247, 306, 307, 325, 345, 359, 360, 387, 400, 464, 488
Wissen als Produktionsfaktor 488
Wissenschaftsorientierung/Wissenschaftspropädeutik **487**
Wissenschaftsprinzip 272
Wissenschaftsrat 194
Wissenschaftstheorie **489**
Wissensgesellschaft 488
Wissenstransfer (s. Transferforschung) 244
Workflow-Management 202
World Wide Web (s. Internet) 203, 459

Zeitschrift für Berufs- und Wirtschaftspädagogik 160, 161
Zeitschriften (s. Berufspädagogische Zeitschriften)
Zensuren und Zeugnisse **491**
Zertifikate 496, 497, 498
Zertifizierung von Modulen (s. Module in der Berufsausbildung) 374
Zeugnisse 491, 492, 493, 494, 495
Zugangserkundung 236
Zukunftswerkstatt 452, **500**
Zweiter Bildungsweg (s. Beruflicher Bildungsweg, Hochschulzugang Berufserfahrener ohne Abitur) **502**
Zwischenprüfung 410, 412, 413, 503

Personenregister

Aa, K. von der 270
Abel, H. 81
Achtenhagen, F. 441
Adler, A. 270
Aebli, H. 273
Albert, H. 369
Arnoldi, E.W. 262
Ausubel, D.P. 222

Bachmann, W. 223
Baethge, M. 289
Bandura, A. 273
Blankertz, H. 90, 490
Bourdieu, P. 396
Bruner, J.S. 221, 222, 273
Büsch, J.G. 271

Campe, J.H. 330
Chomsky, N. 303, 305
Comb, A. 258
Comenius, J.A. 15, 364
Czycholl, R. 273, 479

Dahrendorf, R. 502
De Haan, G. 81
Dewey, J. 271, 300, 408
Dörner, D. 273, 323
Dörpfeld, F.W. 330
Dubs, R. 435, 452

Engels, F. 93
Essig, O. 271

Faulstich, P. 419
Fauser, P. 397
Fehm, K. 222
Feigenbaum, A.V. 421
Feld, F. 485
Fellenberg, G. 263
Fischer, A. 137, 212, 258, 462
Flitner, W. 221

Galanter, E. 273
Galperin, P.I. 273, 454
Großmann, H.G. 270
Grüner, G. 221

Habermas, J. 303, 490
Hacker, W. 273, 454
Hauptmeier, G. 221, 222
Heimann, P. 219, 364
Henkel, L. 223
Hering, D. 221, 222, 458
Herbart, F.W. 485
Humboldt, W. von 13, 258

Imai, M. 421
Ishikawa, K. 421

Jongebloed, H.-C. 223
Jungk, R. 500

Kell, A. 221
Kern, H. 258, 259
Kerschensteiner, G. 13, 82, 84, 93, 132, 137,
   168, 256, 258, 271, 330, 367, 462, 486
Kilpatrick, W.H. 408
Kindermann, F. 263
Kirschner, O. 221, 222
Klafki, W. 221
Klauer, K.J. 363, 365, 395
Knigge, A. 428
Kohlberg, L. 375, 376
Konegen-Grenier, C. 464
Krupskaja, N.K. 93

Lambert, R. 270
Lantermann, E.-D. 273
Leibniz, G.W. 258
Lempert, W. 376, 461, 463
Leontjew, A.N. 258, 273, 454
Lerch, B. 222
Lewin, K. 258, 390, 422
Lindwurm, A. 144

Lippit, R. 422
Lipsmeier, A. 124, 149, 221
List, F. 333, 485
Litt, T. 93, 137, 395, 462
Löbner, W. 270, 485, 486
Löhr, A. 376

Makarenko, A.S. 93
Manstetten, R. 60, 255
Marperger, P.J. 269
Marx, K. 93
Mertens, D. 254, 419
Mevissen, G. von 270
Meyer, H. 327, 363, 453
Miller, G.A. 273
Möhlenbrock, R. 223
Möller, C. 210, 363

Nicklisch, H. 270

Odenthal, J. 271
Oser, F. 461

Pache, O.W. 161
Pahl, J.-P. 72, 222
Pape, F. 270
Passeron, J.-C. 396
Penndorf, B. 270
Pestalozzi, J.H. 136, 258, 263
Petersen, P. 60
Piaget, J. 258, 273, 605, 375, 440
Picht, G. 502
Pies, I. 369
Platon 271
Popper, K.R. 223, 460, 463
Pribram, K.H. 273

Reetz, L. 428
Regenthal, G. 434
Rein, W. 330
Richards, C.R. 271
Riedel, J. 27
Robinsohn, S.B. 209, 210
Rochow, E. von 263

Rogers, C. 258, 271
Roth, H. 74, 210, 305
Rousseau, J.-J. 300
Roux, V. 271
Rubinstein, S.L. 258, 273
Ropohl, G. 259

Salzmann, C. 223
Schleiermacher, F.E.D. 462
Schlieper, F. 486
Schmalenbach, E. 270
Schmidt, F. 270
Schulz, J.M.F. 262
Schumann, M. 258
Searle, J.R. 303
Sextro, H.P. 263
Spranger, E. 137, 221, 258, 367, 462, 463, 486
Stachowiak, H. 223, 368
Staudinger, L.A. 263
Stegemann, R. 270
Steinmann, H. 236, 376
Stern, R. 270
Stratmann, Kw. 127, 173, 461

Tergan, S.-O. 273, 379
Thaer, A.D. 263
Thorndike, R.L. 465

Vermehr, B. 222
Vester, F. 258
Voght, K. 263
Volpert, W. 258, 273, 454

Wagemann, L.G. 263
Wagenschein, M. 221
Wälde, E. 15
Weber, M. 490
Weniger, E. 330, 395, 396
White, R. 422
Witt, R. 222, 223

Zabeck, J. 479, 488

Autorenspiegel

ACHTENHAGEN, Frank, Universitätsprofessor Dr. Dr. h.c., Seminar für Wirtschaftspädagogik, Georg-August-Universität Göttingen
- Berufsbildungsforschung
- Lehr-Lern-Arrangements

AFF, Josef, Universitätsprofessor Dr., Lehrstuhl für Wirtschaftspädagogik, Wirtschaftsuniversität Wien
- Wirtschaftsdidaktik

AMMEN, Alfred, Universitätsprofessor Dr. em., Carl von Ossietzky Universität Oldenburg
- Arbeit

ARNOLD, Rolf, Universitätsprofessor Dr., Fachgebiet Pädagogik, insb. Berufs- und Erwachsenenpädagogik, Universität Kaiserslautern
- Betriebliche Weiterbildung
- Selbstorganisation

ASHAUER, Günter, Universitätsprofessor Dr. em., Deutsche Sparkassenakademie, Universität zu Köln
- Sparkassenakademien

BADER, Reinhard, Universitätsprofessor Dr., Lehrstuhl für Berufspädagogik, Institut für Berufs- und Betriebspädagogik, Otto-von-Guericke-Universität Magdeburg
- Lehrer/Lehrerin an berufsbildenden Schulen

BALS, Thomas, Universitätsprofessor Dr., Fachgebiet Berufs- und Wirtschaftspädagogik, Universität Dresden
- Pflegeausbildung

BANK, Volker, Privatdozent Dr., Lehrstuhl für Berufs- und Wirtschaftspädagogik, Christian-Albrechts-Universität Kiel
- Regionale Berufsbildungszentren

BECK, Klaus, Universitätsprofessor Dr., Lehrstuhl für Wirtschaftspädagogik, Fachbereich Rechts- und Wirtschaftswissenschaften, Johannes Gutenberg-Universität Mainz
- Berufswahl
- Moralische Entwicklung und Berufserziehung

BECKERS, Hans Joachim, Rechtsanwalt, Abteilung Berufliche Bildung, Deutscher Industrie- und Handelstag, Bonn
- Deutscher Industrie- und Handelstag
- Industrie- und Handelskammern

BEITZ, Holger, Prokurist, Leiter der Personalabteilung, Continentale Krankenversicherung a.G., Dortmund
- Assessment-Center
- Traineeprogramm

BENNER, Hermann, Dr., M.A., Direktor i.R., ehem. Leiter der Hauptabteilung Ausbildungsordnungsforschung, Bundesinstitut für Berufsbildung, Berlin
- Ausbildungsberuf
- Ausbildungsdauer
- Ausbildungsordnung
- Berufsausbildungsvorbereitung und Berufsbildungsreformgesetz
- Berufsbild
- Berufsordnungsmittel

BENTELER, Paul, Dr., Personaldirektor, Stahlwerke Bremen, Bremen
- Lernstatt

BÖDEKER, Jochen, Schulfachlicher Dezernent für Berufskollegs bei der Bezirksregierung in Detmold
- Assistentenausbildung
- Bildungsgang
- Bildungsgangkonferenz

BONZ, Bernhard, Universitätsprofessor Dr. em., Institut für Berufs-, Wirtschafts- und Technikpädagogik, Universität Hohenheim, Stuttgart
- Beruflicher Unterricht
- Fachunterricht

BRETTSCHNEIDER, Volker, Privatdozent Dr., Institut für ökonomische Bildung Carl von Ossietzky Universität Oldenburg
- Systemdenken
- Szenario

BRÖDEL, Rainer, Universitätsprofessor Dr., Abteilung Erwachsenenbildung/Außerschulische Jugendbildung, Westfälische Wilhelms-Universität Münster
- Berufliche Erwachsenenbildung
- Weiterbildung
- Weiterbildungsberatung
- Weiterbildungsmanagement

BRÖTZ, Rainer, Diplom-Soziologe, Gewerkschaft Handel, Banken und Versicherungen, Hauptvorstand, Düsseldorf
- Betriebsverfassungsgesetz

BRUMHARD, Helmut, Kuratorium der Deutschen Wirtschaft für Berufsbildung, Bonn (verstorben Juli 1997)
- Selbstverwaltung der Wirtschaft

BUDDENSIEK, Wilfried, Privatdozent Dr., Gesellschaftswissenschaften und Didaktik des Sachunterrichts, Universität Paderborn
- Simulationsspiel

BUER, Jürgen van, Universitätsprofessor Dr. Dr. h.c., Abteilung Wirtschaftspädagogik, Institut für Wirtschafts- und Erwachsenenpädagogik, Philosophische Fakultät IV, Humboldt-Universität zu Berlin
- Kommunikation
- Pädagogische Freiheit des Lehrers

BUNK, Gerhard P., Universitätsprofessor Dr., Justus-Liebig-Universität Gießen (verstorben Januar 1998)
- Geschichte der landwirtschaftlichen Berufsbildung

BUSCHFELD, Detlef, Universitätsprofessor Dr., Institut für Berufs-, Wirtschafts- und Sozialpädagogik, Universität zu Köln
- Teamteaching
- Organisation von Bildungsgängen

BUSIAN, Anne, Akademische Rätin, Lehrstuhl für Berufspädagogik, Universität Dortmund
- Bankakademie
- Bachelor-Master-Studiengänge in der Lehrerbildung

CLEMENT, Ute, Universitätsprofessorin Dr., Professur für Berufs- und Wirtschaftspädagogik, Universität Kassel
- Zertifizierung für die berufliche Bildung

CZYCHOLL, Reinhard, Universitätsprofessor Dr. em., Fachgebiet Berufs- und Wirtschaftspädagogik, Carl von Ossietzky Universität Oldenburg
- Handlungsorientierung

Autorenspiegel

DAUENHAUER, Erich, Universitätsprofessor Dr. em., Institut für Wirtschaftswissenschaft und Wirtschaftspädagogik (IWW), Universität Landau
- Berufsbildungspolitik
- Bildungspolitische Gremien

DEHNBOSTEL, Peter, Privatdozent Dr., Leiter der Abteilung Lehr- und Lernprozesse in der Berufsbildung, Bundesinstitut für Berufsbildung, Berlin
- Arbeitsbezogenes Lernen
- Beruflicher Bildungsweg
- Dezentrales Lernen
- Gruppenlernen

DEIßINGER, Thomas, Universitätsprofessor Dr. em., Lehrstuhl für Wirtschaftspädagogik, Universität Konstanz
- CEDEFOP

DIEDRICH-FUHS, Helen, Kuratorium der Deutschen Wirtschaft für Berufsbildung, Bonn
- Kuratorium der Deutschen Wirtschaft für Berufsbildung

DIKAU, Joachim, Universitätsprofessor Dr., Arbeitsbereich Wirtschaftspädagogik, Institut für Wirtschafts- und Erwachsenenpädagogik, Freie Universität Berlin
- Oberstufenzentren

DOBISCHAT, Rolf, Universitätsprofessor Dr., Fachgebiet Wirtschaftspädagogik mit dem Schwerpunkt Berufliche Aus- und Weiterbildung, Gerhard-Mercator-Universität Duisburg
- Arbeitsförderungsgesetz (AFG)/ Sozialgesetzbuch III (SGB III)/ Hartz-Gesetze
- Aufstiegsfortbildungsförderungsgesetz (AFBG)
- Ausbildungsfinanzierung/ Ausbildungsplatzabgabe
- Berufliche Umschulung

DRECHSEL, Barbara, Leibniz-Institut für die Pädagogik der Naturwissenschaften, Kiel
- Motivation

DREES, Gerhard, Professor Dr., Professur für Berufliche Bildung und Erwachsenenbildung, Institut für Erziehungswissenschaft, Pädagogische Hochschule Ludwigsburg
- Lernen in der beruflichen Weiterbildung
- Lernwiderstand

DUBS, Rolf, Universitätsprofessor Dr. Dres. h.c. em., Institut für Wirtschaftspädagogik, Universität St. Gallen
- Konstruktivismus
- Selbst gesteuertes Lernen

ECKERT, Manfred, Universitätsprofessor Dr., Institut für Berufspädagogik und berufliche Weiterbildung, Universität Erfurt
- Jugend- und Auszubildendenvertretung
- Jugendarbeitsschutzgesetz

EULER, Dieter, Universitätsprofessor Dr., Lehrstuhl für Wirtschaftspädagogik, Universität St. Gallen
- Befähigungsnachweis
- Lehrlingswart

FABER, Gerhard, Universitätsprofessor Dr., Lehrstuhl Didaktik Elektrotechnik für Automatisierungstechnik/Angewandte Informatik, Technische Universität Chemnitz
- Experimentalunterricht
- Lernecke
- Simulator

FIEDLER, Wolfram, Dr., Vorsitzender der Interessengemeinschaft Geschichte der Handelshochschule Leipzig e.V., Leipzig
- Handelshochschule

FINGERLE, Karlheinz, Universitätsprofessor Dr., Institut für Berufsbildung, Universität-Gesamthochschule Kassel
- Doppeltqualifizierende Bildungsgänge
- Kollegschule
- Landwirtschaftliche Schulen

FLOTTMANN, Heiner, Studiendirektor, Fachleiter am Studienseminar Bielefeld
- Infothek
- Schulleben, Schulkultur, Schulphilosophie, Schulprogramm

FRANKE, Guido, Bundesinstitut für Berufsbildung, Berlin
- Strategisches Handeln in beruflichen Situationen

FRIEDE, Christian, Dr., Akademischer Oberrat, Lehrstuhl für Berufs- und Wirtschaftspädagogik, Institut für Erziehungswissenschaft der Rheinisch-Westfälischen Technischen Hochschule Aachen
- Diagnostik
- Leistungsbeurteilung
- Lernerfolgskontrolle
- Pädagogische Diagnostik
- Programmierte Prüfungen
- Prüfungen in der beruflichen Bildung
- Zensuren und Zeugnisse

GALUSKE, Michael, Universitätsprofessor Dr., Professor für Sozialpädagogik, Universität Kassel
- Jugend und Arbeit
- Jugendarbeitslosigkeit
- Jugendsozialarbeit

GEHRING, Reiner, Studiendirektor, Konrad-Klepping-Berufskolleg, Dortmund
- Berufsfeld

GEIßLER, Harald, Universitätsprofessor Dr., Professur für Allgemeine Pädagogik u.b.B.d. Berufs- und Betriebspädagogik, Universität der Bundeswehr Hamburg
- Bildungscontrolling
- Bildungsmanagement
- Coaching
- Organisationsentwicklung

GEIßLER, Karlheinz, Universitätsprofessor Dr., Wirtschaftspädagogik, Fakultät für Pädagogik, Universität der Bundeswehr München
- Erwachsenenbildung

GEORG, Walter, Universitätsprofessor Dr., Institut für Erziehungswissenschaft und Bildungsforschung, Arbeitsbereich Berufs- und Wirtschaftspädagogik, Fernuniversität-Gesamthochschule Hagen
- Berufsbildung in Europa
- Fernunterricht

GÖTZ, Klaus, Universitätsdozent Dr., Leiter Managementkonzepte, Daimler-Benz AG, Stuttgart
- Aus- und Fortbildung für Führungskräfte

GONON, Philipp, Universitätsprofessor Dr., Universität Zürich
- Schlüsselqualifikationen

GREINERT, Wolf-Dietrich, Universitätsprofessor Dr., Institut für berufliche Bildung, Technische Universität Berlin
- Duales System der Berufsausbildung
- Fortbildungsschule
- Gewerbliche Schulen

GROB, Heinz Lothar, Universitätsprofessor Dr., Lehrstuhl für Wirtschaftsinformatik und Controlling, Westfälische Wilhelms-Universität Münster
- CAL + CAT
- Verwaltungs- und Wirtschaftsakademie

GRUBER, Hans, Universitätsprofessor Dr., Institut für Pädagogische Psychologie und Empirische Pädagogik, Universität Regensburg
- Lernen
- Lerntransfer
- Transferforschung

HAGEMANN, Wilhelm, Universitätsprofessor Dr. em., Erziehungswissenschaft, Medienpädagogik, Universität Paderborn
- Moderation von Lehr-/Lernprozessen

HAMBUSCH, Rudolf, Diplom-Handelslehrer, Leitender Regierungsschuldirektor a.D., Landesinstitut für Schule und Weiterbildung, Soest
- Fortbildung und Weiterbildung

HANSEN, Rolf, Dr., Diplom-Ingenieur, Akademischer Oberrat, Institut für Schulentwicklungsforschung, Universität Dortmund
- Berufsschulentwicklungsplanung

HANSIS, Hermann, Honorarprofessor Universität Köln, Oberstudiendirektor Dr., Leiter des Berufskollegs 1 der Stadt Köln
- Blockunterricht

HARNEY, Klaus, Universitätsprofessor Dr., Lehrstuhl für Berufs- und Wirtschaftspädagogik, Institut für Pädagogik, Ruhr-Universität Bochum
- Beruf

HAUPTMEIER, Gerhard, Dr., Diplom-Handelslehrer, Oberstudiendirektor a.D., ehem. Leiter des Studienseminars für das Lehramt an beruflichen Schulen in Kassel
- Didaktische Reduktion bzw. Pädagogische Transformation

HEID, Helmut, Universitätsprofessor Dr. em., Lehrstuhl für Allgemeine Pädagogik, Universität Regensburg
- Theorien der Berufsbildung
- Wissenschaftstheorie

HEIDEGGER, Gerald, Universitätsprofessor Dr., Berufsbildungsinstitut Arbeit und Technik (BIAT), Universität Flensburg
- Zweiter Bildungsweg

HEIMERER, Leo-H., Dr., Diplom-Handelslehrer, Abteilungsleiter a.D., Staatsinstitut für Schulpädagogik und Bildungsforschung, Abteilung Berufliche Schulen, München
- Schulrecht
- Lehrerfortbildung

HÖLTERSHINKEN, Dieter, Universitätsprofessor Dr. em., Fachgebiet Pädagogik der Frühen Kindheit, Institut für Sozial-pädagogik, Erwachsenenbildung und Pädagogik der Frühen Kindheit, Universität Dortmund
- Berufliche Fachrichtung Sozialpädagogik

HOGE, Eva, Bundesinstitut für Berufsbildung, Bonn
- Förderung besonders befähigter Jugendlicher in der betrieblichen Ausbildung

HOLZ, Heinz, Leiter der Abteilung Innovationen und Modellversuche, Bundesinstitut für Berufsbildung, Berlin
- Lerninsel

HOPPE, Manfred, Universitätsprofessor Dr., Institut Technik + Bildung, Universität Bremen
- Laborunterricht

HORLEBEIN, Manfred, Universitätsprofessor Dr., Professur für Wirtschaftspädagogik, insbes. Didaktik der Wirtschaftswissenschaften, Johann Wolfgang Goethe-Universität Frankfurt am Main
- Geschichte der kaufmännischen Berufsbildung

HORTSCH, Hanno, Universitätsprofessor Dr., Fakultät Erziehungswissenschaft, Institut für Berufspädagogik, Technische Universität Dresden
- Lehrlingsheim

HÜBNER, Manfred, apl. Professor Dr., Institut für Ökonomische Bildung, Carl von Ossietzky Universität Oldenburg
- Betriebspraktikum
- Erkundung

HUISINGA, Richard, Universitätsprofessor Dr., Fachgebiet Berufs- und Wirtschaftspädagogik, Institut für Berufs- und Betriebspädagogik, Universität Siegen
- Bildungsökonomie
- Organisationsberatung

IFLI, Yamina, Diplom-Handelslehrerin, Fachleiterin für Wirtschaftslehre, Oberstufenzentrum Bürowirtschaft II, Berlin
- Lernaufgabe

JENSCHKE, Bernhard, Dr., Leitender Verwaltungsdirektor a.D., Leiter der Abteilung Berufsberatung, Landesarbeitsamt Berlin-Brandenburg, Berlin
- Berufsberatung

JONGEBLOED, Hans-Carl, Universitätsprofessor Dr., Lehrstuhl für Berufs- und Wirtschaftspädagogik, Institut für Pädagogik der Christian-Albrechts-Universität zu Kiel
- Curriculumentwicklung
- Lehrplan

JUSTIN, Jürgen J., Universitätsprofessor Dr., Lehrstuhl für Allgemeine, Vergleichende und Historische Berufspädagogik, Technische Universität Chemnitz
- Berufsbildung im internationalen Vergleich

KAISER, Franz-Josef, Universitätsprofessor Dr. Dr. h.c. em., Lehr- und Forschungseinheit Wirtschaftspädagogik, Universität Paderborn
- Arbeitslehre
- Ausbildung von Lehrern an beruflichen Schulen, I. Phase
- Berufliche Umweltbildung
- Fallstudie
- Lehr-Lern-Methoden
- Lernbüro
- Persönlichkeitsprinzip
- Projektarbeit
- Vorberufliche Bildung
- Wirtschaftspädagogik

KAMINSKI, Hans, Universitätsprofessor Dr. Dr. h.c., Direktor des Instituts für ökonomische Bildung, Carl von Ossietzky Universität Oldenburg
- Modelldenken

KATH, Folkmar, Diplom-Politologe, Leiter der Hauptabteilung Bildungsökonomieforschung, Berufsbildungsstättenforschung, Bundesinstitut für Berufsbildung, Bonn
- Ausschüsse für Berufsbildung
- Außerbetriebliche Ausbildung
- Finanzierung der beruflichen Ausbildung
- Kosten und Nutzen in der beruflichen Bildung
- Überbetriebliche Ausbildung

KEHL, Wolfgang, Oberstudiendirektor Dr., Rudolf-Rempel-Berufskolleg Bielefeld
- Schulleitung

KELL, Adolf, Universitätsprofessor Dr. Dr. hc. em., Erziehungswissenschaft mit dem Schwerpunkt Berufspädagogik, Universität Siegen
- Berufliches Schulwesen in der Bundesrepublik Deutschland
- Berufsaufbauschule
- Berufsgrundbildung
- Berufsgrundbildungsjahr
- Berufsgrundschule
- Berufsoberschule
- Berufsschule
- Berufsschulpflicht
- Berufsvorbereitungsjahr
- Fachoberschule
- Fachschulreife

KIPP, Martin, Universitätsprofessor Dr., Lehrstuhl für Berufspädagogik, Institut für Berufs- und Wirtschaftspädagogik, Universität Hamburg
- Arbeitspädagogik
- Berufsförderungswerke
- Jugendliche und Berufsausbildung
- Umschulung und Rehabilitation

KLAUSER, Fritz, Universitätsprofessor Dr., Lehrstuhl für Berufs- und Wirtschaftspädagogik, Universität Leipzig
- Electronic Commerce und Electronic Business

KLOCKNER, Clemens, Fachhochschulprofessor Dr. h.c., Rektor der Fachhochschule Wiesbaden, Vizepräsident der Hochschulrektorenkonferenz (HRK)
- Fachhochschule
- Fachhochschulreife

KLUSMEYER, Jens, Privatdozent Dr., Institut für BWL und Wirtschaftspädagogik, Carl von Ossietzky Universität Oldenburg
- Kerncurriculum

KOCH, Karl-Hermann, Universitätsprofessor Dr., Institut für Allgemeine Didaktik und Schulpädagogik, Universität Dortmund
- Berufsschularchitektur

KUHLMEIER, Werner, Dr., Vertretung der Professur für die Didaktik der Bau- und Gestaltungstechnik, Institut für Berufliche Bildung und Arbeitslehre, Technische Universität Berlin
- Unterrichtsfächer in der gewerblichen Berufsschule

KUSCH, Werner, Dr., Referent, Staatsinstitut für Schulpädagogik und Bildungsforschung, Abteilung Berufliche Schulen, München
- Lehrerfortbildung

KUTSCHA, Günter, Universitätsprofessor Dr., Institut für Berufspädagogik, Gerhard-Mercator-Universität Duisburg
- Berufsbildung und Beschäftigungssystem
- Berufsbildungsberichte
- Berufsvorbereitende Bildungsmaßnahmen
- Bildungsgesamtplan

KUTT, Konrad, Abteilung Innovationen und Modellversuche, Bundesinstitut für Berufsbildung, Bonn
- Juniorenfirma
- Wirtschaftsmodellversuche

LANG, Martin, Dr., Lehrstuhl für Berufspädagogik, Universität Dortmund
- Blended learning

LEMPERT, Wolfgang, Universitätsprofessor Dr., Forschungsbereich Bildung, Arbeit und gesellschaftliche Entwicklung, Max-Planck-Institut für Bildungsforschung, Berlin
- Berufliche Sozialisation

LIPSMEIER, Antonius, Universitätsprofessor Dr., Lehrstuhl Berufspädagogik, Institut für Berufspädagogik und Allgemeine Pädagogik, Universität Karlsruhe (TH)
- Ganzheitlichkeit
- Technikdidaktik

LISOP, Ingrid, Universitätsprofessorin Dr. em., Fachbereich Erziehungswissenschaften, Fachgebiet Berufs- und Wirtschaftspädagogik, Johann Wolfgang Goethe-Universität, Frankfurt am Main
- Qualifikation und Qualifikationsforschung
- Sozialer Wandel

LUCKMANN, Herbert, Vorsitzender des Bundesverbands Deutscher Berufsausbilder, Teningen
- Bundesverband Deutscher Berufsausbilder (BDBA)

MAAS, Manuela, Diplom-Handelslehrerin, Dietrich-Bonhoeffer-Berufskolleg Dortmund
- Unterrichtsfächer in der kaufmännischen Berufsschule

Autorenspiegel

MANDL, Heinz, Universitätsprofessor Dr., Institut für Pädagogische Psychologie und Empirische Pädagogik, Ludwig-Maximilians-Universität München
- Lernen
- Lerntransfer
- Transferforschung

MANSTETTEN, Rudolf, Universitätsprofessor Dr., Fachgebiet Berufs- und Wirtschaftspädagogik, Universität Osnabrück
- Begabtenförderung in der Berufsbildung
- Beratung in der Berufsbildung

MATHÄUS, Sabine, Universitätsprofessorin Dr., Wirtschaftspädagogik, Universität Mannheim
- Kommunikation

MAYER, Christine, Universitätsprofessorin Dr., Institut für Berufs- und Wirtschaftspädagogik, Universität Hamburg
- Frauenbildung

MEHNERT, Helmut, Leiter der Zentralstelle für Lehrerbildung der Technischen Universität Berlin
- Berufliche Fachrichtungen, gewerblich-technische

MERK, Richard, Dr., Geschäftsführer, Überbetriebliches Ausbildungszentrum ÜAZ e.V., Elmshorn
- Ausbildungsverbünde

MUCKE, Kerstin, Diplomingenieurpädagogin, wissenschaftliche Mitarbeiterin in der Abteilung Lehr- und Lernprozesse in der beruflichen Bildung, Bundesinstitut für Berufsbildung, Bonn
- Allgemeine und berufliche Bildung
- Hochschulzugang Berufserfahrener ohne Abitur

MÜLLER, Kurt R., Universitätsprofessor Dr., Fachgebiet Erwachsenenpädagogik, Universität der Bundeswehr München
- Berufliches Lernen und Lerntheorie

MÜNK, Dieter, Universitätsprofessor Dr., Institut für Berufspädagogik und Allgemeine Pädagogik, Lehrstuhl Berufspädagogik, Universität Darmstadt (TU)
- Ganzheitlichkeit
- Module in der Berufsausbildung

NASTANSKY, Ludwig, Universitätsprofessor Dr., Wirtschaftsinformatik, Universität Paderborn
- Bürokommunikation

NICKOLAUS, Reinhold, Universitätsprofessor Dr., Institut für Berufspädagogik, Universität Stuttgart
- Gewerbelehrer

NILL, Christian, Studiendirektor, Berufskolleg Niederberg, Schule für Wirtschaft, Velbert
- Rechte und Pflichten der Auszubildenden
- Rechte und Pflichten der Berufsschülerinnen und Berufsschüler

OTT, Bernd, Universitätsprofessor Dr., Lehrstuhl für Technik und ihre Didaktik I, Universität Dortmund
- Technische Kommunikation

PÄTZOLD, Günter, Universitätsprofessor Dr., Lehrstuhl für Berufspädagogik, Universität Dortmund

- Abstimmung von Ausbildungsordnungen und Rahmenlehrplänen
- Aus- und Weiterbildung der Berufsausbilder
- Ausbilder
- Ausbilder-Eignungsverordnung
- Ausbildung von Lehrern an beruflichen Schulen, I. Phase
- Bachelor-Master-Studiengänge in der Lehrerbildung
- Berufliche Fachdidaktiken
- Berufliche Handlungskompetenz
- Berufliche Umweltbildung
- Berufsbildungstheorie
- Berufsbildungswerk der Deutschen Versicherungswirtschaft (BWV) e.V.
- Berufskolleg
- Berufspädagogik
- Bundesinstitut für Berufsbildung
- Deutsche Versicherungs-Akademie (DVA)
- Externes Ausbildungsmanagement
- Lehr-Lern-Methoden
- Lernorte
- Lernortkooperation
- Organisationales Lernen
- Portfolio
- Unternehmenskultur

PETERS, Heidrun, Diplom-Handelslehrerin, Fachleiterin Studienseminar Bielefeld

- Berufsfachschule

PFEIFFER, Hermann, Dr., Institut für Schulentwicklungsforschung, Universität Dortmund

- Schulentwicklungsplanung

PULLIG, Karl-Klaus, Universitätsprofessor Dr. em., Fachgebiet Betriebswirtschaftslehre, insb. Personal- und Organisationsentwicklung, Universität Paderborn

- Personalarbeit und Personalentwicklung
- Qualitätsmanagement

RAUNER, Felix, Universitätsprofessor Dr., Institut Technik + Bildung, Universität Bremen

- Technik und Bildung

RAUSCHENBACH, Thomas, Universitätsprofessor Dr., Fachgebiet Sozialpädagogik, Institut für Sozialpädagogik, Erwachsenenbildung und Pädagogik der Frühen Kindheit, Universität Dortmund; Vorstand und Direktor des Deutschen Jugendinstituts e.V.
- Jugendberichte/Jugendforschung

REETZ, Lothar, Universitätsprofessor Dr. em., Institut für Berufs- und Wirtschaftspädagogik, Universität Hamburg
- Kompetenz

REINISCH, Holger, Universitätsprofessor Dr., Lehrstuhl für Wirtschaftspädagogik, Friedrich-Schiller-Universität Jena
- Berufspädagogische Zeitschriften

REISSE, Wilfried, Dr., Diplom-Psychologe, ehem. Leiter der Abteilung Prüfungen und Lernerfolgskontrollen im Bundesinstitut für Berufsbildung, Bonn
- Prüfungs- und Berechtigungswesen
- Prüfungsverfahren

ROLFF, Hans-Günter, Universitätsprofessor Dr., Institut für Schulentwicklungsforschung, Universität Dortmund
- Bildungschancen

RÜCKERT, Jörg, Ass. jur., Geschäftsführer der Handwerkskammer Dortmund
- Gesellenprüfungsausschuss

RUHLAND, Hans-Josef, Oberstudiendirektor, Schulleiter der Berufsbildenden Schulen des Kreises Kleve in Geldern
- Bundesverband der Lehrer an beruflichen Schulen (BLBS)

RÜTZEL, Josef, Universitätsprofessor Dr., Institut für Berufspädagogik, Technische Universität Darmstadt
- Berufliche Bildung von Benachteiligten
- Tätigkeitsorientiertes Lernen

SAILMANN, Gerald, Dr., Mitarbeiter am Forschungsinstitut Betriebliche Bildung, Nürnberg
- Berufsbildungsnetzwerk

SCHADE, Hans-Joachim, Arbeitsbereich Berufs- und Qualifikationsforschung, Institut für Arbeitsmarkt- und Berufsforschung der Bundesanstalt für Arbeit Nürnberg
- Arbeitsmarkt- und Berufsforschung
- Berufliche Mobilität
- Flexibilität

SCHÄFER-KOCH, Karin, Dr., Wissenschaftliche Assistentin am Oberstufen-Kolleg an der Universität Bielefeld
- Oberstufen-Kolleg

SCHAUBE, Werner, Oberstudiendirektor, Seminarleiter, Studienseminar für das Lehramt für die Sek. II (bbS) Dortmund II
- Ausbildung von Lehrern an beruflichen Schulen, II. Phase

SCHELTEN, Andreas, Universitätsprofessor Dr., Lehrstuhl für Pädagogik, Technische Universität München
- Fächerübergreifender Unterricht

SCHNEIDER, Wilfried, Universitätsprofessor Dr. em., Abteilung für Wirtschaftspädagogik, Wirtschaftsuniversität Wien
- Lehr- und Lernmaterialien
- Österreichische Handelsakademie

SCHRÖDER, Rolf, Bundesinstitut für Berufsbildung, Bonn
- Förderung besonders befähigter Jugendlicher in der betrieblichen Ausbildung

SCHRÖDER, Rudolf, Dr., Diplom-Handelslehrer, Berufskolleg Ennepetal
- E-Learning
- Multimedia
- Neue Informations- und Kommunikationstechnologien

SCHÜTTE, Friedhelm, Universitätsprofessor, Dr., Fachgebiet Berufspädagogik mit dem Schwerpunkt Fachdidaktik Metall- und Elektrotechnik, Institut für Berufliche Bildung und Arbeitslehre, Technische Universität Berlin
- Geschichte der gewerblichen Berufserziehung
- Ordnungspolitische Grundlagen der Berufsbildung

SCHWENDENWEIN, Werner, Universitätsprofessor Dr., Institut für Erziehungswissenschaft, Universität Wien
- Berufsbildung in Österreich

SCHWIEDRZIK, Bernd, Wissenschaftlicher Direktor a.D., Bundesinstitut für Berufsbildung, Bonn
- Allgemeine und berufliche Bildung

SEITZ, Hans, Universitätsprofessor Dr., Institut für Wirtschaftspädagogik, Universität St. Gallen
- Berufsbildung in der Schweiz

SELKA, Reinhard, Freiberuflicher Berater, Berlin
- Leittexte

SEMBILL, Detlef, Universitätsprofessor Dr., Lehrstuhl für Wirtschaftspädagogik, Universität Bamberg
- Qualitätszirkel

SEUBERT, Rolf, Dr., Akademischer Rat, Fachbereich Erziehungswissenschaft, Berufspädagogik, Universität Siegen
- Lehrwerkstatt
- Werkschule

SEYD, Wolfgang, Universitätsprofessor Dr., Institut für Berufs- und Wirtschaftspädagogik, Universität Hamburg
- Berufsbildungswerke

SIGGEMEIER, Manfred, Diplom-Handelslehrer, Leitender Regierungsschuldirektor a.D., Bezirksregierung Detmold
- Berufsschulberechtigung
- Schulaufsicht
- Schulgesetze

SLOANE, Peter F.E., Universitätsprofessor Dr., Lehrstuhl für Wirtschaftspädagogik, Universität Paderborn
- Bildungsorganisation
- Evaluation
- Modellversuche und Modellversuchsforschung

SOMMER, Karl-Heinz, Universitätsprofessor Dr., Lehrstuhl für Berufspädagogik, Institut für Berufs-, Wirtschafts- und Technikpädagogik, Universität Stuttgart
- Berufliches Gymnasium
- Übungsfirma
- Unterweisung

SQUARRA, Dieter, Universitätsprofessor Dr. em., Institut für Wirtschafts- und Erwachsenenpädagogik, Abteilung Wirtschaftspädagogik, Humboldt-Universität zu Berlin
- Berufs- und Wirtschaftspädagogik der DDR

STENDER, Jörg, Universitätsprofessor Dr., Professur am Lehrstuhl für Pädagogik, Universität Nürnberg
- Berufsbildungsnetzwerk

STRAKA, Gerald A., Universitätsprofessor Dr., Institut Technik + Bildung, Universität Bremen
- Bildungsstandards
- Mehrdimensionale Lern-Lehr-Theorie

Autorenspiegel

THIELE, Heino, Diplom-Pädagoge, Lehr- und Forschungsbereich Berufspädagogik, Institut für Allgemeine, Vergleichende und Berufspädagogik, Universität Dortmund
- Auszubildender
- Lehrgangsformen

TILCH, Herbert, Universitätsprofessor Dr., Institut für Berufspädagogik, Universität Hannover
- Betriebspädagogik

TRAMM, Tade, Universitätsprofessor Dr., Institut für Berufs- und Wirtschaftspädagogik, Universität Hamburg
- Lernziel

TULODZIECKI, Gerhard, Universitätsprofessor Dr. em., Fachgebiet Erziehungswissenschaft, insbes. Allgemeine Didaktik und Medienpädagogik, Universität-Gesamthochschule Paderborn
- Computergestütztes Lernen
- Medien in der beruflichen Bildung

TWARDY, Martin, Universitätsprofessor Dr., Institut für Berufs-, Wirtschafts- und Sozialpädagogik, Universität zu Köln
- Didaktik beruflichen Lernens
- Diplom-Handelslehrer
- Handwerkliches Bildungswesen
- Handwerksordnung

UHE, Ernst, Universitätsprofessor Dr. em., Fachgebiet Fachdidaktik Bau- und Gestaltungstechnik, Institut für Berufliche Bildung und Arbeitslehre, Technische Universität Berlin
- Berufliche Fachrichtungen, gewerblich-technische
- Unterrichtsfächer in der gewerblichen Berufsschule

VOGEL, Peter, Universitätsprofessor Dr., Lehrstuhl für Allgemeine Pädagogik, Universität Dortmund
- Lehrer für Pflegeberufe
- Pflegeberufe

WAHLE, Manfred, Dr., Lehr- und Forschungsbereich Berufspädagogik, Universität Dortmund
- Berufsbildungsgeschichte

WALDEN, Günter, Dr., Bundesinstitut für Berufsbildung, Abteilung Berufsbildungsstätten, Bonn
- Arbeitslosigkeit
- Berufsausbildung und berufliche Weiterbildung
- Berufsbildungsberatung
- Berufsbildungsstatistik/ Ausbildungsstatistik

WEBER, Susanne, Universitätsprofessorin Dr., Institut für Wirtschafts- und Sozialpädagogik, Department für Betriebswirtschaft, Munich School of Management, Ludwig-Maximilians-Universität München
- Design Experiment
- Interkulturelle Kompetenz

WEBER, Wolfgang, Universitätsprofessor Dr. Dr. h.c., Personalwirtschaft, Universität Paderborn und Hamburg
- Bildungsplanung

WEIBERT, Claus-Dieter, Leiter der Abteilung Berufliche Bildung, Industrie- und Handelskammer zu Dortmund

- Abschlussprüfung
- Ausbildungsberater
- Berufsausbildungsverhältnis/ Berufsausbildungsvertrag
- Berufsbildungsgesetz
- Berufsbildungsrecht
- Berufsausbildungsvorbereitung
- Industriemeister
- Kammerprüfung
- Zwischenprüfung

WEICHHOLD, Manfred, Dipl. rer. pol., Vorsitzender des Bundesverbands der Lehrer an Wirtschaftsschulen (vlw), Karlsruhe

- Bundesverband der Lehrer an Wirtschaftsschulen (vlw)

WEINBRENNER, Peter, Universitätsprofessor Dr. em., Lehrstuhl für Didaktik der Wirtschafts- und Sozialwissenschaften, Universität Bielefeld

- Zukunftswerkstatt

WEITZ, Bernd O., Universitätsprofessor Dr., Wirtschaftslehre/Wirtschaftsdidaktik, Universität zu Köln

- Anschaulichkeit
- Ausländische Jugendliche

WINGELS, Judith, Diplom-Pädagogin, Lehrstuhl für Berufspädagogik, Universität Dortmund

- Externes Ausbildungsmanagement

WINTER, Arnd, Diplom-Handelslehrer, Sales Consultant bei der SPSS GmbH Software, München

- Wirtschaftsgymnasium

WITT, Ralf, Universitätsprofessor Dr. em., Lehrstuhl Wirtschaftspädagogik, Fakultät Wirtschaftswissenschaften, Technische Universität Dresden

- Stoffverteilungsplan
- Wissenschaftsorientierung/ Wissenschaftspropädeutik

WITTWER, Wolfgang, Universitätsprofessor Dr., Lehrstuhl für Pädagogik, Universität Bielefeld

- Situationsorientierung

WUNDER, Dieter, Dr., ehem. Vorsitzender der Gewerkschaft Erziehung und Wissenschaft (GEW), Frankfurt

- Gewerkschaft Erziehung und Wissenschaft (GEW)

ZABECK, Jürgen, Universitätsprofessor Dr. em., Erziehungswissenschaft, Universität Mannheim

- Berufsakademie
- Berufspädagogik und Politik
- Methoden der Berufs- und Wirtschaftspädagogik
- Theorie-Praxis-Verhältnis in der Berufspädagogik

ZEDLER, Reinhard, Dr., Lehrbeauftragter der Personalentwicklung/Berufliche Bildung, Fachhochschule Remagen

- Berufsausbildung von Abiturienten
- Betriebliche Berufsausbildung
- Duale Studiengänge
- Sonderausbildungsgänge für Abiturienten
- Zusatzqualifikationen

Autorenspiegel

ZIELKE, Dietmar, Diplom-Handelslehrer, Bundesinstitut für Berufsbildung, Bonn

ZÖLLER, Arnulf, Oberstudiendirektor, Stellvertretender Direktor, Leiter der Grundsatzabteilung, Staatsinstitut für Schulqualität und Bildungsforschung, München

ZUMBROCK, Helmut, M.A., Oberstudienrat, Schulfachlicher Dezernent für Berufskollegs bei der Bezirksregierung Detmold

- Differenzierung
- Individualisierung und Binnendifferenzierung in der Berufsausbildung
- Institute der Länder zur Berufsbildung

- Laufbahnberatung
- Lernfelder